宋人文集篇目分類索引

（五）

主　編　　鄧廣銘
　　　　　張希清

中　華　書　局

玖、書啓

【編纂説明】

(一)書啓類包括書、啓、簡、札、尺牘等。

(二)書啓類下不分目,而以撰著人姓名及法號的筆畫爲序排列。

(三)凡撰著人有專集者,先以專集篇目卷次爲序排列;本集所不載而由其他書籍所收録者,列於本集之後,按宋人文集順序排列。

(四)凡撰著人不詳者,列於有撰著人者之後,按宋人文集順序排列。

(五)凡同一篇目而有連續幾封書啓者,可合併著録,如"回吉州李寺丞芾(1-2)　文山集 8/31b-32a."。

二　畫

刁　約

與邱道源二帖　播芳文粹 105/10a

三　畫

于　觀

賀宮使待制啓　播芳文粹 56/5b

上參政小簡賀正　播芳文粹 96/3a

四　畫

文天祥

回胡僉判請交割　文山集 5/1a

賀吳提舉西林　文山集 5/1b

回聶吉甫　文山集 5/3a

賀何尉　文山集 5/3b

上丞相　文山集 5/4b

通廟堂　文山集 5/6b

後朝命下許令承心制仍著爲令道體堂書通
　江參政古心　文山集 5/8b

通潭州安撫大使江丞相　文山集 5/9a

與李復卿　文山集 5/10a

與孫子載　文山集 5/10b

與胡觀洲季從　文山集 5/11a

與楊學録懋卿　文山集 5/11b

回秘書巽齋歐陽先生　文山集 5/12a

與前人(1－2)　文山集 5/12b－13a

回劉架閣會孟　文山集 5/14a

回衢教曾鳳先生　文山集 5/14b

回李宮教應革　文山集 5/15a

與朱太博埴號古平　文山集 5/15b

回鄧縣尉中甫　文山集 5/17a

與顏縣尉復古　文山集 5/17b

與聶吉甫　文山集 5/19a

回王國智　文山集 5/19b

與劉司戶三異號古桂　文山集 5/19b

與胡端逸　文山集 5/20a

與黃主簿景登名瀛　文山集 5/20b

與劉正伯　文山集 5/21a

回鍾叔玉三帖　文山集 5/21b

興隆興黎節判立武　文山集 5/22a

與劉民章子俊　文山集 5/22b

與梅制幹　文山集 5/23a

與杜教授抑之字伯楊號帶溪　文山集 5/24a

回謝教授愛山四帖　文山集 5/24b

與廬陵劉知縣庭薦　文山集 5/25b

與廬陵李知縣訧孫　文山集 5/26a

與廬陵陳知縣堯舉　文山集 5/26b

回樂安唐知縣元齡　文山集 5/27b

回劉運使應龍號實齋　文山集 5/28a

與袁守雷侍郎宜中號省身　文山集 5/29b

與中書祭酒知贛州翁丹山名合　文山集 5/30a

賀翁丹山兼憲　文山集 5/31b

賀江東憲方逢辰號蛟峰　文山集 5/32b

賀前人除江西漕　文山集 5/33a

回許秘丞自號果齋　文山集 5/34a

賀倪提舉普號警齋　文山集 5/34b

與新知太平州趙月山　文山集 5/35a

與知吉州江提舉萬頃號古崖　文山集 5/36b

賀知吉州黃提舉器之名鏞　文山集 5/39a

與前人　文山集 5/39b

賀楊提刑允恭號高峰　文山集 5/40a

與吉州繆知府元德　文山集 5/40b

回吉州西倅竇檢閱全器　文山集 5/42b

回江州李都承與號南窗　文山集 5/43a

回潘檢閱　文山集 5/44b

回鍾編校堯俞字君俞號方岩　文山集 5/45a

回吳制帥革號恕齋　文山集 5/45b

回宣州洪倅　文山集 5/46b

回吳直閣　文山集 5/47a

與游提刑汶　文山集 5/47b

與趙知郡孟邁號菊山　文山集 5/48b

賀前人得旴守　文山集 5/49a

與趙監丞淇號平遠　文山集 5/49b

慰前人　文山集 5/50a

回安福趙宰與捄號勿齋　文山集 5/51a

回寧國交代孟兵部之縉　文山集 5/52a

回寧國陳節推容　文山集 6/1a

與吳提刑觀　文山集 6/1b

與湖南陳提舉合號中山　文山集 6/2b

回林學士希逸號竹溪　文山集 6/2b

回贛守李宗丞雷應號樓峰　文山集 6/3a

回交代湖南憲新除湖北漕李宗丞　文山集 6/3b

與江西黃提刑震　文山集 6/4b

回林司業應炎　文山集 6/5a

回信豐羅宰子遠名椅號澗谷　文山集 6/5b

與前人　文山集 6/6a

回羅子遠就賀除京権　文山集 6/6b

與汪安撫立信號紫源　文山集 6/8a

回前人　文山集 6/9a

與胡都丞穎號石壁　文山集 6/9b

慰饒州胡通判　文山集 6/10b

與安撫李大卿芇號肯齋　文山集 6/11a

回永州楊守履順　文山集 6/11b

回林侍郎卿孫號雲屋　文山集 6/12b

回前知衡州楊秘監文仲　文山集 6/12b

與劉尚書黻　文山集 6/13a

與陳察院文龍號如心　文山集 6/14a

與鄧校勘林　文山集 6/15b

與陳直院維善名合號中山　文山集 6/16a

與曾縣尉先之字孟參　文山集 6/17a

與曾架閣　文山集 6/18b

回吉守王提舉佖號敬岩　文山集 6/19b

與廬陵龔知縣日昇　文山集 6/19b

與贛縣許權縣　文山集 6/20a

賀劉敬德補入太學名欽號絜矩　文山集 6/20b

賀鍾有謙補入太學名山甫　文山集 6/21a

與周德甫　文山集 6/21b

與文侍郎及翁號本心　文山集 6/21b

與楊大卿文仲　文山集 6/22b

與趙戶部平遠　文山集 6/23a

與陳侍郎伯大號篤齋　文山集 6/24a

與宋衡州　文山集 6/24b

與知江州錢運使　文山集 6/25a

與廣東曹提刑　文山集 6/26b

回汀州陳守　文山集 6/27b

與趙大卿孟傅號松墅　文山集 6/28a

與前江西趙倉與檤號端齋　文山集 6/29a

與吉州劉守漢傳　文山集 6/29b

回吉州趙倅　文山集 6/31a

回袁州鄒倅　文山集 6/31b

回臨江婁倅　文山集 6/32a

回隆興熊倅震龍　文山集 6/33a

與楊縣尉如圭　文山集 6/33b

回唐書記　文山集 6/34a

回黃强立　文山集 6/34b

回文教名寶　文山集 6/35a

與胡節推幼黃　文山集 6/35b

繳奏稿上中書札子　文山集 6/36a

賀簽書樞密江端明古心　文山集 6/36b

與前人　文山集 6/40b

與吉守李寺丞芇號肯齋　文山集 6/41b

回廣東曹提刑　文山集 6/42a

回陳侍郎　文山集 6/43a

與湖南交代廖提刑　文山集 6/43b

與前浙西安撫李大卿號肯齋　文山集 6/44b

與劉吉州漢傳　文山集 6/45b

回兩淮制使李端明庭芝　文山集 6/46a

回岳縣尉　文山集 6/46b

與洪端明雲巖名燾　文山集 6/46b

與贛州屬縣宰　文山集 6/47b

回袁永州　文山集 6/48a

賀京尹曾尚書　文山集 6/48b

回曾知縣晞顏號東軒　文山集 6/49a

回曾連推宗甫名尹　文山集 6/50a

回李本中　文山集 6/50b

回長沙傅縣尉合　文山集 6/51a

上權郡陳通判崗謝解　文山集 7/1a

上倉守李愛梅謝解　文山集 7/2b

賀吳丞相革　文山集 7/4a

謝吳丞相　文山集 7/4b

謝丞相　文山集 7/5b

謝皮樞密龍榮　文山集 7/6b

謝何樞密夢然　文山集 7/7b

謝江樞密萬里　文山集 7/8b

賀江左相　文山集 7/9b

馬右相庭鸞號碧梧　文山集 7/11a

通章簽書鑑號杭山　文山集 7/12a

賀倉守趙編修端齋　文山集 7/13a

回瑞州羅權府　文山集 7/13b

回吉州繆守送端午　文山集 7/14a

回朱約山賀生日　文山集 7/14a

餽朱約山歲禮　文山集 7/14b

回前人餽歲　文山集 7/14b

回前人賀生日　文山集 7/15a

回彭知縣賀生日　文山集 7/15a

回太和趙宰賀生日　文山集 7/15b

回太和趙尉賀生日　文山集 7/15b

回胡宣教賀生日　文山集 7/16a

回蕭子蒼賀造居　文山集 7/16a

賀朱太傅得祠　文山集 7/16b

送韋主簿成功赴宏詞科　文山集 7/16b

回廬陵趙簿投贄　文山集 7/17a

回吉州陳守緯　文山集 7/17a

賀前人除福建倉　文山集 7/17b

賀劉省元夢薦登科　文山集 7/18a

迎寧國交代孟知府　文山集 7/18b

除湖南憲通交代李樓峰　文山集 7/18b

賀李樓峰改除湖北漕兼知鄂州　文山集 7/19b

賀前人生日　文山集 7/20b

賀化地冬　文山集 7/21a

賀化地正　文山集 7/21b

賀簽書冬　文山集 7/21b

賀參政正　文山集 7/22a

賀江丞相除湖南安撫大使判潭州　文山集 7/22b

賀前人除特進　文山集 7/23b

回前人除特進送禮　文山集 7/24a

行部潭州謝江丞宴　文山集 7/24a

送前人九日禮　文山集 7/24b

回前人送九日禮　文山集 7/24b

賀前人冬　文山集 7/25a

送前人折筵　文山集 7/25a

回前人送冬酒　文山集 7/25b

賀前人正　文山集 7/25b

送前人酒　文山集 7/26a

回前人送春　文山集 7/26b

賀前人赴召　文山集 7/26b

通羅提舉京子號牧隱　文山集 7/27a

回前人手批書　文山集 7/28a

送前人七夕　文山集 7/28a

請前人宴　文山集 7/28a

回前人折送　文山集 7/28b

請前人九日宴　文山集 7/28b

送前人折筵　文山集 7/29a

通董提舉楷號克齋　文山集 7/29a

回前人到狀　文山集 7/29b

迎前人　文山集 7/30a

送前人洗拂　文山集 7/30b

回前人送私覿　文山集 7/30b

謝前人招宴樂語　文山集 7/30b

送前人新除禮　文山集 7/31a

送前人折俎　文山集 7/31a

回前人中秋請宴　文山集 7/31b

回前人折俎　文山集 7/31b

回前人送酒　文山集 7/32a

賀前人冬　文山集 7/32a

又送冬至酒　文山集 7/32b

送前人歲節酒　文山集 7/32b

賀前人正　文山集 7/33a

回前人送春　文山集 7/33a

得贛送前人禮　文山集 7/33b

回前人請宴　文山集 7/33b

送前人別會折俎　文山集 7/34a

回前人別會送酒折俎　文山集 7/34a

賀衡州宋吏部上　文山集 7/34b

回前人到任狀　文山集 7/35a

請前人到任宴　文山集 7/35b

送前人洗拂　文山集 7/35b

謝前人招宴致語　文山集 7/35b

送前人特會折俎　文山集 7/36a

回前人送物　文山集 7/36b

回前人賀雪　文山集 7/36b

回前人饋歲　文山集 7/36b

送前人聚宴折俎　文山集 7/37a

謝前人聚宴折俎　文山集 7/37a

回前人賀正　文山集 7/37b

回前人請元宵宴　文山集 7/37b

請前人元宵宴　文山集 7/37b

回前人請聚宴　文山集 7/38a

除贛守回宋衡袖劄請宴　文山集 7/38a

請前人宴　文山集 7/38b

請前人別會　文山集 7/38b

回前人還請　文山集 7/38b

謝送禮物　文山集 7/39a

通胡都承石壁　文山集 7/39a

回楊秘監就賀　文山集 7/40a

通丁侍郎應奎號璜溪　文山集 8/1a

通楊提刑允恭號高峰　文山集 8/1b

回李安撫肯齋　文山集 8/2a

回前人賀遷秩　文山集 8/3a
送前人冬　文山集 8/3a
賀前人冬　文山集 8/3a
餽前人歲　文山集 8/3b
賀前人正　文山集 8/3b
送前人元宵　文山集 8/4a
賀前人納子婦　文山集 8/4a
送前人別會　文山集 8/4b
謝章簽書鑑　文山集 8/4b
謝高尚書斯得　文山集 8/5b
謝陳尚書宜中　文山集 8/5b
謝陳正言堅　文山集 8/6b
謝陳侍郎存　文山集 8/7b
賀曹尚書孝慶　文山集 8/8b
賀劉尚書黻　文山集 8/9a
賀趙侍郎月山　文山集 8/10a
賀荊湖汪制帥立信　文山集 8/11a
廣西李經畧經過迎狀　文山集 8/11b
請廣帥會　文山集 8/11b
折送諸監司巡歷會　文山集 8/12a
回朱帥參　文山集 8/12a
回劉運管志叔　文山集 8/12b
回葉茶場　文山集 8/13a
賀桂陽劉守　文山集 8/13a
賀寶慶王守　文山集 8/13b
賀道州王守　文山集 8/14a
賀永州袁守交割　文山集 8/14b
回前人　文山集 8/15a
請雷州虞守　文山集 8/15a
送前人別禮　文山集 8/15a
回諸郡守冬　文山集 8/15b
回諸郡送年酒　文山集 8/15b
回諸郡賀年　文山集 8/16a
送徐權府折俎　文山集 8/16a
回前人請宴折俎　文山集 8/16b
回前人送轉官折俎　文山集 8/16b
回前人送冬　文山集 8/17a
回柯權郡謝舉薦　文山集 8/17a
回前人賀得贛　文山集 8/17a
回李潭倅謝上　文山集 8/17b
回諸郡倅賀冬　文山集 8/18a
回諸郡倅賀正　文山集 8/18a
回諸簽幕賀冬　文山集 8/18b

回諸司諸郡幕賀正　文山集 8/19a
回施帥準送別　文山集 8/19a
回洪準遣到任　文山集 8/19b
回趙檢法　文山集 8/19b
回諸郡教官賀冬　文山集 8/20a
回諸郡教官送別　文山集 8/20a
回桂陽劉教授　文山集 8/20b
回林教授　文山集 8/20b
回張教授　文山集 8/21a
回胡山長　文山集 8/21a
回邢山長　文山集 8/21b
回衡州江判官　文山集 8/21b
回趙判官　文山集 8/22a
回郭判官　文山集 8/22a
回陳撫屬張監倉　文山集 8/22b
回黎知錄李司理　文山集 8/23a
回永州司理司戶　文山集 8/23a
回謝司法　文山集 8/23b
回諸縣宰賀冬　文山集 8/23b
回諸縣宰賀正　文山集 8/24a
回衡山趙宰孟傃　文山集 8/24a
回善化韓宰　文山集 8/24b
回鄂縣爰宰　文山集 8/25a
回攸縣郭宰　文山集 8/25a
回湘潭張權縣　文山集 8/25b
回永興趙權縣　文山集 8/25b
回瀏陽任丞　文山集 8/26a
回寧遠簿到任　文山集 8/26a
回攸縣趙簿衡陽易尉　文山集 8/26a
回衡陽歐陽尉　文山集 8/26b
回楊料院　文山集 8/26b
回宋稅院萬年　文山集 8/27a
回劉學錄　文山集 8/27a
通交代廖提刑邦杰號恕齋　文山集 8/27b
與袁州安守到狀　文山集 8/28b
回袁守不赴請　文山集 8/28b
回交代權贛州孫提刑炳炎　文山集 8/28b
回陳侍郎篤齋　文山集 8/29b
賀曾京尹淵子號留遠　文山集 8/30a
回曾主簿清老　文山集 8/30b
回吉州權府賀新除　文山集 8/31a
回吉州李寺丞芾（1－2）　文山集 8/31b－32a
回前人送冬禮　文山集 8/32b

回黃主簿　　文山集 8/32b

回監魁錢昇叟賀新除　　文山集 8/33a

賀府簿錢昇叟　　文山集 8/33a

回大庾縣尉劉天聲　　文山集 8/33b

與方伯公書　　文山集 18/1a

正月書　　文山集 18/1b

賀蛟峰先生提刑江東書　　蛟峰集/外 2/5a　山房
　　遺文/外 2/5a

皇太子生日賀皇太后牋　　南宋文範 29/1a

謝江樞密萬里啓　　南宋文範 30/11b

賀江左相啓　　南宋文範 30/12a

賀趙侍郎啓　　南宋文範 30/13a

上丞相書　　南宋文範 35/12b

與湖南大帥江丞相論秦寇事宜劄子　　南宋
　　文範 35/13b

~　　同

謝吳龍圖啓　　丹淵集 29/1a

謝運判韓都官啓　　丹淵集 29/2b

謝運使韓少卿啓　　丹淵集 29/3a

謝成都知府啓　　丹淵集 29/3b

謝中書啓　　丹淵集 29/4b

謝文潞公啓　　丹淵集 29/5b

別紙　　丹淵集 29/6a

謝王尚書啓　　丹淵集 29/6b

謝提刑謝司封啓　　丹淵集 29/7b

謝張度支啓　　丹淵集 29/9a

謝張提刑啓　　丹淵集 29/10a

謝田京待制啓　　丹淵集 29/11a

謝都運傅諫議啓　　丹淵集 29/11b

轉官啓　　丹淵集 29/12b

上知府吳龍圖啓　　丹淵集 29/14a

賀昭文文相公啓　　丹淵集 29/14b

獻文字啓　　丹淵集 29/15b

謝趙龍圖舉自代　　丹淵集 30/1a

謝館職　　丹淵集 30/2a

謝提刑度支　　丹淵集 30/3a

謝運判舉升陟　　丹淵集 30/4a

謝成都府君并三司因權邛州　　丹淵集 30/4b

謝府尹并二司因磨勘交子　　丹淵集 30/5a

謝夏宮苑　　丹淵集 30/6a

謝宋國博　　丹淵集 30/6a

謝慶州焦推官　　丹淵集 30/6b

謝寧州雍屯田　　丹淵集 30/7a

謝夏宮苑　　丹淵集 30/7b

謝三泉知縣贊善狀　　丹淵集 30/8a

謝諸郡　　丹淵集 30/8a

謝韓少卿　　丹淵集 30/8b

回蜀州王郎中　　丹淵集 30/9a

回嘉守楊郎中　　丹淵集 30/9b

回郭國博德容啓　　丹淵集 30/10a

回彭守鮑郎中啓　　丹淵集 30/10b

回茂州吳郎中啓邛州　　丹淵集 30/11a

謝提刑張郎中　　丹淵集 31/1a

謝韓運判　　丹淵集 31/1b

謝提刑張郎中復官　　丹淵集 31/2a

謝梓州知府大監　　丹淵集 31/2b

謝鳳州都監供奉狀　　丹淵集 31/3a

謝西鄉西縣中舍狀　　丹淵集 31/3b

謝提刑學士　　丹淵集 31/3b

謝運使按巡狀　　丹淵集 31/4a

謝運使司封　　丹淵集 31/4b

謝成都運判太博狀　　丹淵集 31/5b

謝成都端明因上任　　丹淵集 31/6a

謝主簿任通夫　　丹淵集 31/6b

謝移厨三本　　丹淵集 31/7a

謝知興元府　　丹淵集 31/7b

回邛州劉駕部　　丹淵集 31/8a

回新知郡韓郎中漢州　　丹淵集 31/8b

回綿州知郡　　丹淵集 31/9a

回漢州四縣官　　丹淵集 31/9b

回綿倅萬職方　　丹淵集 31/9b

賀延州經畧待制　　丹淵集 32/1a

賀運使學士　　丹淵集 32/1b

賀成都知府資政　　丹淵集 32/2a

賀提轉冬至　　丹淵集 32/2b

賀利州知郡虞部啓洋州　　丹淵集 32/3a

賀正鄰郡知通啓　　丹淵集 32/3b

賀冬鄰郡知通運提勾啓　　丹淵集 32/3b

賀正益梓提轉知府啓　　丹淵集 32/4a

賀興元府通判禮上啓　　丹淵集 32/4b

賀提轉知倅　　丹淵集 32/5a

賀蓬州楊簽判　　丹淵集 32/5a

賀東川知府朱少卿　　丹淵集 32/5b

賀利州王郎中狀　　丹淵集 32/6a

賀提刑司勳狀漢中　　丹淵集 32/6b

賀巴州知郡郎中狀　　丹淵集 32/7a

賀提刑度支轉官啓　　丹淵集 32/7a
賀趙龍圖上任啓　　丹淵集 32/7b
賀洪雅知縣陳秘丞狀　　丹淵集 32/8b
賀運判都官啓　　丹淵集 32/9a
賀正東川朱少卿　　丹淵集 32/9b
賀懷安知軍轉官　　丹淵集 32/9b
回漢州郎中　　丹淵集 32/10a
回漢州知郡　　丹淵集 32/10b
成都新尹趙龍圖先狀　　丹淵集 33/1a
漢州牧先狀　　丹淵集 33/2a
成都韓端明先狀　　丹淵集 33/2b
漕憲先狀　　丹淵集 33/2b
運使蘇刑部先狀　　丹淵集 33/3a
運使度支先狀　　丹淵集 33/4a
提刑宋郎中先狀　　丹淵集 33/4b
李殿丞權交代先狀　　丹淵集 33/5a
湖州提轉先狀　　丹淵集 33/5a

~彥博
温卷啓(1－2)　　文潞公集 10/2a－2b
上知南京晏侍郎啓　　文潞公集 10/4a
代謝陳龍圖諫議惠渚宮集啓　　文潞公集 10/5a
知秦州謝兩府啓　　文潞公集 10/6b
與夏公二帖　　播芳文粹 103/5a
與韓公二帖　　播芳文粹 103/9a
與李龍圖帖　　播芳文粹 104/12a
與王副樞密帖　　播芳文粹 104/15a

~　益
上丞相小簡賀正　　播芳文粹 95/24b

~穎叔
回門下韓侍郎辭免啓　　播芳文粹 88/12b

方大琮
通漕使鞏吏部　　鐵菴集 8/1a
江西憲留郎中　　鐵菴集 8/2b
運管李通直　　鐵菴集 8/3b
帥參錢朝奉　　鐵菴集 8/4b
添幹裘司直　　鐵菴集 8/5b
鈐轄陳武德　　鐵菴集 8/6b
端明李尚書　　鐵菴集 8/7b
教授梁同年　　鐵菴集 8/8b
喻節推　鐵菴集 8/9b
南昌管宰　鐵菴集 8/10a
新建郡宰童科　鐵菴集 8/11a

南安軍南安汪令　　鐵菴集 8/11b
南昌簿　　鐵菴集 8/12a
瑞守齊寺丞　　鐵菴集 9/1a
與陳國守　　鐵菴集 9/2a
隆興倅孔衍聖公裔　　鐵菴集 9/2b
趙運幹　　鐵菴集 9/3b
交代馮運幹　　鐵菴集 9/4b
張帳幹　　鐵菴集 9/5b
趙帳幹　　鐵菴集 9/6a
王船場　　鐵菴集 9/7a
葉船場　　鐵菴集 9/7b
林船場　　鐵菴集 9/8a
劉參議　　鐵菴集 9/8b
傅機宜　　鐵菴集 9/10b
李機宜　　鐵菴集 9/10b
孫撫幹　　鐵菴集 9/11b
張副總　　鐵菴集 9/12b
謝教同年　　鐵菴集 9/13b
趙僉判　　鐵菴集 9/14a
僉判方宗簿族叔　　鐵菴集 9/15a
譚節推　　鐵菴集 9/16a
黃察推　　鐵菴集 9/16b
南安余判官　　鐵菴集 9/17a
袁州陳判官　　鐵菴集 9/18a
隆興戴錄參　　鐵菴集 9/18b
程錄參　　鐵菴集 9/19a
袁州方錄參　　鐵菴集 9/20a
隆興章司理　　鐵菴集 9/21a
柳司理　　鐵菴集 9/21b
建昌朱司理　　鐵菴集 9/22a
孫司法　　鐵菴集 9/22b
周司戶　　鐵菴集 9/23b
隆興朱監庫　　鐵菴集 9/24a
南昌周宰　　鐵菴集 9/24b
吉水陳宰　　鐵菴集 9/25b
高安余宰　　鐵菴集 9/26a
奉新李丞　　鐵菴集 9/26b
新建趙丞　　鐵菴集 9/27b
靖安朱簿　　鐵菴集 9/28a
分寧方尉　　鐵菴集 9/29a
武寧樓尉　　鐵菴集 9/29b
湖口鄭尉　　鐵菴集 9/30b
回交代曾宰　　鐵菴集 10/1a

通劍守傅寺丞　鐵菴集 10/2a
潘劍倅　鐵菴集 10/3a
本路王帥侍　鐵菴集 10/4a
諸葛憲　鐵菴集 10/5b
王漕　鐵菴集 10/6b
帥參　鐵菴集 10/7b
沈帥機　鐵菴集 10/8b
趙撫幹　鐵菴集 10/9a
李運管　鐵菴集 10/9b
裘推官　鐵菴集 10/10b
謝范禮侍舉陞陟　鐵菴集 10/11a
永福學職　鐵菴集 10/12b
通安晚鄭相　鐵菴集 10/13a
鞏漕權帥　鐵菴集 10/15b
江西帥真右史　鐵菴集 10/16b
江西帥衛大資　鐵菴集 10/18b
蕭倉就除憲　鐵菴集 10/20b
上漕使鞏吏部　鐵菴集 11/1a
謝鞏漕破白舉改官　鐵菴集 11/2b
上憲使留直院　鐵菴集 11/4a
謝漕使滕宗卿舉改官　鐵菴集 11/8a
上倉使蕭著郎啓　鐵菴集 11/9b
謝蕭倉使舉改官 與徐撫幹清叟同薦　鐵菴集 11/12b
謝衛帥大參舉政績　鐵菴集 11/15a
上觀使衛大參　鐵菴集 11/16b
東湖孫解元　鐵菴集 11/18b
老熊解元入湖堂　鐵菴集 11/19a
東湖鄒解元　鐵菴集 11/20a
漕貢臨江袁監押　鐵菴集 11/20b
江西倉蕭著郎　鐵菴集 11/21a
回臨江軍楊寺簿　鐵菴集 11/21b
回興國軍李司直　鐵菴集 11/22a
回吉州鄭駕部　鐵菴集 11/22b
知縣　鐵菴集 11/23b
主簿　鐵菴集 11/24a
賀江西倉　鐵菴集 12/1a
劄　鐵菴集 12/1b
回袁州滕宗卿書　鐵菴集 12/2a
回臨江軍楊寺簿書　鐵菴集 12/2b
回汪建昌書　鐵菴集 12/3b
興國軍李司直　鐵菴集 12/4a
吉州鄭駕部　鐵菴集 12/4b

進賢王宰　鐵菴集 12/5b
豐城林宰　鐵菴集 12/6a
東湖黃講書 生日回贄　鐵菴集 12/6b
東湖馮學錄　鐵菴集 12/7a
東湖宜州鄧貢士　鐵菴集 12/7b
東湖歐陽解元　鐵菴集 12/8a
東湖堂長傅法師　鐵菴集 12/8a
東湖職事　鐵菴集 12/8b
三山邵解元　鐵菴集 12/9a
賀皇姪節使 生日賀回　鐵菴集 12/9a
回皇姪節使　鐵菴集 12/9b
回鄉守張秘閣 友　鐵菴集 12/10a
王正字 邁　鐵菴集 12/10b
劉吏部 克莊　鐵菴集 12/11b
回王正字 邁　鐵菴集 12/12b
回宋　鐵菴集 12/13b
林回徐　鐵菴集 12/13b
方回洪　鐵菴集 12/14a
聘顧　鐵菴集 12/14b
聘劉　鐵菴集 12/15a
定陳　鐵菴集 12/15a
聘陳　鐵菴集 12/15b
方回顧　鐵菴集 12/16a
方聘吳　鐵菴集 12/16a
回浙東曹憲秘書郎　鐵菴集 13/1a
謝鄭喬二丞相　鐵菴集 13/1b
新平江汪教 之道　鐵菴集 13/2a
鎮江吳總卿　鐵菴集 13/2a
平江王侍郎 遂　鐵菴集 13/2b
上莊文府皇叔沂府皇弟啓　鐵菴集 13/3b
邵武劉守 克遜　鐵菴集 13/3b
謝鄭大參　鐵菴集 13/4b
謝喬相鄭參直舍人院　鐵菴集 13/4b
湯國正 巾　鐵菴集 13/5a
翁提管 逢龍　鐵菴集 13/5b
陳士訓　鐵菴集 13/6a
辭眾從官　鐵菴集 13/7a
回余給事 天賜　鐵菴集 13/7a
趙京尹 與懽　鐵菴集 13/7b
景獻府皇侄節使　鐵菴集 13/8a
賀新除呂理丞 延平　鐵菴集 13/8b
新督府參議盧監簿 補之　鐵菴集 13/8b
王著作 會龍　鐵菴集 13/9a

趙度支_{必愿}　鐵菴集 13/9b

陳尚左_{康熙}　鐵菴集 13/10a

禮侍趙直院_{汝談}　鐵菴集 13/10a

閩漕姚檢詳　鐵菴集 13/11a

范鄉守_鎔　鐵菴集 13/11b

賀李侍郎_韶　鐵菴集 13/12a

王常卿_{伯大}　鐵菴集 13/12b

温守趙直院_{汝騰}　鐵菴集 13/13b

丁酉去國鄉官王奏院諸公送鄉會　鐵菴集 13/14b

南劍州守陳理丞請酒　鐵菴集 13/15a

莆田宰送羊酒　鐵菴集 13/15b

新南海方尉_{碩子}送羊　鐵菴集 13/16a

方監元_{大林}送地甲　鐵菴集 13/16a

林象守_{壽公}送子魚　鐵菴集 13/16b

回方百二叔_{公安}送蘭　鐵菴集 13/16b

送朱省元_烈笋乳　鐵菴集 13/17b

送趙鄉倅歲　鐵菴集 13/17b

新居架廳王正字送犒匠　鐵菴集 13/17b

劉吏部送犒匠　鐵菴集 13/18a

張鄉守_友餽節　鐵菴集 13/18b

仁山回方省元_裴送稿匠　鐵菴集 13/18b

仁山回方省元_裴又送魚酒　鐵菴集 13/19a

龔監稅送響石　鐵菴集 13/19b

廣州行鄉飲請三賓長林橐　鐵菴集 13/19b

廣州行鄉飲請三賓次賓廓　鐵菴集 13/20b

廣州行鄉飲請三賓三賓李　鐵菴集 13/21a

送廣州新第周新恩毋安人折俎　鐵菴集 13/21b

送南海趙簿_{嗣鼂}毋安人折俎　鐵菴集 13/22a

龍岬廟題疏回鄭學録　鐵菴集 13/22b

李侍郎_韶　鐵菴集 13/24a

浙東倉馬户部_{光祖}　鐵菴集 13/24b

林沙宰_珪　鐵菴集 13/25a

黃梧守_娃　鐵菴集 13/25b

鄭倅_{起渭}　鐵菴集 13/25b

潮陽郭監稅_{若水}　鐵菴集 13/26a

鄉學職　鐵菴集 13/27a

十致政兄　鐵菴集 13/27b

諸姪　鐵菴集 13/28a

方省元_{迪吉}　鐵菴集 13/29a

鄭丞相_{清之}　鐵菴集 14/1a

喬丞相　鐵菴集 14/7b

李丞相_{宗勉}　鐵菴集 14/9b

鄒參樞_{應龍}　鐵菴集 14/20a

鄭知院_{性之}　鐵菴集 14/22b

史丞相_{嵩之}　鐵菴集 14/23a

范丞相_鍾　鐵菴集 15/1a

游丞相_侣　鐵菴集 15/3b

趙尚書_{汝談}　鐵菴集 15/15b

袁侍郎_甫　鐵菴集 15/17b

高少卿_{定子}　鐵菴集 15/33a

劉郎中_{震孫}　鐵菴集 15/34a

王祭酒_{典權}　鐵菴集 15/39b

劉潛夫_{克莊}　鐵菴集 16/1a

劉元思_{强甫}　鐵菴集 16/11a

王實之_邁　鐵菴集 16/11b

趙直院_{汝騰}　鐵菴集 16/15b

王大卿_埜　鐵菴集 16/18b

王尚書_{伯大}　鐵菴集 17/1a

曹侍郎_豳　鐵菴集 17/6b

唐常卿_璘　鐵菴集 17/13a

趙侍郎_涯　鐵菴集 17/16a

徐右司_{鹿卿}　鐵菴集 17/16b

湯國正_中　鐵菴集 17/19b

江古心_{萬里}　鐵菴集 17/20b

王宮教_{辰應}　鐵菴集 17/24a

杜尚書_杲　鐵菴集 17/26a

劉子栗_鎮　鐵菴集 17/34a

鄭金部_{逢辰}　鐵菴集 17/34b

吳侍郎_潛　鐵菴集 18/1a

温守史監丞_{彌忞}　鐵菴集 18/1b

倪寺丞_{祖常}　鐵菴集 18/3b

黃倉_晟　鐵菴集 18/7a

玉沙蕭宰_洽　鐵菴集 18/8a

趙國器_{三子}　鐵菴集 18/10a

陳教_{伯圭}　鐵菴集 18/11a

范鄉守_鎔　鐵菴集 18/12a

趙宰_{㻛夫}　鐵菴集 18/15b

龍溪趙宰_{澤夫}　鐵菴集 18/17a

留經畧_端　鐵菴集 18/18a

廖監酒_{夢昭}　鐵菴集 18/18b

王統制　鐵菴集 18/19a

吳金部_淇　鐵菴集 18/19b

姜倅_{繼明}　鐵菴集 18/20a

真運屬_{志道}　鐵菴集 18/21a

董侍郎槐　鐵菴集 19/1a
劍守馬郎中天驥　鐵菴集 19/5b
本軍張守友　鐵菴集 19/8a
徐仲晦明叔　鐵菴集 19/10b
趙教授時迓　鐵菴集 19/12a
鄭節推宅心　鐵菴集 19/13b
順昌趙宰汝腴　鐵菴集 19/14b
曾潮守天麐　鐵菴集 20/1a
趙西宗希政　鐵菴集 20/1b
曾劍守宏正　鐵菴集 20/3a
孟運管繼華　鐵菴集 20/4b
林竹溪希逸　鐵菴集 20/5a
曾太卿式中　鐵菴集 20/6b
鄒編修應博　鐵菴集 20/9b
韓檢正大倫　鐵菴集 20/11b
劉制幹武子　鐵菴集 20/13a
舒泉教仲龍　鐵菴集 20/14a
興化趙令汝儥　鐵菴集 20/15b
漳浦陳宰森　鐵菴集 20/17b
永福董宰鴻道　鐵菴集 20/18b
寧都黃宰籍　鐵菴集 20/20b
羅源林宰禧子　鐵菴集 20/21b
何判官士頤　鐵菴集 20/22b
賈總卿　鐵菴集 20/26a
福建趙倉綸　鐵菴集 20/30a
邵武朱守子夙　鐵菴集 20/32a
游侍郎九功　鐵菴集 20/33a
蔡覺軒　鐵菴集 20/33b
蔡知縣抗　鐵菴集 20/36b
朱總郎鑑　鐵菴集 20/38a
葉郎中莫　鐵菴集 20/39a
王提刑潭　鐵菴集 21/1a
鄉守項寺丞博文　鐵菴集 21/1b
趙南宗師恕　鐵菴集 21/6a
漳守黃殿講朴　鐵菴集 21/6b
陳劍倅義和　鐵菴集 21/9a
楊劍倅恭　鐵菴集 21/10b
蕭司戶安之　鐵菴集 21/12a
潘司理公浞　鐵菴集 21/13a
李吏部昴英　鐵菴集 21/14a
劉侍郎　鐵菴集 21/18a
趙憲師籛　鐵菴集 21/21b
林憲宋偉　鐵菴集 21/22a

宋憲慈　鐵菴集 21/26a
李漕遇　鐵菴集 21/29a
白新守下起　鐵菴集 21/30b
鄭潮守良臣　鐵菴集 21/32a
黃梧守娃　鐵菴集 21/34b
肇慶章守勯　鐵菴集 21/35b
周連教梅叟　鐵菴集 21/36a
蕭新班山則　鐵菴集 22/1a
楊憲大異　鐵菴集 22/4b
陳漕昉　鐵菴集 22/7a
黃倉宿　鐵菴集 22/8b
德慶馮守光　鐵菴集 22/9a
新州左守師召　鐵菴集 22/12b
趙西倅　鐵菴集 22/13b
林潮教經德　鐵菴集 22/14a
田堂賓灝　鐵菴集 22/15b
廣西蔡帥範　鐵菴集 22/17a
謝瓊筦　鐵菴集 22/18b
鄉守楊編修棟　鐵菴集 22/19a
李憲幹伯賢　鐵菴集 22/20b
將樂梅宰均　鐵菴集 22/22b
陳光仲煒　鐵菴集 23/1a
陳寺丞圭　鐵菴集 23/1b
陳汝功起(1－2)　鐵菴集 23/2b－3a
宋循守翽　鐵菴集 23/4a
江陰顧僉孺履　鐵菴集 23/5b
博羅趙宰希淑　鐵菴集 23/6a
鄭倅晉新　鐵菴集 23/6b
鄭德言偘　鐵菴集 23/8b
鄭清叔玠　鐵菴集 23/9a
鄭方叔珽　鐵菴集 23/13b
鄭魯叟龍甫　鐵菴集 23/14b
陳平父均　鐵菴集 24/1a
劉習靜彌邵　鐵菴集 24/2a
劉孟容戒　鐵菴集 24/3b
方蒙仲澄孫　鐵菴集 24/5a
李良翁丑父　鐵菴集 24/15a
林尉公琰　鐵菴集 24/18a
林同卿龜從　鐵菴集 24/20b
陳令湯　鐵菴集 24/21b
林艾軒孫鈞　鐵菴集 24/22b
林寒齋公遇　鐵菴集 24/24a
林僉判公奕　鐵菴集 24/30b

南安趙守彥倪　鐵菴集 24/32a
陳廣漕疇　鐵菴集 24/33b
林提幹進禮　鐵菴集 24/34b
林沙宰珪　鐵菴集 24/36a
趙倅善夐　鐵菴集 25/1a
黃守寔　鐵菴集 25/2a
黃判官端巳　鐵菴集 25/3b
李秘校復老　鐵菴集 25/4a
李秘校頤老　鐵菴集 25/5a
蔣粹翁公美　鐵菴集 25/5b
趙講書彌應　鐵菴集 25/7a
韓秀才之會　鐵菴集 25/7b
黃叔惠　鐵菴集 25/8b
九三叔可行　鐵菴集 25/9b
念一兄公直　鐵菴集 25/11a
六四弟子長　鐵菴集 25/11b
萬四叔逢吉　鐵菴集 25/12b
小五叔籌　鐵菴集 25/13b
九二叔安行　鐵菴集 25/16a
九叔楫孫　鐵菴集 25/17a
彥惠迪吉　鐵菴集 25/17b
三十八弟克時　鐵菴集 25/18a
千一叔君采　鐵菴集 25/18b
十四叔壎　鐵菴集 25/20b
嚴仲之泰　鐵菴集 25/22a
時父遇　鐵菴集 25/24b
建陽尉窓祖平江　鐵菴集 25/26a
南海尉碩子　鐵菴集 25/26b
光澤尉濯　鐵菴集 25/27b
賀任簽書兼參政　鐵菴集 44/1a
賀方察院自編修右司除　鐵菴集 44/1b
通湖廣何總郎　鐵菴集 44/2b
通江西帥衛大參書已又代盧陵尉　鐵菴集 44/3b
與吉州監務書　鐵菴集 44/4b
投滕漕卿代船場官求關陞　鐵菴集 44/7b
投滕漕代林丞求陞陟　鐵菴集 44/8b
謝胡尚書　鐵菴集 44/9a
謝滕漕卿舉改官代趙帳幹　鐵菴集 44/10a
上權府滕漕卿代倉官移監酒乞還職　鐵菴集 44/11a
通建倉趙監丞　鐵菴集 44/12b
通西宗趙司直　鐵菴集 44/13b
通汀守趙寺簿　鐵菴集 44/14b

通何運管　鐵菴集 44/15b
通趙帳幹　鐵菴集 44/16a
通推官鄭同年　鐵菴集 44/17a
通錄參李同年　鐵菴集 44/17b
通司理　鐵菴集 44/18a
通李教授　鐵菴集 44/18b
通薛丞權司理　鐵菴集 44/19a
與鄰邑尉　鐵菴集 44/20a
在城監稅　鐵菴集 44/20b
梅溪巡檢　鐵菴集 44/20b
回學長　鐵菴集 44/21a
回學職　鐵菴集 44/22a
回士發　鐵菴集 44/22b
慰宋卿　鐵菴集 45/1a
通史丞相代鞏漕　鐵菴集 45/1b
被召謝丞相　鐵菴集 45/2a
賀任簽書兼參政　鐵菴集 45/3b
賀方察院　鐵菴集 45/4a
賀江西憲蕭著郎代方洪僉　鐵菴集 45/5a
謝贛州提刑都鈐胡尚書代盧陵尉　鐵菴集 45/5b
循州湯領閣　鐵菴集 45/6a
循州陳守　鐵菴集 45/7a
循州傅倅　鐵菴集 45/7a
交代葉推　鐵菴集 45/7b
康察院　鐵菴集 45/8a
方正字　鐵菴集 45/8b
謝李丞相宗勉　壺山四六/2b
謝史丞相　壺山四六/4a
謝游參政伯　壺山四六/5a
謝范樞密鏞　壺山四六/5b
謝李尚書舉自代性傳　壺山四六/6a
賀徐樞密榮叟　壺山四六/7b
賀彭侍御方　壺山四六/8b
賀金正言淵　壺山四六/9a
賀金侍御淵　壺山四六/10a
賀方司諫俅　壺山四六/10b
賀濮正言斗南　壺山四六/11b
賀劉察院伯正　壺山四六/12a
賀謝察院方叔　壺山四六/12b
通福建安撫李尚書大同　壺山四六/13b
通福建童提刑　壺山四六/15a
通提刑項戶部寅孫　壺山四六/16a

通福建李提舉昂英　壺山四六/17a
賀福建趙提舉綸　壺山四六/18a
通西外趙知宗汝擇　壺山四六/19a
通南外知宗趙防禦師良　壺山四六/20a
回建守黃都承壯猷　壺山四六/21a
回泉守趙侍郎㴂　壺山四六/22a
回南劍曾守宏正　壺山四六/23b
回興化陳守仲埴　壺山四六/24a
回王泉州會龍　壺山四六/25a
回徐漳州栗　壺山四六/26a
回興化項守搏文　壺山四六/26b
通南劍守徐兵部元杰　壺山四六/27b
回建寧鍾倅霖　壺山四六/28b
回建寧宗添倅炳　壺山四六/29a
回諸州通判　壺山四六/29b
回南劍添倅趙司令與濟　壺山四六/30a
回興化江倅　壺山四六/30b
回興化趙倅　壺山四六/31a
回洪運管蔚　壺山四六/31b
回鄒運幹恭　壺山四六/32b
趙運屬淘夫　壺山四六/32b
回朱提幹欽祖　壺山四六/33a
回建寧鄭教授濬　壺山四六/34a
回莆田知縣　壺山四六/34b
回仙遊興化兩知縣　壺山四六/35a
回諸暨知縣　壺山四六/35b
回雲臺劉中散學裘　壺山四六/36a
回浦城趙宰　壺山四六/37a
回建寧翁解頭以孫　壺山四六/37b
回諸解元　壺山四六/38b
回游監元　壺山四六/39a
回漕試鎖換解元　壺山四六/39b
回宗子漕元　壺山四六/40a
在城監稅　壺山四六/40b
梅溪巡檢　壺山四六/41a
通黃長汀普　壺山四六/41b
通交代曹上杭　壺山四六/42b
回學長　壺山四六/43b
攸縣周權宰　壺山四六/44a
通程內翰　壺山四六/44b
通隆興帥曹吏部　壺山四六/47a
通鞏漕權帥　壺山四六/48b
通西外趙判宗　壺山四六/50b

謝趙倉院舉文華　壺山四六/51a
謝鞏漕破白舉改官　壺山四六/53a
通汀州陳府判　壺山四六/54b
通吳運幹　壺山四六/55b
回舒計議　壺山四六/56a
通曾僉判　壺山四六/56b
通鄭推官志學　壺山四六/57a
與蔡知縣朴　壺山四六/58a
～回
答曹宣慰書　桐江集5/19b
與曹宏齋書　桐江集5/20a
柬二　桐江集5/21b
答趙雲屋　桐江集5/23a
與畢觀竹　桐江集5/23b
乙亥前上書本末　桐江集6/1a
乙亥後上書本末　桐江集6/14a
～岳
代通丁察院　秋崖稿7/1a
代通王宰　秋崖稿1/1b
代通度侍郎　秋崖稿7/2b
代通蔡總郎　秋崖稿7/3a
代通余侍郎　秋崖稿7/4a
代通方提刑　秋崖稿7/4b
代通陳漕使　秋崖稿7/5b
代通吳總卿　秋崖稿7/6a
代通交代趙宰　秋崖稿7/7a
代通王倉使　秋崖稿7/7b
代通林泉使　秋崖稿7/8a
通權教蔡僉判　秋崖稿7/9a
通丁憲　秋崖稿7/9b
代趙丞謝解　秋崖稿8/1a
代汪表姪謝解　秋崖稿8/1b
代大兄謝解　秋崖稿8/2b
代謝陞陟　秋崖稿8/3b
代謝薦舉　秋崖稿8/4b
代謝任滿　秋崖稿8/5a
代謝除華文閣直學士　秋崖稿8/6a
代謝除軍器簿　秋崖稿8/6b
代謝除端明殿學士淮東制置大使　秋崖稿8/7b
謝除禮兵部架閣添差制幹　秋崖稿9/1a
謝制使趙端明　秋崖稿9/2a
謝吳總侍　秋崖稿9/3a

謝廟堂　秋崖稿 9/4a

謝執政臺諫　秋崖稿 9/5a

謝丞相(1－2)　秋崖稿 9/6a－7b

南康到任謝廟堂　秋崖稿 9/8a

兩易邵武軍謝廟堂　秋崖稿 9/9a

邵武軍到任謝廟堂　秋崖稿 9/10a

通李帥制冬書　秋崖稿 10/1a

通吳總卿　秋崖稿 10/1b

通劉徽州　秋崖稿 10/1b

通趙通判　秋崖稿 10/2a

通知縣　秋崖稿 10/2b

回黃黃州　秋崖稿 10/3a

回丘運使　秋崖稿 10/3a

與丘運使　秋崖稿 10/3b

與宰執　秋崖稿 10/3b

與侍從　秋崖稿 10/4a

回潘宰　秋崖稿 10/4a

回諸邸　秋崖稿 10/4b

回樞府　秋崖稿 10/4b

回從藩　秋崖稿 10/5a

回京尹　秋崖稿 10/5a

回殿嚴　秋崖稿 10/5b

回朝士　秋崖稿 10/5b

回監司　秋崖稿 10/6a

回鄭少傅　秋崖稿 10/6a

回楊郡王　秋崖稿 10/6b

回鄭監丞　秋崖稿 10/6b

賀丞相(1－2)　秋崖稿 10/6b－7a

回景獻邸　秋崖稿 10/7a

回榮邸　秋崖稿 10/7b

回鄭丞相　秋崖稿 10/7b

通州府年書　秋崖稿 11/1a

通通判　秋崖稿 11/1a

通教授　秋崖稿 11/1b

通幕職　秋崖稿 11/2a

回王知軍　秋崖稿 11/2a

回諸縣　秋崖稿 11/2b

回丘憲　秋崖稿 11/2b

回吳總侍　秋崖稿 11/3a

回潘宰　秋崖稿 11/3a

回景獻邸　秋崖稿 11/3b

賀范丞相　秋崖稿 11/3b

答程教賀正　秋崖稿 11/4a

答景獻邸　秋崖稿 11/4b

賀曹常卿　秋崖稿 12/1a

賀呂宗卿　秋崖稿 12/1a

賀范尚書　秋崖稿 12/1b

賀吳閣學　秋崖稿 12/2a

賀吳尚書　秋崖稿 12/2b

賀程恭父　秋崖稿 12/2b

賀徽倅葉秘書　秋崖稿 12/3a

賀葉秘書　秋崖稿 12/3b

賀景獻邸　秋崖稿 12/3b

賀韓寺丞　秋崖稿 12/4a

賀王吏部　秋崖稿 12/4a

賀程右司　秋崖稿 12/4b

賀蔡憲　秋崖稿 12/5a

賀吳總侍　秋崖稿 12/5b

賀李運使　秋崖稿 12/5b

賀袁大監　秋崖稿 13/1a

賀高秘書　秋崖稿 13/1b

賀新守入郡　秋崖稿 13/2a

賀謝刑部　秋崖稿 13/2b

賀趙大資　秋崖稿 13/3a

賀謝刑部　秋崖稿 13/4a

賀高運使　秋崖稿 13/4b

賀李制帥　秋崖稿 13/5b

賀劉寺丞　秋崖稿 13/6b

賀李參政　秋崖稿 13/7b

賀李簽樞　秋崖稿 13/8a

賀游禮書　秋崖稿 13/8b

賀趙戶書　秋崖稿 13/9a

賀許兵書　秋崖稿 13/9b

賀李吏書　秋崖稿 13/9b

賀王右司　秋崖稿 13/10a

代賀余寺丞　秋崖稿 14/1a

代賀杜安撫　秋崖稿 14/1b

代賀趙刑郎　秋崖稿 14/2a

代賀傅右司　秋崖稿 14/2b

代賀黃檢詳　秋崖稿 14/2b

代賀韓檢正　秋崖稿 14/3a

代賀史督相　秋崖稿 14/3b

代賀杜制置　秋崖稿 14/4a

代賀游吏書　秋崖稿 14/4b

代賀許兵書　秋崖稿 14/5a

代賀蔣諫議　秋崖稿 14/6a

代賀林侍御　秋崖稿 14/6b

代賀李右史　秋崖稿 14/7a

代賀馬郎中　秋崖稿 14/7b

代賀葉秘書　秋崖稿 14/8a

代賀程常博　秋崖稿 14/8b

代賀尹漕　秋崖稿 14/8b

代賀喬佑神　秋崖稿 14/9a

代賀別尚書　秋崖稿 14/9a

代賀吳尚書　秋崖稿 14/9b

代賀岳都丞　秋崖稿 14/10a

代賀吳尚書　秋崖稿 14/10b

代賀黃少卿　秋崖稿 14/11a

代賀史尚書　秋崖稿 14/11b

代賀魏侍郎　秋崖稿 14/11b

代上王提舉　秋崖稿 15/1a

代上劉寺丞　秋崖稿 15/2a

代上李制使　秋崖稿 15/2b

代與諸監司　秋崖稿 15/3b

上趙端明　秋崖稿 15/4a

回朱尉　秋崖稿 16/1a

回劉學録　秋崖稿 16/1b

回趙學正　秋崖稿 16/1b

回張學正　秋崖稿 16/2a

回曹直學　秋崖稿 16/2b

回周學録　秋崖稿 16/3a

回周糾彈　秋崖稿 16/3b

回戴學諭　秋崖稿 16/3b

回蔣學諭　秋崖稿 16/4a

回徐齋諭　秋崖稿 16/4a

回湯掌儀　秋崖稿 16/4a

回蔣齋長　秋崖稿 16/4b

回葉教諭　秋崖稿 16/4b

回翟齋諭　秋崖稿 16/5a

回薛集正　秋崖稿 16/5a

回徐學諭　秋崖稿 16/5a

回奚監酒　秋崖稿 16/5b

回許察推　秋崖稿 16/5b

回王高郵　秋崖稿 16/6a

回沈宰　秋崖稿 16/6b

回趙漕　秋崖稿 16/7a

回丘憲　秋崖稿 16/7b

回朱制幹　秋崖稿 16/8a

回李簿　秋崖稿 16/8b

回張制幾　秋崖稿 16/9a

回士友　秋崖稿 16/9b

回鮑上舍　秋崖稿 16/9b

回黃宰　秋崖稿 16/10a

回衆官（1－2）　秋崖稿 16/10b

回趙尉　秋崖稿 16/11a

回趙縣丞　秋崖稿 16/11b

回景獻邸　秋崖稿 16/11b

回榮王　秋崖稿 16/12a

回程學諭　秋崖稿 16/12b

回景獻邸　秋崖稿 16/12b

回南康軍舉人第一名熊東之　秋崖稿 16/13a

回南康軍舉人第二名陳大猷　秋崖稿 16/13a

回南康軍舉人第三名劉震酉　秋崖稿 16/13b

回南康軍舉人第四名于震龍　秋崖稿 16/13b

回南康軍舉人第五名于方　秋崖稿 16/14a

回南康軍舉人第六名段夢賢　秋崖稿 16/14a

回南康軍舉人第七名黃桂　秋崖稿 16/14b

回南康軍舉人第八名何德新　秋崖稿 16/14b

回南康軍舉人第九名陳道可　秋崖稿 16/15a

回南康軍舉人第十名彭夢文　秋崖稿 16/15a

回南康軍舉人第十一名李鑣　秋崖稿 16/15b

回南康軍舉人第十二名劉夢六　秋崖稿 16/15b

回南康軍舉人第十三名陳□　秋崖稿 16/16a

回南康軍舉人第十四名凌鼎龍　秋崖稿 16/16a

回南康軍舉人第十五名利卓　秋崖稿 16/16b

代回趙簿　秋崖稿 17/1a

代回范侍郎　秋崖稿 17/1b

代回丘提刑　秋崖稿 17/2a

代回史參政　秋崖稿 17/2b

代回史督相　秋崖稿 17/3a

代回丘漕　秋崖稿 17/3b

代回趙文昌　秋崖稿 17/4a

代回項秘書　秋崖稿 17/4a

與趙端明　秋崖稿 18/1a

代與史尚書　秋崖稿 18/6a

代諸監司與廟堂　秋崖稿 18/8a

代與趙檢正　秋崖稿 18/9a

代與廟堂　秋崖稿 18/9b

代與史大監　秋崖稿 18/10b

與吳侍郎（1－2）　秋崖稿 19/1a－1b

與趙大資　秋崖稿 19/2a
與廟堂　秋崖稿 19/2a
與史都督　秋崖稿 19/3a
與史侍郎　秋崖稿 19/4b
與董丞相　秋崖稿 19/5a
與陳和仲　秋崖稿 19/6a
與吳運使　秋崖稿 19/7a
與吳總侍　秋崖稿 19/8a
與吳尚書　秋崖稿 19/8a
與繆路鈐　秋崖稿 19/9a
與謝太監　秋崖稿 19/10a
與徐常卿　秋崖稿 20/1a
與趙尉　秋崖稿 20/1b
與趙同知　秋崖稿 20/2a
與趙宰　秋崖稿 20/2b
與范丞相　秋崖稿 20/2b
與吳尚書　秋崖稿 20/3a
與吳履齋　秋崖稿 20/3b
與程兄　秋崖稿 20/4a
與丘制置　秋崖稿 20/4b
與趙丞　秋崖稿 20/5a
與王吏部　秋崖稿 20/5b
與趙帥　秋崖稿 20/6b
與蔡憲(1－2)　秋崖稿 20/7a
與吳尚書　秋崖稿 20/10a
與余宣撫　秋崖稿 20/10a
與胡兄　秋崖稿 20/11b
與余總郎　秋崖稿 21/1a
與葉殿院　秋崖稿 21/1a
與廟堂(1－2)　秋崖稿 21/1b－2a
與吳參政　秋崖稿 21/3a
與邵武同官　秋崖稿 21/3b
與李編修　秋崖稿 21/4b
與廟堂　秋崖稿 21/4b
與王參政(1－2)　秋崖稿 21/6a－7a
與蔡編修　秋崖稿 21/7b
與樓大監　秋崖稿 21/8a
與族人　秋崖稿 21/8b
與程尚書　秋崖稿 22/1a
與蔡尚書　秋崖稿 22/1a
與程户　秋崖稿 22/2a
與甯尉　秋崖稿 22/2b
與杜監丞　秋崖稿 22/2b

與丘文昌　秋崖稿 22/3a
與程提幹　秋崖稿 22/3b
與廟堂　秋崖稿 22/4a
與程朝陽　秋崖稿 22/4b
與葉殿院　秋崖稿 22/5a
與樓提舉　秋崖稿 22/5b
與榮王　秋崖稿 22/6a
與廟堂　秋崖稿 22/7a
與陸中書　秋崖稿 22/7b
與王起岩　秋崖稿 22/7b
與吳總卿　秋崖稿 22/8a
與滕學士友　秋崖稿 22/8a
與吳侍郎(1－2)　秋崖稿 22/8b－9a
與趙制使　秋崖稿 22/9b
與吳集撰(1－2)　秋崖稿 22/9b－10a
與胡司直　秋崖稿 22/10a
與吳總侍　秋崖稿 22/10b
與魏參政　秋崖稿 22/10b
與別制置　秋崖稿 22/11a
與何滁州(1－2)　秋崖稿 22/11b
與潘侍郎　秋崖稿 22/12a
與吳相公　秋崖稿 22/13a
與陳司業(1－2)　秋崖稿 22/13b
與黃漕　秋崖稿 22/14a
與謝少監　秋崖稿 22/14a
回余義夫　秋崖稿 23/1a
回陳教授　秋崖稿 23/1b
回趙端明　秋崖稿 23/2a
回鄭監丞　秋崖稿 23/2b
回史制置　秋崖稿 23/2b
回郭提幹　秋崖稿 23/3a
回吳參贊　秋崖稿 23/3b
回吳提幹　秋崖稿 23/4b
回陳撫幹　秋崖稿 23/5a
回王通州　秋崖稿 23/5b
回方幹　秋崖稿 23/5b
回鄭省倉　秋崖稿 23/6a
回潘宰　秋崖稿 23/6b
回趙子淵　秋崖稿 24/1a
回程務實　秋崖稿 24/2a
回王監門　秋崖稿 24/2a
回程直學　秋崖稿 24/2b
回程會稽　秋崖稿 24/2b

回史監丞(1-2)　秋崖稿 24/3a-3b
回方宰　秋崖稿 24/3b
回劉教授　秋崖稿 24/4a
回游參政　秋崖稿 24/4b
回吳丞　秋崖稿 24/5a
回米權郡　秋崖稿 24/6a
回馮憲　秋崖稿 24/7a
回陳尉　秋崖稿 24/8a
回饒宰　秋崖稿 24/8b
回劉師幾　秋崖稿 24/9a
回袁吏部　秋崖稿 24/9b
回黃權郡　秋崖稿 24/9b
回趙簽判　秋崖稿 24/10b
回李宰　秋崖稿 24/11a
回奚朝瑞　秋崖稿 24/12b
回鄉郡謝守　秋崖稿 24/13a
答吳總侍　秋崖稿 25/1a
答恭率翁　秋崖稿 25/2a
答謝兄　秋崖稿 25/2b
答黃宰　秋崖稿 25/2b
答饒監丞　秋崖稿 25/3a
答甯知錄　秋崖稿 25/3b
答金守　秋崖稿 25/4a
答奚兄　秋崖稿 25/4b
答曹帥幾　秋崖稿 25/4b
答鄉友　秋崖稿 25/5a
答朱兄　秋崖稿 25/5b
答汪兄　秋崖稿 25/5b
答張兄　秋崖稿 25/6a
答陳教　秋崖稿 25/6a
答李錄　秋崖稿 25/6b
答韓寺丞　秋崖稿 25/7a
答范丞相(1-2)　秋崖稿 25/7a-7b
答吳尚書　秋崖稿 25/8a
答趙都統　秋崖稿 25/8b
答陳料院　秋崖稿 25/9b
答趙倅　秋崖稿 25/9b
答葉秘書　秋崖稿 25/10a
答金興國　秋崖稿 25/10b
答潘南夫　秋崖稿 25/11a
答魏監丞　秋崖稿 25/11b
答高吏部　秋崖稿 26/1a
答南康同官　秋崖稿 26/1b

答吳倅　秋崖稿 26/2a
答饒監丞　秋崖稿 26/2a
答劉教授　秋崖稿 26/3b
答葉兄　秋崖稿 26/3b
答湯侍郎　秋崖稿 26/4b
答程教　秋崖稿 26/4b
答李兄　秋崖稿 26/5a
答馮此山　秋崖稿 26/5b
答葉兄　秋崖稿 26/6b
答趙推　秋崖稿 26/6b
答操尉　秋崖稿 26/7a
答蔡憲　秋崖稿 26/7b
答方教(1-2)　秋崖稿 26/8a-8b
答高宰　秋崖稿 26/9a
答費宰　秋崖稿 26/9b
答鄭提管　秋崖稿 26/10a
答汪運幹　秋崖稿 26/10b
答龔國錄　秋崖稿 26/11b
答許教　秋崖稿 26/12a
答范丞相　秋崖稿 27/1a
答同官　秋崖稿 27/1b
答陳料院　秋崖稿 27/1b
答吳兄　秋崖稿 27/2a
答陳司直　秋崖稿 27/2b
答陳提幹　秋崖稿 27/3a
答張丞　秋崖稿 27/3a
答應武論　秋崖稿 27/3b
答葉正言　秋崖稿 27/4a
答程都大(1-2)　秋崖稿 27/4b-5a
答方僉　秋崖稿 27/5b
答黃正奏　秋崖稿 27/6a
答趙寺丞　秋崖稿 27/6b
答林兄　秋崖稿 27/6b
答洪宗論(1-2)　秋崖稿 27/7a-7b
答潘兄　秋崖稿 27/8a
答蔡憲　秋崖稿 27/8a
答吳丈　秋崖稿 27/8b
答吳兄　秋崖稿 27/9a
答金臨江　秋崖稿 27/9a
答趙運管　秋崖稿 27/9b
答趙教授　秋崖稿 27/9b
答胡文叔　秋崖稿 27/10a
答費司法　秋崖稿 27/10b

答汪兄　秋崖稿 28/1a

答許知縣　秋崖稿 28/1a

答林倅　秋崖稿 28/1b

答楊元謹　秋崖稿 28/2a

答汪知觀　秋崖稿 28/2a

答陳教　秋崖稿 28/2b

答高宰　秋崖稿 28/2b

答曹工部　秋崖稿 28/3a

答劉知府　秋崖稿 28/3a

答鄭運幹　秋崖稿 28/3b

答程教　秋崖稿 28/4a

答趙提刑送春衣冬絹　秋崖稿 28/4a

答朱尉　秋崖稿 28/4b

答胡簿　秋崖稿 28/4b

答謝司户　秋崖稿 28/5a

答陳常博　秋崖稿 28/5b

答吳殿撰　秋崖稿 28/6a

答李實夫　秋崖稿 28/6a

答史湘潭　秋崖稿 28/6b

答洪侍郎　秋崖稿 28/7a

答胡文叔　秋崖稿 28/7a

答葉巡檢　秋崖稿 28/7b

答葉華父　秋崖稿 28/8a

答吳運幹　秋崖稿 28/8b

答宋尉　秋崖稿 28/9a

答楊宰　秋崖稿 28/9a

答陳守　秋崖稿 28/9b

答趙運屬　秋崖稿 28/9b

答程兄　秋崖稿 28/10a

答趙尉　秋崖稿 28/10b

答謝太監(1-2)　秋崖稿 28/10b－11a

答謝守　秋崖稿 28/11a

代與高紫微　秋崖稿 29/1a

代與許侍郎　秋崖稿 29/1a

代與陳尚書　秋崖稿 29/1b

代與史督相　秋崖稿 29/2a

代與史參政　秋崖稿 29/3b

親書(1-3)　秋崖稿 29/4b－6b

代與何總卿　秋崖稿 29/7a

代與曾參政　秋崖稿 29/8b

代與浦城塵宰　秋崖稿 29/10b

代與江西陳漕　秋崖稿 29/11b

代與姚簿　秋崖稿 29/12b

代與袁太監　秋崖稿 30/1a

代與趙大使　秋崖稿 30/2a

代與丁察院　秋崖稿 30/3a

代與高漕　秋崖稿 30/4b

代與度侍郎　秋崖稿 30/5b

代與方憲　秋崖稿 30/6b

代與趙宰　秋崖稿 30/8a

代與喬樞密　秋崖稿 30/9a

代與趙判宗　秋崖稿 30/10b

代與王倉　秋崖稿 30/11b

代回王都丞　秋崖稿 31/1a

代回陳同知　秋崖稿 31/2a

代回趙提幹　秋崖稿 31/2b

代回丞相　秋崖稿 31/3a

代回喬佑神　秋崖稿 31/3b

秋崖方先生書(致許月卿書)　先天集/附録上 5b

周禮得舉謝啓　新安文獻 42/9a

代賀袁大監甫啓　新安文獻 42/10a

代賀趙大資葵啓　新安文獻 42/10b

代賀高運使啓　新安文獻 42/11a

代謝陞啓　新安文獻 43/1a

兩易邵武軍謝廟堂啓　新安文獻 43/1b

賀蔣諫議啓　南宋文範 30/11a

~　梓

附方梓壽吳良貴　存雅稿 3/8b

附方梓壽吳立夫母夫人　存雅稿 3/9a

~逢辰

上廟堂書　蛟峰集 2/4b

與廟堂書　蛟峰集 2/7a

達嚴郡守　蛟峰集 2/8b

回馬總領　蛟峰集 2/9b

與包宏齋　蛟峰集 2/10a

與寶慶夙宮教　蛟峰集 2/11b

回吳退庵　蛟峰集 2/12b

薦洪尉　蛟峰集 2/13a

薦王新班　蛟峰集 2/13b

與趙端明　蛟峰集 2/14a

回趙端明　蛟峰集 2/15a

通方宮使造黟侯詞　蛟峰集 2/15b

答何毅齋求薦　蛟峰集 2/16a

達朱南山制置　蛟峰集 2/17a

達趙都大　蛟峰集 2/17a

達李提舉　蛟峰集 2/17b
賀盧可庵鄉舉　蛟峰集 2/18a
吳是齋問乞巧文内子厚少陵事　蛟峰集 2/18b
賀盧可庵赴春官　蛟峰集 2/19a
回賀何正書　蛟峰集 2/19b
回魯國正謝銘書　蛟峰集 2/20a
回盧可庵　蛟峰集 2/20a
回許國正爭妓　蛟峰集 2/20b
與吳是齋　蛟峰集 2/20b
回盧可庵饋物　蛟峰集 2/21a
達宋雲叟薦毛伯明　蛟峰集 2/21a
達王翠麓薦毛伯玉　蛟峰集 2/21b
答盧可庵手帖　蛟峰集 2/22a
回洪司理爲親壽　蛟峰集 2/22a
送物與陳宜中丞相　蛟峰集 2/22b
送物與盧可庵　蛟峰集 2/23a
遣花粉禮往項宅　蛟峰集 2/23a
賀董矩堂　蛟峰集 3/1a
賀何提幹　蛟峰集 3/2a
賀王僉樞　蛟峰集 3/3a
賀程僉樞　蛟峰集 3/3b
賀胡殿院　蛟峰集 3/4a
賀丁司諫　蛟峰集 3/4b
賀吳守　蛟峰集 3/5a
賀邵正言　蛟峰集 3/5b
回趙少保　蛟峰集 3/6a
回鎮江徐總　蛟峰集 3/6a
回王檢閱　蛟峰集 3/6b
回南班冬　蛟峰集 3/6b
回徐總　蛟峰集 3/7a
回西倉送酒　蛟峰集 3/7b
回皮嘉興　蛟峰集 3/7b
回南班正　蛟峰集 3/8a
回詩秘書送物　蛟峰集 3/8a
回王漕賀新除　蛟峰集 3/8b
回安吉楊守　蛟峰集 3/9a
又回楊守送重午　蛟峰集 3/9a
賀吳是齋弟中鄉試　蛟峰集 3/9b
賀何梅境入太學　蛟峰集 3/9b
賀何曾六丈得鄉第　蛟峰集 3/10a
賀余吉甫升學中十一名　蛟峰集 3/10a
賀人中鄉試　蛟峰集 3/10b

賀同年中鄉舉　蛟峰集 3/10b
賀周幾堂請舉　蛟峰集 3/11a
賀吳是齋入室　蛟峰集 3/11a
賀能和尚生日　蛟峰集 3/11b
回人請　蛟峰集 3/11b
方聘陳　蛟峰集 3/12a
方聘何　蛟峰集 3/12a
上廟堂書　山房遺文 2/4b
與廟堂書　山房遺文 2/7a
達嚴郡守　山房遺文 2/8b
回馬總領　山房遺文 2/9b
與包宏齋　山房遺文 2/10a
與寶慶夙宮教　山房遺文 2/11b
回吳退庵　山房遺文 2/12b
薦洪尉　山房遺文 2/13a
薦王新班　山房遺文 2/13b
與趙端明　山房遺文 2/14a
回趙端明　山房遺文 2/15a
通方宮使造麌侯祠　山房遺文 2/15b
答何毅齋求薦　山房遺文 2/16a
達朱南山制置　山房遺文 2/17a
達趙都大　山房遺文 2/17a
達李提舉　山房遺文 2/17b
賀盧可庵鄉舉　山房遺文 2/18a
吳是齋問乞巧文内子厚少陵事　山房遺文 2/18b
賀盧可庵赴春官　山房遺文 2/19a
回賀何正書　山房遺文 2/19b
回魯國正謝銘書　山房遺文 2/20a
回盧可庵　山房遺文 2/20a
回許國正爭妓　山房遺文 2/20b
與吳是齋　山房遺文 2/20b
回盧可庵饋物　山房遺文 2/21a
達宋雲叟薦毛伯明　山房遺文 2/21a
達王翠麓薦毛伯玉　山房遺文 2/21b
答盧可庵手帖　山房遺文 2/22a
回洪司理爲親壽　山房遺文 2/22a
送物與陳宜中丞相　山房遺文 2/22b
送物與盧可庵　山房遺文 2/23a
遣花粉禮往項宅　山房遺文 2/23a
賀重矩堂　山房遺文 3/1a
賀何提幹　山房遺文 3/2a
賀王僉樞　山房遺文 3/3a

賀程僉樞　山房遺文 3/3b

賀胡殿院　山房遺文 3/4a

賀丁司諫　山房遺文 3/4b

賀吳守　山房遺文 3/5a

賀邵正言　山房遺文 3/5b

回趙少保　山房遺文 3/6a

回鎮江徐總　山房遺文 3/6a

回王檢閱　山房遺文 3/6b

回南班東　山房遺文 3/6b

回徐總　山房遺文 3/7a

回西倉送酒　山房遺文 3/7b

回皮嘉興　山房遺文 3/7b

回南班正　山房遺文 3/8a

回詩秘書送物　山房遺文 3/8a

回王漕賀新除　山房遺文 3/8b

回安吉楊守　山房遺文 3/9a

賀吳是齋弟中鄉試　山房遺文 3/9b

賀何梅境入太學　山房遺文 3/9b

賀何曾六文得鄉第　山房遺文 3/10a

賀余吉甫升學　山房遺文 3/10a

賀人中鄉試　山房遺文 3/10b

賀同年中鄉舉　山房遺文 3/10b

賀周幾堂請舉　山房遺文 3/11a

賀吳是齋入室　山房遺文 3/11a

賀能和尚生日　山房遺文 3/11b

回人請　山房遺文 3/11b

方聘陳　山房遺文 3/12a

方聘何　山房遺文 3/12a

遣禮往項氏書　山房遺文 8/9a

～雲峰

賀蛟峰先生及第書　蛟峰集/外 2/2a　山房遺文/外 2/2a

～雲翼

賀丞相兼樞密使啓　播芳文粹 48/15b

賀文太尉啓　播芳文粹 58/24b

謝試中宏詞啓　播芳文粹 76/24a

赴任上監司啓　播芳文粹 82/24a

～　萬

謁蛟峰先生書　蛟峰集/外 2/3a　山房遺文外 2/3a

～　鳳

上陳丞相書　存雅稿 3/1a

午日候張叔元鎮帥　存雅稿 3/8a

答行可吳姻家　存雅稿 3/8b

～　樗

附方樗餉吳良貴　存雅稿 3/8b

王十朋

上太守李端明書　梅溪集/前 16/1a

代曾尉上陳安撫　梅溪集/前 16/3a

代曾尉答交代　梅溪集/前 16/4b

代謝同文館解　梅溪集/前 16/5a

代謝鄉解　梅溪集/前 16/6b

陞補上舍謝宰相　梅溪集/前 16/7b

謝王太博佐　梅溪集/前 16/9a

昌齡弟送定葉氏　梅溪集/前 16/9a

昌齡請期　梅溪集/前 16/9b

聞詩定孫氏　梅溪集/前 16/9b

回錢氏送定　梅溪集/前 16/10a

代送定七首　梅溪集/前 16/10a

代回定四首　梅溪集/前 16/12b

明慶教院請講疏　梅溪集/前 18/6b

及第謝宰相　梅溪集/後 22/1a

張參政綱　梅溪集/後 22/2a

陳樞密誠之　梅溪集/後 22/2a

楊侍郎椿　梅溪集/後 22/2b

李侍郎琳　梅溪集/後 22/2b

賀侍郎允中　梅溪集/後 22/3a

劉侍郎才邵　梅溪集/後 22/3a

王侍郎僎　梅溪集/後 22/3a

陳侍郎康伯　梅溪集/後 22/3b

張侍郎　梅溪集/後 22/3b

王舍人綸　梅溪集/後 22/4a

趙舍人逵　梅溪集/後 22/4a

周舍人麟之　梅溪集/後 22/4a

孫少卿道夫　梅溪集/後 22/4b

周侍郎方崇　梅溪集/後 22/4b

王殿院珪　梅溪集/後 22/5a

凌司諫哲　梅溪集/後 22/5a

王郎中剛中　梅溪集/後 22/5a

孟郡王　梅溪集 22/後 5b

與紹興趙殿撰令誾　梅溪集/後 22/5b

與邵提刑大受　梅溪集/後 22/6b

答蕭山宋知縣敷　梅溪集/後 22/7a

答嵊縣丞　梅溪集/後 22/7a

答上虞陳縣尉損　梅溪集/後 22/7b

答來司户　梅溪集/後 22/7b

與都提舉_紫 梅溪集/後 22/8a
與安撫王閣學師心 梅溪集/後 22/8b
賀趙侍郎令誤 梅溪集/後 22/9a
謝王舍人剛中 梅溪集/後 22/9b
答王宮教必中 梅溪集/後 22/10a
答周主簿賀正 梅溪集/後 22/10b
答慈溪姚知縣應辰 梅溪集/後 22/10b
與徐提刑度 梅溪集/後 22/11a
答會稽錢知縣 梅溪集/後 22/11a
謝王安撫 梅溪集/後 22/11b
答諸暨王縣尉_{萬章} 梅溪集/後 22/12b
答邵縣尉謝解 梅溪集/後 22/13a
答陸解元謝解_洙 梅溪集/後 22/13a
答高解元謝解 梅溪集/後 22/13b
答諸葛解元謝解 梅溪集/後 22/13b
答周主簿賀冬 梅溪集/後 22/14a
答孫通判 梅溪集 22/14a
除館職謝宰相 梅溪集/後 22/14b
除館職謝陳右相 梅溪集/後 22/16a
除館職謝王樞密 梅溪集/後 22/16a
除館職謝葉樞密 梅溪集/後 22/16a
答梁狀元 梅溪集/後 22/16b
答許狀元_{克昌} 梅溪集/後 22/17a
答丁狀元_{時發} 梅溪集/後 22/17b
答南劍州王守咨 梅溪集/後 22/17b
答溫州詹通判堯可 梅溪集/後 22/18a
答樂清徐令森 梅溪集/後 22/18b
答曾知郡汪 梅溪集/後 22/19a
與梁司諫 梅溪集/後 22/19b
答賀封贈 梅溪集/後 22/20a
答樂清洪縣丞_藏 梅溪集/後 22/20a
與張侍郎_闡 梅溪集/後 22/20b
答新昌李縣丞_結 梅溪集/後 22/20b
答喻提舉_樗 梅溪集/後 23/1a
答樊提刑_{光遠} 梅溪集/後 23/1b
答溫州莫守伯虛 梅溪集/後 23/1b
答木狀元待閣 梅溪集/後 23/2a
答黃狀元_洽 梅溪集/後 23/2b
答丘狀元_崈 梅溪集/後 23/3a
答莫守賀冬 梅溪集/後 23/3b
答溫守袁正言_孚 梅溪集/後 23/3b
答饒州蔡通判 梅溪集/後 23/4a
答彭教授龜年 梅溪集/後 23/4b

答池州韓守_{元龍} 梅溪集/後 23/5a
答新靖州杜守_{明倫} 梅溪集/後 23/5b
答白待制 梅溪集/後 23/5b
答沈運使_樞 梅溪集/後 23/6a
答陳總幹_損 梅溪集/後 23/6b
答賀樞密 梅溪集/後 23/6b
答趙通判 梅溪集/後 23/7a
答樂清權縣求司法 梅溪集/後 23/7b
答荊南李大尉 梅溪集/後 23/8a
答歸州周守 梅溪集/後 23/8a
答周運使 梅溪集/後 23/8b
答查運使 梅溪集/後 23/9a
答吳參政 梅溪集/後 23/9b
答施州甄守_援 梅溪集/後 23/10a
答周運使 梅溪集/後 23/10b
答茶運使 梅溪集/後 23/10b
答潼川運使何舍人 梅溪集/後 23/11a
答前四川茶馬續修撰_齎 梅溪集/後 23/11b
答沈待制_調 梅溪集/後 23/12a
答劉大諫 梅溪集/後 23/12a
答凌尚書 梅溪集/後 23/12b
與沈尚書 梅溪集/後 23/13a
答姚才子 梅溪集/後 23/13b
答章教授 梅溪集/後 23/13b
答泉州交代周參政 梅溪集/後 23/14a
與福州王參政 梅溪集/後 23/14b
答趙知宗 梅溪集/後 23/15a
答蔣教授 梅溪集/後 23/15b
答興化陸教授 梅溪集/後 23/16a
答任運使 梅溪集/後 23/16a
答石察判_{起余} 梅溪集/後 23/16b
答郭縣尉 梅溪集/後 23/17a
答興化何知軍 梅溪集/後 23/17b
賀張尚書 梅溪集/後 23/18a
賀陳右相 梅溪集/後 23/18a
賀汪尚書應辰 梅溪集/後 23/18b
賀陳左相康伯 梅溪集/後 23/19a
賀虞右相尹文 梅溪集/後 23/19a
與交代胡侍郎 梅溪集/後 23/19b
答呂主簿廷 梅溪集/後 24/1a
與王安撫師心 梅溪集/後 24/1b
與趙侍郎令誤 梅溪集/後 24/2a
與王舍人剛中 梅溪集/後 24/2b

答陳少卿_掞　梅溪集/後 24/3b
答李丞務　梅溪集/後 24/4a
與張臺法闈　梅溪集/後 24/4a
答溫守周侍郎_綰　梅溪集/後 24/4b
答台守凌侍郎_哲　梅溪集/後 24/4b
與王運使_{之望}　梅溪集/後 24/5a
答曾知郡_汪　梅溪集/後 24/6b
與任安撫_古　梅溪集/後 24/7a
答趙撫幹_{伯椿}　梅溪集/後 24/7b
與任提舉_{文薦}　梅溪集/後 24/8a
與王總領_{之望}　梅溪集/後 24/8b
答王舍人佐　梅溪集/後 24/10a
與洪檢詳_邁　梅溪集/後 24/10b
與杜殿院起莘　梅溪集/後 24/11a
與吳察院_芾　梅溪集/後 24/11a
與汪侍郎　梅溪集/後 24/11b
與凌侍郎_{景夏}　梅溪集/後 24/12a
與劉察院_度　梅溪集/後 24/12b
與陳侍郎_{俊卿}　梅溪集/後 24/12b
與趙安撫_{清卿}　梅溪集/後 24/13a
與汪中丞　梅溪集/後 24/13a
與梁司諫　梅溪集/後 24/13b
答陳侍郎_{正同}　梅溪集/後 24/13b
答溫守徐侍郎　梅溪集/後 24/14a
與溫守莫郎中_{伯虛}　梅溪集/後 24/14b
答湖守陳郎中_{之茂}　梅溪集/後 24/14b
與永嘉南溪國朝宗　梅溪集/後 24/15b
與陸會稽修曹娥旌忠廟　梅溪集/後 25/1a
與江山陰修愍孝廟　梅溪集/後 25/1a
與趙安撫乞降祝版祀上虞舜廟　梅溪集/後 25/1b
與邵提刑　梅溪集/後 25/2a
與安撫論張侍郎論魯六傷犬　梅溪集/後 25/4b
與安撫監司論災傷　梅溪集/後 25/4b
與都提舉論災傷賑濟　梅溪集/後 25/5a
定奪餘姚縣和買　梅溪集/後 25/6b
定奪阿何訟陳友直　梅溪集/後 25/8a
定奪梁謙理分　梅溪集/後 25/8b
與趙安撫辭定奪　梅溪集/後 25/10a
與王安撫　梅溪集/後 25/10b
與橋道頓遞使董侍郎莘　梅溪集/後 25/10b
與直講史侍郎　梅溪集/後 25/11a

與宰相乞外任　梅溪集/後 25/11b
再與湯右相　梅溪集/後 25/12a
辭建王　梅溪集/後 25/12a
辭三觀察　梅溪集/後 25/12b
與陳左相辭免除著作佐郎　梅溪集/後 25/12b
與陳左相辭免除命乞外任　梅溪集/後 25/13a
再與陳左相辭免除命乞外任　梅溪集/後 25/13a
與宰相論災異　梅溪集/後 25/14a
與汪侍郎（1－2）　梅溪集/後 25/15a－16a
與二相乞祠　梅溪集/後 25/16b
與張佐司　梅溪集/後 25/17a
與虞丞相　梅溪集/後 25/17a
賀梁司諫　播芳文粹 52/6b
~之望
上綦侍郎書　漢濱集 9/1a
上呂丞相書　漢濱集 9/3a
上宰相書（1－3）　漢濱集 9/6a－11a
上執政書　漢濱集 9/13b
論部民訴經界書　漢濱集 9/15b
與殿帥楊郡王論兩淮移屯利害書　漢濱集 9/19b
與李侍郎書論兩淮兵屯　漢濱集 9/20b
回潼川續漕書論西路漕司財計　漢濱集 9/21b
再回續漕書　漢濱集 9/22a
與徐左司論軍須錢書　漢濱集 9/22b
又與徐左司書　漢濱集 9/25a
通何內翰書　漢濱集 9/25b
回朱都幹書　漢濱集 9/26b
與吳宣撫論出征將士書　漢濱集 9/30a
回吳宣撫論退師書　漢濱集 10/1a
與馮編修書　漢濱集 10/1b
與虞宣諭論事書　漢濱集 10/8b
回虞宣諭吳姚二大將出兵書　漢濱集 10/9a
回虞宣諭論因糧糴本錢書　漢濱集 10/10b
回吳宣撫報姚仲原州敗衄書　漢濱集 10/13a
與吳宣撫論再出散關書　漢濱集 10/13b
謝孫侍郎書　漢濱集 10/14a
上葉樞密書（謝薦就言事）　漢濱集 10/15a
與葉樞密論制敵方畧書　漢濱集 10/21b
回張司戶手書　漢濱集 10/22a
代范季思上宰相書　漢濱集 10/23a

代人上宰相書　漢濱集 10/25a

代范子芬上宰相書　漢濱集 10/27a

代石光錫上宰相書　漢濱集 10/28a

通鄭資政啓　漢濱集 11/1a

謝及第啓　漢濱集 11/2b

上孫承旨啓　漢濱集 11/5b

賀孫參政啓　漢濱集 11/6b

與閭丘侍郎問候啓　漢濱集 11/7b

除太學録謝宰相啓　漢濱集 11/9b

賀樓樞密啓　漢濱集 11/11a

通樓樞密啓　漢濱集 11/13a

謝孫參政舉改官啓　漢濱集 11/16a

謝樓樞密舉改官啓　漢濱集 11/17a

上高司業啓　漢濱集 11/19a

除博士謝宰相啓　漢濱集 11/20a

上湖州王侍郎啓　漢濱集 11/21a

回第三人陳學士啓　漢濱集 11/22b

回第四人莫學士啓　漢濱集 11/23a

荊門軍到任謝宰相啓　漢濱集 11/23b

與襄陽吳帥啓　漢濱集 11/24b

答潭州陳帥啓　漢濱集 11/25a

賀劉運判除秘閣陞副使啓　漢濱集 11/25b

通樓樞密啓　漢濱集 11/26a

荊門得替經從湖北謝陳漕啓　漢濱集 11/27a

回瀘南晁安撫啓　漢濱集 11/27b

賀呂總領啓　漢濱集 11/28a

謝范漕啓　漢濱集 11/29a

湖南提舉到任謝宰相啓　漢濱集 11/30a

通問湖北陳總領啓　漢濱集 11/30b

潼川漕謝宰相啓　漢濱集 12/1a

賀湯樞密啓　漢濱集 12/2a

潼川憲到任謝宰相啓　漢濱集 12/3a

賀沈丞相加恩啓　漢濱集 12/4a

成都運使到任謝宰相啓　漢濱集 12/4b

賀工部楊侍郎啓　漢濱集 12/5b

與沈夔帥啓　漢濱集 12/6a

與荊南劉太尉啓　漢濱集 12/7a

賀成都王制置啓　漢濱集 12/7b

賀成都王制置開藩啓　漢濱集 12/8a

與宮使孫左司啓　漢濱集 12/8b

賀宰相正啓　漢濱集 12/9b

與寄居范都運啓　漢濱集 12/9b

賀楊侍郎啓　漢濱集 12/10b

賀陳察院啓（1－2）　漢濱集 12/11a－11b

通趙給事中啓　漢濱集 12/12a

賀陳樞密啓　漢濱集 12/12b

賀沈制置啓　漢濱集 12/13b

太府少卿四川總領到任謝宰相啓　漢濱集 12/14a

回彭州馮守啓　漢濱集 12/15a

回杜殿院啓　漢濱集 12/15b

賀朱參政啓　漢濱集 12/16a

賀周樞密啓　漢濱集 12/16b

賀楊參政啓　漢濱集 12/17b

賀吳宣撫啓　漢濱集 12/18a

賀洪尚書啓　漢濱集 12/19a

謝虞尚書啓　漢濱集 12/19b

謝吳宣撫啓　漢濱集 12/20b

通問呂經畧啓　漢濱集 12/21a

賀黃給事中啓　漢濱集 12/21b

賀楊給事中啓　漢濱集 12/22b

賀黃樞密啓　漢濱集 12/23a

賀吳宣撫陞招討啓　漢濱集 12/24a

遠迎奉使虞尚書啓　漢濱集 12/24b

賀川陜宣諭虞尚書啓　漢濱集 12/25a

通宮使蘇尚書啓　漢濱集 12/25b

賀湯中丞啓　漢濱集 12/26a

賀汪中丞啓　漢濱集 12/27a

賀吳宣撫陞少傅啓　漢濱集 12/28a

賀汪參政啓　漢濱集 12/28b

賀同知張樞密啓　漢濱集 12/29b

除權户部侍郎四川宣諭使謝宰相啓　漢濱集 13/1a

與田太尉啓　漢濱集 13/2a

賀劉舍人啓　漢濱集 13/2a

賀汪殿院啓　漢濱集 13/3a

賀陳殿院啓　漢濱集 13/3b

賀梁諫議啓　漢濱集 13/4a

賀陳檢正啓　漢濱集 13/4b

答新利路張漕啓　漢濱集 13/5b

答夔路范漕啓　漢濱集 13/6a

賀何内翰啓　漢濱集 13/6b

賀周内翰啓　漢濱集 13/7a

賀汪侍郎啓　漢濱集 13/7b

回知渠州張侍郎啓　漢濱集 13/8b

賀湯侍郎啓　漢濱集 13/9a

回劉侍郎啓　　漢濱集 13/10a

賀新知荊南楊待制除戶部侍郎啓　　漢濱集
　13/10b

賀戶部劉侍郎啓　　漢濱集 13/11a

賀戶部張侍郎啓　　漢濱集 13/11b

賀徐侍郎啓　　漢濱集 13/12a

賀趙侍郎啓　　漢濱集 13/12b

賀汪侍郎啓　　漢濱集 13/13a

賀張都督啓　　漢濱集 13/14a

賀陳參政啓　　漢濱集 13/14b

知溫州謝宰相啓　　漢濱集 13/15b

湖州到任謝宰相啓　　漢濱集 13/16b

徽州到任謝宰相啓　　漢濱集 13/17b

泉州到任謝宰相啓　　漢濱集 13/18a

宣州到任謝宰相啓　　漢濱集 13/19a

除郡謝宣撫開府啓　　漢濱集 13/20a

代賀范檢正啓　　漢濱集 13/21a

代賀孟郡王帥紹興啓　　漢濱集 13/21b

代范元作謝除福建漕上宰相啓　　漢濱集 13/
　22a

代賀新明州潘舍人啓　　漢濱集 13/23b

代賀王舍人啓　　漢濱集 13/24a

代范李思上台守胡端明啓　　漢濱集 13/25a

代賀越帥周子武啓　　漢濱集 13/26a

代賀丞相除左僕射啓　　漢濱集 13/26b

代宰相生日回韓樞密啓　　漢濱集 13/28a

代王守上樞密張郡王啓　　漢濱集 13/28a

代梁尚書除知溫州謝宰相啓　　漢濱集 13/29a

代范相家謝婚啓　　漢濱集 13/30a

代徐守通婚啓　　漢濱集 13/30a

賀秦相子登第啓　　四庫拾遺 667/漢濱集

賀狀元及第啓(1～2)　　四庫拾遺 667－668/漢濱
　集　播芳文粹 65/6a～7a

賀余中丞啓　　播芳文粹 52/14b

~之道

論增稅利害代許敦詩上無爲守趙若虛書
　相山集 24/1a

上江東宣撫李端明書　　相山集 24/8b

上宣諭汪中丞書　　相山集 24/12a

紹興八年六月十二日上侍郎魏矼書　　相山
　集 24/16a

上都督張丞相書　　相山集 25/1a

代人上張德遠丞相書　　相山集 25/4a

代何希淵上張丞相書　　相山集 25/5b

上都督府參謀兵部尚書呂安老書　　相山集
　25/8a

紹興九年五月二十二日上諫議曾統書　　相
　山集 25/11b

與淮西提鹽許子長書　　相山集 25/17a

與無爲宰李廷吉書　　相山集 25/20b

上宣撫大使葉少蘊觀文書　　相山集 25/22b

賀王仲開無爲到任啓　　相山集 26/1a

賀宋景陽無爲到任啓　　相山集 26/1b

與滁州謝倅交代啓　　相山集 26/2a

賀元旦啓　　相山集 26/2b

代人到鎮江任謝執政啓　　相山集 26/3b

代宋景陽到無爲任謝執政啓　　相山集 26/4a

與無爲令李廷吉啓　　相山集 26/4b

謝張簿啓　　相山集 26/5a

賀劉無隅除戶部侍郎啓代何希淵作　　相山集
　26/5b

鎮撫司參謀到任謝趙聖用啓　　相山集 26/6a

謝發解啓　　相山集 26/7b

賀淮西漕韓璉啓　　相山集 26/8b

鎮撫司罷參謀謝啓　　相山集 26/9a

回安豐教授潘元賓賀啓　　相山集 26/10b

與信陽交代張卿直啓　　相山集 26/11a

代張守彥智賀劉宣贊克捷啓　　相山集 26/11a

代何希淵謝越守陳汝錫啓　　相山集 26/12a

賀黃大受司理致仁啓　　相山集 26/13b

代張守彥智賀朱勘沈仍及第啓　　相山集 26/
　13b

回應隆謝解啓　　相山集 26/14a

又回許瓖謝解啓　　相山集 26/14b

又回張天紀謝解啓　　相山集 26/15a

又回流寓孫深幾謝解啓　　相山集 26/15b

又回蘇路謝解啓(1～2)　　相山集 26/15b～16a

答滁州同官啓　　相山集 26/16a

答安豐同官啓　　相山集 26/16b

代人賀淮西趙安撫到任啓　　相山集 26/17a

得宮祠謝宰執啓　　相山集 26/17b

賀秦楚材啓　　四庫拾遺 217

戌兵營田安豐芍陂劄子　　南宋文範 32/2a

上侍郎魏石工書　　南宋文範/外 2/8a

上諫議曾統書　　南宋文範/外 2/11a

~子俊

代賀留右相　　格齋四六 2/1a

代賀史丞相轉光錄大夫進封魯國公　　格齋

四六 2/1b

代賀王參政藺　　格齋四六 2/2b
賀金察院　　格齋四六 2/3b
賀鄭正言除司諫　　格齋四六 2/4a
賀董秘丞除正言　　格齋四六 2/4b
代通安大使丙　　格齋四六 2/5a
賀龍興帥趙龍圖善俊　　格齋四六 2/6a
代王憲通荊南帥王樞使藺　　格齋四六 2/7a
通賀安撫王侍郎　　格齋四六 2/7b
賀潭州衛參政　　格齋四六 2/9a
通潼川漕謝太丞　　格齋四六 2/9b
通成都林運使　　格齋四六 2/10b
賀李崇慶得鄉節　　格齋四六 2/11b
代回利路毛提刑兼制參　　格齋四六 2/12b
通鹽使鄭侍講喬　　格齋四六 2/13a
代回建昌江守自任　　格齋四六 2/14a
代回鄭贛州汝諧　　格齋四六 2/14b
代通楊筠州誠齋　　格齋四六 2/15a
代誠齋迎賀趙守希仁　　格齋四六 2/15b
代通閭崇慶李校書　　格齋四六 2/16a
代回詹歸州　　格齋四六 2/16b
代回嘉定李校書　　格齋四六 2/17a
回眉州安直閣癸仲　　格齋四六 2/17b
代回潘倅昌齡　　格齋四六 2/18a
代回許提幹可注　　格齋四六 2/18b
代回彭提幹扶　　格齋四六 2/19a
代回本司幹官　　格齋四六 2/19b
回宇文制幹　　格齋四六 2/19b
代賀交代制置英侍郎赴召獵　　格齋四六 2/20a
代賀李侍郎除在京宮觀兼侍講燾　　格齋四六 2/21a
李參政復官奉祠璧　　格齋四六 2/22a
賀安大使男除將作監丞　　格齋四六 2/22b
賀少傅周益公致仕　　格齋四六 2/23a
代誠齋回交代傅郎中伯壽　　格齋四六 2/24a
代通交代吳制置獵　　格齋四六 2/24b
免解謝參政　　格齋四六 2/25b
謝使長黃侍郎職狀竹坡　　格齋四六 2/27a
謝漕使趙監丞舉職狀　　格齋四六 2/28a
謝總領張殿撰薦舉　　格齋四六 2/29a
謝李憲特薦　　格齋四六 2/30a
謝潼川范帥應詔舉所知　　格齋四六 2/31a
謝王都大應詔舉所知　　格齋四六 2/32a

謝樊憲應詔舉所知　　格齋四六 2/32b
謝制置劉閣學舉十科後溪　　格齋四六 2/33b
謝劉閣學侍郎舉顧問科　　格齋四六 2/34a
謝費大參舉著述科士寅　　格齋四六 2/35a
謝安大使辟充制置大使司屬官　　格齋四六 2/36a
代曾宰改正過名謝周參政省齋　　格齋四六 2/37a
代曾主簿謝謝御史作先人墓銘　　格齋四六 2/38a
代前人曾主簿謝楊檢討書先人墓碑　　格齋四六 2/39b
回楊直閣惠文長孺　　格齋四六 2/40a
回誠齋餽歲　　格齋四六 2/40b
代誠齋賀周退傳　　格齋四六 2/41b
代誠齋賀周監丞　　格齋四六 2/42a
代賀安大使　　格齋四六 2/42b
謝安大資舉充歲薦　　格齋四六補 1a
題闕　　格齋四六補 1b

~ 子禮
賀游監稅啓　　播芳文粹 64/24b
~ 亢
賀劉都運啓　　播芳文粹 60/5b
賀沈提刑啓　　播芳文粹 61/2b
賀游守啓　　播芳文粹 63/2b
赴任上太守啓　　播芳文粹 83/7b
起居蘇守啓　　播芳文粹 87/19b
~ 元嘉
賀文提刑啓　　播芳文粹 61/8a
~ 立言
賀帥司正啓　　播芳文粹 66/3a
~ 平甫
與李運使　　播芳文粹 106/1b
~ 以寧
賀陳都運啓　　播芳文粹 60/5a
赴任上太守啓　　播芳文粹 83/10a
赴官上知錄啓　　播芳文粹 84/3b
赴任上司法啓　　播芳文粹 84/5a
上憲使納拜啓　　播芳文粹 88/4b
~ 令
上王介甫書　　廣陵集 16/4a
代人上時相書　　廣陵集 16/5a
見朱秘丞書　　廣陵集 16/6a
上邵不疑書　　廣陵集 16/7b

上孫莘老書　廣陵集 16/9a
上王樂道書　廣陵集 17/1a
再上邵不疑書　廣陵集 17/2b
上人書　廣陵集 17/4a
上縣令書　廣陵集 17/5a
定吳夫人書　廣陵集 17/5b
上葛閎都官　廣陵集 17/6a
與知縣　廣陵集 17/6b
與主簿　廣陵集 17/7b
答劉公著微之書　廣陵集 17/8a
留孫莘老教授書　廣陵集 18/1a
納孫莘老教授拜書　廣陵集 18/1b
慰崔伯易疏　廣陵集 18/2a
講罷謝邵牧不疑書　廣陵集 18/2b
謝邵牧　廣陵集 18/3a
又謝邵牧　廣陵集 18/3b
寄孫莘老書　廣陵集 18/4a
與劉秀才　廣陵集 18/4b
與束伯仁手書　廣陵集 18/5b
謝束丈　廣陵集 18/9b
謝束熙之　廣陵集 18/10a
答王介甫書　廣陵集 19/1a
與王介甫書　廣陵集 19/2b
答呂吉甫書　廣陵集 19/3a
與杜子長書　廣陵集 19/5b
與李君厚書　廣陵集 19/6a
與君佐簡　廣陵集/拾遺 3b
答王和甫書　廣陵集/拾遺 4a
代韓愈答柳宗元示浩初序書　宋文鑑 119/1b
與邵不疑書　宋文鑑 119/5a
~民望
　回王先輩謝及第啟　播芳文粹 89/12a
~安中
　上姚伯壽書　初僚集 7/1a
　上韓侍郎書　初僚集 7/3a
　回謝真定府劉延康書　初僚集 7/5b
　回謝知太原府宣撫張延康書　初僚集 7/6a
　與鄉帥書　初僚集 7/6b
　與牧馬王提舉謝書代河北吳提刑　初僚集 7/7a
　回開德守書代　初僚集 7/7b
　回開德倅書　初僚集 7/8a
　除左丞送宰執免書　初僚集 7/8b
　送中書侍郎復聞書　初僚集 7/9b
回李右丞復聞書　初僚集 7/9b
回謝時宰免書　初僚集 7/10a
除尚書右丞與宰執親王免書　初僚集 7/11a
謝宰執書往燕山日　初僚集 7/11b
送宰執謝書　初僚集 7/12b
回謝知大名府徐觀文書　初僚集 7/13a
謝中書舍人啟　初僚集 7/14a
謝人薦啟　初僚集 7/15a
謝陳左司薦啟　初僚集 7/16a
謝雄守辟留再任啟　初僚集 7/17b
謝梁都運奏舉堪充幕職官啟　初僚集 7/19a
與陳都運啟　初僚集 7/20a
謝定帥黃待制啟師是　初僚集 7/20b
回謝除右丞啟　初僚集 7/21b
上馬侍郎啟　初僚集 7/21b
與中山張侍郎啟　初僚集 7/23a
答宋陳州啟　初僚集 7/23b
回大名徐右丞啟　初僚集 7/24a
回晁提宮啟　初僚集 7/24b
回謝北京梁太尉啟　初僚集 7/25a
答河陽許尚書啟　初僚集 7/25b
回定帥曾顯謨啟孝廣　初僚集 7/26a
回定帥王顯謨漢之啟　初僚集 7/26b
回謝越王啟　初僚集 7/26b
回賀安化郡王啟　初僚集 7/27a
到北京問候河間帥張顯謨啟　初僚集 7/27b
賀白太宰啟　初僚集 7/28b
賀吳門下啟　初僚集 7/29b
賀宣撫張龍學啟　初僚集 7/30a
賀北京許太尉啟　初僚集 7/30b
梁帥賀呂太尉啟　初僚集 7/31a
賀鄭樞密啟(1-2)　初僚集 7/31b-32b
賀同知蔡樞密啟　初僚集 7/33a
賀樞密啟　初僚集 7/33b
賀戶部梁尚書啟　初僚集 7/34a
賀河陽許尚書啟　初僚集 7/35a
賀宮使鄧觀文啟　初僚集 7/35b
賀中書徐侍郎啟　初僚集 7/36a
賀禮部陳侍郎啟　初僚集 7/37a
賀趙左丞啟　初僚集 7/37b
賀宇文右丞啟　初僚集 7/38a
賀薛右丞啟　初僚集 7/39a
賀徐司門錢寺丞啟　初僚集 7/39b

賀永興帥賈侍郎啓　初僚集 7/40a

賀定帥韓侍郎啓　初僚集 7/40b

賀真定帥張侍郎啓代河北陳漕　初僚集 7/40b

謝到任啓代河北漕候臨　初僚集 7/41a

謝除館職啓　四庫拾遺 608/初僚集

服闋謝河間帥張顯謨啓　四庫拾遺 609/初僚集

謝及第啓　四庫拾遺 609/初僚集

賀中書陳舍人啓　播芳文粹 50/24b

賀張都運啓　播芳文粹 60/14a

賀總管司王幹啓　播芳文粹 64/5b

~安石

答韓求仕書　臨川集 72/1a　宋文選 11/12a

答龔深父書　臨川集 72/6a

再答龔深父論語孟子書　臨川集 72/7a

答王深甫書(1－3)　臨川集 72/8a－11b

與王深父書(1－2)　臨川集 72/11b－12a

答劉讀秀才書　臨川集 72/12b

答徐絳書　臨川集 73/1b

答李資深書　臨川集 73/2a

答韶州張殿丞書　臨川集 73/2b

答司馬諫議書　臨川集 73/3b

答曾公立書　臨川集 73/4b

答呂吉甫書　臨川集 73/5b

與王子醇書(1－4)　臨川集 73/5b－7b

與趙卨書　臨川集 73/7b

回蘇子瞻簡　臨川集 73/8a

與陳和叔內翰簡　臨川集 73/8b

答許朝議書　臨川集 73/8b

答蔡天啓　臨川集 73/9a

與參政王禹玉書(1－2)　臨川集 73/9b

答曾子固書　臨川集 73/10a

上相府書　臨川集 74/1b

上富相公書　臨川集 74/2b

上曾參政書　臨川集 74/3a　宋文選 11/10b

上執政書　臨川集 74/4b

上歐陽永叔書(1－4)　臨川集 74/6b－8a

與劉原父書　臨川集 74/8a

答吳孝宗書孝宗字子經　臨川集 74/8b

答吳孝宗論先志書　臨川集 74/9b

答錢公輔學士書　臨川集 74/9b

與崔伯易書　臨川集 74/10b

與郭祥正太博書(1－3)　臨川集 74/11a－11b

與吳特起書　臨川集 74/11b

與曾子山書　臨川集 74/12a

與吳司錄議王逢原姻事書(1－2)　臨川集 74/12a－12b

與王逢原書(1－7)　臨川集 75/1b－4b

與劉元忠待制書　臨川集 75/5a

與沈道原舍人書(1－2)　臨川集 75/5a－5b

答黎檢正書佚　臨川集 75/5b

與丁元珍書　臨川集 75/6a

上杜學士言開河書　臨川集 75/6b

與馬運判書　臨川集 75/7b

答王伯虎書　臨川集 75/8a

答段縫書　臨川集 75/8b

答姚闢書　臨川集 75/10a

答李參書　臨川集 75/10b

答史諷書　臨川集 75/11a

上邵學士書　臨川集 75/11b

上田正言書(1－2)　臨川集 76/1b－2b

謝張學士書　臨川集 76/3b

答李秀才書　臨川集 76/4a

答孫長倩書　臨川集 76/4a

上杜學士書　臨川集 76/5a

與孫莘老書　臨川集 76/5b

上徐兵部書　臨川集 76/6b

上宋相公書　臨川集 76/7a

上富相公書　臨川集 76/7b

上張樞密書　臨川集 76/8b

上郎侍郎書(1－2)　臨川集 76/9a

上運使孫可諫書　臨川集 76/10a

上浙漕孫司諫薦人書　臨川集 76/12a

上張太博書(1－2)　臨川集 77/1b－2a

上人書　臨川集 77/2b

上凌屯田書　臨川集 77/3b

與祖擇之書　臨川集 77/4a

與孫子高書　臨川集 77/4b

與孫侔書(1－3)　臨川集 77/5b－6b

請杜醇先生入縣學書(1－2)　臨川集 77/6b－7b

答孫元規大資書　臨川集 77/7b

答孫少述書　臨川集 77/8b

答王該秘校書(1－2)　臨川集 77/9a

答張幾書　臨川集 77/9b

答楊忱書　臨川集 77/10a

答棟柅書　臨川集 77/10b

答余京書　臨川集 77/11b

答王景山書　臨川集 77/12a

答郟大夫書　臨川集 78/1b

與章參政書　臨川集 78/2a

與王宣徽書(1－3)　臨川集 78/2a－2b

與彭器資書　臨川集 78/2b

與程公闢書　臨川集 78/3a

與李修撰書復圭　臨川集 78/3a

與徐賢良書　臨川集 78/3b

與楊蟠推官書(1－2)　臨川集 78/3b－4a

與孟逸秘校手書(1－9)　臨川集 78/4a－6b

與樓郁教授書　臨川集 78/7a

答王逢原書　臨川集 78/7a

答王致先生　臨川集 78/7b

回文太尉書　臨川集 78/7b

回元少保書(1－2)　臨川集 78/7b－8a

答范峋提刑書(1－2)　臨川集 78/8a

答孫莘老書　臨川集 78/8b

答俞秀老書　臨川集 78/8b

答宋保國書　臨川集 78/9a

答熊伯通書(1－2)　臨川集 78/9a

答蔣穎叔書　臨川集 78/9b

賀韓魏公啓　臨川集 79/2a

賀致政文太師啓　臨川集 79/2b

賀留守侍中啓　臨川集 79/3a

賀留守王太尉啓　臨川集 79/3a

賀致政趙少保啓　臨川集 79/3b

賀呂參政啓　臨川集 79/4a

回謝王參政啓　臨川集 79/4a

賀章參政啓　臨川集 79/4b

免參政上兩府啓　臨川集 79/5a

答高麗國王啓　臨川集 79/5a

罷相出鎮回謝啓　臨川集 79/5b

謝皇親叔敖啓　臨川集 79/5b

賀韓史館相公啓　臨川集 79/5b

回留守太尉賀生日啓　臨川集 79/6a

除參知政事謝執政啓　臨川集 79/6b

回王參政免啓　臨川集 79/6b

參知政事回宗室賀啓　臨川集 79/7a

回曾簽書免啓　臨川集 79/7a

上執政辭僕射啓　臨川集 79/7b

除宰相上兩府大王免啓(1－2)　臨川集 79/7b－8a

回謝舍人啓　臨川集 79/8a

回韓相公啓　臨川集 79/8b

回文侍中啓　臨川集 79/8b

回賀冬啓(1－3)　臨川集 80/1b－2a

回賀正啓(1－3)　臨川集 80/2b

賀文太師啓　臨川集 80/3a

謝知制誥啓　臨川集 80/3a

回謝館職啓　臨川集 80/3b

知常州上中書啓　臨川集 80/4a

知常州上監司啓　臨川集 80/4b

上揚州韓資政啓　臨川集 80/5a

上郎侍郎啓(1－2)　臨川集 80/5b－6a

上田正言啓　臨川集 80/6a

上撫州知州啓代人作　臨川集 80/6b

謝孫龍圖啓　臨川集 80/7a

謝王司封啓　臨川集 80/7b

謝提刑啓　臨川集 80/7b

謝夏噩察推啓　臨川集 80/8a

答交代張廷訊啓　臨川集 80/8a

賀致政楊侍讀啓　臨川集 80/8b

答桂帥余侍郎啓安道　臨川集 80/9a

遠迎宣徽太尉狀　臨川集 80/9b

先狀上韓太尉魏公　臨川集 80/9b

答程公闢議親書　臨川集 80/10a

知常州謝運使元學士啓　臨川集 81/2b

賀慶州杜待制啓　臨川集 81/3a

賀運使轉官啓　臨川集 81/3b

賀鈐轄柴太保啓　臨川集 81/3b

賀知縣啓　臨川集 81/4a

上宋相公啓　臨川集 81/4b

上集賢相公啓　臨川集 81/4b

上梅户部啓　臨川集 81/5b

上杭州范資政啓　臨川集 81/5b

上江寧府王龍圖啓　臨川集 81/6a

上泉州畢少卿啓　臨川集 81/6b

上信州知郡大諫啓　臨川集 81/6b

上明州王司封啓　臨川集 81/7a

上運使孫司諫啓　臨川集 81/7b

上發運副使啓　臨川集 81/7b

上李仲偓運使啓　臨川集 81/7b

上通判啓　臨川集 81/8a

謝范資政啓　臨川集 81/8a

謝知州啓　臨川集 81/8b

謝鄞郡通判啓　臨川集 81/9a

謝葛源郎中啓　臨川集 81/9a

謝林中舍啓　臨川集 81/9b

謝徐秘校啓　臨川集 81/10a

謝林肇長官啓　臨川集 81/10a

答林中舍啓（1－2）　臨川集 81/10a－10b

答定海知縣啓　臨川集 81/10b

答戚郎中啓　臨川集 81/10b

上樞密王尚書啓　臨川集 81/11a

與交代趙中舍啓　臨川集 81/11b

與張護戎　臨川集 81/11b

與譚主簿　臨川集 81/11b

上范資政先狀　臨川集 81/11b

謝許發運啓　臨川集 81/12a

謝王供奉啓　臨川集 81/12a

答馬太博啓（1－2）　臨川集 81/12a

答沈屯田啓　臨川集 81/12b

答陳推官啓　臨川集 81/12b

賀集賢相公啓代人作　臨川集 81/12b

賀樞密相公啓代人作　臨川集 81/13a

答福州知府學士啓代人作　臨川集 81/13b

賀鳳翔知府陳學士啓代人作　臨川集 81/13b

賀昭文相公啓代宋宣獻公作　臨川集 81/14a

謝及第啓　臨川集 81/14b

上蔣侍郎書　臨川集/拾遺 28b

上龔舍人書（1－2）　臨川集/拾遺 30b－32a

與沈道原書（1－3）　臨川集/拾遺 34b－35a

與耿天隲書（1－2）　臨川集/拾遺 35a－35b

與郭祥正太博書（1－2）　臨川集/拾遺 36a

與孟逸秘校書　臨川集/拾遺 36b

與林宰書　臨川集/拾遺 36b

與呂參政書　臨川集/拾遺 37a

再答呂吉甫書　臨川集/拾遺 37a

答田仲通書　臨川集/拾遺 37b

答杭州張龍圖書　臨川集/拾遺 38a

答王深甫書　臨川集/拾遺 38a

賀杭州蔣密學啓　臨川集 39b

賀太守正啓　臨川集/拾遺 40a

回皇親謝及第啓　臨川集/拾遺 40a

回賀生日啓　臨川集/拾遺 40b

上執政書　王文公集 2/1a

上曾參政書　王文公集 2/3b

上富相公書　王文公集 2/6a

上相府書　王文公集 2/6b

上徐兵部書　王文公集 2/8a

上蔣侍郎書　王文公集 2/8a

上田正言書（1－2）　王文公集 2/11a－13a

上龔舍人書（1－2）　王文公集 2/14a－16a

上宋相公書　王文公集 3/1a

上富相公書　王文公集 3/2a

上張樞密書　王文公集 3/3a

上歐陽永叔書　王文公集 3/3b

上郎侍郎書（1－2）　王文公集 3/4b－5a

上邵學士書　王文公集 3/6a　宋文選 11/11b

上杜學士書　王文公集 3/7b

上杜學士言開河書　王文公集 3/8b

上運使孫司諫書　王文公集 3/9b

上浙漕孫司諫薦人書　王文公集 3/12b

上張太博書（1－2）　王文公集 3/13a－14a

上人書　王文公集 3/14b

上凌屯田書　王文公集 3/15b

與王禹玉書（1－3）　王文公集 4/1b－2b

與章參政書　王文公集 4/3a

與王宣徽書（1－3）　王文公集 4/3a－3b

與陳和叔內翰簡　王文公集 4/4a

與彭器資書　王文公集 4/4a

與程公闢書　王文公集 4/4b

與李修撰書復圭　王文公集 4/5a

與沈道原書（1－3）　王文公集 4/5a－6a

與耿天騭書（1－2）　王文公集 4/6a－6b

與徐賢良書　王文公集 4/7a

與郭祥正太博書（1－5）　王文公集 4/7b－8b

與楊蟠推官書（1－2）　王文公集 4/9a

與孟逸秘校手書（1－10）　王文公集 4/9b－13a

與樓郁教授書　王文公集 4/13b

與柳承議書　王文公集 4/13b

與趙卨龍圖書　王文公集 5/1a

與馬運判書　王文公集 5/2a

與劉原父書　王文公集 5/3a

與祖擇之書　王文公集 5/3b

與孫莘老書　王文公集 5/4b

與崔伯易書　王文公集 5/5b

與孫子高書　王文公集 5/6b

與孫侔書（1－3）　王文公集 5/7b－9a

請杜醇先生入縣學書（1－2）　王文公集 5/9b－10b

答孫元規大資書　王文公集 6/1a

答呂吉甫書　王文公集 6/2a

再答呂吉甫書　王文公集 6/3a

答孫少述書　王文公集 6/3b

答田仲通書　王文公集 6/4a

答王逢原書　王文公集 6/4b

答王致先生　王文公集 6/5a

回文太尉書　王文公集 6/5a

回元少保書(1－2)　王文公集 6/5b

答杭州張龍圖書　王文公集 6/6a

答范峋提刑書(1－2)　王文公集 6/6a－6b

答孫莘老書　王文公集 6/6b

答俞秀老書　王文公集 6/7a

答宋保國書　王文公集 6/7a

答熊伯通書(1－2)　王文公集 6/7b

答蔣穎叔書　王文公集 7/1a

答韓求仁書　王文公集 7/2a　宋文選 11/12a

答王深甫書(1－3)　王文公集 7/9a－14a　宋文
選 11/15a

答龔深父書　王文公集 7/16a

答徐絳書　王文公集 7/17a

答吳子經書　王文公集 7/17b　宋文選 11/16b

答劉讀秀才書　王文公集 7/18b

答史諷書　王文公集 7/19a

答李資深書　王文公集 8/1b

答王伯虎書　王文公集 8/2a

答王該秘校書(1－2)　王文公集 8/2b－3a

答張幾書　王文公集 8/3b

答楊忱書　王文公集 8/4a

答陳柅書　王文公集 8/5a　宋文選 11/14b

答姚闢書　王文公集 8/6a

答孫長倩書　王文公集 8/7a

答李參書　王文公集 8/8a

答余京書　王文公集 8/8b

答李秀才書　王文公集 8/9a

答司馬諫議書　王文公集 8/9b

答曾公立書　王文公集 8/10b

答韶州張殿丞書　王文公集 8/11b

答錢公輔學士書　王文公集 8/13a

答王景山書　王文公集 8/14a

答段縫書　王文公集 8/15a

答郟大夫書　王文公集 8/17a

答吳孝宗論先志書　王文公集 8/17b

賀韓魏公啓　王文公集 22/1b

賀章參政啓　王文公集 22/2b

賀呂參政啓　王文公集 22/3a

賀留守太尉啓　王文公集 22/3a

賀留守侍中啓　王文公集 22/3a

賀致政文太師啓　王文公集 22/4a

賀致政趙少保啓　王文公集 22/4b

賀致政楊侍讀啓　王文公集 22/5a

賀杭州蔣密學啓　王文公集 22/5b

賀慶州杜待制啓　王文公集 22/6a

賀鳳翔陳學士啓　王文公集 22/6b

賀運使學士轉官啓　王文公集 22/7a

賀鈐轄柴太保啓　王文公集 22/7b

賀知縣啓　王文公集 22/8a

回謝館職啓　王文公集 22/8a

回皇親謝及第啓　王文公集 22/8b

回賀冬啓(1－3)　王文公集 22/9b－10a

回賀正啓(1－3)　王文公集 22/10a－10b

回賀生日啓　王文公集 22/11a

上宋相公啓　王文公集 23/1b

上集賢相公啓　王文公集 23/2a

上中書辭參政上兩府啓　王文公集 23/3a

上梅戶部啓　王文公集 23/3b

上杭州范資政啓　王文公集 23/4a

上揚州韓資政啓　王文公集 23/4a

上江寧府王龍圖啓　王文公集 23/4b

上泉州畢少卿啓　王文公集 23/5a

上信州知郡大諫啓　王文公集 23/5b

上明州王司封啓　王文公集 23/6a

上運使孫司諫啓　王文公集 23/6b

上發運副使啓　王文公集 23/7a

上李仲偃運使啓　王文公集 23/7a

上郎侍郎啓(1－2)　王文公集 23/7b－8a

上田正言啓　王文公集 23/8b

上通判啓　王文公集 23/9a

上撫州知府啓　王文公集 23/9a

與交代趙中舍啓　王文公集 23/9b

與張護戎　王文公集 23/9b

與譚主簿　王文公集 23/10a

上范資政先狀　王文公集 23/10a

遠迎宣徽狀　王文公集 23/10a

謝高麗國王啓　王文公集 24/1b

謝執政啓　王文公集 24/2a

謝知制誥啓　　王文公集 24/3a
謝范資政啓　　王文公集 24/3b
謝孫龍圖啓　　王文公集 24/4a
知常州謝運使元學士啓　　王文公集 24/4b
謝提轉啓　　王文公集 24/5a
謝許發運啓　　王文公集 24/5b
謝提刑啓　　王文公集 24/6a
謝知州啓　　王文公集 24/6a
謝鄰郡通判啓　　王文公集 24/6b
謝王司封啓　　王文公集 24/7a
謝葛源郎中啓　　王文公集 24/7b
謝林中舍啓　　王文公集 24/8a
謝皇親叔敖啓　　王文公集 24/8b
謝徐秘校啓　　王文公集 24/8b
謝夏靈察推啓　　王文公集 24/9a
謝王供奉啓　　王文公集 24/9a
謝林肇長官啓　　王文公集 24/9b
答福州知府學士啓　　王文公集 24/10a
答林中舍啓(1－2)　　王文公集 24/10a－10b
答戚郎中啓　　王文公集 24/10b
答交代張廷評啓　　王文公集 24/11a
答馬太博啓(1－2)　　王文公集 24/11b
答沈屯田啓　　王文公集 24/11b
答陳推官啓　　王文公集 24/12a
答定海知縣啓　　王文公集 24/12a
請秀長老疏(1－2)　　王文公集 24/12b－13a
王荆公手書上龍學求教　　龍學集 12/3a
王荆公又手書回答龍學　　龍學集 12/4a
與王逢原書(1－12)　　廣陵集/附錄 1a－6a
與舅氏吳司錄議王逢原姻事書　　廣陵集/附錄 8a
與崔伯易思王逢原書　　廣陵集/附錄 9a
與王深甫論王逢原書　　廣陵集/附錄 9b
請杜醇先生入縣學書　　宋文鑑 116/7b
答韶州張殿丞書　　宋文鑑 116/8a
答段縫書　　宋文鑑 116/9b
答吳孝宗論先志書　　宋文鑑 116/11b
上郭侍郎啓　　宋文鑑 121/15a
謝王司封啓　　宋文鑑 121/15b
謝提刑啓　　宋文鑑 121/16a
上韓太尉先狀　　宋文鑑 121/16a
知常州上監司啓　　宋文鑑 121/17a
賀韓魏公啓　　宋文鑑 121/17b

賀致政趙少保啓　　宋文鑑 121/18b
賀致政楊侍讀啓　　宋文鑑 121/19a
謝高麗國王啓　　宋文鑑 121/19b
賀王樞使啓　　播芳文粹 48/23b
賀文太師致仕啓　　播芳文粹 56/8a
賀趙少保致仕啓　　播芳文粹 56/10b
賀蔣守啓　　播芳文粹 62/1a
賀太守正啓　　播芳文粹 66/6a
除知制誥謝執政啓　　播芳文粹 68/11b
與呂吉甫參政三帖　　播芳文粹 103/6b
謝王禹玉二帖　　播芳文粹 103/14a
與郭祥正太博四帖　　播芳文粹 130/17b
謝張學士帖　　播芳文粹 103/25b
與孟秘書三帖　　播芳文粹 104/1a
與林宰帖　　播芳文粹 106/15a
與孟秘書帖　　播芳文粹 106/15b
與劉秀才帖　　播芳文粹 106/16a
～安國
上參政侍郎啓　　宋文鑑 122/19b
～安禮
回文太尉賀冬啓　　王魏公集 6/1a
與監司賀冬啓　　王魏公集 6/1a
回賀王太尉啓　　王魏公集 6/1b
賀楊太尉啓　　王魏公集 6/2a
與契丹人使啓狀(1－4)　　王魏公集 6/2a
賀文太師啓　　王魏公集 6/2b
與盧學士啓　　王魏公集 6/3a
賀盧學士啓　　王魏公集 6/3b
回謝皇親啓　　王魏公集 6/4a
賀呂諫議啓　　王魏公集 6/4a
賀李都尉啓　　王魏公集 6/4b
賀王待制啓　　王魏公集 6/4b
賀人轉官啓(1－2)　　王魏公集 6/5a－5b
回安韓二樞密辭免啓　　王魏公集 6/5b
賀三舍人啓　　王魏公集 6/5b
賀蔣脩撰啓　　王魏公集 6/6a
與守倅賀正啓　　王魏公集 6/6a
回文太尉馮觀文賀正啓　　王魏公集 6/6b
回外西制賀正啓　　王魏公集 6/6b
謝賈侍中啓　　王魏公集 6/7a
與宰執親王辭免右丞啓　　王魏公集 6/7b
與親王辭免右丞啓　　王魏公集 6/8a
與宰執親王謝右丞啓　　王魏公集 6/8a

除右丞謝文太尉啓　王魏公集 6/8b
除右丞謝內兩制啓　王魏公集 6/9a
除右丞謝外兩制啓　王魏公集 6/9a
除右丞回謝皇親觀察等啓　王魏公集 6/9b
與兩府親王辭免左丞啓　王魏公集 6/9b
與大王辭免左丞啓　王魏公集 6/10a
除左丞謝宰執親王啓　王魏公集 6/10a
除左丞謝親王啓　王魏公集 6/10b
賀韓左丞啓　王魏公集 6/11a
謝何侍郎啓　王魏公集 6/11a
與宰相論上尊號書　王魏公集 6/11b
賀人禮上啓　四庫拾遺 563/王魏公集

~ 回
與弟容季書　宋文鑑 117/1a

~ 仲修
進家集表　四庫拾遺 37/華陽集附錄

~ 灼
賀監司正啓　蜀文輯存 63/10b
賀南外知宗啓　蜀文輯存 63/10b
賀呂右丞啓　蜀文輯存 63/11a
謝交割啓　蜀文輯存 63/11a
賀監司正啓　播芳文粹 66/5b

~ 克臣
與蔡學士帖　播芳文粹 107/1a

~ 佐
賀右丞相啓　播芳文粹 48/7b
賀溫吏書啓　播芳文粹 50/6b
賀汪中丞啓　播芳文粹 52/16b
賀廖總管啓　播芳文粹 59/9a
賀晁提泉啓　播芳文粹 59/17a

~ 炎
上張南軒書　王雙溪集 1/1a
上林鄂州書(1-2)　王雙溪集 1/4a-11a
上劉司業書　王雙溪集 1/11a
上蘇郎中書　王雙溪集 1/15b
上蘇郎中書　王雙溪集 1/17a
上王右司書　王雙溪集 1/20b
與潘徽猷書　王雙溪集 1/22b
上盧岳州書　王雙溪集 1/25b
上劉岳州書　王雙溪集 1/28a
上劉岳州書　王雙溪集 1/31b
上章岳州書　王雙溪集 1/34a
上薛大監書　王雙溪集 1/36a

上孫漕書　王雙溪集 1/39a
上留正丞相書　王雙溪集 2/1a
上葛密院書　王雙溪集 2/3b
上胡晉臣參政書　王雙溪集 2/7b
上趙丞相書　王雙溪集 2/11a
上趙帥書　王雙溪集 2/14a
與杜仲高書　王雙溪集 2/16a
與徽許守書　王雙溪集 2/17b
上執政書　王雙溪集 2/20a
上趙大資書　王雙溪集 2/23a
答凌解元書　王雙溪集 2/25a
上宰執書　王雙溪集 2/26b
答吳學諭書　王雙溪集 2/29a
付子恕家書　王雙溪集 2/30a
見程司業書　王雙溪集 2/32b
見洪宰書　王雙溪集 2/35b
上張南軒啓　王雙溪集 11/1a
登第後謝舅氏汪仲和啓　王雙溪集 11/2a
賀徽州趙守啓　王雙溪集 11/2b
謝呂鄂州啓　王雙溪集 11/3b
與郭判院啓　王雙溪集 11/4b
謝劉司業啓　王雙溪集 11/5a
謝李椿侍郎啓　王雙溪集 11/6a
賀李侍郎致政啓　王雙溪集 11/8a
賀李參政啓　王雙溪集 11/10a
賀王倅啓　王雙溪集 11/10b
回李監庫啓　王雙溪集 11/11a
謝林寶文啓　王雙溪集 11/11b
回全州趙守啓代　王雙溪集 11/13a
回馬宜州啓代　王雙溪集 11/13b
與靜江詹帥啓代　王雙溪集 11/14a
謝廣西詹經畧啓代　王雙溪集 11/14b
賀史舍人啓代　王雙溪集 11/15a
賀史侍郎啓代　王雙溪集 11/15b
回趙道州啓代　王雙溪集 11/16a
賀趙總領啓代　王雙溪集 11/16a
回趙知軍啓代　王雙溪集 11/17a
回趙機宜啓代　王雙溪集 11/17b
賀王侍郎啓代(1-2)　王雙溪集 11/18a-19a
賀施參政啓代　王雙溪集 11/19a
謝潘憲啓　王雙溪集 11/19b
答劉監酒啓　王雙溪集 11/21a
回蔣教授啓　王雙溪集 11/21a

回趙教授啓　王雙溪集 11/21b
回武舉李狀元啓　王雙溪集 11/22a
回楊宰啓　王雙溪集 11/22b
上周丞相啓　王雙溪集 11/23a
賀胡北吳憲啓　王雙溪集 11/23b
賀荊南帥閻侍郎啓　王雙溪集 11/24a
賀吳提刑冬啓　王雙溪集 11/25a
賀吳提刑正啓　王雙溪集 11/25b
賀京運使正啓　王雙溪集 11/25b
上趙丞相啓　王雙溪集 11/26a
賀趙丞相春啓(1－2)　王雙溪集 11/27a－27b
與鄧教授啓　王雙溪集 11/27b
與趙節推啓　王雙溪集 11/28a
與饒節判啓　王雙溪集 11/28b
與梁知録啓　王雙溪集 11/29a
上林倅啓　王雙溪集 11/29b
答陰學諭啓　王雙溪集 11/30b
賀岳州田倅啓　王雙溪集 11/30b
賀梁總領啓　王雙溪集 11/31a
與周知録啓　王雙溪集 11/31b
回唐解元啓　王雙溪集 11/32a
回胡解元啓　王雙溪集 11/32b
回徐尉啓　王雙溪集 11/33a
回彭秀才啓　王雙溪集 11/33a
賀薛漕啓　王雙溪集 11/33b
謝岳州劉守啓　王雙溪集 11/34b
上周總領啓　王雙溪集 11/35a
回趙運判啓　王雙溪集 11/36a
賀石宰冬啓　王雙溪集 11/36b
賀趙丞相啓代　王雙溪集 11/36b
回袁州曹守啓代　王雙溪集 11/37b
通韋倅啓　王雙溪集 11/38a
通向倅啓　王雙溪集 11/38b
上譚提刑啓　王雙溪集 11/39a
上張總領啓　王雙溪集 11/40a
賀張總領啓　王雙溪集 11/41a
賀馬提刑正啓　王雙溪集 11/41b
回黃少卿啓　王雙溪集 11/42a
賀吳興郡王啓　王雙溪集 11/42a
謝宰執啓　王雙溪集 11/42b
謝宰執啓代　王雙溪集 11/43b
回趙參議啓代　王雙溪集 11/44b
回林院啓　王雙溪集 11/44b

謝張尚書啓代　王雙溪集 11/45b
賀張尚書啓代　王雙溪集 11/46a
回丁茶馬啓代　王雙溪集 11/46b
回吳兩府啓代　王雙溪集 11/47a
饒州之任上吳提點啓　王雙溪集 11/47b
回諸縣宰啓　王雙溪集 11/48a
通趙路分啓　王雙溪集 11/48b
謝臺諫啓　王雙溪集 11/49a
通致政王溫州啓　王雙溪集 11/49b
通陳主□啓　王雙溪集 11/50a
通陳知監啓　王雙溪集 11/50b
回交代周郎中啓　王雙溪集 11/50b
賀隆興程帥啓　王雙溪集 11/51a
賀蔡總領春啓　王雙溪集 11/51b
賀汪提刑正啓　王雙溪集 11/52a
賀曹守正啓　王雙溪集 11/52b
賀汪提舉冬啓　王雙溪集 11/52b
賀吳提舉冬啓　王雙溪集 11/53a
謝從官啓　王雙溪集 11/53a
謝孟漕啓　王雙溪集 11/54a
答韓總管啓　王雙溪集 11/54b
答魏倅啓　王雙溪集 11/54b
答長興安吉知縣啓　王雙溪集 11/55a
答烏程歸安德清武康知縣啓　王雙溪集 11/55b
謝王縣丞啓　王雙溪集 11/55b
謝縣官啓　王雙溪集 11/56a
回鄭宰啓　王雙溪集 11/56a
答永興鄭宰啓　王雙溪集 11/56b
賀鄭宰正啓　王雙溪集 11/57a
通孟守啓　王雙溪集 11/57b
與王監承啓　王雙溪集 11/58a
賀趙宰正啓　王雙溪集 11/58b
賀趙宰冬啓　王雙溪集 11/58b
賀詹守正啓　王雙溪集 11/59a
賀孔守正啓　王雙溪集 11/59b
見張南軒先生書　新安文獻 9/11a
登第後謝舅氏汪仲和啓　新安文獻 42/7a
謝宰執啓　南宋文範 29/11a
上章岳州書　南宋文範 34/9a
~炎午
上貫學士　吾汶稿 1/1a
上參政姚牧菴　吾汶稿 1/4a

擬再上參政姚公　吾汶稿 1/10a

回耘廬劉堯咨　吾汶稿 1/14a

慰趙如山喪父青山　吾汶稿 1/16a

慰蕭穎濱喪內　吾汶稿 1/18a

賀王雲祥訟直王圭文令子閱　吾汶稿 1/19a

唁吟吾彭丙翁喪子　吾汶稿 1/20a

慰楊如逸喪弟　吾汶稿 1/22a

謝蕭恕齋縣尹惠東界浮梁鎈　吾汶稿 2/1a

慰湯履存喪母　吾汶稿 2/3a

慰張東賓喪父浦澗　吾汶稿 2/5a

左拙逸喪內而身在金臺以書慰其子　吾汶稿 2/6a

寬譬康氏姊哭長子　吾汶稿 2/8a

回姪孫婿朱公弼　吾汶稿 2/10a

回養吾所送喪長子碑誌　吾汶稿 2/11b

謝吳午川　吾汶稿 2/12a

回什香劉景芳　吾汶稿 2/13a

贊謝疊山　吾汶稿 7/1a

賀醮子　吾汶稿 7/12a

賀兒敏孫妻兄以孝廉得教授　吾汶稿 7/13a

回青山趙儀可慰書　吾汶稿 7/14a

代陽昭陽回李晉翁賀書　吾汶稿 7/17a

回劉如春賀起屋　吾汶稿 7/19a

回立齋賀出繼子之長子娶　吾汶稿 8/1a

賀劉菊存壬子生日　吾汶稿 8/2a

回劉潭東賀生日　吾汶稿 8/4a

回劉菊存賀獲寇　吾汶稿 8/5a

賀高逢齋訟殺牛者搶奪帽並珠　吾汶稿 8/6a

賀謝兌軒遷居義歷　吾汶稿 8/7a

賀劉菊存癸丑生日　吾汶稿 8/8a

賀夫婦同年月日生　吾汶稿 8/9a

代劉立齋謝曾東軒乃似巽堂　吾汶稿 8/10a

代長姪賀親家劉如心二月一日生旦　吾汶稿 8/11a

回姻家劉敏求餽歲書　吾汶稿 8/12a

回劉如心惠侄冠禮　吾汶稿 8/13a

代劉新斯行賀廬陵宣差自燕馳驛持酒至洪省且聞將得任選　吾汶稿 8/14a

答瀝塘劉公榮招飲　吾汶稿 8/15a

皇慶癸丑三月三日癸巳邀宗族親友於吾汶亭西塘臺山社壇下泉上修禊　吾汶稿 8/16a

代劉學村索鄰館雞酒　吾汶稿 8/17a

代學村再往段止水　吾汶稿 8/18a

代段止水回復學村螟蛉之譏　吾汶稿 8/18b

代學村報段止水月攘之誚　吾汶稿 8/19a

~ 叔子

賀秦相生日啓　播芳文粹 67/19b

賀王帥生日啓　播芳文粹 67/23b

~ 叔珪

賀王教授啓　播芳文粹 64/7b

~ 苐

賀文太師致仕啓　播芳文粹 56/7a

~ 洋

轉官謝執政啓　南宋文範 29/2b

~ 庠

上范丞相治體書　蜀文輯存/續補 20a

再上范丞相論事書　蜀文輯存/續補 22a

~ 咨

上汪制置書　蜀藝文志 29/12a

上汪制置書　蜀文輯存 98/1a

~ 柏

上王右司書伯大　魯齋集 7/5b

上呂寺丞書延年　魯齋集 7/8b

社倉利害書　魯齋集 7/9b

濟利害書　魯齋集 7/12b

答劉復之求行狀　魯齋集 7/16a

答何子恭　魯齋集 7/17a

上宗長書論掃松　魯齋集 8/1a

答嚴陵史君書　魯齋集 8/2a

答倪孟德　魯齋集 8/3a

復吳太清書　魯齋集 8/3b

答葉都倉書　魯齋集 8/4a

與何無適　魯齋集 8/4b

通趙星渚　魯齋集 8/5a

回趙星渚書　魯齋集 8/6b

謝得御書　魯齋集 8/9a

回趙稅院　魯齋集 8/9a

答車玉峰　魯齋集 8/9b

答王栗山　魯齋集 8/10b

復天台陳司户天瑞　魯齋集 8/11b

答葉通齋書　魯齋集 8/15b

答李嚴州　魯齋集 17/1a

慰鄭定齋　魯齋集 17/2a

答湖滄王全夫　魯齋集 17/3a

通蔡子明　魯齋集 17/4a

答季伯韶　　魯齋集 17/5a
答何師尹　　魯齋集 17/6a
答吳松林　　魯齋集 17/7a
賀陳本齋　　魯齋集 17/7b
回鄭親求嚴桂賦跋　　魯齋集 17/8a
回潘丞　　魯齋集 17/8b
回葉成父　　魯齋集 17/9a
復陳本齋　　魯齋集 17/10b
答王景梁　　魯齋集 17/12a
答蔡子明　　魯齋集 17/12b
答何寬居　　魯齋集 17/13a
通陳本齋　　魯齋集 17/14a
回楊行父　　魯齋集 17/15a
回陳樵翁　　魯齋集 17/15b
回于晦仲　　魯齋集 17/16b
回韋軒　　魯齋集 17/17a
~禹偁
上太保侍中書　　小畜集 18/1a
薦丁謂與薛太保書　　小畜集 18/2a
上許殿丞論榷酒書　　小畜集 18/3a
與馮伉書　　小畜集 18/4b
與李宗諤書　　小畜集 18/5b
答黃宗旦書(1-2)　　小畜集 18/7b-10a
答張知白書　　小畜集 18/10a
答鄭褒書　　小畜集 18/11a
答張扶書　　小畜集 18/13b
再答張扶書　　小畜集 18/15a
答晁禮丞書　　小畜集 18/17a
上史館呂相公書　　小畜集 18/18a
答丁謂書　　小畜集 18/19a
賀皇太子牋　　小畜集 25/1a
皇太子賀冬牋　　小畜集 25/1a
謝除右拾遺直史館啓　　小畜集 25/1b
謝除左司諫知制誥啓　　小畜集 25/3a
謝除禮部員外郎知制誥啓　　小畜集 25/4a
謝除翰林學士啓　　小畜集 25/5a
謝除刑部郎中知制誥啓　　小畜集 25/6b
上宰相謝免判吏部南曹啓　　小畜集 25/7b
回寇密直謝官啓　　小畜集 25/8b
謝僕射相公求致仕啓　　小畜集 25/9a
回司空相公謝官啓　　小畜集 25/10a
回孫可謝秘書丞直史館京西轉運副使啓
　　小畜集 25/10b

薦戚綸上翰林學士錢若水啓　　小畜集 25/11a
回黃裳啓　　小畜集 25/12a
投宋拾遺書　　宋文選 7/1a
~庭珪
上李丞相書　　盧溪集 26/4a
上趙丞相書　　盧溪集 27/1a
與宣諭劉御史書　　盧溪集 27/3a
與胡待制書二幅　　盧溪集 27/6a
與黃平國正字書二幅　　盧溪集 28/1a
答鄧克強書　　盧溪集 28/3a
與向宣卿直閣書二幅　　盧溪集 28/5b
答方耕道刪定書　　盧溪集 28/7a
答王元勃舍人書三幅　　盧溪集 29/1a
與周秀實監丞書三幅　　盧溪集 29/3b
答劉喬卿書　　盧溪集 29/6a
答張欽夫機宜書　　盧溪集 30/1a
與黃子龐書三幅　　盧溪集 30/2a
與鄒德裕書三幅　　盧溪集 30/3b
答黃元授書　　盧溪集 30/5b
答趙季成書　　盧溪集 30/6a
答董體仁參政　　盧溪集 31/1a
與劉美中尚書二幅　　盧溪集 31/1b
與王元勃舍人三幅　　盧溪集 31/3a
與彭仲平親家三幅　　盧溪集 31/4b
與彭郎凌雲將仕六幅　　盧溪集 31/4b
與百八娘　　盧溪集 31/7a
答呂知府郎中　　盧溪集 31/7a
與彭子從提刑三幅　　盧溪集 31/8a
與胡觀光知府三幅　　盧溪集 31/9a
與范元觀　　盧溪集 31/10a
答楊文發　　盧溪集 31/10b
與劉舜元三幅　　盧溪集 31/11a
與胡至文　　盧溪集 31/11b
答楊秀才　　盧溪集 31/12a
與胡邦衡四幅　　盧溪集 32/1a
與向宣卿　　盧溪集 32/2b
與任子嚴　　盧溪集 32/3a
答方性夫二幅　　盧溪集 32/3b
答周孟覺　　盧溪集 32/4a
與楊文明　　盧溪集 32/4b
答劉彥純　　盧溪集 32/5a
答楊廷秀　　盧溪集 32/5a
與劉子柬三幅　　盧溪集 32/5b

答李仲孫　　盧溪集 32/6b
答胡斗南　　盧溪集 32/7a
與楊文黼　　盧溪集 32/7b
與劉子方三幅　　盧溪集 32/8a
答王允元　　盧溪集 32/8b
慰楊建之　　盧溪集 32/9a
答王彥恭運使　　盧溪集 32/9b
回王舍人啓洋　　盧溪集 38/1a
回魏寺正啓　　盧溪集 38/1b
賀王守除直寶文閣啓佐　　盧溪集 38/2b
回蔡寺丞啓洸　　盧溪集 38/3a
賀楊徽猷子登第啓　　盧溪集 38/3b
賀劉舍人啓才邵　　盧溪集 39/1a
回周舍人啓必大　　盧溪集 39/1b
賀向提刑啓　　盧溪集 39/2a
回路知縣啓植　　盧溪集 39/2b
賀趙參政啓　　盧溪集 39/3a
代上万俟參政啓　　盧溪集 39/3b
賀廣東向經署啓　　盧溪集 39/4a
與陳朝散啓　　盧溪集 39/4b
回陳主簿啓謨　　盧溪集 39/5b
回孫縣尉啓梀　　盧溪集 39/6a
回劉主簿謝及第啓　　盧溪集 39/6a
回劉解元啓亮采　　盧溪集 39/6b
回李祖文謝解啓　　盧溪集 39/7a
回蕭解元啓　　盧溪集 39/7b
頓子定婚啓　　盧溪集 39/8a
詹孫定婚啓　　盧溪集 39/8b
詹孫定婚啓　　盧溪集 39/8a
賀葉戶侍啓　　播芳文粹 53/5a
～　　珪
謝直集賢院啓　　華陽集 34/9a
謝進士及第啓　　華陽集 34/11a
謝知制誥啓　　華陽集 34/13a
回呂參政謝給事書　　四庫拾遺 34/華陽集
謝翰林學士承旨表　　四庫拾遺 34/華陽集
謝翰林學士承旨笏表　　四庫拾遺 35/華陽集
謝知制誥啓　　宋文鑑 121/19b
與人書一首　　蜀文輯存 2/18a
～致君
賀鄧提刑啓　　播芳文粹 60/24b
～清仲
赴任上留守參政啓　　播芳文粹 82/1a

赴任上推官啓　　播芳文粹 84/2a
赴任上寄居尚書啓　　播芳文粹 84/8b
赴任與尉啓　　播芳文粹 84/17a
～康孺
除茶提舉謝執政啓　　播芳文粹 69/28a
～　陶
與蔡君謨　　播芳文粹 103/13b
與葛興祖秘校帖　　播芳文粹 107/4b
～敦詩
賀陳教授啓　　播芳文粹 64/6a
～　遬
謝太守薦舉啓　　播芳文粹 75/16b
謝試中館職啓　　播芳文粹 76/9b
赴任上通判啓　　播芳文粹 83/23a
赴任上寄居樞密啓　　播芳文粹 84/6b
～揚英
賀趙憲遷秩啓　　播芳文粹 55/17a
～廉清
賀樊提刑啓　　播芳文粹 61/9b
～　質
與張都督書　　雪山集 8/1a
與湯相書　　雪山集 8/3b
與虞宣機書　　雪山集 8/7a
與虞相書(1-2)　　雪山集 8/8b-11a
與李處全殿院書　　雪山集 8/13b
與趙丞相書　　雪山集 8/15b
與周樞密益公書　　雪山集 8/19a
代通王制置啓　　雪山集 9/1a
代張守謝張都督啓　　雪山集 9/1b
上晁制置啓　　雪山集 9/3a
謝四川制幹到任啓　　雪山集 9/4a
賀晁侍郎敷文閣直學士啓　　雪山集 9/5b
上王參政啓　　雪山集 9/7a
通宣州許侍郎啓　　雪山集 9/8b
代通鄧安撫啓　　雪山集 9/9b
通司馬守啓　　雪山集 9/10a
代回晁知郡啓　　雪山集 9/11a
代回鍾知府啓　　雪山集 9/11b
代通王總領啓　　雪山集 9/12a
回李知錄啓　　雪山集 9/12b
回嚴教授啓　　雪山集 9/13a
～端朝
賀王右丞啓　　播芳文粹 53/27b

賀馬守啓　　播芳文粹 62/20b
上韓樞密宮祠　　播芳文粹 96/8a
~粹甫
　賀章提刑啓　　播芳文粹 61/11b
　賀周提舉啓　　播芳文粹 61/22a
~　賞
　上邢侍郎書　　蜀文輯存 34/4a
　與黃尚書書　　蜀文輯存 34/5a
　與鄭侍郎書　　蜀文輯存 34/6a
　上吳中丞書　　蜀文輯存 34/6b
　上張丞相書　　蜀文輯存/續補 6a
　上朱丞相論王霸書　　蜀文輯存/續補 7b
　與趙丞相書　　蜀文輯存/續補 8a
　賀王漕加起居舍人啓　　播芳文粹 55/7a
　除度支謝中丞啓　　播芳文粹 69/29b
　上丞相小簡　　播芳文粹 95/23b
~練之
　上大觀文宮使小簡　　播芳文粹 98/5a
~　邁
　丙子再薦謝太守啓　　臞軒集 6/1a
　謝省試參詳林員外啓　　臞軒集 6/2a
　謝陳侍郎立縣學續登科記並書啓　　臞軒集
　　6/3b
　謝殿試編排官聶侍郎啓　　臞軒集 6/5a
　見江西真帥啓　　臞軒集 6/7a
　通湖南葉帥啓　　臞軒集 6/7b
　賀鄒帥給事啓　　臞軒集 6/9a
　上王侍郎啓　　臞軒集 6/11a
　上趙漕啓　　臞軒集 6/12a
　上陳漕啓　　臞軒集 6/13b
　賀陳倉啓　　臞軒集 6/15a
　賀李倉啓　　臞軒集 6/16b
　上趙帥幹啓　　臞軒集 6/18a
　上趙帳幹啓　　臞軒集 6/19a
　上潘帳幹啓　　臞軒集 6/20a
　與湘潭監酒右弁啓　　臞軒集 6/21a
　與醴陵劉宰啓　　臞軒集 6/21b
　與湘陰李宰啓　　臞軒集 6/22b
　與湘鄉林宰啓　　臞軒集 6/23b
　與寧鄉黃宰啓　　臞軒集 6/24b
　與新攸趙宰啓　　臞軒集 6/25b
　與益陽尤宰啓　　臞軒集 6/26a
　與長沙陳宰啓　　臞軒集 6/27a

與攸縣權宰周簿啓　　臞軒集 6/28b
回湘鄉黃尉七舉啓　　臞軒集 6/29a
回劉縣尉啓　　臞軒集 6/30a
回縣丞啓　　臞軒集 6/30b
回彭簿啓　　臞軒集 6/31b
與林簿啓　　臞軒集 6/32a
謝趙侍郎送自著易說語孟洪範老子書解啓
　　臞軒集 7/1a
謝趙漕啓　　臞軒集 7/2b
回林監倉啓　　臞軒集 7/4a
投帥辯謗啓　　臞軒集 7/4b
上葛撫屬啓　　臞軒集 7/6b
與鄭給事啓　　臞軒集 7/7b
謝宣參政啓　　臞軒集 7/9a
上薛樞密啓　　臞軒集 7/11a
謝制置辟制幹不就啓　　臞軒集 7/13a
謝鄭給事應詔薦賢能才識啓　　臞軒集 7/14b
謝京尹舉薦啓　　臞軒集 7/16a
賀趙京尹啓　　臞軒集 7/17a
權教謝京尹啓　　臞軒集 7/18b
通袁京尹啓　　臞軒集 7/19b
上陳漕啓　　臞軒集 7/21b
與史監稅啓　　臞軒集 7/23a
與黃監酒啓　　臞軒集 7/24a
通盧司戶啓　　臞軒集 7/24b
與黃司法啓　　臞軒集 7/25b
回陳司法啓　　臞軒集 7/26a
回范仁和啓　　臞軒集 7/27a
與京教啓　　臞軒集 7/28a
謝浙西王憲薦舉啓　　臞軒集 7/29b
上鄭樞密啓　　臞軒集 7/31a
回譚巡檢啓　　臞軒集 7/33a
上鎦經畧啓　　臞軒集 8/1a
上陳招討使啓　　臞軒集 8/2b
上西外宗使啓　　臞軒集 8/4a
上宗使啓　　臞軒集 8/6a
與馮監務啓　　臞軒集 8/7b
上鄭漕啓　　臞軒集 8/8a
與劉舶啓　　臞軒集 8/9b
與聶監舶啓　　臞軒集 8/10b
闕題　　臞軒集 8/11b
與晉江鄭宰啓　　臞軒集 8/12a
與都長侯官簿啓　　臞軒集 8/13a

回學正海陽丞啓　　臞軒集 8/13b

回何丞啓　　臞軒集 8/14b

與劉知錄啓　　臞軒集 8/15b

賀新南宗啓　　臞軒集 8/16b

黄侍郎再知泉州啓　　臞軒集 8/17b

上袁建寧兼漕啓　　臞軒集 8/20a

賀徐倉啓　　臞軒集 8/21b

上知宗辨學事　　臞軒集 8/23a

謝真師薦舉啓　　臞軒集 9/1a

謝曾參薦舉啓　　臞軒集 9/2b

賀福帥王侍郎啓　　臞軒集 9/4a

上何帥啓　　臞軒集 9/6a

上姚漕啓　　臞軒集 9/8a

通漳守鄭左司啓　　臞軒集 9/10a

通興化范守啓　　臞軒集 9/11b

與龍溪趙宰啓　　臞軒集 9/13a

代通應經署啓　　臞軒集 9/14a

代賀贛守聶侍郎啓　　臞軒集 9/16a

代上察院啓　　臞軒集 9/17b

代節推謝帥還職啓　　臞軒集 9/19b

代上廣帥留郎中啓　　臞軒集 9/20b

代見福帥啓　　臞軒集 9/22a

代上廣東楊漕啓　　臞軒集 9/24a

代謝俞漕啓　　臞軒集 9/25a

代謝陳憲招捕啓　　臞軒集 9/26b

代上海州王守啓　　臞軒集 9/28b

代通舶使啓　　臞軒集 9/30a

謝鄭給事應詔薦賢能才識啓　　南宋文範 30/9a

～　謙

賀曾參政啓　　播芳文粹 49/3a

賀陳都運啓　　播芳文粹 60/11a

赴任與太守啓　　播芳文粹 83/16a

～　曙

賀呂右丞啓　　播芳文粹 53/27a

賀南外知宗啓　　播芳文粹 61/23a

～　翼

謝監司薦舉啓　　播芳文粹 75/4a

上丞相宮使小簡　　播芳文粹 95/18a

與參政小簡　　播芳文粹 96/2a

～　蘋

納宰相劄子(1-2)　　王著作集 3/1a-1b

答呂舍人書居仁　　王著作集 3/5b

文定胡先生書(1-2)　　王著作集 4/1a-1b

和靜尹先生書(1-7)　　王著作集 4/1b-3b

立祠劄子　　王著作集 6/1a

李提刑苐行學問立祠因依申狀　　王著作集 6/6b

～　騰

上翟提學書　　蜀文輯存 98/6a

代李公上韓都大書　　蜀文輯存 98/7a

上提學書　　蜀文輯存 98/8b

代上邵憲書　　蜀文輯存 98/9a

～　觀

與李通直帖　　播芳文粹 107/15a

元　絳

賀張主簿啓　　播芳文粹 64/21a

謝李運使帖　　播芳文粹 107/17b

答邱道源帖　　播芳文粹 107/18a

與徐道士帖　　播芳文粹 110/19b

尤　袤

與吳斗南書　　尤梁溪稿 2/11b

毛　敏

賀趙丞相啓　　播芳文粹 47/16a

賀丞相兼樞密使啓　　播芳文粹 48/13b

賀富樞使啓　　播芳文粹 48/24a

賀胡端明啓　　播芳文粹 54/26a

賀陳漕加直閣啓　　播芳文粹 55/10a

賀劉太尉被召啓　　播芳文粹 55/19a

賀邵尚書被召啓　　播芳文粹 55/19b

賀趙相被召再相啓　　播芳文粹 55/21a

賀趙丞相被召啓　　播芳文粹 55/22a

賀劉侍郎被召啓　　播芳文粹 55/24a

賀張相入覲啓　　播芳文粹 55/26b

賀韓少傅致仕啓　　播芳文粹 56/9b

賀吳少師易節啓　　播芳文粹 58/8a

賀丞相正啓　　播芳文粹 65/20b

賀帥相大資正啓　　播芳文粹 65/25b

賀總領正啓　　播芳文粹 66/2b

制屬到任謝席帥啓　　播芳文粹 72/14b

上丞相小簡　　播芳文粹 95/6a

上樞密小簡　　播芳文粹 96/6a

上沈樞密小簡　　播芳文粹 96/9a

與林內翰小簡　　播芳文粹 97/1a

上楊戶部小簡　播芳文粹 97/10a

上張侍郎小簡　播芳文粹 97/24a

上丞相宮使小簡　播芳文粹 98/1a

上樞密宮使小簡　播芳文粹 98/6b

上胡宣撫小簡　播芳文粹 98/11a

～　澣

上中書侍郎啓　東堂集 5/8b

謝舉主啓(1-5)　東堂集 5/10a-14a

通問監司啓(1-5)　東堂集 5/14b-16b

賀蘇右丞啓　東堂集 5/17a

賀右丞啓　東堂集 5/17b

答曹守任中散啓　東堂集 5/19a

與饒州太守辭免權幕官啓　東堂集 5/19a

到秀州謝執政啓　東堂集 5/20a

賀執政啓　東堂集 5/20b

議禮改官謝執政啓　東堂集 5/22a

得真定倅謝執政啓　東堂集 5/23b

代王運判到任謝執政啓　東堂集 5/25a

賀兩府啓　東堂集 5/25b

賀豐待制移杭州啓　東堂集 5/26b

賀蘇內翰啓　東堂集 5/27b

赴任與湖守學士啓　東堂集 5/28b

代王守到任謝楊馮二漕啓　東堂集 5/29a

上胡倅啓　東堂集 5/29b

到秀州謝監司啓　東堂集 5/30a

得替謝監司啓　東堂集 5/30a

謝舉主彭提刑書　東堂集 6/1a

上陸侍郎書　東堂集 6/3b

上蘇內翰書　東堂集 6/5a

再答蘇子瞻書　東堂集 6/8a

上傅侍郎求誌文書　東堂集 6/11a

與曹司勳書　東堂集 6/12b

答汪發秀才書　東堂集 6/14a

上監司書　東堂集 6/15b

上監司乞修縣學書　東堂集 6/18b

上姜朝議論發冢獄書　東堂集 6/21a

上饒州安太守論朱逮獄書　東堂集 6/25b

上察訪書　東堂集 7/1a

上時相書(1-2)　東堂集 7/5b-9b

上鎮南節度呂吉甫書　東堂集 7/14b

上中書舍人書　東堂集 7/18a

上曾太尉書　東堂集 7/20a

上豐待制書　東堂集 7/22a

上韓尚書書　東堂集 7/23b

上詹司業運使書　東堂集 7/26a

上曾太尉書　東堂集 7/28b

上時相書(1-7)　東堂集 8/1a-18b

上劉中書侍郎書　東堂集 8/18b

與費仲行九帖　播芳文粹 105/22a

與黃戶漕帖　播芳文粹 107/4a

尹　洙

上葉道卿舍人薦李之才書　河南集 6/1a

上陝倅尚書田書　河南集 6/2a

答黃秘丞書　河南集 6/2b

上京兆杜侍郎啓　河南集 6/3b

上呂相公書(1-2)　河南集 6/4a-7b

上陝西招討使夏宣徽小啓　河南集 6/11b

答環慶招討使范希文書　河南集 7/1b

與范純佑監簿書　河南集 7/2a

上環慶招討使范希文書　河南集 7/3a

答秦鳳路招討使韓觀察議討賊利害書　河南集 7/3b

與儀州曹穎叔殿丞書　河南集 7/4a

賀參政范諫議啓　河南集 7/4b

賀樞密副使富諫議啓　河南集 7/5a

謝宣撫樞密韓諫議書　河南集 8/1b

議西夏臣伏誠偽書　河南集 8/1b

議修堡寨書　河南集 8/5a

議斬首級賞罰書　河南集 8/5b

上陝西都轉運孫待制書　河南集 8/6a

上樞密杜太尉啓　河南集 8/7a

與邠州通判劉九太博書　河南集 9/7b

上四路招討使鄭侍郎議禦賊書(1-2)　河南集 8/7b-8a

答秦鳳路招討使文龍圖書(1-3)　河南集 9/1a-1b

與四路招討司幕府李諷田裴元積中書(1-2)　河南集 9/3a-5b

與水洛城董士廉第三書　河南集 9/8a

與幘吏石輅李仲昌書　河南集 9/9a

答諫官歐陽舍人論城水洛書　河南集 9/9b

答河東宣撫參政范諫議啓　河南集 10/1b

答樞密韓諫議書　河南集 10/2a

賀兗州杜相公書啓　河南集 10/2b

答河北都轉運歐陽永叔龍圖書(1-2)　河南集 10/3a-4a

答鎮州田元均龍圖書　河南集 10/4b

與鄧州孫之翰司諫書(1-2)　河南集 10/5b

上鄧州范資政啓　河南集 10/6a

答揚州韓資政書　河南集 10/6b

答福州蔡正言書　河南集 10/7a

答張固太博書　河南集 10/7b

答計用章秘丞書　河南集 11/1b

答汝州王仲儀待制書(1-2)　河南集 11/2a-2b

答鄧州通判韓宗彦寺丞書(1-2)　河南集 11/2b-3a

答環慶經畧使施待置書　河南集 11/3a

與鄧州丁憂李仲昌寺丞書　河南集 11/3b

答李伯昂秘校書　河南集 11/4b

答張子立郎中書　河南集 11/5a

答謝景平監簿書　河南集 11/5a

答江休復學士書　河南集 11/5b

與京西轉運劉察院薦樊景書　河南集 11/6a

答光化軍致仕李康伯率府書　河南集 11/7a

別南京致政杜少師啓　河南集 11/7b

與文正范公論師魯行狀書　河南集 28/26a

與四路招討司幕府李諷田棐元積中書　宋文鑑 114/7a

~　焞

貽秦相書　尹和靖集 2/3b

遺書　尹和靖集 4/8b

答王信伯　尹和靖集 4/9a

答祁居之　尹和靖集 4/10b

答謝用休書　尹和靖集 4/11b

孔平仲

寄孫學士　朝散集 11/1a

與張大博　朝散集 11/2a

國學解元謝啓　朝散集 11/2b

謝徐郎中　朝散集 11/3b

上運判屯田　朝散集 11/4a

謝洪帥大監　朝散集 11/4b

謝洪倅　朝散集 11/5a

謝洪簽　朝散集 11/5b

謝江州知郡吏部　朝散集 11/6a

謝鄂守張職方　朝散集 11/7a

謝襄州史大卿　朝散集 11/7a

謝荊門知軍　朝散集 11/8a

謝舉職官啓　朝散集 11/18b

謝程卿舉職官啓　朝散集 11/9b

謝方卿舉職官啓得之按方卿乃提刑方嶠　朝散集 11/10b

謝周學士舉職官啓得之按周學士乃知洪州周豫　朝散集 11/11b

謝提刑大博舉京官啓　朝散集 11/12a

上密守　朝散集 11/13a

上密倅郎中　朝散集 11/13b

上青州知府　朝散集 11/14a

上察訪舍人　朝散集 11/14b

謝運使舉京官　朝散集 11/15a

謝趙資政舉京官　朝散集 11/16a

謝判院舍人舉京官　朝散集 11/17a

上提刑職方　朝散集 11/18a

上安撫諫議　朝散集 11/19a

上章樞密　朝散集 11/19b

上鄧舍人　朝散集 11/20b

上呂學士　朝散集 11/21a

上提刑　朝散集 11/21b

上安撫　朝散集 11/21b

賀青倅監丞　朝散集 11/22a

回都巡　朝散集 11/22a

上江寧知府　朝散集 11/22b

謝舉充館閣啓　朝散集 12/1a

處倅謝宋提刑啓　朝散集 12/3a

謝朱運判啓　朝散集 12/4a

謝蔣發運啓　朝散集 12/5a

謝試館職啓　朝散集 12/5b

謝同官啓　朝散集 12/7a

江東到任謝執政　朝散集 12/7a

江東交代鄒漕　朝散集 12/8a

與本路傅憲　朝散集 12/8a

與賈憲　朝散集 12/8b

與胡漕　朝散集 12/9a

與蘇漕　朝散集 12/9a

江南回知通　朝散集 12/9b

與淮東陳憲　朝散集 12/10a

與吳提鑄　朝散集 12/10a

與江西劉漕　朝散集 12/10b

上杭帥熊伯通　朝散集 12/11a

又賀移帥金陵　朝散集 12/11b

上府帥林子中　朝散集 12/11b

上路發運　朝散集 12/12a
上范發運　朝散集 12/12a
與饒守范峋　朝散集 12/12b
與宣守張脩　朝散集 12/13a
回鄧守蔡立　朝散集 12/13a
賀發運冬　朝散集 12/13b
賀發運年　朝散集 12/14a
回知通賀年　朝散集 12/14a
淮西回舒守陳公密　朝散集 12/14b
回致政蘇子平大夫　朝散集 12/14b
禮上回知通　朝散集 12/15a
回無爲王守　朝散集 12/15a
回無爲通判　朝散集 12/15a
與淮南周提倉　朝散集 12/15b
回盧帥田右司　朝散集 12/15b
回淮南莊漕　朝散集 12/16a
賀淮南張漕　朝散集 12/16a
回舒守胡與幾　朝散集 12/16b
賀壽守　朝散集 12/17a
賀冬　朝散集 12/17a
賀年　朝散集 12/17b
回光守張朝奉　朝散集 12/17b
回無爲王守　朝散集 12/18a
回盧帥田右司　朝散集 12/18a
回致政吳朝請　朝散集 12/18b
賀淮南周漕　朝散集 12/18b
賀湖南張漕敏直　朝散集 12/19a
與濠州孫守　朝散集 12/19b
回無爲王守得替　朝散集 12/19b
賀吳老復待制　朝散集 12/19b
賀交代朱憲　朝散集 12/20a
江東賀中書侍郎啓　朝散集 13/1a
賀左丞啓　朝散集 13/2a
賀右丞啓　朝散集 13/2b
賀正大卿啓　朝散集 13/3a
回虔倅王大夫啓　朝散集 13/3b
回饒倅徐安道啓　朝散集 13/4a
回發勾蕭昌孺啓　朝散集 13/4b
回丁大夫　朝散集 13/4b
回致仕鄭大夫啓　朝散集 13/5a
賀大平陳大夫啓　朝散集 13/5a
回昭州知郡盧朝奉啓　朝散集 13/5b
回饒州通判啓　朝散集 13/5b

回通判呂朝議啓　朝散集 13/6a
回池州富朝散啓　朝散集 13/6a
回宣倅朱察院啓　朝散集 13/6b
通馬運判啓　朝散集 13/6b
回錢監承議啓　朝散集 13/7a
回溧水知縣啓　朝散集 13/7b
賀濠守唐朝請　朝散集 13/7b
回興國知軍　朝散集 13/8a
回信守韓朝請　朝散集 13/8a
賀廣漕董夢授　朝散集 13/8b
回信倅　朝散集 13/8b
賀江東胡憲　朝散集 13/9a
賀蔣發運　朝散集 13/9a
回廣德知軍　朝散集 13/9b
賀宣倅翟殿院　朝散集 13/10a
與賈提刑　朝散集 13/10a
與傅提刑　朝散集 13/10a
回信守　朝散集 13/10b
回新信守侯宣德　朝散集 13/11a
回宣簽謝薦　朝散集 13/11a
回翟殿院謝薦　朝散集 13/11a
回大平馬通判謝薦　朝散集 13/11b
回宣成知縣謝薦　朝散集 13/12a
回當塗李令謝薦　朝散集 13/12b
提點到任謝執政　朝散集 13/12b
賀劉相　朝散集 13/13a
賀樞密　朝散集 13/14a
江州上中丞舍人　朝散集 13/15a
回江州太守　朝散集 13/15b
通湖南安漕　朝散集 13/16a
通湖南吳漕　朝散集 13/16a
回袁倅　朝散集 13/16b
通交代劉提點學士　朝散集 13/16b
回臨江馬朝奉　朝散集 13/17a
通京西交代蔣憲　朝散集 13/17b
回筠守張朝奉　朝散集 13/17b
回韶守譚朝散　朝散集 13/18a
通鄧帥陸侍郎　朝散集 13/18a
再與蔣憲　朝散集 13/18b
謝執政　朝散集 13/18b
賀左丞蘇子容　朝散集 13/19b
回諸州太守　朝散集 13/20b
回隨守王朝奉　朝散集 13/20b

回襄倅梁朝奉　　朝散集 13/21a
與江東宋提刑　　朝散集 13/21a
謝侯漕　　朝散集 13/21b
與衡州交代王謂　　朝散集 14/1a
回衡州王守　　朝散集 14/1b
回衡州樂倅　　朝散集 14/1b
上湖南監司　　朝散集 14/2a
上長沙李帥　　朝散集 14/2a
回趙憲　　朝散集 14/2b
又回衡守　　朝散集 14/2b
又回衡倅　　朝散集 14/3a
到任謝監司　　朝散集 14/3a
到任上執政　　朝散集 14/3b
到任回桂陽監司　　朝散集 14/4a
到任回鄰郡　　朝散集 14/4b
回臨江馬守　　朝散集 14/4b
賀新漕胡師文　　朝散集 14/5a
賀發運呂直父　　朝散集 14/5a
賀提舉董必　　朝散集 14/5b
回監郴稅陳厚　　朝散集 14/6a
回武岡陶逵　　朝散集 14/6a
賀曾孝序　　朝散集 14/6a
賀柯漕移廣帥　　朝散集 14/6b
上范堯夫　　朝散集 14/7a
賀黃漕　　朝散集 14/7a
賀何魁此賀虹橋何昌言狀元啓　　朝散集 14/7b
回柳州畢朝請　　朝散集 14/8a
回監司胥彥回　　朝散集 14/8b
上曾相公　　朝散集 14/8b
上范右丞　　朝散集 14/9b
與臨江新守王戌　　朝散集 14/10a
與臨江守曾教蘊　　朝散集 14/10b
上永興知府　　朝散集 14/11a
上慶帥侍郎　　朝散集 14/11a
與王讜大夫　　朝散集 14/11b
上慶州胡寶文　　朝散集 14/12a
永興到任謝兩府　　朝散集 14/12a
上李棻中　　朝散集 14/12b
回李中大賀冬　　朝散集 14/13a
與王龍圖子澤　　朝散集 14/13a
上慶州徐帥（1−2）　朝散集 14/13b－14a
答鄜倅杜採謝薦　　朝散集 14/14a
與邠州王通判　　朝散集 14/14b

上慶帥胡淳夫　　朝散集 14/14b
答延安張通判　　朝散集 14/15a
問候徐侍郎　　朝散集 14/15a
上同州張侍郎　　朝散集 14/15b
與運使曾孝廣　　朝散集 14/16a
上陝府楊侍郎　　朝散集 14/16a
上都運孫龍圖　　朝散集 14/16b
上安觀文　　朝散集 14/17a
楚守呂朝奉　　朝散集 14/17b
宮觀謝執政　　朝散集 14/18a
謝兩府啓一作代人　　朝散集 14/18b
代謝舉薦　　朝散集 14/19b
賀安龍圖　　朝散集 14/20b
上王學士元澤一作代人　　朝散集 14/21a
賀何運判　　朝散集 14/21a
謝解州太守　　朝散集 14/21a
代廣州到任謝執政啓　　朝散集 14/21b
謝運判　　朝散集 15/1a
謝月望　　朝散集 15/1a
謝弓箭手提舉　　朝散集 15/1b
謝通判　　朝散集 15/1b
代謝提點舉監酒稅　　朝散集 15/1b
謝判府待制回書　　朝散集 15/2b
回華州知州　　朝散集 15/3a
回鄭氏定禮　　朝散集 15/3a
代賀李舒州　　朝散集 15/3a
代賀馮當世　　朝散集 15/3b
代賀廣帥　　朝散集 15/4a
代賀李南公　　朝散集 15/4a
代賀曾相　　朝散集 15/4b
代與孫珪　　朝散集 15/5a
代越州與兩浙漕　　朝散集 15/5b
代與兩浙憲　　朝散集 15/6a
代賀韓樞密　　朝散集 15/6a
代賀邵三司　　朝散集 15/6b
代謝諸公啓　　朝散集 15/7a
代謝執政　　朝散集 15/7b
監司先狀　　朝散集 15/8a
到任謝啓　　朝散集 15/8b
與臨江守　　朝散集 15/8b
與撫守　　朝散集 15/9a
上府判學士　　朝散集 15/9b
與臨江守　　朝散集 15/10a

回石大博　　朝散集 15/10b
回石長官　　朝散集 15/11a
賀李邦直　　朝散集 15/11a
賀張內翰　　朝散集 15/11b
賀李資深　　朝散集 15/12a
賀舒信道　　朝散集 15/12b
賀王正仲　　朝散集 15/13a
賀王和甫　　朝散集 15/13b
代宋彭年邢州謝執政　　朝散集 15/14a
代宋彭年未到任先上監司　　朝散集 15/14b
代范成老謝解　　朝散集 15/15a
代賀王副樞　　朝散集 15/16a
~宗旦
孔宗旦　　直講集/外 2/9b
~武中
國學謝解啓　　宗伯集 10/1a
謝及第啓　　宗伯集 10/2a
謝曾學士舉升擢啓　　宗伯集 10/4a
謝史大卿薦館閣啓　　宗伯集 10/5a
上曾內翰　　宗伯集 10/6a
賀鄆州邵資政冬至狀　　宗伯集 10/6b
謝舉京官啓　　宗伯集 10/7a
賀提點朝奏狀　　宗伯集 10/8a
問候揚州陳丞　　宗伯集 10/8b
賀運使度支　　宗伯集 10/9a
淮陽知軍問候　　宗伯集 10/9b
賀滁州陳內翰狀　　宗伯集 10/9b
謝舉官啓　　宗伯集 10/10a
上曾內翰　　宗伯集 10/11a
發運謝大夫狀　　宗伯集 10/12a
問候長沙劉龍圖狀　　宗伯集 10/12b
問候運判承議　　宗伯集 10/13a
謝運判舉充文館啓　　宗伯集 10/13b
謝提刑舉充台閣啓　　宗伯集 10/14b
賀元厚之狀　　宗伯集 10/15b
謝得解秀才　　宗伯集 10/16a
回許宣德狀　　宗伯集 10/16b
回梅學士狀　　宗伯集 10/17a
謝執政啓　　宗伯集 10/17b
謝校書陳學士啓　　宗伯集 10/18b
賀知梓州馮如晦學□　　宗伯集 10/19a
與臨江守　　宗伯集 10/19b
回姚舍人啓　　宗伯集 10/20a

回河北運使杜學士狀　　宗伯集 10/20b
回維州黎朝詩賀狀　　宗伯集 10/20b
回梓路郭運判賀狀　　宗伯集 10/21a
賀陝西運使李學士　　宗伯集 10/21b
謝記室龔學士啓　　宗伯集 10/22a
回呂舍人啓(1－2)　　宗伯集 10/22b－23b
回慶州范修撰　　宗伯集 10/24a
謝正字葉學士　　宗伯集 10/24b
與江西王運判　　宗伯集 10/25a
與江東監司　　宗伯集 10/25b
回馬漕狀　　宗伯集 10/26a
到任謝執政狀　　宗伯集 10/26a
到任與兩發運狀　　宗伯集 10/26b
賀處州大夫　　宗伯集 10/27a
謝臨江鮑太守　　宗伯集 10/27b
回桂陽監簽判何承議　　宗伯集 10/27b
代進官謝執政啓　　宗伯集 11/1a
代問候按察官　　宗伯集 11/1b
代人賀越帥趙大資啓　　宗伯集 11/2a
代賀福建塞學士　　宗伯集 11/2b
代賀運判杜奉議狀　　宗伯集 11/3a
賀發運冬至狀　　宗伯集 11/3b
賀提刑大夫冬至狀　　宗伯集 11/4a
賀運判承議冬狀　　宗伯集 11/4a
賀知府陳內翰冬狀　　宗伯集 11/4a
賀提點胡朝奉冬狀　　宗伯集 11/4b
賀發運司　　宗伯集 11/4b
賀饒郡李承議　　宗伯集 11/5a
賀鄰郡五州狀　　宗伯集 11/5a
宰相賀冬狀　　宗伯集 11/5b
執政賀冬狀　　宗伯集 11/5b
代賀右僕射韓相　　宗伯集 11/6a
代人賀司馬侍郎　　宗伯集 11/6b
代人賀司馬相　　宗伯集 11/7a
代人賀左丞狀　　宗伯集 11/7b
代人到任謝執政啓　　宗伯集 11/7b
代人回王安國　　宗伯集 11/8a
代答孫司封　　宗伯集 11/9a
代上浙路監司　　宗伯集 11/9b
代與交代趙大資　　宗伯集 11/9b
代賀發運學士　　宗伯集 11/10a
代賀發運大諫　　宗伯集 11/10b
代上沈待制　　宗伯集 11/11a

代上程司諫　　宗伯集 11/11a

代越州謝兩府　　宗伯集 11/11b

謝兩制　　宗伯集 11/12a

小啓　　宗伯集 11/12a

代罷郡謝鄰郡　　宗伯集 11/12b

回初登第一云代鄭秘校　　宗伯集 11/13a

回周秘校狀　　宗伯集 11/13b

回程秘校狀　　宗伯集 11/14a

賀廖法曹　　宗伯集 11/14b

回董秘校狀　　宗伯集 11/14b

代賀元少保狀　　宗伯集 11/15a

代太守謝許推官　　宗伯集 11/15b

代太常問候盛奉儀　　宗伯集 11/16a

代郊運賀高大人　　宗伯集 11/16b

代上執政書　　宗伯集 14/1a

上省部書（1－2）　　宗伯集 14/3a－6a

代史大卿謝歐陽永叔書　　宗伯集 14/8a

代人求舉書　　宗伯集 14/9b

代上執政書　　宗伯集 14/10b

五　　畫

石　介

上范中丞書　　徂徠集 12/1a

上郭殿院書　　徂徠集 12/5b

上趙先生書　　徂徠集 12/8b　　播芳文粹 94/15a　　宋文選 16/10b

上杜副樞書　　徂徠集 12/12b

上張兵部書　　徂徠集 12/14b

上蔡副樞書　　徂徠集 13/1a　　宋文選 16/8b

上孔中丞書　　徂徠集 13/6a　　宋文選 16/6b

上范思遠書　　徂徠集 13/10a

上劉工部書　　徂徠集 13/13a

與楊侍講書　　徂徠集 13/14b

上轉運明刑部書　　徂徠集 13/15b

上杜副樞書　　徂徠集 14/1a

上李雜端書　　徂徠集 14/3a　　宋文選 16/5b

與王建中秀才書　　徂徠集 14/6a　　宋文選 16/4b

與張洞進士書　　徂徠集 14/8a

上王沂公書　　徂徠集 14/8b

上王狀元書　　徂徠集 14/12b

上孔徐州書　　徂徠集 14/15a

上孫少傅書　　徂徠集 15/1a

答歐陽永叔書　　徂徠集 15/4a

上范青州書　　徂徠集 15/7a

與祖擇之書　　徂徠集 15/8b

與君貺學士書　　徂徠集 15/9b

上孫先生書　　徂徠集 15/12a

與范十三奉禮書　　徂徠集 15/14a

上韓密學經畧使書　　徂徠集 16/1a　　宋文選 16/4a

與董秀才書　　徂徠集 16/2a

與張秀才書　　徂徠集 16/3b

與士熙道書　　徂徠集 16/4a

與裴員外書　　徂徠集 16/6a　　播芳文粹 94/9a　　宋文選 16/3b

與范思遠書　　徂徠集 16/7a　　宋文選 16/3a

與漢州王都官魚屯田書　　徂徠集 16/8a

上徐州張刑部書　　徂徠集 16/9b

上范經畧書　　徂徠集 17/1a　　宋文選 16/1b

代張顧推官上銓主書　　徂徠集 17/5a

代高長官上轉運書　　徂徠集 17/7a

上徐州扈諫議書　　徂徠集 17/8a

與奉符知縣書　　徂徠集 17/9b

上穎州蔡侍郎書　　徂徠集 17/11a

與張安石書　　徂徠集 17/12b

謝益州張密學啓　　徂徠集 20/1a

謝益州轉運明學士啓　　徂徠集 20/2b

謝兗州李相公啓　　徂徠集 20/4a

謁兗州通判孟虞部啓　　徂徠集 20/5a

上南京夏尚書啓　　徂徠集 20/5b

上孔中丞書　　宋文鑑 114/12a

賀門下韓侍郎啓　　播芳文粹 51/10b

賀余侍郎啓　　播芳文粹 52/20a

賀單侍郎啓　　播芳文粹 52/20b

賀胡左史啓　　播芳文粹 54/6b

賀韓丞相致仕啓　　播芳文粹 56/11a

上蔡侍郎書　　播芳文粹 94/7a　　宋文選 16/1a

～　棨

賀劉太師啓　　播芳文粹 47/3b

賀門下趙侍郎啓　　播芳文粹 51/10a

賀張左丞啓　　播芳文粹 53/19b

謝試中宏詞啓　　播芳文粹 76/25b

謝及第啓　　播芳文粹 77/19a

～懿文

請復鄉飲禮書　　咸平集 2/1a

請修藉田書　　咸平集 2/4b

貽陳季和書　　咸平集 2/7b

貽宋小著書　咸平集 2/9a
貽杜舍人書　咸平集 3/1a
上中書相公書　咸平集 3/2b
回王左丞辭免啓　播芳文粹 88/13a

田　錫

答胡旦書　咸平集 3/8b
答何士宗書　咸平集 3/11a
貽梁補闕周翰書　咸平集 3/12b
貽青城小著書　咸平集 4/1a
上開封府判書　咸平集 4/3a
上宰相書　咸平集 4/6b
上宰相書　宋文鑑 112/12a

史百禮

賀林大卿啓　播芳文粹 54/2b
賀張漕改秩啓　播芳文粹 55/15a
賀大尹啓　播芳文粹 57/22b
謝及第啓　播芳文粹 77/24b
請律師説圓覺疏　播芳文粹 118/33b

～　浩

請道監院住教忠報國院疏　鄞峰録 23/12b
請如大德住無量壽庵疏　鄞峰録 23/12b
請雲講師住上水辯利寺疏　鄞峰録 23/13a
請潤大師住上水教忠報國院疏　鄞峰録 23/13a
請宷首座住上水教忠報國院疏　鄞峰録 23/13b
請孜老住昌國吉祥寺疏　鄞峰録 23/13b
請倫老住觀音能仁禪院疏　鄞峰録 23/15a
代彭支鹽賀楊樞密知宣州啓　鄞峰録 24/1a
賀徐侍郎知明州啓　鄞峰録 24/1b
賀錢寶文除淮南運使啓　鄞峰録 24/2a
賀秦待制除敷學知宣州啓　鄞峰録 24/2b
賀俞敷學知紹興府啓　鄞峰録 24/3a
賀史學諭啓　鄞峰録 24/3b
賀新餘姚高知縣啓　鄞峰録 24/4a
賀曹徽猷知明州啓　鄞峰録 24/4b
賀徐侍郎知平江府啓　鄞峰録 24/5a
賀新餘姚趙知丞啓　鄞峰録 24/5b
賀知平江府徐侍郎到任啓　鄞峰録 24/6a
賀陳監倉漕試得舉啓　鄞峰録 24/6b
賀王秘校監試得舉啓　鄞峰録 24/7a

賀樞密加特進進爵郡公啓　鄞峰録 24/7a
賀胡通判除廣南提舶啓　鄞峰録 24/7b
賀趙郎中知泉州啓　鄞峰録 24/8a
賀知紹興府俞敷學致仕啓　鄞峰録 24/8b
賀知紹興府湯龍圖到任啓　鄞峰録 24/9a
賀知紹興府曹徽猷到任啓　鄞峰録 24/10a
賀高提舉迎侍回任啓　鄞峰録 24/10b
賀新餘姚李知縣啓　鄞峰録 24/11a
又代趙知丞賀李知縣啓　鄞峰録 24/11b
賀李顯謨知明州啓　鄞峰録 24/11b
賀湯左相啓　鄞峰録 25/1a
賀陳右相啓　鄞峰録 25/1b
賀皇子建王除授啓　鄞峰録 25/2a
賀永州俞知郡啓　鄞峰録 25/2b
賀沈丞相判明州啓　鄞峰録 25/3b
賀張丞相判建康啓　鄞峰録 25/4a
賀湯丞相知紹興府啓　鄞峰録 25/4b
賀狀之黃學士啓　鄞峰録 25/5a
賀第二人王學士啓　鄞峰録 25/5b
賀第三人張學士啓　鄞峰録 25/5b
賀皇孫國公朝參啓　鄞峰録 25/6a
賀周樞密啓　鄞峰録 25/6a
賀周右相啓　鄞峰録 25/7a
賀王大觀文啓　鄞峰録 25/7b
賀皇子嘉王入第啓　鄞峰録 25/8a
賀何中丞啓　鄞峰録 25/8a
賀周丞相除觀文判潭州啓　鄞峰録 25/8b
代姚主簿與臨海唐知縣啓　鄞峰録 25/9a
上知明州徐侍郎啓　鄞峰録 25/9b
代彭支鹽上秦提舉啓　鄞峰録 25/10b
代韓司法上知明州徐侍郎啓　鄞峰録 25/11a
代陳提幹上知宣州秦敷學啓　鄞峰録 25/11b
代王知縣上明州徐侍郎啓　鄞峰録 25/12a
謝解啓　鄞峰録 26/1a
錢通判　鄞峰録 26/2a
賈簽判　鄞峰録 26/2b
劉教授　鄞峰録 26/2b
王參政　鄞峰録 26/3a
晏尚書　鄞峰録 26/3a
及第謝太師啓　鄞峰録 26/3b
及第謝秦內翰啓　鄞峰録 26/5a
代陳教授謝張侍郎舉改官啓　鄞峰録 26/6a
代韓催煎謝秦提舉關陞啓　鄞峰録 26/6b

代王知縣謝徐明川平海寇啓　鄞峰録 26/7b
代姚主簿謝鄭運使舉關陞啓　鄞峰録 26/8b
權昌國西監謝秦提舉啓　鄞峰録 26/9a
代時支鹽謝曹運使舉改官啓　鄞峰録 26/9b
餘姚尉到任謝秦提刑啓　鄞峰録 27/1a
謝曹監務惠詩卷啓　鄞峰録 27/2a
謝王承務惠詩啓　鄞峰録 27/2b
謝秦提刑舉關陞啓　鄞峰録 27/2b
母生日謝惠詩詞啓　鄞峰録 27/3b
謝秦提舉轉求舉削啓　鄞峰録 27/3b
謝李運使舉改官啓　鄞峰録 27/4a
謝曹知府轉求舉削啓　鄞峰録 27/4b
代人謝曹知府舉試刑法啓　鄞峰録 27/5b
代汪縣丞謝張運使舉改官啓　鄞峰録 27/6b
謝交代新餘姚尉啓　鄞峰録 27/7a
謝松陽沈主簿啓　鄞峰録 27/7b
代周撫幹謝湯運使舉關陞啓　鄞峰録 27/8a
代周監獄謝湯丞相差遣啓　鄞峰録 27/9a
謝兵部楊尚書舉自代啓　鄞峰録 27/9b
除司封郎官兼建王府直講謝宰相啓　鄞峰録 27/10b
代周撫幹謝宰相差遣啓　鄞峰録 27/11a
除宗正少卿謝宰相啓　鄞峰録 27/12a
上秘監林侍郎啓　鄞峰録 28/1a
赴餘姚尉與知縣啓　鄞峰録 28/1b
又與縣丞啓　鄞峰録 28/1b
又與主簿啓　鄞峰録 28/2a
赴餘姚尉上知明州徐侍郎啓　鄞峰録 28/2b
餘姚尉到任上知臨安府張尚書啓　鄞峰録 28/3a
代貝承務上曹侍郎啓　鄞峰録 28/3b
代人上知紹興府俞敷學啓　鄞峰録 28/4a
謝德慶府劉通判啓　鄞峰録 28/4b
謝湖州陳知郡啓　鄞峰録 28/5a
生日謝惠詩詞啓　鄞峰録 28/5b
代彌正謝江西漕試得舉啓　鄞峰録 28/6a
謝前福建陸提舉啓　鄞峰録 28/6b
除太傅謝皇孫郡王啓　鄞峰録 28/6b
賜玉帶謝皇孫郡王啓　鄞峰録 28/7a
謝知興元府閻侍郎啓　鄞峰録 28/7b
謝杜縣尉啓　鄞峰録 28/8a
除太師謝留右丞相啓　鄞峰録 28/8b
謝王知院啓　鄞峰録 28/9a

謝葛同知啓　鄞峰録 28/9a
妹回周氏定禮書　鄞峰録 28/9b
女回陸氏定禮書　鄞峰録 28/9b
堯翁弟定舒氏禮書　鄞峰録 28/10a
文翁弟定貝氏禮書　鄞峰録 28/10a
代劉思道爲子納幣禮書　鄞峰録 28/10a
守之定朱氏禮書　鄞峰録 28/10b
女回王氏定禮書　鄞峰録 28/11a
孫女回胡氏定禮書　鄞峰録 28/11a
彌堅成婚日狀　鄞峰録 28/11b
禮物狀　鄞峰録 28/11b
上知紹興府俞閣學乞修黄山橋書　鄞峰録 32/1a
工浙東游提舉書　鄞峰録 32/2b
再答商解元請解孟子書　鄞峰録 32/4a
~唐老
賀孔監場啓　播芳文粹 64/23b
~唐叟
請平老茶榜　播芳文粹 119/11a
~堯俊
賀任守啓　播芳文粹 62/12a
謝漕使薦舉啓　播芳文粹 74/13a
謝監司薦舉啓　播芳文粹 75/8a
~堯弼
賀晁子止除合州啓　蓮峰集 9/1a
謝解啓　蓮峰集 9/2a
通青城程宰啓　蓮峰集 9/3b
謝王郎中啓　蓮峰集 9/4b
謝李守啓　蓮峰集 9/6a
代朱綿州回蘇卭州季文啓　蓮峰集 9/6b
代張承務謝試官啓　蓮峰集 9/7a
考試省闈謝丞相啓　蓮峰集 9/8a
代人上楊節使書　蓮峰集 9/9a
與張丞相書　蓮峰集 10/1a
與張丞相子欽夫書　蓮峰集 10/2b
與李久善參議書　蓮峰集 10/3a
答張德明求誌銘　蓮峰集 10/3b
與卭守蘇季文　蓮峰集 10/4b
代兄伯振上秦相書　四庫拾遺 254/蓮峰集
代張丞相德遠賀秦丞相除太師啓　四庫拾遺 257/蓮峰集
賀董都運啓　播芳文粹 60/3a
賀李守啓　播芳文粹 62/19b

謝監司薦舉啓　播芳文粹 75/11a

赴任與鄰守啓　播芳文粹 83/15a

賀董都運啓　蜀文輯存 60/11b

賀李守啓　蜀文輯存 60/11b

謝監司薦舉啓　蜀文輯存 60/11b

赴任與鄰守啓　蜀文輯存 60/12a

代張丞相德遠賀秦丞相除太師啓　蜀文輯
存 60/12b

代張丞相德遠賀秦丞相除太師啓　蜀文輯
存 60/12b

～　堪

賀留後國國啓　播芳文粹 54/22b

賀陳端明啓　播芳文粹 54/25b

賀陳端明啓　蜀文輯存 39/1a

賀留後國公啓　蜀文輯存 39/1a

～　楠

太史與交代啓　播芳文粹 84/24b

～　漸

賀李守敬　播芳文粹 62/3a

賀龔倅啓　播芳文粹 63/17b

賀李守啓　蜀文輯存 62/9b

賀龔倅啓　蜀文輯存 62/10a

～　實之

賀梁提刑啓　播芳文粹 61/8b

～　璟卿

貽伯父嵩之書　南宋文範/外編 3/15b

丘　濬

與權郡國博帖　播芳文粹 106/19b

與徐君會少卿帖　播芳文粹 106/20b

與曹輔之著作四帖　播芳文粹 106/21b

白宋瑞

賀葉樞密兼都督啓　播芳文粹 58/6a

～　麟

賀葉樞密兼都督啓　蜀文輯存 62/11a

包　恢

答傅當可論詩　敝帚稿 2/1a

答曾子華論詩　敝帚稿 2/2a

答項司户書(1-2)　敝帚稿 2/5a-9a

與留通判書　敝帚稿 2/8a

寄李俊彦先輩　敝帚稿/補 1a

答曾子華論詩書　南宋文範 35/9b

司馬光

謝檢討啓　傳家集 58/1a

謝校勘啓　傳家集 58/2a

又謝龐參政啓　傳家集 58/3a

上宋侍讀書　傳家集 58/4b

與薛子立秀才書　傳家集 58/5b　司馬温公集 58/3b

上龐樞密論貝州事宜書　傳家集 58/6b

回狀元第二第三先輩書　傳家集 58/9b

答薛虢州謝石硯屏書　傳家集 58/10b　司馬温公集 58/11b

答謝公儀啓　傳家集 58/11a　司馬温公集 58/12a

與范景仁書　傳家集 58/12a

與李子儀書　傳家集 58/14a

答聞喜馬寺丞中庸書　傳家集 58/14b

與東阿張主簿書　傳家集 59/1a

與范景仁書　傳家集 59/1b

答范景仁書　傳家集 59/2b

答明太祝端書　傳家集 59/3a　司馬温公集 59/3a

答陳秘校充書　傳家集 59/4a

與夏秘丞倚書 字中立　傳家集 59/5b

與夏秘丞倚別紙　傳家集 59/7b

與魏處士閑書　傳家集 59/8b　司馬温公集 59/7b

答劉太博忱書　傳家集 59/9a

上始平龐相公述不受知制誥書　傳家集 59/10a

答劉賢良蒙書　傳家集 59/12b

答胡寺丞宗愈書　傳家集 60/1a

答周同年源書　傳家集 60/1b　司馬温公集 60/1b

答孔司户文仲書　傳家集 60/2b

與王介甫書(1-3)　傳家集 60/4a-13b

上許州吳給事書　傳家集 60/14b

答胙城郭太丞書　傳家集 60/16a

別劉孝叔雜端手啓　傳家集 60/17a

與范堯夫經畧龍圖書(1-2)　傳家集 60/17a-17b

答河陽李夷白秘校書　傳家集 60/18a

答齊州司法張秘校正彦書　傳家集 60/19a

答張砥先生書　傳家集 61/1a

答陳監簿師仲書　傳家集 61/1b

答李大卿孝基書　傳家集 61/2b

與吳丞相充書　傳家集 61/4b

答蔣中舍深之書　傳家集 61/7a

答郭長官純書　傳家集 61/7b

答陳司法師仲書　傳家集 61/10b

與范景仁問正書所疑書　傳家集 61/11b

答孫長官察書　傳家集 61/12b

答張尉來書　傳家集 61/14a

與景仁論樂書　傳家集 61/15a

景仁復書　傳家集 61/18a

再與景仁書　傳家集 61/21a

景仁再答書　傳家集 61/23a

與王樂道書　傳家集 62/1a

答新知磁州陳大夫游古書　傳家集 62/2a

答范景仁書　傳家集 62/2b

景仁又答書　傳家集 62/6b

與范景仁第四書　傳家集 62/8b

景仁答第四書　傳家集 62/9b

與景仁第五書　傳家集 62/11a

景仁復第五書　傳家集 62/12b

與范景仁論中和書　傳家集 62/14a

景仁答中和書　傳家集 62/15b

與景仁再論中和書　傳家集 62/16b

景仁再答中和論　傳家集 62/17a

與范景仁第八書　傳家集 62/17b

景仁復第八書　傳家集 62/18a

景仁復第九書　傳家集 62/19a

景仁又復書　傳家集 62/19b

與景仁論積黍書　傳家集 62/19b

景仁答積黍書　傳家集 62/21a

又小簡　傳家集 62/23a

景仁答中和論　傳家集 62/23b

韓秉國書　傳家集 62/26a

秉國論中和書　傳家集 62/26b

答韓秉國書　傳家集 63/1a　司馬溫公集 63/4a

答秉國第二書　傳家集 63/4a　司馬溫公集 63/6b

答兩浙提舉趙宣德㠡書　傳家集 63/6a

答懷州許奉世秀才書　傳家集 63/7b

答武功石令飛卿書　傳家集 63/8a

與呂晦叔簡　傳家集 63/9b

與呂晦叔第二簡　傳家集 63/10a

答彭寂朝議書　傳家集 63/10a

答程伯淳書　傳家集 63/11a

答呂由庚推官手書　傳家集 63/12a

貽劉道原　傳家集 63/12b

答范夢得　傳家集 63/13b

三省咨目　傳家集 63/16b

密院咨目　傳家集 63/19a

與三省密院論西事簡　傳家集 63/21a

上許州吳給事書　司馬溫公集 58/1b

答胙城郭太丞書　司馬溫公集 58/3a

與薛子立秀才書　司馬溫公集 58/3b

上龐副樞論貝州事宜書　司馬溫公集 58/4b

謝校勘啓　司馬溫公集 58/7a

授校勘謝龐參政啓　司馬溫公集 58/8a

謝檢討啓　司馬溫公集 58/9a

上宋侍讀書　司馬溫公集 58/10a

回狀元第二第三先輩啓　司馬溫公集 58/11a

答薛虢州謝石硯屏書　司馬溫公集 58/11b

答謝公儀啓　司馬溫公集 58/12a

答聞喜馬寺丞中庸書　司馬溫公集 58/13a

與范景仁書　司馬溫公集 58/13b

與李子儀書　司馬溫公集 58/15a

別劉孝叔雜端手啓 時謫知江州名述　司馬溫公集 58/16a

與范堯夫經畧龍圖書　司馬溫公集 58/16a

與范堯夫經畧龍圖書 第二書　司馬溫公集 58/16b

與東阿張主簿書　司馬溫公集 59/1b

與范景仁書　司馬溫公集 59/1b

再與范景仁書　司馬溫公集 59/2b

答明端太祝書　司馬溫公集 59/3a

答陳充秘校書　司馬溫公集 59/4a

與夏秘丞 倚字中土書　司馬溫公集 59/5a

別紙　司馬溫公集 59/6b

與魏雲夫書 閑　司馬溫公集 59/7b

答德順軍劉太傅忱書　司馬溫公集 59/8a

上始平公迷不受知制誥啓 龐丞相　司馬溫公集 59/9a

答劉蒙書　司馬溫公集 59/11a

答楚州糧料胡寺丞宗愈 宗愈薦歙州蘄門令丁隲　司馬溫公集 60/1a

答周源同年書　司馬溫公集 60/1b

答孔文仲司戶書　司馬溫公集 60/2b

與王介甫書（1－3）　司馬溫公集 60/4a－11b

答河陽李夷白秘校書　司馬溫公集 60/12b

答齊州司法張秘校正彥書　司馬溫公集 60/13a

答張砥先生書　司馬溫公集 61/1a

答陳師仲監簿書　司馬溫公集 61/1b
答李大卿孝基書　司馬溫公集 61/2b
與吳相書　司馬溫公集 61/4a
答蔣中舍深之書深之祖綸淳化中爲永康軍判官死蜀
　　寇　司馬溫公集 61/6b
答郭純長官書　司馬溫公集 61/7a
答陳師仲司法書　司馬溫公集 61/9b
問景仁以正書所疑書　司馬溫公集 61/10b
答孫察長官書之翰待制之姪也　司馬溫公集 62/1b
答福昌張尉耒書　司馬溫公集 62/2b
與王樂道書　司馬溫公集 62/3b
答新知磁州陳大夫游古書　司馬溫公集 62/4a
答景仁論養生及樂書　司馬溫公集 62/5a
與范景仁書　司馬溫公集 62/8a
答景仁書　司馬溫公集 62/9b
答兩浙提舉趙宣德屼書　司馬溫公集 62/11a
答懷州許奉世秀才書　司馬溫公集 62/12a
答武功石令飛卿啓　司馬溫公集 62/12b
與劉道原書　司馬溫公集 62/14a
答范景仁書　司馬溫公集 63/1b
答景仁書　司馬溫公集 63/2a
韓秉國書　司馬溫公集 63/3a
秉國論　司馬溫公集 63/3b
答韓秉國書　司馬溫公集 63/4a
答秉國第二書　司馬溫公集 63/4b
三省咨目　司馬溫公集 63/8b
密院咨目　司馬溫公集 63/10b
與三省密院論西事簡　司馬溫公集 63/12b
與呂晦叔簡　司馬溫公集 63/12b
又與呂晦叔書　司馬溫公集 63/13a
答彭寂朝議書　司馬溫公集 63/13b
貽道原書　三劉家集/56b
小簡　丹淵集/附錄 1a
答劉蒙書　宋文鑑 115/4a
與范景仁論樂書　宋文鑑 115/6b
與王介甫書　宋文鑑 115/10a
與吳相書　宋文鑑 116/1b
除門下侍郎謝宰執啓　播芳文粹 68/15b
與王荆公　播芳文粹 103/3a
與錢舍人　播芳文粹 103/19a

六　畫

江　愷

補中謝魏守克愚啓二　新安文獻 43/4a
迂鄧僉事文原啓　新安文獻 43/5a
～萬程
繫臂書　播芳文粹 126/17b

米　芾
净手帖　寶晉山林集/拾遺 4/21a　寶晉集補 3/1a
答人求寶研帖　寶晉山林集/拾遺 4/23a　寶晉集
補 3/3a
求薦帖　寶晉山林集/拾遺 4/23b　寶晉集補 3/3b
手簡上(六十三通)　寶晉集補/腕 1a – 17a
手簡下(六十三通)　寶晉集補/腕 1a – 10a

宇文虛中
與家人書　蜀文輯存 36/5b
寄弟書　蜀文輯存 36/5b
寄内書　蜀文輯存 36/5b

朱子山
賀兩府啓　播芳文粹 65/22a
～子真
賀叙復得宰啓　播芳文粹 67/34a
～子發
賀張丞相平寇啓　播芳文粹 67/31a
起居提刑啓　播芳文粹 87/17a
～子履
賀宋守啓　播芳文粹 63/5b
～廷玉
賀豐帥啓　播芳文粹 57/19b
謝監司薦舉啓　播芳文粹 75/6b
賀豐帥啓　蜀文輯存 48/15b
謝監司薦舉　蜀文輯存 48/16a
～廷珪
賀王倅啓　播芳文粹 63/20a
～廷瑞
賀試中賢良啓　播芳文粹 65/3b
～　松
代人上郡守書　韋齋集 9/1a
答莊德粲秀才書　韋齋集 9/3a
上唐漕書　韋齋集 9/4a
上趙漕書　韋齋集 9/8a
上李丞相書　韋齋集 9/11a
上胡察院書　韋齋集 9/14a

上李參政書　草齋集 9/17a

上謝參政書　草齋集 9/20a

上趙樞密書會有言事者論臣僚投獻文字干進不果投
　　草齋集 9/22b

謝林郎中啓　草齋集 11/6a

賀中書胡舍人啓　草齋集 11/7a

賀福州張參政啓　草齋集 11/7b

賀程待制知溫州啓　草齋集 11/8b

謝謝粲政啓　草齋集 11/9a

賀謝粲政除萬壽侍讀啓　草齋集 11/10a

上綦翰林啓　草齋集 11/10b

謝館職啓　草齋集 11/11b

代魏侍御謝提刑啓　草齋集 11/13a

代陳參政回李丞相謝轉官啓　草齋集 11/13b

謝宮觀啓　草齋集 11/14a

問候張丞相啓　草齋集 11/15a

謝人書啓　草齋集 11/15b

謝人詩啓　草齋集 11/16a

定婚啓爲甥丘肖　草齋集 11/16a

上趙樞密鼎論恢復書　新安文獻 8/10b

賀程待制邁知溫州啓　新安文獻 42/3b

上胡察院書　南宋文範 31/16b

~ 長文

謝除秘書省正字啓　樂圃稿 8/1a

代太守林和中到任謝執政啓　樂圃稿 8/3a

代太守林和中到任謝平章太師啓　樂圃稿
　8/3a

代太守林和中到任謝平章司空啓　樂圃稿
　8/3b

僕射門下相公　樂圃稿 8/4a

僕射中書相公　樂圃稿 8/4a

樞密相公　樂圃稿 8/4b

門下侍郎中書侍郎左右丞　樂圃稿 8/4b

與諸弟書　樂圃稿 9/3b

~ 承

賀莫秘監啓　播芳文粹 51/22a

賀喬侍讀啓　播芳文粹 52/1a

~ 茂德

賀漕司王主管啓　播芳文粹 64/1b

~ 晞顔

賀詹丞啓　播芳文粹 64/20a

赴任上太守啓　播芳文粹 83/18a

~ 絨

上四川財賦總領王之望書　蜀文輯存 62/12b

~ 節之

賀周禮侍啓　播芳文粹 53/12b

~ 震

賀陳丞相兼都督仍兼宣撫啓　播芳文粹 58/5a

~ 熹

與鍾户部論虧欠經總制錢書　朱文公集 24/1a

與李教授書　朱文公集 24/3a

答陳宰書　朱文公集 24/4a

與黃樞密書　朱文公集 24/5b

答陳漕論鹽法書　朱文公集 24/7a

答劉平甫書(1-2)　朱文公集 24/9b

與延平李先生書　朱文公集 24/10a

與魏元履書(1-4)　朱文公集 24/10b-18a

與陳侍郎書　朱文公集 24/11b

與汪帥論屯田事　朱文公集 24/15a

與曹晉叔書(1-5)　朱文公集 24/16a

賀陳丞相書　朱文公集 24/18b

答魏元履書　朱文公集 24/20a

與陳丞相書(1-5)　朱文公集 24/21a

與汪尚書書　朱文公集 24/22a

答汪尚書書(1-3)　朱文公集 24/24a-27b

答張欽夫　朱文公集 24/29b

答張敬夫書(1-22)　朱文公集 25/1a-5b

答沈侍郎書　朱文公集 25/8a

與建寧諸司論賑濟劄子　朱文公集 25/9a

與建寧傅守劄子　朱文公集 25/11a

答傅守劄子　朱文公集 25/13a

答龔參政書　朱文公集 25/13b-14a

答陳秘監書　朱文公集 25/14b

與傅漕書　朱文公集 25/15a

與呂伯恭書(1-2)　朱文公集 25/15b-16b

答韓尚書書　朱文公集 25/17b

與龔參政書(1-2)　朱文公集 25/19b-20a

答陳丞相書　朱文公集 25/20b

與陳公別紙　朱文公集 25/21a

與陳丞相書　朱文公集 25/21b

答呂伯恭書　朱文公集 25/22b

答鄭自明書　朱文公集 25/24a

與史丞相劄子　朱文公集 26/1a

與王樞密劄子　朱文公集 26/1b

與袁寺丞書　朱文公集 26/2a

與曹晉叔書　朱文公集 26/3b

與楊教授書　朱文公集 26/4a

與臺端書　朱文公集 26/5a

與皇甫帥書　朱文公集 26/7a

與王漕劄子　朱文公集 26/8a

與顏提舉劄子(1－4)　朱文公集 26/8b－9b

與執政劄子　朱文公集 26/10a

與丞相劄子　朱文公集 26/10b

與丞相別紙　朱文公集 26/11b

與王樞使劄子　朱文公集 26/12a

與丞相劄子　朱文公集 26/12b

與曹晉叔書　朱文公集 26/13a

答黃教授書　朱文公集 26/13b

與江東陳帥書　朱文公集 26/14b

與陳帥畫一劄子　朱文公集 26/15b

與陳帥書　朱文公集 26/17a

與江東王漕劄子　朱文公集 26/17b

與漕司畫一劄子　朱文公集 26/18b

與王運使劄子　朱文公集 26/19b

與江西張帥劄子(1－3)　朱文公集 26/20b－22a

與江西錢漕劄子　朱文公集 26/21b

與江西張漕劄子　朱文公集 26/21b

與星子諸縣議荒政書　朱文公集 26/22b

與執政劄子　朱文公集 26/24b

與周參政劄子(1－3)　朱文公集 26/25b－27a

與周參政別紙　朱文公集 26/27b

與陳師中書　朱文公集 26/28a

與陳丞相別紙　朱文公集 26/29a

與福建顏漕劄子　朱文公集 26/29b

與顏漕劄子　朱文公集 26/29b

上宰相書　朱文公集 26/30a

與陳丞相別紙　朱文公集 26/34b

與趙帥書子直(1－5)　朱文公集 27/1a－3a

與林擇之書(1－2)　朱文公集 27/4a－5a

與趙帥書(1－2)　朱文公集 27/6b－8b

答梁丞相書　朱文公集 27/9a

與陳福公書　朱文公集 27/10a

與陳丞相書　朱文公集 27/11b

與陳福公別紙　朱文公集 27/12a

與史太保書　朱文公集 27/12b

與史太保別紙　朱文公集 27/13a

與詹帥書(1－4)　朱文公集 27/13b－20b

與張定叟書　朱文公集 27/21a

與王漕書　朱文公集 27/22a

與周丞相書　朱文公集 27/23b

與曹晉叔書　朱文公集 27/24a

答尤延之書　朱文公集 27/24b

與江東尤提舉劄子　朱文公集 27/25a

與周丞相劄子　朱文公集 27/25b

與留參政劄子　朱文公集 27/26b

與周丞相書　朱文公集 27/27a

答劉漕書　朱文公集 27/29a

答或人書　朱文公集 27/29a

與周丞相書　朱文公集 28/1a

與曹晉叔書　朱文公集 28/1b

答陳同父書(1－2)　朱文公集 28/2a－2b

與周丞相書　朱文公集 28/3b

與李誠父書　朱文公集 28/4b

與張元善書　朱文公集 28/5a

答李誠父書　朱文公集 28/7a

答王謙仲劄子　朱文公集 28/8a

與留丞相劄子(1－2)　朱文公集 28/8b－9b

與黃仁卿書　朱文公集 28/10b

答趙帥論舉子倉事　朱文公集 28/11b

與陳憲劄子　朱文公集 28/13a

與留丞相劄子　朱文公集 28/14a

與趙帥書(1－2)　朱文公集 28/15b－16b

答陳漕書　朱文公集 28/17a

與留丞相劄子(1－2)　朱文公集 28/18a－19a

與留丞相書(1－4)　朱文公集 28/19b－27a

與留丞相劄子　朱文公集 28/29a

與趙帥書　朱文公集 28/29b

與留丞相劄子　朱文公集 28/31a

與趙尚書書　朱文公集 29/1a

答趙尚書　朱文公集 29/2a

與趙尚書論舉子田事　朱文公集 29/4a

與趙尚書　朱文公集 29/5a

與留丞相劄子　朱文公集 29/6b

與執政劄子　朱文公集 29/7a

與漕司劄子　朱文公集 29/7b

與留丞相書(1－2)　朱文公集 29/8b－10b

答吳茂才書　朱文公集 29/11a

與臨江王倅書　朱文公集 29/11b

答汪長孺書　朱文公集 29/12a

與王樞使謙仲劄子　朱文公集 29/12b

與王樞使劄子　朱文公集 29/13a

答李季章書　朱文公集 29/13b

與趙丞相書　朱文公集 29/14a

別幅(與趙丞相書)　朱文公集 29/15a

答李季章書　朱文公集 29/15b

答黄仁卿書　朱文公集 29/16a

答李公晦書(1－2)　朱文公集 29/16b－17a

與鄭參政劄子(1－2)　朱文公集 29/17b－18b

與李季章書　朱文公集 29/19b

與留丞相書　朱文公集 29/20a

答任行甫書(1－5)　朱文公集 29/20b－22a

與楊子直書　朱文公集 29/22b

與項平父書　朱文公集 29/22b

答張定叟書　朱文公集 29/23a

答劉季章書　朱文公集 29/24a

與黄直卿書　朱文公集 29/24b

與陳建寧劄子　朱文公集 29/25a

乞給由子與納税户條目書　朱文公集 29/25b

乞給由子與納税户條目　朱文公集 29/25b

與李彦中帳幹論賑濟劄子　朱文公集 29/26b

答汪尚書(1－5)　朱文公集 30/1a－9b

與汪尚書(1－2)　朱文公集 30/11b－13a

答汪尚書論家廟　朱文公集 30/15a

答汪尚書(1－3)　朱文公集 30/17a－18a

與張欽夫別紙　朱文公集 30/18b

答張欽夫　朱文公集 30/19a

與張欽夫(1－4)　朱文公集 30/20b－23a

別紙(與張欽夫書)　朱文公集 30/23b

與張欽夫論程集改字　朱文公集 30/24b

答張欽夫(1－2)　朱文公集 30/29a－30a

與張敬夫　朱文公集 31/1a

答張敬夫(1－2)　朱文公集 31/1a－2b

與張敬夫　朱文公集 31/4a

答張敬夫(1－7)　朱文公集 31/4b－10a

答張敬夫語解　朱文公集 31/10b

答張敬夫論中庸章句　朱文公集 31/12a

答張敬夫　朱文公集 31/13a

再答敬夫論中庸章句　朱文公集 31/13b

與張敬夫　朱文公集 31/14b

答張敬夫(1－2)　朱文公集 31/15a－15b

答張敬夫集大成説書　朱文公集 31/17b

答張敬夫孟子説疑義書　朱文公集 31/18a

與張敬夫論癸巳論語説　朱文公集 31/22b

答敬夫論中庸説　朱文公集 32/1a

答張敬夫(1－3)　朱文公集 32/2b－5a

問張敬夫(1－4)　朱文公集 32/6b－8a

答張敬夫　朱文公集 32/8a

答張敬夫問目　朱文公集 32/8b

答張敬夫　朱文公集 32/14a

答張敬夫(論仁説)(1－4)　朱文公集 32/18a－22b

答欽夫仁疑問　朱文公集 32/23a

答欽夫仁説　朱文公集 32/25b

答張欽夫　朱文公集 32/26b

答吕伯恭(1－79)　朱文公集 33/1a－34/20a

與東萊論白鹿書院記　朱文公集 34/22b

答吕伯恭(1－15)　朱文公集 34/24a－38a

答吕伯恭問龜山中庸　朱文公集 35/1a

別紙(答吕伯恭問龜山中庸書)　朱文公集 35/1b

答吕伯恭　朱文公集 35/3a

別紙(答吕伯恭書)　朱文公集 35/3b

答吕伯恭　朱文公集 35/5a

答吕伯恭別紙　朱文公集 35/6b

答吕伯恭論淵源録　朱文公集 35/8a

答吕伯恭　朱文公集 35/11b

答劉子澄(1－9)　朱文公集 35/12a－20a

與劉子澄(1－7)　朱文公集 35/22a－30a

答陸子壽(1－2)　朱文公集 36/1a－1b

答陸子美(1－3)　朱文公集 36/3b－6a

寄陸子静　朱文公集 36/6b

答陸子静書(1－5)　朱文公集 36/6b－11b

答陳同甫(1－13)　朱文公集 36/18a

與籍溪胡原仲先生(1－2)　朱文公集 37/1a－2a

與范直閣(1－4)　朱文公集 37/3a－6b

與慶國卓夫人　朱文公集 37/6b

上黄端明　朱文公集 37/7b

與王龜齡　朱文公集 37/8b

與陳丞相　朱文公集 37/11a

與劉共父(1－4)　朱文公集 37/12b－17b

答韓無咎　朱文公集 37/19a

與芮國器(1－2)　朱文公集 37/19b－20a

答鄭景望(1－5)　朱文公集 37/20b－24b

答尤延之袤(1－2)　朱文公集 37/25a－26b

答林黄中栗(1－3)　朱文公集 37/26b－28a

與郭沖晦(1－2)　朱文公集 37/28b－29a

答程可久迥(1－10)　朱文公集 37/33a－37b

答程泰之(1－2)　朱文公集 37/40b－41a

答李壽翁　朱文公集 37/41b

答陳體仁　朱文公集 37/42b
答顏魯子（1－2）　朱文公集 37/44a
答袁機仲（1－11）　朱文公集 38/1a－20a
答趙提舉（1－2）　朱文公集 38/20b－22b
與周益公書（1－3）　朱文公集 38/23a－24a
與留丞相別紙　朱文公集 38/30a
與留丞相　朱文公集 38/30b
答留丞相　朱文公集 38/30b
與曾裘父（1－3）　朱文公集 38/31b
答黃叔張維之　朱文公集 38/32a
答耿直之秉　朱文公集 38/32a
答薛士龍季宣（1－2）　朱文公集 38/33a－34b
答林謙之光朝　朱文公集 38/35a
答江元適泳（1－3）　朱文公集 38/36b－39b
答詹體仁儀之　朱文公集 38/41b
答楊庭秀萬里　朱文公集 38/41b
答李季章壁（1－5）　朱文公集 38/42a－45b
答范文叔（1－3）　朱文公集 38/47a－48a
答陳君舉（1－4）　朱文公集 38/48b－49b
與劉德修光祖　朱文公集 38/50a
答黃文叔慶　朱文公集 38/50b
答徐元敏　朱文公集 38/52a
答林正夫湜　朱文公集 38/52b
答戴邁　朱文公集 39/1a
答林�書（1－2）　朱文公集 39/1b－2a
答呂侁　朱文公集 39/2b
答楊宋卿　朱文公集 39/3a
答柯國材翰（1－4）　朱文公集 39/3b－6b
答許順之（1－27）　朱文公集 39/8a－24b
答陳齊仲　朱文公集 39/24b
答徐元聘（1－2）　朱文公集 39/25b－26b
答王近思（1－12）　朱文公集 39/27a－31a
答魏元履（1－3）　朱文公集 39/31a－32b
與魏應仲　朱文公集 39/33a
答范伯崇（1－14）　朱文公集 39/33b－50b
答劉平甫（1－8）　朱文公集 40/1a－5a
與平父書中雜說　朱文公集 40/5a
答吳耕老　朱文公集 40/6a
答何叔京（1－32）　朱文公集 40/7a－44a
答馮作肅（1－4）　朱文公集 41/1a－2a
答連嵩卿（1－4）　朱文公集 41/3a－7a
答程允夫洵（1－13）　朱文公集 41/8a－34b
答黃子厚　朱文公集 41/35a

答胡廣仲（1－6）　朱文公集 42/1a－10b
答吳晦叔（1－13）　朱文公集 42/11a－22a
答石子重憝（1－12）　朱文公集 42/22b－38a
答陳明仲（1－16）　朱文公集 43/1a－7a
答李伯諫（1－3）　朱文公集 43/8b－15b
答吳公濟　朱文公集 43/15b
答趙佐卿　朱文公集 43/17a
答曹晉叔　朱文公集 43/17b
答林擇之用中（1－32）　朱文公集 43/17b－35b
答林充之（1－2）　朱文公集 43/35b－36a
答蔡季通元定（1－14）　朱文公集 44/1a－17b
答方伯謨士繇（1－8）　朱文公集 44/18a－23b
與方伯謨（1－16）　朱文公集 44/24a－30a
答梁文叔琢（1－4）　朱文公集 44/30a－31b
與吳茂實英（1－2）　朱文公集 44/33a－33b
答任伯超希夷（1－3）　朱文公集 44/33b－34a
答江德功默（1－12）　朱文公集 44/34b－52a
答黃直翁寅（1－3）　朱文公集 44/52a－53b
答曹子野駧　朱文公集 44/53b
答虞士朋（1－2）　朱文公集 45/1a－3a
答游誠之九言（1－3）　朱文公集 45/3b－4b
答吳伯起書（1－2）　朱文公集 45/5a－5b
答歐陽慶似光祖（1－2）　朱文公集 45/5b－6a
答嚴居厚士敦　朱文公集 45/6b
答丘子野　朱文公集 45/7a
答丘子服膺（1－2）　朱文公集 45/8a－8b
答李深卿泳　朱文公集 45/9a
答胡寬夫　朱文公集 45/10a
答吳德夫獵　朱文公集 45/11b
答楊子直方（1－5）　朱文公集 45/12a－15b
答呂季克　朱文公集 45/16a
答廖子晦德明（1－18）　朱文公集 45/16b－46a
答李濱老呂　朱文公集 46/1a
與汪伯虞　朱文公集 46/2b
答汪太初　朱文公集 46/3a
答方耕道采（1－3）　朱文公集 46/4a－5a
答曾節夫搏　朱文公集 46/5b
答呂士瞻涑　朱文公集 46/5b
答呂道一（1－2）　朱文公集 46/6b－7a
答詹兼善　朱文公集 46/7a
答曾致虛（1－2）　朱文公集 46/7b－8a
答朱魯叔　朱文公集 46/8a
答黃商伯灝（1－5）　朱文公集 46/8b－16a

答詹元善體仁(1-3)　朱文公集 46/16b-18a

答潘叔度(1-5)　朱文公集 46/19b-21a

答潘叔昌(1-10)　朱文公集 46/21b-25b

答劉叔文(1-2)　朱文公集 46/26a-26b

答王子充　朱文公集 46/27a

答胡伯逢(1-4)　朱文公集 46/27b-29b

答黃仁卿柬(1-2)　朱文公集 46/31b-32a

答黃直卿榦(1-7)　朱文公集 46/32b-35a

答呂子約祖儉(1-48)　朱文公集 47/1a-48/32b

答王子合遇(1-18)　朱文公集 49/1a-15a

答林伯和　朱文公集 49/16a

答林叔和(1-3)　朱文公集 49/17a-17b

答林熙之　朱文公集 49/18a

答陳膚仲孔碩(1-6)　朱文公集 49/18a-22a

答滕德粹璘(1-12)　朱文公集 49/22a-26b

答滕德章珙(1-7)　朱文公集 49/27a-28b

答林子玉振　朱文公集 49/29a

答廖季碩俣(1-3)　朱文公集 49/31b-32a

答楊元範大法　朱文公集 50/1a

答潘文叔友交(1-4)　朱文公集 50/1b-3a

答潘端叔友端(1-4)　朱文公集 50/3b-4b

答潘恭叔友恭(1-9)　朱文公集 50/8a-23b

答鄭仲禮(1-2)　朱文公集 50/25a-26a

答余占之(1-4)　朱文公集 50/26b-27b

答汪清卿　朱文公集 50/27b

答程正思(1-20)　朱文公集 50/28a-34b

答汪子文　朱文公集 50/34b

答汪聖可　朱文公集 50/35a

答周舜弼誼(1-10)　朱文公集 50/35a-38a

答董叔重(1-10)　朱文公集 51/1a-24a

答董叔重銖(1-10)　朱文公集 51/1a-24a

與黃子耕　朱文公集 51/24b

答黃子耕醬(1-14)　朱文公集 51/25a-30b

答曹立之(1-2)　朱文公集 51/31b-32a

答萬正淳(1-7)　朱文公集 51/33a-57a

答吳伯豐必大(1-24)　朱文公集 52/1a-33a

答姜叔權大中(1-5)　朱文公集 52/33b-35a

答汪長孺德輔(1-5)　朱文公集 52/35b-40a

答李淑文(1-4)　朱文公集 52/40b-41b

答葉永卿　朱文公集 52/42a

答都昌縣學諸生書(1-2)　朱文公集 52/42b-47b

答白鹿長貳　朱文公集 52/49b

答劉公度孟容(1-6)　朱文公集 53/1a-3b

答劉仲升(1-2)　朱文公集 53/3a-3b

答劉季章(1-23)　朱文公集 53/4a-14a

答許景陽　朱文公集 53/14b

與陳伯堅　朱文公集 53/15a

答胡季履大壯　朱文公集 53/15a

答胡季隨大時(1-15)　朱文公集 53/15b-34a

答沈有開　朱文公集 53/34b

答高應朝　朱文公集 53/35a

答石天民　朱文公集 53/35b

答沈叔晦(1-5)　朱文公集 53/35b-37b

答孫季和應時(1-2)　朱文公集 54/1a-3a

答石應之(1-2)　朱文公集 54/3b-4a

答諸葛誠之(1-2)　朱文公集 54/4b-5a

答項平父安世(1-8)　朱文公集 54/5a-10a

答陳抑之謙　朱文公集 54/10a

答俞壽翁　朱文公集 54/11a

答應仁仲書(1-6)　朱文公集 54/11a-13a

答周叔謹(1-5)　朱文公集 54/13b-15b

答王季和鋐(1-2)　朱文公集 54/16a

答傅子淵夢泉(1-4)　朱文公集 54/17a-18a

答陳正己剛(1-2)　朱文公集 54/18b-20a

答朱子繹　朱文公集 54/20b

答路德章(1-5)　朱文公集 54/20b-23b

答康炳道　朱文公集 54/24a

答郭希呂津(1-5)　朱文公集 54/24b-26b

答時之雲　朱文公集 54/27a

答毛舜卿　朱文公集 54/27b

答王伯豐洽　朱文公集 54/28a

答楊深父(1-2)　朱文公集 54/29a

答汪子卿　朱文公集 54/29b

答趙幾道師淵(1-2)　朱文公集 54/30b-31a

答劉仲則槩　朱文公集 54/32a

答黃冕仲　朱文公集 54/32b

答沙縣宋宰南強　朱文公集 54/32b

答楊簡卿迪　朱文公集 54/33a

答江夢良史　朱文公集 54/33a

答吳宜之南(1-5)　朱文公集 54/33b-34b

答徐斯遠文卿(1-3)　朱文公集 54/35a-35b

答趙昌甫蕃　朱文公集 54/35b

答徐彥章(1-4)　朱文公集 54/36a-37a

答包定之(1-2)　朱文公集 54/40b-41a

答潘謙之柄(1-3)　朱文公集 55/1a-2a

答楊至之至(1-2)　朱文公集 55/7b-8a

答李守約閭祖(1-14)　朱文公集 55/9a-14a

答李時可(1-7)　朱文公集 55/16b-19b

答劉定夫(1-2)　朱文公集 55/20b

答包顯道揚(1-2)　朱文公集 55/20b-21a

答包詳道(1-3)　朱文公集 55/21a-22a

答包敏道(1-3)　朱文公集 55/22b-23a

答符舜功叙　朱文公集 55/23a

答符復仲初(1-2)　朱文公集 55/23a-23b

答符國瑞　朱文公集 55/23b

答黃幾先　朱文公集 55/23b

答陳超宗(1-3)　朱文公集 55/24a-24b

答顏子堅　朱文公集 55/25a

答熊夢兆　朱文公集 55/25b

答安仁吳生　朱文公集 55/29a

答趙然道師雍　朱文公集 55/29b

答康戶曹仲穎　朱文公集 55/30a

答邵叔義(1-4)　朱文公集 55/30b-31b

答湯德遠　朱文公集 55/32a

答王德修　朱文公集 55/32a

答蘇晉叟溱(1-7)　朱文公集 55/32b-36b

答趙子欽彥肅(1-7)　朱文公集 56/1a-3b

答詹子厚(1-2)　朱文公集 56/4b-5a

答曾泰之祕　朱文公集 56/5a

答徐載叔廙(1-2)　朱文公集 56/5b-6a

答葉正則書適(1-4)　朱文公集 56/6b-7a

答徐居厚元德　朱文公集 56/8b

答趙履常崇憲　朱文公集 56/9a

答方賓王誼(1-15)　朱文公集 56/9b-23b

答陳師德(1-2)　朱文公集 56/24a-24b

答吳申　朱文公集 56/24b

答李周翰(1-2)　朱文公集 56/25a

答朱飛卿　朱文公集 56/25b

答鄭子工可學(1-17)　朱文公集 56/27b-41a

答林一之撰(1-3)　朱文公集 57/1a-1b

答李堯卿唐咨(1-5)　朱文公集 57/2b-10a

答陳安卿淳(1-6)　朱文公集 57/11a-44a

答張仁叔毅　朱文公集 58/1a

答楊仲思(1-4)　朱文公集 58/3a-3b

答謝成之　朱文公集 58/3b

答黃道夫(1-2)　朱文公集 58/4b-5b

答李子能亢宗　朱文公集 58/5b

答陳廉夫　朱文公集 58/6a

答陳叔向葵　朱文公集 58/6b

答舒提幹　朱文公集 58/7a

答顏子壽鑄　朱文公集 58/7a

答邊汝實　朱文公集 58/7b

答李次張　朱文公集 58/7b

答方平叔銓　朱文公集 58/8a

答王欽之(1-3)　朱文公集 58/8b-9b

答胡平一元衡　朱文公集 58/10a

答楊志仁璹(1-2)　朱文公集 58/11a

答徐子融昭然(1-4)　朱文公集 58/12b-15b

答宋深之之源(1-7)　朱文公集 58/16a-19b

答宋容之之汪　朱文公集 58/20a

答宋澤之　朱文公集 58/21a

答陳器之(1-2)　朱文公集 58/22b-23a

答葉味道賀(1-4)　朱文公集 58/25a-29a

答徐居甫(1-2)　朱文公集 58/29b-34a

答徐志伯浩　朱文公集 58/35a

答鄧衛老絅(1-2)　朱文公集 58/35a-39a

答張敬之顯文(1-2)　朱文公集 58/39b-42a

答丁賓臣碩(1-2)　朱文公集 58/42b-43a

答鄭□艮　朱文公集 58/43b

答黃嵩老　朱文公集 58/43b

答黃令裕(1-3)　朱文公集 58/43b-44a

答林正卿(1-4)　朱文公集 59/1a-4b

答曹元可　朱文公集 59/4b

答李巽卿　朱文公集 59/5a

答程次卿　朱文公集 59/5b

答龔惟微　朱文公集 59/5b

答龔伯善　朱文公集 59/6a

答汪叔耕書(1-2)　朱文公集 59/6b-7a

答李元翰　朱文公集 59/8b

答陳與叔夢良(1-2)　朱文公集 59/9a-11a

答方履之　朱文公集 59/11a

答方若水　朱文公集 59/11b

答方子實芹之　朱文公集 59/12a

答何巨元進之　朱文公集 59/12b

答程成甫　朱文公集 59/13a

答竇文卿(1-4)　朱文公集 59/13a-14b

答李公晦(1-3)　朱文公集 59/15b-16b

答李處謙　朱文公集 59/16b

答劉履之　朱文公集 59/17a

答楊子順履正(1-5)　朱文公集 59/17a-19b

答李寶之　朱文公集 59/20a

答吳仲玭　朱文公集 59/20b

答吳斗南人傑(1－4)　朱文公集 59/21b－26a

答輔漢卿廣(1－7)　朱文公集 59/27a－29a

答陳思誠景思　朱文公集 59/29a

答陳衛道韡(1－2)　朱文公集 59/29b－30b

答陳才卿(1－16)　朱文公集 59/32a－36a

答余正叔(1－3)　朱文公集 59/36a－37b

答余方叔大猷　朱文公集 59/37b

答趙恭父師(1－6)　朱文公集 59/38b－44a

答趙詠道　朱文公集 59/44b

答趙致道師夏(1－3)　朱文公集 59/45a－48a

答朱朋孫　朱文公集 60/1a

答周純仁(1－2)　朱文公集 60/1b－2a

答周南仲南(1－4)　朱文公集 60/2b－4a

答孟良夫猷　朱文公集 60/4b

答許生中應　朱文公集 60/4b

答章季思康　朱文公集 60/6a

答顏伯奇昆仲椅栩　朱文公集 60/6b

答杜叔高游(1－2)　朱文公集 60/6b－7a

答程珙　朱文公集 60/8a

答王南卿(1－3)　朱文公集 60/8a－9b

答汪易直(1－2)　朱文公集 60/10a－10b

答彭子壽龜年(1－2)　朱文公集 60/11b

答折子明　朱文公集 60/12b

答劉君房元誠之孫(1－2)　朱文公集 60/13a－13b

答曾無擇　朱文公集 60/13b

答曾無疑三(1－6)　朱文公集 60/14a－18b

答曾擇之祖道(1－4)　朱文公集 60/19a－21a

答王才臣　朱文公集 60/22a

答度周卿正　朱文公集 60/22b

答李誠之訧(1－2)　朱文公集 60/22b－23b

答徐崇父僑　朱文公集 60/24a

答林叔恭　朱文公集 60/24a

答潘子善時舉(1－10)　朱文公集 60/24b－43b

答余彝孫範　朱文公集 60/44a

答林德久至(1－11)　朱文公集 61/1a－13b

答歐陽希遜謙之(1－3)　朱文公集 61/14a－23a

答嚴時亨世文(1－3)　朱文公集 61/24a－31a

答曾光祖興宗(1－5)　朱文公集 61/33a－34b

答曾景建(1－7)　朱文公集 61/35a－39a

答張元德洽(1－9)　朱文公集 62/1a－7b

答甘吉甫(1－2)　朱文公集 62/8a－9a

答林退思補(1－2)　朱文公集 62/10a

答王晉輔峴(1－5)　朱文公集 62/13a－15a

答杜仁仲良仲　朱文公集 62/16a

答杜仁仲(1－5)　朱文公集 62/16b－17b

答杜貫道(1－2)　朱文公集 62/18b

答池從周　朱文公集 62/19a

答胡文叔璟　朱文公集 62/19a

答潘坦翁履孫　朱文公集 62/19b

答奚仲淵　朱文公集 62/20b

答黎季忱　朱文公集 62/21a

答傅敬子　朱文公集 62/21b

答傅誠子　朱文公集 62/22a

答高國楹　朱文公集 62/22a

答常鄭卿　朱文公集 62/22b

答李晦叔輝(1－7)　朱文公集 62/23a－27b

答余國秀宋傑(1－2)　朱文公集 62/30a－31a

答李敬子燔余國秀宋傑　朱文公集 62/33b

答胡伯量泳(1－2)　朱文公集 63/1a－6b

答李繼善孝述(1－4)　朱文公集 63/8a－8b

答甘道士　朱文公集 63/10a

答陳道士　朱文公集 63/10a

與晏亞夫淵(1－3)　朱文公集 63/10b－11a

答郭子從叔雲(1－2)　朱文公集 63/11b－18a

答葉仁父(1－2)　朱文公集 63/18b－19a

與王元石　朱文公集 63/20a

答孫敬甫(1－6)　朱文公集 63/20a－24a

答孫仁甫自任(1－2)　朱文公集 63/26a－26b

答余正甫(1－5)　朱文公集 63/27b－34b

答吳元士　朱文公集 63/36b

答周深父　朱文公集 63/40b

答鞏仲至豐(1－20)　朱文公集 64/1a－17b

答易簡　朱文公集 64/18b

答何倅　朱文公集 64/20a

答江彥謀　朱文公集 64/20b

答趙宰　朱文公集 64/21a

答吳尉(1－3)　朱文公集 64/21b－22a

答趙郎中　朱文公集 64/22a

答趙尉壘　朱文公集 64/22b

答卓周佐　朱文公集 64/23a

答任行甫(1－4)　朱文公集 64/23a－24a

答許進之　朱文公集 64/24b

答程傅之　朱文公集 64/24b

答呂紹先(1－2)　朱文公集 64/25a

答江端伯　朱文公集 64/25a

答潘立之　朱文公集 64/25b

答趙民表　朱文公集 64/26a

答謝與權　朱文公集 64/26a

答陳薈　朱文公集 64/26b

答劉朝弼　朱文公集 64/27a

答陳頤剛　朱文公集 64/27b

答姚揀一云答盧粹中　朱文公集 64/28a

答林質　朱文公集 64/28a

答李好古　朱文公集 64/28b

答范叔應　朱文公集 64/28b

答徐景光　朱文公集 64/29a

答吳深父　朱文公集 64/29b

答朱岑　朱文公集 64/29b

答孫吉甫　朱文公集 64/30a

答汪會之　朱文公集 64/30a

與湖南諸公論中和第一書　朱文公集 64/30b

答或人（1-2）　朱文公集 64/32a

答或人一云與余正甫　朱文公集 64/32b

答或人自此以下共十書，元題答或人，一云其間是答
劉公度　朱文公集 64/33a

答或人（1-6）　朱文公集 64/33b-39b

答劉公度　朱文公集 64/41a

答或人（1-2）　朱文公集 64/42a-42b

與江東張憲啓　朱文公集 85/23a

與葉提刑啓　朱文公集 85/23b

與姚提點啓　朱文公集 85/23b

回寄居趙將仕啓　朱文公集 85/24a

回楊通判啓　朱文公集 85/24a

回曹職官啓　朱文公集 85/24b

回教授啓　朱文公集 85/24b

回都昌知縣啓　朱文公集 85/25a

與正言啓　朱文公集 85/25a

謝政府啓　朱文公集 85/26a

答辛幼安啓　朱文公集 85/26b

還鄉謝人惠書啓　朱文公集 85/27a

謝人投生日詩啓　朱文公集 85/27a

回謝解啓　朱文公集 85/27a

回黃氏定書　朱文公集 85/27b

回范氏定書　朱文公集 85/28a

回周氏定書　朱文公集 85/28a

答黃直卿　朱文公集/續 1/1a

答蔡季通（1-2）　朱文公集/續 2/1a-3/1a

答蔡伯靜　朱文公集/續 3/7a

答蔡仲默　朱文公集/續 3/11a

答劉晦伯　朱文公集/續 4 上/1a

答劉韜仲　朱文公集/續 4 下/1a

答呂東萊　朱文公集/續 5/1a

與王尚書佐　朱文公集/續 5/1b

答趙都運善譽　朱文公集/續 5/2b

與田侍郎子真　朱文公集/續 5/2b

與章侍郎茂獻　朱文公集/續 5/5b

答尤尚書袤　朱文公集/續 5/7b

答郭察院邦瑞　朱文公集/續 5/10b

答郭邦逸　朱文公集/續 5/11a

答羅參議　朱文公集/續 5/11b

與羅師孟師舜兄弟　朱文公集/續 5/14b

答羅縣尉　朱文公集/續 5/15a

與林安撫　朱文公集/續 5/15a

與趙昌甫　朱文公集/續 6/1a

答江隱君　朱文公集/續 6/2a

與鄭景實栗　朱文公集/續 6/4b

與饒廷老　朱文公集/續 6/5a

與張孟遠　朱文公集/續 6/6a

答劉德修　朱文公集/續 6/7a

與方耕道　朱文公集/續 6/8b

回劉知縣君房　朱文公集/續 6/9a

與蔡權郡南康　朱文公集/續 6/9b

答盧提翰　朱文公集/續 6/10a

答儲行之（東坡帖附見）　朱文公集/續 6/10a

答黃子厚銖　朱文公集/續 7/1a

答丘子服膺　朱文公集/續 7/1b

與劉平父　朱文公集/續 7/2b

答王樞使　朱文公集/續 7/4a

與方伯謨　朱文公集/續 7/5b

答俞壽翁　朱文公集/續 7/5b

答曾景建　朱文公集/續 7/7a

答余景思　朱文公集/續 7/7b

與陳同父　朱文公集/續 7/8a

答李繼善孝述　朱文公集/續 7/9b

答折憲名知常　朱文公集/續 8/1a

與黃知府　朱文公集/續 8/1b

答江清卿　朱文公集/續 8/2a

答滕誠夫　朱文公集/續 8/2b

與葉彥忠　朱文公集/續 8/2b

答李伯諫　朱文公集/續 8/3a

答趙景昭　朱文公集/續 8/5a

答毛朋壽　　朱文公集/續 8/5a

答馬奇之椅　　朱文公集/續 8/5b

與王撫州阮字南卿　　朱文公集/續 8/6a

與長子受之　　朱文公集/續 8/6b

答劉韜仲問目　　朱文公集/續 9/1a

答李孝述繼善問目燔之姪　　朱文公集/續 10/1a

與劉德華充迪　　朱文公集/續 11/1a

劉共甫珙(1-2)　　朱文公集/別 1/1a-1b

彭子壽龜年　　朱文公集/別 1/3b

程允夫洵　　朱文公集/別 1/4a

魏元履椅之(1-5)　　朱文公集/別 1/4a-6b

呂子約祖儉　　朱文公集/別 1/7a

向伯元(1-4)　　朱文公集/別 1/7b-8b

林井伯(1-3)　　朱文公集/別 1/9a-9b

方耕道耒　　朱文公集/別 1/10a

陳子真　　朱文公集/別 1/10a

劉德修光祖(1-12)　　朱文公集/別 1/10b-16b

李端甫　　朱文公集/別 2/1a

劉季章　　朱文公集/別 2/1a

與黃直卿　　朱文公集/別 2/1a

祝汝玉　　朱文公集/別 2/1b

劉公度　　朱文公集/別 2/1b

蔡季通　　朱文公集/別 2/2a

章茂獻穎　　朱文公集/別 2/3a

劉智夫崇之(1-2)　　朱文公集/別 2/3b-10b

與長兒書　　朱文公集/別 2/11a

與林擇之用中　　朱文公集/別 2/11b

胡籍溪先生　　朱文公集/別 3/1a

文叔　　朱文公集/別 3/1a

程沙隨可久迥(1-2)　　朱文公集/別 3/1b-3a

鄭尚書惠叔僑　　朱文公集/別 3/3b

程允夫洵(程洵初字欽國後更字允夫)　　朱文公集/別 3/4a-7b

彭子壽龜年(1-2)　　朱文公集/別 3/7b-8b

孫季和應時(1-8)　　朱文公集/別 3/9a-12a

劉子澄清之(1-4)　　朱文公集/別 3/12b-16a

王子合遇　　朱文公集/別 3/16a

劉共甫(1-5)　　朱文公集/別 4/1a-4b

與何叔京鎬　　朱文公集/別 4/5b

廖子晦德明　　朱文公集/別 4/6a

元履弟　　朱文公集/別 4/6b

汪時法大度　　朱文公集/別 4/7a

向伯元浯(1-13)　　朱文公集/別 4/7b-12a

林井伯成季(1-9)　　朱文公集/別 4/12b-15b

趙子欽彥肅　　朱文公集/別 4/16a

方若水王　　朱文公集/別 4/16b

與方耕道耒(1-4)　　朱文公集/別 5/1a-2b

鄭景明昭先(1-4)　　朱文公集/別 5/2b-3a

朱魯叔　　朱文公集/別 5/3b

學古(1-2)　　朱文公集/別 5/4a

方耕叟禾　　朱文公集/別 5/5a

皇甫文仲斌(1-7)　　朱文公集/別 5/5a-6b

皇甫帥佀　　朱文公集/別 5/7a

林子方枅(1-3)　　朱文公集/別 5/7b-8b

劉德修光祖(1-3)　　朱文公集/別 5/8b-9b

丁仲澄　　朱文公集/別 5/9b

詹尚賓觀　　朱文公集/別 5/10b

志南工人　　朱文公集/別 5/11b

西原崔嘉彥　　朱文公集/別 5/12a

林師魯　　朱文公集/別 5/12b

林熙之　　朱文公集/別 5/13b

朱魯叔　　朱文公集/別 5/14a

余景思　　朱文公集/別 5/14b

林擇之用中(1-19)　　朱文公集/別 6/1a-12b

黃商伯　　朱文公集/別 6/13a

楊伯起　　朱文公集/別 6/22a

葉永卿吳唐卿周得之李深子　　朱文公集/別 6/23a

馮儀之　　朱文公集/別 6/25a

回余衡州秀實　　朱文公集/別 8/6b

回王正臣　　朱文公集/別 8/6b

回衆解元　　朱文公集/別 8/7a

回待補生　　朱文公集/別 8/7b

晦庵辯胡本書　二程集(伊川)/續附錄 51/1a

與蔡季通書(1-14)　　西山集/2 附錄 151/a-156a

與蔡季通(1-12)　　西山集/2 附錄 156b-160a

與蔡季通書(1-6)　　西山集/2 附錄 160b-163a

與黃太守　　西山集/2 附錄 165b

朱子答沈叔晦書　　定川遺書/附錄 1/1a-3b

與沈叔晦書　　定川遺書/附錄 1/3a

論堯舜禹相傳之旨答陳同甫　　龍川集/附錄 1a

論漢祖唐宗只是暗合於道答陳同甫　　龍川集/附錄 2b

再論古今漢唐之異答陳同甫　　龍川集/附錄 4a

論理欲係義利邪正之間答陳同甫　　龍川集/附錄 5b

論聖門成人之說答陳同甫　龍川集/附錄 6b
答陳同甫（1－2）　龍川集/附錄 7a－12a
又與陳同甫問答　龍川集/附錄 13b
答陳同甫（1－2）　龍川集/附錄 14b－17a
與汪莘書　方壺稿/卷首
答蔡伯靜書（1－20）　節齋集 3 附錄/36a－41b
答曾景建書　節齋集 3 附錄/41b
答蔡仲默書（1－6）　九峰集 6 附錄 6/72b－74b
上王待制書　播芳文粹 94/10b
與張欽夫帖　播芳文粹 109/1a
答程成甫書　新安文獻 9/1a
與程允夫書　新安文獻 9/1a
與汪伯虞書　新安文獻 9/2a
答汪太初書　新安文獻 9/2b
答程泰之書　新安文獻 9/3a
答滕德粹書　新安文獻 9/3b
答汪叔耕書　新安文獻 9/4b
與祝直清書　新安文獻 9/5a
答程傅之書　新安文獻 9/5b
答孫吉甫書　新安文獻 9/6a
答汪會之書　新安文獻 9/6a
答汪次山書　新安文獻 9/6b
答詹帥體仁請罷諸書鋟梓書　新安文獻 9/7a
還鄉謝人惠書啓　新安文獻 42/4b
與黃樞密書祖舜　南宋文範 33/1a
與韓尚書書長吉　南宋文範 33/2b
與龔參政書　南宋文範 33/3b
與留丞相書　南宋文範 33/4a
與留丞相書　南宋文範 33/6b
答陳同甫書　南宋文範 33/8a
與陳丞相書　南宋文範 33/9a
與劉共父書珙　南宋文範 33/10a
朱子與周卿書　八瓊金石補 112/28a
～權
代張帥撰除直閣謝宰執啓　新安文獻 42/7b
上刑部李尚書啓　新安文獻 42/7b
與錢教授啓　新安文獻 42/8a
～顯叔
賀程知府啓　播芳文粹 63/6b

仲　并
上宰執書　浮山集 4/4a
賀正啓　浮山集 7/1a

賀冬啓　浮山集 7/1b
賀執政啓　浮山集 7/2a
賀樞密啓　浮山集 7/3b
賀直院閣學士啓　浮山集 7/4b
賀參政啓　浮山集 7/5b
賀張參政啓　浮山集 7/7b
賀給事啓　浮山集 7/8b
賀除給事中啓　浮山集 7/10a
賀建康王帥啓　浮山集 7/10b
賀荊南方帥啓　浮山集 7/12a
賀章尚書知平江府啓　浮山集 7/12b
賀郡守除次對啓　浮山集 7/14a
賀新知平江府李侍郎啓　浮山集 7/14b
賀湖州張吏部啓　浮山集 7/15b
賀權府李都運啓　浮山集 7/16b
賀越帥張參政到任啓　浮山集 7/17b
賀郡守到任啓　浮山集 7/18a
宮祠書考謝宰相啓　浮山集 7/19a
謝樞密啓　浮山集 7/21a
謝監務楊秀才啓　浮山集 7/22a
謝楊參政啓　浮山集 7/22b
上宰相陳情啓　浮山集 8/1a
上宰相啓　浮山集 8/3b
上宰執啓　浮山集 8/6a
上湖州王侍郎啓　浮山集 8/9a
上孫參政啓　浮山集 8/10b
與方帥啓　浮山集 8/12a
與夔路王帥啓　浮山集 8/12b
與晁帥啓　浮山集 8/13a
與湖州王給事啓　浮山集 8/13b
與蘄州張倅啓　浮山集 8/15a
問訊左史兼中書舍人啓　浮山集 8/16a
問候太守啓　浮山集 8/18a
問候平江守啓　浮山集 8/19a
回謝及第人啓　浮山集 8/20a
回第二人啓　浮山集 8/20b
回交代蘇計議啓　浮山集 8/21a
回蘄州教授啓　浮山集 8/22a
與教授啓　浮山集 8/22b
回江陰薛知軍謝到任啓　浮山集 8/23a
代執政謝賀新除啓　浮山集 9/1a
代賀漕除戶侍啓　浮山集 9/1b
代人賀陽奉使啓　浮山集 9/3a

代考功郎中謝宰執啓　浮山集 9/3b

代鎮江守謝宰執啓　浮山集 9/5b

代人宮祠謝宰執啓　浮山集 9/7a

代平江守落職除宮祠謝宰執啓　浮山集 9/8b

代湖倅謝宰執啓　浮山集 9/9b

代郡守謝侍從啓　浮山集 9/11a

代謝監司舉薦啓　浮山集 9/12b

代李司理啓　浮山集 9/14a

代人贄見婺守啓　浮山集 9/15a

代宋帥回張魁啓　浮山集 9/17a

回孟郡王姻禮書　浮山集 10/4a

答孟郡王姻事報日書　浮山集 10/4b

爲五弟問姻王氏書　浮山集 10/5a

爲妹回蔡氏姻定書　浮山集 10/5a

子舍姻定書　浮山集 10/5b

代爲外孫女孟氏作姻事言定李仲簡書　浮山集 10/6a

代王氏姻禮書　浮山集 10/6b

代人姻事定書　浮山集 10/6b

代石仲澤姻事定書　浮山集 10/7a

任正一

賀施參政啓　播芳文粹 49/14b

賀中書范舍人啓　播芳文粹 50/23b

謝監司薦舉啓　播芳文粹 75/5b　蜀文輯存 99/9a

謝試中館職啓　播芳文粹 76/13b　蜀文輯存 99/10a

賀施參政啓　蜀文輯存 99/8b

賀中書范舍人啓　蜀文輯存 99/9a

～　淵

賀張吏部啓　播芳文粹 50/4b　蜀文輯存 54/17a

遠居沈侍郎啓　播芳文粹 87/6b　蜀文輯存 54/17b

～　盡言

賀劉左丞啓　播芳文粹 53/20a　蜀文輯存 49/13b

賀湯侍御啓　南宋文範 29/3b　蜀文輯存 49/14a

賀都督張魏公啓　蜀文輯存 49/15a

賀張樞密被召啓　蜀文輯存 49/15b

賀張樞密啓　蜀文輯存 49/16a

賀王諫議啓　蜀文輯存 49/17a

賀建康參贊陳舍人啓　蜀文輯存 49/17b

賀浙漕陳直閣啓　蜀文輯存 49/18a

與交代趙直閣啓　蜀文輯存 49/18a

回南安王權郡啓　蜀文輯存 49/18b

回贛州羅倅啓　蜀文輯存 49/18b

～　夔

書虞雍公守唐鄧事　蜀文輯存 76/9a

危昭德

賀西外宗趙判啓　播芳文粹 61/25a

牟子才

通丁太守啓　蜀文輯存 91/22a

上江提舉啓　蜀文輯存 91/22b

交事謝江提舉啓　蜀文輯存 91/23b

～　巘

通湖南王帥漕啓　牟陵陽集 18/1a

通湖南李倉啓　牟陵陽集 18/2a

通交代楊寺正啓　牟陵陽集 18/2b

回公孫倅啓止　牟陵陽集 18/3b

回張教啓　牟陵陽集 18/4b

謝葉丞相啓夢鼎　牟陵陽集 18/5a

通汪帥啓立信　牟陵陽集 18/6a

通陳提舉啓合　牟陵陽集 18/6b

回教授謝薦舉啓　牟陵陽集 18/7b

通交代汪守啓萬頃　牟陵陽集 18/8a

賀汪安撫開閫啓　牟陵陽集 18/8b

賀汪帥參啓　牟陵陽集 18/9a

賀陳提舉建臺啓　牟陵陽集 18/9b

賀寶慶陳知府啓　牟陵陽集 18/10a

賀吳提刑轉官啓　牟陵陽集 18/10b

賀道州徐中丞到任啓　牟陵陽集 18/10b

謝書考啓　牟陵陽集 18/11b

書考謝運使啓　牟陵陽集 18/12a

通交代趙寺丞啓　牟陵陽集 19/1a

通曹漕啓　牟陵陽集 19/1b

通劉提舉啓　牟陵陽集 19/2b

賀汪帥除都丞啓　牟陵陽集 19/3b

賀運使建臺啓　牟陵陽集 19/4a

謝除大理正啓　牟陵陽集 19/4a

謝除侍右郎中啓　牟陵陽集 19/5a

賀左史王侍郎啓應麟　牟陵陽集 19/6a

通交代浙東提刑啓家鉉翁　牟陵陽集 19/6b

謝馬丞相啓廷鸞　牟陵陽集 19/7a

謝福王啓　牟陵陽集 19/8a

通洪安撫啓燾　牟陵陽集 19/8b

回郭衢州啓　牟陵陽集 19/9b

通鮑制置啓　牟陵陽集 19/10a

賀朱漕啓　牟陵陽集 19/10b

賀章參政啓　牟陵陽集 19/11a

賀刑部陳尚書啓　牟陵陽集 19/11b

賀陳察院啓過　牟陵陽集 19/12b

回倪處州啓　牟陵陽集 19/13a

賀郭正言啓　牟陵陽集 20/1a

賀陳殿院啓堅　牟陵陽集 20/1b

賀葉丞相啓　牟陵陽集 20/2b

通陳制使啓存　牟陵陽集 20/3b

賀徐察院啓卿好　牟陵陽集 20/4a

回安撫洪尚書啓　牟陵陽集 20/5a

回洪制機啓　牟陵陽集 20/5b

賀婺守趙侍郎啓　牟陵陽集 20/5b

賀平章冬啓(1-2)　牟陵陽集 20/6b

賀章參政啓(1-2)　牟陵陽集 20/7a

賀福王啓(1-2)　牟陵陽集 20/7b

賀臺諫啓　牟陵陽集 20/8a

賀陳殿院啓　牟陵陽集 20/8b

賀洪安撫啓　牟陵陽集 20/8b

賀陳制使慶元節啓　牟陵陽集 20/9a

賀吳提刑啓　牟陵陽集 20/9b

賀陳提舉啓　牟陵陽集 20/9b

賀平章正啓　牟陵陽集 20/10a

賀汪安撫啓　牟陵陽集 20/10a

賀運使啓　牟陵陽集 20/10b

賀諸郡啓　牟陵陽集 20/11a

代鄧知縣謝啓　牟陵陽集 20/11a

代謝得闕啓　牟陵陽集 20/12a

賀陳倉赴召劄　牟陵陽集 21/1a

回何尉劄　牟陵陽集 21/1b

賀李運使赴召劄　牟陵陽集 21/2a

賀浙西黃安撫劄　牟陵陽集 21/2b

賀董都承劄　牟陵陽集 21/3a

賀安吉任守劄　牟陵陽集 21/3b

武岡送交代物劄　牟陵陽集 21/3b

回錢安撫獄空劄　牟陵陽集 21/4a

答太平趙侍郎劄日起　牟陵陽集 21/4a

回送小録劄　牟陵陽集 21/4b

回趙園令劄　牟陵陽集 21/5a

回南省登第諸鄉人請劄　牟陵陽集 21/4b

賀洪帥兼倉劄　牟陵陽集 21/5a

回洪帥謝宴劄　牟陵陽集 21/5b

賀洪帥入宅劄　牟陵陽集 21/6a

謝洪帥宴劄　牟陵陽集 21/6a

謝福王請會劄　牟陵陽集 21/6b

回福王請宴劄　牟陵陽集 21/7a

賀福王子除秘撰劄(1-2)　牟陵陽集 21/7a

賀福王生日劄　牟陵陽集 21/7a

賀洪尚書生日劄　牟陵陽集 21/7b

回洪帥送生日劄　牟陵陽集 21/8a

謝福王送生日劄　牟陵陽集 21/8b

冬至送物劄　牟陵陽集 21/8b

歲節送物劄　牟陵陽集 21/10a

端午送物劄　牟陵陽集 21/10b

七夕送物劄　牟陵陽集 21/11b

重九送物劄　牟陵陽集 21/11b

送丞相折俎劄　牟陵陽集 21/12a

七　畫

沈文通

　　與呂吉甫參政二帖　播芳文粹 103/8a

～　介

　　賀陳殿院啓　播芳文粹 52/23a

　　賀李广侍啓　播芳文粹 53/6a

　　賀謝運使啓　播芳文粹 59/20b

～　括

　　謝江寧府王相公啓　長興集 17(三沈集 4/32b)

　　知制誥謝兩府啓　長興集 17(三沈集 4/33a)

　　謝兩制　長興集 17(三沈集 4/34a)

　　回新及第人啓事　長興集 17(三沈集 4/34a)

　　回黃直講啓　長興集 17(三沈集 4/34b)

　　到延州謝兩府啓　長興集 17(三沈集 4/35a)

　　謝轉運啓　長興集 17(三沈集 4/36a)

　　賀孫河東手狀　長興集 17(三沈集 4/38a)

　　賀諫院舍人啓　長興集 17(三沈集 4/38b)

　　謝運判啓　長興集 18(三沈集 4/40a)

　　賀買殿前啓　長興集 18(三沈集 4/40b)

　　回廣德葉職方書　長興集 18(三沈集 4/41a)

　　賀樞密薛侍御啓　長興集 18(三沈集 4/42a)

　　賀趙龍圖　長興集 18(三沈集 4/42b)

　　賀年啓　長興集 18(三沈集 4/43a)

　　元正賀鄰郡太守　長興集 18(三沈集 4/43b)

　　元正賀鄰郡通判　長興集 18(三沈集 4/43b)

　　謝建平張贊善　長興集 18(三沈集 4/44a)

　　與學官張節推書器之　長興集 18(三沈集 4/44a)

答李解元書　長興集 18(三沈集 4/45b)

賀樞密呂侍郎啓　長興集 18(三沈集 4/41b)

答李彦輔秀才書　長興集 19(三沈集 4/47a)

答崔肇書　長興集 19(三沈集 4/48b)

答同人書　長興集 19(三沈集 4/50a)

上海州通判李郎中書　長興集 19(三沈集 4/51a)

上歐陽參政書　長興集 19(三沈集 4/52b)

與蔡內翰論樂書　長興集 20(三沈集 4/55b)

與張舍人論樂書　長興集 20(三沈集 4/56b)

與孫侍講論樂書　長興集 20(三沈集 4/57b)

答陳闢秀才書　長興集 20(三沈集 4/58b)

答徐秘校書　長興集 20(三沈集 4/59b)

答同人書　長興集 20(三沈集 4/60a)

再回蘇州學士簡　長興集 20(三沈集 4/61a)

賀諫院舍人啓　宋文鑑 122/20a

~唐叟
教授與交代啓　播芳文粹 85/3b

~清臣
賀太上皇后加備德尊號牋　播芳文粹 45/4a

慶上皇壽賀太上皇后牋　播芳文粹 45/10a

加太上皇太上皇后尊號賀皇后牋　播芳文粹 45/15b

加太上皇尊號賀皇太子牋　播芳文粹 46/12a

賀丞相啓　播芳文粹 47/26a

~晦
賀陳茶馬啓　播芳文粹 59/14a

賀陳提刑啓　播芳文粹 61/5b

~該
赴任上政府啓　播芳文粹 82/2b

~遘
上兩府賀正啓(1-2)　西溪集 8(三沈集 3/8a-8b)

上兩府賀冬啓(1-2)　西溪集 8(三沈集 3/8b-9a)

上兩府書(1-2)　西溪集 8(三沈集 3/9a-9b)

謝兩府啓(1-3)　西溪集 8(三沈集 3/10a-11b)

上并州判府太師相公　西溪集 8(三沈集 3/12a)

上留守太師侍中　西溪集 8(三沈集 3/12b)

慰太師相公疏(1-5)　西溪集 8(三沈集 3/13a-13b)

謝人投書　西溪集 8(三沈集 3/13b)

樞密太尉　西溪集 8(三沈集 3/14b)

通判郎中　西溪集 8(三沈集 3/14b)

台州通判都官　西溪集 8(三沈集 3/14b)

梓夔路鈐轄六宅太保　西溪集 8(三沈集 3/15a)

發運司勳　西溪集 8(三沈集 3/15a)

催發錢帛太傅　西溪集 8(三沈集 3/15b)

前蘇州知郡司封　西溪集 8(三沈集 3/15b)

楚州知郡職方　西溪集 8(三沈集 3/17a)

知府密學諫議　西溪集 8(三沈集 3/17a)

知郡郎中　西溪集 8(三沈集 3/17b)

雜還賀正(1-2)　西溪集 8(三沈集 3/17b-18a)

衛州知郡觀察太傅　西溪集 8(三沈集 3/18a)

新還　西溪集 8(三沈集 3/18a)

新越州知府密學　西溪集 8(三沈集 3/18b)

~與求
代賀帥臣平寇啓二首　龜溪集 8/11b

代漕臣謝寇平除職啓　龜溪集 8/12b

代賀人得郡啓　龜溪集 8/13b

代賀兵部尚書啓　龜溪集 8/14a

代賀中丞啓　龜溪集 8/14b

代賀林中書知揚州啓　龜溪集 8/15a

代人與尚提舉啓　龜溪集 8/15b

代人轉官賜第謝宰執啓　龜溪集 8/16b

代謝除發運啓　龜溪集 8/17b

代謝轉官啓　龜溪集 8/18a

代賀翁中丞改知杭州啓　龜溪集 8/18b

代賀胡提刑啓　龜溪集 8/19a

代賀張舍人啓　龜溪集 8/19b

代賀韓舍人啓　龜溪集 8/20a

代賀宣撫啓　龜溪集 8/21a

代賀太宰啓　龜溪集 8/21b

代賀少宰啓　龜溪集 8/22a

代潁州王侍制謝執政啓　龜溪集 8/23a

代賀右丞啓　龜溪集 8/23b

爲戶部葉尚書回諸路使者啓　龜溪集 8/24a

代謝還任啓　龜溪集 8/24b

賀除留守啓　龜溪集 9/1a

問候中書啓　龜溪集 9/1b

賀漕使加職啓　龜溪集 9/2a

謝薦舉啓　龜溪集 9/2b

謝運使差權知縣事啓　龜溪集 9/4a

問候運使啓　龜溪集 9/4b

新令遠迎啓　龜溪集 9/5a

賀毛給事啓　龜溪集 9/5b

賀賈舍人啓　龜溪集 9/6a

謝改差常州學官啓　龜溪集 9/6b

賀馮承旨啓　　龜溪集 9/7b

賀新守盛學士啓　　龜溪集 9/8b

賀盧左司啓　　龜溪集 9/9b

賀毛顯謨知鎮江府啓　　龜溪集 9/10b

賀正啓(1-2)　　龜溪集 9/11a-11b

謝祭酒舉改官啓　　龜溪集 9/12a

謝蔣迪功啓　　龜溪集 9/13a

賀盧舍人啓　　龜溪集 9/13b

賀周司業啓　　龜溪集 9/14a

賀林資政除南京啓　　龜溪集 9/14b

謝薦舉啓　　龜溪集 9/15a

賀毛顯謨除真定帥啓　　龜溪集 9/16a

賀盧給事啓　　龜溪集 9/16b

賀黃司成啓　　龜溪集 9/17b

賀湖守葛待制啓　　龜溪集 9/18a

賀盛守再任啓　　龜溪集 9/18b

謝運使胡修撰舉改官啓　　龜溪集 10/1a

賀年啓　　龜溪集 10/2a

謝秀守苗郎中舉改官啓　　龜溪集 10/2a

謝運使王待制舉改官啓　　龜溪集 10/2b

賀提刑啓　　龜溪集 10/3b

賀沈狀元啓　　龜溪集 10/4a

賀左丞啓　　龜溪集 10/5a

賀張狀元啓　　龜溪集 10/5b

賀凌先輩啓　　龜溪集 10/6a

謝黃子虛學士啓　　龜溪集 10/6b

謝曾顯謨啓　　龜溪集 10/7a

賀趙參政啓　　龜溪集 10/7b

知鎮江與戶部姚侍郎先狀　　龜溪集 10/8a

知鎮江通用謝狀　　龜溪集 10/8b

知鎮江與韓帥先狀　　龜溪集 10/8b

知鎮江回人賀啓　　龜溪集 10/9a

知鎮江府到任謝宰執啓　　龜溪集 10/9a

問候劉帥啓　　龜溪集 10/9b

除尚書回人賀啓　　龜溪集 10/10a

回孟參政啓　　龜溪集 10/10b

謝席參政啓　　龜溪集 10/11a

謝前宰執啓　　龜溪集 10/11b

謝劉宣撫啓　　龜溪集 10/12a

回汪相公啓　　龜溪集 10/12b

回知福州張參政啓　　龜溪集 10/13a

回李觀文啓　　龜溪集 10/13b

賀孟觀文啓　　龜溪集 10/14a

謝送生日詩狀　　龜溪集 10/14b

回路樞密謝復職啓　　龜溪集 10/15a

回折樞密啓　　龜溪集 10/15b

轉官許回授與兄謝宰執啓　　龜溪集 10/16a

賀張參政啓　　龜溪集 10/16b

回賀正狀　　龜溪集 10/17a

回趙相公啓　　龜溪集 10/17b

與浙東安撫趙相公啓　　龜溪集 10/18a

知樞密院回前執政啓　　龜溪集 10/18b

趙相公　　龜溪集 10/19b

韓宣撫劉宣撫　　龜溪集 10/19b

李相公席參政　　龜溪集 10/19b

孟留守　　龜溪集 10/20a

李尚書　　龜溪集 10/20a

定親書二首　　龜溪集 12/18a

回定親書二首　　龜溪集 12/18b

～　遼

代人上太守求薦書　　雲巢編 8(三沈集 8/30b)

代人上長沙謝諫議書　　雲巢編 8(三沈集 8/32a)

代人獻利害書　　雲巢編 8(三沈集 8/33b)

代人投半刺書　　雲巢編 8(三沈集 8/35b)

代人上太守書　　雲巢編 8(三沈集 8/37a)

謝趙資政　　雲巢編 10(三沈集 8/66b)

謝諸先輩　　雲巢編 10(三沈集 8/67a)

與蘇世美殿丞帖　　播芳文粹 107/12b

汪元吉

請媒書　　播芳文粹 126/20b

～立信

紫源江公帖　　先天集/附錄上 2b

與賈平章似道書　　南宋文範/外編 3/15a　新安文獻 10/5a

～炎昶

胡雲峰先生與古逸先生書　　古逸民集/附錄 6b

～　洋

與丞相論鄭武子狀　　東牟集 9/11a

強國本劄　　東牟集 9/12b

論楚州事劄　　東牟集 9/14a

論防秋事劄　　東牟集 9/18a

蠲逋欠劄子　　東牟集 9/20a

正詭名法劄子　　東牟集 9/22b

初論修法之意劄　　東牟集 9/24b

次論嘉祐政和法意不同劄　　東牟集 9/26a

後論今日之法當然劄　東牟集 9/28a

正得失劄　東牟集 9/30b

上趙元鎮書　東牟集 10/14a

答袁秀才書　東牟集 10/21b

謝諸葛秀才書　東牟集 10/23a

答柴德廣秀才書　東牟集 10/24b

答陳謇叔主簿書　東牟集 10/26a

代人上呂相書　東牟集 10/27b

謝解啓　東牟集 11/1a

謝宋令修新學成招入學啓　東牟集 11/2b

謝張令有啓招掌學　東牟集 11/4a

轉官謝執政啓　東牟集 11/5b

謝漕郎中啓　東牟集 11/6b

謝大資啓　東牟集 11/7a

新除秘書郎謝宰執啓　東牟集 11/7b

得宮觀謝執政啓　東牟集 11/9b

賀鄭侍郎知鎮江府啓　東牟集 11/10b

與檢法啓　東牟集 11/11a

賀呂憲到任啓　東牟集 11/11a

代王漕到任謝王參政啓　東牟集 11/11b

賀万俟元中啓　東牟集 11/13a

賀章參啓　東牟集 11/13b

賀黃新恩啓　東牟集 11/14b

初赴浙西帥幕賀王帥啓　東牟集 11/15a

上葉帥啓　東牟集 11/15b

代問候葉帥啓　東牟集 11/18a

賀趙參啓　東牟集 11/18b

賀沈參啓　東牟集 11/19a

賀張參啓　東牟集 11/19b

賀陳參啓　東牟集 11/20a

賀席參啓　東牟集 11/21a

代賀樓樞密元正啓　東牟集 11/21b

代回合肥李漕賀元正啓　東牟集 11/22b

賀王參政元正啓　東牟集 11/22b

韓樞密啓　東牟集 11/23b

賀吏部侍郎元正啓　東牟集 11/24a

戶部張侍郎沈侍郎元正啓　東牟集 11/24b

中書李舍人啓　東牟集 11/24b

賀安撫劉寶學啓　東牟集 11/25a

兩浙兩運使淮東運使提舉本路坑冶提舉通
用　東牟集 11/25b

本路提刑元正啓　東牟集 11/25b

諸州通判並諸司屬官回元正啓　東牟集 11/

26a

張樞密元正啓　東牟集 11/26a

代賀林提鹽啓　東牟集 11/26b

代賀陳提鹽禮上啓　東牟集 11/27b

代賀劉季高移守鎮江兼謝見知啓　東牟集
11/28b

代賀秦樞扈從還臨安並問候啓　東牟集 11/
30a

代李漕回賀徐常州啓　東牟集 11/31a

賀王蘇州啓　東牟集 11/31b

代人賀周蘇州葵啓　東牟集 11/32a

代賀梁戶書知溫州啓　東牟集 11/32b

代黎諫議謝胡待制啓　東牟集 11/33b

代人求宮祠啓　東牟集 12/1a

代徐漕賀李漕啓　東牟集 12/1b

代人謝漕使舉改官啓　東牟集 12/2a

代韓侍郎謝胡待制啓　東牟集 12/3b

賀凌季文監丞啓　東牟集 12/4a

賀張子韶狀元啓　東牟集 12/4a

爲昌祖定婚啓　東牟集 12/4b

賀程元籲生日啓　東牟集 12/5a

答趙都監求解經序啓　東牟集 12/6a

答陳倅啓　東牟集 12/6b

答齊察院致政啓　東牟集 12/7a

答江留臺致政啓　東牟集 12/8a

見鄭監啓　東牟集 12/8a

問候孫尚書啓　東牟集 12/9b

謝宮使黎尚書啓　東牟集 12/10a

與孫仲益尚書啓　東牟集 12/11a

與饒州外邑程尚書啓　東牟集 12/11b

張尚書啓　東牟集 12/12a

迓林守侍郎啓　東牟集 12/12a

李侍郎啓　東牟集 12/12b

答貴溪毛尉啓　東牟集 12/12b

答縣尉權務啓　東牟集 12/13a

與信州章郎中啓　東牟集 12/13b

答李宣教謝改官啓　東牟集 12/13b

答滁倅章朝散啓　東牟集 12/14a

答徐將仕啓　東牟集 12/15a

答李新恩啓　東牟集 12/15a

答饒州諸邑啓　東牟集 12/15b

回王教授啓　東牟集 12/16a

回謝王參議啓　東牟集 12/16a

答王教授啓　東牟集 12/17a

答江教授啓　東牟集 12/17a

與黃倅直閣啓　東牟集 12/17b

答許與權經畧啓　東牟集 12/18b

答樂平宰啓　東牟集 12/19a

答貴溪玉宰啓　東牟集 12/19b

迎高宰啓　東牟集 12/19b

迓秦守殿撰啓　東牟集 12/20a

與衢州張舍人啓　東牟集 12/20b

與李舍人啓　東牟集 12/21a

與奉使啓　東牟集 12/21a

與著作啓　東牟集 12/21a

與路分啓　東牟集 12/21b

與樂平丞啓　東牟集 12/21b

招安福士人王丞民瞻啓　東牟集 12/22a

謝禮物接見啓　東牟集 12/22a

謝土物啓　東牟集 12/22b

謝鄭監惠龍團茶啓　東牟集 12/22b

回入館土物啓　東牟集 12/24a

再回入館土物啓　東牟集 12/24a

高麗入館人事啓　東牟集 12/24b

～若海

上曹樞密輔論兵書　新安文獻 8/1b

與金粘罕請息兵講好書　新安文獻 8/4a

～ 莘

辭晦庵朱侍講書　方壺稿 1/1a　新安文獻 9/10a

～ 復

補中謝魏守克愚啓　新安文獻 43/3b

～儀鳳

謝吳侍郎舉著述科啓　新安文獻 43/2a

～應辰

論存留田契稅錢與執政書　文定集 13/1a

乞以見任使臣管押馬綱與宰執書（附小貼子）
　　　　　文定集 13/2a

請免賣寺觀趲剩田書（附小貼子）（1－2）　文
　　定集 13/4a－7a

請免預借坊場錢與宰執書　文定集 13/9a

乞免解發鐵錢赴兩淮書　文定集 13/10b

論王歷不當與致仕恩澤書　文定集 13/11b

論趙繡之詐欺受差遣與宰執書（附小貼子）
　　　　　文定集 13/12b

與楊總領論虛額書（1－2）　文定集 13/13b－
　14b

請免追海船修船神福等錢狀　文定集 13/15b

薦李燾與宰執書　文定集 13/16a

列薦何耕于輶程价與宰執書　文定集 13/16b

薦于輶程价充成都通判與宰執書　文定集
　13/17b

薦鮮于侃任俊臣充守與執政書　文定集 13/
　18b

薦楊概充成都教官與宰執書　文定集 13/19a

與宰執書　文定集 13/19b

與邵提舉書　文定集 13/20a

與周參政書（1－2）　文定集 14/1a－2a

與吏部陳侍郎（1－2）　文定集 14/3a－3b

與宰執　文定集 14/4a

與趙總領書（1－2）　文定集 14/5a－5b

與張魏公書（1－4）　文定集 14/6b－9a

與張敬夫　文定集 14/9b

與漢州張知郡　文定集 14/11a

與待制張提宮舍人　文定集 14/11b

與王宰　文定集 14/12b

與呂逢吉（1－2）　文定集 14/13a－13b

慰魏邦傑　文定集 14/15b

與朱元晦（1－14）　文定集 15/1a－9b

與黃岡人　文定集 15/9b

與呂叔潛　文定集 15/10a

與喻玉泉　文定集 15/10b

與張真甫　文定集 15/11a

與何運使　文定集 15/11b

與陳樞密（1－2）　文定集 15/12a－12b

答李仲信　文定集 15/14b

與呂子厚　文定集 15/15b

答蘇仁仲　文定集 15/15b

與李運使　文定集 15/16a

答劉樞密　文定集 15/17a

答梁子輔　文定集 15/17b

答尤延之　文定集 15/18b

與方叔興　文定集 15/19b

與呂伯恭　文定集 15/20a

與汪叔嘉　文定集 16/1a

答毛季中　文定集 16/3a

答徐知止　文定集 16/4b

上趙丞相鼎　文定集 16/6a

答趙允明　文定集 16/6b

答張定夫　文定集 16/7b

答葉南美　文定集 16/9a

答胡明仲　文定集 16/9a

答徐漢英　文定集 16/10b

與信州程尚書　文定集 16/12b

答張侍郎　文定集 16/15b

與劉樞密　文定集 16/19a

上陳丞相　文定集 16/19b

與喻居中　文定集 16/20a

與呂居仁舍人　文定集 16/20b

與呂逢吉(1-4)　文定集 16/22a-26a

謝解放　文定集 17/1a

上虞宣撫　文定集 17/2a

與呂經畧　文定集 17/2b

與廣西陳經畧　文定集 17/4a

與方經畧　文定集 17/4b

與沈安撫　文定集 17/5a

與吳提舉　文定集 17/6a

與吳宣撫(1-2)　文定集 17/6b-7a

與總領汪少卿　文定集 17/7b

與提刑黃察院　文定集 17/8a

與知信州程尚書　文定集 17/8b

與趙經幹　文定集 17/9b

與福建王運使　文定集 17/9b

與成都李運使　文定集 17/10a

與司馬運使　文定集 17/10b

與晁都大　文定集 17/10b

與運使察院啓　文定集 17/11a

納幣啓　文定集 17/11b

賀陳左相兼樞密使　文定集 18/1a

賀沈左相進書加恩　文定集 18/1b

賀呂經畧進職　文定集 18/2b

賀廣東經畧方敷文　文定集 18/3b

賀廣西曹運使　文定集 18/4b

賀張樞密　文定集 18/5a

賀王樞密　文定集 18/5b

賀凌司諫　文定集 18/6a

賀楊總領　文定集 18/6b

賀虞宣撫　文定集 18/7a

賀趙安撫　文定集 18/7b

賀福帥曾尚書　文定集 18/7b

賀汪學士　文定集 18/8a

賀浙東趙安撫　文定集 18/8b

賀趙總領　文定集 18/9a

賀吳宣撫(1-2)　文定集 18/9a-10a

爲虞宣撫賀正　文定集 18/10b

爲吳宣撫賀正(1-2)　文定集 18/11a

爲平江魏丞相賀正　文定集 18/11b

爲左右丞相賀正　文定集 18/12a

回諸郡賀正　文定集 18/12a

回餘姚趙知縣賀正　文定集 18/12b

爲虞宣撫賀冬　文定集 18/13a

代答常平錢舍人賀冬　文定集 18/13a

爲吳宣撫賀冬　文定集 18/13b

爲監司賀冬　文定集 18/14a

爲劉侍郎賀冬　文定集 18/14b

回李知郡賀冬　文定集 18/14b

答沈總領　文定集 19/1a

答提宮楊朝議　文定集 19/1b

答查運使(1-3)　文定集 19/2a-2b

答祝運使　文定集 19/3a

答周運使　文定集 19/3b

答趙運使　文定集 19/4a

答潼川提刑運使　文定集 19/4b

答趙總領　文定集 19/5a

答觀使韋節使　文定集 19/5b

答晁制置　文定集 19/6a

回總領王郎中　文定集 19/6b

答李提刑　文定集 19/7a

回程提舶　文定集 19/7b

答勾龍提宮　文定集 19/8a

回通判徐提宮　文定集 19/8b

答馬舍人　文定集 19/8b

答程運幹　文定集 19/9a

答查運判　文定集 19/9b

回鄭狀元啓　文定集 19/10a

答吳殿撰　文定集 19/10a

回王尚書賀吏部侍郎　文定集 19/10b

答陳安撫　文定集 19/11a

回洪州鄧安撫　文定集 19/11b

回季安撫　文定集 19/12a

回王安撫(1-2)　文定集 19/12b

答張都大(1-2)　文定集 19/13a-14a

回續都大(1-2)　文定集 19/14b

答陳都大　文定集 19/15a

答夔路范運使　文定集 19/16a

答樊運使　文定集 19/16a

答范運使　文定集 19/16b
答馬運使　文定集 19/17a
答利路張運使　文定集 19/17b
回江東向運使　文定集 19/18a
回周運使　文定集 19/18b
回賀陳運使　文定集 19/19a
答王運使(1-2)　文定集 19/19b
答新嚴州張倅　文定集 19/20a
回興業秦知縣　文定集 19/20b
答董知縣　文定集 19/21a
回玉山知縣　文定集 19/21a
回新吳江趙知縣　文定集 19/21b
回萬載知縣　文定集 19/22a
回嘉興李知縣　文定集 19/22a
回山陰江知縣　文定集 19/22b
回高知縣　文定集 19/23a
答玉山宰謝薦　文定集 19/23b
回宜春黃知縣　文定集 19/23b
答關知郡　文定集 19/23b
答吳知郡　文定集 19/24b
回新劍南傅知郡　文定集 19/25a
回新化州知郡啓　文定集 19/25a
回化州知郡　文定集 19/25b
答懷安李知郡　文定集 19/26a
答信州唐知府　文定集 19/26b
答信州王知府　文定集 19/26b
答潼川張知府　文定集 19/27a
回柳州萬司法　文定集 19/27b
回新喻梁縣丞　文定集 19/28a
回王縣丞　文定集 19/28a
賀左丞相啓　文定集/拾遺 2a
賀中書林侍郎啓　文定集/拾遺 3a
賀朱丞相帥紹興啓　文定集/拾遺 3b
賀林侍郎啓　四庫拾遺 96/文定集
賀戶部王侍郎啓　四庫拾遺 97/文定集
及第謝丞相啓　四庫拾遺 97/文定集
及第謝信州太守　四庫拾遺 98/文定集
賀左丞相啓　播芳文粹 47/25a
賀中書林侍郎啓　播芳文粹 50/17b
賀朱丞相帥紹興啓　播芳文粹 56/15a
賀黃觀文除宣撫啓　播芳文粹 58/11b
賀胡守啓　播芳文粹 63/2a
答張定夫戒書　新安文獻 8/12b

與朱元晦書　新安文獻 8/13b
與李提刑啓　新安文獻 42/4a
上虞宣撫允文啓　新安文獻 42/4b
與張敬夫書　南宋文範 32/12b
答張定夫書　南宋文範 32/12b
又與呂逢吉書(1-2)　南宋文範 32/14b-15a
~ 藻
見謝給事書　浮溪集 21/11a
答吳知錄書　浮溪集 21/13a
乞祠與宰相書(1-2)　浮溪集 21/14b-15b
回提刑吳秘丞　浮溪集 21/17a
上常州錢舍人啓　浮溪集 22/1a
上沈宰啓　浮溪集 22/2b
永州上宰相陳情啓　浮溪集 22/3a
任平江教授日與交代啓　浮溪集 22/4b
代宜興宰通交代啓　浮溪集 22/5a
代沈宰上交代啓　浮溪集 22/5b
徐太宰宅求婚啓　浮溪集 22/6a
回舘職啓　浮溪集 22/6b
回婁解元啓　浮溪集 22/7a
回霍解元啓　浮溪集 22/8a
回章解元啓　浮溪集 22/8b
答黃解元啓　浮溪集 22/9a
答梁丹林啓　浮溪集 22/10a
回孫知縣啓　浮溪集 22/10b
代人回知縣啓　浮溪集 22/11a
知撫州回韓駒待制啓　浮溪集 22/11b
回永州太守孫吏部啓　浮溪集 22/12a
回永州太守熊郎中啓　浮溪集 22/12b
回永州秋試舉人啓　浮溪集 22/13a
謝汪澥司成薦舉啓　浮溪集 23/1a
謝胡司業薦舉啓　浮溪集 23/2a
謝舘職啓　浮溪集 23/3b
除書局謝蔡攸顯謨啓　浮溪集 23/4b
除授謝舍人啓(1-2)　浮溪集 23/6a-6b
帥到任謝執政啓　浮溪集 23/7b
帥到任謝大漕啓　浮溪集 23/8a
帥到任謝左丞啓　浮溪集 23/8b
奉祠謝宰相啓　浮溪集 23/9b
徽州到任謝丞相啓　浮溪集 23/11a
解鎮江任謝執政啓　浮溪集 23/11b
爲人謝薛昂大資啓　浮溪集 23/12b
賀李綱右丞啓　浮溪集 23/14a

賀何栗中書啓　浮溪集 23/15a

賀翟汝文參政啓　浮溪集 23/16a

賀范同參政啓　浮溪集 23/16b

賀吳敏樞密啓　浮溪集 23/17a

賀韓蕭曹樞密啓　浮溪集 23/17b

賀三帥加樞密啓　浮溪集 23/18a

賀鄧洵仁樞密啓　浮溪集 23/18b

賀毛察院啓　浮溪集 23/19a

賀宰相子狀元及第啓　浮溪集 23/20a

代人賀王知院啓　浮溪集 23/20b

代賀帥臣啓　浮溪集 23/21b

爲劉正夫丞相攀違蔡太師啓　浮溪集 23/22b

爲劉丞相攀違鄭居中相公啓　浮溪集 23/23a

爲劉丞相攀違何執中太傅啓　浮溪集 23/23a

賀秦少保啓　浮溪集/拾遺 2/433

賀秦丞相啓　浮溪集/拾遺 2/433

賀張丞相啓　浮溪集/拾遺 2/434

賀朱丞相啓　浮溪集/拾遺 2/434

賀秦樞使啓　浮溪集/拾遺 2/435

賀沈參政啓　浮溪集/拾遺 2/435

賀傅禮書啓　浮溪集/拾遺 2/435

賀中書陸舍人啓　浮溪集/拾遺 2/436

賀李侍御啓　浮溪集/拾遺 2/436

賀張端明啓　浮溪集/拾遺 2/437

賀王守加直閣啓　浮溪集/拾遺 2/437

賀汪相建節啓　浮溪集/拾遺 2/438

賀文太師致仕啓　浮溪集/拾遺 2/438

賀狀元及第啓　浮溪集/拾遺 2/439

賀太師正啓　浮溪集/拾遺 2/439

賀左右僕射正啓　浮溪集/拾遺 2/440

賀宮使丞相正啓　浮溪集/拾遺 2/440

餘館職謝宰相啓　浮溪集/拾遺 2/440

除授謝寺丞啓　浮溪集/拾遺 2/441

叙復謝太師啓　浮溪集/拾遺 2/441

宮祠謝丞相啓　浮溪集/拾遺 2/442

請明教長老開堂疏　浮溪集/拾遺 3/454

受皇太子受册牋（1-3）　播芳文粹 46/14a-15a

賀秦少保啓　播芳文粹 47/5b

賀秦丞相啓　播芳文粹 47/17b

賀朱丞相啓　播芳文粹 48/2a

賀吳樞使啓　播芳文粹 48/16b

賀韓樞使啓　播芳文粹 48/17b

賀秦樞使啓　播芳文粹 48/22b

賀沈參政啓　播芳文粹 49/1a

賀傅禮書啓　播芳文粹 50/10a

賀中書陸舍人啓　播芳文粹 50/25b

賀范秘監啓　播芳文粹 51/22b

賀毛察院啓　播芳文粹 52/9b

賀李侍郎啓　播芳文粹 52/22a

賀李左丞啓　播芳文粹 53/21a

賀張端明啓　播芳文粹 54/25b

賀陳天章啓　播芳文粹 55/1b

賀王守加直閣啓　播芳文粹 55/10a

賀汪相建節啓　播芳文粹 55/11b

賀秦相子狀元及第啓　播芳文粹 65/4b

賀狀元及第啓　播芳文粹 65/5a

賀太師正啓　播芳文粹 65/20a

賀宮使丞相正啓　播芳文粹 65/23b

賀左右僕射正啓　播芳文粹 65/21b

除館職謝宰相啓　播芳文粹 69/1a

除校書謝執政啓　播芳文粹 69/17b

除編修謝宰相啓　播芳文粹 69/21a

帥到任謝執政啓　播芳文粹 70/7b

憲到任謝太師啓（1-2）　播芳文粹 70/14b-15b

解鎮江任謝執政啓　播芳文粹 72/16a

叙復謝太師啓　播芳文粹 80/1a

復職宮祠謝丞相啓　播芳文粹 80/18a

上丞相小簡　播芳文粹 95/2b

上丞相　播芳文粹 95/8a

上丞相小簡　播芳文粹 95/20b

請僧住墳庵霜露臺疏　播芳文粹 118/11b

請明教長老開堂疏　播芳文粹 118/17a

爲蔣樞密謝婚書　播芳文粹 126/12a

見謝給事書　新安文獻 8/7b

賀李右丞綱啓　新安文獻 42/1a

徽州到任謝執政啓　新安文獻 42/1b

賀韓樞密肖冑啓　新安文獻 42/2a

賀張韓岳三帥加樞密使副啓　新安文獻 42/2a

賀毛察院啓　新安文獻 42/2b

賀李綱右丞啓　南宋文範 29/1b

宋大用

賀參政正啓　播芳文粹 65/21b

～仲淵

賀人發舉啓　播芳文粹 65/15b

～　祁

上許州呂相公嗣崧許康詩二首並書　景文集 5/3b

得故人楊備書　景文集 19/14b

安撫太師相公書　景文集 49/1a

上兩府書三首　景文集 49/1b－2a

上曾太尉書三首　景文集 49/2b－3a

上韓太尉書二首　景文集 49/3b

上宣徽李太尉書　景文集 49/4a

上歐陽內翰二首　景文集 49/4a－4b

上孫侍講書二首　景文集 49/4b－5a

與田都官書　景文集 49/5b

回閻都官書　景文集 49/6a

與皇甫都官書　景文集 49/6b

上利建學士書　景文集 49/7a

上趙宗道子淵學士書　景文集 49/7b

上省判王純臣學士書　景文集 49/8a

上公和王學士書　景文集 49/8a

上中行張屯田書　景文集 49/8b

上紫微張唐公舍人書二首　景文集 49/8b－9a

與友人書　景文集 49/9a

上河間龍圖書　景文集 49/9b

張職方書　景文集 49/10a

王省判學士書　景文集 49/10a

在外上兩地書　景文集 49/10b

鄭資政書　景文集 49/10b

觀文右丞書　景文集 49/12a

丁承旨書　景文集 49/13a

回鄭資政書　景文集 49/13b

蔣待制書　景文集 49/14b

回濠州江少卿書　景文集 49/15a

上張太傅書　景文集 49/15b

集賢相公書　景文集 49/16a

上杜樞密書　景文集 49/17a

呂相公書　景文集 49/17b

回李太傅書二首　景文集 49/18a－18b

郭仲微書　景文集 49/19a

上知己書　景文集 49/20a

張先同年書　景文集 50/1a

王龍圖書　景文集 50/1b

座主侍郎書　景文集 50/2a

代與李舍人書　景文集 50/4a

代求見書　景文集 50/5b

上潘鄆州求見書　景文集 50/7b

上端明龍圖書　景文集 50/9a

范舍人書　景文集 50/10a

上張存龍圖書二首　景文集 50/10b

回劉皇城書　景文集 50/11a

上吳大資書　景文集 50/12a

上賈安公書　景文集 50/12a

上李相為撰燕子樓記書　景文集 50/13a

與友人書　景文集 50/13b

上杜密直書　景文集 50/14a

回天台梵才大師書二首　景文集 50/14b－15a

回楊秀才書　景文集 50/15a

上侍講孫貳卿書　景文集 50/16b

答友人書二首　景文集 50/19a－19b

回李從著作書　景文集 50/19b

慰梁同年書　景文集 51/1a

上外兩府書　景文集 51/1b

與王秀才書　景文集 51/2a

上安道張尚書六首　景文集 51/2b－5a

文裕待制書二首　景文集 51/5b

代回鄭州陳相公書　景文集 51/6a

回李端明書　景文集 51/6b

上葉道卿書　景文集 51/7b

上陳州晏尚書書　景文集 51/8a

上外任兩府書　景文集 51/8b

回章相公書　景文集 51/9a

上宋資政書　景文集 51/9b

葉道卿書　景文集 51/9b

上西洛宋資政書　景文集 51/10a

致同年書　景文集 51/10b

葉學士書　景文集 51/11b

回田太博書　景文集 51/12a

丁王張三學士書　景文集 51/12a

賀周叔韶書　景文集 51/12b

淮南知府龍圖書　景文集 51/13a

上賈相公書　景文集 51/13b

淮南龍圖學士書　景文集 51/13b

觀文留尹尚書學士書　景文集 51/14a

修注唐公學士同年書　景文集 51/14b

曾參政書　景文集 51/14b

張中行屯田書　景文集 51/15a

上杜相公書　景文集 51/15b

上昭文相公書　景文集 51/16a

宮師相公書　景文集 51/16b

王尚書書　景文集 51/17a

三司侍郎書　景文集 51/17a

兗州學士書　景文集 51/17b

省判學士書　景文集 51/18a

吉大師書　景文集 51/18b

梓路提刑祠部書　景文集 51/18b

梓路漕使郎中書　景文集 51/19a

畿內都運密學書　景文集 51/19a

魏侍郎書　景文集 51/20a

工部學士書　景文集 51/20a

梓路轉運王司勳書　景文集 51/20b

轉運學士書　景文集 51/20b

歐秘丞書　景文集 51/21a

致工篆人書　景文集 51/21a

賀文相公啓　景文集 52/1a

賀相公啓　景文集 52/1b

賀集賢李相公啓　景文集 52/2a

賀史館相公啓　景文集 52/2b

賀并州安撫相公啓　景文集 52/3a

賀文相公啓　景文集 52/3b

賀南京劉相公啓　景文集 52/4a

賀柴相公啓　景文集 52/4b

賀廣信軍武六宅啓　景文集 52/5a

賀李宣徽生日啓　景文集 52/5a

謝生日餽物啓　景文集 52/5b

上王尚書啓　景文集 52/6a

上資政尚書啓　景文集 52/6a

回青州夏尚書啓　景文集 52/6b

回晏尚書到任啓　景文集 52/7a

賀三司韓尚書啓　景文集 52/7b

回諸官爲轉尚書承旨啓　景文集 52/8a

回夏尚書南京上任啓　景文集 52/8a

回宋尚書啓（1－2）　景文集 52/8b－9a

上青州夏尚書啓　景文集 52/9a

上陳州晏尚書啓　景文集 52/10a

上許州張相公陳州晏尚書啓　景文集 52/10b

回賀加尚書啓　景文集 52/10b

柬兗州侍講尚書啓　景文集 52/11a

謝留府尚書啓　景文集 52/11b

代鄭公回夏尚書啓　景文集 52/12a

上判府尚書啓　景文集 52/12a

賀樞密侍郎生日啓　景文集 52/13a

上蔡副樞密生日啓　景文集 52/13a

上李都尉王都尉啓　景文集 52/13b

賀安撫龍圖啓　景文集 52/14a

賀宋安撫啓　景文集 52/14b

賀宮師杜相公啓　景文集 52/14b

上省副張中庸啓　景文集 52/15a

賀大名王相公啓　景文集 52/15b

上龐相公啓　景文集 52/16a

上許州太師相公啓　景文集 53/1a

上西京留府太師相公啓　景文集 53/1b

賀大名太師王相公啓　景文集 53/2a

上太師相公啓　景文集 53/2b

回外任賀諫議啓　景文集 53/3a

回并代陪署孟都使啓　景文集 53/3a

上鎮府部署王都使啓　景文集 53/3b

回王部署都使啓　景文集 53/4a

回孫閤使謝官啓　景文集 53/4a

謝及第啓　景文集 53/4b

賀三司內翰直學士啓　景文集 53/7a

回延州通判太博啓　景文集 53/7b

代回刁太傅啓　景文集 53/8a

代鄭公回徐州啓　景文集 53/8a

梅侍讀問候啓　景文集 53/9a

柳侍讀啓　景文集 53/9a

王侍讀啓　景文集 53/9b

賈都官啓　景文集 53/10a

回邠州夏館使啓　景文集 53/10a

回知郡啓　景文集 53/10b

回知郡主客啓　景文集 53/11a

上知郡國博啓　景文集 53/11b

上九江知郡都官啓　景文集 53/11b

與知郡啓　景文集 53/12a

錢大監啓　景文集 53/12b

上兩府謝改知制誥啓　景文集 53/13a

回李舍人謝知制誥啓　景文集 53/14b

回余舍人謝知制誥啓　景文集 53/15a

上外任兩制謝改知制誥啓　景文集 53/16a

回彭王二舍人謝知制誥啓　景文集 53/16b

回外任諸官賀改知制誥啓　景文集 53/17a

上京東運使陳司勳啓　景文集 53/17b

上蔡州夏太尉啓　景文集 54/1a

上夏太尉啓　景文集 54/1b

上宣徽王太尉啓　景文集 54/2a

上楊太尉啓　景文集 54/2b

上永興太尉啓　景文集 54/2b

上晏太尉啓　景文集 54/3a

上太尉相公啓　景文集 54/3b

上太尉啓　景文集 54/4a

上韓太尉啓　景文集 54/4b

賀范太尉啓　景文集 54/5a

回夏太尉啓二首　景文集 54/5b

回陳太尉謝啓　景文集 54/6a

回李太尉啓　景文集 54/6b

回壽州楊太尉啓　景文集 54/7a

回都知太尉啓　景文集 54/7a

答并州韓太尉啓　景文集 54/7b

回河陽王殿丞啓　景文集 54/7b

賀監郡殿丞啓　景文集 54/8a

回李太傅惠御製挽詞石刻啓　景文集 54/8b

孫判官啓　景文集 54/8a

到任上兩制啓　景文集 54/9a

回亳州韓郎中啓　景文集 54/9b

上兩地啓　景文集 54/10a

代回鄭太尉啓　景文集 54/10b

回曹琮太尉啓　景文集 54/11a

回河東柳按察啓　景文集 54/11b

謝許州賈侍中啓　景文集 54/11b

回宗兄員外啓　景文集 54/12a

上孫員外啓　景文集 54/12b

回襄倅張著作啓　景文集 54/13a

回潞州郭觀察謝上啓　景文集 54/13b

上徐州判府相公啓　景文集 54/14a

上賈相公啓三首　景文集 54/14a

回并州明龍圖謝改諫議啓　景文集 54/15a

謝送碑啓　景文集 54/15b

上江南轉運郎中啓　景文集 54/16a

上新轉運張郎中啓　景文集 54/16a

回鄭州王相公問候啓　景文集 54/16b

上端公啓　景文集 55/1a

上大名相公啓　景文集 55/2a

壽州到任謝兩地啓　景文集 55/3a

定州謝到任上兩府啓　景文集 55/3b

定州到任回諸官啓　景文集 55/4a

賀孔諫議上任啓　景文集 55/4b

定州到任啓　景文集 55/5a

上兩地謝赴闕啓　景文集 55/5b

回季團練啓二首　景文集 55/6a

回朱給事啓　景文集 55/6b

回知南京俞給事啓　景文集 55/7a

致政侍郎啓　景文集 55/7b

回壽州張侍中啓　景文集 55/8a

河陽夏侍中啓　景文集 55/8b

回趙職方啓　景文集 55/8b

與常州知郡大卿啓　景文集 55/9b

轉端明殿學士謝執政啓　景文集 55/10a

回王太傅謝高陽關部署啓　景文集 55/10b

回綦撥發啓　景文集 55/11a

回張資政謝授職啓　景文集 55/11a

回張副樞讓啓　景文集 55/11b

回昭文張相公啓　景文集 55/12a

回陳書記啓　景文集 55/12b

回文相公啓　景文集 55/13a

回人獻賦編啓　景文集 55/13b

回復州乾明長老啓　景文集 55/14a

回夏州大王啓　景文集 55/14b

回張紫微啓　景文集 55/15a

回張簡州啓　景文集 55/15b

回徐紫微啓　景文集 55/16a

回臺直李屯田啓　景文集 55/17a

回大名李相公啓　景文集 55/17a

回外任郎官啓　景文集 55/17b

賀宋寵長舍人啓　景文集 55/18a

代胥舍人謝啓　景文集 55/18b

回楊舍人啓　景文集 56/1a

回呂舍人啓　景文集 56/1b

代回呂舍人啓　景文集 56/2b

鄭州到任謝兩地啓　景文集 56/3a

謝李太傅惠先令公碑文啓　景文集 56/3b

陳州到任謝兩地啓　景文集 56/3b

謝官啓　景文集 56/4b

謝直館　景文集 56/5a

上參政侍郎啓二首　景文集 56/6a–6b

回晁參政啓　景文集 56/7a

代回宋參政啓　景文集 56/7b

回程左丞啓　景文集 56/8a

盛右丞問候啓　景文集 56/8a

上壽州張侍郎啓　景文集 56/8b

上內閣侍郎啓　景文集 56/9a

賀參政侍郎啓　景文集 56/9b

回泗州知州啓　景文集 56/10a

上杭州蔣密諫啓　景文集 56/10b

上益州程密學啓　景文集 56/11a

上蔡州韓諫議啓　景文集 56/11a

致韓果州啓　景文集 56/11b

回資政李侍郎啓　景文集 56/12a

代人求薦　景文集 56/12a

鎮府謝上任與兩府啓　景文集 56/14a

益州謝兩府啓　景文集 56/14b

上都運待制啓　景文集 56/15a

上淮寧知府待制啓　景文集 56/15b

授待制謝兩府啓　景文集 56/16a

回密州孫龍圖啓　景文集 56/17a

引卷啓事　景文集 56/17b

上青州相公啓　景文集 56/19a

兼龍圖謝兩地啓　景文集 56/19b

代王相公　景文集/拾遺 16/1a

渭州王密學　景文集/拾遺 16/3b

上江提刑　景文集/拾遺 16/4a

夏宣徽　景文集/拾遺 16/8a

回轉運龐待制謝轉官　景文集/拾遺 16/8a

回夏大尉謝男授提刑　景文集/拾遺 16/8b

代回呂相公　景文集/拾遺 16/9a

回宮師呂相公　景文集/拾遺 16/9a

回夏樞密　景文集/拾遺 16/10a

回狄侍郎謝轉官　景文集/拾遺 16/10b

回王龍圖謝改職　景文集/拾遺 16/10b

夏太尉　景文集/拾遺 16/11a

回夏樞密　景文集/拾遺 16/11b

回三舍人　景文集/拾遺 16/12a

回安州范侍郎謝上　景文集/拾遺 16/12b

回杜樞密　景文集/拾遺 16/12b

回夏宣徽　景文集/拾遺 16/13a

回杜樞密　景文集/拾遺 16/13b

回鄭樞密　景文集/拾遺 16/14a

上皇子賀封建　景文集/拾遺 16/14b

回晏樞密　景文集/拾遺 16/14b

回韓侍郎　景文集/拾遺 16/15a

體量雜端　景文集/拾遺 17/1a

賀曾參政　景文集/拾遺 17/1a

代鄭公謝參政狀　景文集/拾遺 17/1b

回宗室使相賀參政狀　景文集/拾遺 17/2a

代回宗正狀　景文集/拾遺 17/2b

代回皇族狀　景文集/拾遺 17/3a

代謝前兩地狀　景文集/拾遺 17/3a

代謝外任兩制狀　景文集/拾遺 17/3b

代回兩地狀　景文集/拾遺 17/4a

賈相公生日　景文集/拾遺 17/4b

留守相公　景文集/拾遺 17/5a

回夏宣徽　景文集/拾遺 17/5a

回韓侍郎謝加職　景文集/拾遺 17/5b

回揚州盛右丞　景文集/拾遺 17/6a

賀都尉王樞密　景文集/拾遺 17/6b

代回晏樞密讓狀　景文集/拾遺 17/7a

代上兩府讓狀　景文集/拾遺 17/7a

代回樞密王太傅　景文集/拾遺 17/7b

回夏宣徽　景文集/拾遺 17/8a

上河東轉運　景文集/拾遺 17/8b

渭州戴屯田　景文集/拾遺 17/8b

河南資政　景文集/拾遺 17/9a

梁相公　景文集/拾遺 17/9b

代回樞密王太傅　景文集/拾遺 17/10a

江南轉運郎中　景文集/拾遺 17/10b

知郡國博　景文集/拾遺 17/10b

魏府太傅　景文集/拾遺 17/11a

薛參政生日持禮　景文集/拾遺 17/11b

陳州胡侍郎問候　景文集/拾遺 17/12a

攀違侍郎狀　景文集/拾遺 17/12a

回狀元監丞　景文集/拾遺 17/12b

太尉　景文集/拾遺 17/13a

上許州呂相公啓　景文集/拾遺 17/13a

代張問謝解　景文集/拾遺 18/1a

安撫雜端　景文集/拾遺 18/2b

回提刑　景文集/拾遺 18/3a

判府尚書啓　景文集/拾遺 18/3a

提刑轉運制到任　景文集/拾遺 18/3b

兩制　景文集/拾遺 18/4a

回李團練第二首　景文集/拾遺 18/4b

陳州楊相公　景文集/拾遺 18/5a

回廬州張學士　景文集/拾遺 18/5b

常州知大卿　景文集/拾遺 18/5b

鄂州知郡比部　景文集/拾遺 18/6a

與轉運兵部　景文集/拾遺 18/6b

回廬州張學士　景文集/拾遺 18/7a

回張著作　景文集/拾遺 18/7b

上集賢相公　景文集/拾遺 18/7b

韓資政　景文集/拾遺 18/8a

回昭譚知府司勳　景文集/拾遺 18/8b
回廬州慎龍圖　景文集/拾遺 18/9a
回亳州韓資政　景文集/拾遺 18/9a
柳轉運　景文集/拾遺 18/9b
回制置林郎中　景文集/拾遺 18/10a
回陳州楊相公　景文集/拾遺 18/10b
回曾學士　景文集/拾遺 18/10b
回呂學士　景文集/拾遺 18/11b
回府判魯端公　景文集/拾遺 18/12a
回王大卿　景文集/拾遺 18/12b
回廣德比部　景文集/拾遺 18/12b
回呂贊善　景文集/拾遺 18/13a
回廬州張學士　景文集/拾遺 18/13a
回廬州慎龍圖　景文集/拾遺 18/13b
回穎州鮑學士　景文集/拾遺 18/13b
回提刑李都官　景文集/拾遺 18/14a
回廬州慎龍圖　景文集/拾遺 19/1a
回李中允　景文集/拾遺 19/1a
上僕射相公　景文集/拾遺 19/1b
上樞密相公　景文集/拾遺 19/2b
回穎州鮑學士　景文集/拾遺 19/3a
回通判韓中允　景文集/拾遺 19/3a
上程左丞　景文集/拾遺 19/4a
上許州孫龍圖　景文集/拾遺 19/4b
杭州通判劉都官　景文集/拾遺 19/5a
回亳州韓資政　景文集/拾遺 19/5a
梓州杜學士　景文集/拾遺 19/5b
上昭文呂相公　景文集/拾遺 19/6a
上知府諫議　景文集/拾遺 19/6b
回夏大尉　景文集/拾遺 19/6b
上呂相公(1-3)　景文集/拾遺 19/7a-8a
益州轉運明學士　景文集/拾遺 19/8b
回轉運　景文集/拾遺 19/8b
上呂相公　景文集/拾遺 19/9a
上魏府任諫議　景文集/拾遺 19/9b
回外任賀冬　景文集/拾遺 19/10a
回通判學士　景文集/拾遺 19/10a
代人謝改京官　景文集/拾遺 19/10b
回陳泊殿院謝宮　景文集/拾遺 19/11a
上徐州扈諫議　景文集/拾遺 19/11b
賀冬　景文集/拾遺 19/11b
回外任賀正　景文集/拾遺 19/12a
回京西呂轉運　景文集/拾遺 19/12a
上陳州張相公攀違　景文集/拾遺 19/12b
回成德軍魯待制謝上　景文集/拾遺 19/13a
回潞州郭觀察謝上　景文集/拾遺 19/13a
上外任兩府賀正　景文集/拾遺 19/13b
代回夏相公　景文集/拾遺 20/1a
代回彭舍人　景文集/拾遺 20/1a
代回王舍人　景文集/拾遺 20/1b
上知郡比部　景文集/拾遺 20/2a
上寇給事復官　景文集/拾遺 20/2b
代到任謝兩地　景文集/拾遺 20/3a
回趙舍人　景文集/拾遺 20/4a
謝大名王相公　景文集/拾遺 20/4a
鎮府謝諸官相賀啓　景文集/拾遺 20/4b
狀元學士　景文集/拾遺 20/5a
代外任賀人兩地　景文集/拾遺 20/5b
回賀改待制　景文集/拾遺 20/6a
呂相公攀違　景文集/拾遺 20/6a
回賀改待制　景文集/拾遺 20/6b
外任兩地賀正　景文集/拾遺 20/7a
回盛右丞　景文集/拾遺 20/7b
回江郎中　景文集/拾遺 20/7b
回王龍圖　景文集/拾遺 20/8a
賀安撫夏太尉　景文集/拾遺 20/8b
賀資政侍郎　景文集/拾遺 20/9a
回澶州王相公　景文集/拾遺 20/9b
謝兩地兩制問候　景文集/拾遺 20/10a
回岱舍人　景文集/拾遺 20/10b
鄭州王相公問候　景文集/拾遺 20/11a
代鄭公回樞密侍郎　景文集/拾遺 20/11b
代鄭公回張侍中　景文集/拾遺 20/12a
賀莫秘監啓　景文集/拾遺 21/1a
賀喬侍講啓　景文集/拾遺 21/1b
賀胡帥生日啓　景文集/拾遺 21/1b
改秩謝侍從啓　景文集/拾遺 21/2b
改秩謝宰執啓　景文集/拾遺 21/3b
改秩謝執政啓　景文集/拾遺 21/4a
築倉改秩謝上位啓　景文集/拾遺 21/4b
教官改秩謝監司啓　景文集/拾遺 21/5b
改秩謝監司啓　景文集/拾遺 21/7a
改秩謝上位啓　景文集/拾遺 21/7b
孫承旨啓　四庫拾遺 17/景文集
楊承旨啓　四庫拾遺 17/景文集
與丁承旨啓　四庫拾遺 18/景文集

賀呂相公兼樞密啓　　宋文鑑 121/9b

賀呂待制啓　　宋文鑑 121/10b

定州謝到任上兩府啓　　宋文鑑 121/11a

賀參政侍郎啓　　宋文鑑 121/11b

鎮府謝兩府啓　　宋文鑑 121/12a

賀漕使正啓　　播芳文粹 66/4a

賀胡帥生日啓　　播芳文粹 67/22b

改秩謝侍從啓　　播芳文粹 73/3b

起居昭文相公啓　　播芳文粹 87/6a

與張侍讀帖　　播芳文粹 103/22b

～禹圭

賀王待制帥荊南啓　　播芳文粹 57/12a

～敦詩

謝太守薦舉啓　　播芳文粹 75/18b

～嗣宗

賀趙都運啓　　播芳文粹 60/6a

賀人發漕司舉啓　　播芳文粹 65/14b

謝太守薦舉啓　　播芳文粹 75/18a

～齊愈

賀文太師啓　　播芳文粹 47/4b

賀魏大參致仕啓　　播芳文粹 56/11b

賀辛守啓　　播芳文粹 62/2a

賀張守啓　　播芳文粹 62/23b

賀太守正啓　　播芳文粹 66/6a

赴任上參議啓　　播芳文粹 83/4a

～遠孫

賀湯丞相啓　　播芳文粹 47/22a

賀虞知院啓　　播芳文粹 49/18a

賀黃守啓　　播芳文粹 62/6b

賀侍從正啓　　播芳文粹 65/22b

辛棄疾

謝免上供錢啓　　稼軒集/47　蠹齋鉛刀編 19

啓札　　稼軒集/49

賀袁同知啓　　稼軒集/58

賀錢同知啓　　稼軒集/60

丙子輪對劄子　　稼軒集/附編 89

杜束之

上夔漕費達可論調田軍書　　蜀文輯存 99/14b
　　蜀藝文志 29/16a

李之儀

賀致政太傅　　姑溪集 13/4a

賀樞相轉官　　姑溪集 13/5a

賀樞密太宰　　姑溪集 13/5b

賀運使大卿轉官賜金紫　　姑溪集 13/6a

謝發解舉人　　姑溪集 13/6b

任河中府萬全縣令謝太守舉　　姑溪集 13/6b

謝郭樞密　　姑溪集 13/7b

回賀新及第　　姑溪集 13/8a

權知開封府開封縣回章丞　　姑溪集 14/1a

回謝涇州教授　　姑溪集 14/1b

任河中府萬全縣令轉宣德郎謝漕使　　姑溪集 14/1b

主管定州安撫司機宜文字回謝諸縣知縣　　姑溪集 14/2a

回賀越州黃通判　　姑溪集 14/2b

謝人啓事並寄詩　　姑溪集 14/3a

賀薛左轄移鎮洛陽　　姑溪集 14/3b

賀王憲解元　　姑溪集 14/4a

謝韋深道賀復官　　姑溪集 14/5a

謝陶師中貢士　　姑溪集 14/6a

賀人轉官　　姑溪集 14/7a

謝金陵舉人　　姑溪集 14/7b

謝君俞　　姑溪集 15/1a

又謝仲輝　　姑溪集 15/2a

答人謝解　　姑溪集 15/3a

上少傅相公啓　　姑溪集 15/4b

覃恩謝時宰　　姑溪集 15/5b

賀時相除少保　　姑溪集 15/6b

答監司　　姑溪集 15/8a

先狀　　姑溪集 15/9a

答李幾重司户書　　姑溪集 16/1a

答人求所爲詩文書　　姑溪集 16/3a

答吳子陽問翰林學士帶制誥書　　姑溪集 16/4b

謝人寄詩並問詩中格目小紙　　姑溪集 16/6a

代人與薛金陵小紙（1-2）　　姑溪集 16/7b

與蘇黃門子由　　姑溪集 18/1a

與龔侍郎深之　　姑溪集 18/1b

與蔡侍郎寬夫（1-4）　　姑溪集 18/2a-3a

與吳朝奉　　姑溪集 18/3a

與叔倫提舉朝奉　　姑溪集 18/3b

與宋榮州（1-4）　　姑溪集 18/4a-5b

與俞叔通教授（1-5）　　姑溪集 18/5a-6b

與何給事(1-6)　姑溪集 18/7a-8b
與何給事(1-3)　姑溪集 19/1a-2a
與楚守賈朝奉(1-2)　姑溪集 19/2a-2b
與金馬部中玉(1-7)　姑溪集 19/2b-7b
與蕭季文知録　姑溪集 19/8a
與彭丞　姑溪集 19/8b
與孫知縣希賢　姑溪集 19/8b
上宰執(1-9)　姑溪集 20/1a-8b
上時宰(1-3)　姑溪集 21/1a-1b
又慰疏(1-4)　姑溪集 21/2a-3a
與祝提舉無黨(1-9)　姑溪集 21/3a-6a
與米元章(1-4)　姑溪集 21/6a-7b
與小米元暉　姑溪集 21/7b
與彭學士(1-6)　姑溪集 21/8a-9b
與劉延仲　姑溪集 21/9b
與姚漕(1-5)　姑溪集 22/1a-2b
與周漕(1-4)　姑溪集 22/2b-3b
與和州太守曾延之少監(1-2)　姑溪集 22/4a-4b
與元祖慶法曹名億(1-5)　姑溪集 22/5a-6b
與龔平國(1-3)　姑溪集 22/6b-8a
與龔平國(1-10)　姑溪集 22/1a-4b
又與吳醫　姑溪集 23/5a
與龔彥質(1-3)　姑溪集 23/5b-6a
與榮天和(1-6)　姑溪集 23/7a-8b
與劉延仲　姑溪集 23/8b
與榮天和(1-8)　姑溪集 24/1a-3a
與劉延仲(1-8)　姑溪集 24/3b-5b
與劉君秉(1-2)　姑溪集 24/6a-6b
與趙仲强兄弟(1-18)　姑溪集 24/6a-25/5b
與儲子椿(1-31)　姑溪集 25/5b-26/9b
與友人(1-5)　姑溪集 26/9b-11b
與趙德麟(1-2)　姑溪集 27/1a-1b
與彭丞(1-2)　姑溪集 27/1b-2a
與孫知縣希魯(1-8)　姑溪集 27/2b-4b
與成德餘(1-10)　姑溪集 27/5a-7b
與無爲楊彥濟貢元名湊(1-10)　姑溪集 28/1a-4a
與韋深道居士(1-7)　姑溪集 28/4a-7a
與孫肖之(1-11)　姑溪集 28/7b-29/3b
與李去言(1-4)　姑溪集 29/4a-5b
與楊元發(1-6)　姑溪集 29/6a-7b
與胡淵明(1-3)　姑溪集 29/7b-8b

與吳思道(1-13)　姑溪集 30/1a-4b
與吳禹功主簿(1-19)　姑溪集 30/5a-31/3a
與友人往還(1-19)　姑溪集 31/3b-9b
與翟給事公遜(1-7)　姑溪集 32/1a-3b
與楊晦叔明叔兄弟(1-13)　姑溪集 32/3b-8b
與俞秘校　姑溪集 32/8b
與彥文侍禁　姑溪集 32/9a
與主簿秘校(1-2)　姑溪集 32/9a-9b
與霍子惠迪(1-7)　姑溪集 33/1a-3a
與王君瑞(1-4)　姑溪集 33/3b-4a
與董無求(1-9)　姑溪集 33/4b-7a
與何知縣慶長(1-3)　姑溪集 33/7b-8b
與洪覺範　姑溪集 34/1a
與明祖印(1-5)　姑溪集 34/1b-2b
與資福堂頭(1-3)　姑溪集 34/3a-3b
與珪首座(1-5)　姑溪集 34/4a-5a
與政書記平叔　姑溪集 34/5b
與崇因欽長老(1-4)　姑溪集 34/6b-7b
與天寧聱老　姑溪集 34/8a
與吉祥聰老　姑溪集 34/8a
與資福慈愛深禪師(1-2)　姑溪集 34/8b
請悟老住隱静　姑溪集 44/1b
請聱老再住天寧　姑溪集 44/2a
請祖燈禪師住崇寧　姑溪集 44/2a
請祖燈禪師住院　姑溪集 44/3a
請祖燈禪師住大乘　姑溪集 44/3a
與王樂道工部(1-11)　姑溪集/後 16/1a-5b
與王性之(1-27)　姑溪集/後 16/6a-17/8b
與韋深道　姑溪集/後 17/9a
與趙彥强(1-3)　姑溪集/後 17/9a-10a
與石端若兄弟(1-12)　姑溪集/後 18/1a-5b
與友人往還(1-6)　姑溪集/後 18/5b-7b
又與悟長老　姑溪集/後 18/7b
與崇因長老　姑溪集/後 18/8a
與承天長老(1-5)　姑溪集/後 18/8b-10a
~心傳
與黃直卿論易書　蜀文輯存 77/10a
與王周卿舍人啓　蜀文輯存 77/10b
~正民
賀帥冬啓　大隱集 5/1a
賀趙參政啓　大隱集 5/1b
賀翟參政啓　大隱集 5/2b
安撫李參政啓　大隱集 5/3a

賀沈參政啓　大隱集 5/3b

賀席參政啓　大隱集 5/4b

賀都督呂相公啓　大隱集 5/5a

賀知虔州侯修撰啓　大隱集 5/6b

賀樞密權端明啓　大隱集 5/7a

賀樞密胡端明啓　大隱集 5/7b

賀知秀州王直閣啓　大隱集 5/9a

賀李龍圖知虔州啓　大隱集 5/9a

吳運使啓　大隱集 5/9b

安撫趙樞密啓　大隱集 5/10a

提刑丁郎中啓　大隱集 5/11a

答館職啓　大隱集 5/11b

謝中書舍人啓　大隱集 5/12a

吉州到任謝執政啓　大隱集 5/13b

謝建康張寶文啓　大隱集 5/14b

謝孫宗博惠詩啓　大隱集 5/15a

與知秀州劉待制啓　大隱集 5/15a

與提宮劉待制啓　大隱集 5/16a

謝平江胡待制啓　大隱集 5/16b

回鄰郡啓　大隱集 5/17a

回袁州趙守啓　大隱集 5/17a

回信州李守啓　大隱集 5/17b

答朋友啓（1－2）　大隱集 5/18a－19a

洪舍人講易啓　大隱集 5/19b

與祝師龍書　大隱集 6/1a

再答書　大隱集 6/2b

與胡樞密薦孫傅書　大隱集 6/5a

與畢少董書　大隱集 6/5b

～去病

　賀鄧內翰啓　播芳文粹 51/8b

～　石

　上宰相書　方舟集 10/1a

　上蔣丞相書　方舟集 10/3b

　答鄭運使書論蜀中事體　方舟集 10/5b

　答趙道源秀才爲僧書　方舟集 10/8b

　論養生書　方舟集 10/10a

　答遂寧傅燮秀才書　方舟集 10/12a

　答胡龍學干紀瑞雪書　方舟集 10/13a

　回新繁李尉書　方舟集 10/14b

　與景浚卿書辯德行堂銘　方舟集 10/15b

　謝解啓　方舟集 12/1a

　又謝解啓　方舟集 12/2b

　遷博士謝祭酒啓　方舟集 12/3b

上王宣諭啓　方舟集 12/4b

謝執政啓　方舟集 12/6a

答史秘校啓　方舟集 12/6b

答胡制置賀正啓　方舟集 12/7a

答范制置賀正啓　方舟集 12/7b

上王制置啓　方舟集 12/7b

上沈制置啓（1－2）　方舟集 12/8b－10a

眉州交代季侍郎啓　方舟集 12/11a

回孫監茶啓　方舟集 12/11b

答田茂實解元啓　方舟集 12/12a

答黃解元啓　方舟集 12/12b

答李解元啓　方舟集 12/12b

答黃解元啓　方舟集 12/13a

答張知錄啓　方舟集 12/13b

黎州與交代宇文知郡啓　方舟集 12/14a

答資州韓知郡啓　方舟集 12/14b

又回資州李知郡啓　方舟集 12/15a

答任判官啓　方舟集 12/15b

答眉山知縣啓　方舟集 12/16a

答黃安圃知縣啓　方舟集 12/16b

回百丈馬知縣啓　方舟集 12/17a

回馮縣丞啓　方舟集 12/17a

成都府學教授謝啓　方舟集 12/17b

答何道夫教授啓　方舟集 12/18b

賀都大啓　方舟集 12/19a

答杜敏教授（1－4）　方舟集 13/13b－14a

與眉山知縣（1－2）　方舟集 13/14b

與費通判　方舟集 12/15a

與交代季侍郎（1－3）　方舟集 13/16a－16b

與蘇給事（1－2）　方舟集 13/17a

與陳大諫（1－3）　方舟集 13/17b－18b

回資守　方舟集 13/18b

答賈子春　方舟集 13/19a

答王景文（1－2）　方舟集 13/20b－21a

答郭綱秀才論稱呼　方舟集 13/21b

賀宗室除郡王啓代　播芳文粹 54/21b

賀沈帥啓　播芳文粹 57/21a

賀饒倅啓　播芳文粹 63/13b

上周內翰書　蜀文輯存 62/7a

賀宗室封郡王啓　蜀文輯存 62/8b

賀饒倅啓　蜀文輯存 62/8b

～守真

　賀人及第啓　播芳文粹 65/11b

賀太守正啓　　播芳文粹 66/8a
~吉甫
　賀漕司正啓　　播芳文粹 66/4b
~　至
　對皇太子問政牋　宋文鑑 72/1b
~　光
　上館職啓　　莊簡集 13/17a
　答婺州交代傅龍圖　莊簡集 13/17b
　知建康府謝宰相啓　莊簡集 13/18b
　與越守綦內翰啓　莊簡集 13/19a
　回葛待制啓　　莊簡集 13/19b
　回漕使張郎中啓　莊簡集 13/20b
　回湖州交代陳侍郎啓　莊簡集 13/20b
　回常州鄭右司啓　莊簡集 13/21b
　知平江府謝宰執啓　莊簡集 13/21b
　回張虔州柔直啓　莊簡集 13/22b
　知溫州謝丞相啓　莊簡集 13/23a
　回餘杭知縣啓　莊簡集 13/24a
　回宮使婁察院賀正啓　莊簡集 13/24b
　回邑宰賀正旦啓　莊簡集 13/24b
　答陸氏求婚啓　莊簡集 13/25a
　答潘舍人求婚啓　莊簡集 13/25b
　謝孔倅啓　　莊簡集 13/26a
　與楊龜山書(1-4)　莊簡集 14/1a-2a
　與翟公巽書　　莊簡集 14/2b
　宣城與屬縣官書(1-2)　莊簡集 14/6a-6b
　與程伯㝢書(1-7)　莊簡集 14/7b-17b
　與時宰書　　莊簡集 14/19a
　與張德遠書　　莊簡集 14/19b
　與沈元用書　　莊簡集 14/21a
　與張德遠書　　莊簡集 14/21b
　與趙元鎮書(1-7)　莊簡集 14/22a-25b
　與潘子賤書　　莊簡集 15/1a
　與胡邦衡書(1-6)　莊簡集 15/1b-3b
　與蕭德起書　　莊簡集 15/4a
　與胡邦衡書(1-2)　莊簡集 15/5a-5b
　與海南時官書　莊簡集 15/6b
　與羊荊華書(1-6)　莊簡集 15/7a-8a
　答符秀才書　　莊簡集 15/8b
　與姜山嗣老書(1-3)　莊簡集 15/9b-10b
　與胡邦衡書(1-13)　莊簡集 15/11a-20a
　與陳伯厚書　　莊簡集 15/21b
　與王彥恭書　　莊簡集 15/22a

　答樓仲暉書　　莊簡集 15/23a
　與胡邦衡書(1-5)　莊簡集 15/23b-26a
　與呂仁甫書　　莊簡集 15/26b
　與張德遠書　　南宋文範 31/13b
　答符秀才書　　南宋文範 31/14a
~仲之
　賀虞宣撫啓　　播芳文粹 58/17a
~仲求
　與邱道源殿丞帖　播芳文粹 107/15b
~　兌
　賀王倅啓　　播芳文粹 63/16b
~良臣
　賀呂丞相除都督啓　播芳文粹 58/3a
　賀陳制置啓　　播芳文粹 59/1a
　太守與交代啓　播芳文粹 84/25a
　賀陳制置啓　　蜀文輯存 35/21a
　太守與交代啓　蜀文輯存 35/21b
~　芝
　上參政小簡　　播芳文粹 96/4b
~　呂
　上黃提刑求先子墓銘書　澹軒集 6/11b　南宋
　文範/外 2/15a
　與何少卿干墓誌書　澹軒集 6/13b
　上晦庵干墓誌書　澹軒集 6/16b
~廷忠
　通王樞相　　橘山四六 1/1a
　通商知府　　橘山四六 1/6a
　通王運使　　橘山四六 1/11a
　通楊知府　　橘山四六 1/15a
　通金府判　　橘山四六 1/18a
　通莫運幹　　橘山四六 1/21a
　通巫幹使　　橘山四六 1/22b
　通梁提幹　　橘山四六 1/24b
　通吳檢法　　橘山四六 1/26a
　通張運幹　　橘山四六 1/28a
　通交代楊教授　橘山四六 1/30b
　通錢簽判　　橘山四六 1/32b
　通張知錄　　橘山四六 1/34b
　通施司理　　橘山四六 1/36a
　回廬江劉知縣　橘山四六 1/37b
　回史檢法　　橘山四六 1/38b
　通無爲蘇知縣　橘山四六 1/39b
　謝揚州范給事舉自代並謝到任　橘山四六 2/

1a

回黃州陳知府　　橘山四六 2/4a

賀謝右相除少保　　橘山四六 2/6a

賀邵中書即真兼直院　　橘山四六 2/8b

賀張中書即真兼祭酒　　橘山四六 2/11b

賀俞右史　　橘山四六 2/14a

賀韓尚書　　橘山四六 2/16b

賀李侍郎即真　　橘山四六 2/17b

賀單侍郎　　橘山四六 2/19a

通交代時大卿　　橘山四六 2/20b

通新漕時大卿(1－2)　　橘山四六 2/22a－23b

賀揚州趙安撫　　橘山四六 2/25b

賀俞大監除中書舍人　　橘山四六 2/27b

賀陳殿院除太常少卿　　橘山四六 2/29a

賀林察院除殿中侍御史　　橘山四六 2/30a

賀施察院除右正言　　橘山四六 2/31b

賀鄭監簿除監察御史　　橘山四六 2/32b

賀張寺簿除兼察御史　　橘山四六 3/1a

賀單侍郎除刑部尚書　　橘山四六 3/2b

賀江州王狀元除禮部郎中　　橘山四六 3/4a

賀張中書知太平州　　橘山四六 3/5a

賀王檢祥除大理少卿　　橘山四六 3/6b

回江東葉提舉　　橘山四六 3/8b

回運幹許廷評　　橘山四六 3/10a

賀淮東梁漕　　橘山四六 3/11b

賀廬州丁帥　　橘山四六 3/13a

謝王樞使舉充監司科　　橘山四六 3/15a

干廟堂代金倅　　橘山四六 3/18a

賀費尚書(1－3)　　橘山四六 3/21b－24b

賀顏直院　　橘山四六 3/26a

又賀顏郎中兼直院　　橘山四六 3/27b

賀程待制　　橘山四六 4/1a

賀曾右史　　橘山四六 4/3a

賀張侍郎　　橘山四六 4/4a

遠迎趙倅　　橘山四六 4/5a

賀淮東梁總領　　橘山四六 4/7a

賀淮東林漕　　橘山四六 4/8b

賀江東劉提舉　　橘山四六 4/9b

賀袁同知　　橘山四六 4/10a

賀王侍郎　　橘山四六 4/11b

賀許同知被召　　橘山四六 4/13b

遠迎王運使(1－2)　　橘山四六 4/15b－17a

通交代程守　　橘山四六 4/18b

謝時漕丁帥薦舉　　橘山四六 4/20a

謝丁帥薦舉　　橘山四六 4/21a

賀陳樞密　　橘山四六 4/23a

賀許參政　　橘山四六 4/24a

遠迎程守　　橘山四六 5/1a

賀顏宗卿(1－2)　　橘山四六 5/2b－4a

賀王侍郎　　橘山四六 5/5b

遠迎韓運使(1－2)　　橘山四六 5/6b－7b

被召謝五府　　橘山四六 5/9a

賀葉漕賜章服　　橘山四六 5/11b

賀陳郎中　　橘山四六 5/12a

賀謝丞相除少保　　橘山四六 5/12b

遠迎鄧運使　　橘山四六 5/14b

通交代徐教授　　橘山四六 5/16a

賀顏中書　　橘山四六 5/17b

賀婁寺丞　　橘山四六 5/18b

賀韓安撫　　橘山四六 5/20a

鄧漕到任謝五府　　橘山四六 5/22a

謝侍從臺諫　　橘山四六 5/23a

賀費樞密　　橘山四六 6/1a

賀淮西趙運使　　橘山四六 6/3a

賀韓運使除户部郎中淮西總領　　橘山四六 6/4b

回巢縣魏知縣　　橘山四六 6/5b

回廬江韓主簿　　橘山四六 6/6b

回王主簿　　橘山四六 6/7b

回無爲黃縣尉　　橘山四六 6/9a

回樊縣尉　　橘山四六 6/10a

謝商知府薦舉　　橘山四六 6/11a

謝王漕薦舉　　橘山四六 6/13a

又謝王漕保舉充文華科　　橘山四六 6/15a

謝時漕薦舉(1－2)　　橘山四六 6/18a－20b

謝王樞使薦舉(1－2)　　橘山四六 7/1a－3b

謝費尚書舉文章典麗可備著作科　　橘山四六 7/6a

上程知府　　橘山四六 7/9a

謝商知府薦舉　　橘山四六 7/11a

上韓運使　　橘山四六 7/12b

謝韓運使薦舉　　橘山四六 7/15a

賀婁郎中除察院　　橘山四六 8/1a

賀俞中書　　橘山四六 8/2b

賀商察院　　橘山四六 8/4a

賀商大卿　　橘山四六 8/5a

賀商大卿除湖南漕　　橘山四六 8/6a

賀顏尚書　　橘山四六 8/7a

賀鄧漕除秘書監使虜回　　橘山四六 8/8b

賀鄧侍御　　橘山四六 8/10b

賀工部顏尚書兼吏部尚書　　橘山四六 8/12a

賀程寺丞　　橘山四六 8/13a

賀總領高大卿　　橘山四六 8/14a

遠迎郭宰　　橘山四六 8/15b

賀韓漕除大府卿兼戶侍　　橘山四六 8/17b

賀婁正言　　橘山四六 8/18b

賀婁正言除太常少卿兼中書舍人　　橘山四六 8/20b

賀鄧侍御除給事　　橘山四六 8/21b

賀婁中書即真　　橘山四六 8/23a

賀葉秘丞除察院　　橘山四六 8/24b

賀程寺丞除考功郎中　　橘山四六 8/26b

通旌德何交代　　橘山四六 9/1a

詹主簿　　橘山四六 9/2a

李縣尉　　橘山四六 9/3a

錢監稅　　橘山四六 9/4a

判府陳侍郎　　橘山四六 9/5a

府判張秘閣　　橘山四六 9/6b

嚴府判　　橘山四六 9/8b

諸職官　　橘山四六 9/9b

諸曹官　　橘山四六 9/11a

教授　　橘山四六 9/12a

丘安撫　　橘山四六 9/13a

李提刑　　橘山四六 9/15a

商總領　　橘山四六 9/16b

賀卓運使　　橘山四六 9/18a

賀商總領兼戶侍　　橘山四六 9/19b

賀趙府判　　橘山四六 9/21a

曾總管　　橘山四六 10/1a

謝丞相　　橘山四六 10/2a

張參政　　橘山四六 10/3b

費尚書　　橘山四六 10/4a

萬尚書　　橘山四六 10/5a

王左史　　橘山四六 10/6a

林察院　　橘山四六 10/6b

施正言　　橘山四六 10/7a

王少卿　　橘山四六 10/7b

知太平州張舍人　　橘山四六 10/8a

五府　　橘山四六 10/8b

侍從　　橘山四六 10/9a

臺諫　　橘山四六 10/9b

內翰中書右史　　橘山四六 10/10a

寧國太守　　橘山四六 10/10b

幕官　　橘山四六 10/11b

諸縣宰　　橘山四六 10/12a

建康吳開府　　橘山四六 10/12a

淮西韓總領　　橘山四六 10/13a

江東耿運使　　橘山四六 10/13b

建康趙都統　　橘山四六 10/14a

馬帥李太尉　　橘山四六 10/15a

池州張知府　　橘山四六 10/16a

江南葉提舉　　橘山四六 10/16b

淮東梁運使　　橘山四六 10/17a

淮東高提舉　　橘山四六 10/17b

淮東薛總領　　橘山四六 10/18a

揚州趙安撫　　橘山四六 10/18b

真州張知府　　橘山四六 10/19a

楚州崔安撫　　橘山四六 10/19b

謝丞相　　橘山四六 10/19b

張參政　　橘山四六 10/20a

虞侍郎　　橘山四六 10/20b

王左史　　橘山四六 10/21a

章右史　　橘山四六 10/21b

施正言　　橘山四六 10/22a

五府　　橘山四六 10/22b

費尚書　　橘山四六 10/23a

寧國太守　　橘山四六 10/23b

府判　　橘山四六 10/24a

幕官　　橘山四六 10/24a

遠迎寧國太守朱大卿　　橘山四六 11/1a

賀江東徐運使　　橘山四六 11/3a

賀江東提刑蘇郎中　　橘山四六 11/4b

賀江東運使鍾編修　　橘山四六 11/6b

賀寧國趙府判　　橘山四六 11/8a

賀寧國趙簽判　　橘山四六 11/9a

回太平汪宰　　橘山四六 11/10b

賀錢大參除右相兼樞密　　橘山四六 11/11b

賀江東提舉許寺丞　　橘山四六 12/1a

賀婁侍郎兼詹事　　橘山四六 12/2a

賀葉大諫　　橘山四六 12/4a

賀樓尚書兼內翰　　橘山四六 12/6a

遠迎寧國太守王大卿　　橘山四六 12/7b

賀提刑葉大卿　橘山四六 12/8b

賀提舉莊大著　橘山四六 12/10a

賀寧國婁府判　橘山四六 12/12b

賀新除婁給事兼攉工部尚書兼詹事　橘山四六 12/14a

賀新除禮部婁尚書兼職依舊　橘山四六 12/15a

賀新除樓樞密兼太子賓客　橘山四六 12/16b

賀婁同知　橘山四六 12/18b

賀寧國太守冬　橘山四六 12/20b

賀倅車冬　橘山四六 12/21b

賀寧國太守冬　橘山四六 12/22a

賀江東俞運使　橘山四六 12/22b

賀錢左相　橘山四六 13/1a

賀婁參政　橘山四六 13/3b

賀禮部葉尚書　橘山四六 13/5a

謝提舉莊大著舉陞陟　橘山四六 13/6b

通交代秦宰　橘山四六 13/7b

賀寧國太守王大卿　橘山四六 13/9a

賀通判正　橘山四六 13/9b

賀職曹官正　橘山四六 13/10a

賀樓參政　橘山四六 13/10b

謝閣學葉尚書舉自代　橘山四六 15/1a

謝陳中書舉陞陟　橘山四六 15/3b

上廟堂　橘山四六 15/4b

再上史丞相　橘山四六 15/8a

除鄂倅謝廟堂　橘山四六 15/11a

通范運使　橘山四六 15/13a

通趙總領　橘山四六 15/15b

通王運使　橘山四六 15/17b

通趙判院　橘山四六 15/18a

通汪總幹　橘山四六 15/18b

通張總幹　橘山四六 15/19a

通趙監庫　橘山四六 15/20a

通鄭運管　橘山四六 15/21a

通司馬運幹　橘山四六 15/22b

通江帳幹　橘山四六 15/23a

回吳教授　橘山四六 16/1a

回王都統　橘山四六 16/1b

回權倅嚴簽判　橘山四六 16/2a

回諸曹官　橘山四六 16/3a

回朱知縣　橘山四六 16/3a

回漢陽趙知軍　橘山四六 16/4a

通周提刑　橘山四六 16/6a

通江陵制帥李尚書　橘山四六 16/7b

通鞏都大　橘山四六 16/9a

回漢陽趙知監　橘山四六 16/11a

回趙路分　橘山四六 16/12a

賀徐殿院　橘山四六 16/13b

賀胡宗丞兼右司　橘山四六 16/14b

謝王運使舉政績　橘山四六 16/15b

遠迎王總領　橘山四六 16/17a

謝趙總卿舉政績　橘山四六 16/18b

賀刑部李尚書　橘山四六 16/20b

賀董正言　橘山四六 17/1a

賀趙提舉　橘山四六 17/2b

遠迎宋提刑　橘山四六 17/3b

賀劉給事　橘山四六 17/4b

謝李制帥舉陞陟　橘山四六 17/5b

賀劉制帥　橘山四六 17/7a

謝趙倉使舉陞陟　橘山四六 17/9a

賀俞侍郎　橘山四六 17/10a

回梁知縣　橘山四六 17/11a

回交代趙倅　橘山四六 17/11b

賀尤提舉　橘山四六 17/12b

賀趙大卿兼戶侍　橘山四六 17/13b

遠迎李運使　橘山四六 17/14b

回蔣知縣　橘山四六 17/16a

回荊門交代王知軍　橘山四六 17/16b

回辛簽判　橘山四六 17/17b

通交代趙倅　橘山四六 17/18a

回陳教授　橘山四六 17/19a

回寄居張節推　橘山四六 18/1a

到任謝廟堂　橘山四六 18/1b

到任謝劉制帥　橘山四六 18/2b

謝王總領　橘山四六 18/3a

謝諸司　橘山四六 18/3b

通鄰郡　橘山四六 18/4a

回漢陽孫守　橘山四六 18/5a

通襄陽揚安撫　橘山四六 18/5b

通京西趙運使　橘山四六 18/6b

謝諸司列薦　橘山四六 18/7b

遠迎趙運使　橘山四六 18/9a

賀京西柴運使　橘山四六 18/10a

賀史丞相進書加恩　橘山四六 18/10b

賀雷知院進書轉官　橘山四六 18/11b

賀章同知除參政　橘山四六 18/13a

賀鄭大諫　橘山四六 18/13b

賀金正言　橘山四六 18/14b

賀石殿院　橘山四六 18/15a

賀倪察院　橘山四六 18/16a

回陸僉判　橘山四六 18/16b

賀應正言　橘山四六 18/17a

賀王總領陞太府少卿　橘山四六 19/1a

賀京西柴安撫　橘山四六 19/2a

賀宋提刑除兵部郎中　橘山四六 19/2b

賀尤提舉除都官郎中　橘山四六 19/4a

夔路通判到任謝廟堂　橘山四六 19/5a

通交代鮮于安撫　橘山四六 19/6b

交印謝鮮于安撫　橘山四六 19/7b

回本路程提刑　橘山四六 19/8a

回本司屬官　橘山四六 19/8b

回權屬官　橘山四六 19/9a

回張通判　橘山四六 19/9b

通安制置　橘山四六 19/10a

賀四川董制置　橘山四六 19/11a

回重慶權提刑洪知府　橘山四六 19/11b

賀交代樂安撫　橘山四六 19/12a

回遂寧許侍郎　橘山四六 19/13a

回瀘州范安撫　橘山四六 19/14a

賀范安撫除直煥章閣再任　橘山四六 19/14b

賀鄭大諫除僉書兼參政　橘山四六 19/15a

賀邢部范尚書　橘山四六 19/16a

回成都揚提刑　橘山四六 19/17a

回四川趙茶馬　橘山四六 19/17b

回利路任運使　橘山四六 20/1a

賀應殿院　橘山四六 20/1b

賀黃正言　橘山四六 20/2b

賀李察院　橘山四六 20/3a

賀交代安撫王大卿　橘山四六 20/4a

赴無爲教官回學職　橘山四六 20/5a

赴旌德知縣回學職　橘山四六 20/5b

坐日謝同官惠詩詞(1-4)　橘山四六 20/6a-7a

回郴州葉守定婚　橘山四六 20/7a

辛簽判宅定婚啓　橘山四六 20/7b

辛簽判納聘啓　橘山四六 20/7b

回荊州士人得解放　橘山四六 20/8a

~ 攸

　上秦丞相啓　蜀文輯存 39/5b

~ 宜言

　叙事謝丞相啓　播芳文粹 79/11a

~ 邴

　賀秦太史修徽史成啓　播芳文粹 54/8a

　賀王舍人兼史院啓　播芳文粹 54/11b

　賀西外趙知宗啓　播芳文粹 61/24b

~ 性傳

　與王周卿舍人　蜀文輯存 77/21b

~ 侗

　初見羅豫章先生書　延平集 1/a　羅豫章集/卷末 31b

　與教授公書　延平集 1/3b

　又小簡借遵堯台衡錄　延平集 1/4a

　又與教授公書　延平集 1/4a

　與羅博文書　延平集 1/4b

　與劉平甫書(1-2)　延平集 1/5a-5b

　達朱韋齋暨吳少琳書　延平集 1/5b

~ 洪

　除左帑謝廟堂啓　芸庵稿 6/1a

　左帑到任謝宰執啓　芸庵稿 6/2b

　賀直院舍人啓　芸庵稿 6/3b

　賀虞知院啓　芸庵稿 6/4b

　賀同知參政啓　芸庵稿 6/5b

　通楊漕啓由義　芸庵稿 6/6b

　通傅漕啓自得　芸庵稿 6/7b

　通王漕啓佐　芸庵稿 6/9a

~ 若水

　通江陵制帥李尚書啓　李忠愍集 1/11b

　謝高少卿啓　忠愍集 1/13a

　謝吏部尚書舉自代啓　李忠愍集 1/14b

　謝鄧觀文舉狀啓　李忠愍集 1/15b

　代人謝李憲舉狀啓　李忠愍集 1/16b

　上何右丞書　李忠愍集 1/18a

　上聶尹書　李忠愍集 1/21b

　上吳少宰書　李忠愍集 1/22b

　上李樞密書　李忠愍集 1/25b

~ 昂英

　上鄭丞相書戊申九月乞免知贛州　文溪稿 10/1a

　與秘書徐霖劄子戊申　文溪稿 10/2a

　與廣帥徐意一薦僧祖中書　文溪稿 10/3a

　與廣權帥丘迪矗治盜書　文溪稿 10/5b

　丙戌科過省第一捷書(附菊坡回劄)　文溪稿 20/

1a

第二家書　文溪稿 20/1b

第三家書　文溪稿 20/3a

第四家書　文溪稿 20/5a

第五家書　文溪稿 20/6a

請謚李韶方大琮狀　南宋文範 35/11a

~昭玘

上眉陽先生　樂靜集 10/1a

上蘇黃門　樂靜集 10/4a

上孫莘老　樂靜集 10/5b

上孫莘老求先人埋銘　樂靜集 10/8a

上顏朝奉　樂靜集 10/9b

上鄆州安撫劉莘老相公書　樂靜集 11/1a

答劉秀才求先博士墓誌書（博士劉孝嗣也）
　　樂靜集 11/5a

代賀方回上李邦直書　樂靜集 11/6b

代賀方回請見書　樂靜集 11/8b

代四兄求薦舉書　樂靜集 11/10a

賀河中府經畧游龍圖　樂靜集 15/1a

與虢州孫學士　樂靜集 15/1b

上開封府蔣待制　樂靜集 15/2a

賀新潭州張學士　樂靜集 15/3a

賀新鄆州韓待制　樂靜集 15/4a

上事謝監司　樂靜集 15/4b

與交代先狀　樂靜集 15/5a

謝趙判監　樂靜集 15/5b

移京東東路提刑謝豐侍郎　樂靜集 15/6b

滄州到任謝韓丞相　樂靜集 15/7a

答王賢良　樂靜集 16/1a

上執政求外任　樂靜集 16/2a

回謝馬狀元　樂靜集 16/3b

賀吳正言　樂靜集 16/4a

賀吳鹽運轉官　樂靜集 16/5a

賀李資深中丞　樂靜集 16/5b

賀李邦直舍人　樂靜集 16/6b

賀范龍圖移慶州　樂靜集 16/7a

賀胡學士加職知桂府　樂靜集 16/8a

上李邦直　樂靜集 16/8b

謝徐州范教授　樂靜集 17/1a

回兗州知府　樂靜集 17/2a

賀轉運使　樂靜集 17/2a

上南京豐侍郎　樂靜集 17/2b

永興提刑謝到任　樂靜集 17/3a

賀交代改官　樂靜集 17/5b

謝漕使　樂靜集 17/6a

移京東西路憲謝丞相　樂靜集 17/6a

同前謝曾樞密　樂靜集 17/7a

謝交代上官正言　樂靜集 17/7b

謝運使學士　樂靜集 18/1a

答留臺沈大夫　樂靜集 18/1b

回致仕畢大夫　樂靜集 18/2a

賀濟州太守禮上　樂靜集 18/2b

濟倅問候　樂靜集 18/2b

沂宿太守問候　樂靜集 18/3a

沂宿通判問候　樂靜集 18/3b

提刑問候　樂靜集 18/4a

賀荊王　樂靜集 18/4b

賀淮陽知軍到任　樂靜集 18/4b

謝漕州呂孝廉　樂靜集 18/5a

謝黃尚書　樂靜集 18/5b

賀游龍圖冬　樂靜集 19/1a

賀兩府正　樂靜集 19/1b

賀提舉冬　樂靜集 19/2a

賀鄰郡守倅冬　樂靜集 19/2a

回外邑宰冬　樂靜集 19/2b

賀監司正　樂靜集 19/3a

賀運司正　樂靜集 19/3a

賀曾端明正　樂靜集 19/3b

賀孫學士正　樂靜集 19/3b

賀鄰郡冬　樂靜集 19/4a

賀李邦直正　樂靜集 19/4b

回諸州通判冬　樂靜集 19/5a

回安撫冬　樂靜集 19/5a

回兩府冬　樂靜集 19/5b

謝及第　樂靜集 20/1a

謝舉幕職　樂靜集 20/3a

謝舉太學博士　樂靜集 20/5b

謝館職　樂靜集 20/6b

代庭玉弟謝呂大資舉縣令　樂靜集 20/10a

代謝薦（1-2）　樂靜集 20/12a-13a

代謝改官　樂靜集 20/14b

賀門下司馬相公　樂靜集 21/1a

賀平章文太師　樂靜集 21/2a

賀左僕射相公　樂靜集 21/3a

到任謝右僕射　樂靜集 21/4a

謝大漕　樂靜集 21/5a

賀南京知府　　樂靜集 21/5b
賀吳運使轉官　　樂靜集 21/6a
賀右丞　　樂靜集 21/7a
代石職方答交代　　樂靜集 21/7b
代人上兩府問候　　樂靜集 21/8a
代賀方回謝舉換文　　樂靜集 21/9a
代人謝安撫　　樂靜集 21/10a
代人謝副漕　　樂靜集 21/10b
代人謝兩府　　樂靜集 21/11a
永興提刑謝到任啓　　宋文鑑 123/13a
賀皇太后生辰牋　　播芳文粹 45/11a
賀太皇太后受册牋　　播芳文粹 45/12a
賀皇太后受册牋　　播芳文粹 45/12b
賀皇太妃受册牋　　播芳文粹 46/3a
賀文太師啓　　播芳文粹 47/1a
賀左丞相啓　　播芳文粹 47/7b
賀劉侍郎除帥啓　　播芳文粹 57/14a
賀范帥啓　　播芳文粹 57/15b
太守到任謝兩府啓　　播芳文粹 71/23a
教官到任謝監司啓　　播芳文粹 72/12b
謝及第啓　　播芳文粹 77/10a
謝及第啓　　播芳文粹 77/31b
通判與交代啓　　播芳文粹 85/1b
起居兩府啓　　播芳文粹 87/9a
起居李帥啓　　播芳文粹 87/11a
起居憲使啓　　播芳文粹 87/14b
起居蔣守啓　　播芳文粹 87/20a
起居鄰守啓　　播芳文粹 87/21a
回畢致政啓　　播芳文粹 87/16a
回沈留守啓　　播芳文粹 88/22a
～　垕
賀湯丞相帥紹興啓　　播芳文粹 56/15b
賀王宣撫啓　　播芳文粹 58/19a
賀傅總管啓　　播芳文粹 59/9b
賀太守正啓　　播芳文粹 66/6b
謝漕使薦舉啓　　播芳文粹 74/15a
賀湯丞相帥紹興啓　　蜀文輯存 74/1a
賀王宣撫啓　　蜀文輯存 74/1b
賀傅總管啓　　蜀文輯存 74/2a
賀太守正啓　　蜀文輯存 74/2b
謝漕使薦舉啓　　蜀文輯存 74/2b
與王仲言小簡　　蜀文輯存 74/3a
～建中

土母帖　　蜀文輯存 1/16a
同年帖　　蜀文輯存 1/16a
貴宅帖　　蜀文輯存 1/16b
屯田帖　　蜀文輯存 1/16b
左右帖　　蜀文輯存 1/17a
齊古帖　　蜀文輯存 1/17a
～流謙
上張魏公論時事劄子三首　　澹齋集 9/7a
論廟事劄子　　澹齋集 9/13b
與汪制置劄子　　澹齋集 9/15a
上樊運使書　　澹齋集 10/1a
上張雅州書　　澹齋集 10/4a
與鄭擇可辨屬字書　　澹齋集 10/5b
上王直閣書　　澹齋集 10/8a
上王提刑書　　澹齋集 10/10a
上宰相書　　澹齋集 10/13a
上張建康書　　澹齋集 10/16a
上汪制置書　　澹齋集 11/1a
上沈荆南書　　澹齋集 11/3b
上曾丞相書　　澹齋集 11/6b
上王制置書　　澹齋集 11/8b
上何少卿書　　澹齋集 11/12b
上張和公書　　澹齋集 11/16a
謝類省奏名啓　　澹齋集 12/1a
雅州到任謝宰執啓　　澹齋集 12/3b
謝監司雅安教官到任啓　　澹齋集 12/4b
靈泉謝到任啓　　澹齋集 12/6a
上王總領啓　　澹齋集 12/7b
上韓總領啓　　澹齋集 12/8b
上汪總領啓　　澹齋集 12/9b
上王總卿啓　　澹齋集 12/10a
上楊總卿啓　　澹齋集 12/11b
上查總卿啓　　澹齋集 12/12a
迎靈泉楊知縣啓　　澹齋集 12/13a
上漢州張知郡啓　　澹齋集 12/14a
又上雅州程知郡啓　　澹齋集 12/15a
上虞參政啓（1－2）　　澹齋集 12/16a－16b
上晁待制啓　　澹齋集 12/18a
上運使鄭察院啓　　澹齋集 12/18b
上王都大啓（1－3）　　澹齋集 12/19b－20b　13/1a
上張都大啓　　澹齋集 13/1b
上新漕何舍人啓　　澹齋集 13/2a
賀夔路費小漕啓　　澹齋集 13/3a

與綿州楊左司啓　　澹齋集 13/3b

謝陳僕射啓　　澹齋集 13/4a

賀李制置還任啓　　澹齋集 13/5a

與姚縣丞啓　　澹齋集 13/6a

與宋司理啓　　澹齋集 13/6b

上查運使啓　　澹齋集 13/7a

上樊運使啓　　澹齋集 13/8a

上查運使啓（1－2）　澹齋集 13/8b

上李運使啓　　澹齋集 13/10b

謝樊運使啓　　澹齋集 13/11a

別院監試費運使啓　　澹齋集 13/12a

賀瀘南樊安撫啓　　澹齋集 13/12b

上王運副使　　澹齋集 13/13b

上何少卿啓　　澹齋集 13/15a

納誌銘石本上何少卿啓　澹齋集 13/16a

賀張都督啓　　澹齋集 13/17a

賀王樞密啓　　澹齋集 13/18a

代賀葉樞密啓　　澹齋集 13/19a

謝張雅州啓　　四庫拾遺 641/澹齋集

～致勤

賀夏守致仕啓　　播芳文粹 56/13b

～清照

投內翰綦公崇禮啓　　李清照集/77a

～淑

李侍郎　　直講集/外 2/9a

賀司空呂相公啓　　宋文鑑 121/12b

～處全

賀徐樞使啓　　播芳文粹 48/22a

賀王吏書啓　　播芳文粹 50/5b

賀楊大參帥本路潼川啓　播芳文粹 57/1a

～曾伯

代蜀總賀史丞相拜太師魏國公　可齋稿 4/1a

代蜀總賀興元丁帥除利路安撫副使　可齋稿 4/3a

代荊閫賀沿江趙制置除煥學　可齋稿 4/4a

代京西漕賀沿江趙制置平寇　可齋稿 4/5a

代京西漕賀淮東趙安撫平寇轉官陞職　可齋稿 4/6b

代京西漕賀淮東趙提刑平寇進職　可齋稿 4/8a

代荊閫賀交代趙侍郎除京湖制置　可齋稿 4/9a

代荊閫賀趙都丞除京湖制副兼京西漕　可齋稿 4/10b

代京西漕賀趙都丞除京湖制副兼京西漕　可齋稿 4/11b

代京西漕賀全大監除京西提舉兼制參　可齋稿 4/12b

代蜀總賀桂侍郎除四川制置　可齋稿 4/13b

代襄閫賀黃漕赴召除卿帥成都　可齋稿 4/15a

代賀四川桂制置除煥學　可齋稿 4/16a

代京西漕賀湖北趙漕　可齋稿 4/17a

代賀京西朱憲除閣職　可齋稿 4/18a

代京西漕賀李工書　可齋稿 4/18b

代京西漕賀錢秘監兼侍講　可齋稿 4/19b

代京西漕賀趙侍御除大諫　可齋稿 4/20a

代京西漕賀何宗博除正言　可齋稿 4/21a

代京西漕賀陳少監兼殿講　可齋稿 4/21b

代賀陳洋州　可齋稿 4/22a

賀太傅鄭右相　可齋稿 5/1a

賀鄭左相除太師魏國公　可齋稿 5/3a

賀鄭丞相克復襄樊　可齋稿 5/4b

賀別參政　可齋稿 5/5b

賀王參政　可齋稿 5/6b

賀吳僉書　可齋稿 5/8a

賀王僉書　可齋稿 5/9a

賀應同知　可齋稿 5/10a

賀史同知　可齋稿 5/11a

賀應同知兼參政　可齋稿 5/12b

賀吏部趙尚書　可齋稿 5/13a

賀禮部徐尚書　可齋稿 5/14a

賀董侍郎權給事　可齋稿 5/14b

賀陳中書禮侍　可齋稿 5/15a

賀吏部倪侍郎　可齋稿 5/15b

賀吏部袁侍郎　可齋稿 5/16b

賀刑部趙侍郎　可齋稿 5/17a

賀陸常卿兼修注　可齋稿 5/17b

賀饒左司　可齋稿 5/18b

賀右司汪秘丞　可齋稿 5/19a

賀陳都丞　可齋稿 5/19b

賀陳檢詳除戎少監　可齋稿 5/20a

賀盛編修　可齋稿 5/20b

賀桂侍郎除四川制置　可齋稿 5/21a

賀湖北岳漕除帥　可齋稿 5/23a

賀別安撫再任　可齋稿 5/24a

賀別留守除兵書兼淮西制置　可齋稿 5/25a

賀趙京尹升大資　可齋稿 5/26a

賀浙西憲兼嘉興兼提領田事趙寶謨　可齋
　稿 5/27a

賀廣西豐憲　可齋稿 5/28a

賀鄭少卿知嘉興府　可齋稿 5/29a

代蜀總通四川崔制置　可齋稿 6/1a

代通興元丁帥　可齋稿 6/2a

代通瀘南楊帥　可齋稿 6/3a

代通瀘南曹帥　可齋稿 6/4a

代京西漕通四川桂制置　可齋稿 6/4b

代通四川桂制置　可齋稿 6/6a

代蜀總通夔路王漕　可齋稿 6/7a

代通李達州　可齋稿 6/8a

通京湖陳制置　可齋稿 6/9b

通江陵別帥　可齋稿 6/11b

通淮西尤帥漕　可齋稿 6/13a

通淮西楊制帥　可齋稿 6/15a

通淮西沿江史制置　可齋稿 6/16b

通江陵別制帥　可齋稿 6/18b

通沿江別制帥　可齋稿 6/20b

通京湖賈制帥　可齋稿 6/22b

通成都黃都大　可齋稿 6/24a

通湖北許憲　可齋稿 6/25b

通淮西羅倉　可齋稿 6/27a

通廣西豐憲　可齋稿 6/28a

通金州徐守　可齋稿 6/29a

通史制參監丞　可齋稿 6/30b

通江陵楊倅　可齋稿 6/31b

通金州晁倅　可齋稿 6/33a

通湖北章帥機　可齋稿 6/33b

通京湖闕制幹　可齋稿 6/35a

通江陵陳僉判　可齋稿 6/36a

通江陵張教授　可齋稿 6/37a

通激賞庫方撫屬　可齋稿 6/37b

代蜀總通交代蔡郎中　可齋稿 6/38b

通廣西經署交代董侍郎　可齋稿 6/39b

代上史丞相　可齋稿 7/1a

代上史丞相　可齋稿 7/3a

代上鄭制置（1－4）　可齋稿 7/5a－8b

代上別帥　可齋稿 7/9b

代上尤帥　可齋稿 7/11b

代上項總領　可齋稿 7/13b

代上趙利漕　可齋稿 7/15a

代上趙夔漕　可齋稿 7/16a

上鄭丞相　可齋稿 7/17b

上四川鄭制帥　可齋稿 7/19b

上四川桂制帥　可齋稿 7/21b

上京湖陳制帥　可齋稿 7/23a

上江陵別帥　可齋稿 7/25a

上夔門李帥　可齋稿 7/27a

上利路胡漕　可齋稿 7/28a

上徐漕（1－2）　可齋稿 7/29b－30b

代除蜀總謝丞相　可齋稿 8/1a

代蜀總謝樞密　可齋稿 8/2b

代蜀總謝制置　可齋稿 8/4a

代蜀總升大府少卿謝丞相　可齋稿 8/5b

代謝政府　可齋稿 8/8a

代蜀總得祠謝丞相　可齋稿 8/10a

代謝政府　可齋稿 8/11a

代轉朝奉大夫謝丞相　可齋稿 8/12b

代荊帥進職升副謝丞相　可齋稿 8/14a

代謝制垣　可齋稿 8/15b

代荊帥兩考謝丞相　可齋稿 8/16b

代京西漕轉中奉大夫謝制帥　可齋稿 8/18a

代京西漕謝蜀帥　可齋稿 8/19b

代京西漕還臺謝荊帥　可齋稿 8/20b

代襄閫得御書謝京西憲　可齋稿 8/21b

代帳幹謝淮西帥漕　可齋稿 8/22a

蜀總內機謝丞相　可齋稿 9/1a

謝漕使　可齋稿 9/2b

辟制幹謝蜀閫　可齋稿 9/4a

辟襄陽宰謝制帥　可齋稿 9/5b

謝總領　可齋稿 9/7a

謝荊帥　可齋稿 9/8b

就改謝襄閫　可齋稿 9/10a

淮西帥機謝丞相　可齋稿 9/11b

知岳州謝丞相　可齋稿 9/15a

謝臺諫　可齋稿 9/16b

兵郎江東漕兼督參謝平章　可齋稿 9/17b

謝督相　可齋稿 9/19a

淮西總領謝平章　可齋稿 9/20b

謝督相　可齋稿 9/22a

除廣西帥謝丞相　可齋稿 10/1a

謝參政　可齋稿 10/2b

謝侍從　可齋稿 10/4a

謝給舍都司　可齋稿 10/5b

謝尚書　可齋稿 10/6b
除京湖制置謝宰執　可齋稿 10/7b
謝侍從　可齋稿 10/9a
兼湖廣總領屯田使謝宰執　可齋稿 10/9b
陞徽猷閣謝宰執　可齋稿 10/11a
荊閫一年謝宰執　可齋稿 10/11b
轉正議大夫謝宰執　可齋稿 10/12a
除寶文閣學士制置大使謝宰執　可齋稿 10/13a
除龍圖閣學士謝宰執　可齋稿 10/14b
代漕幙謝丞相得外臺薦　可齋稿 11/1a
代謝制帥合薦　可齋稿 11/2b
代謝京西漕合薦　可齋稿 11/4a
代澧倅謝制使列薦　可齋稿 11/5b
代謝制帥舉狀　可齋稿 11/7a
謝金州徐帥舉關陞　可齋稿 11/8a
謝制帥舉關陞　可齋稿 11/9a
謝制帥舉改官照牒　可齋稿 11/10b
謝制帥舉改官　可齋稿 11/12b
謝夔帥舉改官　可齋稿 11/13b
謝四川都大薦辟　可齋稿 11/15a
謝制帥特薦　可齋稿 11/17a
謝京西漕舉政績　可齋稿 11/18b
謝唐經畧特薦　可齋稿 11/20a
謝制帥舉著述科　可齋稿 11/21b
謝興元帥舉文華科　可齋稿 11/23b
謝給事李尚書舉智謀科　可齋稿 11/25a
謝總領舉知謀科　可齋稿 11/27a
謝夔憲舉練達科　可齋稿 11/28b
謝史尚書應詔舉兵機科　可齋稿 11/30a
謝吳侍郎舉監司科　可齋稿 11/31b
謝潼漕請舉　可齋稿 11/33a
謝京西漕請舉　可齋稿 11/34b
代回安監丞袖啓　可齋稿 12/1a
代回湖廣鄭總領　可齋稿 12/2a
代襄閫回陳總賀轉官　可齋稿 12/3a
代襄閫回趙夔漕袖啓　可齋稿 12/4a
回襄陽姜主簿自襄陽司戶兩易　可齋稿 12/4b
回襄陽胡縣尉　可齋稿 12/5b
回南障李縣尉　可齋稿 12/6b
回薛督機　可齋稿 12/7a
回豐憲謝舉自代　可齋稿 12/8a
回象州趙守謝辟　可齋稿 12/9a
回荊門聶守袖　可齋稿 12/10a
回歐陽簿尉謝登科　可齋稿 13/1a
回胡司法謝請舉　可齋稿 13/1b
回侯簿尉謝請舉　可齋稿 13/2a
回歐陽解元謝請舉　可齋稿 13/2b
回唐解元謝請舉　可齋稿 13/3a
回秦解元謝請舉　可齋稿 13/3a
回秦解元謝請舉　可齋稿 13/3b
回衆解元謝請舉　可齋稿 13/4a
回蜀士趙解元謝請舉　可齋稿 13/4b
回蕭解元謝請舉　可齋稿 13/5a
回宗室謝取應(1－2)　可齋稿 13/5b－6a
代回鄭制置賀生日　可齋稿 14/1a
代回潼川秦守賀生日　可齋稿 14/1b
代回黃漕賀生日　可齋稿 14/2b
代回鄭制機賀生日　可齋稿 14/3a
代回楊制幹賀生日　可齋稿 14/3b
代回輔制屬賀生日　可齋稿 14/4a
回蕭漕賀生日　可齋稿 14/4b
回安撫使賀生日　可齋稿 14/5a
回毛制參賀生日　可齋稿 14/5b
代男除耤田令兼制機謝宰執　可齋稿/續前 2/1a
兩考謝宰執　可齋稿/續前 2/2a
三考謝宰執　可齋稿/續前 2/3a
回袁憲袖啓　可齋稿/續前 2/3b
回常德楊守袖啓　可齋稿/續前 2/4b
回新四川余制置袖啓　可齋稿/續前 2/5a
回梁制參　可齋稿/續前 2/6a
轉宣奉大夫謝宰執　可齋稿/續前 2/6b
前夔州路策應大使謝宰執　可齋稿/續前 2/7b
除端明殿學士謝宰執　可齋稿/續前 2/8b
襄樊獲捷賀宰執　可齋稿/續前 2/9b
詔書獎諭謝宰執　可齋稿/續前 2/10b
謝陳中書四六劄　可齋稿/續前 2/11a
謝劉中書四六劄　可齋稿/續前 2/12a
宣閫謝王尚書　可齋稿/續後 2/1a
謝都司　可齋稿/續後 2/2a
解荊閫印謝三府　可齋稿/續後 2/3a
賀董參政輪筆　可齋稿/續後 2/4a
賀程樞密輪筆　可齋稿/續後 2/5a
謝尤內翰四六劄　可齋稿/續後 2/5b

謝程中書　可齋稿/續後 2/6a

謝牟中書　可齋稿/續後 2/7a

謝直院　可齋稿/續後 2/7b

謝蒲制使賀生朝　可齋稿/續後 2/8b

謝程都大賀生朝　可齋稿/續後 2/9a

賀程丞相　可齋稿/續後 2/9b

賀丁丞相　可齋稿/續後 2/10b

賀林參政　可齋稿/續後 2/12a

賀朱樞密　可齋稿/續後 2/13a

賀馬制置開荆閫　可齋稿/續後 2/14a

帥嶺謝程丞相　可齋稿/續後 2/15a

辭閩帥得祠謝程參政　可齋稿/續後 2/16b

謝朱大諫　可齋稿/續後 2/17b

兼漕謝丁丞相　可齋稿/續後 2/18b

回太平州牟侍郎　可齋稿/續後 2/19b

回嘉興謝大監　可齋稿/續後 2/20b

回蕭總領生日　可齋稿/續後 2/21b

回安制置生日　可齋稿/續後 2/22a

回江東李倉生日　可齋稿/續後 2/22b

賀蔡同知除參政　可齋稿/續後 2/23a

賀張尚書除僉樞　可齋稿/續後 2/23b

~ 舜臣

賀人發舉啓　播芳文粹 65/18b

賀秦太師正啓　播芳文粹 65/19a

賀秦少保生日啓　播芳文粹 67/20b

起居鄰倅啓　播芳文粹 87/22a

賀人發舉啓　蜀文輯存 67/5b

賀秦太師正啓　蜀文輯存 67/6a

賀秦少保生日啓　蜀文輯存 67/6a

~ 復

賀韓相太原禮上啓　漪水集 2/11a

問候集賢相公啓　漪水集 2/12b

賀蘇中丞啓　漪水集 2/12b

賀許左丞啓　漪水集 2/13a

賀蔡右丞啓　漪水集 2/13b

賀韓侍中知長安啓　漪水集 2/14a

回潁川林內翰啓　漪水集 2/14b

回提刑賀冬啓　漪水集 2/15a

回潁昌林待　賀冬啓　漪水集 2/15a

回吳常平謝到任啓　漪水集 2/15b

上章丞相言邊事書　漪水集 3/1a

上戶部范侍郎書　漪水集 3/2a

又上章丞相書(1－2)　漪水集 3/3b－5b

與張橫渠書　漪水集 3/8a

回歐陽學士書　漪水集 3/8b

與李學士昭玘書　漪水集 3/9a

答李忱承議書　漪水集 3/9b

回王漕書　漪水集 3/11a

與王漕欽臣書(1－3)　漪水集 3/12a－13a

回汪衍承議書　漪水集 3/13b

回蔡太丞書　漪水集 3/14b

答晉城令張翼書　漪水集 3/15a

與范鍼朝請書　漪水集 3/16a

回周泟法曹書　漪水集 3/16b

回知隰州劉季孫左藏書　漪水集 3/17a

回盧教授書(1－2)　漪水集 3/18b－19b

回謝教授書　漪水集 3/20b

答党綸教授書　漪水集 3/21b

與嚴灝司理書　漪水集 3/22a

與運判朱勃正言書　漪水集 4/1a

回舒之翰承議書　漪水集 4/2a

與運使張少卿書　漪水集 4/3a

答張尉書　漪水集 4/3b

答李成季書　漪水集 4/4a

答彭元發書(1－2)　漪水集 4/4b－5b

答耀州諸進士書(1－2)　漪水集 4/6b－7a

答趙子彊書(1－4)　漪水集 4/7b－10a

答辛祖禹書　漪水集 4/11a

答辛祖德書　漪水集 4/14a

答曹鑑秀才書(1－2)　漪水集 4/16b－5/1a

答曹鍼秀才書(1－2)　漪水集 5/1b－2b

又答曹鍼秀才曆法　漪水集 5/3a

又答曹鍼秀才(1－3)　漪水集 5/3b－10a

論月食　漪水集 5/11a

答人論文書　漪水集 5/12a

答人問政書　漪水集 5/14a

與侯謨秀才(1－3)　漪水集 5/15b－16b

回王子發舍人　漪水集 5/17a

與王漕欽臣　漪水集 5/17b

回運使郭戶部茂詢　漪水集 5/18a

回蔣夔教授　漪水集 5/18b

回嚴司理　漪水集 5/19a

與喬叔彥通判(1－3)　漪水集 5/19b－20b

與都秀才　漪水集 5/21a

回劉夔章(1－2)　漪水集 5/21a－21b

~ 新

赴慶陽司録先狀　　跨鼇集 13/6b

上翟戶部書　跨鼇集 20/1a

上王提刑書　跨鼇集 20/2b

上李承旨書　跨鼇集 20/7b

上王提舉書　跨鼇集 20/9a

上家提舉書　跨鼇集 20/10a

再上家提舉手書　跨鼇集 20/11b

上王提學書　跨鼇集 20/13b

上王右丞書　跨鼇集 20/14b

上宇文守書　跨鼇集 20/16a

上吳戶部書　跨鼇集 20/17a

再上吳戶部書　跨鼇集 20/18a

上劉夢臣提舉書　跨鼇集 21/1a

上趙龍圖書　跨鼇集 21/2a

上王知府書　跨鼇集 21/4b

上楊提舉書　跨鼇集 21/5b

上尚提舉書　跨鼇集 21/7a

與張君實書（1－2）　跨鼇集 21/9a－11b

上呂太尉書　跨鼇集 21/14a

上左司書　跨鼇集 21/16a

上席徽猷書　跨鼇集 22/1a

上興元呂守書　跨鼇集 22/2a

與宇文吏部書　跨鼇集 22/4a

答喻企先書　跨鼇集 22/4b

謝張德翁書　跨鼇集 22/6b

答喻晞文書　跨鼇集 22/7b

上姚宣德書　跨鼇集 22/8a

上漕使書　跨鼇集 22/10a

代元武上新刺史書　跨鼇集 22/12a

言科舉書　跨鼇集 22/13a

與家中孺提舉論優恤戶絕書　跨鼇集 22/16a

與宇文吏部干墓誌書　跨鼇集 22/17b

上許運使書　跨鼇集 23/1a

上張丞相書　跨鼇集 23/3a

上劉樞密書　跨鼇集 23/5a

上劉運使書　跨鼇集 23/7a

上徐提舉書　跨鼇集 23/8a

上宇文修撰書　跨鼇集 23/9b

上張運判書　跨鼇集 23/10a

上鄭樞相書　跨鼇集 23/11a

上孫運使書　跨鼇集 23/13a

上胡運使書　跨鼇集 23/14b

上楚朝議書　跨鼇集 23/16a

謝龐機宜啓　跨鼇集 24/1a

謝循資啓　跨鼇集 24/1b

到任謝二走馬路　跨鼇集 24/3a

謝黃都大啓　跨鼇集 24/3b

謝改官啓　跨鼇集 24/4b

到任謝劉夢臣啓　跨鼇集 24/5b

茂州到任謝啓　跨鼇集 24/6b

再謝循資啓　跨鼇集 24/7b

謝王廉訪築城畢工啓　跨鼇集 24/8b

賀王觀察到任啓　跨鼇集 24/9b

謝謝轉運判官啓　跨鼇集 24/11a

李轉運判官遠迎啓　跨鼇集 24/12a

趙轉運判官遠迎啓　跨鼇集 24/12b

謝張待制啓　跨鼇集 24/13a

賀秦州陸待制啓　跨鼇集 24/14a

上宇文知郡啓　跨鼇集 24/14b

代賀許侍郎冬至啓　跨鼇集 24/16a

上章相公賀冬啓　跨鼇集 24/16a

與唐梓州賀冬啓　跨鼇集 24/16b

回唐梓州賀冬啓　跨鼇集 24/17a

賀李都大加職啓　跨鼇集 25/1a

賀呂右司啓　跨鼇集 25/1b

賀周運判陞運副啓　跨鼇集 25/2b

轉官謝賈安撫啓　跨鼇集 25/3a

賀宋宏父遷都運啓　跨鼇集 25/3b

謝京畿都運啓　跨鼇集 25/4b

李運使遠迎啓　跨鼇集 25/6b

謝趙運使啓　跨鼇集 25/7a

到任謝兩府啓　跨鼇集 25/8a

賀陳戶部移知東川啓　跨鼇集 25/9a

賀李待制移延安府啓　跨鼇集 25/9b

回唐梓州賀正啓　跨鼇集 25/10a

謝舉官啓（1－2）　跨鼇集 25/10b－12a

謝席徽猷舉改官　跨鼇集 25/13a

謝种帥舉陞職啓　跨鼇集 25/14a

賀蔡秘丞遷直閣啓　跨鼇集 26/1a

賀王都護加留後啓　跨鼇集 26/1b

代人與程侍晨啓　跨鼇集 26/1b

謝席徽猷薦考察啓　跨鼇集 26/2b

謝盧運使城畢薦舉啓　跨鼇集 26/3b

謝蒲提刑城畢薦舉啓　跨鼇集 26/4b

回唐修撰謝列薦啓　跨鼇集 26/5b

賀劉提舉轉官啓　跨鼇集 26/5b

賀提學轉官啓　跨鼇集 26/6a
回人賀轉官啓　跨鼇集 26/6b
賀余少宰啓　跨鼇集 26/6b
賀鄭太宰啓　跨鼇集 26/7a
賀趙招討平晏州啓　跨鼇集 26/8a
賀宇文叔通啓　跨鼇集 26/9a
代人湖州到任謝兩府啓　跨鼇集 26/10a
賀李侍郎啓　跨鼇集 26/10b
賀宇文侍郎啓　跨鼇集 26/11b
席侍郎問候啓　跨鼇集 26/12a
潁昌高侍郎問候啓　跨鼇集 26/12b
代賀馮左丞啓　跨鼇集 26/13b
謝康朝議問婚啓　跨鼇集 26/14a
王守遠迎啓　跨鼇集 26/14b
賀趙機宜啓　跨鼇集 26/15a
回何狀元啓　跨鼇集 26/15b
賀劉提舉生日啓　跨鼇集 26/17a
賀成都鈐轄啓　跨鼇集 26/18a
與趙運使(1-8)　跨鼇集 27/1a-4b
與瀘南安撫(1-4)　跨鼇集 27/4b-5b
上漕使(1-3)　跨鼇集 27/6a-7a
與馮德夫(1-10)　跨鼇集 27/7b-10b
與鄭明舉(1-2)　跨鼇集 27/11a
與李顯夫(1-4)　跨鼇集 27/11b-12b
與仙集(1-3)　跨鼇集 27/13a-13b
與陳子明知縣(1-10)　跨鼇集 27/13b-16b
與張無盡　跨鼇集 27/16b
與何文縝舍人　跨鼇集 27/17a
與子文　跨鼇集 27/17b
與飛聲　跨鼇集 27/18a
與君接　跨鼇集 27/18a
與去病　跨鼇集 27/18b
與縣宰　跨鼇集 27/19a
答山木老人　跨鼇集 27/19a
過李固鄉偶書　跨鼇集 30/8b
謝鹽提舉薦舉啓　播芳文粹 74/18a　蜀文輯存 31/15a
請普老住太平疏　播芳文粹 117/20a

~ 牖
代陽翟令右宣義郎孫愭作進其父資政尚書
　康簡公永文集上宰相執政書　濟南集 8/1a
答趙士舞德茂宣義論宏詞書　濟南集 8/3a
謝解啓　濟南集 8/7a　宋文鑑 123/9b

賀蘇右丞啓　濟南集 8/8a
賀門下孫侍郎啓　播芳文粹 51/12a
賀汪總領啓　播芳文粹 59/7a
~ 資深
與吳朝奉帖　播芳文粹 106/13b
與王舍人帖　播芳文粹 106/14a
~ 實之
上漕使啓　播芳文粹 86/11b
~ 綱
與了翁書　梁溪集 108/2a
與吳元中給事書　梁溪集 108/3a
與許振叔顯謨書　梁溪集 108/4b
上王太宰論方寇書　梁溪集 108/6a
上門下白侍郎書　梁溪集 108/11a
與鄭少傅書　梁溪集 109/2a
與中書馮侍郎　梁溪集 109/6a
上王右丞書　梁溪集 109/8b
與梅和勝侍郎書　梁溪集 109/11b
與程伯起舍人書　梁溪集 109/15a
崇陽與許崧老書　梁溪集 110/2a
蒲圻與許崧老書　梁溪集 110/3a
澧陽與崧老書　梁溪集 110/4a
海康與許崧老書　梁溪集 110/8b
海康與許老別幅　梁溪集 110/12b
泰寧與許右丞　梁溪集 110/14a
澧州與吳元中書吳元中答書附　梁溪集 111/2a
桂州與吳元中書　梁溪集 111/8a
桂州與吳元中別幅　梁溪集 111/9a
象州答吳元中書　梁溪集 111/15a
桂州答吳元中書　梁溪集 112/2a
懷澤與吳元中別幅　梁溪集 112/4b
再與吳元中別幅　梁溪集 112/8b
鬱林與吳元中別幅　梁溪集 112/13b
鬱林與吳元中書　梁溪集 112/15a
與吳元中別幅　梁溪集 112/15b
雷陽與吳元中書(1-2)　梁溪集 113/2a-15b
與陳幾叟主簿書　梁溪集 114/2a
與李蕭遠郎中書　梁溪集 114/3b
與何伯恭龍圖書　梁溪集 114/4a
與李封州致遠書　梁溪集 114/7a
與蕭建功書　梁溪集 114/8a
與宋景晉待制書　梁溪集 114/9a
與周元中書　梁溪集 114/10b

與李泰發待制書　梁溪集 114/12a

與許振叔徽猷書　梁溪集 114/13b

與許振叔徽猷別幅　梁溪集 114/14a

與秦參政書　梁溪集 114/14b

與呂相公別幅　梁溪集 114/16b

與呂相公書（1－13）　梁溪集 115/2a－15a　116/2a－17a

與秦相公書（1－13）　梁溪集 117/2a－21a　118/2a－24b

與權樞密書（1－3）　梁溪集 119/2a－6a

與翟參政書　梁溪集 119/7b

與程給事書（1－4）　梁溪集 119/9b－15a

與李似表教授書　梁溪集 120/2a

與馬總管書南劍　梁溪集 120/3b

與向伯恭龍圖書　梁溪集 120/4b

與鄒德久通判書　梁溪集 120/5b

與張柔直左司書　梁溪集 120/6a

與呂安老提刑書（1－5）　梁溪集 120/8a－15a

與折仲古龍學書　梁溪集 120/17b

與潘子賤龍圖書　梁溪集 120/19b

與秦相公書　梁溪集 121/3a

答錢巽叔侍郎書　梁溪集 121/5a

答潘子賤龍圖書　梁溪集 121/6b

與潘子賤龍圖書　梁溪集 121/8a

與李泰發端明書（1－2）　梁溪集 121/10a－11a

與呂安老龍圖書　梁溪集 121/13a

與張德遠樞密書別幅　梁溪集 121/15a

與趙相公別幅　梁溪集 121/15b

與向相恭龍圖書　梁溪集 121/17a

與任世初察院書　梁溪集 121/17b

與張樞密書別幅　梁溪集 121/19a

與趙相公書別幅　梁溪集 121/19b

與張樞密書別幅　梁溪集 121/20a

與趙相公書別幅　梁溪集 121/21b

與折仲古承旨書　梁溪集 121/22b

與呂安老檢正書　梁溪集 121/23a

與趙相公書（1－14）　梁溪集 122/2a－123/9b

與秦相公書（1－2）　梁溪集 123/12a－12b

與張相公書（1－27）　梁溪集 124/2a－126/16b

與李泰發端明書（1－3）　梁溪集 127/2a－5a

與呂安老侍郎書（1－7）　梁溪集 127/7a－16b

與折樞密書（1－2）　梁溪集 128/2a－2b

與張子公舍人書　梁溪集 128/3b

與向伯恭殿撰書　梁溪集 128/7b

與陳國佐司諫書（1－2）　梁溪集 128/8b－10a

與岳少保書（1－4）　梁溪集 128/11b－14b

與張龍圖書（1－8）　梁溪集 129/2a－13b

與薛直老寶文書　梁溪集 129/15a

謝宰執復銀青啓　梁溪集 130/3a

謝范相宮祠啓　梁溪集 130/3a

賀秦參政啓　梁溪集 130/4a

賀秦相公啓　梁溪集 130/5a

賀富樞密啓　梁溪集 130/5b

賀李參政啓　梁溪集 130/6a

賀呂相公啓　梁溪集 130/6b

回泉州葉尚書啓　梁溪集 130/7b

賀孟宣撫啓　梁溪集 130/8a

賀翟參政啓　梁溪集 130/8b

賀都督呂相公啓　梁溪集 130/9a

回翁殿撰啓　梁溪集 130/10a

謝宰執宣撫荊廣啓　梁溪集 130/10b

回荊廣四路監司郡守啓　梁溪集 130/12b

謝宰執宮祠啓　梁溪集 130/12b

賀徐樞密啓　梁溪集 130/13b

賀趙參政啓　梁溪集 130/14a

賀胡樞密啓　梁溪集 130/14b

回溫州范相公啓　梁溪集 130/15b

回臨安梁侍郎啓　梁溪集 130/16a

賀趙相公啓　梁溪集 131/3a

賀張樞密啓　梁溪集 131/3b

賀趙相公啓　梁溪集 131/4b

賀張相公啓　梁溪集 131/5b

謝宰執復大觀文啓　梁溪集 131/6b

賀孟樞密啓　梁溪集 131/7b

復郭少傅啓　梁溪集 131/8a

賀福帥曾尚書啓　梁溪集 131/9a

謝宰相制置江西啓　梁溪集 131/9b

賀江西趙都運啓　梁溪集 131/10b

與安撫胡侍郎啓　梁溪集 131/11a

制置江西回監司郡守啓　梁溪集 131/11b

賀秦相公啓　梁溪集 131/12a

賀執政啓　梁溪集 131/12b

回福建鄭運使啓　梁溪集 131/13a

回福建黃運使啓　梁溪集 131/13b

回臨安府張侍制啓　梁溪集 131/13b

回宮使王待制啓　梁溪集 131/14a

回汪相公啓　梁溪集 131/14b
~ 靚
　請廣孝長老茶榜　播芳文粹 119/7a
~ 璆
　賀石察判啓　播芳文粹 64/12a
　趙任上監司啓　播芳文粹 82/23a
~ 劉
　上史丞相嘉定丙子　梅亭四六 1/1a
　上鄭參政昭先　梅亭四六 1/3a
　上曾樞密從龍　梅亭四六 1/4b
　見趙茶馬彦縉　梅亭四六 2/1a
　上魏運使了翁　梅亭四六 2/1b
　上任中書希夷　梅亭四六 2/3a
　上吳宣撫獵　梅亭四六 2/4b
　上曾運使槃　梅亭四六 2/5b
　上董制置居誼　梅亭四六 2/6b
　上李侍郎㙺　梅亭四六 2/7b
　見李提刑至　梅亭四六 2/8a
　上梁運使綸　梅亭四六 2/8b
　代上安撫　梅亭四六 2/9a
　代見丞相代朱提幹　梅亭四六 2/10a
　代上丞相代趙催綱訥夫　梅亭四六 2/11a
　代上丞相代鄭司理　梅亭四六 2/12b
　謝董侍郎居誼舉狀　梅亭四六 3/1a
　謝魏運使了翁舉狀　梅亭四六 3/2a
　謝鄒運使孟卿舉狀　梅亭四六 3/3a
　謝衛參帥涇舉關陞　梅亭四六 3/4b
　謝曾運使槃舉關陞　梅亭四六 3/5b
　謝林提舉行知舉關陞　梅亭四六 3/6b
　謝衛參帥涇特薦　梅亭四六 3/7b
　謝曾安撫從龍特薦　梅亭四六 3/8b
　謝林寺丞行知特薦　梅亭四六 3/9b
　謝瀘帥楊尚書汝明　梅亭四六 3/11a
　代謝衛參帥　梅亭四六 3/12a
　代謝帥座契家子弟謝合尖　梅亭四六 3/13b
　代謝茶漕司　梅亭四六 3/14b
　代謝茶使與合尖　梅亭四六 3/15a
　代董侍郎謝史丞相　梅亭四六 3/16b
　代陳帥機元動謝魏參帥　梅亭四六 3/17b
　代章監倉謝衛安撫璆　梅亭四六 3/18b
　代趙撫屬汝諿謝衛安撫　梅亭四六 3/19b
　代趙撫屬汝諿上提刑　梅亭四六 3/20a
　代趙撫屬上衛參帥求合尖汝諿　梅亭四六 3/21b

　代陳縣尉愷上衛參帥求舉　梅亭四六 3/22b
　代趙縣丞善倪上撫州林守洽求舉　梅亭四六 3/23b
　代黃主簿夢得上樓倉求合尖觀　梅亭四六 3/25a
　代回楊評事洪之謝求薦　梅亭四六 3/26a
　回資官王縣尉謝舉狀昌大　梅亭四六 3/26b
　回郭僉判謝舉狀仲洪　梅亭四六 3/27a
　回成副將謝舉狀　梅亭四六 3/27b
　回史郡僉謝提刑舉狀　梅亭四六 3/27b
　代回楊評事洪之許舉狀　梅亭四六 3/28a
　代回高承直不倚謝舉　梅亭四六 3/28b
　代回危教授謝列薦　梅亭四六 3/29a
　代回崇仁潘知縣方謝舉代何月湖　梅亭四六 3/29b
　代回涂察推岑求舉未允　梅亭四六 3/30a
　謝劉閣學光祖舉節操方正可備獻納科　梅亭四六 4/1a
　謝李參政壁舉獻納科　梅亭四六 4/2a
　謝任尚書希夷舉著述科　梅亭四六 4/3b
　代虞制參謝劉閣學舉科目光祖　梅亭四六 4/5a
　謝曾尚書�􏰀舉著述科　梅亭四六 4/6b
　謝趙尚書舉可備著述科汝述　梅亭四六 4/7b
　謝成都帥黃侍郎疇若舉科目　梅亭四六 4/9a
　代趙撫屬謝衛參帥汝諿　梅亭四六 4/10a
　代回舒尉謝科目　梅亭四六 4/11a
　謝中書舍人曾從龍　梅亭四六 4/12a
　謝宗縣尉炳　梅亭四六 4/13a
　帥到任謝鄭參政代鄒給事　梅亭四六 5/1b
　太守到任謝丞相權武岡軍　梅亭四六 5/2a
　榮州到任謝丞相　梅亭四六 5/3a
　太守謝史丞相眉州到任　梅亭四六 5/4b
　榮州到任謝桂制置　梅亭四六 5/5b
　通判到任謝參政宣薛　梅亭四六 5/6b
　通判到任謝簽樞葛　梅亭四六 5/7b
　通判到任謝臺諫李趙留梁汪　梅亭四六 5/8b
　除兩浙運幹謝趙尚書汝述　梅亭四六 5/9a
　代石僉判孝理到任謝丞相　梅亭四六 5/10a
　幕官到任謝丞相　梅亭四六 5/11a
　代回鄒泉州應龍到任　梅亭四六 5/12a
　代回史吉州定之到任　梅亭四六 5/13a
　代回張建昌嵩到任　梅亭四六 5/13b
　代回楊贛州長孺到任　梅亭四六 5/13b

太守解任謝丞相權武岡軍　梅亭四六 5/15a

代林提管岊謝五府　梅亭四六 5/16a

代董侍郎居誼回聶制置子述　梅亭四六 6/1a

通項運使寅孫　梅亭四六 6/1b

通眉州趙開國希潛　梅亭四六 6/2a

通徐架閣天麟　梅亭四六 6/3a

通魏府判岠　梅亭四六 6/3b

通武岡權通判譚知錄良弼　梅亭四六 6/4a

通李制機元龍　梅亭四六 6/4b

通吳運幹彬　梅亭四六 6/5b

通兩浙林運幹良顯　梅亭四六 6/6a

通潭州劉教授時可　梅亭四六 6/6b

通善化盧縣丞補之　梅亭四六 6/7a

代魏兵部了翁除編修檢討謝丞相　梅亭四六 7/1a

代鍾監丞震除秘書省著作佐郎謝丞相　梅亭四六 7/2a

代江淮陳制幹韓除監丞謝丞相　梅亭四六 7/3a

除國子錄謝丞相　梅亭四六 7/4b

除國子錄謝執政　梅亭四六 7/5b

除國錄謝給舍臺諫　梅亭四六 7/6b

除國錄謝葛祭酒洪　梅亭四六 7/7b

除國錄回諸州　梅亭四六 7/8b

除架閣謝丞相　梅亭四六 7/8b

除架閣謝五府臺諫侍從　梅亭四六 7/10a

代陳架閣登謝丞相　梅亭四六 7/11a

代舒架閣祐除藉田令謝丞相　梅亭四六 7/12b

代舒架閣除藉田令謝五府侍從　梅亭四六 7/13b

代范文思應鈴謝史丞相　梅亭四六 7/14a

代衛運幹樸除太社令謝丞相　梅亭四六 7/15b

代董惠州居誼除鼓院謝丞相　梅亭四六 7/17a

代回鄒泉州賀新除應龍　梅亭四六 7/17b

代回諸路賀新除　梅亭四六 7/18a

代回衆官賀新除　梅亭四六 7/18b

代潭州鄒帥應龍謝丞相　梅亭四六 8/1a

除成都漕到任謝史丞相　梅亭四六 8/1b

除成都漕謝政府　梅亭四六 8/3a

除成都漕謝侍從　梅亭四六 8/4a

除成都漕謝檢正都司　梅亭四六 8/5b

除成都漕謝李制置　梅亭四六 8/6b

謝黃制副賀除成都漕　梅亭四六 8/7b

謝順慶李知府賀除成都漕　梅亭四六 8/8a

代羅制機壎改除太守謝史丞相　梅亭四六 8/8b

代董通判居誼除知惠州謝丞相　梅亭四六 8/9b

除武岡通判謝丞相　梅亭四六 8/10b

除武岡通判謝宣參政繒　梅亭四六 8/11b

除武岡通判謝葛僉書　梅亭四六 8/12b

代衛太社樸除袁州通判謝丞相　梅亭四六 8/13b

除兩浙運幹謝丞相　梅亭四六 8/14b

除兩浙運幹謝俞樞密應　梅亭四六 8/15b

代衛機宜樸謝史丞相　梅亭四六 8/16b

代衛機宜樸謝陳憲天宜　梅亭四六 8/17b

代衛機宜謝樓提舉　梅亭四六 8/18b

代衛機宜謝陳太守　梅亭四六 8/18b

代王支鹽謝丞相定辟差　梅亭四六 8/19a

回諸郡賀除成都漕　梅亭四六 8/20a

回諸郡通判賀除成都漕　梅亭四六 8/20b

回諸郡教授賀除成都漕　梅亭四六 8/21a

回諸司屬官賀除成都漕　梅亭四六 8/21b

再辟制幹入蜀謝丞相　梅亭四六 9/1a

謝董制置居誼辟充成都撫幹　梅亭四六 9/2a

代趙主簿希坡謝衛參帥辟撫屬　梅亭四六 9/3b

代盧尉仲雋謝諸司辟知資興縣　梅亭四六 9/4b

謝李侍郎壴舉自代　梅亭四六 9/6a

代回董惠州居誼謝舉自代　梅亭四六 9/7a

代回倪告院千里謝舉自代　梅亭四六 9/7b

賀黃制置伯固賜金帶　梅亭四六 9/9a

賀魏侍郎了翁賜金帶　梅亭四六 9/9b

代回嗣秀王師搈謝賜玉帶　梅亭四六 9/10a

賀綿州高知府赴召定子　梅亭四六 9/11a

回諸處賀召命　梅亭四六 9/11b

謝趙制置彥呐安總領癸仲賀辭召不允　梅亭四六 9/13a

謝利路高提刑稼賀辭召不允　梅亭四六 9/14a

賀董待郎進職　梅亭四六 10/1a

賀陳提刑天宜進職　梅亭四六 10/1b

代回趙茶馬彥縮謝進職　梅亭四六 10/2a

代董侍郎轉官謝三府　梅亭四六 10/3a

轉朝請郎謝黃侍郎伯固　梅亭四六 10/3a

轉朝請郎謝監司　梅亭四六 10/4a

回趙司戶等賀轉官　梅亭四六 10/4b

改官謝丞相　梅亭四六 10/6a

改官謝喬司業行簡　梅亭四六 10/7a

回劉教授大川謝舉改官　　梅亭四六 10/7a

賀瀘帥楊尚書汝明進職奉祠　　梅亭四六 10/8a

賀李侍郎進秩敷文閣學士提舉嵩山崇福宮
　　梅亭四六 10/8b

賀安觀文丙除節使開府宮觀代董制置　　梅亭
　　四六 10/9b

代秘丞林郎中夢英謝丞相得祠禄　　梅亭四六
　　10/10a

代李制機大有得祠謝丞相　　梅亭四六 10/11b

回李致政坤載　　梅亭四六 10/13a

回彭致政琛謝致政壬仲　　梅亭四六 10/13b

代林運幹良顯謝丞相　　梅亭四六 11/1a

代察判徐愿謝史丞相　　梅亭四六 11/2a

代吳省倉批謝丞相　　梅亭四六 11/3a

代饒運幹誼謝史丞相　　梅亭四六 11/4a

代李總幹伯長改任謝丞相　　梅亭四六 11/5a

謝丞相書考　　梅亭四六 11/6a

謝魏侍郎了翁為先祖先父作墓誌　　梅亭四六
　　11/7a

謝衛參政涇差校正書籍　　梅亭四六 11/8a

代袁子固謝縣宰　　梅亭四六 11/9b

謝曹直學賀雨　　梅亭四六 11/11a

謝曹直學喜雨詩　　梅亭四六 11/11a

回平江府沈侍郎送酒　　梅亭四六 11/11b

回岳總領珂送酒賀正　　梅亭四六 11/11b

回新都廖宰子材送酒及石榴　　梅亭四六 11/12a

代回安撫趙尚書送物　　梅亭四六 11/12a–12b

代回趙京尹餞送　　梅亭四六 11/12b

代回臨安府七夕送物　　梅亭四六 11/13a

回寨學諭賀得粟九穗　　梅亭四六 11/13a

回李僉判賀瑞粟　　梅亭四六 11/13b

回王監酒提督修城　　梅亭四六 11/13b

代回運使賀雪　　梅亭四六 11/14a

回陳術士　　梅亭四六 11/14a

謝張秘校晉臣投詩並代月湖　　梅亭四六 12/1a

謝汪秘校莘惠詩　　梅亭四六 12/1a

謝監鎮陸子邁惠詩　　梅亭四六 12/1b

謝林秘校季熊投詩　　梅亭四六 12/2a

謝盛登仕夢弼長書　　梅亭四六 12/2a

謝許新恩裕惠詩　　梅亭四六 12/2a

謝蘇秘教丙　　梅亭四六 12/2b

謝程監丞準　　梅亭四六 12/2b

謝朱新恩遜投書　　梅亭四六 12/3a

謝吉州楊司理彭年惠詩　　梅亭四六 12/3b

謝周秘校璽之惠梅詩　　梅亭四六 12/4a

謝會稽趙宰善輻　　梅亭四六 12/4a

謝石秘校巖　　梅亭四六 12/4b

回劉進士日起惠書及封事稿代月湖作　　梅亭四
　　六 12/5a

代回謝秘校耘投詩代衛參　　梅亭四六 12/5b

回吳教授投啓和詩　　梅亭四六 12/5b

代回朱上舍中有　　梅亭四六 12/5b

回前蘄春陳尉格惠詩　　梅亭四六 12/6a

回張上舍端道　　梅亭四六 12/6b

回羅省元　　梅亭四六 12/7a

回熊省元投贈　　梅亭四六 12/7b

回徐殿幹暄投四六　　梅亭四六 12/7b

代回張秘校子賢惠詩　　梅亭四六 12/8a

回吳判院玭惠詩　　梅亭四六 12/8b

回屈學正投書詩　　梅亭四六 12/8b

回呂將士　　梅亭四六 12/9a

回衆官袖啓　　梅亭四六 12/9b

回官員學職袖啓　　梅亭四六 12/9b

回學職士人　　梅亭四六 12/10a

回景省元　　梅亭四六 12/10a

回宗子與銓　　梅亭四六 12/10a

回王省元　　梅亭四六 12/10b

回李叔璋　　梅亭四六 12/11a

回合同王將仕　　梅亭四六 12/11a

回王進士　　梅亭四六 12/11b

回黃將仕　　梅亭四六 12/11b

回王進士　　梅亭四六 12/12a

回楊貢士　　梅亭四六 12/12a

回蘇秘校材　　梅亭四六 12/12b

回史機宜大異　　梅亭四六 12/12b

回程秘校以南　　梅亭四六 12/13a

回見任官袖賀　　梅亭四六 12/13a

回史秘校公誨獻策　　梅亭四六 12/13b

回楊普州伯雨袖詩啓　　梅亭四六 12/14a

回趙進士大正　　梅亭四六 12/14b

謝得解　　梅亭四六 13/1a

縣補魁中謝縣令　　梅亭四六 13/2b

謝成都解頭劉省元應起　　梅亭四六 13/4a

謝成都解元五十一人　　梅亭四六 13/4b

回臨安江解頭克家　　梅亭四六 13/5a

謝解頭景簡文　　梅亭四六 13/5b

謝衆解元　　梅亭四六 13/5b

回陳上舍伯鳳　梅亭四六 13/6a
回水丘先輩謝解襃　梅亭四六 13/6b
回趙先輩子直謝解　梅亭四六 13/7a
回武岡新舉蕭漢龍　梅亭四六 13/7b
回新舉王道明　梅亭四六 13/8a
回免舉士人謝啓　梅亭四六 13/8b
回免解杜省元　梅亭四六 13/8b
回試官袖啓　梅亭四六 13/9a
回王省元胄謝取中　梅亭四六 13/10a
回何釋褐大圭　梅亭四六 13/10b
回郭正奏應王正奏巳之　梅亭四六 13/10b
回嘉定張正奏庚仲　梅亭四六 13/11a
回辛正奏守謙張正奏東寅　梅亭四六 13/11b
回類元唐正奏應龍　梅亭四六 13/12a
回郭正奏佺　梅亭四六 13/12b
回曹正奏(1-2)　梅亭四六 13/13a-14a
回王正奏正寅　梅亭四六 13/14a
回張正奏申之　梅亭四六 13/14b
回特奏名李學正鳴鳳　梅亭四六 13/14b
回王特奏相悟　梅亭四六 13/15a
回特奏侯新恩曾榮　梅亭四六 13/15b
代胡侍郎謝朝士賀生日　梅亭四六 14/1a
代謝朝士已下(賀生日書)　梅亭四六 14/1a
謝黃侍郎伯固生日詩　梅亭四六 14/1b
謝魏侍郎了翁生日詩　梅亭四六 14/2a
謝諸處監司賀生日　梅亭四六 14/2b
謝都大賀生日詩　梅亭四六 14/2b
謝都大賀生日詞　梅亭四六 14/3a
謝吕提刑壽詩　梅亭四六 14/3b
謝提刑(賀生日書)　梅亭四六 14/4a
謝吕運使賀生日　梅亭四六 14/4a
謝生日投詩代何月湖　梅亭四六 14/4b
代謝生日投詞　梅亭四六 14/5a
普謝見任官賀生日詩詞　梅亭四六 14/5a
謝學職十四人投詩賀生日　梅亭四六 14/5b
謝潼川提刑謝太博賀生日　梅亭四六 14/6a
謝鄉官寄居士人賀生日詩　梅亭四六 14/6b
謝潼川知府趙監丞賀生日詩　梅亭四六 14/7a
謝列郡太守以上賀生日　梅亭四六 14/7b
謝通判以下賀生日　梅亭四六 14/7b
謝王制參翊等八員生日　梅亭四六 14/8a
謝丁制機鎦等八員賀生日　梅亭四六 14/8a
謝蒲制機仲乙等八員賀生日　梅亭四六 14/8a

謝楊制幹異等八員賀生日　梅亭四六 14/8a
謝陳制幹嚕等八員賀生日　梅亭四六 14/8a
謝宋制幹拱等八員賀生日　梅亭四六 14/8a
謝王撫幹三桂等八員賀生日　梅亭四六 14/8a
謝王鈐幹灂等八員賀生日　梅亭四六 14/8a
謝丁制置壽詞　梅亭四六 14/8b
謝丁制置賀壽詩　梅亭四六 14/9a
回賀生日　梅亭四六 14/9a
回武官賀生日　梅亭四六 14/9b
代回曾運史　梅亭四六 14/10a
代回安撫趙尚書師睪賀生日　梅亭四六 14/10a
代回衆官賀生日　梅亭四六 14/10b
代回道士賀生日　梅亭四六 14/11a
代回僧賀生日　梅亭四六 14/11b
回張縣尉焕(賀生日書)　梅亭四六 14/11b
回同官預賀壽詩　梅亭四六 14/12a
回鄉官上壽　梅亭四六 14/12b
回謝同官投詩　梅亭四六 14/12b
回士人投生日詩　梅亭四六 14/13a
回三江文將仕　梅亭四六 14/13a
回學職二十四人投詩　梅亭四六 14/13b
回同官上壽詩詞　梅亭四六 14/14a
回衆官賀生日詩　梅亭四六 14/14b
回諸廳屬官賀生日五十人　梅亭四六 14/15a
回魏制幹賀生日　梅亭四六 14/15b
回黃侍郎伯固賀生日　梅亭四六 14/16a
回魏機宜賀生日　梅亭四六 14/16a
爲顯孫通魏宅問名啓了翁　梅亭四六 14/17a
爲顯孫通魏宅納采啓　梅亭四六 14/17b
請媒書　梅亭四六 14/17b
請期書　梅亭四六 14/17b
代姜寺丞注回史丞相府定親　梅亭四六 14/18a
賀丞相除少師　梅亭四六 15/1a
代董侍郎賀丞相除少師　梅亭四六 15/2a
賀史丞相除太傅(1-2)　梅亭四六 15/3a-4b
賀丞相除少傅　梅亭四六 15/5b
代任參政希夷賀丞相除少傅　梅亭四六 15/6b
賀史丞相父太師魏王追封越王　梅亭四六 15/7a
賀鄭參政清之除右相兼樞使進光禄大夫　梅亭四六 15/8a
賀丞相明堂慶壽並册皇后禮成平淮寇奏捷　梅亭四六 15/9a

上史丞相從辟出蜀　梅亭四六 15/10a

代黃知縣燾上史丞相　梅亭四六 15/12a

賀喬樞密行簡除參政兼知院　梅亭四六 16/1a

代賀鄭簽書昭先除參政兼太子賓客　梅亭四六 16/1b

賀俞樞密應符兼參政　梅亭四六 16/2a

賀陳簽書貴誼除參政兼同知　梅亭四六 16/3a

賀宣參政繒　梅亭四六 16/4a

代賀禮部曾尚書從龍除簽書兼太子賓客　梅亭四六 16/5a

賀薛樞使極　梅亭四六 16/5b

賀薛僉書極　梅亭四六 16/6a

賀程同知卓　梅亭四六 16/6b

賀俞僉書應符　梅亭四六 16/7b

賀太府余大卿鑄除中書舍人仍兼右司除戶部侍郎兼知臨安　梅亭四六 17/1a

賀黃秘監序除中書舍人（代董制置）　梅亭四六 17/2a

賀直院莊少卿夏除中書舍人　梅亭四六 17/2b

賀聶左史子述　梅亭四六 17/4a

賀聶左史代董制置　梅亭四六 17/4b

賀章尚書　梅亭四六 17/6a

賀任尚書希夷　梅亭四六 17/6b

賀陳尚書率除吏部尚書仍兼內翰　梅亭四六 17/7a

賀鍾侍郎震除侍左侍郎兼中書及侍講　梅亭四六 17/8a

賀江陵趙制置方除工部侍郎　梅亭四六 17/9a

賀朱倉在除度支　梅亭四六 17/10b

代回宮使待制史侍郎彌堅　梅亭四六 17/11a

代胡尚書回趙編修　梅亭四六 17/12a

賀洪郎中咨夔除察院　梅亭四六 17/13a

賀王寺簿遂除察院　梅亭四六 17/13b

賀董司諫居誼　梅亭四六 17/14a

代回傅大諫伯成　梅亭四六 17/15b

賀黃安撫除大理少卿　梅亭四六 18/1a

賀岳總領珂除大卿　梅亭四六 18/1b

代回王大卿補之　梅亭四六 18/2a

代回李寺正直柄　梅亭四六 18/2b

代回劉寺正　梅亭四六 18/3a

代回李寺丞直柄　梅亭四六 18/3a

代回陳寺丞振　梅亭四六 18/3b

代回呂寺丞祖平　梅亭四六 18/4a

代回大理沈寺丞繹　梅亭四六 18/4b

代回沈評事　梅亭四六 18/4b

代回大理樓評事澄　梅亭四六 18/5a

代回程監丞準（1-2）　梅亭四六 18/5a-5b

代回軍器王監簿渥　梅亭四六 18/6a

回朱司令在　梅亭四六 18/6b

代回詹太祖久中　梅亭四六 18/7a

代回趙太社汝讜　梅亭四六 18/7a

代回李國錄誠之　梅亭四六 18/8a

代回曾國正準　梅亭四六 18/8b

賀聶宮教子述　梅亭四六 18/9a

代回史文思彌忠　梅亭四六 19/1a

代回黃文思燾　梅亭四六 19/1b

代回王文思自適　梅亭四六 19/1b

代回趙文思師栗　梅亭四六 19/2a

代回彭文思耕　梅亭四六 19/2b

代回龔告院堪　梅亭四六 19/2b

代回萬俟檢院侶　梅亭四六 19/3a

代回新監文思院門史從政彌忠　梅亭四六 19/3b

代回吳架閣柔勝　梅亭四六 19/4a

代回薛架閣君用　梅亭四六 19/4a

代回曾架閣準　梅亭四六 19/4b

代回黃架閣伯劌　梅亭四六 19/5a

賀桂侍郎如淵再任制帥　梅亭四六 20/1a

賀黃安撫大卿除工部侍郎仍兼安撫制置副使　梅亭四六 20/1b

賀聶侍郎子述除制置　梅亭四六 20/2b

賀聶侍郎交割代董侍郎　梅亭四六 20/3a

賀聶制置子述　梅亭四六 20/3b

賀丁制置交割　梅亭四六 20/4b

通董制置居誼　梅亭四六 20/5a

通制帥安大資丙　梅亭四六 20/6a

代回成都黃待制疇若　梅亭四六 20/7a

代回成都吳制置獵　梅亭四六 20/7b

代回李制帥大東　梅亭四六 20/8a

代董侍郎回京湖趙制置方　梅亭四六 20/8b

回趙副帥彥吶　梅亭四六 20/9a

代回廣西李經畧訦代何月湖　梅亭四六 20/10a

代回廣西李經畧訦（1-2）　梅亭四六 20/10a-11a

賀衞參政除江西帥涇　梅亭四六 21/1a

賀任樞密除福建帥希夷　梅亭四六 21/2a

代曹安撫賀衞參帥涇　梅亭四六 21/3a

賀廣西管漕湛除靜江帥代衛參帥作　梅亭四六
21/3b

賀夔路徐安撫除瀘帥瑄　梅亭四六 21/3b

賀徐漕除東路安撫瑄　梅亭四六 21/4b

通湖南安撫曾參政從龍　梅亭四六 21/5a

通興元楊安撫九鼎　梅亭四六 21/6a

通湖南曹安撫彥約　梅亭四六 21/7a

通安撫衛大參淫　梅亭四六 21/8b

通浙西袁安撫詔　梅亭四六 21/9b

代回臨安趙帥師石　梅亭四六 21/10a

代回夔路王安撫宗孟　梅亭四六 21/10b

代回湖南曹安撫彥約　梅亭四六 21/11a

代回夔州王帥宗孟　梅亭四六 21/11b

代回襄陽劉安撫光祖　梅亭四六 21/12a

代回史安撫彌堅　梅亭四六 21/12b

代回徐安撫邦憲　梅亭四六 21/13a

代回潼川劉閣學甲　梅亭四六 21/13b

代回揚州崔安撫與之　梅亭四六 21/14a

代董侍郎回夔路丁安撫黼　梅亭四六 21/14b

代回畢安撫再遇　梅亭四六 21/15a

賀牛都大除總領大年　梅亭四六 22/1a

賀黃運使除總領申　梅亭四六 22/1b

賀楊總領九鼎　梅亭四六 22/3a

通四川王總領鈜　梅亭四六 22/3b

代回趙總領不儳　梅亭四六 22/4a

代董帥回楊總卿交割　梅亭四六 22/4b

代回四川陳總卿咸　梅亭四六 22/5a

代回湖廣趙總領彥櫹　梅亭四六 22/5b

代回湖北錢總領文子　梅亭四六 22/6a

代回淮西趙總卿不儳　梅亭四六 22/6b

賀新除州秦茶馬魏戶部泌　梅亭四六 23/1a

代通制帥通四川趙茶馬彥縮　梅亭四六 23/1b

代回張茶馬子震　純用茶馬事　梅亭四六 23/2a

代錢塘趙縣丞通史都大彥的　梅亭四六 23/2b

代回史都大定之　梅亭四六 23/3b

代回鞏都大嶙（1−3）　梅亭四六 23/4a−4b

代回市舶聶提舉周臣　梅亭四六 23/6a

代回趙市舶伯鳳　梅亭四六 23/6b

賀新潼川黃運使申　梅亭四六 24/1a

賀黃運使交割申　梅亭四六 24/1b

賀呂提刑徐運使　梅亭四六 24/2a

賀夔路徐運使瑄　梅亭四六 24/2b

賀李運使鼎　梅亭四六 24/3b

通張運使嗣古　梅亭四六 24/4b

通湖南黃運使桂　梅亭四六 24/5a

通潼川程運使遇孫　梅亭四六 24/6a

代通成都梁運使綸　代董制帥　梅亭四六 24/6b

上兩浙丘運使壽儁　梅亭四六 24/7a

上湖南曾運使槃　梅亭四六 24/8a

通權運司牛都大大年　梅亭四六 24/9a

代回夔路王漕顧問　梅亭四六 24/9b

代回夔路王運判宗孟　梅亭四六 24/10a

代回潼川張運判師夔代董制置　梅亭四六 24/10b

代回楊國博　梅亭四六 24/11a

代董制置回利路楊運判九鼎　梅亭四六 24/11b

代回湖南鄭漕肇之　梅亭四六 24/12a

代回淮南徐運判輝　梅亭四六 24/12b

代回福建趙運判善宣　梅亭四六 24/13a

代回江東莊運使夏　梅亭四六 24/13b

代回江西李運使玨　梅亭四六 24/14a

代回成都林漕文仲　梅亭四六 24/14b

代回湖南曹漕彥約　梅亭四六 24/15a

代回湖北王漕允初　梅亭四六 24/15b

代回淮西傅漕誠　梅亭四六 24/16a

代回趙漕彥俅　梅亭四六 24/16b

代回江西胡漕槻　梅亭四六 24/17a

代回黃漕�　梅亭四六 24/17b

代回湖南徐運判輝　梅亭四六 24/17b

代回廣西楊漕方　梅亭四六 24/18a

代董侍郎回辛運使克承　梅亭四六 24/18b

代回淮南林運使拱　梅亭四六 24/19a

代回湖北范漕子長　梅亭四六 24/19b

賀李知府除潼川提刑鍚　梅亭四六 25/1a

賀潼川李提刑除夔路提刑鍚　梅亭四六 25/1b

賀新潼川王提刑禧　梅亭四六 25/2a

通劉提刑㞊　梅亭四六 25/3a

通成都周提刑居信　梅亭四六 25/3b

通潼川丁提刑必稱　梅亭四六 25/4b

通湖南楊提刑楫　梅亭四六 25/5b

代回夔路李憲㝅　梅亭四六 25/6a

代回浙東譙提刑令憲　梅亭四六 25/6b

代回陳提刑　梅亭四六 25/7a

代回提刑樂郎中　梅亭四六 25/7b

代回江東提刑譙寶文令憲　梅亭四六 25/8a

代回福建詹提刑徽之　梅亭四六 25/8b

代回湖南胡提刑灂　梅亭四六 25/9a
代回江西李提刑玨　梅亭四六 25/9b
代回湖南胡憲灂　梅亭四六 25/10a
代回成都林憲潔己　梅亭四六 25/10b
代回江東葉憲簀　梅亭四六 25/11a
代回江西李憲玨　梅亭四六 25/11b
代回廣西郭提刑斌　梅亭四六 25/11b
代回利路鮮于提刑申之　梅亭四六 25/12a
代回江西陳提刑天宜　梅亭四六 25/12b
代回廣東潘提刑涓　梅亭四六 25/13a
代回江東葉憲簀　梅亭四六 25/13b
代回曹提刑叔遠　梅亭四六 25/14a
代回新叄路李提刑至　梅亭四六 25/14b
代回方提刑信孺　梅亭四六 25/15a
回叄路李提刑鍋　梅亭四六 25/15b
通王提舉與權　梅亭四六 26/1a
通湖南樂提舉章　梅亭四六 26/1b
通新江西提舉兼知撫州徐監丞琢　梅亭四六 26/2b
代回胡提舉㟭　梅亭四六 26/3a
代回淮東齊倉礪　梅亭四六 26/3b
代回湖南楊倉九鼎　梅亭四六 26/4a
代回浙東孟提舉植　梅亭四六 26/4b
代回江西王提舉顧問　梅亭四六 26/5b
代回湖南葉提舉宗魯　梅亭四六 26/5b
代回孟提舉植　梅亭四六 26/6a
代回章提舉良肱　梅亭四六 26/6b
代回文思趙提舉希倉　梅亭四六 26/7a
代回孟提舉植　梅亭四六 26/7b
代回浙東王倉遇　梅亭四六 26/8a
代回廣東孟提舉植　梅亭四六 26/8a
代回湖北趙提舉師石　梅亭四六 26/8b
代回淮東陳倉孔碩　梅亭四六 26/9a
代回江西章提舉良肱　梅亭四六 26/9b
代回浙西林提舉拱辰　梅亭四六 26/10a
代回淮東劉提舉庶　梅亭四六 26/10a
代回淮東趙提舉希道　梅亭四六 26/10b
代回湖北曹提舉彥約　梅亭四六 26/11a
代回趙提舉汝讜　梅亭四六 26/11b
回王提舉遇　梅亭四六 26/12a
回尤提舉棐　梅亭四六 26/12b
代回西外趙知宗不應(1-2)　梅亭四六 26/13a
賀趙尚書知平江府汝述　梅亭四六 27/1a

賀李參政知遂寧府璧　梅亭四六 27/1b
賀寶慶李知府到任大謙　梅亭四六 27/2a
賀虞漢州公著　代月湖　梅亭四六 27/3a
賀太平宇文守紹彭　梅亭四六 27/3b
代羅司法有開上撫州林守㟭　梅亭四六 27/4a
通撫州林知府澤之　梅亭四六 27/5a
通武岡呂知府祖烈　梅亭四六 27/5b
上知贛州胡尚書榘　梅亭四六 27/6a
通武岡虞知軍衡　梅亭四六 27/7b
謝綿州虞知府普　梅亭四六 27/8a
代回開州張守晉　梅亭四六 27/8b
代回融州沈守暐　梅亭四六 27/9a
代回江州莫殿撰中書子純　梅亭四六 27/9b
代回方韶州信　梅亭四六 27/10a
代回譙沅州得遇　梅亭四六 27/10a
代回張澧州忠恕　梅亭四六 27/10b
代回尤衡州柬　梅亭四六 27/11a
代回富和州嘉謀　梅亭四六 27/11b
代回趙饒州師芳　梅亭四六 27/12a
代回林撫州㟭　梅亭四六 27/12b
代回方連州桶　梅亭四六 27/13a
代回錢漳州薔　梅亭四六 27/13b
代回唐光化燁　梅亭四六 27/14a
代回趙袁州彥倓　梅亭四六 27/14a
代回處州趙守伯麟　梅亭四六 27/14b
代回葉廣德延年　梅亭四六 27/15a
回趙全州賀權軍必愿　梅亭四六 27/15b
代回信州李守昌　梅亭四六 27/15b
代回林嘉興良　梅亭四六 27/16a
代回晁南康百談　梅亭四六 27/16b
代回真州閭宗簿一德　梅亭四六 27/17a
代回魏湖州大中　梅亭四六 27/17b
代回和州李守大東　梅亭四六 27/18a
代回太平王左史居安　梅亭四六 27/18b
代回鄒汀州非熊　梅亭四六 27/18b
代回錢漳州薔　梅亭四六 27/19a
代回筠州王守樞　梅亭四六 27/19b
代回前建昌羅知軍勳　代衛參帥　梅亭四六 27/20a
代回新南劍朱守　梅亭四六 27/20b
代回興國趙知軍　梅亭四六 27/20b
代回建昌趙知軍時適　代衛參　梅亭四六 27/21a
代回鄂州趙監丞彥縮　梅亭四六 27/21b

代回南安趙知軍伯鳳　梅亭四六 27/22a
代回沈興化紡　梅亭四六 27/22b
代回何巴州友諒　梅亭四六 27/23a
代回建寧李守詇　代衛參政　梅亭四六 27/23a
代回臨江丁知軍必稱　梅亭四六 27/23b
代回建昌趙守　梅亭四六 27/24a
代回姚開州自舜　梅亭四六 27/24b
代回林饒州潔己　梅亭四六 27/25a
代回徐濠州覇　代何月湖作　梅亭四六 27/25a
代回興化張知府聲道　梅亭四六 27/25b
代回王歸州菇　梅亭四六 27/26a
代回金黃州傎　梅亭四六 27/26b
代回太平州王左史居安　梅亭四六 27/27a
代回饒州滕知府安　梅亭四六 27/27b
代回林處州孔昭　梅亭四六 27/28a
代回劉袁州履忠　梅亭四六 27/28b
代回慶元程知府準　梅亭四六 27/29a
代回姜道州楷　梅亭四六 27/29b
代回光化唐知軍燁　梅亭四六 27/30a
代回傅贛州伯昭　梅亭四六 27/30a
代回嘉定林守潔己　梅亭四六 27/31a
代回新建寧府李大諫大異　梅亭四六 28/1a
代回翟峽州畯　梅亭四六 28/1a
代回程慶元準　梅亭四六 28/1b
代回孫衢州子直　梅亭四六 28/2a
代回張澧州忠恕　梅亭四六 28/2b
代回潘真州友文　梅亭四六 28/2b
代回安慶楊國博楫　梅亭四六 28/3a
代回周建昌燧　梅亭四六 28/3b
代回趙肇慶　梅亭四六 28/4a
代回王楚州益祥　梅亭四六 28/4a
代回趙江陰彥适　梅亭四六 28/4b
代回趙南雄善偰　梅亭四六 28/5a
代回黃岳州倓　梅亭四六 28/5b
代回張潮州鎬　梅亭四六 28/6a
代回章象州時言　梅亭四六 28/6b
代回施溫州械　梅亭四六 28/6b
代回王寧國補之　梅亭四六 28/7a
代回建寧傅侍郎伯成　梅亭四六 28/7b
代回新平江趙待制希懌　梅亭四六 28/8a
代回陳撫州蕃孫　梅亭四六 28/8a
代回常德趙守師乘　梅亭四六 28/8b
代回湖北范漕子長兼鄂州　梅亭四六 28/9a

代回新吉州汪守樾　梅亭四六 28/9b
代回胡峽州　梅亭四六 28/9b
代回柳州趙守師懿　梅亭四六 28/10a
代回孟嚴州導　梅亭四六 28/10b
代回李崇慶塦　梅亭四六 28/10b
代回臨江洪守佽　梅亭四六 28/11a
代回晁南康百談　梅亭四六 28/11b
代回興國楊知軍迪　梅亭四六 28/12a
代回安慶陳知府貴謙　梅亭四六 28/12b
代回羅建昌勳　梅亭四六 28/12b
代回安慶林知府仲虎　梅亭四六 28/13a
代回常台州建　梅亭四六 28/13b
代回陳撫州蕃孫　梅亭四六 28/14a
代回孫衢州洶　梅亭四六 28/14b
代回魏知府欽緒　梅亭四六 28/15a
代回建寧傅侍郎伯成　梅亭四六 28/15a
代回常德呂守昭遠　梅亭四六 28/15b
代黃漕犖回趙婺州善下　梅亭四六 28/16a
代回趙南安傳　梅亭四六 28/16b
代回洪筠州櫓　梅亭四六 28/17a
代回章象州時言　梅亭四六 28/17b
代回興國葉知軍代衛參政　梅亭四六 28/18a
代回吉州薛守璆　梅亭四六 28/18b
代回建昌黃知軍　梅亭四六 28/19a
代回傅贛州伯召　梅亭四六 28/19b
代回胡峽州坦　梅亭四六 28/19b
代回臨江洪守佽　梅亭四六 28/20a
代回薛漳州揚祖　梅亭四六 28/20b
代回趙徽州希遠　梅亭四六 28/21a
代回筠州施守械　梅亭四六 28/21b
代回王楚州楠　梅亭四六 28/22a
代回高郵汪守統　梅亭四六 28/22a
代回桂陽張知軍國　梅亭四六 28/22b
代回富順楊知監伯雨　梅亭四六 28/23a
代回眉州趙守希潛　梅亭四六 28/24a
代回劉知府光　梅亭四六 28/24a
代回雅州費守澄　梅亭四六 28/25a
代回簡州楊知府汝為　梅亭四六 28/25a
代回嘉定高知府泰叔　梅亭四六 28/25b
代回新崇慶黎知府袖啓伯登　梅亭四六 28/26b
通潭州馬通判赴寧鄉簿　梅亭四六 29/1a
通潭州張通判履信　梅亭四六 29/1b
通潭州吳通判鐘　梅亭四六 29/2a

代回衡州謝通判 居誼 梅亭四六 29/2b	四六 30/13a
代回婺州高倅禾 梅亭四六 29/3a	代回夔路常平馬提幹已榮 梅亭四六 30/13a
代回肇慶方倅信孺 梅亭四六 29/3b	代回詹書監淵(1-2) 梅亭四六 30/13b-14a
代回撫州魏倅峴 梅亭四六 29/4a	代回饒殿幹時亨(1-2) 梅亭四六 30/14b
代回處州董通判居誼 梅亭四六 29/4a	通武岡陳教授震 梅亭四六 31/1a
代回單通判端己 梅亭四六 29/4b	回武岡連教授嶸 梅亭四六 31/1b
代回臨江鄭通判元鼎 梅亭四六 29/5a	回武岡何教授淡 梅亭四六 31/2a
代施倅楠回邵州王倅祖垚 梅亭四六 29/5b	回白教授酉中(1-4) 梅亭四六 31/2a-3b
代回紹興史倅 梅亭四六 29/6a	代回王教授同 梅亭四六 31/3b
代回道州宋倅蒙 梅亭四六 29/6b	回漢州劉教授大川 梅亭四六 31/4a
代回黃通判犖 梅亭四六 29/7a	通宋簽判億 梅亭四六 32/1a
代回李通判銓 梅亭四六 29/7a	通臨安趙簽判崇寔 梅亭四六 32/1b
代回綿州程通判植 梅亭四六 29/8a	回費僉判 梅亭四六 32/2a
代回吳通判昌裔 梅亭四六 29/8b	回史僉判文舒(1-2) 梅亭四六 32/2b
代回叙州通判楊承議德輔 梅亭四六 29/8b	回權僉判李司法申子(1-2) 梅亭四六 32/3a-3b
代回丁制機鎔 梅亭四六 30/1a	回郭僉判仲洪(1-2) 梅亭四六 32/4a-4b
代回楊制幹異 梅亭四六 30/1b	回趙僉判嵒 梅亭四六 32/5a
代回耿制屬 梅亭四六 30/2a	通潭州子節推晉 梅亭四六 32/5a
代回陳制幹噲 梅亭四六 30/2a	回吳節推代月湖作 梅亭四六 32/5b
代回史機宜 梅亭四六 30/2b	回李節推欽 梅亭四六 32/6a
代回成機宜晉 梅亭四六 30/3a	通潭州趙察推汝倕 梅亭四六 32/6b
代回劉撫幹孟虎 梅亭四六 30/3b	回新武岡王判官之經 梅亭四六 32/7a
代回胡帥機綱 梅亭四六 30/4a	回榮州羅推官 梅亭四六 32/7b
代回楊撫屬紹雲 梅亭四六 30/4b	回羅推官 梅亭四六 32/7b
代回蒲撫機仲乙 梅亭四六 30/4b	回新本州藺推官尊祖 梅亭四六 32/8a
代回李總屬鑄 梅亭四六 30/5a	回武岡彭知錄邑 梅亭四六 32/8b
代回朱總屬喻講書 梅亭四六 30/5b	代回新嚴州郭知錄伯長 梅亭四六 32/9a
代回鄧總幹剛 梅亭四六 30/5b	代回李知錄 梅亭四六 32/9b
代回陳檢察鑄 梅亭四六 30/6a	回司理司法楊蕃林木 梅亭四六 32/10a
通湖南韓運管 梅亭四六 30/6b	代回江陰趙司法 梅亭四六 32/10a
代回胡運管極(1-2) 梅亭四六 30/7a-7b	代回全州劉司法 梅亭四六 32/10b
代回添差吳運筦鑰 梅亭四六 30/8a	代回江陰趙司法崇价 梅亭四六 32/11a
代回許運幹儀 梅亭四六 30/8b	回新任李司法公澆 梅亭四六 32/11a
代回奚運幹祝 梅亭四六 30/9a	代回唐司理 梅亭四六 32/11b
代衛內機回新任趙運幹師秀 梅亭四六 30/9b	回羅司理 梅亭四六 32/12a
代回曾運幹準 梅亭四六 30/10a	通潭州曾司戶應甫 梅亭四六 32/12b
代回新成都趙帳幹益 梅亭四六 30/10b	代回邵武曾司戶復 梅亭四六 32/13a
代回唐提幹元齡 梅亭四六 30/11a	回段司戶 梅亭四六 32/13a
代回陳提幹伯震 梅亭四六 30/11b	回綿州家司戶燉翁家將仕坤翁 梅亭四六 32/13b
代回夔路馬提幹已榮 梅亭四六 30/11b	通潭州段支使 梅亭四六 32/14a
代回新班李茶幹鏗 梅亭四六 30/12a	代回林御帶嶧 梅亭四六 32/15a
代回提幹監鎮楊修職埴 梅亭四六 30/12b	
代回許知縣鴻祖虞判院提幹垚袖賀 梅亭	

謝戴將使木　梅亭四六 32/15b
回成副將鑑　梅亭四六 32/16a
代董制帥通許侍郎奕劉閣學光祖　梅亭四六 32/17a
代通費參政士寅　梅亭四六 32/17b
回寄居官楊南平　梅亭四六 32/18a
回寄居官牟涪州　梅亭四六 32/18a
回寄居官蒲運管　梅亭四六 32/18a
回寄居官侯茂州　梅亭四六 32/18a
回寄居官賀除漕　梅亭四六 32/18b
回鄉官未相識　梅亭四六 32/19a
回鮮于將仕玨　梅亭四六 32/19a
通寧鄉周知縣璟　梅亭四六 33/1a
通崇仁曾宰穎秀　梅亭四六 33/1b
代回常寧曹宰輔世　梅亭四六 33/2a
回武岡許縣令大用　梅亭四六 33/2b
回武岡薛縣令仲庶　梅亭四六 33/3a
回綏寧野令杓　梅亭四六 33/3b
回武岡許令　梅亭四六 33/4a
代回丹徒姚知縣　梅亭四六 33/4a
代回江陰何宰處博　梅亭四六 33/4b
回成都呂知縣大全　梅亭四六 33/5a
代回新昌詹宰纘　梅亭四六 33/5b
代回趙萍鄉彥達　梅亭四六 33/6a
代月湖回吳宰困　梅亭四六 33/6b
回鹽官林知縣申　梅亭四六 33/7a
回李知縣　梅亭四六 33/7a
代回俞知縣　梅亭四六 33/7b
代回弋陽曾知縣焕　梅亭四六 33/8a
代回餘姚趙知縣希祐　梅亭四六 33/8b
代回長沙楊宰宜中　梅亭四六 33/9a
代回當陽林宰鑑　梅亭四六 33/9b
代回麗水張宰元涣　梅亭四六 33/9b
代回常寧曹宰輔世　梅亭四六 33/10a
代回興寧廖宰槻　梅亭四六 33/10b
回家知縣午仲　梅亭四六 33/11a
回新西水勾龍知縣　梅亭四六 33/11a
回新榮德王知縣子勉　梅亭四六 33/11b
回王知縣應西　梅亭四六 33/12a
回遂寧青石席知縣　梅亭四六 33/12b
回盤石李知縣　梅亭四六 33/12b
回劍門王知縣　梅亭四六 33/13a
回新應靈趙知縣與佩　梅亭四六 33/13b

回三縣知縣　梅亭四六 33/14a
回資官文知縣　梅亭四六 33/14a
回新宜賓黃知縣慥　梅亭四六 33/14b
回崇仁趙知縣　梅亭四六 33/15b
回丹稜范知縣乙孫眉州荀監酒辯之眉州李監稅喆甫　梅亭四六 33/16a
回青神權縣嚴縣丞西　梅亭四六 33/16b
回新神泉史知縣大川　梅亭四六 33/17a
回新都史知縣季溫　梅亭四六 33/17a
通寧鄉陳縣丞愷　梅亭四六 34/1a
回桐廬朱丞中肖　梅亭四六 34/1b
回華陽李丞梃　梅亭四六 34/1b
代回武進陳縣丞貴成　梅亭四六 34/2a
回樂安趙縣丞彥杉　梅亭四六 34/2b
代回樂安趙縣丞彥杉(1-2)　梅亭四六 34/3a-3b
回錢塘趙縣丞彥的　梅亭四六 34/4a
回富陽趙縣丞光祖　梅亭四六 34/4a
回益陽李縣丞　梅亭四六 34/4b
代回麗水童知丞塳　梅亭四六 34/5a
代回宣仁張縣丞曼德(1-2)　梅亭四六 34/5b
代回海鹽梁丞成章　梅亭四六 34/6a
回崇仁朱丞況　梅亭四六 34/6b
回彰明黃縣丞亘　梅亭四六 34/6b
回江原郭縣丞允卅　梅亭四六 34/7a
回新津孫縣丞庭傑　梅亭四六 34/7b
通寧鄉蔡主簿汝說　梅亭四六 35/1a
代回上高劉簿昌詩　梅亭四六 35/1b
回江夏范主簿之損　梅亭四六 35/2a
回綏寧譚簿尉成子　梅亭四六 35/2b
回武岡黃主簿海　梅亭四六 35/3a
回蔣主簿時懋　梅亭四六 35/3a
代回廬陵嚴簿世明　梅亭四六 35/3b
代回吳主簿盟　梅亭四六 35/4a
代回永豐洪簿櫊　梅亭四六 35/4b
代回崇仁黃簿元　梅亭四六 35/4b
回范主簿　梅亭四六 35/5a
代回上饒趙簿汝騋　梅亭四六 35/5b
回武岡何簿尉　梅亭四六 35/5b
回靈泉李主簿　梅亭四六 35/6a
回長沙蕭主簿　梅亭四六 35/6b
回新威遠蕭主簿與檉　梅亭四六 35/7a
回新盤石曹主簿　梅亭四六 35/7b

回趙主簿　梅亭四六 35/8a
回任主簿三錫　梅亭四六 35/8a
回榮德馬主簿奇之應靈趙主簿綸　梅亭四六 35/8b
回汶川文主簿　梅亭四六 35/9a
回長江李主簿　梅亭四六 35/9a
普回簿尉監當已下　梅亭四六 35/9b
回趙主簿　梅亭四六 35/10a
回崇仁趙主簿　梅亭四六 35/10a
通寧鄉李縣尉尚　梅亭四六 36/1a
通寧鄉陳縣尉愷　梅亭四六 36/1b
回武岡東尉　梅亭四六 36/2a
代回湘潭游尉林　梅亭四六 36/2a
代回崇仁舒尉若拙　梅亭四六 36/2b
回舒縣尉　梅亭四六 36/3a
回通山廖尉士通　梅亭四六 36/3b
回錢塘張尉　梅亭四六 36/3b
代回武進黃尉大中　梅亭四六 36/4a
回善化黃尉　梅亭四六 36/4b
回新威遠王縣尉癸之　梅亭四六 36/5a
回新榮德郭縣尉光昕　梅亭四六 36/5b
回新應靈趙縣尉與櫃　梅亭四六 36/5b
回新資陽曹縣尉　梅亭四六 36/6a
回新遂寧長江張縣尉　梅亭四六 36/6b
回王縣尉昌大　梅亭四六 36/7a
回秦縣尉謝差校正九韶　梅亭四六 36/7b
代回新監鄂州大軍向士芳　梅亭四六 37/1a
回向監倉　梅亭四六 37/1a
回宣城劉監稅　梅亭四六 37/1b
回郪縣侯監稅　梅亭四六 37/2a
回高監稅李巡檢　梅亭四六 37/2b
回江監酒　梅亭四六 37/2b
回李監酒景初　梅亭四六 37/3a
回新榮州史監酒季儉　梅亭四六 37/3b
回史監酒文舒　梅亭四六 37/4a
回新榮州家監酒民獻　梅亭四六 37/4b
回周監酒孝燮　梅亭四六 37/5a
回榮州呂監酒逢年　梅亭四六 37/5b
回監叙州茶帛庫張世永　梅亭四六 37/5b
回趙舡場必孚　梅亭四六 37/6a
回新添差趙監押　梅亭四六 37/6b
回龔監獄良臣　梅亭四六 37/7a
回史監廟龜　梅亭四六 37/7b

謝永州鄭學諭　梅亭四六 38/1a
謝張學諭元之　梅亭四六 38/1a
回唐學錄淵　梅亭四六 38/1b
回吳學正應龍　梅亭四六 38/2a
回卓學諭邁　梅亭四六 38/2b
回寧鄉魏學賓　梅亭四六 38/2b
回魏教諭得一　梅亭四六 38/3a
回彭學賓居仁　梅亭四六 38/3b
回朱齋長　梅亭四六 38/4a
回趙省元易學諭　梅亭四六 38/4a
回宋直學學詩侯貢士友德史掌儀霆楊贊講大介　梅亭四六 38/4b
回眾學職　梅亭四六 38/5a
回李校正　梅亭四六 38/6a
代回曾秘校炳　梅亭四六 38/6a
代回陳宣教植　梅亭四六 38/6b
代回廖宣義慶成　梅亭四六 38/7a
回韋省元　梅亭四六 38/7b
代回孫秘校暄　梅亭四六 38/7b
代回辛宣教穰　梅亭四六 38/8a
代回曾秘校三益　梅亭四六 38/8b
回蹇秘校　梅亭四六 38/9a
回袁進士　梅亭四六 38/9a
回景省元　梅亭四六 38/9b
回尋進士救荒　梅亭四六 38/9b
回蘇秘校榮祖　梅亭四六 38/10a
回蘇秘校烝　梅亭四六 38/10b
回蘇貢士辰之　梅亭四六 38/11a
回孫省元和之　梅亭四六 38/11b
賀嗣秀王師揆正　梅亭四六 39/1a
賀史丞相正代董制置　梅亭四六 39/1a
賀鄭參政曾樞密正代董制置　梅亭四六 39/1b
賀制置安撫正　梅亭四六 39/2a
賀黃制置正　梅亭四六 39/2b
賀諸司正　梅亭四六 39/2b
賀曾安撫從龍正　梅亭四六 39/3a
賀監司正　梅亭四六 39/3b
賀總領運使正　梅亭四六 39/4a
賀總領正　梅亭四六 39/4a
賀王總領正鉛　梅亭四六 39/4b
賀林總領正祖洽　代何尚書　梅亭四六 39/5a
賀安總領正癸仲　梅亭四六 39/5a
賀李提刑正鏑　梅亭四六 39/5b

賀周提刑正代董侍郎　　梅亭四六 39/6a

賀提刑正　梅亭四六 39/6b

賀游提刑正偘　梅亭四六 39/6b

賀林提舉正行知　代衛參　梅亭四六 39/7a

賀趙提舉正汝談　梅亭四六 39/7b

賀薛知府正師旦　梅亭四六 39/7b

賀趙婺州正善下　梅亭四六 39/8a

賀永州陳守正疇　梅亭四六 39/8b

賀史通判正湜　梅亭四六 39/8b

賀黃制機正樐　梅亭四六 39/9a

代回畢安撫再遇正　梅亭四六 39/9b

代回程監丞準正　梅亭四六 39/9b

代回淮西趙總領不愧正　梅亭四六 39/10a

代回福建趙運使善宣正　梅亭四六 39/10b

代回大理趙少卿師石正　梅亭四六 39/10b

代回趙節使正　梅亭四六 39/11a

代回趙開府師垂正　梅亭四六 39/11b

代回周馬帥虎正　梅亭四六 39/11b

代回建康莊都統松正　梅亭四六 39/12a

代回浙東譙提刑令憲正　梅亭四六 39/12a

代回江東葉提刑賨正　梅亭四六 39/12b

代回福建陳提舉鑄正　梅亭四六 39/13a

代回福建張提舉聲道正　梅亭四六 39/13a

代回常州王宮教遇正　梅亭四六 39/13b

代回史安豐天賜正　梅亭四六 39/14a

代回魏湖州大中正　梅亭四六 39/14a

代回王寧國補之正　梅亭四六 39/14b

代回常台州建正　梅亭四六 39/14b

代回林嘉興正　梅亭四六 39/15a

代回史蘄州正　梅亭四六 39/15b

代回趙徽州希遠正　梅亭四六 39/15b

代回張建昌嵩正　梅亭四六 39/16a

代回建寧大諫伯成正　梅亭四六 39/16a

代回施溫州械正　梅亭四六 39/16b

代回施溫州械正　梅亭四六 39/17a

代回程慶元準正　梅亭四六 39/17a

代回王廬州柄正　梅亭四六 39/17b

代回臨江洪寺簿伋正　梅亭四六 39/18a

代回史吉州定之正　梅亭四六 39/18a

代回李封州煥正　梅亭四六 39/18b

代回孫衢州子直正　梅亭四六 39/19a

代回紹興黃尚書由正　梅亭四六 39/19a

代回趙湖州正　梅亭四六 39/19b

代回鄰州守倅　梅亭四六 39/19b

代回敖宗簿賀正　梅亭四六 39/20a

代回南康章僉判攀正　梅亭四六 39/20b

回史郡僉賀正文舒　梅亭四六 39/20b

回見任官賀正　梅亭四六 39/21a

回寄居鄉官正　梅亭四六 39/21b

回衆官袖啓賀正　梅亭四六 39/21b

代回諸縣賀正　梅亭四六 39/22a

回外縣官賀正　梅亭四六 39/22b

回學職士人賀正　梅亭四六 39/22b

回學職賀正　梅亭四六 39/23a

回李秘校叔璋　梅亭四六 39/23b

謝蹇校正賀正　梅亭四六 39/24a

賀楊尚書冬汝明　梅亭四六 40/1a

賀桂制置冬如淵　梅亭四六 40/1b

賀黃制置冬伯固　梅亭四六 40/1b

賀曾安撫冬從龍　梅亭四六 40/2a

賀安撫提刑都大　梅亭四六 40/2b

（賀）都大（冬書）　梅亭四六 40/3a

（賀）提刑（冬書）　梅亭四六 40/3a

賀黃總領冬申　梅亭四六 40/3a

賀王總領冬　梅亭四六 40/3b

賀綦總領冬奎　梅亭四六 40/4a

賀安總領冬癸仲　梅亭四六 40/4a

賀牛茶馬冬大年　梅亭四六 40/4b

賀黃運使冬桂　梅亭四六 40/5a

賀李運使冬鼎　梅亭四六 40/5b

賀呂提刑冬祖烈　梅亭四六 40/5b

賀樂提刑冬代衛參政　梅亭四六 40/6a

賀陳提刑冬天宜　梅亭四六 40/6b

賀劉提刑𣉢冬　梅亭四六 40/6b

賀游提刑冬偘　梅亭四六 40/7a

賀提刑提舉冬　梅亭四六 40/7b

賀趙提舉冬甲申　梅亭四六 40/8a

賀林提舉冬　梅亭四六 40/8a

賀趙提舉冬汝譖　梅亭四六 40/8b

賀王提舉冬與權　梅亭四六 40/9a

賀薛知府冬師旦　梅亭四六 40/9a

賀趙全州冬必愿　梅亭四六 40/9b

賀寶慶趙知府冬善湛　梅亭四六 40/10a

賀胡通判冬衍　梅亭四六 40/10b

賀史通判冬湜　梅亭四六 40/10b

代回大理少卿師石冬　梅亭四六 40/11a

代回程監丞準冬　梅亭四六 40/11b
代回王寺丞庭芝冬　梅亭四六 40/11b
代回江東李制帥大東冬　梅亭四六 40/12a
代回揚州崔安撫與之冬　梅亭四六 40/12b
代回淮西王安撫㧑冬　梅亭四六 40/12b
代回淮東畢安撫再遇冬　梅亭四六 40/13a
代回宋總領鈞冬　梅亭四六 40/13b
代回林總領祖洽冬　梅亭四六 40/13b
代回趙總領不愧冬　梅亭四六 40/14a
代回鞏都大嶸冬　梅亭四六 40/14b
代回喬運使行簡冬　梅亭四六 40/15a
代回淮西徐運使煇冬　梅亭四六 40/15a
回永州知府陳提刑翻　梅亭四六 40/15b
代回浙東譙提刑令憲冬　梅亭四六 40/16a
代回江東葉提刑簣冬　梅亭四六 40/16a
代回浙西王提舉秉冬　梅亭四六 40/16b
代回福建陳提舉鑄　梅亭四六 40/17a
代回周馬帥虎冬　梅亭四六 40/17a
代回全州趙守必愿　梅亭四六 40/17b
代回王婺州補之冬　梅亭四六 40/18a
代回韓慶元元禮冬　梅亭四六 40/18a
代回鄭吉州寅冬　梅亭四六 40/18b
代回趙信陽善張冬　梅亭四六 40/19a
代回諸州賀冬　梅亭四六 40/19a
代回紹興黃尚書由冬　梅亭四六 40/19b
代回廣德余守嶧冬　梅亭四六 40/19b
代回台州常守建冬　梅亭四六 40/20a
代回平江李大諫大異冬　梅亭四六 40/20b
代回處州林守孔紹冬　梅亭四六 40/20b
代回常州王守遇冬　梅亭四六 40/21a
代回建寧傅大諫伯成冬　梅亭四六 40/21b
代回慶元程守準冬　梅亭四六 40/21b
代回湖州魏守大中冬　梅亭四六 40/22a
代回林嘉興良冬　梅亭四六 40/22b
代回李通州直養冬　梅亭四六 40/22b
代回胡嚴州粲冬　梅亭四六 40/23a
代回趙婺州善下冬　梅亭四六 40/23b
代回邵武周知軍章冬　梅亭四六 40/23b
代回無爲趙知軍善湘冬　梅亭四六 40/24a
代回寧國王知府補之冬　梅亭四六 40/24b
代回池州陳知府奕冬　梅亭四六 40/24b
代回安豐史知軍天賜冬　梅亭四六 40/25a
代回信州李寺丞昌冬　梅亭四六 40/25b

代回濠州何都統汝霖冬　梅亭四六 40/25b
代回趙無爲善湘冬　梅亭四六 40/26a
代回孫衢州子直冬　梅亭四六 40/26a
代回南安趙知軍師傳冬　梅亭四六 40/26b
代回史吉州定之冬　梅亭四六 40/27a
代回江州陳守卓冬　梅亭四六 40/27a
代回新順慶李知府鑑冬　梅亭四六 40/27b
代回前權萬州趙守　梅亭四六 40/28a
回寶慶陳通判沖冬　梅亭四六 40/28b
代回嘉興楊倅祖堯冬　梅亭四六 40/29a
代回華亭錢宰德謙冬　梅亭四六 40/29a
代回黃巖楊宰圭冬　梅亭四六 40/29b
代回趙知縣　梅亭四六 40/30a
回外縣賀冬　梅亭四六 40/30a
普回州縣官賀冬　梅亭四六 40/30b
謝寄居鄉官賀冬　梅亭四六 40/31a
謝同官賀冬　梅亭四六 40/31b
回鄉官學職賀冬　梅亭四六 40/31b
回學職賀冬　梅亭四六 40/32a
賀黃制置賜金帶啓　南宋文範 30/7b

～　樸
與邱宮舍帖　播芳文粹 106/14b

～龜齡
上監司啓　播芳文粹 86/19a

～　覿
謝范資政啓　直講集 26/2a
寄周禮致太平論上諸公啓　直講集 26/2b
上富舍人書　直講集 27/1a
上劉舍人書　直講集 27/3a
上吳舍人書　直講集 27/4a
上王內翰書　直講集 27/5a
與章秘校書　直講集 27/6a
上江職方書　直講集 27/7a
上慎殿丞書　直講集 27/8b
上楊屯田書　直講集 27/9b
上聶學士書　直講集 27/10b
上葉學士書　直講集 27/12b
上李舍人書　直講集 27/14b
上宋舍人書　直講集 27/16a
上范待制書　直講集 27/18b
上孫寺丞書　直講集 27/22a
上余監丞書　直講集 27/24a
上蘇祠部書　直講集 27/25a

寄上范參政書　　直講集 27/27b
寄上富樞密書　　直講集 28/1a
寄上富相公書　　直講集 28/5a
寄上孫安撫書　　直講集 28/7b
上蔡學士書　　直講集 28/16b
上王刑部書　　直講集 28/18b
與胡先生書　　直講集 28/20a
答宋屯田書　　直講集 28/22b
答李觀書　　直講集 28/24a
答黃著作書　　直講集 28/25b
再答黃著作書　　直講集 28/29a
答陳特書　　直講集 28/29b
~彌遜
上丞相張魏公書　　筠溪集 7/1a
賀趙右丞啓　　筠溪集 7/2b
謝宣州解元啓　　筠溪集 7/3a
賀張參政啓　　筠溪集 7/4b
回劉待制啓　　筠溪集 7/5b
回劉通判啓　　筠溪集 7/5b
謝生日詩啓　　筠溪集 7/6a
賀沈樞密啓　　筠溪集 7/6b
賀張丞相　　筠溪集 7/7b
賀秦丞相　　筠溪集 7/8b
回黃少卿啓　　筠溪集 7/9b
回王中大啓　　筠溪集 7/10a
回宗通判啓　　筠溪集 7/10a
賀樓樞密啓　　筠溪集 7/10b
賀薛集英知福州啓　　筠溪集 7/11b
回定書　　筠溪集 21/6a
問親書　　筠溪集 21/6b
請岳老住漳州凈衆疏　　筠溪集 21/7a
賀張丞相啓　　南宋文範 29/2a
~　燾
賀張幹改秩啓　　播芳文粹 55/21a　蜀文輯存 53/11b
謝監司薦舉啓　　播芳文粹 75/1a　蜀文輯存 53/11b
赴任上太守啓　　播芳文粹 83/6b　蜀文輯存 53/12a
~獻之
贄見丞相啓　　播芳文粹 86/21b
~　縈
賀王左丞啓　　播芳文粹 53/23a
賀丁教授改秩啓　　播芳文粹 55/20a

呂人龍
上融堂先生時在史館　　蜀阜存稿 3/117b
~祖謙
代倉部知黃州謝宰執啓　　東萊集 4/1a
代倉部知黃州謝從官啓　　東萊集 4/1b
代倉部知黃州通張魏公啓　　東萊集 4/2a
代倉部知池州謝宰執啓　　東萊集 4/2b
代倉部知池州答教官啓　　東萊集 4/3a
代倉部通吉州交代錢吏部啓　　東萊集 4/3a
代倉部通吉州胡邦衡侍郎啓　　東萊集 4/3b
謝單諫議舉自代啓　　東萊集 4/3b
謝陳尚書舉自代啓　　東萊集 4/4b
答詹秀才啓　　東萊集 4/5a
答侯秀才啓　　東萊集 4/5a
中兩科謝主司啓　　東萊集 4/5a
除太學博士謝陳丞相啓　　東萊集 4/6a
通柳嚴州啓　　東萊集 4/6b
通嚴州鄭教授啓　　東萊集 4/7a
通張嚴州啓　　東萊集 4/7b
除館職謝政府啓　　東萊集 4/8a
答特奏趙狀元啓　　東萊集 4/8b
爲汪尚書作知平江謝宰執啓　　東萊集 4/9a
代先君通曾氏定婚啓　　東萊集 4/9b
答潘氏定婚啓　　東萊集 4/9b
通潘氏定婚啓　　東萊集 4/9b
代右司叔父答李氏合定婚啓　　東萊集 4/9b
代汀州叔父答李氏定婚啓　　東萊集 4/10a
通芮氏定婚啓　　東萊集 4/10a
爲韓尚書作通王氏定婚啓　　東萊集/外拾遺 5/4b
爲洪無競作謝發解啓　　東萊集/外拾遺 5/5a
爲吳友聞作謝發解啓　　東萊集/外拾遺 5/5b
答潘叔度　　東萊集/外拾遺 5/9b
與劉衡州子澄　　東萊集/外拾遺 5/10a
與李侍郎仁父　　東萊集/外拾遺 5/10b
與陳同父　　東萊集/外拾遺 5/13a
與陳正己　　東萊集/外拾遺 5/16b
與葉侍郎正則　　東萊集/外拾遺 5/17a
與郭養正　　東萊集/外拾遺 5/17a
與鞏仲至乾道辛卯冬　　東萊集/外拾遺 5/17a
與張知縣商卿　　東萊集/外拾遺 5/18a
與汪端明聖錫　　東萊集/別 7/1a–4a
與曾大卿原伯　　東萊集/別 7/4b

與艇齋曾先生裘父　東萊集/別 7/4b
與張荆州敬夫　東萊集/別 7/4b
與朱侍講元晦(1－2)　東萊集/別 7/6a－8/1a
與周丞相子充　東萊集/別 9/1a－7a
與鞏大監　東萊集/別 9/7a
與劉衡州子澄　東萊集/別 9/7b
與潘侍郎叔玠　東萊集/別 9/8b
答方教授嚴州　東萊集/別 9/10a
與内兄曾提刑致虛　東萊集 9/10b
與魏寺丞國佐　東萊集/別 9/12a
與王侍講齊賢　東萊集/別 9/12a
與張運使宗尹　東萊集/別 9/12b
與陳君舉　東萊集/別 10/1a
與陳同甫　東萊集/別 10/1b－12b
答王道夫　東萊集/別 10/12b
答項平甫　東萊集/別 10/13a
答周允升　東萊集/別 10/13a
答潘叔度　東萊集/別 10/13b
答潘叔昌　東萊集/別 10/21b
答聶與言　東萊集/別 10/21b
與喬德瞻　東萊集/別 10/22a
與邢邦用　東萊集/別 10/22b
與内弟曾德寬　東萊集 10/23b
與戴在伯　東萊集/別 10/24a
與學者及諸弟　東萊集 10/24b
謝陳丞相　東萊集/別 11/1a
與虞丞相　東萊集/別 11/1b
與梁參政　東萊集/別 11/2a
與趙丞相　東萊集/別 11/2a
與王樞使　東萊集/別 11/2b
與虞丞相　東萊集/別 11/3a
賀孔舍人修史啓　播芳文粹 54/10b
上陳丞相小簡七幅　播芳文粹 95/1a
代韓尚書孫聘王氏婚書　播芳文粹 126/13a
答潘叔度書　南宋文範 34/5b

～南公

上曾内翰書　灌園集 10/1a
上曾吏部書　灌園集 10/3a
上徐龍圖書　灌園集 10/5b
與楊次公書(1－2)　灌園集 10/8b－11a
請見李宣義書　灌園集 10/12a
上知縣書　灌園集 10/15a
與傅公濟書　灌園集 10/16b

上運判書　灌園集 11/1a
與汪秘校論文書　灌園集 11/2a
上時相書(1－2)　灌園集 11/7a－10a
上執政書　灌園集 11/12a
上參政書　灌園集 11/15a
上提刑郎中書　灌園集 12/1a
上運使郎中書　灌園集 12/3b
與傅亨甫書　灌園集 12/7a
與傅商容書　灌園集 12/9a
復傅濟道書　灌園集 12/11b
請見張太守書　灌園集 13/1a
請見蔡太守書　灌園集 13/4a
請見葉太守書　灌園集 13/7a
請見鄭太守書　灌園集 13/9a
上知郡郎中書　灌園集 13/10a
請見韓簽判書　灌園集 13/12b
請見蔡簽判書　灌園集 14/1a
請見曾簽判書　灌園集 14/3a
爲人請納拜書　灌園集 14/4b
與王夢錫書　灌園集 14/6a
與張户曹論處置保甲書(1－2)　灌園集 14/10b－14b
上曾龍圖書　灌園集 15/1a
答李講師書　灌園集 15/3b
與饒元禮論史書　灌園集 15/6a
上知縣啓　灌園集 15/10a
代人上知府待制啓　灌園集 15/11a
爲人謝舉知啓(1－2)　灌園集 15/12a－13a

～陶

應制舉上諸公書(1－2)　净德集 10/1a－5a
上吳殿院書　净德集 10/7a
上趙雜端書　净德集 10/8a
與唐士憲書　净德集 10/9b
別范子功書　净德集 10/11a
與十弟書　净德集 10/11b
謝薦舉啓(1－2)　净德集 11/3b－4a
答諸官謝薦舉啓　净德集 11/5b
謝登制科啓　净德集 11/6a
賀宰執啓　净德集 11/7a
賀成都趙大資啓　净德集 11/7b
謝轉官啓　净德集 11/9a
答周考功賀轉官啓　净德集 11/10b
賀宰執正旦啓　净德集 12/1a

賀蘇内翰啓　净德集 12/1a

答知梓州杜學士啓　净德集 12/1b

答新知梓州周考功啓　净德集 12/2a

答知廣安家朝請啓　净德集 12/2b

謝兩府啓　净德集 12/2b

賀許右丞啓　净德集 12/3b

賀新知成都李寶文啓　净德集 12/4a

謝成都知府李寶文啓　净德集 12/4b

答知州李守啓　净德集 12/4b

答和州守啓　净德集 12/5a

答慶帥賀右史啓　净德集 12/5b

賀太原帥啓　净德集 12/6a

答新知遂州馮朝請啓　净德集 12/6b

回新及第先輩啓　净德集 12/7a

回邛州知郡陳大夫啓　净德集 12/7b

謝梓州路提舉常平薛寺丞啓　净德集 12/7b

答簡州知郡楊朝請啓（1－2）　净德集 12/8a－
8b

謝諸公賀致仕啓　净德集 12/8b

回成都監司啓　净德集 12/9a

代賀范相公啓　净德集 12/9a

賀新知成都胡資政啓　净德集 12/9b

答家朝請謝轉官啓　净德集 12/10a

~ 溱

賀周提刑啓　播芳文粹 60/16b

與馮待制帖　播芳文粹 107/9b

~頤浩

上時政書　忠穆集 5/13a　南宋文範 31/2a

與張德遠書　忠穆集 6/1a

與李伯紀書　忠穆集 6/1b

與李漢老書　忠穆集 6/2a

與張全真書　忠穆集 6/2b

與范元長書　忠穆集 6/3a

與汪彦章書　忠穆集 6/3b

與黃嗣深書　忠穆集 6/4a

與綦叔厚書　忠穆集 6/4b

與李德升書　忠穆集 6/5a

與康平仲書　忠穆集 6/5a

與劉彦修書　忠穆集 6/5b

與沈元用書　忠穆集 6/6a

與折中古書　忠穆集 6/6b

與向伯恭書　忠穆集 6/7a

與劉資深書　忠穆集 6/7b

與程晉道書　忠穆集 6/8a

與趙道夫書　忠穆集 6/8b

與姚庭輝書　忠穆集 6/9a

與賀子忱書　忠穆集 6/9b

與劉仲忱書　忠穆集 6/10a

與張安世書　忠穆集 6/10a

與劉仲高書　忠穆集 6/10b

與馬永卿書　忠穆集 6/11a

與陳祖禮書　忠穆集 6/11b

與范正興書　忠穆集 6/12a

與雪峰清了書　忠穆集 6/12b

謝陳龍圖舉自代啓　忠穆集 6/13b

賀大理孫少卿啓　忠穆集 6/14b

與華殿院問候啓　忠穆集 6/15a

賀吳顯謨閣啓　忠穆集 6/15b

賀建康張龍圖啓　忠穆集 6/16a

賀姚侍郎除待制啓　忠穆集 6/16b

賀中山帥沈待制到任啓　忠穆集 6/17a

賀河間帥吳述古遷職再任啓　忠穆集 6/17b

與知建州魏侍御啓　忠穆集 6/18b

賀趙相除左僕射啓　忠穆集 6/19a

賀知越州綦内翰啓　忠穆集 6/20a

賀新知台州曹大卿啓　忠穆集 6/20b

賀周中丞知秀州啓　忠穆集 6/21a

賀郭節使加檢校少傅啓　忠穆集 6/21b

謝趙都運啓　忠穆集 6/22a

賀張參政福州到任啓　忠穆集 6/22b

賀胡樞密啓　忠穆集 6/23a

吳九齡

謝鄉舉啓　播芳文粹 78/16b

~ 子文

賀官使少保正啓　播芳文粹 65/23a

~ 子昭

上提刑啓　播芳文粹 86/13a

~ 元杳

送定書（1－2）　播芳文粹 126/18a－18b

~ 必先

賀太守龍圖正啓　播芳文粹 66/1b

~ 汝能

謝鄉舉啓　播芳文粹 79/4a

~ 有光

賀憲使正啓　播芳文粹 66/4b

~孝宗
　　與張江東論事書　　宋文鑑 120/6a
~孝叔
　　上執政啓　　播芳文粹 85/25a
~　泳
　　通鄭侍郎啓　鶴林集 25/1a
　　謝崔侍郎啓　鶴林集 25/3a
　　見鄭侍郎啓　鶴林集 25/4a
　　賀丞相拜太傅啓　鶴林集 25/5a
　　答曹知丞啓　鶴林集 25/6a
　　知泉州謝丞相啓　鶴林集 25/6b
　　知溫州謝丞相啓　鶴林集 25/7b
　　知寧國府謝丞相啓　鶴林集 25/9a
　　謝楊禮侍舉科目啓　鶴林集 25/10b
　　謝鄒都大啓　鶴林集 25/11b
　　謝鄉宦士人生日啓　鶴林集 25/12b
　　見楊尚書啓　鶴林集 25/12b
　　宮祠謝丞相啓　鶴林集 25/13b
　　又謝丞相啓　鶴林集 25/14b
　　通曾漕啓　鶴林集 26/1a
　　又通黃漕啓　鶴林集 26/2a
　　又見范漕啓　鶴林集 26/3a
　　又通范漕啓　鶴林集 26/4a
　　又謝范漕舉啓　鶴林集 26/5a
　　成都教到任謝范漕啓　鶴林集 26/6a
　　答李解元啓　鶴林集 26/7a
　　答康縣尉啓　鶴林集 26/7b
　　答衡縣尉啓　鶴林集 26/8a
　　通交代高教授啓　鶴林集 26/8b
　　通林教授啓　鶴林集 26/9a
　　通交代廖教授啓　鶴林集 26/9b
　　謝運使啓　鶴林集 26/10a
　　賀喬參政啓　鶴林集 26/11a
　　賀汪茶使啓　鶴林集 26/11b
　　通李總啓　鶴林集 26/12b
　　賀史石泉啓　鶴林集 26/13b
　　賀楊禮侍啓　鶴林集 26/14b
　　賀漕試太學國子宗學啓　鶴林集 26/15a
　　通洪倅啓　鶴林集 26/15b
　　答黃秘校啓　鶴林集 26/16a
　　答游景仁書佃　鶴林集 27/1a
　　答杜成己書(1-2)　鶴林集 27/2a-3b
　　答李强父書宗勉　鶴林集 27/4b

　　答蔣良貴書重珍(1-4)　鶴林集 27/5b-8a
　　答陳和仲書塤(1-2)　鶴林集 27/8b-9b
　　答高詹叔書　鶴林集 27/10b
　　答家本仲書(1-3)　鶴林集 27/11a-13b
　　答程季與書公許(1-2)　鶴林集 27/14a-15a
　　答劉時可書　鶴林集 27/16a
　　答謝德方書(1-2)　鶴林集 27/17a-17b
　　與魏鶴山書(1-6)　鶴林集 28/1a-9b
　　與洪平齋書咨夔(1-8)　鶴林集 28/10b-18a
　　與真西山書　鶴林集 29/1a
　　上劉左史書　鶴林集 29/2b
　　上崔侍郎書　鶴林集 29/5a
　　與曹昌谷書彥約(1-2)　鶴林集 29/7b-9a
　　與崔菊坡書　鶴林集 29/10b
　　與李悅齋書(1-4)　鶴林集 29/12a-16b
　　與汪尚中書(1-2)　鶴林集 30/1a-3a
　　上鄒都大書　鶴林集 30/4b
　　上應都大書　鶴林集 30/7b
　　答嚴子韶書　鶴林集 30/10a-15a
　　答吳道夫書　鶴林集 30/16a
　　答任子嘉書　鶴林集 30/17a
　　答吳毅夫書(1-6)　鶴林集 31/1a-5a
　　答李微之書(1-2)　鶴林集 31/6b-7a
　　答李成之書　鶴林集 31/8a
　　答岳肅之書　鶴林集 31/9a
　　答蔡遵父書　鶴林集 31/10b
　　答方齊英書　鶴林集 31/11b
　　答王成父書　鶴林集 31/13a
　　答蔡達父書　鶴林集 31/14a
　　答郭子寄書(1-2)　鶴林集 31/15a-16b
　　答徐茂翁書　鶴林集 31/17b
　　答趙茂實書　鶴林集 31/19a
　　答唐伯玉書(1-4)　鶴林集 31/20a-23a
　　答羅嗣賢書　鶴林集 32/1a
　　答文子舟書　鶴林集 32/2a
　　答程叔運書　鶴林集 32/3b
　　答黃予實書　鶴林集 32/4b
　　答胡叔獻書　鶴林集 32/5b
　　答張平父書　鶴林集 32/6b
　　答徐公發書　鶴林集 32/7b
　　答鄭子辯書　鶴林集 32/8a
　　答涂安禮書　鶴林集 32/9a
　　答胡彥肯書　鶴林集 32/10a

答王次點書　鶴林集 32/11a

答潘周卿書　鶴林集 32/12a

答劉成道書　鶴林集 32/13a

答唐生書　鶴林集 32/14a

答唐廣夫書　鶴林集 32/14b

聘饒伯與書　鶴林集 32/15b

上曹太傅書　鶴林集 32/16b

通鄭侍郎啓　南宋文範 30/5a

答吳毅夫書　南宋文範 35/9a

~ 叔玉

賀第三人及第啓　播芳文粹 65/7b

~ 則禮

謝李拜直辟置啓　四庫拾遺 594/北湖集

謝李拜直辟置啓　播芳文粹 76/7b

~ 　詠

謝鄉舉啓　播芳文粹 78/18b

~ 　潛

上史相書史彌遠當國火後上六事　履齋集 4/6b

再上史相書論救火賞罰未當　履齋集 4/11a

上廟堂書論用兵河南　履齋集 4/14a

答蔡樞密書蔡抗寓書勸勉再出　履齋集 4/19a

宋履齋吳公帖(致許月卿書)　先天集/附錄上 1b

~ 　儆

賀王丞相啓　吳文肅集 4/2a

上明州沈丞相啓　吳文肅集 4/2b

賀洪樞密啓　吳文肅集 4/4a

知泰州謝執政啓　吳文肅集 4/5b

倅邑謝宰執啓　吳文肅集 4/6a

謝南軒舉狀啓　吳文肅集 4/7a

與桂帥張南軒啓　吳文肅集 4/8a

賀汪直閣知九江啓　吳文肅集 5/1a

代賀張魏公除樞密使督軍啓　吳文肅集 5/1b

上明州僉判許狀元啓　吳文肅集 5/2b

謝李鹽使舉治狀啓　吳文肅集 5/3a

賀范至能自廣帥鎮蜀啓　吳文肅集 5/4b

上憲使啓　吳文肅集 5/5b

賀金少卿啓　吳文肅集 6/1a

代洪守賀陳殿院啓　吳文肅集 6/1b

通信守徐侍郎啓　吳文肅集 6/2a

謝洪徽州差權局啓　吳文肅集 6/3b

賀金除給事啓　吳文肅集 6/4a

上錢通判啓　吳文肅集 6/4b

謝洪徽州撰休寧縣學記並書啓　吳文肅集 6/

5b

賀施僉樞啓　吳文肅集 6/6b

上史樞密啓　吳文肅集 6/7b

賀洪樞密除參政啓　吳文肅集 6/8b

謝鄭憲舉狀　吳文肅集 6/9a

上明州制置　吳文肅集 6/10a

代王侍郎通揚漕　吳文肅集 6/11a

與漕使　吳文肅集 6/11b

賀洪景伯除中書舍人　吳文肅集 6/12a

安仁交代　吳文肅集 6/13a

答雷州馮守　吳文肅集 6/13b

上蔣樞密書　吳文肅集 7/1a

見辛給事書　吳文肅集 7/3b

上王丞相書　吳文肅集 7/5a

上姚樞密書(1-2)　吳文肅集 7/6b–7b

上張南軒書　吳文肅集 8/1a

謝南軒薦舉書　吳文肅集 8/3a

與南軒論盜賊書　吳文肅集 8/3b

上五府乞官觀書　吳文肅集 8/4b

見洪徽州書　吳文肅集 8/5b

答吳益深書　吳文肅集 9/1a

答汪楚才書　吳文肅集 9/2a

答汪仁仲求撰墓誌書　吳文肅集 9/4a

墨說　吳文肅集 14/2a

謝洪徽州适撰休寧縣學記並書啓　新安文

獻 42/5b

與桂師張南軒先生啓　新安文獻 42/5a

代賀張魏公除樞密使督軍啓　新安文獻 42/5a

上蔣樞密書　南宋文範 33/13a

~ 龍翰

上劉後村書　古梅稿 6/3a

~ 　鎰

賀宋戶侍啓　播芳文粹 53/6b

赴任上通判啓　播芳文粹 83/22a

~ 觀望

答高嚴起論潮書　新安文獻 10/11a

岑象求

與陸農師右丞啓　蜀文輯存 28/19b

余　靖

謝帖職啓　武溪集 17/2a

謝知英州狀　武溪集 17/3b

謝知制誥啓　　武溪集 17/4a

謝知制誥啓謝外任並兩制　　武溪集 17/5a

謝知吉州啓　　武溪集 17/5b

謝充集賢學士啓　　武溪集 17/6b

謝再任桂州啓　　武溪集 17/7b

謝知潭州啓　　武溪集 17/8b

謝知青州啓　　武溪集 17/9b

謝知廣州表　　武溪集 17/10a

謝轉工部尚書啓　　武溪集 17/10b

答淮南轉運段學士啓　　武溪集 17/11a

回兩浙轉運葉學士啓　　武溪集 17/12a

回狀元宋內翰啓　　武溪集 17/12b

回賀孫學士啓　　武溪集 17/13a

回賀彭舍人啓　　武溪集 17/13b

回賀吳內翰啓　　武溪集 17/13b

賀梁相公啓　　武溪集 17/14a

與李秀才覿書四首(附李覿上余監丞書)　　武溪集/補佚 4a

余侍郎　　直講集/外 2/3a

何伯深

賀駕幸丞相府啓　　播芳文粹 67/26b

～耆仲

賀左丞相啓　　播芳文粹 47/13a

賀廖工書啓　　播芳文粹 50/13b

賀李倅啓　　播芳文粹 63/14b

賀廖工書啓　　蜀文輯存 62/17b

賀左丞相啓　　蜀文輯存 62/17b

賀李倅啓　　蜀文輯存 62/18a

～耕

教授與交代啓　　播芳文粹 85/2a

與教授交代啓　　蜀文輯存 59/4a

～基

與誠齋陳公論先天後天圖　　何北山集 1/7a

與門人張潤之書(1-3)　　何北山集 1/8a-8b

～處任

賀大尹啓　　播芳文粹 57/23b

～祺

賀宮使太師啓　　播芳文粹 56/1a

賀韓少師致仕啓　　播芳文粹 56/9a

解合州任謝監司啓　　播芳文粹 72/18a

賀韓少師致仕啓　　蜀文輯存 67/1a

賀宮使太師啓　　蜀文輯存 67/1a

解合州任謝監司啓　　蜀文輯存 67/1b

～極

賀林侍制啓　　播芳文粹 55/4a

賀鄭守啓　　播芳文粹 62/16b

赴任上李守左司啓　　播芳文粹 83/17a

～栗

賀左丞相啓　　播芳文粹 47/19a

賀曾校書啓　　播芳文粹 51/24a

賀曾校書啓　　蜀文輯存 35/16a

賀左丞相啓　　蜀文輯存 35/16a

與人書一首　　蜀文輯存 35/16b

即辰六月帖　　蜀文輯存 35/17a

～熙志

代上馮憲書　　蜀文輯存 50/16a

～夢桂

前啓有劄子　　潛齋集 11/13a

通徐宅聘啓　　潛齋集 11/14a

請昏于方宅劄子　　潛齋集 11/14b

八　畫

宗澤

求教書　　宗忠簡集 4/1a

上鄭龍圖求船書　　宗忠簡集 4/3a

(見)上王提刑書　　宗忠簡集 4/4b

上李丞相書緯綱　　宗忠簡集 4/5b

與北道總管趙野約入援京城書靖康二年二月　　宗忠簡集 4/6b

與河北河東宣撫范訥約入援京城書　　宗忠簡集 4/7a

與知興仁府曾槱約入援京城書　　宗忠簡集 4/7b

幸元龍

上同知樞密院丘公書　　松垣集 2/1a

上吏部侍郎彭公書　　松垣集 2/3b

上京湖制置使趙公論榆柳書　　松垣集 2/6a

上宰輔史公書　　松垣集 2/13b

林之奇

上宰相書　　拙齋集 7/1a

上宰相書建　　拙齋集 7/11a

上王參政　　拙齋集 8/1a

上何憲　　拙齋集 8/7a

答劉先生　　拙齋集 9/1a

寄遺逸先生　　拙齋集 9/2a

上胡教授　　拙齋集 9/4a

答黃晦叔仙尉　　拙齋集 9/5b

答陳景衡　　拙齋集 9/9a

復李文授　　拙齋集 9/10b

答王子由　　拙齋集 9/13b

答張安國舍人父子書　　拙齋集 9/14b

舘職謝啓　　拙齋集 10/1a

謝進書改官啓預修神宗實訓　　拙齋集 10/3a

賀湯右相　　拙齋集 10/4b

賀葉樞啓　　拙齋集 10/6a

賀湯左相　　拙齋集 10/7a

賀葉元樞啓　　拙齋集 10/10a

賀汪侍御啓　　拙齋集 10/12a

賀張子公啓　　拙齋集 10/13b

賀開府史丞相帥閩　　拙齋集 11/1a

賀陳左相啓　　拙齋集 11/2a

上朱中丞啓　　拙齋集 11/4a

上何諫議啓　　拙齋集 11/5b

上都司諫啓　　拙齋集 11/6b

回徐教授啓　　拙齋集 11/7b

到任謝宰執啓　　拙齋集 11/8b

謝汪帥啓　　拙齋集 11/10b

謝劉丈舉自代啓　　拙齋集 11/12b

代士人謝孫憲啓　　拙齋集 11/14a

請證果長老疏　　拙齋集 20/10a

天寧行者化度牒疏　　拙齋集 20/12b

與曹裘父書　　拙齋集/拾遺 1a

賀黃參議啓　　播芳文粹 63/22a

賀謝參議啓　　播芳文粹 63/22b

賀劉參議啓　　播芳文粹 63/23a

上陳樞密論行三經事劄子　　南宋文範 32/17a

~子卿

賀王參政啓　　播芳文粹 49/7b

~亦之

鄒子西　　網山集 7/3a

修仲　　網山集 7/3b

曹子微　　網山集 7/3b

章徽之聘盧氏　　網山集 7/4a

方徽之　　網山集 7/4a

陸提幹聘吳氏　　網山集 7/4b

陳子牙　　網山集 7/5a

回鄧氏　　網山集 7/5a

惠安納采　　網山集 7/5b

回鄧氏請期　　網山集 7/6a

高子羽請期　　網山集 7/6a

陳子白請期　　網山集 7/6a

林履之請期　　網山集 7/6b

回鄧氏定日　　網山集 7/6b

~光朝

除館職謝虞丞相啓　　艾軒集 6/1a

除廣西憲謝梁丞相啓　　艾軒集 6/3a

賀龔恭政實之咨　　艾軒集 6/3b

與葉丞相子昂　　艾軒集 6/4b

與陳丞相應求　　艾軒集 6/5b

與王舍人宣子　　艾軒集 6/7a

與朱編修元晦　　艾軒集 6/8b

與薛守　　艾軒集 6/9a

與黃少卿仲秉　　艾軒集 6/9b

與查少卿元章　　艾軒集 6/10b

與翟憲　　艾軒集 6/10b

與范帥至能　　艾軒集 6/11a

與趙著作子直　　艾軒集 6/12b

與范國録元卿　　艾軒集 6/15a

與樊憲茂實　　艾軒集 6/15b

與宋提舉去葉　　艾軒集 6/16a

與鄭編修漁仲　　艾軒集 6/17a

與丘左司文昭　　艾軒集 6/18a

與陳循州體仁　　艾軒集 6/19a

與陳侍郎季若　　艾軒集 6/19b

與鍾離守　　艾軒集 6/20b

與泉州李倅遷仲之弟　　艾軒集 6/21b

與楊次山龜山之孫　　艾軒集 6/23a

與陳伯壽　　艾軒集 6/25b

與盧仲蒼　　艾軒集 6/26a

與林晉仲　　艾軒集 6/27a

與鄭耕老　　艾軒集 6/27b

與林之美充　　艾軒集 6/28a

與林元美襃　　艾軒集 6/29a

與東之　　艾軒集 6/30a

示成季　　艾軒集 6/31a

答林謙之書　　艾軒集 10/附録/21a

~　希

謝館閣校勘啓　　宋文鑑 122/22a

謝人求哀辭書　　宋文鑑 119/12a

~希逸

上丞相劄庚戌　　膚齋集/十一稿續 6/5b

見陳郎中貴誼　　膚齋集/十一稿續 7/9a

見林郎中㽦　　膚齋集/十一稿續 7/11a

代懷安王林丞上楊安撫誠齋子　　膚齋集/十一稿續 7/12b

理宗皇帝大祥疏文(1-2)　　膚齋集/十一稿續 14/1a-1b

丁卯賀郊祀表　　膚齋集/十一稿續 14/1b

丁卯聖節(1-2)　　膚齋集/十一稿續 14/2a-2b

賀生皇子表　　膚齋集/十一稿續 14/2b

賀皇太后表　　膚齋集/十一稿續 14/3a

賀皇后表　　膚齋集/十一稿續 14/3b

賀丞相進封魏國公劄子　　膚齋集/十一稿續 14/4a

賀丞相除太守　　膚齋集/十一稿續 14/4a

賀魏國公再拜(附繳劄)　　膚齋集/十一稿續 14/6a

賀賈平章啓　　膚齋集/十一稿續 14/10b

丁卯賀平章生日八月八日　　膚齋集/十一稿續 14/11b

賀常樞密　　膚齋集/十一稿續 14/12b

賀葉右相　　膚齋集/十一稿續 14/13a

賀留樞使　　膚齋集/十一稿續 14/14b

賀後村八十劄　　膚齋集/十一稿續 14/15b

賀劉朔齋除卿曹兼建寧　　膚齋集/十一稿續 14/16a

賀陳提刑淳祖　　膚齋集/十一稿續 14/16b

賀吳恕齋除兵侍　　膚齋集/十一稿續 14/17a

賀洪福帥劄天錫　　膚齋集/十一稿續 14/17b

賀劉尚書生日　　膚齋集/十一稿續 14/18b

賀徐倉兼憲明叔　　膚齋集/十一稿續 14/19a

賀陳提刑兼泉州　　膚齋集/十一稿續 14/19b

賀劉朔齋除中書禮侍　　膚齋集/十一稿續 14/20a

賀李侍郎兼漕建寧　　膚齋集/十一稿續 14/20a

回洪帥　　膚齋集/十一稿續 14/20b

趙判府賀年劄興化　　膚齋集/十一稿續 14/21a

回林潮倅賀年　　膚齋集/十一稿續 14/21b

謝再任武夷　　膚齋集/十一稿續 14/21b

賀余宅燎黃　　膚齋集/十一稿續 14/22b

賀余帥參生日　　膚齋集/十一稿續 14/22b

回福清薛宰劄夢桂　　膚齋集/十一稿續 14/23a

回丘司理謝乃翁退庵集序　　膚齋集/十一稿續 14/23b

代後村遺表　　膚齋集/十一稿續 14/23b

賀江左相　　膚齋集/十一稿續 15/1a

賀馬右相　　膚齋集/十一稿續 15/2b

甲子回生日啓—後村　　膚齋集/十一稿續 15/3b

甲子回生日啓—新漳州劉通判強甫　　膚齋集/十一稿續 15/4a

甲子回生日啓—余制參邵魯　　膚齋集/十一稿續 15/14b

乙丑回生日啓—福清陳簿德亮　　膚齋集/十一稿續 15/5a

丙寅回生日啓—後村劉尚書　　膚齋集/十一稿續 15/5b

丙寅回生日啓—新漳州劉通判　　膚齋集/十一稿續 15/6a

丙寅回生日啓—陳公益　　膚齋集/十一稿續 15/6b

丙寅回生日啓—福清薛知縣夢桂　　膚齋集/十一稿續 15/7a

丙寅回生日啓—興化蕭教授　　膚齋集/十一稿續 15/7a

丙寅回生日啓—新劍浦鄭主簿　　膚齋集/十一稿續 15/7b

丙寅回生日啓—劉達卿　　膚齋集/十一稿續 15/8a

丙寅回生日啓—福清陳主簿德亮　　膚齋集/十一稿續 15/8b

丙寅回生日啓—三文書堂方巖尹　　膚齋集/十一稿續 15/9a

丙寅回生日啓—石塘林子真　　膚齋集/十一稿續 15/9b

丙寅回生日啓—石塘林子常　　膚齋集/十一稿續 15/9b

丙寅回生日啓—新潮州林通判　　膚齋集/十一稿續 15/10a

丙寅回生日啓—同安林丞　　膚齋集/十一稿續 15/10b

丙寅回生日啓—劉士仰　　膚齋集/十一稿續 15/11a

丙寅回生日啓—新汀州黃教授　　膚齋集/十一稿續 15/11a

丙寅回生日啓—劉智翁　　膚齋集/十一稿續 15/11b

丙寅回生日啓—鄭進士　　膚齋集/十一稿續 15/12a

丙寅回生日啓—心游劉躔甫　　膚齋集/十一稿續 15/12a

丙寅回生日啓—僧賀生日二首　　膚齋集/十一稿續 15/12b-13a

丁卯回生日啓—劉後村　　膚齋集/十一稿續 15/

13b

丁卯回生日啓—新漳州劉通判　盧齋集/十一稿續 15/13b

丁卯回生日啓—福清薛知縣　盧齋集/十一稿續 15/14a

丁卯回生日啓—新潮州林通判　盧齋集/十一稿續 15/14b

丁卯回生日啓—同安縣丞林　盧齋集/十一稿續 15/15a

丁卯回生日啓—福清陳主簿　盧齋集/十一稿續 15/15b

丁卯回生日啓—福清趙縣尉　盧齋集/十一稿續 15/15b

丁卯回生日啓—劉正奏應旗　盧齋集/十一稿續 15/16a

丁卯回生日啓—新衡陽趙主簿　盧齋集/十一稿續 15/16b

丁卯回生日啓—劉達卿號後坡　盧齋集/十一稿續 15/17a

丁卯回生日啓—石塘林子真　盧齋集/十一稿續 15/17b

丁卯回生日啓—石塘林子常　盧齋集/十一稿續 15/18a

丁卯回生日啓—劉智翁　盧齋集/十一稿續 15/18a

丁卯回生日啓—鄭　盧齋集/十一稿續 15/18b

丁卯回生日啓—劉子木　盧齋集/十一稿續 15/18b

丁卯回生日啓—劉士仰　盧齋集/十一稿續 15/19a

回劉府教請講易　盧齋集/十一稿續 15/19a

賀余制參己巳　盧齋集/十一稿續 15/19b

回余制參　盧齋集/十一稿續 15/20a

賀余帥開藩明叔　盧齋集/十一稿續 15/20a

賀吳制使革　盧齋集/十一稿續 15/20b

余制參招飲　盧齋集/十一稿續 15/21b

行祖聘方氏書　盧齋集/十一稿續 15/21b

回黃丞請婚書　盧齋集/十一稿續 15/22a

回郭通判婚書　盧齋集/十一稿續 15/22b

劉後村　盧齋集/十一稿續 16/2a

戊辰回生日啓—余制參師魯　盧齋集/十一稿續 16/2b

劉架閣强甫　盧齋集/十一稿續 16/3a

戊辰回生日啓—興化蕭教授　盧齋集/十一稿續 16/3a

戊辰回生日啓—石塘林子真　盧齋集/十一稿續

續 16/3b

戊辰回生日啓—石塘林子常　盧齋集/十一稿續 16/4a

戊辰回生日啓—劉達卿號後坡　盧齋集/十一稿續 16/4b

戊辰回生日啓—福清薛宰　盧齋集/十一稿續 16/5a

戊辰回生日啓—薛宰剳　盧齋集/十一稿續 16/5b

戊辰回生日啓—劉躔甫心游劉之樓名　盧齋集/十一稿續 16/5b

戊辰回生日啓—黃汀教　盧齋集/十一稿續 16/6a

戊辰回生日啓—丘司理　盧齋集/十一稿續 16/6b

戊辰回生日啓—同安林縣丞鐘　盧齋集/十一稿續 16/6b

己巳回生日啓—潮陽林通判式之　盧齋集/十一稿續 16/7a

己巳回生日啓—福清葉知縣忠正　盧齋集/十一稿續 16/7b

己巳回生日啓—前同安丞林通直鎧　盧齋集/十一稿續 16/8a

己巳回生日啓—新德化方簿晉　盧齋集/十一稿續 16/7b

己巳回生日啓—新建安徐山長端衡　盧齋集/十一稿續 16/8a

己巳回生日啓—新永春劉尉肩吾　盧齋集/十一稿續 16/8a

己巳回生日啓—新徽州邱知録應甲　盧齋集/十一稿續 16/8b

己巳回生日啓—海口翁監鎮應星　盧齋集/十一稿續 16/9a

己巳回生日啓—福清趙尉宗溥　盧齋集/十一稿續 16/9b

己巳回生日啓—石塘林子真　盧齋集/十一稿續 16/10a

己巳回生日啓—石塘林子常合　盧齋集/十一稿續 16/10a

己巳回生日啓—新平江吳江縣張主學松年建寧人　盧齋集/十一稿續 16/10b

己巳回生日啓—劉躔甫翼號心游　盧齋集/十一稿續 16/11a

己巳回生日啓—劉士仰更逮　盧齋集/十一稿續 16/11b

己巳回生日啓—劉達卿求志自號後坡　盧齋集/十一稿續 16/12a

己巳回生日啓—黃掌祠君遇允文先生之後 盧齋集/十一稿續 16/12b

己巳回生日啓—林強父麟 盧齋集/十一稿續 16/12b

己巳回生日啓—方持叟名德化簿之子 盧齋集/十一稿續 16/13a

己巳回生日啓—方帝臣時舉次云正字之後 盧齋集/十一稿續 16/13b

己巳回生日啓—劉智翁貴誥安溪之客 盧齋集/十一稿續 16/14a

己巳回生日啓—檗山照老 盧齋集/十一稿續 16/14b

賀陳倉 盧齋集/十一稿續 16/14b

回徐帥送開藩折送及菊節 盧齋集/十一稿續 16/15b

~季仲

賀程守進職啓 竹軒雜著 4/1a

謝復職啓 竹軒雜著 4/1a

賀閭邱侍郎啓 竹軒雜著 4/1b

賀樞密冬啓 竹軒雜著 4/2a

賀韓樞密啓 竹軒雜著 4/2b

與趙參政書(1–11) 竹軒雜著 4/2b–11a

答楊解元書 竹軒雜著 5/1a

與孫端朝書 竹軒雜著 5/2a

答林英伯書 竹軒雜著 5/3a

辭趙參政薦舉書 竹軒雜著 5/3b

與周主簿書 竹軒雜著 5/5a

答寶林長老書(1–4) 竹軒雜著 5/6b–8b

答胡待制書 竹軒雜著 5/8b

~清甫

贄見太守啓 播芳文粹 86/24b

回陳將仕啓 播芳文粹 89/13b

~通

與梵才大師帖 播芳文粹 110/12a

~儀卿

赴任上教授啓 播芳文粹 83/26a

~鎰

賀張丞相啓 播芳文粹 47/23a

賀梁丞相啓 播芳文粹 48/4b

賀張同知啓 播芳文粹 49/27a

賀王大諫啓 播芳文粹 52/4a

賀沈帥加侍制啓 播芳文粹 55/5b

賀陳丞相判本州啓 播芳文粹 57/5a

賀鄧帥啓 播芳文粹 57/18b

賀王總領啓 播芳文粹 59/6b

賀提舶啓 播芳文粹 59/17b

賀王提刑啓 播芳文粹 60/19a

賀鄭提舉啓同年 播芳文粹 61/14a

賀西外趙知宗啓 播芳文粹 61/24a

賀張守啓 播芳文粹 62/17b

賀李宰啓 播芳文粹 64/17a

賀人及第啓 播芳文粹 65/12b

賀人及第啓 播芳文粹 65/13a

賀人發舉啓(1–2) 播芳文粹 65/18a

賀宰相冬啓 播芳文粹 66/20b

謝帥臣薦舉啓(1–2) 播芳文粹 74/1b–3b

謝帥臣薦舉啓 播芳文粹 74/5a

謝升上舍啓(1–2) 播芳文粹 78/3b–5a

叙事謝沈帥啓 播芳文粹 79/16b

叙事謝帥臣啓 播芳文粹 79/18a

赴任上太守啓 播芳文粹 83/12b

赴任上通判啓 播芳文粹 83/20a

赴任上判官啓 播芳文粹 84/1b

赴任上知錄啓 播芳文粹 84/4b

赴任與寄居簿啓 播芳文粹 84/11b

赴任上鄰宰啓 播芳文粹 84/14b

赴任與尉啓 播芳文粹 84/17b

赴任與尉啓 播芳文粹 84/18a

簿與交代啓 播芳文粹 85/8b

上安撫丞相啓 播芳文粹 86/2a

上漕使啓 播芳文粹 86/11a

贄見太守啓 播芳文粹 86/24b

回鄭秘校啓 播芳文粹 89/15b

上提刑小簡 播芳文粹 100/3a

上太守小簡(1–2) 播芳文粹 100/10b–11b

金安節

論兩淮利害狀 南宋文範 32/3a

~君卿

賀韓龍圖轉諫議知瀛州啓 金氏集/下/27a

落權字謝兩府啓 金氏集/下/27a

賀北京賈太師啓 金氏集/下/27b

賀運使司封啓 金氏集/下/28a

廣東運使到任謝二府啓 金氏集/下/28b

江西運判到任謝兩府啓 金氏集/下/28b

再任運使謝兩府啓 金氏集/下/29a

代賀發運待制啓 金氏集/下/29b

謝省主判寺内翰啓　　金氏集/下/30b

~若愚

　上陳定守先生啓　　新安文獻 43/7a

~履祥

　答葉敬之書　　仁山集 3/6a

　奉章廷式先生書　　仁山集 5/16a

　又上約齋啓　　仁山集 5/4a

　上劉約齋書　　仁山集 5/4a

岳　　珂

　上宰執第一書　　金佗稡編 26/9a

　上侍從給舍臺諫書　　金佗稡編 26/11b 以下（原闕）

　上宰執第二書　　金佗稡編 27/5a

　乞付史館堂劄　　金佗稡編 27/7b

　謝宰執啓　　金佗稡編 28/3b

　謝臺諫給舍侍從兩省啓　　金佗稡編 28/5b

　都司取索文字　　金佗稡編 28/7b

　申都司狀　　金佗稡編 28/7b

　加贈先伯雲信劄　　金佗稡編 28/9a

　加贈張憲信劄　　金佗稡編 28/9b

　謝宰執啓　　金佗稡編 28/13b

　賜褒忠衍福寺額謝丞相啓　　金佗稡編續 15/9b

　禁止墳山鑿石謝宰執啓　　金佗稡編續 15/17a

　賜諡謝執政啓　　金佗稡編續 16/12a

　上吳畏齋荊帥啓　　南宋文範/外編 2/5b

周元英

　叙事謝呂相啓　　播芳文粹 79/14b

~元鶚

　贅見樞密啓　　播芳文粹 86/22b

~少淵

　賀徐教授啓　　播芳文粹 64/6b

　太守到任謝執政啓　　播芳文粹 71/22b

~必大

　權雩都尉回交代嚴縣尉第啓　　益國文忠集 21/1a　　益公集 21/90a

　賀沈相啓　　益國文忠集 21/1b　　益公集 21/90b

　中宏博謝左相啓　　益國文忠集 21/2a　　益公集 21/91b

　湯樞思退頌德　　益國文忠集 21/3b　　益公集 21/95a

　陳樞誠之頌德　　益國文忠集 21/3b　　益公集 21/93a

　吏部劉尚書才邵頌德　　益國文忠集 21/4a　　益公集 21/93b

　户部王侍郎俣頌德　　益國文忠集 21/4a　　益公集 21/94a

　同知舉人中書舍人綸頌德　　益國文忠集 21/4b　　益公集 21/94a

　同知舉左史趙舍人逵頌德　　益國文忠集 21/5a　　益公集 21/94b

　葉校書謙亨啓　　益國文忠集 21/5a　　益公集 21/95a

　賀湯參政啓眘　　益國文忠集 21/6a　　益公集 21/96a

　賀湯右相啓　　益國文忠集 21/7a　　益公集 21/97a

　賀王德言除工侍啓　　益國文忠集 21/8a　　益公集 21/98b

　赴金陵教官與張帥啓　　益國文忠集 21/8b　　益公集 21/99a

　方總領啓　　益國文忠集 21/9b　　益公集 21/100a

　鄧漕啓　　益國文忠集 21/10a　　益公集 21/101a

　李倅啓　　益國文忠集 21/10b　　益公集 21/101b

　周倅啓　　益國文忠集 21/11a　　益公集 21/102a

　同官蔡從事理啓　　益國文忠集 21/11b　　益公集 21/103a

　回句容胡主簿大中啓　　益國文忠集 21/12a　　益公集 21/103b

　謝到任啓　　益國文忠集 21/12b　　益公集 21/103b

　賀徐漕度除江東啓　　益國文忠集 21/13a　　益公集 21/104b

　謝凌侍郎哲舉改官啓時以吏部侍郎兼侍講兼權禮部侍郎　　益國文忠集 21/13b　　益公集 21/105a

　謝張留守燾啓　　益國文忠集 21/14b　　益公集 21/106b

　上徐漕啓　　益國文忠集 21/15b　　益公集 21/107b

　謝舉狀啓　　益國文忠集 21/16b　　益公集 21/108b

　回句容范宰卣啓　　益國文忠集 21/17a　　益公集 21/109b

　賀王德言除同知樞密院事啓　　益國文忠集 21/17b　　益公集 21/110a

　回新同官黄從事石啓　　益國文忠集 22/1a　　益公集 22/111a

　回溧水唐宰錫啓　　益國文忠集 22/1b　　益公集 22/111b

　賀李大夫植自湖北漕移江東啓　　益國文忠集 22/1b　　益公集 22/112a

　謝江東吳漕舉改官狀兼提舉學士　　益國文忠集 22/2a　　益公集 22/112b

　賀金陵韓帥啓　　益國文忠集 22/3a　　益公集 22/113b

　賀湯左相啓　　益國文忠集 22/4a　　益公集 22/114b

　賀孟宗丞除江東運判啓　　益國文忠集 22/5a

益公集 22/116a

謝提點李直閣植薦舉啓　益國文忠集 22/5b　益公集 22/116b

賀王同知除知院啓　益國文忠集 22/6b　益公集 22/117b

回溧陽蔣宰賀年啓　益國文忠集 22/7a　益公集 22/118b

賀邢倅孝肅啓　益國文忠集 22/7b　益公集 22/118b

賀蘇倅啓　益國文忠集 22/7b　益公集 22/119a

謝金陵帥韓尚書啓　益國文忠集 22/8a　益公集 22/119b

賀洪景嚴除內相兼吏書啓　益國文忠集 22/9a　益公集 22/120b

賀都總領潔啓　益國文忠集 22/10a　益公集 22/121a

謝除學官啓　益國文忠集 22/10b　益公集 22/122b

謝循文林郎啓　益國文忠集 22/11b　益公集 22/123b

上宰執啓　益國文忠集 22/12b　益公集 22/124b

謝除館職啓　益國文忠集 22/13a　益公集 22/125a

汪侍御頌德　益國文忠集 22/14b　益公集 22/127a

洪內翰頌德　益國文忠集 22/14b　益公集 22/127b

楊內翰頌德　益國文忠集 22/15a　益公集 22/127b

試館職謝洪內翰楊內翰小啓　益國文忠集 22/15b　益公集 22/128a

答徽州巫推官啓　益國文忠集 22/15b　益公集 22/128b

謝户部張侍郎舉自代啓　益國文忠集 22/16a　益公集 22/129a

賀汪參政啓　益國文忠集 22/17a　益公集 22/129b

謝改官啓　益國文忠集 23/1a　益公集 23/131a

史院上提舉僕射相公啓　益國文忠集 23/1b－2a　益公集 23/132a

除察官回福州王尚書啓　益國文忠集 23/2b　益公集 23/132b

回新邵州李守元老啓　益國文忠集 23/2b　益公集 23/133a

回吉州張判官啓　益國文忠集 23/3a　益公集 23/133b

答平江沈侍郎介啓　益國文忠集 23/3b　益公集 23/134a

答葉伯益啓　益國文忠集 23/4a　益公集 23/134b

除左史答湖守陳皇卿啓　益國文忠集 23/4a　益公集 23/135a

答洪總領适啓　益國文忠集 23/4b　益公集 23/135a

回江東葉憲謙亨啓　益國文忠集 23/5a　益公集 23/135b

回洪帥鄧直閣柞啓　益國文忠集 23/5b　益公集 23/136b

奉祠歸廬陵答吉水羅朝請秉恭啓　益國文忠集 23/6a　益公集 23/136b

答安福路宰植啓　益國文忠集 23/6a　益公集 23/137a

賀湯榮公赴召啓　益國文忠集 23/6b　益公集 23/137b

又賀再轉左僕射封慶國公啓　益國文忠集 23/7b　益公集 23/138b

與趙提舉察院渙啓　益國文忠集 23/8b　益公集 23/140a

與趙贛州公稱啓　益國文忠集 23/9a　益公集 23/140b

答林教授仲熊啓　益國文忠集 23/9b　益公集 23/141a

答永豐張丞茂遜啓　益國文忠集 23/10a　益公集 23/141b

答武岡趙知軍伯璋啓　益國文忠集 23/10a　益公集 23/142a

回永州葉守程啓　益國文忠集 23/11a　益公集 23/142b

回洪推官爐啓　益國文忠集 23/11a　益公集 23/143a

與龔守直閣濤啓　益國文忠集 23/11b　益公集 23/143b

與葛守判院立象啓　益國文忠集 23/12a　益公集 23/144a

與趙守直閣不溢啓　益國文忠集 23/12b　益公集 23/144b

謝生日詩詞啓乾道元年　益國文忠集 23/13a　益公集 23/145a

答胡邦衡啓　益國文忠集 23/13a　益公集 23/145a

答新江東提刑趙直閣公稱啓　益國文忠集 23/13b　益公集 23/146a

與郭贛州契敷啓　益國文忠集 23/14a　益公集 23/146b

答李監酒次魚啓　益國文忠集 23/14b　益公集 23/147a

答李本中保義李宜中解元啓　益國文忠集 23/15a　益公集 23/147b

答郭贛州賀冬啓　益國文忠集 23/15b　益公集 23/148a

回南安祝知軍深啓　益國文忠集 23/15b　益公集 23/148b

答士人謝解啓　益國文忠集 23/16a　益公集 23/

148b

回郭贛州賀正啓　益國文忠集 24/1a　益公集 24/1a

再任宮觀謝宰執啓　益國文忠集 24/1b　益公集 24/1b

答錢倅五月旦問候啓　益國文忠集 24/2a　益公集 24/2a

回湖南提刑直閣王郎中彥洪啓　益國文忠集 24/2a　益公集 24/2b

答生日詩啓　益國文忠集 24/2b　益公集 24/3a

與洪景盧啓　益國文忠集 24/3a　益公集 24/3a

回新進士啓孫逢辰　劉全畧　徐徹　陳邦　陳夢才　劉睿　李克　益國文忠集 24/3a　益公集 24/3b

回郭縣尉有憑啓　益國文忠集 24/4a　益公集 24/4b

與錢吉州瑞英啓　益國文忠集 24/4b　益公集 24/5a

戲答錢倅　益國文忠集 24/4b　益公集 24/5b

回添差通判趙朝議不韋啓　益國文忠集 24/5a　益公集 24/6a

回李世南秀才　益國文忠集 24/5b　益公集 24/6a

回蔡吉州洗啓　益國文忠集 24/5b　益公集 24/6b

答永豐魏宰希文啓　益國文忠集 24/6a　益公集 24/7a

除南劍答雷州蕭守罩啓乾道四年　益國文忠集 24/6b　益公集 24/7b

答郭尉有憑羅司戶全畧啓　益國文忠集 24/6b　益公集 24/8a

答郭尉有憑羅司戶全畧啓　益國文忠集 24/6b　益公集 24/8a

謝生日詩詞啓　益國文忠集 24/7a　益公集 24/8b

答胡邦衡啓　益國文忠集 24/7b　益公集 24/8b

答廖英州蓬啓　益國文忠集 24/7b　益公集 24/9a

回梁提刑竑甫啓　益國文忠集 24/8a　益公集 24/9b

回得解士人啓　益國文忠集 24/8b　益公集 24/10a

謝生日詩啓　益國文忠集 24/9a　益公集 24/10b

回新進士啓　益國文忠集 24/9a　益公集 24/10b

回江西任運使文薦啓　益國文忠集 24/10a　益公集 24/11b

賀錢守冬啓　益國文忠集 24/10a　益公集 24/12a

回太守賀正啓　益國文忠集 24/10b　益公集 24/12b

又回萬安謝令啓　益國文忠集 24/10b　益公集 24/12b

與廣西經畧張大猷啓　益國文忠集 24/11a　益公集 24/13a

答吉州新倅趙朝散壎啓　益國文忠集 24/11b　益公集 24/13b

除閩憲赴闕奏事與宰執啓　益國文忠集 24/11b　益公集 24/14a

除少蓬答史徽州俣啓　益國文忠集 24/12b　益公集 24/14b

答吉州太守呂治先大器啓　益國文忠集 24/13a　益公集 24/15a

回寧國守姜待制啓　益國文忠集 24/13a　益公集 24/15b

回李秀實發啓　益國文忠集 24/13b　益公集 24/16a

答巫樞密謝復職啓　益國文忠集 24/14a　益公集 24/16b

回李賢良壂啓　益國文忠集 24/14b　益公集 24/17b

謝生日謝詞啓　益國文忠集 24/15b　益公集 24/18b

遷禮侍回外路啓　益國文忠集 24/15b　益公集 24/17a

回添差整務通判鄭通直著啓　益國文忠集 24/15b　益公集 24/18b

答豐城羅主簿全材啓　益國文忠集 24/16a　益公集 24/19a

回吉州葉守程啓　益國文忠集 24/16b　益公集 24/19b

除富沙答傅運使自得啓　益國文忠集 24/17a　益公集 24/20a

謝余監場生日水晶環詩啓　益國文忠集 24/17b　益公集 24/20b

回衆官生日詩啓　益國文忠集 24/17b　益公集 24/21a

答陳贛州啓　益國文忠集 25/1a　益公集 25/21b

答吉州倅趙朝奉謙啓　益國文忠集 25/1b　益公集 25/22a

除殿撰答保昌羅縣尉維藩啓　益國文忠集 25/1b　益公集 25/22a

答楊壽仁謝解啓　益國文忠集 25/2a　益公集 25/22b

答甲午解元而下啓　益國文忠集 25/2b　益公集 25/23a

答詹狀元驛啓　益國文忠集 25/2b　益公集 25/23a

除待制回外路啓　益國文忠集 25/3a　益公集 25/24a

回胡邦衡謝龍學啓　益國文忠集 25/3b　益公集 25/24b

除兵侍回新聞漕傅直閣啓　益國文忠集 25/4a　益公集 25/25a

回漢陽趙守象之啓　益國文忠集 25/4b　益公集 25/25b

回許校書蒼舒啓　益國文忠集 25/4b　　益公集 25/26a

回施贛州元之啓　益國文忠集 25/5b　　益公集 25/26b

回鄭校書鑑啓　益國文忠集 25/5b　益公集 25/27a

回趙富沙善俊啓　益國文忠集 25/6a　益公集 25/27b

回周廣州日强啓　益國文忠集 25/6b　益公集 25/28a

除吏侍回外路啓　益國文忠集 25/6b　益公集 25/28b

回胡校書晉臣啓　益國文忠集 25/7a　益公集 25/28b

除內翰回外路啓　益國文忠集 25/7b　益公集 25/29b

回江東徐漕啓　益國文忠集 25/8a　益公集 25/30a

回李大著壆啓　益國文忠集 25/8a　益公集 25/30b

回廣州周侍郎自强啓　益國文忠集 25/9a　益公集 25/31a

回溫州陳尚書彌作啓　益國文忠集 25/9a　益公集 25/31a

回隆興呂少卿企中啓　益國文忠集 25/9b　益公集 25/31b

回閩路監司啓　益國文忠集 25/9b　益公集 25/32a

回劉正字光祖啓　益國文忠集 25/10a　益公集 25/32b

回袁秘丞說友啓　益國文忠集 25/10b　益公集 25/33a

回周廣州自强啓　益國文忠集 25/11a　益公集 25/33b

回葉校書山啓　益國文忠集 25/11b　益公集 25/34a

回中詞科周監酒洎啓　益國文忠集 25/11b　益公集 25/34b

回姚狀元穎啓　益國文忠集 25/12a　益公集 25/35a

回第二人葉狀元適啓　益國文忠集 25/12b　益公集 25/35b

回第三人李狀元寅仲啓　益國文忠集 25/13a　益公集 25/36a

回趙正字彥中啓　益國文忠集 25/13b　益公集 25/36b

除禮書兼內翰回外路啓　益國文忠集 25/14a　益公集 25/37a

回楊正字輔啓　益國文忠集 25/14a　益公集 25/37a

回江西錢運使佃啓　益國文忠集 25/14b　益公集 25/37b

回劉饒州邦翰啓　益國文忠集 25/15a　益公集 25/

38a

除參政回外路監司帥守啓　益國文忠集 26/1a　益公集 26/39a

回在外侍從啓　益國文忠集 26/1a　益公集 26/39a

回紹興張閣學子彥啓　益國文忠集 26/1b　益公集 26/39b

回金陵范參政成大啓　益國文忠集 26/1b　益公集 26/40a

回史少傅賀冬啓　益國文忠集 26/2a　益公集 26/40b

回福州梁丞相啓　益國文忠集 26/2b　益公集 26/40b

回婺州蕭侍郎燧啓　益國文忠集 26/3a　益公集 26/41b

回遂寧李侍郎燾啓　益國文忠集 26/3a　益公集 26/41b

回贛州劉顯學正啓　益國文忠集 26/3b　益公集 26/42a

回陳侍郎嚴肖啓　益國文忠集 26/4a　益公集 26/42a

回齊侍郎慶胄啓　益國文忠集 26/4a　益公集 26/42b

回單侍郎夑頌德　益國文忠集 26/5b　益公集 26/43a

回紹興府王尚書希呂啓　益國文忠集 26/4b　益公集 26/43a

回寧國陳舍人騤啓　益國文忠集 26/5a　益公集 26/43b

又回陳舍人賀冬啓　益國文忠集 26/5a　益公集 26/44a

回江陵趙丞相啓　益國文忠集 26/5b　益公集 26/44a

回婺州洪舍人邁啓　益國文忠集 26/6a　益公集 26/45a

回陳給事峴啓　益國文忠集 26/6b　益公集 26/45a

回婺州洪舍人邁謝進職啓　益國文忠集 26/6b　益公集 26/45b

回鎮江錢參政良臣啓　益國文忠集 26/7a　益公集 26/46a

回隆興劉尚書正啓　益國文忠集 26/7b　益公集 26/46b

除知院回外路啓　益國文忠集 26/7b　益公集 26/47a

答福州趙侍郎汝愚啓　益國文忠集 26/8a　益公集 26/47a

回太平州木詹事待問啓　益國文忠集 26/8b　益公集 26/47b

答史太保_浩謝致仕啓　益國文忠集 26/8b　益公集 26/48a

回金陵錢參政_{良臣}啓　益國文忠集 26/9a　益公集 26/48b

回靜江詹事郎_{儀之}啓　益國文忠集 26/9b　益公集 26/49a

回紹興府鄭尚書_丙啓　益國文忠集 26/10a　益公集 26/49a

回太平州廬州池州賀冬啓　益國文忠集 26/10a　益公集 26/50a

回陳丞相謝除少保啓　益國文忠集 26/10b　益公集 26/50a

回靜江詹侍郎謝轉官啓　益國文忠集 26/11a　益公集 26/50b

回廬州王尚書太平州陳舍人池州陳尚書泉州司馬侍郎賀正啓　益國文忠集 26/11a　益公集 26/51a

回靜江詹侍郎謝降詔諭獎啓　益國文忠集 26/11b　益公集 26/51b

回隆興程給事_{叔達}啓　益國文忠集 26/12a　益公集 26/52a

回太平州陳舍人_峴啓　益國文忠集 26/12b　益公集 26/52b

回成都劉斅學正啓　益國文忠集 26/12b　益公集 26/52b

答陳給事_峴啓　益國文忠集 26/13a　益公集 26/53a

賀梁觀文_{克家}年啓　益國文忠集 26/13b　益公集 26/53b

回陳丞相_{俊卿}謝致仕啓　益國文忠集 26/13b　益公集 26/54a

回池州陳尚書_{良佑}啓　益國文忠集 26/14a　益公集 26/54b

回靜江詹待制_{儀之}啓　益國文忠集 26/14b　益公集 26/55a

回富州陳待制_{良祐}啓　益國文忠集 26/15a　益公集 26/55b

回程待制_{叔達}啓　益國文忠集 26/15a　益公集 26/56b

除右相答洪內翰啓　益國文忠集 27/1a　益公集 27/57a

答王丞相啓　益國文忠集 27/1a　益公集 27/57b

答史太傅啓　益國文忠集 27/1b　益公集 27/57b

回在外侍從啓　益國文忠集 27/2a　益公集 27/58a

回金陵錢參政啓　益國文忠集 27/2b　益公集 27/59a

回太平州張閣學士_{子穎}啓　益國文忠集 27/3a　益公集 27/59b

回史待制_{彌大}啓　益國文忠集 27/3a　益公集 27/59b

回宋尚書_覬啓　益國文忠集 27/3b　益公集 27/60a

回福州帥賈侍郎_選啓　益國文忠集 27/3b　益公集 27/60b

答紹興李參政啓　益國文忠集 27/4a　益公集 27/61a

答婺州蔣尚書_{繼周}啓　益國文忠集 27/4b　益公集 27/61b

回紹興帥殿撰張侍郎_构啓　益國文忠集 27/4b　益公集 27/61b

回趙丞相啓　益國文忠集 27/5a　益公集 27/62a

回鄭尚書_丙啓　益國文忠集 27/5b　益公集 27/62b

回富沙程尚書_{大昌}啓　益國文忠集 27/5b　益公集 27/63a

回廬州鄭都丞_{興商}啓　益國文忠集 27/6a　益公集 27/63b

回王尚書_{希呂}啓　益國文忠集 27/6b　益公集 27/63b

回施樞密賀冬啓　益國文忠集 27/6b　益公集 27/64a

回施樞密賀年啓　益國文忠集 27/7a　益公集 27/64a

回史丞相_浩啓　益國文忠集 27/7b　益公集 27/65a

拜左相回趙丞相啓　益國文忠集 27/7a　益公集 27/64b

回錢參政_{良臣}啓　益國文忠集 27/8a　益公集 27/65b

除少保回錢參政啓　益國文忠集 27/8b　益公集 27/66a

除判潭州謝宰執啓　益國文忠集 27/9a　益公集 27/66b

謝史太師啓　益國文忠集 27/9b　益公集 27/67a

回隆興帥施樞密_{師點}啓　益國文忠集 27/10a　益公集 27/67b

回靜江趙侍郎_思啓　益國文忠集 27/10a　益公集 27/68a

回江陵章侍郎_森啓　益國文忠集 27/10b　益公集 27/68b

回金陵余尚書_{端禮}啓　益國文忠集 27/11a　益公集 27/69a

賀陳俶進除同知啓　益國文忠集 27/11a　益公集 27/69a

回江東漕楊秘監_{萬里}啓　益國文忠集 27/11b　益公集 27/69b

回豐漕誼啓　益國文忠集 27/12a　益公集 27/70a

回豐漕生日啓　益國文忠集 27/12b　益公集 27/70a

賀豐漕生日啓　益國文忠集 27/12b　益公集 27/70b

回江陵章侍郎賀年啓　益國文忠集 27/13a　益公集 27/71b

賀葛知院拜右相啓　益國文忠集 27/13b　益公集 27/71b

回富沙州陳守居仁啓　益國文忠集 27/13b　益公集 27/72b

賀余同知端禮啓　益國文忠集 27/14a　益公集 27/72b

回何運使異啓　益國文忠集 27/14b　益公集 27/73a

回廣州趙侍郎彥操啓　益國文忠集 27/15a　益公集 27/73b

回江陵王樞使藺啓　益國文忠集 27/15a　益公集 27/74a

上韓帥書　益國文忠集 27/15b　益公集 27/74b

子柔弟親書　益國文忠集 27/17a　益公集 27/76a

回陳運使之淵狀　益國文忠集 27/17a　益公集 27/76b

回林宮教狀　益國文忠集 27/17b　益公集 27/76b

回鄭編修樵狀　益國文忠集 27/17b　益公集 27/77b

回吉州王守佐先狀　益國文忠集 27/17b　益公集 27/77a

魏漕安行遠迎狀　益國文忠集 27/18a　益公集 27/77a

謝林尉秀狀　益國文忠集 27/18a　益公集 27/77b

回永新張秀林居仁狀　益國文忠集 27/18a　益公集 27/77b

黃提刑續遠迎狀　益國文忠集 27/18b　益公集 27/19b

回劉通判德驤狀　益國文忠集 27/18b

回吉州倅錢穉先狀　益國文忠集 27/18b

轉官回錢倅狀　益國文忠集 27/19a

李提刑植遠迎狀　益國文忠集 27/19a

蔣丞相先狀乾道八年　益國文忠集 27/19a

道中謝官員訪及狀　益國文忠集 27/19b

回葉守鹿鳴宴狀　益國文忠集 27/19b　益公集 27/77b

回鄭秘監丙狀　益國文忠集 27/19b　益公集 27/78a

中元回方守狀　益國文忠集 27/20a　益公集 27/78a

回潘倅楊倅狀　益國文忠集 27/20a　益公集 27/78b

答衆官狀　益國文忠集 27/20a　益公集 27/78b

中元回吉州楊倅狀　益國文忠集 27/20b　益公集 27/78b

答衆官狀　益國文忠集 27/20b　益公集 27/79a

回潭州朱元晦啓　益國文忠集 56/1a　益公集 56/1a

回隆興趙子固鞏啓　益國文忠集 56/1b　益公集 56/1b

轉少傅致仕謝宰執啓　益國文忠集 56/1b　益公集 56/2a

回金陵張定叟尚書啓　益國文忠集 56/2b　益公集 56/2b

回洪帥單虞卿侍郎啓　益國文忠集 56/2b　益公集 56/3a

回隆興帥張伯子尚書啓　益國文忠集 56/3a　益公集 56/3a

回潭帥趙待制不迹啓　益國文忠集 56/3b　益公集 56/4a

回豫章韓帥子及啓　益國文忠集 56/4a　益公集 56/4b

謝陳提刑讜生日詩啓　益國文忠集 56/4b　益公集 56/5a

謝許監丞知新生日詩啓　益國文忠集 56/4b　益公集 56/5a

謝權守鄭通判臨生日詩啓　益國文忠集 56/5a　益公集 56/5b

回陳正仲提刑賀冬啓　益國文忠集 56/5a　益公集 56/5b

又謝生日詩啓　益國文忠集 56/5b　益公集 56/6a

謝吳運使時顯生日詩啓　益國文忠集 56/5b　益公集 56/6b

復少傅謝諸府啓　益國文忠集 56/6a　益公集 56/6b

回衢州章茂獻侍郎賀復官啓　益國文忠集 56/6b　益公集 56/7a

賀陳正仲提刑除職啓　益國文忠集 56/6b　益公集 56/7b

又回賀綸審察啓　益國文忠集 56/7a　益公集 56/8a

賀陳勉仲拜右相啓　益國文忠集 56/7b　益公集 56/8a

回甲寅賀冬啓（與楊廷秀）　益國文忠集 56/7b　益公集 56/8b

賀覃恩轉中大夫啓（與楊廷秀）　益國文忠集 56/8a　益公集 56/9b

回賀入新第啓（與楊廷秀）　益國文忠集 56/8b　益公集 56/9b

回乙卯賀年啓（與楊廷秀）　益國文忠集 56/8b　益公集 56/10a

回乙卯賀冬啓(與楊廷秀)　益國文忠集 56/9a
益公集 56/10b

賀除待制啓丙辰(與楊廷秀)　益國文忠集 56/
9b　益公集 56/10b

遠迎啓丙辰(與楊廷秀)　益國文忠集 56/9b　益
公集 56/11b

回丙辰賀年啓(與楊廷秀)　益國文忠集 56/10a
益公集 56/11b

回丙辰賀冬啓(與楊廷秀)　益國文忠集 56/10b
益公集 56/12a

回丁巳賀年啓(與楊廷秀)　益國文忠集 56/10b
益公集 56/12b

回丁巳賀冬啓(與楊廷秀)　益國文忠集 56/11a
益公集 56/12b

回戊午賀年啓(與楊廷秀)　益國文忠集 56/11b
益公集 56/13a

回己未賀年啓(與楊廷秀)　益國文忠集 56/11b
益公集 56/13b

餽歲小啓(與楊廷秀)　益國文忠集 56/12a　益
公集 56/14a

賀致仕啓(與楊廷秀)　益國文忠集 56/12a　益
公集 56/14a

賀己未冬啓(與楊廷秀)　益國文忠集 56/12b
益公集 56/14b

賀庚申年啓(與楊廷秀)　益國文忠集 56/13a
益公集 56/15a

賀郊恩進開國侯用子封通奉大夫啓(與楊
廷秀)　益國文忠集 56/13b　益公集 56/15b

又賀增秩晉爵啓(與楊廷秀)　益國文忠集 56/
13b　益公集 56/15b

謝臨慰啓(與楊廷秀)　益國文忠集 56/14a　益
公集 56/16a

回蕭郎中親書　益國文忠集 56/14a　益公集 56/16a

與胡季解求親書　益國文忠集 56/14b　益公集
56/16b

謝贛守以下懼謝賀生日狀　益國文忠集 57/1a　益公
集 57/18a

謝寄居通判　益國文忠集 57/1a　益公集 57/18a

謝路鈐路分賀生日狀　益國文忠集 57/1b　益公
集 57/18b

謝憲司提幹檢法贛州路分將官教授五人共
詩一首　益國文忠集 57/1b　益公集 57/18b

謝邵英德之綱　益國文忠集 57/1b　益公集 57/19a

謝李賀州綱　益國文忠集 57/2a　益公集 57/19a

謝贛州齊簽判天覺　益國文忠集 57/2a　益公集
57/19b

謝贛州趙路分主管提幹檢法教授　益國文
忠集 57/2a　益公集 57/19b

謝鄭通判臨　益國文忠集 57/2b　益公集 57/20a

謝黃經畧王南劍鄭通判除提幹　益國文忠集
57/2b　益公集 57/20a

致仕謝守倅寄居　益國文忠集 57/3a　益公集 57/
20b

謝楊守門送上塚　益國文忠集 57/3a　益公集 57/
20b

謝趙守門送上塚　益國文忠集 57/3a　益公集 57/
20b

慶禮賜粟帛謝太守　益國文忠集 57/3a　益公集
57/21a

復少傅謝監司　益國文忠集 57/3b　益公集 57/21a

益國夫人喪奉謝守倅　益國文忠集 57/3b　益公
集 57/21a

黃侍郎艾遠迎　益國文忠集 57/3b　益公集 57/21b

趙守　益國文忠集 57/4a　益公集 57/21b

孫侍郎逢吉遠迎　益國文忠集 57/4a　益公集 57/
21b

監司(1-2)　益國文忠集 57/4a　益公集 57/21b-
22a

張憲行郡(1-3)　益國文忠集 57/4b　益公集 57/
22a-22b

葉憲　益國文忠集 57/5a　益公集 57/22b

葉憲改江東　益國文忠集 57/5a　益公集 57/22b

新贛州張舍人貴謨　益國文忠集 57/5a　益公集
57/23a

前廣州趙帥時逢　益國文忠集 57/5a　益公集 57/
23a

林侍郎大中被召　益國文忠集 57/5b　益公集 57/
23a

胡侍郎紘　益國文忠集 57/5b　益公集 57/23a

謝太守楊秘書方初到以下並謝訪及狀　益國文
忠集 57/5b　益公集 57/23b

太守初到任　益國文忠集 57/6a　益公集 57/23b

賀禮尚(1-2)　益國文忠集 57/6a　益公集 57/23b

楊守任滿　益國文忠集 57/6b　益公集 57/24a

趙守除廣東憲　益國文忠集 57/6b　益公集 57/24a

皇子誕生謝守倅訪　益國文忠集 57/6b　益公集
57/24b

俞漕　益國文忠集 57/6b　益公集 57/24b

趙守謝批考　益國文忠集 57/7a　益公集 57/24b

鄭倅權州謝雨　益國文忠集 57/7a　益公集 57/24b

倅交印(1-2)　益國文忠集 57/7a-7b　益公集
57/25a

倅交割(1-2)　益國文忠集57/7b　益公集57/25a－25b

路鈐交印(1-3)　益國文忠集57/7b－8a　益公集57/25b

倅權郡(1-4)　益國文忠集57/8a－8b　益公集57/26a

太守謝送生日(1-2)　益國文忠集57/8b　益公集57/26b

丁守謝諸司薦　益國文忠集57/9a　益公集57/26b

趙守轉官　益國文忠集57/9a　益公集57/27a

趙守除利路憲　益國文忠集57/9a　益公集57/27a

趙守子過省月望　益國文忠集57/9a　益公集57/27a

郊赦守倅　益國文忠集57/9b　益公集57/27a

丁守被召　益國文忠集57/9b　益公集57/27b

湯倅轉奉議郎　益國文忠集57/9b　益公集57/27b

楊待制　益國文忠集57/9b　益公集57/27b

楊閣學　益國文忠集57/10a　益公集57/27b

贛守張舍人　益國文忠集57/10a　益公集57/28a

黃漕　益國文忠集57/10a　益公集57/28a

黃經畧得祠　益國文忠集57/10b　益公集57/28a

彭常德轉官　益國文忠集57/10b　益公集57/28b

又轉朝議大夫　益國文忠集57/10b　益公集57/28b

又轉中散大夫　益國文忠集57/11a　益公集57/28b

廣州胡侍郎紘　益國文忠集57/11a　益公集57/28b

守倅正月望　益國文忠集57/11a　益公集57/29a

三月旦　益國文忠集57/11a　益公集57/29a

三月三日　益國文忠集57/11b　益公集57/29b

四月旦(1-2)　益國文忠集57/11b　益公集57/29b

望日　益國文忠集57/12a　益公集57/29b

五月旦(1-2)　益國文忠集57/12a　益公集57/30a

六月旦　益國文忠集57/12b　益公集57/30a

七月旦　益國文忠集57/12b　益公集57/30b

八月旦　益國文忠集57/12b　益公集57/30b

十月旦　益國文忠集57/12b　益公集57/30b

十一月旦　益國文忠集57/13a　益公集57/31a

十二月旦　益國文忠集57/13a　益公集57/31a

十二月望　益國文忠集57/13a　益公集57/31a

太守年節(1-2)　益國文忠集57/13b　益公集57/31a－31b

路鈐倅寄居　益國文忠集57/13b　益公集57/31b

太守冬至(1-4)　益國文忠集57/13b－14a　益公集57/32a－32b

守倅賀冬　益國文忠集57/14b　益公集57/32b

倅冬至(1-4)　益國文忠集57/14b－15a　益公集57/32b、33a

趙參議　益國文忠集57/15a　益公集57/33a

回太守賀臘雪(1-3)　益國文忠集57/15b　益公集57/33b

謝太守立春(1-2)　益國文忠集57/15b－16a　益公集57/34a

謝楊守方移厨以下俱謝移厨狀(1-3)　益國文忠集57/16b　益公集57/34b

謝上元　益國文忠集57/16b　益公集57/34b

下守　益國文忠集57/16b　益公集57/35a

趙守　益國文忠集57/16b　益公集57/35a－35b

十月　益國文忠集57/17a　益公集57/35a

謝趙守相過賞花　益國文忠集57/17a　益公集57/35b

答趙守投謝狀　益國文忠集57/17a　益公集57/35b

趙守　益國文忠集57/17b　益公集57/35b

鄭倅權郡　益國文忠集57/17b　益公集57/35b

權守　益國文忠集57/17b　益公集57/36a

權守開樂　益國文忠集57/18a　益公集57/36a

謝移厨後訪及(1-3)　益國文忠集57/18a－18b　益公集57/36b

楊守方任滿訪別　益國文忠集57/18b　益公集57/37a

王倅淹任滿　益國文忠集57/18b　益公集57/37a

張憲垓行郡　益國文忠集57/19a　益公集57/37a

彭守漢老赴常德　益國文忠集57/19a　益公集57/37b

謝解倅僖赴調　益國文忠集57/19a　益公集57/37b

趙憲善鑅赴利路　益國文忠集57/19a　益公集57/37b

梁守京奉祠　益國文忠集57/19b　益公集57/38a

湯倅璹任滿　益國文忠集57/19b　益公集57/38a

胡侍郎紘經從　益國文忠集57/19b　益公集57/38a

謝宰執啟以下十九篇並代外舅　益國文忠集84/1a　益公集84/48a

與江東張使帥啟代外舅作　益國文忠集84/1b　益公集84/48b

徐憲頌德代外舅作　益國文忠集84/2b　益公集84/49b

周漕頌德代外舅作　益國文忠集84/2b　益公集84/50a

葉漕頌德代外舅作　益國文忠集84/3a　益公集84/

50b

徐總領頌德代外舅作　　益國文忠集 84/3a　　益公集 84/50b

呂提擧頌德代外舅作　　益國文忠集 84/3b　　益公集 84/51a

凌正言啓代外舅作　　益國文忠集 84/3b　　益公集 84/51a

宣州樓樞密啓代外舅作　　益國文忠集 84/4a　　益公集 84/51a

兼攝臨安府戶部韓尚書啓　　益國文忠集 84/4b　　益公集 84/51a

權樞密都承旨中書王舍人啓　　益國文忠集 84/5a　　益公集 84/52a

湯中丞啓　　益國文忠集 84/5b　　益公集 84/52b

褚臺簿啓　　益國文忠集 84/6a　　益公集 84/53b

答陳國政天麟啓　　益國文忠集 84/6b　　益公集 84/54b

賀戶部王侍郎侯啓　　益國文忠集 84/7a　　益公集 84/55a

賀禮部辛侍郎次膺啓　　益國文忠集 84/7b　　益公集 84/55b

賀提擧修書官万俟右相轉官加食邑啓　　益國文忠集 84/7b　　益公集 84/56a

賀進書禮儀使沈左相轉官加封邑啓　　益國文忠集 84/8b　　益公集 84/56b

賀湯右相啓(1-2)紹興二十七年　代閏人書庫　　益國文忠集 84/9a-9b　　益公集 84/57a

問候沈左相啓以下代方總領　　益國文忠集 84/10b　　益公集 84/59a

問候湯右相啓　　益國文忠集 84/11a　　益公集 84/59a

賀王樞密啓　　益國文忠集 84/11b　　益公集 84/60b

賀吏部張尚書啓　　益國文忠集 84/12a　　益公集 84/61a

賀朱中丞啓　　益國文忠集 84/12b　　益公集 84/61b

問候葛侍郎啓　　益國文忠集 84/13a　　益公集 84/62b

賀何大諫啓　　益國文忠集 84/13b　　益公集 84/63a

賀都司諫啓　　益國文忠集 84/14a　　益公集 84/63b

謝執政啓代陳通判　　益國文忠集 84/14b　　益公集 84/64a

賀李漕植啓以下代帥　　益國文忠集 85/1a　　益公集 85/65a

賀江東陳憲啓　　益國文忠集 85/1b　　益公集 85/65b

賀王樞密啓　　益國文忠集 85/1b　　益公集 85/66a

回陳都官啓　　益國文忠集 85/2a　　益公集 85/66b

賀陳同知除知院啓　　益國文忠集 85/2b　　益公集 85/66b

賀宣州魏參政啓　　益國文忠集 85/2b　　益公集 85/67a

賀鎮江董知府啓　　益國文忠集 85/3a　　益公集 85/67b

回田開府啓　　益國文忠集 85/3b　　益公集 85/68a

回柴參議啓　　益國文忠集 85/4a　　益公集 85/68b

回吳漕啓代徐漕　　益國文忠集 85/4a　　益公集 85/68b

賀江東王提擧啓代吳漕　　益國文忠集 85/4b　　益公集 85/69a

賀吳漕啓代張帥　　益國文忠集 85/5a　　益公集 85/69b

回淮東朱總領啓代張帥　　益國文忠集 85/5b　　益公集 85/70a

賀賀參政啓(1-2)代總領代漕　　益國文忠集 85/5b-6b　　益公集 85/70b-71b

賀賀參政啓(1-2)代總領代漕　　益國文忠集 85/5b-6b　　益公集 85/70b-71b

賀湯丞相遷左相啓(1-2)代總領　代吳漕　　益國文忠集 85/7b-8a　　益公集 85/72b

賀陳右相啓(1-2)(一)代張帥　(二)代吳漕　　益國文忠集 85/8b-9b　　益公集 85/74a-75a

謝執政啓代人信陽軍到任　　益國文忠集 85/10a　　益公集 85/75b

賀湯右相修徽宗實錄成轉官加恩啓(1-2)代總領　代帥　　益國文忠集 85/10b-11b　　益公集 85/76b-77a

賀孟宗丞除江東運判啓代漕　　益國文忠集 85/12a　　益公集 85/78a

賀王同知啓以下代方卿　　益國文忠集 85/12b　　益公集 85/78b

賀直院楊給事啓代方卿　　益國文忠集 85/13a　　益公集 85/79a

賀禮部孫侍郎道夫啓代方卿　　益國文忠集 85/13b　　益公集 85/80a

賀陳知院誠之啓以下代方總領　　益國文忠集 86/1a　　益公集 86/81a

賀楊少師啓　　益國文忠集 86/1b　　益公集 86/81b

賀戶部趙侍郎令詪啓　　益國文忠集 86/2a　　益公集 86/82b

賀魏宣州啓　　益國文忠集 86/2b　　益公集 86/83a

賀兵部湯侍郎允恭改除戶部啓　　益國文忠集 86/3a　　益公集 86/83b

賀葉侍郎啓　　益國文忠集 86/3b　　益公集 86/84a

賀吏部賀尚書啓　　益國文忠集 86/4b　　益公集 86/85b

賀兵部周侍郎啓　益國文忠集 86/5a　益公集 86/85b

賀左史洪舍人啓　益國文忠集 86/5b　益公集 86/86a

謝執政啓　益國文忠集 86/6a　益公集 86/86b

謝吏部賀尚書啓 以下代帥　益國文忠集 86/7a　益公集 86/88a

吏部葉侍郎啓　益國文忠集 86/7b　益公集 86/88b

吏部沈侍郎介頌德　益國文忠集 86/8a　益公集 86/89a

戶部趙侍郎頌德　益國文忠集 86/8a　益公集 86/89b

兵部楊侍郎椿頌德　益國文忠集 86/8b　益公集 86/89b

刑部黃侍郎祖舜頌德　益國文忠集 86/8b　益公集 86/90a

工部王侍郎晞亮頌德　益國文忠集 86/9a　益公集 86/90a

周給事啓　益國文忠集 86/9a　益公集 86/90b

中書洪舍人遵啓　益國文忠集 86/9b　益公集 86/91a

起居張舍人頌德　益國文忠集 86/10a　益公集 86/91b

朱御史啓　益國文忠集 86/10a　益公集 86/91b

任殿院頌德　益國文忠集 86/10b　益公集 86/92a

汪察院啓　益國文忠集 86/10b　益公集 86/92a

任察院文薦頌德　益國文忠集 86/11a　益公集 86/92b

左司諫何溥頌德　益國文忠集 86/11a　益公集 86/93a

都正言民望頌德　益國文忠集 86/11b　益公集 86/93a

賀鎮江鄭直閣作肅啓　益國文忠集 86/11b　益公集 86/93b

賀辛福州次膺啓　益國文忠集 86/12a　益公集 86/94a

賀閩中提舉周郎中操啓　益國文忠集 86/12b　益公集 86/94b

賀閩漕王敷文時升啓　益國文忠集 86/13a　益公集 86/95a

上湯相求嶽祠啓 以下代王仲寧紹興三十年　益國文忠集 87/96a　益公集 87/1a

得嶽祠謝宰相啓　益國文忠集 87/2a　益公集 87/97a

賀葉樞密啓 代人正月　益國文忠集 87/3a　益公集 87/98a

賀同知葉樞密義問啓 以下代監司　益國文忠集 87/3b　益公集 87/99a

回宣州朱舍人啓　益國文忠集 87/4a　益公集 87/99b

賀周給事啓　益國文忠集 87/4b　益公集 87/100a

賀岳都統超起復啓（1－2）代人　益國文忠集 87/5a　益公集 87/100b－101a

賀池州周侍郎執羔啓（1－2）代帥　益國文忠集 87/5b－6a　益公集 87/101a－101b

賀吏部周侍郎綰啓（1－2）代人　益國文忠集 87/6b－7a　益公集 87/102a－102b

賀禮部曾侍郎幾啓 代帥（1－2）　益國文忠集 87/7b　益公集 87/103b－104a

賀浙西謝提舉級啓 代帥　益國文忠集 87/8a　益公集 87/104b

謝舉自代啓 代漕　益國文忠集 87/8b　益公集 87/105a

賀戶部邵侍郎啓 以下代人　益國文忠集 87/9a　益公集 87/105b

回新江東王運幹渙啓　益國文忠集 87/9b　益公集 87/106a

與新總領啓 代方少卿　益國文忠集 87/10a　益公集 87/106b

賀孟少卿忠厚判平江府啓 代外舅　益國文忠集 87/10b　益公集 87/107a

回交代除郎官啓 以下代郡守　益國文忠集 87/11a　益公集 87/107b

回教授啓　益國文忠集 87/11a　益公集 87/108a

賀周內翰麟之啓（1－2）（一）代監司　（二）代人　益國文忠集 87/11b－12a　益公集 87/108b－109a

賀中書舍人張孝祥啓（1－2）（一）代漕　（二）代監司　益國文忠集 87/12b－13a　益公集 87/109b－110a

賀左史黃舍人中啓 以下代監司　益國文忠集 88/1a　益公集 88/111a

賀任秘監古啓　益國文忠集 88/1b　益公集 88/111b

賀汪殿院澈啓（1－2）以下代總領　益國文忠集 88/2a－2b　益公集 88/112a－112b

賀吏部葉侍郎啓　益國文忠集 88/3a　益公集 88/113a

賀工部楊侍郎啓　益國文忠集 88/3a　益公集 88/113b

上沈丞相啓沈方進易解　代人　益國文忠集 88/3b　益公集 88/114a

賀金陵韓帥啓 以下代總領　益國文忠集 88/4b　益公集 88/115a

賀徐信州材啓（1－2） 益國文忠集 88/5a－5b 益公集 88/115b－116a

賀户部董侍郎華啓 益國文忠集 88/5b 益公集 88/116b

漢州謝到任啓代外舅 益國文忠集 88/6a 益公集 88/117a

賀楊州劉安撫岑啓以下代監司 益國文忠集 88/7a 益公集 88/118a

賀兵部楊尚書椿啓 益國文忠集 88/7b 益公集 88/118b

賀吏部洪侍郎遵啓 益國文忠集 88/8a 益公集 88/119a

禮部宋侍郎棐啓 益國文忠集 88/8b 益公集 88/119b

户部邵侍郎大受啓 益國文忠集 88/9a 益公集 88/120a

王給事晞亮啓 益國文忠集 88/9b 益公集 88/120b

沈正言瀋啓 益國文忠集 88/10a 益公集 88/121a

謝安仁酒官啓代子上兄 益國文忠集 88/10b 益公集 88/121b

與恩平郡王啓代外舅 益國文忠集 88/11a 益公集 88/122b

謝解啓代十四弟 益國文忠集 88/11b 益公集 88/123a

上陳丞相書代大兄 益國文忠集 89/1a 益公集 89/125a

又上朱參政書代大兄 益國文忠集 89/3a 益公集 89/127a

謝執政小簡代方總領 益國文忠集 89/4a 益公集 89/129a－130a

回江東王運幹渙小簡 益國文忠集 89/5b 益公集 89/130a

妻妹親書 益國文忠集 89/6a 益公集 89/130b

向宅親書代大兄 益國文忠集 89/6a 益公集 89/132b

小一姪納幣胡氏親書 益國文忠集 89/6b 益公集 89/133a

十二弟韓代納幣親書 益國文忠集 89/6b 益公集 89/133a

江權卿親書 益國文忠集 89/7a 益公集 89/133b

趙尉親書 益國文忠集 89/7a 益公集 89/133b

王蘊親書代王簡 益國文忠集 89/7b 益公集 89/131a

駮前餘杭知縣蔣安定改正罪名狀時暫權給事中 益國文忠集 99/1a 益公集 99/118a

論婉容翟氏位官吏礙正法人轉行狀同金安

節上 益國文忠集 99/2a 益公集 99/119b

繳李觀鄭孝禮轉官詞頭狀 益公集 99/121a

繳士燮用減年轉官狀 益國文忠集 99/4a 益公集 99/121b

繳王夫人位手分狀 益國文忠集 99/5a 益公集 99/123a

繳駮蔡仍叙官狀 益國文忠集 99/5b 益公集 99/123b

繳曹岠等轉官狀 益國文忠集 99/6a

繳別廟用樂狀 益國文忠集 99/7a 益公集 99/125b

繳高堯咨轉官不當狀 益國文忠集 99/8a 益公集 99/126b

申省論朱霖狀 益國文忠集 99/9a

繳張宏特支請給奏狀 益國文忠集 99/9b 益公集 99/128b

請早開講奏狀 益國文忠集 99/10a 益公集 99/129a

繳道童度牒狀 益國文忠集 99/11a 益公集 99/130a

與宰相論李申甫改官劄子 益公集 99/130b

繳駮龍大淵曾覿差遣狀 益國文忠集 99/11b 益公集 99/132a

與史丞相劄子 益國文忠集 99/13b 益公集 99/133a

同金給事待罪狀 益國文忠集 99/12b 益公集 99/134b

再同給事乞罷黜狀 益國文忠集 99/13a 益公集 99/135a

乞觀官奏 益公集 99/135b

繳曹粗詞頭奏狀 益國文忠集 100/9b

賀魏王年書 益國文忠集 162/4a 益公集 162/4b

謝魏王賀生辰書 益國文忠集 162/4a 益公集 162/5a

回魏王書 益國文忠集 162/4b 益公集 162/6a

賀魏王冬書 益國文忠集 162/5a 益公集 162/6b

回魏王冬書 益國文忠集 162/5b 益公集 162/7a

與魏王賀年書 益國文忠集 162/6a 益公集 162/7b

賀魏王領尹書 益國文忠集 162/6b 益公集 162/8a

回魏王賀生日書 益國文忠集 162/7a 益公集 162/8b

回魏王冬書 益國文忠集 162/7b 益公集 162/9a

回魏王年書　　益國文忠集 162/8a　　益公集 162/9b

回魏王賀生日書　　益國文忠集 162/8b　　益公集 162/10b

賀魏王冬書　　益國文忠集 162/9a　　益公集 162/11b

回魏王賀冬書　　益國文忠集 162/9b　　益公集 162/12a

賀魏王年書　　益國文忠集 162/10a　　益公集 162/12b

回魏王賀年書　　益國文忠集 162/10b　　益公集 162/13a

回魏王賀生日書　　益國文忠集 162/11a　　益公集 162/13b

回魏王通問書　　益國文忠集 162/11b　　益公集 162/14a

問候魏王書　　益國文忠集 162/11b　　益公集 162/14b

張真甫舍人震　　益國文忠集 186/1a　　益公集 186/1a

周元特侍御操　　益國文忠集 186/2b　　益公集 186/3a

劉韶美秘監儀鳳　　益國文忠集 186/3b　　益公集 186/4a

黄世永編修　　益國文忠集 186/5a　　益公集 186/6b

永豐蕭谷秀才　　益國文忠集 186/6b　　益公集 186/8b

太和陳善秀才字才達　　益國文忠集 186/7a　　益公集 186/9a

孫次山甫　　益國文忠集 186/8a　　益公集 186/10a

謝堯仁　　益國文忠集 186/8b　　益公集 186/10a

黄格非　　益國文忠集 186/9b　　益公集 186/11a

周中顯　　益國文忠集 186/9b　　益公集 186/11b

鄭大明　　益國文忠集 186/10b　　益公集 186/12a

劉子澄(1-2)　　益國文忠集 186/10b-11a　　益公集 186/12b-13a

朱熙祖　　益國文忠集 186/11b　　益公集 186/13b

鄭景望吏部　　益國文忠集 186/12b　　益公集 186/14b

張欽夫左司　　益國文忠集 186/13a-15b　　益公集 186/15a-18a

呂伯恭正字(1-3)　　益國文忠集 186/16a-17a　　益公集 186/19a-20a

王才臣子俊(1-2)　　益國文忠集 186/18a-18b　　益公集 186/21a-23a

徐伯藥(1-2)　　益國文忠集 186/19b-20a　　益公集 186/23b-24a

歐陽邦基　　益國文忠集 186/20b　　益公集 186/24a

蕭仲和　　益國文忠集 186/21a　　益公集 186/25a

韶州梁守安世　　益國文忠集 186/21a　　益公集 186/25a

江陰李教授沐　　益國文忠集 186/22a　　益公集 186/26a

李知幾運使石　　益國文忠集 186/23b　　益公集 186/27b

成都蘇教授　　益國文忠集 186/24b　　益公集 186/29a

王道夫主簿自中　　益國文忠集 186/25a　　益公集 186/29b

陸務觀(1-2)　　益國文忠集 187/1a-1b　　益公集 187/1a-1b

陳君舉舍人(1-3)　　益國文忠集 187/2a-2b　　益公集 187/2a-3a

徐子宜(1-3)　　益國文忠集 187/3b-4b　　益公集 187/4a-5a

葉正則　　益國文忠集 187/5a　　益公集 187/5b

貴州曾司户元夫　　益國文忠集 187/5b　　益公集 187/6a

陳伯震　　益國文忠集 187/6a　　益公集 187/6b

溧陽鄧宰埏　　益國文忠集 187/6a　　益公集 187/7a

王教授巽伯申　　益國文忠集 187/6b　　益公集 187/7b

新長沙宰劉仲洪德秀　　益國文忠集 187/7a　　益公集 187/8a

陳機宜琦　　益國文忠集 187/7b　　益公集 187/8b

卞筫　　益國文忠集 187/8a　　益公集 187/9a

岳林智顯　　益國文忠集 187/8a　　益公集 187/9b

福州西禪德璨　　益國文忠集 187/8b　　益公集 187/9b

沈叔晦　　益國文忠集 187/8b　　益公集 187/10a

徐君厚　　益國文忠集 187/9a　　益公集 187/10b

張唐卿　　益國文忠集 187/9b　　益公集 187/11a

江寧曾宰炎　　益國文忠集 187/10a　　益公集 187/11b

奚元美商衡　　益國文忠集 187/10a　　益公集 187/11b

王景文實　　益國文忠集 187/11a　　益公集 187/12b

李守至(1-2)　　益國文忠集 187/11a-12a　　益公集 187/13a-13b

時教授瀾　　益國文忠集 187/12b　　益公集 187/14b

王宰淮(1-2)　　益國文忠集 187/13a-13b　　益公集 187/15a-15b

陳德卿　　益國文忠集 187/14a　　益公集 187/16a

胡長彦　　益國文忠集 187/14b　　益公集 187/17a

周輝　　益國文忠集 187/15a　　益公集 187/17b

周朋來彭澤周宰朋來　　益國文忠集 187/15b　　益公集 187/17b

贛縣葉丞才老　　益國文忠集 187/15b　　益公集 187/18a

邵武張簿蒙　　益國文忠集 187/16a　　益公集 187/18b

成都路王鈐幹聞禮　　益國文忠集 187/16b　　益公集

187/18b

南陵郭宰嶢　益國文忠集 187/16b　益公集 187/19a

俞宰庭椿　益國文忠集 187/17a　益公集 187/19b

周行可　益國文忠集 187/17b　益公集 187/20b

黃日新　益國文忠集 187/18a　益公集 187/20b

趙蕃(1-2)　益國文忠集 187/19a　益公集 187/21b-22a

太和趙宰師奭　益國文忠集 187/19b　益公集 187/22b

清湘楊宰炤　益國文忠集 187/20a　益公集 187/23a

劉棠仲饗　益國文忠集 187/20a　益公集 187/23b

彭清卿叔夏　益國文忠集 187/20b　益公集 187/23b

開先師序(書啓)(1-3)　益國文忠集 187/20b-21a　益公集 24a-24b

無錫吴宰玁(1-2)　益國文忠集 187/21b-22a　益公集 187/25a

湘陰林宰(1-2)　益國文忠集 187/22b-23a　益公集 187/25b-26b

安化徐宰華國　益國文忠集 187/23a　益公集 187/27a

孟陽黃宰淡　益國文忠集 187/23b　益公集 187/27b

醴陵謝宰鼎　益國文忠集 187/24a　益公集 187/27b

攸縣歐陽尉嚴起　益國文忠集 187/24a　益公集 187/28a

臨武林宰寶儉　益國文忠集 187/24b　益公集 187/28a

東安柳宰林　益國文忠集 187/24b　益公集 187/28b

趙葳　益國文忠集 187/25a　益公集 187/29a

曾無疑三異(1-3)　益國文忠集 188/1a-2a　益公集 188/1a-2b

寧遠徐宰由已　益國文忠集 188/3a　益公集 188/3a

常德傅推官庸　益國文忠集 188/3a　益公集 188/3b

曹檢法彦約　益國文忠集 188/3b　益公集 188/4a

項平甫正字(1-2)　益國文忠集 188/4a-4b　益公集 188/4b-5a

陳同甫亮　益國文忠集 188/5b　益公集 188/6a

龔編修頤正　益國文忠集 188/5b　益公集 188/6b

羅次君堯宣(1-3)　益國文忠集 188/6a-6b　益公集 188/7a-7b

桃園李宰汝江　益國文忠集 188/7a　益公集 188/8a

程倅準　益國文忠集 188/7b　益公集 188/8b

孫彦摅謙益(1-3)　益國文忠集 188/8a-8b　益公集 188/9a-9b

龍皇王琳　益國文忠集 188/9a　益公集 188/10b

福嚴道聲(1-3)　益國文忠集 188/9b-10a　益公集 188/10b-11b

仰山紹南(1-3)　益國文忠集 188/10a-10b　益公集 188/11b-12a

永豐汪宰文振　益國文忠集 188/11a　益公集 188/12b

陳梅州自修　益國文忠集 188/11a　益公集 188/13a

寧都傅宰夢泉　益國文忠集 188/12a　益公集 188/13b

吕子約寺丞　益國文忠集 188/12a　益公集 188/14a　南宋文範 33/11a

汪季路司業　益國文忠集 188/13b　益公集 188/15b

張嗣留留父　益國文忠集 188/15a　益公集 188/17b

劉伯深江　益國文忠集 188/18a　益公集 188/15b

永新張宰大正　益國文忠集 188/16a　益公集 188/18b

新湖北徐帳幹浩　益國文忠集 188/16b　益公集 188/19b

晁子興　益國文忠集 188/17a　益公集 188/20a

臨川葉秀興　益國文忠集 188/18a　益公集 188/20b

撫州張琚　益國文忠集 188/18b　益公集 188/21b

廬陵黃同　益國文忠集 188/19a　益公集 188/22a

劉三退　益國文忠集 188/19b　益公集 188/22b

管球　益國文忠集 188/19b　益公集 188/23a

萬邁子德　益國文忠集 188/20a　益公集 188/23b

王千遇希尹　益國文忠集 188/20b　益公集 188/23b

曾無愧　益國文忠集 188/21a　益公集 188/24a

江州趙倅彦櫨　益國文忠集 188/21a　益公集 188/24b

太和卓宰洵　益國文忠集 188/21b　益公集 188/25a

汪提幹端中　益國文忠集 188/22a　益公集 188/25b

余知縣　益國文忠集 188/22b　益公集 188/26b

廬陵趙宰汝厦　益國文忠集 188/23a　益公集 188/27a

吉水王宰中純　益國文忠集 188/23b　益公集 188/27b

賀王德言兼五牒修書官　益國文忠集 189/1a　益公集 189/1a

爲舅氏求湯丞相舉狀　益國文忠集 189/1b　益公集 189/1b

謝湯丞相　益國文忠集 189/2a　益公集 189/2b

汪聖錫尚書應辰(1-3)　益國文忠集 189/2b-4a　益公集 189/2b-4b

與張允蹈直閣　益國文忠集 189/5a　益公集 189/5b

魏南夫丞相杞　益國文忠集 189/5a　益公集 189/6a

王公明樞使炎（1-4）　益國文忠集189/6a-8b
益公集189/7a-9b

張侍郎運　益國文忠集189/9a　益公集189/10a

劉共父樞密（1-4）　益國文忠集189/10a-11b
益公集189/11a-13a

胡邦衡侍郎銓（1-4）　益國文忠集189/12a-13a
益公集189/14a-15a

尤延之侍郎袤（1-4）　益國文忠集189/14a-15b
益公集189/16a-17b

梁叔子丞相（1-6）　益國文忠集190/1a　益公集
190/1a-6b

王季海丞相（1-10）　益國文忠集190/5b-10a
益公集190/7a-12a

洪景盧舍人邁（1-2）　益國文忠集190/11a-11b
益公集190/13a-13b

林謙之運使光朝　益國文忠集190/12a　益公集
190/14a

程泰之侍郎大昌（1-9）　益國文忠集190/12b-
18a　益公集190/14b-20b

劉文潛司業焞（1-5）　益國文忠集190/18b-21b
益公集190/21b-25b

南昌縣簿政之　益國文忠集190/22b　益公集190/
26b

楊謹仲　益國文忠集190/23a　益公集190/27a

宜春尉彭子壽　益國文忠集190/23b　益公集190/
27b

曾無逸寺丞三聘（1-5）　益國文忠集190/23b-
25a　益公集190/27b-29b

范至能參政（1-10）　益國文忠集191/1a-6b
益公集191/1a-8a

黃仲秉侍郎　益國文忠集191/7b　益公集191/9a

汪仲嘉尚書　益國文忠集191/8a　益公集191/9b

趙子直丞相（1-20）　益國文忠集191/8b-22a
益公集191/10b-26a

陳應求丞相（1-2）　益國文忠集192/1a-1b　益
公集192/1a-1b

史直翁丞相（1-2）　益國文忠集192/2a-3a　益
公集192/2a-3b

又同宰執答史少傅（1-11）　益國文忠集192/
3b-9a　益公集192/4a-10b

陳季陵侍郎　益國文忠集192/10a　益公集192/11a

楊廷秀寶學（1-12）　益國文忠集192/10b-13b
益公集192/12a-15b

孫從之提刑（1-5）　益國文忠集192/14a-17a
益公集192/16a-20a

葉夢錫丞相　益國文忠集193/1a　益公集193/1a

又乞與王弱翁嶽祠劄子　益國文忠集193/2a
益公集193/2a

韓无咎尚書元吉（1-2）　益國文忠集193/2b-3b
益公集193/3a-4a

喻宮教良能　益國文忠集193/4a　益公集193/4b

王宣子侍郎　益國文忠集193/4b　益公集193/5a

朱元晦待制（1-4）　益國文忠集193/5a-6b　益
公集193/5b-7b

沈編修瀛　益國文忠集193/7a　益公集193/8a

趙秀州善仁　益國文忠集193/7b　益公集193/9a

李舒州異　益國文忠集193/7b　益公集193/9a

江東運使曾原伯　益國文忠集193/8a　益公集
193/10a

王仲行尚書（1-14）　益國文忠集193/8b-15b
益公集193/10b-18b

詹侍郎體仁（1-6）　益國文忠集193/16a-18a　益
公集193/19a-21b

馬晦叔提刑　益國文忠集193/18b　益公集193/22a

沈衢州　益國文忠集193/19a　益公集193/22b

嚴州　益國文忠集193/19a　益公集193/22b

岳池州　益國文忠集193/19b　益公集193/23a

胡湖州南逢　益國文忠集193/20a　益公集193/23b

趙溫叔丞相（1-8）　益國文忠集194/1a-5b　益
公集194/24a-29b

趙德老總領彥逾（1-6）　益國文忠集194/6a-8b
益公集194/30a-33a

陳制置峴　益國文忠集194/8b　益公集194/33b

趙總領汝誼（1-3）　益國文忠集194/9b-10b　益
公集194/34b-35b

楊明州獬　益國文忠集194/10b　益公集194/35b

成都徐運使誧　益國文忠集194/11a　益公集194/
36a

廣西胡運使廷直（1-2）　益國文忠集194/11b-
12a　益公集194/36b-37a

夔漕張秀良繽（1-2）　益國文忠集194/12b-13a
益公集194/37b-38b

錢師魏參政　益國文忠集195/1a-1b　益公集195/
40a-40b

施聖與樞密（1-3）　益國文忠集195/2a-2b　益
公集195/41a-41b

留仲至丞相（1-10）　益國文忠集195/3b-10a
益公集195/42b-50b

京仲遠尚書（1-2）　益國文忠集195/10b-11b
益公集195/51a-52a

何道夫秘監耕　益國文忠集195/12b　益公集195/
53a

林黄中少卿(1-6)　益國文忠集 195/12b-16a　益公集 195/53b-57b

胡子遠郎中　益國文忠集 195/16b　益公集 195/58a

劉秘書光祖(1-2)　益國文忠集 195/17a　益公集 195/58b-59a

楊秘書輔　益國文忠集 195/18a　益公集 195/59b

湖北吳提刑燠(1-2)　益國文忠集 195/18b-19a　益公集 195/60a-61a

汪郎中義端(1-4)　益國文忠集 195/19b-21a　益公集 195/61b-63b

蔡定夫少卿(1-3)　益國文忠集 196/1a-2a　益公集 196/65a-66a

林子方秘書　益國文忠集 196/2b　益公集 196/66b

湖南潘帥時(1-6)　益國文忠集 196/3a-5a　益公集 196/67a-70a

廣東韓提舉璧　益國文忠集 196/5b　益公集 196/70b

湯臨江思謙　益國文忠集 196/6a　益公集 196/71a

勾崇慶躍　益國文忠集 196/6b　益公集 196/71b

姚倅穎　益國文忠集 196/7a　益公集 196/72a

史江陰淵　益國文忠集 196/7b　益公集 196/72b

合州何簽判預　益國文忠集 196/8a　益公集 196/73a

劉廬倅煒　益國文忠集 196/8b　益公集 196/73b

葉舒州大廉　益國文忠集 196/9a　益公集 196/74b

李萬州唐年　益國文忠集 196/9b　益公集 196/74b

劉衡倅符　益國文忠集 196/10a　益公集 196/75a

劉濠州揚廷　益國文忠集 196/10a　益公集 196/75b

王守鎮　益國文忠集 196/10b　益公集 196/76a

郭崇慶明復　益國文忠集 196/11a　益公集 196/76b

陳江陵孺　益國文忠集 196/11b　益公集 196/77a

傅道州伯壽　益國文忠集 196/12a　益公集 196/77b

孫饒州紹遠　益國文忠集 196/12b　益公集 196/78a

潼川岳漕霖(1-2)　益國文忠集 196/12b-13a　益公集 196/78b-79a

蘇倅玭　益國文忠集 196/13b　益公集 196/79b

張靖倅孝曾　益國文忠集 196/14a　益公集 196/80a

婁提幹　益國文忠集 196/14b　益公集 196/80b

胡殿撰與可　益國文忠集 196/15a　益公集 196/81a

延廬帥璽　益國文忠集 196/15b　益公集 196/81b

荊鄂郭都統杲(1-7)　益國文忠集 196/16a-18b　益公集 196/82b-85a

張子儀總領抑(1-5)　益國文忠集 197/1a-4a　益公集 197/86a-89b

丘宗卿侍郎崈(1-3)　益國文忠集 197/5a-5b

益公集 197/90b-91b

趙從善泉使師羣(1-3)　益國文忠集 197/6a-6b　益公集 197/92a-93b

王叔清舍人卿月　益國文忠集 197/7b　益公集 197/93b

馮總領憲(1-2)　益國文忠集 197/8a-9b　益公集 197/94b-95a

彭州張倅英仲　益國文忠集 197/9b　益公集 197/95b

嘉州樊倅炎　益國文忠集 197/10a　益公集 197/96a

陳邕州士英　益國文忠集 197/10a　益公集 197/96b

趙明州師虁(1-2)　益國文忠集 197/10b-11a　益公集 197/97a-97b

王茶馬渥　益國文忠集 197/11b　益公集 197/98a

王憲正已　益國文忠集 197/11b　益公集 197/98b

豐叔賈誼(1-2)　益國文忠集 197/12a-12b　益公集 197/99a

劉公實提刑穎　益國文忠集 197/13a　益公集 197/99b

鄭少嘉尚書　益國文忠集 197/13a　益公集 197/100a

閻才元侍郎(1-2)　益國文忠集 197/13b-14a　益公集 197/100b-101a

劉帥立義　益國文忠集 197/14b　益公集 197/101b

楚州錢大受之望(1-3)　益國文忠集 197/15a-16a　益公集 197/102a-103a

張彦文尚書　益國文忠集 197/16a　益公集 197/103b

高汝一虁(1-4)　益國文忠集 197/16b-18a　益公集 197/104a-105b

利路李憲大正(1-2)　益國文忠集 197/18a-19a　益公集 197/106a-107a

邵鈐轄之綱　益國文忠集 197/19b　益公集 197/107a

鎮江翟都統安道　益國文忠集 197/19b　益公集 197/107b

雷馬帥世賢　益國文忠集 197/20a　益公集 197/108a

金陵閻副都統仲　益國文忠集 197/20b　益公集 197/108a

金陵郭都統鈞(1-2)　益國文忠集 197/20b-21a　益公集 197/108b-109a

江州劉都統光祖　益國文忠集 197/21b　益公集 197/109b

金州田都總世雄　益國文忠集 197/22a　益公集 197/110a

鎮江張都統詔(1-2)　益國文忠集 197/22a-22b　益公集 197/110a-110b

金州秦守嵩　益國文忠集 197/22b　益公集 197/111a

揚州鄭帥興裔　　益國文忠集 197/23a－23b　益公集 197/111b－112a

鄂州閭都統世雄　　益國文忠集 197/24a－25a　益公集 197/112a－113b

王謙仲樞使(1－4)　　益國文忠集 198/1a－2b　益公集 198/114a－115b

程元成給事(1－3)　　益國文忠集 198/3b－4b　益公集 198/117a－118b

李彥叔參政(1－2)　　益國文忠集 198/5b　益公集 198/119a－119b

湖北趙提舉善譽(1－2)　　益國文忠集 198/6b　益公集 198/120a－120b

王宜州侃　　益國文忠集 198/7b　益公集 198/120b

韋昱翌　　益國文忠集 198/7b　益公集 198/121a

朱安豐旦　　益國文忠集 198/7b　益公集 198/121b

林沅州埏　　益國文忠集 198/8a　益公集 198/122a

趙充夫(1－2)　　益國文忠集 198/8b　益公集 198/122b－123a

趙揚州子濛(1－2)　　益國文忠集 198/9a－9b　益公集 198/123b

新永康倅李季章壁　　益國文忠集 198/10a　益公集 198/124a

李季允㙊　　益國文忠集 198/10b　益公集 198/125a

田提舉渭　　益國文忠集 198/10b　益公集 198/125a

張瀘州忞　　益國文忠集 198/11a　益公集 198/125b

江西陸提舉洗(1－2)　　益國文忠集 198/11b－12a　益公集 198/126b－127a

鎮江張幾仲　　益國文忠集 198/12b　益公集 198/127a

湖南趙提舉像之　　益國文忠集 198/12b　益公集 198/127b

王瓊州光祖　　益國文忠集 198/13a　益公集 198/127b

王順伯　　益國文忠集 198/13b　益公集 198/128a

浙江羅春伯　　益國文忠集 198/13b　益公集 198/128b

祝江州懷　　益國文忠集 198/14a　益公集 198/129a

李獻之侍郎　　益國文忠集 198/14a　益公集 198/129b

葛楚輔樞密　　益國文忠集 199/1a　益公集 199/131a

張澓叔椿　　益國文忠集 199/2a　益公集 199/132a

方吉州崧卿　　益國文忠集 199/2b　益公集 199/132b

丁提刑逢　　益國文忠集 199/3a　益公集 199/132b

黃提舉唐　　益國文忠集 199/3b　益公集 199/134a

樓大方尚書　　益國文忠集 199/4a　益公集 199/134b

薛象先少卿　　益國文忠集 199/4b　益公集 199/135b

鄭舜舉侍郎　　益國文忠集 199/5a－5b　益公集 199/136a

張君量提舉　　益國文忠集 199/6a　益公集 199/137a

章德茂侍郎　　益國文忠集 199/6b　益公集 199/137b

徐永州柟　　益國文忠集 199/7a　益公集 199/138a

諸府　　益國文忠集 199/7b　益公集 199/138b

常德府袁機仲　　益國文忠集 199/8a　益公集 199/139a

楊子直秘書(1－2)　　益國文忠集 199/8b　益公集 199/140b－141a

王南強提舉(1－2)　　益國文忠集 199/10a　益公集 199/141b

沈持要詹事　　益國文忠集 199/10b　益公集 199/142a

陳安行給事　　益國文忠集 199/11a　益公集 199/143a

馬容州持國　　益國文忠集 199/11b　益公集 199/143a

賀湯左相　　益國文忠集 200/1a　益公集 200/144a

繳書劄子　　益國文忠集 200/3b　益公集 200/147a

賀孟宗丞除江東運判　　益國文忠集 200/4a　益公集 200/147b

謝李提點薦舉　　益國文忠集 200/5a　益公集 200/148b

賀王知院　　益國文忠集 200/5b　益公集 200/149b

賀邢倅　　益國文忠集 200/7b　益公集 200/151b

賀都總領　　益國文忠集 200/8a　益公集 200/152b

前柳州徐郎中璉　　益國文忠集 200/9a　益公集 200/153b

洋州王通判　　益國文忠集 200/9b　益公集 200/154a

留仲至尚書　　益國文忠集 200/10b　益公集 200/155a

史直翁丞相　　益國文忠集 200/11a　益公集 200/155b

靜江詹帥體仁　　益國文忠集 200/11b　益公集 200/156b

洪景盧舍人　　益國文忠集 200/12b　益公集 200/157a

程泰之尚書　　益國文忠集 200/13a　益公集 200/158a

蔣婺州繼周　　益國文忠集 200/14a　益公集 200/159a

王謙仲江陵帥　　益國文忠集 200/14b　益公集 200/159b

朱元晦潭帥　　益公集 200/160b

賀林吏侍啓　　播芳文粹 53/1a

賀吳戶侍啓　　播芳文粹 53/9b

賀梁右丞啓　　播芳文粹 53/26a

賀曾總管啓　播芳文粹 59/7b

賀王提泉啓　播芳文粹 59/14b

賀監司正啓　播芳文粹 66/5a

與呂子約寺丞書　南宋文範 33/11a

~ 必舉

　賀漕司趙主管啓　播芳文粹 64/1a

~ 行己

　代上執政書　浮沚集 5/1a

　權樂清上韓守書　浮沚集 5/2b

　上宰相書　浮沚集 5/3b

　上祭酒書　浮沚集 5/7a

　與佛月大師書　浮沚集 5/9a

　謝鄆帥王待制辟司録啓　浮沚集 5/10a

　代賀吳侍郎啓　浮沚集 5/10b

　代徐守謝金帶紫章服啓　浮沚集 5/11a

　代人賀樞密啓　浮沚集 5/11b

　學官與交代啓　浮沚集 5/12a

　賀張節使啓　浮沚集 5/12b

　與張才叔啓　浮沚集 5/13a

　代郡守除漕謝漕運使啓　浮沚集 5/13b

　賀轉運使復任啓　浮沚集 5/13b

　賀狀元及第啓　四庫拾遺 86/浮溪集

　賀朱勝非啓　四庫拾遺 87/浮溪集

　謝祭酒司業書　宋文鑑 120/17a

~ 孚

　上陳侍郎書　鉛刀編 17/1a

　上虞相書　鉛刀編 17/2b

　上梁參政　鉛刀編 17/5b

　答史千伯强書　鉛刀編 18/1a

　與彭郝二學正書　鉛刀編 18/1b

　代人上監司書　鉛刀編 18/3a

　寄周日新　鉛刀編 18/4b

　寄解伯時(1-2)　鉛刀編 18/5b-65

　謝虞丞相啓　鉛刀編 19/1a

　代辛滁州謝免上供錢啓　鉛刀編 19/2a

　代運使賀沈同知啓　鉛刀編 19/2b

　代漕與同知王樞密啓　鉛刀編 19/3b

　代賀葉留守啓　鉛刀編 19/4a

　與交代啓　鉛刀編 19/5a

　與趙漕啓　鉛刀編 19/5b

　謝趙漕舉狀啓　鉛刀編 20/1a

　與運幹啓　鉛刀編 20/2a

　與向漕啓　鉛刀編 20/2b

代向漕與龔參政啓　鉛刀編 20/3a

代賀王參政啓　鉛刀編 20/3b

與新知府解寺丞啓　鉛刀編 20/4a

代賀沈樞密啓　鉛刀編 20/5a

答諸生啓　鉛刀編 20/5b

請海老住資福疏　鉛刀編 26/5a

請寧老住長蘆疏　鉛刀編 26/5b

請行和尚住廣福疏　鉛刀編 26/5b

謝虞丞相啓　南宋文範 29/9b

~ 邠

與陸剛叔帖　播芳文粹 107/3a

與范奉禮帖　播芳文粹 107/3a

與孫太博帖　播芳文粹 107/3b

~ 邦

賀孫兵書啓　播芳文粹 50/11a

~ 季茂

賀憲司呂幹啓　播芳文粹 64/3b

~ 彥質

賀鄭憲被召啓　播芳文粹 55/26a

賀呂丞相帥永興啓　播芳文粹 56/16b

~ 南

與廟堂議論和書　山房集 3/1a

謝解啓　山房集 3/3b

赴池陽回金提幹啓　山房集 3/4a

池陽回賀冬啓　山房集 3/4b

答商總卿啓　山房集 3/5a

池陽通胡總卿啓　山房集 3/5b

池陽通建康張書定叟啓　山房集 3/6a

回毘陵代者啓　山房集 3/7a

赴浙東倉幕上浙東帥錢參政啓　山房集 3/7b

赴浙東倉幕上章倉啓　山房集 3/8b

賀魯倉到任啓　山房集 3/9b

賀趙師羃工部尚書知臨安府啓　山房集 3/10a

服除再除館職謝啓　山房集 3/10b

代劉武諭赴都堂審察啓　山房集 3/12a

代通交代知縣啓　山房集 3/13a

代潮守回倅啓　山房集 3/13b

池陽通添倅啓　山房集 3/14a

深源定婚啓　山房集 3/14b

長女回定婚啓　山房集 3/15a

爲滕守回送婚啓　山房集 3/15b

爲長姪定里人朱氏婚啓　山房集 3/15b

爲次姪定東陽喬魁婚啓　山房集 3/16a
回姪女婚啓　山房集 3/16a
池陽回外邑啓　山房集/後稿 11a
池陽通倉使啓　山房集/後稿 11b
～茂卿
賀胡倅啓　播芳文粹 63/19b
～　時
賀右丞相啓　播芳文粹 48/13a
賀宗室除郡王啓代　播芳文粹 54/22a
賀芮顯謨啓　播芳文粹 55/2b
賀魏倅啓　播芳文粹 63/12b
謝監司薦舉啓　播芳文粹 75/2a
太守與交代啓　播芳文粹 84/26a
～敦頤
付二十六叔　周元公集 4/9a
又書與三十一叔　周元公集 4/9b
與仲章手帖　周元公集 4/9b
與仲章六月四日書　周元公集 4/10a
與傅秀才書　周元公集 4/10b
慰李才元書　周元公集 4/11a
～紫芝
賀姑溪復官啓　太倉集 53/10a
賀元具茨知道州啓　太倉集 53/11a
與呂舍人通問啓　太倉集 53/12a
賀徐無爲啓　太倉集 53/12b
賀徽州汪內翰啓　太倉集 53/13b
賀許貴州啓　太倉集 53/14b
爲人謝八行王宣教啓　太倉集 54/1a
爲人與王通判啓　太倉集 54/1b
爲王元發與李寺丞啓　太倉集 54/2a
爲人賀錢待制致仕啓　太倉集 54/2b
爲人上李待制謝守城轉官啓　太倉集 54/3b
爲人賀淮南宣撫李尚書啓　太倉集 54/4b
爲人賀呂相除都督啓　太倉集 54/5a
爲人謝朱秀才惠文編啓　太倉集 54/6a
爲人與劉侍郎賀冬啓　太倉集 54/6b
爲人賀正啓（1－3）　太倉集 54/7a－7b
爲人謝同官惠生日詩啓　太倉集 54/8a
爲人到任與鄰郡太守啓　太倉集 54/8b
爲人上沈給事啓　太倉集 54/9a
爲人賀陳安撫到任啓　太倉集 54/9b
爲人答呂縣丞啓　太倉集 54/10a
爲人到任謝鄰郡太守啓　太倉集 54/10b
爲人回交代陸朝奉啓　太倉集 54/11a
爲人賀王參政迎皇太后還宮啓　太倉集 54/11b
爲人賀朱僕射鎮宛陵啓　太倉集 54/12b
爲人賀安撫趙殿撰到任啓　太倉集 54/13a
與盧漕啓　太倉集 54/14a
爲人謝韓侍郎舉自代啓　太倉集 55/1a
爲秦安豐上宰相啓　太倉集 55/1b
謝王侍郎荐舉啓　太倉集 55/2b
賀秦太師駕幸賜第啓　太倉集 55/3b
謝李兵部架閣官啓　太倉集 55/4b
謝敕局刪定官啓　太倉集 55/5b
謝敕局改官啓　太倉集 55/6b
謝樞密院編修官啓　太倉集 55/7b
謝權實錄院檢討官啓　太倉集 55/8b
賀强奉直知常州啓　太倉集 55/9a
賀秦太師改封益國公啓　太倉集 55/10a
回鄭教授啓　太倉集 55/10b
回永興令啓　太倉集 55/11a
到任謝田太尉啓　太倉集 55/11b
到任謝秦太師啓　太倉集 55/12a
謝秦觀文啓　太倉集 55/13a
與江州守李郎中啓　太倉集 55/13b
謝總領汪太卿啓　太倉集 55/14a
回張待制啓　太倉集 55/14b
謝喜雪詩啓　太倉集 55/15b
謝沈秘校啓　太倉集 55/15b
謝雪詩啓　太倉集 55/15b
謝王秘校啓　太倉集 55/16a
謝吳秘校啓　太倉集 55/16a
謝何秀才惠書啓　太倉集 55/16b
謝沈解元啓　太倉集 55/16b
謝王校正啓　太倉集 56/1a
答彭運幹啓　太倉集 56/1a
回韓朝奉啓　太倉集 56/1b
答劉縣丞啓　太倉集 56/2b
賀秦太師修景靈宮加封啓　太倉集 56/3a
賀秦太師郊祀加封啓　太倉集 56/3b
賀秦觀文郊祀加封啓　太倉集 56/4b
回南康徐中大啓　太倉集 56/5a
謝生日詩啓　太倉集 56/5b
回莫解元啓　太倉集 56/6a
回光州曾郎中啓　太倉集 56/6b

賀秦太師正啓　太倉集 56/7a

進書賀秦太師啓　太倉集 56/7b

賀秦太師待制作省元啓　太倉集 56/8a

賀秦樞密啓　太倉集 56/9a

見李端叔書　太倉集 58/1a

見翟公巽書　太倉集 58/2b

見張侍郎書　太倉集 58/5a

見呂右丞書　太倉集 58/7a

爲蘇尉上朱僕射書　太倉集 58/9a

爲人上管使君書　太倉集 59/1a

爲人上滁州王使君書　太倉集 59/3b

與張尚書論移麟院書　太倉集 59/6a

見王提刑書　太倉集 59/9a

爲人上米侍郎書　太倉集 59/11a

答道州吳司戶書　太倉集 59/12b

請鐵佛住持疏　太倉集 63/10b

請吉祥住持疏　太倉集 63/11a

貢布右語　太倉集 63/11b

賀李帥啓　播芳文粹 57/16a

賀周茶馬啓　播芳文粹 59/12b

賀梁都運啓　播芳文粹 60/13b

赴任上寄居寶學啓　播芳文粹 84/10a

史斷二首五星聚東井　西漢日食五十有三　南宋文
　範 59/17b

~夢若

謝太學發解啓　播芳文粹 78/6b

~頡

賀葛簽判啓　播芳文粹 64/11a

~麟之

見孫尚書啓　海陵集 8/1a

見張侍郎啓　海陵集 8/1b

代回福建提舉杜朝請到任啓　海陵集 8/2b

代回賀臨安張待制啓　海陵集 8/2b

代回舒守張朝奉啓　海陵集 8/3a

上徽州胡提舉啓　海陵集 8/3a

徽州鄭通判啓同官　海陵集 8/3b

回祁門知縣　海陵集 8/4a

除著作佐郎謝啓　海陵集 8/4a

代七兄監酒謝湯漕啓　海陵集 8/4b

代年節賀州府啓　海陵集 8/5b

回常州周守啓　海陵集 8/5b

回蔣龍圖啓　海陵集 8/6a

初除中書舍人回趙提官啓　海陵集 8/6a

回張通判啓　海陵集 8/6b

回淮西張運司啓　海陵集 8/7a

賀左相啓　海陵集 9/1a

賀右相　海陵集 9/1b

賀知院　海陵集 9/2a

回洪帥折樞密啓(1-2)　海陵集 9/2a-2b

回孫尚書啓　海陵集 9/3a

回狀元啓　海陵集 9/3b

回第二人啓　海陵集 9/4a

回陳先輩啓　海陵集 9/4a

回荊南劉太尉啓　海陵集 9/4b

回越帥王尚書　海陵集 9/4b

回狀元梁先輩　海陵集 9/5a

回狀元許先輩　海陵集 9/5a

回第三人丁先輩　海陵集 9/5b

回前宰執啓　海陵集 9/6a

回宰執啓　海陵集 9/6a

賀汪參政　海陵集 9/6b

回莫子申謝中詞科　海陵集 9/7a

謝除正字　海陵集 10/1a

賀宰相轉官　海陵集 10/2a

賀史參政　海陵集 10/3b

賀左相除特進　海陵集 10/4a

賀右相　海陵集 10/4b

賀洪同樞　海陵集 10/6a

賀周參政　海陵集 10/6a

任便居住謝宰相　海陵集 10/6b

賀湯左相　海陵集 10/7a

賀張右相　海陵集 10/8a

赴任上帥座啟　播芳文粹 82/11b

赴任上漕使啟　播芳文粹 82/15a

上李佐丞啟　播芳文粹 85/26b

起居丞相啟　播芳文粹 87/5b

回徐司戶啟　播芳文粹 89/5b

回士人謝解啟　播芳文粹 89/13b

邵　亢

與張龍圖帖　播芳文粹 107/18b

~公益

賀左丞相啟　播芳文粹 47/21a

~公實

賀王提舉啟　播芳文粹 61/20b

~博

賀楊户書啓　播芳文粹 50/8b
賀王宣撫加資政啓　播芳文粹 54/23b
賀虞尚書除宣撫啓　播芳文粹 58/16a
賀張制置啓　播芳文粹 59/2b
賀姚觀察啓　播芳文粹 59/5a
太守到任謝大漕啓　播芳文粹 71/27b
解資州任謝宣撫啓　播芳文粹 72/17b
起復除授謝啓　播芳文粹 80/12a
赴任上憲使啓　播芳文粹 82/12b
寧與交代啓　播芳文粹 85/7a
上提刑小簡　播芳文粹 100/4b
請珏老住龍興疏　播芳文粹 117/16b
請印老住中岩疏　播芳文粹 117/19a
請彦老開堂疏　播芳文粹 118/25b
請祥公茶榜　播芳文粹 119/10a
請陸老茶榜　播芳文粹 119/11b
請珏老茶榜　播芳文粹 119/12a
～　溥
賀中書劉侍郎啓　播芳文粹 50/18b
賀馬大諫啓　播芳文粹 52/5a
賀路祭酒啓　播芳文粹 54/14b
賀漕使加起居啓　播芳文粹 55/8b
除禮書謝宰相啓　播芳文粹 68/2a
～　穎
賀王提刑兼提泉啓　播芳文粹 61/2a
賀江守啓　播芳文粹 63/1b

九　畫

洪元之
賀胡都運啓　播芳文粹 59/25a
～仁仲
賀莫少卿啓　播芳文粹 54/4a
賀趙左史啓　播芳文粹 54/6a
～仁伯
賀南外知宗啓　播芳文粹 61/22b
～廷卿
賀王參議啓　播芳文粹 63/21b
～咨夔
上廟堂劄子　平齋集 13/7a
與張司業宓劄子　平齋集 13/8a
賀游景仁工部書　平齋集 13/8a
答游工部簡　平齋集 13/8b
答葉子真書　平齋集 13/9a

答黄濟叔簡　平齋集 13/9a
與李微之校理書　平齋集 13/9b
答印松巖帖　平齋集 13/10a
答楊平叔知丞簡　平齋集 13/10a
與俞提舉簡　平齋集 13/10b
答何正父簡　平齋集 13/10b
答沈簿餽歲簡　平齋集 13/11a
答葉子真書　平齋集 13/11a
答高處州書　平齋集 13/11b
答魏鶴山書　平齋集 13/12a
答吳叔永寺丞書　平齋集 13/12b
又至節小簡　平齋集 13/13a
答張簿惠白魚帖　平齋集 13/13a
答程宗武書　平齋集 13/13b
通崔菊坡書　平齋集 13/14b
答毛君玉簡　平齋集 13/15a
答吳叔永司封書　平齋集 13/15b
又答吳叔永借書帖　平齋集 13/16a
答葉子真書　平齋集 13/16a
答真福州書　平齋集 13/16b
答張鹽官送無垢詩刻簡　平齋集 13/17b
答趙南塘書　平齋集 13/17b
答蘇上舍書　平齋集 13/18a
答禮滅翁帖　平齋集 13/18b
回蔣秘書　平齋集 13/19a
答淮東趙帥蔡書　平齋集 13/19a
答袁守甫書　平齋集 13/19b
與余京尹鑄書　平齋集 13/20b
通余尚書天錫書　平齋集 13/21a
答趙淮東書　平齋集 13/21b
答真福帥書　平齋集 13/22a
答趙揚州書　平齋集 13/23a
答吳總卿書　平齋集 13/23a
謁莊提舉啓　平齋集 24/1a
謝葉提刑薦啓　平齋集 24/2a
謝費提刑薦啓　平齋集 24/3a
謝鞏都大薦啓　平齋集 24/3b
回鄱陽章宰啓　平齋集 24/4a
通交代林教授啓　平齋集 24/5a
生日回學職啓　平齋集 24/5b
謝黄留守科目啓　平齋集 24/5b
宗教謝廟堂啓　平齋集 24/6b
謝莊中書舉自代啓　平齋集 24/7b

謝廟堂啓　平齋集 24/8a

謝廟堂差幹官啓　平齋集 24/9a

通崔安撫啓　平齋集 24/10a

謝崔安撫舉改官啓　平齋集 24/11b

謝丘安撫舉改官啓　平齋集 24/12b

賀侍御啓　平齋集 24/13a

謝李坡舉自代並應詔啓　平齋集 24/14b

謝制使李尚書舉改官啓　平齋集 24/15a

謝權帥洪提刑薦啓　平齋集 24/16b

謝賈制置特薦啓　平齋集 24/17b

通李參政啓　平齋集 25/1a

上劉閣學啓　平齋集 25/2a

上安宣撫啓　平齋集 25/3a

添倅到任謝廟堂啓　平齋集 25/4b

通成都倅啓　平齋集 25/6a

回節推袖啓　平齋集 25/6a

回簽判袖啓　平齋集 25/6b

龍州到任謝廟堂啓　平齋集 25/7a

謝制置崔閣學啓　平齋集 25/8a

回生日啓　平齋集 25/9a

迓鄭制置啓　平齋集 25/9a

被旨奏事謝廟堂啓　平齋集 25/10a

賀廟堂定策啓劄　平齋集 25/11a

秘書郎謝廟堂啓　平齋集 25/12a

回胡判院啓　平齋集 25/13a

臨安諸友招講東山啓　平齋集 25/13b

再答臨安諸友招講啓劄　平齋集 25/14b

生日回啓戊子　平齋集 25/15a

生日回程宰啓己丑以墨梅並詩來　平齋集 25/15a

生日回啓庚寅　平齋集 25/15b

生日回啓癸巳　平齋集 25/16a

生日回吳季永寺講啓乙未　平齋集 25/16a

復官謝廟堂啓　平齋集 25/16b

賀鄭丞相啓　平齋集 26/1a

禮部郎官謝廟堂啓　平齋集 26/2a

回薛觀文啓　平齋集 26/2b

回程內翰啓　平齋集 26/3b

中書舍人謝丞相啓　平齋集 26/4a

回趙制使啓　平齋集 26/5a

回楊侍郎啓　平齋集 26/5b

回趙婺州必愿謝忠定配享劄子　平齋集 26/6a

回趙制置葵謝忠肅賜諡劄子　平齋集 26/6b

除禮部謝丞相劄子　平齋集 26/7a

答吳總卿劄子　平齋集 26/8a

答葉子真劄子　平齋集 26/8b

~ 适

代上宰相書　盤洲集 51/5b

代上前執政書　盤洲集 51/6b

與朱舍人書　盤洲集 51/8a

三省與虜帥僕散忠義書　盤洲集 51/9a

三省與虜帥紇石列志寧書　盤洲集 51/9b

謝試中詞學啓　盤洲集 52/1a

謝敕局進書改官啓　盤洲集 52/3b

謝除秘書省正字啓　盤洲集 52/4b

台州通判回謝少卿啓　盤洲集 52/5b

賀朱提刑到任啓　盤洲集 52/6a

回錢簽判啓　盤洲集 52/6b

賀錢運使到任啓　盤洲集 52/7a

賀李樞密啓　盤洲集 52/7b

賀吳運使除直秘閣啓　盤洲集 52/8b

賀何中丞啓　盤洲集 52/9a

賀執政正旦啓　盤洲集 52/9b

賀兩漕進職陞副使啓　盤洲集 52/10a

賀湯運使到任啓　盤洲集 52/10b

賀何樞密啓　盤洲集 53/1a

與交代石監丞啓　盤洲集 53/1b

答謝將士投贄狀　盤洲集 53/2a

謝人投所業狀　盤洲集 53/2b

謝人惠生日詩狀　盤洲集 53/2b

謝人惠生日詩狀　盤洲集 53/2b

賀胡提舶啓　盤洲集 53/3a

回廣州羅通判啓　盤洲集 53/3b

賀饒州洪郎中啓　盤洲集 53/3b

賀肇慶劉守啓　盤洲集 53/4b

回鄭德慶啓　盤洲集 53/4b

回曾解元狀　盤洲集 53/5a

回候解元狀　盤洲集 53/5b

回戴解元狀　盤洲集 53/6a

回傅解元狀　盤洲集 53/6a

代人謝鄭漕舉改官啓　盤洲集 53/6b

代承務郎謝梁侍郎舉升陟啓　盤洲集 53/7b

代徽州尉上太守啓　盤洲集 53/8b

又迎新守趙監丞啓　盤洲集 53/9a

代齋長見新教官啓　盤洲集 53/10a

代董承事以百二歲得官謝縣令啓　盤洲集 53/10b

代廣東帥屬謝帥啓　盤洲集 54/1a
代高要丞上鄭守啓　盤洲集 54/1b
代封州簽判謝帥啓　盤洲集 54/2b
代謝吏部李侍郎啓　盤洲集 54/3a
宮使梁尚書啓　盤洲集 54/3b
福州張侍郎啓　盤洲集 54/4a
回李惠州啓　盤洲集 54/4b
問李虔州啓　盤洲集 54/5a
謝温南劍啓　盤洲集 54/5b
回陸全州啓　盤洲集 54/6a
回蔡學士賀生日啓　盤洲集 54/6b
回湖南韓總管狀　盤洲集 54/7a
回知州惠生日詩狀　盤洲集 54/7b
回趙新州狀　盤洲集 54/7b
回廣西帳幹狀　盤洲集 54/8a
回潮州沈通判狀　盤洲集 54/8a
回欝林知州狀　盤洲集 54/8b
回周貴州謝到任狀　盤洲集 54/8b
回趙賀州謝任滿狀　盤洲集 54/9a
回范總幹狀　盤洲集 54/9a
回汪經幹謝舉削狀　盤洲集 54/9b
回石縣尉狀　盤洲集 54/10a
回封州教授狀　盤洲集 54/10a
回鄭德慶啓　盤洲集 54/10b
回陳英州狀　盤洲集 54/11a
回潯州知州狀　盤洲集 54/11a
賀廣西向運使啓　盤洲集 55/1a
回劉肇慶啓　盤洲集 55/1b
賀胡提舶交割啓　盤洲集 55/2a
賀余虔州啓　盤洲集 55/2a
賀沈提點啓　盤洲集 55/3a
回陸提舉啓　盤洲集 55/3a
回鄧漳州啓　盤洲集 55/3b
回寶賀州啓　盤洲集 55/4a
回徐通判狀　盤洲集 55/4b
回李惠州狀　盤洲集 55/5a
回權梅州狀　盤洲集 55/5a
回南安知軍狀　盤洲集 55/5b
回劉通判狀　盤洲集 55/5b
賀田提刑啓　盤洲集 55/6a
謝陳經畧啓　盤洲集 55/6b
回南恩權州狀　盤洲集 55/7a
回袁教授狀　盤洲集 55/7b

回德慶通判狀　盤洲集 55/7b
賀林尚書啓　盤洲集 55/8a
賀張洪州啓　盤洲集 55/8b
賀吕桂州啓　盤洲集 55/9a
賀張福州啓　盤洲集 55/9b
賀黃提刑啓　盤洲集 55/10b
賀福州李太尉啓　盤洲集 55/11a
回董梧州狀　盤洲集 55/11a
賀施察院啓　盤洲集 56/1a
賀陳帥生日啓　盤洲集 56/1b
賀吕總領啓　盤洲集 56/2a
賀黃提刑交割啓　盤洲集 56/2b
賀廣帥陳侍郎啓　盤洲集 56/3a
賀廣漕鄭郎中啓　盤洲集 56/3b
移福州謝趙提刑啓　盤洲集 56/4a
謝鄧建州啓　盤洲集 56/5a
回知州賀生日狀　盤洲集 56/5b
謝知州惠生日詩狀　盤洲集 56/5b
回連大庚狀　盤洲集 56/6a
回州學正録狀　盤洲集 56/6b
回何直閣狀　盤洲集 56/6b
回參議賀郎中狀　盤洲集 56/7a
代饒州守迎交代蘇尚書啓　盤洲集 56/7b
賀知饒州李左司啓　盤洲集 56/8a
代程湖州謝執政啓　盤洲集 56/8b
代賀万俟相啓　盤洲集 56/9a
代賀湯樞密啓　盤洲集 56/10a
代張建康賀程參政啓　盤洲集 56/10b
代謝魏越州啓　盤洲集 56/11a
代賀湯中丞啓　盤洲集 56/11b
上宰相啓　盤洲集 57/1a
賀新饒州唐舍人啓　盤洲集 57/2a
荊門謝宰相啓　盤洲集 57/2b
與交代趙知軍啓　盤洲集 57/3a
爲大兒江東漕屬上使者啓　盤洲集 57/4a
荊門到任謝宰相啓　盤洲集 57/4b
謝吏部賀尚書啓　盤洲集 57/5b
上荊南劉兩府啓　盤洲集 57/6b
謝王總領啓　盤洲集 57/7a
謝宰相改正過名啓　盤洲集 57/7b
賀王成都啓　盤洲集 57/8a
答張縣尉狀　盤洲集 57/9a
回教授狀　盤洲集 57/9a

謝張建康舉十五年前陞陟啓　盤洲集 57/9b

謝魏潭州啓　盤洲集 57/10a

與交代梁判院啓　盤洲集 57/11a

回富提刑啓　盤洲集 57/11b

迎施運使啓　盤洲集 58/1a

答凌鼎州啓　盤洲集 58/1b

回郢州侯教授啓　盤洲集 58/2a

回胡知縣啓　盤洲集 58/2a

回王潛江啓　盤洲集 58/2b

與周郢州啓　盤洲集 58/3a

徽州到任謝宰相啓　盤洲集 58/3b

賀湯左相啓　盤洲集 58/4a

謝王樞密啓　盤洲集 58/4b

回通判啓　盤洲集 58/5b

回孔主簿啓　盤洲集 58/5b

與江州汪直閣啓　盤洲集 58/6a

與饒州唐舍人啓　盤洲集 58/6b

賀張尚書啓　盤洲集 58/7a

賀何大諫啓　盤洲集 58/7b

賀朱中丞啓　盤洲集 58/8a

賀楊尚書啓　盤洲集 58/8b

賀王樞密啓　盤洲集 58/9a

賀沈舍人啓　盤洲集 58/10a

回甄教授啓　盤洲集 58/10b

回張信陽啓　盤洲集 58/11a

回嚴州樊察院啓　盤洲集 58/11a

與太平州周侍郎啓　盤洲集 59/1a

賀饒州周侍郎啓　盤洲集 59/1b

賀吏部沈侍郎啓　盤洲集 59/2a

賀汪侍郎啓　盤洲集 59/2b

賀留守湯相公啓　盤洲集 59/2b

賀陳察院啓　盤洲集 59/3a

賀陳殿院啓　盤洲集 59/3b

賀禮部金侍郎啓　盤洲集 59/4a

與交代沈正言啓　盤洲集 59/4b

回張侍郎謝送登科記啓　盤洲集 59/5a

賀刑部張侍郎啓　盤洲集 59/5b

回蔣通判啓　盤洲集 59/6a

賀吏部凌侍郎啓　盤洲集 59/6b

賀吏部汪侍郎啓　盤洲集 59/7a

江東提舉謝宰執啓　盤洲集 59/8a

謝前平江朱舍人啓　盤洲集 59/8b

賀中書虞舍人啓　盤洲集 59/9a

賀劉制置啓　盤洲集 59/10a

賀劉右史啓　盤洲集 59/10b

賀戶部劉侍郎啓　盤洲集 59/11a

賀建康張相公啓　盤洲集 60/1a

賀吳殿院啓　盤洲集 60/2a

賀柳運使啓　盤洲集 60/3a

謝兩相還隔下年月啓　盤洲集 60/3b

淮東總領謝宰相啓　盤洲集 60/4a

賀汪參政啓　盤洲集 60/5a

賀袁正言啓　盤洲集 60/5b

賀張少傅啓　盤洲集 60/6a

回常州知郡啓　盤洲集 60/7a

賀宣撫陳舍人啓　盤洲集 60/7a

賀方鎮江啓　盤洲集 60/8a

賀平江沈侍郎啓　盤洲集 60/8b

賀兵部周侍郎啓　盤洲集 60/9b

賀戶部趙侍郎啓　盤洲集 60/10a

賀陳運使啓　盤洲集 60/10b

賀張樞密啓　盤洲集 60/11a

賀中書張舍人啓　盤洲集 61/1a

回諸郡賀正啓　盤洲集 61/1b

賀朱鎮江啓　盤洲集 61/1b

賀張都督啓　盤洲集 61/2a

賀太平州虞尚書啓　盤洲集 61/3a

回霍新恩啓　盤洲集 61/3b

賀王侍御啓　盤洲集 61/4a

除司農少卿謝宰相啓　盤洲集 61/4b

回郡守賀陳少卿啓　盤洲集 61/5a

賀湯左相啓　盤洲集 61/5b

賀張右相啓　盤洲集 61/6b

賀交代王少卿啓　盤洲集 61/7a

回秀州姚知郡啓　盤洲集 61/7b

回明州趙待制啓　盤洲集 61/8a

回宣州陳殿撰啓　盤洲集 61/8b

回劉侍郎生日詩狀　盤洲集 61/9a

回工部胡侍郎啓　盤洲集 61/9a

回饒州王侍郎啓　盤洲集 61/9b

答鎮江宋尚書啓　盤洲集 61/9b

回贛州陳侍郎啓　盤洲集 61/10a

回錢樞密啓　盤洲集 61/10b

回劉侍郎啓　盤洲集 61/11a

代求婚書(1－3)　盤洲集 64/8b

送禮書　盤洲集 64/9a

送幣書　盤洲集 64/9b
代許親書　盤洲集 64/9b
求親書　盤洲集 64/10a
言定書　盤洲集 64/10a
送禮書　盤洲集 64/10b
大兒求婚書　盤洲集 64/10b
送禮書　盤洲集 64/11a
次兒求婚書　盤洲集 64/11a
送禮書　盤洲集 64/11b
婚書　盤洲集 64/11b
回朱氏婚書　盤洲集 64/12a
回許氏婚書　盤洲集 64/12a
第三子婚書　盤洲集 64/12b
第四子婚書　盤洲集 64/12b
第五子婚書　盤洲集 64/13a
第五子黄氏婚書　盤洲集 64/13b
潭倅婚書　盤洲集 64/13b
長孫婚書　盤洲集 64/14a
第七子婚書　盤洲集 64/14a
新淦婚書　盤洲集 64/14b
姚氏婚書　盤洲集 64/14b
楊氏禮書　盤洲集 64/15a
賀蔣丞相啓　播芳文粹 47/11a
賀陳丞相啓　播芳文粹 47/23b
賀蔣丞相啓　播芳文粹 48/10a
賀楊參政啓　播芳文粹 49/4a
賀湯司諫啓　播芳文粹 52/7b
賀王中丞啓　播芳文粹 52/16a
賀張殿院啓　播芳文粹 52/24b
賀晁司諫兼史館啓　播芳文粹 54/13b
賀王龍圖啓　播芳文粹 55/1a
賀湯丞相兼都督啓　播芳文粹 58/4a
太守到任謝兩府啓　播芳文粹 71/19a
～景玉
賀虞知院啓　播芳文粹 49/18b
～　皓
賀左相封陳王啓　鄱陽集 4/4b
答彦清謝昭武啓　鄱陽集 4/5a
賀宇文正旦啓　鄱陽集 4/5b
上韓相昉辭換官書　鄱陽集 4/6a
懇婚朱氏書　鄱陽集 4/15a
納幣書　鄱陽集 4/15b
蠟書　鄱陽集/拾遺 5b

使金上母書　鄱陽集/拾遺 7a
～　邁
賀許給事啓　洪文敏集 4/14a
賀西掖曾禮侍啓　洪文敏集 4/15a
賀黄左史啓　洪文敏集 4/15b

計有功
上陶漕書　蜀文輯存 63/16a
賀余察推啓　蜀文輯存 63/18a
上從官啓　蜀文輯存 63/18b
上從官啓　播芳文粹 88/9b
～敏若
賀余察推啓　播芳文粹 64/12b

度　正
上王樞密謙仲書　性善稿 7/4b
上費尚書書　性善稿 7/6b
任尚書伯起書　性善稿 7/9a
通劉侍郎書　性善稿 7/12a
通參政啓二首　性善稿 8/1a
通任樞密啓　性善稿 8/3b
通侍郎啓　性善稿 8/5a
通憲使啓　性善稿 8/6a
通利州唐寺丞啓　性善稿 8/6b
通新運使啓　性善稿 8/8a
通漕運使啓　性善稿 8/9a
上運使啓二首　性善稿 8/10a
上總領啓　性善稿 8/11b
上趙茶馬啓　性善稿 8/12a
賀茶馬啓　性善稿 8/13a
賀宇文右司除起居舍人啓　性善稿 8/14b
贄見漕使啓　性善稿 9/1a
贄見利守唐德興啓　性善稿 9/2a
上太守啓二首　性善稿 9/3a
遠迎知府啓　性善稿 9/4b
謝趙運使啓　性善稿 9/5b
謝運使啓　性善稿 9/6b
謝制置吳侍郎袖啓　性善稿 9/7b
謝觀察使大資啓　性善稿 9/9b
回李鳴鳳啓　性善稿 9/11a

姜如晦
賀李提舉啓　播芳文粹 61/12b

祖無擇

　上安撫張雜端書(薦孫復牛仲客)　龍學集 7/1a

　與張郎中書　龍學集 9/1a

　與盱江李泰伯五啓(1－5)　龍學集 10/3b－5b

　謝致任表　龍學集 10/9a

　祖學士無擇　直講集/外 2/7b

～擇之

　賀中書傅舍人啓　播芳文粹 50/20a

　與邱道源寺丞七帖　播芳文粹 104/18a

柳　　開

　上大名府王祐學士書　河東集 5/1a

　上王學士第二書　河東集 5/2b

　上王學士第三書　河東集 5/5a

　上王學士第四書　河東集 5/8a

　與張員外書　河東集 5/9b

　與范員外書　河東集 5/11b

　答梁拾遺改名書　河東集 5/13b

　答陳昭華書　河東集 6/1a

　答臧丙第一書　河東集 6/3b

　答臧丙第二書　河東集 6/6a

　答臧丙第三書　河東集 6/7b

　代長兄閱上王舍人書　河東集 6/13a

　上符與州書　河東集 6/16a

　上王太保書　河東集 6/17b

　上寶儦察判書　河東集 7/1a

　上寶儦察判第二書　河東集 7/2b

　上叔父評事論葬書　河東集 7/5a

　上主司李學士書　河東集 7/7b

　請家兄明法改科書　河東集 7/10a

　報弟仲甫書　河東集 7/12a

　與起居舍人趙晟書　河東集 8/1a

　上盧學士書　河東集 8/3a

　上參政呂給事書　河東集 8/5a

　上史館相公書　河東集 8/7b

　與河北都轉運樊諫議書　河東集 8/9a

　與鄭景宗書　河東集 8/11b

　上郭太傅書　河東集 8/14a

　與廣南西路採訪司諫劉昌言書　河東集 9/1a

　與朗州李巨源諫議書　河東集 9/2b

　與李宗諤秀才書　河東集 9/4a

　與韓洎秀才書　河東集 9/6b

　再與韓洎書　河東集 9/7b

　與任唐徵書　河東集 9/9b

　上叔父評事論葬書　宋文鑑 112/6b

胡一桂

　上謝疊山先生書　新安文獻 10/5b

～子才

　賀李簽判啓　播芳文粹 64/11b

～文饒

　賀翁監酒啓　播芳文粹 64/24a

～元質

　賀湯兵侍啓　播芳文粹 53/15a

　謝漕使薦舉啓　播芳文粹 74/10a

～　旦

　胡旦書(答田錫書)　咸平集 3/7b

～安國

　答先生書　羅豫章集/卷末附錄 34b

～次焱

　上林太守啓　梅巖集 8/1a

　與貴池縣郭宰啓　梅巖集 8/3a

　與貴池縣于丞啓　梅巖集 8/5a

　與貴池縣趙簿啓　梅巖集 8/6a

　催裝啓　梅巖集 8/7a

　與貴池縣郭宰札　梅巖集 8/7b

　與貴池縣于丞札　梅巖集 8/10a

　與貴池縣趙簿札　梅巖集 8/12a

～仲達

　賀倉司張幹啓　播芳文粹 64/3a

～　宏

　與秦會之書　五峰集 2/30b

　與吳元忠四首　五峰集 2/33a

　與明應仲書　五峰集 2/38b

　與高抑崇書　五峰集 2/41a

　與僧吉甫書三首　五峰集 2/43b

　與劉信叔書五首　五峰集 2/47b

　與胡原仲兄書二首　五峰集 2/51b

　與陳應之書　五峰集 2/55a

　與樊茂實書　五峰集 2/56b

　與汪聖錫書　五峰集 2/58a

　與沈元簡書　五峰集 2/59a

　與項伯元書　五峰集 2/60a

　與丁提刑書　五峰集 2/61a

　與黃繼道書　五峰集 2/62a

　與折允升書　五峰集 2/62b

與張敬夫書 五峰集 2/62b

與折允升書 五峰集 2/62b

與彪德美 五峰集 2/69a

與孫正孺 五峰集 2/83a

與談子立 五峰集 2/85b

與毛舜舉書 五峰集 2/86b

賀廣守加待制啓 播芳文粹 55/3b

賀張丞相帥金陵啓 播芳文粹 56/14a

賀胡都運啓 播芳文粹 60/4a

賀王守啓 播芳文粹 62/9a

赴任上太守啓 播芳文粹 83/15b

與原仲兄書 南宋文範 32/5b

與陳應之書 南宋文範 32/6b

～初翁

賀胡雲峰先生歸教星源啓 新安文獻 43/6b

～長義

賀尹殿院啓 播芳文粹 52/22b

～知柔

上丞相史彌遠書附監察御史李知孝疏大理少卿徐
瑄上史丞相書司諫梁成大疏 象臺首末 1/8b

與胡職方書 象臺首末/書 1a

～炳

代胡安國通吳草廬求明經書院記書 新安
文獻 10/10a

～寅

謝貢啓丙申 斐然集 7/1a

問候張相啓庚戌 斐然集 7/2a

答湖北趙憲啓丙辰 斐然集 7/3a

賀湖南王漕啓 斐然集 7/3b

答沅州王守東卿啓 斐然集 7/4b

謝浙西帥啓 斐然集 7/5b

謝浙漕啓 斐然集 7/6a

迎呂相啓 斐然集 7/6a

答王鹽啓 斐然集 7/7a

答秦德儒啓 斐然集 7/7b

答路樞賀年啓 斐然集 7/8a

賀年啓三首 斐然集 7/8a－9a

答唐道州啓 斐然集 7/9a

答鎮江劉待制啓 斐然集 7/9b

答李校書啓 斐然集 7/10a

答胡校書啓 斐然集 7/11a

答錢待制啓 斐然集 7/11b

答張寺丞啓 斐然集 7/12a

赴永答衡守啓 斐然集 7/12b

答任大夫啓 斐然集 7/13a

謝曾漕吉甫啓 斐然集 7/13b

答邵守啓 斐然集 7/14a

答趙漕啓 斐然集 7/14b

答李憲啓 斐然集 7/15b

答梁潭州啓 斐然集 7/16a

賀沈潭州啓 斐然集 7/17a

答江簽判啓 斐然集 7/17b

賀范漕元作啓 斐然集 7/18a

答處州陳倅啓 斐然集 7/18b

賀湖南鈞漕啓 斐然集 7/19a

答永倅啓 斐然集 7/19b

答交代羅寺丞啓 斐然集 7/20a

謝湖北王漕東卿啓 斐然集 7/20b

答湖北王運判啓 斐然集 7/21b

謝趙鹽啓癸亥 斐然集 7/22b

答張桂陽啓 斐然集 7/23b

答高參議啓 斐然集 7/24a

答朱鹽啓 斐然集 7/24b

答劉帥啓甲子 斐然集 7/25b

答孫判監啓 斐然集 7/26a

答韓諫罷歲旦往來啓 斐然集 7/27a

答崇安詹令啓丙寅 斐然集 7/27b

答江令賀冬啓 斐然集 7/28a

答趙守賀年啓 斐然集 7/28a

答鄧倅柞啓丁卯 斐然集 7/28b

答化州周守啓 斐然集 7/29a

自便謝政府及中司啓 斐然集 7/30a

代范伯達謝及第啓 斐然集 8/1a

代人賀陶帥啓 斐然集 8/2a

代季父上湖北王帥啓 斐然集 8/3a

代人賀劉鹽啓 斐然集 8/4a

代人賀范漕啓 斐然集 8/4b

代人賀晏憲啓 斐然集 8/5b

代人賀方帥自桂移廣啓 斐然集 8/6a

代人謝端州守倅啓 斐然集 8/7b

代季父上劉帥求薦章啓 斐然集 8/9a

代范仲達謝孟郡王薦章啓 斐然集 8/11a

代向宣卿知衡州謝當路啓 斐然集 8/12b

代向宣卿復職除湖北憲謝當路啓（1－2）
斐然集 8/14a－16a

代張子期上秦太師啓 斐然集 8/16b

代向深之上范漕啓　斐然集 8/18a

爲大原作上劉帥啓　斐然集 8/19a

寄秦會之　斐然集 17/1a

寄張德遠　斐然集 17/4a

寄宣撫樞密　斐然集 17/7b

寄趙相　斐然集 17/10a

寄張樞密　斐然集 17/12b

寄折帥　斐然集 17/14a

寄張德遠　斐然集 17/16a

寄趙張二相　斐然集 17/17b

寄劉致中書丙辰　斐然集 17/21a

寄秦丞相書壬戌　斐然集 17/23a

致黎生書　斐然集 17/28b

寄張教授書　斐然集 17/32a

代人上廣帥書　斐然集 17/33b

寄張相　斐然集 18/1a

寄折參謀　斐然集 18/2a

寄張相　斐然集 18/3a

與制置參政　斐然集 18/5a

寄參政　斐然集 18/6a

寄張相　斐然集 18/7a

寄張相德遠　斐然集 18/21a

寄趙秦二相戊午　斐然集 18/22b

致李叔易　斐然集 18/28a

致單令　斐然集 18/28b

致蔣教授　斐然集 18/29a

謝魏參政　斐然集 18/29b

謝湯侍御　斐然集 18/30b

答張子韶侍郎　斐然集 18/32a

~ 宿

上謝學士　文恭集 30/1a

上兩浙均輸徐學士　文恭集 30/3b

上劉學士　文恭集 30/6a

上陳諫議　文恭集 30/9a

上徐監丞　文恭集 30/11a

上徐舍人　文恭集 30/12b

上知府劉學士　文恭集 30/14a

上蘇州蔣諫議　文恭集 30/15b

上李相公(1-2)　文恭集 30/16a-18b

上江州張殿丞　文恭集 31/1a

上蔡龍圖　文恭集 31/2a

上馬少保　文恭集 31/3a

上祠部謝學士　文恭集 31/4a

上小謝學士　文恭集 31/5a

上梅學士　文恭集 31/6a

上胡諫議(1-3)　文恭集 31/6b-7a

上馬尚書　文恭集 31/7b

上晏侍郎　文恭集 31/8a-9a

上分司李侍郎　文恭集 31/9a

上安州范侍郎　文恭集 31/9b

上轉輸許祠部　文恭集 31/9b

上亳州李觀察　文恭集 31/10b

上高郵劉國博　文恭集 31/11a

迎呂相啓　文恭集 31/11b

答簽判張監丞謝及第啓　文恭集 31/11b

與孫秘校　文恭集 31/13a

徐紫微問候啓　文恭集 31/13b

樞密侍中問候啓　文恭集 31/14a

知郡郎中啓　文恭集 31/14a

運使郎中啓　文恭集 31/14b

知郡司封啓　文恭集 31/15a

上淨覺啓　文恭集 31/15b

賀鳳翔陳學士轉司勳並階邑　文恭集 32/1a

賀馬尚書再任亳州　文恭集 32/1b

賀晏公轉刑部侍郎　文恭集 32/2a

賀永興安撫何侍郎　文恭集 32/2b

賀張太傅轉官　文恭集 32/3a

賀燕諫議轉給事中並加勳　文恭集 32/3b

賀王密學加勳爵　文恭集 32/3b

賀王給事中　文恭集 32/4a

賀宋内翰　文恭集 32/4b

賀朱祠部　文恭集 32/5a

賀和州朱給事中(1-3)　文恭集 32/5-6a

賀徐紫微　文恭集 32/6b

賀王寺丞　文恭集 32/7a

賀趙監丞　文恭集 32/7b

代賀齊殿丞書　文恭集 32/7b

賀樞密侍郎　文恭集 32/8a

賀樞密左丞　文恭集 32/8b

賀參政侍郎　文恭集 32/8b

賀參政給事　文恭集 32/9a

賀司諫　文恭集 32/9b

賀陳州太尉相公　文恭集 32/10a

賀留守相(1-2)　文恭集 32/10a-10b

賀知府太尉　文恭集 32/11a

賀知郡學士　文恭集 32/11a

賀運使郎中　文恭集 32/11b

賀知府密學　文恭集 32/12a

賀知縣虞部　文恭集 32/12a

賀新轉官海用啓(1-3)　文恭集 32/14a-15a

謝李相公(1-4)　文恭集 33/1a-2a

謝宋相公移鎮　文恭集 33/2a

轉官謝江寧相公　文恭集 33/2b

謝相公　文恭集 33/3a

謝馬尚書(1-2)　文恭集 33/3b-4a

謝亳州馬尚書　文恭集 33/4a

謝副樞侍郎　文恭集 33/4b

謝晏侍郎　文恭集 33/5b

謝南京晏侍郎　文恭集 33/5b

謝安州范侍郎　文恭集 33/6b

謝李密諫(1-2)　文恭集 33/6b-7a

謝梅學士(1-2)　文恭集 33/8b-9a

謝周大諫　文恭集 33/8b

謝胡少卿　文恭集 33/9a

謝睦州朱給事中　文恭集 33/9b

謝朱給事　文恭集 33/10a

謝子莊知郡　文恭集 33/10a

謝福州袁待制　文恭集 33/10b

謝狄祠部　文恭集 33/11a

謝鄭都運　文恭集 33/11b

謝親家寺丞　文恭集 33/11b

謝知府密諫　文恭集 33/12a

轉官謝路轉運　文恭集 33/12b

知湖州謝兩府　文恭集 34/1a

兩浙運使謝兩府　文恭集 34/2a

知制誥謝兩府　文恭集 34/3b

知制誥謝外任　文恭集 34/5a

謝知郡考功　文恭集 34/6a

謝知郡都官(1-2)　文恭集 34/7b-8a

謝知郡郎中　文恭集 34/7a

謝知郡少卿　文恭集 34/7b

謝知郡學士　文恭集 34/8a

謝知郡中舍　文恭集 34/8a

謝知郡秘監　文恭集 34/8b

謝知府學士　文恭集 34/9a

謝知府大夫　文恭集 34/9a

謝運使郎中　文恭集 34/9b

謝提刑郎中　文恭集 34/10a

謝兩制　文恭集 34/10a

謝成都鈐轄　文恭集 34/10b

謝解替　文恭集 34/10b

謝轉輸(1-2)　文恭集 34/11a

謝諸鎮大僚海用啓　文恭集 34/11b

謝獲羣賊獎諭海用啓　文恭集 34/12a

謝都督諸牧　文恭集 34/12b

謝卿監　文恭集 34/12b

謝人賀　文恭集 34/13a

謝人賀冬書　文恭集 34/13a

致仕謝兩府　文恭集 34/13b

夫人謝賀封啓　文恭集 34/14a

與陶講書五帖　播芳文粹 103/21a

~舜陟

責張邦昌反正書　少師集 5/1a　新安文獻 8/6b

~夢昱

上丞相史彌遠書　竹林集 16a

~　銓

答梁元瑞書　澹庵集 9/1a

答江知縣庭賓書　澹庵集 9/4a

答譚恩順書　澹庵集 9/7a

又答譚恩順書　澹庵集 9/11a

答劉子澄主簿　澹庵集 9/13a

答曾充秀才書　澹庵集 9/15a

與譚帥魏參政書　澹庵集 9/17a

答李康國書　澹庵集 9/21a

答汪主簿洋書　澹庵集 9/23a

上張丞相書　澹庵集 10/1a

再上張丞相書　澹庵集 10/11a

與王中丞書　澹庵集 10/13a

與吉守李舍人書　澹庵集 10/18a

與吉守李侍郎書　澹庵集 10/20a

三上張丞相　澹庵集 10/24a

與吉守呂殿撰書　澹庵集 11/1a

與吉守李寶文　澹庵集 11/5a

與廬陵知縣代　澹庵集 11/9a

答符君俞　澹庵集 11/11a

答朱解元　澹庵集 11/14a

答呂機宜　澹庵集 11/16a

答陳漢臣書　澹庵集 11/18a

答廖知縣　澹庵集 11/20a

與張丞相九　澹庵集 12/1a

與王季羔　澹庵集 12/8a

與張少章　澹庵集 12/10a

與彭德器　澹庵集 12/10a
與周去華　澹庵集 13/1a
與陳守　澹庵集 13/4a
與莊昭林知宮　澹庵集 13/6a
與方耕道　澹庵集 13/7a
與振文兄　澹庵集 13/10a
與李宜仲　澹庵集 13/13a
與譚恩順(1－3)　澹庵集 13/14a
與黃守　澹庵集 13/17a
與甥羅尚志　澹庵集 13/18a
與向宣卿　澹庵集 13/19a
與陳長卿　澹庵集 13/20a
與范伯達小束　澹庵集 13/22a
與張欽夫　澹庵集 13/23a
與邢司户晦小束　澹庵集 13/25a
與汪聖錫(小束)　澹庵集 13/27a
與劉世臣　澹庵集 13/27b
與鄧漕成材　澹庵集 13/28a
與唐黎州秬　澹庵集 13/29a
與余憲良弼　澹庵集 13/30a
與左教授　澹庵集 13/31a
與南彥姪　澹庵集 13/32a
與黃世永小束　澹庵集 14/1a
與劉辰告(1－2)　澹庵集 14/4a
與王詹叔　澹庵集 14/6a
與妙喜上人　澹庵集 14/6b
與李節使寶　澹庵集 14/7a
與張判院敦義　澹庵集 14/7b
與張子充(1－2)　澹庵集 14/8a
與汪養源　澹庵集 14/10a
與張正伯　澹庵集 14/11a
與趙永年　澹庵集 14/11b
與劉共甫　澹庵集 14/12a
與斗南姪　澹庵集 14/12b
與安國瓊(1－2)　澹庵集 14/13a
與方務德　澹庵集 14/14a
與鹿伜　澹庵集 14/15a
與梁叔子　澹庵集 14/16a
與虞并甫　澹庵集 14/17a
與王嘉叟　澹庵集 14/18a
與李文通　澹庵集 14/19a
與邵都統　澹庵集 14/20a
與藍守師稷　澹庵集 14/20b

與龔實之(1－4)　澹庵集 14/21a
與吳明可(1－3)　澹庵集 14/23a－24b
與蔣子禮　澹庵集 14/26a
與錢處和　澹庵集 14/27a
與曹彥廟彥若　澹庵集 14/27b
與梁憲　澹庵集 14/28a
與張守緯　澹庵集 14/29a
與史丞相　澹庵集 14/30a
與董子羽(小束)(1～2)　澹庵集 14/31a－32a
賀蔣提刑啓　播芳文粹 61/6a
叙復謝丞相啓　播芳文粹 80/4b
上張丞相書　南宋文範 32/9b
～纘宗
請鄉飲書　吳都續文粹 4/5a
蘇州鄉飲請遵書　吳都續文粹 4/5b

范百祿
與門下韓侍郎書　宋文鑑 117/12b
與門下韓侍郎書　蜀文輯存 22/20b
～成大
代樂先生還鄉上季太守書　范成大佚著/105
行臺帖　范成大佚著/106
與五一兄(1－2)　范成大佚著/107－108
兩司帖　范成大佚著/108
春晚晴媚帖　范成大佚著/109
與友人(1－2)　范成大佚著/109－110
金橘帖　范成大佚著/110
垂誨帖　范成大佚著/111
答楊冠卿　范成大佚著/111
與養正帖　范成大佚著/112
中流一壺帖　范成大佚著/112
與先之帖　范成大佚著/113
尊妗帖　范成大佚著/113
玉候帖　范成大佚著/113－114
上李徽州(1－2)　范成大佚著/115
上洪内翰　范成大佚著/115
上陳魯公　范成大佚著/116
上汪侍郎應辰　范成大佚著/116
與周必大簡　范成大佚著/117
與王淮書　范成大佚著/117
賀王中書啓　范成大佚著/118
代洪徽州賀户部邵侍郎啓　范成大佚著/119
賀户部趙侍郎啓自臨安除　范成大佚著/119－120

賀户部汪侍郎啓 聖錫　范成大佚著/120
賀史刑侍啓　范成大佚著/120－121
賀户部錢侍郎啓　范成大佚著/121
賀劉太尉　范成大佚著/122
賀陳察院　范成大佚著/122
〔賀〕禮侍　范成大佚著/122
與嚴教授　范成大佚著/123
謝薦舉(1－4)　范成大佚著/123
與州郡(1－5)　范成大佚著/124
回樓大防末甲頭名取放　范成大佚著/124
賀張魏公　范成大佚著/125
到蜀謝啓　范成大佚著/125
謝改官啓　范成大佚著/126
賀王中書啓　播芳文粹 50/14b
賀史刑侍啓　播芳文粹 53/17a

~仲苢
賀林副樞啓　播芳文粹 49/21b
賀張守啓　播芳文粹 63/4a
謝辟置啓　播芳文粹 76/5a
賀林副樞啓　蜀文輯存 64/1b
賀張守啓　蜀文輯存 64/2a
謝辟置啓　蜀文輯存 64/2a

~仲淹
奏上時務書　范文正集 7/6a
上張右丞書　范文正集 8/1a
上執政書　范文正集 8/3a　宋文選 6/6b
上資政晏侍郎書　范文正集 8/19b　宋文選 6/15a
上時相議制舉書　范文正集 9/1a　宋文選 6/18a
與歐靜書　范文正集 9/3a
與周騤推官書　范文正集 9/4b
與唐處士書　范文正集 9/6a
答趙元昊書　范文正集 9/7a
答安撫王内翰書　范文正集 9/11a
上呂相公書(1－3)　范文正集 9/12b－15b
上樞密尚書書　范文正集 9/17a
與省主葉内翰書(1－2)　范文正集 9/18a－19a
上呂相公並呈中丞諸目　范文正集 9/19b
上張侍郎啓　范文正集/別 4/6a
上大名府主王侍郎啓　范文正集/別 4/7b
賀胡侍郎致仕啓　范文正集/別 4/8b
知杭州謝兩地啓　范文正集/別 4/9a
移蘇州謝兩府啓　范文正集/別 4/9b
謝夏太尉啓　范文正集/別 4/10b

謝賀正啓　范文正集/別 4/10b
與中舍　范文正集/尺牘上/1a
忠宣公　范文正集/尺牘上/6a
九國博　范文正集/尺牘上/6b
中舍二子三監簿四太祝　范文正集/尺牘上/7a
朱氏　范文正集/尺牘上/7b
指使魏佑　范文正集/尺牘上/12a
韓魏公(三十一帖)　范文正集/尺牘中/1a
晏尚書　范文正集/尺牘下/1a
邵餗先生　范文正集/尺牘下/2b
諫院郭舍人　范文正集/尺牘下/3a
王狀元　范文正集/尺牘下/3a
石曼卿　范文正集/尺牘下/3b
曹都官　范文正集/尺牘下/3b
孫元規　范文正集/尺牘下/4a
孫明復　范文正集/尺牘下/4b
滕子京　范文正集/尺牘下/5a
李泰伯　范文正集/尺牘下/5a
張文定　范文正集/尺牘下/6a
陳水部　范文正集/尺牘下/6b
謝安定屯田　范文正集/尺牘下/6b
睢陽戚寺丞　范文正集/尺牘下/7b
知府大卿　范文正集/尺牘下/8b
蔡欽聖殿丞　范文正集/尺牘下/9a
工部同年　范文正集/尺牘下/9b
南陽著作　范文正集/尺牘下/10a
知郡職方　范文正集/尺牘下/10a
安撫内翰　范文正集/尺牘下/11a
翰長學士　范文正集/尺牘下/11b
安撫太保　范文正集/尺牘下/12a
李節推　范文正集/尺牘下/12b
通理虞部　范文正集/尺牘下/12b
仲儀待制　范文正集/尺牘下/12b
文鑒大師　范文正集/尺牘下/13b
朱校理　范文正集/尺牘下/14a
田元均　范文正集/尺牘下/14b
尹師魯(1－2)　范文正集/尺牘下 15a－15b
范文正公三書　直講集外/2/1a
上相府書　宋文鑑 112/18b
答趙元昊書　宋文鑑 113/1a
上呂相公書　宋文鑑 113/6b
上丞相書　播芳文粹 94/22b
與晏公　播芳文粹 103/6a

~東叔

　賀韓統制啓　　播芳文粹 64/25b

~祖禹

　賀皇太妃牋　　范太史集 10/7a

　靈駕至西京慰皇后牋　　范太史集 10/9b

　又留司慰牋　　范太史集 10/10a

　靈駕到陵慰皇后牋　　范太史集 10/10b

　又留司慰牋　　范太史集 10/10b

　掩皇堂畢慰皇后牋　　范太史集 10/12a

　又留司慰牋　　范太史集 10/12b

　回知洺州張朝奉賀啓　　范太史集 34/1a

　回陝西都運葉待制謝啓　　范太史集 34/1b

　回喬學士謝啓　　范太史集 34/2a

　回孫舍人謝啓　　范太史集 34/3a

　回顏舍人謝啓　　范太史集 34/3b

　回館職謝啓　　范太史集 34/4b

　回孔舍人謝啓　　范太史集 34/5a

　回陳舍人謝啓　　范太史集 34/6a

　回知郡周承議賀啓　　范太史集 34/7a

　回賀翰林學士狀　　范太史集 34/7b

　謝訪及狀　　范太史集 34/8a

　回知全州王左藏賀冬啓永州　　范太史集 34/8a

　回知道州秦承議賀冬啓　　范太史集 34/8b

　回縣令以下賀冬狀　　范太史集 34/8b

　回鄰州通判啓賓州　　范太史集 34/8b

　納采啓　　范太史集 34/9a

　代資政公回司馬諫議言定狀　　范太史集 34/9a

　代富公回豫章郡王狀　　范太史集 34/9b

　代王宣徽北京謝兩府啓　　范太史集 34/10a

　代司馬公回趙龍圖啓　　范太史集 34/11a

　與集賢相公啓以下代文潞公　　范太史集 34/11b

　岐王嘉王先狀　　范太史集 34/12a

　曹侍中先狀　　范太史集 34/12b

　山陵集賢相公　　范太史集 34/12b

　禮儀使以下先狀　　范太史集 34/13a

　回隨靈駕皇親先狀　　范太史集 34/13a

　謝兩府啓　　范太史集 34/13a

　謝章彥政啓　　范太史集 34/14a

　與兩制啓　　范太史集 34/14b

　謝兩制寄詩別啓　　范太史集 34/14b

　答蔡參政別啓　　范太史集 34/15a

　謝史館王相公別啓　　范太史集 34/15b

　謝執政啓　　范太史集 34/16a

　與兩府賀冬狀　　范太史集 34/16b

　曹郡王　　范太史集 34/16b

　元資政　　范太史集 34/17a

　賀樞密孫知院啓　　范太史集 34/17a

　賀樞密呂正議啓　　范太史集 34/17a

　賀樞密韓太中啓　　范太史集 34/17b

　賀都承旨張客省啓　　范太史集 34/17b

　回熙州苗團練謝啓　　范太史集 34/18a

　賀北京王太尉啓　　范太史集 34/18b

　回謝北京王太尉啓　　范太史集 34/18b

　賀王太尉啓　　范太史集 34/19a

　回熙州趙龍圖啓　　范太史集 34/19b

　賀韓樞密知院啓　　范太史集 34/20a

　賀安副樞啓　　范太史集 34/20a

　賀留守韓相公啓　　范太史集 34/20b

　謝兩府狀　　范太史集 34/21a

　謝外任前兩府啓　　范太史集 34/21b

　兩制　　范太史集 34/22a

　曹郡王　　范太史集 34/22a

　北京王太尉　　范太史集 34/22a

　回謝孫觀文啓　　范太史集 34/22a

　答劉仙尉書　　范太史集 36/13a

　答鼂教授書　　范太史集 36/14a

　與人書一首　　蜀文輯存 23/21a

~春卿

　叙事謝倅車啓　　播芳文粹 79/22b

~　浚

　寄上李丞相書　　香溪集 16/1a

　寄上富樞密書　　香溪集 16/7a

　答徐提幹書　　香溪集 16/8b

　答胡英彥書　　香溪集 16/10b

　上婺州周侍郎書　　香溪集 16/12b

　答姚令聲書　　香溪集 16/13b

　上潘大著書　　香溪集 16/14b

　代上范丞相書　　香溪集 16/16a

　上致政胡待制書　　香溪集 16/18b

　答羅駿夫書　　香溪集 16/20a

　與潘左司書　　香溪集 16/20b

　答虞夢符書　　香溪集 16/21b

　與林權縣書　　香溪集 16/22b

　賀中書張舍人啓　　香溪集 17/1a

　賀婺守林給事移鎮紹興府啓　　香溪集 17/1b

　賀婺州吳尚書復職再任啓　　香溪集 17/2b

賀鄭侍郎移鎮平江府啓　香溪集 17/3a
賀樓樞密啓　香溪集 17/3b
賀徐江州啓　香溪集 17/5a
代賀詹中丞啓　香溪集 17/5b
代賀張帥啓　香溪集 17/6a
代賀章察院啓　香溪集 17/6b
代上太守謝解啓　香溪集 17/7a
代謝李提刑薦舉啓　香溪集 17/8a
代賀富樞密啓　香溪集 17/9a
代賀吳尚書知婺州啓　香溪集 17/9b
代賀羅尚書啓　香溪集 17/10a
代賀趙丞相畫像啓　香溪集 17/10b
回許丞啓　香溪集 17/11b
代謝循資啓　香溪集 17/11b
代賀許右丞啓　香溪集 17/12b
代謝太守薦舉啓　香溪集 17/13a
代上太守啓　香溪集 17/14a

~純仁
賀光州石郎中得替　范忠宣集 8/1a
答門生改官　范忠宣集 8/1a
謝潘著作　范忠宣集 8/1b
謝王長官　范忠宣集 8/1b
回蔡州胡完夫史君　范忠宣集 8/1b
回時狀元　范忠宣集 8/2a
回王郎中　范忠宣集 8/2a
別京東監司赴西臺　范忠宣集 8/2b
到河中謝雍帥劉龍圖　范忠宣集 8/3a
謝延帥太尉　范忠宣集 8/3a
謝提舉茶場陸奉議　范忠宣集 8/3b
回同州知府朝請　范忠宣集 8/3b
謝陝州知府大夫　范忠宣集 8/4a
回新鳳翔知府范學士　范忠宣集 8/4a
回大寧知監張奉議　范忠宣集 8/4b
到慶州左僕射謝兩府啓　范忠宣集 8/4b
到慶州右僕射謝兩府啓　范忠宣集 8/5a
到慶州右丞太中謝兩府啓　范忠宣集 8/5b
到慶州門下侍郎謝兩府啓　范忠宣集 8/6a
到慶州中書侍郎謝兩府啓　范忠宣集 8/6b
到慶州樞密謝兩府啓　范忠宣集 8/7a
到慶州副樞謝兩府啓　范忠宣集 8/7b
賀左僕射蔡相公　范忠宣集 8/8a
賀右僕射中書韓相公　范忠宣集 8/8b
賀樞密章通議　范忠宣集 8/8b

賀門下司馬侍郎　范忠宣集 8/9a
呂左丞光祿　范忠宣集 8/9b
回田總管黃走馬張機宜　范忠宣集 8/9b
謝提舉茶場陸奉議　范忠宣集 8/10a
回步軍苗太尉　范忠宣集 8/10a
賀秦州范龍圖　范忠宣集 8/10b
賀秦州吳待制赴闕　范忠宣集 8/11a
太原到任謝宰相執政　范忠宣集 8/11a
回知鄭州陳龍圖　范忠宣集 8/11b
回延帥趙端明　范忠宣集 8/11b
西京韓相公賀冬　范忠宣集 8/12a
賀中書僕射劉相公　范忠宣集 8/12a
賀蘇右丞　范忠宣集 8/12b
簽書樞密王密學　范忠宣集 8/12b
回工部李侍郎　范忠宣集 8/13a
賀趙內翰　范忠宣集 8/13a
賀知定州許資政　范忠宣集 8/13b
回文太師　范忠宣集 8/13b
謝同知樞密院(1-2)　范忠宣集 8/14b-15a
賀知河中府王待制　范忠宣集 8/15b
與(闕目)　范忠宣集/補編 1a

~鎮
答司馬君實論樂書　宋文鑑 116/4b
與吳侍郎帖　播芳文粹 106/9b
上蜀帥田密諫書　蜀藝文志 29/1a
答司馬君實論樂書　蜀文輯存 9/10b
上執政論大計書　蜀文輯存 9/12a
再上執政書　蜀文輯存 9/12b
上蜀帥韓密諫書　蜀文輯存 9/13b
上蜀帥張公書　蜀文輯存 9/14b
上蜀帥王密學書　蜀文輯存 9/15b
與吳侍郎書　蜀文輯存 9/16a

俞　仲
與梁學士帖　播芳文粹 106/5a
與李嘉甫二帖　播芳文粹 106/6a
~仲舉
賀宋漕改秩啓　播芳文粹 55/16a
~德鄰
賀王左相啓　佩韋集 14/1a
賀禮部馮尚書兼給事中同修國史啓　佩韋集 14/2a
賀刑部陳侍郎仍兼宗正卿兼修史啓　佩韋

集 14/2b

賀鮑殿院啓　佩韋集 14/3b

賀陳司諫啓　佩韋集 14/4a

賀工部危侍郎兼國史啓　佩韋集 14/4b

賀太府徐少卿兼侍講啓　佩韋集 14/5b

賀淮閫加寶文學士陞大使啓　佩韋集 14/6a

賀淮閫邊事撤警啓　佩韋集 14/6b

賀沿江吳制置兼知建康府兼行宮留守啓
　佩韋集 14/7b

通賀鎮江趙徽猷啓　佩韋集 14/8b

賀寧國文知府啓　佩韋集 14/9b

賀池州李守改知江州啓　佩韋集 14/10a

賀趙吏侍兼侍讀啓　佩韋集 14/10b

賀陳秘監兼侍立修注官啓　佩韋集 14/11a

賀馮侍郎除侍右侍郎兼國史啓　佩韋集 14/12a

賀浙西洪提刑啓代趙總幹　佩韋集 14/12b

回鎮江蔣教授啓　佩韋集 14/13a

賀鎮江趙徽猷啓以下代趙月山　佩韋集 15/1a

賀盧戎監兼侍立修注啓　佩韋集 15/1b

賀呂都承正除兵侍啓　佩韋集 15/2a

賀步帥除節度使總統軍馬啓　佩韋集 15/3a

賀常運使除檢正兼戶部侍郎啓　佩韋集 15/3b

上趙憲求易削啓　佩韋集 15/4a

再上趙憲啓　佩韋集 15/5b

贄見沿海陳制置啓　佩韋集 15/7a

上京尹潛尚書啓　佩韋集 15/8a

謝潛京尹易削合穎啓　佩韋集 15/9b

謝孟提刑舉改官親民任使啓　佩韋集 15/10b

謝洪尚書舉陞陟啓　佩韋集 15/11b

代上平章啓　佩韋集 15/13a

回淮閫李大使賀生辰劄子　佩韋集 16/1a

答臺郡賀生辰劄子　佩韋集 16/1b

送物賀汪守易填潭州劄子　佩韋集 16/2a

元正賀宮使趙制置劄子　佩韋集 16/2b

元正賀平章劄子　佩韋集 16/2b

元正賀淮閫劄子　佩韋集 16/3a

元正回汪守送物劄子　佩韋集 16/3b

元正答送本府官劄子　佩韋集 16/4a

元正府官免往復劄子　佩韋集 16/4a

答董總幹袖啓求薦劄子　佩韋集 16/4a

答壽詞不受劄子　佩韋集 16/4b

回郭漕使元正送物劄子　佩韋集 16/4b

回王安撫賀正劄子　佩韋集 16/5a

回元正寄居賀劄　佩韋集 16/5b

回汪守賀正劄子　佩韋集 16/5b

元正送物總卿劄子　佩韋集 16/6a

冬至送物郡守劄子　佩韋集 16/6a

冬至總所免往復劄子　佩韋集 16/6b

冬至回寄居劄子　佩韋集 16/6b

冬至回都統免往復劄子　佩韋集 16/7a

賀雪與郡守劄子　佩韋集 16/7a

賀步帥除節度使總統軍馬啓　南宋文範 30/14a

〔釋〕重　顯

明州軍州官請住雪竇疏　雪竇集/瀑泉 1a

蘇州在城檀越請住翠峰疏　雪竇集/瀑泉 2a

蘇州僧正並諸名負疏　雪竇集/瀑泉 2b

侯　寊

賀劉提泉啓　播芳文粹 59/15b

賀沈提泉啓　播芳文粹 59/15b

賀張提刑啓　播芳文粹 61/10b

除閣職謝宰相啓　播芳文粹 68/20b

~　賓

賀錢戶侍啓　播芳文粹 53/8a

韋　驤

謝舉主陳少卿啓　錢塘集 11/1a

謝舉主潘駕部啓　錢塘集 11/2a

代徐簽判謝憲使啓　錢塘集 11/3a

謝漕使馮學士舉京官啓　錢塘集 11/4a

謝轉官啓　錢塘集 11/5a

謝太守啓　錢塘集 11/6b

謝劉兵部啓　錢塘集 11/7b

代章郎中謝兩府啓　錢塘集 11/8b

謝運使王學士啓　錢塘集 11/8b

上劉工部啓　錢塘集 11/9b

代章伯瞻謝沈舍人舉陞擢啓　錢塘集 11/10a

謝郭省副啓　錢塘集 11/10b

謝王學士啓　錢塘集 11/11b

謝憲使元郎中啓　錢塘集 11/12b

賀章郎中移廣西察刑啓　錢塘集 11/12b

謝守倅啓　錢塘集 11/13a

謝章少卿舉應手詔啓　錢塘集 11/14a

上江州劉吏部啓　錢塘集 11/15a

謝范吉州啓　錢塘集 11/15b

謝運使徐郎中啓　錢塘集 11/16a

謝運判夏屯田啓　錢塘集 11/17a

上運使徐郎中啓　錢塘集 11/18a

上虔州劉都官啓　錢塘集 11/19a

謝淮漕蔣金部舉陞擢啓　錢塘集 11/19b

謝轉太常博士啓　錢塘集 11/20a

謝監司舉陞陟啓　錢塘集 11/20a

得替謝監司啓　錢塘集 11/21a

謝提刑毛職方啓　錢塘集 11/22a

謝蹇學士張學士舉陞陟啓　錢塘集 11/22b

問候僕射王相公啓　錢塘集 11/23a

謝發運吳兵部啓　錢塘集 11/24a

海門得替謝啓　錢塘集 11/24b

代楊侍郎上文太師啓　錢塘集 11/25a

謝楊侍郎　錢塘集 11/25b

代人謝及第　錢塘集 11/26b

謝呂少監大夫舉陞陟啓　錢塘集 11/27b

上尚書右丞啓　錢塘集 11/28a

謝執政啓　錢塘集 11/28b

謝吏部梁學士啓　錢塘集 11/29a

謝李郎中林工部啓　錢塘集 11/29b

賀謝中書胡舍人啓　錢塘集 11/30b

賀范待制啓　錢塘集 11/31a

謝户部楊侍郎啓　錢塘集 11/31b

代人謝舉學官啓　錢塘集 11/32b

代楊潛古授寶文閣待制知廬州謝兩制啓
　　錢塘集 11/33b

又謝前執政啓　錢塘集 11/34a

謝韓左司啓　錢塘集 11/35a

得替謝執政啓　錢塘集 11/35b

代李尚書回王學士謝館職啓　錢塘集 11/37a

回王學士謝理雪啓　錢塘集 11/37b

謝授職任啓　錢塘集 11/37b

到任謝執政啓　錢塘集 11/39a

謝執政啓　錢塘集 11/39b

上蔣潁叔啓　錢塘集 11/40b

謝新及第狀元以下十人啓　錢塘集 11/41a

謝解啓　錢塘集 11/41b

謝及第啓　錢塘集 11/42b

到任謝執政啓　錢塘集 11/44a

上執政啓　錢塘集 11/45a

謝兩府啓　錢塘集 11/46b

謝户部虞尚書舉自代啓　錢塘集 11/47b

回燕京留守三幅（另副使）　錢塘集 12/8b

謝燕京留守請赴筵（另副使）　錢塘集 12/9a

謝燕京留守餞筵（另副使）　錢塘集 12/9a

回中京留守三幅（另副使）　錢塘集 12/9b

謝中京留守召赴筵（另副使）　錢塘集 12/9b

謝中京留守餞筵（另副使）　錢塘集 12/10a

回中京留守攀迎狀（另副使）　錢塘集 12/10a

回諸州攀迎（另副使）　錢塘集 12/10b

謝諸州請赴筵（另副使）　錢塘集 12/10b

回諸州餞送（另副使）　錢塘集 12/11a

回諸州遠迎　錢塘集 12/11a

回燕京留守三幅書　錢塘集 12/13b

回燕京留守請赴筵　錢塘集 12/13b

謝燕王餞筵　錢塘集 12/13b

回中京留守三幅書　錢塘集 12/14a

謝中京留守餞筵　錢塘集 12/14a

回中京留守攀迎　錢塘集 12/14a

準備回諸州攀迎　錢塘集 12/14b

謝諸州請赴筵　錢塘集 12/14b

謝諸州餞送　錢塘集 12/14b

回燕京留守三幅（另副使）　錢塘集 12/16b

謝燕京留守請赴筵（另副使）　錢塘集 12/17a

謝燕京留守餞筵（另副使）　錢塘集 12/17a

回中京留守三幅（另副使）　錢塘集 12/17b

謝中京留守召赴筵（另副使）　錢塘集 12/17b

謝中京留守餞筵（另副使）　錢塘集 12/18a

回中京留守攀迎（另副使）　錢塘集 12/18b

去日回諸州攀迎（另副使）　錢塘集 12/19a

去日回諸州請赴筵（另副使）　錢塘集 12/19a

回日謝諸州攀迎（另副使）　錢塘集 12/19b

回日謝諸州請赴筵（另副使）　錢塘集 12/19b

上廣西漕章少卿　錢塘集 12/20a

上鄭內翰啓　錢塘集 12/20b

上章少卿罷廣西漕　錢塘集 12/21a

上河陽富相公　錢塘集 12/21b

上集賢曾相公　錢塘集 12/22a

上省主韓端明狀　錢塘集 12/22b

上兩省以上起居問候狀　錢塘集 12/23a

上知郡錢少卿　錢塘集 12/23a

上省判皮郎中　錢塘集 12/24b

上翊善馮學士　錢塘集 12/25a

上發運皮度支　錢塘集 12/25a

賀諫院鄧舍人　錢塘集 12/26a

賀判監侍講學士　錢塘集 12/26a

問候諫院鄧舍人　錢塘集 12/26b

問候江東運使職方　錢塘集 12/27a

賀前淮漕俞學士移命　錢塘集 12/27b

賀杭州知府待制沈興宗　錢塘集 12/27b

問候發運張職方　錢塘集 12/28a

謝前海門徐主簿　錢塘集 12/28b

賀冬　錢塘集 12/29a

滁倅到任謝監司　錢塘集 12/29a

滁州陳內翰（1－2）　錢塘集 12/29b－30a

賀冬監司　錢塘集 12/30a

賀運使韓司勳　錢塘集 12/30b

賀提倉李國博　錢塘集 12/30b

上本路監司　錢塘集 12/31a

賀豐待制　錢塘集 12/31a

賀謝蘇倅　錢塘集 12/31b

賀章倅學士　錢塘集 12/32a

到任謝監司　錢塘集 12/32a

賀台州樓朝請　錢塘集 12/32b

賀門下僕射韓相公　錢塘集 13/1b

賀中書僕射曾相公　錢塘集 13/2a

賀樞密蔣正議　錢塘集 13/2b

賀內翰曾侍讀　錢塘集 13/3a

賀提舉周大夫　錢塘集 13/3b

賀樞密安太尉　錢塘集 13/4a

賀范右丞　錢塘集 13/4a

謝運使程金部薦　錢塘集 13/5a

謝發運胡龍圖薦　錢塘集 13/5a

賀提舉孫朝請禮上　錢塘集 13/5b

賀翟龍圖再知越州　錢塘集 13/5b

賀知衢州陳朝請禮上　錢塘集 13/6a

賀知越州張大夫　錢塘集 13/6a

賀新提刑王司諫　錢塘集 13/6b

賀新發運黃大夫　錢塘集 13/6b

賀新運使齊少卿　錢塘集 13/7a

賀新運使程金部　錢塘集 13/7a

賀新知杭州呂太尉　錢塘集 13/7b

賀新知越州章相公　錢塘集 13/8a

回新及第石少府　錢塘集 13/8b

謝提刑白朝散薦　錢塘集 13/8b

賀陳漕　錢塘集 13/9a

賀上官正言　錢塘集 13/9a

賀趙憲　錢塘集 13/9b

賀冬（1－2）　錢塘集 13/9b－10a

賀正　錢塘集 13/10a

謝周提舉　錢塘集 13/10b

提刑范學士移齊州　錢塘集 13/11b

謝賀錢虞曹　錢塘集 13/12a

賀提刑林郎中　錢塘集 13/12b

賀元龍圖　錢塘集 13/12b

迎蔡內翰　錢塘集 13/13a

賀謝交代錢殿丞　錢塘集 13/13a

轉屯田謝監司　錢塘集 13/13b

賀鄰郡通判　錢塘集 13/14a

賀鄧內翰復知制誥　錢塘集 13/14a

問候太原曾尚書　錢塘集 13/14b

謝成都許龍圖　錢塘集 13/14b

謝益憲莊朝奉　錢塘集 13/16a

問候汝州韓大資　錢塘集 13/16b

賀謝梓州路運使秦朝散　錢塘集 13/17a

回諸郡知州賀冬狀　錢塘集 13/17a

回謝舉薦狀　錢塘集 13/17b

賀冬成都提刑　錢塘集 13/17b

謝新興元知府蒲大夫　錢塘集 13/17b

回郡官生日星香狀　錢塘集 13/18a

賀提舉茶事閻承議　錢塘集 13/18a

謝洋守李承議　錢塘集 13/18b

賀正成都提刑朝奉　錢塘集 13/18b

謝諸州知通賀正　錢塘集 13/19a

謝鄰郡知通賀正　錢塘集 13/19a

賀平章司空相公狀　錢塘集 13/19a

賀僕射門下相公　錢塘集 13/19b

賀門下侍郎狀　錢塘集 13/20a

賀尚書左丞狀　錢塘集 13/20b

回蒲大夫　錢塘集 13/21a

回運判來承議　錢塘集 13/21a

賀中丞李龍圖狀　錢塘集 13/21b

賀冬成都莊提刑　錢塘集 13/22a

回交代陳朝散　錢塘集 13/22a

回梓漕井金部　錢塘集 13/22b

謝齊卿舉召還臺省　錢塘集 13/22b

賀梓路提刑李朝請　錢塘集 13/23a

謝運判奉議　錢塘集 13/23b

謝提刑朝議啟　錢塘集 13/24a

謝泉州知州陳大夫　錢塘集 13/24a

謝諸州知通　錢塘集 13/24b

回本司運句　錢塘集 13/24b

回福州林中散　錢塘集 13/24b

賀判太原府觀文范相公　錢塘集 13/25a

回福州林中散得替　錢塘集 13/25b

回福州柯司封禮上　錢塘集 13/25b

賀提刑祖郎中　錢塘集 13/26a

賀淮西提刑錢朝議　錢塘集 13/26b

賀新運判李朝請　錢塘集 13/26b

賀新運判王朝請　錢塘集 13/28a

賀杭州林待制　錢塘集 14/1a

代陳學士賀文潞公加兩鎮節鉞太師致仕狀
　　錢塘集 14/1a

與撫守石大夫狀　錢塘集 14/3a

謝監司狀　錢塘集 14/3a

謝轉司農上提轉狀　錢塘集 14/3b

答梓路提舉王朝散　錢塘集 14/4b

問候成都王寶文侍郎　錢塘集 14/4b

謝瀘南畢撫句　錢塘集 14/5a

賀許左丞　錢塘集 14/5b

賀蔡右丞　錢塘集 14/6a

賀蔡內翰　錢塘集 14/6b

賀正旦　錢塘集 14/6b

問候成都劉樞密　錢塘集 14/7a

賀中書許侍郎　錢塘集 14/7b

賀曾樞密太尉　錢塘集 14/8a

賀蔡左丞　錢塘集 14/8a

賀黃右丞　錢塘集 14/8b

回新渝守王學士　錢塘集 14/9a

賀成都鄭右丞資政　錢塘集 14/9a

賀蔣內翰　錢塘集 14/9b

謝夔守王大夫到任啓事　錢塘集 14/10a

賀彭尚書啓　錢塘集 14/10b

廷評謝授官　錢塘集 14/11a

賀林樞密　錢塘集 14/12a

賀祖提刑禮上　錢塘集 14/12a

賀運判李朝請禮上　錢塘集 14/12b

回王學士以生日寄示壽星壽香　錢塘集 14/
　12b

賀正　錢塘集 14/12b

謝權梁山王朝奉　錢塘集 14/13a

謝賀王安撫轉遙剌再任　錢塘集 14/13a

謝新知全州王左藏　錢塘集 14/13b

賀王運判　錢塘集 14/13b

回答高麗人使書狀　錢塘集 14/14a

答正使先狀（另副使）　錢塘集 14/14a

答正使謝大排（另副使）　錢塘集 14/14b

謝正使送土物（另副使）　錢塘集 14/14b

答正使賀九月旦（另副使）　錢塘集 14/15a

答正使先狀（另副使）　錢塘集 14/15b

答正使謝大排（另副使）　錢塘集 14/15b

謝正使送土物（另副使）　錢塘集 14/16a

答正使賀九月旦（另副使）　錢塘集 14/16b

答正使重陽（另副使）　錢塘集 14/16b

答正使先狀（另副使）　錢塘集 14/17b

答正使不赴大排（另副使）　錢塘集 14/17b

答正使賀五月旦（另副使）　錢塘集 14/18a

送答正使物帛　錢塘集 14/18b

送答副使物帛　錢塘集 14/18b

答正使先狀（另副使）　錢塘集 14/18b

送答正使物帛　錢塘集 14/19a

送答副使物帛　錢塘集 14/19b

答正使謝赴大排（另副使）　錢塘集 14/19b

答正使賀端午（另副使）　錢塘集 14/20a

上王內翰書　錢塘集 14/20b

上滕舍人書　錢塘集 14/22a

上太守書　錢塘集 14/23a

上通判官　錢塘集 14/24b

上章郎中書　錢塘集 14/26b

謝章守書　錢塘集 14/27b

謝楊倅書　錢塘集 14/28b

上憲使書　錢塘集 14/29a

上王漕書　錢塘集 14/30a

上王漕辭攝青溪書　錢塘集 14/31a

辦事書　錢塘集 15/1a

上知乙書　錢塘集 15/2b

與憲使書　錢塘集 15/3b

上小漕書　錢塘集 15/4b

上運使郎中書　錢塘集 15/5a

上提刑張職方　錢塘集 15/6b

謝提舉皮郎中書　錢塘集 15/7b

代石春卿上知府學士書　錢塘集 15/8a

代人求薦書　錢塘集 15/9a

上李尚書書　錢塘集 15/10b

上呂右丞書　錢塘集 15/12a

上執政書　錢塘集 15/13a
上李左丞　錢塘集 15/14a
上侍講韓大資書　錢塘集 15/15b
上范樞密書　錢塘集 15/17a
上大觀文韓相公　錢塘集 15/18b
上潘太守書　錢塘集 15/20a
上武憲侯文思書　錢塘集 15/21a
上憲使劉兵部書　錢塘集 15/22b
謝劉兵部書　錢塘集 15/23b
謝副憲文思書　錢塘集 15/24a
上漕使學士書　錢塘集 15/25a
上漕使書　錢塘集 15/26b
答陸君儀書(1－2)　錢塘集 15/27b－28b
上葛屯田書　錢塘集 15/29b
上朱太博書　錢塘集 15/31a
求婚啓　錢塘集 16/1a
回問名三幅書(1－2)　錢塘集 16/1a－1b
答人問婚書代石朝議(1－2)　錢塘集 16/1b－2a
問婚書　錢塘集 16/2a
答納幣書　錢塘集 16/2b

姚　勉

上丞相吳履齋啓　雪坡集 22/1a
賀丞相賈秋壑啓　雪坡集 22/2a
見侍郎江古心啓　雪坡集 22/3b
見秘監洪恕齋啓　雪坡集 22/5a
受校書謝丞相啓　雪坡集 22/6a
除太子舍人謝丞相啓　雪坡集 22/7b
及第謝牟存齋啓　雪坡集 23/1a
及第謝鄭愰堂啓　雪坡集 23/3a
發解謝判府蔡寺丞啓　雪坡集 23/4b
發解謝趙府判啓　雪坡集 23/6b
發解謝新昌趙判縣啓　雪坡集 23/8b
上程丞相啓　雪坡集 24/1a
賀蔡參政啓　雪坡集 24/2a
通陳判府昌世啓　雪坡集 24/3b
謝陳判府賀生詩啓　雪坡集 24/4b
回童倅　雪坡集 24/5a
回王倅　雪坡集 24/5b
回趙司理　雪坡集 24/7a
回胡簿　雪坡集 24/7b
回解頭李有開　雪坡集 24/8b
與鄒定親　雪坡集 24/9b

定親啓　雪坡集 24/10a
餉啓　雪坡集 24/10b
定親姚娶趙　雪坡集 24/10b
回定親姚答張　雪坡集 24/11a
回定親姚答胡　雪坡集 24/11b
賀沂邸延國夫人生日劄子　雪坡集 25/1a
復東宮二門司劄子　雪坡集 25/1b
及第回徐國博　雪坡集 25/2a
回田賢良送所注論語説約　雪坡集 25/2a
回易天祥送曆墨陳黃詩　雪坡集 25/2b
回張生去華求詩序　雪坡集 25/3a
送陳守昌世午節　雪坡集 25/4a
回陳守午節送物　雪坡集 25/4a
回陳守招登高　雪坡集 25/4b
送陳守菊節　雪坡集 25/4b
回新昌宰端午送物　雪坡集 25/5a
回縣丞兄送菊節　雪坡集 25/5a
回洪尉　雪坡集 25/5b
回王府教欂　雪坡集 25/6a
回上高項宰謝文筆峰記　雪坡集 25/6b
復新昌蔡學長請講書　雪坡集 25/7b
回鬱林幸守劄子　雪坡集 25/8a
賀陳守生日劄子　雪坡集 25/8b
回新昌應判縣送酒　雪坡集 25/8b
賀判丞兄致仕　雪坡集 25/9a
七夕送康倅物　雪坡集 25/9b
七夕回康倅送物　雪坡集 25/10a
回致政李宰請召　雪坡集 25/10a
回秘監洪恕齋送物劄子　雪坡集 25/10b
送京學進德齋午節劄子　雪坡集 25/10b
回戴和仲送柴菓　雪坡集 25/11a
沂邸延國夫人生日回送物劄子　雪坡集 25/11a
沂邸賀皇子忠王生日劄子　雪坡集 25/11b
沂邸節使生日回忠王送物劄子　雪坡集 25/12a
沂邸節使生日回蔣提舉劄子　雪坡集 25/12a
沂邸貴人賀蔣提舉生日劄子　雪坡集 25/12b
沂邸節使賀蔣提舉生日劄子　雪坡集 25/12b
沂邸迎右相入國門劄子　雪坡集 25/13a
沂邸賀郭殿帥轉官劄子　雪坡集 25/13a
賀同官冬至(1－2)　雪坡集 25/13b－14a
賀程丞相　雪坡集 26/1a

賀蔡參政　雪坡集 26/2b
與贛守陳千峰　雪坡集 26/4b
通陳判府嵒　雪坡集 26/6a
通陳判府昌世劄　雪坡集 26/7b
與上高項宰　雪坡集 26/9b
定親劄姚娶鄒　雪坡集 26/10b
上丞相謝瀆山書　雪坡集 28/1a
上大參徐意壹書　雪坡集 28/2b
與蔡中岳書　雪坡集 28/4a
再答蔡中岳書　雪坡集 28/6a
答蕭大山國史　雪坡集 28/7b
上丞相程訥齋書　雪坡集 29/1a
上丞相吳履齋書　雪坡集 29/4b
上丞相賈秋壑書　雪坡集 29/5b
上大參蔡久軒書　雪坡集 30/1a
與佑神蔡仁齋書　雪坡集 30/2b
通侍郎牟存齋書　雪坡集 30/4b
與計院王南山書　雪坡集 30/5b
與蔡佑神公亮書　雪坡集 30/7a
與節幹鄒仲遠書　雪坡集 30/8a
回鄭持正書　雪坡集 30/10a
與提刑李後林　雪坡集 30/11a
回文本心榜眼　雪坡集 30/12a
答安撫徐矩山書　雪坡集 31/1a
答提刑李後林　雪坡集 31/2b
答發運洪右司　雪坡集 31/5a
與知軍王南可　雪坡集 31/6a
回提幹陳志升書　雪坡集 31/7a
與太守陳舍人　雪坡集 32/1a
與太守陳監簿　雪坡集 32/2a
答太守陳監簿　雪坡集 32/4b
答新昌應判縣　雪坡集 32/5b
與萬京教書　雪坡集 32/6b
通提刑鄭南谷書　雪坡集 32/7b
答許司門書　雪坡集 32/8b
與善院求僧疏　雪坡集 46/7b
帖請瑩和尚住成覺　雪坡集 46/8a
～　鏞
上吉守范計院啓　雪蓬稿/14a
賀人得郡啓　雪蓬稿/15a
謝薦啓　雪蓬稿/15b
通交代康尉啓　雪蓬稿/16a
～　闢

通倅謝兩府啓　宋文鑑 121/23a

十　畫

家鉉翁
鄉人請張教授疏　則堂集 4/23a
路幕請張教授疏　則堂集 4/23b
總府請趙提學疏　則堂集 4/24a
路幕請趙提學疏　則堂集 4/24b
請祥講主疏　則堂集 4/25a
請明講主疏　則堂集 4/26a

高文規
賀趙守啓　播芳文粹 62/4b
～孔休
象州到任謝相府啓　播芳文粹 71/10a
赴任上憲使啓　播芳文粹 82/13b
赴任經由與袁守啓　播芳文粹 83/19a
赴任經由與宋宰啓　播芳文粹 84/12a
赴任上知縣啓　播芳文粹 84/13b
太守與交代啓　播芳文粹 84/27a
起居李宣諭察院啓　播芳文粹 87/13a
回陳簽判啓　播芳文粹 89/9b
～　登
謝賀州張守　東溪集/下 21a
謝李察院　東溪集/下 22a
～　稼
致桂如淵書　蜀文輯存 83/11a

唐士耻
謝許寺丞薦舉啓　靈巖集 7/1a
通卓倉使啓　靈巖集 7/1b
上許寺丞啓　靈巖集 7/2a
代人通劉教啓　靈巖集 7/2b
代人通桂陽趙守啓　靈巖集 7/3a
通羅守啓　靈巖集 7/3b
通吉守史彌忠啓　靈巖集 7/4b
代許守到任謝韓平原啓　靈巖集 7/5a
通臨江軍王守啓　靈巖集 7/5b
通吉州鄭守啓　靈巖集 7/6a
通萬安黃宰啓　靈巖集 7/6b
代賀王察院啓　靈巖集 7/7a
代賀知院啓　靈巖集 7/7b
代賀徐侍御啓　靈巖集 7/7b

通判隆興衛安撫啓　　靈巖集 7/8a

代賀吏部尚書啓　　靈巖集 7/9a

代賀張參政啓　　靈巖集 7/9a

代賀商侍郎除總領啓　　靈巖集 7/9b

交代張司理啓　　靈巖集 7/10a

賀金正言兼侍讀啓　　靈巖集 7/10b

通婺倅陳國博啓　　靈巖集 7/10b

通趙倅啓　　靈巖集 7/11b

通京倅啓　　靈巖集 7/11b

通建昌豐知府啓　　靈巖集 7/12a

擬言定書　　靈巖集 9/10a

代曹氏言定書　　靈巖集 9/10a

代千三姪言定書　　靈巖集 9/10a

代呂氏言定書　　靈巖集 9/10b

與次子言定書　　靈巖集 9/10b

代毛氏言定書　　靈巖集 9/11a

與幼子納采書　　靈巖集 9/11a

~元佐

除郎中謝執政啓　　播芳文粹 68/24a

~　介

與孫舍人帖　　播芳文粹 106/1a

~仲友

上張相公書　　悅齋文鈔 3/1a

上四府書　　悅齋文鈔 3/12a

~　庚

上張觀文手書(1-4)　　眉山集 14/5b-7a

答合守程元老書　　眉山集 14/7b

上蔡司空書　　眉山集 23/4a

上鄧左丞書　　眉山集 23/6a

上席侍郎書　　眉山集 23/8a　宋文選 23/6a

上監司書　　眉山集 23/10a

上憲使書　　眉山集 24/1a

上翟提舉書　　眉山集 24/2b

上俞漕書　　眉山集 24/5a

上監司書　　眉山集 24/6b

答陳聖從書　　眉山集 24/8a

謝蔡太師啓代　　眉山集 25/4b

賀鄭太宰啓代　　眉山集 25/5b

賀劉少宰啓代　　眉山集 25/6a

賀右僕射韓相公啓代　　眉山集 25/7a

賀門下李侍郎啓代　　眉山集 25/8a

賀蔣樞密啓代　　眉山集 25/9a

賀安諫議啓　　眉山集 25/9b

賀馬學士啓　　眉山集 26/1a

賀楊運判啓　　眉山集 26/1b

賀楊提刑啓　　眉山集 26/2a

賀新提舉啓　　眉山集 26/2b

賀王安撫啓　　眉山集 26/3a

賀侍其鈐轄再任代　　眉山集 26/3b

賀王安撫啓代　　眉山集 26/4a

賀王尚書啓　　眉山集 26/5a

謝兩府啓代　　眉山集 26/5b

謝楊提刑啓代　　眉山集 26/6a

謝許提刑啓代　　眉山集 26/6b

綿州謝監司舉辟啓　　眉山集 26/7a

謝翟大夫啓　　眉山集 26/8a

謝吉文州啓代　　眉山集 26/8b

答吉文州啓代　　眉山集 26/9a

到任謝兩府啓代　　眉山集 26/9b

謝家提舉啓　　眉山集 26/10b

謝陳使君啓　　眉山集 27/1a

答解元謝啓　　眉山集 27/1b

謝及第啓　　眉山集 27/2a

答通判趙承議啓代　　眉山集 27/3b

賀韓丞相啓　　播芳文粹 47/7a

賀蔣副樞啓　　播芳文粹 49/22a

賀陳大諫啓　　播芳文粹 52/2b

賀葉尚書帥荊南啓　　播芳文粹 57/9a

運判到任謝兩府啓　　播芳文粹 70/26a

謝辟充教授啓　　播芳文粹 76/1a

謝辟置馬務啓　　播芳文粹 76/2a

謝及第啓　　播芳文粹 77/14a

叙復謝執政啓　　播芳文粹 80/6b

賀葉尚書帥荊南啓　　蜀文輯存 32/10b

~　重

移知永興軍致范致虛書(1-3)　　蜀文輯存
35/11b-14a

除郎中謝執政啓　　蜀文輯存 35/14b

~清臣

贄見教授啓　　播芳文粹 87/1a

秦　　熺

謝及第啓　　播芳文粹 77/6a

~　觀

謝及第啓　　淮海集 28/1a

賀呂相公啓　　淮海集 28/1b

賀蘇禮部啓　　淮海集 28/2b

賀中書蘇舍人啓　　淮海集 28/3a

謝程公闢啓　　淮海集 28/3b

謝館職啓　　淮海集 28/4a

賀崔學士啓　　淮海集 28/4b

代賀呂司空啓　　淮海集 28/5b

代賀中書僕射范相公啓　　淮海集 28/5b

代賀門下孫侍郎啓　　淮海集 28/6a

代賀中書劉侍郎啓　　淮海集 28/6b

代賀王左丞啓　　淮海集 29/1a

代賀胡左丞啓　　淮海集 29/1a

代賀京西運判啓　　淮海集 29/1b

賀京西運使啓　　淮海集 29/2a

代賀簽書趙樞密啓　　淮海集 29/2a

代賀蔡相公啓　　淮海集 29/2b

代賀司馬相公啓　　淮海集 29/3a

代賀胡右丞知陳州啓　　淮海集 29/3a

賀錢學士啓　　淮海集 29/3b

代賀提刑啓　　淮海集 29/4a

代回胡右丞年節啓　　淮海集 29/4b

代回呂吏部啓　　淮海集 29/4b

代謝中書舍人啓　　淮海集 29/5a

代賀運使啓　　淮海集 29/5b

代賀提刑落權發遣字啓　　淮海集 29/6a

謝胡晉侯啓　　淮海集 29/6a

代參寥與鍾公實啓　　淮海集 29/6b

答傅彬老簡　　淮海集 30/1a

與蘇公先生簡(1-4)　　淮海集 30/1b-3a

與邵彥瞻簡　　淮海集 30/4b

與孫莘老學士簡　　淮海集 30/5b

與黃魯直簡　　淮海集 30/6a

與蘇子由著作簡　　淮海集 30/7a

與李德叟簡　　淮海集 30/7b

與蘇黃州簡　　淮海集 30/8a

與李樂天簡　　淮海集 30/8b

與參寥大師簡　　淮海集 30/9a

上王岐公論薦士書　　淮海集 37/1a

上呂晦叔書　　淮海集 37/2a

謝王學士書　　淮海集 37/3b

謝曾子開書　　淮海集 37/4b

與喬希聖論黃連書　　淮海集 37/6a

與鮮于學士書　　淮海集 37/6b

婚書　　淮海集 37/7b

代答范相公啓堯天　　淮海集/後 5/2b

賀孫中丞啓　　淮海集/後 5/3a

賀吏部傅侍郎啓　　淮海集/後 5/3a

代何提舉賀范樞密啓　　淮海集/後 5/3b

賀門下呂僕射啓微仲　　淮海集/後 5/4a

謝潁州呂吏部啓　　淮海集/後 5/4b

答丁彥良書　　淮海集/後 5/4b

與許州范相公　　淮海集/後 5/5a

秦淮海帖　　節孝集除載/8a

謝館職啓　　宋文鑑 123/6b

婚書　　宋文鑑 123/7a

賀皇太后生辰牋　　播芳文粹 45/11b

賀皇太后受冊牋　　播芳文粹 45/14a

賀皇太妃受冊牋　　播芳文粹 46/3b

賀范丞相啓　　播芳文粹 48/8a

賀趙副樞啓　　播芳文粹 49/22b

賀門下孫侍郎啓　　播芳文粹 51/9b

賀錢校書啓　　播芳文粹 51/23b

賀王左丞啓　　播芳文粹 53/19a

賀胡右丞啓　　播芳文粹 53/25a

除中書舍人謝執政啓　　播芳文粹 68/10a

與吳承務帖　　播芳文粹 107/17a

請寶林長老開堂疏　　播芳文粹 118/17a

袁　甫

上制帥書　　蒙齋集 10/19b

代劉宰回趙丞彥湘到任啓　　蒙齋集 10/23b

~說友

辭免除吏部尚書啓(1-2)　　東塘集 15/22b-23b

辭免除資政殿學士與郡啓(1-2)　　東塘集 15/24a-24b

賀兵部王尚書啓　　東塘集 17/1a

賀魏樞密仍兼參政啓　　東塘集 17/4a

賀蕭參政啓　　東塘集 17/6a

賀錢參政啓　　東塘集 17/8a

賀周侍御啓　　東塘集 17/9b

賀王樞使啓　　東塘集 17/15a

賀四川劉制置啓　　東塘集 17/17a

遠迎四川劉制置啓　　東塘集 17/18a

賀單尚書致仕得請啓　　東塘集 17/18a

賀留同志啓　　東塘集 17/18b

賀留參政仍兼同知啓　　東塘集 17/20b

答宏詞科倪判官啓　東塘集 17/22a

答四川李總領啓　東塘集 17/23a

賀溧陽尉章同年啓　東塘集 17/23b

回發解五人啓　東塘集 17/24b

回知普州李大著啓　東塘集 17/25a

代人賀魏左史兼中書舍人啓　東塘集 17/25b

除國正謝右相啓　東塘集 17/27a

謝從官舉充郡守啓　東塘集 17/28b

代人賀范同知啓　東塘集 17/29b

代王江陰改知饒州謝時相啓　東塘集 17/31a

代知縣作啓　東塘集 17/32b

代人爲女回定啓　東塘集 17/34a

代人言定啓　東塘集 17/34b

謝舉自代啓　四庫拾遺 244/東塘集

謝右相啓　四庫拾遺 244/東塘集

賀施元樞啓　四庫拾遺 244/東塘集

耿　黙

與李秘校　播芳文粹 107/21a

耿　燮

答舒和仲書　袁正獻遺文/上 6a

與舒和仲帖　袁正獻遺文/上 8a

耿時舉

賀虞樞使啓　播芳文粹 48/19b

賀吳吏侍啓　播芳文粹 53/2b

賀周兵侍啓　播芳文粹 53/14a

賀楊尚書帥蜀啓　播芳文粹 57/7b

賀陳提刑啓　播芳文粹 60/17b

賀張守啓　播芳文粹 62/15a

倉到任謝宰執啓　播芳文粹 71/2a

太守到任謝宰相啓　播芳文粹 71/22a

倅到任謝宰執啓　播芳文粹 72/4a

謝茶馬提舉薦舉啓　播芳文粹 74/18b

謝鄉舉啓　播芳文粹 78/11a

趙任與鄰守啓　播芳文粹 83/9b

上湯相陳情啓　播芳文粹 88/2a

真德秀

上皇子書（1－3）　真西山集 37/1a－10b

上相府書　真西山集 38/1a

上丞相書（1－3）　真西山集 38/4b－11b

上曾宣撫書　真西山集 38/15a

請鄭林楊三士入尊行堂　真西山集 38/18b

謝林侍郎薦舉啓　真西山集 39/1a

除國正謝丞相啓　真西山集 39/2a

除校書謝丞相啓　真西山集 39/3b

賀諫議啓　真西山集 39/5a

回鄭狀元啓　真西山集 39/6a

回孫狀元啓　真西山集 39/7a

回黃狀元啓　真西山集 39/8a

賀平江李大諫除寶學啓　真西山集 39/8b

除隆興謝丞相啓　真西山集 39/10a

賀福建楊帥啓　真西山集 39/11a

賀湖北游漕啓　真西山集 39/12a

回湖南陳運使啓　真西山集 39/12b

回建安洪守啓　真西山集 39/13b

回朱撫屬啓　真西山集 39/14b

回知縣正啓　真西山集 39/15a

謝宋宰館客見訪　真西山集 39/15b

謝宋宰爲壽　真西山集 39/15b

賀知縣正旦　真西山集 39/16a

回生日賀啓　真西山集 39/16b

通史提舉啓　真西山集 39/16b

通宋宰啓　真西山集 39/17b

答蔡宰啓　真西山集 39/18a

答馬縣丞啓　真西山集 39/18b

通王憲啓　真西山集 39/19a

賀邑宰冬啓　真西山集 39/19b

回南劍州黃知府　真西山集 39/20a

通浦城陳宰　真西山集 39/20b

賀程內翰年啓　真西山集 39/21a

復官謝丞相啓　真西山集 39/21b

通福建招捕陳提刑　真西山集 39/22a

通福建方提舉啓　真西山集 39/23a

回李漳州啓　真西山集 39/23b

回泉州教授啓　真西山集 39/24a

謝黃南劍樂語啓　真西山集 39/25a

通福建王帥啓　真西山集 39/25a

賀鄭丞相　真西山集 39/26a

除福帥謝丞相　真西山集 39/27b

回楊知軍啓　真西山集 39/28b

代外舅制參謝丞相啓　真西山集 39/29a

代外舅謝丞相轉官啓　真西山集 39/30a

答竹齋劄　竹齋集 4/5b

答竹齋啓　竹齋集 4/6a

與汪莘書　方壺稿/卷首真迹

賀程內翰知郡啓　　洛水集 26/13a
代外舅謝丞相轉官啓　　南宋文範 30/3b
江東賑濟無罪可待謝丞相啓　　南宋文範 30/4a
禮部申省論小祥不當從吉狀　　南宋文範 35/6b
論閩中弭寇事宜白劄子　　南宋文範 35/8a

夏　竦

正旦賀皇太子牋　　文莊集 16/9a
謝生辰禮物啓　　文莊集 16/9b
五月旦啓　　文莊集 16/10a
六月旦啓　　文莊集 16/10a
七月旦啓　　文莊集 16/10b
中書回夏州七月旦啓　　文莊集 16/10b
八月旦啓二首　文莊集 16/11a
九月旦啓三首　文莊集 16/11b
十月旦啓　　文莊集 16/12b
賀冬啓　文莊集 16/12b
代僕射相公賀冬啓　　文莊集 16/13a
代集賢賀正啓　　文莊集 16/13a
賀樞密相公啓　　文莊集 17/1a
賀樞密尚書啓　　文莊集 17/2a
賀樞密副使啓　　文莊集 17/3b
賀高樞使啓　文莊集 17/4a
賀西樞相公生日啓　　文莊集 17/4b
賀參政給事啓　　文莊集 17/5a
賀內翰劉給事啓　　文莊集 17/5b
荊南府知府學士李給事啓　　文莊集 17/6a
賀司徒侍中啓　　文莊集 17/6b
賀玉清承旨左丞學士啓　　文莊集 17/7b
賀晏內翰除景靈宮副使啓　　文莊集 17/8a
賀轉運啓　文莊集 17/9a－9b
賀屯田啓　　文莊集 17/9b
賀舒州李相公啓　　文莊集 17/10a
壽州相公啓　文莊集 17/11a
潭州李兵部啓　　文莊集 17/11b
賀薛待制知開封府啓　　文莊集 17/12a
正旦賀內翰啓　　文莊集 17/12b
賀冬至啓　文莊集 17/13a
問候太傅啓　　文莊集 17/13b
問候尚書啓　　文莊集 17/14a
省副郎中啓　　文莊集 17/14a
回雄州館使太保啓　　文莊集 17/14b
免奉使啓　　文莊集 17/15a　宋文鑑 121/4b

謝授知制誥啓　　文莊集 18/1a
謝起復授知制誥啓　　文莊集 18/1b
謝某官啓　　文莊集 18/2a
謝大王啓　　文莊集 18/2b
南京到任謝二府啓　　文莊集 18/3a
永興謝二府啓　　文莊集 18/4a
授宣徽使謝二府啓　　文莊集 18/4b
永興再任謝二府啓　　文莊集 18/5b
并州謝二府啓　　文莊集 18/6a
回謝二府啓　　文莊集 18/6b
涇州謝二府啓　　文莊集 18/7a
謝魏閣使啓　　文莊集 18/7b
謝參政啓　　文莊集 18/8a
謝西京尚書啓　　文莊集 18/8b
回大王啓　　文莊集 18/9a
上親王啓　　文莊集 18/9a
謝樞密相公生辰啓　　文莊集 18/9b
謝宰臣惠食物啓　　文莊集 18/9b
回學士啓　　文莊集 18/10b
回謝學士啓　　文莊集 18/10b
西京留臺謝少卿啓　　文莊集 18/11a
回徐舍人啓　　文莊集 18/11b
漢東太守司封啓　　文莊集 18/12a
集賢相公辭官啓　　文莊集 18/12b
東樞太尉相公辭官上大王啓　　文莊集 18/13b
僕射相公辭官啓　　文莊集 18/14a
辭官上大王相公啓　　文莊集 18/15a
僕射相公謝授官啓　　文莊集 18/15b
上巡撫使裴司封書　　文莊集 19/1a
兩浙運使姚鉉書　　文莊集 19/2b
上知潤州陳麗天書　　文莊集 19/5a
上開封府廉獻書　　文莊集 19/6b
上晁迥舍人書　　文莊集 19/8a
答杜侍郎書　　文莊集 19/9a
賀舒州李相公啓　　宋文鑑 121/4a

馬　存

賀王樞使啓　　播芳文粹 48/21b
賀王簽書啓　　播芳文粹 50/1b
賀王殿學除宣撫啓　　播芳文粹 58/15a
赴任與通判啓　　播芳文粹 83/22a
～廷鸞
與葛坡先生書　　碧梧集 10/3a

答董齋長升龍啓　碧梧集 10/4a
除校書郎謝吳丞相啓　碧梧集 10/4b
賀來察院貌孫啓　碧梧集 10/5b
回授官贈本生父謝廟堂啓　碧梧集 10/6a
賀福建洪侍郎壽啓　碧梧集 10/7a
回洪運使壽啓　碧梧集 10/7b
賀蜀閫朱尚書啓　碧梧集 10/8b
餞朱制使啓　碧梧集 10/9a
除國子司業謝廟堂啓　碧梧集 10/9a
除翰林權直謝廟堂啓　碧梧集 10/10a
賀劉中書後村啓　碧梧集 10/11a
答李海閫啓　碧梧集 11/1a
回蔡校勘啓　碧梧集 11/1b
答陳狀元文龍啓　碧梧集 11/2a
除禮侍謝馬裕齋啓　碧梧集 11/2b
答兩淮李制使庭芝啓　碧梧集 11/3a
賀江參政啓　碧梧集 11/3b
賀江閫馬觀文光祖啓　碧梧集 11/4b
回江閫馬制使啓　碧梧集 11/5a
回金陵馬大使裕齋啓　碧梧集 11/5a
回鍾計院蜚英啓　碧梧集 11/5b
賀葉丞相除少保啓　碧梧集 11/6a
回葉少保啓　碧梧集 11/6b
回荊閫李端明庭芝啓　碧梧集 11/7a
迎牟侍郎存齋啓　碧梧集 11/7b
回劉尚書龍學啓　碧梧集 11/7b
回林左史啓　碧梧集 11/8a
賀江南趙經畧啓　碧梧集 11/8b
廬山謝氏求聘啓　碧梧集 11/9a
廬山謝氏求婚啓　碧梧集 11/9b
昌江李氏求聘啓　碧梧集 11/10a
昌江李氏求婚啓　碧梧集 11/10a
吳園張氏求聘啓　碧梧集 11/10b
於越許氏求聘啓　碧梧集 11/11a
於越許氏求婚啓　碧梧集 11/11a
～ 伸
與張邦昌書　南宋文範/外編 2/13b
～ 朔
賀李帥遷秩啓　播芳文粹 55/13b
～ 遵
馬雜端　直講集/外 2/4b
～ 騏
賀安定郡王啓　播芳文粹 54/20b

柴 望
謝太尹節齋趙公啓　秋堂集 1/4b

晏 殊
答贊善兄家書　元獻遺文/4a
答中丞兄家書　元獻遺文/5b
答樞密范給事書　元獻遺文/補編 1/8b　宋文鑑 112/16b

畢仲游
上門下侍郎司馬溫公書　西臺集 7/1a
上門下侍郎劉莘老書　西臺集 7/13b
上歐陽文忠書　西臺集 7/16b
上蘇子瞻學士書　西臺集 8/1a
上李成之待制書　西臺集 8/4a
上范堯夫龍圖書　西臺集 8/7b
答劉朝散書　西臺集 8/10a
代李伉上文潞公書　西臺集 8/12a
賀韓忠彥相公啓(1－2)　西臺集 8/14b－15a
賀韓絳遷左相啓　西臺集 8/15b
賀曾公亮相公啓　西臺集 8/16a
賀歐陽少師致仕啓　西臺集 8/16b
賀韓師朴相公致仕啓　西臺集 8/17b
賀章待制到任啓　西臺集 8/18b
賀蔣樞密啓　西臺集 8/19a
賀安樞密啓　西臺集 8/19b
賀樞密啓　西臺集 8/20a
賀門下相公啓　西臺集 8/20b
賀李黃門啓　西臺集 8/21a
賀兩制啓　西臺集 8/22a
賀鮮于運使啓　西臺集 8/22b
賀本路運使郎中啓　西臺集 8/22b
賀運使司封啓　西臺集 8/23a
賀轉運使啓　西臺集 8/23a
謝召試入館啓　西臺集 9/1a
謝司農董少卿啓　西臺集 9/2a
答李客省謝舉啓　西臺集 9/3a
河東提刑到任謝兩府啓　西臺集 9/3b
到任謝鄰郡守啓　西臺集 9/4b
謝本路監司啓　西臺集 9/5a
秦鳳提刑到任謝兩府啓　西臺集 9/6a
永興提刑到任謝兩府啓　西臺集 9/6b
永興提刑落權字謝兩府啓　西臺集 9/7b

回謝沂守劉大夫啓　西臺集 9/8a

耀州到任謝兩府啓　西臺集 9/8b

耀州與監司啓　西臺集 9/9a

耀州免勘謝兩府啓　西臺集 9/9b

耀州任歸別本路監司啓　西臺集 9/10b

鄭州謝兩府啓　西臺集 9/11a

京東謝兩府啓　西臺集 9/11b

淮南謝兩府啓　西臺集 9/12b

上太師文潞公啓　西臺集 9/13a

上蘇頌罷相啓　西臺集 9/13b

上鮮于運使啓　西臺集 9/14a

問候熊舍人啓　西臺集 9/14a

問候判銓舍人啓　西臺集 9/14b

回李待制啓　西臺集 9/15a

回熊右司謝致仕啓　西臺集 9/15b

回胡先輩謝登第啓　西臺集 9/16a

回令孤皞如張大年謝及第啓　西臺集 9/16b

回宿倅俞察院啓　西臺集 9/16b

回鄰郡宮啓　西臺集 9/17a

代范忠宣賀李肅之待制宮觀啓　西臺集 9/17b

代范忠宣與兩府賀正啓　西臺集 9/18a

代范忠宣與兩府賀冬啓　西臺集 9/18b

代范忠宣謝兩府啓　西臺集 9/18b

代范忠宣拜州到任謝兩府啓　西臺集 9/19a

代范忠宣到任謝前兩府啓　西臺集 9/19b

代范忠宣回宗正留後賀冬啓　西臺集 9/20a

代范忠宣登庸回謝兩制以下啓　西臺集 9/20b

代范忠宣回謝制誥舍人啓　西臺集 9/20b

代范忠宣回謝衆官啓　西臺集 9/21a

代范忠宣回安州蔡相公啓　西臺集 9/21b

代范忠宣回蘇内翰啓　西臺集 9/22a

代范忠宣回范蜀公進新樂啓　西臺集 9/22a

代范忠宣回宗正謝起復啓　西臺集 9/22b

代范忠宣回李瑋太尉啓　西臺集 9/23a

代人冬節賀省寺啓　西臺集 9/23b

代人賀桂帥啓　西臺集 9/23b

代人謝李檢正啓　西臺集 9/24a

代人謝監司及郡官啓　西臺集 9/25a

代人上齊州待制啓　西臺集 9/25b

代上運使劉學士啓　西臺集 9/25b

代宰相回平章文太師求助啓　西臺集 9/26b

代樞密回平章文太師求助啓　西臺集 9/27a

賀冬狀二首　西臺集 9/28a

賀淮漕李學士狀　西臺集 9/28b

賀開封尹王侍郎狀　西臺集 9/29a

謝范德孺舉自代狀　西臺集 9/29b

回發運先狀　西臺集 9/30a

路分到狀　西臺集 9/30a

司業到狀　西臺集 9/30b

留臺朝請到狀　西臺集 9/30b

鈐轄太傅到狀　西臺集 9/30b

總管太尉到狀　西臺集 9/31a

提舉觀察到狀　西臺集 9/31a

諸監司到狀　西臺集 9/31a

都運顯謨到狀　西臺集 9/31b

留守大尹到狀　西臺集 9/31b

代范忠宣遠迎韓康公狀　西臺集 9/31b

代范忠宣回蒲端明狀　西臺集 9/32a

上蘇内翰(1-3)　西臺集 10/1a-1b

上文潞公　西臺集 10/2a

上韓左相　西臺集 10/2b

上呂微仲相公(1-3)　西臺集 10/2b-3b

上王彦霖樞密(1-2)　西臺集 10/3b-4a

上安樞密太尉(1-4)　西臺集 10/4b-5b

上李資政邦直(1-2)　西臺集 10/6a

回盛少卿(1-2)　西臺集 10/6b

與呂原明兵部(1-2)　西臺集 10/7a-7b

與文修撰(1-4)　西臺集 10/8a-9a

與蘇子容(1-2)　西臺集 10/9a-9b

與程中散(1-2)　西臺集 10/10a-10b

與趙司業(1-2)　西臺集 10/10b-11a

與李智文(1-2)　西臺集 10/11b

與文叔學士(1-2)　西臺集 10/12b-13a

與芸叟都司學士(1-3)　西臺集 10/13b-14a

與游景叔學士(1-2)　西臺集 10/14b

與趙正夫(1-6)　西臺集 10/15a-17a

上劉龍圖(1-3)　西臺集 10/17a-17b

上范堯夫相公(1-17)　西臺集 10/18b-34a

與呂秘丞(1-2)　西臺集 10/25a-25b

上蘇相公(1-3)　西臺集 10/25b-26b

與吳舍人安詩(1-2)　西臺集 10/26b-27a

與薛嗣昌(1-2)　西臺集 10/27b

與王觀文(1-3)　西臺集 10/28a-28b

上王仲至侍郎(1-2)　西臺集 10/29a-29b

上劉莘老相公(1－5)　西臺集 11/1a－2b
與陳伯修學士(1－2)　西臺集 11/3a
與司馬學士(1－3)　西臺集 11/3b－4a
與晁學士(1－2)　西臺集 11/4b
與致遠學士(1－2)　西臺集 11/5a－5b
上李少卿(1－2)　西臺集 11/5b－6a
與王元鈞轉運判官(1－4)　西臺集 11/6b－7b
上王尚書　西臺集 11/8a
上修史承旨(1－4)　西臺集 11/8b－9b
上范彝叟右丞(1－6)　西臺集 11/9b－11a
與歐陽學士(1－2)　西臺集 11/11b－12a
與韓循之學士　西臺集 11/12b
上范德孺侍郎(1－8)　西臺集 11/13a－16a
與李門下侍郎(1－2)　西臺集 11/17b－18a
上賈明叔侍郎(1－2)　西臺集 11/18b
上周翰侍郎　西臺集 11/19b
上王子韶侍郎　西臺集 11/20a
上呂侍講(1－2)　西臺集 11/21a－21b
上門下相公　西臺集 11/22a
與范子夷(1－4)　西臺集 11/22a－23b
與范子默　西臺集 11/24a
回范十七承奉　西臺集 11/25a
與劉朝散　西臺集 11/25a
與劉仲馮端明(1－4)　西臺集 11/26a－27a
與呂觀文延師(1－2)　西臺集 11/27b－28a
與林顯謨　西臺集 11/28b
與林材中大夫(1－2)　西臺集 11/29a
慰劉民質昆仲　西臺集 11/29b
駕除振夫侍郎啓　四庫拾遺 74/西臺集

晁子正
賀襲倅啓　播芳文粹 63/11b
～子美
赴任上市舶啓　播芳文粹 83/3a
～子剛
太守到任謝兩府啓　播芳文粹 71/24b
～子淵
賀黃教授啓　播芳文粹 64/8b
～公武
賀蔣參政啓　播芳文粹 49/8a
～公遡
眉州到任謝執政啓　嵩山居士集 17/1a
上政府啓　嵩山居士集 17/2a

上楊參政啓　嵩山居士集 17/3a
與楊參政到任啓　嵩山居士集 17/3b
問候虞參政啓　嵩山居士集 17/4a
謝吳宣撫啓　嵩山居士集 17/5a
賀宣撫吳郡王啓　嵩山居士集 17/5b
謝監司帥臣啓　嵩山居士集 17/7a
賀樊漕啓　嵩山居士集 17/7b
賀趙總領轉官啓　嵩山居士集 17/8b
賀陳茶馬啓　嵩山居士集 17/9b
賀任運使被召啓　嵩山居士集 17/10a
謝夔路監司啓　嵩山居士集 18/1a
謝成都鈐轄啓　嵩山居士集 18/1b
賀夔路周運使啓　嵩山居士集 18/2a
與瀘州王安撫啓　嵩山居士集 18/2b
與程安撫啓　嵩山居士集 18/3b
與趙參議啓　嵩山居士集 18/4a
與交代范才叔啓(1－2)　嵩山居士集 18/4b－5a
答李雅州啓　嵩山居士集 18/5b
答魏普州啓德原　嵩山居士集 18/6a
答唐昌州啓　嵩山居士集 18/6b
答楊知郡啓　嵩山居士集 18/7a
答伏長寧啓　嵩山居士集 18/7b
答嘉州何倅啓(1~3)　嵩山居士集 18/7b－8b
答潼川袁倅啓　嵩山居士集 18/9a
答邛州蒲倅啓栗　嵩山居士集 18/9b
答叙州杜倅啓　嵩山居士集 18/10a
答程倅啓　嵩山居士集 18/10b
與眉州倅到狀啓　嵩山居士集 18/11a
答史靈泉啓皐　嵩山居士集 19/1a
答黎彭山啓商老　嵩山居士集 19/1b
答劉銅山啓　嵩山居士集 19/2a
答李眉山啓繁　嵩山居士集 19/2b
答彭山知縣啓　嵩山居士集 19/3a
答蘇小溪啓　嵩山居士集 19/3b
答梁山黃教授　嵩山居士集 19/4a
答朱教授啓　嵩山居士集 19/4b
答宇文教授啓(1－2)　嵩山居士集 19/5a－5b
答張教授啓(1－3)　嵩山居士集 19/6a－6b
答杜判官啓　嵩山居士集 19/7a
答時官啓　嵩山居士集 19/7a
答陳縣丞啓(1－2)　嵩山居士集 19/7b－8a
答樊縣丞啓　嵩山居士集 19/8b
答馮司法啓汝幟　嵩山居士集 19/8b

答家司理啓　嵩山居士集 19/9a

第張監税啓　嵩山居士集 19/9b

答王縣尉啓倫　嵩山居士集 19/10a

答王司理啓　嵩山居士集 19/10b

答楊茶幹啓　嵩山居士集 19/11a

答師將仕啓　嵩山居士集 20/1a

答周文學啓　嵩山居士集 20/1b

答杜文學啓　嵩山居士集 20/2a

答張通直啓　嵩山居士集 20/2a

答侯縣尉啓　嵩山居士集 20/2b

答青神簿尉啓　嵩山居士集 20/3a

答師監酒啓　嵩山居士集 20/3a

答梁山劉知録啓　嵩山居士集 20/3b

答金水楊縣尉啓　嵩山居士集 20/4a

答蘇監税啓藻　嵩山居士集 20/4b

答眉州鄉官投獻啓　嵩山居士集 20/5a

答官員投獻啓　嵩山居士集 20/5b

答石簽判啓　嵩山居士集 20/6a

答叙州孫監税啓　嵩山居士集 20/6a

答孫監酒啓　嵩山居士集 20/6b

答朱將仕啓唐卿　嵩山居士集 20/7a

答謝承務啓　嵩山居士集 20/7b

答新及第楊宣教啓　嵩山居士集 20/8a

答新及第張宣教啓　嵩山居士集 20/8b

答新及第官員啓　嵩山居士集 20/8b

答文將仕謝解啓榛　嵩山居士集 20/9a

答趙監税謝解啓彥材　嵩山居士集 20/9b

答請解元啓　嵩山居士集 20/10a

答史解元運司發解啓　嵩山居士集 20/10b

答楊解元啓光雅　嵩山居士集 20/11a

答楊蒼舒投易啓　嵩山居士集 20/11a

賀虞參政啓　嵩山居士集 21/1a

賀虞樞密改除宣撫使啓　嵩山居士集 21/2b

謝制置啓　嵩山居士集 21/3b

賀制置賀寶學啓　嵩山居士集 21/4b

賀張茶馬啓　嵩山居士集 21/5a

謝張茶馬啓　嵩山居士集 21/5b

賀陳茶馬被召啓　嵩山居士集 21/6a

賀張遂寧啓　嵩山居士集 21/7b　蜀藝文志 28/18a

賀張潼川啓　嵩山居士集 21/8a

賀樊瀘南啓　嵩山居士集 21/9a

賀利路張提刑啓　嵩山居士集 21/9b

賀利漕王參議啓　嵩山居士集 21/10b

賀查總領啓　嵩山居士集 21/11a

賀成都鄭運判啓丙　嵩山居士集 22/1a

賀潼川馬運使啓　嵩山居士集 22/1b

謝樊運使啓　嵩山居士集 22/2b

答任都統啓　嵩山居士集 22/3a

答前夔路憲李敷文啓　嵩山居士集 22/3b

賀利路王漕啓　嵩山居士集 22/4a

答王興元啓　嵩山居士集 22/4b

答眉州馬舍人啓　嵩山居士集 22/5a

答楊蜀州啓　嵩山居士集 22/6a

答何隆州啓(1－2)　嵩山居士集 22/6a－6b

答何邛州啓　嵩山居士集 22/7a

答叙州王鈐轄啓　嵩山居士集 22/7b

答鮮于參議啓　嵩山居士集 22/8a

答吳綿州啓　嵩山居士集 22/8b

答達州程知郡啓　嵩山居士集 22/9a

答宋嘉州啓　嵩山居士集 22/9b

答梁彭州啓　嵩山居士集 22/10a

答楊榮州啓　嵩山居士集 22/11a

答劉漢州啓　嵩山居士集 23/1a

答任恭州啓　嵩山居士集 23/1b

答宋知監啓　嵩山居士集 23/2a

答吳永康啓(1－3)　嵩山居士集 23/2b－3b

答李富順啓　嵩山居士集 23/4a

答劉懷安啓伯虎　嵩山居士集 23/4b

答史梁山啓　嵩山居士集 23/5a

答瀘州高倅啓　嵩山居士集 23/5b

答瀘州張倅啓　嵩山居士集 23/6a

答漢州師倅啓敏功　嵩山居士集 23/6b

答漢州趙倅啓　嵩山居士集 23/7a

答眉州樊倅啓(1－2)　嵩山居士集 23/7b－8a

答閬判院啓　嵩山居士集 23/8b

答隆州李簽判啓　嵩山居士集 23/9a

答懷安馮簽判啓　嵩山居士集 23/9b

答榮州呂簽判啓　嵩山居士集 23/10a

答權綿州李簽判啓繄　嵩山居士集 23/10b

答郭運幹啓明復　嵩山居士集 23/11a

答宇文提幹啓　嵩山居士集 24/1a

答劉提幹啓煟　嵩山居士集 24/1b

答趙提幹啓　嵩山居士集 24/2a

答利路楊提幹啓絳　嵩山居士集 24/2b

答朱總幹啓璵　嵩山居士集 24/3a

答令狐江津啓記　嵩山居士集 24/3b

答劍門何知縣啓　嵩山居士集 24/4a

答宇文知縣啓　嵩山居士集 24/4b

答石照李知縣啓　嵩山居士集 24/4b

答文瀘川啓淵　嵩山居士集 24/5a

答師中江啓琛　嵩山居士集 24/5b

答李通江啓　嵩山居士集 24/6a

答何宣教啓　嵩山居士集 24/6a

答石泉軍吕教授啓商隱　嵩山居士集 24/6b

答雒縣楊主簿啓景温　嵩山居士集 24/7a

答龍安范縣尉啓子庚　嵩山居士集 24/7b

答李監税啓元雍　嵩山居士集 24/8a

答王端復宣教啓　嵩山居士集 24/8b

答趙將仕等啓　嵩山居士集 24/9a

答劉粹中詩啓　嵩山居士集 24/9b

謝王甲獻詩啓　嵩山居士集 24/10a

謝投獻啓　嵩山居士集 24/10a

答蘇解元賀年啓　嵩山居士集 24/10b

賀葉左相啓　嵩山居士集 25/1a

賀魏右相啓　嵩山居士集 25/1b

答眉州秀才啓　嵩山居士集 25/2b

答師解元啓　嵩山居士集 25/3a

答王解元啓　嵩山居士集 25/3b

答蘇解元啓　嵩山居士集 25/4a

答史解元啓　嵩山居士集 25/4a

答吕解元啓將　嵩山居士集 25/4b

答令狐解元啓(1－2)　嵩山居士集 25/5a－5b

答楊秀才啓　嵩山居士集 25/6a

答宋解元啓　嵩山居士集 25/6a

答史解元啓　嵩山居士集 25/6b

答白解元啓　嵩山居士集 25/7a

答梁敦義秀才啓　嵩山居士集 25/7b

答宋秀才啓　嵩山居士集 25/7b

答楊昌辰謝依竹堂詩啓　嵩山居士集 25/8a

答彭州李倅啓　嵩山居士集 25/8b

答眉州樊倅啓　嵩山居士集 25/9a

賀馬總領啓　嵩山居士集 26/1a

答王丹稜啓與　嵩山居士集 26/2a

答何彰明啓居實　嵩山居士集 26/2b

答孫主簿啓唐英　嵩山居士集 26/3a

答侯知録啓　嵩山居士集 26/3a

謝李解元投詩啓　嵩山居士集 26/3b

謝郭解元投詩啓　嵩山居士集 26/4a

答宋教授啓　嵩山居士集 26/4b

回王解元啓　嵩山居士集 26/5a

答杜帳幹啓　嵩山居士集 26/5b

答石泉吕教授啓　嵩山居士集 26/5b

答叙州杜倅啓　嵩山居士集 26/6a

答何合州啓　嵩山居士集 26/6b

答楊提幹啓　嵩山居士集 26/7a

答王墊江啓　嵩山居士集 26/7b

謝李志修投書啓　嵩山居士集 26/8a

上宰相小柬(1－5)　嵩山居士集 29/1a－2b

上執政小柬(1－6)　嵩山居士集 29/3a－4a

上虞參政小柬　嵩山居士集 29/4b

上王樞密小柬　嵩山居士集 29/5a

上楊參政小柬(1－5)　嵩山居士集 29/5a－6a

上吳宣撫小柬(1－6)　嵩山居士集 29/6b－8a

上吳宣撫郡王小柬(1－6)　嵩山居士集 29/8a－9b

上虞參政小柬(1－5)　嵩山居士集 29/10a－11a

上趙總領小柬(1－5)　嵩山居士集 29/11a－12a

上查運使柬(1－5)　嵩山居士集 30/1a－2a

上楊安撫柬(1－4)　嵩山居士集 30/2b－3a

上王安撫柬(1－5)　嵩山居士集 30/3b－4b

上王提刑柬(1－4)　嵩山居士集 30/5a－5b

上任運使柬(1－5)　嵩山居士集 30/6a－7a

上汪置制柬(1－5)　嵩山居士集 30/7b－8b

張茶馬柬(1－4)　嵩山居士集 30/9a－9b

上查總領柬(1－5)　嵩山居士集 30/10a－11a

上張提刑柬(1－4)　嵩山居士集 30/11a－12a

樊瀘南汝霖小柬(1－5)　嵩山居士集 31/1a－2a

與宋提刑小柬(5－6)　嵩山居士集 31/2a－2b

與張遂州小柬震(1－5)　嵩山居士集 31/2b－4a

與魏普州小柬(1－4)　嵩山居士集 31/4a－4b

與伏長寧小柬(1－6)　嵩山居士集 31/5a－6a

潼川袁通判小柬(1－5)　嵩山居士集 31/6a－7a

答嘉州趙通判小柬(1－3)　嵩山居士集 31/7b

答叙州社通判小柬(1－5)　嵩山居士集 31/8a－8b

與隆州李簽判小柬繁　嵩山居士集 31/9a

答簡州鄧通判小柬(1－4)　嵩山居士集 31/9b－10a

答石簽判小柬(1－4)　嵩山居士集 31/10a－11a

答朱宣幹小柬　嵩山居士集 31/11a

答楊知縣小柬(1－4)　嵩山居士集 31/11b－12a

與張待制小柬震(1－5)　嵩山居士集 32/1a－2a

與陳茶馬小柬彌作（1－5）　嵩山居士集 32/2b－3b

與宋知郡小柬（1－5）　嵩山居士集 32/3b－4b

與黎彭山小柬（1－4）　嵩山居士集 32/5a－5b

答蘇監稅小柬（1－4）　嵩山居士集 32/5b－6a

答李眉山小柬（1－4）　嵩山居士集 32/6b－7a

與諸司屬官小柬（1－3）　嵩山居士集 32/7a－7b

答楊茶幹小柬（1－4）　嵩山居士集 32/8a－8b

答郭撫幹小柬（1－3）　嵩山居士集 32/9a

答宇文教授小柬（1－3）　嵩山居士集 32/9b－10a

答程簽判小柬（1－4）　嵩山居士集 32/10a－10b

答楊縣尉小柬（1－4）　嵩山居士集 32/11a－11b

答史靈泉小柬（1－4）　嵩山居士集 33/1a－1b

答蘇小溪小柬（1－4）　嵩山居士集 33/2a－2b

答宋漢初小柬（1－4）　嵩山居士集 33/3a－3b

答謝眉山小柬（1－4）　嵩山居士集 33/3b－4b

與吳提幹小柬（1－4）　嵩山居士集 33/4b－5a

答楊知縣小柬（1－4）　嵩山居士集 33/5b－6a

答張彭山小柬（1－3）　嵩山居士集 33/6a－6b

答陳縣丞小柬（1－3）　嵩山居士集 33/7a

答黃教授小柬（1－4）　嵩山居士集 33/7b－8a

答劉知錄小柬（1－3）　嵩山居士集 33/8b

答王丹稜小柬（1－4）　嵩山居士集 33/9a－9b

答張監稅小柬（1－4）　嵩山居士集 33/10a－10b

答師將任小柬　嵩山居士集 33/10b－11a

答楊解元小柬（1－3）　嵩山居士集 33/11b

王參政（1－3）　嵩山居士集 34/1a－1b

虞參政（1－7）　嵩山居士集 34/2a－4a

虞樞密（1－3）　嵩山居士集 34/4b－5a

楊參政（1－2）　嵩山居士集 34/5b

張待制（1－10）　嵩山居士集 34/6a－9a

費寶文行之（1－7）　嵩山居士集 34/9b－11b

上汪制置應辰（1－10）　嵩山居士集 35/1a－7b

查總領蕭（1－5）　嵩山居士集 35/8a－9a

樊安撫汝霖（1－3）　嵩山居士集 35/9a－9b

陳茶馬彌作（1－5）　嵩山居士集 35/10a－11a

王安撫（1－6）　嵩山居士集 36/1a－2b

陳茶馬（1－4）　嵩山居士集 36/3a－4a

任運使（1－9）　嵩山居士集 36/4a－7a

范運使（1－4）　嵩山居士集 36/7a－8a

宋提刑嗣孫（1－9）　嵩山居士集 36/8b－11a

宋提刑（1－4）　嵩山居士集 37/1a－2a

查運使（1－11）　嵩山居士集 37/2b－6a

周運使（1－3）　嵩山居士集 37/6a－6b

樊運使（1－11）　嵩山居士集 37/7a－10a

郭提刑（1－3）　嵩山居士集 37/10b－11a

楊運使（1－3）　嵩山居士集 38/1a－1b

張提刑松兑　嵩山居士集 38/2a

羅參議（1－2）　嵩山居士集 38/2a－2b

吳鈐轄（1－4）　嵩山居士集 38/2b－3b

范運使（1－2）　嵩山居士集 38/3b－4a

程知郡（1－4）　嵩山居士集 38/4a－5a

唐知郡（1－4）　嵩山居士集 38/5a－6a

蘇知郡（1－4）　嵩山居士集 38/6b－7a

嘉州知郡（1－2）　嵩山居士集 38/7a－7b

程達州（1－5）　嵩山居士集 38/7b－8b

范知郡（1－2）　嵩山居士集 38/9a

程邛州（1－8）　嵩山居士集 38/9a－11a

呂嘉州游問（1－2）　嵩山居士集 38/11a－11b

謝知郡（1－2）　嵩山居士集 39/1a－1b

章閬州（1－2）　嵩山居士集 39/1b－2a

程知郡勤（1－3）　嵩山居士集 39/2b－3a

宋隆州海（1－4）　嵩山居士集 39/3a－4a

石通判（1－2）　嵩山居士集 39/4b

馮通判　嵩山居士集 39/4b－5a

宇文簡州師獻（1－3）　嵩山居士集 39/5a－5b

嘉州知郡（1－2）　嵩山居士集 39/6a－6b

叙州知郡（1－2）　嵩山居士集 39/7a

楊榮州（1－4）　嵩山居士集 39/7b－8a

李雅州（1－2）　嵩山居士集 39/8a－8b

任知郡（1－2）　嵩山居士集 39/8b－9a

楊蜀州（1－2）　嵩山居士集 39/9a－9b

何隆州耆仲（1－3）　嵩山居士集 39/9b－10a

趙威州真　嵩山居士集 39/10b

宇文黎州（1－2）　嵩山居士集 39/10b－11a

湯石泉尚之（1－2）　嵩山居士集 39/11a－11b

伏長寧（1－3）　嵩山居士集 40/1a－1b

任提官希旦（1－4）　嵩山居士集 40/2a－2b

吳永康洵（1－3）　嵩山居士集 40/2b－3a

簡州王倅（1－10）　嵩山居士集 40/3b－5b

邛州蒲倅（1－2）　嵩山居士集 40/5b－6a

蜀州袁倅（1－6）　嵩山居士集 40/6a－7b

嘉州何倅（1－10）　嵩山居士集 40/7b－9b

瀘州何倅（1－4）　嵩山居士集 40/10a－10b

方通判（1－2）　嵩山居士集 40/11a－11b

李通判三幅　嵩山居士集 41/1a

趙通判（1－3）　嵩山居士集 41/1b－2b

樊通判　嵩山居士集 41/2b

高通州　嵩山居士集 41/2b

何通判溫叔（1－2）　嵩山居士集 41/3a

李簽判　嵩山居士集 41/3b

程省幹（1－2）　嵩山居士集 41/3b－4a

楊判院民極（1－4）　嵩山居士集 41/4a－4b

史主管（1－8）　嵩山居士集 41/5a－7a

何制幹　嵩山居士集 41/7b

運司屬官（1－2）　嵩山居士集 41/7b－8a

李檢法（1－4）　嵩山居士集 41/7b－9a

何運幹（1－2）　嵩山居士集 41/9b

楊提幹（1－3）　嵩山居士集 41/10a－10b

王制幹（1－3）　嵩山居士集 41/10b－11a

張省幹　嵩山居士集 41/11a

閣機宜　嵩山居士集 41/11b

郭運幹中行　嵩山居士集 42/1a

史主管（1－4）　嵩山居士集 42/1a－2a

朱宣幹　嵩山居士集 42/2a

孫洪雅　嵩山居士集 42/2b

鈎奉節（1－3）　嵩山居士集 42/3a

史靈泉皋（1－2）　嵩山居士集 42/3b－4a

程大邑雲　嵩山居士集 42/4a

虞火井　嵩山居士集 42/4b

王導江元（1－2）　嵩山居士集 42/5a

石溫江知綱（1－2）　嵩山居士集 42/5b

張名山英仲（1－2）　嵩山居士集 42/5b－6a

宋嚴道　嵩山居士集 42/6a

施彰明（1－2）　嵩山居士集 42/6b

張依政　嵩山居士集 42/7a

郭新繁　嵩山居士集 42/7a

王陰平守節（1－3）　嵩山居士集 42/7b

張龍安（1－2）　嵩山居士集 42/8a

黎彭山（1－3）　嵩山居士集 42/8b

蔡綿竹（1－2）　嵩山居士集 42/9a

吳青神　嵩山居士集 42/9b

禄峨眉東之　嵩山居士集 42/9b

張彭山　嵩山居士集 42/10a

唐資官（1－2）　嵩山居士集 42/10a－10b

孫知縣　嵩山居士集 42/10b

李知縣（1－2）　嵩山居士集 42/11a－11b

張知縣　嵩山居士集 42/11b

眉山王尉　嵩山居士集 43/1a

丹稜陳丞　嵩山居士集 43/1a

郭縣丞　嵩山居士集 43/1b

趙縣尉（1－3）　嵩山居士集 43/2a－2b

常知丞　嵩山居士集 43/2b

程推官（1－3）　嵩山居士集 43/3a－3b

張監酒（1－3）　嵩山居士集 43/3b－4a

杜文學　嵩山居士集 43/4b

唐縣尉　嵩山居士集 43/4b

李節推　嵩山居士集 43/5a

呂主簿　嵩山居士集 43/5a

侯將（1－3）　嵩山居士集 43/5b－6a

王縣丞（1－2）　嵩山居士集 43/6a

宇文縣丞（1－2）　嵩山居士集 43/6a

劉監酒　嵩山居士集 43/7a

蘇知録　嵩山居士集 43/7a

李縣丞松　嵩山居士集 43/7a

李縣尉　嵩山居士集 43/7b

王縣丞　嵩山居士集 43/8a

楊主薄　嵩山居士集 43/8a

何推官　嵩山居士集 43/8b

張縣尉　嵩山居士集 43/8b

杜縣丞　嵩山居士集 43/9a

夏縣丞　嵩山居士集 43/9b

王縣丞偀（1－2）　嵩山居士集 43/9b－10a

王司理　嵩山居士集 43/10a

賈主簿　嵩山居士集 43/10b

李清叔　嵩山居士集 43/10b

張待制（1－4）　嵩山居士集 44/1a－2a

范運使仲南（1－3）　嵩山居士集 44/2a－3b

王總領珏（1－2）　嵩山居士集 44/3b

甄以道　嵩山居士集 44/4a

王文甫　嵩山居士集 44/4b

任似　嵩山居士集 44/4b

石監税　嵩山居士集 44/5a

張司理　嵩山居士集 44/5b

楊監倉　嵩山居士集 44/5b

向邦輔　嵩山居士集 44/6a

范監酒　嵩山居士集 44/6a

李縣尉　嵩山居士集 44/6b

楊司法　嵩山居士集 44/6b

馮都監　嵩山居士集 44/7a

張監税（1－2）　嵩山居士集 44/7b

史頤老　嵩山居士集 44/7b
楊天佑(1-2)　嵩山居士集 44/8a
新都任知縣(1-2)　嵩山居士集 44/8b
與李仁甫結交書　嵩山居士集 45/1a
上周通判書　嵩山居士集 45/4a
答陳震秀才論易書　嵩山居士集 45/6a
答趙文學論春秋書　嵩山居士集 45/7b
答楊監稅書　嵩山居士集 45/8b
答劉煜秀才書　嵩山居士集 45/9b
答家仲安書佽　嵩山居士集 45/10b
答程奎文秀才書　嵩山居士集 45/12a
答郭興秀才書　嵩山居士集 45/12b
答關知縣書　嵩山居士集 46/1a
答李垕秀才書　嵩山居士集 46/2a
答趙縣尉書　嵩山居士集 46/3b
答曹監稅書執中　嵩山居士集 46/4a
答楊教授書　嵩山居士集 46/5b
答郭教授書　嵩山居士集 46/6b
答何炫秀才書　嵩山居士集 46/7a
答李司理書　嵩山居士集 46/8a
答劉秀才書　嵩山居士集 46/9a
答樂文學書敦仁　嵩山居士集 46/10a
答樊縣尉書　嵩山居士集 46/12a
贈墨手道人說　嵩山居士集 51/5a
請象耳山長老疏語　嵩山居士集 51/5b
賀韓刑書啓　播芳文粹 50/13a
賀人發舉啓　播芳文粹 65/16b
赴任上寄居參政啓　播芳文粹 84/7b
上丞相小簡　播芳文粹 94/19a
上丞相小簡　播芳文粹 95/22b
上陳茶馬小簡　播芳文粹 98/18b
上漕使小簡(1-4)　播芳文粹 99/4a-8b
上運使小簡　播芳文粹 99/11a

~詠之
賀皇太子受册牋　播芳文粹 46/13b
賀張丞相啓　播芳文粹 47/18a
賀葉知院啓　播芳文粹 49/15a
賀鄧副樞啓　播芳文粹 49/21a
賀范中書啓　播芳文粹 50/15a
賀中書王侍郎啓　播芳文粹 50/16a
賀中書王舍人啓　播芳文粹 50/19a
賀張給事啓　播芳文粹 51/17b
賀宮使觀文啓　播芳文粹 56/4a

賀宮使大尉啓　播芳文粹 56/5a
賀宮使參政啓　播芳文粹 56/6a
教官到任謝政府啓　播芳文粹 72/9b
改秩謝監司啓　播芳文粹 73/11a
謝憲使薦舉啓　播芳文粹 74/6a
謝試中宏詞啓　播芳文粹 76/18a
謝及第啓　播芳文粹 77/12b
賜金紫謝漕使啓　播芳文粹 81/8a
上丞相曾子宣書　宋文鑑 120/19a
賀同州侍郎啓　宋文鑑 123/16a
謝永興待制啓　宋文鑑 123/16b

~補之
上呂相公書　鷄肋集 51/1a
上吳相公書　鷄肋集 51/1a
上蘇公書　鷄肋集 51/12a
再見蘇公書　鷄肋集 51/15a
上杭州教官呂穆仲書　鷄肋集 52/1a
及第謝蘇公書　鷄肋集 52/3b
答外舅兵部杜侍郎書　鷄肋集 52/4a
答姚邦光秀才書　鷄肋集 52/6a
答常璩秀才書　鷄肋集 52/7b
答劉壯輿論國語書　鷄肋集 52/8b
答劉壯輿書　鷄肋集 52/11b
再答劉壯輿書　鷄肋集 52/12b
謝蘇公先生示先君集引書　鷄肋集 52/13a
與魯直求撰先君墓誌書　鷄肋集 52/13b
謝授館職啓　鷄肋集 56/1a
揚州謝執政啓　鷄肋集 56/3a
齊州謝執政啓　鷄肋集 56/4b
湖州謝執政啓　鷄肋集 56/5b
上曾樞密啓　鷄肋集 56/6a
南京謝李中書啓　鷄肋集 56/6b
亳州謝執政啓　鷄肋集 56/8a
亳州上李中書啓　鷄肋集 56/8b
賀中書韓相公啓　鷄肋集 56/11a
賀門下李侍郎啓　鷄肋集 56/13a
河中府謝執政啓　鷄肋集 56/15a
賀許左丞啓　鷄肋集 56/16b
賀門下吳侍郎啓　鷄肋集 57/1a
代上北京韓丞相子華啓　鷄肋集 57/1b
謝何相公啓　鷄肋集 57/2a
賀侯樞密啓　鷄肋集 57/3a
謝韓儀公啓　鷄肋集 57/4a

泗州謝執政啓　鷄肋集 57/5b

代外舅杜侍郎賀姚舍人輝中啓　鷄肋集 57/6b

泗州謝監司啓　鷄肋集 57/7a

謝泗州倅曾丞議啓　鷄肋集 57/8a

謝泗州教授啓　鷄肋集 57/8b

答賀直閣林次中啓　鷄肋集 57/8b

謝龍圖吳雍薦論啓　鷄肋集 57/9b

高麗人使回遠迎　鷄肋集 57/10b

謝高麗使送人事物狀　鷄肋集 57/11a

送高麗使副人事物狀　鷄肋集 57/11a

北朝國信大使先狀　鷄肋集 57/11a

與謝寶文啓　鷄肋集 58/1a

謝淮南漕彭元施啓　鷄肋集 58/1b

與京東漕黃朝散啓　鷄肋集 58/2a

答謝華守趙子剛賀入館啓　鷄肋集 58/2b

與亳守向宗旦啓　鷄肋集 58/3a

上河北漕呂進伯所業啓　鷄肋集 58/3b

代胡唐臣授蘇幕與使者啓　鷄肋集 58/4a

授澶州司戶答韓諫議璹請充教授啓　鷄肋集 58/4b

回鄆城孫簿啓　鷄肋集 58/6a

賀教授陳履常啓　鷄肋集 58/6b

答謝狀元李常寧啓　鷄肋集 58/7b

答謝宗室奉議啓　鷄肋集 58/7b

答賀李祥改宣德啓　鷄肋集 58/8b

答亳州趙教授啓　鷄肋集 58/9a

太學答學生林自啓　鷄肋集 58/9b

答王勯謝貢啓　鷄肋集 58/9b

謝陸倅啓　鷄肋集 58/10a

赴揚州上太守王資政正仲啓　鷄肋集 59/1a

與交代范峒啓　鷄肋集 59/1b

與淮南提刑賈殿院啓　鷄肋集 59/2a

與淮南監司啓　鷄肋集 59/2a

答揚州教授曾旻啓　鷄肋集 59/2b

上揚守王正仲啓　鷄肋集 59/3a

與淮東提刑王司諫啓　鷄肋集 59/3b

答揚州判官趙奉議啓　鷄肋集 59/4a

答致仕劉敏大夫啓　鷄肋集 59/4b

與京東漕張道順啓　鷄肋集 59/4b

與京東提刑趙景仁啓　鷄肋集 59/5a

答淄守啓　鷄肋集 59/5b

與淄倅啓　鷄肋集 59/6a

與提舉鄭彥能啓　鷄肋集 59/6b

與京東漕呂直父啓　鷄肋集 59/7a

答滑守李孝純啓　鷄肋集 59/7b

賀知府趙待制移鎮啓　鷄肋集 59/8a

謝提刑上官正言啓　鷄肋集 59/8a

留臺韓朝請到狀啓　鷄肋集 59/8b

答濰守啓　鷄肋集 59/9a

揚州泛用賀冬啓　鷄肋集 59/9b

元日賀啓（1-2）　鷄肋集 59/10a

答交代中散啓　鷄肋集 59/10b

與李中大啓　鷄肋集 59/11a

謝呂大夫啓　鷄肋集 59/11a

答通判朝奉啓　鷄肋集 59/11b

代韓太中賀徐中丞啓　鷄肋集 59/12a

與淮南監司啓　鷄肋集 59/12b

謝解啓　鷄肋集 59/13a

公爲求親啓　鷄肋集 59/15a

送幣啓　鷄肋集 59/15a

公似求親啓　鷄肋集 59/15b

代謝求親啓　鷄肋集 59/16a

許親啓　鷄肋集 59/16b

送幣啓　鷄肋集 59/16b

求親啓　鷄肋集 59/17a

答楷老別紙　鷄肋集 69/12b

答壯輿書　三劉家集/59a

賀陳履常教授啓　宋文鑑 123/12a

答賀李祥改宣德啓　宋文鑑 123/12b

賀皇太后受冊牋　播芳文粹 45/13b

賀皇太妃受冊牋　播芳文粹 46/2b

賀門下吳待郎啓　播芳文粹 51/14b

除校書謝執政啓　播芳文粹 69/15a

帥到任謝執政啓　播芳文粹 70/6b

齊州到任謝執政啓　播芳文粹 71/12a

叙事謝中書啓　播芳文粹 79/13a

通判與交代啓　播芳文粹 85/1a

請淇老住崇寧疏　播芳文粹 117/17a

請明長老說圓覺經疏　播芳文粹 118/32b

請覺老說金剛經疏　播芳文粹 119/1a

~說之

錄出狩議呈中丞狀　嵩山集 3/39b

與熙河錢帥書　嵩山集 15/1a

薦蒲君刑曹書　嵩山集 15/3a

與宋運使書　嵩山集 15/3b

答張直孺先輩書　嵩山集 15/6a
答陳養蒙刑曹書　嵩山集 15/8a
答張仔秀才書　嵩山集 15/9a
與呂舜徒書明州　嵩山集 15/10a
答勾龍壽南先輩書　嵩山集 15/11a
答李持國先輩書　嵩山集 15/12b
答賈子莊書　嵩山集 15/13b
答陳秀才書明州　嵩山集 15/18a
答池州鄧君書明州　嵩山集 15/19a
答朱子雲書明州　嵩山集 15/20a
與張明仲書　嵩山集 15/21a
答張頤先輩書　嵩山集 15/24b
答錢申伯書　嵩山集 15/25a
答鍾離中遠先輩書　嵩山集 15/26b
與劉壯輿書　嵩山集 15/28a
答李子能先輩書　嵩山集 15/30b
答李大同先輩書　嵩山集 15/31b
與三泉李奉議書一作與王漕　嵩山集 15/33a
答陳廷藻先輩書　嵩山集 15/35b
答吳才老先輩書　嵩山集 15/37a
答朱仲髦先輩書　嵩山集 15/37b
答袁季臯先輩書　嵩山集 15/38b
答朱秀才書　嵩山集 15/41a
與黃丞相書　嵩山集 15/42b

員興宗
與諫議殿院書　九華集 12/1a
上虞丞相書　九華集 12/3b
與黎守馮縉雲當可書　九華集 12/5a
再答縉雲書　九華集 12/6a
答漢州教授程用之書　九華集 12/7b
上王太博書　九華集 12/8b
答洪丞相問隸碑書　九華集 12/10a
上都大書　九華集 12/17a
上執政書　九華集 13/1a
答太學學錄梭山陸子壽書　九華集 13/4a
答甥費判院恭用書　九華集 13/5b
與興化林文謙之書　九華集 13/6b
代人上李制帥書　九華集 13/8b
答張南軒書　九華集 13/10a
上執政書　九華集 13/13b
上丞相議置發運書　九華集 13/15a
上轉運陳度書　九華集 13/17a

賀何舍人運使啓　九華集 14/1a
上王運使啓　九華集 14/1b
與孫侍郎啓　九華集 14/2b
代上侍郎啓　九華集 14/3a
遠迎楊尚書啓　九華集 14/3b
謝蔣參政啓　九華集 14/3b
謝給事啓　九華集 14/4a
回朱知郡啓　九華集 14/4b
上都大啓　九華集 14/5b
謝湯大卿都大啓　九華集 14/6a
賀王文遷都大兼漕啓　九華集 14/7a
與紹興師相賀冬至啓　九華集 14/8a
與王師賀冬至啓　九華集 14/8a
與汪國史賀冬至啓　九華集 14/8b
與成都倅賀冬至啓　九華集 14/9a
代王提刑賀正與王顯謨啓　九華集 14/9a
與路運使賀正啓　九華集 14/9b
與王制置賀正啓　九華集 14/10a
與趙郡王賀正啓　九華集 14/10b
與王鈐轄賀正啓　九華集 14/10b
回成都節推賀正啓　九華集 14/11a
與普州知郡賀正啓　九華集 14/11b
回教官賀正啓　九華集 14/11b
謝陳同知啓　九華集 14/12a
上楊知府啓　九華集 14/12b
謝差遣啓　九華集 14/13a
投王顯謨啓　九華集 14/14a
賀漕使啓　九華集 14/15a
上李漕啓　九華集 14/15b
謝除教授啓　九華集 14/16b
上宰相　九華集 15/1a
謝王中孚提刑　九華集 15/4a
代人上張尚書　九華集 15/6a
代人上楊尚書　九華集 15/7a
上許總領　九華集 15/8a
謝大卿　九華集 15/10a
上丞相葉公顯　九華集 15/11a
與劉侍郎　九華集 15/12b
與任子淵運使　九華集 15/13b
與王顯謨　九華集 15/14a
與韓道濟知郡　九華集 15/15a
與漢嘉李清叔　九華集 15/15b
與四叔承事　九華集 15/17a

上虞丞相　九華集 16/1a
與直閣虞宮使　九華集 16/8b
上紹興師相洪文惠公　九華集 16/9a
與泉守王龜齡狀元待制　九華集 16/12b
與元章大卿　九華集 16/13b
與范偉明運使　九華集 16/14a
與王憲　九華集 16/14b
與喻少穆知縣　九華集 16/15b
慰蔣右相葬母夫人　九華集 16/16b
慰韓叔厚表甥丁父憂　九華集 16/18a
答喻德稱　九華集 16/19a
答陳經幹　九華集 16/19b
與榮州勾龍知郡　九華集 16/19b
與喻子真表兄　九華集 16/20a
與喻漢輔　九華集 16/20b
上王尚書小簡　播芳文粹 96/19a

翁起予
請嘉州密老住宜黃梅山疏　播芳文粹 117/21b
請珪老住黃山疏　播芳文粹 117/23b
請駢老住惠安疏　播芳文粹 118/1a

倪士毅
謝揭學士撰陳定宇先生墓銘啓代光生子明卿作　新安文獻 43/7b
～樸
上太守鄭敷文書　倪石陵書/16b
上太守周侍郎書　倪石陵書/18b
筠州投雷教授書　倪石陵書/20b　南宋文範 33/14a
投高安呂宰書　倪石陵書/22a
答章子定書　倪石陵書/24a
與陳同甫上舍書　倪石陵書/25a
上楊推官書　倪石陵書/26a

徐元杰
白左揆論時事書　楳埜集 8/1a
白二揆論時事書　楳埜集 8/2a
再白左揆論時事書　楳埜集 8/4b
再白左揆書　楳埜集 8/5b
白二相論時事書　楳埜集 8/6a
與袁右司書　楳埜集 8/7b
及第謝丞相啓　楳埜集 8/9a

賀丞相除太傅啓　楳埜集 8/10a
代莊文府賀丞相冬至啓　楳埜集 8/10b
賀判院冬至啓　楳埜集 8/11a
賀參政冬至啓　楳埜集 8/11a
賀樞密冬至啓　楳埜集 8/11b
賀京尹冬至啓　楳埜集 8/11b
賀秀安濮王冬至啓　楳埜集 8/12a
賀少傅少保冬至啓　楳埜集 8/12a
謝范參政啓　楳埜集 8/12b
通方漕啓　楳埜集 8/13a
通會提點啓　楳埜集 8/13b
與王實齋啓　楳埜集 8/14b
回南劍權守陳倅啓　楳埜集 8/15a
回楊漪倅啓　楳埜集 8/15b
回王司法啓　楳埜集 8/16b
回權交代司法啓　楳埜集 8/16b
回賴主簿啓　楳埜集 8/17b
回張憲幹啓　楳埜集 8/18a
答黃南劍自然啓　楳埜集 8/18b
回王支鹽啓　楳埜集 8/19a
回劉府教啓　楳埜集 8/19b
回餘姚王宰啓　楳埜集 8/19b
回松山趙宰寄梅花賦爲餞啓　楳埜集 8/20a
謝留耕王右史持薦啓　楳埜集 8/20b
與湔東程帥啓　楳埜集 9/1a
通福帥徐意一啓　楳埜集 9/2a
回郭帥啓　楳埜集 9/2a
賀湖北岳漕除帥啓　楳埜集 9/2b
代京西漕謝蜀帥啓　楳埜集 9/3b
謝荊帥啓　楳埜集 9/4a
代上別帥啓　楳埜集 9/5a
代上尤帥啓　楳埜集 9/6a
通淮西揚制帥啓　楳埜集 9/7a
通江陵別制帥啓　楳埜集 9/8a
通江陵別帥啓　楳埜集 9/9a
通京湖賈制帥啓　楳埜集 9/10a
通沿江別制帥啓　楳埜集 9/11a
通湖北章帥啓　楳埜集 9/12a
代通興元丁帥啓　楳埜集 9/12b
代通瀘南漕帥啓　楳埜集 9/13a
代通瀘南楊帥啓　楳埜集 9/13b
上荊湖陳制帥啓　楳埜集 9/14a
上江陵別帥啓　楳埜集 9/15b

上夔門李帥啓　楳埜集 9/16b

上四川桂制帥啓　楳埜集 9/17a

上四川鄭制帥啓　楳埜集 9/18a

銓曹白權貳卿趙左司希耇劄　楳埜集 9/19a

與袁守劄　楳埜集 9/19b

與南劍五縣免上州公劄　楳埜集 9/20b

回趙憲劄　楳埜集 9/21a

與郡守求免香林渡劄　楳埜集 9/21a

與江東憲求罷香林渡公劄　楳埜集 9/22b

回何宰劄　楳埜集 9/23b

復静春先生劄　楳埜集 9/24a

慰李秀嚴劄　楳埜集 9/24b

回南劍天寧老劄　楳埜集 9/25a

通沿江別制帥啓　南宋文範 30/10a

白二揆論時事書　南宋文範/外編 3/12a

白二相論時事書　南宋文範/外編 3/14a

~南仲

賀曹路分啓　播芳文粹 64/25b

~　鉉

爲蕭給事與楚王書　徐公集 20/5b

又代蕭給事與楚王書　徐公集 20/6a

復方訥書　徐公集 20/7b

答林正字書　徐公集 20/8b

答左偓處士書　徐公集 20/9b

~經孫

上樓監丞牒　徐文惠稿 3/2a

上丞相賈似道言限田　徐文惠稿 3/12a

~　誼

與汪莘書　方壺稿/卷首

~　積

代人求薦書(1-2)　節孝集 30/1a-2a

上楚州慎郎中書　節孝集 30/3a

上提刑邵學士書　節孝集 30/4a

代崔刑部與劉易先生書　節孝集 30/5b

上楚州太守書　節孝集 30/6a

代汪主簿上田提刑　節孝集 30/6b

代人請見書　節孝集 30/17b

代人上省判蔣工部書　節孝集 30/8b

上趙殿院書　節孝集 30/9a

代慎秀才上陸學士書　節孝集 30/14b

與廉公望薦王秀才書　節孝集 30/15a

與吳待制書　節孝集 30/16a

代李駐泊與許職方啓　節孝集 30/17a

代人回報啓　節孝集 30/17a

代李駐泊上李客省啓　節孝集 30/17b

代慎駕部上南京劉相公啓　節孝集 30/18a

代人與壽春令啓　節孝集 30/18a

代人與濠州郭右司啓　節孝集 30/18b

代李駐泊與沂州石比部啓　節孝集 30/18b

與寶玉大師啓　節孝集 30/19a

代沈倅慎駕部與太守先狀　節孝集 30/19b

留嗣宗

謝沈帥送酒啓　播芳文粹 81/11a

孫　沔

孫觀文　直講集/外 2/2a

與邱殿丞　播芳文粹 103/19b

~　抃

賀門下范侍郎啓　播芳文粹 51/11a

上提點張郎中書　蜀文輯存 5/13a

賀門下范侍郎啓　蜀文輯存 5/14a

~　侔

與錢舍人君倚帖　播芳文粹 107/9a

~　洙

與李侍郎帖　播芳文粹 107/15a

~昭遠

遺子書　蜀文輯存 31/9b

~逢吉

回士人上書啓　播芳文粹 89/14b

~逢年

賀虞樞使啓　播芳文粹 48/21a

賀葉同知啓　播芳文粹 49/26a

賀提舶啓　播芳文粹 59/18b

賀芮都運啓　播芳文粹 59/21b

賀周守啓　播芳文粹 63/1a

賀太守正啓　播芳文粹 66/7a

謝帥臣薦舉啓　播芳文粹 74/1a

復修撰宮祠謝丞相啓　播芳文粹 80/13b

赴任上呂師啓　播芳文粹 82/7b

赴任上漕使啓　播芳文粹 82/18b

~逢辰

賀陳參政啓　播芳文粹 49/6a

賀蔣參政啓　播芳文粹 49/6b

賀吳都運啓　播芳文粹 60/9b

賀謝提舉啓　播芳文粹 61/16a

~ 復
　寄范天章書(1-2)　孫明復集 2/3b-5a　宋文選
　　9/2a-3a
　上孔給事書　孫明復集 2/7b　宋文選 9/4a
　答張洞書　孫明復集 2/9a　宋文鑑 114/10a　宋文選
　　9/4b
　上國撫啓　播芳文粹 86/1a
~ 道夫
　賀趙憲加秘監啓　播芳文粹 55/6b
　上丞相小簡賀生辰　播芳文粹 95/12b
　上丞相小簡　蜀文輯存 64/12b
~ 應時
　發舉謝鄉帥啓(1-3)　燭湖集 2/1a-3a
　回京制帥賀交割啓　燭湖集 2/4a
　上葉知郡啓　燭湖集 2/4b
　與李制幹啓　燭湖集 2/5b
　通成都陳鈐幹啓　燭湖集 2/6a
　回盧鈐幹啓　燭湖集 2/6b
　回黃巖錢主簿啓　燭湖集 2/7a
　回常熟趙主簿啓　燭湖集 2/7b
　上平江守虞殿院儔啓　燭湖集 2/8a
　迎知嚴州冷殿院啓　燭湖集 2/9a
　與楊都大交馳啓　燭湖集 2/10a
　謝執政啓　燭湖集 2/10b
　回常熟曾縣尉揆啓　燭湖集 2/11b
　上平江守劉宗丞啓　燭湖集 2/12a
　通支使啓　燭湖集 2/13a
　回漢州張少卿啓　燭湖集 2/13b
　賀楊總領啓　燭湖集 2/14a
　回楊總領交馳啓　燭湖集 2/14b
　賀張運使啓　燭湖集 2/15b
　賀王運使再任啓　燭湖集 2/16a
　回利路范運使啓　燭湖集 2/16b
　回成都王運使交馳啓　燭湖集 2/17b
　回常熟姚知丞汝龍啓　燭湖集 3/1a
　回常熟傅知丞良啓　燭湖集 3/1b
　代邱帥回興元宇文尚書啓　燭湖集 3/2a
　代邱帥回襄陽張尚書啓　燭湖集 3/3a
　代邱帥回潼川閻侍郎謝到任啓　燭湖集 3/3b
　代胡崇禮通交代徐提幹啓　燭湖集 3/4b
　通交代朱宰啓　燭湖集 3/5a
　上黃巖呂知縣啓　燭湖集 3/5b
　上黃巖范知縣啓　燭湖集 3/6a

　通海陵司馬知縣儼啓　燭湖集 3/7a
　回常熟交代葉知縣啓　燭湖集 3/7b
　上提舉李郎中啓　燭湖集 3/8b
　上台守唐大著啓　燭湖集 3/9b
　上平江守鄭寺丞啓　燭湖集 3/11a
　答大寧柳教授啓　燭湖集 3/12b
　通某教授啓　燭湖集 3/13a
　與江陰教授啓　燭湖集 3/13b
　答泰州顧教授啓　燭湖集 3/14a
　回真州孫解元啓　燭湖集 3/14b
　賀張運使簡　燭湖集 4/1a
　回單侍郎賀到府簡　燭湖集 4/1b
　賀王運使再任簡(1-4)　燭湖集 4/2a-2b
　賀瀘南郭安撫到任簡　燭湖集 4/2b
　上某官簡(1-3)　燭湖集 4/3a-3b
　上沈運使簡(1-5)　燭湖集 4/3b-4b
　上某官簡　燭湖集 4/5a
　迎知嚴州冷殿院簡(1-5)　燭湖集 4/5a-6b
　通趙通判簡(1-3)　燭湖集 4/6b-7a
　上知平江府鄭寺丞簡(1-4)　燭湖集 4/7b-
　　8b
　上韓提舉簡(1-2)　燭湖集 4/9a-9b
　上何提刑簡(1-2)　燭湖集 4/9b-10a
　上李提舉簡(1-2)　燭湖集 4/10b
　回興元宇文尚書簡(1-4)　燭湖集 4/11a-12a
　回襄陽張尚書簡(1-2)　燭湖集 4/12a-12b
　回成都王運使簡　燭湖集 4/13a
　回楊總領簡(1-5)　燭湖集 4/13b-14b
　回京制帥賀交割簡　燭湖集 4/15a-15b
　回潼川劉漕交馳簡　燭湖集 4/16a
　回新除楊總領簡(1-3)　燭湖集 4/17a-17b
　與夔路趙安撫交馳簡(1-4)　燭湖集 4/17b-
　　18b
　回夔路王提刑簡　燭湖集 4/18b
　上晦翁朱先生書(1-10)附朱子答書八篇　燭湖
　　集 5/1a-17b
　與王子知書(1-2)　燭湖集 5/18a-18b
　與石檢詳書(1-2)　燭湖集 5/19b-20b
　與潘料院書　燭湖集 5/21a
　答潘太博書　燭湖集 5/22a
　答潘宜幹書　燭湖集 5/22b
　與葉著作書　燭湖集 5/23a
　上史越王書(1-9)　燭湖集 6/1a-7a

上象山陸先生書(1－2)　燭湖集 6/7b－8b

與胡晉遠書　燭湖集 6/10a

與汪岠秀才書　燭湖集 6/10b

與陳教授書(1－2)　燭湖集 6/11a－11b

答黃縣丞書　燭湖集 6/12a

與徐檢法書　燭湖集 6/12b

與俞惠叔書　燭湖集 6/13a

與池子文書　燭湖集 6/15a

答杜子真書　燭湖集 6/15b

與詹提幹炎書　燭湖集 6/16a

與王孝廉書　燭湖集 6/16b

與黃獻之書　燭湖集 6/17b

與王君保書　燭湖集 6/18a

上邱文定公書(1－12)　燭湖集 7/1a－9b

答呂寺丞書(1－6)　燭湖集 7/10a－14a

與項大卿書(1－3)　燭湖集 7/15a

與王秘監書(1－2)　燭湖集 7/17a－17b

與趙太丞書　燭湖集 7/18b

上孫知府叔豹書　燭湖集 7/19a

寄周正字書　燭湖集 7/20a

答杜良仲書　燭湖集 7/20b

與杜仁仲書　燭湖集 7/21b

上張參政書(1－3)　燭湖集 8/1a－2a

與史同叔書(1－3)　燭湖集 8/3a－4a

上少保吳都統書　燭湖集 8/4b

復趙觀文書(1－2)　燭湖集 8/5a－6a

與莫侍郎叔光書　燭湖集 8/7a

上楊侍郎王休書　燭湖集 8/8a

上楊侍郎輔書　燭湖集 8/9a

與史開叔書(1－2)　燭湖集 8/9b－10a

答王郎中禮開書(1－3)　燭湖集 8/10b－12a

與施監丞宿書(1－2)　燭湖集 8/12b－13b

與徐郎中似道書　燭湖集 8/14a

與王郎中遇書　燭湖集 8/14b

答常郎中褚書　燭湖集 8/15a

與邱機宜書　燭湖集 8/15b

與邱少卿書(1－2)　燭湖集 8/16a－17a

與張提刑李曾書　燭湖集 8/18a

與提舉俞郎中豐書　燭湖集 8/19a

與李郎中孟傳書(1－2)　燭湖集 8/19b－20a

長女答范氏書　燭湖集 8/20b

次女答胡氏書　燭湖集 8/21a

侄女答胡氏書　燭湖集 8/21a

宋生廐父定黃氏女書　燭湖集 8/21b

邢子厚定李文授女書　燭湖集 8/21b

茅季德回李氏定侄女書　燭湖集 8/22a

戴氏定陳氏書　燭湖集 8/22b

趙大資侄定莊氏書　燭湖集 8/22b

李叔文子定陳氏女書　燭湖集 8/23a

符氏定趙氏女書　燭湖集 8/23a

胡氏迎李氏女書　燭湖集 8/23b

謝留丞相到任狀　四庫拾遺 717/燭湖集

謝執政狀　四庫拾遺 717/燭湖集

謝廟堂啓　四庫拾遺 718/燭湖集

～彌大

答悟老二帖　播芳文粹 110/16a

～　覿

與万俟參政書(1－2)　鴻慶集 10/7a－8a　孫尚書集 2/1b－2b

與宰執書　鴻慶集 10/8b　孫尚書集 2/3a

與侍御書　鴻慶集 10/9a　孫尚書集 2/3b

與范丞相書(1－4)　鴻慶集 11/1a－4a　孫尚書集 3/4b－8b

與政府乞宮觀書　鴻慶集 11/4b　孫尚書集 3/9b

與李少愚樞密書　鴻慶集 11/5b　孫尚書集 4/1a

與張全真參政書(1－3)　鴻慶集 11/6a－7b　孫尚書集 4/1b－3b

與謝任伯參政書(1－2)　鴻慶集 11/8a－8b　孫尚書集 4/4a－5a

與鄭至剛樞密書　鴻慶集 11/9a　孫尚書集 4/5b

和州與提刑胡獻可書　鴻慶集 11/10a　孫尚書集 4/7a

和州與運使陳靖直書　鴻慶集 11/10b　孫尚書集 4/7b

與曾靖伯書　鴻慶集 12/1a　孫尚書集 2/4b

與蘇季文書(1－2)　鴻慶集 12/2b－4a　孫尚書集 2/7a－8b

史相書　鴻慶集 12/4b　孫尚書集 2/9a

朱侍御書(1－2)　鴻慶集 12/5b－6b　孫尚書集 2/10b－12a

沈相書(1－2)　鴻慶集 12/8a　孫尚書集 3/3b－4a

回沈狀元啓　鴻慶集 13/1a　孫尚書集 10/2a

和州謝宰執啓　鴻慶集 13/1b　孫尚書集 7/1a

回謝交代啓　鴻慶集 13/1b　孫尚書集 10/3b

回通判啓　鴻慶集 13/2a　孫尚書集 11/3a

回教授啓　鴻慶集 13/2a　孫尚書集 11/1a

回監稅范學士啓　鴻慶集 13/2b　孫尚書集 11/5b

謝監司啓　鴻慶集 13/2b　孫尚書集 9/6a

回無爲知軍張徽猷啓　鴻慶集 13/2b　孫尚書集 10/5b

謝淮西鈐轄陳卿啓　鴻慶集 13/3a　孫尚書集 9/8b

回舒守王郎中啓　鴻慶集 13/3a

平江謝宰執啓　鴻慶集 13/3b　孫尚書集 7/1b

回交代趙大監啓　鴻慶集 13/4a　孫尚書集 10/4a

回通判韋朝散啓　鴻慶集 13/4a　孫尚書集 10/10a

與寄居侍從啓　鴻慶集 13/4a　孫尚書集 9/13b

與范運使啓　鴻慶集 13/4b　孫尚書集 9/14a

與鄰郡太守啓　鴻慶集 13/4b　孫尚書集 10/1a

賀陳漕啓　鴻慶集 13/5a　孫尚書集 6/8b

上宰相辭臨安啓　鴻慶集 13/5a　孫尚書集 5/3a

上秦參政啓　鴻慶集 13/5b　孫尚書集 5/13b

謝宰執啓　鴻慶集 13/5b　孫尚書集 7/6a

與交代李待制啓　鴻慶集 13/6a　孫尚書集 10/1a

回謝通判啓　鴻慶集 13/6b　孫尚書集 11/3a

與運使曾顯謨啓　鴻慶集 13/6b　孫尚書集 9/13b

與宣撫使開府啓　鴻慶集 13/6b　孫尚書集 9/8b

與湖州守葛待制啓　鴻慶集 13/7a　孫尚書集 10/1b

回謝劉漕龍圖啓　鴻慶集 13/7a　孫尚書集 9/12b

謝徐漕啓　鴻慶集 13/7b　孫尚書集 9/6b

回謝平江府胡舍人除待制啓　鴻慶集 13/7b　孫尚書集 9/14a

賀宰相啓(賀吕相啓)　鴻慶集 13/8a　孫尚書集 5/6b

回謝送宋發運啓　鴻慶集 13/8b　孫尚書集 9/6a

回周解元啓(1-2)　鴻慶集 14/1a-4b　孫尚書集 11/6a-7b

回吉州王守啓　鴻慶集 14/1a　孫尚書集 10/8a

回趙解元啓　鴻慶集 14/1b　孫尚書集 11/6b

回洪秀才啓　鴻慶集 14/2a　孫尚書集 11/8a

回胡糧科啓　鴻慶集 14/2a　孫尚書集 9/5b

回滁守魏寺正啓(1-2)　鴻慶集 14/2b　孫尚書集 10/7b-8a

回宜黄鄧令啓　鴻慶集 14/3a　孫尚書集 11/4b

回沈解元啓　鴻慶集 14/3a　孫尚書集 11/7a

回葛教授啓　鴻慶集 14/3b　孫尚書集 11/4b

回方簽判啓　鴻慶集 14/4a　孫尚書集 10/10a

回許解元啓　鴻慶集 14/4a　孫尚書集 11/7b

回周解元啓　鴻慶集 14/5a　孫尚書集 11/6a

回徐守計議啓　鴻慶集 14/5a　孫尚書集 10/6b

回運使張直閣啓　鴻慶集 14/5a　孫尚書集 10/3b

回强守奉直啓　鴻慶集 14/5b　孫尚書集 10/7a

回莊守右司啓　鴻慶集 14/5b　孫尚書集 9/11a

回吴守啓　鴻慶集 14/6a　孫尚書集 10/6a

與錢守舍人啓　鴻慶集 14/6a　孫尚書集 10/2a

賀權守提與啓　鴻慶集 14/6b　孫尚書集 6/9a

賀沈守到任啓　鴻慶集 14/6b

賀周守到任啓　鴻慶集 14/7a　孫尚書集 6/10a

回王倅學士啓　鴻慶集 14/7a　孫尚書集 11/1a

回王倅大著啓　鴻慶集 14/7a　孫尚書集 11/2b

回張倅寺丞啓　鴻慶集 14/7b　孫尚書集 11/2a

回向倅朝請啓　鴻慶集 14/7b　孫尚書集 10/9b

回陳倅朝散郎啓　鴻慶集 14/8a　孫尚書集 11/1b

回洪倅學士啓　鴻慶集 14/8a　孫尚書集 10/9a

回晉陵曹宰到任啓　鴻慶集 14/8b　孫尚書集 11/4a

賀梁守到任啓(賀梁太丞到任啓)　鴻慶集 14/8b　孫尚書集 6/7b

回沈倅到任啓　鴻慶集 14/9a　孫尚書集 11/2a

回周主簿啓　鴻慶集 14/9a　孫尚書集 11/5a

回平江守蔣待制狀　鴻慶集 14/9b

回提舉謝少卿啓　鴻慶集 14/9b　孫尚書集 10/4a

賀莫守郎中啓　鴻慶集 14/9b　孫尚書集 6/9a

回江陰運使趙學士啓　鴻慶集 14/10a　孫尚書集 10/6a

回武進馮宰到任啓　鴻慶集 14/10a

回梁倅到任啓　鴻慶集 14/10b　孫尚書集 10/9b

回葉守到任啓　鴻慶集 14/10b　孫尚書集 6/11b

回郭守到任啓　鴻慶集 14/11a　孫尚書集 6/12a

回陳倅到任啓　鴻慶集 14/11b　孫尚書集 10/8b

賀劉守到任啓　鴻慶集 14/11b　孫尚書集 6/10b

回王倅賀冬啓(1-2)　鴻慶集 15/1a　孫尚書集 36/6b

賀趙倅賀冬啓　鴻慶集 15/1b　孫尚書集 36/7a

回平江趙倅賀冬啓　鴻慶集 15/1b　孫尚書集 36/7b

回兩倅賀冬啓　鴻慶集 15/1b　孫尚書集 36/1b

回强守賀冬啓(1-2)　鴻慶集 15/2a　孫尚書集 36/5a

回莊守賀冬啓　鴻慶集 15/2a　孫尚書集 39/7b

回吴守賀冬啓　鴻慶集 15/2b　孫尚書集 36/17a

回錢守賀冬啓(1-4)　鴻慶集 15/2b-3a　孫尚書集 36/4a-4b

回江陰趙守賀冬啓　鴻慶集 15/3b　孫尚書集 36/6a

回汪倅賀冬啓　鴻慶集 15/3b　孫尚書集 36/8a

回晉陵黃令賀冬啓（1－3）　鴻慶集 15/3b－4a
孫尚書集 36/8b－9a

回沈倅賀冬啓　鴻慶集 15/4a　孫尚書集 36/8a

回鎮江劉都統賀冬啓（1－9）　鴻慶集 15/4b－
6a　孫尚書集 36/1b－3b

回梁守賀冬啓　鴻慶集 15/6a　孫尚書集 39/6b

回無錫馮宰賀冬啓　鴻慶集 15/6b　孫尚書集 36/
6b

回莫守賀冬啓（1－2）　鴻慶集 15/6b－7a　孫尚
書集 39/6b－7a

與鎮江劉都統賀冬啓　鴻慶集 15/7a　孫尚書啓
36/1a

與梁倅賀冬啓　鴻慶集 15/7a　孫尚書啓 36/1a

答葉守賀冬啓　鴻慶集 15/7b　孫尚書集 39/8a

回郭守賀冬啓（1－2）　鴻慶集 15/7b－8a　孫尚
書集 36/5b－6a

回王倅賀正啓（1－2）　鴻慶集 16/1a　孫尚書集
35/7b－8a

回向倅賀正啓　鴻慶集 16/1b　孫尚書集 35/8b

回張倅賀正啓　鴻慶集 16/1b　孫尚書集 35/8b

回平江趙倅賀正啓　鴻慶集 16/1b　孫尚書集 35/
9a

回强守賀正啓　鴻慶集 16/2a　孫尚書集 35/4a

回莊守賀正啓　鴻慶集 16/2a　孫尚書集 35/4a

回趙倅賀正啓　鴻慶集 16/2b　孫尚書集 35/9a

回汪倅賀正啓　鴻慶集 16/2b　孫尚書集 35/9b

回錢守賀正啓（1－3）　鴻慶集 16/2b－3a　孫尚
書集 35/4b－5a

回江陰趙守賀正啓　鴻慶集 16/3b　孫尚書集 35/
5b

回晉陵黃令賀正啓　鴻慶集 16/3b　孫尚書集 35/
10b

回沈守賀正啓　鴻慶集 16/3b　孫尚書集 35/5b

回周守賀正啓　鴻慶集 16/4a　孫尚書集 35/6a

回平江胡司法賀正啓　鴻慶集 16/4a　孫尚書集
35/10b

回鎮江劉都統賀正啓（1－9）　鴻慶集 16/4a－
5b　孫尚書集 35/1b－3b

回無錫馮宰賀正啓　鴻慶集 16/6a　孫尚書集 35/
10a

回莫守賀正啓　鴻慶集 16/6a　孫尚書集 35/6a

回宜興陳宰賀正啓　鴻慶集 16/6b　孫尚書集 35/
10a

與莫守賀正啓　鴻慶集 16/6b　孫尚書集 35/1a

與鎮江劉都統賀正啓　鴻慶集 16/6b　孫尚書集

35/1a

回葉守賀正啓　鴻慶集 16/7a　孫尚書集 35/6b

回郭守賀正啓（1－2）　鴻慶集 16/7a－7b　孫尚
書集 35/7a

復官謝沈相啓　鴻慶集 17/1a　孫尚書集 7/3b

謝万俟相啓（1－2）　鴻慶集 17/1b　孫尚書集 7/
4a－5a

謝湯樞密啓　鴻慶集 17/2a　孫尚書集 7/12b－13b

謝程參政啓　鴻慶集 17/2b　孫尚書集 7/7b

謝張參政啓（1－2）　鴻慶集 17/3a　孫尚書集 7/
8b

謝陳樞密啓（1－2）　鴻慶集 17/3b　孫尚書集 7/
13a－13b

謝韓尚書啓　鴻慶集 17/4a　孫尚書集 9/3a

謝湯中丞啓　鴻慶集 17/4b

謝周殿院啓（1－2）　鴻慶集 17/4b　孫尚書集 8/
11a－11b

謝中書王舍人啓（1－2）　鴻慶集 17/5a　孫尚書
集 8/5b－6a

謝凌正言啓（1－2）　鴻慶集 17/6a　孫尚書集 8/
12a－12b

謝凌舍人啓　鴻慶集 17/6a　孫尚書集 8/9b

謝尚書侍郎啓（1－2）　鴻慶集 17/6b　孫尚書集
8/4b－5a

謝榮守太監啓常州（謝常守太監啓）　鴻慶集 17/7a
孫尚書集 6/10a

謝孟郡王啓　鴻慶集 17/7a　孫尚書集 5/4a

復修撰宮觀謝沈相啓　鴻慶集 18/1a　孫尚書集
7/2b

謝万俟相啓　鴻慶集 18/1b

謝張參政啓　鴻慶集 18/1b

謝湯樞密啓　鴻慶集 18/2a

謝陳樞密啓　鴻慶集 18/2b

謝湯中丞啓　鴻慶集 18/3a

謝周殿院啓　鴻慶集 18/3a

謝察院啓（1－2）　鴻慶集 18/3b　孫尚書集 8/
13a－13b

謝凌正言啓　鴻慶集 18/4a

謝中書王舍人啓　鴻慶集 18/4a　孫尚書集 8/5b

謝兩史舍人啓　鴻慶集 18/4b　孫尚書集 8/10a

謝尚書侍郎啓　鴻慶集 18/5a

回謝張運使啓　鴻慶集 18/5b　孫尚書集 9/11b

回謝漳守趙中大啓　鴻慶集 18/5b　孫尚書集 9/
12b

回謝泰守周直閣啓　鴻慶集 18/6a　孫尚書集 9/

12a

回謝處守謝少卿啓　　鴻慶集 18/6b　　孫尚書集 9/13a

謝左相除敷文閣待制致仕啓　　鴻慶集 19/1a　　孫尚書集 7/2a

謝朱右相啓　　鴻慶集 19/1a　　孫尚書集 7/6b

謝楊參政啓　　鴻慶集 19/1b　　孫尚書集 7/9b

謝葉樞密啓　　鴻慶集 19/2a　　孫尚書集 8/1a

謝何內翰啓　　鴻慶集 19/2b　　孫尚書集 9/4b

謝中書楊舍人啓　　鴻慶集 19/2b　　孫尚書集 8/10b

謝侍郎啓　　鴻慶集 19/3a　　孫尚書集 8/4a

謝左右史啓　　鴻慶集 19/3b　　孫尚書集 9/4a

謝梁司諫啓　　鴻慶集 19/3b　　孫尚書集 9/2b

謝杜殿院啓　　鴻慶集 19/4a　　孫尚書集 9/1b

謝察院啓　　鴻慶集 19/4b

謝楊待制啓　　鴻慶集 19/4b　　孫尚書集 11/9b

謝常州知府葉寺丞啓　　鴻慶集 19/5a　　孫尚書集 9/10b

謝邵提舉啓　　鴻慶集 19/5b　　孫尚書集 9/7b

謝宮使巫樞密啓　　鴻慶集 19/6a　　孫尚書集 8/1b

謝臨安知府趙侍郎啓　　鴻慶集 19/6a　　孫尚書集 9/11a

謝平江守洪內翰啓　　鴻慶集 19/6b　　孫尚書集 9/9b

謝明州守韓尚書啓　　鴻慶集 19/7a　　孫尚書集 9/9a

賀宰相啓　　鴻慶集 20/1a　　孫尚書集 5/7a

賀陳參政啓　　鴻慶集 20/1b　　孫尚書集 5/12a

賀王樞密啓(1-2)　　鴻慶集 20/1b　　孫尚書集 6/1a-2a

賀賀參政啓　　鴻慶集 20/2a　　孫尚書集 5/13a

賀左相啓　　鴻慶集 20/2b　　孫尚書集 5/9b

賀右相啓　　鴻慶集 20/3a　　孫尚書集 5/10b-11a

賀王樞密啓　　鴻慶集 20/3a　　孫尚書集 6/1a-2a

賀葉樞密啓(1-2)　　鴻慶集 20/3b-5b　　孫尚書集 6/2b-4a

賀陳右相啓　　鴻慶集 20/4a　　孫尚書集 5/10a

賀朱右相啓　　鴻慶集 20/4b

賀楊參政啓　　鴻慶集 20/5a　　孫尚書集 5/13b

賀葉樞密啓　　鴻慶集 20/5b　　孫尚書集 6/4a

賀周樞密啓　　鴻慶集 20/5b　　孫尚書集 6/5a

上沈相啓　　鴻慶集 20/6a　　孫尚書集 5/1b

答馮解元啓　　鴻慶集 20/6b

回楊侍郎啓　　鴻慶集 20/7a　　孫尚書集 10/2b

回楚守王朝議啓　　鴻慶集 20/7b　　孫尚書集 10/5a

賀張樞密啓　　鴻慶集 20/7b　　孫尚書集 6/5b

賀史相啓　　鴻慶集 20/8a　　孫尚書集 5/8a

謝方侍郎啓　　鴻慶集 20/8b　　孫尚書集 8/3b

上何丞相劄子(1-2)　　鴻慶集 27/7b-8b　　孫尚書集 28/9b-11a

代答婚啓　　鴻慶集 28/4b　　孫尚書集 36/9b

答余氏問親啓(季益弟女回定包中大啓)　　鴻慶集 28/4b　　孫尚書集 36/9b

答李氏問親啓　　鴻慶集 28/4b　　孫尚書集 36/10a

答董舍人問親啓　　鴻慶集 28/4b　　孫尚書集 36/10a

答王氏問親啓　　鴻慶集 28/5a　　孫尚書集 16/10b

答曾氏問親啓　　鴻慶集 28/5a　　孫尚書集 36/10b

答張氏問親啓　　鴻慶集 28/5b　　孫尚書集 36/11a

超宗求婚　　鴻慶集 28/5b　　孫尚書集 36/11a

強宗求婚　　鴻慶集 28/5b　　孫尚書集 36/11b

伯宗求婚　　鴻慶集 28/6a　　孫尚書集 36/11b

介宗求婚　　鴻慶集 28/6a　　孫尚書集 36/12a

表宗求婚　　鴻慶集 28/6a　　孫尚書集 36/12a

宏宗求婚　　鴻慶集 28/6b　　孫尚書集 36/12b

壽宗求婚　　鴻慶集 28/6b　　孫尚書集 36/15a

代答(1-2)　　鴻慶集 28/6b-7a　　孫尚書集 36/12b

代求楊氏婚　　鴻慶集 28/7a　　孫尚書集 36/13a

代答婚　　鴻慶集 28/7b

代余氏答婚　　鴻慶集 28/7b　　孫尚書集 36/13b

族妹再適爲張丞繼室答婚　　鴻慶集 28/7b　　孫尚書集 36/14a

答董舍人問親　　鴻慶集 28/8a　　孫尚書集 36/14b

代答　　鴻慶集 28/8a

答李氏問婚　　鴻慶集 28/8a　　孫尚書集 36/15a

師夔求婚　　鴻慶集 28/8b　　孫尚書集 36/18a

教院請疏(1-2)　　鴻慶集 29/4a-4b　　孫尚書集 70/2b

黃林庵請疏　　鴻慶集 29/4b　　孫尚書集 70/3a

龜潭庵請疏　　鴻慶集 29/4b　　孫尚書集 70/3a

牛山庵請疏　　鴻慶集 29/5a　　孫尚書集 70/3a

請妙印大師正機住龜潭庵疏　　鴻慶集 29/6a　　孫尚書集 70/4b

請僧了義住牛山庵疏　　鴻慶集 29/6b　　孫尚書集 70/5b

黃林西庵請朋老疏　　鴻慶集 29/7a　　孫尚書集 70/6b

與胡己茂左司書　　孫尚書集 3/1a

與耿伯順侍郎書　　孫尚書集 3/2a

上王參政書　　孫尚書集 3/2b

代人投贄　孫尚書集 4/8a

上湯殿院　孫尚書集 5/4b

服闋上宰執啓　孫尚書集 5/5b

賀葉相啓　孫尚書集 5/7b

賀魏相　孫尚書集 5/9a

賀張參政　孫尚書集 5/11b

賀蔣參政荐子札　孫尚書集 5/12b

賀李參政　孫尚書集 5/14a

賀瞿參政啓　孫尚書集 5/15a

賀秦相　孫尚書集 5/15b

賀瞿參政　孫尚書集 5/16a

賀富樞密　孫尚書集 6/1a

賀黃樞密　孫尚書集 6/3a

賀陳樞密　孫尚書集 6/4b

賀虞樞密　孫尚書集 6/7a

賀憲使　孫尚書集 6/8a

問候施憲　孫尚書集 6/8b

賀常守沈中大　孫尚書集 6/9b

賀李守到任　孫尚書集 6/11a

賀錢守到任　孫尚書集 6/11b

謝宰相乞換小郡　孫尚書集 7/7a

謝陳參政　孫尚書集 7/9a

謝蔣參政　孫尚書集 7/10a

試中宏辭謝主司　孫尚書集 7/10b

謝劉樞密　孫尚書集 7/12a

謝中丞(1-2)　孫尚書集 8/2a-2b

謝中書侍郎　孫尚書集 8/3a

謝給事黃舍人　孫尚書集 8/7b

謝侍講梁舍人　孫尚書集 8/8a

謝國史洪舍人　孫尚書集 8/8b

謝左史胡舍人　孫尚書集 8/9a

謝張察院　孫尚書集 8/14a

謝李察院　孫尚書集 8/14b

謝徐察院　孫尚書集 9/1a

謝陳諫議　孫尚書集 9/2a

謝周尚書　孫尚書集 9/2b

謝從官　孫尚書集 9/5a

謝羽守韓尚書　孫尚書集 9/8a

回鎮江劉節使　孫尚書集 10/4b

回顏宰　孫尚書集 11/3b

答馮解元　孫尚書集 11/8b

答喻子才提舉　孫尚書集 11/9a

答王伯周啓　孫尚書集 11/9b

謝單侍郎　孫尚書集 11/10b

回平江守蔣待制先狀　孫尚書集 23/7b

回劉守賀正　孫尚書集 35/7b

回兩倅賀正　孫尚書集 35/9b

代參政姪女回虞守子親啓　孫尚書集 36/13b

昏書大啓　孫尚書集 36/15b

上呂丞相頤浩帖七幅　孫尚書集 37/1a

與張全貞參政帖六幅　孫尚書集 37/3a

與刑部胡己茂尚書帖　孫尚書集 37/3b

與李擢德升給事帖　孫尚書集 37/4a

與惠彥達帖　孫尚書集 37/4b

與李樞密帖　孫尚書集 37/5a

與秦參政會之帖　孫尚書集 37/6a

與李參政帖　孫尚書集 37/6b

與胡待制帖　孫尚書集 37/7a

與胡思道大卿帖　孫尚書集 37/7b

與葛魯卿待制帖　孫尚書集 37/8a

與臨安暨通判帖　孫尚書集 37/8b

與胡待制帖　孫尚書集 37/8b

與宮使侍郎帖三幅　孫尚書集 37/9a

與提宮李士帖　孫尚書集 37/9b

與宋發運帖四幅　孫尚書集 37/10a

與吳正仲內翰帖　孫尚書集 38/1a

與徐丞相帖　孫尚書集 38/1a

與莫吏部帖三幅　孫尚書集 38/1b

與何文縝右丞帖　孫尚書集 38/2a

答李子建郎中帖　孫尚書集 38/2a

與王禮書元袞帖　孫尚書集 38/2b

與王工書朝美帖二幅　孫尚書集 38/3b

與王守帖三幅　孫尚書集 38/4a

與王朝美侍郎帖　孫尚書集 38/4b

與吳正仲內翰帖　孫尚書集 38/5a

與胡己茂舍人帖　孫尚書集 38/6a

與徐郎中帖　孫尚書集 38/6b

與李子卿郎中帖　孫尚書集 38/6b

與常守鄭共老帖　孫尚書集 38/7a

與敦義兄帖　孫尚書集 38/7b

與錢遜叔侍郎帖　孫尚書集 8/8a

與吏書兄帖　孫尚書集 38/8b

與刑書胡己茂帖　孫尚書集 38/9a

與中書舍人董令升帖　孫尚書集 38/9a

與汪彥章龍圖帖　孫尚書集 38/9a

與江陰王知軍學士帖　孫尚書集 38/9b

與張文舉知録帖　孫尚書集 38/9b

與王夢得帖　孫尚書集 38/10a

答陳迪臣帖　孫尚書集 39/1a

答席侔仲帖　孫尚書集 39/1a

答呂居仁舍人帖　孫尚書集 39/2a

與鄭師厚郎中帖　孫尚書集 39/2a

與胡才卿中舍帖　孫尚書集 39/2b

與方嘉謨判官帖　孫尚書集 39/3b

與王循道帖 六幅　孫尚書集 39/4a

與魏令則侍郎帖　孫尚書集 39/5a

回吳守賀冬　孫尚書集 39/7a

回莊守賀冬啓　孫尚書集 39/7b

答葉守賀冬　孫尚書集 39/8a

與樞密唐公帖　孫尚書集 39/8a

答席仲侔帖　孫尚書集 39/8b

慰劉仲忱左司帖 四幅　孫尚書集 39/9a

慰趙叔向郎中帖　孫尚書集 39/9b

慰張牧之帖　孫尚書集 39/10b

慰張全真帖　孫尚書集 39/11a

慰張養正侍郎帖　孫尚書集 39/11b

與鮑市舶帖 四幅　孫尚書集 40/1a

與王大卿帖 二幅　孫尚書集 40/1b

與吳閣使帖　孫尚書集 40/2a

與胡侍制帖　孫尚書集 40/2b

與趙侍制帖　孫尚書集 40/3a

與徐運使帖 三幅　孫尚書集 40/3b

與石都慰帖　孫尚書集 40/3b

與交代李泰發待制帖　孫尚書集 40/4a

與交代直院席舍人帖　孫尚書集 40/4b

與通判鄭寺丞　孫尚書集 40/5a

與吳己茂給事帖　孫尚書集 40/6a

與吳禹功少卿帖　孫尚書集 40/6b

與於潛令陸志通奉議帖　孫尚書集 40/6b

與吳信守教授帖　孫尚書集 40/7a

與吳文老承務帖　孫尚書集 40/7b

與陳通判帖　孫尚書集 40/8a

與王郎中帖　孫尚書集 40/8b

與王子建郎中帖 四幅　孫尚書集 40/9a

與酈觀察帖　孫尚書集 40/9b

與張少保帖　孫尚書集 40/10a

與徐丞相帖　孫尚書集 40/10a

與給事譚公帖　孫尚書集 40/11a

與謝仕伯舍人帖　孫尚書集 40/11b

與陳賓王中司帖　孫尚書集 40/12a

與程運使帖　孫尚書集 41/1a

與耿侍郎帖　孫尚書集 41/1b

與衢守常子正舍人帖　孫尚書集 41/2a

與陳次明帖　孫尚書集 41/2a

與元壽姪帖　孫尚書集 41/2b

與鄒志南帖　孫尚書集 41/3a

與王子欽帖　孫尚書集 41/3b

與陸惠仲帖　孫尚書集 41/3b

與郡公王運使帖　孫尚書集 41/4a

邵叔成中大帖　孫尚書集 41/4a

與四二兄內翰帖　孫尚書集 41/4b

與王豐父待制帖　孫尚書集 41/5a

與江壽卿帖　孫尚書集 41/5b

與惠彥光朝議帖　孫尚書集 41/5b

與惠彥達帖 五十三幅　孫尚書集 41/6b

與惠次山帖 八幅　孫尚書集 41/12b

與邵彥時帖　孫尚書集 41/13b

與邵達道帖 十一幅　孫尚書集 41/13b

與沈德威帖 三十四紙　孫尚書集 41/14b

與徐子禮帖　孫尚書集 42/1a

與洞靈觀道士帖　孫尚書集 42/1b

與王渭叟帖 九幅　孫尚書集 42/2b

與王慶長帖 八幅　孫尚書集 42/4a

與林宰珣帖 三幅　孫尚書集 42/5b

回劉守帖 五幅　孫尚書集 42/6a

回平江沈師度帖　孫尚書集 42/7a

答陳紹曾秀才帖 四幅　孫尚書集 42/7b

與王元海帖 九幅　孫尚書集 42/8b

與徐稺山侍郎　孫尚書集 42/10a

與徐守帖　孫尚書集 42/11a

與仲隱大師帖 三幅　孫尚書集 42/12a

與胡檢察帖 四幅　孫尚書集 42/12b

回趙知軍手帖 五幅　孫尚書集 42/13b

與妙空長老帖　孫尚書集 42/14b

回曹既明帖　孫尚書集 42/15a

與叔鄭學士帖　孫尚書集 42/15b

與侍郎 三幅　孫尚書集 43/1a

與鄒志新　孫尚書集 43/1b

與鄒志新 又三幅　孫尚書集 43/2a

又與鄒志新　孫尚書集 43/2b

與曾公卷顯謨帖　孫尚書集 43/2b

與鄒次魏帖(1－15)　孫尚書集 43/3b－9b

與廣西少漕趙隱八幅　孫尚書集 43/10a
與陳景淵帖十三幅　孫尚書集 44/1a
與李耕道帖　孫尚書集 44/4b
與永守趙君宰帖四幅　孫尚書集 44/4b
與永倅時昌辰　孫尚書集 44/5b
與桂守蘇仲由帖　孫尚書集 44/5b
與劉彥修閣學帖　孫尚書集 44/6a
與李廷先提舉　孫尚書集 44/6b
別玉簿　孫尚書集 44/7a
與婺守李德升尚書三幅　孫尚書集 44/7a
與李德升給事帖　孫尚書集 44/11a
與萍鄉宰何利見帖　孫尚書集 45/1a
與袁守陳次明二幅　孫尚書集 45/2a
與胡憲馬中大帖　孫尚書集 45/2b
與湖鹽晁府判帖　孫尚書集 45/3a
與蔡清老縣帖　孫尚書集 45/3b
與衡守聚少卿帖　孫尚書集 45/3b
與袁州知錄玩若虛帖　孫尚書集 45/4a
與徐子野帖　孫尚書集 45/4a
與鄒志新帖　孫尚書集 45/4b
范季實運幹帖　孫尚書集 45/4b
與齊澤民帖　孫尚書集 45/5b
與葉彥忠學士帖二幅（1－2）　孫尚書集 45/5b－6a
與宜黃交令鄧端友帖　孫尚書集 45/6b
與韓保侍郎帖　孫尚書集 45/7a
與信守李吉甫侍郎帖　孫尚書集 45/7b
與衢守常子正舍人帖　孫尚書集 45/8a
與范師厚真閣帖　孫尚書集 45/8a
與孫德發朝請帖（1－2）　孫尚書集 45/8b
與無逸兄朝議帖　孫尚書集 45/9a
與張思召郎中帖　孫尚書集 45/9b
與萊少蘊資正帖　孫尚書集 45/10a
與胡給事中帖　孫尚書集 45/11a
與袁守帖　孫尚書集 45/11b
與朱大卿帖　孫尚書集 45/11b
與晁府判帖　孫尚書集 45/12a
與何中丞帖　孫尚書集 45/12a
與汪湖州藻帖　孫尚書集 45/12b
與孫秘校帖　孫尚書集 45/13a
與孫伯野給事帖　孫尚書集 46/1a
與湯常州帖　孫尚書集 46/1b
與李少愚侍郎帖　孫尚書集 46/2a

與施中大帖　孫尚書集 46/2b
與潮州蔡子大中奉帖　孫尚書集 46/3a
與楊元光帖　孫尚書集 46/3b
與劉開府帖　孫尚書集 46/4a
與李參謀帖　孫尚書集 46/4a
與臨安宰見仲齡帖　孫尚書集 46/4b
與虞守帖　孫尚書集 46/4b
與陳祖言秘校帖　孫尚書集 46/5a
與韓樞密帖　孫尚書集 46/5b
與孟仁仲郡王帖　孫尚書集 46/6a
與張參政帖　孫尚書集 46/6a
與孚壽帖　孫尚書集 46/6b
與葉右丞帖　孫尚書集 46/7a
與標闍梨帖　孫尚書集 46/7a
與錢公壽撫幹帖　孫尚書集 46/7b
與內翰兄帖　孫尚書集 46/7b
與葛邦美縣丞帖　孫尚書集 46/8a
與張冀野帖　孫尚書集 46/8b
與標闍梨帖　孫尚書集 46/8b
與何利見帖　孫尚書集 46/9a
與趙少尹帖　孫尚書集 46/9a
與葉彥忠帖　孫尚書集 46/9b
與朱縣丞帖　孫尚書集 46/10a
與曾公卷運使帖　孫尚書集 46/10a
與許右丞帖　孫尚書集 46/11a
與提舉中大帖　孫尚書集 46/11a
與章時澤寺丞帖　孫尚書集 46/11b
與餘杭張吉老帖　孫尚書集 46/12a
與新恩元秘省帖　孫尚書集 46/12a
與汪彥章內翰帖　孫尚書集 47/1a
與惠次山帖　孫尚書集 47/1a
與宋成德大卿書　孫尚書集 47/1b
與張牧之宣幹帖　孫尚書集 47/1b
與思永帖　孫尚書集 47/2a
與常州太守帖十三幅　孫尚書集 47/2a－6a
與常守舍人帖　孫尚書集 47/6b
與常守太卿帖　孫尚書集 47/7a
與鄒次魏帖（1－2）　孫尚書集 47/8a
與惠次山帖　孫尚書集 47/8a
與務德知府學士帖　孫尚書集 47/8a
與致政左司帖　孫尚書集 47/8b
聖求承事帖　孫尚書集 47/9a
與江解元帖　孫尚書集 47/9b

與王通判帖　孫尚書集 47/9b
與致政左司帖　孫尚書集 47/10a
與劉厚知縣帖　孫尚書集 47/10a
與鄒次魏帖　孫尚書集 47/10b
與陳淵景參謀帖　孫尚書集 47/10b
與張彥明帖(闕文)　孫尚書集 47/10b
與張朝宗運使帖　孫尚書集 47/11a
與張平江帖　孫尚書集 48/1a
與劉季高帖　孫尚書集 48/1b
與石提舉帖　孫尚書集 48/2a
與呂叔恭運厲帖　孫尚書集 48/2a
與朱中大帖　孫尚書集 48/2b
與董大制帖　孫尚書集 48/2b
與鄭左司帖　孫尚書集 48/3a
與楊元光宣教帖(與劉侍郎帖)(1—2)　孫尚書
集 48/3a－3b
與胡大卿帖　孫尚書集 48/4a
與鄒魏解元帖　孫尚書集 48/4a
與施林宗帖　孫尚書集 48/4b
與胥擇民秘校帖　孫尚書集 48/5a
與張希元帖　孫尚書集 48/5a
與宗老帖　孫尚書集 48/5b
與張郎中帖　孫尚書集 48/5b
與張宣幹帖　孫尚書集 48/6a
與錢大夫帖　孫尚書集 48/6a
與秦楚材知府直閣帖(1—2)　孫尚書集 48/6b
與毗陵守帖　孫尚書集 48/7a
與通判學士帖　孫尚書集 48/7b
與向户部帖　孫尚書集 48/7b
德外宮使尚書帖　孫尚書集 48/7b
與致政楊公帖　孫尚書集 48/8a
與似之龍圖帖　孫尚書集 48/8b
與何主簿帖　孫尚書集 48/8b
與陳子高參謀帖　孫尚書集 48/9a
與石提舉帖　孫尚書集 48/9a
與董令待制帖　孫尚書集 48/9b
與王倅帖　孫尚書集 48/9b
與張彥明帖　孫尚書集 48/10a
與莫壽朋帖　孫尚書集 48/10a
與虞守龍圖舍人帖　孫尚書集 48/10a
與常州知府帖　孫尚書集 48/10b
與王佐司帖　孫尚書集 48/11a
葛待制帖　孫尚書集 48/11a

與趙運使帖　孫尚書集 48/11b
與張從道帖　孫尚書集 48/12a
與王豐甫帖　孫尚書集 48/12a
與曾郎中帖　孫尚書集 48/12b
與鄒志新帖　孫尚書集 48/12b
與叔詣内幹兄　孫尚書集 48/13a
與交代李待制帖　孫尚書集 49/1b
與莫删定帖　孫尚書集 49/2a
包思永　孫尚書集 49/2b
與章元助縣丞帖　孫尚書集 49/2b
與章子新宣教帖　孫尚書集 49/3a
與王遁道　孫尚書集 49/3b
與常守詹及甫中大帖　孫尚書集 49/4a
與王壽基右司帖二幅　孫尚書集 49/4b
與七九侄　孫尚書集 49/5a
與胡巳茂侍讀帖　孫尚書集 49/5a
與張彥深中大帖　孫尚書集 49/5b
與程漕萬　孫尚書集 49/6a
與張墨卿　孫尚書集 49/6a
與李彥能　孫尚書集 49/6b
與撫守汪彥章内翰　孫尚書集 49/6b
與幹辦　孫尚書集 49/7a
與陳良臣　孫尚書集 49/7a
與朱師侍中大　孫尚書集 49/7b
朱守道知縣　孫尚書集 49/7b
朱守中提宮　孫尚書集 49/8a
與宗壽侄　孫尚書集 49/8a
與天寧晤老　孫尚書集 49/8a
與常守鄭右司　孫尚書集 49/8b
與錢倅次鍾帖　孫尚書集 49/9a
與天寧壽老帖　孫尚書集 49/9b
與五十兄　孫尚書集 49/10a
與邵仲威中大　孫尚書集 50/1b
與平江趙叔侍郎帖　孫尚書集 50/2a
與孫朝端　孫尚書集 50/2b
與沈裴教授　孫尚書集 50/2b
與李季修　孫尚書集 50/3a
與陳仲司　孫尚書集 50/3a
與吳正仲内翰　孫尚書集 50/3b
與張參政(1—4)　孫尚書集 50/3b－5a
與胡樞密帖(1—6)　孫尚書集 50/5b－10b
與常太守帖(1—7)　孫尚書集 50/10b－14a
與信安郡王孟少傅名忠厚字仁仲 二十二首 内

簡尺牘 1/1a－7a

與汪左丞伯彦　　三首　　內簡尺牘 1/7b

與葉左丞名夢得字少蘊號石林先生　　內簡尺牘 1/8a

與張右丞字達明（1－2）　　內簡尺牘 1/8b

與胡樞密名松年字茂老　　二十五首　　內簡尺牘 1/9b－18a

與楊樞密　　五首　　內簡尺牘 2/8a－10a

與路樞密名公弼　　四首　　內簡尺牘 2/10b－11b

與何樞密　　三首　　內簡尺牘 2/11b－12a

與莫內翰名儔字壽朋（原附翰林莫公內外制序）　　八首　　內簡尺牘 2/12b－15a

與宮使李尚書名擢字德升　　十三首　　內簡尺牘 3/1a－5a

與張尚書名登字瑩如　　五首　　內簡尺牘 3/5b－7b

與胡尚書名交修字己茂　　六首　　內簡尺牘 3/7b－9a

與致政楊尚書名中修　　二首　　內簡尺牘 3/9a

與張侍郎名九成，字子韶，自號無垢居士　　六首　　內簡尺牘 3/10a－12b

與周侍郎名執羔字表卿　　九首　　內簡尺牘 3/12b－15b

與宋侍郎字德謙　　二首　　內簡尺牘 4/1a－1b

與張侍郎字養正　　十首　　內簡尺牘 4/1b－3b

與向侍郎名子諲字伯恭　　二首　　內簡尺牘 4/3b－4b

與五九兄提舉　　六首　　內簡尺牘 4/4b－7b

與石提舉　　內簡尺牘 4/7b

與鎮守劉侍郎字季高　　二首　　內簡尺牘 4/8a－8b

與平江守王侍郎名煥字顯道　　十二首　　內簡尺牘 4/8b－13a

與平江王守字申道　　二首　　內簡尺牘 5/1a－1b

與湖守趙中大　　三首　　內簡尺牘 5/2a－3a

與常州吳守字介之　　三首　　內簡尺牘 5/3b－4b

與常守莊右司　　六首　　內簡尺牘 5/4b－6b

與常守陳檢討字應之　　三首　　內簡尺牘 5/6b－8b

與常守秦直閣字楚材　　二首　　內簡尺牘 5/8b－9b

與常守王司諫字子雲　　十一首　　內簡尺牘 5/9b－11b

與常守錢舍人　　三首　　內簡尺牘 6/1a－1b

與常守虞龍圖名季澤　　七首　　內簡尺牘 6/1b－3a

與常守直閣湯舍人　　三首　　內簡尺牘 6/3a－3b

與台守曾郎中名惇字宏父書錄解題作弦父　　十首　　內簡尺牘 6/3b－8b

與吉守王舍人名洋字元渤　　六首　　內簡尺牘 6/9a－10a

與衢守汪少卿名思溫字汝直　　五首　　內簡尺牘 6/10b－12b

與秀守方學士名務德　　三首　　內簡尺牘 6/12b－13b

與蘇守季文　　三首　　內簡尺牘 7/1a－2b

與常守強朝議　　五首　　內簡尺牘 7/2b－4b

與常守徐計議　　七首　　內簡尺牘 7/4b－6b

與揚州榮守　　二首　　內簡尺牘 7/6b－7a

與無爲趙守按楊無爲集名士彩字端質　　四首　　內簡尺牘 7/7a－8a

與鄭大資名億年字長卿　　二十首　　內簡尺牘 7/8b－13b

與范大卿一作直閣字師厚　　內簡尺牘 8/1a

與朱直閣字師實自號機山開人　　四首　　內簡尺牘 8/1b－3b

與胡寺丞　　內簡尺牘 8/3b

與張郎中　　內簡尺牘 8/3b

與莫刪定字謙仲　　十首　　內簡尺牘 8/4a－7a

與紹興倅一姪刪定字大雅　　內簡尺牘 8/7b

與常州趙倅字倅甫　　二首　　內簡尺牘 8/8a－8b

與孫節推　　五首　　內簡尺牘 8/8b－10a

與李推官　　內簡尺牘 9/1a

與常州張司理字子賜　　內簡尺牘 9/1a

與八十姪司戶　　內簡尺牘 9/1b

與祝宰得之名求仁　　二首　　內簡尺牘 9/2a

與朱宰守道　　三首　　內簡尺牘 9/2b

與章宰名元力　　三首　　內簡尺牘 9/3a－4b

與楊宰名煒字元光　　五首　　內簡尺牘 9/5a－6b

與臨安王宰名傳字慶長　　十一首　　內簡尺牘 9/6b－10a

與張朝奉字墨卿　　內簡尺牘 9/10a

與王朝議字升明　　內簡尺牘 9/10a

與蘇朝議字仁仲　　二首　　內簡尺牘 9/11a

與錢朝議字文仲　　三首　　內簡尺牘 9/11b－12a

與吳江曾丞　　二首　　內簡尺牘 9/12a－12b

與李主簿字信可　　內簡尺牘 9/12b

與汪簿名大雅字伯言　　二首　　內簡尺牘 9/13a－13b

與平江吳江林尉字山甫　　內簡尺牘 9/13b

與張提幹名師是　　二首　　內簡尺牘 9/14a

與新恩孫學士少逸　　二首　　內簡尺牘 9/14a－14b

與李主管字舉之　　七首　　內簡尺牘 9/14b－17b

與朱提宮字守中　　二首　　內簡尺牘 10/1a－1b

與巡檢李修武名顯道　　十三首　　內簡尺牘 10/1b－3b

與李巡檢名師淵　　內簡尺牘 10/3b

與張省幹字子爲本雀荊溪行記張彦深中大之子子爲　　內簡尺牘 10/3b

與張宣幹字季野 三首 内簡尺牘 10/4a – 5a
與胡制幹字季和 二首 内簡尺牘 5a – 6a
與何排岸名次彭 二首 内簡尺牘 10/6a
與劉機宜元興 内簡尺牘 10/6a
與孫宣教字國器 三首 内簡尺牘 10/6b – 7a
與莊宣教字子平 二首 内簡尺牘 10/7b – 8a
與胡承務名宙 三首 内簡尺牘 10/8a – 8b
與沈丞務字德茂 十首 内簡尺牘 10/8b – 10b
與鄒承務名陶字志新 五首 内簡尺牘 10/10b – 12a
與趙解元名不拙字若拙 内簡尺牘 10/12b
與撫州疏山白雲如老名了如 二首 内簡尺牘 10/13b
與建康清涼交老 内簡尺牘 10/14b
賀左丞相啓 播芳文粹 47/14a
賀魏丞相啓 播芳文粹 47/20a
賀右丞相啓 播芳文粹 48/8b
賀朱丞相啓 播芳文粹 48/9a
賀富副樞啓 播芳文粹 49/19b
賀王副樞啓 播芳文粹 49/20a
賀陳都運啓 播芳文粹 59/23b
賀劉都運啓 播芳文粹 60/2a
賀謝提舉啓 播芳文粹 61/13a
賀梁守啓 播芳文粹 63/3b
除授謝舍人啓 播芳文粹 69/23a
謝試中宏詞啓 播芳文粹 76/29a
叙復謝參政啓 播芳文粹 80/7b
復職宮祠謝宰相啓 播芳文粹 80/14b
上沈丞相啓 播芳文粹 85/10a
上宰相啓 播芳文粹 88/6a
回強守啓 播芳文粹 88/21a
回洪通判啓 播芳文粹 89/2b
回胡糧科啓 播芳文粹 89/6b
與張參政小簡 播芳文粹 96/1a
與胡待制小簡 播芳文粹 96/27a
與張大資小簡 播芳文粹 97/13a
與劉侍郎小簡 播芳文粹 97/17a
與提舉小簡 播芳文粹 100/8b
請圓老住教院疏 播芳文粹 117/17b
請妙印大師住龜潭疏 播芳文粹 117/18b
請仁老住教院疏 播芳文粹 118/1b
請明老茶榜 播芳文粹 118/6a
請天遊禪師疏 播芳文粹 118/11a
請了義住牛山庵疏 播芳文粹 118/12a

請長老開堂疏 播芳文粹 118/20a
强宗求婚書(1－2) 播芳文粹 126/4b – 5a
伯宗求婚書 播芳文粹 126/5a
介宗求婚書 播芳文粹 126/5b
表宗求婚書 播芳文粹 126/6a
宏宗求婚書 播芳文粹 126/6b
季益弟女回定包中大書 播芳文粹 126/7a
答李氏問親書 播芳文粹 126/7a
答婚書 播芳文粹 126/9b
答董舍人問親書 播芳文粹 126/11b
賀史相啓 南宋文範 29/3a
與蘇季文書 南宋文範 32/7b
～觀國
賀王倅遷秩啓 播芳文粹 55/17b 蜀文輯存 60/13b
赴任上太守啓 播芳文粹 83/5b 蜀文輯存 60/14a

十 一 畫

梁 介
賀儲嗣濮王啓 播芳文粹 54/22b 蜀文輯存 60/11a
賀鄧倅遷秩啓 播芳文粹 55/18b 蜀文輯存 60/11a

章 衡
與郭祥正太博 播芳文粹 107/12a

許月卿
上程丞相元鳳書 先天集 8/1a
答吳丞相潛書 先天集 8/4b
與鄧宰書 先天集 8/5a
與曹徽州 先天集 9/3b 新安文獻 43/3a
賀朱尚書 先天集 9/5a
賀蔡公杭 先天集 9/5a
賀厲制直 先天集 9/5b
賀余子新娶 先天集 9/5b
～次思
賀沈副樞啓 播芳文粹 49/23a
～仲賢
賀葉守啓 播芳文粹 63/7a
～仲應
賀何提刑啓 播芳文粹 61/5a
～景衡

賀崔少卿直躬啓　橫塘集 12/1a
又代賀崔少卿啓　橫塘集 12/1a
賀新守啓　橫塘集 12/1b
賀郡守啓　橫塘集 12/2a
賀永嘉郭守啓　橫塘集 12/2b
代鍾震謝石守啓　橫塘集 12/3a
賀監司啓　橫塘集 12/3b
賀江南安撫啓　橫塘集 12/3b
賀鄧樞密啓　橫塘集 12/4a
賀何門下執中啓　橫塘集 12/4b
代賀何門下啓(1-2)　橫塘集 12/5a
賀何彥時啓　橫塘集 12/6a
代賀康漕啓　橫塘集 12/6a
賀少保樞密啓　橫塘集 12/6b
送沈郎中啓　橫塘集 12/7a
代賀范郎中啓　橫塘集 12/7b
代賀林兵書啓　橫塘集 12/7b
賀致政薛老啓　橫塘集 12/8a
代賀許觀文啓　橫塘集 12/8b
賀吳唐彥啓　橫塘集 12/9a
代賀林顯謨啓　橫塘集 12/9a
賀張幾仲啓　橫塘集 12/9b
代賀蔡顯謨啓　橫塘集 12/10a
余待制賀正啓　橫塘集 13/1a
提舶蔡學士賀正啓　橫塘集 13/1a
提舉張大夫賀正啓　橫塘集 13/1b
運使修撰賀正啓　橫塘集 13/1b
判府陸中丞賀正啓　橫塘集 13/1b
上運使陳龍圖賀正啓　橫塘集 13/1b
張提舉王提茶賀正啓　橫塘集 13/2a
翁修撰賀正啓　橫塘集 13/2a
建州判府蘇待制賀正啓　橫塘集 13/2a
汀州知郡建州通判賀正啓　橫塘集 13/2b
賀正啓　橫塘集 13/2b
代人賀正啓　橫塘集 13/2b
上判府陸中丞賀冬啓　橫塘集 13/3a
運判鄭學士賀冬啓　橫塘集 13/3a
提舉張奉議提茶詹大夫賀冬啓　橫塘集 13/3b
蔡提舶賀冬啓　橫塘集 13/3b
興化權郡孔廟請泉州權府李奉議賀冬啓　橫塘集 13/3b
運使翁修撰賀冬啓　橫塘集 13/3b

運使陳龍圖賀冬啓　橫塘集 13/4a
陸中丞賀冬啓　橫塘集 13/4a
提舉張大夫提茶王大夫賀冬啓　橫塘集 13/4b
余待制賀冬啓　橫塘集 13/4b
提舶蔡學士賀冬啓　橫塘集 13/4b
汀州知郡大夫建州通判大夫賀冬啓　橫塘集 13/4b
上運使陳龍圖賀冬啓　橫塘集 13/5a
翁龍圖賀冬啓　橫塘集 13/5a
李提舉賀冬啓　橫塘集 13/5a
張提舉王提茶賀冬啓　橫塘集 13/5a
建州知府蘇修撰賀冬啓　橫塘集 13/5b
福州判府陸中丞賀冬啓　橫塘集 13/5b
汀州知郡李大夫賀冬啓　橫塘集 13/5b
建州通判李朝奉賀冬啓　橫塘集 13/6a
賀石司諫啓　橫塘集 13/6a
代賀陳禾張義直兩正言啓　橫塘集 13/6a
代賀某正言啓　橫塘集 13/6b
賀翁修撰啓　橫塘集 13/7a
賀梁修撰啓　橫塘集 13/7a
代賀梁修撰啓　橫塘集 13/7b
代賀鄭資政啓　橫塘集 13/8a
代賀盧中丞啓　橫塘集 13/8a
代賀兵部吳執中侍郎啓　橫塘集 13/8b
代賀禮部李侍郎啓　橫塘集 13/9a
代賀何學士啓　橫塘集 13/9a
代賀吏部慕容侍郎啓　橫塘集 13/9b
代賀侯侍郎啓　橫塘集 13/9b
賀戶部洪侍郎啓　橫塘集 13/10a
賀翁侍郎啓　橫塘集 13/10b
代賀工部賈侍郎啓　橫塘集 13/11a
賀吳吏部啓　橫塘集 14/1a
代賀鄭尚書啓　橫塘集 14/1a
代賀侯尚書啓　橫塘集 14/1b
代賀徐戶一作尚書啓　橫塘集 14/2a
賀宮使待制啓　橫塘集 14/2a
代賀左尚書啓　橫塘集 14/2b
代賀林吏書啓　橫塘集 14/3a
代賀劉察院啓　橫塘集 14/3b
賀盧司成啓　橫塘集 14/3b
賀時相生辰啓　橫塘集 14/4a
賀轉運判官啓　橫塘集 14/4b

賀轉運判官柯朝奉啓　橫塘集 14/5a

代賀强舍人淵明啓　橫塘集 14/5a

賀劉舍人啓　橫塘集 14/5b

代賀葉起居舍人夢得啓　橫塘集 14/5b

代賀起居霍舍人啓　橫塘集 14/6a

賀廉訪舍人啓　橫塘集 14/6a

賀運使鄭學士啓　橫塘集 14/6b

代賀康運使啓　橫塘集 14/6b

代賀盧殿監啓　橫塘集 14/7a

代賀許殿監啓　橫塘集 14/7a

代賀陳殿監啓　橫塘集 14/7b

謝婁守薦舉啓　橫塘集 14/7b

謝張帥啓　橫塘集 14/8b

代人謝賜及第啓(1-2)　橫塘集 14/9a-11a

代謝生日啓(1-2)　橫塘集 14/11a-11b

謝轉官啓　橫塘集 14/11b

謝政府啓　橫塘集 14/12a

答周之翰啓　橫塘集 14/12b

與李倅彦恩啓　橫塘集 14/13a

與邵稽仲啓　橫塘集 14/13a

回福州王教授啓　橫塘集 14/13b

上戶部邵大受侍郎書　橫塘集 15/1a

代人上邑宰書　橫塘集 15/1b

上韋明州書　橫塘集 15/3a

代趙征上太守書　橫塘集 15/4a

代人上知縣書　橫塘集 15/4b

答義仲書(1-2)　橫塘集 15/5b-6a

代上何相書　橫塘集 15/6b

與丁剛巽書　橫塘集 15/8a

與晁無咎　橫塘集 16/1a

與張帥　橫塘集 16/2a

與樓試可　橫塘集 16/2b

與張稽仲　橫塘集 16/3a

與永嘉郭守　橫塘集 16/3b

與晉臣　橫塘集 16/4a

與人　橫塘集 16/4a

與陸中丞　橫塘集 16/5b

與呂幕　橫塘集 16/6a

代志遠與呂推　橫塘集 16/7b

與呂守　橫塘集 16/8a

與處中　橫塘集 16/8b

上石守　橫塘集 16/8b

與孫簽　橫塘集 16/11a

與俞叔通　橫塘集 16/11b

與周令　橫塘集 17/1a

與馮守　橫塘集 17/1a

答鄭國材　橫塘集 17/2b

與太守　橫塘集 17/3a

與人　橫塘集 17/3b

與何丞相　橫塘集 17/4b

代人與樞密　橫塘集 17/5a

與人　橫塘集 17/6a

與吳尚書　橫塘集 17/7a

與張守　橫塘集 17/7b

~　開

賀壽皇太后册尊號牋　播芳文粹 45/3b

皇帝登極賀壽皇太后牋　播芳文粹 45/4b

皇帝登極賀壽成皇后牋　播芳文粹 45/7b

皇帝登極賀皇后牋　播芳文粹 45/14a

慈福宮上尊號賀皇后牋　播芳文粹 45/14b

重華宮上尊號賀皇后牋　播芳文粹 45/15a

賀皇后受册牋　播芳文粹 46/2a

~蒼舒

除樞屬謝宰執啓　播芳文粹 68/32a

~　賜

賀胡提舉啓　播芳文粹 61/17b

~　翰

謝館職啓　襄陵集 7/4a

回章邦老賀館職啓　襄陵集 7/5a

上黨通劉待制啓　襄陵集 7/6a

謝元城劉待制舉文章典麗可備著述科啓

　襄陵集 7/7a

賀門下侍郎啓　襄陵集 7/9a

謝監司列薦啓　襄陵集 7/10a

謝改官啓　襄陵集 7/10b

服闋後謝改官啓　襄陵集 7/11a

謝方漕啓　襄陵集 7/12a

賀方漕子正啓　襄陵集 7/13a

賀洪轉運判官啓　襄陵集 7/13b

賀運使加職名賜紫啓　襄陵集 7/14b

問候張少卿啓　襄陵集 7/15a

賀王給事啓　襄陵集 7/15b

賀孫元忠司諫啓　襄陵集 7/16a

謝方憲舉改官臺閣清要啓　襄陵集 8/1a

謝陳州趙待制無愧舉令啓　襄陵集 8/2b

謝孫傅師舉學官啓　襄陵集 8/4a

謝趙待制舉學官啓　　襄陵集 8/5b

謝舉薦官啓　　襄陵集 8/6b

謝鄧聖和舉令啓　　襄陵集 8/7b

代人謝薦舉啓　　襄陵集 8/8b

謝薦舉啓　　襄陵集 8/9b

回道州趙守冬啓　　襄陵集 8/10a

代回翟戶部啓　　襄陵集 8/10b

代賀陝西安撫啓　　襄陵集 8/11a

代賀提刑轉官啓　　襄陵集 8/11b

代賀執政轉官啓　　襄陵集 8/12a

代賀黃運使啓　　襄陵集 8/13a

代賀漕使啓　　襄陵集 8/13a

回前人啓　　襄陵集 8/13b

罷政別宰執啓　　襄陵集 8/14a

上蔡太師書　　襄陵集 9/1a

答張宣撫書　　襄陵集 9/11b

答王蕃書　　襄陵集 9/14a

答丞相李伯紀書　　襄陵集 9/15a

再答李丞相書　　襄陵集 9/19a

識別永寧長老宗覺書　　襄陵集 9/21a

答薛秀才論春秋書　　襄陵集 10/1a

答李格朝奉論春秋二書　　襄陵集 10/2b

再答李格書　　襄陵集 10/6a

答李丞相書　　南宋文範 31/10b

~ 應龍

賀丞相除太傅啓　　東澗集 11/1a

賀薛樞密啓　　東澗集 11/1b

賀大諫啓　　東澗集 11/2a

賀交代潮守葉奏院啓　　東澗集 11/3a

賀尚書啓　　東澗集 11/3b

賀丞相啓　　東澗集 11/4a

賀執政啓　　東澗集 11/4b

賀侍御啓　　東澗集 11/5a

賀喬參政啓　　東澗集 11/6a

賀黃循州啓　　東澗集 11/6b

謝差知潮州啓　　東澗集 11/7a

代賀禮侍除吏部侍郎啓　　東澗集 11/8a

代賀殿院除起居郎兼戶部侍郎啓　　東澗集 11/9a

代賀察院啓　　東澗集 11/9b

代賀帥冬至啓　　東澗集 11/10b

代賀職曹官啓　　東澗集 11/11a

代賀帥啓　　東澗集 11/11b

代賀廬陵守啓　　東澗集 11/12a

謝趙守關陞啓　　東澗集 11/13a

謝鄒守關陞啓　　東澗集 11/13b

代學職謝鄒守啓　　東澗集 11/14b

謝除國子博士啓　　東澗集 11/15b

得浙東帥幕謝廟堂啓　　東澗集 11/17a

代謝廣文啓　　東澗集 11/18a

謝除司令啓　　東澗集 11/19a

謝除郡啓　　東澗集 11/20a

代謝特薦啓　　東澗集 11/20b

謝葉帥關陞啓　　東澗集 11/21b

通安撫葉尚書啓　　東澗集 12/1a

通楊帥啓　　東澗集 12/2a

通鄒守啓　　東澗集 12/3a

到任通運使啓　　東澗集 12/3b

通交代李教授啓　　東澗集 12/4b

回交代王寺丞啓　　東澗集 12/5a

通徐判官啓　　東澗集 12/6a

回判官啓　　東澗集 12/6b

代通郭帥啓　　東澗集 12/7a

丐外啓　　東澗集 12/8a

代上憲使啓　　東澗集 12/9a

代上諫坡啓　　東澗集 12/10a

代同舍上趙臨安啓　　東澗集 12/11a

代陳情啓　　東澗集 12/12b

上丞相啓　　東澗集 12/14a

回知縣啓　　東澗集 12/14b

回教授啓　　東澗集 12/15a

回學職啓（1－3）　　東澗集 12/15b－16b

回寄居官啓　　東澗集 12/17a

回司法啓　　東澗集 12/17b

回任探花啓　　東澗集 12/18a

回縣丞啓　　東澗集 12/18b

郭中行

賀奉使啓　　播芳文粹 59/11a

起居鄰倅啓　　播芳文粹 87/21b

~ 忠恕

說文偏旁字源並序及郭忠恕答書　　金石續編 13/38b

~ 綱

賀袁宰啓　　播芳文粹 64/18a

赴任上總領啓　　播芳文粹 83/4b

黃大年

　賀留守丞相正啓　　播芳文粹 65/24a

～子才

　贄見縣丞啓　　播芳文粹 87/3a

～公度

　上陳尚書　知稼翁集 8/3b

　謝葉帥薦舉　知稼翁集 9/1b

　謝館職　知稼翁集 9/2b

　謝宮祠　知稼翁集 9/4a

　答王守辟章　知稼翁集 9/5a

　謝授肇慶倅　知稼翁集 9/5b

　謝舉陞陟　知稼翁集 9/6b

　肇慶韓黤交代　知稼翁集 9/7b

　肇慶劉守仿　知稼翁集 9/8a－9a

　上鄧鹽文饒　知稼翁集 9/9a

　賀林諫議梅卿大鼎　知稼翁集 10/2a

　回四會宰陳亮功　知稼翁集 10/2b

　謝惠生日詩　知稼翁集 10/3a

　回譚解元惟寅　知稼翁集 10/3a

　迎黃憲應南　知稼翁集 10/3b

　賀方帥務德移福州滋　知稼翁集 10/4a

　權南恩謝諸司　知稼翁集 10/4b

　賀陳帥季任栯　知稼翁集 10/5b

　迎鄭漕才仲㝧　知稼翁集 10/6a

　回黃高州德初　知稼翁集 10/6b

　賀陸漳州渙　知稼翁集 10/7a

　回梁文學作心　知稼翁集 10/7b

　賀林高州交印　知稼翁集 10/8a

　罷任謝黃憲　知稼翁集 10/8b

　謝參政　知稼翁集 10/9a

　賀章鹽元振　知稼翁集 10/9b

　考功謝沈參該　知稼翁集 10/10a

　謝湯樞思退　知稼翁集 10/11b

　謝陳內翰誠之　知稼翁集 10/12a

　謝館職啓　南宋文範 29/4b

～夷則

　賀程提刑啓　播芳文粹 60/25b

　謝監司薦舉啓　播芳文粹 75/10a

～仲元

　上江古心先生書　四如集/卷全/1a

～廷秀

　賀憲司檢法啓　播芳文粹 64/4a

～伯淵

　賀湯丞相啓　播芳文粹 47/21b

　賀錢大參提舉玉牒監修國史啓　播芳文粹 54/9b

～彥平(一名次山)

　賀陳內翰啓　三餘集 4/11b　播芳文粹 51/5a

　賀胡都運啓　播芳文粹 60/12b

　賀余都運啓　播芳文粹 60/15a

　紹興六年十一月二十日堂白劄子論賞罰　南宋文範 32/4a

～庭堅

　上蘇子瞻書一首　豫章集 19/2a

　寄蘇子由書三首　豫章集 19/4b－6a

　見張宣徽書　豫章集 19/7a

　答晁元忠書　豫章集 19/8a

　答郭英發書　豫章集 19/9a

　答何靜翁書　豫章集 19/10b

　答李幾仲書　豫章集 19/11b

　答王補之書　豫章集 19/13a

　答王子飛書　豫章集 19/14b　宋文選 31/2b

　與王庠周彥書　豫章集 19/14b

　與王子予書　豫章集 19/15b

　與歐陽元老書　豫章集 19/16a

　與唐坦之書　豫章集 19/17a

　與王觀復書三首　豫章集 19/17b－21a　宋文選 31/1a

　答洪駒父書三首　豫章集 19/21b　宋文選 31/2b－3a

　與運判朱朝奉書彥博　豫章集 19/24a

　與胡少汲書四首　豫章集 19/25a－26b

　與徐師川書四首　豫章集 19/27a－29a

　與潘子真書二首　豫章集 19/29b－30b　宋文選 31/1b

　與胡秀才書次仲　豫章集 19/31a

　與秦少章書　豫章集 19/31a

　黃山谷帖　節孝集附載/7b

　與王觀復書　宋文鑑 120/8b

　上蘇學士書　播芳文粹 94/25b

　請六祖禪師住中和疏　播芳文粹 118/2a

　請法王航公開堂疏　播芳文粹 118/14b

　許方進問親書　播芳文粹 126/1a

　黔中與人簡　蜀藝文志 60/4a

　答唐彥道　蜀藝文志 60/4b

　答從聖使君　蜀藝文志 60/4b

　與曹使君伯達　蜀藝文志 60/5a

　黔中與人帖十五則　蜀藝文志 60/5a

與潘邠老書(1-2)　宋文選 31/2a

～　貢

賀方察訪啓　播芳文粹 59/3b

～　庶

上知諫王刑部書　伐檀集/下 1a

上宋侍讀書　伐檀集/下 2a

上楊舍人書　伐檀集/下 3a

上楊兵部書　伐檀集/下 4a

上富大資政書　伐檀集/下 5a

代羅司理干薦書　伐檀集/下 6a

謝舉官書　伐檀集/下 7a

謝運使舉官書　伐檀集/下 7b

謝舉官書　伐檀集/下 8b

謝青州文相公書　伐檀集/下 9a

上王天章河北都運啓　伐檀集/下 10b

上楊侍讀啓　伐檀集/下 11a

上秦州李密學賀啓　伐檀集/下 11b

上城都楊端明啓　伐檀集/下 11b

賀汝州吳資政到任啓　伐檀集/下 12a

賀文相公啓　伐檀集/下 12b

謝舉官啓　伐檀集/下 13a

～　鈞

賀凌吏侍啓　播芳文粹 53/1b

賀王樞使帥江西啓　播芳文粹 56/26a

～　源

上制置使書　蜀文輯存 48/14b　蜀藝文志 29/10a

～　幹

與晦庵朱先生書　勉齋集 4/1a

與某書失名　勉齋集 4/9a

與辛稼軒侍郎書　勉齋集 4/12b　南宋文範 35/2b

與李敬子司直書　勉齋集 5/1a

復楊知縣通老捐　勉齋集 6/1a

復江西漕楊通老捐　勉齋集 6/3a

復劉師文寶學甲　勉齋集 6/7a

復盧子陳鑒酒　勉齋集 6/10b

與或人　勉齋集 6/11a

石門擬與兩浙陳運判　勉齋集 6/11b

復輔漢卿主管書　勉齋集 7/1a

上江西運使書　勉齋集 7/2a

復李仲詩淮西帥大東　勉齋集 7/3b

復交代王寺丞從　勉齋集 7/6b

復李軍使書蜀人　勉齋集 7/7b

與劉晦伯侍郎書　勉齋集 7/8b

與胡總卿書　勉齋集 7/10a

與綦總郎書奎　勉齋集 7/11a

復豐宅之淮西帥有俊　勉齋集 7/13a

與胡伯量書　勉齋集 8/1a

復胡伯量書　勉齋集 8/5b

與胡伯履西園書　勉齋集 8/7b

復胡叔器書　勉齋集 8/8a

復葉味道書　勉齋集 8/8b

復李公晦書　勉齋集 8/12b

與失名　勉齋集 8/15b

與鄭成叔書　勉齋集 9/1a

與鄭失名　勉齋集 9/14b

與李侍郎夢聞書　勉齋集 10/1a

與金陵制使李夢聞書　勉齋集 10/6a

再與待制李夢聞書　勉齋集 10/10b

與金陵制使李夢聞書　勉齋集 11/1a

別副　勉齋集 11/15b

復吳勝之湖北運判柔勝　勉齋集 12/1a

辭知潮州復鄭知院　勉齋集 12/7b

辭再知安慶府在知潮州前　勉齋集 12/11a

復林正卿　勉齋集 12/12b

與潘謙之　勉齋集 12/14b

答潘謙之　勉齋集 12/16b

復楊志仁書　勉齋集 13/1a

復甘吉甫　勉齋集 13/9b

與閩縣學諸友　勉齋集 14/1a

與林宗魯司業　勉齋集 14/2b

與某某書　勉齋集 14/6b

與孫居敬提刑杓　勉齋集 14/7a

與江陵吳帥賓客張生簡　勉齋集 14/8a

答林公度　勉齋集 14/9a

復陳師復監簿　勉齋集 15/1a

復陳師復寺丞　勉齋集 15/2a

與真景元直院　勉齋集 15/8b

與孫行之正字　勉齋集 15/9b

復趙蹈中寺丞　勉齋集 15/10b

與李子復　勉齋集 15/11b

與趙省倉　勉齋集 15/12b

答陳泰之書倫　勉齋集 15/13b

與李貫之兵部書　勉齋集 16/1a

復李貫之兵部　勉齋集 16/4b

答林季亨書　勉齋集 16/10a

答林子至書　勉齋集 16/11b

答鄭子立書　勉齋集 16/12b

答鄭子羽書　勉齋集 16/13a

與吳伯豐　勉齋集 16/14b

答王幼觀　勉齋集 16/15a

答董叔重子之書　勉齋集 16/16a

與陳子華書轉　勉齋集 17/1a　南宋文範 35/3b

復王幼學書伯大　勉齋集 17/2a

復鄒俊甫書　勉齋集 17/3a

復王主簿　勉齋集 17/3b

復黃會卿　勉齋集 17/4b

復黃清卿　勉齋集 17/5a

復薛希賢書師邵　勉齋集 17/6a

答余瞻之　勉齋集 17/6b

復饒伯興魯　勉齋集 17/8a

復趙立夫　勉齋集 17/12a

復林自知　勉齋集 17/12b

與張敬父書元簡　勉齋集 17/13b

復李隨甫書晦　勉齋集 17/15b

答梁寧翁書祖康　勉齋集 17/16a

復李汝明書鑑　勉齋集 18/1a

與曾文仲魯仲　勉齋集 18/2b

與葉雲叟書士龍　勉齋集 18/3b－4b

答或人　勉齋集 18/5a

答黃伯新　勉齋集 18/8a

回考亭諸友劄子　勉齋集 18/8b

與楊德淵書溥　勉齋集 18/8b

荊南與吳宣撫乞罷置櫃事　勉齋集 18/10a

與宇文宣撫言荊襄事體　勉齋集 18/11a

與宇文宣撫言荊襄事體又畫一六事　勉齋集 18/13a

建寧社會利病　勉齋集 18/15a

代胡總領論保伍　勉齋集 18/16b

回總郎言築城事　勉齋集 18/9b

通兩浙趙漕啓　勉齋集 23/1a

通提領所董主管　勉齋集 23/2b

通提領所豐提屬　勉齋集 23/3a

通嘉與知府　勉齋集 23/3b

謝兩浙漕司送錢　勉齋集 23/4a

謝兩浙陳運使許薦　勉齋集 23/5a

回崇德吳尉　勉齋集 23/6a

通屬官啓　勉齋集 23/6b

通孟主管啓　勉齋集 23/7a

通程主管啓　勉齋集 23/7b

謝兩浙詹漕薦啓　勉齋集 23/9a

通江陵府教授啓　勉齋集 23/10a

回臨川陳主學啓　勉齋集 23/10b

謝江西王提與薦　勉齋集 23/11a

謝撫州陳守薦啓　勉齋集 23/12a

謝江西胡漕薦啓　勉齋集 23/13a

謝江西章提舉薦啓　勉齋集 23/14a

賀福建張漕啓　勉齋集 23/15a

通江西提刑啓（1－2）　勉齋集 23/16a－17a

通江西王安撫　勉齋集 23/18a

謝史丞相啓　勉齋集 23/18b

通淮西李帥啓　勉齋集 23/19b

通淮西錢漕啓　勉齋集 23/20a

通安豐郭守啓　勉齋集 23/21a

通江東柴漕啓　勉齋集 23/22a

賀劉尚書仲則　勉齋集 23/23a

代劉氏女嫁鄭氏　勉齋集 24/1a

大兒娶舅氏女　勉齋集 24/1a

仲子娶潘氏女　勉齋集 24/1b

季子娶趙氏　勉齋集 24/2a

長女嫁高氏　勉齋集 24/2a

叔女嫁陳氏　勉齋集 24/2b

代朱氏娶李氏　勉齋集 24/2b

代劉樞府請開善長老疏　勉齋集 24/3a

～　裳

上黃學士書　演山集 23/1a

見呂參政書　演山集 23/6a

辭州學教授書　演山集 23/7a

代上教官書　演山集 23/9a

代上有位書　演山集 23/10a

答總長老書　演山集 23/11a

見南京留守書　演山集 24/1a

代上時相書　演山集 24/1b

代上知郡書　演山集 24/2b

代上監司書　演山集 24/4a

見陸直講書　演山集 24/5a

與教官書　演山集 24/7b

代上教官書　演山集 24/9b

狀元及第謝啓　演山集 25/1a

府學解元謝啓　演山集 25/3a

南劍州解元謝啓　演山集 25/4a

賀正與監司啓　演山集 25/5a

謝發運啓　演山集 25/5b

謝判監啓　演山集 25/6a

謝澧州韓諫議啓　演山集 25/6b

~ 震

通新知平江府修齋王尚書　黃氏日鈔 84/1a

回王尚書　黃氏日鈔 84/1b

代平江府回裕齋馬相公催泄水書　黃氏日鈔 84/2a

通新憲翁舟山書　黃氏日鈔 84/4a

通新憲使余主一書鼇　黃氏日鈔 84/5b

附通新漕季原齋書　黃氏日鈔 84/6b

謝王提舉辟充帳幹書第二任　黃氏日鈔 84/7a

與謝右司　黃氏日鈔 84/8a

回王府僉山甫　黃氏日鈔 84/8b

發孫提刑書　黃氏日鈔 84/9a

與葉相公西澗　黃氏日鈔 84/10a

葉中嶽　黃氏日鈔 84/11a

與汪武諭元春　黃氏日鈔 84/11b

與葉中嶽　黃氏日鈔 84/12a

與唐仲華　黃氏日鈔 84/12b

與王脩齋　黃氏日鈔 84/13a

與李憲使　黃氏日鈔 84/13b

與葉制使西澗　黃氏日鈔 84/14a

與江西陳運使咸淳七年撫州　黃氏日鈔 84/15b

答撫州程教授請冬至講書劄紹開　黃氏日鈔 84/16b

與鍾運使季玉（1－4）　黃氏日鈔 84/17a－20b

回趙知縣　黃氏日鈔 84/21b

回靖安張知縣　黃氏日鈔 84/21b

回董瑞州　黃氏日鈔 85/1a

回陳總領　黃氏日鈔 85/1b

回贛州曾通判　黃氏日鈔 85/2b

回太和余知縣　黃氏日鈔 85/3b

回信豐鄧知縣　黃氏日鈔 85/4a

回樓新恩　黃氏日鈔 85/4a

回制參黃通判蜀人名有大　黃氏日鈔 85/5a

還戴縣丞景魏中庸大學要義書　黃氏日鈔 85/5b

與葉丞相咸淳丁卯　黃氏日鈔 85/6a

台州郡齋求沈寺丞印四書　黃氏日鈔 93/1a

通浙西常平朱提幹　黃氏日鈔 93/1b

謝洪發運特薦　黃氏日鈔 93/2a

謝孫提刑舉職狀　黃氏日鈔 93/3b

謝廩總領職狀　黃氏日鈔 93/3a

謝程丞相舉職狀　黃氏日鈔 93/4a

謝王尚書舉著述科　黃氏日鈔 93/4b

謝余提刑再招入幕　黃氏日鈔 93/5b

通交待徐尉　黃氏日鈔 93/6a

謝王倉使破白改官狀　黃氏日鈔 93/6a

通包發運　黃氏日鈔 93/7a

謝包發運有結局時改官狀納廟堂忽見予　黃氏日鈔 93/7b

謝松江汪制置應詔薦　黃氏日鈔 93/8b

除史館檢閱謝廟堂　黃氏日鈔 93/9a

賀葉丞相　黃氏日鈔 93/10a

謝黃提舉陞陟　黃氏日鈔 93/10b

改添差通判紹興府謝廟堂　黃氏日鈔 93/11b

差知撫州謝廟堂　黃氏日鈔 93/12a

撫州到任謝廟堂　黃氏日鈔 93/12b

特轉朝奉郎謝廟堂　黃氏日鈔 93/13a

~ 履

與王學士　播芳文粹 106/2a

與李判銓　播芳文粹 106/3a

與林秘書　播芳文粹 106/3a

與孫校書二帖　播芳文粹 106/3b

與林秘書書　播芳文粹 110/23a

~樵仲

與吳秘丞帖　播芳文粹 106/13a

與張得一道士帖　播芳文粹 110/19a

~ 遹

賀呂太尉啓　播芳文粹 58/23a

賀熊守啓　播芳文粹 62/20a

~鵬舉

謝鄉舉啓　播芳文粹 79/6b

梅　亨

謝魏師鶴山啓　蜀藝文志 28/18b

~堯臣

與梵才大師帖　播芳文粹 110/9b

曹士衡

與運使國博帖　播芳文粹 106/13b

~彥約

上廟堂書　昌谷集 6/1a

上時相書　昌谷集 6/9b

答江西帥真舍人啓　昌谷集 6/10a

生日謝董制帥詩啓　昌谷集 6/11a

生日答王總卿啓　昌谷集 6/11b
答漢州詹監丞啓　昌谷集 6/12a
除禮部侍郎答人賀啓　昌谷集 6/13a
受兵部侍郎告謝宰執啓　昌谷集 6/14a
提舉常德府桃源萬壽宮謝宰執啓　昌谷集 6/15a
除集英殿修撰提舉明道宮謝宰執啓　昌谷集 6/16a
賀梁泉使除淮東漕啓　昌谷集 6/17b
除知成都答湖南趙漕啓　昌谷集 6/18b
答漢陽簽判任制幹啓　昌谷集 6/19a
答朱都昌賀冬至啓　昌谷集 6/20a
答汪都昌賀冬至啓　昌谷集 6/20b
答慶元胡尚書賀冬至啓　昌谷集 6/21a
答都昌程宰應申賀冬至啓　昌谷集 6/21b
賀梁憲除泉使兼憲啓　昌谷集 6/22a
答潘撫幹啓　昌谷集 6/23a
寶謨閣直學士提舉佑神觀兼侍讀謝丞相啓　昌谷集 6/24a
主管沖佑觀謝宰執啓　昌谷集 6/25a
答倉部潘郎中謝啓　昌谷集 6/26a
通南康守桂宗博啓　昌谷集 6/27a
通漢陽交代劉守啓　昌谷集 6/27b
謝宰執薦守邊郡啓　昌谷集 7/1a
答王內機謝薦啓　昌谷集 7/2b
答李湖口謝薦啓　昌谷集 7/3a
賀蜀帥京侍郎被召啓　昌谷集 7/4a
賀湖北李憲除帥啓　昌谷集 7/5b
答都昌程宰賀正旦啓　昌谷集 7/7b
答都昌朱宰賀正旦啓　昌谷集 7/8a
答王內機賀正旦啓　昌谷集 7/8b
答曹建昌賀正旦啓　昌谷集 7/9a
答新舉趙解元啓　昌谷集 7/9b
答淮西蔡憲賀侍讀啓　昌谷集 7/10a
賀京丞相加少保鄭國公啓　昌谷集 7/10b
爲第三子土塘納幣啓　昌谷集 7/12a
謝許介之壽詞啓　昌谷集 7/12b
答婺源王解元啓　昌谷集 7/13a
除利漕答陳江州啓　昌谷集 7/13b
答同年張蒲圻啓　昌谷集 7/14a
答樂平舉人啓　昌谷集 7/14b
答項平甫叙前啓　昌谷集 7/15b
答交代唐機宜啓　昌谷集 7/15b

答德安石宰啓　昌谷集 7/16b
答饒州張監稅啓　昌谷集 7/17a
與尉論捕盜書　昌谷集 7/18a
湖莊創立本末與後溪劉左史書　昌谷集 7/20a
賀湖南提刑孫司業啓　四庫拾遺 262/昌谷集

~ 涇
謝徐則山增紫陽月廩啓　新安文獻 43/3b
謝唐長孺和元日十詩啓　新安文獻 43/6a

~ 勛
上呂丞相書　松隱集 24/1a
與劉豫書　松隱集 24/2b
與泗州陳太尉敏書　松隱集 24/7a
議淮上事宜　南宋文範 32/1b

~ 發之
賀張提刑啓　播芳文粹 60/23a

區仕衡
上陳丞相書　區九峰集 1/4a
糾集鄉兵書　區九峰集 1/5a

常安民
貽呂公著書　蜀文輯存 27/14a

崔敦禮
賀梁丞相進書轉官啓　宮教集 8/1a
賀陳丞相加少保啓　宮教集 8/1b
賀陳丞相帥建康啓　宮教集 8/2b
代邱守賀揚州王樞密開府啓　宮教集 8/3a
代葉倉賀虞使相帥蜀啓　宮教集 8/3b
代賀沈樞帥荊南啓　宮教集 8/4b
賀魏丞相復職啓　宮教集 8/5a
賀許正言啓　宮教集 8/5b
賀吏部陳尚書新除啓　宮教集 8/6b
謝魏丞相薦剡啓　宮教集 8/7a
代趙宰謝諸司列薦啓　宮教集 8/8b
謝蔡總卿京剡啓　宮教集 8/9b
賀蕭察院啓　宮教集 8/10b
上平江汪守啓　宮教集 8/11a
迓平江邱守啓　宮教集 8/11b
通向守啓　宮教集 8/12a
通鄉守啓　宮教集 8/12b
代人通鄉守啓　宮教集 8/13a

代王憲答向守啓　　宮教集 8/13a
代李倉回向守啓　　宮教集 8/13b
代葉倉答張守啓　　宮教集 8/14a
賀馬守啓　　宮教集 8/14b
謝邱守京判啓　　宮教集 8/15a
賀王守改知建康啓　　宮教集 8/15b
服闋上周内翰啓　　宮教集 8/16b
上王尚書啓　　宮教集 8/17a
上方平江啓　　宮教集 8/18a
上范舍人啓　　宮教集 8/18b
賀鎮江張尚書啓　　宮教集 8/20b
問候李殿院啓　　宮教集 9/1a
通漕使啓　　宮教集 9/2a
通陳運使啓　　宮教集 9/2b
通魏丞相啓　　宮教集 9/3a
通問梁舍人啓　　宮教集 9/4a
答費知府啓　　宮教集 9/5a
答常熟趙簿啓　　宮教集 9/5b
回吳江邵宰啓　　宮教集 9/5b
回吳江呂宰啓　　宮教集 9/6a
答錢倅啓　　宮教集 9/6b
代召倅通梁倅啓　　宮教集 9/7a
通陸倅啓　　宮教集 9/7a
回姚都大啓　　宮教集 9/7b
答上元尉啓　　宮教集 9/8a
回教官啓　　宮教集 9/8b
回黃教授啓　　宮教集 9/8b
通建康陳留守啓　　宮教集 9/9a
代人通陳察院啓　　宮教集 9/10a
迓運使黃察院啓　　宮教集 9/11a
代賀王宣撫加樞密啓　　宮教集 10/1a
代王憲賀王樞密啓　　宮教集 10/1b
代李倉通留守賀洪樞密啓　　宮教集 10/2a
代梁倅賀留守啓　　宮教集 10/2b
代邱帥賀曾漕啓　　宮教集 10/3b
又代邱守賀呂漕啓　　宮教集 10/4a
又代賀胡漕啓　　宮教集 10/4b
又代賀沈漕啓　　宮教集 10/5a
又代賀呂漕啓　　宮教集 10/5b
又賀沈漕啓（1-2）　　宮教集 10/6a-6b
又賀浙漕陳宗丞啓　　宮教集 10/7b
又代馬守到任通張漕啓　　宮教集 10/8a
代人賀留守張舍人啓　　宮教集 10/8b

代建康倅賀張舍人啓　　宮教集 10/9a
賀建康留守張舍人啓　　宮教集 10/9b
代邱守賀嚴帥到任啓　　宮教集 11/10b
代賀詹司諫啓　　宮教集 10/11a
代邱守鄰郡賀冬啓　　宮教集 10/11b
代前人賀虞丞相加食邑啓　　宮教集 10/12a
代王憲答趙明州啓　　宮教集 10/12b
代人謝婺州到任啓　　宮教集 10/13a
答總管啓　　宮教集 10/14a
代方守答趙明州賀奉祠啓　　宮教集 10/14a
代賀蘇給事啓　　宮教集 11/14b

~　　淵
賀鄭内翰啓　　播芳文粹 51/8a　　蜀文輯存 67/15a
賀虞倅啓　　播芳文粹 63/18b　　蜀文輯存 67/15a

~　與之
四川制帥手帖　　崔清獻集 5/1a
付吳統制　　崔清獻集 5/1a
又蒙鈞染　　崔清獻集 5/1b
御寶實封樞密院劄　　崔清獻集 5/1b
舉通判宋翶知循州劄　　崔清獻集 5/2b
與循州宋守書（1-2）　　崔清獻集 5/2b-3a
寄增邑宰　　崔清獻集 5/5a

~　魯卿
贊見縣宰啓　　播芳文粹 87/2a

~　　鷗
賀張太尉啓　　播芳文粹 58/22a
賀王提泉啓　　播芳文粹 59/16b
謝漕使薦舉啓　　播芳文粹 74/14a
叙事謝監司啓　　播芳文粹 79/20b
起居監司啓　　播芳文粹 87/17b
起居太守啓　　播芳文粹 87/19b
回太守啓　　播芳文粹 88/22b

張九成
爲先奉直陳乞章服上參政　　橫浦集 18/1a
又上宰相　　橫浦集 18/1b
上李泰發參政書　　橫浦集 18/2b
答徐得一書　　橫浦集 18/6b
答李樗書　　橫浦集 18/7a
舉常子正中丞書　　橫浦集 18/7b
賀沈左相　　橫浦集 18/10b
賀万俟右相　　橫浦集 18/11a
答贛州趙守　　橫浦集 18/11b

與永嘉何舍人　橫浦集 18/12a
回黄朝奉　橫浦集 18/12b
回贛州鄒推　橫浦集 18/12b
回孫尚書　橫浦集 18/13a
回全椒杜簿　橫浦集 18/13b
答曾主簿　橫浦集 18/14b
與台州曾侍郎　橫浦集 18/15a
借米　橫浦集 18/15a
與净居諶禪伯　橫浦集 18/15b
與徑山杲大慧　橫浦集 18/15b
張教諭　橫浦集 18/15b
尚書　橫浦集 18/16a
施彦執　橫浦集 18/17a
陳開祖　橫浦集 18/17a – 19b
知縣　橫浦集 18/17b
陳開祖　橫浦集 18/17b
通判　橫浦集 18/18b
陳開祖　橫浦集 18/18b
净居諶禪伯　橫浦集 18/19b
陳開祖　橫浦集 18/19b
賀王兵書啓　播芳文粹 50/12a
潤州到任謝執政啓　播芳文粹 71/13b

~ 方平
上丞相呂許公　樂全集 31/1a
上時相　樂全集 31/3b
上蔡内閣文忠公　樂全集 31/7a
上留府侍讀宋尚書宣獻公　樂全集 31/9b
上北海范天章　樂全集 31/11a
寄上蔡參政　樂全集 31/13a
與蔣吏部　樂全集 31/14b
與蘇州太守陸學士　樂全集 31/16b
與邵監簿　樂全集 31/18b
答孫生秀才　樂全集 31/20b
上河中同理范學士文正公　樂全集 31/21b
授翰林學士謝兩地　樂全集 32/1a
謝直集賢院　樂全集 32/1b
謝賢良方正登科　樂全集 32/3a
謝茂材異等登科　樂全集 32/5a
江寧府謝上與兩地　樂全集 32/7a
賀宋侍郎入參知政事　樂全集 32/7b
杭州范資政　樂全集 32/9b
滁州謝上與兩地　樂全集 32/10b
謝轉運使奏舉　樂全集 32/11b

上宋參政　樂全集 32/12b
賀樞密蔡侍郎　樂全集 32/13b
知陳州謝上啓　樂全集 32/15b　宋文鑑 121/13b
請誠上人就東京左街萬歲院講華嚴經疏　樂全集 34/18a

~ 元幹
賀張丞相浚復特進啓　蘆川集 8/2b
賀張參政啓(1 – 2)　蘆川集 8/3a – 4a
賀翟參政啓　蘆川集 8/4b
賀陳都丞除刑部侍郎啓　蘆川集 8/5b
賀泉州汪内翰藻啓　蘆川集 8/6b
問候馬漕啓　蘆川集 8/7b
上范漕啓　蘆川集 8/8a
上趙漕啓　蘆川集 8/8b
賀福帥啓　蘆川集 8/9b
賀薛帥移閩啓　蘆川集 8/10b
代上泉州汪守啓　蘆川集 8/11a
賀邵武江守啓　蘆川集 8/11b
代上吳倅啓　蘆川集 8/12a
代洪仲本上徐漕書　蘆川集 8/13a
代賀侍御啓　四庫拾遺 657/蘆川集

~ 元興
賀劉提刑啓　播芳文粹 61/4b

~ 壬仲
宰與交代啓　播芳文粹 85/6a

~ 少瑜
賀張節使啓　播芳文粹 55/12b
賀張都督啓　播芳文粹 58/9b
謝辟置啓　播芳文粹 76/7a

~ 　守
賀范相公知溫州啓　毘陵集 10/1a
回賀知福州曾尚書啓　毘陵集 10/1b
回賀知揚州葉待制啓　毘陵集 10/1b
回賀知溫州章尚書啓　毘陵集 10/2a
賀朱相公除右僕射啓　毘陵集 10/2a
賀張知院除右僕射啓　毘陵集 10/3a
賀趙相公除左僕射啓　毘陵集 10/3a
回馬運使啓　毘陵集 10/3b
代郡侯賀應運使啓　毘陵集 10/4a
回賀郭少傅啓　毘陵集 10/4a
回江東二漕啓　毘陵集 10/4b
福州到任謝宰執啓　毘陵集 10/4b
再知紹興府到任謝宰執啓　毘陵集 10/5a

轉官謝宰執啓　　毘陵集 10/5b

回賀湖州方侍郎啓　　毘陵集 10/6a

回賀常待制啓　　毘陵集 10/6a

謝翟給事舉改官啓　　毘陵集 10/6b

回賀樞使張少師啓　　毘陵集 10/7a

賀林提學啓　　毘陵集 10/7b

代賀提學孫宗博啓　　毘陵集 10/7b

賀王右丞啓　　毘陵集 10/8a

回賀知紹興府孫尚書啓　　毘陵集 10/8b

代賀應漕除直秘閣啓　　毘陵集 10/9a

回李參政啓　　毘陵集 10/9a

代侯元功與宰執書　　毘陵集 10/13a

回汪相公遠迎狀　　毘陵集 10/9b

又回鄭侍郎遠迎狀　　毘陵集 10/10a

回知建州魏龍圖狀　　毘陵集 10/10a

回知常州鄭右司狀　　毘陵集 10/10a

回知常州陳檢詳狀　　毘陵集 10/10b

回知信州夏太博狀　　毘陵集 10/11a

回汪相公賀正狀　　毘陵集 10/11a

回賀九月望日狀（1－2）　　毘陵集 10/11a－11b

謝土物狀（1－2）　　毘陵集 10/11b

回謝請大排狀（1－3）　　毘陵集 10/11b－12a

代越帥答高麗使副遠迎狀（1－2）　　毘陵集 10/12a

回賀除進大資狀　　毘陵集 10/12a

回趙提點狀　　毘陵集 10/12b

代答鎮江李尚書狀　　毘陵集 10/12b

答晁公爲顯謨書　　毘陵集 10/13a

爲外甥定婚書　　毘陵集 10/14b

代答書　　毘陵集 10/14b

賀李參政啓　　毘陵集/補 6a

賀席參政啓　　毘陵集/補 6b

賀秦禮侍啓　　毘陵集/補 7a

帥到任謝兩府啓　　毘陵集/補 7b

帥到任謝政府啓　　毘陵集/補 8a

謝漕使薦舉啓　　毘陵集/補 8b

謝監司薦舉啓　　毘陵集/補 9a

謝第三名及第啓　　毘陵集/補 9b

謝及第啓（1－2）　　毘陵集/補 10b

撫幹與交代啓　　毘陵集/補 11b

上秦少保啓　　毘陵集/補 11b

回張閣學啓　　毘陵集/補 12b

回蕭提控啓　　毘陵集/補 12b

賀丞相正啓　　毘陵集/補 13a

賀魏尉啓　　毘陵集/補 13a

賀秦左相除太師啓　　四庫拾遺 80/毘陵集

代宰臣夫人賀皇后親蠶牋　　播芳文粹 46/6a

代皇子賀皇后新正牋十道　　播芳文粹 46/7a

代皇子賀皇后冬至牋九道　　播芳文粹 46/9b

賀趙丞相啓　　播芳文粹 47/8b

賀朱丞相啓　　播芳文粹 48/11a

賀李參政啓　　播芳文粹 49/1b

賀席參政啓　　播芳文粹 49/9b

賀秦禮侍啓　　播芳文粹 53/11a

帥到任謝宰執啓　　播芳文粹 70/3a

帥到任謝兩府啓　　播芳文粹 70/5a

謝漕使薦舉啓　　播芳文粹 74/16b

謝監司薦舉啓　　播芳文粹 75/9a

謝第三名及第啓　　播芳文粹 77/4b

謝及第啓　　播芳文粹 77/18a

謝及第啓　　播芳文粹 77/28b

撫幹與交代啓　　播芳文粹 85/5a

上秦少保啓　　播芳文粹 88/7b

回張閣學啓　　播芳文粹 88/15b

回蕭提宮啓　　播芳文粹 89/16a

回禮書　　播芳文粹 126/6a

～守全

賀胡都運啓　　播芳文粹 60/1b

～守真

賀魏尉啓　　播芳文粹 64/22b

賀丞相啓　　播芳文粹 65/21a

～守道

賀曾守啓　　播芳文粹 63/8b

～　　耒

答汪信民書　　張右史集 58/1a　　宋文選 28/9a

與魯直書　　張右史集 58/2a

答李推官書　　張右史集 58/4a　　宋文選 28/1a

投知己書　　張右史集 58/6b　　宋文選 28/2b

上孫端明書　　張右史集 58/10a　　宋文選 28/2a　　播芳文粹 94/27a

上蔡侍郎書　　張右史集 58/12a

答李援惠詩書　　張右史集 58/14a

答杜鋒書（1－2）　　張右史集 58/15a－16b　　宋文選 28/8b－9a

再答杜鋒書　　張右史集 58/16b

答林學士啓　　張右史集 44/1a

代人謝及第啓　　張右史集 44/2a
潤州謝執政啓　　張右史集 44/3a
賀錢內翰啓　　張右史集 44/4a
宣州謝兩府啓　　張右史集 44/5a
賀錢都尉啓　　張右史集 44/5b
謝鮑承務啓　　張右史集 44/6b
賀慶德知軍啓　　張右史集 44/7a
謝建平知縣啓　　張右史集 44/7b
賀太平知州啓　　張右史集 44/8a
上黃州郡守楊瓌寶啓　　張右史集 44/8b
賀潘奉議致仕啓　　張右史集 44/9b
謝揚州司法謝薦啓　　張右史集 44/10a
與大蘇二簡　　張右史集 46/7a
答李文叔爲兄立謚簡　　張右史集 46/9a
與楊道孚手簡　　張右史集 46/10a
書宋齊丘化書　　張右史集 47/2a
雜書　　張右史集 47/2b
張宛丘帖　　節孝集附載/8b
答李推官書　　宋文鑑 120/10a
答林學士啓　　宋文鑑 123/7b
潤州謝執政啓　　宋文鑑 123/8b
賀潘奉議致仕啓　　宋文鑑 123/9a
上文潞公書　　播芳文粹 94/29a
上曾子固書　　播芳文粹 94/31b　宋文選 28/6a
上文潞公獻所著詩書　　宋文選 28/3b
上邵提舉書(1—2)　　宋文選 28/4b—5a
代高玘上彭器資書　　宋文選 28/5b
上唐運判書　　宋文選 28/7a
上黃判監書　　宋文選 28/7b

~仲謨
賀張宰啓　　播芳文粹 64/16b

~行成
賀翟參政啓　　播芳文粹 49/2b　蜀文輯存 49/8a
賀楊參政啓　　播芳文粹 49/10b　蜀文輯存 49/8b
賀錢參政啓　　播芳文粹 49/11b
賀梁提刑啓　　播芳文粹 61/1a　蜀文輯存 49/9a
賀鄭守啓　　播芳文粹 62/10b　蜀文輯存 49/9b
賀李帥生日啓　　播芳文粹 67/21a　蜀文輯存 49/9b
芻蕘書罢　　蜀文輯存 49/5b

~宏林
賀虞侍郎帥廣啓　　播芳文粹 57/12b

~孝祥
代總得居士上宰相　　于湖集 21/1a

代總得居士上葉樞密　　于湖集 21/2b
代季父賀湯丞相　　于湖集 21/4a
賀湯丞相　　于湖集 21/5a
洪帥魏參政　　于湖集 21/6a
王樞密　　于湖集 21/7b
代總得居士上徐敦立　　于湖集 21/8b
淮東漕魏郎中　　于湖集 21/9b
新巢縣許宰　　于湖集 21/10a
答吳將仕　　于湖集 21/10b
除禮部郎官謝沈左相　　于湖集 22/1a
湯右相　　于湖集 22/2a
謝劉提舉　　于湖集 22/2b
撫州到任謝執政　　于湖集 22/3a
王提舉　　于湖集 22/3b
陳運使　　于湖集 22/4a
任提刑　　于湖集 22/4b
黃運使　　于湖集 22/5a
鄭大資　　于湖集 22/5b
陳正字　　于湖集 22/6a
提幹　　于湖集 22/6b
建昌趙知府　　于湖集 22/7a
黃知府　　于湖集 22/7a
孫參議　　于湖集 22/7b
王教授　　于湖集 22/7b
通判以下　　于湖集 22/8a
趙通判　　于湖集 22/8a
江州林知府　　于湖集 22/8b
苗太尉　　于湖集 22/9a
王侍郎　　于湖集 22/9b
明州韓尚書　　于湖集 22/10a
曹監簿　　于湖集 22/10b
賀周侍郎　　于湖集 22/11a
王提刑　　于湖集 23/1a
章提舉　　于湖集 23/1b
兩通判　　于湖集 23/2a
知州　　于湖集 23/2a
待闕通判　　于湖集 23/2b
趙郎中　　于湖集 23/3a
王提幹　　于湖集 23/3a
朱知府　　于湖集 23/3b
胡國正　　于湖集 23/3b
陳教授　　于湖集 23/4a
常州郭知府　　于湖集 23/4a

撫州陳知府　于湖集 23/4b

劉舍人　于湖集 23/5b

王運使　于湖集 23/6a

寄居官　于湖集 23/7a

呂彥升到狀　于湖集 23/7a

帥江陵通運使楊顯謨　于湖集 23/7b

蕪湖沈知縣　于湖集 23/8a

代總得居士上沈相該　于湖集 24/1a

上史參政浩　于湖集 24/2a

代季父上陳樞密誠之　于湖集 24/4b

與李太尉顯忠　于湖集 24/6a

代任信孺與王太尉書權　于湖集 24/8a

請道顏住撫州報恩疏　于湖集 25/9a

請恩老住蔣山疏　于湖集 25/9b

請三祖長老疏　于湖集 25/10a

請亮老住報恩疏　于湖集 25/10b

請舜老住浮山疏　于湖集 25/11a

請鑑老住潭州東明崇教寺疏　于湖集 25/11b

請無著住資壽就報恩開堂疏　于湖集 25/12a

請龍牙長老疏　于湖集 26/1a

請北禪長老疏　于湖集 26/1b

請新首座住福嚴疏　于湖集 26/2a

殊公住嶽麓惠光寺疏　于湖集 26/2a

請殊老住公安二聖疏　于湖集 26/2b

下定書　于湖集 28/1a

送禮書　于湖集 28/1a

六二弟定沈氏書　于湖集 28/1b

回韓子雲定書　于湖集 28/2a

回沈子直禮書　于湖集 28/2a

回韓崧卿定書　于湖集 28/2b

代總得居士上相府　于湖集 35/1a

陳太博　于湖集 35/2b

董守　于湖集 35/3a

蘇倅　于湖集 35/3b

明守趙敷文　于湖集 35/3b

與宣城守　于湖集 35/4b

嚴守朱新仲　于湖集 35/4b

明守姜秘監　于湖集 35/7b

姜叔永　于湖集 35/8a

紹興王與道　于湖集 35/9a

台守沈德和　于湖集 35/9a

與池州守周尚書　于湖集 36/1a

與廣帥蘇龍圖　于湖集 36/2a

與廣憲　于湖集 36/2a

答吳子仁　于湖集 36/2b

答呂教授　于湖集 36/3b

答范司戶　于湖集 36/3b

答樊憲　于湖集 36/4a

答衢州陳守　于湖集 36/4b

與冀伯英　于湖集 36/5a

答元簿　于湖集 36/5b

與淮漕　于湖集 36/6a

與舒州王守　于湖集 36/6b

與淮東吳漕　于湖集 36/6b

與王越帥　于湖集 36/7a

答劉司戶　于湖集 36/8a

董總領莘　于湖集 37/1a

虞并父　于湖集 37/1a

張大監　于湖集 37/2a

代總得居士回張推官　于湖集 37/2b

胡帥　于湖集 37/3a

淮西吳漕　于湖集 37/4a

蔣烏江　于湖集 37/5a

與黃監廟　于湖集 37/6a

定海趙丞　于湖集 37/6b

高應辰　于湖集 37/7a

李文授　于湖集 37/7b

監司　于湖集 37/7b

帥臣　于湖集 37/8b

謝景思　于湖集 37/8b

趙安南　于湖集 37/9b

妙喜　于湖集 37/10a

左相送御書獎諭　于湖集 38/1a

左舉善　于湖集 38/1a

汪季通　于湖集 38/1b

張侍郎　于湖集 38/2b

興國章守　于湖集 38/3a

吳尉　于湖集 38/3b

臧宰　于湖集 38/4a

張仲固　于湖集 38/4a

代總得居士與魏彥誠　于湖集 38/5a

徐給事　于湖集 38/5b

賀參政　于湖集 38/6a

徐左司　于湖集 38/7a

劉兩府　于湖集 39/1a

代總得居士與葉參政　于湖集 39/2a

廟堂劄子　于湖集 39/5a

湯丞相　于湖集 39/5b

又劉兩府　于湖集 39/7a

辭潭州劄子　于湖集 40/1a

劉舍人　于湖集 40/1b

劉樞密　于湖集 40/3a

朱編修　于湖集 40/3b

楊抑之　于湖集 40/6a

黃子默　于湖集 40/7b

賀劉內翰啓　播芳文粹 51/2a

賀姜工侍啓　播芳文粹 53/18b

賀除都丞啓　播芳文粹 54/1a

賀祝都運啓　播芳文粹 60/12a

賀任提刑啓　播芳文粹 60/16a

賀韓守啓　播芳文粹 62/14b

除辭披謝漕使啓　播芳文粹 68/11a

叙事謝安撫大參啓　播芳文粹 79/21b

赴任與林守啓　播芳文粹 83/9a

帥座與交代啓(1-2)　播芳文粹 84/21a-21b

與張侍郎小簡　播芳文粹 97/20b

上憲使小簡　播芳文粹 99/22a

上提刑小簡　播芳文粹 100/1a

上太守小簡　播芳文粹 100/12a

與太守小簡　播芳文粹 100/13b

請恩老住蔣山疏　播芳文粹 117/22a

~ 即仁

赴任上運判啓　播芳文粹 82/21a

~ 咸

上宰相呂汲公大防時議書　蜀文輯存 32/9a

~ 俞

上田密諫書　蜀藝文志 29/2b

上蜀帥書　蜀藝文志 29/3b

答吳職方書　蜀藝文志 29/5a

上田密諫書　蜀文輯存 24/15a

上蜀帥書　蜀文輯存 24/16a

答吳職方書　蜀文輯存 24/17a

上張密學書　蜀文輯存 24/19a

上蜀帥任密諫書　蜀文輯存 24/19b

上韓運使書　蜀文輯存 25/1a

上蔣密學書(1-2)　蜀文輯存 25/2a-3a

上文密學書(1-2)　蜀文輯存 25/4a-5a

上成都知府書　蜀文輯存 25/6b

上田密諫書　蜀文輯存 25/7a

上呂龍圖書　蜀文輯存 25/8a

上韓端明書(1-2)　蜀文輯存 25/9a-9b

~ 浚

遺苗傅書　蜀文輯存 45/12b

與孫近論和議書　蜀文輯存 45/13a

與人書　蜀文輯存 45/13a

初報苗傅劉正彥書　蜀文輯存 45/13b

與參議侍郎帖　蜀文輯存 45/14a

又與參議侍郎帖　蜀文輯存 45/14a

遠辱手翰帖　蜀文輯存 45/14b

談笑措置帖　蜀文輯存 45/14b

即日小雨帖　蜀文輯存 45/14b

早上封示帖　蜀文輯存 45/15a

~ 栻

謝宰執 太師加增　南軒集 8/11a

答周漕啓　南軒集 8/11b

答胡提舉啓　南軒集 8/12a

答柳嚴州啓　南軒集 8/13a

答胡參議啓　南軒集 8/13b

答翟通判啓　南軒集 8/14a

答竹通判啓　南軒集 8/14b

答嚴州州縣官啓　南軒集 8/14b

答呂太博啓　南軒集 8/15a

答游廣文啓　南軒集 8/15b

回嚴主簿啓　南軒集 8/15b

答新及第啓　南軒集 8/16a

答新舉人啓(1-2)　南軒集 8/16a-16b

謝生朝啓　南軒集 8/16b

寄劉共甫樞密(1-8)　南軒集 19/1a-6a

寄周子充尚書(1-3)　南軒集 19/6a-8a

答湖守薛士龍寺正(1-3)　南軒集 19/8a-9b

答潘端叔　南軒集 19/9b

答潘叔度　南軒集 19/10a

與顏主簿　南軒集 19/10a

答吳晦叔(1-10)　南軒集 19/10b-16a

答朱元晦秘書(1-30)　南軒集 20/1a-21/12a

答朱元晦(1-42)　南軒集 22/1a-24/11b

寄呂伯恭(1-15)　南軒集 25/1a-6a

答彪德美　南軒集 25/6a

答呂子約(1-3)　南軒集 25/7a-8a

答胡伯逢　南軒集 25/8b

答胡季立　南軒集 25/9a

答胡季履(1-2)　南軒集 25/9b-10a

答胡季隨(1-7) 南軒集 25/10a-12b
答陳擇之 南軒集 25/12b
答謝夢得 南軒集 25/13b
答劉炳先昆仲 南軒集 25/14b
答喻郎中 南軒集 26/1a
答李秘監 南軒集 26/1a
答周允升(1-2) 南軒集 26/2a-3a
答陳平甫 南軒集 26/3a
答曾致虛 南軒集 26/5b
答項秀才 南軒集 26/6a
答羅孟弼 南軒集 26/6a
答蕭仲秉(1-2) 南軒集 26/6b-7a
答戚如玉 南軒集 26/7a
答江文叔 南軒集 26/7b
答劉宰 南軒集 26/8a
答游誠之(1-2) 南軒集 26/8b-9a
答呂季克 南軒集 26/9a
答王居之 南軒集 26/9b
答章茂獻 南軒集 26/10a
與施蘄州少路 南軒集 26/10b
答彭子壽 南軒集 26/10b
答沙市孫監鎮 南軒集 26/11a
答陸子壽 南軒集 26/11b
答魏元履 南軒集 26/13a
答李賢良仲信 南軒集 27/1a
答李叔文 南軒集 27/1b
答李季修(1-2) 南軒集 27/2a-4a
答胡廣仲(1-3) 南軒集 27/4a-5b
答直夫 南軒集 27/6a
答范主簿伯崇 南軒集 27/7a
答舒秀才周臣 南軒集 27/7a
答宋教授 南軒集 27/8a
答俞秀才 南軒集 27/8b
答喬德瞻(1-3) 南軒集 27/9a-10a
答潘叔昌(1-3) 南軒集 27/10a-11a
答潘叔度(1-2) 南軒集 27/11a-11b
答潘文叔 南軒集 27/11b
答潘端叔 南軒集 27/12a
答周穎叔(1-2) 南軒集 27/12b-13a
答戚德銳(1-2) 南軒集 27/13a
答鄭仲禮(1-2) 南軒集 27/13b-14a
與曾節夫撫幹(1-8) 南軒集 28/1a-5a
與吳晦叔(1-15) 南軒集 28/5b-12b

答朱元晦 南軒集 30/1a
答胡廣仲 南軒集 30/9a
答陳平甫 南軒集 30/10a
答宋伯潛 南軒集 31/1a
答周允升 南軒集 31/2b
答彭子壽 南軒集 31/9b
答吳德夫 南軒集 31/10b
答呂子約 南軒集 32/1a
答嚴慶冑 南軒集 32/2b
答游誠之 南軒集 32/3b
答俞秀才 南軒集 32/8b
答胡季隨(1-2) 南軒集 32/11a-13a
賀錢工侍啓 播芳文粹 53/17b
賀游教授啓 播芳文粹 64/9a
賀試中賢良啓 播芳文粹 65/3a
賀人及第啓 播芳文粹 65/13a
賀人發舉啓 播芳文粹 65/16b
賀定帥寶文正啓 播芳文粹 66/1a
回呂太傅啓 播芳文粹 88/15a
回柳嚴州啓 播芳文粹 88/18b
回瞿通判啓 播芳文粹 89/1a
回竹通判啓 播芳文粹 89/2b
回胡參議啓 播芳文粹 89/9a
回州縣官啓 播芳文粹 89/4a
寄劉共甫樞密帖(1-2) 播芳文粹 108/1a-1b
寄周子充尚書帖(1-2) 播芳文粹 108/2b-4b
答潘端叔帖 播芳文粹 108/5a
與顏主簿帖(1-4) 播芳文粹 108/5b-7b
答朱元晦帖(1-19) 播芳文粹 108/8a-23b
答彪德美帖 播芳文粹 108/26b
答朱元晦秘書書 南宋文範 34/6b
與曾節夫撫幹書 南宋文範 34/8a
與人書三首 蜀文輯存 64/16b
與喬德瞻書三首 蜀文輯存 64/17a
寄劉公詩帖 蜀文輯存 64/18a
賀錢工侍啓 蜀文輯存 64/18a
賀定師寶文正啓 蜀文輯存 64/18b

~商英

張丞相書 東觀餘論/下 24a
賀王校書啓 播芳文粹 51/24b
謝蔡京狀 蜀文輯存 14/7b
謝蔡京書 蜀文輯存 14/7b
與報恩禪師問儒釋大要書 蜀文輯存 14/8a

賀王校書啓　蜀文輯存 14/8a

至都帖　蜀文輯存 14/8b

與章致平帖　蜀文輯存 14/8b

女夫帖　蜀文輯存 14/9a

方山寺張商英手札　金石續編 17/36a

~ 惟孝

賀張提舉啓　播芳文粹 61/20a

~　詠

上宰相書　乖崖集 7/1a

寄張太玄書　乖崖集 7/2b

答馮華進士書　乖崖集 7/3a

與蘇員外書　乖崖集 7/3b

大名府請首薦張覃書　乖崖集 7/5a

寄馮華李鏐書　乖崖集 7/7a

回路逸人卷書　乖崖集 7/8a

答王觀察書　乖崖集 7/8b

答汝州楊大監書　乖崖集 7/10b

答楊內翰書　乖崖集 7/12a

寄張及寺丞書　乖崖集 7/12a

與洪州安撫王雜端郎中書　乖崖集 7/12b

與大諫陳情書　乖崖集 7/13a

謝焦文學書　乖崖集 7/14a

答友生問文書　乖崖集 7/14b

大名府請首薦張覃書　宋文鑑 112/9a

答王觀察書　宋文鑑 112/10b

~ 雲翼

回司理賀月旦啓　播芳文粹 89/8a

~ 舜民

代賀河州通判解於師中授館職啓　四庫拾
　遺 584/畫墁集

與石司理書　宋文鑑 120/3b

賀余中丞啓　播芳文粹 52/18a

謝監司薦舉啓　播芳文粹 75/14a

起居呂漕啓　播芳文粹 87/14b

起居提舉啓　播芳文粹 87/15b

上太守納拜啓　播芳文粹 88/5b

回孫教授啓　播芳文粹 89/5a

~　載

答范巽之書　張橫渠集 13/1a

賀蔡密學　張橫渠集 13/3a

與趙大觀書　宋文鑑 119/6b

與呂微仲書　宋文鑑 119/7a

賀蔡密學啓　宋文鑑 122/21a

與沈秘丞帖　播芳文粹 106/8a

與陳奉議帖　播芳文粹 106/8a

~　嶸

叙別狀　紫微集 26/9b

賀秦太師車駕幸賜第啓　紫微集 26/10a

賀呂相啓　紫微集 26/11a

賀路尚書啓　紫微集 26/11b

代上王侍郎啓　紫微集 26/12b

與秦侍郎啓　紫微集 26/14b

上侍郎啓　紫微集 26/15a

上曾侍郎啓　紫微集 26/16b

代人賀鄧州張侍郎啓　紫微集 27/1a

梁侍郎啓　紫微集 27/2a

折侍郎啓　紫微集 27/2a

直院胡侍郎啓　紫微集 27/2b

呂侍郎啓　紫微集 27/2b

賀范參政啓　紫微集 27/2b

代王漕謝汪內翰啓　紫微集 27/3a

賀秦內翰啓　紫微集 27/4a

賀節度使啓　紫微集 27/5a

上權府呂郎中啓　紫微集 27/6a

賀中書席舍人啓　紫微集 27/7a

賀中書胡舍人啓　紫微集 27/8a

上連顯謨啓　紫微集 27/8b

代人賀刑部郎官啓　紫微集 27/8b

代上縣丞啓　紫微集 27/9a

再任衢州謝宰相啓　紫微集 27/9b

代人到任謝執政啓　紫微集 27/10b

賀建康留守進職啓　紫微集 27/11b

答劉中啓　紫微集 27/12b

賀新守啓　紫微集 27/13a

代周守賀劉帥啓　紫微集 27/13b

賀張修撰帥高陽啓　紫微集 27/14b

賀李帥啓　紫微集 27/15a

回河間張帥啓　紫微集 27/16a

答真定曾帥賀啓　紫微集 27/16a

代王漕問候張督相啓　紫微集 27/16b

問候秦樞密啓　紫微集 27/18a

與秘監啓　紫微集 27/19a

與樊大監啓　紫微集 27/19b

代人賀劉漕啓　紫微集 28/1a

又代人賀范漕啓　紫微集 28/1b

又代王憲賀劉漕啓　紫微集 28/2a

又答張漕啓諱叔獻　紫微集 28/2b

又代人謝劉漕啓　紫微集 28/3a

又與同官趙漕啓　紫微集 28/4a

又上王漕啓　紫微集 28/4b

見陳漕啓　紫微集 28/6a

又賀新漕啓　紫微集 28/7b

又代王漕賀章漕啓　紫微集 28/8b

答知肇慶府葉南仲啓　紫微集 28/9b

赴衢州答王提宮啓　紫微集 28/10a

答知全州高梲啓　紫微集 28/10b

代人問候王襄陽啓　紫微集 28/10b

代王漕回蔣潤州宣卿啓　紫微集 28/11b

回潭州劉徽猷啓　紫微集 28/12a

答沈教授啓　紫微集 28/12b

代通使長啓湖北監司　紫微集 28/13a

代章漕與交代啓　紫微集 28/13b

與交代啓　紫微集 28/14a

回諸官啓　紫微集 28/14b

梁左司啓　紫微集 28/15a

與高左司遠迎啓　紫微集 28/15a

代賀徐太宰啓　紫微集 28/15b

代人賀吳少宰啓　紫微集 28/16b

回劉狀元啓　紫微集 28/18a

賀樞密啓(1~3)　紫微集 29/1a–3b

代人回樞密啓　紫微集 29/4b

通樞密啓　紫微集 29/5b

代人賀李樞密啓　紫微集 29/6b

代張帥謝太師除敷學啓　紫微集 29/7b

代人賀范左丞啓　紫微集 29/8b

代人賀耿右丞啓　紫微集 29/9b

謝館職上趙相公啓　紫微集 29/10a

謝相公啓　紫微集 29/12b

謝惠生日啓　紫微集 29/13a

代人謝人啓　紫微集 29/13a

代賀樞密啓　紫微集 29/14a

代人越守孟少保啓　紫微集 29/15a

賀中書令啓　紫微集 29/16b

代王漕謝除秘閣修撰啓　紫微集 30/1a

見吳少卿啓　紫微集 30/1b

代回鈆山知縣啓　紫微集 30/3a

代胡勝仲上同官知縣　紫微集 30/3a

與范待制啓　紫微集 30/3b

與吳少卿啓　紫微集 30/4a

通交代啓　紫微集 30/4b

答曹倅啓　紫微集 30/5b

回桂倅啓　紫微集 30/5b

答朱倅啓　紫微集 30/6a

賀正旦啓　紫微集 30/6b

賀冬啓　紫微集 30/7a

求媒啓　紫微集 30/8b

與媒氏啓　紫微集 30/9a

許定啓　紫微集 30/9b

定日納幣啓　紫微集 30/9b

下禮書(1–2)　紫微集 30/10a

許婚書　紫微集 30/10b

求婚書　紫微集 30/11a

代人求婚書　紫微集 30/12a

寄謙上人　紫微集 33/1b

蠲逋欠劄子　南宋文範 31/18a

~　漸

賀王司理發舉啓　播芳文粹 65/14a

~　寧

與蔡密學帖　播芳文粹 107/14b

~　綱

賀朱中書啓　張華陽集 26/1a

賀白太宰啓　張華陽集 26/2a

賀黃相啓　張華陽集 26/3a

賀呂相啓　張華陽集 26/3b

賀劉相年啓　張華陽集 26/5a

代姪合謝解啓　張華陽集 26/5b

代姪合上葉左丞啓　張華陽集 26/7b

代舅李治表上宰相啓　張華陽集 26/9a

又代賀冬啓　張華陽集 26/9b

江東提刑到任謝宰相啓　張華陽集 26/10a

上葉左丞啓　張華陽集 26/11a

與馬運使啓　張華陽集 27/1a

與陳運使啓　張華陽集 27/1b

回趙提點啓　張華陽集 27/1b

回宣州張守啓　張華陽集 27/2a

回建昌朱守啓　張華陽集 27/2b

與池州葉守啓　張華陽集 27/2b

回太平許守啓　張華陽集 27/3a

與饒州李守啓　張華陽集 27/3b

回董提刑啓　張華陽集 27/4a

賀權樞密啓　張華陽集 27/4b

賀參政啓　張華陽集 27/5a

賀內翰啓　　張華陽集 27/5b

賀建康李端明啓　　張華陽集 27/6b

朱相遠迎啓　　張華陽集 27/7a

上呂都督啓　　張華陽集 27/7a

與韓舍人啓　　張華陽集 27/7b

與姚都運啓　　張華陽集 27/8a

與傅參謀啓　　張華陽集 27/8b

與劉參議啓　　張華陽集 27/9a

與韓太尉啓　　張華陽集 27/9b

賀孟參政啓　　張華陽集 27/10a

與詔使啓　　張華陽集 27/10b

賀朱相啓　　張華陽集 28/1a

賀信州連顯謨啓　　張華陽集 28/2a

回宣州沈待制啓　　張華陽集 28/2b

與交代張提刑啓　　張華陽集 28/2b

除左司謝宰相啓　　張華陽集 28/3a

復待制謝宰執啓　　張華陽集 28/4a

通朱相啓　　張華陽集 28/5a

賀趙相冬啓　　張華陽集 28/5b

丁父憂服闋上宰相啓　　張華陽集 28/6a

服闋上執政啓　　張華陽集 28/6b

賀鎮江孟郡王到任啓　　張華陽集 28/6b

賀張樞密冬啓　　張華陽集 28/7a

賀朱相冬啓　　張華陽集 28/7b

乞再任宮祠上宰相啓　　張華陽集 28/7b

賀鎮江汪內翰到任啓　　張華陽集 28/8a

賀鎮江蔣龍圖到任啓　　張華陽集 28/8b

賀鎮江鄭侍郎到任啓　　張華陽集 28/9a

賀鄭侍郎年啓　　張華陽集 28/9b

丁母憂服闋上宰相啓　　張華陽集 28/9b

賀黃郎中年啓　　張華陽集 28/10b

賀鎮江張朝議到任啓　　張華陽集 28/10b

回鄭侍郎賀年啓　　張華陽集 28/11b

賀執政冬啓　　張華陽集 29/1a

賀鎮江王尚書年啓　　張華陽集 29/1b

回鎮江請赴鄉飲啓　　張華陽集 29/1b

回金壇請赴鄉飲啓　　張華陽集 29/2a

回葛丞謝解啓　　張華陽集 29/2a

回宋知縣啓　　張華陽集 29/2b

回葛丞謝及第啓　　張華陽集 29/2b

回張察院啓　　張華陽集 29/3a

賀陳相冬啓　　張華陽集 29/3b

回秀州張守啓　　張華陽集 29/4a

回折端明啓　　張華陽集 29/4a

除參政回兩府啓　　張華陽集 29/4b

知婺州回兩府啓　　張華陽集 29/5a

回監司賀冬啓　　張華陽集 29/5b

回宣州樓樞密啓　　張華陽集 29/6a

回鄰郡賀年啓　　張華陽集 29/6b

回董直閣賀冬啓　　張華陽集 29/6b

賀鎮江楊少卿到任啓　　張華陽集 29/7a

賀鎮江韓尚書到任啓　　張華陽集 29/7b

賀趙直閣冬啓　　張華陽集 29/8a

賀都統劉太尉到任啓　　張華陽集 29/8a

賀趙直閣年啓　　張華陽集 29/8b

賀都統劉太尉年啓　　張華陽集 29/9a

賀方敷文冬啓　　張華陽集 29/9a

回曹教授啓　　張華陽集 29/9b

賀鎮江李寶文到任啓　　張華陽集 29/10a

賀李寶文年啓　　張華陽集 29/10b

回王運使啓　　張華陽集 29/10b

洪宅求婚書 長子堂繼娶　　張華陽集 33/9a

丁宅求婚書 次子堅　　張華陽集 33/9b

丁宅納幣書　　張華陽集 33/10a

答丁宅求婚書　　張華陽集 33/10a

朱宅求婚書 三孫鎣　　張華陽集 33/10b

答錢宅求婚書 長子孫女　　張華陽集 33/10b

答錢宅請期書　　張華陽集 33/11a

曹宅求婚書 四孫鏑　　張華陽集 33/11a

賀門下周侍郎啓　　播芳文粹 51/12b

賀劉侍講啓　　播芳文粹 52/1b

賀丞相生日啓　　播芳文粹 67/22a

回李守侍郎啓　　播芳文粹 88/20b

請化長老疏　　播芳文粹 118/10a

請長老講經疏　　播芳文粹 118/34a

~維之

謝及第啓　　播芳文粹 77/29b

~維國

謝鄉舉啓　　播芳文粹 78/17b

~　震

賀鄭察訪啓　　播芳文粹 59/4a　蜀文輯存 60/6b

~德美

賀都督正啓　　播芳文粹 66/2a

~德興

賀漕司周帳管啓　　播芳文粹 64/2a

~　擴

賀朱相公除觀文殿大學士宮觀啓　東窗集 15/1a

兩府賀冬至啓　東窗集 15/2a

賀趙司諫啓　東窗集 15/2a

賀范待制啓　東窗集 15/3a

賀知紹興府孟樞密啓　東窗集 15/3b

迎張樞密自福州促召赴行在啓　東窗集 15/4a

謝新恩祝先輩啓　東窗集 15/5a

賀陳參政知湖州啓　東窗集 15/5b

代賀婺州范龍圖啓　東窗集 15/7a

轉官謝提刑啓　東窗集 15/7b

賀中書潘舍人啓　東窗集 15/7b

賀中書任舍人啓　東窗集 15/8b

賀中書胡舍人啓　東窗集 15/9b

賀張參政經筵啓　東窗集 15/10a

回德興陳宰啓　東窗集 15/11a

回巢縣湯承議啓　東窗集 15/11a

回饒州王舍人啓　東窗集 15/11b

回德興汪尉啓　東窗集 15/12a

回蘭侍御啓　東窗集 15/12b

賀范內翰啓　東窗集 15/13a

朱內翰通問啓　東窗集 15/14b

賀侍講胡內翰啓　東窗集 15/15b

宰執賀正啓　東窗集 15/16a–17a

知州賀正啓　東窗集 15/17a

賀運使李學士啓　東窗集 15/17b

又除直秘閣謝運使啓　東窗集 15/18a

賀趙參政除樞密都督川陝啓　東窗集 15/18b

賀石殿院啓　東窗集 15/19b

賀王殿院啓　東窗集 15/20a

提舉市舶司到任後謝前兩府知州啓　東窗集 15/20b

賀戶部李侍郎啓　東窗集 15/21b

賀張樞密再除知院啓　東窗集 15/22b

賀宣州鄭侍郎啓　東窗集 15/23b

賀徽州吳守啓　東窗集 15/24a

賀兵部折尚書啓　東窗集 15/24b

賀程發運啓　東窗集 15/25b

代賀王相公收復朔方遷太傅啓　東窗集 16/1a

代黃侍御處州到任謝宰執啓　東窗集 16/2a

代知處州黃侍御再任謝宰執啓　東窗集 16/3a

代賀白太宰啓　東窗集 16/4b

又代賀徐太宰啓　東窗集 16/5a

代賀起復李左丞啓　東窗集 16/6a

代賀趙右丞啓　東窗集 16/6b

代謝周中丞論薦啓　東窗集 16/7b

回溫州舉人啓　東窗集 16/8b

代謝京畿監司奏辟畿令啓　東窗集 16/9a

代黃侍御除直秘閣謝宰執啓　東窗集 16/10b

代賀何中丞啓　東窗集 16/11a

代賀燕大尹啓　東窗集 16/12a

代賀宇文內翰啓　東窗集 16/13a

陸九淵

與邵叔誼　象山集 1/1a

與曾宅之　象山集 1/3b

與胡季隨(1–2)　象山集 1/9a–9b

與趙監(1–2)　象山集 1/11b–12b

與鄧文範(1–2)　象山集 1/13a–14b

與姪孫濬　象山集 1/15a

與李省幹(1–2)　象山集 1/17b–18a

與王順伯(1–2)　象山集 2/1a–4a

與朱元晦書(1–3)　象山集 2/8a–21a

與吳顯仲書(1–2)　象山集 2/22a

與童伯虞　象山集 3/1a

與劉深甫　象山集 3/2a

與張輔之(1–3)　象山集 3/3b–7a

與曹挺之　象山集 3/8a

與曹立之(1–2)　象山集 3/8b–9b

與黃日新　象山集 3/14a

與黃元吉　象山集 3/15a

與喬德占　象山集 3/15b

與諸葛受之　象山集 3/16a

與李德遠　象山集 4/1a

得解見提舉　象山集 4/1b

得解見權郡　象山集 4/2b

得解見通判　象山集 4/3b

與諸葛誠之(1–3)　象山集 4/5a–7b

與王德修　象山集 4/8a

與劉淳叟(1–2)　象山集 4/9a–10a

與趙宰　象山集 4/12b

與胡達材(1–2)　象山集 4/13a–14a

與潘文叔　象山集 4/15a

與彭世昌　象山集 4/15b

與曾敬之	象山集 4/16a	與王謙仲(1-2)	象山集 9/1a-4a
與符舜功(1-3)	象山集 4/16b-17a	與錢伯同(1-2)	象山集 9/5a-6a
與符復仲	象山集 4/17b	與楊守(1-3)	象山集 9/6b-7b
與周廉夫	象山集 4/18a	與黃監	象山集 9/10a
與呂伯恭	象山集 5/1a	與林叔虎	象山集 9/10b
與呂子約	象山集 5/2a	與陳君舉	象山集 9/12b
與戴少望	象山集 5/3a	與李成之(1-2)	象山集 10/1a-1b
與舒西美	象山集 5/3b	與應仲寔	象山集 10/2a
與高應朝	象山集 5/5a	與張季海(1-2)	象山集 10/2b-3b
與楊敬仲(1-2)	象山集 5/5b-6a	與張元鼎	象山集 10/4a
與項平甫	象山集 5/6b	與黃康年	象山集 10/5a
與舒元賓	象山集 5/7a	與胡無相	象山集 10/5a
與徐子宜(1-2)	象山集 5/7b-9a	與朱益叔	象山集 10/5b
與趙子直	象山集 5/11a	與路彥彬	象山集 10/6a
與辛幼安	象山集 5/13a	與涂任伯書	象山集 10/6b
與傅全美(1-2)	象山集 6/1a	與董元錫	象山集 10/7b
與傅子淵(1-3)	象山集 6/3b-5a	與倪濟甫	象山集 10/8b
與傅聖謨(1-3)	象山集 6/5b-6b	與黃彥文	象山集 10/9a
與包詳道(1-7)	象山集 6/8b-14b	與劉志甫	象山集 10/9b
與包顯道(1-2)	象山集 6/15a-15b	與邵叔誼	象山集 10/10a
與包敏道(1-4)	象山集 6/16a-17b	與江德功	象山集 10/11b
與吳伯顓	象山集 6/18a	與曾宅之	象山集 10/11b
與吳仲詩	象山集 6/18b	與周元忠	象山集 10/13a
與吳叔有	象山集 6/19b	與詹子南(1-2)	象山集 10/13a-13b
與勾熙載	象山集 7/1a	與吳顯仲	象山集 10/14a
與彭子壽	象山集 7/1b	與朱濟道(1-3)	象山集 11/1a-2b
與邵中孚	象山集 7/2b	與吳子嗣(1-8)	象山集 11/2b-6b
與顏子堅	象山集 7/3b	與傅季魯	象山集 11/7a
與張季忠	象山集 7/4b	與陳宰(1-2)	象山集 11/7b-8a
與胥必先	象山集 7/5a	與李宰(1-2)	象山集 11/8b-9a
與朱元晦	象山集 7/5b	與趙景昭	象山集 11/11b
與吳仲良	象山集 7/7a	與王順伯(1-2)	象山集 11/12a-14a
與詹子南(1-3)	象山集 7/7b-8b	與尤延之	象山集 11/16a
與陳倅(1-2)	象山集 7/9a-11a	與豐宅之	象山集 11/17a
與包顯道(1-4)	象山集 7/12b-14b	與趙然道(1-4)	象山集 12/1a-4b
與周元忠	象山集 7/15b	與趙詠道(1-4)	象山集 12/5a-7b
與蘇宰	象山集 7/16b	與陳正己(1-2)	象山集 12/8a-9b
與程帥	象山集 7/17a	與張誠子	象山集 12/10a
與張春卿	象山集 8/1a	與張輔之	象山集 12/10b
與宋漕	象山集 8/2b	與饒壽翁(1-7)	象山集 12/10b-13b
與陳教授(1-2)	象山集 8/4b-6a	與倪九成	象山集 12/14a
與趙推	象山集 8/8a	與張季悅(1-2)	象山集 12/14b-16a
與蘇宰(1-3)	象山集 8/10b-15b	與劉伯協(1-2)	象山集 12/16b-17a

與黃循中（1－2）　象山集 12/18a－18b

與郭邦逸　象山集 13/1a

與郭邦瑞　象山集 13/2b

與李信仲　象山集 13/3a

與潘文叔　象山集 13/3b

與朱子淵（1－3）　象山集 13/4b－6b

與薛象先　象山集 13/7a

與羅春伯　象山集 13/8b

與鄭溥之　象山集 13/9b

與馮傳之　象山集 13/11b

與朱元晦（1－2）　象山集 13/12a－13a

與包詳道　象山集 14/1a

與包敏道（1－2）　象山集 14/1b

與嚴泰伯（1－3）　象山集 14/2b－3a

與傅子淵　象山集 14/3b

與羅章夫　象山集 14/4a

與廖幼卿　象山集 14/4b

與傅齊賢　象山集 14/5a

與胥必先（1－3）　象山集 14/5a－6a

與蔡公辯　象山集 14/6b

與張德清　象山集 14/7a

與高應朝　象山集 14/7b

與姪孫濬（1－4）　象山集 14/8b－11b

與陶贊仲（1－2）　象山集 15/1a－3a

與孫季和　象山集 15/4b

與唐司法　象山集 15/6a

與傅克明　象山集 15/6b

與章茂獻　象山集 15/7a

與羅春伯　象山集 15/7b

與薛象先（1－2）　象山集 15/8b－10a

與朱子淵　象山集 15/11a

與劉漕　象山集 15/11b

與吳斗南　象山集 15/12b

與章德茂（1－5）　象山集 16/1a－6b

與張元善（1－2）　象山集 16/8b－10b

與張監（1－2）　象山集 17/1a－1b

與豐叔賈　象山集 17/5b

與鄧文範　象山集 17/6a

與致政兄　象山集 17/7a

與張伯信　象山集 17/8b

與似清　象山集 17/9a

與沈宰（1－2）　象山集 17/9b－10a

與趙子直書　南宋文範 34/11b

與廟堂乞築城劄子　南宋文範 34/12b

與朱元晦書　南宋文範/外 3/1a

又與朱元晦書　南宋文範/外 3/4a

～　佃

答陳民先都曹書　陶山集 12/1a

答周之才書　陶山集 12/3a

答李賁書　陶山集 12/6b

答史仲至書　陶山集 12/8a

答宏姪書　陶山集 12/9a

答崔子方秀才書　陶山集 12/9b

及第謝啓　陶山集 13/1a

及第謝二府啓　陶山集 13/1a

除中書舍人謝丞相荊公啓　陶山集 13/2a

除中書舍人謝二府啓　陶山集 13/2b

穎州到任謝二府啓　陶山集 13/3b

穎州到任謝蔡州王左丞啓　陶山集 13/4a

鄧州到任謝二府啓　陶山集 13/4b

江寧府到任謝二府啓　陶山集 13/5b

泰州到任謝宰相啓　陶山集 13/6a

海州到任謝二府啓　陶山集 13/6b

復集賢殿修撰謝二府啓　陶山集 13/7b

蔡州到任謝兩府啓　陶山集 13/8a

回蔡州交代李閎郎中啓　陶山集 13/8b

除右丞回諸路監司啓　陶山集 13/9a

除左丞上親王免啓　陶山集 13/9a

除右丞上二府免啓　陶山集 13/9b

除左丞上二府免啓　陶山集 13/9b

賀刑部徐侍郎啓　陶山集 13/10a

回發運孫龍圖啓　陶山集 13/10b

回黃裳狀元以下新進士啓　陶山集 13/10b

回陳軒學士啓　陶山集 13/11a

回人謝館職啓　陶山集 13/11b

回文及甫謝館職啓　陶山集 13/11b

回安定郡王啓　陶山集 13/12a

回刑部劉侍郎啓　陶山集 13/12b

館伴高麗使啓狀　陶山集 13/13a

除館職謝丞相荊公啓　四庫拾遺 68/陶山集

～秀夫

勸陳文龍書　陸忠烈書 1/3b

～　游

謝解啓　渭山集 6/1a

賀台州曾直閣啓　渭南集 6/2a

賀曾秘監啓　渭南集 6/2b

賀謝提舉啓　渭南集 6/4a

賀禮部曾侍郎啓　渭南集 6/5a

賀辛給事啓　渭南集 6/6b

答福州察推啓　渭南集 6/8a

賀何正言除左司諫啓　渭南集 6/8b

賀湯丞相啓　渭南集 6/9b

除刪定官謝丞相啓　渭南集 6/11a

謝內翰啓　渭南集 6/12a

謝諫議啓　渭南集 6/13b

謝曾侍郎啓　渭南集 7/1a

刪定官供職謝啓　渭南集 7/2a

賀黃樞密啓　渭南集 7/3a

除編修官謝丞相啓　渭南集 7/4b

謝參政啓　渭南集 7/5a

謝賜出身啓　渭南集 7/6a

答人賀賜第啓　渭南集 7/7a

賀張都督啓　渭南集 7/7b

問候洪總領啓　渭南集 7/8b

答鈐轄啓　渭南集 7/9b

問候葉通判啓　渭南集 7/10a

答吳提宮啓　渭南集 7/10b

賀葉提刑啓　渭南集 7/11a

賀呂知府啓　渭南集 7/12a

上陳安撫啓　渭南集 7/12b

上史運使啓　渭南集 7/13b

答發解進士啓　渭南集 8/1a

答廖主簿發解啓　渭南集 8/1b

上二府乞宮祠啓　渭南集 8/2a

賀吏部陳侍郎啓　渭南集 8/2b

賀莆陽陳右相啓　渭南集 8/4a

謝王宣撫啓　渭南集 8/5a

通判夔州謝政府啓　渭南集 8/6a

謝洪丞相啓　渭南集 8/7b

上王宣撫啓　渭南集 8/8b

謝晁運使啓　渭南集 8/9b

謝夔路監司列薦啓　渭南集 8/10b

答薛參議啓　渭南集 8/11b

答衛司戶啓　渭南集 8/12a

與何蜀州啓　渭南集 8/12b

答交代楊通判啓　渭南集 8/13a

與趙都大啓　渭南集 8/13b

與成都張閣學啓　渭南集 9/1a

答勾簡州啓　渭南集 9/2a

與蜀州同官啓　渭南集 9/2b

賀薛安撫兼制置啓　渭南集 9/3a

與李運使啓　渭南集 9/4a

上鄭宣撫啓　渭南集 9/5a

賀葉樞密啓　渭南集 9/6a

除制司參議官謝趙都大啓　渭南集 9/7b

賀葉丞相啓　渭南集 9/8b

賀龔參政啓　渭南集 9/9b

答交代陳太丞啓　渭南集 9/10b

與錢運使啓　渭南集 9/11a

答南劍守林少卿啓　渭南集 9/11b

與建寧蘇給事啓　渭南集 9/12a

與本路郡守啓　渭南集 9/13a

福建謝史丞相啓　渭南集 9/13b

上趙參政啓　渭南集 10/1a

上安撫沈樞密啓　渭南集 10/2a

賀泉州陳尚書啓　渭南集 10/2b

答建寧陳通判啓　渭南集 10/3b

答漳州石通判啓　渭南集 10/4a

江西到任謝史丞相啓　渭南集 10/4b

謝趙丞相啓　渭南集 10/5b

謝王樞使啓　渭南集 10/6b

謝錢參政啓　渭南集 10/7a

謝侍從啓　渭南集 10/8a

謝臺諫啓　渭南集 10/9a

與本路監司啓　渭南集 10/9b

答本路郡守啓　渭南集 10/10b

答寄居官啓　渭南集 10/10b

賀葛正言啓　渭南集 10/11a

賀周參政啓　渭南集 10/12a

賀謝樞密啓　渭南集 10/13a

賀禮部鄭侍郎啓　渭南集 11/1a

答撫州發解進士啓　渭南集 11/2a

賀施中書啓　渭南集 11/2a

上丞相參政乞宮觀啓　渭南集 11/3a

知嚴州謝王丞相啓　渭南集 11/4a

謝梁右相啓　渭南集 11/5b

謝周樞使啓　渭南集 11/6b

謝黃參政啓　渭南集 11/7b

謝施參政啓　渭南集 11/8b

謝臺諫啓　渭南集 11/9b

謝葛給事啓　渭南集 11/10b

答交代陳判院啓　渭南集 11/11b

嚴州到任謝王丞相啓　渭南集 11/12b
謝梁右相啓　渭南集 11/13b
謝周樞使啓　渭南集 11/14a
謝臺諫啓　渭南集 11/15a
謝監司啓　渭南集 11/16a
答方寺丞啓　渭南集 11/16b
賀王提刑啓　渭南集 11/17b
與汪郎中啓　渭南集 11/18a
與沈知府啓　渭南集 11/18b
賀留樞密啓　渭南集 11/19a
賀蔣中丞啓　渭南集 11/20a
賀賈大諫啓　渭南集 12/1a
賀謝殿院啓　渭南集 12/2a
賀周丞相啓　渭南集 12/3a
賀施知院啓　渭南集 12/4b
賀丘運使啓　渭南集 12/5b
賀蔣尚書出知婺州啓　渭南集 12/6a
除直華文閣謝丞相啓　渭南集 12/7a
修史謝丞相啓　渭南集 12/8a
賀謝丞相除少保啓　渭南集 12/9a
賀張參政修史啓　渭南集 12/10a
除寶謨閣待制謝丞相啓　渭南集 12/11a
謝費樞密啓　渭南集 12/12a
致仕謝丞相啓　渭南集 12/13a
答權提刑啓　渭南集 12/13b
答胡吉州啓　渭南集 12/14b
代二府與夏國主書　渭南集 13/1a
上執政書　渭南集 13/2a
上虞丞相書　渭南集 13/4a
上辛給事書　渭南集 13/6a
答刑司戶書　渭南集 13/8a
答劉主簿書　渭南集 13/9b
與尉論捕盜書　渭南集 13/11b
答陸伯政上舍書　渭南集 13/13b
答王樵秀才書　渭南集 13/15a
賀韓戶書啓　播芳文粹 50/8a
賀洪樞使帥金陵啓　播芳文粹 56/24a
謝賜及第啓　播芳文粹 77/27b
賀禮部曾侍郎啓　南宋文範 29/7a
賀何正言除左司諫啓　南宋文範 29/8a
賀黃樞密啓　南宋文範 29/8b
賀謝樞密啓　南宋文範 29/9a
上二府論都邑劄子　南宋文範 34/4a

答劉主簿書　南宋文範 34/5a
~　經
賀丁提刑啓　播芳文粹 60/18b

陳文蔚
答徐崇甫人心道心並性理説　克齋集 1/1a
又答徐崇甫説　克齋集 1/4a
答崇甫所辯講義二條　克齋集 1/5a
劉靜春寄示太極要旨答其説名黼浦城人　克
　齋集 1/6a
答傅子澄　克齋集 1/7a
答王仰之　克齋集 1/9a
答周希顔問浴沂　克齋集 1/10a
答夏自明　克齋集 1/11a
答徐子融師堯説　克齋集 2/1a
又答徐子融書（1－2）　克齋集 2/3a－5a
通晦庵先生書問大學誠意章　克齋集 2/7a
與余正叔書　克齋集 2/10a
請問晦庵先生書(附又書節文)　克齋集 2/11a
答徐子融書　克齋集 2/13a
再答徐子融書（1－2）　克齋集 2/15a－17a
又答徐子融論誠書　克齋集 2/18a
答吳伯豐司戶簡　克齋集 3/1a
又答吳伯豐書（1－3）　克齋集 3/2a－7a
答徐子融書　克齋集 3/9a
答陳周佐縣丞書　克齋集 3/11a
答徐子顔書　克齋集 3/12a
與徐子融書　克齋集 3/13a
通晦庵先生書　克齋集 3/15a
與余方叔書　克齋集 3/16a
答韓仲止書　克齋集 3/17a
請問朱先生書　克齋集 3/18a
與吳伯豐書　克齋集 3/20a
與徐子融書　克齋集 3/21a
通朱先生書　克齋集 3/22a
答余方叔書　克齋集 3/23a
答李守約書　克齋集 4/1a
乙卯三月廿五日拜朱先生書　克齋集 4/4a
四月十八日拜朱先生書　克齋集 4/6a
九月十一日拜朱先生書　克齋集 4/8a
答徐子融書　克齋集 4/9a
丁巳六月拜朱先生書　克齋集 4/10a
十月廿一日拜先生書己未　克齋集 4/11a

答徐子融書(1-2)　克齋集 4/12a-13a

與李敬子教授書甲子冬　克齋集 4/14a

再答李敬子書　克齋集 4/17a

番陽辭趙得勤知郡書　克齋集 4/18a

答江會之書　克齋集 4/20a

答周希顏書　克齋集 4/21a

與李守約書　克齋集 5/1a

答范益之書　克齋集 5/3a

答趙必升書　克齋集 5/4a

答姜叔權書　克齋集 5/5a

與馮祥翁書　克齋集 5/6a

答白鹿洞杜升之書　克齋集 5/7a

再答杜升之書　克齋集 5/8a

與姜叔權論深衣　克齋集 5/10a

與徐崇甫校書　克齋集 5/12a

再答徐崇甫書　克齋集 5/13a

答清江張元德書　克齋集 5/15a

答祝行甫書　克齋集 5/16a

答三山李惟寅書　克齋集 5/17a

答野谷方君書　克齋集 5/18a

答玉山汪君書　克齋集 5/19a

答團溪黃鵬飛　克齋集 5/21a

答劉南叔縣尉　克齋集 6/5a

答史守　克齋集 6/6a

~元晉

上魏左史了翁啓　漁墅稿 2/1a

上廣東何憲使啓　漁墅稿 2/3a

通交代黃縣丞啓　漁墅稿 2/4a

通史尚書啓　漁墅稿 2/5a

見檢正余侍郎啓　漁墅稿 2/6a

見鄭參政啓　漁墅稿 2/8b

通知潭州李參政啓　漁墅稿 2/10b

通安樞帥啓　漁墅稿 2/11b

通柴大監啓　漁墅稿 2/13a

通慶元齊守啓　漁墅稿 2/14a

通雩都徐宰啓　漁墅稿 2/15a

通崇仁舒宰啓　漁墅稿 2/15b

通崇仁舒宰啓　漁墅稿 2/16b

通應經畧純之啓　漁墅稿 2/17a

通沈提幹啓　漁墅稿 2/18a

賀節齋除漕啓　漁墅稿 3/1a

賀趙大使尚書啓　漁墅稿 3/2b

賀高中書帥湖南啓　漁墅稿 3/3b

賀真舍人啓德秀　漁墅稿 3/5a

賀董正言居誼啓　漁墅稿 3/6a

謝陳工部特薦啓　漁墅稿 3/7b

謝張漕舉文華科啓　漁墅稿 3/8b

謝留經畧辟增城丞啓　漁墅稿 3/9a

回程虎卿勞還啓　漁墅稿 3/11a

回張司法啓　漁墅稿 3/12a

回鄭司法啓　漁墅稿 3/13a

回交代楊鹽幹啓　漁墅稿 3/14a

回范宰午之謝修橋啓　漁墅稿 3/14b

回石知縣啓　漁墅稿 3/15b

回高安趙知縣啓　漁墅稿 3/16a

回林縣尉啓　漁墅稿 3/16b

回史貢元啓　漁墅稿 3/17a

上曾知院書丙申三月　漁墅稿 4/1a

賀真舍人啓德秀　南宋文範 30/6a

上魏左史了翁啓　南宋文範 30/6b

上曾知院書　南宋文範/外 3/8a

~元裕

賀孫守啓　播芳文粹 62/19a

~仁子

上提刑侍郎文山先生書天祥　牧萊脞語 5/1a

代與肯齋李帥芾書　牧萊脞語 5/4b

與衡陽鄒府教子直書　牧萊脞語 5/8a

上按察秋山余先生書恁　牧萊脞語 5/11a

謝李簽事書琪　牧萊脞語 5/15a

與府尉王靜得書　牧萊脞語 5/18a

~正之

上執政啓　播芳文粹 85/23a

~　宓

與傅忠簡劄(1-12)　復齋集 11/1a-9a

賀傅忠簡生朝　復齋集 11/9b

答真西山問目(1-3)　復齋集 11/10a-10b

答讀易傳本義　復齋集 11/12a

與真西山劄(1-4)　復齋集 11/12b-15a

回真西山書(1-20)　復齋集 11/16a-31a

與楊太監慈湖簡書　復齋集 11/32a

回袁校書甫劄　復齋集 11/33a

回鄭知書院昭光　復齋集 11/33b

與曾大資劄　復齋集 11/34a

回魏鶴山劄　復齋集 11/35a

與鄭毅齋劄(1-5)　復齋集 11/36b-39b

回陳郎中韡劄　復齋集 11/40a

與曹侍郎彥約劄(1-4)　復齋集 11/41a-43b

回崔秘監劄　復齋集 11/44b

與制置李侍郎劄　復齋集 11/45a

與李尚書　復齋集 11/45b

與王侍郎居安劄　復齋集 11/46a

與王侍郎劄　復齋集 11/47a

與鄒給事應龍劄(1-3)　復齋集 11/47b-50a

與鄒經畧論林欽州事　復齋集 11/51a

與宜黃楊知縣劄　復齋集 11/52b

與鄒經畧　復齋集 11/53b

與江州丁太監劄焴(1-2)　復齋集 12/1a-2a

與夔路丁安撫劄　復齋集 12/3a

與興元丁知府書焴　復齋集 12/4a

與游郎中九功劄　復齋集 11/5b

與泉州知府黃左史中劄(1-3)　復齋集 12/6a-8a

與章都大提刑劄　復齋集 12/9b

與湖南孫提舉書德興　復齋集 12/10a

與孫提刑　復齋集 12/11a

與危宮講科劄　復齋集 12/11b

回傅寺丞劄壅　復齋集 12/12a

與傅寺丞劄康(1-2)　復齋集 12/13b-14b

與太監張劄　復齋集 12/15a

與朱寺丞在劄(1-2)　復齋集 12/16a-16b

與嚴機宜劄　復齋集 12/18a

回翁圖書　復齋集 12/18b

與趙右司劄　復齋集 12/18b

與江東徐提舉劄(1-2)　復齋集 12/19a-20a

與南康鄭教授劄(1-3)　復齋集 12/21a-22b

與閩清令鄭君瑞劄(1-3)　復齋集 12/22b-24b

與姚判官琚劄(1-2)　復齋集 12/25a-25b

回朱順昌劄　復齋集 12/26a

回毛提舉劄　復齋集 12/26b

與任知縣一龍劄　復齋集 12/27a

與婺州林教日選劄　復齋集 12/27b

與楊安撫長孺劄　復齋集 12/28b

鄭通判渙劄　復齋集 12/30a

與江右留提刑劄竹端(1-2)　復齋集 12/30b-31b

與杜省元東書　復齋集 12/32a

與福清林經畧書　復齋集 12/33a

與福清林經畧書　復齋集 12/33a

回廣東何提刑坦劄　復齋集 12/34b

回魏學正書　復齋集 12/35a

上勉齋黃先生(1-4)　復齋集 13/1a-3b

與李司直燔劄　復齋集 13/4a

與通判李司直燔劄　復齋集 13/5a

與李國錄方子劄　復齋集 13/5b

與李蘄州誠之劄(1-2)　復齋集 13/7a-7b

慰李機宜劄蘄州之子　復齋集 13/8b

與信齋楊學錄復書(1-17)　復齋集 13/9a-19a

與司直師恕劄(1-3)　復齋集 13/19b-20b

與安南張郎中元簡　復齋集 13/21a

與江西趙提舉劄汝談(1-2)　復齋集 13/22a-22b

回永福黃主簿必昌劄　復齋集 13/23a

與蘇授思恭劄(1-7)　復齋集 13/23b-27a

與鄭縣尉思忱劄　復齋集 13/27a

答鄭知縣　復齋集 13/28a

回甯德李縣尉元宗劄(1-2)　復齋集 13/28b-29a

答劉學錄忠恕說彌邵　復齋集 13/30a

又答人心道心　復齋集 13/30b

回劉學錄書　復齋集 13/31a

回黃省元汝宜書　復齋集 13/31b

回興化谷目陳樸翁劄仲須(1-2)　復齋集 13/32b

與柯東海書　復齋集 13/33b

回柯豈文書　復齋集 13/34b

答李如晦問目　復齋集 13/34b

與李如晦書(1-7)　復齋集 13/38b-41a

與袁州時倅　復齋集 13/41b

慰時機宜書　復齋集 13/42a

與時將仕書　復齋集 13/42b

南康到任與三府劄　復齋集 14/1a

又上三府劄　復齋集 14/2b

與史丞相劄　復齋集 14/4b

與趙右司劄　復齋集 14/5a

與江東譙提刑劄令憲(1-4)　復齋集 14/6b-10a

與江東章提舉劄(1-4)　復齋集 14/10a-14b

與江東俞運使劄(1-5)　復齋集 14/15b-19a

與宋總領鈞劄　復齋集 14/20a

與朱寺丞在劄　復齋集 14/21a

與趙經畧劄崇憲　復齋集 14/22a

與江東李安撫劄　復齋集 14/23a

與袁侍郎_變劄　復齋集 14/24a

與江州俞侍郎劄　復齋集 14/25b

與撫州趙司直劄　復齋集 14/26a

與真西山(1-2)　復齋集 14/27a-28b

與袁州鄭毅齋劄　復齋集 14/30a

回勉齋黄先生(1-2)　復齋集 14/31a-32b

與汪總幹書　復齋集 14/33b

與劍通史丞相劄(1-2)　復齋集 15/1a-2a

與馮提刑多福劄(1-3)　復齋集 15/3a-4b

與福建譙運使令憲(1-4)　復齋集 15/6a-8a

與福建樓提舉劄(1-3)　復齋集 15/9a-10a

回本軍趙通判劄　復齋集 15/10b

賀傅忠簡公劄　復齋集 15/11a

與本軍曾知軍劄_{耆年}　復齋集 15/12a

與鄭寺丞寅劄　復齋集 15/12b

與江西孫提刑德興　復齋集 15/13a

回傅寺丞劄_壅　復齋集 15/14b

與真西山書　復齋集 15/15b

與鄉守陳國博與行書　復齋集 15/16b

與閩清鄭知縣_熵書(1-2)　復齋集 15/17b-18a

回劉學錄劄　復齋集 15/19a

回建安劉主簿潛夫　復齋集 15/20b

南劍請蔡堂長念成書　復齋集 16/1a

與楊學錄復書(1-2)　復齋集 16/2a-2b

與林堂長羽書　復齋集 16/3a

與鄧聘君邦老書　復齋集 16/3b

與將樂宰劄　復齋集 16/3b

與林堂長雨書(1-2)　復齋集 16/4a-4b

與楊學錄劄(1-2)　復齋集 16/5a

與趙司直書師恕　復齋集 16/5b

與趙司直師恕劄(1-3)　復齋集 16/6a-7a

請姚簽判瑢劄　復齋集 16/7b

回福建李安撫駿劄(1-3)　復齋集 16/8a-11a

與李安撫駿劄　復齋集 16/11a

與陳招捕韡劄(1-2)　復齋集 16/11b-12a

與陳運使_汶劄　復齋集 16/13a

回徐撫幹_{鹿卿}劄　復齋集 16/13b

與趙知軍_{汝固}劄　復齋集 16/14a

本軍修城擬申省丐度牒白劄　復齋集 16/14b

與王知軍克恭乞築城劄子_(附小帖)　復齋集 16/15b

與陳運使_汶劄　復齋集 16/16b

與趙知軍_{汝固}劄　復齋集 16/17b

勸築城局諸士友劄　復齋集 16/18b

與李如晦書(1-2)　復齋集 16/20a-20b

與卓省元渙　復齋集 16/21a

與李□求勉齋祠記書　復齋集/拾遺 6a

~　東

答江西提舉監丞蔣宣卿書　陳修撰集 4/1a　南宋文範 32/9a

答趙子崧書　陳修撰集 4/3a

家書　陳修撰集 4/5a

延康府殿學士知鎮江府趙子崧書　陳修撰集 6/16a

~長方

謝解啟　唯室集 1/21b

謝及第啟　唯室集 1/23a

答謝特奏啟　唯室集 1/23b

答王解元啟　唯室集 1/24b

答何解元啟　唯室集 1/24b

賀戶部侍郎啟　唯室集 1/25a

賀劉侍郎啟　唯室集 1/26a

賀中書舍人啟　唯室集 1/26b

賀太守啟　唯室集 1/27b

答黄循聖書　唯室集 2/12a

與友人論文書　唯室集 2/13b

~卓卿

賀韓戶侍啟　播芳文粹 53/10a

賀錢提舉　播芳文粹 61/18a

賀鄧司戶啟　播芳文粹 64/15a

賀秦相孫及第啟　播芳文粹 65/8a

賀秦待制及第啟　播芳文粹 65/9a

賀秦少保男及第啟　播芳文粹 65/10a

賀人子及第啟　播芳文粹 65/10b

賀太守正啟　播芳文粹 66/7b

謝漕使薦舉啟　播芳文粹 74/15b

謝講拜禮啟　播芳文粹 81/12b

赴任與職官啟　播芳文粹 84/6a

~居仁

賀葛知院除右丞相啟　播芳文粹 48/1a

建寧府到任謝宰相啟　播芳文粹 71/8a

~　亮

呂東萊答書(三國紀年)　龍川集 12/15a

謝留丞相啟　龍川集 17/13b

謝葛丞相啟　龍川集 17/14b

謝陳參政啟　龍川集 17/15a

謝趙同知啓　龍川集 17/16a
謝羅尚書啓　龍川集 17/17a
謝曾察院啓　龍川集 17/17b
謝張侍御啓　龍川集 17/18b
謝黃正言啓　龍川集 17/19a
謝章司諫啓　龍川集 17/20a
謝楊解元啓　龍川集 17/21a
答陳知丞啓　龍川集 17/22b
送陳給事去國啓　龍川集 17/23a
賀周丞相啓　龍川集 18/1a
賀洪景盧除內翰啓　龍川集 18/1b
謝王丞相書　龍川集 18/3a
謝留丞相啓　龍川集 18/3b
謝葛知院啓　龍川集 18/4b
謝胡參政啓　龍川集 18/6a
謝陳同知啓　龍川集 18/6b
與徐大諫良能　龍川集 18/8a
謝羅尚書啓　龍川集 18/8a
謝汪侍郎啓　龍川集 18/9a
謝梁侍郎啓　龍川集 18/9b
謝陳侍郎啓　龍川集 18/10b
謝鄭侍郎啓　龍川集 18/11a
謝曾察院啓　龍川集 18/12b
謝何正言啓　龍川集 18/13b
復吳氏定婚啓　龍川集 18/14a
與周參政葵　龍川集 19/1a
與王丞相淮　龍川集 19/2a
與韓無咎尚書　龍川集 19/6a
與章德茂侍郎(1-4)　龍川集 19/11b-15a
與應仲實　龍川集 19/16b
與呂伯恭正字(1-3)　龍川集 19/19b-22a
又戊戌冬書(與呂恭正字)　龍川集 19/23b
與林和叔侍郎　龍川集 19/24a
與韓子師侍郎　龍川集 19/25b
復樓大防郎中　龍川集 19/26b
復陸伯壽　龍川集 19/27b
復杜伯高　龍川集 19/28b
復杜仲高　龍川集 19/30a
復何叔厚　龍川集 19/31a
復呂子約　龍川集 19/32a
復呂子陽　龍川集 19/33b
復李唐欽　龍川集 19/34b
壬寅答朱元晦秘書(1-2)　龍川集 20/1a-2b

又癸卯通書　龍川集 20/6a
又甲辰答書　龍川集 20/9a
與朱元晦秘書(1-3)　龍川集 20/15b-29a
丙午復朱元晦秘書書　龍川集 20/32b
與葉丞相衡(1-4)　龍川集 21/1a-3b
與周參政必大　龍川集 21/3b
與周丞相必大　龍川集 21/5a
與辛幼安殿撰　龍川集 21/6b
與張定叟侍郎　龍川集 21/8a
與勾熙載提舉(1-2)　龍川集 21/9a-9b
與彭子壽祭酒　龍川集 21/11a
與范東叔龍圖(1-2)　龍川集 21/12a-12b
與尤延之侍郎　龍川集 21/13b
與吳益恭安撫　龍川集 21/14b
與鄭景元提幹　龍川集 21/16b
與陳君舉(1-2)　龍川集 21/18a-20a
與石天民　龍川集 21/21b
與石應之　龍川集 21/23a
復吳叔異　龍川集 21/24a
復張好仁　龍川集 21/26a
復胡德永　龍川集 21/27a
復喻謙文　龍川集 21/28a
復黃伯起　龍川集 21/29a
謝留丞相啓　南宋文範 30/2b
與韓无咎尚書書　南宋文範 34/16a
與徐大諫良能書　南宋文範 34/17a

~彥昭
教授與交代啓　播芳文粹 85/2b
~建中
賀坑冶司朱幹啓　播芳文粹 64/5a
~耆卿
上水心先生書　篔窗集 5/1a
答王君夢松書　篔窗集 5/2b
上樓內翰書　篔窗集 5/4a
上蔡侍郎書　篔窗集 5/7a
代通王舍人書　篔窗集 5/10a
代上樓參政書　篔窗集 5/11b
代吳守上水心先生求先銘書　篔窗集 5/14b
賀石察院啓　篔窗集 6/1a
代通宣城葉主簿啓　篔窗集 6/2a
賀倪兵書啓　篔窗集 6/2b
賀董司諫啓　篔窗集 6/3b
代賀趙戶侍啓　篔窗集 6/4b

賀浙東倉程郎中啓　筼窗集 6/5b
賀嘉興守喬編修啓　筼窗集 6/6b
賀張參政生朝啓　筼窗集 6/7b
賀青田丁知縣啓　筼窗集 6/8b
代賀應大諫啓　筼窗集 6/9b
賀鄭大諫啓　筼窗集 6/10b
代賀台守俞寺丞啓　筼窗集 6/11b
通兩浙漕章郎中啓　筼窗集 6/12b
通處州林判官啓　筼窗集 6/14a
代回南劍劉守特薦啓　筼窗集 6/14b
代賀婺守林侍郎啓　筼窗集 6/15b
代回臨海元縣丞啓　筼窗集 6/16b
代回仙居楊縣丞啓　筼窗集 6/17a
回青田陳監稅啓　筼窗集 6/17b
代通婺守孟侍郎啓　筼窗集 6/18a
通青田李知縣啓　筼窗集 6/19a
代回長亭徐監場啓　筼窗集 6/20a
上丞相論台州城築事　赤城集 1/7b
登第謝漕臺主司　四庫拾遺 423/筼窗集

~師孟
賀王守啓　播芳文粹 63/7b
~師禹
賀李左丞啓　播芳文粹 53/23b
賀吳都運啓　播芳文粹 60/10b
賀李監鎮啓　播芳文粹 64/23a
起居運判啓　播芳文粹 87/18a
~師道
上蘇公書　後山集 14/1a
上林秀州書　後山集 14/2b
答李端叔書　後山集 14/3b
與少游書　後山集 14/4b
答張文潜書　後山集 14/5a
答江端禮書　後山集 14/6b
答秦觀書　後山集 14/7a
答晁深之書　後山集 14/8a
與黃預書　後山集 14/9a
上曾樞密書　後山集 14/9b
與魯直書　後山集 14/13b
賀許州梁資政書　後山集 14/15a
賀本州劉大夫書　後山集 14/15b
代上運使戶部朝請書　後山集 14/15b
代與宰相賀正書　後山集 14/16a
代與執正賀正書　後山集 14/16b

代罷郡謝執政書　後山集 14/16b
賀亳州林樞密書　後山集 14/17a
答陳先輩書　後山集 14/17b
代賀鄆州宇文學士書　後山集 14/18a
賀鄆州宇文學士書　後山集 14/18b
代賀慶州高龍圖書　後山集 14/18b
代賀京東盧運判書　後山集 14/19a
代與運使呂少卿賀正書　後山集 14/19b
代與鄰郡賀正書　後山集 14/19b
泛回賀正書　後山集 14/20a
回棣州守　後山集 14/20a
回交代　後山集 14/20a
判官推官　後山集 14/20b
與曾樞密書　後山集 14/20b
賀翰林曾學士書　後山集 14/21a
上范相公書　後山集 14/21b
代謝西川提點刑獄啓　後山集 18/6a
謝徐州教授啓　後山集 18/6b
謝再授徐州教授啓　後山集 18/7b
答諸先輩啓　後山集 18/8a
代答馬狀元啓　後山集 18/8a
代賀門下蘇侍郎啓　後山集 18/8b
賀兵部蘇尚書啓　後山集 18/9a
代答南京留守王待制啓　後山集 18/9b
賀亳州何郎中啓　後山集 18/9b
代賀鄆州呂侍郎啓　後山集 18/10a
謝正字啓　後山集 18/10b
謝胡運使啓　後山集 18/11a
賀人及第　後山集 18/11b
請興化禪師疏　後山集 19/10b
觀音院請趙居士疏　後山集 19/12a
請月長老再住薦福疏　後山集 19/12b
賀王秘監啓　播芳文粹 51/21b
憲到任謝執政啓　播芳文粹 70/17b
上林秀州書　宋文鑑 119/12b
與秦少游書　宋文鑑 119/13b
上曾樞密書　宋文鑑 119/14b
上蘇公書　宋文鑑 120/1b
賀翰林曾學士啓　宋文鑑 123/6a
解郡謝執政啓　播芳文粹 72/18b
回南京留守王侍制啓　播芳文粹 88/17b
請悟禪師住興化疏　播芳文粹 117/19b
請趙居士住觀音院　播芳文粹 117/22b

請觀音禪師疏(1-3)　播芳文粹118/2b-3a

~ 師錫

　與陳瑩中書　宋文鑑120/12a

~ 　淳

　與黃寺丞直卿　北溪集/第四門11/1a

　與朱寺正敬之(1-2)　北溪集/第四門11/3a

　與李公晦(1-4)　北溪集/第四門11/4a-6b

　答李郎中貫之　北溪集/第四門11/7a

　與陳寺丞師復(1-3)　北溪集/第四門11/8b-
12b

　答趙司直季仁(1-4)　北溪集/第四門12/1a-4a

　與嚴守鄭寺丞(1-2)　北溪集/第四門12/4b-5a

　答黃先之　北溪集/第四門12/7a

　答潘謙之　北溪集/第四門12/8a

　答徐居甫　北溪集/第四門12/9a

　答蔡廷傑(1-2)　北溪集/第四門12/9a-10a

　答郭子從(1-3)　北溪集/第四門13/1a-7a

　答陳與叔　北溪集/第四門13/8a

　與卓廷瑞(1-3)　北溪集/第四門13/9a-11a

　答陳伯澡(1-20)　北溪集/第四門14/1a-16/1a

　與陳伯澡論李公晦往復書　北溪集/第四門16/
5a

　答林司戶(1-4)　北溪集/第四門17/1a-5a

　答蘇德甫(1-3)　北溪集/第四門17/6a-8b

　答王迪甫(1-3)　北溪集/第四門18/1a-3b

　答梁伯翔(1-3)　北溪集/第四門18/4a-9b

　與姚安道　北溪集/第四門19/1a

　與陳仲思　北溪集/第四門19/2b

　與黃寅仲(1-2)　北溪集/第四門19/4a-7a

　答林自知　北溪集/第四門19/7a

　與邵生甲　北溪集/第四門19/7b

　與王生震　北溪集/第四門19/11b

　與鄭行之　北溪集/第四門20/1a

　答鄭行之　北溪集/第四門20/5a

　與鄭節夫　北溪集/第四門20/6b

　答鄭節夫　北溪集/第四門20/9a

　答西蜀史杜諸友序文　北溪集/第四門21/1a

　答楊行之書　北溪集/第四門21/9a

　答葉仲圭　北溪集/第四門21/11b

　答陳遂父(1-2)　北溪集/第四門22/1a-1b

　答徐懋功(1-3)　北溪集/第四門22/3a-6a

　答林若時　北溪集/第四門22/8a

　與林一之書　北溪集/第四門22/9a

　與王仁甫　北溪集/第四門22/9b

　答陳正仲(1-2)　北溪集/第四門22/11a-13a

　辭謝陳教廷傑延入學　北溪集/第四門23/1a

　擬上趙寺丞改學移貢院　北溪集/第四門23/3b

　上趙寺丞論淫祀　北溪集/第四門23/9b

　上趙寺丞論秤提會子　北溪集/第四門24/1a

　上莊太卿論鬻鹽　北溪集/第四門24/4a

　上胡寺丞論重紐侵河錢　北溪集/第四門24/9a

　與李推論海盜利害　北溪集/第四門25/4a

　代王迪父上真守論塔會　北溪集/第四門25/8b

　上傅寺丞論學糧　北溪集/第四門26/1a

　上傅寺丞論民間利病六條　北溪集/第四門27/
1a

　上傅寺丞論淫戲　北溪集/第四門27/7b

　上傅寺丞論告訐　北溪集/第四門27/8b

　上傅寺丞論釋奠五條　北溪集/第四門28/1a

　請傅寺丞禱山川社稷　北溪集/第四門28/5b

　禱山川事目　北溪集/第四門28/7b

　與仙遊羅尉論禁屠牛懲穿窬　北溪集/第四門
28/9a

~ 執中

　與田樞密　播芳文粹103/9b

~ 　符

　賀周察院啟　播芳文粹52/12b

　賀余中丞啟　播芳文粹52/13b

　賀劉中書帥北京啟　播芳文粹56/22a

　賀許宰啟　播芳文粹64/15b

　赴任與漕使啟　播芳文粹82/20b

~ 　造

　與諸司乞減清泉兩鄉苗稅書　江湖集24/1a

　與許運使論荒政書　江湖集24/5b

　與奉使袁大著論救荒書　江湖集24/9a

　代上周丞相書　江湖集25/1a

　與王提舉論水利書　江湖集25/4b

　與楊總領書　江湖集25/9b

　寄袁京尹書　江湖集25/12b

　謝高大卿書　江湖集25/16b

　謝張尚書舉自代書　江湖集25/19a

　上涮劍洞龍書　江湖集25/21a

　與葉總領書　江湖集25/23a

　與范侍郎書　江湖集25/24b

　謝楊樞剡薦書　江湖集25/26a

　與真守書　江湖集26/1a

與竹山楊知縣書　江湖集 26/2a

答鍾吳二生書　江湖集 26/2b

答臧仲武書　江湖集 26/4a

答寶應趙秀才書　江湖集 26/5a

答趙解元書　江湖集 26/6b

答嚴上舍書　江湖集 26/7a

答陳夢錫書　江湖集 26/10a

重九山陽儀真兩史君送酒　江湖集 26/10b

答葉學諭書　江湖集 26/12a

答翁秀才書　江湖集 26/12b

答王秀才書(1-3)　江湖集 26/13a-15a

答嚴學諭書　江湖集 26/15b

答伍解元書　江湖集 26/16b

答李秀才書　江湖集 26/17b

答劉秀才書缺尾　江湖集 26/18a

答胡同年啓　江湖集 37/1a

答從遊三公啓　江湖集 37/2a

寄柴教授啓　江湖集 37/2b

復王尉啓　江湖集 37/4a

答喬秀才啓　江湖集 37/4b

交代啓　江湖集 37/5a

答吉解元啓　江湖集 37/6a

答曹秀才啓　江湖集 37/6b

答平江職事啓　江湖集 37/7a

迎提刑趙殿撰啓　江湖集 37/7b

答潘解元啓　江湖集 37/8b

答沈學諭啓　江湖集 37/9a

答嚴上舍啓　江湖集 37/10a

答高解元啓　江湖集 37/10b

答張尉啓　江湖集 37/10b

答陳解元啓　江湖集 37/11b

答定海交代啓　江湖集 37/11b

答定海學職啓　江湖集 37/12b

答定海豐直學啓　江湖集 37/13a

寄張丞啓　江湖集 37/13b

答王秀才啓　江湖集 37/14a

答李秀才啓　江湖集 37/14a

答任秀才啓　江湖集 37/14b

答陳秀才啓　江湖集 37/14b

答爲壽諸公啓(1-4)　江湖集 37/15b-16a

謝吳史君爲壽啓　江湖集 37/16a

答馮秘校啓　江湖集 37/16b

答定海胡解元啓　江湖集 37/17a

答葉秀才啓　江湖集 37/17b

答趙縣丞啓　江湖集 37/18a

與黃運使啓　江湖集 37/18b

答李秀才啓　江湖集 37/20a

答林判院謝和詩並惠啓　江湖集 37/20b

答王秘校啓　江湖集 37/21a

房州交代啓　江湖集 38/1a

郡太守啓　江湖集 38/1b

答梁教授啓　江湖集 38/2a

答葉都監啓　江湖集 38/2b

答竹山楊知縣啓　江湖集 38/3a

答高司理啓　江湖集 38/3a

答尹解元啓　江湖集 38/3b

答路上舍啓　江湖集 38/4a

答王上舍啓　江湖集 38/4b

答胡學長啓　江湖集 38/5a

答路主簿啓　江湖集 38/5a

答竹山鄭宰啓　江湖集 38/5b

答藥解元啓　江湖集 38/6a

答竹山鄭宰啓　江湖集 38/6b

賀淮漕移浙漕啓　江湖集 38/7a

賀浙西漕除總領啓　江湖集 38/8a

賀宰執加官啓　江湖集 38/8b

賀周右相啓　江湖集 38/10a

賀施知院啓　江湖集 38/10b

賀蕭參政啓　江湖集 38/11b

賀黃察院啓　江湖集 38/12b

賀趙漕應辨山陵轉寶文閣啓　江湖集 38/13a

賀浙東提刑啓　江湖集 38/14a

答淮西方漕啓　江湖集 38/14b

賀潘漕啓　江湖集 38/15b

賀耿安撫啓　江湖集 38/16a

賀李察院啓　江湖集 38/16b

賀黃正言啓　江湖集 38/17a

答湖南憲啓　江湖集 38/8a

答常守啓　江湖集 38/18b

答淮西漕啓　江湖集 38/19a

答鎮江葉守啓　江湖集 38/19b

賀林殿院啓　江湖集 38/20a

~ 偶

賀王禮書啓　播芳文粹 50/9b

賀洪內翰啓　播芳文粹 51/4a

賀朱中丞啓　播芳文粹 52/15a

賀邱左司啓　　播芳文粹 54/18a

賀任都運啓　　播芳文粹 60/3b

賀唐守啓　　播芳文粹 62/9b

賀留守大資正啓　　播芳文粹 65/25a

~ 　　淵

賀張左丞遷中書代知府　　默堂集 11/1a

賀王右丞遷左丞代　　默堂集 11/1b

賀李內翰遷右丞代　　默堂集 11/1b

賀張中書代鄭滂　　默堂集 11/2a

又賀王左丞代　　默堂集 11/2b

又賀李右丞代　　默堂集 11/3a

賀楊廉訪轉官代黃兵部　　默堂集 11/3b

賀俞提刑賜帶代　　默堂集 11/3b

賀張市舶再任代　　默堂集 11/4a

賀張侍郎知福州　　默堂集 11/4b

賀耿提刑賜帶代知府　　默堂集 11/4b

賀張市舶再任代　　默堂集 11/5a

賀胡帥到洪洲　　默堂集 11/5b

賀許左丞少伊　　默堂集 11/6b

謝辛帥代用中提刑　　默堂集 11/7a

回南劍通判　　默堂集 11/7b

回廖提點　　默堂集 11/8a

代鄧彥通及弟謝陳達野運使　　默堂集 11/8a

代彥通謝陸徽猷舉狀　　默堂集 11/9b

代趙令賀吉州楊龍圖　　默堂集 11/10a

荊南府謝解崇寧乙酉　　默堂集 11/10a

福建鎮試謝解　　默堂集 11/11b

代龜山謝許侍郎　　默堂集 11/12b

謝太守舉狀　　默堂集 11/13a

迎賀吉州楊龍圖　　默堂集 11/14a

回南劍太守　　默堂集 11/14b

回郡縣諸官　　默堂集 11/15a

徐察院回外官賀狀　　默堂集 11/15a

又回曾提刑　　默堂集 11/15b

除正言回楊通判　　默堂集 11/15b

答蘭溪宰　　默堂集 11/16a

回黃知縣　　默堂集 11/6b

除宗正少卿謝胡運使　　默堂集 11/16b

賀年　　默堂集 11/17a

賀嚴州通判冬至代楊文　　默堂集 11/17a

謝州縣官賀冬　　默堂集 11/17b

與李泰發尚書　　默堂集 14/1a

薦詹力行　　默堂集 14/2b

與李丞相論王權等家屬　　默堂集 14/3a

上楊判官　　默堂集 15/1a

代人上梅節推　　默堂集 15/4b

代喬卿上陳令書　　默堂集 15/6a

上謝簿論盜　　默堂集 15/8a

代安常上福州吳倅　　默堂集 15/10b

代陳元禮上王提舉　　默堂集 15/12b

代張積中上陳太年　　默堂集 15/14a

答廖用中　　默堂集 15/15b

與游定夫先生　　默堂集 15/18a

答陳了翁　　默堂集 15/19b

答晦之叔　　默堂集 15/21b

答羅仲素　　默堂集 15/22a

上鄒侍郎至完　　默堂集 15/23b

答翁子靜論陶淵明　　默堂集 16/1a

上皇帝代院粹孟作　　默堂集 16/2a

代人上杭州守　　默堂集 16/4a

見余縣丞代人　　默堂集 16/7a

答陳了翁右司　　默堂集 16/7b

答廖用中正言　　默堂集 16/9b

與龜山先生楊諫議書　　默堂集 16/11a

答陸伯任　　默堂集 16/15a

與翁士特學士　　默堂集 16/16a

與廖用中中丞　　默堂集 16/17b

與李叔易學士　　默堂集 16/20a

與向伯共侍郎　　默堂集 16/22a

與康侯侍讀　　默堂集 17/1a

答胡寧和仲郎中　　默堂集 17/3b

又論龜山墓志中事書

　差市局務事始末

　改王氏一章行狀不載墓志載之三經義辨

　止載朱公有益學者之詞　　默堂集 17/5a – 6b

代龜山與南劍張守　　默堂集 17/8a

答廖用中侍郎　　默堂集 17/9a

與梁兼濟提刑　　默堂集 17/9b

答李光祖　　默堂集 17/13b

又內柬（答李光祖）　　默堂集 17/19a

與鄧端友通判　　默堂集 17/20b

與魏邦達侍郎　　默堂集 17/22b

與胡康侯侍讀　　默堂集 17/24a

再與龜山先生諫議　　默堂集 17/26b

與鄒德久郎中　　默堂集 18/1a

再與向伯恭侍郎　　默堂集 18/3b

與李丞相　默堂集 18/4a

與許少伊左丞　默堂集 18/6a

與李先之祭酒　默堂集 18/8a

與胡少汲尚書　默堂集 18/8b

與李濟之察院　默堂集 18/10a

與鄒至文　默堂集 18/11b

答朱喬年吏部　默堂集 18/12a

與曹仲素通判　默堂集 18/12a

與莊參謀　默堂集 18/12a

與王直閣　默堂集 18/13a

與胡處晦學士珵　默堂集 18/14a

與張如瑩侍郎澄　默堂集 18/14b

與王帥　默堂集 18/15a

與張給事子猷致遠　默堂集 18/15b

與王長源通判　默堂集 18/16a

與陳子通別紙　默堂集 18/16b

與胡明仲侍郎寅　默堂集 18/17b

建昌寄邵武徐守　默堂集 18/19a

再與翁士特學士　默堂集 18/19b

上都督張丞相書紹興壬戌二月　默堂集 19/1a

答張子猷給事致遠　默堂集 19/3a

與曹載德諫議　默堂集 19/4b

答鄧天啓　默堂集 19/6a

與李深道知府　默堂集 19/7a

代人上王帥厚　默堂集 19/8b

答邦美叔　默堂集 19/9a

答鄧志宏正言　默堂集 19/9b

與奉議叔論墨縔　默堂集 19/10b

答羅仲素　默堂集 19/11a

與李叔易學士別紙　默堂集 19/12a

與季深別紙　默堂集 19/12b

與胡幾仲　默堂集 19/13a

與黃用和宗博書　默堂集 19/13b

答曹公訓　默堂集 19/14b

答范益謙郎中　默堂集 19/15b

與呂居仁舍人　默堂集 19/16b

與范致聞安撫　默堂集 19/17b

與黃運使　默堂集 19/18a

與十弟　默堂集 19/18a

答江端中　默堂集 19/19a

與將樂王宰　默堂集 19/19b

與鄭彥繼　默堂集 19/20a

與李外甥　默堂集 19/20b

答蕭茂德別紙建功　默堂集 19/21a

與李子家簡　默堂集 19/21b

與鄭致遠知縣　默堂集 19/22b

與顏岩縣丞　默堂集 19/23a

與孫次卿學士　默堂集 19/23b

與鄧德裕刪定　默堂集 19/23b

鄧家回定書　默堂集 19/24a

潤叟入聘書　默堂集 19/24a

爲族姪求婚書　默堂集 19/24a

代回胡給事定書　默堂集 19/24b

代沈家下定書　默堂集 19/24b

謝鄧氏問姪女婚書　默堂集 19/25a

與楊諫議書　南宋文範 32/16a

~　翔

賀任提刑啓　播芳文粹 61/10a

~　普

答謝子祥無極太極書　石堂集 12/9a

答上饒游翁山書　石堂集 12/11b

雜纂(二十)　石堂集 22/1a – 8a

~　著

謝解啓　本堂集 55/1a

謝監試東倅趙叔禮希幬啓　本堂集 55/2a

謝西倅余景初岍啓　本堂集 55/2a

謝南倅趙元禮準啓　本堂集 55/2b

謝□□教授□□啓　本堂集 55/2b

答□宰招鹿鳴宴啓　本堂集 55/2b

謝江西蕭帥逢辰舉從事郎以上啓　本堂集 55/3a

通賀吉守寶謨王直閣似兼江西倉啓　本堂集 55/4a

通兩浙洪漕燾啓　本堂集 55/5b

謝浙漕提領趙右選與嵓辟三石橋酒庫啓　本堂集 55/6b

謝湖南帥寶謨趙直閣必普辟帥準啓　本堂集 55/7b

謝江淮提領趙待制與嵓辟蕪湖茶局啓　本堂集 56/1a

謝沿江姚制使希得縱叟前辟啓　本堂集 56/2a

通淮西李漕副伯玉啓　本堂集 56/2b

謝沿江制使寶章姚學士希得舉關陞啓　本堂集 56/3b

通江東提舉倪察院普啓　本堂集 56/4b

通太平守江淮提領陸右撰景思啓　本堂集

56/5b

通淮西漕副范先生丁孫啓　本堂集 56/6b

謝前人舉改官職司破白啓　本堂集 56/7b

謝江淮提領右撰陸開國景思舉改官啓　本堂集 57/1a

謝前人〔陸景思〕江東漕副辟運準啓　本堂集 57/2a

謝沿江制使淮西總領姚刑書希得舉改官啓　本堂集 57/3a

賀前人〔姚希得〕陞樞密啓　本堂集 57/4b

謝江東提刑華文孫直閣子秀舉改官啓　本堂集 57/5b

謝沿江大制使淮西總領馬觀文光祖舉改官啓　本堂集 57/7a

易昌化縣謝賈太傅似道啓　本堂集 57/8b

通安撫顯謨饒直閣應龍啓　本堂集 58/1a

通王帥參人英啓　本堂集 58/2b

通趙帥參崇俚啓　本堂集 58/3b

通單帥參謂大啓　本堂集 58/4a

通李帥機奕孫啓　本堂集 58/4b

通倪帥幹洪啓　本堂集 58/5a

通周帥幹方啓　本堂集 58/5b

通趙帥幹孟瑛啓　本堂集 58/6b

通北廳鞏倅桂啓　本堂集 58/6b

通南廳余倅東啓　本堂集 58/7b

通東廳余倅垓啓　本堂集 58/8a

通鮑察判同孫啓　本堂集 58/9a

通李知録召啓　本堂集 59/1a

通王司户應子啓　本堂集 59/1b

通吳司法紹元啓　本堂集 59/2a

通俞監倉鎮啓　本堂集 59/2b

通程比較榮祖啓　本堂集 59/3a

通舒東教必得林西教文綱啓　本堂集 59/3b

通兩浙常漕桝啓　本堂集 59/4b

通洪憲穫啓　本堂集 59/6a

通楊提舉同祖啓　本堂集 59/6b

通劉憲幹仲益啓　本堂集 59/7b

通王憲幹鐸桂檢法康老啓　本堂集 59/8a

通常平趙帥幹確夫啓　本堂集 60/1a

通茶鹽汪提舉塾啓　本堂集 60/1b

通翁帳幹旂啓　本堂集 60/2a

通王兼僉端啓　本堂集 60/2b

通沈支鹽夢忠啓　本堂集 60/3a

通稽山尤山長棟啓　本堂集 60/4a

通交代權縣江鹽稅極啓　本堂集 60/4b

通趙丞賓天啓　本堂集 60/5b

通杜簿英强啓　本堂集 60/6a

通劉尉次中啓　本堂集 60/6b

通孫監務世輔啓　本堂集 60/7a

通謝寄居屠倅雷發啓　本堂集 60/7b

謝饒帥應龍舉陞陟啓　本堂集 61/1a

賀浙東劉倉良貴啓　本堂集 61/2b

賀淮東曹總領元發除兩浙漕啓　本堂集 61/3b

賀浙東韓憲禾啓　本堂集 61/4b

通賀新除浙東家憲鉉翁啓　本堂集 61/5b

嵊縣初考謝劉良貴啓　本堂集 61/6a

回寄居張尉賀考啓　本堂集 61/6b

回徐尉浹通啓　本堂集 61/7a

謝家憲鉉翁舉陞陟啓　本堂集 61/7b

謝京尹潛户侍說友舉陞啓　本堂集 62/1a

謝劉帥良貴陞陟啓　本堂集 62/2b

回剡趙登仕登炳謝漕請啓　本堂集 62/3b

回剡趙登仕文炳謝漕請啓　本堂集 62/4a

回剡童秀才謝解啓　本堂集 62/4b

賀浙東常帥戀啓　本堂集 62/5a

回剡交代李宰興宗通啓　本堂集 62/6a

嵊縣滿謝賈太傅似道啓　本堂集 62/7a

特除京簽謝賈太傅啓　本堂集 63/1a

京簽初考謝賈太傅啓　本堂集 63/2a

謝京尹户判吳府卿益舉陞陟啓　本堂集 63/3b

通黃京尹萬石啓　本堂集 63/4b

京簽考滿謝賈太傅啓　本堂集 63/5b

除京倅謝賈太傅啓　本堂集 63/7a

代通葉京尹隆禮啓　本堂集 63/8a

代前人〔葉隆禮〕通陶漕熾啓　本堂集 63/8b

代前人〔葉隆禮〕通平江洪發運燾啓　本堂集 64/1a

代前人〔葉隆禮〕通陳憲桃啓　本堂集 64/1b

代湖南趙德修必普通湖南趙倉與揣啓　本堂集 64/2b

代前人通交代朱漕應元啓　本堂集 64/3b

代前人〔趙德修〕交帥印啓　本堂集 64/4b

代前人答長沙寄居劉守啓　本堂集 64/5a

代陸漕景思通馬制使光祖啓　本堂集 64/5b

代前人〔陸景思〕賀京尹魏克愚啓　本堂集 64/6a

代伯求弟賀賈太傅入相啓　本堂集 64/7a

代徐制幹琦謝程丞相元鳳京削啓　本堂集 65/1a

代江東漕趙嚴起孟傳上廟堂乞祠啓　本堂集 65/2b

代鄒運管宗鳳通謝賈太傅啓　本堂集 65/2b

代外舅趙元章崇燾赴華亭宰通季漕文孫啓　本堂集 65/4a

代前人〔趙元章〕謝陳憲辟長興宰啓　本堂集 65/5a

代方狀元山京除建康簽判謝賈太傅啓　本堂集 65/7a

代范主簿大性服除謝賈太傅啓　本堂集 66/1a

代唐司直震除京倅謝賈太傅啓　本堂集 66/2b

代前人謝留參政啓　本堂集 66/3b

代王資政燴謝賈太傅啓　本堂集 66/5a

代戴時可賓興鄉貢謝彭倅啓　本堂集 66/6a

代姪濟謝解啓　本堂集 66/7a

代弟觀謝解啓　本堂集 66/8a

代王參謀謝賈相啓　本堂集 66/9a

代趙松壑通馬大使光祖啓　本堂集 66/10a

賀沿江大制使馬觀文除參政劄　本堂集 68/1a

壽沿江大制使馬觀文大醮詞繳劄　本堂集 68/1b

通浙東饒帥劄應龍　本堂集 68/2b

通王帥參劄人英　本堂集 68/3b

通趙帥參崇俒劄　本堂集 68/4b

通鞏北倅桂余南倅東余東倅垓繳劄　本堂集 68/5a

通鮑察判同孫繳劄　本堂集 68/5a

通李知錄召繳劄　本堂集 68/5b

通王司戶應子繳劄　本堂集 68/5b

通吳司法紹元繳劄　本堂集 68/5b

通俞監倉鎮繳劄　本堂集 68/6a

通程比校榮祖繳劄　本堂集 68/6a

通舒教必得林教文明劄　本堂集 68/6a

通稽山尤山長楝劄　本堂集 68/7a

通浙東洪憲礵繳劄　本堂集 68/7a

通浙東楊倉同祖繳劄　本堂集 68/8a

通嵊縣交代權縣江監稅極繳劄　本堂集 68/9a

通嵊縣趙丞賓夫劄附　本堂集 68/9b

通嵊縣杜薄英孫劄附　本堂集 68/10a

通嵊縣劉尉次中劄附　本堂集 68/10a

回謝嵊寄居屠倅雷發繳劄　本堂集 68/10a

答山陰王宰宗洙惠物劄　本堂集 68/11a

答上元送酒曹幕　本堂集 68/11a

賀馬少監廷鸞劄　本堂集 68/11b

壽王大資燴大醮詞繳劄　本堂集 69/1a

賀饒帥應龍冬至劄　本堂集 69/1b

賀洪憲礵冬至劄　本堂集 69/2a

賀三倅冬至劄　本堂集 69/2b

賀諸廳冬至劄　本堂集 69/3a

賀王大資冬至劄　本堂集 69/3b

賀前人次子槃除藉田令劄　本堂集 69/3b

賀饒帥元正加太尉卿依舊任劄　本堂集 69/4a

賀帥府以下諸司正旦劄　本堂集 69/4b

賀浙東洪憲礵除度支劄　本堂集 69/5a

賀潛京尹說友除戶侍劄　本堂集 69/5b

賀馬觀文除知院兼參政劄　本堂集 69/6b

賀常浙漕棅除檢正兼戶侍劄　本堂集 69/7a

回紹興僉判陳狀元文龍到任通劄　本堂集 69/8a

賀淮東曹總領元發除浙漕繳劄　本堂集 69/8b

賀劉倉良貴浙東帥劄　本堂集 69/10a

回嵊人朱節判餽食物劄　本堂集 70/1a

回專宮張帥幹招宴劄　本堂集 70/1b

回全閣贊劄　本堂集 70/1b

賀南倅劄　本堂集 70/2a

賀劉帥良貴陞直寶章閣兼浙東倉劄　本堂集 70/2b

壽王大資大醮詞繳劄　本堂集 70/3b

通浙東家憲鉉翁繳劄　本堂集 70/4a

壽趙嚴起婺寺右撰孟傳水龍吟詞繳劄　本堂集 70/5a

賀劉帥良貴元旦劄　本堂集 70/6b

賀家憲元旦劄　本堂集 70/7a

賀三倅元旦劄　本堂集 70/7a

賀諸廳正旦劄　本堂集 70/7b

賀王大資正旦劄　本堂集 70/8a

回刾學職請講劄　本堂集 70/9a

謝京尹潛戶侍說友舉繳劄　本堂集 71/1a

賀劉帥除太府卿尋除直華文閣劄　本堂集 71/1b

賀紹興鞏倅桂除浙東帥參劄　本堂集 71/2a

賀紹興朱倅洵劄　本堂集 71/2b

答趙權巡劄　本堂集 71/3a

賀家憲除都官郎中仍舊任劄　本堂集 71/4a

回錢清卿宣使劄　本堂集 71/4b
答全察使槐卿第二劄　本堂集 71/5a
答前人槐卿第三劄　本堂集 71/6a
與陳簽判文龍劄　本堂集 72/1a
賀劉帥冬至劄　本堂集 72/1b
賀家憲冬至劄　本堂集 72/2a
賀三倅冬至劄　本堂集 72/2b
賀陳簽判冬至劄　本堂集 72/3a
賀王大資冬至劄　本堂集 72/3b
賀前人除司農卿兼檢正劄　本堂集 72/4b
嵊縣滿考謝常帥槑劄　本堂集 72/5a
嵊縣滿考謝家憲劄　本堂集 72/6a
嵊縣滿考謝王大資劄　本堂集 72/6b
回剡周□賀滿考劄　本堂集 72/6b
回新昌吳宰君佐餽滿考劄　本堂集 72/7a
嵊滿回縣僚載酒劄　本堂集 72/7a
回剡學請講劄　本堂集 72/7b
壽王大資陽月歌繳劄　本堂集 72/8a
通王京尹萬石繳劄　本堂集 72/8b
答謝京尹曾户侍淵子賀弟觀中省餽錢劄　本堂集 72/10a
答天府同官賀弟觀中省餽劄　本堂集 72/10a
賀里人中省劄　本堂集 72/10b
餽趙景文教授必昌生日劄　本堂集 73/1a
通邑宰丁既之濟劄　本堂集 73/1a
通謝邑宰梁南廬觀劄　本堂集 73/1b
通邑長官蒙齋豈磚蒙古劄　本堂集 73/2a
與張師道學士伯淳劄　本堂集 73/3a
與於潛宰鄔洪濟民劄　本堂集 73/3a
謝家則堂提刑鉉翁應詔特薦書　本堂集 73/3b
謝王樞密爚舉陞陟書　本堂集 73/4b
吉初彌月招宗族親鄰寓飲簡　本堂集 73/6b
答汪文卿淳書　本堂集 73/6b
與婺守趙侍郎汝楳書　本堂集 73/7b
内幅　本堂集 73/9a
答上虞陳宰卓書　本堂集 73/9a
賀盛正卿夬除三省樞密院架閣書　本堂集 73/10a
答剡胡應之泰來問喪服書　本堂集 74/1a
與婺州義烏縣馬通判緘祭裕齋先生文書　本堂集 74/2b
送葛架閣稱僧連論歸金華書　本堂集 74/3a
嵊縣滿考與王倅簡資政子　本堂集 74/3b

答海鹽游宰送酒書　本堂集 74/4a
賀趙户書孟傳典鄉郡書　本堂集 74/4a
答前人〔趙孟傳〕書　本堂集 74/5a
與常户侍書槳　本堂集 74/5b
賀家侍郎尹京書　本堂集 74/6b
與文宋瑞樞密天祥書　本堂集 74/7a
奉趙嚴起制使孟傳爲鄉人求免稅書　本堂集 74/8a
答徐國英應蚳書　本堂集 74/9a
與葛静一監簿稱僧書　本堂集 74/9a
答趙宰拱辰書　本堂集 74/10b
答戴帥初架閣表元書　本堂集 75/1a
與陳監丞允平書　本堂集 75/2a
與曹秋水夢合書　本堂集 75/2a
與王江陰槻書　本堂集 75/2b
與王總幹楳書　本堂集 75/3a
答陳監丞碩書　本堂集 75/3b
與俞察院浙書　本堂集 75/4a
與姚比院尼書　本堂集 75/4a
答汪文卿遺饋書　本堂集 75/4b
答黄東發提舉震送本堂記書　本堂集 75/5a
與前人〔黄震〕書　本堂集 75/6a
答杖錫寺主僧炳同遺餽書　本堂集 75/7b
與戴時芳方書　本堂集 75/8a
答黄東發書　本堂集 75/8a
招單君範庚金教子書　本堂集 75/9a
答許宮講栗書　本堂集 75/10a
與徐麟卿攀龍書　本堂集 75/10b
與張師道制幹書　本堂集 75/10b
與單君範書西畮溪人　本堂集 75/11b
答張師道制幹書　本堂集 77/1a
答張書監大圭書　本堂集 77/1b
與黄仲正儒雅書　本堂集 77/2a
答張師道制幹書　本堂集 77/3a
奉文本心樞密書　本堂集 77/4a
與貝斗綱書　本堂集 77/5a
與史猷父節推徽孫　本堂集 77/5b
與黄德玉庭藻　本堂集 77/6a
與史猷父　本堂集 77/6b
與史允叟公升　本堂集 77/7a
與黄子羽山長翔鳳　本堂集 77/7b
答前人〔黄翔鳳〕書　本堂集 77/8a
與曾南金制機綱　本堂集 77/9a

答竺梅潭自中親家書　本堂集 77/9b

答孫將仕劼　本堂集 77/10b

答黃子羽書（1－2）　本堂集 77/10b－11b

答竺梅潭送良女彌月書　本堂集 77/12a

答白廷玉珽　本堂集 78/1a

與王廣德槊　本堂集 78/2b

與王江陰令子（1－2）　本堂集 78/3a－4a

答胡景參判機三省教授　本堂集 78/4b

答胡表仁制機元叔　本堂集 78/5a

與白廷玉　本堂集 78/6a

與趙提管崇佟　本堂集 78/6b

與史猷父　本堂集 78/6b

與孫主簿焱　本堂集 78/7a

與俞景周架閣湘書　本堂集 78/8a

與王東之　本堂集 78/8b

與胡應之泰來　本堂集 78/9a

與屠仰之　本堂集 78/9a

與竺梅潭書　本堂集 78/10a

與孫常州令子　本堂集 78/10b

答胡景參（1－2）　本堂集 78/11a－11b

與趙景魯通判孟頖　本堂集 78/12a

與廷玉　本堂集 79/1a

與王監簿英孫　本堂集 79/1a

與胡景參　本堂集 79/1b

與胡甥幼文　本堂集 79/2a

答湯復齋知縣維祺　本堂集 79/2b

奉文本心樞密書　本堂集 79/3b

答王之朝立孫　本堂集 79/4b

與曹久可漢炎　本堂集 79/4b

與卓生甫有立令嗣書　本堂集 79/5b

答孫與之夢釜　本堂集 79/6a

與胡應之　本堂集 79/6b

與越悟本寺主僧文蔚書　本堂集 79/7a

與浦江龍德寺主僧妙資書　本堂集 79/7b

與湯復齋　本堂集 79/8a

與陳立可誼高　本堂集 79/9a

與胡景參　本堂集 79/9b

與吳山甫垓　本堂集 79/10b

與竺梅潭　本堂集 79/11a

與林國器公輔（1－2）　本堂集 79/11a－11b

答應誠則文明　本堂集 79/12a

答陳梻陽書監榮寵　本堂集 79/12b

與張師道　本堂集 80/1a

與李昌翁宣慰思衍兩山　本堂集 80/2a

與石料院德祥　本堂集 80/3b

答剡教趙實父文炳　本堂集 80/4b

與韓君美經歷居仁　本堂集 80/5b

與白縣丞畖　本堂集 80/6b

與象山高宰桂一作珪　本堂集 80/6b

與秋仲實僉事桂　本堂集 80/7a

與袁竹初洪　本堂集 80/7b

答州長官察罕求館驛堂名書　本堂集 80/8b

與周簿信　本堂集 80/9a

答剡教趙實父書　本堂集 80/9b

與張師道書　本堂集 80/10a

與台州史藥房同知孝祥　本堂集 80/10a

答郡庠戴教授友招飲書　本堂集 80/11a

與孔明遠學正昭孫書　本堂集 80/11b

答卞淮源書　本堂集 80/12a

與阮若山書　本堂集 80/12b

留上乘寺主僧如岳松澗（1－2）　本堂集 80/13a－13b

與陳監丞尹平一作允　本堂集 81/1a

答如岳講師惠物書　本堂集 81/1b

答永固寺主僧德周東隱惠物書　本堂集 81/2a

答徽上人惠物書　本堂集 81/2a

答杖錫寺主僧炳同　本堂集 81/2b

與延慶寺主僧若圭復翁　本堂集 81/3b

奉文本心樞密書　本堂集 81/3b

答貝鶴隱道士景觀書　本堂集 81/5a

賀崇福寺主僧清澤住杖錫寺號南洲　本堂集 81/5a

與雪竇寺主僧炳同　本堂集 81/5b

答淨慈寺主僧法椿齡叟惠索淘書　本堂集 81/5b

與伯氏司門弟若論深婚　本堂集 81/6a

與姪洙　本堂集 81/7a

回姪洙爲史氏請婚書（1－2）　本堂集 81/8a－9a

聞伯求弟死與姪洙書　本堂集 81/10a

答長女滋許竺氏啓　本堂集 82/1a

答次女洸許黃氏啓　本堂集 82/1a

深納幣黃氏啓　本堂集 82/1b

瀹納幣竺氏啓　本堂集 82/2a

答黃氏請昏次女洸啓　本堂集 82/2b

洵納采黃氏啓　本堂集 82/2b

季女清許胡氏答啓　本堂集 82/3a

代潘制參爲子請期出贅啓　　本堂集 82/3b

代人請婚啓　　本堂集 82/3b

代族父衡之之子觀請期啓　　本堂集 82/4a

代竺之實爲孫納采許氏啓　　本堂集 82/4b

代族姪津答屠氏請期　　本堂集 82/5a

代同甫兄爲子溥請期王氏　　本堂集 82/5a

代童親答請期啓　　本堂集 82/5b

代單祥卿天麟請期王氏　　本堂集 82/6a

代趙景文府教董氏聘女啓　　本堂集 82/6a

代族姪孫焕爲子應龍納幣劉氏　　本堂集 82/
6b

代族孫楠興納采屠氏　　本堂集 82/7a

代爲答董氏聘亡姪演女啓　　本堂集 82/7b

代黄甥正孫羅氏聘季妹啓　　本堂集 82/7b

代竺少博滿爲子穎請期吳氏啓　　本堂集 82/8a

代族姪孫文焐答唐氏請期　　本堂集 82/8b

代族孫霖爲子灼出贅請期盧氏啓　　本堂集
82/9a

代王得淦爲長子請期董氏啓　　本堂集 82/9a

代前人〔王得淦〕爲次子請期林氏啓　　本堂
集 82/9b

代董聲仲答孫氏請期　　本堂集 82/10a

代吳竹溪爲子定戴氏啓　　本堂集 82/10a

代吳景年爲子納幣求氏啓　　本堂集 82/10b

代回請期啓兄弟同日娶　　本堂集 82/11a

代吳褆入贅戴請期啓　　本堂集 82/11b

代董回陳定日啓　　本堂集 82/11b

代董回迎物啓　　本堂集 82/12a

深問名黄氏劄　　本堂集 83/1a

瀹問名竺氏劄　　本堂集 83/2a

深出贅黄氏請期劄　　本堂集 83/3a

深再謀期黄氏得吉劄　　本堂集 83/3b

請期黄氏深婦歸見劄　　本堂集 83/4a

答胡景參制機三省爲子幼文請婚季女劄
本堂集 83/5a

答胡表仁制機爲姪孫幼文納幣請期劄　　本
堂集 83/6a

答胡表仁爲姪孫請期劄　　本堂集 83/6b

洵請期黄氏劄　　本堂集 83/7b

幼女沖回許史氏劄　　本堂集 83/8a

代族姪孫棟聘張氏劄　　本堂集 83/9a

代陳子得爲子定杜氏劄　　本堂集 83/9b

代定幼婚劄　　本堂集 83/10b

代陳子得請期杜氏劄　　本堂集 83/11b

代前人〔陳子得〕謝杜梅軒劄　　本堂集 83/12a

代姪津答屠氏劄　　本堂集 83/12b

代溥姪再請期王氏小劄　　本堂集 84/1a

代陳策爲子納采劄　　本堂集 84/1b

代單祥卿納采王氏劄　　本堂集 84/2b

代汪甥回舒景仲螟蛉劄　　本堂集 84/3a

代戴時芳爲弟聘王氏劄　　本堂集 84/4a

代再三十兄爲興乙姪聘劄　　本堂集 84/4b

代弟回馮定女劄　　本堂集 84/5b

代季廿五姪回王巴山定女劄　　本堂集 84/6a

代族弟觀回蔣定女劄　　本堂集 84/7a

代董時遷定蔣氏劄　　本堂集 84/8a

代姪孫霖爲子灼納采盧氏劄　　本堂集 84/9a

代王得淦爲子納采林氏劄　　本堂集 84/9b

代族孫文焐答唐氏聘女劄　　本堂集 84/10b

代族孫檜納采劉氏劄　　本堂集 84/11a

代族姪孫梓爲子煓納采張氏劄　　本堂集 84/
12a

代姪孫楠聘屠氏請期劄　　本堂集 84/12b

代陳回竺劄　　本堂集 85/1a

代求彰叔回朱益仲劄　　本堂集 85/2a

代斗門王定榆林陳劄　　本堂集 85/2b

餽妗氏生日劄　　本堂集 85/3b

答董霆生日惠詞劄　　本堂集 85/4a

答董月嶠寬仁餽生日劄　　本堂集 85/4a

答董帥幹元龍惠物生日劄　　本堂集 85/4b

答趙景文教授必昌餽生日劄　　本堂集 85/5a

答范景山湘餽生日　　本堂集 85/5a

餽內弟貝端父斗紀築室劄　　本堂集 85/5b

答姜□兄餽築室劄辛七兄　　本堂集 85/5b

答陳子得策餽築室劄　　本堂集 85/6a

答范君範栻餽築室　　本堂集 85/6a

答樊謙齋伯攄餽築室　　本堂集 85/6b

答梅山弟莊餽築室劄　　本堂集 85/6b

答永固院周主僧東隱餽築室劄　　本堂集 85/
6b

答上乘院主僧如岳餽築室劄　　本堂集 85/7a

餽竺甥禾女彌月劄　　本堂集 85/7a

餽高承祖娶劄　　本堂集 85/7a

答親家送生日劄　　本堂集 85/7b

答趙景文餽生日劄　　本堂集 85/7b

代兄答慶壽娶婦與樊謙齋　　本堂集 85/8a

代兄答姜表慶壽娶婦劄　　本堂集 85/8a

羞屠□□爲子娶婦劄　　本堂集 85/8b

答張子開教授先遇羞深娶婦劄　本堂集 85/8b

答內弟竺少博滴羞深娶妻劄　本堂集 85/9a

答吳山甫垓羞深娶妻劄　本堂集 85/9a

賀董月嶠子試晬劄　本堂集 85/9b

答俞叔可餽生日劄　本堂集 85/9b

羞戴帥初架閣表元嫁女劄　本堂集 85/9b

餽外孫竺明祖彌月劄　本堂集 85/10a

羞戴時芳迎婦劄　本堂集 85/10a

羞離孫舒慊迎婦　本堂集 85/10a

羞黃甥正孫嫁妹劄　本堂集 85/10b

羞黃仲正叔雅歸妻劄　本堂集 85/10b

羞舒景仲崧嫁從妹　本堂集 85/10b

羞趙景文嫁妹劄　本堂集 85/11a

餽前人〔趙景文〕六十劄　本堂集 85/11a

羞董聲仲雷發娶婦嫁女劄　本堂集 85/11b

餽舒通叟內兄太博津八十　本堂集 85/11b

答趙景文餽生日劄　本堂集 85/11b

答王之朝立孫餽生日　本堂集 85/12a

答竺梅潭自中餽生日劄　本堂集 85/12b

答董聲仲餽生日劄　本堂集 86/1a

答舒公凱灼餽生日　本堂集 86/1a

餽董寬仁妻趙氏生日劄　本堂集 86/1b

賀天寧寺主僧可舉衆生歸堂劄　本堂集 86/1b

答雪寶山主僧少野餽生日劄　本堂集 86/2a

賻林國器送弟公弼劄　本堂集 86/2a

賀僧雲岫住智門寺劄　本堂集 86/2b

羞竺少博爲子穎娶婦劄　本堂集.86/2b

答前人〔竺少博〕娶婦招飲劄　本堂集 86/3a

答前人〔竺少博〕再招劄　本堂集 86/3a

賀林國器得子劄　本堂集 86/3b

賀林國器任道判劄　本堂集 86/3b

答雪寶寺主僧炳同餽生日劄　本堂集 86/4a

答董聲仲餽生日劄　本堂集 86/4a

答林國器餽生日劄　本堂集 86/4b

餽董聲仲孫尚志試晬劄　本堂集 86/4b

餽竺梅潭自中七十劄　本堂集 86/5a

餽王之朝生日　本堂集 86/5a

羞剡竺申之爲子娶婦劄　本堂集 86/5b

餽菊坡銓族叔生日劄　本堂集 86/5b

謝菊坡叔族餽生日劄　本堂集 86/5b

答郡庠請正月二日鄉拜主禮劄　本堂集 86/

5b

答王之朝餽生日　本堂集 86/6a

餽黃子羽山長翔鳳八十劄　本堂集 86/6a

餽竺少博七十劄　本堂集 86/6b

答林國器餽生日劄　本堂集 86/6b

答竺梅潭餽生日劄　本堂集 86/7a

答王之朝餽生日　本堂集 86/7b

答董聲仲餽生日　本堂集 86/7b

答淨慈寺主僧法椿餽生日劄　本堂集 86/8a

羞舒公凱歸妻　本堂集 86/8b

答竺少博餽內子生日劄　本堂集 86/8b

答董聲仲餽內子生日劄　本堂集 86/9a

羞王得淄二子娶婦　本堂集 86/9a

餽樊學士伯攝生日原注一作王之朝　本堂集 86/9b

代回交印折筵劄　本堂集 86/9b

回帥司送入界合食劄　本堂集 86/9b

回曹司合食　本堂集 86/10a

告至劄　本堂集 86/10a

送交代□□□劄　本堂集 86/10b

謝交代郊迎劄　本堂集 86/10b

謝煖熱會劄　本堂集 86/10b ..

代回湯倉名漢　本堂集 86/11a

代回吳宰劄　本堂集 86/11a

代陸雲西回姚制使謝筵劄　本堂集 86/11b

代前人〔陸獻回〕許僉事雷發劄　本堂集 86/12a

答林國器餽生日　本堂集 86/12a

~貽範

與楊朝奉帖　播芳文粹 107/20b

~舜俞

上韓相書　都官集 9/1a

上時相書(1－2)　都官集 9/2b－11a

上歐陽內翰書　都官集 9/13b

上歐陽參政侍郎書(1－2)　都官集 9/15a－17a

上時相書　都官集 10/1a－2b

上昭文相公書　都官集 10/8a

上呂參政書　都官集 10/13b

賀文相公啓　都官集 11/1a

賀富相公啓　都官集 11/1b

賀張參政啓　都官集 11/2a

賀參政給事啓　都官集 11/2b

賀樞密太尉啓　都官集 11/3a

賀樞密侍郎啓　都官集 11/3b

賀歐陽樞密啓　都官集 11/4a

賀陳樞密啓　　都官集 11/4b

賀龐樞密啓　　都官集 11/4b

賀吳樞密啓　　都官集 11/5a

答同年交代啓　　都官集 11/5b

上唐州知郡高太卿啓　　都官集 11/5b

賀運使啓　　都官集 11/6a

謝改官答賀書啓　　都官集 11/6b

謝秀才投贄見訪啓　　都官集 11/6b

回擧人謝解啓　　都官集 11/7a

與錢塘知縣殿丞啓　　都官集 11/7b

謝越州知府大卿啓　　都官集 11/7b

賀南康知軍郎中啓　　都官集 11/8a

賀集賢相公啓　　四庫拾遺 559/都官集

~傅良

除太學錄謝宰執　　止齋集 32/1a

答釋褐黄上舍　　止齋集 32/1b

上福建安撫梁丞相　　止齋集 32/1b

與福建柴運副　　止齋集 32/2a

與福建陸提擧　　止齋集 32/2b

與福建錢運判　　止齋集 32/3a

與西外知宗　　止齋集 32/3b

答桂陽趙守　　止齋集 32/3b

與湖南潘安撫時　　止齋集 32/4a

答楊知錄　　止齋集 32/4b

答鄭教授　　止齋集 32/5a

答桂陽王教授益祥　　止齋集 32/5a

答桂陽吳瞻軍機　　止齋集 32/5b

桂陽謝宰執　　止齋集 32/6a

與湖南張運判繢　　止齋集 32/6a

與衡州劉守　　止齋集 32/6b

與郴州丁守逢　　止齋集 32/7a

謝潘安撫列薦　　止齋集 32/7b

與湖南沈安撫樞　　止齋集 32/8b

賀周左相　　止齋集 33/1a

賀留右相　　止齋集 33/1b

賀王參政　　止齋集 33/2a

賀葛同知　　止齋集 33/2b

與湖南監司賀冬　　止齋集 33/3a

賀正　　止齋集 33/3a

除提擧謝宰執　　止齋集 33/3b

與交代張提擧　　止齋集 33/4a

謝沈安撫　　止齋集 33/4a

交割謝沈安撫　　止齋集 33/4b

交割謝張運判　　止齋集 33/5a

答郴州丁守　　止齋集 33/5a

答道州趙守　　止齋集 33/5b

與湖南范提刑仲蓺　　止齋集 33/6a

答王簽判　　止齋集 34/1a

答長沙宋知縣謝解　　止齋集 34/1b

賀范提刑　　止齋集 34/1b

答諸郡賀冬　　止齋集 34/2a

與趙安撫賀正　　止齋集 34/2a

與張運判賀正　　止齋集 34/2b

答郴州丁守　　止齋集 34/2b

賀劉殿院光祖　　止齋集 34/3a

賀林察院湜　　止齋集 34/3b

除運判與交代傅提擧伯壽　　止齋集 34/4a

謝宰執　　止齋集 34/4a

謝侍從　　止齋集 34/4b

賀丁郴州除湖北提刑　　止齋集 34/5a

賀留佐相　　止齋集 34/5b

賀王樞使　　止齋集 34/6a

賀胡參政　　止齋集 34/6b

賀邱侍郎　　止齋集 34/6b

上嘉王賀冬　　止齋集 34/7a

與王德脩　　止齋集 35/1a

答潘叔昌　　止齋集 35/2a

與吳居父直閣　　止齋集 35/2a

與林安之　　止齋集 35/2b

與鄭景望少卿(1－2)　　止齋集 35/3a－4b

答天台張之望　　止齋集 35/4a

與鄉守曾仲躬　　止齋集 35/5a

與閩帥梁丞相論耆長壯丁事　　止齋集 35/5b

答長溪王佐之　　止齋集 35/6a

答林宗簡　　止齋集 35/6b

答朱文昭　　止齋集 35/7a

答遽舜丞　　止齋集 35/7b

答賈端老(1－5)　　止齋集 35/8a－9a

答黄文叔　　止齋集 36/1a

答陳同父(1－3)　　止齋集 36/2b－4a

與王亞夫運使　　止齋集 36/5a

答丁子齊(1－3)　　止齋集 36/5a－6a

與林懿仲(1－2)　　止齋集 36/6b－7a

答薛子長(1－3)　　止齋集 36/7b－8a

與周丞相　　止齋集 37/1a

與呂子約(1－2)　　止齋集 37/1b－2a

桂陽與岳澧論移　止齋集 37/2b

謝諸司列薦　止齋集 37/2b

與劉清之寺簿（1-3）　止齋集 37/3b-4a

與史丞相　止齋集 37/4b

與高炳如監丞　止齋集 37/5a

與王謙仲參政薦郴守丁端叔　止齋集 37/5b

答胡季隨　止齋集 37/6b

與沈叔晦　止齋集 37/7a

與劉公度（1-2）　止齋集 38/1a

答寧遠王縣尉　止齋集 38/1b

答道州康判官　止齋集 38/2a

答趙南紀節推　止齋集 38/2b

答漳川守范東叔　止齋集 38/3a

與朱元晦　止齋集 38/3b

與王弱翁　止齋集 38/4a

與立宗　止齋集 38/4b

與國舉兄家書　止齋集 38/4b

與徐韞之　止齋集 38/5a

答張端士（1-5）　止齋集 38/6a-7a

代胡少欽監酒上婺守韓無咎書　止齋集 38/7a

謝潘安撫列薦啓　南宋文範 30/1a

賀唐守啓　南宋文範 30/1b

~ 誠之

謝及第啓　播芳文粹 77/8a

~ 慶勉

蒲圻回葉殿院論錢會書　新安文獻 10/2a

~ 德明

赴任與幕官啓　播芳文粹 84/3a

~ 德修

謝鄉舉啓　播芳文粹 79/2b

~ 　襄

與兩浙安撫陳舍人書　古靈集 14/1a

與章表民書　古靈集 14/4a

與陳砥秀才書　古靈集 14/5a

答阮鴻秀才書　古靈集 14/6a

與同年周岐員外書　古靈集 14/7a

與錢公輔著作書　古靈集 14/8b

與福建運使安度支書　古靈集 14/9b

答黃殿丞書　古靈集 14/19a

又答黃殿丞書　古靈集 14/20a

與陸學士書　古靈集 14/21a

答許太博書（1-2）　古靈集 14/22b-24b

答周有終書　古靈集 14/26b

與知台州元絳屯田書　古靈集 14/28a

與孫運使書　古靈集 14/28b

謝倪評事禮書　古靈集 14/30b

常州請顧臨秘校主學書　古靈集 15/1a

與富觀文書　古靈集 15/2a

與太原韓丞相手書　古靈集 15/4b

與福州蔡學士書　古靈集 15/6b

答徐洪秀才書　古靈集 15/8a

答呂寺丞書　古靈集 15/10a

答周公闢書　古靈集 15/12b

答陳戶曹書　古靈集 15/14a

與章衡秀才書　古靈集 15/14b

與永城杜誼殿丞書　古靈集 15/15b

與石長官書　古靈集 15/16b

答知台州元絳屯田書　古靈集 15/17a

與富丞相書　古靈集 15/18b

代人與留守相公書　古靈集 15/20a

謝闕郎中書　古靈集 15/22a

與富相公書　古靈集 15/23b

答黃殿丞　古靈集 15/24b

謝丁觀文啓　古靈集 16/1a

答王景山啓　古靈集 16/3a

答徐融啓　古靈集 16/3a

答周秀才啓　古靈集 16/4a

答楊倜秀才啓（1-2）　古靈集 16/5a-5b

答劉太博啓（1-2）　古靈集 16/6a-7b

與江通判啓　古靈集 16/6b

答余京秀才啓　古靈集 16/7a

與京西運使陳學士啓　古靈集 16/8b

與蔡舍人啓（1-2）　古靈集 16/9b-10b

與元屯田改葬服啓　古靈集 17/1a

送元屯田啓　古靈集 17/1b

與張學士啓　古靈集 17/2b

與丁觀文啓　古靈集 17/3a

謝兩浙運使張學士差試官啓　古靈集 17/3b

謝轉樞密直學士啓　古靈集 17/4b

陳州謝富相公啓　古靈集 17/5b

謝知制誥啓　古靈集 17/6a

謝運使唐學士啓　古靈集 17/7a

賀冬啓　古靈集 17/7b

與富相公啓　古靈集 17/8a

與提刑先狀　古靈集 17/8b

謝官員訪及狀　　古靈集 17/9a

與運使先狀　　古靈集 17/9a

答知州通判先狀　　古靈集 17/9b

與兩浙安撫陳舍人薦士書　　宋文鑑 117/8b

謝倪評事禮書　　宋文鑑 122/2b

~　　瓛

與劉壯輿儀曹二書　　三劉家集/59b

了翁先生與衞公書別幅　　梁溪集/附錄 47a

了翁先生與忠定公書　　梁溪集/附錄 48a

請昕律師疏　　播芳文粹 118/10b

請彭老開堂疏　　播芳文粹 118/20b

請天寧深老開堂疏　　播芳文粹 118/22a

請照堂夏講疏　　播芳文粹 118/32a

與鄒至文書　　宋文選 32/2b

巢時甫

請銓公茶榜　　播芳文粹 119/10b

~　　震

起復謝太守啓　　播芳文粹 80/12b

起復謝司理啓　　播芳文粹 80/13b

十　二　畫

游九言

答滁州范楷秀才書　　默齋稿/下 12a

再答范秀才書　　默齋稿/下 13b

答游儆秀才書　　默齋稿/下 14a

~如山

賀帥相大資正啓　　播芳文粹 65/24b

湯　漢

東澗湯先生書(致許月卿)　　先天集/附錄上 3a

富　弼

與孫元規大資三帖　　播芳文粹 103/10a

與陳都官書　　宋文鑑 113/10a

馮　山

上文太師干求舉賢良書　　蜀文輯存/續補 1a

~　方

賀蔣漕遷秋啓　　播芳文粹 55/16b　蜀文輯存 96/4a

~　京

謝狀元及第啓　　播芳文粹 77/1a

與李大博帖　　播芳文粹 107/10b

與李龍圖帖　　播芳文粹 107/10b

~時行

韓安撫起復果州　　緒雲集 3/9b

代謝薦章啓　　緒雲集 3/10b

回諸士人發解　　緒雲集 3/11b

鄰郡武臣啓　　緒雲集 3/11b

夔帥冬節　　緒雲集 3/12b

郭帥　　緒雲集 3/13a

師帥列薦　　緒雲集 3/14a

運使　　緒雲集 3/15b

新憲大卿　　緒雲集 3/16b

張尚書除四川制置　　緒雲集 3/17b

知縣　　緒雲集 3/19a

答新任通判　　緒雲集 3/19b

復郭愛義知郡　　緒雲集 3/20a

夔路蔣提刑　　緒雲集 3/21a

虞宣諭　　緒雲集 3/21b

除西路憲謝五府　　緒雲集 3/23a

回彭州屬吏　　緒雲集 3/24a

答田廷傑秀才帖　　緒雲集 3/24b

叙復謝宰執啓　　播芳文粹 80/2b　蜀文輯存 46/12b

上丞相小簡　　播芳文粹 95/9b　蜀文輯存 46/13b

與程侍講小簡　　播芳文粹 97/11a　蜀文輯存 46/15a

上王帥剳子　　播芳文粹 102/14b

上太守剳子　　播芳文粹 102/13a　蜀文輯存 46/15a

請九頂長老茶榜　　播芳文粹 119/6b

請嚴老茶榜　　播芳文粹 119/9a

答李悅之榜雲安尉廳後小堂曰馮公書　　蜀藝文志 29/15a

答李悅之書　　蜀文輯存 46/17a

上宰相書　　蜀文輯存/續補 14b

~康國

賀孟宰啓　　播芳文粹 64/18b

~　澥

通粘罕啓　　蜀文輯存 31/5b

上文太師干求舉賢良書　　蜀文輯存 31/5b

與人帖　　蜀文輯存 31/6b

~　檝

上執政黃潛善書　　蜀文輯存 38/10a

貽劉光世書　　蜀文輯存 38/10a

曾公亮

與張安道尚書帖　　播芳文粹 103/20a

與范文正公　播芳文粹 103/8b

與神智大師三帖　播芳文粹 110/7b

~ 丰

上王丞相書　緣督集 6/1a　抄本緣督集 13/1a

上梁丞相書　緣督集 6/4a　抄本緣督集 13/4a

上葛丞相書　緣督集 6/7a　抄本緣督集 13/9b

上陳參政書　緣督集 6/9a　抄本緣督集 13/12a

上李舍人書　緣督集 6/11a　抄本緣督集 13/14a

上張參政書　緣督集 6/13a　抄本緣督集 13/19a

上京丞相書　緣督集 6/16a　抄本緣督集 13/16a

答劉師董書　緣督集 6/19a　抄本緣督集 13/21b

代人上李參政書　緣督集 6/21a　抄本緣督集 13/7a

代人上程給事書　緣督集 6/23a　抄本緣督集 13/23a

通贛州趙守啓　緣督集 7/1a

代憲使梁大卿賀范參政自建康得祠啓　緣督集 7/2a

代憲使梁大卿賀趙丞相自瀘州移荊南啓　緣督集 7/3a

賀呂憲使移帥揚州啓　緣督集 7/4a

通廣東漕使馬少卿啓　緣督集 7/5a

回廣東李帳幹啓　緣督集 7/6a

賀潘經畧啓　緣督集 7/7a

代人賀葛樞密啓　緣督集 7/8a

回州縣官賀年啓　緣督集 7/9a

賀留樞密啓　緣督集 7/9b

代潘帥賀周丞相啓　緣督集 7/11a

賀周丞相啓　緣督集 7/12a

謝三府堂除義寧知縣啓　緣督集 7/14a

通廣西運使朱太中啓　緣督集 7/15a

通廣東提刑吳大卿啓　緣督集 7/16a

迎廣西經畧趙侍郎啓　緣督集 7/17b

通浦城縣丞啓　緣督集 7/18b

轉官謝丞相啓　緣督集 7/19b

賀江西提刑馬少卿上任啓　緣督集 7/20b

通都提舉譚大博啓　緣督集 7/22a

代廣東帥通廣西孫運判到任啓　緣督集 7/23b

代德慶趙守任滿赴闕謝五府啓　緣督集 7/24b

回鄭昌化謝到任啓　緣督集 7/25b

通同官賀冬至啓　緣督集 7/26b

代賀范參政自建康得祠啓　抄本緣督集 10/8b

賀江西提刑馬少卿上任啓　抄本緣督集 10/9a

通新除江西漕林大著啓　抄本緣督集 10/10b

通安撫程給事啓　抄本緣督集 10/11b

謝漕使蘇大卿京狀啓　抄本緣督集 10/12b

又通漕使蘇大卿啓　抄本緣督集 10/14a

通贛州趙守啓　抄本緣督集 10/15a

賀贛守莫郎中啓　抄本緣督集 10/16a

賀丘檢詳自平江移帥紹興啓　抄本緣督集 10/17a

賀呂憲使移帥揚州啓　抄本緣督集 10/18a

上黃參政啓　抄本緣督集 10/19a

賀周知院拜樞密使啓　抄本緣督集 10/20a

轉官謝丞相啓　抄本緣督集 11/1a

赴廣倅上潘直閣啓　抄本緣督集 11/2a

謝五府堂除廣東運幹啓　抄本緣督集 11/3b

通廣東漕使黃監簿啓　抄本緣督集 11/4b

迎廣運使坦大夫啓　抄本緣督集 11/5b

通坦提刑啓　抄本緣督集 11/7a

代坦運使到任謝兩丞相啓　抄本緣督集 11/7b

代坦運使到任謝樞使啓　抄本緣督集 11/8b

代坦運使到任謝楊檢詳啓　抄本緣督集 11/9b

代坦運使通新除提鹽譚太博啓　抄本緣督集 11/10b

通都提舉譚太博啓　抄本緣督集 11/11a

賀坦提刑轉官啓　抄本緣督集 11/13a

賀廣東提刑坦大夫特轉一官再任啓　抄本緣督集 11/13b

代賀提刑坦大夫轉官再任啓　抄本緣督集 11/14b

通廣東漕使馬少卿啓　抄本緣督集 11/15a

回廣東李帳幹啓　抄本緣督集 11/16a

代運使賀坦憲陳廣西漕啓　抄本緣督集 11/17a

代廣東帥通廣西漕到任啓　抄本緣督集 11/17b

代使長馬少卿回廣西林轉運判官啓　抄本緣督集 11/18b

通廣東提刑吳大卿啓　抄本緣督集 11/19a

代人賀洪閣學除内翰啓　抄本緣督集 11/20b

賀留樞密啓　抄本緣督集 11/21a

代潘帥賀周丞相啓　抄本緣督集 11/23a

賀周丞相啓　抄本緣督集 11/24a

代人賀韓戶部除兵部兼知臨安府啓　抄本緣督集 11/26b

謝二府堂除義寧知縣啓　抄本緣督集 12/1a

迎廣西經畧趙侍郎啓　抄本緣督集 12/2b

通静江府二倅車啓　抄本緣督集 12/3b

代憲使梁大卿賀趙丞相自瀘州移荆南啓
　抄本緣督集 12/4b

代憲使梁大卿答江州婁守啓　抄本緣督集 12/5a

通廣西運使朱太中啓　抄本緣督集 12/6a

通廣西李經畧啓　抄本緣督集 12/7a

代人賀葛樞密使啓　抄本緣督集 12/8a

答東莞王知縣通赴任啓　抄本緣督集 12/9a

答交代葉縣丞啓　抄本緣督集 12/10a

通浦城縣丞啓　抄本緣督集 12/10b

通交代瓊州梁倅啓　抄本緣督集 12/11b

回鄭昌化謝到任啓　抄本緣督集 12/12b

謝諸司辟晉康啓　抄本緣督集 12/13a

到任謝朝仕啓　抄本緣督集 12/14b

到任謝五府啓　抄本緣督集 12/16a

代德慶趙守任滿赴闕謝五府啓　抄本緣督集 12/17b

通潘經畧啓　抄本緣督集 12/18b

回州縣官賀年啓　抄本緣督集 12/19a

代使長賀冬節啓　抄本緣督集 12/19b

通同官賀啓　抄本緣督集 12/19b

謝李舍人薦充著述啓　抄本緣督集 12/20a

謝管提刑譚提舉時薦啓　抄本緣督集 12/21a

～　布
賀皇太后受册牋　播芳文粹 45/13a

～仲通
賀帥相大資正啓　播芳文粹 65/26a

～　協
賀湯相再除左揆啓　曾雲莊集 3/4b

賀劉太尉啓　曾雲莊集 3/6a

賀梁樞密啓　曾雲莊集 3/7a

賀湯知院啓　曾雲莊集 3/8a

賀王知院啓　曾雲莊集 3/9b

賀黃同知啓　曾雲莊集 3/10b

賀王同知啓　曾雲莊集 3/11b

賀程參政啓　曾雲莊集 3/12a

賀兵部湯侍郎禹立啓　曾雲莊集 3/13b

賀周內翰茂振啓　曾雲莊集 3/14a

賀張舍人安國啓　曾雲莊集 3/15b

賀新湖州程樞密啓　曾雲莊集 3/16b

上湖州王尚書與道啓　曾雲莊集 3/17b

賀平江徐侍郎獻之啓　曾雲莊集 3/18b

上建康晃留守恭道啓　曾雲莊集 3/19a

長興丞任滿求批書啓　曾雲莊集 3/20a

嵊縣丞通太守啓　曾雲莊集 3/21b

嵊縣丞通李宰啓　曾雲莊集 3/22b

鎮江任滿通交代龔判院啓　曾雲莊集 3/23a

行在諸軍糧料院謝啓　曾雲莊集 3/23b

臨安倅通姜運使庭彥啓　曾雲莊集 3/24b

臨安倅通王帥啓　曾雲莊集 3/25b

臨安任滿通交代李倅彥將啓　曾雲莊集 3/26b

與新臨安周倅季徹啓　曾雲莊集 3/26b

永州到任謝宰執啓　曾雲莊集 3/27a

辛巳上時相書　曾雲莊集 4/4a

上張同知書　曾雲莊集 4/9b

上黃叔愚主管謝墓銘書　曾雲莊集 4/12a

～　賁
請永長老住西禪疏　播芳文粹 118/8a

～　肇
謝校勘啓　曲阜集 3/18a　宋文鑑 123/3a

謝中書舍人啓　曲阜集 3/19a　宋文鑑 123/4a

回馮如晦學士啓　曲阜集 3/20a　宋文鑑 123/5a

賀提刑上官正言狀　曲阜集 3/20b

責兄布書　曲阜集補 2/18a

賀提刑上官正言狀　宋文鑑 123/3a

～　鞏
謝赦書　曾南豐集 14/1b

謝曆日（1-2）　曾南豐集 14/2a

福州謝上　曾南豐集 14/2a

上歐陽龍圖（1-2）　曾南豐集 15/1a-2a

上田正言　曾南豐集 15/2b　宋文選 14/1a

答蔡正言　曾南豐集 15/3a

上王轉運　曾南豐集 15/4b

上王刑部（1-2）　曾南豐集 15/5a-5b

與孫司封　曾南豐集 15/6a

與王荆公介甫書　曾南豐集 16/1a　元豐稿 16/6a

與深甫書　曾南豐集 16/2a　元豐稿 16/13a

代人上永叔書　曾南豐集 16/3a　宋文選 14/5b

上歐蔡書　曾南豐集 16/3b　宋文選 14/2a

上杜相公書　曾南豐集 17/1a　元豐稿 15/10b

與撫州知州書　曾南豐集 17/2b　元豐稿 15/15a

見知州　曾南豐集 17/3b

代人上蔣密學　曾南豐集 17/4a　宋文選 14/3b

與孫都官　曾南豐集 17/5a

代人上石中允　曾南豐集 17/5b　宋文選 14/5a

上歐陽先生　曾南豐集 17/6a

上蔡學士　曾南豐集 17/7a　元豐稿 15/8b

代人上州牧　曾南豐集 17/7a

答王固別紙　曾南豐集 17/7b

上范資政　曾南豐集 18/1a　元豐稿 15/12b

謝杜相　曾南豐集 18/2a　元豐稿 36/1b

謝劉給事　曾南豐集 18/2b

代上張學士　曾南豐集 18/2b

謝余侍郎　曾南豐集 18/3b

答李沿　曾南豐集 18/4a　元豐稿 16/8b

請文慧和尚住靈巖疏　曾南豐集 31/2b

請文慧和尚開堂疏　曾南豐集 31/3a

上歐陽學士第一書　元豐稿 15/1a

歐陽學士第二書　元豐稿 15/3a

上歐陽舍人書　元豐稿 15/5a

上杜相公書　元豐稿 15/10b　宋文鑑 116/13a

上齊工部書　元豐稿 15/14a

與撫州知州書　元豐稿 15/15a

與孫司封書　元豐稿 15/16a　宋文鑑 116/16a

再與歐陽舍人書　元豐稿 15/18a

與杜相公書　元豐稿 16/1a

答范資政書　元豐稿 16/2a

謝杜相公書　元豐稿 16/2b

寄歐陽舍人書　元豐稿 16/3b

與王介甫第一書　元豐稿 16/5b

與王介甫第二書　元豐稿 16/6a

與王介甫第三書　元豐稿 16/7b

謝章學士書　元豐稿 16/9b

答孫都官書　元豐稿 16/10b

答袁陟書　元豐稿 16/11b

謝曹秀才書　元豐稿 16/12b

謝吳秀才書　元豐稿 16/13a

與王深甫書　元豐稿 16/13a

答王深甫論楊雄書　元豐稿 16/15a

與王向書　元豐稿 16/17b

回傅權書　元豐稿 16/17b

福州上執政書　元豐稿 16/18a

應舉啓　元豐稿 36/1a

謝杜相公啓　元豐稿 36/1b

回傅侍講啓　元豐稿 36/2a

代人謝余侍郎啓　元豐稿 36/2b

與劉沆龍圖啓　元豐稿 36/3a

謝解啓　元豐稿 36/3b

回李清臣范百禄謝中賢良啓　元豐稿 36/4a

回人謝館職啓　元豐稿 36/4a

與北京韓侍中啓（1～2）　元豐稿 36/4b－5a

回許安世謝館職啓　元豐稿 36/5b

賀韓相公啓　元豐稿 36/6a

襄州與交代孫頎啓　元豐稿 36/6b

洪州到任謝兩府啓　元豐稿 36/7a

賀東府啓　元豐稿 36/7b

賀蹇周輔授館職　元豐稿 36/8a

回泉州陳都官啓　元豐稿 36/8b

明州到任謝兩府啓　元豐稿 36/8b

賀趙大資致政啓　元豐稿 36/9b

亳州到任謝兩府啓　元豐稿 36/10a

到亳州與南京張宣徽啓　元豐稿 36/10a

回陸佃謝館職啓　元豐稿 37/1a

與定州韓相公啓　元豐稿 37/1a

賀韓相公赴許州啓　元豐稿 37/1b

授中書舍人謝啓　元豐稿 37/2a

賀提刑狀　元豐稿 37/3a

太平州回轉運　元豐稿 37/3a

太平州與本路轉運狀　元豐稿 37/3b

越州賀提刑夏倚狀　元豐稿 37/4a

賀轉運狀　元豐稿 37/4b

賀杭州起資政冬狀　元豐稿 37/5a

賀北京留守韓侍中正旦狀　元豐稿 37/5a

賀鄆州邵資政改侍郎　元豐稿 37/5b

襄州回相州韓侍中狀　元豐稿 37/5b

回樞密侍郎狀　元豐稿 37/6a

回亳州知府諫議狀　元豐稿 37/6b

回運使郎中狀　元豐稿 37/7a

到任謝職司諸官員狀　元豐稿 37/7b

福州回曾侍中狀　元豐稿 37/8a

移亳州回人賀狀　元豐稿 37/8b

東府賀冬狀　元豐稿 37/8b

西府賀冬狀　元豐稿 37/9a

回人賀授史館修撰狀　元豐稿 37/9a

回人賀授舍人狀　元豐稿 37/9b

上田正言書　元豐稿補 1/16a　播芳文粹 94/4a

上歐蔡書　元豐稿補 2/1a

代上蔣密學書　元豐稿補 2/4b

代人上石中允書　元豐稿補 2/7a

代人上永叔書　元豐稿補 2/8b

謝實錄院賜研紙筆墨表　元豐稿補 2/15b

賀正字啓　元豐稿補 2/17a　播芳文粹 51/25b

賀方正字啓　元豐稿補 2/17a

與俞叔通教授　元豐稿補 2/17b　播芳文粹 105/24a

懷友寄介卿　元豐稿補 2/18a

賀趙大資致仕啓　播芳文粹 56/12b

賀秦龍學除帥啓　播芳文粹 57/11a

賀試中賢良啓　播芳文粹 65/2b

除中書舍人謝宰執啓　播芳文粹 68/7a

除中書舍人謝宰執啓　播芳文粹 68/33b

彭汝礪

謝惠詩帖　播芳文粹 106/6b

與陸侍郎帖　播芳文粹 106/7a

~俊民

上黃門蘇侍郎書　蜀文輯存 34/10b

上虞尚書書　蜀文輯存 34/13a

上吳中丞書　蜀文輯存 34/15b

上姚運使書　蜀文輯存 34/18a

上呂太尉書　蜀文輯存續補 /9a

~龜年

上漕司論州縣應副軍糧支除書　止堂集 11/1a

上漕司論科舉失士之弊書　止堂集 11/2a

論禁糯米書　止堂集 11/3a

論邏者之弊書　止堂集 11/4a

上趙漕論常平欠折書　止堂集 11/5b

上袁守論苗倉收土米耗書　止堂集 11/6a

論支移倉水腳錢書　止堂集 11/7a

論解彥祥敗茶寇之功書　止堂集 11/8a

論弭盜書　止堂集 11/10a

論州府公度治囚失體書　止堂集 11/11a

論火備書　止堂集 11/12a

論狂僧惑衆書　止堂集 11/13b

上丞相論劉侍御不當補外書　止堂集 12/1a

上丞相論瀘南建康易帥書　止堂集 12/2b

上丞相論胡安福盛年納祿乞與差遣書（附小貼子）　止堂集 12/3b

上丞相論虛傳姜特立召命書　止堂集 12/4b

上丞相論鐵幣事宜書　止堂集 12/6b

代臨江軍乞減上供留補支用書　止堂集 12/7a　南宋文范 34/10a

上趙樞密論辭免除拜書　止堂集 12/9a

上趙樞密論免過宮指揮書　止堂集 12/11a

上趙樞密論過宮等事書　止堂集 12/12a

上丞相論駕幸玉津園宜恭請三宮書　止堂集 12/12b

乞補外後上丞相書　止堂集 12/13b

江陵陳請畫一事件別上丞相書（附小帖子）　止堂集 12/14b

江陵上丞相乞與祠祿書　止堂集 12/16a

上丞相論淮東縱容行使鐵錢書　止堂集 12/16b

答柳州吳守啓　止堂集 13/1a

通宜春徐知縣啓　止堂集 13/1b

迎臨江葉守啓　止堂集 13/2a

上袁州汪守啓　止堂集 13/2b

迎袁州李守啓　止堂集 13/3b

迎袁州守啓　止堂集 13/4b

上袁州張守啓　止堂集 13/5b

謝袁州張守啓　止堂集 13/6b

上吉州太守啓　止堂集 13/7b

上吉州向倅啓　止堂集 13/8b

上憲使啓　止堂集 13/9b

上江倉漕啓　止堂集 13/10b

上留帥丘漕啓　止堂集 13/11b

迎李泉使啓　止堂集 13/12b

賀江西趙鹽臺啓　止堂集 13/13b

賀江西錢漕啓　止堂集 14/1a　南宋文範 29/11b

賀江西趙漕啓　止堂集 14/2a

賀江西李漕啓　止堂集 14/3a

賀江西丘漕啓　止堂集 14/4a

賀江西尤漕路　止堂集 14/5a

謝宰執啓（1-5）　止堂集 14/6a-7b

再謝宰執啓　止堂集 14/7b

謝張尚書啓　止堂集 14/8a　南宋文範 29/12a

謝鄭尚書張京尹啓　止堂集 14/9b

賀王狀元啓　止堂集 14/10b

賀龔參政啓　止堂集 14/10b

賀周樞密啓　止堂集 14/11b

賀劉樞密啓　止堂集 14/13a

除贛州謝丞相啓　止堂集 14/14a

代袁守賀刑部周郎中啓　止堂集 14/15a

惠　洪

請悟老住惠林　石門禪 28/1a

又諸禪疏　石門禪 28/1b

請杲老住天寧　石門禪 28/1b
出門疏　石門禪 28/2b
請靈源外座　石門禪 28/3a
請一老外座　石門禪 28/3a
請山老住雲巖　石門禪 28/3b
請崇寧茶榜　石門禪 28/4b
請逍遙宜老茶榜　石門禪 28/4b
請準和尚住黃龍　石門禪 28/5a
請湘公住神鼎　石門禪 28/5b
請寶覺臻公住天寧　石門禪 28/6a
請殊公住雲峰　石門禪 28/6b
請道林雲老住龍王諸山　石門禪 28/7a
雲老送南華茶榜　石門禪 28/7a
請東明疏　石門禪 28/7b
請方廣珂老住石霜　石門禪 28/8a
請真戒住開福　石門禪 28/8b
請雲蓋奭老茶榜　石門禪 28/9a
請圓悟住雲居　石門禪 28/10b
請璞老住東禪　石門禪 28/11a
請璞老開堂　石門禪 28/11b
上張無盡居士退崇寧書　石門禪 29/1a
答張天覺退傳慶書　石門禪 29/1b
代雲蓋賀北禪方老書　石門禪 29/2a
代答溈山評老書　石門禪 29/2b
代法嗣書　石門禪 29/3a
代答書　石門禪 29/4a
代上太師啓　石門禪 29/4b
代上少師啓　石門禪 29/6b
代東林謝知府啓　石門禪 29/7b
代上湖南使者書　石門禪 29/8a
代上宣守書　石門禪 29/8b
代求濟書　石門禪 29/10a

華　　鎮

上越帥程給事書　雲溪集 21/1a
上權越帥提刑朱學士書　雲溪集 21/3b
上越簽徐狀元書　雲溪集 21/5b
上發運蔣龍圖書　雲溪集 21/7b
上崔學士書　雲溪集 21/10b
上揚帥呂大資書　雲溪集 21/12b
上淮南提舉黃都官書　雲溪集 21/14a
上沈舍人書　雲溪集 21/16a
上淮南運使直集賢院陳學士書　雲溪集 21/

17b
再上陳運使書　雲溪集 21/20b
上淮南張提舉書　雲溪集 21/22a
上淮南監司書　雲溪集 21/23b
上潤守朱龍圖書　雲溪集 21/26a
上兩浙運使書　雲溪集 21/28a
上溫倅朱朝奉書　雲溪集 21/30b
上溫倅張朝奉書　雲溪集 21/33a
上兩浙運判書　雲溪集 21/34a
上楊帥章待制書　雲溪集 22/1a
上吏部尚書　雲溪集 22/4a
上國子豐祭酒書(1-2)　雲溪集 22/6a-10a
上侍從書(1-3)　雲溪集 22/12a-18a
上宰相書　雲溪集 22/20a
上司業書(1-2)　雲溪集 22/22b-24a
上顧侍郎書　雲溪集 22/26a
上中書孫舍人書　雲溪集 22/27a
上陸侍郎書　雲溪集 22/29a
上越帥蔡侍郎書　雲溪集 22/20b
上發運蔣龍圖書　雲溪集 22/24a
上溫守劉大夫書　雲溪集 22/25b
再上溫守劉大夫書　雲溪集 22/27b
再上顧侍郎書　雲溪集 22/29a
上道守董大夫書　雲溪集 23/1a
上道守曾大夫書　雲溪集 23/2b
上湖南運使程大卿書(1-2)　雲溪集 23/4b-6a
上湖南張運判書(1-2)　雲溪集 23/7b-8b
上湖南運使書　雲溪集 23/10b
上湖南提刑安學士書　雲溪集 23/11b
上湖南運使柯少卿書(1-2)　雲溪集 23/13a-14b
上湖南運判張朝散書　雲溪集 23/15b
上潭帥李學士書　雲溪集 23/17b
上湖南運判曹司勳書　雲溪集 23/19a
上邢龍圖書　雲溪集 23/20b
上湖南提舉梁朝奉書　雲溪集 23/22b
上湖南提刑書　雲溪集 23/24a
上宰相書　雲溪集 23/25a
上蔡左丞書　雲溪集 23/27a
上林樞密書　雲溪集 23/30a
上蔣樞密書　雲溪集 24/1a
上蔡樞密書　雲溪集 24/3a

上通守林大夫書　雲溪集 24/4a

上淮南提舉書　雲溪集 24/5b

上門下許侍郎書　雲溪集 24/7a

上安樞密書　雲溪集 24/8b

上執政書（1－2）　雲溪集 24/10a－12a

上蔡樞密書　雲溪集 24/13b

上蔡僕射書　雲溪集 24/16a

上西京運使李龍圖書　雲溪集 24/18b

上蔡司空書　雲溪集 24/22b

上蔡大資書　雲溪集 24/26a

上梁參政書　雲溪集 24/28a

上中書梁侍郎書　雲溪集 24/29b

賀新先輩啓　雲溪集 25/1a

賀宮使觀文相公啓　雲溪集 25/2a

謝解啓（1－3）　雲溪集 25/2b－5b

上海門交代知縣呂通直啓　雲溪集 25/6a

謝湖南知縣啓　雲溪集 25/6b

代回知縣長官啓　雲溪集 25/7a

謝交割湖南帳勾職事啓　雲溪集 25/7a

代謝河北運使王大夫啓　雲溪集 25/9a

代謝知郡大夫啓　雲溪集 25/9b

謝改官啓　雲溪集 25/10a

回致政林奉議啓　雲溪集 25/11a

許親啓（1－4）　雲溪集 25/11b

賀湖南交代耿帳勾啓　雲溪集 25/12b

賀盛秘教及第啓　雲溪集 25/13a

代謝人賀子及第啓　雲溪集 25/13a

代賀湖北運使啓　雲溪集 25/13b

賀福建運使柳直閣啓　雲溪集 25/14a

謝湖南程運使辟本司帳勾兼管勾文字啓
　雲溪集 25/15a

謝湖南程運使回啓　雲溪集 25/15b

謝太府董大卿啓　雲溪集 25/16b

謝及第啓　雲溪集 25/17b

代汾州知州董左司謝監司啓　雲溪集 25/19b

代上廣西諸監司啓　雲溪集 25/20a

代謝都尉錢節度使啓　雲溪集 25/20b

代謝充守程大卿啓　雲溪集 25/21a

代賀刑部邢侍郎啓　雲溪集 25/21a

代賀戶部孫侍郎啓（1－2）　雲溪集 25/21b－
22a

代賀戶部李侍郎啓（1－2）　雲溪集 25/22a－
22b

代賀中丞啓　雲溪集 26/1a

代賀大名判府留守鄭資政啓　雲溪集 26/1b

代賀發運修撰啓　雲溪集 26/2a

代賀許左丞啓（1－2）　雲溪集 26/2b－3a

代賀蔡右丞啓（1－2）　雲溪集 26/3b

代賀祭酒啓　雲溪集 26/4a

代上中書蔣舍人啓　雲溪集 26/4b

代謝廣西提刑曹司勳啓　雲溪集 26/5b

代賀福建轉運判官秦朝奉啓　雲溪集 26/5b

代謝廣西轉運判官啓　雲溪集 26/6a

代賀湖南轉運判官張朝散啓　雲溪集 26/6b

代賀湖南轉運判官張朝請啓　雲溪集 26/7a

代謝兩府啓（1－2）　雲溪集 26/7b－8b

代汾州知州董左司謝兩府啓　雲溪集 26/9b

代上發運待制啓（1－4）　雲溪集 26/10a－11a

代回彭承議啓　雲溪集 26/11b

代賀西府正旦啓　雲溪集 26/12a

代回廣西屬官啓　雲溪集 26/12a

代回秀才獻書啓　雲溪集 26/12b

回梅子蕭奉議啓　雲溪集 26/12b

代回郴州知郡李朝散啓　雲溪集 26/13a

代回全州知郡王左藏啓　雲溪集 26/13b

代回衡州推官啓　雲溪集 26/13b

代回湖南檢法推官啓　雲溪集 26/14a

代賀吏部林尚書啓　雲溪集 26/14a

代謝發運侍郎啓　雲溪集 26/14b

代謝和州知府王侍郎啓　雲溪集 26/15a

代賀內翰啓　雲溪集 26/15b

代賀蔡內翰啓（1－2）　雲溪集 26/16a－16b

代謝顧內翰啓　雲溪集 26/17a

代賀邵州知郡陳朝請啓　雲溪集 26/17b

又代賀邵州知郡張朝請啓　雲溪集 26/17b

又代賀衢州知郡黃朝請啓　雲溪集 26/18a

又代上宰相乞移淮浙一郡啓　雲溪集 26/18b

代邵郡謝知郡藍皇城啓　雲溪集 26/19a

代賀侍從冬至節啓　雲溪集 26/19a

代賀湖南提刑冬至啓　雲溪集 26/19b

代賀東府冬至節啓　雲溪集 26/19b

上淮東閭提刑書　四庫拾遺 168/雲溪集

謝國子祭酒舉學官啓　四庫拾遺 169/雲溪集

景廷玉

賀呂都運啓　播芳文粹 60/14b

賀吳提刑啓　　播芳文粹 61/6b

喻汝礪

遺胡世將書　　蜀文輯存 47/15a
上黃相遷都書　　蜀文輯存/續補 15b

舒邦佐

賀周樞使遷右相啓　　雙峰稿 2/1a
賀程帥加待制三任隆興啓　　雙峰稿 2/2a
賀王相除觀文殿學士判衢州啓　　雙峰稿 2/3a
賀留右相啓　　雙峰稿 2/3b
賀李給事啓　　雙峰稿 2/4b
賀中書鄭舍人啓　　雙峰稿 2/5a
賀薛補闕啓　　雙峰稿 2/5b
賀王侍郎除待制知隆興啓　　雙峰稿 2/6b
賀張侍郎加殿撰知紹興府啓　　雙峰稿 2/7b
回湖北湯憲啓　　雙峰稿 2/8a
回章岳州啓　　雙峰稿 2/8b
回漢州續守啓　　雙峰稿 2/9a
回王狀元謝禁墳山啓　　雙峰稿 2/10a
回邵州徐守謝列薦啓　　雙峰稿 2/10b
被召謝廟堂啓　　雙峰稿 2/10b
回潭州褚廣文啓　　雙峰稿 2/11b
謝趙鹽列薦啓　　雙峰稿 2/12a
通荊南王樞帥啓　　雙峰稿 2/12b
賀京侍郎加待制知成都啓　　雙峰稿 2/13a
上趙鹽求薦啓　　雙峰稿 2/14a
登第謝辛帥啓　　雙峰稿 3/1a
賀京察院除湖北漕啓　　雙峰稿 3/2a
賀隆興簽判黃狀元啓　　雙峰稿 3/3a
通劉長沙啓　　雙峰稿 3/4a
通陳知錄啓　　雙峰稿 3/4b
回善化鍾解元啓　　雙峰稿 3/5b
回善化劉解元啓　　雙峰稿 3/5b
回潭州褚教授啓　　雙峰稿 3/6a
回交代吳主簿啓　　雙峰稿 3/6b
迎湖南岳漕啓　　雙峰稿 3/7a
迎湖南樊鹽啓　　雙峰稿 3/8a
謝沈帥薦舉啓　　雙峰稿 3/8b
謝趙鹽薦舉啓　　雙峰稿 3/9b
與善化卓宰啓　　雙峰稿 3/11a
回善化倪丞啓　　雙峰稿 3/11b
回葉茶陵年啓　　雙峰稿 3/12a

賀江西劉漕冬啓　　雙峰稿 3/12b
賀黃袁州冬啓　　雙峰稿 3/12b
回易狀元冬啓　　雙峰稿 3/13a
賀周帥相年啓　　雙峰稿 3/13b
通湖南趙帥啓　　雙峰稿 4/1a
通湖南陳漕啓　　雙峰稿 4/1b
通憲司陳幹啓　　雙峰稿 4/2b
通徐檢法啓　　雙峰稿 4/3a
通傅教授啓　　雙峰稿 4/3b
通鄭路分啓　　雙峰稿 4/4a
回常甯王宰啓　　雙峰稿 4/4b
回常甯時丞啓　　雙峰稿 4/5a
回常甯王簿尉啓　　雙峰稿 4/5a
迎湖南孫憲啓　　雙峰稿 4/5b
賀周相判潭州啓　　雙峰稿 4/7a
迎張提舉啓　　雙峰稿 4/8a
迎衡州余守啓　　雙峰稿 4/8b
迎何漕啓　　雙峰稿 4/9b
迎吳彬州除本路提舉啓　　雙峰稿 4/11a
賀京制置除刑部尚書兼陳情啓　　雙峰稿 4/12a
通梁倅啓　　雙峰稿 4/13b
回王司法啓　　雙峰稿 4/14a
上周相所業—作著作啓　　雙峰稿 4/14b
與靖安范令啓　　雙峰稿 4/15b
賀陳尚書除同知啓　　雙峰稿 5/1a
賀章司諫啓　　雙峰稿 5/2a
上葛相啓　　雙峰稿 5/3a
謝葛相啓　　雙峰稿 5/3b
謝臺諫啓　　雙峰稿 5/3b
通廣西張漕啓　　雙峰稿 5/3b
通廣西趙經畧啓　　雙峰稿 5/4a
通廣西胡憲啓　　雙峰稿 5/4b
回曹參議啓　　雙峰稿 5/5a
回李永州啓　　雙峰稿 5/5b
迎趙憲啓　　雙峰稿 5/5b
賀趙憲交印啓　　雙峰稿 5/6a
賀留左相除亞傅啓　　雙峰稿 5/6b
賀彭舍人啓　　雙峰稿 5/7b
賀鄭留守除吏部尚書啓　　雙峰稿 5/8a
通問江西權帥趙漕啓　　雙峰稿 5/8b
迎潭帥朱殿撰啓　　雙峰稿 5/9a
賀朱帥交印啓　　雙峰稿 5/9b

賀湖北王憲啓　雙峰稿 5/10a

通劉大諫陳情啓　雙峰稿 5/10b

上張倉啓　雙峰稿 6/1a

上吳倉啓　雙峰稿 6/2a

謝吳倉薦舉啓　雙峰稿 6/3b

謝京尚書薦舉啓　雙峰稿 6/4a

賀孫憲交印啓　雙峰稿 6/5a

賀周相交印啓　雙峰稿 6/5b

謝知建甯府鄭尚書啓　雙峰稿 6/6a

回方教授啓　雙峰稿 6/7a

賀吏部趙尚書啓　雙峰稿 6/7b

賀戶部邱侍郎落權啓　雙峰稿 6/8a

賀戶部馬侍郎啓　雙峰稿 6/9a

賀留相進呈聖政會要加少保啓　雙峰稿 6/9b

回黃州趙守啓　雙峰稿 6/10a

回永州徐寺丞啓　雙峰稿 6/11a

回吳郴州啓　雙峰稿 6/11b

回項正字謝列薦啓　雙峰稿 6/12a

回徐永州啓　雙峰稿 6/13a

賀黃察院啓　雙峰稿 6/13b

賀楊察院啓　雙峰稿 6/14a

謝余守薦舉啓　雙峰稿 7/1a

新除張侍御賀啓　雙峰稿 7/2a

賀林帥除兵部侍郎啓　雙峰稿 7/2b

上豐漕啓　雙峰稿 7/3b

回廣西方漕啓　雙峰稿 7/5a

工部袁侍郎賀啓　雙峰稿 7/5b

迎趙憲啓　雙峰稿 7/6b

賀謝大諫啓　雙峰稿 7/7b

回姜判官啓　雙峰稿 7/8b

回高檢法啓　雙峰稿 7/9a

到任通廣西趙帥啓　雙峰稿 7/9b

賀耿提點啓　雙峰稿 7/10b

賀淮東劉總領除卿移淮西總領啓　雙峰稿 7/11a

賀沈惠州除廣西憲啓　雙峰稿 7/12a

賀顏漕啓　雙峰稿 7/12b

通京相啓　雙峰稿 7/13b

吏部余尚書啓　雙峰稿 7/14b

與長沙劉尉啓　雙峰稿 7/15b

賀林察院啓　雙峰稿 .7/16a

～　亶

與曹輔之著作帖　播芳文粹 107/14a

與呂少府帖　播芳文粹 107/14a

～　璘

答朱晦翁書　舒文靖集 1/1a

答葉養源書　舒文靖集 1/1b

再答葉養源書　舒文靖集 1/2a

與呂寺丞子約書　舒文靖集 1/2b

再與呂子約書　舒文靖集 1/3a

答楊國博敬仲書　舒文靖集 1/3b

與袁學正和叔書　舒文靖集 1/4a

答河西尉書　舒文靖集 1/4b

答袁恭安書　舒文靖集 1/4b

答沈季父書　舒文靖集 1/5a

通都漕書　舒文靖集 1/5b

答孫子方書　舒文靖集 1/6a

上淮東總領韓郎中書　舒文靖集 1/6b

與汪子卿書　舒文靖集 1/8a

通趙守書　舒文靖集 1/8b

答劉宰書　舒文靖集 1/9a

與江司法書　舒文靖集 1/9b

答徐子宜書　舒文靖集 1/10a

再答徐子宜書　舒文靖集 1/11a

答袁恭安書　舒文靖集 1/11b

答徐寺簿書　舒文靖集 1/12a

答鞏仲志書　舒文靖集 1/13a

再答鞏仲志書　舒文靖集 1/13b

與紹興汪教克剛書　舒文靖集 1/13b

再招汪教克剛書　舒文靖集 1/14a

與樓大防書　舒文靖集 1/15a

再與樓大防書　舒文靖集 1/15b

答樓大防書　舒文靖集 1/16b

與汪明叟書　舒文靖集 1/17a

請汪解元書　舒文靖集 1/17b

與滕德粹書　舒文靖集 1/18a

答積溪王宰栒書　舒文靖集 1/19a

與汪清卿書　舒文靖集 1/19b

與黃子耕書　舒文靖集 1/19b

與徐子宜書　舒文靖集 1/20b

與某書　舒文靖集 1/21b

答徐子宜書　舒文靖集 1/22a

通陳郎中英仲書　舒文靖集 1/22b

與李倉使唐卿書　舒文靖集 1/23b

謝李提舉書　舒文靖集 1/24a

與豐郎中書　舒文靖集 1/24b

再與豐郎中書　舒文靖集 1/24b

答薛大卿象先書　舒文靖集 1/25a

再答薛大卿書　舒文靖集 1/25b

與陳中書傅良書　舒文靖集 1/26a

答趙通判書　舒文靖集 1/26b

再答趙通判書　舒文靖集 1/27a

與王大卿書　舒文靖集 1/27b

答劉淳之書　舒文靖集 1/28a

答王了夫書　舒文靖集 1/28b

答楊叔仲書　舒文靖集 1/29a

請徐學長書　舒文靖集 1/29b

答喬世用書　舒文靖集 1/30a

答楚仲齡書　舒文靖集 1/31a

謝傅漕薦舉劄子　舒文靖集 3/1a

謝張守舉狀　舒文靖集 3/4a　南宋文範 34/13b

謝陳倉舉狀士楚　舒文靖集 3/5a

與陳倉劄子　舒文靖集 3/6a

與陳倉論常平　舒文靖集 3/7b

論茶鹽　舒文靖集 3/8b

論保長　舒文靖集 3/9b

論常平　舒文靖集 3/11a

論義倉　舒文靖集 3/12a

繳納劄子　舒文靖集 3/12a

與陳倉單劄子　舒文靖集 3/13a

與陳英仲劄子　舒文靖集 3/13b

與陳英仲論荒政　舒文靖集 3/14a

再與陳英仲論荒政　舒文靖集 3/15b

上新安張守劄子　舒文靖集 3/17a

乞差楚學正劄子　舒文靖集 3/18b

上太守劄子　舒文靖集 3/19a

上趙運使劄子　舒文靖集 3/19b

謝解啓　舒文靖集 4/1a

謝王右司薦舉啓　舒文靖集 4/2b

謝王漕啓　舒文靖集 4/3b

謝彭祭酒啓　舒文靖集 4/4a

答莫司戶啓　舒文靖集 4/5b

上程安撫叔達啓　舒文靖集 4/6a

上蘇運使啓名峴東坡曾孫　舒文靖集 4/6b

謝林漕啓名枡　舒文靖集 4/7b

答宋交代啓名傳　舒文靖集 4/8a

上宋參議啓　舒文靖集 4/8b

上王倅啓名璜　舒文靖集 4/9a

上黃倅啓名子滇　舒文靖集 4/9b

答武寧趙承啓名師淵　舒文靖集 4/10a

答汪通判啓名德輪　舒文靖集 4/11a

答李縣丞啓名充　舒文靖集 4/11b

答張主管啓名謂常州人　舒文靖集 4/12a

答危尉啓名清卿　舒文靖集 4/12b

答黃僉判啓名碩特奏狀元　舒文靖集 4/13a

通宋漕啓名若水　舒文靖集 4/13b

通林帥啓名栗　舒文靖集 4/14a

答柳推官啓　舒文靖集 4/15a

上王漕啓名回江西鹽移口西漕　舒文靖集 4/15b

答喬宰啓名夢符東萊門人　舒文靖集 4/16a

答交代莫教授啓　舒文靖集 4/16b

通何通判啓　舒文靖集 4/17b

通徐通判啓　舒文靖集 4/18a

通太守張伯垓啓　舒文靖集 4/19a

通黃倅啓名炎　舒文靖集 4/20b

答梁縣尉啓　舒文靖集 4/21a

答趙倅啓名希明　舒文靖集 4/21b

答黟縣簿啓名袁孚　舒文靖集 4/22a

答黟縣宰啓名公炎　舒文靖集 4/22b

答祁門于尉啓名雲　舒文靖集 4/23a

答祁門趙軍啓善壞同年　舒文靖集 4/23b

無　文

　上蛟峰先生書　蛟峰集/外 2/5b　山房遺文/外 2/5b

程子光

　賀李監場啓　播芳文粹 64/23b

～元裕

　賀劉太尉啓　播芳文粹 58/23b

～元鳳

　回五城黃制幹雷利賀生日啓　新安文獻 42/9a

～公許

　與葉紹翁書　蜀文輯存 83/8a

～　洵

　代劉寺簿上政府書　尊德集 2/23a

　上周丞相書　尊德集 2/25b

　迎湖南提舉管奉直啓　尊德集 3/6a

　代宋郎中答劉路鈐啓　尊德集 3/6b

　代劉寺簿通問趙提舉啓　尊德集 3/7a

　代宋郎中答薛提舉啓　尊德集 3/7b

　代劉衡州賀趙提舉禮上啓　尊德集 3/8a

　代宋郎中賀潘徽猷知潭州啓　尊德集 3/8a

代賀潘安撫交割啓　尊德集 3/9a
代姚提刑答參議啓　尊德集 3/9b
代趙大監答趙參議啓　尊德集 3/10a
代趙大監賀潘徽猷移鎮啓　尊德集 3/10b
代趙大監賀潘徽猷交代啓　尊德集 3/11a
代劉衡州通岳運使啓　尊德集 3/11b
代趙大監賀宋提刑除江西運判啓　尊德集 3/12a
代趙大監回葉通判啓　尊德集 3/12b
代趙大監答趙提舉幹啓　尊德集 3/13a
代趙大監答邵州徐知郡啓　尊德集 3/13b
代趙大監賀胡侍御啓　尊德集 3/14a
答衡陽張縣丞啓　尊德集 3/14b
答衡陽徐縣尉啓　尊德集 3/15a
通問交代主簿啓　尊德集 3/15a
答衡州趙推官啓　尊德集 3/15b
通問交待朱主簿啓　尊德集 3/16a
代新建尉通問余狀元啓　尊德集 3/16b
代安仁尉通問提點司王主管啓　尊德集 3/17a
代安仁尉通問提刑司宋幹啓　尊德集 3/17b
代安仁尉通問郭教授啓　尊德集 3/18a
代安仁尉通問知饒州王大夫啓　尊德集 3/18b
復表兄朱元晦編修書　新安文獻 9/8a
上周益公書　新安文獻 9/9a
~　祕
上執政(1-2)　洺水集 17/1a-2a
上陳舍人　洺水集 17/4b
上監司　洺水集 17/6a
代上執政　洺水集 17/8b
代上監司　洺水集 17/10a
雷祭酒　洺水集 17/12a
趙知縣　洺水集 17/13a
李大諫　洺水集 17/14a
胡連翁　洺水集 17/14b
與莊漕　洺水集 17/15a
潘通判　洺水集 17/15b
林知縣　洺水集 17/16b
趙尚書　洺水集 18/1a
黃侍郎　洺水集 18/1b
雷知院　洺水集 18/2b
余知縣　洺水集 18/3a

李尚書　洺水集 18/3b
浙東憲　洺水集 18/3b
唐秘書　洺水集 18/4b
回周帥　洺水集 18/5a
回宋總領　洺水集 18/5b
李提舉　洺水集 18/6a
李大諫　洺水集 18/6b
趙廷評　洺水集 18/6b
回崔侍郎　洺水集 18/7a
徐進士　洺水集 18/9b
答僧　洺水集 18/9b
葉尚書　洺水集 18/10a
程大卿　洺水集 18/10b
李侍郎　洺水集 18/11a
趙徽州　洺水集 18/11b
高校書　洺水集 18/12b
張知縣　洺水集 18/12b
袁郎中　洺水集 18/13a
回范教授　洺水集 18/13b
答祈進士脩　洺水集 18/14a
回李寔公　洺水集 18/15a
葉賢良寔　洺水集 18/15b
回金判院　洺水集 18/16b
賀江東運使　洺水集 19/1a
賀丘告院　洺水集 19/2a
賀丘樞密　洺水集 19/2b
賀鄒給事　洺水集 19/3b
賀趙徽州　洺水集 19/4a
賀正　洺水集 19/4b
賀商侍郎　洺水集 19/5a
謝丘樞密　洺水集 19/5b
謝雷祭酒　洺水集 19/8a
謝李尚書(1-2)　洺水集 19/9a-10b
謝范中書　洺水集 19/11a
謝除宗簿　洺水集 19/12a
謝除編修　洺水集 19/13b
謝執政　洺水集 19/16a
謝丞相　洺水集 19/16b
壬申冬至　洺水集 20/1a
癸酉正旦　洺水集 20/1b
交代朱寺正　洺水集 20/1b
回交代　洺水集 20/2a
回請舉士人　洺水集 20/2b

回龔撫幹　洺水集 20/3a

回冬至　洺水集 20/3b

回程知縣　洺水集 20/3b

回魏少監　洺水集 20/4a

回岳運使　洺水集 20/4b

回陳制帥　洺水集 20/5a

回趙鎮江　洺水集 20/5b

回癸未前三名　洺水集 20/6a

回丙戌前三名　洺水集 20/6a

代求陞陟　洺水集 20/6b

代與馬帥　洺水集 20/7b

代上倉使　洺水集 20/8a

代賀蘇提刑　洺水集 20/9a

代回林大卿　洺水集 20/10a

代上淮西總領　洺水集 20/10b

代上李提刑　洺水集 20/11b

代上宣撫　洺水集 20/11b

代賀錢丞相　洺水集 20/12b

代上執政　洺水集 20/13b

代上李安撫　洺水集 20/14b

代謝舉陞陟　洺水集 20/15b

修理內翰祠帖文　洺水集 26/16a

萬松山禁革樵採侵害帖文　洺水集 26/17a

與史丞相彌遠書　新安文獻 10/1a

賀趙徽州啓　新安文獻 42/8b

賀鄒給事啓　南宋文範 30/3a

上監司書　南宋文範 35/1a

～ 茂

責肅衍犯順書　新安文獻 8/1a

～建用

與蘇子瞻書　蜀文輯存 27/16b

～　俱

謝著作佐郎啓　程北山集 21/1a

蔡少師問候啓　程北山集 21/3a

秀州回朱司業啓　程北山集 21/4a

秘省回館職啓　程北山集 21/4b

復集英殿修撰謝宰執啓　程北山集 21/5a

復待制謝宰執啓　程北山集 21/7a

回劉吏部賀冬啓　程北山集 21/7b

回劉吏部賀正啓　程北山集 21/8a

答鄭教授書　程北山集 21/8b

答羅辣貢元書　程北山集 21/10a

呈寄居官員咨目　程北山集 21/11b

回柯暘刑部簡　程北山集 21/12a

答鄭教授論文書　新安文獻 8/8b

與李樞密綱論事書　新安文獻 8/9b

復待制謝宰執啓　新安文獻 42/3a

～師孟

與榮閣梨帖　播芳文粹 110/13a

～敦厚

賀楊大諫啓　播芳文粹 52/3a

賀宮使蘇丞相啓　播芳文粹 56/2a

賀劉太師致仕　播芳文粹 56/8b

賀許尚書帥蜀啓　播芳文粹 57/6a

賀陳尚書帥建康啓　播芳文粹 57/8a

賀太尉啓　播芳文粹 58/25a

賀汪都運啓　播芳文粹 60/14b

賀文太師正啓　播芳文粹 65/19b　蜀文輯存 51/9b

賀師相端明正啓　播芳文粹 65/24a　蜀文輯存 51/9b

賀太守待制正啓　播芳文粹 66/1b　蜀文輯存 51/10a

除閣職謝宰相啓(1－2)　播芳文粹 68/22a－22b　蜀文輯存 51/10a

除右丞謝兩府啓　播芳文粹 68/26b　蜀文輯存 51/11a

與總領小簡　播芳文粹 98/17a　蜀文輯存 51/23b

請致道道正住持酒榜　播芳文粹 119/3b

初見秦丞相書　蜀文輯存 51/3a

上趙丞相元鎮書　蜀文輯存 51/4a

上勾龍行父中丞書　蜀文輯存 51/5b

賀楊大諫啓　蜀文輯存 51/7a

賀宮使蘇丞相啓　蜀文輯存 51/7b

賀劉太師致仕啓　蜀文輯存 51/7b

賀許尚書帥蜀啓　蜀文輯存 51/8a

賀陳尚書帥建康啓　蜀文輯存 51/8b

賀太尉啓　蜀文輯存 51/9a

賀汪都運啓　蜀文輯存 51/9b

除閣職謝宰執啓　蜀文輯存 51/10b

賀開府呂丞相啓　蜀文輯存 51/11a

賀秦丞相改封益國啓　蜀文輯存 51/11b

賀秦內翰啓　蜀文輯存 51/12a

賀秦樞密啓　蜀文輯存 51/12b

賀沈丞相啓　蜀文輯存 51/13a

賀万俟丞相啓　蜀文輯存 51/13b

問候吳少師啓　蜀文輯存 51/14a

賀紹興魏參政啓　蜀文輯存 51/14a

賀湯中丞啓　蜀文輯存 51/14b

賀中書吳舍人啓　蜀文輯存 51/15a

賀吏部陳侍郎啓　蜀文輯存 51/15b

賀吏部孫太冲啓　蜀文輯存 51/16a

賀宣撫邵侍郎啓　蜀文輯存 51/16b

賀制置曹待制啓　蜀文輯存 51/16b

賀制置蕭侍郎啓　蜀文輯存 51/17a

與范宣諭啓　蜀文輯存 51/17a

賀茶馬湯少卿啓　蜀文輯存 51/17b

賀趙總領啓　蜀文輯存 51/17b

與夔帥張持道啓　蜀文輯存 51/18a

賀周瀘州啓　蜀文輯存 51/18a

賀成都范運使啓　蜀文輯存 51/18b

賀西漕李左司啓　蜀文輯存 51/19a

回孫運使啓　蜀文輯存 51/19b

賀鄭憲啓　蜀文輯存 51/19b

安遠到任謝秦丞相啓　蜀文輯存 51/20a

安遠謝秦侍郎啓　蜀文輯存 51/20a

安遠謝劉虔州啓　蜀文輯存 51/20b

安遠回運使汪寶文啓　蜀文輯存 51/21a

彭州到任謝秦丞相啓　蜀文輯存 51/21a

宮祠謝秦丞相啓　蜀文輯存 51/21b

除職回周憲啓　蜀文輯存 51/21b

靖州謝秦丞相啓　蜀文輯存 51/22a

謝秦丞相餽問啓　蜀文輯存 51/22b

謝秦少傅餽問啓　蜀文輯存 51/22b

與眉州邵檢討啓　蜀文輯存 51/23a

回眉州揚權郡啓　蜀文輯存 51/23b

回眉州官員見訪啓　蜀文輯存 51/23b

~實之

答友人論讀尚書書　新安文獻 9/13b

~榮秀

書灌畦者　新安文獻 35/11a

~頤

爲家君上宰相書　二程集(伊川)46/1a

謝呂晦叔待制相見書　二程集(伊川)46/3a

爲家君請宇文中允典漢州學書(1-2)　二
程集(伊川)46/3b-5b

答橫渠先生書　二程集(伊川)46/6b

再書(答橫渠先生書)　二程集(伊川)46/7a

上富鄭公書　二程集(伊川)46/8a

答富公小簡　二程集(伊川)46/9b

上河東帥書　二程集(伊川)46/10a

答人示奏草書　二程集(伊川)46/10b

答朱長文書　二程集(伊川)46/11b

上文路公求龍門菴地小簡　二程集(伊川)46/13a

上韓持國資政求撰兄墓誌書　二程集(伊川)46/13a

上孫叔曼侍郎求寫兄墓誌書　二程集(伊川)46/13b

答楊時慰書　二程集(伊川)46/14b

謝韓康公啓　二程集(伊川)46/15a

又謝(韓康公)簡　二程集(伊川)46/15b

答呂進伯簡(1-3)　二程集(伊川)46/15b-16b

與呂大臨論中書　二程集(伊川)46/16b

答楊時論西銘書　二程集(伊川)46/21a

代人上宰相論鄭白渠書　二程集(伊川)46/21b

上謝帥師直書　二程集(伊川)46/22b

與金堂謝君書　二程集(伊川)46/25a

答周孚先問　二程集(伊川)46/25b

答楊時書　二程集(伊川)46/28a

答楊迪書　二程集(伊川)46/28b

答門人書　二程集(伊川)46/28b

答鮑若雨書并答問　二程集(伊川)46/29a

與方元寀手帖　二程集(伊川)46/31a

定親書(1-2)　二程集(伊川)46/31b

答求婚書　二程集(伊川)46/32a

答人示奏草書　宋文鑑 119/9b

上韓康公啓　宋文鑑 123/2a

定親書　宋文鑑 123/2b

與人書　新安文獻 8/1a

~頣

賀門下許侍郎啓　播芳文粹 51/13b

賀尹侍郎啓　播芳文粹 52/21b

~顥

答橫渠定性書　二程集(明道)40/1a

南廟試九叙惟歌論　二程集(明道)40/3a

答橫渠張子厚先生書　宋文鑑 119/8a

傅　察

賀太宰啓　傅忠肅集/中 1a

賀尚書右丞啓　傅忠肅集/中 1b

賀戶部尚書啓　傅忠肅集/中 2b

賀內翰賓客啓　傅忠肅集/中 3a

賀舍人詹事啓　傅忠肅集/中 3b

賀虞純臣戶部侍郎啓　傅忠肅集/中 4a

賀光祿卿啓　傅忠肅集/中 4b

賀曾叔夏除秘書少監啓　傅忠肅集/中 5a

賀祝幾叟除軍器監啓　傅忠肅集/中 5b

賀王元將左司啓　傅忠肅集/中 6a

賀虞純臣監察御史啓　傅忠肅集/中 6b

賀虞純臣復監察御史啓　傅忠肅集/中 7b

賀陳國英頒事啓　傅忠肅集/中 8a

賀周文翰除待制提舉醴泉觀啓　傅忠肅集/中 8b

賀陳國珍集英修撰啓　傅忠肅集/中 9a

賀留守大資再任大名啓　傅忠肅集/中 9b

賀留守太尉啓　傅忠肅集/中 10b

賀梁才甫建節再任大名啓　傅忠肅集/中 11a

賀徐帥以宮使召啓　傅忠肅集/中 11b

賀張師于除運副啓　傅忠肅集/中 12b

賀沈和仲除秘閣修撰陞運使啓　傅忠肅集/中 13a

賀沈和仲運使陞右文啓　傅忠肅集/中 13b

賀李敦仁除直秘閣陞運副啓　傅忠肅集/中 14a

賀沈羅使除直秘閣賜金紫啓　傅忠肅集/中 14b

賀提刑啓　傅忠肅集/中 15b

賀林德祖提學啓　傅忠肅集/中 16a

賀提學察院啓　傅忠肅集/中 16b

賀提學博士啓　傅忠肅集/中 17a

賀梁方甫知青州啓　傅忠肅集/中 17b

賀徐擇之換延康知汝州啓　傅忠肅集/中 18a

賀鮑守啓　傅忠肅集/中 18b

賀通判朝奉啓　傅忠肅集/中 19a

賀林德祖除府司錄啓　傅忠肅集/中 19b

賀徐帥啓　傅忠肅集/中 20a

代賀鄭太宰啓　傅忠肅集/中 20b

代賀太宰遷少師啓　傅忠肅集/中 21b

代都仲憲賀少宰啓　傅忠肅集/中 22a

代都仲憲賀何相啓　傅忠肅集/中 23a

代都仲憲賀侯樞密啓　傅忠肅集/中 23b

代都仲憲賀余門下啓　傅忠肅集/中 24a

代余帥賀吳門下啓　傅忠肅集/中 24b

代都仲憲賀中書侍郎啓　傅忠肅集/中 24b

代賀右丞啓　傅忠肅集/中 25a

代賀開府相公啓　傅忠肅集/中 26a

代賀太尉啓　傅忠肅集/中 26b

代石提倉賀中丞啓　傅忠肅集/中 27a

代賀盛運判啓　傅忠肅集/中 27b

代賀韓漕除直秘閣啓　傅忠肅集/中 28a

代都仲憲與新提倉啓　傅忠肅集/中 28b

代余帥賀濰守啓　傅忠肅集/中 29a

代文帥賀淄守啓　傅忠肅集/中 29a

代文帥賀郡守啓　傅忠肅集/中 29b

代文帥賀盧君佐啓　傅忠肅集/中 29b

改京官謝宰相啓　傅忠肅集/中 30a

除太堂博士謝太宰啓　傅忠肅集/中 31a

謝承旨侍讀啓　傅忠肅集/中 32a

進秩謝運使啓　傅忠肅集/中 33a

謝蘇憲舉陞陟啓　傅忠肅集/中 34a

謝提刑薦舉啓　傅忠肅集/中 34b

謝提學舉改官啓　傅忠肅集/中 35a

謝方提學薦考察啓　傅忠肅集/中 35b

謝提舉舉陞陟啓　傅忠肅集/中 36b

謝判府薦舉啓　傅忠肅集/中 37b

謝知府薦舉啓　傅忠肅集/中 38a

發解謝試官啓　傅忠肅集/中 39a

代右丞謝太宰啓　傅忠肅集/中 40a

代平定到任謝宰相啓　傅忠肅集/中 40b

代余帥到任謝執政啓　傅忠肅集/中 41b

代方閫到任謝執政啓　傅忠肅集/中 41b

代沈和仲除直秘閣賜紫謝執政啓　傅忠肅集/中 42b

代沈和仲河賞轉官謝執政啓　傅忠肅集/中 43a

代沈和仲謝王待制舉自代啓　傅忠肅集/中 43b

代鮑欽止謝洪帥啓　傅忠肅集/中 44a

代謝崔帥舉陞陟啓　傅忠肅集/中 44b

代謝運使少卿奏舉啓　傅忠肅集/中 45b

代余帥謝監司走馬啓　傅忠肅集/中 46a

代謝林彥振薦舉啓　傅忠肅集/中 46b

代伸雅謝舉主啓　傅忠肅集/中 47a

代謝薦陞陟啓　傅忠肅集/中 48a

上太宰啓　傅忠肅集/下 1a

上尚書左丞啓　傅忠肅集/下 2b

代向子寶上晉甫啓　傅忠肅集/下 3a

代與宰相免啓　傅忠肅集/下 4a

代回右丞免啓　傅忠肅集/下 4b

代回中書免啓　傅忠肅集/下 5a

代回宮使保和免啓　傅忠肅集/下 5b

代回宮使保和謝啓(1－2)　傅忠肅集/下 5b－6a

代回大尹保和免啓　傅忠肅集/下 6b

與林仲變啓　傅忠肅集/下 6b

回沈狀元啓　傅忠肅集/下 7a

回第二人以次啓　傅忠肅集/下 8a

回貢元啓　傅忠肅集/下 8b

回貢士啓　傅忠肅集/下 9a

問候太宰啓　傅忠肅集/下 9a

問候余少宰啓　傅忠肅集/下 10a

問候門下侍郎啓　傅忠肅集/下 10b

問候承旨啓　傅忠肅集/下 11a

問候余帥啓　傅忠肅集/下 12a

問候判府資政啓　傅忠肅集/下 12b

問候祝漕啓　傅忠肅集/下 13a

問候沈和仲奏記還啓　傅忠肅集/下 13b

問候胡少汲啓　傅忠肅集/下 14a

賀留守觀文年啓　傅忠肅集/下 14b

代文帥冬至賀監司啓　傅忠肅集/下 15a

代文帥冬至賀知通並謝啓　傅忠肅集/下 15a

賀少保生日啓　傅忠肅集/下 15b

強　　至

上歐陽龍圖啓　祠部集 22/1a

上鄭州祖龍圖啓　祠部集 22/1b

上宿州石學士啓　祠部集 22/1b

上參政趙侍郎啓　祠部集 22/2b

上集賢相公啓　祠部集 22/2b

上太保啓(1－2)　祠部集 22/3b

上樞密侍郎啓　祠部集 22/3a

上制置發運待制啓　祠部集 22/4a

上職司啓　祠部集 22/4a

上省副兵部啓　祠部集 22/5b

上發運兵部啓　祠部集 22/5b

上呂舍人啓　祠部集 22/6b

代上本州知州啓　祠部集 22/7b

代上荊南知府啓　祠部集 22/7b

代上張殿丞啓　祠部集 22/8a

代上青州文相公啓(1－2)　祠部集 22/8a－8b

代上交代學士啓　祠部集 22/9a

代上宋都官啓　祠部集 22/9b

代上交代郎中啓　祠部集 22/10a

與孫觀文啓　祠部集 22/10b

與王內翰啓　祠部集 22/11a

與永康仙尉秘校啓　祠部集 22/11b

泛與諸官啓　祠部集 22/11b

與錢塘知縣張殿丞啓　祠部集 22/12a

與襄州劉待制啓　祠部集 22/12a

代問候亳州宋侍讀啓　祠部集 22/12b

代問候安撫舍人啓　祠部集 22/13a

代薛師正問候陳州王密諫啓　祠部集 22/13a

代樂職方與管御容皇城啓　祠部集 22/13b

謝除校勘啓　祠部集 23/1a

謝轉著作佐郎啓　祠部集 23/2b

謝秀才投卷啓　祠部集 23/3b

謝兩制並都水監啓　祠部集 23/4a

謝密院啓　祠部集 23/4b

謝通判國博啓　祠部集 23/5a

代謝兩府啓　祠部集 23/6a

代王給事到任謝兩府啓　祠部集 23/7a

代轉諫議謝二府啓　祠部集 23/7b

代趙閱道待制謝中書樞密三相公啓　祠部集 23/8a

代謝參政樞密啓　祠部集 23/9a

代謝宋侍讀啓　祠部集 23/9b

代謝張修撰啓　祠部集 23/10a

代謝徐職方啓　祠部集 23/11a

代王義甫到任謝史館相公啓　祠部集 23/11b

代韓符制到任謝史館相公啓　祠部集 23/12a

代到任謝監司啓　祠部集 23/13a

答平陽方寺丞啓　祠部集 23/14a

回知邢州史大卿啓　祠部集 23/14a

回郭樞密太尉啓　祠部集 23/14b

代答柳龍圖啓　祠部集 23/15a

回呂縉叔舍人啓　祠部集 23/15b

回河陽王宣徽啓　祠部集 23/16a

回元內翰啓　祠部集 23/16b

回運使兵部啓　祠部集 23/16b

回提舉鹽稅周郎中啓　祠部集 23/17a

回監務司徒啓　祠部集 23/17a

代回澶州通判駕部啓　祠部集 23/17b

代回王密學啓　祠部集 23/18a

回臨淮齊寺丞啓　祠部集 23/18b

回范仇香秘校啓　祠部集 23/18b

回侯著作啓　祠部集 23/18b

代答亳州朱侍讀啓　祠部集 23/19a

答度主簿啓　祠部集 23/19b

代答亳州宋侍讀啓　祠部集 23/19b

代都官答親家啓　祠部集 23/20a

代答許發運啓(1－2)　祠部集 23/20b

代賈内翰答蔡州錢龍圖啓　祠部集 23/21a

代王給事回陳待制啓　祠部集 23/21b

賀韓魏公生日啓　祠部集 24/1a

賀中丞啓　祠部集 24/1b

賀梁參政啓(1－2)　祠部集 24/1b－2a

賀正上北京韓侍中啓　祠部集 24/2b

賀郭樞密改留後啓　祠部集 24/2b

賀潭州任待制啓　祠部集 24/3a

賀東陽侯秘丞啓　祠部集 24/3b

賀致政少傅啓　祠部集 24/3b

賀文相公出鎮許州啓　祠部集 24/4a

代賀亳州皇甫大諫啓　祠部集 24/4b

代賀龐昭文啓(1－2)　祠部集 24/5a－5b

代施大諫賀龐相公啓　祠部集 24/6b

代賀唐中丞啓　祠部集 24/7a

代賀田諫議啓　祠部集 24/7a

代賀知郡屯田啓　祠部集 24/7b

代賀運使向郎中啓　祠部集 24/8a

代賀運使吳舍人啓　祠部集 24/8b

代賀新運使祠部啓　祠部集 24/9a

代賀運使度支啓　祠部集 24/9a

代賀運使司封啓　祠部集 24/9b

代賀權揚州運使邢部啓　祠部集 24/10a

代賀江東運使張學士啓　祠部集 24/10b

代賀正上安撫舍人啓　祠部集 24/10b

代盧郎中賀冬啓　祠部集 24/11a

代曾魯公回賀許舍人啓　祠部集 24/11a

上姚都官書　祠部集 25/1a

上發運大諫書　祠部集 25/1b

代人上張刑部書　祠部集 25/2b

京西運使田刑部書　祠部集 25/3b

上運判馬太傅書　祠部集 25/4a

上運使李刑部書　祠部集 25/5a

上發運主客書　祠部集 25/6a

上運使李刑部書　祠部集 25/7a

上提刑主客書　祠部集 25/8a

答李裁造屯田書　祠部集 25/9a

上提刑太保書　祠部集 25/10a

謝提刑盛學士書　祠部集 25/11a

代人上李兵部書　祠部集 25/12a

上提刑司封書　祠部集 25/13a

謝提刑司封書　祠部集 25/15b

上提刑司封書　祠部集 25/16b

上運使工部書　祠部集 25/18a

上知府少卿書　祠部集 25/19a

代謝江西轉運程大卿寄詩書　祠部集 25/20b

代問候集賢相公樞密太尉手書　祠部集 25/20b

上通判屯田書　祠部集 26/1a

代萬表臣上魏公書　祠部集 26/2b

上魏公書　祠部集 26/3b

謝運使司勳書　祠部集 26/4b

上荆南知府鄭舍人書　祠部集 26/6a

謝盧郎中舉縣令書　祠部集 26/7a

與荆南鄭舍人書(1－2)　祠部集 26/8a－8b

上提刑祠部書　祠部集 26/9a

上運使盧工部書　祠部集 26/11b

賀發運全部賜進士出身書　祠部集 26/13a

上運使王工部書　祠部集 26/13b

上河北都運元給事待制書　祠部集 26/15a

上提刑司封書　祠部集 26/15b

答董太傅書　祠部集 26/16b

上提刑舍人書　祠部集 26/17a

上提刑祠部書　祠部集 26/18b

賀鄭毅夫内翰書　祠部集 27/1a

賀王中丞充翰林學士書　祠部集 27/2a

上益州趙龍圖書　祠部集 27/2a

代賀陳副樞書　祠部集 27/2b

賀新知邠州閻諫議書　祠部集 27/2b

賀致任趙少卿書　祠部集 27/3b

賀正上許州賈相公書　祠部集 27/4a

賀正與職官書　祠部集 27/4b

代回相州李太尉賀正書　祠部集 27/4b

二相賀正書　祠部集 27/5a

代王尚書賀富相公出鎮河陽書　祠部集 27/5b

代元給事上河陽判府相公賀冬書　祠部集 27/5b

代上三司端明侍郎賀冬書　祠部集 27/6a

代回諸郡賀冬書　祠部集 27/6b

代元給事賀蔡舍人書　祠部集 27/6b

賀宋舍人書　祠部集 27/7a

賀韓舍人書　祠部集 27/7a

代賈魏公賀致政朱相公書　祠部集 27/7b

賀致政范侍郎書　祠部集 27/8a

賀致政曾太傅侍中書　祠部集 27/8a

泛謝書　祠部集 27/8b

回相州傅待制書　祠部集 27/9a

回懷州呂大卿書　祠部集 27/9a

回真定陸待制書　祠部集 27/9b

回知博州杜郎中寄詩書　祠部集 27/9b

回權發遣棣州馬都官書　祠部集 27/10a

回洛州通判宋郎中書　祠部集 27/10a

回京西提刑康左藏書　祠部集 27/10a

回深州竇學士書　祠部集 27/9b

回洛州通判范純熙比部書　祠部集 27/10b

魏公回司馬內翰遠迎書　祠部集 27/11a

回越州通判曾學士書　祠部集 27/11a

集賢相公往西京問候書　祠部集 27/11b

問候集賢相公往西京還書　祠部集 27/11b

回南京王宣徽書(1-2)　祠部集 27/12a-12b

回新富順監雷判官書　祠部集 27/13a

回新知成都府陸龍圖書　祠部集 27/13a

回邠州閻諫議書　祠部集 27/13b

回絳州宋舍人書　祠部集 27/13b

回西京李給事書　祠部集 27/14a

回濱州經畧馮端明書　祠部集 27/14a

回殿前郝太尉書　祠部集 27/14b

回皇叔祖橫海太尉書　祠部集 27/15a

回蒲學士書　祠部集 27/15a

賀蔡副樞書　祠部集 27/15b

賀路分駐泊張供備改正使書　祠部集 27/16a

賀焦總管書　祠部集 27/16a

代王內翰上前兩府書　祠部集 27/16b

代賈魏公答徐州王綽龍圖書　祠部集 27/17a

謝耀州雲陽知縣陳端秘書　祠部集 27/17a

代張龍圖謝二府書　祠部集 27/17b

代王尚書回兩制賀到任書　祠部集 27/18a

回近上軍知州官員書　祠部集 27/18b

回唐龍圖謝轉大龍知并州書　祠部集 27/18b

謝文侍中答書　祠部集 27/19a

到任謝二府書　祠部集 27/19b

回孫運判書　祠部集 27/20a

回賀安肅軍通判吳職方書　祠部集 27/20b

代沈兵部回賀相州李太尉禮上書　祠部集 27/20b

代回謝三路安撫并知澶相等州答賀冬書　祠部集 27/21a

代與李駙馬太尉賀冬書　祠部集 27/22a

回謝接伴并遠迎書　祠部集 27/22a

代答提刑沈主客書　祠部集 27/22b

代元給事回二賢良書　祠部集 27/22b

代賀新省副王郎中書　祠部集 27/23a

賀新判都水監楊待制書　祠部集 27/23b

上北京王尚書書　祠部集 27/24a

上運使盧工部書　祠部集 27/24b

回都運孫待制書　祠部集 27/25b

回賀秦州馬給事謝到任書　祠部集 27/25b

回華州桑少卿書　祠部集 27/26a

回延州郭宣徽書　祠部集 27/26a

賀延州薛司勳書　祠部集 27/26b

代魏公到任謝集賢僕射相公樞密司空侍中書　祠部集 27/26b

上中丞諫議書　祠部集 27/27a

謝渭州蔡待制書　祠部集 27/27b

代魏公回趙參政書　祠部集 27/28a

代問候河北運張兵部書　祠部集 28/1a

代回張度支書　祠部集 28/1a

代回京西提刑徐郎中謝到任書　祠部集 28/1b

回提刑康左藏書　祠部集 28/2a

代問候鄜州潘皇城鎮潼桑少卿書　祠部集 28/2a

代回徐州趙觀文問候書　祠部集 28/2a

代回種作坊書　祠部集 28/3a

代回南京李太尉問候書　祠部集 28/3a

謝韓魏公書　祠部集 28/3b

答陝府知府秘監書　祠部集 28/4b

代魏公問候青州歐陽尚書書　祠部集 28/4b

回磁州晁大卿書　祠部集 28/5a

回提舉李郎中書　祠部集 28/5b

上河陽富相公書　祠部集 28/5b

與順安知軍王太觀崇儀書　祠部集 28/6a

上樞密徒侍中書　祠部集 28/6b

代史館王相公答高麗王王徽書　祠部集 28/7a

又代參政馮諫議答高麗王書　祠部集 28/7b

回知揚州玉壽朋職方書　祠部集 28/8a

與相州僉判韓都官書　祠部集 28/8a
代韓玉汝到任謝兩禁而下書　祠部集 28/8b
問候新益州趙資政書　祠部集 28/9a
回謝北京判府司徒侍中書　祠部集 28/9b
回淮南西路提刑潘華國都官書　祠部集 28/10a
回紫微李舍人書　祠部集 28/10b
回蔡待制書　祠部集 28/11a
回徐州知府趙尚書書　祠部集 28/11a
代回慶州王給事晉州陸諫議成都府張龍圖書　祠部集 28/11b
代回兩府遠迎書　祠部集 28/11b
賀杭州胡觀文書　祠部集 28/12a
回昌州張都官書　祠部集 28/12a
問候吳副樞書　祠部集 28/12b
回崔直講書　祠部集 28/13a
賀郭副樞書　祠部集 28/13a
代回集賢相公書　祠部集 28/13b
代問候相州王秘監書　祠部集 28/14a
代與相州都監魏文思書　祠部集 28/14a
回絳州薛司勳書　祠部集 28/14a
回陝西都運孫待制書　祠部集 28/14b
回晉州陸待制書　祠部集 28/15a
代回王宮保書　祠部集 28/15a
代王給事賀判府司徒侍中書　祠部集 28/15b
代賀集賢僕射相公書　祠部集 28/16a
代上樞密太師侍中賀正書　祠部集 28/16b
賀二副樞書　祠部集 28/16b
賀河陽判府相公書　祠部集 28/17a
賀三路帥書　祠部集 28/17a
賀郭副樞書　祠部集 28/17b
代回兩制以上賀書　祠部集 28/17b
代王龍圖上中丞書　祠部集 28/18a
上西京韓龍圖書　祠部集 28/18a
回省副吳工部書　祠部集 28/18b
九日與四路帥書　祠部集 28/19a
代魏公賀兩府書　祠部集 29/1a
賀密院書　祠部集 29/1a
代趙待制賀張唐公侍讀書　祠部集 29/1b
賀樞密王侍郎書　祠部集 29/2a
答澶州學士書　祠部集 29/2b
代成都趙龍圖謝雜學士及內制以上書　祠部集 29/2b

謝待制以下及諸路帥府書　祠部集 29/3a
與交代韓端明書　祠部集 29/3b
謝永興軍知府王龍圖書　祠部集 29/4a
與永興機宜張寺丞書　祠部集 29/4b
上前通判張郎中書　祠部集 29/5a
代元給事賀判都水監楊待諫議書　祠部集 29/5b
代元給事回澶相瀛定等州禁煙問候書　祠部集 29/6a
代答澶州李待制書　祠部集 29/6a
答諸郡知州書　祠部集 29/6b
回賀懷州王大卿書　祠部集 29/6b
回蘇史館書　祠部集 29/7a
回孫侍講書　祠部集 29/7b
回郝太尉書　祠部集 29/7b
問候鄆州李太尉書　祠部集 29/8a
回永興王龍圖書　祠部集 29/8a
回史館蘇學士書　祠部集 29/8b
與總管通判而下書　祠部集 29/9a
與諸官書　祠部集 29/9b
別沈少卿書　祠部集 29/9b
代趙待制謝延州程宣徽書　祠部集 29/10a
賀唐密學授左諫議權御史中丞書　祠部集 29/10b
代馮當世問候定州王尚書書　祠部集 29/11a
代賈魏公與中書賀冬書　祠部集 29/11b
代馮內翰答洋州蔡郎中書　祠部集 29/11b
與北京諸官書　祠部集 29/12a
答諸縣等賀到任書　祠部集 29/12a
與王廷評太祝書　祠部集 29/12b
代王樂道龍圖賀延州陸待制書　祠部集 29/12b
代河北都運趙待制上昭文僕射相公賀正書　祠部集 29/13a
賀集賢相公書　祠部集 29/13a
賀參政歐陽侍郎書　祠部集 29/13b
賀參政趙侍郎書　祠部集 29/14a
回兩制兩省及皇親節度防團刺史書　祠部集 29/14a
回省府館閣書　祠部集 29/14b
回陳樞密書　祠部集 29/14b
回滑州鈐轄王宮苑書　祠部集 29/15a
回北京王宣徽書　祠部集 29/15a
回集賢相公書　祠部集 29/16a

代元厚之回賀趙團練書　祠部集 29/16b

代魏公回陳龍圖問候書　祠部集 29/16b

問候昭文相公書　祠部集 29/17a

回韓刑部書　祠部集 29/17a

回經畧司勾當劉郎中書　祠部集 29/17b

回慶州王給事書　祠部集 29/17b

京西運使范司封問候書　祠部集 29/18a

回慶成知軍書　祠部集 29/18a

代回河中府蔡學士書　祠部集 29/18a

代魏公回北京王宣徽書　祠部集 29/18b

回河北都運陳龍圖書　祠部集 29/19a

答趙州通判韓虞部書　祠部集 29/19b

回新梓路運使韓少卿書　祠部集 29/19b

回邠州閻諫議書　祠部集 29/20a

回韓刑部書　祠部集 29/20b

回判侍郭待制判銓孫待制書　祠部集 29/20b

回本路監司書　祠部集 29/21a

回滑州蔡待制書　祠部集 29/21a

到任謝集賢及樞相樞使書　祠部集 29/21b

回都運副劉待制書　祠部集 29/22a

代回新知府待制書　祠部集 29/22a

與王宣徽書　祠部集 29/22b

回恩州知府劉留後書　祠部集 29/22b

與益路提轉書　祠部集 29/23a

代趙成都到任謝兩府書　祠部集 29/23b

上賈侍中書　祠部集 29/24a

代賈魏公移許州謝政府書　祠部集 29/24b

回王尚書書　祠部集 29/25a

回謝兩府親王使相遠近書　祠部集 29/25a

上知德州張仲巽屯田書　祠部集 29/25b

代上王尚書書　祠部集 29/26a

上提刑王郎中書　祠部集 29/26b

回鄆州郭宣徽書　祠部集 29/27a

回諸道轉運及諸官賀判相州書　祠部集 29/27a

回運使范司封書　祠部集 29/27b

賀延州郭宣徽書　祠部集 29/27b

回秦州馬給事書　祠部集 29/28a

回并州王端明問候書　祠部集 29/28b

回賀提刑趙司封書　祠部集 29/28b

回閻待制賀轉給事書　祠部集 29/29a

代張景言回諸處賀書　祠部集 29/29a

與交代趙龍圖書　祠部集 29/29b

回同州趙大監書　祠部集 29/30a

賀樞密相公書　祠部集 30/1a

賀樞密太尉書　祠部集 30/1b

賀省主蔡給事書　祠部集 30/1b

賀省副郭郎中書　祠部集 30/2a

賀省副王郎中書　祠部集 30/2a

賀省副兵部書　祠部集 30/2b

賀中丞唐諫議書　祠部集 30/2b

賀郡牧龍圖呂侍郎書　祠部集 30/3a

賀判都水兼龍圖韓給事書　祠部集 30/3a

賀新推官書　祠部集 30/3b

答監稅李學士書　祠部集 30/3b

代賀監司書　祠部集 30/4a

代賀諸官書　祠部集 30/4a

代賀呂度支改兵部糾察在京刑獄書　祠部集 30/4b

與鄉中親知書　祠部集 30/4a

上通判元太博知縣葉太博書　祠部集 30/5a

問候府推張都官書　祠部集 30/5b

代問候發運主客書　祠部集 30/5b

代上持服魏諫議書　祠部集 30/6a

代問候發運主客書　祠部集 30/6b

代上持服魏郎中書　祠部集 30/6b

上和州余郎中書　祠部集 30/7a

上通判太博書　祠部集 30/7a

與海州倅書　祠部集 30/7b

上糾察呂兵部書　祠部集 30/7b

上審刑李屯田書　祠部集 30/8a

答本州都曹書　祠部集 30/8a

答朱判官書　祠部集 30/8b

本縣孫長官書　祠部集 30/8b

代答滁州監稅李學士書　祠部集 30/9a

代上濠州呂學士書　祠部集 30/9a

代上糾察呂兵部書　祠部集 30/9b

代上發運待制主客書　祠部集 30/9a

代上提刑郎中書　祠部集 30/10a

代答丁舍人書　祠部集 30/10a

代答秘監書　祠部集 30/10b

代上徐舍人書　祠部集 30/10b

上昌樂縣官書　祠部集 30/11a

代上上省邵金部書　祠部集 30/11a

代謝知州書　祠部集 30/11b

答仇員外書　祠部集 30/12a

代賀范大資移鎮書　祠部集 30/12b

代謝柳侍讀書　祠部集 30/13a

代答劉龍圖書　祠部集 30/13a

代上文相公書　祠部集 30/13b

代上向少卿書　祠部集 30/14a

代上文相公書　祠部集 30/14a

代啓呂郎中書　祠部集 30/14b

代答陳太博書　祠部集 30/14b

代答荊南知府齊學士書　祠部集 30/15a

代問候海州知州書　祠部集 30/15b

回徐州通判都官書　祠部集 30/16a

回慶成軍高郎中書　祠部集 30/16b

與商州閣修撰書　祠部集 30/16b

代回史秘校書　祠部集 30/17a

回慶州鈐轄梁文思書　祠部集 30/17a

上亳州宋內翰書　祠部集 30/17b

上揚州錢侍讀書　祠部集 30/17b

上江寧府皇甫諫議書　祠部集 30/18a

上杭州呂舍人書　祠部集 30/18a

上運使工部書　祠部集 30/18b

上發運大諫書　祠部集 30/18b

回梁文思書　祠部集 30/19a

上察院書　祠部集 30/19b

代回江東轉運張學士書　祠部集 30/19b

代答曹州孫祠部書　祠部集 30/20a

代賀亳州皇甫諫議書　祠部集 30/20b

代問候文相公移鎮書　祠部集 30/20b

代回舒州柳龍圖書　祠部集 30/21a

代上并州梁相公書　祠部集 30/21b

代上許州賈侍中書　祠部集 30/22a

代都運張待制與宣撫郭樞密遠迎書　祠部集 30/22b

代王龍圖問候省主韓侍郎書　祠部集 30/23a

與郭樞密遠迎書　祠部集 30/23b

代張待制與宣撫郭樞密遠迎書　祠部集 30/23b

答鳳翔黃元禮察推書　祠部集 30/24a

賀滄守沈修撰書　祠部集 30/24a

賀王周二侍講書　祠部集 30/24b

與慶州機宜曾節推書　祠部集 30/25a

回提刑少卿書　祠部集 30/25a

回慶州王給事渭州蔡待制書　祠部集 30/25b

回河中府呂修撰書　祠部集 30/25b

賀判府宣徽太尉書　祠部集 30/26a

回賀耀州冀郎中書　祠部集 30/26a

賀渭州蔡待制書　祠部集 30/26b

賀昭文相公書　祠部集 31/1a

賀集賢相公書　祠部集 31/1b

賀富相公判西京書　祠部集 31/1b

問候劉待制書　祠部集 31/2a

回提舉郎中書　祠部集 31/2b

回韓內翰書　祠部集 31/3a

回邢州狄閣使書　祠部集 31/3a

回衛州周郎中書　祠部集 31/3b

回提舉承旨端明王侍郎修實錄畢轉官書　祠部集 31/3b

回昭文相公賀冬書　祠部集 31/4a

回南京王宣徽書　祠部集 31/4b

回成都府陸龍圖書　祠部集 31/4b

回昭文相公書　祠部集 31/5a

回趙參政書　祠部集 31/5a

回侍講呂惠卿學士書　祠部集 31/5b

回樞密侍郎書　祠部集 31/5b

回陝西運使陳學士書　祠部集 31/6a

回彭城知縣太博書　祠部集 31/6b

問候亳州判府富相公書　祠部集 31/6b

回越州通判曾學士書　祠部集 31/7a

回賀參政韓侍郎書　祠部集 31/7a

回荊南知府元龍圖侍郎書　祠部集 31/7b

賀呂副樞書(1-2)　祠部集 31/8a

代回王尚書　祠部集 31/8b

答便糴句都官書　祠部集 31/9a

答瀛州吳待制重九書　祠部集 31/9a

代元給事回知兗州鞫學士書　祠部集 31/9b

回河陰提舉贊運王比部書　祠部集 31/9b

回新知刑州成少卿書　祠部集 31/10a

回永興司馬端明書　祠部集 31/10b

回濱州張郎中書　祠部集 31/10b

回青州趙資政書　祠部集 31/11a

回鄧州韓相公書　祠部集 31/11b

再任謝史館諸公及樞密侍郎書　祠部集 31/12a

賀曾侍中判永興軍書　祠部集 31/12b

回謝曾侍中賀加恩再任書　祠部集 31/12b

代上楚兵部書　祠部集 31/13a

回保州王騏驥書　祠部集 31/14a

回諸新恩學士書　祠部集 3/14a
回瀛州安撫龍圖書　祠部集 31/14b
回渭州經畧待制諫議書　祠部集 31/14b
回北京通判高駕部書　祠部集 31/15a
賀宮使司空侍中書　祠部集 31/15b
賀吳副樞書　祠部集 31/15b
回判銓記注郭述右學士書　祠部集 31/16a
賀南京留守王宣徽生日書　祠部集 31/16b
回新運使楚兵部書　祠部集 31/16b
回延州經畧郭宣徽書　祠部集 31/17a
問候陝西宣撫韓參政書　祠部集 31/17b
回新鄆州邵資政書　祠部集 31/17b
回郭宣徽書　祠部集 31/18a
回判大理寺崔司勳書　祠部集 31/18b
代魏公回曾子宣學士書　祠部集 31/19a
回賢良呂屯田書　祠部集 31/19a
回越州通判曾學士書　祠部集 31/19b
代魏公問候集賢相公書　祠部集 31/19b
回呂舍人書　祠部集 31/20a
回林學士書　祠部集 31/20b
回賀省主吳內翰書　祠部集 31/20b
賀賈魏公還節罷侍中仍舊左僕射加大觀文
　書　祠部集 31/21a
賀陳副樞書　祠部集 31/21b
與機宜安厚卿著作書　祠部集 31/21b
代元給事答成都府趙龍圖書　祠部集 31/22a
回并州唐龍圖書　祠部集 31/22b
代魏公回曾舍人書　祠部集 31/22b
上杭州知府沈諫議書　祠部集 31/23a
代魏公回宋次道諫議書　祠部集 31/24a
回新恩通判賀郎中書　祠部集 31/24a
回劉道叔秘校書　祠部集 31/24b
代魏公回發運羅少卿問候書　祠部集 31/25a
與二府書　祠部集 31/25a
回磁州晁大卿書　祠部集 31/25b
代魏公賀富相公致仕書　祠部集 31/26a
代王龍圖賀郭宣撫書　祠部集 31/26b
代王樂道龍圖回環慶副總管張團練書　祠
　部集 31/27a
上北京通判兩郎中書　祠部集 31/27a
代與蘄州呂兵部和州傅戶部書　祠部集 31/
　27b
代張待制回鄭學士書　祠部集 31/28a

代王龍圖賀王待制書　祠部集 31/28b
上二相公書　祠部集 31/28b
上郭樞密書　祠部集 31/29a
賀王觀察仲儀書　祠部集 31/29b
賀陳蔡二提刑書　祠部集 31/30a
壽聖節人使三幅書左番大使左番副使右番大使右
　番副使　祠部集 32/1a–1b
又壽聖節人使三幅書左番大使左番副使右番大
　使右番副使　祠部集 32/1b–2a
同天節國信三幅書左番大使左番副使右番大使右
　番副使　祠部集 32/2b–3a
與賀同天節人使三幅書左番大使左番副使右番
　大使右番副使　祠部集 32/3a–3b
代邵興宗賀正旦人使三幅書皇太后大使皇太
　后副使皇帝大使皇帝副使　祠部集 32/4a–4b
排食　祠部集 32/4b
攀達　祠部集 32/5a
代留守侍中契丹賀正旦人使三幅書左番大
　使左番副使右番大使右番副使　祠部集 32/5a
代王尚書契丹賀正旦人使三幅書左番大使左
　番副使右番大使右番副使　祠部集 32/5b
代滕元發北使三幅書皇太后大使皇太后副使皇
　帝大使皇帝副使　祠部集 32/6b–7a
代馮內翰北朝賀登寶位人使三幅書皇太后
　大使皇太后副使皇帝大使皇帝副使　祠部集 32/17a
　–8a
代魏公賀昭文相公書　祠部集 32/8a
賀王參政書　祠部集 32/8b
上相州傅待制書　祠部集 32/8b
代魏公回劉郎中書　祠部集 32/9a
回趙參政書　祠部集 32/9b
回王宣徽書(1–2)　祠部集 32/9b–10a
代王內翰上賈梁二相書　祠部集 32/10b
上程宣徽書　祠部集 32/11a
上王定州君貺張南京安道錢秦州子飛書
　祠部集 32/11b
上唐龍圖子方書　祠部集 32/12a
與吳仲庶孫次公王至之張文裕書　祠部集
　32/12b
與李西臺書　祠部集 32/12b
問候郝殿前書　祠部集 32/13a
回懷州傅待制書　祠部集 32/13a
問候渭州蔡待制書　祠部集 32/13b
回新夔州路提刑李少卿書　祠部集 32/13b
回呂省副書　祠部集 32/14a

回諸處知州寒食問候書　祠部集 32/14a

回蘇省副書　祠部集 32/14a

回楊四厢書　祠部集 32/14b

回郭宣徽禁煙問候書　祠部集 32/14b

代回王介甫内翰書　祠部集 32/15a

代回新知虢州田大卿書　祠部集 32/15b

賀提刑雷左藏書　祠部集 32/15b

代問候趙參政韓副樞邵副樞書　祠部集 32/
16a

賀北京王宣徽書　祠部集 32/16a

答賀慶陽李水部機宜書　祠部集 32/16b

回河陰提舉輦運杜比部書　祠部集 32/17a

回賀吳舍人書　祠部集 32/17a

代回相州謝秘監謝到任書　祠部集 32/17b

代回絳州薛郎中謝到任書　祠部集 32/17b

代回前知虢州李大卿謝得替書　祠部集 32/
18a

上韓相公書四篇　鐔津集 10/1a–8b

上富相公書　鐔津集 10/8b

上張端明書　鐔津集 10/11a

上田樞密書　鐔津集 10/12a

上曾參政書　鐔津集 10/14a

上趙内翰書　鐔津集 10/16a

上呂内翰書　鐔津集 10/17a

上歐陽侍郎書　鐔津集 10/18a

上曾相公書　鐔津集 10/19b

謝李太尉啓　鐔津集 10/20b

與關彥長秘書書　鐔津集 11/1a

答茹秘校書　鐔津集 11/2b

與章表民秘書書　鐔津集 11/4a

與章潘二秘書書　鐔津集 11/5b

與馬著作書　鐔津集 11/6b

與周感之員外書　鐔津集 11/8a

答王正仲秘書書　鐔津集 11/9b

受佛日山請先狀上蔡君謨侍郎　鐔津集 11/
10a

與通判而下衆官　鐔津集 11/10b

與諸山尊宿僧官　鐔津集 11/11a

與諸檀越書　鐔津集 11/11b

赴佛日山請起程申狀　鐔津集 11/11b

接杭州知府觀文胡侍郎先狀　鐔津集 11/12a

接錢唐知縣先狀　鐔津集 11/12b

接大覺禪師先書　鐔津集 11/13a

謝王侍讀侍郎　鐔津集 11/13a

謝沈司封提刑　鐔津集 11/13b

謝王密諫知府惠詩　鐔津集 11/14a

與瀛州李給事　鐔津集 11/14b

與廣西王提刑　鐔津集 11/14b

與陳令舉賢良　鐔津集 11/15a

與潤州王給事　鐔津集 11/15b

與王提刑學士　鐔津集 11/16a

與陸推官　鐔津集 11/16a

與張國博知縣　鐔津集 11/16b

謝錢唐少方府　鐔津集 11/16b

與仁和趙少府　鐔津集 11/17a

與沈少卿見訪　鐔津集 11/17a

與祖龍圖罷任杭州　鐔津集 11/17b

送詩與楊公濟　鐔津集 11/17b

還章監簿門狀　鐔津集 11/18a

與石門月禪師　鐔津集 11/18a

與黃龍南禪師　鐔津集 11/19a

答黃龍山南禪師　鐔津集 11/19b

與圓通禪師　鐔津集 11/19b

又與圓通禪師　鐔津集 11/20a

答圓通禪師讓院　鐔津集 11/20b

答萬壽長老　鐔津集 11/20b

與萬壽長老　鐔津集 11/21a

謝杭州寶月僧正　鐔津集 11/21a

退金山茶筵回答　鐔津集 11/21b

與東林知事　鐔津集 11/22a

與楚上人　鐔津集 11/12a

發供養主與檀那　鐔津集 11/22b

非韓子三十篇　鐔津集 17/1a–19/22a

代謝兩提刑及王工部狀　四庫拾遺 27/祠部集

謝通判國博季點狀　四庫拾遺 27/祠部集

謝燕王召赴筵狀　副使　四庫拾遺 27/祠部集

謝燕王餞筵狀　副使　四庫拾遺 28/祠部集

回謝中京留守狀　副使　四庫拾遺 28/祠部集

謝中京留守召赴筵狀　副使　四庫拾遺 28/祠部
集

謝中京留守餞筵狀　副使　四庫拾遺 29/祠部集

謝中京留守攀迎狀　副使　四庫拾遺 29/祠部集

謝諸州攀迎狀　副使　四庫拾遺 30/祠部集

謝請赴筵狀　副使　四庫拾遺 30/祠部集

代賈内翰答蔡州錢龍圖啓　宋文鑑 122/3a

代王給事回陳待制啓　宋文鑑 122/3b

謝永興軍知府王龍圖啓　　宋文鑑 122/4a

代問候程密諫啓　　宋文鑑 122/4b

代謝兩制啓　　宋文鑑 122/5a

代韓待制到任謝史館相公啓　　宋文鑑 122/5b

謝除校勘啓　　宋文鑑 122/6b

與孫觀文啓　　宋文鑑 122/8a

賀致政少傅啓　　宋文鑑 122/8b

費原文

賀范倅啓　　播芳文粹 63/18a

賀允中

起居秘監啓　　播芳文粹 87/9b

陽　枋

代王敬伯使君謝到任表　　字溪集 1/3b

上魏鶴山了翁論時政書　　字溪集 1/4b

上洪中書論時政書咨夔平齋先生　　字溪集 1/7a

上宣諭余樵隱書一曰控扼形勢二曰防遏間道三曰信賞必罰四曰弔死恤孤五曰訓練士卒六曰聚小屯爲大屯七曰精明間諜八曰行反間九曰清吏道十曰革羅弊十一曰招賢士十二曰讀書治心　　字溪集 1/18b

與約齋李守論時政書　　字溪集 1/18b

答趙傳之論夏時書　　字溪集 1/20a

上淮閫趙信菴論時政書　　字溪集 1/21a

上淮西帥黃州楊伯洪論時政書　　字溪集 1/22b

代上游相國論時政書　　字溪集 1/24b

代上程內翰論時政書滄州公許　　字溪集 2/1a

代上劉察院論時政書應起良齋先生　　字溪集 2/3a

代上謝司諫論時政書　　字溪集 2/4b

與劉左史論時政書　　字溪集 2/6b

上蜀閫余樵隱論時政書　　字溪集 2/11a

與文活庵論時政書　　字溪集 2/13a

與南疇王使君論時政書　　字溪集 2/16a

與李和甫使君論時政書(1-2)　　字溪集 2/16b-20b

與南疇王使君論時政書　　字溪集 2/20b

與紹慶太守論時政書　　字溪集 2/20b

與趙大寧書(1-4)　　字溪集 2/21b-25b

答御史李樓山書　　字溪集 2/25b

答門人王復孫教授(1-3)　　字溪集 3/1a-4b

與黃循齋書　　字溪集 3/4b

與宋東山書　　字溪集 3/5a

答宋東山書　　字溪集 3/5b

與蘇坤珍書　　字溪集 3/7a

與袁峽州書　　字溪集 3/8a

與趙明遠書　　字溪集 3/8b

與族孫恪書　　字溪集 3/9a

答伯強姪孫恪書　　字溪集 3/11a

與文活菴書　　字溪集 3/12a

與黃循齋書　　字溪集 3/14b

與宋東山書　　字溪集 3/15a

與東山宋壽卿書　　字溪集 3/16b

與文活庵書　　字溪集 3/18b

與袁泰之書　　字溪集 3/19a

與黎世英書　　字溪集 3/20b

與子姪言浩氣章　　字溪集 3/21a

與黃循齋書　　字溪集 3/22b

與教授王復孫書　　字溪集 3/23b

與前人書　　字溪集 3/24b

與族孫恪書　　字溪集 3/25b

語門人王三應書　　字溪集 3/27b

誨炎卯　　字溪集 3/28a

誨誼儒姪書　　字溪集 3/28b

誨少箕炎卯佺昂　　字溪集 4/1a

與誼儒姪昂書　　字溪集 4/4b

與袁峽州書(1-2)　　字溪集 4/6b-9a

辭平舟聘禮書　　字溪集 4/9a

辭余古愚聘禮書　　字溪集 4/10a

與文活庵書　　字溪集 4/10b

與蹇晉堂書　　字溪集 4/11b

與宋東山書　　字溪集 4/12b

寄示誼儒姪昂　　字溪集 4/13a

與誼儒姪昂書(1-3)　　字溪集 4/17b-20a

答誼儒姪昂書(1-2)　　字溪集 4/20a-21b

貽炎卯書　　字溪集 4/21b

答王三之書　　字溪集 4/22b

寄誼儒姪昂書　　字溪集 4/23b

與前人書　　字溪集 4/25a

與誼儒姪昂書(1-2)　　字溪集 4/26a-27a

示姪昂書　　字溪集 5/1a

與宋東山書　　字溪集 5/3b

與黃循齋書　　字溪集 5/4b

與趙明遠書　　字溪集 5/6b

與前人書(1-4)　　字溪集 5/8a-11b

答趙傳之書　　字溪集 5/11b

與稅巽父書　字溪集 5/13b

代上謝司諫劄子(1－2)　字溪集 5/15a－16b

通夔守田都統劄子　字溪集 5/16a

代賀喬賓王入幕劄子　字溪集 5/17b

賀王禹錫使君就制幕交割劄子　字溪集 5/18a

代趙大寧上游丞相劄子(1－3)　字溪集 5/19a－23b

代上游克齋劄子　字溪集 5/23b

代文考功到黃池辭免上游相國劄子　字溪集 5/24a

寄黃漕使循齋劄子　字溪集 6/1a

與黃循齋劄子　字溪集 6/2a

答前人(黃循齋)劄子　字溪集 6/3b

回涪州士友爲予父子設宴劄　字溪集 6/5b

通新紹慶守王座主劄　字溪集 6/6a

代紹慶王守上余制置軍前劄　字溪集 6/7a

通紹慶守劄(1－6)　字溪集 6/7b－9b

賀趙守劄(1－2)　字溪集 6/9b－11b

送太守壽儀劄　字溪集 6/11b

送太守壽儀稟　字溪集 6/12a

稟王守餞其長子出江劄　字溪集 6/12a

謝送生日劄(1－2)　字溪集 6/12b－13a

回巫山李宰劄　字溪集 6/13a

回黃州劄子　字溪集 6/14a

答黃循齋劄子　字溪集 6/15b

王使君新亭初架詔僚屬尋太史孟嘉之樂劄　字溪集 6/17a

與王希尹劄子　字溪集 6/17a

代通包撫機劄子　字溪集 6/17b

答晏重三丈劄子　字溪集 6/18b

代上劉察院劄子　字溪集 6/19a

與台州知府趙德父秘書劄子　字溪集 6/20b

與趙侍講劄子　字溪集 6/22b

代羅從周通前人劄子(1－3)　字溪集 6/24a－25a

代賀朱撫機劄子　字溪集 6/25a

與王禹錫知府劄子　字溪集 6/27a

通任知府啓　字溪集 6/28a

謁胡漕使啓　字溪集 6/29a

與季兒定聂用家姻啓　字溪集 6/29b

又爲開二姪定趙守宅姻啓　字溪集 6/30b

通紹慶倅李節父邁性啓(1－3)　字溪集 6/31a－32b

贄李倅啓　字溪集 6/32a

贄王倅啓　字溪集 6/32a

袁貢玉兄弟啓　字溪集 6/32b

馬學正啓　字溪集 6/33a

祝說書啓　字溪集 6/33b

謝交割啓　四庫拾遺 466/字溪集

代趙大寧上游丞相劄子(1－3)　四庫拾遺 467－468/字溪集

十 三 畫

道　璨
徑山請癡絕和尚疏　無文印集 11/2a

江湖勸請庸越臺住紹興府法界疏　無文印集 11/2b

江湖勸請靖雲畊住廣德報恩疏　無文印集 11/2b

諸山勸請惠西巖住天童疏　無文印集 11/3a

江湖勸請源靈叟住靈巖疏　無文印集 11/3b

請省東岡出世東山疏　無文印集 11/4a

江湖勸觀物初住大慈疏　無文印集 11/4a

瑩玉磵出世饒州光孝疏　無文印集 11/4b

道劍門出世南康能仁疏　無文印集 11/5a

徑山御前化萬佛　無文印集 11/5a

徑山西僚元夕化湯茶疏　無文印集 11/5b

明真教寺修造疏　無文印集 11/5b

靈隱化鐘樓浴堂疏　無文印集 11/6a

西湖相嚴寺化僧僚疏　無文印集 11/6b

化笋疏　無文印集 11/6b

化瓜瓠疏　無文印集 11/7a

吳仙姑化僧牒疏　無文印集 11/7a

靈隱泉南化齋襯扇子如意袋疏　無文印集 11/7b

薦福化主疏　無文印集 11/8a

化結夏齋疏　無文印集 11/9a

求僧疏　無文印集 11/9a

翠巖火後過日本國化修造疏　無文印集 11/9b

正續入內化裝佛裝藏疏　無文印集 11/10a

徑山化楞嚴會香燭疏　無文印集 11/10a

息庵湯侍郎　無文印集 15/1a

深居馮宗諭　無文印集 15/2a

小山厲安撫　無文印集 15/2b

兩巖吳提刑　無文印集 15/3a

容齋趙尚書代　無文印集 15/4a

節齋趙觀文　無文印集 15/4b

秋房樓侍郎　　無文印集 15/5b

滄州程尚書　　無文印集 15/6a

湯太博　　無文印集 15/6b

所齋毛提刑　　無文印集 15/7b

松山何知府　　無文印集 15/8a

何直閣　　無文印集 15/8b

王帳管　　無文印集 15/9a

雪坡姚狀元　　無文印集 15/9a

萬道州　　無文印集 15/10a

譚伯常　　無文印集 15/10b

周時甫　　無文印集 15/11a

西麓陳帳幹　　無文印集 15/11b

浪翁陳提幹　　無文印集 15/12b

盤翁鄭知縣　　無文印集 15/13a

吳思永　　無文印集 15/14a

涂知縣　　無文印集 15/14a

吳提幹　　無文印集 15/14b

晞仁李判縣　　無文印集 15/14b

暘谷洪判縣　　無文印集 15/15a

董輝仲　　無文印集 15/15b

吳新恩　　無文印集 15/16a

古翁江相公　　無文印集 16/1a

松岡黃料院　　無文印集 16/7a

卓山陳知府　　無文印集 16/8a

虛舟謝國史　　無文印集 16/9a

深居馮常簿　　無文印集 16/9b

忠齋孟知府(1－2)　　無文印集 16/10b－11b

雲谷謝知府　　無文印集 16/12b

樗僚張寺丞　　無文印集 16/13a

初堂韓架閣(1－2)　　無文印集 16/13b－14a

溪園周通判　　無文印集 16/14b

李上舍　　無文印集 16/15b

王月津　　無文印集 16/16a

松岡黃殿院　　無文印集 17/1a

樗僚張寺丞　　無文印集 17/1b

南康陳守　　無文印集 17/2b

於丘僉判　　無文印集 17/3b

何知縣　　無文印集 17/3b

余子才　　無文印集 17/4b

澹翁王主簿　　無文印集 17/5a

恕齋吳提刑　　無文印集 17/5b

雲墅吳通判　　無文印集 17/6a

山泉吳提舉　　無文印集 17/6b

山癯鍾知縣　　無文印集 17/7a

梅邊汪司法　　無文印集 17/8a

張司法　　無文印集 17/8b

許上甫　　無文印集 17/8b

初堂韓檢閱　　無文印集 17/9b

饒安撫　　無文印集 17/10b

東澗湯尚書　　無文印集 17/11a

山癯鍾知府　　無文印集 17/12a

中峰郭知府　　無文印集 17/12b

在軒楊京教　　無文印集 17/14a

天錫吳知縣　　無文印集 17/14b

何簽判　　無文印集 17/15a

高田許監丞　　無文印集 17/16a

蛟峰方運使(1－2)　　無文印集 18/1a－1b

恕齋吳制置　　無文印集 18/2b

古崖江知府　　無文印集 18/3b

省身雷侍郎　　無文印集 18/4a

叔炎洪制幹　　無文印集 18/5b

疊山謝架閣　　無文印集 18/6b

秋山李教授(1－2)　　無文印集 18/7a－8a

山南余僉判　　無文印集 18/9a

南屏湯節幹　　無文印集 18/10a

忠齋孟知府　　無文印集 18/10b

疊山謝架閣　　無文印集 18/11b

王知縣　　無文印集 18/13a

月崖范教授　　無文印集 18/13b

溪園周府判　　無文印集 18/14a

笑翁和尚　　無文印集 19/1a

癡絕和尚　　無文印集 19/1b

偃溪和尚　　無文印集 19/2a

西江和尚　　無文印集 19/2b

省東岡　　無文印集 19/4a

育王車谷和尚　　無文印集 19/4b

天童弁山和尚　　無文印集 19/5a

彌頑極　　無文印集 19/5b

清奚翁　　無文印集 19/6a

詔雪屋　　無文印集 19/6a

斷橋和尚　　無文印集 19/7a

真半顛　　無文印集 19/7a

霑無擇　　無文印集 19/7b

隆瘦巖　　無文印集 19/8a

俊癯翁　　無文印集 19/8b

大川和尚　　無文印集 19/9a

則無約　　無文印集 19/9b

甄別翁　　無文印集 19/10a

知無聞　　無文印集 19/10b

珎南州　　無文印集 19/12a

賓樵廬　　無文印集 19/12b

庠藏主　　無文印集 19/13a

日東巖　　無文印集 19/13a

傑宗師　　無文印集 19/14a

石泉羅知府　　無文印集 20/1a

南屏溫節幹　　無文印集 20/1b

與陳震子　　無文印集 20/3a

毛直閣　　無文印集 20/3b

盧石屏　　無文印集 20/4b

鑑虛中　　無文印集 20/5a

明月澗　　無文印集 20/5b

清月湖　　無文印集 20/6a

隆北山　　無文印集 26/6b

智愚谷　　無文印集 20/7b

熊伯淳　　無文印集 20/8a

超侍者　　無文印集 20/8b

玉頑石　　無文印集 20/9a

湘絶岸　　無文印集 20/9a

陳新思　　無文印集 20/10a

楊子然

賀漕司馬幹啓　　播芳文粹 64/2b

～天惠

賀王樞使帥金陵啓　　播芳文粹 56/26b　蜀文輯存 26/20b

賀帥司正啓　　播芳文粹 66/3b　蜀文輯存 26/21a

請悟師住文頂疏　　播芳文粹 118/3b

上吳大尹書　　蜀藝文志 29/8b　蜀文輯存 26/21b

賀陳漕生日啓　　蜀文輯存 26/21b

～公亮

赴任上漕使啓　　播芳文粹 82/17b

～甲

謝太守薦舉啓　　播芳文粹 75/16a

～至質

太乙宮清心齋謝陳提舉　　勿齋集/上/1a

代失儀降官謝丞相　　勿齋集/上/2a

代賀丞相除太傅　　勿齋集/上/3a

兼領旌德觀都監謝京尹趙節齋　　勿齋集/上/3b

謝運使江古心萬里請住玉隆　　勿齋集/上/4b

謝何漕卿請住玉隆不赴　　勿齋集/上/6a

謝郡守潘户部減漕　　勿齋集/上/6b

謝句容王宰斷刺盜柏賊　　勿齋集/上/8a

謝縣宰免伐墓樟　　勿齋集/上/9a

謝郡守王監簿　　勿齋集/上/10a

回臨江趙倅　　勿齋集/上/11b

迓郡守章吏部　　勿齋集/上/12a

上提刑蕭大著　　勿齋集/上/13b

辭岳漕　　勿齋集/上/14b

回太乙吳都監　　勿齋集/上/15b

右街鑒義謝提舉　　勿齋集/上/16a

太乙宮宮主謝提舉　　勿齋集/上/16b

謝徐叔寬見訪　　勿齋集/上/17b

回鄒元叔謝給飯牌　　勿齋集/上/18a

回茅山白雲觀林管轄　　勿齋集/上/18b

回周子魯催詩　　勿齋集/上/19a

回雷應雷　　勿齋集/上/19b

回王秀才謝會　　勿齋集/上/19b

回曾道士求掛搭　　勿齋集/上/20a

回趙簽判送管轉帖　　勿齋集/上/20a

回蕭秀才　　勿齋集/上/20b

回張副官賀封額　　勿齋集/上/20b

回陳管轄　　勿齋集/上/21a

回黃講師　　勿齋集/上/21b

回王監宮　　勿齋集/上/21b

再領宮事回陳溪山　　勿齋集/上/22a

代上趙憲催春削　　勿齋集/上/22a

代于制帥史尚書薦舉　　勿齋集/上/23a

回王監宮賀宣召　　勿齋集/上/24b

代貼職官觀謝宰執　　勿齋集/下/1a

代賀趙大資沿海制置　　勿齋集/下/2a

代賀湖東安撫趙大資　　勿齋集/下/2b

代賀淮東總領兼鎮江吳侍郎　　勿齋集/下/3b

代賀湖西提刑魏少監　　勿齋集/下/4a

代賀史侍郎知平江兼提舉　　勿齋集/下/5a

代喜雪賀宰執　　勿齋集/下/5b

代冬至節賀秀王　　勿齋集/下/6a

代冬至賀平江史侍郎　　勿齋集/下/6a

代回慶元守賀冬　　勿齋集/下/6b

代回嘉興守賀冬　　勿齋集/下/7a

代臨安倅章謝宰執　　勿齋集/下/7b

代回沿海制置趙都承　　勿齋集/下/8b

代回嚴州衛守　勿齋集/下/9a

代回安吉州趙監丞　勿齋集/下/10a

代回常州衛寺丞　勿齋集/下/10b

代回新嘉興守余監丞　勿齋集/下/11a

代回江陰王守　勿齋集/下/12a

代回溫州趙少監　勿齋集/下/12b

代回台州李監簿　勿齋集/下/13a

代回婺州陳中郎　勿齋集/下/13b

代回建昌張通判　勿齋集/下/14a

代回林提管　勿齋集/下/15a

代回臨安劉通判　勿齋集/下/15b

代回興國羅知軍　勿齋集/下/15b

代回蘇參議　勿齋集/下/16a

代謝趙提刑舉狀　勿齋集/下/16b

代謝皮右丞相　勿齋集/下/17b

代趙簽判賀宣召　勿齋集/下/18b

與趙丞辭漕臺月俸　勿齋集/下/19a

回王象先惠詩　勿齋集/下/19a

回赤城觀熊書記　勿齋集/下/19b

謝聶秀才贄見　勿齋集/下/20a

回王監官賀宣召　勿齋集/下/20a

~冠卿

謝臨安趙安撫斷劉忠等人啓　客亭稿 3/1a

謝友人王時舉惠書啓　客亭稿 3/2b

謝中隱先生授館舍啓　客亭稿 3/3b

代王教授謝上舍及第并差遣啓　客亭稿 3/5a

代上執政求祠祿啓　客亭稿 3/6b

代謝提刑冀正言舉陞陟啓　客亭稿 3/8a

代上執正求知啓　客亭稿 3/9a

代九江倅赴任與韓守啓　客亭稿 3/10b

代賀宰執冬至及郊祀禮成啓　客亭稿 3/11b

又代賀正及慶壽禮成啓　客亭稿 3/12a

代烏程宰上湖守求陞陟啓　客亭稿 3/12b

又與交代張倅啓　客亭稿 3/14a

又與江州都統劉御帶啓　客亭稿 3/14b

回馮幹啓　客亭稿 3/15b

代賀楚守向安撫啓　客亭稿 3/16a

代賀左丞相王冀公啓　客亭稿 4/1a

又賀右丞相梁儀公啓　客亭稿 4/2a

代賀左相王冀公啓　客亭稿 4/3b

賀右相梁儀公啓　客亭稿 4/5b

代烏程宰賀湖守顏寶文啓　客亭稿 4/7b

代賀潭帥黃樞密啓　客亭稿 4/8b

代黃幹賀廣東提刑冀正言啓　客亭稿 4/9b

代李倅賀湖守趙徽猷啓　客亭稿 4/11a

代都幹賀平江守王待制啓　客亭稿 4/12a

代賀蕭司諫除諫議啓　客亭稿 4/13a

代陳監與常熟知縣啓　客亭稿 4/13b

又與兵官啓　客亭稿 4/14a

又與交代王監鎮啓　客亭稿 4/14b

代上戶部呂侍郎啓　客亭稿 4/15a

代謝提領顏侍郎辟差啓　客亭稿 4/16a

代幕屬與交□啓　客亭稿 4/17a

代上虞丞相求差除啓　客亭稿 5/1a

代賀廣東經畧程直閣啓　客亭稿 5/2a

代賀殿院除侍御啓　客亭稿 5/3a

代謝除軍器所受給官啓　客亭稿 5/4a

代軍器簿謝除監丞啓　客亭稿 5/5a

代軍器丞謝除太府寺丞啓　客亭稿 5/6a

賀參政施樞密啓　客亭稿 5/7a

代上提刑程直閣求薦啓　客亭稿 5/8a

辭謝廣西機幕趙府判啓　客亭稿 5/9a

賀孫倅就知南雄啓　客亭稿 5/10a

代賀淮東運使啓　客亭稿 5/11a

代守臣到任謝臺諫啓　客亭稿 5/11b

代合肥宰與鄰邑啓　客亭稿 5/12a

代王司戶赴任與韋郎中啓　客亭稿 5/13a

代趙應之回溫提點啓　客亭稿 5/13b

代彭守謝臺諫啓　客亭稿 5/14a

代邑宰求知啓　客亭稿 5/15a

代回蔡主簿到任啓　客亭稿 5/16a

謝人袖牋啓見訪啓　客亭稿 5/16b

謝投壽篇啓　客亭稿 5/16b

代回通判啓　客亭稿 5/16b

回梁司理啓　客亭稿 5/17a

謝湖守趙舍人斷遣盜斫母氏墓木人啓　客亭稿 6/1a

代武舉第三名及第謝政府啓　客亭稿 6/3a

代陸安簿謝黃漕薦舉啓　客亭稿 6/4b

代常州守服闋上政府啓　客亭稿 6/6b

代賜對改官謝執政啓　客亭稿 6/7b

代赴機幕與交代啓　客亭稿 6/9a

代副總管赴任謝留守大學啓　客亭稿 6/9b

又與馬帥及都統啓　客亭稿 6/10b

代賀許拾遺啓　客亭稿 6/11b

代賀薛補闕啓　客亭稿 6/12a

謝江東漕總啓　客亭稿 6/13a

代楚州司戶謝守臣辟差啓　客亭稿 6/14b

代回徽守徐子宜啓　客亭稿 6/15b

謝修奉使司轉官啓　客亭稿 6/15b

賀張右史兼吏部侍郎啓　客亭稿 6/16b

賀太堂薛少卿啓　客亭稿 6/18a

賀侍御張先生啓　客亭稿 6/19a

謝郭殿帥惠湖山葬地啓　客亭稿 6/20a

謝王給事免船稅錢啓　客亭稿 6/21a

賀胡知院啓　客亭稿 6/22a

代陳季海答張氏書　客亭稿 10/2a

代姚澗叟回王計議書　客亭稿 10/2a

爲帳幹與王氏書　客亭稿 10/3a

又代王戶與李司理書　客亭稿 10/3a

~祐甫

賀陳漕生日啓　播芳文粹 67/25a

~　起

賀梁左丞啓　播芳文粹 53/22a

賀王倅啓　播芳文粹 63/13a

太守與交代啓　播芳文粹 84/24a

~　時

申省　龜山集 2/7a

見明道先生　龜山集 16/1a

寄明道先生(1-2)　龜山集 16/2b-5b

寄伊川先生附伊川答論西銘　龜山集 16/5b

答伊川先生　龜山集 16/7b

與楊仲遠(1-6)　龜山集 16/8b-13a

寄程二十三明道先生子汝陽簿(1-2)　龜山集 16/13a-14a

與楊君玉　龜山集 16/14a

與楊孟堅　龜山集 16/14a

與鄒堯叟書堯叟名夔劉執中婿　龜山集 17/1a

與吳國華別紙　龜山集 17/1b

答吳國華　龜山集 17/1b

寄俞仲寬別紙(1-3)　龜山集 17/5b-7a

答吳仲敢　龜山集 17/7a

寄翁好德(1-2)　龜山集 17/10a-12b

與俞彥修名耒仲寬子　龜山集 17/12b-14a

答陳子安　龜山集 17/14a

與陸思仲　龜山集 18/1a

謝程漕博文　龜山集 18/3a

與翁子靜　龜山集 18/4b

答李杭　龜山集 18/5b

答吳敦智　龜山集 18/7b

上毛憲名漸字正仲　龜山集 18/8a

寄毛憲　龜山集 18/10b

上提舉　龜山集 18/11b

代人上王令　龜山集 18/14b

代人上江令　龜山集 18/16a

與張秀才　龜山集 18/16b

與游定夫(1-6)　龜山集 19/1a-4a

與鄒至完　龜山集 19/4a

與劉器之　龜山集 19/4b

答陳瑩中(1-8)　龜山集 19/6b-17b

答胡康侯(1-17)　龜山集 20/1a-20a

答曾元忠(1-3)　龜山集 21/1a-2a

答學者書(1-5)　龜山集 21/2a-6a

答呂秀才　龜山集 21/6a

答呂居仁(1-3)　龜山集 21/7b-10a

與鄒德久(1-2)　龜山集 21/10a-11a

答胡處梅　龜山集 21/11a

答練質夫　龜山集 21/11b

與黃用和　龜山集 21/12a

與許少尹(1-4)　龜山集 21/13a-14a

答蕭子莊　龜山集 21/14b

答胡明仲　龜山集 21/14b

答張子韶　龜山集 22/1a

與劉希範　龜山集 22/2a

與李泰發(1-4)　龜山集 22/3a-4b

與秦丞相　龜山集 22/4b

答李叔易　龜山集 22/5a

與李丞相(1-2)　龜山集 22/5b-6b

與許高老　龜山集 22/6b

答傅子駿　龜山集 22/7b

與傅國華　龜山集 22/8b

與執政　龜山集 22/9a

與梁兼濟　龜山集 22/10a

與廖用中　龜山集 22/11a

與吳大卿　龜山集 22/12b

與吳守(1-2)　龜山集 22/13a-14b

與李提刑　龜山集 22/14b

與陳公晦(1-2)　龜山集 22/15a-16b

謝太守　龜山集 23/1a

謝楚大夫　龜山集 23/2b

謝張朝散　龜山集 23/3b

謝馬通直　龜山集 23/4a

賀林舍人　　龜山集 23/4a

代人謝呂漕　　龜山集 23/4b

代人謝解　　龜山集 23/5a

代虔守謝李運使　　龜山集 23/6b

代賀蘇左丞　　龜山集 23/7a

代謝筠守　　龜山集 23/7b

代與檢法　　龜山集 23/7b

見明道先生書　　南宋文範 31/1a

答陳瑩中書(1-2)　　南宋文範 31/1b-3a

答胡康侯書　　南宋文範 31/4a

論時事劄子一愼令,二茶法,三鹽法,四轉般,五糴買,六坑冶,七邊事,八監賊,九擇將,十軍制　　南宋文範 3/4b

～傑

回燕京留守三幅書　　無爲集 11/6a

回中京留守赴筵書　　無爲集 11/6a

回諸州召赴筵書　　無爲集 11/6b

回日謝中京留守召赴筵　　無爲集 11/6b

謝杭州蒲左丞啓　　無爲集 11/6b

謝蒲左丞薦啓　　無爲集 11/7a

交代　　無爲集 11/7b

賀無爲知郡　　無爲集 11/8a

回賀王敏甫學士館職啓　　無爲集 11/8b

賀馮待制知揚州　　無爲集 11/9a

賀吳司諫館職　　無爲集 11/9b

賀歐陽樞密　　無爲集 11/9b

賀南京留守張端明　　無爲集 11/10a

賀東宮待制　　無爲集 11/10b

賀熊待制移金陵　　無爲集 11/11a

上茹都官明堂圖書　　無爲集 11/11b

上金陵知府書　　無爲集 11/12b

～椿

賀陳大諫啓　　播芳文粹 52/5b　蜀文輯存 39/21b

～萬里

賀周子充察院啓　　誠齋集 49/1a

賀永守沈侍郎德和啓　　誠齋集 49/2a

賀王宣子舍人和吉州啓　　誠齋集 49/2b

回施少才謝漕司發解第一名啓　　誠齋集 49/3b

回黃監庫謝解啓　　誠齋集 49/4a

代何運使德獻賀史參政啓　　誠齋集 49/4b

代福建何提刑與汪福州聖錫啓　　誠齋集 49/5b

賀張丞相判建康啓　　誠齋集 49/6a

謝張丞相薦舉啓　　誠齋集 49/7a

賀張魏公少傅宣撫啓　　誠齋集 49/8b

賀張丞相除樞使都督　　誠齋集 49/9a

賀張丞相再相啓　　誠齋集 49/10a

除臨安府教授謝張丞相啓　　誠齋集 49/10b

代零陵呂令迎龔令啓　　誠齋集 49/11b

賀兵部胡侍郎啓　　誠齋集 49/12a

謝胡侍郎作先人墓銘啓　　誠齋集 50/1a

代胡峽州謝宰執啓　　誠齋集 50/2a

回劉簡伯縣尉　　誠齋集 50/2b

代李直卿謝漕司發解啓　　誠齋集 50/3a

代羅武圖得祠祿謝蔣右相啓　　誠齋集 50/4a

回黃解元啓　　誠齋集 50/5a

賀吉守蔡寺丞子平冬啓　　誠齋集 50/5a

賀蔡寺丞年啓　　誠齋集 50/5b

回陳德卿縣尉啓　　誠齋集 50/6a

代李省幹直卿通長沙帥劉舍人恭父啓　　誠齋集 50/6b

謝曾主簿啓　　誠齋集 50/7b

代慶長叔回郭氏親啓　　誠齋集 50/8a

賀陳應求右相啓　　誠齋集 50/8a

賀陳丞相拜左相啓　　誠齋集 50/9a

賀虞樞密還朝啓　　誠齋集 50/9b

賀虞右相啓　　誠齋集 51/1a

與湖南漕黃仲秉給事啓　　誠齋集 51/2a

與洪師吳明可啓　　誠齋集 51/2b

與吳參議啓　　誠齋集 51/3b

回蘇縣尉啓　　誠齋集 51/4a

知奉新縣到任謝虞右相啓　　誠齋集 51/4b

知奉新縣到任謝吳帥啓　　誠齋集 51/5b

謝吳帥舉陞陸陟啓　　誠齋集 51/6b

賀龔實之運使啓　　誠齋集 51/7b

與荊南劉帥恭文啓　　誠齋集 51/8b

與鄭惠叔簽判啓　　誠齋集 51/9a

賀龔帥正言冬啓　　誠齋集 51/10a

除國子博士謝虞丞相啓　　誠齋集 51/10b

朝陵與方帥務德啓　　誠齋集 51/11a

賀龔參政啓　　誠齋集 51/12a

賀王同知啓　　誠齋集 52/1a

回王敷文民瞻家定親啓　　誠齋集 52/1b

謝周待制侍講舉自代　　誠齋集 52/2a

答吉州余倅啓　　誠齋集 52/2a

賀吉州守王穉川年節啓　　誠齋集 52/2b

答常州守陳時中交代啓　誠齋集 52/3a

答常州李倅啓　誠齋集 52/3b

答常州趙添倅啓　誠齋集 52/4a

與吉州朱守啓　誠齋集 52/5a

與蔣丞相啓　誠齋集 52/5b

回呂秀州啓　誠齋集 52/6a

常州到任謝執政啓　誠齋集 52/6b

賀范至能參政啓　誠齋集 52/7b

賀陳丞相判建康啓　誠齋集 52/8a

上趙丞相啓　誠齋集 52/9a

新除廣東提舉謝丞相啓　誠齋集 53/1a

定羅氏親啓　誠齋集 53/2a

答羅氏定親啓　誠齋集 53/2a

廣東提舉到任謝趙丞相啓　誠齋集 53/2b

賀葛正言啓　誠齋集 53/3b

賀黃侍御啓　誠齋集 53/4a

通問廣西漕梁次張寺丞啓　誠齋集 53/4b

回向梧州開叔啓　誠齋集 53/5b

賀周子充參政啓　誠齋集 53/6a

答吉水知縣蕭擇可啓　誠齋集 53/7a

賀王僑卿運使啓　誠齋集 53/7b

答廣西梁漕啓　誠齋集 53/8a

除直秘閣謝宰相啓　誠齋集 53/8b

除吏部郎官謝宰相啓　誠齋集 53/9a

賀皇孫郡王冬節啓　誠齋集 53/10a

賀皇孫郡王年節啓　誠齋集 54/1a

回譚提舉啓　誠齋集 54/1b

賀皇孫郡王冬節啓　誠齋集 54/2a

賀皇孫平陽郡王年節啓　誠齋集 54/2b

回二廣譚提舉賀新除秘書少監啓　誠齋集 54/2b

回郴州丁端叔直閣謝到任啓　誠齋集 54/3a

與吉州守王弱翁啓　誠齋集 54/3b

回筠州交代俞守寺正啓　誠齋集 54/4a

筠州到任謝周右相啓　誠齋集 54/5a

回余復狀元啓　誠齋集 54/6a

答第二人曾漸殿元啓　誠齋集 54/6b

答第三人王介殿啓　誠齋集 54/7a

謝李壁通判啓　誠齋集 54/7b

謝李𡊻制幹啓　誠齋集 54/8a

與淮東劉總領啓　誠齋集 54/8b

與前盱眙葛寺丞啓　誠齋集 55/1a

謝陳左藏啓　誠齋集 55/1b

回韓撫州賀年啓　誠齋集 55/2a

辭免贛州得祠進職謝宰執啓　誠齋集 55/2a

賀周丞相遷入府第啓　誠齋集 55/3a

賀太守冬啓　誠齋集 55/3b

賀周監丞冬啓　誠齋集 55/3b

賀周丞相冬啓　誠齋集 55/4a

謝周監丞冬節餽海錯果實啓　誠齋集 55/4b

謝周丞相賀轉中大夫啓　誠齋集 55/5a

回新知通州葛寺丞啓　誠齋集 55/5a

除煥章閣待制謝余丞相啓　誠齋集 55/5b

賀周丞相年啓　誠齋集 55/6b

回周子中監丞賀年啓　誠齋集 55/7a

謝周丞相啓　誠齋集 55/7a

答周子中監丞賀除待制啓　誠齋集 56/1a

答撫州周通判　誠齋集 56/1b

回周丞相賀進爵開國子轉太中大夫　誠齋集 65/2b

賀周丞相年　誠齋集 56/3a

賀周子中監丞年　誠齋集 56/3a

答周子中　誠齋集 56/3b

答周丞相送糟蟹朽木團　誠齋集 56/4a

再答周丞相賀除待制　誠齋集 56/4a

答吉守　誠齋集 56/4b

賀太守年　誠齋集 56/5a

答廣東唐憲　誠齋集 56/5a

答廬陵黃宰　誠齋集 56/5b

賀周丞相戊午年冬　誠齋集 56/6a

賀余丞相得祠禄　誠齋集 56/6b

己未賀周益公年啓　誠齋集 57/1a

答周監丞己未年啓　誠齋集 57/1b

回周丞相賀年送羊麵啓　誠齋集 57/1b

答周監丞送錦鳩十四隻兔杷酒香櫞啓　誠齋集 57/2a

賀趙守冬啓　誠齋集 57/2b

答趙守啓　誠齋集 57/3a

答周丞相遠迎啓　誠齋集 57/3b

賀趙守丁巳年啓　誠齋集 57/4a

謝周丞相送冬節羊麵啓　誠齋集 57/4b

入城回周丞相遠迎啓　誠齋集 57/5a

謝周丞相年節送一麞十兔啓　誠齋集 57/5a

答贛州黃侍郎年啓　誠齋集 57/5b

寒食享祀謝王才臣送北果啓　誠齋集 57/a

答周丞相啓　誠齋集 57/6a

與予二子往還丞相以啓見謝併報予長子改秩小男就銓　誠齋集 57/6b

答周丞相賀長男改秩幼子中銓啓　誠齋集 57/7a

答新太和張縣丞啓　誠齋集 58/1a

賀趙守加恩食邑　誠齋集 58/1a

答周丞相再賀生孫啓　誠齋集 58/1b

謝周丞相冬節送十鳩四兔啓　誠齋集 58/2a

答周監丞賀冬啓　誠齋集 58/2a

答撫州周通判冬啓　誠齋集 58/2b

賀丞相自長沙移帥豫章啓　誠齋集 58/3a

謝周丞相餽歲三物鳩麞驢肉啓　誠齋集 58/3b

答周丞相謝看樓啓　誠齋集 58/3b

答賀吉水王縣丞啓　誠齋集 58/4a

謝周丞相賀年送羊麪并麞啓　誠齋集 58/4b

謝衡州陸守回書並送書籍黃雀北果啓　誠齋集 58/5a

回太和卓宰庚申年賀年送酒啓　誠齋集 58/5b

回萬安趙宰賀年送金橘山藥蓽菜啓　誠齋集 58/6a

庚申臘回周丞相送一麂四兔啓　誠齋集 58/6b

謝臨江軍葉守送酒啓　誠齋集 59/1a

回吉州趙司戶得憲臺舉縣令小啓　誠齋集 59/1a

回廬陵黃宰謝得審察指揮啓　誠齋集 59/1b

答周丞相謝訪及啓　誠齋集 59/1b

回贛守新廣帥彭子山郎中賀年送酒啓　誠齋集 59/2a

謝韓提舉賀正送碧香酒並鵝鰱啓　誠齋集 59/2a

答吉水秦宰啓　誠齋集 59/3a

答聶倅送談風月軒記一軸啓　誠齋集 59/3a

答胡季亨啓　誠齋集 59/3b

答宿松知縣戴在伯賀致仕啓　誠齋集 59/3b

謝新雷州劉教授啓　誠齋集 59/4a

賀周丞相年啓　誠齋集 59/4b

賀黃經畧啓　誠齋集 59/5a

答周丞相啓　誠齋集 59/5a

答本路張提舉啓　誠齋集 59/5a

與本路運使權大卿啓　誠齋集 60/1a

賀周丞相致仕啓　誠齋集 60/1b

答雷運使啓　誠齋集 60/2a

答廬陵趙宰啓　誠齋集 60/2b

答江西提舉張郎中賀年啓　誠齋集 60/3b

與新吉守劉伯協啓　誠齋集 60/4a

答新吉水王宰啓　誠齋集 60/4b

答吉水顧縣尉啓　誠齋集 60/5a

答徐教授啓　誠齋集 60/5b

答新韓案撫字子及啓　誠齋集 60/6b

賀周敬伯以幸學恩免省啓　誠齋集 60/7a

答本路陳漕寶謨大卿啓　誠齋集 60/7b

致仕轉通議大夫除寶文閣待制謝宰執啓　誠齋集 60/8b

答陳勉之丞相啓　誠齋集 60/9b

除寶謨閣直學士謝陳丞相啓　誠齋集 60/10a

答周監丞賀除寶謨閣直學士啓　誠齋集 61/1a

答本路陳漕送冬酒啓　誠齋集 61/1b

答本路陳運使送元正節酒啓　誠齋集 61/2a

與寧國府傅樞使啓　誠齋集 61/2b

賜衣帶謝陳勉之丞相啓　誠齋集 61/3a

賜衣帶謝雷朝宗左司啓　誠齋集 61/3b

賜衣帶謝戶部王少愚侍郎啓　誠齋集 61/3b

謝趙德老大資舉女婿陳丞京狀啓　誠齋集 61/4a

謝福帥何樞使許薦陳丞啓　誠齋集 61/4b

答新廬陵陳宰啓　誠齋集 61/5b

謝太守胡平一斷盜葬墓啓　誠齋集 61/6a

通吉州李守啓　誠齋集 61/6b

謝何樞使舉女婿陳丞改官啓　誠齋集 61/7b

賀李吉州小啓　誠齋集 61/8a

羅氏定親啓　誠齋集 61/8b

駁配饗不當疏(附貼黃)　誠齋集 62/25b

上皇太子書　誠齋集 62/31a

上張子韶書　誠齋集 63/1a

見陳應求樞密書　誠齋集 63/4a

與陳應求左相書　誠齋集 63/6a

與左相陳應求書　誠齋集 63/7b

見虞彬甫樞密書　誠齋集 63/9b

與虞彬甫右相書(1－2)　誠齋集 63/12a－13a

上虞彬甫丞相書　誠齋集 63/15a

與虞宣撫書　誠齋集 63/16b

見執政書　誠齋集 63/18a

答李天麟秀才書(1－2)　誠齋集 64/1a－3b

答歐陽清卿秀才書　誠齋集 64/5b

答學者書（1−2） 誠齋集 64/6b−9a

答陳國材書 誠齋集 64/10b

見何德獻提舉書 誠齋集 64/12a

見蘇仁仲提舉書 誠齋集 64/13a

見章彥溥提刑書 誠齋集 64/15a

答趙季深書 誠齋集 64/16b

上史侍郎書 誠齋集 64/17b

與任希純運使寶文書 誠齋集 65/1a

見龔實之運使正言書 誠齋集 65/3b

與胡澹庵書 誠齋集 65/5a

與張嚴州敬夫書 誠齋集 65/6b

代蕭岳英上宰相書 誠齋集 65/8b

答劉興祖教授書 誠齋集 65/12a

答曾主簿書 誠齋集 65/12b

答惠州陳多仲羽秀才書 誠齋集 65/13a

答劉子和書 誠齋集 65/13b

答周子充內翰書 誠齋集 65/14b

答施少才書 誠齋集 65/16b

答廬誼伯書 誠齋集 66/1a

答徐賡書 誠齋集 66/3a

答王季海丞相問爲嫡子報服書 誠齋集 66/5a

與周子充少保書 誠齋集 66/6a

答胡季解書 誠齋集 66/7a

答沈子壽書 誠齋集 66/9b

答葛寺丞書 誠齋集 66/11b

答朱侍講 誠齋集 66/13b

與余右相書（1−2） 誠齋集 66/14b−15b

與四川制置書 誠齋集 66/17b

答萬安趙宰書 誠齋集 67/1a

答福帥張子儀尚書書 誠齋集 67/3a

答建康府大軍庫監門徐達書 誠齋集 67/5a

答興元府章侍郎書 誠齋集 67/8b

與材翁弟書 誠齋集 67/10b

與南昌長孺家書 誠齋集 67/12a

答虞祖禹兄弟書 誠齋集 67/14b

答徐居厚史君寺簿 誠齋集 67/17b

與鄭惠叔知院催乞致仕書 誠齋集 67/18b

答陸務觀郎中書 誠齋集 67/21a

答袁機仲寄示易解書 誠齋集 67/22b

答徐宋臣監丞書 誠齋集 68/1a

答張功父寺丞書 誠齋集 68/2a

再答陸務觀郎中書 誠齋集 68/4a

答張子儀尚書 誠齋集 68/6b

答袁起巖樞密書 誠齋集 68/8a

答朱晦庵書 誠齋集 68/9b

上陳勉之丞相辭免新除寶謨閣直學士書 誠齋集 68/11b

答潯州廖子晦書 誠齋集 68/12b

答袁機仲侍郎書 誠齋集 68/13b

答張季長少卿書 誠齋集 68/15a

答戶部王少愚侍郎書 誠齋集 68/16a

與建康帥丘宗卿侍郎書 誠齋集 68/17a

答太守 誠齋集 104/1a

答蔡帥定夫 誠齋集 104/1b

答新清遠軍王節推 誠齋集 104/2a

答王提舉大著郎中南強 誠齋集 104/2b

答顧倅 誠齋集 104/3a

答廣東憲趙山父 誠齋集 104/3b

答提刑何正言同叔 誠齋集 104/4b

賀周丞相年 誠齋集 104/5b

答周丞相餽歲 誠齋集 104/6a

與江東萬漕元亨 誠齋集 104/6a

答張判院提刑 誠齋集 104/7b

答湖州虞察院壽老 誠齋集 104/9a

與總領張郎中 誠齋集 104/9b

答廣東唐憲 誠齋集 104/11a

與余丞相 誠齋集 104/12a

答吉水李簿名恕己 誠齋集 104/12b

答黃幾先 誠齋集 104/13a

答周監丞 誠齋集 104/13b

賀新趙守冬 誠齋集 104/14a

答贛州黃侍郎伯耆 誠齋集 104/14a

答王信臣 誠齋集 104/15a

答胡聖聞 誠齋集 104/15b

與提舉王郎中南強 誠齋集 104/16a

送鹿與周丞相 誠齋集 104/17a

答朱侍講元晦 誠齋集 104/17a

答嚴州知府曾郎中致虛 誠齋集 104/18a

與新隆興府張尚書定叟 誠齋集 104/19a

答普州李大著君亮 誠齋集 104/20b

答周監丞 誠齋集 104/22a

答錢判官文季 誠齋集 104/22b

答周監丞 誠齋集 104/22a

答錢判官文季 誠齋集 104/22b

答虞軍使直閣知能 誠齋集 104/23a

答朱侍講　誠齋集 105/1a

答撫州周通判　誠齋集 105/1b

與周丞相　誠齋集 105/2a

慰程監簿　誠齋集 105/2b

答胡季亨宣教　誠齋集 105/3b

答本路不遷運使　誠齋集 105/4a

答李子立知縣送問月臺詩石刻　誠齋集 105/5b

答周丞相　誠齋集 105/6a

答普州李知府　誠齋集 105/6b

別趙知府　誠齋集 105/7b

答棗陽虞軍使　誠齋集 105/8b

答全州黃通判　誠齋集 105/9b

與蔡定夫侍郎　誠齋集 105/10a

答萬安趙師迴知縣　誠齋集 105/11a

答余丞相　誠齋集 105/11b

與權府聶通判　誠齋集 105/14a

與楊侍郎　誠齋集 105/14a

答曾知府　誠齋集 105/14b

答朱侍講　誠齋集 105/15a

與福州安撫葉樞使　誠齋集 105/16b

答鄭樞使　誠齋集 105/18a

答周監丞冬　誠齋集 105/18b

答提舉雷郎中　誠齋集 105/19a

答贛州彭郎中　誠齋集 106/1a

答廬陵劉縣丞　誠齋集 106/1b

與湖南運使陳郎中　誠齋集 106/1b

與衡州陸知府　誠齋集 106/3a

答權桂陽軍斛通判　誠齋集 106/4a

與湖南黃提舉　誠齋集 106/5a

與湖南陸提刑　誠齋集 106/6a

安仁涂知縣　誠齋集 106/7b

送俞憲羊麵　誠齋集 106/8a

答趙戶彥法　誠齋集 106/8b

答周丞相　誠齋集 106/8b

答韓提舉華文賀年　誠齋集 106/9a

答程監簿　誠齋集 106/9b

答醴陵錢知縣　誠齋集 106/10a

賀吉水秦宰交割　誠齋集 106/10b

答新封州譚知府　誠齋集 106/11a

與朱侍講　誠齋集 106/11b

與丞相　誠齋集 106/12b

答周丞相　誠齋集 106/13a

答周提舉　誠齋集 106/13b

答聶倅　誠齋集 106/14b

答張尚書　誠齋集 106/14b

答胡季亨　誠齋集 106/15b

答臨江王守　誠齋集 106/15b

答市舶葉提舉　誠齋集 106/16b

答趙運使　誠齋集 106/17a

答傅尚書　誠齋集 106/18a

答戴在伯知縣　誠齋集 106/19a

答余丞相　誠齋集 106/20a

答林提點　誠齋集 106/21a

與張寺丞　誠齋集 106/21b

與徽州任知府　誠齋集 106/22b

與韓運使　誠齋集 106/23b

答王樞使　誠齋集 107/1a

答朱侍講　誠齋集 107/1b

與湖南安撫趙郎中　誠齋集 107/2b

與周丞相賀冬　誠齋集 107/4a

答周監丞　誠齋集 107/5a

與江東韓運使　誠齋集 107/5b

答徐參議　誠齋集 107/6b

答胡上舍　誠齋集 107/7a

答周丞相　誠齋集 107/7a

答斛通判　誠齋集 107/7b

答贛守張舍人　誠齋集 107/8a

答周丞相　誠齋集 107/9b

答徽州知府任寺丞　誠齋集 107/10a

答棗陽虞軍使　誠齋集 107/11a

答韓運使(1-2)　誠齋集 107/11b－12b

答建昌陳知府　誠齋集 107/13a

答贛州張舍人　誠齋集 107/13b

與隆興府張尚書　誠齋集 107/15a

與隆興府趙參議　誠齋集 107/16b

與運使俞大卿　誠齋集 107/18a

答太常虞少卿(1-2)　誠齋集 107/19a－21a

謝俞漕舉南昌大兒陞陟　誠齋集 108/1a

答新澧倅胡判院　誠齋集 108/1b

答本路張提舉　誠齋集 108/2a

又一幅　誠齋集 108/2b

答成州李知府　誠齋集 108/3a

與本路運使權大卿　誠齋集 108/3b

答隆興府王倅　誠齋集 108/4b

答周監丞　誠齋集 108/5b

答提舉雷郎中　誠齋集 108/7a

答彭澤王縣尉　誠齋集 108/7b

答黃宰　誠齋集 108/8a

與江陵范侍郎　誠齋集 108/8a

答湖北唐憲　誠齋集 108/9b

與澧州趙守　誠齋集 108/10a

答吳節推　誠齋集 108/10b

答吉州趙倅　誠齋集 108/11a

答江東耿運使　誠齋集 108/11a

答韓總領郎中　誠齋集 108/12b

答鄒校書　誠齋集 108/13b

答彭憲　誠齋集 108/14a

答蜀帥劉尚書　誠齋集 108/15b

答本路張帥　誠齋集 108/17a

答廣西張經畧　誠齋集 108/18b

與湖北陳提舉　誠齋集 108/20a

答張主簿　誠齋集 108/21b

答郭敬叔教授　誠齋集 108/22a

與余直閣　誠齋集 108/22a

與范侍郎　誠齋集 108/23a

答虞侍郎　誠齋集 109/1a

答周丞相　誠齋集 109/2a

答澧州趙知府　誠齋集 109/2b

答福州帥張子儀尚書　誠齋集 109/3b

與權運使　誠齋集 109/4a

與周丞相　誠齋集 109/5a

與隆興張帥　誠齋集 109/6a

與本路提舉張郎中　誠齋集 109/6a

與本路提刑彭郎中　誠齋集 109/7a

謝隆興張帥薦大兒　誠齋集 109/7b

答趙戶送糟蟹回送黃雀並黃雀肝心醬　誠齋集 109/8a

送周丞相炙蟹　誠齋集 109/8b

答雷運使　誠齋集 109/8b

答虞制參　誠齋集 109/11a

答虞知府　誠齋集 109/12b

答湖北唐憲　誠齋集 109/13b

答彭侍郎　誠齋集 109/14b

答周監丞　誠齋集 109/15a

答隆興張尚書　誠齋集 109/16a

謝彭提刑薦南昌大兒　誠齋集 109/16b

答李厚之知縣　誠齋集 109/17a

答胡撫幹仲方　誠齋集 109/17a

答王晉輔　誠齋集 109/18a

答周監丞　誠齋集 109/18a

與周監丞　誠齋集 109/18b

慰秦宰　誠齋集 109/19b

答福帥張尚書　誠齋集 109/19b

答贛州薛侍郎　誠齋集 109/20b

與新吉守劉伯協　誠齋集 109/21b

答王監簿　誠齋集 109/22b

答蕭國博　誠齋集 110/1a

答胡左藏　誠齋集 110/2a

答袁侍郎　誠齋集 110/3a

答徐用之知縣　誠齋集 110/3b

答廣東雷提舉　誠齋集 110/4b

與衡州知府趙判院　誠齋集 110/5a

答南豐陳宰　誠齋集 110/6b

與俞運使　誠齋集 110/7a

與羅必先省幹　誠齋集 110/7b

答羅必先省幹　誠齋集 110/8b

答本路安撫張尚書　誠齋集 110/9a

答謝提幹　誠齋集 110/11a

答虞知能　誠齋集 110/11b

答建寧府傅內翰　誠齋集 110/12a

答太和卓宰　誠齋集 110/13a

與周監丞　誠齋集 110/13a

答贛州張舍人　誠齋集 110/13b

與林總領郎中　誠齋集 110/14b

與湖北唐提刑　誠齋集 110/14b

與江陵府楊侍郎　誠齋集 110/15a

與醴陵錢知縣　誠齋集 110/15b

與澧州趙守　誠齋集 110/16a

答吳節推　誠齋集 110/17a

與葉樞密　誠齋集 110/17b

與隆興府黃倅　誠齋集 110/18b

與余丞相(1－2)　誠齋集 111/1a－2b

答新車輅王判院　誠齋集 111/3a

答安福徐令謙亭　誠齋集 111/3b

與衡州陳通判　誠齋集 111/4b

答范監稅　誠齋集 111/5b

答贛州張舍人　誠齋集 111/6a

與湖北傅提舉　誠齋集 111/6b

答本路彭提刑　誠齋集 111/8a

答臨江葉守　誠齋集 111/8b

答本路彭提刑　誠齋集 111/9a

答萬安趙宰　誠齋集 111/9b
答隆興張帥　誠齋集 111/10a
答福帥張子儀尚書　誠齋集 111/10b
答贛州張右史移廣西帥　誠齋集 111/12a
答臨江葉守賀年　誠齋集 111/12b
答隆興府張帥(1-2)　誠齋集 111/13a-13b
與湖廣總領林郎中　誠齋集 111/14a
答經畧左史張舍人　誠齋集 111/14b
靈川羅令瀛已荷季諾賜以禰章敢望終惠與
　　周丞相　誠齋集 111/15a
與淮西韓總領　誠齋集 111/15b
答吉州趙倅　誠齋集 111/16b
賀本路俞運使赴召　誠齋集 111/16b
答湖北趙主管　誠齋集 111/17a
與湖北唐提刑　誠齋集 111/17a
答吳節推　誠齋集 111/18b
答新塗縣鄭宰　誠齋集 111/19a
答虞制機虞知府　誠齋集 111/19b
賀陳丞相啓　播芳文粹 47/6b
賀余都丞啓　播芳文粹 54/1b
賀張都運啓　播芳文粹 59/19b
賀鄭簽判狀元啓　播芳文粹 64/10a
太守到任謝執政啓　播芳文粹 71/21a
太守到任謝鄰守啓　播芳文粹 71/24a
赴任上帥座啓　播芳文粹 82/6b
起居帥座啓　播芳文粹 87/12a
賀程内翰冬啓　洛水集 20/12b
謝皇太子頒賜誠齋二字牋　南宋文範 29/1a
賀張丞相除樞使都督啓　南宋文範 29/5b
賀龔參政啓　南宋文範 29/6a
賀周子中監丞年啓　南宋文範 29/6a
見蘇仁仲提舉書　南宋文範 33/12a
~　億
送元道宗秀才書　武夷新集 7/16a
答史館查正言書　武夷新集 18/13a
答李寺丞書　武夷新集 18/14b
答并州王太保書　武夷新集 18/15b
答錢易書　武夷新集 18/17a
答陳在中書　武夷新集 18/19a
發願文上舍人沙門願安　武夷新集 18/19b
上陳州李相公啓(1-2)　武夷新集 19/1a-2a
謝太僕錢少卿啓　武夷新集 19/2b
代僧求薦啓　武夷新集 19/4a

又代(僧)謝薦啓　武夷新集 19/4b
上陳州李相公啓(1~3)　武夷新集 19/5a-6a
代人與淮南王轉運啓　武夷新集 19/6b
與秘閣錢少卿啓　武夷新集 19/7b
謝史館馬兵部啓　武夷新集 19/8a
謝徐左司諫知制誥啓　武夷新集 19/9a
與史館晁司諫啓　武夷新集 19/10a
與秘閣黃少卿啓　武夷新集 19/10b
與梁舍人啓　武夷新集 19/11a
謝諸學士啓　武夷新集 19/12a
與薛舍人啓　武夷新集 19/13a
謝賢良登科查正言啓　武夷新集 19/13b
代溫大儀謝史館盛大博啓　武夷新集 19/14a
答舒州孫推官啓　武夷新集 19/14b
與史館陳大丞啓　武夷新集 19/15b
答集賢丁孫二寺丞啓　武夷新集 19/16b
答集賢李屯田啓　武夷新集 19/17a
謝門下李相公啓　武夷新集 19/17b
代人謝鄧州錢太傅啓　武夷新集 19/19a
上河陽太師相公啓　武夷新集 20/1a
答京東轉運史館姚起居啓　武夷新集 20/1b
答史館戚屯田啓　武夷新集 20/2b
與集賢楊太傅啓　武夷新集 20/3b
上河陽太師相公啓　武夷新集 20/4b
上陳州太尉相公啓(1-2)　武夷新集 20/5a-
　　5b
與兩浙轉運史館孫起居書　武夷新集 20/6a
與史館簡討陳秘丞啓　武夷新集 20/7a
與孫舍人啓　武夷新集 20/8a
與秘閣劉校理啓　武夷新集 20/9a
與嚴殿丞啓　武夷新集 20/9b
與史館王大著啓　武夷新集 20/10a
與虞部先輩啓　武夷新集 20/10b
汝州謝上表(見宋鑑)　武夷新集/附逸詩文/10a
賀刁秘閣啓　武夷新集/附逸詩文/11a
賀刁秘閣啓　宋文鑑 121/2b
賀刁秘閣啓　播芳文粹 51/19b
賀劉校理啓　播芳文粹 51/20b
賀王著作啓　播芳文粹 51/26b
賀試中賢良啓(1-2)　播芳文粹 65/1b-2a
謝幕府官惠文啓　播芳文粹 81/1a
謝陳州李丞相治具餽送啓　播芳文粹 81/17a
~　蟠

與吳殿院帖　　播芳文粹 106/1b

與虞秘校帖　　播芳文粹 107/2a

~ 簡

楊先生回翰　　慈湖遺書/續集 2/13b

老先生復賜書答云　　慈湖遺書/續集 2/14b

虞元老

賀楊察推啓　　播芳文粹 64/13a

~ 友文

上太守啓　　播芳文粹 86/20a

~ 允文

請密老住玉屏疏　　播芳文粹 117/18a　蜀文輯存
58/23a

與人書(1-2)　　蜀文輯存 58/21b-22a

按撫歸正人劄子　　蜀文輯存 58/22a

賀楊察推啓　　蜀文輯存 58/22b

鈞堂帖　　蜀文輯存 58/22b

~ 智周

賀王倅啓　　播芳文粹 63/10a

賀陳倅啓　　播芳文粹 63/11a

賀鄧丞啓　　播芳文粹 64/20b

葉之望

賀韓守啓　　播芳文粹 63/4b

~ 元茂

賀趙主管生日啓　　播芳文粹 67/25b

~ 清臣

與鄭運使帖　　播芳文粹 105/9a

~ 適

與趙丞相書　　水心集 27/1a

上西府書　　水心集 27/2b

寄王正言書　　水心集 27/7a

與黃巖林元秀書　　水心集 27/9a

與呂丈書　　水心集 27/10a

戴少望書　　水心集 27/10b

答少詹書　　水心集 27/12a

代人上書　　水心集 27/13a

答劉子至書　　水心集 27/15b

答吳明輔書　　水心集 27/16b

上執政薦士書　　水心集 27/17a

奏薦滕賢良　　水心集 27/18a

賀葉丞相　　水心集 27/18b

賀龔參政　　水心集 27/19b

謝宰執登科　　水心集 27/20b

上趙運使　　水心集 27/21b

上芮提刑　　水心集 27/22a

上張安撫　　水心集 27/22b

上韓提刑　　水心集 27/23a

上陳提舉　　水心集 27/23b

上李簽啓　　水心集 27/24a

與交代啓　　水心集 27/25a

答高宗丞　　水心集 29/5b

賀受玉寶牋　　播芳文粹 46/4a

表啓　　黃氏日鈔 68/2b

除華文閣待制提舉西京嵩山崇福宮謝皇太
子牋　　播芳文粹 46/17b

與趙丞相書　　南宋文範 34/14a

~ 夢得

到任謝執政啓　　建康集 7/4a

回徽州曾侍郎啓　　建康集 7/4b

賀宣州汪相公啓　　建康集 7/5a

回霍經制啓　　建康集 7/5a

賀汪相公建節啓　　建康集 7/5b

回南京留守路樞密　　建康集 7/6a

回王正字啓　　建康集 7/6a

轉大中大夫謝執政啓　　建康集 7/6b

回吉州王舍人啓　　建康集 7/7a

賀三京招撫劉太保啓　　建康集 7/7b

回信州劉侍郎啓　　建康集 7/8a

除資政殿大學士謝執政啓　　建康集 7/8a

賀張少御奏捷啓　　建康集 7/8b

除觀文殿學士再任謝執政啓　　建康集 7/9a

與秦相公論防冬書　　建康集 7/9b

又與秦相公書(1-2)　　建康集 7/11b-7/12a

與曾天游書　　建康集 8/1a

又與秦相公書　　建康集 8/2a

與梁仲謨論榷貨務書　　建康集 8/3a

與秦相公論減梓獄事書　　建康集 8/4a

答王從一教授書(1-2)　　建康集 8/6a-8a

答尹穡書　　建康集 8/9a

賀邵都運啓　　播芳文粹 60/8a

除大資謝宰相啓　　播芳文粹 68/16a

謝監司薦舉啓　　播芳文粹 75/11b

起居入國郭龍圖啓　　播芳文粹 87/8b

答王從一教授書　　南宋文範 31/11a

葛大受

　赴任上通判啓　　播芳文粹 83/21a

~立方

　謝改官啓　　歸愚集 10/1a

　謝及第啓　　歸愚集 10/1b

　答嚴公擧解元啓　　歸愚集 10/2b

　謝宮教啓　　歸愚集 10/2b

　謝正字啓　　歸愚集 10/3a

　謝校書郎啓(1-2)　　歸愚集 10/4a-4b

　謝洪郎中啓興祖　　歸愚集 10/5a

　謝先人賜謚文康啓　　歸愚集 10/5b

　答宏詞周學士啓麟之　　歸愚集 10/6a

　代賀萬俟中丞啓　　歸愚集 10/6a

　謝考功郎官啓　　歸愚集 10/6b

　答張栯上舍啓　　歸愚集 10/7a

　謝葉偉上舍啓　　歸愚集 10/7a

　答趙逵狀元啓　　歸愚集 10/7b

　答余松第三人啓　　歸愚集 10/7b

　答特奏狀元昌先輩啓　　歸愚集 10/8a

　賀王提擧啓　　歸愚集/補遺/1a

　賀王提擧啓　　播芳文粹 61/19a

~行

　賀曾都運啓　　播芳文粹 60/7a

　請慧通炬闍梨講法華經　　播芳文粹 118/34b

~長庚

　與張道士紫陽書　　玉蟾稿 10/7a

~勝仲

　上揚州蹇尚書　　丹陽集 3/1a

　上兗州太守書　　丹陽集 3/2a

　答李集正書　　丹陽集 3/3a

　上監職書　　丹陽集 3/3b

　謝曾運使書　　丹陽集 3/4b

　上白祭酒書　　丹陽集 3/5b

　回施仲廉秀才書　　丹陽集 3/6b

　上前宰相書　　丹陽集 3/7a

　答王齋長書　　丹陽集 3/7b

　答李解元書　　丹陽集 3/8a

　與程嘉量秀才書　　丹陽集 3/8b

　與制置發運書　　丹陽集 3/9a

　答顏教授書　　丹陽集 3/9b

　與胡學士書　　丹陽集 3/10a

　謝試宏詞及三經義入等啓　　丹陽集 4/1a

　兗州教授謝到任啓　　丹陽集 4/1b

　與提學殿院啓　　丹陽集 4/2a

　賀鄆帥岑待制啓　　丹陽集 4/3a

　賀兗守祝刑部啓　　丹陽集 4/3b

　與運使啓回首　　丹陽集 4/4a

　謝郊教授啓　　丹陽集 4/5a

　謝宮使保和啓　　丹陽集 4/5a

　謝除館職啓　　丹陽集 4/5b

　謝監職薦縣令應詔啓　　丹陽集 4/6a

　賀中書舍人啓　　丹陽集 4/6b

　加耿左丞啓　　丹陽集 4/7a

　上左丞啓　　丹陽集 4/7b

　答何狀元啓　　丹陽集 4/7b

　回王狀元啓　　丹陽集 4/8a

　回第一人董狀元啓　　丹陽集 4/8a

　答盛學士啓　　丹陽集 4/8b

　答鄭學士啓　　丹陽集 4/9a

　賀韓學士啓　　丹陽集 4/9a

　賀黃學士啓　　丹陽集 4/9b

　答武學李博士子奇啓　　丹陽集 4/9b

　與運使啓二首　　丹陽集 4/9b

　謝江陰曹縣尉襲啓　　丹陽集 4/10a

　復修撰謝兩府啓　　丹陽集 5/1a

　汝州到任謝兩府啓　　丹陽集 5/1b

　賀趙鎮撫啓　　丹陽集 5/2a

　賀運使劉龍圖啓　　丹陽集 5/2a

　賀運使郎中學士啓　　丹陽集 5/2a

　與運使啓　　丹陽集 5/2b

　賀胡發運啓　　丹陽集 5/2b

　賀提刑啓　　丹陽集 5/3a

　答秀州知府曾學士啓　　丹陽集 5/3a

　賀金陵曾修撰孝蘊啓　　丹陽集 5/3a

　答孫宣教啓(1-2)　　丹陽集 5/3a

　賀王修撰啓　　丹陽集 5/3b

　回河陽王待制啓　　丹陽集 5/3b

　賀冬啓二首　　丹陽 5/4a

　答周舍人賀冬啓　　丹陽集 5/4b

　謝王奉議以寧啓　　丹陽集 5/4b

　答卓奉議啓　　丹陽集 5/4b

　答張省幹啓　　丹陽集 5/5a

　答曹宣教啓　　丹陽集 5/5b

　答張學銘啓　　丹陽集 5/5b

　除顯謨閣待制謝兩府啓　　丹陽集 5/6a

　賀太宰啓　　丹陽集 5/6b

湖州到任謝兩府啓　丹陽集 5/6b
答海門知縣啓　丹陽集 5/7a
答王知縣啓　丹陽集 5/7b
鄧州到任謝執政啓　丹陽集 5/7b
鄧州謝范左丞啓　丹陽集 5/8a
與范左丞致虛啓　丹陽集 5/8b
再與范左丞啓　丹陽集 5/8b
上執政啓　丹陽集 5/9a
賀提舉監丞啓　丹陽集 5/9a
賀湖州秦守啓　丹陽集 5/9b
賀宇文寶文時中知湖州啓　丹陽集 5/9b
賀陳大資與義知湖州啓　丹陽集 5/10a
賀汪少卿思溫知湖州啓　丹陽集 5/10b
謝蔣縣丞汝功啓　丹陽集 5/10b
賀中書侍郎啓　丹陽集 5/10b
賀范留守致虛啓　丹陽集 5/11a
賀平江知府胡舍人　丹陽集 5/11b
賀吳少宰啓　丹陽集 5/11b
又賀少宰啓　丹陽集 5/12a
賀張樞密啓　丹陽集 5/12b
賀樞密啓　丹陽集 5/13a
謝修撰啓　丹陽集 6/1a
湖州到任謝兩府啓　丹陽集 6/1a
湖州到任謝監職啓　丹陽集 6/1b
上監職啓　丹陽集 6/2a
代謝改官啓　丹陽集 6/2a
賀富樞密啓　丹陽集 6/13b
賀秦太師啓　四庫拾遺 624/丹陽集
賀吳樞使啓　播芳文粹 48/25a
賀呂太尉啓　播芳文粹 58/21b
～　蘊
與育王大覺禪師帖　播芳文粹 110/5a

董　逌
除正字謝執政啓　播芳文粹 69/6b
～　棻
與邵疏先生書　嚴陵集 8/6a
與晏尚書書　嚴陵集 8/6b
改定州門請僧看經疏文　嚴陵集 8/22b
～　槐
宋矩堂董公帖　先天集/附錄上/1b

詹濟夫

謝鄉舉啓　播芳文粹 79/7b
～體仁
答以元書　寒松集/附/1b
寄以元書　寒松集/附/2b
與王阮書　寒松集/附/3b

鄒正言
與林中遠秀才帖　播芳文粹 107/7a
～　浩
上范相書　道鄉集 21/5a
上王左丞書　道鄉集 21/7a
上蒲左丞書　道鄉集 21/9b
上鄆帥蒲左丞書　道鄉集 22/1a
求知軍薦書代都曹　道鄉集 22/2b
上政府書代都曹　道鄉集 22/4a
答何道鄉書　道鄉集 22/6b
上胡憲求遷學書　道鄉集 22/8a
答張子發書(1－2)　道鄉集 22/10a－11a
與錢弱翁論春秋書　道鄉集 22/11a
答毛彥時宣德書　道鄉集 22/12a
賀呂左丞啓　道鄉集 23/8b
謝呂運使啓　道鄉集 23/9b
謝閭丘提刑啓　道鄉集 23/11a
賀黃司業啓　道鄉集 23/12a
謝何提舉啓　道鄉集 23/13a
到任謝蘇尚書啓　道鄉集 23/14a
謝王運使啓　道鄉集 23/14b
謝宇文運使啓　道鄉集 23/15a
賀蘇左丞啓　道鄉集 23/15b
謝韓資政薦講讀科啓　道鄉集 23/16a
與交代李教授啓　道鄉集 23/17a
謝韓資政啓　道鄉集 23/17b
謝蔣提刑啓　道鄉集 23/18a
謝豐祭酒趙司業啓　道鄉集 23/19b
謝翟司業啓　道鄉集 23/20a
賀蘇丞相啓　道鄉集 24/1a
謝胡右丞啓　道鄉集 24/2a
謝絳州李大夫啓　道鄉集 24/3a
代錢濟明謝蘇內翰啓　道鄉集 24/4b
代錢濟明謝敕局詳定啓　道鄉集 24/6a
代錢濟明謝執政啓　道鄉集 24/7a
代孫揚休謝改官啓　道鄉集 24/7b
謝徐仲車先生啓　道鄉集 24/9a

言啓　道郷集 24/9a

司啓　道郷集 24/9b

舉啓　道郷集 24/10a

中書舍人啓　道郷集 24/10b

回賀中書舍人啓　道郷集 24/11b

與李君行學士啓　道郷集 24/11b

與李仲益學士啓　道郷集 24/12a

杭州與監司啓　道郷集 24/12b

回荊南呂學士啓　道郷集 24/12b

元日賀知郡丁大夫啓　道郷集 24/13a

元日賀通判張朝散啓　道郷集 24/13b

回同年吳推官啓　道郷集 24/13b

回吳節推啓　道郷集 24/14a

回胡君和啓　道郷集 24/14b

回李當時啓　道郷集 24/14b

回霍敏夫啓　道郷集 24/15a

謝改官啓　道郷集 24/15a

與交代榮教授啓　道郷集 24/16a

回孫司法啓　道郷集 24/16b

回孫主簿啓　道郷集 24/17a

回張秀才啓　道郷集 24/17a

鄒道郷帖　節孝集/附載 9a

十 四 畫

廖行之

爲長兄上徐倉書　省齋集 6/1a

代梁幹上王相書　省齋集 6/2a

代上湖南趙倉書　省齋集 6/4b

代上武岡守書　省齋集 6/7b

代見耒陽蔡宰書　省齋集 6/9b

寄耒陽宰書　省齋集 6/12a

上王判院書　省齋集 6/14a

上湖南汪監書　省齋集 6/17b

上衡州李守書　省齋集 6/20b

謙子定劉氏書　省齋集 6/23b

謙子納幣書　省齋集 6/24a

豐侄納幣書　省齋集 6/24b

五一弟定鄭氏書　省齋集 6/24b

回王氏許親書　省齋集 6/25a

回王氏納幣書　省齋集 6/25b

回劉氏許親書　省齋集 6/25b

回劉氏納幣書　省齋集 6/26a

回向氏許親書　省齋集 6/26a

代回胡氏許親書　省齋集 6/26b

代求范氏婚書　省齋集 6/27a

代言定書　省齋集 6/27b

代回定書（1－2）　省齋集 6/28a

賀憲冬啓　省齋集 7/1a

賀莫漕冬啓　省齋集 7/1b

元正與憲啓　省齋集 7/2a

賀沅靖守元正啓　省齋集 7/2b

賀沅靖倅元正啓　省齋集 7/2b

賀衡州范奉使啓　省齋集 7/3a

賀范鹽啓　省齋集 7/4a

賀陶鹽啓　省齋集 7/4b

賀曹鹽啓　省齋集 7/5b

賀益陽趙宰啓　省齋集 7/6b

賀鄧守啓　省齋集 7/7a

賀葉守啓　省齋集 7/8a

賀鄧守啓　省齋集 7/9a

謝薛守啓　省齋集 7/9b

爲老人通邵守啓　省齋集 7/10b

爲老人通辰州徐守啓　省齋集 7/12a

通岳州張守啓　省齋集 7/12b

回李守啓　省齋集 7/14a

賀張守啓（1－2）　省齋集 7/14b－15b

爲叔父賀鄧守啓　省齋集 7/16a

代劉守賀吉州朱守啓　省齋集 7/17a

賀鼎靖守啓　省齋集 7/17b

賀趙守啓　省齋集 7/18a

爲老人賀胡中丞啓　省齋集 7/19a

爲長兄賀張南軒荊南開府啓　省齋集 7/20a

爲長兄賀王帥班師啓　省齋集 7/21b

到任謝湖北汪憲啓　省齋集 7/23a

到任謝陳漕啓　省齋集 7/25a

爲長兄到任謝王帥啓　省齋集 7/26b

通兵曹官啓　省齋集 7/27b

通巴陵主簿啓　省齋集 7/28b

爲長兄回孫簿啓　省齋集 7/29a

回巴陵郭子簿啓　省齋集 7/30a

通岳州李司戶啓　省齋集 7/30b

謝萬倅啓　省齋集 8/1a

爲長兄賀趙益陽就任添差潭倅啓　省齋集 8/2a

賀岳州林倅啓　省齋集 8/3a

爲老人通交代廖倅啓　省齋集 8/4a

通岳州陳倅啟　省齋集 8/5a

爲老人通交代李倅啟　省齋集 8/6a

爲老人賀沅州徐倅啟　省齋集 8/7a

謝湖北陳漕從所請撥錢糴馬穀啟　省齋集 8/7b

過省謝知舉啟　省齋集 8/8b

過省謝田寺簿啟　省齋集 8/11a

謝伯玉賀謙子過省啟　省齋集 8/12a

代劉守謝葛給事啟　省齋集 8/12b

爲老人通王漕啟　省齋集 8/13a

賀陳漕啟　省齋集 8/14a

代林守通應帥兼賀啟　省齋集 8/15a

賀李帥再任啟　省齋集 8/15b

賀隆興程帥啟　省齋集 8/16b

賀趙帥啟　省齋集 8/17a

謝荊南陳帥啟　省齋集 8/18a

與靜江詹帥啟　省齋集 8/18b

回蔣宰啟　省齋集 8/19b

回縣尉啟　省齋集 8/20a

通交代王知縣權縣尉啟　省齋集 8/20b

回交代啟　省齋集 8/21a

爲老人通交代季丞啟　省齋集 8/22a

回司理啟　省齋集 8/22b

回黃幹覓酒啟　省齋集 8/23a

回潛江彭知縣啟　省齋集 8/23b

代劉守回鄭提幹啟二首　省齋集 8/24a

代劉守回張提幹啟　省齋集 8/25a

代劉守回鄰郡啟　省齋集 8/25b

代劉守回李主管啟　省齋集 8/26a

代劉守回宋檢法啟　省齋集 8/27a

代劉守回耒陽省幹啟　省齋集 8/27b

爲長兄回益陽監務啟　省齋集 8/27b

論湖北田賦之弊劄子　南宋文範 34/15a

剛

賀交代劉教授　高峰集 8/1a

謝知府舉狀啟　高峰集 8/1b

謝崔秘校啟　高峰集 8/2b

賀交代沈儀曹字宋師　高峰集 8/3a

謝舉改官　高峰集 8/3b

謝張憲舉改官啟　高峰集 8/4b

謝白右丞舉改官　高峰集 8/6a

謝陳劉二司業啟　高峰集 8/7a

答何狀元啟　高峰集 8/7b

興化軍到任謝監司啟　高峰集 8/8a

又謝寄居啟　高峰集 8/8b

賀知福州劉延康禮上　高峰集 8/9a

謝陸中丞啟　高峰集 8/9b

賀諸監司正啟　高峰集 8/10a

賀諸司屬官鄰郡通判正啟　高峰集 8/10a

賀廉訪啟　高峰集 8/10b

賀提刑起復啟　高峰集 8/11a

賀廉訪起復啟　高峰集 8/11b

賀知福州柳侍郎禮上啟　高峰集 8/12a

賀提刑啟　高峰集 8/12b

答明守郭太尉啟　高峰集 8/13a

答江守程待制　高峰集 8/13a

答馬寺丞諸官啟　高峰集 8/13b

漳州到任謝兩府啟　高峰集 8/14a

謝監司到任啟　高峰集 8/15a

賀范運使禮上　高峰集 8/15a

賀知泉州劉寶學　高峰集 8/15b

答南劍陳通判啟　高峰集 8/16a

賀陸敦禮知福州啟　高峰集 8/16a

謝錢侍郎啟　高峰集 8/16b

答李似表除正字啟　高峰集 8/17a

答發運湯侍郎　高峰集 8/17b

賀施提刑啟　高峰集 8/18a

賀泉州趙侍郎啟　高峰集 8/18a

賀運使鄭吏部　高峰集 8/18b

賀安撫折樞密啟　高峰集 8/19a

賀提刑宋少卿啟　高峰集 8/19b

賀發運程待制　高峰集 8/20a

答汪相公啟　高峰集 8/20b

答明州知府潘舍人　高峰集 8/21a

答宣撫胡大學世將　高峰集 8/21b

答邵五王舍人啟　高峰集 8/22a

答洪州梁安撫啟　高峰集 8/22b

代謝宰執啟　高峰集 9/1a

代謝諸監司啟　高峰集 9/1b

代謝走馬啟　高峰集 9/2a

代謝龐帥　高峰集 9/2b

代謝揚州判府太尉啟　高峰集 9/3a

代謝判府中書啟　高峰集 9/3a

代謝官使林顯謨啟　高峰集 9/3b

代賀李漕加職啟　高峰集 9/3b

代賀常平鄧提舉　高峰集 9/4a

代賀提舉曾察院　高峰集 9/4b

代賀提舉常平齊博士啓　高峰集 9/4b

代賀監司郡守冬至啓(1～3)　高峰集 9/5a－5b

代賀鄰州通判啓　高峰集 9/6a

代賀新通判啓　高峰集 9/6a

代通判賀交代啓　高峰集 9/6b

代賀徐發運啓　高峰集 9/7a

代賀提轄加團練啓　高峰集 9/7b

代賀杭州知府李待制禮上啓　高峰集 9/8a

代賀諸監司鄰郡正啓　高峰集 9/8b

代賀徐發運知杭州　高峰集 9/9a

代賀應運使除發運啓　高峰集 9/9b

代賀劉運判陞運副　高峰集 9/10a

代賀王郎中除運判啓　高峰集 9/10b

代賀新提舉常平啓　高峰集 9/11a

代賀杭州徐待制禮上　高峰集 9/11b

代答致仕朱承事　高峰集 9/11b

代賀運使加職啓　高峰集 9/12a

代賀運使加職　高峰集 9/12a

代謝諸司及鄰郡啓　高峰集 9/12b

代答新通判啓　高峰集 9/13a

代人謝舉改職官啓　高峰集 9/13b

與明應仲簡　高峰集 9/15a

與黃思賢侍郎簡　高峰集 9/16b

與謝參政任伯咨簡　高峰集 9/17a

答陳幾叟簡　高峰集 9/18a

與秦相公　高峰集 9/19a

與荊南知府劉節使錡　高峰集 9/20a

議廟祧中尚書省狀　南宋文範 32/11b

趙公若

　賀趙守啓　播芳文粹 62/7b

～公逈

　賀趙守啓　播芳文粹 62/4a

～必璂

　賀太守年啓　覆瓿集 3/1a

　賀秋　覆瓿集 3/1b

　賀倅冬啓　覆瓿集 3/1b

　賀宰　覆瓿集 3/1b

　賀諸幕　覆瓿集 3/2a

　賀趙糾　覆瓿集 3/2a

　餞趙法　覆瓿集 3/2a

　回眾同官招　覆瓿集 3/2b

回幕官招　覆瓿集 3/3a

繳回趙簿啓劄　覆瓿集 3/3a

回宰餞禮　覆瓿集 3/3b

回林法招時趙法來疎決亦在席　覆瓿集 3/3b

送同官　覆瓿集 3/4a

回林少府招代老人　覆瓿集 3/4a

回寓公送物　覆瓿集 3/4b

回仇香招　覆瓿集 3/4b

招藍田飲　覆瓿集 3/5a

招交代　覆瓿集 3/5a

回庽公送物　覆瓿集 3/5b

迎憲使　覆瓿集 3/6a

招梅外　覆瓿集 3/6a

李梅外歸里送羊酒　覆瓿集 3/6a

權四會回眾官餞劄　覆瓿集 3/6b

回四會簿送物　覆瓿集 3/7a

州學題名　覆瓿集 3/7a

疎決回崔守折俎劄　覆瓿集 3/7b

回四會趙簿招　覆瓿集 3/7b

回賴明府招　覆瓿集 3/8a

送物百里　覆瓿集 3/8a

送物蒙百里(元香山宰)　覆瓿集 3/8b

回吳巡東　覆瓿集 3/9a

通惠府守買菊巖　覆瓿集 3/9b

送瀛州學士圖及端硯與縣齋　覆瓿集 3/11b

回長官送玉面貍　覆瓿集 3/12a

答宋矩窗侍郎書　覆瓿集 3/12a

送物廣文　覆瓿集 3/13a

送物趙法　覆瓿集 3/13b

答趙鷺湖良陳(四庫全書爲良隋)　覆瓿集 3/13b

答陳清溪書廣州教　覆瓿集 3/14b

答文文溪書時以秘撰都承分憲重守惠陽　覆瓿集 3/15a

干倉官借米　覆瓿集 3/16a

薦僧子謁外邑　覆瓿集 3/16b

回梅莊索猫束　覆瓿集 3/17a

繳回眾學職啓劄　覆瓿集 3/17a

答李梅南　覆瓿集 3/17b

與李晦堂束　覆瓿集 3/18a

與平交束　覆瓿集 3/18b

繳呈竹隱梅外二先生祠堂詩　覆瓿集 3/18b

～汝愚

　上宰執論台州財賦　赤城集 2/4b

~汝談

代狀元及第謝相府　　南塘四六/4a

謝趙文昌舉自代　　南塘四六/6a

回楊倅謝辟宗丞　　南塘四六/8a

受職事官差遣謝丞相　　南塘四六/9a

除禮部郎中謝丞相　　南塘四六/9b

謝兩參政　　南塘四六/10b

(上闕)謝丞相　　南塘四六/11a

西宗到任謝丞相　　南塘四六/13a

謝參樞　　南塘四六/13b

謝簽書　　南塘四六/14a

謝給事舍臺諫符後　　南塘四六/14a

江西倉到任謝丞相　　南塘四六/15a

謝政府　　南塘四六/15b

代知江陵府謝丞相　　南塘四六/15b

代李內翰璧奉使加恩回授謝丞相　　南塘四六/17a

謝某人贈文求薦　　南塘四六/18a

答歸州李學正謝給養士田　　南塘四六/18b

賀趙丞相　　南塘四六/20a

賀劉尚左除浙西憲　　南塘四六/22a

回交代宇文通判開仲　　南塘四六/23a

回潘教授　　南塘四六/24a

回寄居趙監倉　　南塘四六/25a

~　汸

上蘇參政天爵書　　新安文獻10/12b

答倪仲弘先生論中庸輯釋書　　新安文獻10/15a

答樞判汪公同請主商山義學啓　　新安文獻43/9b

~　抃

小簡　　丹淵集/附錄/1a

~孟堅

上劉貳卿啓　　彞齋文編4/1a

改官謝總使賈秋壑先生啓　　彞齋文編4/2a

初任通憲使趙四窗啓　　彞齋文編4/3a

謝京尹顏大卿先生檄入僉廳啓　　彞齋文編4/4a

又舉關陛致謝京尹袁大卿先生啓　　彞齋文編4/5a

又投京尹袁晉齋先生啓　　彞齋文編4/6a

投泉使賈秋壑先生啓　　彞齋文編4/7a

謝李計使賓文先生檄入幕啓　　彞齋文編4/8b

謝節齋先生檄入發運本府兩幕啓　　彞齋文編4/9b

初任書考回謝縣學友人啓　　彞齋文編4/10b

謝大監尹梅津先生陞陟啓　　彞齋文編4/11a

賀蕭山趙宰菊坡宗叔啓　　彞齋文編4/11b

謝發運尚書史雲麓先生合尖剡啓　　彞齋文編4/12a

賀漕使趙虛齋新除啓　　彞齋文編4/13a

又代謝潚漕薦啓　　彞齋文編4/14b

賀嘉興倅吳履齋就除守啓　　彞齋文編4/15a

賀陳可齋憲使冬至啓　　彞齋文編4/16a

賀雲麓先生除紹興帥啓　　彞齋文編4/16b

代作院弟口安吉趙倅啓　　彞齋文編4/17a

巧夕謝丈園饋節啓　　彞齋文編4/18a

送知府俞大卿七夕剡子　　彞齋文編4/18a

又送鄭廣文七夕剡子　　彞齋文編4/18b

送俞守七夕剡子　　彞齋文編4/18b

送林郎中七夕剡子　　彞齋文編4/19a

七夕送物與薛參政剡子　　彞齋文編4/19a

回七夕節儀剡子　　彞齋文編4/19a

回徐二學士送七夕啓　　彞齋文編4/19b

回通判七夕送物啓　　彞齋文編4/19b

回朱郎中送七夕剡子　　彞齋文編4/20a

回何宣教送七夕剡子　　彞齋文編4/20b

~彥端

賀壽聖太上皇后冊尊號牋　　播芳文粹45/1b

上丞相小簡賀生辰　　播芳文粹45/14b

賀蔡吏書啓　　播芳文粹50/4a

賀何內翰啓　　播芳文粹51/7a

賀金給事啓　　播芳文粹51/16a

賀集賢楊修撰啓　　播芳文粹51/18a

賀陳察院啓　　播芳文粹52/12a

賀侯中丞啓　　播芳文粹52/18b

賀凌吏侍啓　　播芳文粹53/3b

賀嚴司業啓　　播芳文粹54/15a

賀王都運啓　　播芳文粹59/24a

賀沈尉啓　　播芳文粹64/29a

謝給事薦舉啓　　播芳文粹73/26a

謝太守薦舉啓　　播芳文粹75/19a

謝太守薦舉啓　　播芳文粹75/23b

謝太守薦舉啓　　播芳文粹75/27a

謝黃漕貽書啓　　播芳文粹81/3a

赴任上知宗啓　　播芳文粹83/1a

赴任與職官啓　　播芳文粹84/1a

幹官與交代啟　播芳文粹 85/5b
宰與交代啟　播芳文粹 85/7b
起居鹽使啟　播芳文粹 87/16a
回檢法啟　播芳文粹 89/7b
回王都監啟　播芳文粹 89/10b
回李鹽稅啟　播芳文粹 89/11a
回鹽稅啟　播芳文粹 89/11b
　～　偕
上許縣尹書　寶峰集 1/1a
～善括
賀長沙王帥平賊啟　應齋雜著 2/1a
賀林侍郎啟　應齋雜著 2/1b
賀周參政之啟　應齋雜著 2/2b
賀留樞密啟　應齋雜著 2/3b
賀趙樞密啟　應齋雜著 2/4b
錢樞密啟　應齋雜著 2/5a
賀陳大諫啟　應齋雜著 2/6b
賀林樞密致仕啟　應齋雜著 2/6b
賀謝大監啟　應齋雜著 2/7b
賀王待制知隆興府啟　應齋雜著 2/8a
湖北張安撫啟　應齋雜著 2/9a
迓黃樞密知隆興府啟　應齋雜著 2/10a
湖北張運使啟　應齋雜著 2/10b
郭都統啟　應齋雜著 2/11a
上廟堂乞祠啟　應齋雜著 2/12a
上吉守王舍人啟　應齋雜著 2/13a
謝宰執啟　應齋雜著 2/14b
得常熟宰謝政府啟　應齋雜著 2/15b
湖南謝謝帥啟　應齋雜著 2/17a
又謝岳漕啟　應齋雜著 2/18a
上蘇侍郎書　應齋雜著 3/1a
上史丞相書　應齋雜著 3/6b
上蔣樞密書　應齋雜著 3/8a
上曾參政小簡　應齋雜著 3/12a
上龔參政小簡　應齋雜著 3/13b
新建縣請光孝長老疏　應齋雜著 4/3a
請慧日長老疏　應齋雜著 4/3b
請西竺剖老疏　應齋雜著 4/4a
　～　逵
上孫太冲書　蜀文輯存 59/12a
上宰相書　蜀文輯存續補/17b
代上太師書　蜀文輯存續補/19a
　～　雍

請珪禪師茶榜　播芳文粹 119/9b
～鼎
上憲使小簡　播芳文粹 99/18b
～鼎臣
與修史舍人手書　竹隱集 9/15b
與趙伯山書　竹隱集 9/17b
與劉季高書二首　竹隱集 9/18a
問侯蘇內翰啟　竹隱集 10/1a
上蘇內翰端明啟　竹隱集 10/2a
上許冲元啟　竹隱集 10/4a
見李邦直啟　竹隱集 10/6b
賀戶部李尚書啟　竹隱集 10/9b
賀荊尚書啟　竹隱集 10/11a
賀起居謝舍人啟　竹隱集 10/12a
賀李邦直帥真定啟　竹隱集 10/13a
回賀李元量狀元啟　竹隱集 10/13b
賀祝德升先輩啟　竹隱集 10/15a
賀大名韓觀文啟　竹隱集 10/15b
代賀章端明啟　竹隱集 10/16a
回王履道先輩啟　竹隱集 10/17a
回謝王履道解元啟　竹隱集 11/1a
答謝崔稷躬解元啟　竹隱集 11/2a
上廖明畧謝解啟　竹隱集 11/3a
謝及第啟　竹隱集 11/4a
謝宏詞啟　竹隱集 11/5b
代謝銓試第一人啟　竹隱集 11/9a
謝陳漕薦啟二首　竹隱集 11/11b
謝路帥啟　竹隱集 11/13b
謝郭運使啟　竹隱集 11/16a
回謝生日啟二首　竹隱集 11/17a
為姪奇求王氏婚啟二首　竹隱集 11/17b
嚴宅納幣啟三首　竹隱集 11/18a
回張宅定啟　竹隱集 11/18b
為張氏生作婚姻啟二首　竹隱集 11/19a
代人答幣啟二首　竹隱集 11/19b
代謝到任啟　竹隱集 11/20a
賀中書鄒舍人啟　播芳文粹 50/26a
賀趙守啟　播芳文粹 62/21b
賀董守啟　播芳文粹 62/22a
賀梁守啟　播芳文粹 63/9b
賀韓倅啟　播芳文粹 63/20b
帥到任謝執政啟　播芳文粹 70/4a
倅到任謝宰執啟　播芳文粹 72/2a

謝刑部薦舉啓　　播芳文粹 73/15b

謝試中宏詞啓　　播芳文粹 76/20a

謝及第啓　　播芳文粹 77/21b

謝銓試魁啓　　播芳文粹 78/1a

謝漕司發舉啓　　播芳文粹 78/8a

謝鄉舉啓　　播芳文粹 78/12b

謝莫提刑臨訪啓　　播芳文粹 81/19a

謝蘇帥延遇啓　　播芳文粹 81/20b

赴任與監稅啓　　播芳文粹 84/19a

推官與交代啓　　播芳文粹 85/4b

上安撫內翰端明啓　　播芳文粹 86/4b

投文贄見太守啓　　播芳文粹 86/27b

起居葉侍郎啓　　播芳文粹 87/7b

上政府啓　　播芳文粹 88/9a

回太守啓　　播芳文粹 88/23a

回鄭通判啓　　播芳文粹 89/1b

回韓通判啓　　播芳文粹 89/3b

回余節推啓　　播芳文粹 89/8b

～寶文

赴任上王帥啓　　播芳文粹 82/5b

上安撫啓　　播芳文粹 86/3b

綦子復

賀中書蔣舍人啓　　播芳文粹 50/22a

～崇禮

及第謝鄉郡守倅啓　　北海集 30/1a

上中書張侍郎啓　　北海集 30/3b

上尚書李左丞啓邴字漢老　　北海集 30/6a

賀呂忠穆公著左相啓　　北海集 30/9a

賀張帥啓　　北海集 30/9b

賀孟參政啓　　北海集 30/10b

答檢正學士啓　　北海集 30/11b

漳州到任謝兩府啓　　北海集 31/1a

漳州到任謝本路監司啓　　北海集 31/2a

赴漳州與帥守監司到啓　　北海集 31/2b

賀雷樞密啓　　北海集 31/2b

賀趙樞密啓　　北海集 31/3b

答知明州郭少保到任啓　　北海集 31/4a

賀知明州郭少保啓（1-2）　　北海集 31/4b-5b

賀郭少傅生日啓　　北海集 31/6a

賀秦少保生日啓　　北海集 31/6a

賀陳龍學啓　　北海集 31/6b

答浙東韓提舉啓　　北海集 31/7b

賀辛太尉啓　　北海集 31/7b

賀知臨安府梁侍郎啓　　北海集 31/8a

賀知明州郭少保啓　　北海集 31/8b

賀鄰帥監司　　北海集 31/9a

賀監司拜泉福州　　北海集 31/9b

答宮使尚書李端明啓　　北海集 31/9b

答判宋少保啓　　北海集 31/10b

賀朱運使啓　　北海集 31/11a

賀兩浙吳運使啓　　北海集 31/11b

與浙東提舉韓學士啓　　北海集 31/12b

賀陳運使啓　　北海集 32/1a

與運使王右司啓　　北海集 32/1b

答兩浙朱運使啓　　北海集 32/2b

答江西逢運使啓　　北海集 32/3a

除翰林學士謝朝官啓　　北海集 32/4a

紹興府到任謝兩府啓　　北海集 32/4b

賀富樞密啓　　北海集 32/5b

賀孟樞密啓　　北海集 32/6b

賀溫州范丞相冬啓宋尹　　北海集 32/7b

答浙東韓提舉賀冬啓　　北海集 32/8a

賀知溫州范丞相啓　　北海集 32/8a

答知台州劉殿撰啓　　北海集 32/8b

答新知台州曹中散啓　　北海集 32/9b

答新知台州張直閣啓偁　　北海集 32/10a

答交代蘇少監啓　　北海集 32/10b

答知台州陳察院啓　　北海集 32/11a

與浙東提刑明察院啓槀　　北海集 32/11b

與宮使傅待制啓崧卿　　北海集 33/1a

賀新知紹興府交代孟樞密啓　　北海集 33/1b

賀宮使待制啓　　北海集 33/2a

代除秘閣修撰謝宰相啓　　北海集 33/2b

代回沈狀元啓　　北海集 33/4a

代李邦彥辭起復啓　　北海集 33/5a

代答鄭太師啓　　北海集 33/5b

賀衢州常舍人啓　　北海集 33/6b

別鮑郎中歸處州致仕啓　　北海集 33/6b

賀劉司諫啓　　北海集 33/7a

賀列郡守倅啓　　北海集 33/7a

呂丞相賀知紹興府啓　　北海集/附錄中/7a

呂丞相論吳玠麻事書　　北海集/附錄中/7b

賀王英撰啓　　播芳文粹 55/4b

賀辛太尉啓　　播芳文粹 58/24a

賀陳提舉啓　　播芳文粹 61/14b

賀林宰啓　　播芳文粹 64/18b

蒲子復

　賀薛守啓　　播芳文粹 63/8a

～宗孟

　賀右丞相啓　　播芳文粹 48/12b

　上錢司諫書　　蜀文輯存 19/9b

　上賈運判書　　蜀文輯存 19/11a

　與子中待制書　　蜀文輯存 19/12a

　賀右丞相啓　　蜀文輯存 19/12a

熊　禾

　謝鄉舉論學　　勿軒集 5/1a

　謝貢舉啓　　勿軒集 5/3b

　聘啓(1-2)　　勿軒集 5/6a-6b

　回定啓(1-4)　　勿軒集 5/6b-8a

　熊回虞　　勿軒集 5/8a

　答誡酒文　　勿軒集 5/9a

　慰人喪妻　　勿軒集 6/11b

　慰人喪子　　勿軒集 6/12a

　與退齋論學　　勿軒集/附錄 10a

～克

　賀湯丞相啓　　播芳文粹 47/9b

　賀葉丞相啓　　播芳文粹 47/15a

　賀湯丞相啓　　播芳文粹 48/3a

　賀魏丞相啓代　　播芳文粹 48/5b

　賀王樞使啓　　播芳文粹 48/18b

　賀洪參政啓　　播芳文粹 49/5a

　賀王參政啓　　播芳文粹 49/12b

　賀汪知院啓　　播芳文粹 49/17a

　賀虞簽書啓　　播芳文粹 50/1a

　賀中書洪舍人啓　　播芳文粹 50/21b

　賀洪内翰啓代　　播芳文粹 51/3a

　賀吳給事啓　　播芳文粹 51/17a

　賀陳秘監啓　　播芳文粹 51/20b

　賀朱侍講啓　　播芳文粹 52/2a

　賀姚大諫啓　　播芳文粹 52/6a

　賀齊察院啓　　播芳文粹 52/10b

　賀單殿院啓　　播芳文粹 52/23b

　賀沈吏侍啓代　　播芳文粹 53/4a

　賀趙户侍啓　　播芳文粹 53/7b

　賀吕禮侍啓　　播芳文粹 53/11b

　賀宗正王少卿啓　　播芳文粹 54/3a

　賀李左史啓　　播芳文粹 54/5a

　賀蔣右史啓　　播芳文粹 54/7b

　賀丞相修國史成啓　　播芳文粹 54/9a

　賀陳檢正啓　　播芳文粹 54/16a

　賀虞檢正啓　　播芳文粹 54/16b

　賀傅左司啓　　播芳文粹 54/17b

　賀邱右司啓　　播芳文粹 54/18b

　賀王大資啓　　播芳文粹 54/25a

　賀汪察學啓　　播芳文粹 55/2a

　賀陳丞相帥閩啓　　播芳文粹 56/18a

　賀劉樞使帥金陵啓　　播芳文粹 56/25a

　賀梁丞相判建寧啓　　播芳文粹 57/4a

　賀陳尚書除帥啓　　播芳文粹 57/9a

　賀吳給事除帥啓　　播芳文粹 57/10a

　賀吕帥啓　　播芳文粹 57/17a

　賀陳丞相兼都督仍兼宣撫啓　　播芳文粹 58/1a

　賀曹總管啓代　　播芳文粹 59/8b

　賀王户侍出使啓　　播芳文粹 59/10a

　賀葉武提刑啓　　播芳文粹 60/24a

　賀陳提刑啓　　播芳文粹 61/7b

　賀西外知宗啓　　播芳文粹 61/23b

　賀張守啓　　播芳文粹 62/1b

　賀吕守啓　　播芳文粹 62/7a

　賀諸葛倅啓　　播芳文粹 63/16a

　賀張倅啓　　播芳文粹 63/19a

　賀胡錢監啓　　播芳文粹 64/6b

　賀陳教授啓　　播芳文粹 64/9b

　賀馮司理啓　　播芳文粹 64/14a

　賀戴丞啓　　播芳文粹 64/19b

　賀陳相從駕回啓　　播芳文粹 67/30a

　賀秦少傅拜掃啓(1-2)　　播芳文粹 67/32a-33a

　除校書謝執政啓　　播芳文粹 69/14a

　察官除憲謝宰相啓代　　播芳文粹 69/25a

　少儀除漕謝宰相啓　　播芳文粹 69/25b

　教官到任謝漕使啓　　播芳文粹 72/11b

　謝憲使薦舉啓　　播芳文粹 74/8a

　謝試中館職啓　　播芳文粹 76/16b

　謝及第啓　　播芳文粹 77/23a

　謝漕司發舉啓　　播芳文粹 78/9a

　謝漕師薦舉啓　　播芳文粹 78/10a

　謝鄉舉啓(1-2)　　播芳文粹 78/14a-15b

　謝校文畢回任啓　　播芳文粹 81/10a

　赴任與總領啓(1-2)　　播芳文粹 83/2a-2b

赴任與寄居主管啓　播芳文粹 84/11a
上漕使啓　播芳文粹 86/10a
上丞相小簡賀正　播芳文粹 95/27b
上丞相小簡賀正　播芳文粹 95/28b
上丞相小簡賀冬　播芳文粹 95/29b
上丞相小簡賀冬(1-6)　播芳文粹 95/31a
與刑侍小簡賀新除　播芳文粹 97/4b
上湯司諫小簡　播芳文粹 97/14b
賀左丞相書成轉官劄子　播芳文粹 102/1a
長女適陳貢士書　播芳文粹 126/15a
賀趙戶侍啓　播芳文範 29/9b
~彥詩
賀姚都運啓　播芳文粹 60/9a
賀傅守啓　播芳文粹 62/12b
回鄧通判啓　播芳文粹 89/3a

翟公英
賀秦相生日啓　播芳文粹 67/18b
~汝文
上曾丞相書　翟忠惠集 8/10a
上曾內翰書　翟忠惠集 8/13a
再上曾內翰書　翟忠惠集 8/17a
賀除司空啓　翟忠惠集 9/1a
謝除館職啓　翟忠惠集 9/2a
賀拜太尉啓　翟忠惠集 9/3b
賀拜太師啓　翟忠惠集 9/4b
齊州到任謝監司啓　翟忠惠集 9/6a
齊州到任謝執政啓　翟忠惠集 9/6b
齊州與安撫啓　翟忠惠集 9/7a
陳州到任謝執政啓　翟忠惠集 9/7b
宣州到任謝執政啓　翟忠惠集 9/8b
問候中書侍郎啓　翟忠惠集 9/9a
賀侯中書得請宮祠啓　翟忠惠集 9/9b
賀除開府儀同三司啓　翟忠惠集 9/10a
賀譚太尉平寇啓　翟忠惠集 9/11a
又賀平寇啓　翟忠惠集 9/11b
賀除少師啓　翟忠惠集 9/12a
賀太師收燕山啓　翟忠惠集 9/13a
回知明州張殿院啓　翟忠惠集 9/14a
回李越州啓　翟忠惠集 9/14b
回鎮江府安撫趙延康啓　翟忠惠集 9/15a
回謝葉左丞賀除參政啓　翟忠惠集 9/15b
回謝宣撫李相公賀除參政啓　翟忠惠集 9/16a

賀沈參政啓　翟忠惠集 9/16b
回知平江府向侍郎啓　翟忠惠集 9/17a
回知台州王待制啓　翟忠惠集 9/17b
賀市舶再任啓　翟忠惠集 9/18a
答徐內翰賀正啓　翟忠惠集 9/18b
冬至答徐內翰啓　翟忠惠集 9/19a
冬至回王侍郎啓　翟忠惠集 9/19b
賀府守啓　翟忠惠集 9/19b
賀運使轉官啓　翟忠惠集 9/20a
賀中書葉舍人啓　翟忠惠集 9/20b
代轉官賜第謝執政啓　翟忠惠集 9/21b
代人謝運使胡修撰舉改官啓　翟忠惠集 9/22b
代人謝運使王待制舉改官啓　翟忠惠集 9/23a
代人謝秀守苗郎中舉改官啓　翟忠惠集 9/24a
婚禮納采啓　翟忠惠集 9/25a
婚禮請期啓　翟忠惠集 9/25b
賀蔡太師啓　播芳文粹 47/2a
賀蔡開府啓　播芳文粹 50/3a
賀杜察院啓　播芳文粹 52/11b
賀趙禮侍啓　播芳文粹 53/13b
賀周兵侍啓　播芳文粹 53/16a
賀宮使侯中書啓　播芳文粹 56/3a
賀魏大參帥紹興啓　播芳文粹 56/27b
賀蔡太尉啓　播芳文粹 58/20b
陳州到任謝執政啓　播芳文粹 71/14b
謝試中館職啓　播芳文粹 76/11b
謝生日惠文啓(1-2)　播芳文粹 81/2b-3a
上曾丞相啓　播芳文粹 85/12b
回鎮江安撫啓　播芳文粹 88/17a
回鄰守啓　播芳文粹 88/21b
上曾內翰書　南宋文範 31/14b

十 五 畫

潘良貴
謝張丞相啓　默成集 2/1a
賀翟參政啓　默成集 2/1b
答雷公達書　默成集 2/2a
啓李太發　默成集 2/2b
答田氏禮書　默成集 2/2b
~佑
代李煜遺劉鋹書　宋文鑑 112/1b

鄭子履

賀陳司法啓　　播芳文粹 64/14b
～元老
　賀秦內翰啓　　播芳文粹 51/6b
～元嘉
　賀章都運啓　　播芳文粹 60/1a
　賀連倅啓　　播芳文粹 63/16a
～元顯
　賀人發舉啓　　播芳文粹 65/17b
～日丙
　賀洪參政啓　　播芳文粹 49/13b
～少嘉
　賀沈戶侍啓　　播芳文粹 53/8b
～汝明
　請昭老湯榜　　播芳文粹 119/13a
～克寬
　賀潘知錄啓　　播芳文粹 64/14a
　賀程宰啓　　播芳文粹 64/19a
～伯仁
　賀李守啓　　播芳文粹 62/11b
　賀李守啓　　播芳文粹 62/13b
　賀龐守啓　　播芳文粹 62/18b
～伯倫
　除倅謝師相啓　　播芳文粹 69/33b
～伯敦
　請凝藏住天宮院疏　　播芳文粹 117/22b
～明舉
　贄見太守啓　　播芳文粹 86/26b
～祐甫
　赴任上越帥啓　　播芳文粹 82/10a
～　厚
　賀秦太觀文啓　　播芳文粹 54/23a
　賀李帥啓　　播芳文粹 57/20a
　賀張倅啓　　播芳文粹 63/14a
　請鑒老茶榜　　播芳文粹 119/8b
　請清老茶榜　　播芳文粹 119/10b
～思肖
　答吳山人問遠遊觀地理書　　所南集/11b
　辭吳泮請儒師書　　所南集/47b
～　俠
　上王荊公書　　西塘集 6/1a
　上致政歐陽少師書　　西塘集 6/7a
　答歐陽孚仲表　　西塘集 6/8a
　復李君寶知縣　　西塘集 6/9b
　上朱舍人　　西塘集 6/12a
　上泉守蔣大夫　　西塘集 6/14a
　代上憲使書　　西塘集 6/15b
　代達夫干提舉再書　　西塘集 6/17b
　代慶餘辨疑　　西塘集 6/19b
　代成甫干曾漕　　西塘集 6/21a
　代上廣西運使　　西塘集 6/22b
　代上徐運使　　西塘集 6/24a
　代李秘校乞侍養　　西塘集 6/25b
　代介之再求京狀　　西塘集 6/27a
　代干鈐轄諫議　　西塘集 6/28b
　謝蘇子瞻端明啓　　西塘集 8/1a
　受恩復官謝啓　　西塘集 8/2b
　謝廣州經署朱舍人啓　　西塘集 8/3b
　謝祖公提刑啓　　西塘集 8/5b
　候福建漕徐郎中啓　　西塘集 8/6b
　謝陳刑部啓　　西塘集 8/7a
　謝曹運判啓　　西塘集 8/8a
　邵武謝漕使啓　　西塘集 8/9b
　運副石太丞問候啓　　西塘集 8/10b
　代謝帥及提舉啓　　西塘集 8/11a
　代候安撫內翰啓　　西塘集 8/11b
　代文初謝許憲啓　　西塘集 8/12a
　代謝僕射相公　　西塘集 8/12b
　代謝章相公啓　　西塘集 8/13a
　代謝右丞啓　　西塘集 8/14a
　代林丈賀王帥啓　　西塘集 8/14b
　代新連州到任謝漕啓　　西塘集 8/15a
　代林丈問候陳察使啓　　西塘集 8/15b
　代謝座師啓　　西塘集 8/16a
　代太守謝帥并職司啓　　西塘集 8/16b
　代文初謝職官啓　　西塘集 8/17a
　代太守到任謝憲漕啓　　西塘集 8/17b
　代太守謝憲舉大藩啓　　西塘集 8/18a
～剛中
　上婺守范龍圖書　　北山集 4/1a
　上婺倅王學士以門客牒試書　　北山集 4/4a
　上浦江周令書　　北山集 4/5a
　上浦江于令書　　北山集 4/7a
　謝梅右司作先夫人埋銘書　　北山集 4/8b
　謝宇文郎中書先夫人埋銘書　　北山集 4/10b
　謁聶大尹書　　北山集 4/12b
　代上湯尚書書　　北山集 4/14a

代人求知書(1-2)　北山集 4/16b - 19b

代上樓浦江乞免租官田書　北山集 4/19a

謝漕司秋舉啓　北山集 4/22a

謝及第啓　北山集 4/23a

上王舍人啓　北山集 4/24b

請婚啓(1-3)　北山集 4/27a - 28a

諾婚啓(1-4)　北山集 4/28a - 29b

又代石氏作(諾婚啓)　北山集 4/29b

納幣啓　北山集 4/29b

賀參政啓　北山集 4/30a

與梅和勝　北山集 9/1a

與章少董　北山集 9/1b

答范茂直　北山集 9/2a

與潘義榮　北山集 9/2b

與周務本　北山集 9/3a

與張叔靖　北山集 9/3a

與潘義榮　北山集 9/4a

答姜秀才　北山集 9/4b

與潘令衛　北山集 9/5b

答潘叔豹　北山集 9/6a

與潘義榮　北山集 9/7a

與潘令衛　北山集 9/9b

與葉彥法　北山集 9/10a

與張叔靖　北山集 9/11b

答何元章　北山集 9/12a

寄張叔靖　北山集 9/12b

謝主文陳用中(1-2)　北山集 9/12b - 13b

與沈元用給事(1-2)　北山集 9/13b - 15b

答徐彥思　北山集 9/15a

寄章少董　北山集 9/15b

與薛世德　北山集 9/16b

與潘義榮　北山集 9/17a

與張子韶　北山集 9/17b

答梅秀才　北山集 9/18a

答潘義榮　北山集 9/19b

與范浚明　北山集 9/20a

答石季平　北山集 9/21b

與陳去非　北山集 9/21b

與凌季文　北山集 9/22a

與張子韶　北山集 9/23a

答陳用中　北山集 9/23b

與章少董　北山集 9/24a

答徐彥思　北山集 9/25a

與凌季文　北山集 9/25b

與王子野　北山集 9/26a

答周希甫　北山集 9/27a

答張子韶　北山集 9/28b

答凌季文　北山集 9/29b

與戴端甫　北山集 9/37b

答詹德餘(1-2)　北山集 20/1a - 1b

與戴端甫　北山集 20/1b

答蔣茂先　北山集 20/2b

答潘叔倚　北山集 20/3a

與王元渤舍人　北山集 20/3b

與徐彥思　北山集 20/4a

與康才老　北山集 20/5a

與林材茂　北山集 20/6a

答吳鳴道　北山集 20/6b

答張子韶　北山集 20/8a

與凌季文　北山集 20/9a

與新守章尚書　北山集 20/10a

與范丞相　北山集 20/10a

慰潘義榮(1-2)　北山集 20/10b - 11a

與潘義榮　北山集 20/11b

與范丞相　北山集 20/11b

答薛德老郎中　北山集 20/12a

與何倅(1-2)　北山集 20/13a - 13b

與凌季文　北山集 20/13b

與章尚書　北山集 20/14b

與陳去非(1-2)　北山集 20/15a - 15b

與李端明(1-3)　北山集 20/15b - 16b

答太平州陳守(1-3)　北山集 20/16b - 17b

與陳師興(1-2)　北山集 20/17b - 18b

與潘義榮　北山集 20/18b

答曾天遊(1-2)　北山集 20/19b - 20a

與秦丞相　北山集 20/20a

與李參政　北山集 20/21a

答胡承功(1-2)　北山集 20/21b - 22a

答孫學士　北山集 20/22a

與張全真　北山集 20/23a

答陳長卿　北山集 20/24a

謝何直閣惠詩文　北山集 20/24b

答井都運　北山集 20/25a

與何樞密(1-3)　北山集 20/26a

答何憲掄仲　北山集 20/27a

答張子公(1-2)　北山集 20/28a - 30a

與樓樞密　　北山集 20/30a

答何憲子應　　北山集 20/30b

與樓樞密(1-3)　　北山集 20/31b-33b

與程樞密(1-2)　　北山集 20/33a-33b

慰句龍中丞　　北山集 20/33b

與程舍人(1-3)　　北山集 20/34a-35a

與李殿院(1-2)　　北山集 20/35a-36b

答資州邵知郡(1-2)　　北山集 20/36a-37b

答提刑何秘監(1-2)　　北山集 20/36b-37b

答巴州周知郡　　北山集 20/37b

答喻運使　　北山集 20/38a

答鮑右司　　北山集 20/38a

答簡州李知郡　　北山集 20/38b

答簡州文知錄　　北山集 20/39a

答潼州宇文龍圖　　北山集 20/39a

與王參政(1-2)　　北山集 20/39b-40a

與兵部程侍郎(1-2)　　北山集 20/40a-40b

答渠州知郡郭直閣郭思之子　　北山集 20/41a

答京西蔡運使　　北山集 20/41a

答江西蔣運使　　北山集 20/41b

答簡州李知郡　　北山集 20/41b

答懷安羅知軍　　北山集 20/42a

答銅梁王知縣(1-2)　　北山集 20/42a-43a

答譚監務(1-2)　　北山集 20/43a-43b

答賈茶馬　　北山集 20/43b

答劉黻戶部　　北山集 20/43a

答喻郎中(1-2)　　北山集 20/44a-44b

答賈茶馬　　北山集 20/44b

答瀘南安撫李待制(1-2)　　北山集 20/45a-45b

答韓參議　　北山集 20/45b

答致政李中大(1-2)　　北山集 20/46a-46b

答虞運使　　北山集 20/46b

與羅中丞　　北山集 20/47a

與樓樞密　　北山集 20/47b

答句龍中丞　　北山集 20/48a

與樓樞密(1-2)　　北山集 20/48b-49b

答瀘南李待制　　北山集 20/49b

答成都路榮運使　　北山集 20/50a

答賈都大　　北山集 20/50b

答夔路鄧運判　　北山集 20/51b

答簡州何教授　　北山集 20/52a

答潼川路于提刑　　北山集 20/52b

答范運使　　北山集 20/53a

答韓知郡　　北山集 20/53b

答西路何提刑　　北山集 20/54a

答合州楊知郡(1-2)　　北山集 20/54b-55a

與李中丞(1-2)　　北山集 20/55a-55b

答榮運使　　北山集 20/55b

答錢宣幹　　北山集 20/57a

答夔路鄧運判　　北山集 20/57a

答柴倅元章(1-2)　　北山集 20/57b-58b

回朝提舶啓　　北山集 24/4a

擬賀發解舉人啓　　北山集 24/4b

回肇慶倅黃魁(1-5)　　北山集 28/1a-2b

與蒼梧陳簽(1-2)　　北山集 28/2b-3b

回胡提舶(1-4)　　北山集 28/3a-4a

與方安撫務德(1-2)　　北山集 28/4a-4b

與董梧州彥明(1-4)　　北山集 28/4b-6a

答鄧教授龔明　　北山集 28/6a

與董柳州邦直　　北山集 28/6a

與陳總領漢卿(1-2)　　北山集 28/7a-8a

別方安撫(1-2)　　北山集 28/8a

別方稚川　　北山集 28/8b

答袁教授　　北山集 28/9a

寄家親里　　北山集 29/1a

寄茂先秘書　　北山集 29/1a

寄商佐親家　　北山集 29/1b

與茂先書　　北山集 29/2a

與叔倚(1-3)　　北山集 29/2a-3a

與姻家　　北山集 29/3a

與知郡大卿　　北山集 29/3b

前缺兩行　　北山集 29/3b

與巨濟書　　北山集 29/4a

闕題　　北山集 29/4b

與叔義書　　北山集 29/5a

與叔倚書　　北山集 29/5b

與季誠書　　北山集 29/5b

與念二將仕　　北山集 29/6a

與邦直書　　北山集 29/7a

封州寄良嗣書　　北山集 30/1a

與德和書　　北山集 30/5a

求何秘監作墓誌銘書　　北山集/卷末 24b

~望之

賀李少卿致仕啓　　播芳文粹 56/13a

賀夏守啓　　播芳文粹 62/24b

賀陳教授啓　　播芳文粹 64/8a

赴任與太守啓　　播芳文粹 83/14a

~ 得一

賀張提舉啓　　播芳文粹 61/21a

~ 敦夫

賀秦少保啓　　播芳文粹 47/6b

赴任上憲使啓　　播芳文粹 82/13a

起居秦丞相啓　　播芳文粹 87/4b

起居吉守啓　　播芳文粹 87/18b

上師相陳情啓　　播芳文粹 88/1a

回方守啓代　　播芳文粹 88/19b

回鄭宰啓　　播芳文粹 89/10a

~ 準

鄭府定帖（1－3）　　鄭開國集/附録 54a

~ 載仲

賀朱丞相啓　　播芳文粹 48/2b

~ 樵

與景韋兄投宇文樞密書　　夾漈稿/中 4b

寄方禮部書　　夾漈稿/中 6a

上宰相書　　夾漈稿/下 1a

與景韋兄投江給事書　　夾漈稿/下 11a

~ 興裔

與周侍郎必大書　　鄭忠肅集/下/1a

回漳州朱直閣熹書　　鄭忠肅集/下/3a

~ 獬

國學謝解啓　　鄖溪集 13/8b

謝及第啓　　鄖溪集 13/9a

上知郡郎中啓　　鄖溪集 13/10a

上交代趙資政啓　　鄖溪集 13/10b

賀駙馬王太傅啓　　鄖溪集 13/11a

賀機宜趙學士啓　　鄖溪集 13/11a

賀判寺蔡少卿啓　　鄖溪集 13/11b

賀定州知府滕侍郎啓　　鄖溪集 13/11b

知荊南府謝啓　　鄖溪集 13/12a

又知荊南府謝啓　　鄖溪集 13/12b

謝知制誥啓　　鄖溪集 13/13a

投卷書　　鄖溪集 14/1a

劉舍人書敞　　鄖溪集 14/1b

滄州張龍書存　　鄖溪集 14/2b

史館劉相公書沆　　鄖溪集 14/3a

運史王密學書贄　　鄖溪集 14/4a

發運使王司書　　鄖溪集 14/5a

發運使王司書鼎　　鄖溪集 14/5a

石屯田書畧　　鄖溪集 14/5b

代人上丞相書　　鄖溪集 14/6a

賀李提刑啓　　播芳文粹 60/23b

賀吳提舉啓　　播芳文粹 61/12a

與郭功甫太博帖　　播芳文粹 107/13b

〔釋〕慧空

答妙喜　　雪峰集/80b

與雲門求侍者　　雪峰集/81b

答普賢　　雪峰集/82b

與劉澤之　　雪峰集/85a

答靈空老辯韓書　　雪峰集/86a

樓　鑰

謝發解啓　　宋本攻媿集 58/1a　　攻媿集 61/1a

謝省闈主文啓　　宋本攻媿集 58/2b　　攻媿集 61/2b

謝試中教官除溫州教授啓　　宋本攻媿集 58/4a
　　攻媿集 61/4a

回交代李教授冰啓　　宋本攻媿集 58/5b　　攻媿集
61/5b

通添差教授王太博信啓　　宋本攻媿集 58/6a　　攻
媿集 61/6a

通太守莫給事濟啓　　宋本攻媿集 58/8a　　攻媿集
61/8a

通邵通判範啓　　宋本攻媿集 58/9b　　攻媿集 61/9a

通趙通判公侃啓　　宋本攻媿集 58/10a　　攻媿集 61/
10a

回錢録參佖啓　　宋本攻媿集 58/11a　　攻媿集 61/10b

回陳司戶億啓　　宋本攻媿集 58/12a　　攻媿集 61/11b

回前寧海沈主簿興傑啓　　宋本攻媿集 58/12a　　攻
媿集 61/12a

回瑞安林主簿啓　　宋本攻媿集 58/14a　　攻媿集 61/
13b

回平陽李縣尉煥啓　　宋本攻媿集 58/14a　　攻媿集
61/14a

回郡庠職事啓　　宋本攻媿集 58/14b　　攻媿集 61/
14a

謝除刪定官啓　　宋本攻媿集 58/15b　　攻媿集 61/
15a

回詹狀元騤啓　　宋本攻媿集 58/17a　　攻媿集 61/16b

通浙東安撫李參政彥穎啓　　宋本攻媿集 58/17b
　　攻媿集 61/17a

通吳給事芾啓　　宋本攻媿集 58/18b　　攻媿集 61/18b

通韓運司彥質啓　　宋本攻媿集 58/19b　　攻媿集 61/
19a

回王主管銖啓　宋本攻媿集 58/20b　攻媿集 61/20a

回添差錢節推慶祖啓　宋本攻媿集 58/22b　攻媿集 61/22a

回寧海方知縣果啓　宋本攻媿集 58/23a　攻媿集 61/22b

謝除宗正寺主簿啓　宋本攻媿集 59/1a　攻媿集 62/1a

通溫州交代沈詹事樞啓　宋本攻媿集 59/2a　攻媿集 62/2a

回瑞安吳知縣敦義啓　宋本攻媿集 59/3b　攻媿集 62/3b

回沈主簿興傑啓　宋本攻媿集 59/4a　攻媿集 62/4a

回楊秘監萬里啓　宋本攻媿集 59/5a　攻媿集 62/4b

回王原父主簿洙啓　宋本攻媿集 59/5a　攻媿集 62/5a

回李希岳先輩詢伯啓　宋本攻媿集 59/6a　攻媿集 62/5b

回張子宓教授慮謝作辨虛跋啓　宋本攻媿集 59/6b　攻媿集 62/6a

回上虞杜君昆仲啓　宋本攻媿集 59/7b　攻媿集 62/7a

回陳勝私先輩屺啓　宋本攻媿集 59/7b　攻媿集 62/7b

回翟司戶大正啓　宋本攻媿集 59/8b　攻媿集 62/8a

回奉化趙縣尉伯鳳啓　宋本攻媿集 59/9b　攻媿集 62/9a

回賀致仕啓　宋本攻媿集 59/10a　攻媿集 62/10a

回西安高寺丞文善啓　宋本攻媿集 59/10b　攻媿集 62/10a

回趙昌甫監獄蕃啓　宋本攻媿集 59/13a　攻媿集 62/12b

回張伯修汝礪結文啓　宋本攻媿集 59/13b　攻媿集 62/13a

代賀魏王判明州啓　宋本攻媿集 60/1a　攻媿集 63/1a

代賀葉丞相顒啓　宋本攻媿集 60/3a　攻媿集 63/3a

代通婺州王給事曦啓　宋本攻媿集 60/7b　攻媿集 63/7a

代謝戶部侍郎舉陞陟啓　宋本攻媿集 60/8b　攻媿集 63/8a

代賀林左史機啓　宋本攻媿集 60/8b　攻媿集 63/9a

代賀汪舍人啓　宋本攻媿集 60/10a　攻媿集 63/9b

代謝除提舉福建市舶啓　宋本攻媿集 60/11a　攻媿集 63/10b

代通交代李知丞浚啓　宋本攻媿集 60/12a　攻媿集 63/11b

代賀王樞密倫奉使回啓　宋本攻媿集 61/1a　攻媿集 64/1a

代賀錢樞密端禮兼提舉德壽宮啓　宋本攻媿集 61/2b　攻媿集 64/2b

代賀錢參政兼知樞密院啓　宋本攻媿集 61/4a　攻媿集 64/4a

代回高參議啓　宋本攻媿集 61/5a　攻媿集 64/5a

代回陳節推棣啓　宋本攻媿集 61/5b　攻媿集 64/5b

代謝直秘閣啓　宋本攻媿集 61/6a　攻媿集 64/6a

代賀虞丞相允文啓　宋本攻媿集 61/7a　攻媿集 64/7a

代賀沈運使复啓　宋本攻媿集 61/8b　攻媿集 64/8a

代賀呂運使正己啓　宋本攻媿集 61/9a　攻媿集 64/9a

代謝知溫州啓　宋本攻媿集 61/10a　攻媿集 64/9b

代魏丞相回趙明州伯圭啓　宋本攻媿集 61/11b　攻媿集 64/11a

代龔參政回廣東林提刑光朝啓　宋本攻媿集 61/12a　攻媿集 64/11b

代仲兄錫謝監左藏庫門啓　宋本攻媿集 61/13a　攻媿集 64/12b

代陳叔揚大年謝興國軍教授啓　宋本攻媿集 61/14b　攻媿集 64/14a

代范孝隆棟謝提轄文思院啓　宋本攻媿集 61/16a　攻媿集 64/15a

代通王明州佐啓　宋本攻媿集 62/1a　攻媿集 65/1a

代通福州陳丞相俊卿啓　宋本攻媿集 62/2a　攻媿集 65/2a

代謝葉丞相衡奏門客恩澤啓　宋本攻媿集 62/3a　攻媿集 65/3a

代通薛通判鳳啓　宋本攻媿集 62/4a　攻媿集 65/4a

代通趙郡王伯圭啓　宋本攻媿集 62/5b　攻媿集 65/5b

代通李都大啓　宋本攻媿集 62/7a　攻媿集 65/6a

代謝知潮州啓　宋本攻媿集 62/7b　攻媿集 65/7b

代賀王詹事十朋啓　宋本攻媿集 62/10a　攻媿集 65/10a

代通薛尚書良朋啓　宋本攻媿集 62/11a　攻媿集 65/10b

代賀趙明州伯圭啓　宋本攻媿集 62/12a　攻媿集 65/11b

代上呂鎮江啓　宋本攻媿集 62/13a　攻媿集 65/12a

代通韓總領彦直啓　宋本攻媿集 62/14b　攻媿集 65/14a

代謝臨安府通判啓　宋本攻媿集 62/15b　攻媿集 65/15a

代通李縣丞啓　宋本攻媿集 62/17a　攻媿集 65/16b

内弟汪文可請婚薛氏書　宋本攻媿集 63/2a　攻媿集 68/16a

沈虞卿侍郎女許陳氏書　宋本攻媿集 63/2b　攻媿集 68/16a

□納幣張氏書　宋本攻媿集 63/3a　攻媿集 68/16b

汪表兄之子請婚書　宋本攻媿集 63/3b　攻媿集 68/17a

婦弟知道長女許李氏書　宋本攻媿集 63/4a　攻媿集 68/17b

從子淶請婚陳氏書　宋本攻媿集 63/5a　攻媿集 68/18b

治請婚吳氏書　宋本攻媿集 63/5a　攻媿集 68/19a

答綦君更生論文書　宋本攻媿集 63/5b　攻媿集 66/1a

上宰相書代叔父　宋本攻媿集 63/7b　攻媿集 68/1a

上宰相書代人　宋本攻媿集 63/9a–20a　攻媿集 68/2b

上洪丞相書代表兄孫公和　宋本攻媿集 63/13b　攻媿集 68/6b

上趙憲書代趙推　宋本攻媿集 63/16b　攻媿集 68/9a

上葉樞密書　宋本攻媿集 63/18a　攻媿集 68/11a

答杜仲高旂書　宋本攻媿集 64/2a　攻媿集 66/4b

答柴殿院之子槑書　宋本攻媿集 64/5a　攻媿集 66/7a

答趙共甫書　宋本攻媿集 64/6b　攻媿集 66/8b

答趙郎中崇憲書　宋本攻媿集 64/10a　攻媿集 66/12a

答楊敬仲論詩解　宋本攻媿集 64/11b　攻媿集 67/1a

又答楊敬中論易　宋本攻媿集 64/27a　攻媿集 67/15a

答張正字論莊子書　宋本攻媿集 64/27b　攻媿集 67/15b

通太守曾吏部逮啓　攻媿集 61/6b

回瑞安胡縣丞啓　攻媿集 61/11a

回永嘉徐主簿總啓　攻媿集 61/13a

通交代徐教授嘉言啓　攻媿集 61/14b

回寧海湯知縣烈啓　攻媿集 61/20b

回石司戶宗昭啓　攻媿集 61/21a

賀明州范參政成大啓　攻媿集 61/22b

回劉監場啓　攻媿集 62/8b

回曾簽判樂謝復官啓　攻媿集 62/9a

回留校理元剛啓　攻媿集 62/11a

回真正字德秀啓　攻媿集 62/11b

代賀史丞相浩啓　攻媿集 63/1b

代賀蔣丞相芾啓　攻媿集 63/4a

代賀浙東安撫蔣丞相啓　攻媿集 63/5b

代賀范舍人成大啓　攻媿集 63/6b

代通蘇通判師德啓　攻媿集 63/12b

代賀鄧運使啓　攻媿集 63/13b

代賀徐提刑正旦啓　攻媿集 63/15a

代賀史開府浩啓　攻媿集 64/10a

代莫給事懷賀曾丞相啓　攻媿集 64/12a

代汪景孟茂良上龔參政啓　攻媿集 64/16b

代通劉湖州啓　攻媿集 65/4b

代謝劉提舉薦舉啓　攻媿集 65/8b

答朱晦庵書　攻媿集 66/3a

答徐敬甫書　攻媿集 66/11a

答徐丞適書　攻媿集 67/17b

上蔣參政書代范孝隆　攻媿集 68/4a

上宰相書代人　攻媿集 68/12b

馮仁叟表兄請婚任氏書　攻媿集 68/14b

不愚弟請婚馮氏書　攻媿集 68/15a

少虛兄請婚孫氏書　攻媿集 68/15a

從子澤請婚舒氏書　攻媿集 68/15b

史侍郎女許秦氏書　攻媿集 68/16b

季舅第三女顧氏書　攻媿集 68/17a

少及兄女許舒氏書　攻媿集 68/18a

次女許鄭氏書　攻媿集 68/18a

歐陽守道

通荊溪吳運使書戊申年時荊溪漕江西　巽齋集 1/1a

答荊溪吳運使聘書癸丑年時荊溪漕湖南　巽齋集 1/6b

代通內翰書　巽齋集 1/10a

代通淮東趙樞密書　巽齋集 1/11b

代上吳尚書書　巽齋集 1/14a

代賀游參政出守書　巽齋集 2/1a

代賀杜立齋除同簽書樞密書　巽齋集 2/3b

代人上李守書上蕭晦齋續後漢書　巽齋集 2/6a

代人謝解書　巽齋集 2/9b
代人爲教官求職書　巽齋集 2/12b
代上執政書　巽齋集 2/14a
與王曜軒書　巽齋集 3/1a
辭鷺洲月送書應倅　巽齋集 3/5b
通蕭宰書　巽齋集 3/8a
復劉士立書又字成季　巽齋集 3/12a
與劉後村書　巽齋集 4/1a
與王吉州論郡政書　巽齋集 4/2b
回包宏齋書　巽齋集 5/1a
上吳荆溪乞改塑先聖象公劄　巽齋集 5/5b
與林竹溪書　巽齋集 5/8a
上徐守書(1-2)　巽齋集 6/1a-5b
賀吳荆溪被召書甲寅十二月　巽齋集 6/8b
賀吳荆溪再被召書乙卯九月　巽齋集 6/12b
答丁教授　巽齋集 6/14b
代賀王帥遂啓　巽齋集 23/1a
代通趙大資與權除侍讀賀啓　巽齋集 23/2b
代謝徐侍郎薦自代啓　巽齋集 23/3b
代人謝解啓其人治易　巽齋集 23/5a
代人謝入鷺洲書院啓　巽齋集 23/6b
通廬陵張宰啓　巽齋集 23/8a
代人賀劉後村啓　巽齋集 23/9a
代答趙瑞州啓　巽齋集 23/10a
代答賀除漕啓　巽齋集 23/10b
謝解啓　巽齋集 23/11b
登第謝啓　巽齋集 23/13a
謝春牛(1-2)　巽齋集 23/15b
~彦成
送定書　播芳文粹 126/19a
答求親書　播芳文粹 126/18a
~修
答李詡第一書　歐陽文忠集 47/2b　宋文選 2/7b
答李詡第二書　歐陽文忠集 47/3a
答陝西安撫使范龍圖辭辟命書　歐陽文忠集 47/1a
與荆南樂秀才書　歐陽文忠集 47/5b
答吳充秀才書　歐陽文忠集 47/7a
上杜中丞論舉官書　歐陽文忠集 47/8b
與曾鞏論氏族書　歐陽文忠集 47/10b
答宋咸書　歐陽文忠集 47/11b
上范司諫書　歐陽文忠集 66/1a 宋文選 2/5a
與郭秀才書　歐陽文忠集 66/3b

與張秀才第一書棐　歐陽文忠集 66/4b　宋文選 2/6b
與張秀才第二書　歐陽文忠集 66/5b
與石推官第一書　歐陽文忠集 66/7b
與石推官第二書　歐陽文忠集 66/9b
答西京王相公書　歐陽文忠集 66/11b
投時相書　歐陽文忠集 66/13b
與范希文書　歐陽文忠集 67/1a
代人上王樞密求先集序書　歐陽文忠集 67/1b
代楊推官泊上呂相公求見書　歐陽文忠集 67/3b
與黃校書論文章書　歐陽文忠集 67/5a
與高司諫書　歐陽文忠集 67/5b
與尹師魯書(1-5)　歐陽文忠集 67/8b-14a
回丁判官書景祐三年　歐陽文忠集 67/15a
與謝景山書　歐陽文忠集 68/1a
答李淑內翰書　歐陽文忠集 68/2a
答孫正之侔書(1-2)　歐陽文忠集 68/2b-3a
與王源叔問古碑字書　歐陽文忠集 68/4a
與刁景純學士書　歐陽文忠集 68/5a
與陳員外書　歐陽文忠集 68/6a
答祖擇之書　歐陽文忠集 68/7b
與田元均論財計書　歐陽文忠集 68/9a
答徐無黨書(1-2)　歐陽文忠集 68/9b-10b
與陳之方書　歐陽文忠集 68/11a
答宋咸書至和三年　歐陽文忠集 69/1a
與集賢杜相公慶曆四年秋　歐陽文忠集 69/1b
答李大臨學士書　歐陽文忠集 69/2a
答陳知明書　歐陽文忠集 69/3a
與王深甫論世譜帖(1-3)　歐陽文忠集 69/3b-4b
與王深甫論五代張憲帖(1-2)　歐陽文忠集 69/5a-5b
與王深甫五月一日會朝帖　歐陽文忠集 69/6a
與杜訢論祁公墓誌書(1-2)　歐陽文忠集 69/6b-7b
問劉原甫侍讀入閣議帖　歐陽文忠集 69/8b
與蔡君謨求書集古錄序書　歐陽文忠集 69/9a
與樂秀才第一書景祐三年　歐陽文忠集 69/10a
上胥學士偓啓天聖六年　歐陽文忠集 95/1a
胥學士答啓　歐陽文忠集 95/3b
謝胥學士啓　歐陽文忠集 95/4b
謝國學解元啓天聖七年　歐陽文忠集 95/6a
謝進士及第啓天聖八年　歐陽文忠集 95/9a

代王狀元拱辰謝及第啓天聖八年　歐陽文忠集 95/11b

代謝唐簽判俞啓天聖八年第一甲　歐陽文忠集 95/13a

答李秀才啓　歐陽文忠集 95/13b

與西京留府交代推官仲簡啓天聖九年三月　歐陽文忠集 95/15a

謝人投贄啓　歐陽文忠集 95/15b

謝石秀才啓　歐陽文忠集 95/16a

上隨州錢相公惟演啓　歐陽文忠集 95/17a

謝校勘啓　歐陽文忠集 95/18a

謝襄州燕龍圖肅惠詩啓　歐陽文忠集 95/19b

夷陵上運使啓景祐三年　歐陽文忠集 95/20b

謝朱推官啓　歐陽文忠集 95/21a

回三舍人堯臣啓景祐四年　歐陽文忠集 95/22a

謝李秀才贄見啓寶元二年在乾德日　歐陽文忠集 95/22b

回穀城狄令啓　歐陽文忠集 95/23a

上執政謝館職啓　歐陽文忠集 95/23b

回滑州知郡啓　歐陽文忠集 95/24a

回賀環慶帥天章滕待制宗諒謝賜龜紫啓慶曆三年　歐陽文忠集 95/25a

謝知制誥啓慶曆三年十二月　歐陽文忠集 95/25b

上提刑司封啓　歐陽文忠集 95/26a

回校理邵學士必啓慶曆五年冬　歐陽文忠集 95/26a

回河北安撫王騏驥啓　歐陽文忠集 95/26b

回賈狀元黯啓慶曆六年　歐陽文忠集 95/27a

回賀楊翰林察啓　歐陽文忠集 95/27b

上都運待制啓慶曆六年夏　歐陽文忠集 95/28a

回賀李待制柬之啓慶曆七年九月　歐陽文忠集 95/28b

賀文參政彥博啓慶曆七年九月　歐陽文忠集 95/28b

回賀集賢韓學士絳啓慶曆七年十月　歐陽文忠集 95/29a

上致政王太保啓　歐陽文忠集 95/29b

回泗州通判勾龍都官書　歐陽文忠集 95/30a

回和州通判啓　歐陽文忠集 95/30b

謝黃巖李主簿啓　歐陽文忠集 95/31a

回陳殿丞啓　歐陽文忠集 95/31a

賀文相公拜相啓慶曆八年正月　歐陽文忠集 95/31b

與晏相公殊書皇祐元年知潁州日　歐陽文忠集 96/1a

答胡秀才啓　歐陽文忠集 96/1b

辭副樞密與兩府書嘉祐五年十一月　歐陽文忠集 96/2a

又謝兩府書嘉祐五年十一月　歐陽文忠集 96/2b

謝參政與兩府書嘉祐六年閏八月　歐陽文忠集 96/3a

回池州呂侍讀溱謝到任書嘉祐八年春　歐陽文忠集 96/3b

英宗覃恩轉官回前兩府賀書嘉祐八年四月　歐陽文忠集 96/4a

回文相公辭起復使相判河南書嘉祐八年四月　歐陽文忠集 96/4b

回富相公弼辭樞密使書嘉祐八年五月　歐陽文忠集 96/5a

又回富相公謝書嘉祐八年五月　歐陽文忠集 96/5b

回鄭獬錢公輔二舍人謝新除書嘉祐八年八月　歐陽文忠集 96/5b

回皇子神宗辭使相封淮陽郡王書嘉祐八年九月　歐陽文忠集 96/6a

與安撫密學啓　歐陽文忠集 96/6b

賀延州程太尉戩加節度使再任啓治平元年　歐陽文忠集 96/7a

轉吏部侍郎回謝親王書治平元年五月　歐陽文忠集 96/7b

回潁王書治平元年六月　歐陽文忠集 96/7b

賀潁王書治平元年六月　歐陽文忠集 96/8a

回宋相公庠謝除司空致仕書治平元年十二月　歐陽文忠集 96/8b

回文相公謝服闋入覲書治平二年二月　歐陽文忠集 96/9a

又回文相公服除遷侍中移判永興書治平二年四月　歐陽文忠集 96/9a

又回文相公辭避樞密使啓治平二年四月　歐陽文忠集 96/9b

回杭州蔡端明襄謝到任書治平二年十月　歐陽文忠集 96/10a

回吳侍郎奎辭副樞書治平四年二月　歐陽文忠集 96/10b

回諫院傅龍圖卞攀違書治平四年三月　歐陽文忠集 96/11a

亳州到任謝兩府書治平四年　歐陽文忠集 96/11a

回潁州通判楊虞部書　歐陽文忠集 96/12a

回西京留守韓侍郎贄書治平四年六月　歐陽文忠集 96/12b

回寶文呂內翰溱書治平四年九月　歐陽文忠集 96/13a

賀樞密使呂太傅公弼書治平四年　歐陽文忠集

96/13b

賀韓相公琦罷相轉司徒兩鎮節度使判相州
書治平四年冬　歐陽文忠集 96/14a

回青州吳資政本書治平四年　歐陽文忠集 96/14b

回陳州王密學陶賀冬書治平四年　歐陽文忠集
96/15a

回諫院吳舍人充書熙寧元年二月　歐陽文忠集 96/
15b

與開封知府呂內翰公著書熙寧元年四月　歐陽
文忠集 96/16a

回王先輩安國謝賜及第書熙寧元年　歐陽文忠
集 96/16a

謝判大名府韓侍中惠書啓熙寧二年夏　歐陽文
忠集 96/16b

回宮教丘寺丞書熙寧二年六月　歐陽文忠集 96/
17a

回李舍人壽朋書熙寧三年冬　歐陽文忠集 96/17b

賀王相公安石拜相啓熙寧四年春　歐陽文忠集 96/
18a

致仕謝兩府書熙寧四年六月　歐陽文忠集 96/18b

代辭胥學士啓　歐陽文忠集 96/19a

代人辭官狀　歐陽文忠集 96/21b

上李學士啓（1－2）　歐陽文忠集 96/22b－23a

回潁州呂侍讀遠迎狀熙寧三年　歐陽文忠集 96/
24b

與潁州呂侍讀賀冬狀熙寧三年　歐陽文忠集 96/
24b

謝張先輩啓　歐陽文忠集 96/25a

回發運主客啓　歐陽文忠集 96/26a

與辛郎中啓慶曆二年冬　歐陽文忠集 96/26b

與呂轉運啓　歐陽文忠集 96/26b

答運使啓　歐陽文忠集 96/27a

賀新發運啓　歐陽文忠集 96/27b

與李吉州寬啓　歐陽文忠集 96/27b

別紙附　歐陽文忠集 96/28a

與許發運啓（1－2）　歐陽文忠集 96/28a－28b

上李端明狀　歐陽文忠集 96/28b

回知郡賀冬狀　歐陽文忠集 96/29a

與楊太傅狀　歐陽文忠集 96/29a

答李寺丞狀　歐陽文忠集 96/29b

答王供奉狀　歐陽文忠集 96/29b

與鄰郡官狀　歐陽文忠集 96/29b

答賀赴闕狀　歐陽文忠集 96/30a

謝真州知郡　歐陽文忠集 96/30a

謝劉真州　歐陽文忠集 96/30a

論河北財産上時相書　歐陽文忠集 118/18b

與韓忠獻王稚圭　慶曆二年　歐陽文忠集 144/1a

與韓忠獻王稚圭（1－2）慶曆五年　歐陽文忠集
144/1b～2a

與韓忠獻王稚圭（1－3）慶曆六年　歐陽文忠集
144/2a～3a

與韓忠獻王稚圭　慶曆八年　歐陽文忠集 144/3a

與韓忠獻王稚圭　皇祐元年　歐陽文忠集 144/3b

與韓忠獻王稚圭（1－3）皇祐二年　歐陽文忠集
144/4a～5a

與韓忠獻王稚圭　皇祐三年　歐陽文忠集 144/5b

與韓忠獻王稚圭　皇祐四年　歐陽文忠集 144/6a

與韓忠獻王稚圭（1－4）至和元年　歐陽文忠集
144/6a～7b

與韓忠獻王稚圭　嘉祐元年　歐陽文忠集 144/8a

與韓忠獻王稚圭　嘉祐三年　歐陽文忠集 144/8b

與韓忠獻王稚圭（1－2）嘉祐治平間　歐陽文忠集
144/9a

與韓忠獻王稚圭　治平□年　歐陽文忠集 144/9a

與韓忠獻王稚圭（1－2）治平元年　歐陽文忠集
144/9b－10a

與韓忠獻王稚圭（1－5）治平□年　歐陽文忠集
144/10a－11a

與韓忠獻王稚圭　治平四年　歐陽文忠集 144/11b

與韓忠獻王稚圭　治平三年　歐陽文忠集 144/11b

與韓忠獻王稚圭　嘉祐八年　歐陽文忠集 144/12a

與韓忠獻王稚圭（1－2）治平四年　歐陽文忠集
144/12b

與韓忠獻王稚圭　熙寧元年　歐陽文忠集 144/13a

與韓忠獻王稚圭　熙寧□年　歐陽文忠集 144/13a

與韓忠獻王稚圭　熙寧二年　歐陽文忠集 144/13b

與韓忠獻王稚圭（1－3）熙寧三年　歐陽文忠集
144/14a－14b

與韓忠獻王稚圭（1－5）熙寧四年　歐陽文忠集
144/15a－16a

與富文忠公彥國　天聖明道間　歐陽文忠集 144/
16b

與富文忠公彥國　嘉祐元年　歐陽文忠集 144/17a

與富文忠公彥國　嘉祐七年　歐陽文忠集 144/17b

與富文忠公彥國　嘉祐八年　歐陽文忠集 144/
18a－18b

與富文忠公彥國　治平二年　歐陽文忠集 144/18b

與晏元獻公同叔　慶曆七年　歐陽文忠集 145/1a

與晏元獻公同叔　皇祐六年　歐陽文忠集 145/1b

與杜正獻公世昌　慶曆五年　歐陽文忠集 145/1b

與杜正獻公世昌　慶曆八年　歐陽文忠集 145/2a

與杜正獻公世昌（1－2）皇祐元年　歐陽文忠集 145/3a－3b

與杜正獻公世昌　皇祐四年　歐陽文忠集 145/3b

與曾宣靖公明仲　慶曆五年　歐陽文忠集 145/4b

與呂正獻公晦叔　皇祐二年　歐陽文忠集 145/4b

與呂正獻公晦叔　熙寧□年　歐陽文忠集 145/5a

與呂正獻公晦叔　熙寧三年　歐陽文忠集 145/5b

與呂正獻公晦叔（1－2）熙寧五年　歐陽文忠集 145/5b－6a

與程文簡公天球　皇祐□年　歐陽文忠集 145/6a

與程文簡公天球　至和元年　歐陽文忠集 145/6b

與程文簡公天球（1－3）至和二年　歐陽文忠集 145/6b－7b

與程文簡公天球（1－2）至和元年　歐陽文忠集 145/7b－8a

與孫威敏公元規（1－2）皇祐四年　歐陽文忠集 145/8b

與蘇丞相子容（1－2）皇祐四年　歐陽文忠集 145/9b

與蘇丞相子容（1－4）皇祐五年　歐陽文忠集 145/10a－11a

與蘇丞相子容（1－2）治平四年　歐陽文忠集 145/11b

與王文公介甫　嘉祐□年　歐陽文忠集 145/12b

與王文公介甫　嘉祐三年　歐陽文忠集 145/13a

與王文公介甫　嘉祐元年　歐陽文忠集 145/13b

與韓獻肅公子華　嘉祐六年　歐陽文忠集 145/14a

與韓門下持國　至和二年　歐陽文忠集 145/14b

與吳王獻公冲卿　嘉祐六年　歐陽文忠集 145/14b

與吳王獻公冲卿（1－2）嘉祐八年　歐陽文忠集 145/15a

與吳王獻公冲卿　治平四年　歐陽文忠集 145/15b

與吳王獻公冲卿　熙寧四年　歐陽文忠集 145/15b

與吳王獻公冲卿　治平元年　歐陽文忠集 145/16a

與吳王獻公冲卿（1－2）熙寧五年　歐陽文忠集 145/16a－16b

與吳正肅公長文（1－3）嘉祐二年　歐陽文忠集 145/16b－17b

與吳正肅公長文（1－5）嘉祐四年　歐陽文忠集 145/17b－19a

與吳正肅公長文　嘉祐三年　歐陽文忠集 145/18a

與吳正肅公長文　嘉祐六年　歐陽文忠集 145/19a

與吳正肅公長文　治平二年　歐陽文忠集 145/19b

與吳正肅公長文　治平元年　歐陽文忠集 145/20a

與吳正肅公長文　熙寧元年　歐陽文忠集 145/20b

與蘇丞相子容　皇祐□年　歐陽文忠集 145/20b

與蘇丞相子容　至和元年　歐陽文忠集 145/21a

與蘇丞相子容　嘉祐七年　歐陽文忠集 145/21b

與杜正獻公（1－2）慶曆□年　歐陽文忠集 145/22a

與趙康靖公叔平（1－2）至和三年　歐陽文忠集 146/1a

與趙康靖公叔平（1－3）嘉祐四年　歐陽文忠集 146/1b－2b

與趙康靖公叔平　嘉祐五年　歐陽文忠集 146/3a

與趙康靖公叔平　熙寧二年　歐陽文忠集 146/3a

與趙康靖公叔平　熙寧三年　歐陽文忠集 146/3b

與趙康靖公叔平　熙寧四年　歐陽文忠集 146/4a

與馮章靖公當世　嘉祐三年　歐陽文忠集 146/4b

與馮章靖公當世　嘉祐四年　歐陽文忠集 146/4b

與馮章靖公當世（1－5）嘉祐五年　歐陽文忠集 146/5a－6b

與馮章靖公當世　嘉祐六年　歐陽文忠集 146/7a

與王副樞景彝　嘉祐五年　歐陽文忠集 146/7b

與王懿敏公仲儀　嘉祐二年　歐陽文忠集 146/8a

與王懿敏公仲儀　嘉祐三年　歐陽文忠集 146/8a

與王懿敏公仲儀　嘉祐二年　歐陽文忠集 146/8b

與王懿敏公仲儀　嘉祐三年　歐陽文忠集 146/9b

與王懿敏公仲儀（1－3）嘉祐四年　歐陽文忠集 146/10a－11a

與王懿敏公仲儀　嘉祐五年　歐陽文忠集 146/11b

與王懿敏公仲儀（1－5）嘉祐六年　歐陽文忠集 146/12a－14a

與王懿敏公仲儀（1－2）嘉祐七年　歐陽文忠集 146/14a－14b

與王懿敏公仲儀（1－2）治平元年　歐陽文忠集 146/15a－15b

與王懿恪公君貺　至和二年　歐陽文忠集 146/16a

與王懿恪公君貺　嘉祐元年　歐陽文忠集 146/16b

與王懿恪公君貺　嘉祐四年　歐陽文忠集 146/16b

與王懿恪公君貺　嘉祐五年　歐陽文忠集 146/17a

與王懿恪公君貺（1－5）嘉祐六年　歐陽文忠集 146/17b－19b

與王懿恪公君貺　治平元年　歐陽文忠集 146/20a

與王懿恪公君貺　治平二年　歐陽文忠集 146/20a

與王懿恪公君貺　治平三年　歐陽文忠集 146/20b

與執政　熙寧三年　歐陽文忠集 146/21a

與余襄公安道　慶曆元年　歐陽文忠集 147/1a

與王文恪公樂道　慶曆八年　歐陽文忠集 147/1b

與王文恪公樂道　皇祐初　歐陽文忠集 147/1b

與王文恪公樂道　嘉祐四年　歐陽文忠集 147/2a

與王文恪樂道(1－3)熙寧元年　歐陽文忠集 147/2b－3a

與王文恪樂道(1－2)熙寧三年　歐陽文忠集 147/3b－4a

與王文恪樂道　熙寧四年　歐陽文忠集 147/4a

與滕待制子京慶曆五年　歐陽文忠集 147/4b

與章伯鎮慶曆五年　歐陽文忠集 147/5a

與章伯鎮(1－2)慶曆六年　歐陽文忠集 147/5b

與章伯鎮(1－2)皇祐元年　歐陽文忠集 147/6a

與王郎中道損　慶曆八年　歐陽文忠集 147/6b

與王郎中道損　嘉祐三年　歐陽文忠集 147/7a

與王郎中道損　嘉祐五年　歐陽文忠集 147/7b

與杜大夫慶曆八年　歐陽文忠集 147/7b

與杜大夫皇祐四年　歐陽文忠集 147/8a

與張職方皇祐二年　歐陽文忠集 147/8b

與張職方皇祐三年　歐陽文忠集 147/9a

與張職方皇祐六年　歐陽文忠集 147/9a

與劉學士湜字子正(1－2)皇祐四年　歐陽文忠集 147/9b－10a

與知縣寺丞皇祐五年　歐陽文忠集 147/10a

與臨池院主皇祐五年　歐陽文忠集 147/10b

與吳給事中復　皇祐末　歐陽文忠集 147/10b

與吳給事中復(1－2)皇祐三年　歐陽文忠集 147/11a－11b

與李留後公謹　至和元年　歐陽文忠集 147/11b

與李留後公謹(1－2)嘉祐二年　歐陽文忠集 147/12a－12b

與李留後公謹(1－5)嘉祐三年　歐陽文忠集 147/13a－14b

與向觀察嘉祐五年　歐陽文忠集 147/14b

與向觀察至和元年冬　歐陽文忠集 147/15a

與劉侍讀原父(1－5)嘉祐二年　歐陽文忠集 148/1a－2b

與劉侍讀原父(1－7)嘉祐四年　歐陽文忠集 148/1a－4b

與劉侍讀原父(1－4)嘉祐五年　歐陽文忠集 148/4a－5a

與劉侍讀原父(1－7)嘉祐六年　歐陽文忠集 148/5b－8b

與劉侍讀原父(1－5)嘉祐七年　歐陽文忠集 148/9a－10b

與蔡忠惠公君謨　歐陽文忠集 148/11a

與蔡忠惠公君謨　嘉祐八年八月　歐陽文忠集 148/11a

與蔡忠惠公君謨　治平二年　歐陽文忠集 148/11b

與范忠文公景仁　治平四年　歐陽文忠集 148/12a

與常待制夷甫(1－2)嘉祐治平間　歐陽文忠集 148/12a－12b

與常待制夷甫(1－2)治平四年　歐陽文忠集 148/12b－13a

與常待制夷甫(1－2)熙寧元年　歐陽文忠集 148/13a－13b

與常待制夷甫(1－2)熙寧二年　歐陽文忠集 148/13b－14a

與常待制夷甫(1－2)熙寧三年　歐陽文忠集 148/14a－14b

與沈待制遘字子山　慶曆三年　歐陽文忠集 148/14b

與沈待制遘字子山　慶曆四年　歐陽文忠集 148/15a

與王龍圖益柔字勝之　嘉祐元年　歐陽文忠集 148/15a

與王龍圖益柔字勝之(1－2)嘉祐□年　歐陽文忠集 148/15b－16a

與王龍圖益柔字勝之　嘉祐二年　歐陽文忠集 148/16a

與王龍圖益柔字勝之　嘉祐五年　歐陽文忠集 148/16b

與王龍圖益柔字勝之　嘉祐八年　歐陽文忠集 148/17a

與王龍圖益柔字勝之(1－2)治平二年　歐陽文忠集 148/17b

與王龍圖益柔字勝之　熙寧四年　歐陽文忠集 148/18a

與宋龍圖敏求字次道(1－3)　歐陽文忠集 148/18b

與梅龍圖摯字公儀　嘉祐二年　歐陽文忠集 148/19a

與石舍人楊休字昌言　歐陽文忠集 148/19b

與祖龍學無擇字擇之　嘉祐四年　歐陽文忠集 148/19b

與沈內翰文通　治平元年　歐陽文忠集 148/20a

答李內翰疑　歐陽文忠集 148/20a

與梅聖俞(1－4)明道元年　歐陽文忠集 149/1a－3a

與梅聖俞(1－2)明道二年　歐陽文忠集 149/3a－3b

與梅聖俞景祐五年　歐陽文忠集 149/4b

與梅聖俞(1－4)寶元二年　歐陽文忠集 149/5b－7a

與梅聖俞(1－2)康定元年　歐陽文忠集 149/7b－8a

與梅聖俞慶曆四年　歐陽文忠集 149/8b
與梅聖俞慶曆六年　歐陽文忠集 149/9b
與梅聖俞(1－2)慶曆七年　歐陽文忠集 149/10a－10b
與梅聖俞慶曆六年　歐陽文忠集 149/11a
與梅聖俞(1－2)慶曆初　歐陽文忠集 149/11b－12a
與梅聖俞(1－8)皇祐五年　歐陽文忠集 149/12a－15b
與梅聖俞嘉祐三年　歐陽文忠集 149/16a
與梅聖俞(1－9)嘉祐二年　歐陽文忠集 149/16b－19a
與梅聖俞嘉祐四年　歐陽文忠集 149/19b
與梅聖俞(1－2)嘉祐三年　歐陽文忠集 149/20a
與梅聖俞嘉祐四年　歐陽文忠集 149/20b
與梅聖俞嘉祐　年　歐陽文忠集 149/21a
與梅聖俞(1－2)嘉祐三年　歐陽文忠集 149/21a
與梅聖俞嘉祐四年　歐陽文忠集 149/21b
與謝舍人絳字希深　寶元元年　歐陽文忠集 150/1a
與謝舍人絳字希深　寶元二年　歐陽文忠集 150/1b
與王待制質字子野　慶曆三年　歐陽文忠集 150/2a
與李賢良覯字泰伯　嘉祐初　歐陽文忠集 150/2b
與曾舍人鞏字子固　慶曆六年　歐陽文忠集 150/3a
與曾舍人鞏字子固　治平四年夏　歐陽文忠集 150/3a
與蘇編禮洵字明允　嘉祐二年　歐陽文忠集 150/3b
與蘇編禮洵字明允　治平間　歐陽文忠集 150/4a
與蘇編禮(1－3)治平三年　歐陽文忠集 150/4a－4b
與費縣蘇殿丞皇祐□年　歐陽文忠集 150/4b－5a
與澠池徐宰無黨　皇祐五年　歐陽文忠集 150/5a
與澠池徐宰無黨　至和元年　歐陽文忠集 150/5b
與澠池徐宰無黨　至和二年　歐陽文忠集 150/6a－6b
與澠池徐宰無黨　嘉祐元年　歐陽文忠集 150/7a
與澠池徐宰無黨　嘉祐二年　歐陽文忠集 150/7b
與焦殿丞千之　皇祐五年　歐陽文忠集 150/8a
與焦殿丞千之　至和二年　歐陽文忠集 150/8b
與焦殿丞千之(1－7)嘉祐元年　歐陽文忠集 150/9a－10b
與焦殿丞千之　嘉祐二年　歐陽文忠集 150/10b
與焦殿丞千之(1－4)嘉祐六年　歐陽文忠集 150/11a－12a
與焦殿丞千之　嘉祐末　歐陽文忠集 150/12a
與焦殿丞千之　治平□年　歐陽文忠集 150/12b

與王主簿回字深甫(1－3)　歐陽文忠集 150/150/13a－13b
與姚編禮闢字子張(1－2)皇祐五年　歐陽文忠集 150/14a－14b
與王幾道復　景祐元年　歐陽文忠集 150/15a
答孔嗣宗字伯紹河南人(1－2)皇祐元年　歐陽文忠集 150/15b－16a
與尹材慶曆八年　歐陽文忠集 150/16a
與蔡交皇祐五年　歐陽文忠集 150/16b
與曾舍人鞏字子固(1－2)熙寧四年　歐陽文忠集 150/17a
與丁學士寶臣字元珍　皇祐四年　歐陽文忠集 151/1a
與丁學士寶臣字元珍(1－2)嘉祐四年　歐陽文忠集 151/1b
答郭邢部輔　歐陽文忠集 151/2a
與朱職方處約　嘉祐五年　歐陽文忠集 151/2b
與蔡省副　歐陽文忠集 151/3a
與王發運鼎字寶臣(1－2)嘉祐二年　歐陽文忠集 151/3a－3b
與馬運判遵　皇祐二年　歐陽文忠集 151/4a
答韓欽聖宗彥　嘉祐二年　歐陽文忠集 151/4a
答李學士嘉祐八年　歐陽文忠集 151/4b
與王學士　歐陽文忠集 151/5a
與王學士熙寧三年　歐陽文忠集 151/5a
答張學士(1－4)嘉祐□年　歐陽文忠集 151/5b－6b
答陸學士經字子履　至和二年　歐陽文忠集 151/7a
答陸學士經字子履　熙寧四年　歐陽文忠集 151/7a
答陸學士經字子履　治平四年　歐陽文忠集 151/7b
與刁學士約　歐陽文忠集 151/7b
答連職方庶字君錫　天聖中　歐陽文忠集 151/8a
答連職方庶字君錫　嘉祐五年　歐陽文忠集 151/8b
答連職方庶字君錫　熙寧□年　歐陽文忠集 151/9a
答連職方庶字君錫　熙寧四年二月　歐陽文忠集 151/9b
答連職方庶字君錫　熙寧四年四月　歐陽文忠集 151/9b
答連郎中庠字元禮(1－2)　歐陽文忠集 151/10a－10b
答丘寺丞　歐陽文忠集 151/10b
答韓宗彥嘉祐四年　歐陽文忠集 151/11a
答黎宗孟醇　熙寧二年　歐陽文忠集 151/11b
與裴如晦煜　嘉祐五年　歐陽文忠集 151/12a
答杜植嘉祐五年　歐陽文忠集 151/12a

答陸伸　歐陽文忠集 151/13a

與丁學士(1－2)　歐陽文忠集 151/13a－13b

與蔡省副嘉祐□年　歐陽文忠集 151/13b－14a

與裴學士名大煜字如晦　嘉祐八年　歐陽文忠集 151/14b

與趙學士名彥字元考　熙寧□年　歐陽文忠集 151/14b

與薛少卿公期　景祐三年　歐陽文忠集 152/1a

與薛少卿公期　景祐四年　歐陽文忠集 152/1b

與薛少卿公期　康定元年　歐陽文忠集 152/2a

與薛少卿公期　慶曆三年　歐陽文忠集 152/2b

與薛少卿公期　皇祐二年　歐陽文忠集 152/3a

與薛少卿公期(1－3)嘉祐□年　歐陽文忠集 152/3b－4a

與薛少卿公期(1－3)嘉祐治平間　歐陽文忠集 152/4b－5a

與薛少卿公期(1－2)治平二年　歐陽文忠集 152/5b－6a

與薛少卿公期　治平三年　歐陽文忠集 152/6b

與薛少卿公期　熙寧元年　歐陽文忠集 152/6b

與薛少卿公期　熙寧三年　歐陽文忠集 152/7a

與薛少卿公期(1－2)熙寧四年　歐陽文忠集 152/7b－8a

與薛少卿公期(1－2)熙寧五年　歐陽文忠集 152/8b

與陳比部力(1－6)嘉祐治平間　歐陽文忠集 152/9a－10b

與陳比部力　熙寧元年　歐陽文忠集 152/10b

與馬著作嘉祐中　歐陽文忠集 152/11a

與馬著作治平四年　歐陽文忠集 152/11b

與馬著作(1－2)熙寧元年　歐陽文忠集 152/12a

與馬著作(1－3)熙寧三年　歐陽文忠集 152/12b

與顏直講長道(1－2)治平四年　歐陽文忠集 152/13a

與顏直講長道(1－2)熙寧元年　歐陽文忠集 152/13b－14a

與顏直講長道　熙寧二年　歐陽文忠集 152/14a

與顏直講長道　熙寧三年　歐陽文忠集 152/14a

與顏直講長道(1－3)熙寧四年　歐陽文忠集 152/14b－15b

與梁直講　歐陽文忠集 152/15b

與直講都官熙寧元年　歐陽文忠集 152/16a

與曾學士熙寧三年　歐陽文忠集 152/16a

與王補之熙寧三年　歐陽文忠集 152/16b

與謝景初皇祐元年　歐陽文忠集 152/16b

論徐嶠稱弟子帖　歐陽文忠集 152/17a

與修史學士(1－3)嘉祐□年　歐陽文忠集 152/17b－18a

與人　歐陽文忠集 152/18b

與十四弟煥字大明　皇祐二年　歐陽文忠集 153/1a

與十四弟煥字大明(1－3)皇祐五年　歐陽文忠集 153/1a－2a

與十四弟煥字大明　皇祐六年是歲三月改至和元年　歐陽文忠集 153/2a

與十四弟煥字大明　至和二年　歐陽文忠集 153/2b

與十四弟煥字大明　嘉祐元年　歐陽文忠集 153/3a

與十二姪通理　皇祐四年　歐陽文忠集 153/3b－4a

與十三姪奉職皇祐五年　歐陽文忠集 153/4a

與大寺丞發(1－4)治平四年　歐陽文忠集 153/4b－7b

與大寺丞發(1－7)熙寧四年　歐陽文忠集 153/9a－13a

與二寺丞奕　熙寧三年　歐陽文忠集 153/13b

歐陽文忠公回答龍學手書　龍學集 12/1a

歐陽文忠公又手書上龍學　龍學集 12/3a

歐陽內翰　直講集/外 2/3b

上范司諫書　宋文鑑 113/12b

與尹師魯書　宋文鑑 113/15a

與石推官書　宋文鑑 114/1b

答吳充秀才書　宋文鑑 114/3b

上杜中丞論舉官書　宋文鑑 114/5a

答胡秀才啓　宋文鑑 121/5a

謝館職啓　宋文鑑 121/6a

與晏相公書　宋文鑑 121/7a

回諫院傅龍圖攀違書　宋文鑑 121/8a

潁州通判揚虞部書　宋文鑑 121/8b

回寶文呂內翰啓　宋文鑑 121/9a

賀呂樞使啓　播芳文粹 48/18a

賀潁王啓　播芳文粹 54/21a

賀韓司徒帥北京啓　播芳文粹 56/21a

賀試中館職啓　播芳文粹 65/1a

除參政謝兩府啓　播芳文粹 68/1a

除樞副謝宰執啓　播芳文粹 68/1b

除校勘謝執政啓　播芳文粹 69/19a

致仕謝兩府啓　播芳文粹 80/18b

上范司諫書　播芳文粹 94/1a

與張秘校書　播芳文粹 94/19b

與王荊公　播芳文粹 103/4a

與孫元珪大資　播芳文粹 103/13a

與馮當世三帖參政　播芳文粹 103/16a
與曾學士二帖　播芳文粹 103/17a
與馮參政四帖　播芳文粹 104/10a
與尹師魯帖　播芳文粹 104/15a
與王學士帖　播芳文粹 105/11b
與劉舍人帖　播芳文粹 105/13b
與王學士帖　播芳文粹 105/14a
與蔡公帖　播芳文粹 105/14a
與李盧州帖　播芳文粹 105/14b
與丁元珍帖　播芳文粹 106/16b
與沈待制帖　播芳文粹 106/17b
與劉原父舍人帖　播芳文粹 106/18a
與常先生帖　播芳文粹 106/18b
與蔡省副帖　播芳文粹 106/19a
~　澈
上蔣提舉書　飄然集下/11b　南宋文範/外/2/14b

慕容彥逢
投獻書(1－3)　摘文集 13/1a－3b
謝人書(1－2)　摘文集 13/3b－5a
論文書　摘文集 13/5a
請益書　摘文集 13/5b
謝教官啓　摘文集 13/6b
改官謝啓　摘文集 13/7a
謝試中宏詞啓　摘文集 13/7b
謝中書舍人啓　摘文集 13/8b
回謝黃學士啓　摘文集 13/9a
汝州到任謝兩府啓(1－2)　摘文集 13/9a－9b
汝州交代郭內翰先啓　摘文集 13/9b
沿路先狀　摘文集 13/10a
謝先狀　摘文集 13/10a
赴闕沿路先狀　摘文集 13/10a
復修撰謝兩府啓　摘文集 13/10a
復修撰謝本監司啓　摘文集 13/10b
回謝新知汝州王大夫啓　摘文集 13/10b
回謝貢士樂偲樂傳啓　摘文集 3/11a
闕目　摘文集 13/11a
寄江寧安撫啓　摘文集 13/11b
冬至賀啓　摘文集 13/11b
賀新正啓　摘文集 13/12a
賀職到任啓　摘文集 13/12a
賀曹運判就遷副使啓　摘文集 13/12a
賀本路監司到任啓　摘文集 13/12b

代謝向大王轉開府啓　摘文集 13/12b
謝錢駙馬加開府啓　摘文集 13/12b
上知府張朝請　四庫拾遺 600/摘文堂集
謝上官狀　四庫拾遺 601/摘文堂集
謝本路監司書狀　四庫拾遺 601/摘文堂集

蔡　卞
與虞秘書蔡卞撰　播芳文粹 106/5a
與彭學士三帖蔡卞撰　播芳文粹 106/4a
~元定
答朱文公書　西山集 2/136a
與文公書(1－2)　西山集 2/136a－136b
臨終別文公書附劉砥跋　西山集 2/237a
答張大丞書又小帖附　西山集 2/138a
答江德功書見翰墨全書　西山集 2/138b
與劉聖功辯跪禮　西山集 2/139b
臨終囑仲默書附劉熴黃幹跋　西山集 2/140a141a
答儲行之(1－2)　西山集 2/163a－163b
祝汝玉　西山集 2 附錄/163b
答黃子厚(1－2)　西山集 2 附錄/164a
曾景建　西山集 2 附錄/164b
與黃直卿　西山集 2 附錄/165a
與方伯謨(1－2)　西山集 2 附錄/165a
答林正卿　西山集 2 附錄/166a
劉公度　西山集 2 附錄/166b
答邱子服　西山集 2 附錄/166b
劉智夫(1－3)　西山集 2 附錄/167a－167b
與林井伯　西山集 2 附錄/167b
與張孟遠　西山集 2 附錄/168a
與晏亞夫　西山集 2 附錄/168a
答曾景建(1－2)　西山集 2 附錄/164b－168b
與黃直卿　西山集 2 附錄/168b
~　杭
上游丞相書名侶號克齋　久軒集 8/57a
聘定啓蔡定劉　久軒集 8/58a
~　戡
賀太上皇后牋　定齋集 7/9b
太后慶壽賀皇后牋　定齋集 7/10a
賀太皇太后牋　定齋集 7/10a
賀皇后牋　定齋集 7/10a
上汪制置書　定齋集 8/1a
上虞樞密書　定齋集 8/2a
乞更運京西椿管米書　定齋集 8/3b

辭免乞宮觀書　定齋集 8/4a
辭免除檢正書(1-2)　定齋集 8/4b-5a
辭免應辨孝宗皇帝梓宮渡江轉官書　定齋集 8/5b
修福寧殿了畢轉官辭免書　定齋集 8/6a
辭免召赴行在書　定齋集 8/6a
上論邊事書(1-2)　附小貼及僭易申稟　定齋集 8/6b-7a
代人上宰執書　定齋集 8/8b
迎汪制置啓　定齋集 9/1a
賀梁樞密啓　定齋集 9/1a
賀王參政啓(1-2)　定齋集 9/1b-2a
賀虞樞使啓(1-2)　定齋集 9/2b-3a
賀史發運啓(1-2)　定齋集 9/3b-4a
改官後謝福州陳丞相啓　定齋集 9/4b
賀龔運使啓　定齋集 9/5b
賀任運使啓　定齋集 9/6a
賀王樞密啓　定齋集 9/6b
除正字謝宰執啓　定齋集 9/7a
除删定官謝宰執啓　定齋集 9/7b
賀龔參政啓　定齋集 9/8b
賀建康留守陳少保啓　定齋集 9/9a
賀周知院啓　定齋集 9/9b
賀李參政啓　定齋集 10/1a
除湖廣總領謝宰執啓　定齋集 10/1b
知隆興府到任謝宰執啓　定齋集 10/2a
知靜江府到任謝宰執啓　定齋集 10/3a
賀林少卿啓　定齋集 10/3b
賀刑部汪侍郎啓　定齋集 10/4a
賀汪舍人啓　定齋集 10/4b
賀徐殿院啓　定齋集 10/4b
賀范右史啓　定齋集 10/5a
答樂教授啓　定齋集 10/5b
答朱省幹啓　定齋集 10/5b
代賀汪尚書啓　定齋集 10/6a
代賀黃尚書啓　定齋集 10/6a
代上安撫啓　定齋集 10/6b
代賀吳安撫啓(1-2)　定齋集 10/7a-7b
代賀陳大諫啓　定齋集 10/8a
代賀施司諫啓　定齋集 10/8b
代賀侍御啓　定齋集 10/8b
賀史發運啓(蔡勘撰)　定齋集 29/10a
~　肇

回永興李待制啓　宋文鑑 123/10b
回知河中府宇文學士啓　宋文鑑 123/11a
與常州廖明畧學士啓　宋文鑑 123/11b
~　模
與二弟論四象大旨篇　覺軒集 7/5a
~　碻
與李文思書　播芳文粹 110/22a
~　襄
上運使王殿院書　蔡忠惠集 24/1a
答謝景山書　蔡忠惠集 24/6b
再答謝景山書　蔡忠惠集 24/9a
上龐端公書　蔡忠惠集 24/11b
答王太祝書　蔡忠惠集 24/14a
寄尹師魯書　蔡忠惠集 24/15a
答趙內翰書　蔡忠惠集 24/17a
上集賢相公書　蔡忠惠集 24/18b
修太平驛堂貽鄉人書　蔡忠惠集 24/19b
答歐陽永叔書　蔡忠惠集 24/20b
寄歐陽永叔書　蔡忠惠集 24/21b
謝知制誥啓　蔡忠惠集 27/1a
杭州謝兩府啓　蔡忠惠集 27/2b
回韓舍人啓　蔡忠惠集 27/3a
回賢良李秘書啓　蔡忠惠集 27/4a
回賢良范秘丞啓　蔡忠惠集 27/4b
泉州回交代啓　蔡忠惠集 27/5a
賀文相公樞使啓　蔡忠惠集 27/5b
回秦州知府錢端明啓　蔡忠惠集 27/6a
省主端明韓侍郎啓　蔡忠惠集 27/6b
呂樞密啓　蔡忠惠集 27/7a
回校勘孫學士啓　蔡忠惠集 27/7b
賀李太尉啓　蔡忠惠集 27/7b
回知瀛州知府待制啓　蔡忠惠集 27/8a
判府相公問候啓　蔡忠惠集 27/8b
回慶州經畧觀文孫侍郎啓　蔡忠惠集 27/9a
回秦州密學侍郎啓　蔡忠惠集 27/9b
回河東都運孫侍郎啓　蔡忠惠集 27/9b
賀運判啓　蔡忠惠集 27/10a
回賀編校丁學士啓　蔡忠惠集 27/10b
觀文侍郎啓　蔡忠惠集 27/11a
回盧龍圖啓　蔡忠惠集 27/11a
回定州傅密學啓　蔡忠惠集 27/11b
回洪州施刑部啓　蔡忠惠集 27/12a
回沈郎中啓　蔡忠惠集 27/12b

回陝西運使蔡司封啓　蔡忠惠集 27/12b
回廣西沈運使啓　蔡忠惠集 27/13a
衡州國博啓　蔡忠惠集 27/13b
陸太傅啓　蔡忠惠集 27/13b
建州運使曹郎中啓　蔡忠惠集 27/14a
回宮使曹相公啓　蔡忠惠集 27/14b
回唐龍圖啓　蔡忠惠集 27/14b
謝郪州知通啓　蔡忠惠集 27/15a
杭州侍讀啓　蔡忠惠集 27/15b
建州林書記啓　蔡忠惠集 27/15b
回賀劉秘監啓　蔡忠惠集 27/16a
回知太平州李郎中啓　蔡忠惠集 27/16b
回新嘉禾知郡郎中啓　蔡忠惠集 27/16b
錢舍人問候啓　蔡忠惠集 27/17a
賀兩府正啓　蔡忠惠集 28/1a
賀王密學正　蔡忠惠集 28/1b
賀發運提轉正啓（1－2）　蔡忠惠集 28/1b－2a
回知通賀正啓　蔡忠惠集 28/2a
賀昭文相公冬至啓　蔡忠惠集 28/2b
賀集賢相公冬至啓　蔡忠惠集 28/2b
賀歐陽侍郎冬至啓　蔡忠惠集 28/3a
賀參政趙侍郎冬至啓　蔡忠惠集 28/3a
賀樞密侍郎冬至啓　蔡忠惠集 28/3b
賀胡副樞冬至啓　蔡忠惠集 28/3b
賀呂副樞冬至啓　蔡忠惠集 28/4a
黃陳副樞冬至啓　蔡忠惠集 28/4b
回翰林學士攀達啓　蔡忠惠集 28/4b
回吉州李殿丞啓　蔡忠惠集 28/5a
回張學士啓　蔡忠惠集 28/5a
回謝提刑啓　蔡忠惠集 28/5b
回潤州章郎中啓　蔡忠惠集 28/5b
回蔡運判啓　蔡忠惠集 28/6a
回賀新提刑元郎中啓　蔡忠惠集 28/6b
與曹司封啓　蔡忠惠集 28/6b
回茂才投贄啓　蔡忠惠集 28/7a
回兩浙運使學士啓　蔡忠惠集 28/7a
回睦州李虞部啓　蔡忠惠集 28/7b
回發運張學士啓　蔡忠惠集 28/7b
回越州教授吳秘校啓　蔡忠惠集 28/8a
回新知越州章學士啓　蔡忠惠集 28/8a
回提舉慈孝寺李左藏啓　蔡忠惠集 28/8b
回高崇班啓　蔡忠惠集 28/8b
回湖州知郡徐郎中得替啓　蔡忠惠集 28/9a

回賀張皇城啓　蔡忠惠集 28/9a
回謝知通啓　蔡忠惠集 28/9b
回蔡郎中啓　蔡忠惠集 28/9b
謝昭文張相公牋　蔡忠惠集 28/10a
曹待制　蔡忠惠集 28/11b
黃太傅　蔡忠惠集 28/12a
觀文侍郎　蔡忠惠集 28/12a
歐陽永叔　蔡忠惠集 28/12b
元郎中　蔡忠惠集 28/13a
陳秘書　蔡忠惠集 28/13b
答户曹葉君　蔡忠惠集 28/13b
提刑方郎中　蔡忠惠集 28/14a
知郡陳駕部　蔡忠惠集 28/14b
彥猷學士　蔡忠惠集 28/15a
蔡密學　直講集/外 2/4a
答趙內翰書　宋文鑑 115/3a
賀梁給事啓　播芳文粹 51/15a
與張安道尚書帖　播芳文粹 103/20b
與程修撰六帖　播芳文粹 103/23b
與吳樞副帖　播芳文粹 103/25a
與吳學士帖　播芳文粹 105/10b

蔣之奇
　賀中書葉舍人啓　播芳文粹 50/20b
　與錢舍人帖　播芳文粹 107/8a
～元輝
　賀人發漕司舉啓　播芳文粹 65/14b
～　苪
　賀呂相建節啓　播芳文粹 55/11a
　謝及第啓　播芳文粹 77/15b

衛　涇
　謝寶翰後樂二字牋　後樂集 14/19b
　上留丞相劄子　後樂集 14/20a
　上沈運使作賓書　後樂集 14/22a
　上淮西張運使書　後樂集 14/23a
　上京知院劄　後樂集 14/24a
　與四川制置丘侍郎密劄　後樂集 14/24b
　留守制置丘侍郎密劄　後樂集 14/25b
　與鎮江宇文侍郎劄子　後樂集 14/26b
　與江淮宣撫丘尚書劄　後樂集 14/27b
　與倪侍郎思劄　後樂集 14/29a
　留守制置丘樞密密劄　後樂集 14/30a

與陸待制游劄子　後樂集 14/32a

與黃正言劄　後樂集 14/33a

留守制置黃侍郎劄　後樂集 15/1a

答江淮宣參常少監劄　後樂集 15/2a

與李參政壁劄　後樂集 15/3a

與提刑李秘書壂劄　後樂集 15/4a

通前漢州魏校書劄　後樂集 15/5a

與湖北制置趙秘撰　後樂集 15/6b

應大諫劄子　後樂集 15/7a

知福州日上廟堂論楮幣利害劄子　後樂集 15/7b

答嘉興鄭郎中定簡　後樂集 15/15a

答提刑程少卿卓　後樂集 15/15b

與泉州真直院德秀　後樂集 15/16a

答周知縣寓　後樂集 15/17a

與滁州蓋知府鈞　後樂集 15/18a

與李端明大性　後樂集 15/19a

與江淮制置李尚書珏　後樂集 15/19b

與章都鈐人範　後樂集 15/20b

與左曹蓋郎中鑄　後樂集 15/21b

與淮西制置趙徽猷善湘　後樂集 15/22a

與運使鞏郎中嶸　後樂集 15/23a

謝提刑丁郎中必稱　後樂集 15/23b

謝袁州滕大卿強恕　後樂集 15/24b

謝沿海俞制置建　後樂集 15/25b

與趙察院至道簡　後樂集 15/27b

回吳制幹劄　後樂集 15/28a

與吳監元劄　後樂集 15/29a

與周太尉劄　後樂集 15/29b

鄭提舉劄　後樂集 15/30b

及第謝知舉王尚書啓　後樂集 16/1a

謝黃參政啓　後樂集 16/2b

謝田宗簿尤郎中李編修羅校書陳郎中啓　後樂集 16/3b

謝蕭尚書葛舍人黃校書顏祭酒啓　後樂集 16/6a

謝宇文給事啓　後樂集 16/7a

謝平江知府謝右司啓　後樂集 16/7b

回余狀元謝及第啓　後樂集 16/9b

回鄒狀元謝及第啓　後樂集 16/10a

回莫狀元謝及第啓　後樂集 16/10b

回夏狀元謝及第啓　後樂集 16/11b

回曾狀元謝及第啓　後樂集 16/12a

燕賓館謝燕啓　後樂集 16/12b – 13a

真定府謝燕啓　後樂集 16/13a – 13b

謝花燕啓　後樂集 16/13b

汴京謝燕啓　後樂集 16/14a – 14b

朝見畢謝在館燕啓　後樂集 16/14b

謝射弓燕啓　後樂集 16/15a

回范提幹光啓　後樂集 16/15a

潭州回鄉貢進士謝解啓　後樂集 16/15b

回轉運司進士謝解啓　後樂集 16/16a

福州回鄉貢進士謝啓　後樂集 16/16a

回免解人啓　後樂集 16/16b

回轉運司進士謝解啓　後樂集 16/16b

回太學進士謝解啓　後樂集 16/17b

回國子監進士謝解啓　後樂集 16/17b

回武學進士謝解啓　後樂集 16/18a

回湖南帥鄒給事啓　後樂集 16/18a

回知撫州劉郎中啓　後樂集 16/18b

回知台州曾郎中啓　後樂集 16/19a

回史知府彌忠啓　後樂集 16/19a

回王知府啓　後樂集 16/20a

回京知府銓啓　後樂集 16/20b

回羅察院相啓　後樂集 16/20b

回王監簿衡仲啓　後樂集 16/21a

回張教授自明啓　後樂集 16/21b

回傅學錄知過啓　後樂集 16/22a

回葉通判澄啓　後樂集 16/22a

回史通判復祖啓　後樂集 16/22b

回俞通判遷啓　後樂集 16/22b

回蔡通判汝揆啓　後樂集 16/23a

回胡檢正元衡啓　後樂集 16/23b

回衆幹官啓　後樂集 16/23b

回丁提刑必稱啓　後樂集 16/24a

賀林提刑介生日啓　後樂集 16/24b

賀趙提刑生日啓　後樂集 16/24b – 25a

通新知平江府沈侍郎皥啓　後樂集 16/25b

回新平江府卜教授啓　後樂集 16/26a

賀李大諫生日啓　後樂集 16/26b

賀沈侍郎生日啓　後樂集 16/27a – 27b

賀沈侍郎正旦　後樂集 16/28a

賀趙提刑正旦啓　後樂集 16/28b

回趙提刑賀正旦啓　後樂集 16/29a

回劉提舉賀正旦啓　後樂集 16/29b

賀趙待制希懌生日啓　後樂集 16/30b

賀趙提刑冬至啓　後樂集 16/31a

回黃教授賀冬至啓　後樂集 16/31b

賀沈侍郎冬至啓　後樂集 16/32a

賀趙提刑懇夫冬至啓　後樂集 16/32b

賀趙尚書汝述冬至啓　後樂集 16/33a

回嚴州趙知府啓　後樂集 16/33a

通新知平江府王司諫啓　後樂集 16/34a

賀王大卿生日元春啓　後樂集 16/34b

賀史丞相生日啓　後樂集 16/35a

賀史丞相除少師啓　後樂集 16/36b

賀劉提舉生日啓　後樂集 19/30a – 36b

~　博

賀左相冬啓　定菴稿 3/1a

賀右相冬啓　定菴稿 3/1b

賀致政丞相冬啓　定菴稿 3/2b

賀參政冬啓　定菴稿 3/3a

賀樞密冬啓　定菴稿 3/3b

賀安撫參政冬啓　定菴稿 3/4a

賀殿帥相公冬啓　定菴稿 3/4b

賀王紹興正旦啓　定菴稿 3/5a

賀張明州正旦啓　定菴稿 3/5b

賀向揚州賜帶啓　定菴稿 3/6a

賀司諫啓　定菴稿 3/6a

賀魏參政啓　定菴稿 3/7b

賀葉參政啓　定菴稿 3/8b

賀朱參政啓　定菴稿 3/9b

賀洪參政啓　定菴稿 3/10b

謝執政啓　定菴稿 3/11a

謝執政啓謝除刑部侍郎　定菴稿 3/12b

與新縣丞啓　定菴稿 3/13b

通問周參政啓　定菴稿 3/14a

賀楊資政啓　定菴稿 3/15a

回交代縣尉啓　定菴稿 3/15b

賀曹侍御啓　定菴稿 3/16a

回程知府啓　定菴稿 3/16b

賀沈正言啓　定菴稿 3/17a

謝除待制知建康啓　定菴稿 3/18b

謝王鎮江啓　定菴稿 3/19a

與水軍統制啓　定菴稿 3/19b

回交代趙主簿啓　定菴稿 3/20a

回曾郎中啓　定菴稿 3/20b

與荊南到任啓　定菴稿 3/21b

回胡和州啓　定菴稿 3/22a

回莫揚州啓　定菴稿 3/22b

回李邵武啓　定菴稿 3/23a

賀宰相生辰啓　定菴稿 3/23b

回寶教授啓　定菴稿 3/24b

與教授啓　定菴稿 3/25a

賀葉樞密啓　定菴稿 3/25b

謝安撫樞密啓　定菴稿 3/25b

賀宋樞密啓　定菴稿 3/26b

賀葉樞密啓　定菴稿 3/27a

賀周樞密啓（1 – 2）　定菴稿 3/28a – 29a

賀黃樞密啓　定菴稿 3/30a

賀蔣樞密啓　定菴稿 3/31b

平江到任啓　定菴稿 3/32b

回知縣到任啓　定菴稿 3/33a

與知縣啓　定菴稿 3/34a

回姚平江謝到任啓　定菴稿 3/34b

回孫秀州謝到任啓　定菴稿 3/35a

賀曹紹興啓　定菴稿 3/35b

通問王舒州啓　定菴稿 3/36a

通問呂池州啓　定菴稿 3/37b

回知錄求薦啓　定菴稿 3/38a

回封州太守啓　定菴稿 3/38b

謝太守啓　定菴稿 3/39a

贄見太守啓　定菴稿 3/40a

贄見運使啓　定菴稿 3/41b

賀錢運使啓　定菴稿 3/43a

賀汪樞使啓　定菴稿 3/44a

回霍少卿啓　定菴稿 3/45a

回都統啓　定菴稿 3/45b

回太常少卿啓　定菴稿 3/46a

賀朱少卿啓　定菴稿 3/46b

回監司啓　定菴稿 3/47b

賀李太尉啓　定菴稿 3/48a

回鍾離運幹謝及第啓　定菴稿 3/48b

回吳提宮求辟啓　定菴稿 3/49a

與提幹啓　定菴稿 3/49b

回呂侍郎啓　定菴稿 3/50a

賀吏部侍郎啓　定菴稿 3/50b

上陳平江論治道書　定菴稿 4/1a

與人論民兵書　定菴稿 4/4b

求薦書　定菴稿 4/6b

劉一止

見經制使書　苕溪集 16/校補 1a

上執政書　苕溪集 16/校補 3a

寄提刑盧察院書　苕溪集 16/校補 5a

見諫垣書　苕溪集 16/校補 7a

見國信侍郎書　苕溪集 16/校補 9a

上越帥書　苕溪集 16/校補 11a

寄中丞書　苕溪集 16/校補 7b

謝人薦自代啓　苕溪集 20/1a

寄湖州太守葛司成啓　苕溪集 20/1b

謝鄉人王提刑薦舉啓　苕溪集 20/2a

謝翟內翰薦舉啓　苕溪集 20/2b

謝館職啓　苕溪集 20/3a

除直顯謨閣謝宰執啓　苕溪集 20/4a

提點浙東刑獄謝啓　苕溪集 20/4b

責授宮祠謝啓　苕溪集 20/4b

再任宮祠謝啓　苕溪集 20/5a

致仕除敷文閣待制謝啓　苕溪集 20/5b

皇太后慶壽八十詔長吏致禮加賜羊酒粟帛

　　謝啓　苕溪集 20/6a

答張狀元啓　苕溪集 21/1a

答特奏名狀元啓　苕溪集 21/1a

上時相問候啓　苕溪集 21/1b

賀樞密使啓　苕溪集 21/2a

賀翰林承旨啓　苕溪集 21/2b

賀樞密再入啓　苕溪集 21/3a

答交代謝少卿啓　苕溪集 21/3b

賀湖州太守啓　苕溪集 21/4a

代答明州太守啓　苕溪集 21/4b

代賀秀州通判啓　苕溪集 21/5a

代賀市舶提舉啓　苕溪集 21/5a

賀冬啓　苕溪集 21/5b

賀正啓　苕溪集 21/5b

請承天文長老疏　苕溪集 27/1a

請天章長老再入疏　苕溪集 27/1a

請天寧覺長老疏　苕溪集 27/1b

請天台教院開闍黎疏　苕溪集 27/2a

請圓通教院如闍黎疏　苕溪集 27/2a

請龍瑞知宮樓法師疏　苕溪集 27/2b

請天長知觀蕭法師疏　苕溪集 27/2b

謝龍瑞知宮樓法師疏　苕溪集 27/2b

寄中丞書　南宋文範 32/1a

~才邵

代宰相答朱丞相賀太后回鑾劄子　楙溪集

8/25a

賀葛祭酒啓　楙溪集 9/1a

賀魏司業啓　楙溪集 9/1b

賀張侍郎啓　楙溪集 9/2b

謝太守舉狀啓　楙溪集 9/3a

謝蔡侍郎舉狀啓　楙溪集 9/5a

謝詞學科第二人啓　楙溪集 9/5b

及第謝李宣仲啓　楙溪集 9/8b

謝劉運元啓　楙溪集 9/9a

賀解元啓　楙溪集 9/9b

謝解元啓　楙溪集 9/10a

回謝貢院啓　楙溪集 9/11a

賀晏提刑冬節啓　楙溪集 9/11b

回賀冬啓　楙溪集 9/12a

回賀郎官啓　楙溪集 9/12a

回郴州安撫折樞密啓　楙溪集 9/12b

賀董參政啓　楙溪集 9/13a

賀葛司成啓　楙溪集 9/14a

賀留守張子公啓　楙溪集 9/14b

回賀正啓　楙溪集 9/15a

賀許主簿發解啓　楙溪集 9/15b

回謝除軍器監啓　楙溪集 9/16a

謝李樞密應求啓　楙溪集 9/16b

漳州到任謝馬運使純啓　楙溪集 9/17b

答漳州倅傅安道啓　楙溪集 9/18a

答漳州倅侯經叔啓　楙溪集 9/18b

答漳州倅林無斁啓　楙溪集 9/19a

答蕭棠仲致政啓　楙溪集 9/19b

賀蘇漕伯衍啓　楙溪集 9/20a

回趙路分都鈐啓　楙溪集 9/20b

賀吳措置啓　楙溪集 9/21a

與漳州交代王伯楷啓　楙溪集 9/21b

答漳州交代張子文啓　楙溪集 9/22a

賀宏詞魁洪學士啓　楙溪集 9/23a

回孫尚書啓　楙溪集 9/24a

賀劉太尉啓　楙溪集 9/24b

謝薛安撫直老啓　楙溪集 9/25a

與鄭守啓　楙溪集 9/25a

~子淵

賀丞相賜宅啓　播芳文粹 67/27b

~子翬

賀魯漕除直秘閣啓　屏山集 8/1a

到任與張守啓　屏山集 8/1b

謝鄧倅啓　屏山集 8/2a

賀李丞相年啓　屏山集 8/2b

賀李丞相冬啓　屏山集 8/2b

賀新憲啓　屏山集 8/3a

賀謝參政啓　屏山集 8/3b

回耿龍圖啓　屏山集 8/4b

賀宣撫李相公啓　屏山集 8/5a

賀翟參政啓　屏山集 8/5b

謝李參政舉知己啓　屏山集 8/6b

賀呂相公啓　屏山集 8/7a

到任與祖漕啓　屏山集 8/8a

賀漕侯郎中啓　屏山集 8/8b

賀新漕徐學士啓　屏山集 8/9a

賀新任梁提舉啓　屏山集 8/9b

賀知泉州通交代啓　屏山集 8/10a

代與趙待制啓　屏山集 8/10b

代與趙提舉啓　屏山集 8/11a

代與江給事啓　屏山集 8/11a

代與李丞相啓　屏山集 8/11b

代賀范參政啓　屏山集 8/12a

~元受

上漕使啓　播芳文粹 86/8b

~安上

謝除中書舍人　劉給諫集 3/1b

謝除給事中　劉給諫集 3/2a

謝除待制知壽州　劉給諫集 3/2b

壽州謝到任　劉給諫集 3/3a

謝提舉亳州明道宮　劉給諫集 3/3b

謝磨勘轉朝散郎　劉給諫集 3/4a

知婺州謝到任　劉給諫集 3/4a

謝提舉建州武夷山沖佑觀　劉給諫集 3/4b

謝服闋除官　劉給諫集 3/5a

謝再知壽春府　劉給諫集 3/5b

謝磨勘轉朝奉大夫　劉給諫集 3/6a

謝降官（1－2）　劉給諫集 3/6b－7a

知舒州謝到任　劉給諫集 3/7b

謝釋褐　劉給諫集 3/8a

謝薦舉（1－2）　劉給諫集 3/9a－9b

上中丞　劉給諫集 3/10a

賀溫守蘇起再任　劉給諫集 3/11a

~安節

代賀林樞密　劉左史集 1/6a

代賀朱右丞　劉左史集 1/6b

代賀梁右丞　劉左史集 1/6b

代賀徐右丞　劉左史集 1/7a

代賀薛內翰　劉左史集 1/7b

代賀朱都運　劉左史集 1/8a

代賀盧營田　劉左史集 1/8b

代賀孫營田　劉左史集 1/9a

代王漕賀馮提學　劉左史集 1/9a

代吳提學謝執政　劉左史集 1/9b

代吳提學再領學司謝監司　劉左史集 1/10a

謝免省　劉左史集 1/10b

謝王漕舉改官　劉左史集 1/11b

謝司業改官　劉左史集 1/12b

謝葉博士　劉左史集 1/13a

~辰翁

答劉英伯書　須溪集 7/23b

謝有山黃提舉啓　須溪集 7/36a

回劉守招啓　須溪集 7/36b

贈王國鈞歸燕啓　須溪集 7/37a

贈滕王霄入京啓　須溪集 7/37a

贈士人入京養親啓　須溪集 7/37b

贈蜀人陳定叟赴學官選啓　須溪集 7/38a

贈劉恭叔問屋啓　須溪集 7/38a

贈家古劉教千米啓　須溪集 7/38b

贈同舍水俊聚糧啓　須溪集 7/38b

賀參政入新府啓　須溪集 7/39a

賀遷入山居啓　須溪集 7/39b

賀造竹亭啓　須溪集 7/39b

賀造花庵啓　須溪集 7/40a

賀造水閣啓　須溪集 7/40b

賀造船亭啓　須溪集 7/40b

答赴二月請啓　須溪集 7/41a

二月請人啓　須溪集 7/41a

答赴花朝請啓　須溪集 7/41b

花朝請人啓　須溪集 7/41b

答赴社日請啓　須溪集 7/42a

社日請人啓　須溪集 7/42a

答赴上已請啓　須溪集 7/42b

上已請人啓　須溪集 7/42b

答赴清明請啓　須溪集 7/43a

清明請人啓　須溪集 7/43a

答赴遊春請啓（1－2）　須溪集 7/43b－44a

遊春請人啓（1－2）　須溪集 7/43b－44a

初夏請人啓　須溪集 7/44a

答復初夏請啓　須溪集 7/44b

端午請人啓　須溪集 7/44b

答復端午請啓　須溪集 7/45a

答赴三伏請啓　須溪集 7/45a

三伏請人啓　須溪集 7/45a

答赴七夕請啓　須溪集 7/45b

七夕請人啓　須溪集 7/45b

答赴秋社請啓　須溪集 7/46a

秋社請人啓　須溪集 7/46a

答赴中秋請啓　須溪集 7/46b

中秋請人啓　須溪集 7/46b

須溪劉先生書(致許月卿書)　先天集/附録上/3b－4b

~克莊

鐫職謝丞相啓　後村集 50/10a

復職謝丞相啓　後村集 50/11a

謝二府啓　後村集 50/12a

賀丞相明堂加恩啓　後村集 50/12b

加恩謝丞相啓　後村集 50/13a

回京湖趙置制啓　後村集 50/14a

回湖北張漕啓　後村集 50/14b

賀宋總領除農少啓　後村集 50/15a

回江西曹帥啓　後村集 50/15b

賀曾同知除宣撫啓　後村集 50/16b

賀簽書啓　後村集 50/17a

與丞相簡　後村集 81/10a

録丞相回柬(1－3)　後村集 81/10b－11b

録丞相回柬　後村集 81/12a

與丞相劄　後村集 81/12a

録丞相回劄　後村集 81/12b

録丞相回給事柬　後村集 81/13a

録諫給事回丞相柬　後村集 81/13b

上傅侍郎　後村集 116/1a

賀制置李尚書啓　後村集 116/2a

謝制置李尚書啓　後村集 116/4a

謝傅侍郎學著述啓　後村集 116/5b

賀安宣撫除少保　後村集 116/7a

賀傅諫議休致　後村集 116/8a

代通趙西宗啓　後村集 116/9a

赴辟廣西通帥啓　後村集 116/9b

謝聶侍郎舉著述啓　後村集 116/10b

改官謝丞相啓　後村集 116/11b

謝胡禮侍衛舉著述　後村集 116/12a

謝鄉羣應詔薦舉啓　後村集 116/13a

謝傅諫議應詔薦舉　後村集 116/13b

通安撫王侍郎　後村集 116/14b

通建守葉尚書啓時　後村集 116/15b

回交代葉丞議啓　後村集 116/16b

謝臺官舉陞陟啓　後村集 116/17b

謝聶閣學舉自代啓　後村集 116/18b

謝葉尚書舉政績啓　後村集 116/19b

謝沈提舉薦政績啓　後村集 116/20b

謝葉秘監舉陞陟啓　後村集 116/21b

謝王侍郎舉所知　後村集 117/1a

上鄭給事啓　後村集 117/1b

謝程内翰舉所知　後村集 117/2b

除潮倅謝丞相啓　後村集 117/4a

謝臺諫啓　後村集 117/5a

除仙都觀謝丞相啓　後村集 117/6a

謝臺諫啓　後村集 117/7a

除吉倅謝丞相啓　後村集 117/7b

代上西山　後村集 117/9a

代謝西山　後村集 117/10a

賀鄭丞相啓　後村集 117/11a

除匠簿福建參議謝西山　後村集 117/12a

謝丞相啓　後村集 117/13b

謝兩參政啓　後村集 117/14a

謝洪中書舉自代咨夔啓　後村集 117/15a

謝余中書舉自代啓　後村集 117/16a

除宗簿謝丞相啓　後村集 117/17a

除玉局觀謝二相啓　後村集 117/18a

除雲臺觀謝丞相啓　後村集 117/19a

謝諸府啓　後村集 117/19b

廣東提舉謝李丞相啓　後村集 117/20b

通唐經畧　後村集 117/21b

賀右丞相還朝啓　後村集 117/22a

廣東漕謝二相啓　後村集 117/23a

除崇禧觀謝丞相啓　後村集 118/1a

謝三府啓　後村集 118/2a

謝史端明　後村集 118/2b

再除崇禧觀謝丞相啓　後村集 118/3b

謝史端明　後村集 118/4b

謝諸府啓　後村集 118/5b

賀范左相　後村集 118/6b

賀杜右相啓　後村集 118/7b

賀鄭丞相除少保醴泉觀使兼侍讀啓　後村

集 118/8b

江東憲謝鄭小保啓　後村集 118/9b

謝丞相啓　後村集 118/10b

謝給舍人侍從啓　後村集 118/11b

謝臺諫啓　後村集 118/12b

賀謝司諫啓　後村集 118/13b

賀劉察院　後村集 118/14b

賀江察院　後村集 118/15b

賀鄭少傅啓　後村集 118/16b

除將作監直華文閣謝丞相啓　後村集 118/17b

謝臺諫給舍侍從啓　後村集 118/18b

賀鄭少師啓　後村集 118/19b

賀游丞相　後村集 118/20b

賀湯司諫　後村集 119/1a

江小坡　後村集 119/1b

賀鄭侍御啓　後村集 119/2a

賀謝殿院啓　後村集 119/3a

謝閣學王侍郎薦自代遂　後村集 119/4a

受告謝程中書　後村集 119/4b

謝王侍郎舉自代堃　後村集 119/5b

回賈制置啓　後村集 119/6b

答韓徽州啓　後村集 119/7a

答池州魏通判啓　後村集 119/7b

賜第謝丞相啓　後村集 119/8a

謝鄭少師啓　後村集 119/9b

謝趙知院啓　後村集 119/9b

謝陳文參啓　後村集 119/10b

賀鄭丞相啓　後村集 119/10b

二府啓　後村集 119/11b

除秘撰門憲謝丞相啓　後村集 119/12b

謝三府啓　後村集 119/13b

謝侍從給舍啓　後村集 119/14b

除秘書監謝丞相啓　後村集 119/15a

謝諸府啓　後村集 119/16a

謝臺諫啓　後村集 119/17a

復右文撰提舉明道宮謝丞相啓　後村集 119/18a

賀董丞相啓　後村集 119/19a

賀程樞參　後村集 119/20a

賀蔡樞密　後村集 119/21a

除明道祠謝丞相啓　後村集 120/1a

謝二府啓　後村集 120/1b

賀抑齋元樞體致啓　後村集 120/2b

回洪提刑啓　後村集 120/3b

賀賈丞相啓　後村集 120/4b

除寶學知建寧謝丞相啓　後村集 120/5b

謝三府啓　後村集 120/6b

致仕謝丞相啓　後村集 120/7b

謝執政啓　後村集 120/8b

與馬中書啓　後村集 120/9a

回林中書啓　後村集 120/10a

謝廟堂啓轉正議大夫　後村集 120/11a

賀賈丞相拜太師啓　後村集 120/11b

賀賈太師再相啓　後村集 120/12b

賀太師平章啓　後村集 120/13b

賀太師平章又別幅啓　後村集 120/14b

進開國伯謝平章啓　後村集 120/15a

除龍學謝平章啓　後村集 120/16a

謝宰執啓　後村集 120/16b

謝馮給事　後村集 120/18a

謝盧中書啓　後村集 120/18b

答陳尚書啓　後村集 120/18b

太夫人生日回張守啓（1－2）　後村集 121/1a－1b

袁州回通判壽酒啓　後村集 121/1b

宜春方宰壽詩啓　後村集 121/2a

張守啓　後村集 121/2b

方蒙仲啓　後村集 121/2b

王實之啓　後村集 121/3a

方德潤右史啓　後村集 121/3b

張使君啓　後村集 121/4a

顧知縣啓　後村集 121/4b

成丞啓　後村集 121/5a

王權郡啓　後村集 121/5a

徐國錄啓　後村集 121/5b

王教授啓　後村集 121/6a

林知縣啓　後村集 121/6a

見任官啓　後村集 121/6b

諸士友啓　後村集 121/7a

方教蒙仲啓　後村集 121/7a

卓教授得吉啓　後村集 121/7b

卓知縣得慶啓　後村集 121/8a

彭特魁啓　後村集 121/8a

黃縣丞龍慶啓　後村集 121/8a

張守秘丞啓　後村集 121/8b

徐國錄啓　後村集 121/9a

王教授庚啓　　後村集 121/9a

方貢士汝一啓　　後村集 121/9b

方監元寔孫啓　　後村集 121/10a

張秘丞啓　　後村集 121/10a

張倅啓（1－2）　　後村集 121/11a

徐國録啓　　後村集 121/11b

李國正啓　　後村集 121/12a

方北倅啓　　後村集 121/12b

方制幹啓　　後村集 121/13a

方貢士啓　　後村集 121/13b

韓孔惠啓　　後村集 121/14a

權郡黃倅啓　　後村集 121/14a

莆田黃宰啓（1－2）　　後村集 121/14b－15a

葉寺丞啓　　後村集 121/15a

李國正啓　　後村集 121/15b

興化張宰啓　　後村集 121/16a

林知縣啓　　後村集 121/16b

趙司理啓　　後村集 121/17a

陳巡轄德林啓　　後村集 121/17a

韓孔惠斗啓　　後村集 121/17b

甲寅生日丁縣尉啓南一啓　　後村集 121/18a

方貢士汝則啓　　後村集 121/18a

林貢士逢丁啓　　後村集 121/18b

林省元啓　　後村集 121/19a

回黃教授啓　　後村集 122/1a

回潘使君啓　　後村集 122/1b

回林直院啓　　後村集 122/2a

回徐監簿啓　　後村集 122/2b

回吳郎中啓　　後村集 122/3a

回葉寺丞啓　　後村集 122/3b

回卓常簿啓　　後村集 122/4a

回趙監簿啓　　後村集 122/4a

回李國正啓　　後村集 122/4b

回趙寺丞啓　　後村集 122/5a

回高教授啓　　後村集 122/5b

回林知録啓　　後村集 122/5b

回陳司理仙遊黃尉啓　　後村集 122/6a

回諸士友詞啓　　後村集 122/6a

回諸友詞啓　　後村集 122/6b

回方聽蛙啓　　後村集 122/7a

回林貢士逢丁啓　　後村集 122/7a

回宋守監丞啓　　後村集 122/7b

回林侍郎啓　　後村集 122/8a

回見任官啓　　後村集 122/8b

回宋監丞啓　　後村集 122/9a

回林侍郎啓　　後村集 122/9b

回徐監簿啓　　後村集 122/9b

回方書監啓　　後村集 122/10a

回莆田謝宰啓　　後村集 122/10b

回魏知録啓　　後村集 122/11a

回徐監簿啓　　後村集 122/11b

回林侍郎啓　　後村集 122/12a

回鄉守趙寺丞啓　　後村集 122/12a

又回鄉守趙寺丞送壽儀啓　　後村集 122/12b

回梁倅啓　　後村集 122/13a

回李宮教卓常簿趙監簿啓　　後村集 122/13b

回莆田謝草啓　　後村集 122/13b

回沈教授啓　　後村集 122/14a

回方僉判啓　　後村集 122/14b

回夏縣丞啓　　後村集 122/14b

回知録司法啓　　後村集 122/15a

回許主簿啓　　後村集 122/15b

回林潮州啓　　後村集 122/15b

回鄉守趙寺丞啓　　後村集 122/16b

回林侍郎啓　　後村集 122/17a

回李宮教啓　　後村集 122/17a

回卓常簿啓　　後村集 122/17b

回趙監簿啓　　後村集 122/18a

回方監簿啓　　後村集 122/18a

回葉寺丞啓　　後村集 122/18a

回梁倅啓　　後村集 122/18b

回陳正言啓　　後村集 123/1a

回徐常丞啓　　後村集 123/1b

回諸士友詩啓　　後村集 123/2a

回諸士友詞啓　　後村集 123/2b

回方聽蛙啓　　後村集 123/2b

回吳侍郎啓　　後村集 123/3a

回陳大卿啓　　後村集 123/3b

回曹守司直啓　　後村集 123/4a

回教授啓　　後村集 123/4a

回判官啓　　後村集 123/4b

回曹官啓　　後村集 123/5a

回林通判啓　　後村集 123/5a

回徐常丞啓　　後村集 123/5b

回仙遊鄧宰啓　　後村集 123/6a

回吳侍郎啓（1－2）　　後村集 123/6b－7a

回諸士友詩啓　後村集 123/7a
回諸友士詩啓　後村集 123/7b
回曹守啓(1-2)　後村集 123/8a-8b
回鄭倅啓(1-2)　後村集 123/8b-9a
回林農卿啓　後村集 123/9b
回趙工部啓　後村集 123/9b
回方常簿啓　後村集 123/10a
回林尚管啓　後村集 123/10a
回趙循州啓　後村集 123/10a
回方侍丞啓　後村集 123/10b
回林知縣啓　後村集 123/10b
回卓漳州啓　後村集 123/11a
答卓漳州親書　後村集 123/11b
回上寓啓　後村集 123/12a
回秘閣徐提刑啓(1-2)　後村集 123/12b-13a
回蒲領衛壽崧啓　後村集 123/13a
回曹守司直啓　後村集 123/13b
回陳尚書啓　後村集 123/14a
回李禮部啓　後村集 123/14b
回莆田仙遊兩宰啓　後村集 123/15a
回兩教授啓　後村集 123/15a
回曹職官啓　後村集 123/15b
回陳尚書啓　後村集 124/1a
回林中書啓　後村集 124/1b、15a
回林農卿啓　後村集 124/1b、15b
回徐提刑啓　後村集 124/2a
回卓刑部啓　後村集 124/2b
回趙工部啓　後村集 124/3a-16a
回林大博啓　後村集 124/3a
回權郡啓(1-2)　後村集 124/3b-4a
回李禮部啓　後村集 124/4a
回趙梅州啓　後村集 124/4b
回鄭太社啓　後村集 124/5a
回林安溪啓　後村集 124/5a
回陳宰倜啓　後村集 124/5b
蕭教授起大韓山長伯高啓　後村集 124/6a
回曹職官啓　後村集 124/6a
回王縣丞得三啓　後村集 124/6b
回張監務邦洵啓　後村集 124/7a
回方山長至啓　後村集 124/7a
回楊縣丞思謙啓　後村集 124/7b
回士友啓　後村集 124/7b
回卓刑部啓　後村集 124/8a

回諸友釀飲啓　後村集 124/8b
回黃教授啓　後村集 124/8b
回林中書啓　後村集 124/9a
回陳提刑啓　後村集 124/9b
回鄉守趙計院啓　後村集 124/9b
回趙倅啓　後村集 124/10a
回林農卿啓　後村集 124/11b
回卓刑部啓　後村集 124/11a
回趙梅州啓　後村集 124/11a
回趙工部啓　後村集 124/11b
回林尚管啓　後村集 124/11b
回莊省門啓　後村集 124/12a
回李書監啓　後村集 124/12a
回南劍林倅啓　後村集 124/12b
回邵武林倅啓　後村集 124/12b
回徐提舉啓　後村集 124/13a
回方秘書啓　後村集 124/13a
回黃師機林安溪啓　後村集 124/13b
回徐提舉啓　後村集 124/14a
回鄉守趙計院啓　後村集 124/14b
回江倅啓　後村集 124/15a
回林中書啓　後村集 124/15a
回林農卿啓　後村集 124/15b
回卓刑部啓　後村集 124/16a
回趙工部啓　後村集 124/16a
回方秘書啓　後村集 124/16a
回李書監啓　後村集 124/16b
回蒲領衛啓　後村集 124/16b
回見任官啓　後村集 124/17a
回林秋陳簿陳權斜楊法啓　後村集 124/17b
回兩教授韓山長啓　後村集 124/17b
回邵武林倅啓　後村集 124/18a
回陳尚書啓　後村集 124/18b
回諸知縣啓　後村集 124/18b
答王守工部克恭(1-2)　後村集 125/1a
答楊守監丞夢信啓　後村集 125/1b
答新守陳夢龍啓　後村集 125/2b
答潘守宮教櫸啓　後村集 125/3b
答鄉守樂語啓　後村集 125/4b
答潘守餽歲啓(1-2)　後村集 125/5b
答潘守樂語啓　後村集 125/6a
答趙守樂語啓　後村集 125/6b
答趙守寺丞啓　後村集 125/7a

答徐守寺丞樂語啓　後村集 125/8a
答曹守司直啓　後村集 125/8b
答曹守重陽節儀啓　後村集 125/9b
答曹守樂啓　後村集 125/9b
答曹守歲儀啓　後村集 125/10a
答曹守送重陽節儀啓　後村集 125/10b
答曹守冬至節儀啓(1~2)　後村集 125/10b–11a
答汪守樂記啓　後村集 125/11a
答汪守端午節儀啓　後村集 125/12a
答趙守計院啓　後村集 125/12a
答趙守樂語啓　後村集 125/13a
答趙守重陽節儀啓　後村集 125/13b
答趙守至節儀啓　後村集 125/13b
答汪倅至節儀啓　後村集 125/14a
答趙守年儀啓　後村集 125/14a
答汪倅年儀啓　後村集 125/14b
答鄉守告朔啓　後村集 125/15a
答通判啓　後村集 125/15a
答鄉倅端午節儀啓　後村集 125/15b
答涵頭鄭監鎮啓　後村集 125/15b
答莆田翁縣尉啓　後村集 125/16b
答朱仙遊濬啓　後村集 125/17a
答仙遊鄧宰桂發啓　後村集 125/17b
答新莆田陳宰偁啓　後村集 125/18a
答趙司理啓　後村集 125/18b
答張添教詵啓　後村集 125/19a
答趙録參若珪啓　後村集 125/19b
答林司理啓　後村集 125/20a
答楊伯紀論四六啓　後村集 126/1a
回湯仲能撫屬啓　後村集 126/2a
回京尹啓　後村集 126/2b
回游提刑入國門　後村集 126/2b
答賈都大謝贊書啓　後村集 126/4a
答江東曹趙待制謝替書　後村集 126/4b
賀馬相公啓　後村集 126/5a
回陳正鄉會助筵啓　後村集 126/5b
答安溪黃宰相謝薦啓　後村集 126/6a
賀陳大諫啓　後村集 126/6b
賀馬中書啓　後村集 126/7a
答卓漳州謝順寧精舍記啓　後村集 126/7b
回陳尚書啓　後村集 126/8a
賀陳尚書生日啓(1~2)　後村集 126/8b–9a
回林中書啓　後村集 126/9a

答劉提舉啓　後村集 126/9b
與丞相繳壽詞劄附啓　後村集 126/10a
季子聘書　後村集 126/10b
又請期　後村集 126/10b
去華姪聘方氏　後村集 126/11a
又請期　後村集 126/11a
答李氏聘書　後村集 126/11b
又請期　後村集 126/11b
答方氏婚書蒙仲子　後村集 126/12a
又請期　後村集 126/12b
姪孫士寅將仕聘潘氏　後村集 126/12b
答余氏婚書　後村集 126/13a
勝女回方氏定日書　後村集 126/13a
沂孫請期書　後村集 126/13b
渙孫趙氏婚書　後村集 126/13b
代陳玄謝啓　後村集 127/17b
丁丑上製師　後村集 128/1a
戊寅與制帥論海州　後村集 128/4b
庚辰與方子默僉判　後村集 128/5b
辛巳答傅諫議　後村集 128/7b
乙酉答真侍郎　後村集 128/8b
乙酉答傅諫議　後村集 128/11b
乙酉與胡伯圜侍制　後村集 128/12b
戊子答真侍郎論選詩　後村集 128/14b
與鄭丞相　後村集 129/1a
與鄭丞相第六首　後村集 129/3a
與李丞相　後村集 129/11a
與游丞相　後村集 129/13b
與游丞相　後村集 130/1a
與范丞相　後村集 130/2b
與范杜二相　後村集 130/4b
與宰執　後村集 130/7a
與高樞密　後村集 130/8a
與鄭邵武　後村集 130/9b
答南雄翁教授　後村集 130/11a
答林公掞監場　後村集 130/12b
答翁仲山禮部　後村集 131/1a
與鄭丞相論史　後村集 131/2a
答陳卓然書　後村集 131/3b
與陳抑齋書　後村集 131/4b
答翁仲山吳明輔　後村集 131/5b
答鄉守潘宮教　後村集 131/6b
答鄉守趙寺丞　後村集 131/7a

答鄉守楊編修（1-2）　後村集 131/7b-9a

答李元善侍郎　後村集 131/9b

答趙丞相　後村集 132/1a

與泉守吳刑部　後村集 132/2a

答葉新之侍郎　後村集 132/3b

與趙保相　後村集 132/4a

與賈丞相（1-3）　後村集 132/4b-7b

回呂太尉　後村集 132/8a

與平江發運王尚書　後村集 132/9b

回董相矩堂（1-2）　後村集 132/10b-11a

謝賈丞相餞行詩　後村集 132/12b

回信庵書　後村集 132/13a

徐內翰　後村集 133/1a

答洪帥侍郎　後村集 133/2a

爲林先輩與廟堂書　後村集 133/3a

與洪帥侍郎　後村集 133/4b

與徐漳州書　後村集 133/5a

與李泉州書　後村集 133/6a

答劉嵊縣書同祖　後村集 133/7a

與石壁胡卿書　後村集 133/8a

與竹溪林中書書　後村集 133/8b

與李應山制置書　後村集 133/9a

答洪帥侍郎（1-2）　後村集 133/10b-11b

回劉汀洲書　後村集 133/12a

與徐憲書　後村集 133/13b

與淮閫賈知院書　後村集 133/13b

與方蒙仲制幹書　後村集 133/14b

答余安遠令師夔　後村集 133/15a

與趙憲與譚　後村集 133/15b

與平江包尚書　後村集 134/1a

答信庵丞相書　後村集 134/2a

與劉汀州書　後村集 134/2b

答鄉守潘官講　後村集 134/3b

答林中書書　後村集 134/4a

與馬中書書　後村集 134/5a

與丞相書（1-2）　後村集 134/5b-6b

又慰國哀　後村集 134/8a

與丞相書（1-2）　後村集 134/9a-10b

答歐陽秘書書　後村集 134/11b

答趙檢察書　後村集 134/15a

答陳主簿開先書　後村集 134/15a

答英帥卿　後村集 134/16a

內簡　後村集 134/18a

賀劉察院啓　南宋文範 30/8a

賀傅侍郎挂冠啓　南宋文範 30/8b

~ 岑

賀王茶馬啓　播芳文粹 59/11b

~ 奉世

上韓范二招討書　自省集 6/10b

~ 長源

應詔陳言書　蜀文輯存 64/5a

~ 芮

賀林同知啓　播芳文粹 49/25b

賀吳右丞啓　播芳文粹 53/25b

賀吳樞使除宣撫啓　播芳文粹 58/13b

~ 攽

與王深甫論史書　彭城集 27/1a

與韓持國論侍講不合稱師　彭城集 27/2b

與王介甫書　彭城集 27/4b　宋文鑑 117/11a

與青州歐陽尚書別紙　彭城集 27/6b

爲伯父上集賢文相公書　彭城集 27/7b

爲人上宰相書　彭城集 27/9b

爲王郎中論事于宰相書　彭城集 27/11a

爲趙賓客上執政書　彭城集 27/12a

爲人以文章與知己書　彭城集 27/13b

答西京解元李秀才書　彭城集 27/14b

衆學官移兩判監書　彭城集 27/15a

賀參政某侍郎啓　彭城集 28/1a

賀資政吳侍郎啓（1-2）　彭城集 28/1b

與楊州知府某侍郎啓　彭城集 28/3a

回留臺吳侍郎啓　彭城集 28/3a

謝留臺吳侍郎　彭城集 28/3b

賀知府某給事啓　彭城集 28/4a

賀知府某諫議啓　彭城集 28/4b

賀知府某侍讀啓　彭城集 28/5a

與杭州知府某資政啓　彭城集 28/5b

謝太師杜相公啓　彭城集 28/6b

謝西京宋相公啓　彭城集 28/7a

爲韓汝州謝諸執政啓　彭城集 28/7b

爲司馬中丞謝翰林啓　彭城集 28/8a

爲趙秘監謝官啓　彭城集 28/9a

爲某郡守謝罷任啓　彭城集 28/9b

爲傅學士謝除直昭文館啓　彭城集 28/10a

爲王郎中謝晏相公啓　彭城集 28/11a

賀鄆州某安撫啓　彭城集 28/12a

爲王郎中謝官啓　彭城集 28/12b

回鄆州賈諫議啓　　彭城集 28/13a

爲王駕部汝州謝二府啓　　彭城集 28/13b

爲司馬中丞謝參知政事與二府啓　　彭城集 28/14b

爲韓相回前兩府啓　　彭城集 28/14b

爲韓端明知河陽謝二府啓　　彭城集 28/15a

賀省副某郎中啓　　彭城集 29/1a

回賀蘇學士詔啓　　彭城集 29/1b

賀判府宋相公啓　　彭城集 29/2a

賀宋相公判許州啓　　彭城集 29/2b

與西京通判某太博啓　　彭城集 29/3a

回齊州通判某啓　　彭城集 29/3b

回王尚書啓　　彭城集 29/3b

賀致政某宮師啓　　彭城集 29/4a

賀三司某待制啓　　彭城集 29/4b

賀制置發運某待制啓　　彭城集 29/5b

賀張丞相除帥啓　　彭城集 29/6a

與轉運使某啓　　彭城集 29/7b

賀運使某啓　　彭城集 29/7b

賀運使某郎中啓(1～2)　　彭城集 29/8a－8b

賀運使某度支啓(1～2)　　彭城集 29/9a－9b

賀鄆州安撫某修撰啓　　彭城集 29/10a

回濟州知州某啓　　彭城集 29/10b

賀孫杭州啓　　彭城集 29/10b

回知府某大卿啓　　彭城集 29/11a

賀宰相某啓　　彭城集 29/11b

回知郡某都官啓　　彭城集 29/12a

回知郡某都官啓　　彭城集 29/12a

回知郡某官啓　　彭城集 29/12b

賀知郡某郎中啓　　彭城集 29/12b

回知郡某官啓　　彭城集 29/13a

賀省主某龍圖啓　　彭城集 29/13b

謝除直講啓　　彭城集 29/14a

回致政王侍郎啓　　彭城集 30/1a

與運使某郎中啓(1～2)　　彭城集 30/1b－2a

謝中書舍人啓　　彭城集 30/2b

賀某相公冬啓　　彭城集 30/3b

回判府文侍中啓　　彭城集 30/4a

賀太師司空文侍中啓　　彭城集 30/4b

慰李端明侍郎啓　　彭城集 30/5a

回省元劉槃啓　　彭城集 30/5a

回劉齋郎啓　　彭城集 30/6a

回謝曹相公啓　　彭城集 30/6a

回宗相公啓　　彭城集 30/6b

回新館職某啓　　彭城集 30/7a

回章某啓　　彭城集 30/7b

回鄭先輩啓　　彭城集 30/8a

回謝諸先輩啓　　彭城集 30/8b

回趙通直啓　　彭城集 30/9a

回潁王啓　　彭城集 30/9b

回東陽郡王啓　　彭城集 30/10a

與宋相公啓　　彭城集 30/10b

與孫觀文啓　　彭城集 30/11a

與富蔡州啓　　彭城集 30/11b

回呂內翰啓　　彭城集 30/12a

賀葉內翰啓　　彭城集 30/12b

謝樞密某諫議啓　　彭城集 30/13a

回孔朝議啓　　彭城集 30/13b

回參政某諫議啓　　彭城集 30/14a

回留守某諫議啓　　彭城集 30/14a

與王承旨啓(1～3)　　彭城集 31/1a－2a

回知府侍讀某給事啓　　彭城集 31/2a

爲韓相公回文侍中啓　　彭城集 31/2b

賀文侍中啓(1～2)　　彭城集 31/3b－4a

賀宋相公冬啓　　彭城集 31/4a

賀賈侍中冬啓　　彭城集 31/4b

謝留守文侍中啓　　彭城集 31/5a

兗州賀雍王除本州節度使啓　　彭城集 31/5b

賀東陽郡王啓　　彭城集 31/6a

賀潁王啓　　彭城集 31/6a

回通判某郎中啓　　彭城集 31/6b

回長官某員外啓　　彭城集 31/7a

謝宋相公送酒啓　　彭城集 31/7b

回某知縣啓　　彭城集 31/7b

回臨濮某知縣啓　　彭城集 31/8a

回知郡某太保啓(1～2)　　彭城集 31/8a－8b

與都巡某太保啓　　彭城集 31/9a

與蘇州知府某太卿啓　　彭城集 31/9a

回致政成承奉啓　　彭城集 31/9b

謝制置發運某待制啓　　彭城集 31/10a

與張待制啓　　彭城集 31/10b

謝運使某太丞啓　　彭城集 31/11a

回單州蘇駕部啓　　彭城集 31/11b

回泗州李駕部啓　　彭城集 31/12a

謝王駕部啓　　彭城集 31/12a

回沂州知郡某駕部啓　　彭城集 31/13b

回新知州王駕部啓　　彭城集 31/13b

賀某省副啓　　彭城集 31/14a

回富相謝官啓　　彭城集 31/14b

回教授某主簿啓　　彭城集 31/15a

爲韓相賀史館相公啓　　四庫拾遺 51/彭城集

賀江寧相公啓　　四庫拾遺 51/彭城集

賀宋相公啓　　四庫拾遺 52/彭城集

賀呂開封啓　　四庫拾遺 52/彭城集

賀晏相公啓　　四庫拾遺 53/彭城集

賀劉相公啓　　四庫拾遺 53/彭城集

與王介甫書　　宋文鑑 117/11a

與范堯夫帖　　播芳文粹 107/17a

~　彥冲

賀楊郡王除宣撫啓　　播芳文粹 58/10b

~　奕

上韓范二招討書　　宋文鑑 116/18b

~　弇

謝解啓　　龍雲集 12/1a

謝解魁啓　　龍雲集 12/3a

謝及第啓　　龍雲集 12/4b

謝中宏詞啓　　龍雲集 12/6a

謝改京官啓　　龍雲集 12/8a

謝運使度支舉京官啓　　龍雲集 12/9a

謝王運判補發陳運使不該收使京官狀啓
　　龍雲集 12/10b

謝田運判舉京官啓　　龍雲集 12/11b

謝運判吳朝散發改官狀啓　　龍雲集 12/12a

代賀僕射呂晦叔啓　　龍雲集 13/1a

代劉漕賀文潞公啓寬夫　　龍雲集 13/1b

代熊帥伯通謝司馬溫公啓　　龍雲集 13/2b

代賀李公擇遷戶部尚書啓　　龍雲集 13/3a

代回賀蘇舍人啓子由　　龍雲集 13/4a

代謝政府啓　　龍雲集 13/5a

賀呂司空啓　　龍雲集 13/5b

賀范右揆啓　　龍雲集 13/6a

賀范右丞啓　　龍雲集 13/6b

賀右丞啓　　龍雲集 13/7a

賀黃右丞安中啓　　龍雲集 13/7b

代運判賀左丞啓　　龍雲集 13/8a

代賀除僕射啓　　龍雲集 13/8b

賀孫中丞啓　　龍雲集 13/9a

賀彭狀元除中書舍人啓　　龍雲集 13/9b

賀中書侍郎啓(1－2)　　龍雲集 13/10a－10b

賀中書舍人彭公啓　　龍雲集 13/10b

賀李左丞出鎮河陽啓　　龍雲集 13/11b

代賀謝梅孔二學士啓　　龍雲集 13/12a

代上江西湖南按察察院啓　　龍雲集 13/12b

謝發運張龍圖舉太學博士啓　　龍雲集 14/1a

謝運判王司封舉太學博士啓　　龍雲集 14/2b

代李令謝舉升擢啓　　龍雲集 14/3b

代回廣州蔣待制啓　　龍雲集 14/5a

回廣州蔣待制啓　　龍雲集 14/5b

代賀發運朝請啓　　龍雲集 14/6b

代起居李公擇　　龍雲集 14/7a

代與文龍圖啓　　龍雲集 14/7a

賀范發運啓　　龍雲集 14/7b

問候潁昌府曾資政啓　　龍雲集 14/8a

回李兌先輩啓　　龍雲集 14/8b

回程安行先輩啓　　龍雲集 14/9a

回李介經明行修啓　　龍雲集 14/9a

代回張建昌啓　　龍雲集 14/9b

回知府黃待制啓　　龍雲集 14/10a

問候趙給事啓　　龍雲集 14/10a

賀新提點朝散啓　　龍雲集 14/10b

謝鼎州知郡朝散啓　　龍雲集 14/11a

代賀傅漕啓轉提刑　　龍雲集 14/11a

代劉漕回興國軍朱朝請啓　　龍雲集 14/11b

回知軍內翰啓　　龍雲集 14/11b

賀正啓與吉州吳守　　龍雲集 14/12a

賀冬狀　　龍雲集 14/12b

謝升擢啓　　龍雲集 14/12b

賀提刑轉官啓代人　　龍雲集 14/13b

回謝知府熊待制啓代人　　龍雲集 14/13b

回知郡賀上啓代人　　龍雲集 14/14a

回謝知郡啓代人　　龍雲集 14/14b

回通判啓　　龍雲集 14/14b

上曾子固先生書　　龍雲集 15/1a

上許左丞書冲元　　龍雲集 15/7b

上葉舍人致遠書　　龍雲集 15/9b

上陸農師書　　龍雲集 15/11b

上張天覺學士書　　龍雲集 15/13b

上呂觀文吉甫書　　龍雲集 16/1a

上中書侍郎李邦直書　　龍雲集 16/3a

上章僕射子厚書　　龍雲集 16/5b

上翟司業子久書　　龍雲集 16/8a

上蹇司諫書　　龍雲集 16/9b

上陳按察次升書　龍雲集 16/12a
上周提刑書　龍雲集 16/14a
上蔡內翰元長書　龍雲集 17/1a
再上元長內翰書　龍雲集 17/3a
上蔡元度右丞書　龍雲集 17/5a
再上蔡元度書　龍雲集 17/7a
見蔡元度書　龍雲集 17/9b
上運使蔡學士書　龍雲集 17/11b
再上蔡學士書　龍雲集 17/13b
上熊侍郎書　龍雲集 18/1a
上黃冕仲博士書　龍雲集 18/3a
上朱舍人行中書　龍雲集 18/5b
上運判王司封書　龍雲集 18/7b
上李提點書　龍雲集 18/10a
上提刑鄒度支書　龍雲集 18/12a
上許通判書　龍雲集 18/14a
代上提刑宋大夫書　龍雲集 19/1a
代上郭招討書　龍雲集 19/3a
代上知府王觀文書　龍雲集 19/5a
代上鍾離朝儀書　龍雲集 19/6b
上運判彭察院書　龍雲集 19/9a
上運判林積書　龍雲集 19/11a
上轉運黃司業書　龍雲集 20/1a
上趙龍圖書　龍雲集 20/3b
上范教授書　龍雲集 20/6a
上張教授書　龍雲集 20/7b
求知己書　龍雲集 20/9b
上知府曾內翰書于固　龍雲集 21/1a
上劉子先學士求銘文書　龍雲集 21/3b
上杜知郡書　龍雲集 21/5b
上陳運使書子先　龍雲集 21/8a
再上陳運使書　龍雲集 21/9b
上范運判書　龍雲集 21/12a
～　涇
上司馬溫公書　蜀文輯存續補/2a
上宰相書　蜀文輯存續補/3a
上司馬丞相論十科是非書　蜀文輯存續補/4a
～　宰
通田輅院　漫塘集 6/1a
通趙章泉蕃　漫塘集 6/1b
回李秘書　漫塘集 6/2a
回柴安撫叔達　漫塘集 6/2b
回周馬帥(1-2)　漫塘集 6/3b-4b

回何撫幹處恬　漫塘集 6/5a
回宜興趙百里與㤗(1-2)　漫塘集 6/6a-7b
回宜興謝百里奕修　漫塘集 6/8a
回句容吳百里淇(1-2)　漫塘集 6/8b-9a
通泰興王大夫渝　漫塘集 6/9b
回新於潛尤大夫　漫塘集 6/10a
回鎮江權倅史延陵時之(1-2)　漫塘集 6/11a-11b
回真州倅權州鄭運管次甲　漫塘集 6/13a
回艾節幹慶長　漫塘集 6/13b
回滕主簿嘉　漫塘集 6/14b
回新武進張尉文德　漫塘集 6/15a
回趙御幹　漫塘集 6/15b
通胡伯量泳　漫塘集 6/17a
回憚上舍子肅　漫塘集 6/17b
回湯德遠鎮　漫塘集 6/18a
回士友(忘其姓名)　漫塘集 6/19a
回項宜父(1-2)　漫塘集 6/19b-20b
回朱丹陽令嗣　漫塘集 6/21a
回陸秘書令嗣鎮　漫塘集 6/21b
回湖南陸提幹鎮　漫塘集 6/22a
上史丞相一、謝除籍令及改秩添倅，二、謝除直秘閣宮觀，三、辭直秘閣　漫塘集 7/1a-4b
答鄭丞相謝除常丞　漫塘集 7/5a
通王中書塈(1-2)　漫塘集 7/7a-8b
回王中書塈(1-2)　漫塘集 7/10a-10b
通王中書前人(1-2)　漫塘集 7/13a-14a
通王侍郎暨　漫塘集 7/15a
通知鎮江傅侍郎伯成　漫塘集 8/1b
回知鎮江史侍郎彌堅(1-3)　漫塘集 8/2b-4a
通史尚書彌堅時間居滄州　漫塘集 8/5a
通知臨安趙尚書師睪　漫塘集 8/6b
通知鎮江倪尚書思　漫塘集 8/7a
通茹尚書烈　漫塘集 8/8b
通張寺丞　漫塘集 8/9a
回張寺丞錄(1-2)　漫塘集 8/9b-10a
通張潮州(1-2)　漫塘集 8/11b-12a
通常州趙通判時侃　漫塘集 8/12b
回臨安趙通判時侃　漫塘集 8/13a
賀趙滁州前人　漫塘集 8/14a
回趙滁州　漫塘集 8/14b
回浙西安撫趙侍郎(1-2)　漫塘集 8/15a-16a
答知鎮江趙龍圖善湘(1-3)　漫塘集 9/1a-2b

回江東安撫趙尚書　漫塘集 9/3a
回江淮大使趙端明　漫塘集 9/4a
回知鎮江楊太監紹雲　漫塘集 9/4b
回知鎮江趙太監范　漫塘集 9/5b
通知鎮江趙太監　漫塘集 9/6b
通知鎮江馮大卿多福　漫塘集 9/7a
回鎮江馮大卿多福　漫塘集 9/8a
回知鎮江桂吏部如琥　漫塘集 9/8b
賀知鎮江何秘監除太府卿　漫塘集 9/9a
回嘉興何知府　漫塘集 9/9b
回平江守吳秘丞淵　漫塘集 9/10b
回提刑吳秘丞淵　漫塘集 9/12a
通知鎮江吳侍郎　漫塘集 9/12b
回鎮江高倅　漫塘集 9/13b
通浙西劉提舉㬚　漫塘集 9/14a
回提刑煥章趙太監　漫塘集 9/15a－15b
回提舉袁秘丞肅　漫塘集 9/16b－18a
回嚴州陳寺丞㫼　漫塘集 10/1a
回鄂州制置李侍郎德　漫塘集 10/2a
回知遂寧李侍郎德　漫塘集 10/3a
回四州制置李侍郎德　漫塘集 10/4b
回李尚書德　漫塘集 10/6a
通知泉州真侍郎德秀　漫塘集 10/7a
回真侍郎德秀　漫塘集 10/8a
通真侍郎德秀　漫塘集 10/9b
回真內翰德秀　漫塘集 10/10b
通鶴山魏侍郎了翁　漫塘集 10/11b
回夔帥魏侍郎了翁　漫塘集 10/12b
回都督魏樞密(1－2)　漫塘集 10/13a－13b
回李校勘心傳　漫塘集 10/14a
通潭帥余侍郎嶸　漫塘集 10/15b
回余侍郎嶸　漫塘集 10/16b
回李司直燔　漫塘集 10/18a
回袁知縣喬　漫塘集 10/18b
回福帥李大卿駿(1－2)　漫塘集 11/1a－2a
回紹興帥汪大卿綱(1－2)　漫塘集 11/3a－4b
回浙東帥汪大卿統　漫塘集 11/5a
回江東帥陳侍郎韡　漫塘集 11/6b
回衢州袁大著甫　漫塘集 11/7b
通浙東余提舉鑄　漫塘集 11/8b
回嚴州陸守子禗　漫塘集 11/9a
回太平王大卿元春　漫塘集 11/10a
通寧國陳宗卿卓　漫塘集 11/11b

回司農張寺簿霆　漫塘集 11/12b
回盱眙劉帥琸　漫塘集 11/13b
回周馬帥虎　漫塘集 11/14a
通總領岳侍郎珂　漫塘集 11/16a
回荊門守張寺簿元簡　漫塘集 11/17a
通徽州謝守采伯　漫塘集 11/18a
回季理卿直柄　漫塘集 11/19a
回婺守趙告院必願　漫塘集 12/1a
通鄭常州萬　漫塘集 12/1b
回張和州謙亨　漫塘集 12/2b
回沈秘讀　漫塘集 12/3b
回建康范教授光　漫塘集 12/4a
通常州余教授申　漫塘集 12/5a
回高郵黃教授　漫塘集 12/5b
回溧水史知縣彌革(1－2)　漫塘集 12/6b－7b
回宜興趙知縣與悊　漫塘集 12/8a
回丹徒趙知縣　漫塘集 12/9b
回句容吳知縣洪　漫塘集 12/10a
回句容趙知縣熙　漫塘集 12/11a
通江寧陸知縣衍　漫塘集 12/11b
回前於潛程知縣燾　漫塘集 12/13a
回呂節幹好問　漫塘集 12/13b
回王縣丞唐卿到任　漫塘集 12/14a
回潘尉彙征到任　漫塘集 12/15a
回陸縣尉慶長　漫塘集 12/15b
回倪監鹽祖智　漫塘集 12/16a
回信州鄭新恩夢協　漫塘集 12/17a
回鎮江守韓監丞大倫到任　漫塘集 13/1a
回鎮江守何秘監處久到任　漫塘集 13/2a
回葉知縣峴到任　漫塘集 13/3a
回魏知縣文中到任　漫塘集 13/4b
回林知縣佑卿到任　漫塘集 13/5b
回丹陽臧知縣鏞到任　漫塘集 13/6b
回趙撫機與懃通問　漫塘集 13/7b
上江東安撫　漫塘集 14/2a
通上元知縣　漫塘集 14/3a
通江寧簿　漫塘集 14/3b
通吳真州洪　漫塘集 14/3b
通石漕宗昭　漫塘集 14/4b
通鄭倅劭　漫塘集 14/5b
回程司理桂　漫塘集 14/6b
謝韓漕梴舉練達科　漫塘集 14/7a
代兵官上吳守請假赴省　漫塘集 14/7b

通楊帥趙尚書師�　漫塘集 14/8b

通郭倅　漫塘集 14/9b

通蔡僉　漫塘集 14/10a

通參議　漫塘集 14/10b

回泰興向尉　漫塘集 14/11a

賀趙帥元正　漫塘集 14/11b

賀李參政壁冬節　漫塘集 14/11b

通永嘉留教授　漫塘集 14/12a

通唐提幹　漫塘集 14/12b

通台州劉倅　漫塘集 14/12b

上安撫辛待制　漫塘集 14/13b

謝章倉舉爕改官　漫塘集 14/14a

謝袁侍郎爕舉自代　漫塘集 14/14b

謝喬左史行簡特薦　漫塘集 14/16a

特旨改秩謝史丞相　漫塘集 14/16b

秘閣奉祠謝史丞相兼賀除少師　漫塘集 14/
　17b

謝宣參政　漫塘集 14/18b

謝薛參極　漫塘集 14/19b

謝葛參政洪　漫塘集 14/19b

郊贈謝王侍郎墍　漫塘集 14/20a

謝王趙二知縣　漫塘集 14/20b

除直寶謨閣宮觀尋除常丞謝鄭丞相　漫塘
　集 14/20b

賀辛待制棄疾知鎮江　漫塘集 15/1a

謝辛待制棄疾　漫塘集 15/2a

通知鎮江倪尚書思　漫塘集 15/2b

賀趙守師罘禱雨即應　漫塘集 15/3b

謝史守彌堅招鹿鳴宴　漫塘集 15/4a

賀丘守壽雋再任　漫塘集 15/4b

賀趙守善湘到任　漫塘集 15/5a

回趙守賀冬　漫塘集 15/5b

回趙守賀除司令　漫塘集 15/6a

賀趙守除集撰再任　漫塘集 15/6b

賀趙守除待制帥金陵善湘　漫塘集 15/7b

送馮守多福奉祠歸　漫塘集 15/7b

賀趙守范冬至　漫塘集 15/8b

回趙守送節物范　漫塘集 15/9a

代邑人謝韓守大倫放苗　漫塘集 15/9a

回韓守公劄報免總所吏攤上戶和糴錢　漫
　塘集 15/10a

回韓守送物并賀除寶謨再任　漫塘集 15/10b

賀韓守除總郎　漫塘集 15/11a

回韓總賀除寶謨奉祠　漫塘集 15/11b

回韓總賀除常丞　漫塘集 15/12a

通何守處久到任　漫塘集 15/12b

回何守賀符請舉　漫塘集 15/13a

謝王料院林免起夫運上供米綱　漫塘集 15/
　13b

回高倅不倚賀冬　漫塘集 15/14a

回葉知縣峴到任　漫塘集 15/14b

回葉知縣賀年　漫塘集 15/15a

回魏知縣文中到任　漫塘集 15/15b

回林知縣佑卿到任　漫塘集 15/16a

回王丞唐卿到任　漫塘集 15/17a

回趙丞彥相到任　漫塘集 15/17b

回張簿文之到任　漫塘集 15/18a

回劉簿師成到任　漫塘集 15/18b

回張簿杓到任　漫塘集 15/19a

回潘尉彙征到任　漫塘集 15/19a

回陸尉慶洪到任　漫塘集 15/19b

回劉尉文明到任　漫塘集 15/20a

回趙尉崇疂到任　漫塘集 15/20b

回柴監愿到任　漫塘集 15/20b

通新太平曾侍郎晠　漫塘集 16/1a

上鄧侍郎友龍　漫塘集 16/1b

上錢丞相　漫塘集 16/3b

上衛參政涇　漫塘集 16/4b

賀江淮黃制置度除禮書再任　漫塘集 16/5a

送金陵余帥嶸奉祠歸　漫塘集 16/6a

回金陵趙帥善湘惠酒兼賀誅李全　漫塘集 16/
　7a

回金陵趙帥善湘　漫塘集 16/7b

回端明趙大使賀年　漫塘集 16/9a

回趙度支時侃　漫塘集 16/9b

賀張寺丞鏑得郡　漫塘集 16/10a

回知盱眙劉都統倬賀除司令　漫塘集 16/10b

賀符丞仁壽　漫塘集 16/11a

回呂制幹好問賀除直秘閣　漫塘集 16/11b

回臧丹陽賀除寶謨奉祠　漫塘集 16/12a

回張尉文德賀除常丞　漫塘集 16/12b

謝泉南陳尉惠周禮說　漫塘集 16/13a

回新真州杜教授輔良　漫塘集 16/13a

回修江劉君　漫塘集 16/13b

回友人求館　漫塘集 16/14a

辭鄉友請主課會　漫塘集 16/14a

代外舅梁漕謝舉自代　漫塘集 16/14b
代外舅賀司諫　漫塘集 16/15b
代外舅賀丘宣撫宓　漫塘集 16/16a
代賀黃察院　漫塘集 16/17a
代賀豐提舉　漫塘集 16/17b
代陶惠民上史丞相　漫塘集 16/18a
代謝知縣差學賓　漫塘集 16/19b
代縣庠士友上張守尚書　漫塘集 16/20a
代恭靖兄調建平尉謝錢總領　漫塘集 16/21a
代建平尉兄謝李倉舉關陞　漫塘集 16/22a
代張句容尉謝余帥舉關陞　漫塘集 16/23a
代張穿山鹽場回交代　漫塘集 16/24a
代姪用辰謝鄉舉(1－2)　漫塘集 16/25a－26a
代姪崇雋謝鄉舉(1－2)　漫塘集 16/27a－28a
代姪應龍謝鄉舉　漫塘集 16/29a
代姪孫子勤謝鄉舉　漫塘集 16/29b
通鎮江趙守范　漫塘集 17/1a
回趙守冬至　漫塘集 17/2a
回韓守大倫　漫塘集 17/2a
回韓守請鹿鳴　漫塘集 17/2b
回韓守減苗斛剤　漫塘集 17/3a
回韓總送賀新除禮　漫塘集 17/3b
回韓總賀符請鄉舉　漫塘集 17/3b
回何守處久送賀七袠禮　漫塘集 17/4a
回張平江嗣古送七袠禮　漫塘集 17/4b
回吳守淵到任　漫塘集 17/4b
回吳守中秋送物　漫塘集 17/5b
回溧陽徐百里謂禮　漫塘集 17/5b
回邑官請送龍　漫塘集 17/6a
回閩士惠啓　漫塘集 17/6b
謝殷生惠詩　漫塘集 17/6b
謝蔡親惠雪糕　漫塘集 17/7a
答余兄惠詩　漫塘集 17/7a
回司馬提舉述　漫塘集 17/7b
定諸葛氏　漫塘集 17/8a
定周氏　漫塘集 17/8b
聘張氏　漫塘集 17/8b
定倪氏　漫塘集 17/9a
定郭氏　漫塘集 17/9a
聘郭氏　漫塘集 17/9b
定湯氏　漫塘集 17/9b
聘湯氏　漫塘集 17/10a
定王氏　漫塘集 17/10a

聘王氏　漫塘集 17/10b
定袁氏　漫塘集 17/10b
聘袁氏　漫塘集 17/11a
聘潘氏　漫塘集 17/11a
定孫氏　漫塘集 17/11b
代湯氏定趙氏　漫塘集 17/11b
代張氏定丁氏　漫塘集 17/12a
回湯氏定禮　漫塘集 17/12a
回蔡氏道日禮　漫塘集 17/12b
回蔣氏定禮　漫塘集 17/12b
回蔡氏定禮　漫塘集 17/13a
回洪氏定禮　漫塘集 17/13b
回張氏定禮　漫塘集 17/13b
回黃氏定禮　漫塘集 17/14a

～唐稽
賀張相平湖南寇啓　播芳文粹 67/28a
賀沈帥平海寇啓　播芳文粹 67/29a
～ 珙
賀辛中丞啓　播芳文粹 52/19a
賀張丞相除帥啓　播芳文粹 56/18b
除內翰謝張帥啓　播芳文粹 68/14a
除郡謝宰相啓　播芳文粹 69/31b
赴任上安撫參政啓　播芳文粹 82/9a
～望之
賀劉丞相啓　播芳文粹 47/12a
賀詹察判啓　播芳文粹 64/11b
除館職謝宰相啓　播芳文粹 69/2a
上丞相小簡賀冬　播芳文粹 95/31b
上提刑小簡(1－2)　播芳文粹 99/17a－18a
上都運咨目　播芳文粹 102/16b
上皇帝十事書　蜀文輯存 55/1b
上秦丞相書　蜀文輯存 55/12a
上沈丞相書　蜀文輯存 55/13b
上万俟丞相書　蜀文輯存 55/14b
上張子功尚書書　蜀文輯存 55/15b
賀劉丞相啓　蜀文輯存 55/16b
賀詹察判啓　蜀文輯存 55/17a
除館職謝宰相啓　蜀文輯存 55/17a
上提刑小簡　蜀文輯存 55/17b
上丞相小簡　蜀文輯存 55/19a
～ 跂
監司賀冬啓　學易集 5/15a
賀保馬啓　學易集 5/15b

到任謝執政啓　學易集 5/15b

代任舅謝執政啓　學易集 5/16a

昭雪先公謝執政啓　學易集 5/17a

到任與鄰郡啓　學易集 5/17b

上文潞公書　學易集 5/18a

代陳伯通見許少張書　學易集 5/19a

代進士洗翔求見郡守書　學易集 5/20a

答孫彥文秀才書　學易集 5/21b

答趙子文書　學易集 5/22a

與張侍郎書　學易集 5/23b

代人求薦書　學易集 5/24b

賀大路公啓　四庫拾遺 71/學易集

昭雪謝執政啓　宋文鑑 123/15a

～寔

致洪舉大師書　蜀文輯存 100/16a

～焞

賀中書何侍郎啓　播芳文粹 50/16b

～敞

擬朝廷報契丹書　公是集 43/1a

與吳九論武學書　公是集 43/2b

答進士潘起辭不爲師書　公是集 43/4a

爲伯父作上范參政書　公是集 43/5a

上鄭資政啓　公是集 43/7a

與知府龍圖啓（1-2）　公是集 43/7b - 8a

與許州龍圖啓　公是集 43/8a

與滑州龍圖啓　公是集 43/8b

與審官龍圖啓　公是集 43/9a

與經畧龍圖啓　公是集 43/9b

與知郡屯田啓　公是集 43/9b

上參政諫議啓　公是集 43/10a

上樞密諫議啓（1-2）　公是集 43/10b - 11a

與龍圖諫議啓（1-2）　公是集 43/11b - 12a

與知府諫議啓　公是集 43/12b

與參政諫議啓　公是集 43/12b

與知府内翰諫議啓　公是集 43/13a

與中丞諫議啓　公是集 43/13b

與知府諫議啓　公是集 43/14a

與知府龍圖諫議啓　公是集 43/14b

與知府資政諫議啓　公是集 43/15b

永興到任謝宋承旨啓　公是集 43/15b

與知府侍讀給事啓　公是集 43/16a

與留守資政給事啓　公是集 43/16b

與知府侍讀給事啓　公是集 43/17a

與鄆州給事啓　公是集 43/17a

與資政給事啓　公是集 43/17b

與知府給事啓　公是集 43/18a

與資政給事啓　公是集 43/18b

與皇甫給事啓　公是集 43/19a

與知府給事啓（1-2）　公是集 43/19a - 19b

與給事啓　公是集 43/20a

與許州知府給事啓　公是集 43/20a

與沈丘仇香秘校啓　公是集 44/1a

與判府相公啓（1-6）　公是集 44/1a - 3b

上致政少保啓　公是集 44/3b

與通判國博啓　公是集 44/4a

與鄰州通判啓　公是集 44/4b

與潁州知府少卿啓　公是集 44/4b

與運使太博啓（1~2）　公是集 44/5a

與運使啓　公是集 44/5b

與運使度支啓　公是集 44/6a

與兩轉運啓　公是集 44/6a

與京東兩轉運啓　公是集 44/6b

上太尉相公啓　公是集 44/7a

上樞密太尉啓　公是集 44/7b

上太尉相公啓　公是集 44/8a

賀上夏太尉啓　公是集 44/8b

知永興軍謝兩府啓　公是集 44/9a

鄆州謝兩府啓　公是集 44/9b

謝外任兩府啓　公是集 44/10a

上留守資政尚書啓　公是集 44/10b

與制置待制啓　公是集 44/11b

與劉守待制啓　公是集 44/12a

與銓主待制啓　公是集 44/12b

與審官待制啓　公是集 44/13a

與都運待制啓　公是集 44/13b

與制置待制啓　公是集 44/14a

與糾察宗正待制啓　公是集 44/14b

與虢州張待制啓　公是集 44/14b

與岳州待制啓　公是集 44/15a

與渭州知府待制啓　公是集 44/15b

與岳州知郡待制啓　公是集 44/16a

與某待制啓　公是集 44/16b

與提刑太保啓　公是集 44/17a

回漢陽郭郎中啓　公是集 45/1a

與知郡郎中啓　公是集 45/1b

與雜端郎中啓　公是集 45/1b

與通判郎中啓　公是集 45/2a

上運使提刑賀冬啓　公是集 45/2b

謝館職啓　公是集 45/2b

永興到任謝鄰路啓　公是集 45/4b

揚州到任謝上啓　公是集 45/5a

謝知制誥啓　公是集 45/5b

與揚州知府啓　公是集 45/6b

與新知府啓　公是集 45/7a

與知府先狀啓　公是集 45/7b

與陝府知府待制啓　公是集 45/7b

與參政侍郎啓　公是集 45/8a

與樞密侍郎啓　公是集 45/8b

與知府龍圖侍郎啓　公是集 45/9a

上副樞密侍郎啓　公是集 45/9b

回王屯田啓　公是集 45/10a

與知府龍圖侍郎啓　公是集 45/10a

與知縣著作啓　公是集 45/10b

與知縣殿丞啓　公是集 45/11a

與知郡寺丞啓　公是集 45/11b

與通理殿丞啓　公是集 45/11b

與紫微舍人啓　公是集 45/12a

與致政宮傅啓　公是集 45/12b

與宗正舍人啓　公是集 45/13a

與知府密學啓　公是集 45/13b

與審刑舍人啓　公是集 45/14a

與和州紫微舍人啓　公是集 45/14b

與宗正紫微舍人啓　公是集 45/15a

與徐州龍圖啓　公是集 45/15a

與運使郎中啓六首　公是集 45/15b–17a

與吳九論武學書　宋文鑑 115/1a

上鄭資政啓　宋文鑑 121/14a

知永興軍謝兩府啓　宋文鑑 121/14b

~ 過

建康獄中上吳居父 時魏杭廣夫爲秋官　龍洲集 13/1a

代賀浙東憲　龍洲集 13/2b

賀留守農卿　龍洲集 13/3a

賀徐司封兼直院淵子　龍洲集 13/4a

賀盧帥程徽猷鵬飛　龍洲集 13/4b

代王掌書迎候練教　龍洲集 13/6a

與許從道書　龍洲集 14/2b

~ 筠

回穎州曾學士啓　宋文鑑 121/3a

~ 摯

謝免省啓　忠肅集 8/1a

謝薦啓二首　忠肅集 8/2b

謝館職啓　忠肅集 8/4a

謝文太師張宮保韓大資范相公啓　忠肅集 8/5a

謝轉官啓　忠肅集 8/5b

滑州到任謝政府啓　忠肅集 8/6a

辭免右丞上政府啓　忠肅集 8/6b

除右丞謝政府啓　忠肅集 8/7a

除左丞答謝外路啓　忠肅集 8/7b

除中書侍郎答謝外路啓　忠肅集 8/7b

除門下侍郎答謝外路啓　忠肅集 8/7b

除尚書右僕射回謝外路啓　忠肅集 8/8a

鄆州到任謝政府啓　忠肅集 8/8b

答文太師乞政啓　忠肅集 8/8b

上歐陽觀文啓　忠肅集 8/9a

賀富丞相啓　忠肅集 8/9b

答北京韓相公乞致政啓　忠肅集 8/10a

賀鄆州李太尉啓　忠肅集 8/10b

答北京馮太尉啓　忠肅集 8/11a

答馮太尉免新命啓　忠肅集 8/11b

答北京馮太尉啓　忠肅集 8/11b

答郭太傅謝宮觀啓　忠肅集 8/12a

賀胡少師啓　忠肅集 8/12a

賀王參政啓　忠肅集 8/13a

上政府啓　忠肅集 8/13b

問候河陽李資政啓　忠肅集 8/13b

迎中書侍郎啓　忠肅集 8/14a

上中書呂侍郎奉安神御啓　忠肅集 8/14a

問候中書侍郎啓　忠肅集 8/14a

賀呂樞密啓　忠肅集 8/14b

賀宋舍人啓　忠肅集 8/15a

答韓左丞免新命啓　忠肅集 8/15b

答蘇左丞免新命啓　忠肅集 8/15b

答胡右丞免新命啓　忠肅集 8/16a

答王右丞免新命啓　忠肅集 8/16b

答陳州傅待制啓　忠肅集 8/16b

答河北都運顧待制啓　忠肅集 8/17a

答永興李待制啓　忠肅集 8/17b

答江寧蔡待制到任啓　忠肅集 8/17b

回鄭學士啓　忠肅集 9/1a

回孫學士啓　忠肅集 9/1a

賀鄭内翰啓　　忠肅集 9/1b

答計内翰啓　　忠肅集 9/2a

回趙内翰啓　　忠肅集 9/2b

賀崔直講啓　　忠肅集 9/3a

上揚州王密諫啓　　忠肅集 9/3a

賀馬諫議啓　　忠肅集 9/3b

問候長沙燕諫議啓　　忠肅集 9/4a

問候唐殿中丞啓　　忠肅集 9/4b

答西京留守啓　　忠肅集 9/4b

答西京留守到任啓　　忠肅集 9/5a

答外州前宰執啓　　忠肅集 9/5a

答永興安撫啓二首　　忠肅集 9/5b

回運使趙司業啓　　忠肅集 9/6a

賀吳省副啓　　忠肅集 9/6b

問候宣州宋少卿啓　　忠肅集 9/6b

開封府迎國信使啓　　忠肅集 9/7a

上張安道啓　　忠肅集 9/7a

上蘇子容啓　　忠肅集 9/8a

上王潭啓　　忠肅集 9/8b

謝舉薦書　　忠肅集 9/9a

～　輝

謝狀元及第啓　　播芳文粹 77/2b

～儀鳳

起居秦丞相啓　　播芳文粹 87/4a　　蜀文輯存 50/1a

～義仲

家書（1－2）　　三劉家集/18a－18b

～寶賢

賀王提舉啓　　播芳文粹 61/17a

～　燴

上皇子書　　雲莊集 6/1a－5a

上史丞相書　　雲莊集 6/7a

上丞相書　　雲莊集 6/7b

上太守書　　雲莊集 6/8a

干丞相薦啓　　雲莊集 6/10a

干丞相薦舉啓　　雲莊集 6/10b

易解　　雲莊集 2/1a

户部趙侍郎啓　　四庫拾遺 676/雲莊集

代謝宮祠啓　　四庫拾遺 676/雲莊集

代謝再任宮祠啓　　四庫拾遺 677/雲莊集

代謝宮祠任滿啓　　四庫拾遺 678/雲莊集

～　觀

再請震老疏　　播芳文粹 118/5b

請然老住東林疏　　播芳文粹 118/6a

請普老茶榜　　播芳文粹 119/8a

上憲司書　　蜀文輯存 35/6a

滕大老

上提舉啓　　播芳文粹 86/18a

～　庼

賀盛屯田兼史館啓　　播芳文粹 54/12b

賀陳觀文帥北京啓　　播芳文粹 56/23a

謝辟差醋庫啓　　播芳文粹 76/2b

久不貢書謝宰相啓　　播芳文粹 81/15b

上張丞相啓　　播芳文粹 85/11a

鄧　牧

代問道書　　伯牙琴/28b

～　肅

上龜山先生楊博士　　栟櫚集 14/1a

上劉延康　　栟櫚集 14/2b

代人上縣令　　栟櫚集 14/4b

與胡左司　　栟櫚集 14/5b

與李狀元工部　　栟櫚集 14/7a

答黄德美　　栟櫚集 14/8a

答張居實　　栟櫚集 14/9a

上李右丞相啓　　栟櫚集 21/1a

上李右丞相簡　　栟櫚集 21/1b

寄朱喬年　　栟櫚集 21/2b

答吳時中　　栟櫚集 21/4a

答陳夢兆　　栟櫚集 21/4b

請天王真老開堂疏　　播芳文粹 118/19b

與胡左司書　　南宋文範 32/7a

十　六　畫

盧商卿

教官謝太守詣學啓　　播芳文粹 81/9a

錢之純

謝鄉舉啓　　播芳文粹 79/10a

～公輔

與吕尉帖　　播芳文粹 107/13a

～世雄

與吕縣丞帖　　播芳文粹 107/19a

答蘇子平帖　　播芳文粹 107/19a

～彦遠

賀杜相公書　　宋文鑑 116/11b

~ 時
　答汪帥卿綱書　　新安文獻 10/4a

穆　修
　答喬适書　　穆參軍集 2/1a
　上大名陳觀察書　　穆參軍集 2/3a
　上潁州劉侍郎書　　穆參軍集 2/6a
　上監判郎中書　　穆參軍集 2/8a
　答喬適書　　宋文鑑 112/14a

鮑雲龍
　答方虛谷問天原發微書　　新安文獻 10/8a
~ 欽止
　答李景夏書　　宋文鑑 120/15b

十 七 畫

蹇序辰
　貽時相書　　蜀文輯存 32/15b

謝三俊
　賀黃漕遷秩啓　　播芳文粹 55/14a
~ 子山
　賀中書錢舍人啓　　播芳文粹 50/23a
　賀邵提刑啓　　播芳文粹 61/15b
~ 元允
　謝鄉舉啓　　播芳文粹 79/5a
~ 枋得
　上程雪樓御史書　　疊山集 4/1a
　上丞相劉忠齋書　　疊山集 4/4b
　與參政魏容齋書　　疊山集 4/11b
　與楊石溪書　　疊山集 4/14a
　與李養吾書　　疊山集 5/1a
　與建寧路毋府判薦朱山長　　疊山集 5/3a
　與劉秀岩論詩　　疊山集 5/4a
　爲蔡文節公子孫免差科書　　疊山集 5/5b
　與天師張簡齋書　　疊山集 5/7b
　與道士桂武仲　　疊山集 5/8b
　薦寫神黃鑑堂　　疊山集 5/9a
　與菊圃陳尚書劄　　疊山集 5/10a
　代宗臣正啓　　疊山集 10/1a
　代賀丞相正啓二通　　疊山集 10/1b－2a
　代干丞相免追算功賞錢糧啓　　疊山集 10/2a
　代干執政薦舉啓　　疊山集 10/4b

　代干上司公庇啓　　疊山集 10/5b
　代干丞相遷除啓　　疊山集 10/6b
　代干杜按察追索書板啓　　疊山集 10/7b
　謝宋亦山惠米啓　　疊山集 10/9a
　謝人惠紙衾啓　　疊山集 10/10a
　謝惠醋啓　　疊山集 10/10b
　賀蔡芳源判鎮爲道士啓　　疊山集 10/11b
　聘啓　　疊山集 11/1a
　聘定啓(1－4)　　疊山集 11/1a－2a
　回定啓　　疊山集 11/2b
　七月請期啓(附回啓)　　疊山集 11/4a
　八月請期啓(附回啓)　　疊山集 11/4b
　九月請期啓(附回啓)　　疊山集 11/5a
　十月請期啓(附回啓)　　疊山集 11/5b
　十一月請期啓(附回啓)　　疊山集 11/6a
　十二月請期啓(附回啓)　　疊山集 11/6b
　通王府尹劄(1－7)　　疊山集 12/1a
　通黃府判劄(1－6)　　疊山集 12/2b－4a
　回主簿交代劄(1－5)　　疊山集 12/4a－5b
　上疊山先生書　　疊山集 16/1a
　賀宗臣元正啓　　南宋文範 30/13b
　與建寧路母府判薦朱山長書　　南宋文範 35/14b
　爲蔡文節公子孫免差科書　　南宋文範 35/15b
　遺留夢炎書　　南宋文範 35/16b
~ 紫薇
　與梵才大師帖　　播芳文粹 110/13a
~ 景溫
　與周朝請帖　　播芳文粹 107/16b
~ 逸
　上南城原作城南饒深道書　　溪堂集 8/6b
~ 絳
　遊嵩山寄梅殿丞　　歐陽文忠集/附錄 5/22a　宋文鑑 113/7a
　又答梅聖俞書　　歐陽文忠集/附錄 5/26b

戴　栩
　賀丞相冬啓(二)　　浣川集 6/2a－2b
　賀史敷文冬啓　　浣川集 6/2b
　賀丞相冬啓　　浣川集 6/2b
　賀敷文冬啓　　浣川集 6/3a
　冬至賀丞相啓　　浣川集 6/3b
　元正賀丞相啓　　浣川集 6/4a

賀丞相正啓　　浣川集 6/4a
賀史祐神正啓　　浣川集 6/4b
賀丞相正啓　　浣川集 6/4b
賀史寶謨正啓　　浣川集 6/5a
賀丞相得孫啓　　浣川集 6/5a
謝丞相得倅信州啓　　浣川集 6/5b
謝執政啓　　浣川集 6/6b
武博除太博謝丞相啓　　浣川集 6/7a
賀丞相除太傅啓　　浣川集 6/7b
除太學錄謝丞相啓　　浣川集 6/8b
代衢守到任謝丞相啓　　浣川集 6/9a
通薛尚書啓　　浣川集 6/9b
上趙尚書啓　　浣川集 6/10b
問訊平江趙尚書啓　　浣川集 6/11a
賀程刑部尚書啓　　浣川集 6/12a
謝史佑神啓　　浣川集 7/1a
謝韓提舉答葉侍郎啓　　浣川集 7/1b
上史侍郎啓　　浣川集 7/2b
謝楊侍郎得改官舉狀啓　　浣川集 7/3a
賀范侍郎啓　　浣川集 7/3b
上楊大卿啓　　浣川集 7/4a
與胡總領啓　　浣川集 7/4b
通商總領啓　　浣川集 7/5b
通袁少卿啓　　浣川集 7/6a
通楊大卿啓　　浣川集 7/7a
通司農呂寺丞啓　　浣川集 7/7b
上衛參政啓　　浣川集 7/8a
通秘丞趙右司啓　　浣川集 7/8b
謝趙節使舉科目啓　　浣川集 7/9a
賀高內翰啓　　浣川集 8/1a
謝李提幹許薦啓　　浣川集 8/1b
賀張殿院啓　　浣川集 8/2a
答李狀元啓　　浣川集 8/2b
答張狀元啓　　浣川集 8/3a
答王狀元啓　　浣川集 8/3b
通史守啓　　浣川集 8/3b
答交代錢知縣啓　　浣川集 8/4b
答趙知丞啓　　浣川集 8/5a
答洪宰啓　　浣川集 8/5a
代水心回史宰啓　　浣川集 8/5b
代薛端明回史宰啓　　浣川集 8/6a
答趙縣尉啓　　浣川集 8/6a
通趙寺簿啓　　浣川集 8/6b

代樂清宰與方倅啓　　浣川集 8/7a
通趙倅啓　　浣川集 8/7b
除架閣謝丞相啓　　浣川集 8/8a
謝朱侍郎啓　　浣川集 8/8b
賀丞相加恩啓　　浣川集 8/9b
答王新恩謝啓　　浣川集 8/9b

~　翼
賀通判正啓　　播芳文粹 66/14b

韓子華
與張端明二帖　　播芳文粹 103/15a

~元吉
謝司農簿啓　　南澗稿 12/1a
謝提刑樊郎中啓　　南澗稿 12/2b
謝施資政薦舉啓　　南澗稿 12/3b
謝司農寺丞啓　　南澗稿 12/4a
謝周倉舉陞陟啓　　南澗稿 12/5a
謝人賀七十詩詞啓　　南澗稿 12/5b
謝生日啓　　南澗稿 12/6a
京�回生日啓　　南澗稿 12/6a
賀虞樞密啓　　南澗稿 12/6b
賀施樞密啓　　南澗稿 12/7a
賀張留守除端明啓　　南澗稿 12/8a
賀施參政啓　　南澗稿 12/8b
賀樞密賀知院啓　　南澗稿 12/9a
賀周知院啓　　南澗稿 12/10b
代賀葉觀文致仕啓　　南澗稿 12/11b
回殿試第一人啓　　南澗稿 12/12b
賀第二人啓　　南澗稿 12/13a
賀第三人啓　　南澗稿 12/14a
回李賢良啓　　南澗稿 12/14b
回周垍謝中宏詞啓　　南澗稿 12/15a
回得解舉人啓　　南澗稿 12/15b
回熊校書啓　　南澗稿 12/16a
與趙運使啓　　南澗稿 12/16b
與交代張彥輔啓　　南澗稿 12/17b
與諸司啓　　南澗稿 12/18a
回呂氏定婚書　　南澗稿 12/18b
回呂氏聘書　　南澗稿 12/19a
回晁氏聘書　　南澗稿 12/19a
回呂氏定書　　南澗稿 12/19a
沆姪與呂氏言定書　　南澗稿 12/19b
回孟氏定書　　南澗稿 12/20a

回孟氏聘書　南澗稿 12/20a

滉言定晁氏書　南澗稿 12/20b

晁氏納聘財書　南澗稿 12/21a

上辛中丞書　南澗稿 12/21a

上徐總卿書　南澗稿 12/24a

謝張魏公書　南澗稿 12/26a

答吳偶書　南澗稿 12/27a

上處守施察院書　南澗稿 12/28b

上葉運使書　南澗稿 12/30a

上信守周侍郎書　南澗稿 12/33a

上建康帥張尚書書　南澗稿 13/1a

上張同知書　南澗稿 13/4a

上賀參政書　南澗稿 13/8a

與蔣丞相論淮甸築城別紙　南澗稿 13/19a

與任信孺書　南澗稿 13/20a

答朱元晦書（1－2）　南澗稿 13/22a－24a

答李塾書　南澗稿 13/24b

答陳亮書　南澗稿 13/25b

答汪尹書　南澗稿 13/27a

答史千書　南澗稿 13/28a

答林黃中別紙書　南澗稿 13/28b

答祝允之書　南澗稿 13/29a

答子雲示吳生三物銘別紙　南澗稿 13/30b

賀壽聖太上皇后冊尊號牋　播芳文粹 45/2a

賀皇后受冊牋　播芳文粹 46/1b

帥到任謝侍讀啓　播芳文粹 70/10a

謝司農簿啓　播芳文粹 29/6b

論淮甸劄子　南宋文範 34/1a

與任信儒書　南宋文範 34/2a

答祝允之書　南宋文範 34/3b

～ 琦

與文正范公論師魯行政書　安陽集 37/1a

獻所業上兩府啓　安陽集 37/2a

謝直集賢院啓（1～2）　安陽集 37/3b－6a

謝知制誥啓　安陽集 37/6b

謝復官啓　安陽集 37/8a

謝觀察使啓　安陽集 37/8b

上大名知府王龍圖啓　安陽集 37/9a

代張若谷密學謝啓　安陽集 37/10a

代司封兄上昭文相公啓　安陽集 37/11b

代崔勉寺丞謝轉官啓　安陽集 37/12a

昭文相公　安陽集 38/1a

集賢相公　安陽集 38/1b

中丞　安陽集 38/2a

轉運賀冬　安陽集 38/2b

洪州知府學士　安陽集 38/3a

昭文相公　安陽集 38/3a

集賢相公　安陽集 38/3b

學士　安陽集 38/4a

安撫待制　安陽集 38/4b

鄂州知郡郎中　安陽集 38/4b

狀元大著學士　安陽集 38/5a

詳議殿丞　安陽集 38/6a

淄州知郡學士　安陽集 38/6b

運使郎中　安陽集 38/7a

楚州知郡都官　安陽集 38/7b

海州知郡郎中　安陽集 38/8a

宿州同判屯田　安陽集 38/8a

秀才杜　安陽集 38/8b

轉運司部　安陽集 38/9a

撫州臨川知縣寺丞　安陽集 38/9a

光州知郡狀元學士　安陽集 38/9b

明州同判屯田　安陽集 38/10a

相府知府學士　安陽集 38/10b

舒州知郡郎中　安陽集 38/11a

狀元正言學士　安陽集 38/11b

楚州知郡都官　安陽集 38/11b

運使學士　安陽集 38/12a

江西運使兵部　安陽集 38/12b

壽州知府學士　安陽集 38/13a

知府密學　安陽集 38/13b

永興招討太尉（1－3）　安陽集 38/13b－14a

鄆州赴上謝兩府　安陽集 38/14b

乞致政上二相　安陽集 38/15a

大使回諸州去日遠迎　安陽集 39/1a

副使（回諸州去日遠迎）　安陽集 39/1a

大使回天雄軍澶州二運使去日遠迎　安陽集 39/1b

副使（回天雄軍澶州二運使去日遠迎）　安陽集 39/1b

使副回去日不經歷州軍遠迎　安陽集 39/1b

大使回諸州回日遠迎　安陽集 39/2a

副使（回諸州回日遠迎）　安陽集 39/2a

大使回天雄軍澶州並二運使回日遠迎　安陽集 39/2a

大使去日回滑州書　安陽集 39/2b

白溝謝筵狀　安陽集 39/2b

新城謝撫問表　安陽集 39/2b
燕京謝酒果狀　安陽集 39/3a
澶州謝湯藥表　安陽集 39/3a
副使(澶州謝湯藥表)　安陽集 39/3a
中京謝皮褐衣物等表　安陽集 39/3b
謝館宴狀　安陽集 39/3b
謝簽賜酒食狀　安陽集 39/4a
謝酒果狀　安陽集 39/4a
謝春盤幡勝狀　安陽集 39/4a
謝生饌狀　安陽集 39/4a
謝射弓筵狀　安陽集 39/4b
謝饌筵狀　安陽集 39/4b
回燕王狀(附副使)　安陽集 39/4b
回中京留守狀(附副使)　安陽集 39/5a
謝燕王請赴筵狀(附副使)　安陽集 39/5b
謝中京留守請赴筵狀(附副使)　安陽集 39/5b
謝中京留守饌送狀(附副使)　安陽集 39/6a
謝燕王饌送狀　安陽集 39/6a
叙先考令公遺事與尹龍圖書　安陽集 46/6a
與文潞公　播芳文粹 103/4b
與孫元規大資五帖　播芳文粹 103/11a
與吳學士帖　播芳文粹 103/23a
～ 維
與兩府辭避書　韓南陽集 21/6a
回樞密富相公辭免書　韓南陽集 21/6b
回同州觀察謝狀　韓南陽集 21/7a
謝兩府　韓南陽集 21/7b
回鄆州安撫相公　韓南陽集 21/8a
回謝伯父商州太傅　韓南陽集 21/8b
回謝婺州郎中書　韓南陽集 21/8b
冬至回宗室書　韓南陽集 21/9b
回門狀榜子書　韓南陽集 21/10a
回樞密王侍郎披告書　韓南陽集 21/11a
賀樞密王侍郎書　韓南陽集 21/11b
謝王舍人書　韓南陽集 21/12b
謝同州觀察惠宮學記書　韓南陽集 21/13a
回相公李太尉披告本　韓南陽集 21/15a
回李太尉再披告本　韓南陽集 21/15b
回許州判府相公本　韓南陽集 21/15b
回樞密呂侍郎披告本　韓南陽集 21/16a
上晏相公手書　韓南陽集 28/3b
薦陳和叔求晏丞相幕官書　韓南陽集 28/4a
謝知制誥啓　韓南陽集 28/5a

賀呂樞密啓晦叔　韓南陽集 28/6b
回葉惇禮除中書舍人啓　韓南陽集 28/6b
與司馬君實書　韓南陽集 30/11a
再答君實論中字書　韓南陽集 30/12b
與范堯夫舍人手書　韓南陽集/附錄 5b
與十二侄家書　韓南陽集/附錄 6a
與三十四侄家書　韓南陽集/附錄 6b
與裴南楊手帖　韓南陽集/附錄 7b
～ 駒
與舍人小簡　播芳文粹 97/18b
上汪内翰小簡　播芳文粹 100/9b
上宰相書　蜀文輯存 37/15b
與葉舍人小簡　蜀文輯存 37/16b
上汪内翰小簡　蜀文輯存 37/17a
與撫州汪内翰啓　蜀文輯存 37/18a
回秀州曾學士啓　蜀文輯存 37/18a
回張提刑啓　蜀文輯存 37/18b
回黃州趙少監啓　蜀文輯存 37/18b
回光州任大夫啓　蜀文輯存 37/19a
上宰相書　蜀文輯存/續補 10b
再上宰相書(1-2)　蜀文輯存/續補/12b-13a
～ 億
轉廳回韓觀文啓　播芳文粹 88/10a
轉廳回外任兩制啓　播芳文粹 88/10b
～ 繼
與孫學士帖　播芳文粹 104/16b
與李舍人帖　播芳文粹 104/17a
與范堯夫舍人帖　播芳文粹 104/17b
與范堯夫舍人書　播芳文粹 110/23b

薛季宣
都堂審察劄子　浪語集 17/1a
與虞丞相劄子　浪語集 17/1b
與王樞密劄子(1-2)　浪語集 17/3a-4a
與四川宣撫王樞密劄子　浪語集 17/6a
奉使淮西與虞丞相書(1-6)　浪語集 17/8a-15a
淮西與王樞使公明書　浪語集 18/1a
淮西與梁右相書　浪語集 18/2b
湖州與宰執書(1-3)　浪語集 18/3a-5a
湖州與梁右相書　浪語集 18/5b
湖州與樞使王觀文公明書　浪語集 18/7a
湖州與四川宣撫虞少保書　浪語集 18/7b

湖州與曾參政懷書　浪語集 18/8b

湖州答王樞密之奇書　浪語集 18/10a

湖州與鎮江守黃侍郎書(1-2)　浪語集 18/11a-11b

上宣諭論淮西事宜(1-10)　浪語集 19/1a-9a

答宣諭范機宜　浪語集 19/9b

上宣諭論淮東事宜(1-3)　浪語集 19/10a-11a

論營田　浪語集 19/11b

上宣諭論蔡州事宜　浪語集 19/13b

上宣諭論北事　浪語集 19/14a

上張宣諭書　浪語集 19/16a

上成馬帥論屯軍　浪語集 20/1a

與宋守論屯田利害　浪語集 20/1b

上宣諭汪中丞書　浪語集 20/3a

論屯戍　浪語集 20/4b

論民力　浪語集 20/5a

論賊盜　浪語集 20/6a

上胡舍人書　浪語集 20/6b

擬上宰執書　浪語集 20/8b

上張魏公書(1-2)　浪語集 20/10b-12b

上湯相論邊事　浪語集 21/1a

再上湯相　浪語集 21/4a

代上湯相書　浪語集 21/6a

與陳左相　浪語集 21/7a

與虞右相　浪語集 21/7b

與梁樞密　浪語集 21/8a

參宰稟目　浪語集 21/8b

張樞密劄子別紙　浪語集 21/10a

與王公明　浪語集 21/10b

與劉樞密　浪語集 21/12a

與王樞密公明(1-2)　浪語集 21/12b-13a

與王樞使公明(1-3)　浪語集 21/13b-16a

與汪參政明遠論岳侯恩數　浪語集 22/1a

與汪參政明遠論屯戍　浪語集 22/2a

與汪參政明遠書(1-2)　浪語集 22/3a-4a

與汪參政論邊事　浪語集 22/5a

與汪參政明遠　浪語集 22/5b

與汪留守明遠　浪語集 22/7a

與汪樞使明遠(1-4)　浪語集 22/8a-12b

淮西與周侍郎書必大　浪語集 23/1a

與張左司書栻　浪語集 23/2a

與朱編修書熹(1-2)　浪語集 23/3b-5a

答尤溪石宰書嶅　浪語集 23/6b

答沈縣尉書煥　浪語集 23/7a

答定遠于宰書倣　浪語集 23/8a

答陳同父書亮　浪語集 23/9a

與喻郎中樗二(1-2)　浪語集 23/11a-13b

沈應先有開書　浪語集 23/14a

與趙漕書　浪語集 23/15b

與王彥恭經略趯　浪語集 23/16b

與鄭景望(1-3)　浪語集 24/1a-4a

答景元書　浪語集 24/5a

答君舉書(1-4)　浪語集 24/5b-10a

與劉復之(1-4)　浪語集 24/11b-15a

答何商霖溥書(1-3)　浪語集 24/16a-18b

答葉適書　浪語集 25/1a

答象先姪書　浪語集 25/2a

答徐元德書　浪語集 25/3a

抵楊敬仲簡　浪語集 25/3b

抵沈叔晦映　浪語集 25/4b

與柴察院瑾　浪語集 25/5b

與文叔友文　浪語集 25/6a

答少卿舅氏書　浪語集 25/6b

復潘秀才必勝書　浪語集 25/7a

復程秀才書時行　浪語集 25/8a

復張人傑學諭書　浪語集 25/9a

又與王樞密劄子　南宋文範 33/15b

上張魏公書　南宋文範 33/16b

與汪參政明遠論岳侯恩數書　南宋文範 33/18b

鮮于天質

賀宮使大資啓　播芳文粹 56/3b

十八畫

豐　稷

上張虞部書　豐清敏詩文/輯存 1/5b　宋文鑑 120/8a

蕭　注

蕭閣副　直講集/外 2/6a

蕭注小簡　直講集/外 2/7a

魏了翁

楊州趙制置　鶴山集 31/1a

丞相　　鶴山集 31/1a

楊州趙制置　　鶴山集 31/2b

蔣左史　　鶴山集 31/3a

左丞相（1-5）　　鶴山集 31/3b-7b

別參謀　　鶴山集 31/8a

左丞相　　鶴山集 31/8a

趙大使　　鶴山集 31/9a

別參謀　　鶴山集 31/9b

趙大使　　鶴山集 31/10a

游侍郎　　鶴山集 31/10b

左丞相　　鶴山集 31/11a

安總領　　鶴山集 31/11a

丁制置　　鶴山集 31/11b

李大著心傳　　鶴山集 31/12a

京湖別制置　　鶴山集 31/12b

左相　　鶴山集 31/13a

知安吉州蔣左史重珍　　鶴山集 31/13b

上建康留守葉侍郎適　　鶴山集 32/1a

上李參政壁論蜀事　　鶴山集 32/2a

上韓太師侂胄論逆曦事　　鶴山集 32/4a

上吳宣撫獵論布估　　鶴山集 32/6b

答虞永康剛簡（1-2）　　鶴山集 32/8a-10a

柬孫蒲江綱（1-2）　　鶴山集 32/11b-12a

答名山張監茶伯西　　鶴山集 33/1a

代南叔兄上費參政士寅　　鶴山集 33/2a

上曾樞密從龍　　鶴山集 33/4a

上史丞相彌遠　　鶴山集 33/7b

丐祠上史丞相彌遠　　鶴山集 33/9a

再乞祠上史丞相彌遠　　鶴山集 33/10a

丐祠上史丞相彌遠　　鶴山集 33/10b

再上史丞相彌遠　　鶴山集 33/11a

四乞祠上史丞相彌遠　　鶴山集 33/11b

除工部侍郎上史丞相彌遠（附小貼子）　　鶴山集 33/12a

丐祠上史丞相彌遠　　鶴山集 33/13a

再上史丞相彌遠　　鶴山集 33/13b

辭靖州洪守倬月給　　鶴山集 33/14a

答滕景重處厚　　鶴山集 33/14b

答蔣得之山　　鶴山集 33/15b

答林知錄觀過　　鶴山集 34/1a

答昌化潘知軍子順　　鶴山集 34/1b

答武岡李通判劉　　鶴山集 34/1b

答荊門張僉判元簡　　鶴山集 34/2a

答遂寧李侍郎壴　　鶴山集 34/2b

答任總幹　　鶴山集 34/3b

答長沙李縣丞元宗　　鶴山集 34/3b

答曾參政從龍　　鶴山集 34/4a

答劉提幹子澄　　鶴山集 34/5a

答贛州聶侍郎子述　　鶴山集 34/5b

答張大監忠恕張忠獻之孫（1-2）　　鶴山集 34/6b-7b

答袁衢州甫　　鶴山集 34/8a

答黃子才輅朱文公外孫　　鶴山集 34/9b

答張大監忠恕　　鶴山集 34/9b

答德慶陳知府宿陳正獻孫　　鶴山集 34/10a

答丁大監黼　　鶴山集 34/10b

答嚴教授植　　鶴山集 34/11a

答彭運幹鉉　　鶴山集 34/11b

答許介之解元玠　　鶴山集 34/12a

答范殿撰子長　　鶴山集 34/12b

答樊致政庚　　鶴山集 34/13a

答江縣尉鐩　　鶴山集 34/13b

答遂寧李侍郎　　鶴山集 34/13b

答吳寺丞泳　　鶴山集 34/14a

答郭通判黃中　　鶴山集 34/闕文（據目錄補）

答蕭仲有　　鶴山集 34/闕文（據目錄補）

答楊架閣恢　　鶴山集 34/闕文（據目錄補）

答李侍郎　　鶴山集 34/16a

答陳子敬疇　　鶴山集 34/16b

答江西提刑葉大卿宰　　鶴山集 35/1a

答湖廣陳總領允迪　　鶴山集 35/1b

答葉子實　　鶴山集 35/2a

答澧州除教授復　　鶴山集 35/2b

答福建史提舉彌忠　　鶴山集 35/3b

答易尚書祓　　鶴山集 35/4a

答洪郎中咨夔　　鶴山集 35/5a

答員侍郎　　鶴山集 35/5b

答袁提舉甫　　鶴山集 35/6b

答李遂寧埴　　鶴山集 35/6b

答袁提刑申儒　　鶴山集 35/7a

答廣西趙經畧　　鶴山集 35/7b

答林衢州畧　　鶴山集 35/7b

答袁提舉甫　　鶴山集 35/8a

答薛檢法　　鶴山集 35/10a

答丁太監　　鶴山集 35/10a

答池州張通判泠　　鶴山集 35/11a

答知常德袁提刑申儒　鶴山集35/11b
答黃總領申　鶴山集35/12a
答寶慶梁教授　鶴山集35/12a
答湖北李運使壽朋　鶴山集35/12b
答史提舉彌忠　鶴山集35/13a
答林大卿　鶴山集35/14a
答潘瓊州于順　鶴山集35/14a
答寶慶李知府　鶴山集35/14b
答周晦叔應辰　鶴山集35/15a
答楊均州恢　鶴山集35/15b
答王邵武遂　鶴山集35/16a
答朱擇善改之　鶴山集35/16b
答吳寺丞泳　鶴山集35/17b
答蔡總領廣　鶴山集36/1a
答楊次房少張　鶴山集36/1a
答蘇伯起振文　鶴山集36/1b
答巴州郭通判黃中　鶴山集36/2a
答黃眉州申　鶴山集36/3a
答前臨安尤通判熾　鶴山集36/3b
答趙全州必愿　鶴山集36/4a
答周監酒　鶴山集36/4b
答遂寧李侍郎臺　鶴山集36/5b
答馮吉父祥　鶴山集36/6a
答真侍郎德秀　鶴山集36/6b
答楊富順伯甫　鶴山集36/7a
答閻運幹　鶴山集36/7a
答熊教授有宗　鶴山集36/7b
答喬尚書行簡　鶴山集36/8a
答林提刑岳　鶴山集36/8b
答夔路趙運判　鶴山集36/9a
答真侍郎　鶴山集36/11a
答洪士龍天成　鶴山集36/11b
答楊瀘州　鶴山集36/12a
答丁大監黼　鶴山集36/12b
答喬尚書　鶴山集36/14a
答羅制幹愚　鶴山集36/14b
答曾教授宏迪　鶴山集36/14b
答真侍郎　鶴山集36/15a
答虞邛州方簡　鶴山集36/16a
答羅制機愚　鶴山集36/16a
答李監丞心傳　鶴山集36/16b
答湖南李運使昴　鶴山集36/17a
謝史丞相　鶴山集36/17b

李眉州壬辰　鶴山集37/1a
黃制置伯固壬辰　鶴山集37/1b
江陵別安撫之傑　鶴山集37/2b
程運使遇孫甲午　鶴山集37/3a
鄭丞相甲午(1-2)　鶴山集37/3b-4b
陳參政甲午　鶴山集37/6a
蔣大著重珍甲午　鶴山集37/7a
真侍郎　鶴山集37/8b
李舍人性傳　鶴山集37/8b
丁制副黼甲午　鶴山集37/9a
吳舍人永　鶴山集37/10b
回牟總幹子才　鶴山集37/11a
曾參政　鶴山集37/11b
吳知縣　鶴山集37/12a
鄭左相乙未　鶴山集37/12a
上兩丞相乞以陰雨縈祭國門乙未　鶴山集37/12b
寧國趙書記時頌丙申　鶴山集37/13a
吳提幹　鶴山集37/13b
吳侍郎潛丙申　鶴山集37/14a
謝邛守范季才宗丞啓蓁　鶴山集66/1a
成都僉判到任謝劉制置　鶴山集66/2a
通通判王國正　鶴山集66/2b
上趙運使薈　鶴山集66/3a
代謝劉制置舉狀　鶴山集66/4a
通陳總領　鶴山集66/4b
通謝尚書　鶴山集66/6a
賀謝尚書　鶴山集66/7a
通茶馬　鶴山集66/7b
除國子正謝丞相　鶴山集66/8a
除正字謝宰相　鶴山集66/9a
差知嘉定府謝宰執　鶴山集66/10b
知漢州謝安大使　鶴山集66/11a
知眉州到任謝安大使　鶴山集66/12a
答眉州同官　鶴山集67/1a
答趙通判希存　鶴山集67/1a
答州縣官生日　鶴山集67/1b
生日謝李參政璧　鶴山集67/2a
謝劉潼川光祖　鶴山集67/2b
賀張運使　鶴山集67/3a
除潼川運判謝宰執　鶴山集67/4a
生日謝親友　鶴山集67/4b
通安少保定昏　鶴山集67/4b

被召謝宰執　鶴山集 67/5a

除兵部郎官兼史職謝宰執　鶴山集 67/6a

回蔣狀元重珍啓　鶴山集 67/7a

回蔡狀元仲龍啓　鶴山集 67/7a

回趙狀元發啓　鶴山集 67/7b

生日謝親友惠詩詞　鶴山集 67/8a

除秘書監謝執政　鶴山集 67/8b

除起居舍人謝宰執　鶴山集 67/9a

賀皇子國公誕生皇孫剸子　鶴山集 67/10a

生日謝人惠詩詞　鶴山集 67/10a

謝安監丞納幣　鶴山集 67/10b

賀范帥子長得之嘉定府教授張罩　鶴山集 67/11a

答靖州士人生日　鶴山集 68/1a

答衆官致禮者　鶴山集 68/1a

海答生日惠詩　鶴山集 68/1b

生日謝人惠詩詞　鶴山集 68/1b

又謝守倅　鶴山集 68/2a

生日謝守倅以下惠詩詞　鶴山集 68/2a

答靖州時官士人惠生日啓　鶴山集 68/2b

答靖州范倅中啓　鶴山集 68/2b

生日答衛沅州澱啓　鶴山集 68/3a

復元官職宮觀謝宰執啓　鶴山集 68/3b

答虞邛州方簡定婚　鶴山集 68/4a

答楊廣安約定婚　鶴山集 68/4b

答馮叙州邦作謝武侯廟碑啓　鶴山集 68/5a

瀘州到任謝宰執啓　鶴山集 68/5b

答生日啓　鶴山集 68/6a

賀鄭丞相清之　鶴山集 68/6b

答生日丙申　鶴山集 68/9a

回生日啓得之嘉定府教授張罩　鶴山集 68/9b

回諸公生日啓得之嘉定府教授張罩　鶴山集 68/9b

代上費參政書士寅　南宋文範 35/4a

答巴州郭通判書黃中　南宋文範 35/5a

與蔣大著書重珍　南宋文範 35/5b

遺陳深父子帖　蜀文輯存 78/1a

昭代親友帖　蜀文輯存 78/1a

~仲光

賀人發舉啓　播芳文粹 65/16a

~杞

回趙明州伯圭啓　魏文節遺書 1/6a

~伯友

賀馬提刑啓　播芳文粹 61/3b

請太守薦舉啓　播芳文粹 75/17a

十九畫

譚佛雲

賀韓制置啓　播芳文粹 59/2a

~篆

賀韓制置啓　蜀文輯存 47/17a

羅從彥

與陳默堂書　羅豫章集 11/10b

~椅

與危驪塘論詩　澗谷集 2/2b

與葛山詩人論詩　澗谷集 2/7a

回立雪論詩　澗谷集 2/8a

謝曾景建惠金陵百韻　澗谷集 2/8b

與劉書臺求館隱處讀書書　澗谷集 2/9a

~願

上執政書　鄂州集 5/17a

上(王淮)丞相啓　鄂州集 5/19a

謝辛大卿啓幼安　鄂州集 5/20a　新安文獻 42/6a

通總領趙郎中啓　鄂州集 5/20a

回通判劉寺簿子澄啓　鄂州集 5/21b　新安文獻 42/6b

回潼川劉檢法啓　鄂州集 5/27a

二十畫

蘭敏修

賀張丞相兼都督啓　播芳文粹 58/2b

蘇元老

代上何龍圖書　蜀文輯存 35/3a

上成都提學書　蜀文輯存 35/4a

與成都帥周燾書　蜀文輯存 35/5a

~洵

上韓樞密書　嘉祐集 10/1a

上富相公書　嘉祐集 10/3a

上文丞相書　嘉祐集 10/4b

上田樞密書　嘉祐集 10/5b

上余青州書　嘉祐集 10/7a

上歐陽內翰書(1-5)　嘉祐集 11/1a-5a

上王長安書　嘉祐集 11/6a

上張侍郎書(1-2)　嘉祐集 11/6b-7a

上韓舍人書　嘉祐集 11/7b

上韓丞相書　嘉祐集 12/1a

上韓昭文論山陵書　嘉祐集 12/2a

與梅聖俞書　嘉祐集 12/3b

答雷太簡書　嘉祐集 12/4a

與楊節推書　嘉祐集 12/4b

與吳殿院書　嘉祐集 12/5a

謝趙司諫書　嘉祐集 12/5b

送石昌言使北引　嘉祐集 14/6a

議修禮書狀　嘉祐集 14/9b

上歐陽内翰書　宋文鑑 117/2b

上富相公書　宋文鑑 117/6a

謝相府啓　宋文鑑 121/21a

賀歐陽樞密啓　宋文鑑 121/22b

~ 舜欽

上三司副使段公書　蘇學士集 9/1a

上范希文書　蘇學士集 9/3a

應制科上省使葉道卿書　蘇學士集 9/5b

上京兆杜公書　蘇學士集 9/7a

上孫沖諫議書　蘇學士集 9/8b

上孔待制書　蘇學士集 9/9b

上集賢文相書　蘇學士集 9/11b

答韓持國書　蘇學士集 10/1a

答馬永書　蘇學士集 10/3b

答范資政書(1－2)　蘇學士集 10/14b－5b

答李鋭書　蘇學士集 10/6b

答杜公書　蘇學士集 10/7b

上范公參政書并諮目七事　蘇學士集 10/9a－16a

啓事上奉寧軍陳侍郎　蘇學士集 12/1a

上杜侍郎啓　蘇學士集 12/2a

上執政啓　蘇學士集 12/2b

薦王景仁啓　蘇學士集 12/3b

京兆求罷表　蘇學士集 12/4a

杜公讓官表　蘇學士集 12/5a

杜公謝官表　蘇學士集 12/6a

杜公求退(1－5)　蘇學士集 12/7a－9b

答韓持國書　宋文鑑 114/14a

與歐陽公書　蜀文輯存 19/14a

~ 軾

謝秋賦試官啓　蘇東坡全集 26/9b

謝南省主文歐陽内翰啓　蘇東坡全集 26/11a

謝南省主文王内翰啓　蘇東坡全集 26/12a

謝南省主文梅龍圖啓　蘇東坡全集 26/13a

謝南省主文韓舍人啓　蘇東坡全集 26/14a

謝南省主文范舍人啓　蘇東坡全集 26/15a

謝制科啓　蘇東坡全集 26/16a

賀楊龍圖啓　蘇東坡全集 26/17b

鳳翔到任謝執政啓　蘇東坡全集 26/18b

賀吳副樞啓　蘇東坡全集 26/19a

答許狀元啓　蘇東坡全集 26/19b

謝館職啓　蘇東坡全集 27/2b

賀韓丞相啓　蘇東坡全集 27/3b

答曾學士啓　蘇東坡全集 27/4b

賀歐陽少師致仕啓　蘇東坡全集 27/5a

賀韓丞相再入啓　蘇東坡全集 27/6a

密州到任執政啓　蘇東坡全集 27/6b

答楊屯田啓二首　蘇東坡全集 27/7a－7b

謝監司薦舉啓　蘇東坡全集 27/8a

徐州謝兩府啓　蘇東坡全集 27/8b

賀吕副樞啓　蘇東坡全集 27/9a

賀趙大資致仕啓　蘇東坡全集 27/9b

答陳齋郎啓　蘇東坡全集 27/10a

賀文太尉啓　蘇東坡全集 27/10b

登州謝兩府啓　蘇東坡全集 27/11a

謝中書舍人啓　蘇東坡全集 27/11b

謝翰林學士啓　蘇東坡全集 27/12b

答試館職人啓　蘇東坡全集 27/12b

答李寶文啓　蘇東坡全集 27/13b

答王欽臣啓　蘇東坡全集 27/13b

答彭舍人啓　蘇東坡全集 27/14a

謝賈朝奉啓　蘇東坡全集 27/14b

賀范端明啓　蘇東坡全集 27/15a

答范端明啓　蘇東坡全集 27/15b

杭州謝執政啓　蘇東坡全集 27/16b

答杭州交代啓　蘇東坡全集 27/17a

答莫提刑啓　蘇東坡全集 27/17a

答王明州啓　蘇東坡全集 27/17b

謝生日詩啓　蘇東坡全集 27/18a

賀林待制啓　蘇東坡全集 27/18b

上梅直講書　蘇東坡全集 28/1b

上韓太尉書　蘇東坡全集 28/3a

上富丞相書　蘇東坡全集 28/4b

上曾丞相書　蘇東坡全集 28/7b

應制舉上兩制書　蘇東坡全集 28/9b

上劉侍讀書　蘇東坡全集 28/13b

上韓魏公論場務書　蘇東坡全集 28/15b

上蔡省主論放欠書　蘇東坡全集 28/18b

答安師孟書　蘇東坡全集 28/20a

與曾子固書　蘇東坡全集 28/20b

上韓魏公乞葬董傳書　蘇東坡全集 28/21a

上韓丞相論災傷手實書　蘇東坡全集 29/2a

上文侍中論強盜賞錢書　蘇東坡全集 29/5a

上文侍中論榷鹽書　蘇東坡全集 29/7a

答舒煥書　蘇東坡全集 29/10a

答黃魯直書　蘇東坡全集 29/11a

答宋寺丞書　蘇東坡全集 29/11b

黃州上文潞公書　蘇東坡全集 29/12b

謝張太保撰先人墓碣書一首　蘇東坡全集 29/14a

與章子厚書　蘇東坡全集 29/15a

答李端叔書　蘇東坡全集 29/17b

答秦太虛書　蘇東坡全集 30/1a

答李琮書　蘇東坡全集 30/3a

答陳師仲書　蘇東坡全集 30/8b

答畢仲舉書　蘇東坡全集 30/10b

與朱鄂州書　蘇東坡全集 30/11b

答李昭玘書　蘇東坡全集 30/14a

答李薦書　蘇東坡全集 30/15a

答張文潛書　蘇東坡全集 30/16b

答毛滂書　蘇東坡全集 30/17b

答杭州交代啓　蘇東坡全集/後 14/2a

答館職啓一首　蘇東坡全集/後 14/2a

潁州到任謝執政啓　蘇東坡全集/後 14/2b

與京西運使劉昱啓　蘇東坡全集/後 14/3a

揚州到任謝執政啓　蘇東坡全集/後 14/3b

答晁發運及諸郡啓　蘇東坡全集/後 14/3b

賀彭發運啓　蘇東坡全集/後 14/4a

答杜侍郎啓　蘇東坡全集/後 14/4b

定州到任謝執政啓　蘇東坡全集/後 14/4b

謝本路監司啓　蘇東坡全集/後 14/5a

謝諸郡啓　蘇東坡全集/後 14/5b

賀鄰帥及監司冬至啓　蘇東坡全集/後 14/6a

賀鄰帥及監司正旦啓　蘇東坡全集/後 14/6a

答丁連州啓　蘇東坡全集/後 14/6b

答陳提刑啓　蘇東坡全集/後 14/7a

答彭賀州啓　蘇東坡全集/後 14/7a

答王承議啓　蘇東坡全集/後 14/7b

答王幼安宣德啓　蘇東坡全集/後 14/8a

杭州上執政書二首　蘇東坡全集/後 14/8b

揚州上呂相書　蘇東坡全集/後 14/13b

答虔倅俞括奉議書　蘇東坡全集/後 14/15a

答王庠書　蘇東坡全集/後 14/16a

答潮州吳秀才書　蘇東坡全集/後 14/17a

答謝民師書　蘇東坡全集/後 14/18b

答劉沔都曹書　蘇東坡全集/後 14/19b

與李方叔四首　蘇東坡全集/續 4/1a－2a

與陳公密三首　蘇東坡全集/續 4/2b－3a

與徐仲車　蘇東坡全集/續 4/3b

與吳秀才　蘇東坡全集/續 4/3b

與彥正判官　蘇東坡全集/續 4/4a

與毛澤民推官二首　蘇東坡全集/續 4/4b－5a

與陳輔之　蘇東坡全集/續 4/5b

與溫公　蘇東坡全集/續 4/6a

與魯直二首　蘇東坡全集/續 4/6b－7a

與陳傳道五首　蘇東坡全集/續 4/8a－9b

與龐安常　蘇東坡全集 4/10a

與王敏仲八首　蘇東坡全集/續 4/10b－12b

與鄭靖老二首　蘇東坡全集/續 4/12b－13a

上韓昭文　蘇東坡全集/續 4/13b

與李延評　蘇東坡全集/續 4/14a

與黃敷言二首　蘇東坡全集/續 4/14a－14b

與陸固朝奉　蘇東坡全集/續 4/14b

與謝民師推官二首　蘇東坡全集/續 4/14b－15a

與黃洞秀才二首　蘇東坡全集/續 4/15a－15b

與滕達道二十三首　蘇東坡全集/續 4/15b－22b

與朱康叔十七首　蘇東坡全集/續 4/22b－28b

與胡深夫五首　蘇東坡全集/續 4/29a－30a

與朱行中合人四首　蘇東坡全集/續 4/30a－30b

與李之儀五首　蘇東坡全集/續 4/31a－32b

與馮祖仁四首　蘇東坡全集/續 4/33a－34a

與黃師是　蘇東坡全集/續 4/34a

與廣西憲曹司勳五首　蘇東坡全集/續 4/34b－36a

與晦夫一云與趙仲脩　蘇東坡全集/續 4/36b

與范夢得八首　蘇東坡全集/續 4/36b－38a

與孫叔靜七首　蘇東坡全集/續 4/38a－39b

答劉貢父二首　蘇東坡全集/續 4/39b－40a

答曾子宣三首　蘇東坡全集/續 4/40b－41a

與李公擇　蘇東坡全集/續 4/41a

與姜唐佐秀才六首　蘇東坡全集/續 4/41b－42b

與傅維巖秘校四首　蘇東坡全集/續 4/43a－43b

與林天和長官二十三首　蘇東坡全集/續 4/43b－48a

與張朝請五首　蘇東坡全集/續 4/48b－49b

答漢卿　蘇東坡全集/續 4/49b

謝呂龍圖京師三首　蘇東坡全集/續 4/50a－51a

與楊濟甫四首　蘇東坡全集/續 4/51a

答王龍圖　蘇東坡全集/續 4/51b

與楊濟甫鳳翔　蘇東坡全集/續 4/51b

與蒲誠之六首　蘇東坡全集/續 4/52a－53b

與楊濟甫　蘇東坡全集/續 4/53b

答楊濟甫二首　除喪還朝　蘇東坡全集/續 4/54a

與楊濟甫　蘇東坡全集/續 4/54a

答寶月大師二首　蘇東坡全集/續 4/55a－55b

與大覺禪師璉公杭倅　蘇東坡全集/續 4/55b

答范夢得二首　蘇東坡全集/續 4/56a－56b

與郭功父五首　蘇東坡全集/續 4/57a－57b

與康公操都官三首　蘇東坡全集/續 5/1a－1b

答楊君素　蘇東坡全集/續 5/1b

與楊濟甫　蘇東坡全集/續 5/2a

與周開祖　蘇東坡全集/續 5/2b

與何浩然　蘇東坡全集/續 5/2b

答水陸通長老五首密州　蘇東坡全集/續 5/3a－4a

答陳履常二首　蘇東坡全集/續 5/4a－4b

答程彝仲二首　蘇東坡全集/續 5/5a

與王慶源二首　蘇東坡全集/續 5/5b－6a

答金山寶覺禪師　蘇東坡全集/續 5/6a

答富道人　蘇東坡全集/續 5/6b

答周開祖　蘇東坡全集/續 5/7a

答蜀僧幾演　蘇東坡全集/續 5/7b

與人　蘇東坡全集/續 5/8a

答張主簿　蘇東坡全集/續 5/8a

與人二首　蘇東坡全集/續 5/8b

與眉守黎希聲三首　蘇東坡全集/續 5/9a－9b

答李才元　蘇東坡全集/續 5/10a

答范蜀公　蘇東坡全集/續 5/10a

答晁叔美二首　蘇東坡全集/續 5/10a－10b

與蒲廷淵　蘇東坡全集/續 5/11a

與晁君成　蘇東坡全集/續 5/11a

與范子豐六首　蘇東坡全集/續 5/11b－12b

答王慶源　蘇東坡全集/續 5/13a

答參寥　蘇東坡全集/續 5/13b

與文與可三首　徐州　蘇東坡全集/續 5/14a－14b

與鮮于子駿三首　蘇東坡全集/續 5/14b－15b

與何正道教授三首　蘇東坡全集/續 5/16a－16b

與歐陽仲純五首　蘇東坡全集/續 5/16b－17b

答周開祖二首　湖州　蘇東坡全集/續 5/18a

答呂熙道二首　蘇東坡全集/續 5/18b

答范純夫　蘇東坡全集/續 5/19a

與道甫　蘇東坡全集/續 5/19a

與孫子思七首　蘇東坡全集/續 5/19b－20b

與程得聖秘校二首　蘇東坡全集/續 5/20b－21a

與人　蘇東坡全集/續 5/21a

與樂推官黃州　蘇東坡全集/續 5/21b

答李昭玘　蘇東坡全集/續 5/21b

答范蜀公四首　蘇東坡全集/續 5/22a－23b

答言上人　蘇東坡全集/續 5/23b

答通禪師　蘇東坡全集/續 5/24a

答道源秘校　蘇東坡全集/續 5/24b

與王慶源　蘇東坡全集/續 5/25a

答李寺丞二首　蘇東坡全集/續 5/25a－25b

與陳季常九首　蘇東坡全集/續 5/25b－29a

答吳子野四首　蘇東坡全集/續 5/29a－30b

與李公擇二首　蘇東坡全集/續 5/30b－31a

答湖守刁景純二首　蘇東坡全集/續 5/31b

答蘇子平先輩二首　蘇東坡全集/續 5/32a－32b

與蔡景繁十四首　黃州　蘇東坡全集/續 5/32b－36b

與吳子野二首　蘇東坡全集/續 5/36b－37a

與幾道宣義　蘇東坡全集/續 5/37a

舉江惇禮秀才五首　蘇東坡全集/續 5/37b－38b

與徐司待　蘇東坡全集/續 5/38b

答湖守滕達道　蘇東坡全集/續 5/39a

答陳季常三首　蘇東坡全集/續 5/39a－40a

與錢世雄　蘇東坡全集/續 5/40a

答任德翁　蘇東坡全集/續 5/40b

與周主簿　蘇東坡全集/續 5/40b

與知郡朝散　蘇東坡全集/續 5/41a

與文郎　蘇東坡全集/續 5/41a

與楊元素八首　蘇東坡全集/續 5/41b－43b

答上官長官二首　蘇東坡全集/續 5/44a－44b

與人　蘇東坡全集/續 5/44b

與巢元脩　蘇東坡全集/續 5/45a

與千乘姪　蘇東坡全集/續 5/45b

與蒲傳正　蘇東坡全集/續 5/45b

與子明兄　蘇東坡全集/續 5/46a

與子安兄　蘇東坡全集/續 5/47a

與王元直　蘇東坡全集/續 5/47b

答圓通秀禪師　蘇東坡全集/續 5/48a

答寶月大師三首　蘇東坡全集/續 5/48a－49a

答趙昶晦之四首　蘇東坡全集/續 5/49b－50a

與蹇序辰四首　蘇東坡全集/續 5/50b－51a

答濠州陳章朝請二首　蘇東坡全集/續 5/51b－52a

與徐得之十首　蘇東坡全集/續 5/52b－54a

答程彝仲推官二首　蘇東坡全集/續 5/54b

答君瑞殿直　蘇東坡全集/續 5/55a

與景倩　蘇東坡全集/續 5/55a

與趙仲修二首　蘇東坡全集/續 5/55b

與人二首　蘇東坡全集/續 5/55b－56a

與孟亨之　蘇東坡全集/續 5/56a

與何聖可　蘇東坡全集/續 5/56a

與毛維瞻　蘇東坡全集/續 5/56b

與劉器之　蘇東坡全集/續 5/56b

代夫人與福應真大師　蘇東坡全集/續 5/57a

答開元明座主二首　蘇東坡全集/續 5/57a

與無釋老師　蘇東坡全集/續 5/57b

與清隱老師二首　蘇東坡全集/續 5/57b－58a

與人(1－2)　蘇東坡全集/續 5/58a

與金山佛印禪師離黃師　蘇東坡全集/續 5/58a

與王文甫　蘇東坡全集/續 5/58b

與楊元素二首　蘇東坡全集/續 6/1a－1b

與胡道士　蘇東坡全集/續 6/1b

與人　蘇東坡全集/續 6/1b

與佛印禪師三首　蘇東坡全集/續 6/2a－2b

答賈耘老四首　蘇東坡全集/續 6/2b－3b

與千之姪　蘇東坡全集/續 6/4a

與潘彥明　蘇東坡全集/續 6/4b

與開元明師五首　蘇東坡全集/續 6/4b－5b

答王定國三首　蘇東坡全集/續 6/5b－6b

答靈鷲遵老二首　蘇東坡全集/續 6/7a

答楊元素赴登州　蘇東坡全集/續 6/7a

與楊康功　蘇東坡全集/續 6/7b

答姚秀才三首　蘇東坡全集/續 6/7b－8a

答王慶源登州還朝二首　蘇東坡全集/續 6/8b

答潘彥明二首　蘇東坡全集/續 6/9a

與子安兄二首　蘇東坡全集/續 6/9b－10a

與潘彥明四首　蘇東坡全集/續 6/10a－11a

與王慶源二首　蘇東坡全集/續 6/11a－11b

答佛印禪師　蘇東坡全集/續 6/12a

與王文甫　蘇東坡全集/續 6/12a

與運判應之　蘇東坡全集/續 6/12b

與范子功二首　蘇東坡全集/續 6/12b－13a

與知縣十首　蘇東坡全集/續 6/13a－14b

與人二首　蘇東坡全集/續 6/15a

與張正己　蘇東坡全集/續 6/15a

答李方叔翰林　蘇東坡全集/續 6/15b

答毛滂　蘇東坡全集/續 6/15b

與王慶源三首　蘇東坡全集/續 6/16a－16b

答劉貢父　蘇東坡全集/續 6/16b

與范蜀公六首　蘇東坡全集/續 6/17a－18b

與楊元素二首　蘇東坡全集/續 6/18b－19a

與張太保安道　蘇東坡全集/續 6/19a

與李端伯寶文三首　蘇東坡全集/續 6/19b－20a

答呂元鈞三首　蘇東坡全集/續 6/20b－21a

答史彥明主簿二首　蘇東坡全集/續 6/21a

與千之姪　蘇東坡全集/續 6/21b

與楊君素二首　蘇東坡全集/續 6/21b－22a

與黃州故人　蘇東坡全集/續 6/22b

答龐安常二首　蘇東坡全集/續 6/22b－23a

答程懿叔　蘇東坡全集/續 6/23a

答李方叔三首　蘇東坡全集/續 6/23b－24a

與王定國　蘇東坡全集/續 6/24a

與李端叔　蘇東坡全集/續 6/24b

與李伯時　蘇東坡全集/續 6/25a

與范純父　蘇東坡全集/續 6/25a

與辯才禪師三首　蘇東坡全集/續 6/25b

與浴室用公　蘇東坡全集/續 6/26a

與張元明二首　蘇東坡全集/續 6/26b

與家復禮　蘇東坡全集/續 6/27a

答劉元忠三首杭州　蘇東坡全集/續 6/27a－27b

答王慶源　蘇東坡全集/續 6/27b

與引伴高麗練承議三首　蘇東坡全集/續 6/28a－28b

與潘彥明二首　蘇東坡全集/續 6/29a

與陳懿叔二首　蘇東坡全集/續 6/29b

答聞復上人　蘇東坡全集/續 6/30a

與趙德麟二首　蘇東坡全集/續 6/30a－30b

與大覺禪師璉公二首　蘇東坡全集/續 6/31a

與大別才老三首　蘇東坡全集/續 6/31b－32a

與承天明老五首　蘇東坡全集/續 6/32a－33a

與佛印禪師三首　蘇東坡全集/續 6/33b

與孫正孺二首　蘇東坡全集/續 6/34a

與王元直　蘇東坡全集/續 6/34b

答王聖美　蘇東坡全集/續 6/35a

答青州張秘校　蘇東坡全集/續 6/35a

與王慶源之子　蘇東坡全集/續 6/35b

與王正夫朝奉三首　蘇東坡全集/續 6/35b – 36a

答楊禮先三首　蘇東坡全集/續 6/36a – 36b

與潮守王朝請滌二首　蘇東坡全集/續 6/36b – 37a

與吳子野　蘇東坡全集/續 6/37b

答龜山長老四首　蘇東坡全集/續 6/38a – 38b

與佛印禪師二首　蘇東坡全集/續 6/38b – 39a

答王定國二首潁州　蘇東坡全集/續 6/39a – 39b

與趙德麟二首　蘇東坡全集/續 6/40a

與辯才禪師　蘇東坡全集/續 6/40b

答參寥二首　蘇東坡全集/續 6/40b – 41a

與汪道濟二首　蘇東坡全集/續 6/41b

與范純父侍郎二首　蘇東坡全集/續 6/41b – 42a

與明父權府提刑　蘇東坡全集/續 6/42a

與孔毅父二首　蘇東坡全集/續 6/42b – 43a

與范純夫四首　蘇東坡全集/續 6/43a – 44a

答趙德麟二首　蘇東坡全集/續 6/44b

與人三首　蘇東坡全集/續 6/45a

與范子功四首　蘇東坡全集/續 6/45b – 46a

答李方叔六首　蘇東坡全集/續 6/46a – 47b

答潘彥明　蘇東坡全集/續 6/47a

與鞠持正二首　蘇東坡全集/續 6/47b – 48a

答趙德麟還朝三首　蘇東坡全集/續 6/48a – 48b

與人三首　蘇東坡全集/續 6/49a – 49b

與王賢良　蘇東坡全集/續 6/49b

答楊濟甫　蘇東坡全集/續 6/49b

與子安兄四首　蘇東坡全集/續 6/50a – 50b

與聖用弟三首　蘇東坡全集/續 6/51a – 51b

與子由赴定州　蘇東坡全集/續 6/52a

與參寥　蘇東坡全集/續 6/52b

答范純父　蘇東坡全集/續 6/52b

與孫子發二首　蘇東坡全集/續 6/53a

與錢濟明二首　蘇東坡全集/續 6/53a – 53b

與孫子發南遷二首　蘇東坡全集/續 6/54a

與開元明師二首　蘇東坡全集/續 6/54b

與任德翁　蘇東坡全集/續 6/55a

與張元明二首　蘇東坡全集/續 6/55a

與黃元翁　蘇東坡全集/續 6/55b

答劉無言　蘇東坡全集/續 6/55b

與孫子發三首　蘇東坡全集/續 6/55b – 56a

與程德孺　蘇東坡全集/續 6/56b

答錢濟明惠州三首　蘇東坡全集/續 6/56b – 57b

答張嘉父　蘇東坡全集/續 6/57b

答徐得之二首　蘇東坡全集/續 6/58a – 58b

答吳秀才　蘇東坡全集/續 6/59a

答參寥三首　蘇東坡全集/續 7/1a – 2a

答南華辯禪師五首　蘇東坡全集/續 7/2b – 3b

答王商彥　蘇東坡全集/續 7/4a

與程天侔惠州七首　蘇東坡全集/續 7/4b – 5b

與程正輔提刑二十四首　蘇東坡全集/續 7/6a – 12b

與廣東提舉蕭大夫二首　蘇東坡全集/續 7/13a

答王敏仲四首　蘇東坡全集/續 7/13a – 14a

與范純夫　蘇東坡全集/續 7/14b

與蕭朝奉　蘇東坡全集/續 7/15a

答王莊叔二首　蘇東坡全集/續 7/15b

與循守周文之二首　蘇東坡全集/續 7/16a – 16b

與封守朱朝請二首　蘇東坡全集/續 7/16b – 17a

與李大夫　蘇東坡全集/續 7/17a

與周文之二首　蘇東坡全集/續 7/17b – 18a

與人　蘇東坡全集/續 7/18a

與惠州都監　蘇東坡全集/續 7/18b

與史氏太君嫂　蘇東坡全集/續 7/19a

與林濟甫儋耳二首　蘇東坡全集/續 7/19a – 19b

答劉元忠　蘇東坡全集/續 7/19b

答王敏仲　蘇東坡全集/續 7/20a

答程全父推官儋耳六首　蘇東坡全集/續 7/20a – 22a

答程天侔三首　蘇東坡全集/續 7/22a – 23a

與鄭嘉會二首　蘇東坡全集/續 7/23a – 23b

與僧隆賢二首　蘇東坡全集/續 7/24a – 24b

與楊濟甫二首　蘇東坡全集/續 7/24b – 25a

與元老姪孫四首　蘇東坡全集/續 7/25a – 26b

與范元長八首　蘇東坡全集/續 7/26b – 28a

與秦少游　蘇東坡全集/續 7/29a

與楊子微二首　蘇東坡全集/續 7/29b

與范元長北歸六首　蘇東坡全集/續 7/30a – 31b

與孫叔静三首　蘇東坡全集/續 7/32a – 32b

與朱行中舍人六首　蘇東坡全集/續 7/32b – 33b

與歐陽晦夫　蘇東坡全集/續 7/34a

答陳承務二首　蘇東坡全集/續 7/34a – 34b

答南華明老三首　蘇東坡全集/續 7/34b – 35a

答錢僢明三首　蘇東坡全集/續 7/35b – 36a

答蘇伯固北歸三首　蘇東坡全集/續 7/36b – 37b

與錢志仲三首　蘇東坡全集/續 7/37b – 38a

與劉器之　蘇東坡全集/續 7/38a

與寇君　蘇東坡全集/續 7/39a

與人二首　蘇東坡全集/續 7/39a

與宋漢傑二首　蘇東坡全集/續 7/39b–40a

與胡郎仁脩三首　蘇東坡全集/續 7/40a–40b

與外生柳閎　蘇東坡全集/續 7/41a

與人二首　蘇東坡全集/續 7/41a–41b

答虔人王正彥先生　蘇東坡全集/續 7/41b

與程德孺運使三首　蘇東坡全集/續 7/41b–42b

答清涼長老　蘇東坡全集/續 7/42b

答錢濟明三首　蘇東坡全集/續 7/42b–43b

答廖明畧二首　蘇東坡全集/續 7/44a–44b

答孔毅夫二首　蘇東坡全集/續 7/44b–45a

答蘇伯固　蘇東坡全集/續 7/45a

答王幼安三首　蘇東坡全集/續 7/45b–46a

答胡道師　蘇東坡全集/續 7/46b

與李公擇　蘇東坡全集/續 7/47a

與黃師是三首　蘇東坡全集/續 7/47a–47b

與子由二首　蘇東坡全集/續 7/47b–48b

與馮祖仁三首　蘇東坡全集/續 7/49a–49b

與郭功甫二首　蘇東坡全集/續 7/49b–50a

答孔毅父　蘇東坡全集/續 7/50a

答畢先輩　蘇東坡全集/續 7/50b

與米元章九首　蘇東坡全集/續 7/50b–52a

與錢濟明三首　蘇東坡全集/續 7/52b–53a

與徑山長老惟琳二首　蘇東坡全集/續 7/53a–53b

求婚啓　蘇東坡全集/續 10/26b

定州到狀　蘇東坡全集/續 10/27a

謝韓舍人啓　蘇東坡全集/續 10/27a

潁州謝運使啓　蘇東坡全集/續 10/28a

答漕使啓　蘇東坡全集/續 10/28a

上執政謝獎諭啓　蘇東坡全集/續 10/28b

謝王內翰啓　蘇東坡全集/續 10/29a

上留守宣徽啓　蘇東坡全集/續 10/30a

謝交代趙祠部啓　蘇東坡全集/續 10/30a

賀孫樞密啓　蘇東坡全集/續 10/30b

上監司謝禮上啓　蘇東坡全集/續 10/31a

回列郡守倅啓　蘇東坡全集/續 10/31b

賀列郡知通賀冬啓　蘇東坡全集/續 10/31b

賀鄰帥監司年節啓　蘇東坡全集/續 10/31b

回列郡守倅賀年啓　蘇東坡全集/續 10/32a

謝監司啓二首　蘇東坡全集/續 10/32a–32b

賀高陽王侍制啓　蘇東坡全集/續 10/32b

賀青州陳龍圖啓　蘇東坡全集/續 10/33a

謝惠生日詩啓　蘇東坡全集/續 10/33b

謝求婚啓　蘇東坡全集/續 10/33b

賀正啓　蘇東坡全集/續 10/34a

賀冬啓　蘇東坡全集/續 10/34a

賀正啓　蘇東坡全集/續 10/34b

謝孫舍人啓　蘇東坡全集/續 10/35a

謝呂學士啓　蘇東坡全集/續 10/35a

答新蘇州黃龍圖啓　蘇東坡全集/續 10/35b

賀提刑馬宣德啓　蘇東坡全集/續 10/36a

答曾舍人啓　蘇東坡全集/續 10/36b

答秀州胡朝奉啓　蘇東坡全集/續 10/36b

上虢州太守啓　蘇東坡全集/續 10/37a

賀蔣發運啓　蘇東坡全集/續 10/38a

答杭州交代林侍制啓　蘇東坡全集/續 10/38b

答林江軍知軍啓　蘇東坡全集/續 10/38b

賀年啓二首　蘇東坡全集/續 10/39a

高麗大使遠迎啓　蘇東坡全集/續 10/39b

副使啓　蘇東坡全集/續 10/39b

謝大使土物啓　蘇東坡全集/續 10/39b

謝管設大使啓　蘇東坡全集/續 10/40a

副使啓　蘇東坡全集/續 10/40a

謝副使啓　蘇東坡全集/續 10/40a

罷登州謝杜宿州啓　蘇東坡全集/續 10/40a

杭州到狀　蘇東坡全集/續 10/40b

賀王發運啓　蘇東坡全集/續 10/40b

賀新運使張大夫啓一本作賀葉運使　蘇東坡全集/續 10/41a

回答館職啓　蘇東坡全集/續 10/41a

答喬舍人啓　蘇東坡全集/續 10/41b

謝右史啓　蘇東坡全集/續 10/42a

賀時宰啓　蘇東坡全集/續 10/42b

謝應中制科啓　蘇東坡全集/續 10/43b

及第後謝秋賦試官啓　蘇東坡全集/續 10/44a

下財啓　蘇東坡全集/續 10/47a

答求親啓　蘇東坡全集/續 10/47b

與邁求親啓　蘇東坡全集/續 10/47b

徐州謝鄰郡陳彥升啓　蘇東坡全集/續 10/48a

湖州上監司先狀　蘇東坡全集/續 10/48a

回同官先狀　蘇東坡全集/續 10/48a

黃州還回太守畢仲遠啓　蘇東坡全集/續 10/48b

杭州與莫提刑啓　蘇東坡全集/續 10/48b

回蘇州黃龍圖啓　蘇東坡全集/續 10/49a

代賀歐陽樞密啓代大中公　蘇東坡全集/續 10/49b

上韓魏公乞葬董傳書　蘇東坡全集/續 11/32a

上王兵部書　蘇東坡全集/續 11/33a

與劉宜翁書　蘇東坡全集/續 11/34b

上王刑部書　蘇東坡全集/續 11/35b

與佛印禪老書　蘇東坡全集/續 11/36b

謝歐陽內翰書　蘇東坡全集/續 11/37a

謝范舍人書　蘇東坡全集/續 11/38a

上梅龍圖書　蘇東坡全集/續 11/39b

上荊公書　蘇東坡全集/續 11/40b

上韓樞密書　蘇東坡全集/續 11/41a

上呂相公書　蘇東坡全集/續 11/43a

上呂僕射論浙西災傷書　蘇東坡全集/續 11/43b

上執政乞度牒賑濟及因修廨宇書　蘇東坡全集/續 11/46a

與章子厚書　蘇東坡全集/續 11/48b

答劉巨濟書　蘇東坡全集/續 11/50b

與孫運勾書　蘇東坡全集/續 11/51a

與王庠書三首　蘇東坡全集/續 11/52a – 53a

答陳季常書　蘇東坡全集/續 11/54b

與吳秀水書　蘇東坡全集/續 11/56a

與謝民師推官書　蘇東坡全集/續 11/57a

與孫知損運使書作帥　蘇東坡全集/續 11/58a

與王定國書　蘇東坡全集/續 11/59a

與李方叔書　蘇東坡全集/續 11/61b

上知府王龍圖書　蘇東坡全集/續 11/63a

與葉進叔書　蘇東坡全集/續 11/65a

答范景山書　蘇東坡全集/續 11/66b

答參寥書　蘇東坡全集/續 11/67a

答李康年書　蘇東坡全集/續 11/67b

答舒堯文書　蘇東坡全集/續 11/68a

答陸道士書　蘇東坡全集/續 11/68b

答孫志康書　蘇東坡全集/續 11/69b

與劉壯與　三劉家集/58a

上梅直講書　宛陵集/附錄 5b

小簡八首　丹淵集/附錄 15b – 19b

蘇東坡帖　節孝集/附載/7a

賀文太尉帥北京啓　播芳文粹 56/20b

除中書舍人謝宰執啓　播芳文粹 68/7a

除中書舍人謝宰執啓　播芳文粹 68/8b

除內翰謝諸公啓　播芳文粹 68/13b

除館職謝執政啓　播芳文粹 69/3b

洛尹謝宰相啓　播芳文粹 71/7b

徐州到任謝兩府啓　播芳文粹 71/9a

潁州到任謝執政啓　播芳文粹 71/9b

登州到任謝兩府啓　播芳文粹 71/11a

本州到任謝執政啓　播芳文粹 71/13a

謝試中宏詞啓　播芳文粹 76/27a

叙事謝兩府啓　播芳文粹 79/16a

與范蜀公三帖　播芳文粹 103/1a

與司馬溫公三帖　播芳文粹 103/2a

與王荊公　播芳文粹 103/3a

與錢待制十九帖　播芳文粹 104/2a

與文玉十二帖　播芳文粹 104/7a

與錢穆父待制七帖　播芳文粹 104/12b

與張安道尚書二帖　播芳文粹 104/14a

與王定國十九帖　播芳文粹 104/20a

與晁美叔二帖　播芳文粹 105/1a

與康叔朝議二帖　播芳文粹 105/1b

與呂龍圖三帖　播芳文粹 105/2a

與韓昭文帖　播芳文粹 105/3b

與毛澤民六帖　播芳文粹 105/4a

與蜀帥李元純三帖　播芳文粹 105/5b

與樞密侍郎帖　播芳文粹 105/6b

與滕達道三帖　播芳文粹 105/7a

與監宮二帖　播芳文粹 105/8a

與李昭玘帖　播芳文粹 105/15a

與孫運勾帖　播芳文粹 105/15b

與徐司門帖　播芳文粹 105/16b

與米獻明帖　播芳文粹 105/16b

與蘇子容四帖　播芳文粹 105/17b

王幼安二帖　播芳文粹 105/18b

與鄧承旨二帖　播芳文粹 105/19b

與陳君式大夫二帖　播芳文粹 105/20a

與王敏仲三帖　播芳文粹 105/21a

與滕興公二帖　播芳文粹 105/21b

謝張文潛　播芳文粹 105/24a

與李廷評帖　播芳文粹 106/9b

答李端叔帖　播芳文粹 106/10a

與章致平帖　播芳文粹 106/11b

與道源秘校帖　播芳文粹 106/12b

與張秘校帖　播芳文粹 106/24a

與高夢得帖　播芳文粹 106/24a

與徐安中帖　播芳文粹 106/25a

與曾子開帖　播芳文粹 106/25b

與達道帖　播芳文粹 106/26a

與惠林廣慧禪師三帖　播芳文粹 110/1a

與賢師上人帖　播芳文粹 110/2a

與金山祖印帖　播芳文粹 110/2a

與雪齋言上人　播芳文粹 110/2a

與金山寶覺帖　播芳文粹 110/2b

與大覺禪院帖　播芳文粹 110/3a

與參寥大師二帖　播芳文粹 110/4a

與滕興公書　播芳文粹 110/22b

與胡郎中書　播芳文粹 110/23a

請圓照禪師疏　播芳文粹 118/5a

請戒長老疏　播芳文粹 118/9a

上梅直講書　宋文鑑 118/1a

上韓魏公論場務書　宋文鑑 118/2b

上文侍中論榷鹽書　宋文鑑 118/6a

黃州上文潞公書　宋文鑑 118/9a

與章子厚書　宋文鑑 118/11a

與李方叔書　宋文鑑 118/13a

上樞密韓太尉書　宋文鑑 118/14b

謝南省主文與歐陽內翰啓　宋文鑑 122/9b

謝應中制科啓　宋文鑑 122/11a

賀楊龍圖啓　宋文鑑 122/12b

賀歐陽少師致仕啓　宋文鑑 122/13b

賀呂副樞啓　宋文鑑 122/14b

賀文太尉啓　宋文鑑 122/15b

登州謝兩府啓　宋文鑑 122/16a

謝中書舍人啓　宋文鑑 122/16b

答試館職人啓　宋文鑑 122/17b

謝賈朝奉啓　宋文鑑 122/18a

賀范端明啓　宋文鑑 122/18b

范文正公集啓　吳都續文粹 55/18a

擬孫權答曹操書　吳都續文粹 46/22a

與孫叔靜簡　蜀藝文志 60/2b

答蜀僧幾演　蜀藝文志 60/3a

與巢元修　蜀藝文志 60/3a

答佛印禪師　蜀藝文志 60/3b

重答佛印　蜀藝文志 60/4a

洛尹謝宰相啓　蜀文輯存 20/2a

與張秘校　蜀文輯存 20/2b

與高夢得　蜀文輯存 20/2b

與徐安中　蜀文輯存 20/2b

謝唐林夫　蜀文輯存 20/3a

與曾子開　蜀文輯存 20/3a

與達道　蜀文輯存 20/3a

與惠林廣慧禪師　蜀文輯存 20/3a

與賢師上人　蜀文輯存 20/3b

與滕興公　蜀文輯存 20/3b

與錢待詔十九帖　蜀文輯存 20/4a

與文王十二帖　蜀文輯存 20/6a

與錢穆父待制七帖　蜀文輯存 20/7b

與張安道尚書　蜀文輯存 20/8b

與康叔朝議　蜀文輯存 20/9b

與毛澤民　蜀文輯存 20/9b

與樞密侍郎　蜀文輯存 20/10a

與滕達道三帖　蜀文輯存 20/10a

與監官二帖　蜀文輯存 20/10b

與米獻明　蜀文輯存 20/11a

與蘇子容四帖　蜀文輯存 20/11b

與鄧承旨二帖　蜀文輯存 20/12a

與滕興公二帖　蜀文輯存 20/12a

~　過

謝張帥啓　斜川集 4/10a

代人謝啓七首　斜川集 4/11a–14b

賀王憲拜水衡啓　斜川集 4/15b

回單靖州啓　斜川集 4/16a

代人賀啓七首　斜川集 4/16b–20a

代人上北京留守書　斜川集 5/1a

論海南黎事啓　斜川集 5/2b

代人賀啓　四庫拾遺 825/斜川集

賀王水衡啓　播芳文粹 54/4b

除虞部謝執政啓　播芳文粹 68/23b

漕到任謝執政啓　播芳文粹 70/20a

回覃靖州啓　播芳文粹 88/20a

請平老開堂疏　播芳文粹 118/16a

~　頌

謝館閣校勘　蘇魏公集 48/1a

潁州到任謝二府　蘇魏公集 48/2a

謝知府密學　蘇魏公集 48/2b

謝運使學士　蘇魏公集 48/3a

謝運使郎中　蘇魏公集 48/3b

謝集賢相公　蘇魏公集 48/4a

賀參政侍郎　蘇魏公集 48/4b

賀樞密諫議　蘇魏公集 48/4b

賀判府太尉相公　蘇魏公集 48/5a

回提刑度支　蘇魏公集 48/5b

賀安撫侍讀侍郎　蘇魏公集 48/5b

回知府觀察　蘇魏公集 48/6a

賀知府龍圖　蘇魏公集 48/6b

回祥符知縣郎中　蘇魏公集 48/7a

回同年著作　蘇魏公集 48/7a

賀留守相公辭太原再領西京　蘇魏公集 48/7b
賀知府龍圖諫議　蘇魏公集 48/8a
謝二府　蘇魏公集 48/8b
轉官謝二府　蘇魏公集 48/9a
轉官謝監司　蘇魏公集 48/9b
提刑轉運先狀　蘇魏公集 48/9b
賀運使度支　蘇魏公集 48/10a
賀知府侍郎　蘇魏公集 48/10a
賀淮南運使　蘇魏公集 48/10b
回侍讀　蘇魏公集 48/11a
回壽州知府到任　蘇魏公集 48/11a
回知府内翰　蘇魏公集 48/11b
回伴讀郎中　蘇魏公集 48/11b
回廬州知府郎中　蘇魏公集 48/12a
回鈴轄　蘇魏公集 48/12b
回鄆州知府學士　蘇魏公集 48/12b
上交代職方　蘇魏公集 48/13a
二府賀冬　蘇魏公集 48/13a
外任兩省賀冬　蘇魏公集 48/13b
鄰郡賀冬　蘇魏公集 48/14a
二府賀正　蘇魏公集 48/14a
外任兩省賀正　蘇魏公集 48/14b
謝知制誥　蘇魏公集 49/1a
亳州到任謝二府　蘇魏公集 49/2a
亳州到任謝兩省　蘇魏公集 49/2b
賀昭文僕射相公　蘇魏公集 49/3a
回交代資政侍郎　蘇魏公集 49/3b
回知府經畧密學　蘇魏公集 49/3b
回知府内翰（1－2）　蘇魏公集 49/4a－4b
回南京權用運使中允　蘇魏公集 49/4b
回南京通判郎中　蘇魏公集 49/5a
回防禦太傅　蘇魏公集 49/5b
回河東都運諫議　蘇魏公集 49/6a
回瀛州安撫待制　蘇魏公集 49/6b
杭州到任謝二府　蘇魏公集 49/7a
回越州知府大資　蘇魏公集 49/7b
回致政太傅侍中　蘇魏公集 49/8a
上西川知府端明侍御　蘇魏公集 49/8b
上大孝昭文相公　蘇魏公集 49/8b
回登州知郡司封　蘇魏公集 49/9a
回宿州知郡郎中　蘇魏公集 49/9b
賀樞密相公　蘇魏公集 49/9b
回告諭太保　蘇魏公集 49/10a

知府祠部先狀　蘇魏公集 49/10b
回觀察太尉　蘇魏公集 49/10b
回省副　蘇魏公集 49/11a
上陵使相公　蘇魏公集 49/11b
回太原經畧相公賀冬　蘇魏公集 49/11b
回賀冬　蘇魏公集 49/12a
濠州到任謝二府　蘇魏公集 50/1a
滄州到任謝二府　蘇魏公集 50/1b
回運使兵部　蘇魏公集 50/2a
回知郡郎中　蘇魏公集 50/2b
賀禮儀待制　蘇魏公集 50/2b
上致政郎中　蘇魏公集 50/3a
回提舉著作　蘇魏公集 50/3b
回恩州知府皇城　蘇魏公集 50/3b
回冀州知府左藏　蘇魏公集 50/4a
回知縣太博謝改官　蘇魏公集 50/4a
賀新恩先輩　蘇魏公集 50/4b
回舍人　蘇魏公集 50/4b
回致政龍圖　蘇魏公集 50/5a
回杭州知府待制　蘇魏公集 50/5b
任左丞回外任兩制　蘇魏公集 50/5b
任右僕射謝前宰相　蘇魏公集 50/6a
任右僕射回外任兩制　蘇魏公集 50/6b
乞致仕上二府　蘇魏公集 50/6b
致仕謝二府　蘇魏公集 50/7a
回殿前太尉　蘇魏公集 50/7b
回中書侍郎　蘇魏公集 50/8a
回殿前太尉　蘇魏公集 50/8a
回中書副閣舍人　蘇魏公集 50/8b
回知府待制　蘇魏公集 50/9a
回校書學士　蘇魏公集 50/9a
回給事　蘇魏公集 50/9b
回奉禮宣德　蘇魏公集 50/9b
回秘書學士　蘇魏公集 50/10a
轉宮保謝宰職　蘇魏公集 50/10b
回廬州知府舍人　蘇魏公集 50/10b
回通判都官　蘇魏公集 50/11a
與胡恢推官論南唐史書　蘇魏公集 68/1a
代提刑王綽上宰相　蘇魏公集 68/3b
謝太傅杜相公　蘇魏公集 68/6a
上中丞諫議　蘇魏公集 68/8a
上時相　蘇魏公集 68/10a
代人上樞密龐太尉　蘇魏公集 68/11b

與劉原父　蘇魏公集 68/13a

回登州知郡司封啓　宋文鑑 122/9a

～ 轍

上樞密韓太尉書　欒城集 22/1a

上昭文富丞相書　欒城集 22/2b

上曾參政書　欒城集 22/5a

上兩制諸公書　欒城集 22/7a

上劉長安書　欒城集 22/11b

答徐州陳師仲書二首　欒城集 22/12b–14a

答黃庭堅書　欒城集 22/14a

答徐州教授李昭玘書　欒城集 22/14b

上洪州孔大夫論徐常侍墳書　欒城集 22/15b

賀歐陽副樞啓　欒城集 50/1a

北京謝韓丞相啓二首　欒城集 50/1b

賀歐陽少師致仕啓　欒城集 50/2b

迎陳述古舍人啓　欒城集 50/3b

賀致政曾太傅啓　欒城集 50/3b

賀韓相州啓　欒城集 50/4a

謝韓許州啓　欒城集 50/4b

賀河陽文侍中啓　欒城集 50/5a

謝文公啓　欒城集 50/5b

賀張宣徽知青州啓　欒城集 50/6a

謝改著作佐郎啓　欒城集 50/6a

謝張公安道啓　欒城集 50/7a

賀孫樞密啓　欒城集 50/7b

謝黃察啓　欒城集 50/8a

賀趙少保啓　欒城集 50/8b

賀文太師致仕啓　欒城集 50/9a

謝兩發運啓　欒城集 50/10a

賀范端明啓　欒城集 50/10b

除中書舍人謝執政啓　欒城集 50/10b

除尚書右丞諸公免書　欒城集 50/11b

謝啓　欒城集 50/12b

子瞻答周郎中啓　欒城集 50/13a

張公安道答呂陶屯田啓　欒城集 50/13b

陳述古舍人謝兩府啓　欒城集 50/14a

又陳述古舍人謝兩制啓　欒城集 50/14a

張聖民修撰謝二府啓　欒城集 50/14b

齊州李諫議問候文侍中啓　欒城集 50/15a

李諫議賀郭宣徽知并州啓　欒城集 50/15b

李諫議謝二府啓　欒城集 50/16a

謝中制科啓　宋文鑑 122/23b

賀河陽文侍郎啓　宋文鑑 122/25a

賀文侍中帥河陽啓　播芳文粹 57/3b

除中書舍人謝宰執啓　播芳文粹 68/6a

除左丞謝宰執啓　播芳文粹 68/25b

幕職到任謝韓相啓　播芳文粹 72/14a

謝辟南京簽判啓　播芳文粹 76/1b

與劉原之大夫二帖　播芳文粹 104/15a

與秘校二帖　播芳文粹 104/16a

與參寥大師帖　播芳文粹 110/15a

與辯才大師帖　播芳文粹 110/15b

與劉原之大夫二帖　蜀文輯存 21/22a

與秦秘校二帖　蜀文輯存 21/22a

～ 籀

上門下侍郎書　雙溪集 8/1a

上戶部尚書書　雙溪集 8/5a

上時相書　雙溪集 8/8a

上李丞相書　雙溪集 8/11b

上朱僕射書　雙溪集 8/14a

上趙樞密都督書　雙溪集 8/17b

擬上趙相書　雙溪集 8/21b

上秦丞相書（1–2）　雙溪集 8/24a–28b

庚申年擬裁此書　雙溪集 8/33a

上湯丞相書　雙溪集 8/37a

代謝呂丞相啓　雙溪集 12/1a

賀張樞密啓　雙溪集 12/1b

賀謝參政啓　雙溪集 12/3a

賀富中丞啓　雙溪集 12/4a

賀富知院啓　雙溪集 12/5a

謝顏門下相公啓　雙溪集 12/6a

謝閩帥啓　雙溪集 12/7b

謝帥司舉啓　雙溪集 12/8a

迎柳憲啓　雙溪集 12/9a

賀富樞密啓　雙溪集 12/9b

謝程殿撰啓　雙溪集 12/10b

賀翟參政啓　雙溪集 12/12a

迎張大資啓　雙溪集 12/13b

示徐漕啓　雙溪集 12/14b

謝劉憲啓　雙溪集 12/15b

餞任參政　雙溪集 12/17a

改秩餞謝賀政　雙溪集 12/18b

餞胡樞密　雙溪集 12/19b

賀趙相公啓　雙溪集 12/22a

賀張參政入覲經筵啓　雙溪集 12/23a

賀張參政啓　雙溪集 12/24a

賀陳參政啓　雙溪集 12/25b
賀趙丞相再入相啓　雙溪集 12/26b
賀常中丞啓　雙溪集 12/27b
代仲虎兄回蔣揚州啓　雙溪集 13/1a
上樓仲輝牋　雙溪集 13/1b
賀王中丞啓　雙溪集 13/3b
擬答館職謝啓　雙溪集 13/4b
謝轉朝奉朗牋　雙溪集 13/5a
謝轉朝散郎牋　雙溪集 13/6b
牋薛帥　雙溪集 13/8a
迎吳郎中啓　雙溪集 13/9a
回發解舉人謝啓　雙溪集 13/9b
衢州張舍人啓　雙溪集 13/10a
衢州交代林通判啓　雙溪集 13/10b
迎衢州知府章郎中　雙溪集 13/11a
回江少卿啓　雙溪集 13/11b
婺州錢龍圖　雙溪集 13/12a
牋吳尚書　雙溪集 13/12b
牋周尚書　雙溪集 13/13a
迎吳中大啓　雙溪集 13/13b
牋俞帥　雙溪集 13/14a
謝高市舶啓　雙溪集 13/14b
迎賀曹漕啓　雙溪集 13/15b
賀提舉游郎中　雙溪集 13/16a
回得解舉人啓　雙溪集 13/16b
牋婺守趙殿撰　雙溪集 13/17a
牒紹興曹帥　雙溪集 13/17b
牋趙敷文　雙溪集 13/18b
牋交代王宗丞　雙溪集 13/19a
回翟參議啓　雙溪集 13/19b
答曹機宜啓　雙溪集 13/20a
牋沈左相　雙溪集 14/1a
牋陳知院　雙溪集 14/3a
牋湯右相　雙溪集 14/4a
牋判府張參政　雙溪集 14/6a
牋陳參政長卿　雙溪集 14/6b
賀王樞密啓　雙溪集 14/8a
牋賀參政　雙溪集 14/9a
牋陳僕射　雙溪集 14/10a
牋賀參政　雙溪集 14/11b
牋周樞密　雙溪集 14/12b
迎婺守周侍郎啓　雙溪集 14/13b
牋判部汪侍郎　雙溪集 14/14a

牋陳左揆　雙溪集 14/15a
牋楊參政　雙溪集 14/16a
迎知郡吳侍郎　雙溪集 14/17a
迎丁侍郎啓　雙溪集 14/18a
牋越師吳侍郎　雙溪集 14/18b
迎喻提舉啓　雙溪集 14/19a
牋紹興帥陳左揆　雙溪集 14/20a

二十二畫

龔茂良
賀李右丞啓　播芳文粹 53/26b
赴任上漕使啓　播芳文粹 82/15b

佚　名
淳民以橫歛上蛟峰先生書　蛟峰集/外 2/6a
　山房遺文/外 2/6a
賀蛟峰先生復秘書署摘句　蛟峰集/外 2/5a
　山房遺文/外 2/5a
漳州到任謝宰相　巽齋四六/1b
除秘書郎謝宰相　巽齋四六/2b
除武諭謝丞相　巽齋四六/3b
通楊安撫　巽齋四六/4b
賀李參政　巽齋四六/5b
賀錢參政除資學赴經筵　巽齋四六/6b
賀魏右史　巽齋四六/7b
賀趙總卿被召　巽齋四六/8b
通王總領　巽齋四六/10a
賀浙西漕　巽齋四六/11a
賀浙漕程郎中　巽齋四六/12a
賀閩漕王郎中　巽齋四六/12b
通趙漕使兼憲使　巽齋四六/13a
賀胡檢正除浙西憲　巽齋四六/15a
賀章泉州就除閩憲　巽齋四六/15b
代賀豐憲　巽齋四六/16b
賀陳郎中改除浙西倉　巽齋四六/18a
賀羅倉部除閩倉　巽齋四六/18b
通趙倉　巽齋四六/19b
通西外趙判宗　巽齋四六/21a
通市舶魏提舉　巽齋四六/22a
漳守通泉州章郎中　巽齋四六/23a
通汀守趙寺丞　巽齋四六/23b
通潮州沈卿　巽齋四六/24b
通興化洪監簿　巽齋四六/25a

通鄉守林寺簿　　巽齋四六/25b

回惠州朱郎中　　巽齋四六/26b

回曾倅　　巽齋四六/28a

回許倅　　巽齋四六/28b

回陳教授　　巽齋四六/30a

回朱教授　　巽齋四六/30a

回趙判官　　巽齋四六/31a

鄭推官　　巽齋四六/31a

董司理　　巽齋四六/32a

蔡司户　　巽齋四六/32b

龍溪宰　　巽齋四六/33a

龍巖陳宰　　巽齋四六/33a

迃牛宰　　巽齋四六/33b

林主簿　　巽齋四六/35a

漳浦黃尉　　巽齋四六/35a

回寄居陳守　　巽齋四六/36a

趙忠倅　　巽齋四六/36b

余判院　　巽齋四六/36b

孫寺丞　　巽齋四六/37a

回楊宰　　巽齋四六/38a

回顏知縣　　巽齋四六/38b

賀冬汀州趙寺丞　　巽齋四六/39a

賀胡參政除知院啓　　播芳文粹49/16a

賀陳同知啓　　播芳文粹49/24a

賀劉同知啓　　播芳文粹49/25a

賀中書吕舍人啓　　播芳文粹50/24a

賀中書梁舍人啓　　播芳文粹50/26b

賀錢内翰啓　　播芳文粹51/1a

賀正字啓　　播芳文粹51/25a

賀方正字啓　　播芳文粹51/26a

賀吴正言啓　　播芳文粹52/8a

賀沈正言啓　　播芳文粹52/9a

賀吴郡王啓　　播芳文粹54/19b

賀虞大參帥蜀啓　　播芳文粹57/2a

賀李帥啓　　播芳文粹57/14b

賀李帥啓　　播芳文粹57/17b

賀曾總領啓　　播芳文粹59/4b

賀傅都運啓　　播芳文粹59/20a

賀沈都運啓　　播芳文粹59/22b

賀吕提刑啓　　播芳文粹60/21b

賀太守正啓　　播芳文粹66/7a

賀太守正啓(1-11)　　播芳文粹66/8b-13a

賀通判正啓(1-3)　　播芳文粹66/13a-14a

賀通判正啓　　播芳文粹66/14b

賀都統正啓(1-2)　　播芳文粹66/14b-15a

賀路分正啓　　播芳文粹66/15a

賀路鈐正啓　　播芳文粹66/15b

賀監司屬官正啓　　播芳文粹66/16a

賀正啓(1-6)　　播芳文粹66/16b-18b

賀太師冬啓(1-3)　　播芳文粹66/18b-19b

賀少保冬啓　　播芳文粹66/20a

賀宰相冬啓(1-6)　　播芳文粹66/21a-23b

賀兩府冬啓　　播芳文粹66/24a

賀樞使冬啓　　播芳文粹66/24a

賀參政冬啓　　播芳文粹66/25a

賀侍從冬啓(1-2)　　播芳文粹66/25b

賀給事冬啓　　播芳文粹66/26a

賀客省冬啓　　播芳文粹66/26b

賀帥使冬啓　　播芳文粹66/26b

賀帥使丞相冬啓　　播芳文粹66/27a

賀帥臣冬啓(1-5)　　播芳文粹66/27b-29a

賀總領冬啓(1-2)　　播芳文粹67/1a-1b

賀漕使冬啓(1-3)　　播芳文粹67/2a-3a

賀憲使冬啓　　播芳文粹67/3a

賀倉使冬啓(1-2)　　播芳文粹67/3b-4a

賀監司冬啓(1-5)　　播芳文粹67/4b-6a

賀判府尚書冬啓　　播芳文粹67/6b

賀判府龍圖冬啓　　播芳文粹67/6b

賀太守冬啓(1-13)　　播芳文粹67/7a-12a

賀通判冬啓(1-10)　　播芳文粹67/12b-16a

賀冬啓(1-7)　　播芳文粹67/16b-18b

賀林憲生日啓　　播芳文粹67/23b

除户書謝兩府啓　　播芳文粹68/3b

除尚書謝左右史啓　　播芳文粹68/4b

除中書舍人謝楊舍人啓　　播芳文粹68/12b

除中書舍人謝同列啓　　播芳文粹68/13a

除内翰謝兩制啓　　播芳文粹68/14a

除内翰謝長官啓　　播芳文粹68/14b

除内翰泛謝啓　　播芳文粹68/15b

除大觀文兩任留守謝執政啓　　播芳文粹68/17a

除待制謝門下侍郎啓　　播芳文粹68/17b

除修撰再任漕謝執政啓　　播芳文粹68/18a

除直閣謝政府啓　　播芳文粹68/19a

除太博謝執政啓　　播芳文粹68/27a

總賦除漕謝宰相啓　　播芳文粹69/27a

除國子監承謝宰相執啓　播芳文粹 68/28a

除國子博士謝丞相啓　播芳文粹 68/30b

除太常博士謝宰相啓　播芳文粹 68/30b

除館職謝宰執啓　播芳文粹 69/5a

除授謝寺丞啓　播芳文粹 69/22b

除授謝舍人啓　播芳文粹 69/24a

除郡謝執政啓　播芳文粹 69/33a

除郡謝宣撫開府啓　播芳文粹 69/30b

除郡謝中書侍郎啓　播芳文粹 69/30b

帥到任謝宰執啓（1－2）　播芳文粹 70/1a－2a

帥到任謝大漕啓　播芳文粹 70/8b

帥到任謝政府啓　播芳文粹 70/5b

帥到任謝右丞啓　播芳文粹 70/9a

倉移憲到任謝宰相啓　播芳文粹 70/11a

憲到任謝丞相啓　播芳文粹 70/16b

漕移憲到任謝丞相啓（1－2）　播芳文粹 70/12a－13b

憲到任謝太守啓　播芳文粹 70/18b

漕到任謝楊郡王啓　播芳文粹 70/19a

守移漕謝宰相啓　播芳文粹 70/21a

漕到任謝執政啓　播芳文粹 70/22a

漕到任謝宰相啓　播芳文粹 70/23a

漕到任謝政府啓（1－2）　播芳文粹 70/24a－24b

運判到任謝政府啓　播芳文粹 70/26a

倉到任謝政府啓　播芳文粹 71/1a

漕到任謝侍郎啓　播芳文粹 71/3a

倉到任謝知宗啓　播芳文粹 71/4a

倉到任謝安撫啓　播芳文粹 71/4b

市舶到任謝宰相啓　播芳文粹 71/5a

制置到任謝政府啓　播芳文粹 71/6a

洛守到任謝兩府啓　播芳文粹 71/7a

齊州到任謝執政啓　播芳文粹 71/15b

宮州到任謝兩府啓　播芳文粹 71/16b

滄州到任謝丞相啓　播芳文粹 71/17a

潭州到任謝執政啓　播芳文粹 71/18a

太守到任謝參政啓　播芳文粹 71/19b

太守到任謝兩府啓　播芳文粹 71/25a

太守到任謝監司啓　播芳文粹 71/26a

移郡到任謝執政啓　播芳文粹 71/27a

太守到任謝監司啓（1－2）　播芳文粹 71/28b

倅到任謝宰相啓　播芳文粹 72/1a

倅到任謝太史啓　播芳文粹 72/3a

倅到任謝尚書啓　播芳文粹 72/5b

倅到任謝左司啓　播芳文粹 72/6a

倅到任謝總領啓　播芳文粹 72/7a

倅到任謝臺察啓　播芳文粹 72/7b

教官到任謝師相啓　播芳文粹 72/8b

解倅謝師相啓　播芳文粹 72/19b

解縣任赴省察謝參政啓　播芳文粹 72/20b

簽判到任謝上位啓　播芳文粹 72/13a

改秩謝秦少保啓　播芳文粹 73/1a

改秩謝執政啓　播芳文粹 73/2a

改秩謝宰執啓　播芳文粹 73/5a

改秩謝執政啓　播芳文粹 73/5b

築倉改秩謝上位啓　播芳文粹 73/6b

教官改秩謝監司啓　播芳文粹 73/7b

改秩謝監司啓　播芳文粹 73/9a

改秩謝上位啓　播芳文粹 73/10a

謝宰執薦舉啓　播芳文粹 73/12a

謝丞相薦舉啓　播芳文粹 73/13a

謝參政薦舉啓　播芳文粹 73/14b

謝禮侍薦舉啓　播芳文粹 73/18a

謝給事薦舉啓　播芳文粹 73/18b

謝刑部薦舉啓　播芳文粹 73/20b

謝察院薦舉啓（1－2）　播芳文粹 73/21b－22b

謝郎中薦舉啓　播芳文粹 73/23a

謝侍從舉換文官啓　播芳文粹 73/24a

謝給事薦舉啓　播芳文粹 73/25a

謝上司薦舉啓　播芳文粹 73/27a

謝憲使薦舉啓　播芳文粹 74/7a

謝漕使薦舉啓　播芳文粹 74/9a

謝漕使薦舉啓　播芳文粹 74/11b

謝鹽提舉薦舉啓（1－2）　播芳文粹 74/20a－21a

謝提舉薦舉教官啓　播芳文粹 74/22a

謝度支薦舉啓　播芳文粹 74/23a

謝監司薦舉啓（1－2）　播芳文粹 75/13a－13b

謝提倉薦舉啓　播芳文粹 75/14b

謝太守薦舉啓（1－2）　播芳文粹 75/20b－21b

謝太守薦舉啓　播芳文粹 75/24b

謝薦舉啓（1－7）　播芳文粹 75/28a－34b

謝舉試刑法啓　播芳文粹 75/35b

謝辟置幕屬啓　播芳文粹 76/4a

謝鄉舉啓　播芳文粹 78/21a

謝鄉舉啓　播芳文粹 79/1a

敘事謝鄧倉啓　播芳文粹 79/19a

敘復謝沈相啓　播芳文粹 80/8a

叙復謝參政啓　播芳文粹 80/9b

叙復謝樞密使啓　播芳文粹 80/10b

叙復謝中丞啓　播芳文粹 80/11b

復職宮祠謝知樞啓(1-2)　播芳文粹 80/15b-16b

復職宮祠謝政府啓　播芳文粹 80/17a

謝宰相答書啓　播芳文粹 80/19b

謝太守惠書啓　播芳文粹 80/20b

謝宰惠書啓　播芳文粹 80/21a

謝少卿惠詩啓　播芳文粹 80/22a

謝推官惠文啓(1-2)　播芳文粹 80/23b-24a

謝吳屯田惠鈎隱圖啓　播芳文粹 81/4b

謝吳太傅新注揚子見惠啓　播芳文粹 81/5a

謝吳禹功送行序啓　播芳文粹 81/5b

謝舒宰惠先正龍圖文集啓　播芳文粹 81/6b

謝張相譔墓銘啓　播芳文粹 81/13a

得州學職事謝太守啓　播芳文粹 81/14b

赴任與同官漕使啓　播芳文粹 82/20a

赴任上倉使啓　播芳文粹 82/22a

赴任上太守啓　播芳文粹 83/11b

赴任上提舉啓　播芳文粹 83/24a

赴任上教授啓　播芳文粹 83/25a

赴任上寄居宗丞啓　播芳文粹 84/10b

赴任與知縣啓　播芳文粹 84/12b

赴任上鄉宰啓　播芳文粹 84/15a

赴任與丞啓　播芳文粹 84/15b

赴任與簿啓　播芳文粹 84/16a

憲使與交代啓(1-2)　播芳文粹 84/19b-20a

太守與交代啓(1-3)　播芳文粹 84/22a-23a

太守與交代啓　播芳文粹 84/26b

宰與交代啓　播芳文粹 85/7b

尉與交代啓　播芳文粹 85/9a

上魏丞相啓　播芳文粹 85/14a

上丞相啓　播芳文粹 85/15a

上右相啓　播芳文粹 85/16b

上呂丞相啓　播芳文粹 85/17b

上師相啓　播芳文粹 85/18b

上湯丞相啓　播芳文粹 85/19b

上參政啓　播芳文粹 85/22a

上提刑啓　播芳文粹 86/14b

上提舉啓(1-2)　播芳文粹 86/15b-17a

回文太師辭免還洛啓　播芳文粹 88/11a

回韓丞相辭免啓　播芳文粹 88/11b

回韓丞相判北京辭免啓　播芳文粹 88/12a

回使相啓　播芳文粹 88/13b

回孫參政啓　播芳文粹 88/14a

回張太尉啓　播芳文粹 88/14a

回沈提刑啓　播芳文粹 88/16b

回衢州王郎中啓　播芳文粹 88/18a

回太守啓　播芳文粹 88/22a

回楊教授啓　播芳文粹 89/4b

回屬官啓　播芳文粹 89/7a

回士人謝解啓　播芳文粹 89/12b

回宋掌儀啓　播芳文粹 89/14a

回縣學職事啓(1-2)　播芳文粹 89/15a-15b

回鄭解元啓　播芳文粹 89/16a

達文太師致仕啓　播芳文粹 89/21b

達奉使啓　播芳文粹 89/24b

與樞密小簡　播芳文粹 96/10a

上樞密小簡賀冬　播芳文粹 96/11a

上韓郡王小簡賀生辰　播芳文粹 96/12b

上韓郡王小簡賀冬　播芳文粹 96/14a

上陳太傅小簡　播芳文粹 96/15b

上劉太尉小簡(1-2)　播芳文粹 96/17a-18a

上尚書小簡　播芳文粹 96/20a

上秦大資小簡賀冬　播芳文粹 96/22a

上張徽猷小簡　播芳文粹 96/24b

與陳侍讀小簡　播芳文粹 96/26b

與莫吏部小簡　播芳文粹 96/27b

與陳寶學小簡　播芳文粹 96/28b

上樓學士小簡　播芳文粹 96/29a

答侍講小簡　播芳文粹 96/29b

上汪内翰小簡賀冬　播芳文粹 97/3b

上李侍郎小簡　播芳文粹 97/6a

上吳侍郎小簡　播芳文粹 97/7a

上王侍郎小簡　播芳文粹 97/8a

上黃侍郎小簡　播芳文粹 97/9b

上都承小簡　播芳文粹 97/12a

上王給事小簡　播芳文粹 97/14a

上勾龍舍人小簡　播芳文粹 97/16a

與朱侍郎小簡　播芳文粹 97/17b

與錢右司小簡　播芳文粹 97/19b

上葉侍御小簡　播芳文粹 97/21a

上中丞小簡　播芳文粹 97/22a

上辛侍御小簡　播芳文粹 97/23a

上嚴司業小簡　播芳文粹 97/25b

上陳司業小簡　播芳文粹 97/26b

與錢直閣小簡　播芳文粹 97/28b

與監學小簡　播芳文粹 97/29a

與判部小簡　播芳文粹 97/29b

上樞密宮使小簡(1－2)　播芳文粹 98/2b－4b

與待制宮使小簡　播芳文粹 98/8b

與侍郎宮使小簡　播芳文粹 98/9a

上觀文宮使小簡　播芳文粹 98/9b

與宣撫小簡　播芳文粹 98/12b

與吳宣撫小簡　播芳文粹 98/13a

上宣諭小簡　播芳文粹 98/15b

與總管小簡　播芳文粹 98/16b

上都督小簡　播芳文粹 98/20a

上安撫小簡　播芳文粹 98/21a

上安撫丞相小簡　播芳文粹 98/22b

上汪帥小簡　播芳文粹 98/24a

上安撫小簡(1－4)　播芳文粹 98/25a－28b

上安撫小簡(1－2)　播芳文粹 99/1a－2b

賀漕使小簡 賀生日　播芳文粹 99/9a

上運使小簡(1－3)　播芳文粹 99/12b－14b

上漕使小簡 賀冬　播芳文粹 99/16a

上憲使小簡　播芳文粹 99/21a

上趙提刑小簡　播芳文粹 99/22b

上憲使小簡(1－2)　播芳文粹 99/23a－24a

上憲使小簡　播芳文粹 100/1b

上提舉小簡 賀生日　播芳文粹 100/5b

上提鹽小簡　播芳文粹 100/6b

上提舉小簡 賀冬　播芳文粹 100/7b

上太守小簡　播芳文粹 100/12a

上太守小簡(1－9)　播芳文粹 100/15a－24b

上通判小簡(1－6)　播芳文粹 101/1a－6b

上簽判小簡　播芳文粹 101/7a

上教授小簡(1－5)　播芳文粹 101/7b－11a

上提幹小簡　播芳文粹 101/12b

與諸司幹官小簡 賀冬　播芳文粹 101/14a

與幕官小簡　播芳文粹 101/14b

與檢法小簡　播芳文粹 101/15b

上知縣小簡交代(1－4)　播芳文粹 101/16b－20a

賀右丞相書成轉官劄子　播芳文粹 102/1b

賀蔣丞相免起復劄子　播芳文粹 102/2a

賀丞相生日劄子　播芳文粹 102/2a

賀洪相寄先正忠宣公集劄子　播芳文粹 102/

2b

被召謝丞相劄子　播芳文粹 102/3a

賀漕使被召劄子　播芳文粹 102/3b

賀漕使新命并子及第劄子　播芳文粹 102/4a

賀人召試入館(1－2)　播芳文粹 102/4b

與安撫劄子(1－2)　播芳文粹 102/5a－6b

上安撫丞相劄子　播芳文粹 102/7a

上安撫樞密劄子　播芳文粹 102/8a

上總領劄子　播芳文粹 102/9a

上憲使劄子(1－2)　播芳文粹 102/10a－12a

上太師詩文劄子　播芳文粹 102/15b

上大觀文詩文劄子　播芳文粹 102/16a

與曹士衡殿丞三帖　播芳文粹 105/9a

與李觀察帖　播芳文粹 105/11a

與蔡省判帖　播芳文粹 105/12a

與太博帖　播芳文粹 105/12a

與吳諫院帖　播芳文粹 105/12b

與陸秘書帖　播芳文粹 105/13a

與李通直帖　播芳文粹 106/7b

與周承議帖　播芳文粹 106/7b

與楊承議二帖　播芳文粹 106/8b

與陸承議帖　播芳文粹 106/9a

謝唐林夫帖　播芳文粹 106/25b

與吳樞密帖　播芳文粹 107/1a

與劉判監帖　播芳文粹 107/1b

與于朝奉帖　播芳文粹 107/2b

與唐夢傳秘校帖　播芳文粹 107/5b

與樓謙中秘校　播芳文粹 107/6a

與鄭武平宣義帖　播芳文粹 107/7b

與王承議　播芳文粹 107/10a

與李大夫帖　播芳文粹 107/11a

與俞教授帖　播芳文粹 107/11b

與金華宰帖　播芳文粹 107/14b

與陸奉議帖　播芳文粹 107/20a

周朝宗帖　播芳文粹 107/21b

黃魯直帖　播芳文粹 107/22a

李端叔帖　播芳文粹 107/26a

答何叔京帖　播芳文粹 109/3a

答石子重帖　播芳文粹 109/4a

再答何叔京帖　播芳文粹 109/4b

答游誠之帖　播芳文粹 109/5a

答范直閣帖　播芳文粹 109/6a

答余正甫帖　播芳文粹 109/8a

答嵩卿帖　播芳文粹 109/8b

再答余正甫帖　播芳文粹 109/9b

答嵩卿帖　播芳文粹 109/10b

答范直閣帖(1－2)　播芳文粹 109/13b－15b

與袁寺丞帖　播芳文粹 109/16a

答陸子壽帖　播芳文粹 109/18a

答司户帖　播芳文粹 109/21a

與程允夫帖　播芳文粹 109/22a

與汪伯虞帖　播芳文粹 109/23b

答崇安趙宰帖　播芳文粹 109/24b

答建昌顔君帖　播芳文粹 109/25a

答歐慶似帖　播芳文粹 109/26b

答李伯諫帖　播芳文粹 109/27a

答潘端叔帖　播芳文粹 109/27b

答許順之帖(1－2)　播芳文粹 109/28a－28b

與神照大師四帖　播芳文粹 110/8a

與梵才大師帖　播芳文粹 110/10a

與梵才大師二帖　播芳文粹 110/10a

與梵才大師帖　播芳文粹 110/11a

與梵才大師帖　播芳文粹 110/11b

與明智大師帖　播芳文粹 110/13b

與惠滿禪師帖　播芳文粹 110/14a

謝旌忠知山帖　播芳文粹 110/16b

答法照大師(1－2)　播芳文粹 110/17b

謝交老惠茶帖　播芳文粹 110/17a

與知山上人帖　播芳文粹 110/18a

與楊君知菴帖　播芳文粹 110/18a

與雪峰上人帖　播芳文粹 110/18b

慰朱丞相五幅　播芳文粹 110/20a

慰丞相三幅　播芳文粹 110/21a

與練奉議書　播芳文粹 110/22a

與許振叔書　播芳文粹 110/24a

與汪太守書　播芳文粹 110/25a

與劉子正書　播芳文粹 110/26a

送劉子正墓銘書　播芳文粹 110/26b

與戴宰書　播芳文粹 110/27a

回問親書　播芳文粹 126/1b

求婚書　播芳文粹 126/2a

許姻書　播芳文粹 126/2a

問親書　播芳文粹 126/2b

許肅氏書　播芳文粹 126/3a

回楊氏定書　播芳文粹 126/3b

回魏氏書　播芳文粹 126/3b

回定書　播芳文粹 126/4a

答董舍人問親書　播芳文粹 126/7b

答王氏問親書　播芳文粹 126/8a

答曾氏問親書　播芳文粹 126/8a

答張氏問親書　播芳文粹 126/8b

答婚書　播芳文粹 126/9a

求楊氏婚書　播芳文粹 126/9b

參政姪女回虞守子親書　播芳文粹 126/10a

余氏答婚書　播芳文粹 126/10b

族妹再適爲張丞繼繼室答婚書　播芳文粹 126/11a

答李氏問婚書　播芳文粹 126/11b

與徐太宰求婚書　播芳文粹 126/13a

代叔秀倅回李氏定書　播芳文粹 126/13b

定芮司業女書　播芳文粹 126/14a

回潘氏定婚書　播芳文粹 126/14a

代先君通曾氏定婚書　播芳文粹 126/15a

代叔知府回李主簿定婚書　播芳文粹 126/15a

次女適王秘讀書　播芳文粹 126/15b

回禮書　播芳文粹 126/16b

定親書(1－2)　播芳文粹 126/16b－17a

送定書　播芳文粹 126/19b

送定書　播芳文粹 126/19b

回定書　播芳文粹 126/20a

請媒書(1－3)　播芳文粹 126/20b－21a

婚書(1－6)　播芳文粹 126/21b－23b

與王定國五帖　蜀文輯存 20/8b

與大覺禪師璉公(書)　蜀文輯存 20/13b

拾、哀祭祈告

【編纂説明】

(一)哀祭祈告類分爲兩目:一爲哀祭文,二爲祈告文。

(二)哀祭文又分爲甲、乙、丙三項,均以哀祭對象爲序。"祭文甲"按姓名筆畫排列,同一被祭者有數篇祭文者,按《宋人文集目録》次序排列。被祭者爲文集著者的親屬,按文集著者的姓名排列。"祭文乙"爲釋道祭文,按《宋人文集目録》次序排列。"祭文丙"爲姓名未詳者以及祭事、祭物、祭枯骨等。

(三)哀挽詞部分,凡原文集屬入詩詞中者,不另採録。

(四)祈告文則分爲祈謝風雨雪晴,禳災祈福,祭祀天地山河諸神,祈告帝王聖賢,歲時,世事風俗,及謁廟、青詞、醮疏、祝文等七項;每項之下又分若干細目,均按《宋人文集目録》次序排列。

(五)謁廟的内容比較複雜,有的屬於入學祭孔,有的屬於祈謝雨,有的屬於官員到任、離任告廟或爲百姓禳災祈福,等等;而所謁之廟也各異。因此,一般是按内容進行分類編排的。對於其中内容難於分類者,則均歸於"謁廟、青詞、醮疏、祝文"一項中。其他如"青詞、醮疏、祝文"等也有類似情況,亦均照"謁廟"處理。

一、哀祭文

（一）祭文甲（有姓名者）

二　畫

丁

祭觀文丁尚書文爲兩制諸公作　傳家集 80/2b
司馬溫公集 80/5b

舘中祭丁元珍文　元豐稿 38/5b

祭丁上杭文　忠肅集 14/23a

祭丁學士文　歐陽文忠集 50/9a

祭丁元珍學士文　臨川集 85/7a

祭丁包蒙　劉給諫集 4/9a

祭丁逢辰　劉左史集 2/3b

祭丁二丈文　橫塘集 18/11a

祭丁明仲文　張華陽集 31/3a

祭甥丁伯升文　張華陽集 31/5b

丁宣仲挽詞　張華陽集 38/6a

丁明仲挽詞二首　張華陽集 38/6b

丁宋卿挽詞　張華陽集 38/7a

挽丁陶明縣尉　盧溪集 25/6b

祭丁待制文　定齋集 13/8a

祭丁知縣文　江湖集 30/18a

丁博雅誄　漫塘集 36/5a

祭丁元暉給事文　臞軒集 11/18b

祭丁宋傑文　後村集 140/5b

刁

祭刁景純學士文　臨川集 85/7a

祭刁博士繹文　臨川集 86/5a

祭刁景純墓文　蘇東坡全集 85/8a

三　畫

于

故于泰和挽詞　雲溪集 9/10b

祭于悅道文　東萊集 8/3b

祭于君實宮講　北磵集 10/23a

上官

祭上官户曹文　高峰集 12/16a

四　畫

文

祭文潞公太夫人文　安陽集 43/8a

爲文相作改葬先令公啓殯文（改葬先令公啓殯
祭文　傳家集 80/11a　司馬溫公集 80/3a

令公祖奠文　傳家集 80/11b　司馬溫公集 80/3b

令公到墓文　傳家集 80/11b　司馬溫公集 80/3b

令公掩壙文　傳家集 80/11b　司馬溫公集 80/3b

先府君焚黃祭文　丹淵集 35/6b

祭文與可文　蘇東坡全集 35/7a　丹淵集/附錄 23a

黃州再祭文與可文　蘇東坡全集 35/10b　丹淵
集/附錄 24a

祭文與可學士文（1－2）　欒城集 26/2b　欒城
集/後 20/2a

祭亡壻文逸民文　欒城集/後 20/2b

文安國挽詞二首　豫章集 12/14a

祭太師潞國文公文　西臺集 17/3a

魯國太夫人文氏挽詞三首　鴻慶集 7/9b

謁石室文公文　東塘集 16/3b

過家告廟文　文山集 11/40a

哭妻文　文山集 15/5a

祭先太師墓文　文山集 15/5a

祭文蔚文　則堂集 4/27b

生祭文丞相文　吾汶稿 4/1a

望祭文丞相文　吾汶稿 4/10a　文山集 20/5a

祭大宋忠臣文天祥文　心史集/下/42b

方

傷仲永　臨川集 71/7b

方彥稽母安仁縣太君黃氏挽辭　演山集 32/8a

祭方積中　劉左史集 2/4b

祭方少監文　毘陵集 12/1a

祭方時敏學士文　苕溪集 29/2a

祭方岳州端立文　艾軒集 7/2a

祭方伯謨文　朱文公集 87/24a
方提舉公美挽詞　網山集 2/7b
方士登母挽詞　網山集 2/10a
代方士登祭母文　網山集 6/12b
祭方季蕭文　東萊集 8/3a
祭前臨江方通判阜周　後齋集 18/20a
祭方金壇文　盤洲集 73/4b
祭方伯謨文　渭南集 41/9a
悼方教母夫人高氏　漫塘集 36/5a
告都官祖享亭成祝文　鐵菴集 38/3b
聚族告都官福平二祖祝文　鐵菴集 38/4a
種德新菴拜福平長者祠祝文　鐵菴集 38/5b
漕建辭靈隱長官金紫墳祝文　鐵菴集 38/6b
辭方廣禮部及諸墳祝文　鐵菴集 38/7b
辭曾祖栢巖宣義墳祝文　鐵菴集 38/8a
辭祖南瀚和劑墳祝文　鐵菴集 38/9a
癸巳考贈通直燎黃　鐵菴集 38/15b
甲午考贈朝奉燎黃　鐵菴集 38/16a
丙申考贈朝請郎告廟　鐵菴集 38/16b
丙申妣贈宜人告廟　鐵菴集 38/16b
戊戌告墓　鐵菴集 38/17a
庚子考贈朝散大夫燎黃　鐵菴集 38/17b
壬寅考贈奉直大夫妣贈恭人燎黃　鐵菴集 38/18a
亡室贈恭人告廟　鐵菴集 38/18b
演受將仕郎告廟　鐵菴集 38/18b
演受將仕郎告亡室　鐵菴集 38/19a
代祭四一叔致政　鐵菴集 40/6b
代祭四一叔遺奠　鐵菴集 40/7b
代薛氏女祭母方安人　鐵菴集 40/9b
代祭祖妣超然居士方氏　鐵菴集 40/11a
代祭方百六秘校弟　鐵菴集 40/12b
祭瑞倅十五叔公乙未在所　鐵菴集 40/13b
祭亡室林宜人　鐵菴集 40/16a
演祭妻顧氏　鐵菴集 40/17a
祭子長弟　鐵菴集 40/21b
祭方武成文　後村集 136/1a
祭方氏表弟文　後村集 136/1b
又方氏表弟掩坎祭文　後村集 136/2a
祭方鐵菴文　後村集 136/6a
祭妹夫方采伯文　後村集 139/6b
祭方蒙仲秘書文　後村集 139/13b
祭方教孺纓文　後村集 139/14b

祭方聽蛙審權文　後村集 139/16b
祭廣帥右史方鐵菴大琮公文（1−2）　文溪稿 12/2a、3b
先府君贈宣義郎焚黃　秋崖稿 36/4b
挽校書郎方公夫人二首　本堂集 90/6a
祭蛟峰先生文邵古香撰　蛟峰集/外 3/1b
祭蛟峰先生文　蛟峰集/外 3/2b
立蛟峰先生塑像祭文徐持敬撰　蛟峰集/外 3/3a
祭蛟峰先生文　潛齋集 10/13b　蛟峰集/外 3/1a
祭山房先生文　潛齋集 10/14b　蛟峰集/外 4/2b
哭兄百三貢元文　桐江集 8/5a
祭亡男雷孫文　桐江集 8/7a
祭方簽判文趙彥端撰　播芳文粹 138/13a

王

祭王郎中文　徐公集 20/17b
中書祭故太尉尚書令王文貞公文　文莊集 28/1a
王沂公挽詞　景文集 9/10a
王偉祭文三道其一、其二、其三　四庫拾遺 21/景文集
祭僕射王公伯庸文　安陽集 43/3b
僕射王公挽詞三首　安陽集 45/2b
致政王子融侍郎挽詞三首　安陽集 45/3b
祭陝府王待制文　范文正集 10/4b
祭僕射王沂公文　河南集 17/12a
祭王侍讀文　蔡忠惠集 32/10a
祭舅氏〔王雍〕文　蘇學士集 15/12a
贈太師中書令王公挽辭二首　蘇魏公集 14/3a
侍讀給事王公挽辭三首　蘇魏公集 14/4a
王子直挽辭二首　蘇魏公集 14/7b
王侍郎挽辭二首　蘇魏公集 14/8b
祭王參政　蘇魏公集 70/1b
祭王宮保　蘇魏公集 70/4b
代宋相祭王宮保　蘇魏公集 70/5a
祭王秘校　蘇魏公集 71/1b
祭王侍御　蘇魏公集 71/2a
典記夫人王氏堂祭文　四庫拾遺 35/華陽集
祭王觀察文　代檀集/下 33a
王深甫哀辭　彭城集 40/6b
祭王景彝文　彭城集 40/8a
爲眾人祭王十八學士文　彭城集 40/9b
祭王元澤文　曾南豐集 34/1b
祭王逵龍圖文　元豐稿 38/2a

祭王平甫文熙寧十年十月二十一日　曾南豐集 34/1b　元豐稿 38/3a

祭王都官文　曾南豐集 33/3a　元豐稿 38/8a

王君俞哀詞　元豐稿 41/6b

王開府挽詞三首　范太史集 3/13a

王岐公挽詞三首　范太史集 3/12b

王承事挽詞　范太史集 3/16a

故尚書懿敏王公挽詞二首　文潞公集 8/3b

王太師挽詞　文潞公集 8/5a

故開府太師王公挽詞君貺　文潞公集 8/7b

王侍讀挽辭二首　韓南陽集 12/8a

王微之龍圖挽辭二首　韓南陽集 12/12a

祭王深甫之　歐陽文忠集 70/5a

祭王龍圖文　樂全集 35/14a

祭王端明尚書文　樂全集 35/17a

王安之朝議挽詞三首　范忠宣集 5/10a

王樂道觀文挽詞三首　范忠宣集 5/14a

祭王中散文字不疑　范忠宣集 11/12b

祭王職方文　范忠宣集 12/7a

王中甫學士挽辭　臨川集 35/6a

王逢原挽辭　臨川集 35/6b　廣陵集/附錄 7a

王子直挽辭　臨川集 35/7a

悼王致處士　臨川集 35/8a

祭王回深甫文　臨川集 86/4b

王逢原哀詞郭祥正撰　廣陵集/附錄 10b

祭王君錫丈人文　蘇東坡全集 35/6b

祭王宜甫文　蘇東坡全集 35/14b

王大年哀辭　蘇東坡全集/後 8/11b

祭王虢州伯敭文　欒城集 26/3b

代毛筠州祭王觀文詔文二首　欒城集 26/8b

祭王嫂王氏文(1-2)　欒城/後 20/4a、7a

祭王子敏奉議文　欒城集/後 20/9b

王文恭公挽詞二首　豫章集 12/11b

祭判監王元之文　豫章集 21/9b

祭王補之安撫文　豫章集 21/17b

王察院挽詞二首　後山集 6/13b

王丞相荊公挽詞二首　青山集 30/1b

哭子點　青山集 30/2b

丞相荊公挽歌詞　陶山集 3/12a

王聖美學士挽歌詞　陶山集 3/13b

祭丞相荊公文　陶山集 13/16b

江寧府到任祭丞相荊公墓文　陶山集 13/17a

祭王元澤待制墓文　陶山集 13/20b

王拱辰太尉挽辭二首　雞肋集 23/1b

北京祭留守王太尉文　雞肋集 60/3a

祭王荊公文　龍雲集 30/8a、9a

祭王夫人文(1-3)　龍雲集 30/10a、11a

王夫人挽詞　雲溪集 11/5b

王岐山挽辭　演山集 32/4a

弔王承議二首　姑溪集 11/7a

王夫人挽詞　滿水集 16/6b

王升之誄　學易集 8/18a　宋文鑑 132/29b

祭王彥祖文　學易集 8/21a

代祭王左相文　學易集 8/21b

挽王元之相公二首　西臺集 19/14b

三省樞密院祭王承奉文　四庫拾遺 603/摛文集

祭王司理文　浮沚集 7/5b

祭王正翁　劉左史集 2/4a

祭王經國文　橫塘集 18/9b

祭王義夫文　橫塘集 18/10a

祭王修撰文　丹陽集 15/8a

祭王道錄正道文　松隱集 34/4b

王八侍郎祭文　程北山集 17/6b

祭姊夫王性之　紫微集 36/10b

王寶學挽詞二首　紫微集 6/16a

代祭王廉訪文　苕溪集 30/1a

謁王歐二公祠文　相山集 28/1b

遷葬告皇考文　相山集 28/5b

遷葬告皇妣文　相山集 28/6b

遷葬皇先妻文　相山集 28/6b

改葬告亡考宣教祝文　相山集 28/7a

祭王無競學士文　大隱集 6/7b

挽王自然二首　盧溪集 25/1b

挽王脩華　盧溪集 25/3a

挽王氏孺人　盧溪集 25/6a

致政左司王公挽詞三首　鴻慶集 7/1b　孫尚書集 68/2a

平江太守侍郎王公挽詞三首　鴻慶集 7/5a　孫尚書集 68/7a

王廷秀挽詞　鴻慶集 7/6a　孫尚書集 68/9a

王廷茂挽詞　鴻慶集 7/6b　孫尚書集 68/9b

王令人蔡氏挽詞　鴻慶集 7/8a　孫尚書集 68/11b

巴東使君王夢得挽詞　孫尚書集 68/12b

祭王著作文章憲撰　王著作集 5/8a

王著作立祠祭文王遂撰　王著作集 6/2a

祭王侍郎　橫浦集 20/2a

祭王詹事文　四庫拾遺101/文定集

處州同官祭王守閣政恭人文（1－2）　漢濱集 16/5a、5b

登第祭告考妣文　漢濱集 16/6b

改葬先考開故墳祭文　漢濱集 16/8b

改葬祖考開故墳祭文　漢濱集 16/9a

爲人祭王參議文　太倉集 69/2b

祭王季海丞相文　鄞峰錄 43/8b

祭王運使文　高峰集 12/18b

祭王郎文　艾軒集 7/9b

祭外舅王察院文　益國文忠集 38/6a　益公集 38/93a

祭外祖王給事家諸塋　益國文忠集 38/16b　益公集 39/111a

祭王謙仲樞使文　益公集 79/124a

王仲說哀辭　雪山集 11/6b

祀王董二賢祠文　方舟集 14/23b

祭王錫祉制幹文　方舟集 17/27b

迎仙致政王修職衛挽詞　網山集 2/10a

祭王詹事　止齋集 45/1a

學官同祭王司業　止齋集 45/4b

族人祭十四伯母文　梅溪集/前 18/9b

代女婿祭十四伯母文　梅溪集/前 18/9b

寒食祭始祖文　梅溪集/前 18/13b

寒食祭始祖母文　梅溪集/前 18/13b

祭孟丙文　梅溪集/前 18/14a

代人祭族弟文　梅溪集/前 18/17b

祭六姑文　梅溪集/後 28/7b

祭八姊文　梅溪集/後 28/8a

又代聞詩祭八姊文　梅溪集/後 28/8a

祭令人文　梅溪集/後 28/13b

祭王尚書文　梅溪集/後 28/15a

祭潮州王尚書文　梅溪集/後 28/15b

祭王樞密文　定菴集 4/26b

祭王丞相淮　宋本攻媿集 84/3a　攻媿集 83/3a

祭王侍御伯庠（1－3）　宋本攻媿集 84/10b　攻媿集 83/10b、11a

祭王樞密剛中　宋本攻媿集 85/3a　攻媿集 84/3a

祭王參政之望　宋本攻媿集 85/9a　攻媿集 84/9a

祭王詹事十朋（1－2）　宋本攻媿集 85/11a　攻媿集 84/10b、11a

祭池州王都統文　東塘集 16/10a

祭鄉守王郎克恭　復齋集 18/10b

祭王侍郎居安　復齋集 18/11a

祭王侍郎母夫人文　雲莊集 10/12b

祭王中令文　盤洲集 71/4b

祭王侍郎文　盤洲集 72/2b

爲大人作祭王侍郎文　盤洲集 72/3b

爲景陽作祭王侍郎文　盤洲集 72/4b

祭王樞密文　盤洲集 73/5b

衆從官祭王樞密文　盤洲集 73/6a

祭涪州王守文　應齋雜著 4/11b

代養志姪祭王舍人墨卿　浪語集 34/11a　南澗稿 18/24a

祭王丞相文　誠齋集 102/1a

祭王謙仲樞使文　誠齋集 102/9a

祭王侍御令人文　渭南集 41/3a

王運使挽詞　水心集 7/25a

祭王君玉太博文　水心集 28/12b

祭王木叔秘監文　水心集 28/16b

王樞密路祭文　南澗稿 18/16b

祭王宣教文　省齋集 10/6a

祭王詹事　南軒集 43/4a

祭王侍郎文嘉叟　南軒集 43/5b

祭王子正文　勉齋集 39/11a

祭王氏姊文　北溪集/第四門 30/4b

祭王少卿母太碩人文　後樂集 19/6a

學生王遂祭文　四庫拾遺 277/後樂集

祭王吉州夫人蔡氏文　漫塘集 27/5a

祭王吉仲主薄文　漫塘集 27/6a

祭王節夫文　漫塘集 27/10b

祭王親丈文　漫塘集 27/11a

祭王秘閣文　洺水集 16/7a

祭王衡州文　洺水集 16/8a

王少卿哀辭　洺水集 16/14b

祭王永康文　龍川集 23/2a

祭王木叔父文　龍川集 24/9b

祭王天若父母文　龍川集 24/11b

祭王文卿父母文　龍川集 24/12a

祭王道甫母太宜人文　龍川集 25/5b

祭王丞內子文　龍川集 25/15a

哭王常博萬　鶴山集 91/15a

謁王詹事文　真西山集 48/11b

謁王忠文公文　真西山集 49/26b

祭王侍郎母夫人　真西山集 51/12a

祭王架閣文　四庫拾遺 427/簣窗集

路祭王知縣文　四庫拾遺 428/簣窗集

祭王存道總幹文　四庫拾遺428/篔窗集

祭從兄鸞少沖文　臒軒集11/23b

祭王實齋文遂　敝帚稿7/19a

祭王夔漕中甫文　後村集136/4b

祭王實之少卿文（1－2）　後村集138/7a、8b

祭王留耕參政文　後村集139/1a

祭王隆州敬伯文　字溪集9/20a

祭王運使文　澗谷集8/5b

祭禮部尚書王伯厚文應麟　本堂集89/8a

挽江陰軍王寺丞槻　本堂集90/3a

挽少保王平章爓二首　本堂集90/3a

挽王開叔桂　本堂集90/5b

祭常簿姪孫文　魯齋集9/2a

祭鼓院叔文　魯齋集19/4b

祭王堂賓文　魯齋集19/8a

立齋大祥祭文　魯齋集19/8b

祭浙西提舉實齋王先生（1－2）　黃氏日鈔95/1b、2a

祭逢原兄文　無文印集13/3b

祭妻父王公文　閩風集12/11b

祭姪女慧一娘　吾汶稿6/1a

祭姪成己　吾汶稿6/2a

祭三從兄定翁　吾汶稿6/3a

啟葬先兄祭奠文　吾汶稿6/5a

祭先伯父訥齋歸葬（闕文）　吾汶稿6/7a

奠祭先母文（1－3）　吾汶稿6/8a、10a、12a

先母薦修詞　吾汶稿9/12a

祭梅邊文劉詵撰　吾汶稿10/3a

祭大宋忠臣王安節文　心史集/下/42b

祭魯齋先生文（1－2）　仁山集1/15b、17a

奉焚黃告魯齋文　仁山集1/19a

告魯齋先生謚文　仁山集1/19b

奠王敬巖文　仁山集1/22b

祭王立齋先生文　仁山集1/23b

祭王樞密文張舜民撰　宋文鑑134/17a

祭王和甫文田晝撰　宋文鑑134/21a

祭王殿撰文吳元之撰　播芳文粹135/17b

祭王正孺文崔鷗撰　播芳文粹136/3a

祭王岐公文范鎮撰　蜀志藝文志50/8a

祭王夫人文王灼撰　蜀文輯存63/12a

尤

祭尤提刑文　高峰集12/18b

祭尤延之尚書文　益國文忠集79/7a　益公集79/117b

祭尤尚書文　東塘集16/8b

尤延之尚書哀辭　渭南集41/11a

支

祭支夫人文　梅溪集/前18/14b

公孫

弔鄭大夫公孫申文　紫微集36/1a

牛

祭海門牛縣尉文　錢塘集16/17a

毛

毛彥周挽詞　傅忠肅集/下/39a

祭毛叔度主簿文　梅溪集/前18/10a

又代周元授祭毛叔度主簿　梅溪集/前18/11b

有宋死孝毛子仁哀辭　誠齋集45/12b

毛宖夫挽詞　水心集8/5a

祭毛提刑文　無文印集13/5b

毛提舉燭湖菴焚黃文　無文印集13/12a

中元薦考妣道場疏毛敏撰　播芳文粹122/8b

尹

祭龍圖尹公師魯文　安陽集43/1a　河南集28/18a

祭尹師魯舍人文　范文正集10/7a　河南集28/20a

哭尹舍人詞並序富弼撰　河南集28/21a　宋文鑑132/17b

哭尹師魯蘇舜欽撰　河南集28/23a

祭尹師魯　河南集28/25a　歐陽文忠集49/9a

祭尹子漸文　歐陽文忠集49/8b

祭和靖先生文拆仲古撰　尹和靖集10/10b

祭和靖先生文呂德元撰　尹和靖集10/11a

祭和靖先生文呂知存撰　尹和靖集10/12a

謁尹和靖祠文　牟陵陽集22/11a

毋

毋清臣中散挽詞三首　范忠宣集5/11a　西臺集19/16b

祭毋中散文毋清臣　范忠宣集11/9a

孔

祭故長壽太君文　錢塘集16/15a

祭孔長源文　元豐稿38/2b

祭故鄆州孔給事文　龍學集9/6b

祭先聖文　王文公集81/1b

祭文宣王文　張右史集45/5a

孔周翰挽詞三首　宗伯集8/4a

焚黃疏　宗伯集17/9b

祭告先聖文　道鄉集38/3a

祭告先師文　道鄉集 38/3b

辭文宣王祭文　北山集 14/3a

先聖祭文　慈湖遺書 4/2b

局中祭先聖　慈湖遺書/續 1/5a

總司祭先聖文　水心集 26/24a

祭周孔文（1－2）　鶴山集 98/2b、9b

祭先聖文　石堂集 14/15a

二月十一日祭文曲聖父祝文　牟陵陽集 22/10a

龜峰祭先聖文（1－5）　勿軒集 6/8b、11a

祭孔中丞文 石介撰　宋文鑑 133/9a

祭宣聖祝文 崔鸊撰　播芳文粹 123/20a

孔勖祖廟祝文 張宗益撰　八瓊金石補 89/7a

孔道輔祖廟祭文　八瓊金石補 89/22b

五　畫

左

祭左丘明文 黃晞撰　宋文鑑 135/4b

石

祭石學士文　范文正集 10/2a

石昌言哀辭　傳家集 79/14a　司馬溫公集 75/6b

石左藏挽詞二首　丹淵集 20/8b、9a

祭太常博士石君文　鄖溪集 19/3a

石夫人挽辭　錢塘集 4/25a

石經老挽辭　錢塘集 4/25b

石都講仲謨挽辭二首　錢塘集 9/13b

祭妻父致政石奉議文　錢塘集 16/18b

祭故石朝議文　錢塘集 16/19a

祭石曼卿文　歐陽文忠集 50/7b

祭石幼安　蘇東坡全集 35/13a

故臨川太守石公挽詞二首　青山集 30/3a

石敏若挽詞　姑溪集 11/6a

祭石長儒文　大隱集 6/8a

代祭石林文　四庫拾遺 658

同官祭石監場文　北山集 14/2b

祭外姑文（1－2）　北山集 14/5a、6a

祭外舅姑文　北山集 14/8a

石孝立挽詞　縉雲集 2/8b

祭石似之文　水心集 28/2b

祭石南康文　燭湖集 13/2b

祭石子餘文　北溪集/第四門 30/1a

祭石天民知軍文　龍川集 24/3a

祭石君瑞料院文 德祥　本堂集 89/5b

申

申夫人挽詞　雲溪集 11/15b

申屠

祭申屠伯村并亡妹文　北山集 6/2b

田

代馮內翰祭田樞密文　祠部集 34/5a

田縣尉悲風詞　省齋集 10/1a

祭稅院田公穆　黃氏日鈔 95/5a

史

祭史彥輔文　嘉祐集 14/7a

祭史親家祖母文　嘉祐集 14/9a

史德修挽詞　雲溪集 5/5b

祭史幾先文　橫浦集 20/3b

祭史丞相母夫人文　歸愚集/補遺 6a

赴餘姚尉辭先墓祝文　鄮峰錄 4/1a

考冥忌設祭祝文　鄮峰錄 42/2b

妣喪大祥設祭祝文　鄮峰錄 42/2b

妻冥忌設祭祝文　鄮峰錄 42/4a

男彌遠受官告祖先文　鄮峰錄 42/5b

妻弟貝叔懷以外弟受官告妻文　鄮峰錄 42/6a

焚妻贈黃祝文　鄮峰錄 42/8a

葬五祖衣冠招魂祝文　鄮峰錄 42/9b

祭八十叔父文　鄮峰錄 43/1a

祭叔母齊安郡夫人孫氏文　鄮峰錄 43/3b

姊太宜人安厝祭文　鄮峰錄 43/6b

祭史直翁丞相文　益公集 79/117b

祭史敷文 彌正　宋本攻媿集 84/10a　攻媿集 83/10a

祭史宜人　宋本攻媿集 84/19a　攻媿集 83/18b

祭史魏公　橘洲集 7/8a

代護聖祭史魏公　橘洲集 7/8b

祭史太師文　水心集 28/8a

徙墳祭文　蓮峰集 10/8a

祭史太師文　燭湖集 13/4b

哭史致政母范夫人文　鶴山集 90/14a

哭史帳幹文　鶴山集 91/4b

哭史孟傳 守道文　鶴山集 91/10a

祭史衛王文　蒙齋集 17/6b

挽大資節使史國公　可齋稿 26/17a

挽史允叟 公升慈母王氏　本堂集 90/5b

祭史丞相母夫人文 熊克撰　播芳文粹 141/8a

丘

祭丘君文　葦齋集 12/8b

祭丘運使母夫人文　渭南集 41/7a
祭丘樞使文　水心集 28/10b
祭丘樞密宓文　後樂集 19/3a
祭丘宗卿母碩人臧氏文　龍川集 25/8a

包

包氏妹出殯祭文　孫尚書集 70/12a
包顒叟挽詞二首　水心集 7/25a

司馬

代祭溫公文　三劉家集 6/13a
員外啓殯文　傳家集 80/12a　司馬溫公集 80/4a
員外掩壙文　傳家集 80/12a　司馬溫公集 80/4a
潁川郡夫人焚黃祭文　傳家集 80/12b　司馬溫公集 80/4a
祖奠祭文　傳家集 80/12b　司馬溫公集 80/4b
啓殯祭文　傳家集 80/12b　司馬溫公集 80/4b
初除待制祭先公文　傳家集 80/7a　司馬溫公集 80/8a
告題祭版文　傳家集 80/8a　司馬溫公集 80/9a
司馬溫公挽詞五首　范太史集 3/13b
哭司馬公休　范太史集 3/15a
祭司馬文正公文（1-2）　范太史集 37/6b、8a
祭司馬諫議文　范太史集 37/13b
告文正公廟文　范太史集 37/15b
祭文正公墓文　范太史集 37/20a
司馬溫公挽詞四首　文潞公集 8/5a
代范樞密祭溫公文　曲阜集 4/31a
司馬溫公挽詞三首　范忠宣集 5/10b
祭司馬溫公文　范忠宣集 11/10a
祭太中大夫司馬公文　范忠宣集 11/11b
祭司馬公休文　范忠宣集 12/3a
祭司馬溫公文　二程集（伊川）49/1a
祭司馬君實文　蘇東坡全集 35/13b
代三省祭司馬丞相文　欒城集 26/9b
司馬文正公挽詞四首　豫章集 12/10a
代尚書侍郎祭司馬溫公文　豫章集 21/8a
祭司馬溫公文　豫章集 21/8a
丞相溫公挽詞三首　後山集 1/4b
故僕射司馬文正公挽詞四首　張右史集 36/2b
代范樞密祭溫公文　張右史集 45/6b
國子監祭司馬溫公文　鷄肋集 60/9a
代范忠宣祭伯〔康〕文　西臺集 17/13b
挽司馬溫國公丞相二首　西臺集 19/13a
祭司馬公文　張商英撰　蜀文輯存 14/10a

代范樞密祭司馬溫公文　張舜民撰　司馬氏源流 5/15a

母

母沆挽辭二首　韓南陽集 12/13b

六　畫

江

與中書官員祭江學士文　徐公集 20/15b
祭江鄰幾文　傳家集 80/6b　司馬溫公集 80/7b
江休復祭文　公是集 50/13a
祭江郎中子我文　莊簡集 18/1a
祭江仲嘉襃文　程北山集 17/4b
祭江子我郎中文　苕溪集 29/2a
代漕使祭江給事母夫人文　默堂集 21/14a
代郡守祭江給事母夫人文　默堂集 21/14a
又代龐幾先運幹祭江給事母夫人文　默堂集 21/14b
同官祭江總幹孺人文　四庫拾遺 678/雲莊集
祭師江丞相古心先生文　須溪集 7/19b

宇文

提宮宇文朝議挽辭　雲溪集 5/3b
弔宇文道可　雲溪集 11/15a
宇文吏部母夫人生日疏　橘洲集 9/2a
宇文龍圖時中哀詞　蓮峰集 10/18b
祭宇文使君三十一舅文　南軒集 44/2b
哭宇文樞密紹節文　鶴山集 91/2a
哭知遂寧宇文侍郎文　鶴山集 91/5a

安

安樞密母秦國夫人挽辭二首　蘇魏公集 14/13b
祭秦國夫人文　爲高若訥作　臨川集 86/6a
安門下母秦國夫人挽辭二首　鷄肋集 28/3a
安次山挽詞　龜溪集 3/20b
祭安制幹文　嵩山居士集 28/10b
哭宣撫安少保丙文　鶴山集 91/12b
祭安危峰文　無文印集 12/9b

年

祭年先生文　跨鰲集 28/5b

朱

祭朱公掞文　二程集（伊川）49/4a
祭朱承議文　石門禪 30/21a
朱時發哀辭　梁溪集 164/4b
告贈官文　韋齋集 12/7b

焚黄文　　韋齋集 12/8a

祭朱喬年文　　紫微集 36/10a

致政運使直閣朱公挽詞三首　　鴻慶集 7/1b
　　孫尚書集 68/1b

祭妹夫朱辨之文　　鄺峰録 43/2a

祭告遠祖墓文　　朱文公集 86/13b

歸新安祭墓文　　朱文公集 86/13b

焚黄文(1-6)　　朱文公集 86/14a、15b

贈官告皇考文　　朱文公集 86/15b

第三男授官告家廟文　　朱文公集 86/16a

告考妣文　　朱文公集 86/16b

墓祭文(1-2)　　朱文公集 86/18a、18b

祭叔祖奉使直閣文　　朱文公集 87/21a

祭叔父崇仁府君文　　朱文公集 87/21b

祭朱元晦待制文　　益公集 79/123a

光澤朱君諱賡字師言一字少裝　挽詞四首　網山集
2/3a

光澤朱尉祭文　　網山集 5/10a

代朱季牟祭父縣尉文　　網山集 6/11a

祭朱處士　　止齋集 45/7a

祭朱文昭母夫人　　止齋集 46/7b

祭朱室陳安人　　宋本攻媿集 85/14b　攻媿集 84/
14a

南康歸祭朱文公先生墓　　復齋集 18/1a

歐朱陪從祀文　　復齋集 19/1a

奉安朱文公祠　　復齋集 19/2a、13a

祭朱仲舉文　　盤洲集 72/7b

祭朱侍講文　　誠齋集 102/3b

祭朱元晦侍講文　　渭南集 41/9a

朱文昭母楊氏挽詞　　水心集 7/23a

祭朱文昭文　　水心集 28/14b

祭晦翁朱先生文　　燭湖集 13/1a

漢陽軍祭朱先生文　　勉齋集 24/8b

祭晦庵朱先生文　　勉齋集 39/3b、5b

辭晦庵朱先生几筵祭文　　勉齋集 39/6a

晦庵先生小祥祭文　　勉齋集 39/7a

哭朱文之文　　勉齋集 39/9a

晦庵朱先生行狀成遣告家廟文　　勉齋集 39/
17a

辭晦庵先生墓祭文　　勉齋集 39/18a

祭朱先生文　　北溪集/第四門 29/1a

奠侍講待制朱先生文　　北溪集/第四門 29/5b

祭侍講待制朱先生大祥文(奠章)　　北溪集/第
四門 29/7b

祭同年朱景淵通判文　　漫塘集 27/3a

祭朱先生　　克齋集 11/3a

祭朱用之文　　洺水集 16/2a

祭朱壽之文　　龍川集 23/6b

祭太守禮部朱公文　　真西山集 49/4a

謁朱文公祠文　　真西山集 49/26a、50/20b

考亭謁朱文公祠祝文　　鐵菴集 38/10b

謁朱文公祠(1-4)　　後村集 135/1b、2a、2b、3b

朱靜佳挽詞　　潛山集 8/12b

峽州紫陽十先生祠堂祝文　　字溪集 9/13b

祭朱太博聖陶　　澗谷集 3/9a

朱昭父挽些　　魯齋集 18/10a

祭臨汝書院朱文公祠　　黃氏日鈔 94/6b

州學奉安朱文公像　　黃氏日鈔 94/7a

拜朱文公祠文　　石堂集 14/13b

謁朱文公祠祝文　　牟陵陽集 22/11a

祭朱時發親家文 陳瓘撰　　播芳文粹 140/4b

伏

祭友人伏德華主簿光祖文　　字溪集 9/22a

任

哭任遵聖　　丹淵集 1/9a

祭任氏姊文　　嘉祐集 14/8a

祭任鈐轄文　　蘇東坡全集 35/5b

祭任師中文　　蘇東坡全集 35/9b

任左藏挽詞　　張右史集 36/5a

任承制挽辭　　雞肋集 23/4a

任子諒母夫人祭文　　傅忠肅集/下/38b

任漕子嚴詔挽詞　　益國文忠集 8/7a

祭任舶并女兄文　　勉齋集 39/7b

向

祭向宣卿文　　盧溪集 41/9a

祭向運使文　　澹菴集 22/38a

向夫人啓靈祭文　　客亭稿 10/5a

又同日至板橋攢殯祭文　　客亭稿 10/5a

洋州寒食祭文　　客亭稿 10/5b

牟

牟元禮挽章　　緟雲集 3/9a

祭叔時齋輅院文　　牟陵陽集 22/4a

七　畫

沈

祭沈太常文　　忠肅集 14/22a

祭沈中舍文　　臨川集 86/3b

祭沈文通文　臨川集 85/7b

沈洞元挽詞　張華陽集 38/6a

焚黃祭文二首　龜溪集 12/14b

亡妻范氏祭文(1-2)　龜溪集 12/15a、15b

焚黃祭文(1-3)　龜溪集 12/16a、16b

致政沈通直挽詞　孫尚書集 68/13a

祭沈孟明兵曹文　歸愚集/補遺 5a

祭沈元量文　竹軒雜著 6/1b

祭沈叔晦國錄文　鄮峰錄 43/10a　定川集/附錄 2/17b

代祭沈提刑文　艾軒集 7/11b

文華閣學士沈持要樞挽詞　益國文忠集 43/8a　益公集 43/80a

祭沈叔皐　止齋集 46/1a

祭沈次卿　止齋集 46/6b

祭沈叔晦文　慈湖遺書 4/7b　定川集/附錄 2/18b

祭南山沈公文朱熹撰　定川集/附錄 2/18a

沈子壽母趙夫人哀詞　渭南集 41/12b

祭沈元授主薄文　燭湖集 13/11a

祭沈尚書母太夫人文　四庫拾遺 275/後樂集

汪

祭靈惠汪公文　欒城集 26/15b

汪信民哀辭　嵩山集 20/39a

祭汪伯更教授文　溪堂集 10/10b

祭族叔承議文　浮溪集 21/6b

焚黃祭考妣文　浮溪集/拾遺 3/452

堂祭母壽光縣君文(1-2)　浮溪集/拾遺 3/453、454

祭靖安縣君文　浮溪集/拾遺 3/454

祭魯國太夫人文　四庫拾遺 87/浮溪集

祭遠祖顯靈英濟王文　四庫拾遺 89/浮溪集

祭待制兄文(1-2)　文定集 20/5a、6a

祭女四娘子文　文定集 20/6a

祭汪聖錫端明文　鄮峰錄 43/4b

祭汪尚書文　朱文公集 87/5a

祭汪養原待制文　益國文忠集 38/6b　益公集 38/93b

祭汪聖錫尚書文　益國文忠集 38/9b　益公集 38/96b

祭汪端明文　東萊集 8/4b

祭從舅汪刪定大辯(1-2)　宋本攻媿集 84/15b　攻媿集 83/15a、16b

祭汪氏夫人文(1-2)　誠齋集 101/5a

祭汪舍人文　南澗稿 18/22a

祭汪叔量文　江湖集 30/18b

祭汪端明文　南軒集 43/1a

祭汪給事文　洺水集 16/6a

祭汪大卿文　洺水集 16/8b

汪子心哀辭　洺水集 16/15a

宋處士誄　康範集/附錄 1a

祭康範先生文李遇撰　康範集/附錄 17a

祭康範先生文趙汝俊撰　康範集/附錄 17b

祭汪守元春文　後村集 140/2b

祭莆守汪宗博文元春　鬳齋集 20/1a

祭汪約叟　魯齋集 19/6a

祭知興化軍宮講宗博汪公景新　黃氏日鈔 95/5b

宋

司徒侍中宣獻公挽詞二首　景文集 11/3a

太尉侍中宋公挽詞三首　安陽集 45/4a

宋宣獻公挽詞　蔡忠惠集 2/30a

司徒侍中宋宣獻公挽詞四首　蔡忠惠集 4/3b

宋宣獻公夫人畢氏哀詞二首　蔡忠惠集 4/10a

宋中道都官挽辭二首　蘇魏公集 14/5b

國史龍圖侍郎宋次道挽辭五首　蘇魏公集 14/10a

代祭宋令公墓文　伐檀集/下/35a

祭宋龍圖文　元豐稿 38/3b

胡相國元憲宋公挽詞　文潞公集 8/3a

宋元獻公挽辭三首　韓南陽集 12/7a

祭宋侍中文　歐陽文忠集 50/6b

祭河中宋司錄文　范忠宣集 11/7b

宋中道挽辭　臨川集 35/6a

宋履中學士挽詞二首　宗伯集 7/8b

宋元繪挽詞　雲溪集 5/5a

宋正紀挽詞二首　雲溪集 11/14b

祭宋子直文　道鄉集 38/16b

祭宋龍圖文　西臺集 17/8b

挽履中學士二首　西臺集 19/15a

祭宋承之文　眉山集 29/2a

祭宋夫人文　跨鰲集 28/6a

祭宋龍圖文　初寮集 3/21b

宋國保母任夫人挽詞　橫塘集 3/12a

祭志文　澹菴集 22/39a

祭宋提刑文　嵩山居士集 28/10a

祭宋待制材成文　艾軒集 7/1b

祭宋待制文紹興三十二年二月　益國文忠集 38/1a

益公集 38/87a

代祭宋彦才文二首　　梅溪集/前 18/15a

代祭宋元明文　　梅溪集/前 18/19a

祭宋殿父文　　水心集 28/18a

祭宋秉彝文　　燭湖集 13/6a

祭江西宋漕文　　省齋集 10/1b

遣祭江西宋漕文　　省齋集 10/2a

祭宋恭人文　　四庫拾遺 269/省齋集

再祭宋恭人文　　四庫拾遺 270/省齋集

祭宋子飛參議文　　南軒集 44/5a

謁賢守宋廣平六公文　　桐江集 8/1b

辛

祭外舅辛駕　　蘇魏公集 71/3a

祭辛氏太夫人文　　伐檀集/下/134b

祭辛中丞文　　毘陵集 12/1a

邢

祭提刑邢度支文　　丹淵集 35/4b

祭邢商佐文　　北山集 27/5a

祭邢邦傑文　　東萊集 8/4b

祭邢邦用文　　東萊集 8/6a

祭邢致政文　　南軒集 44/4b

杜

祭正獻杜公文　　安陽集 43/4b

司徒侍中杜公挽詞三首　　安陽集 45/2b

祭杜待制文　　范文正集 10/8b

祭杜祁公文　　蔡忠惠集 32/9b

司徒侍中杜正獻公挽辭五首　　蘇魏公集 14/3b

祭杜待制　　蘇魏公集 71/1a

祭杜監簿　　蘇魏公集 71/1b

代祭杜水部文　　代檀集/下/36a

司徒杜正獻公挽辭二首　　韓南陽集 12/6a

祭杜祁公文　　歐陽文忠集 50/2a

祭杜待制文　　臨川集 85/6b

祭杜慶州杞文　　臨川集 85/8a

杜侍郎挽詞(1-3)　　後山集 4/7a

祭外舅兵部杜侍郎文　　雞肋集 60/16a

祭南京留守刑部杜侍郎文　　雞肋集 60/17a

代王無功祭杜康文　　太倉集 69/6a

謁杜工部祠文　　梅溪集/後 28/2b

祭杜殿院文　　梅溪集/後 28/12b

縣學立石臺杜先生祠文　　慈湖遺書/續 1/7b

哭杜威州文　　鶴山集 90/1a

哭外舅杜威州文　　鶴山集 90/9b

祭立齋先生文車若水撰　　杜清獻集/卷末 5a

祭杜於畊尚書文　　後村集 138/9b

祭杜丞相文　　秋崖稿 44/3b　杜清獻集/卷末 3b

祭杜尚書文　　秋崖稿 44/5b

李

李中令挽詞二首　　景文集 11/4b

祭故相太傅李侍中文　　范文正集 10/7b

李晦叔推官哀辭並序　　鐔津集 15/20a

翰林侍讀學士尚書右丞李公挽辭三首　　蘇魏公集 14/5a

留臺賓客李公挽辭二首　　蘇魏公集 14/7a

太子太保致仕李公挽辭二首　　蘇魏公集 14/13a

祭李賓客　　蘇魏公集 71/1b

隴西郡王祭文　　華陽集 32/16a

奠李夫人文　　傳家集 80/11a　司馬溫公集 80/11a

哭仲蒙二章　　丹淵集 1/7a

祭提刑李子忠太博文　　丹淵集 35/5a

祭通州知郡李郎中文　　錢塘集 16/21b

祭李太尉文　　元豐稿 38/6b

代人祭李白文　　曾南豐集 34/1a　元豐稿 38/7b

李朝議挽詞二首　　范太史集 3/14b

李朝議挽詞　　節孝集 27/4b

李師中待制挽詞二首　　范忠宣集 5/13a

李彥深哀詞二首　　范忠宣集 5/13b

祭李運使太夫人文　　范忠宣集 11/9a

祭李省副文壽朋　　臨川集 85/5b

祭李審言文復圭　　臨川集 86/3a

李通叔哀辭並序　　臨川集 86/8a

祭李屯田九縣君文　　二程集(伊川)49/2b

祭李端伯文　　二程集(伊川)49/3b

祭李邦直文　　二程集(伊川)49/7a

祭李通直文　　二程集(伊川)49/7b

弔李顯之秀才文　　廣陵集 19/8a

李仲蒙哀辭　　蘇東坡全集 19/7b

代張公安道祭李宥侍郎文　　欒城集 26/7b

祭李承議文　　豫章集 21/12a

祭李元叔文　　豫章集 21/12b

祭李彥深文　　豫章集 21/16a

祭李仲良長官文　　豫章集 21/19a

祭舅氏李公擇文　　豫章集 21/21a

祭李德素縣君文　　豫章集 21/23a

太府李萃卿挽詞　　張右史集 36/5b

李處道都曹丈挽詞　張右史集 36/6b

李少卿挽詞二首　張右史集 36/9a

祭成都李龍圖文　張右史集 45/5b

祭李深之文　張右史集 45/10a

開府李公挽章　淮海集 40/4b

哭亡友李公達　青山集 30/5a

祭堉李知剛文　陶山集 13/19a

代李待制祭李璋文　宗伯集 17/5a

北京祭措置李宣德文　鷄肋集 60/6b

同李昭玘陳察祭贈太師李公文　鷄肋集 60/13a

代王資政祭李少保文　鷄肋集 60/13b

祭大資政李公文　鷄肋集 61/2a

挽朝請大夫致仕李公詞　雲溪集 5/4b

悼李承議　演山集 32/9b

李希武挽詞　姑溪集 11/6b

李府君挽詞　姑溪集 11/7a

故成紀李季侔挽詞　道鄉集 14/11b

故承議李公挽詞　道鄉集 14/12a

祭李仲益文　道鄉集 38/8b

祭李周翰文　道鄉集 38/14b

挽李成之待制六丈三首　西臺集 19/16a

代范德孺挽李稷運使四首　西臺集 19/17a

哭惠女文　梁溪集 164/13a

祭高祖妣文　梁溪集 165/6a

祭曾祖妣祖妣文　梁溪集 165/6b

祭叔祖文　梁溪集 165/6b

祭九弟司法文　梁溪集 165/11a

祭李綱文（1－3）張浚撰　梁溪集/附錄 7a、8a、9a

祭李綱文李先撰　梁溪集/附錄 9b

祭李綱文張守撰　梁溪集/附錄 11a

祭李綱文葉夢得撰　梁溪集/附錄 12a

祭李綱文潘良貴撰　梁溪集/附錄 14b

祭李綱文李璆撰　梁溪集/附錄 16b

祭李綱文曾開撰　梁溪集/附錄 18b

祭李綱文薛弼撰　梁溪集/附錄 19a

祭李綱文程瑀撰　梁溪集/附錄 21a

祭李綱文趙令衿撰　梁溪集/附錄 23b

祭李綱文鄧祚撰　梁溪集/附錄 25b

祭李綱文（1－2）張元幹撰　梁溪集/附錄 27a、30a

祭李綱文邵才撰　梁溪集/附錄 32b

邵武軍學祠堂祭李丞相文徐元德撰　梁溪集/附錄 36a

祭衛公文陳瑾撰　梁溪集/附錄 47b

先兄二十五承事祝文　莊簡集 17/11a

祭李姑夫文　松隱集 34/4a

祭山塘虞部諸墳文　筠溪集 23/5b

祭公述六叔翁文　筠溪集 23/6a

代兄長祭墓文　筠溪集 23/7a

祭李伯紀丞相文　筠溪集 23/9a　梁溪集/附錄 13a

祭外祖母倪氏文　張華陽集 31/2b

外舅李侍郎文　張華陽集 31/6b

舅李侍郎挽詞三首　張華陽集 38/4a、4b

外祖李承事挽詞二首　張華陽集 38/5b

舅李義卿挽詞　張華陽集 38/5b

李居正挽詞　張華陽集 38/6b

李廣甫挽詞　紫微集 6/16b

代祭李提舉文　苕溪集 30/1a

祭梁溪文　三餘集 4/13b　南宋文範 63/2b

祭二叔父文　澹齋集 18/8a

祭十姑文　澹齋集 18/9a

故正議李公挽詞二首　韓陵陽集 3/16a

通守李師稷大夫同年挽詞　鴻慶集 7/6b　孫尚書集 68/9b

寶文李公挽詞三首　鴻慶集 7/7b　孫尚書集 68/10b

祭寺簿李治表母孺人文　雙溪集 15/6b

祭李唐卿文　澹庵集 22/19a

代同官祭李提刑文李丞相伯紀之弟　澹庵集 22/26a

祭李待制似矩文　斐然集 27/6a

挽李太孺人詞　斐然集 27/23a

祭李尚書若水文　浮山集 4/25a

祭李先之祭酒文　默堂集 21/8a

祭李和伯文　拙齋集 19/8a

代舅祭迁仲文　拙齋集 19/10a、11a

祭李迁仲文　拙齋集 19/13a

爲郡僚祭李刑部文　太倉集 69/1b

祭李子容文　太倉集 69/7b

祭文叔文　高峰集 12/16b

謁李尚書祠文　朱文公集 86/5a

謁李龍學祠文（1－2）　朱文公集 86/11a、18b

祭延平李先生文（1－2）　朱文公集 87/2a、3a　延平集 4/9b、10b

祭靖州太守李發文　益國文忠集 38/8b　益公集 38/96a

同年祭李子茂木舍人文　益國文忠集 38/14b

益公集 38/102a

祭李秀叔參政文　益公集 79/120a

祭雲巢子文　方舟集 17/29a

祭陳氏婦文（1-2）　方舟集 17/31b、32a

祭簡姐文　方舟集 17/33a

李監倉祭文　網山集 5/6b

代陳景韋祭李監倉文　網山集 6/2b

先考神像祭文　澹軒集 7/3b

祭亡弟仲老文　澹軒集 7/4a

祭亡弟成老文　澹軒集 7/5b

萬松開壽藏祭前妻墓文　澹軒集 7/7a

祭李府君　宋本攻媿集 84/26a 攻媿集 83/25a

祭李果州道傳　復齋集 18/1b

祭李蘄州誠之　復齋集 18/2a

祭李侍郎訧　復齋集 18/4b

祭李尚書　復齋集 18/7a

祭李縣丞元宗　復齋集 18/9a

祭李蘄州文　絜齋集 22/8b

祭果州〔李〕貫之文　雲莊集 10/9b

祭嘉州叔父文　芸庵稿 6/29a

祭大監季父文　芸庵稿 6/29b

祭英烈忠亮李公文　浪語集 15/8b

祭中州處士李公文　水心集 28/5a

祭李參政文　水心集 28/16b

祭李都大文　雙峰稿 9/7b

祭李貫之　勉齋集 39/13a

祭李守約文　勉齋集 39/15a

祭李侍郎文　北溪集/第四門 29/1b

妻李氏祭嫂宋氏文　北溪集/第四門 30/6a

妻李氏祭姊八姨文　北溪集/第四門 30/6a

奠外姑黃氏文　北溪集/第四門 30/7a

代姨子奠外祖母黃氏文　北溪集/第四門 30/7a

祭李郎中文　漫塘集 27/1b

祭同年李敬子弘齋司直文　漫塘集 27/4b

祭李端明　洛水集 16/9a

祭李從仲母夫人文　龍川集 25/10a

哭表嫂李氏文（1-2）　鶴山集 90/11a 91/12a

哭李郎中道傳文　鶴山集 91/6b

哭樊李二表嫂文　鶴山集 91/7a

哭李參政壁文　鶴山集 91/14a

祭果州李郎中文　真西山集 51/4a

奠李參政文　杜清獻集 18/2a

路祭端明李尚書　鐵菴集 40/2b

祭李清丞相　鐵菴集 40/18b

挽李樓山觀文　可齋稿 26/18a

祭李漕母夫人文　可齋稿/續後 12/2b

祭李蘄州文　後村集 136/2a

祭李尚書文　後村集 136/3a

祭文清李左相文　後村集 137/9b

祭李用之秘監文　後村集 139/1b

祭李艮翁禮部文（1-3）　後村集 140/7b、8b、9a

祭外姑李夫人文　秋崖稿 44/6a

祭袁州李使君文　澗谷集 3/1a

祭李叔章文　澗谷集 3/8b

李三朝奉哀詞　魯齋集 18/9a

東谷祭李丞文　無文印集 12/8b

祭兩浙運使閑邪李公文　佩韋集 12/12a

祭大宋忠臣李芾文　心史集/下 42b

祭大宋忠臣李庭芝文　心史集/下 42b

祭李提刑文（1-2）趙彥端撰　播芳文粹 138/1a、3a

祭姑夫李提舉文陳瓘撰　播芳文粹 140/5a

祭李甥文陳瓘撰　播芳文粹 140/7a

祭李舍人大臨文范鎮撰　蜀藝文志 50/8a

代許內翰祭李待制文馮山撰　蜀藝文志 50/11a

祭季修九兄文李壁撰　蜀文輯存 75/11a

再祭信兄文李壁撰　蜀文輯存 75/11a

再祭修兄文李壁撰　蜀文輯存 75/13b

束

　祭束向元道文　臨川集 86/3b

折

　祭折渭州文　姑溪集 43/2a

貝

　祭表弟貝叔懷省幹文　鄮峰錄 43/7b

呂

　太尉呂公挽詞二首　安陽集 45/4b

　祭呂相公文　范文正集 10/3a

　司空平章軍國事贈太師開國正獻呂公挽辭五首　蘇魏公集 14/11b

　祭呂侍講　蘇魏公集 70/7a

　祭獻可文　傳家集 80/8b 司馬溫公集 80/9b

　呂惠穆挽詩四首　丹淵集 20/6a、7a

　祭呂正獻公文（1-2）　范太史集 37/9b、10b

　奠申國夫人文　范太史集 37/11a

　故宣徽惠穆呂公挽詞二首　文潞公集 8/3b

　申國太師呂公晦叔挽詞三首　范忠宣集 5/12b

祭呂虞部文　范忠宣集 11/4b

祭申國司空呂公文　范忠宣集 11/14b

祭呂侍讀文　臨川集 85/4a

祭呂望之母郡太文　臨川集 86/5b

祭呂申公文　二程集（伊川）49/1b

樂壽縣君呂氏挽詞二首　豫章集 12/14b

呂郡君挽詞　張右史集 36/5b

呂與叔挽章四首　淮海集 40/4a

呂申公挽歌詞　陶山集 3/12a

呂尚書挽歌詞　陶山集 3/13a

館閣祭呂申公文　鷄肋集 60/10a

祭呂太師文　道鄉集 38/10b

祭司空呂申公文　西臺集 17/4a

挽司空申國呂公六首　西臺集 19/14a

祭呂侍講　龜山集 28/7a

代祭呂丞相文　苕溪集 30/2a

呂居仁挽詞三首　屏山集 20/2a、2b

祭呂尚書文　澹庵集 22/21a

擬宰執祭呂安父文　北山集 14/4a

祭呂居仁舍人　横浦集 20/1a

祭呂伯恭著作文　朱文公集 87/13b　東萊集/附錄 2/1a

祭呂伯恭禮部文　益國文忠集 38/15b　益公集 38/104a

祭呂帳幹文　益國文忠集 38/18b　益公集 39/113b

立鄱陽府君後告廟文（1－2）　東萊集 8/8a

祭呂祖謙文劉清之撰　東萊集/附錄 2/2a

祭呂祖謙文尤袤撰　東萊集/附錄 2/2b

祭呂祖謙文丘崈撰　東萊集/附錄 2/3a

祭呂祖謙文楊萬里撰　東萊集/附錄 2/3a

祭呂祖謙文黄度撰　東萊集/附錄 2/4b

祭呂祖謙文鄭伯英撰　東萊集/附錄 2/4b

祭呂祖謙文趙汝愚撰　東萊集/附錄 2/6a

祭呂祖謙文蔡戡撰　東萊集/附錄 2/6b

祭呂祖謙文張构撰　東萊集/附錄 2/7b

祭呂祖謙文蕭燧撰　東萊集/附錄 2/8a

祭呂祖謙文木㫎等撰　東萊集/附錄 2/8b

祭呂祖謙文徐元德撰　東萊集/附錄 2/11a

祭呂祖謙文王自中撰　東萊集/附錄 2/12a

祭呂祖謙文陳謙撰　東萊集/附錄 2/13a

祭呂祖謙文彭仲剛撰　東萊集/附錄 2/13b

祭呂祖謙文袁燮　東萊集/附錄 2/14b

祭呂祖謙文俞亨宗撰　東萊集/附錄 2/15a

祭呂祖謙文李泳撰　東萊集/附錄 2/15b

祭呂祖謙文曾栗撰　東萊集/附錄 3/1a

祭呂祖謙文呂祖儉撰　東萊集/附錄 3/1a

祭呂祖謙文范念德撰　東萊集/附錄 3/2a

祭呂祖謙文戴在伯撰　東萊集/附錄 3/2b

祭呂祖謙文（1－3）呂孝祥撰　東萊集/附錄 3/3b、4a

祭呂祖謙文高觀撰　東萊集/附錄 3/4b

祭呂祖謙文江注撰　東萊集/附錄 3/5a

祭呂祖謙文鄭良臣撰　東萊集/附錄 3/5b

祭呂祖謙文羣豐撰　東萊集/附錄 3/6a

祭呂祖謙文丁希亮撰　東萊集/附錄 3/7a

祭呂祖謙文趙燁撰　東萊集/附錄 3/7b

祭呂祖謙文邵津撰　東萊集/附錄 3/8b

祭呂祖謙文吳友聞撰　東萊集/附錄 3/9b

祭呂祖謙文杜旟撰　東萊集/附錄 3/10b

祭呂祖謙文石宗昭撰　東萊集/附錄 3/11a

祭呂祖謙文俞厚撰　東萊集/附錄 3/12a

祭呂祖謙文王遇撰　東萊集/附錄 3/13a

祭呂祖謙文陳孔碩撰　東萊集/附錄 3/13a

祭呂祖謙文邵朴撰　東萊集/附錄 3/14a

祭呂祖謙文李知微撰　東萊集/附錄 3/15a

呂祖謙祠堂奉安州郡祭文趙善下撰　東萊集/附錄拾遺 1/3a

祭呂大著　止齋集 45/6b

祭呂太史祖謙　宋本攻媿集 84/14a　攻媿集 83/13b　東萊集/附錄 2/5b

祭呂寺丞凝之　宋本攻媿集 84/15a　攻媿集 83/14b

祭呂東萊先生文　稼軒集 1/54b　東萊集/附錄 2/7a

祭寺丞呂子約文　止堂集 15/15a

祭呂伯恭文　象山集 26/1a

奠呂子約辭　慈湖遺書 4/11a

祭呂教授母夫人文（1－3）　盤洲集 72/9b、10a、10b

祭呂郎中文大器　浪語集 34/10b

祭呂太史文　水心集 28/1b　東萊集/附錄 2/11b

祭呂子約寺丞文　燭湖集 13/4a

告立張呂二先生祠文　燭湖集 13/14a

祭呂郎中文　南軒集 43/7a

祭呂翁伯誠文　漫塘集 27/11b

祭呂治先郎中文　龍川集 22/8a

祭呂東萊文（1－2）　龍川集 24/1a、2a　東萊集/附錄 2/10a

祭江西呂運管(代翠灃)　鐵菴集 40/1a

祭添差通判呂寺薄折　黃氏日鈔 95/6a

謁東萊先生文　桐江集 8/2a

祭呂西城文曹涇撰　新安文獻 46/6b

吳

　祭資政吳長文文　安陽集 44/1a

　祭吳龍圖文　范文正集 10/2b

　贈吏部尚書建安郡正肅吳公挽辭三首　蘇
　　魏公集 14/4b

　祭致政吳侍郎文　伐檀集/下/34a

　代祭致政吳侍郎文　伐檀集/下/34b

　祭觀文吳左丞文　公是集 50/11a

　祭吳中散辯叔同年兄文　彭城集 40/11b

　正肅吳公挽詩育二首　丹淵集 20/4b、5a

　代人祭吳春卿文　西溪集 10(三沈集 3/42b)

　吳大夫挽詞二首　錢塘集 9/15b

　祭吳彥弼文　曾南豐集 34/2b

　吳太初哀詞　元豐稿 41/6a

　祭吳相公文　王魏公集 8/30a

　祭吳尚書文　歐陽文忠集 50/3a

　祭吳大資文　歐陽文忠集 50/10a

　正肅吳公挽辭三首　臨川集 35/3b

　正憲吳公挽辭　臨川集 35/4b

　祭吳侍中沖卿文　臨川集 86/1b

　祭吳子野文　蘇東坡全集/後 16/15a

　弔故友吳延之屯田　青山集 30/4b

　常甫相率作吳丞相挽詞(1－2)　朝散集 4/9b

　祭吳閎道太中文　襄陵集 10/11b

　祭吳助教　劉左史集 2/3b

　祭姨母吳宜人文　梁溪集 165/4a

　吳氏太淑人挽詞　張華陽集 38/5a

　祭吳敏求文　苕溪集 29/7a

　祭吳伯承主簿文　大隱集 6/8b

　吳宜人挽詞　龜溪集 3/21b

　吳公宜人楊氏挽詞二首　鴻慶集 7/1b　孫尚書
　　集 68/1b

　吳令人挽詞二首　鴻慶集 7/6b　孫尚書集 68/9a

　吳漢逸挽詞二首　鴻慶集 7/7a　孫尚書集 68/10a

　挽吳丞相　斐然集 27/21b

　自祭文　湖山集/(仙居本)補遺 3b

　祭吳宣撫　嵩山居士集 28/8b

　祭吳先生文　拙齋集 19/2a

　祭吳仲賢文　吳文肅集 13/3b

　祭吳庭操文　吳文肅集 13/4a

　祭吳晦叔文　朱文公集 87/6b

　龍圖閣直學士吳明可苫挽詞　益國文忠集 7/
　　10a　益公集 7/38b

　同兩倅帥屬祭吳漕之母徐淑人文　益國文
　　忠集 38/1a　益公集 38/87a

　祭吉水吳伯豐縣丞文慶元三年十二月七日　益
　　國文忠集 79/8a　益公集 79/120a

　祭左翼軍吳將文　雲莊集 10/8a　真西山集 51/17b

　吳參議挽歌詞　水心集 7/22b

　祭興元吳侯文　燭湖集 13/9b

　祭吳晦叔文　南軒集 44/6b

　祭吳侍郎獵文　後樂集 19/2a

　吳侍郎祭文　性善稿 13/1a

　哭吳侍郎獵文　鶴山集 90/12a

　祭吳夫人文　鐵菴集 40/1b

　挽吳總幹　可齋稿 26/16a

　挽吳準齋　可齋稿 26/16b

　挽吳文昌母夫人　可齋稿 26/16b

　挽吳鶴林尚書　可齋稿 26/17b

　祭吳茂新侍郎文　後村集 139/17a

　祭吳君謀少卿文　後村集 140/2a

　祭表兄吳景蘇　雪坡集 48/2b

　祭外甥吳英孫　雪坡集 48/5b

　祭吳隱耕文　本堂集 88/2b

　吳學志哀辭　本堂集 89/10a

　祭吳充之　魯齋集 19/5a

　祭國史吳校勘正子　黃氏日鈔 95/7a

　祭吳先生文　石堂集 14/15b

　祭溫州路教授吳君文　存雅稿 3/7b

　祭吳提刑文劉珙撰　播芳文粹 138/1b

　祭吳履齋文季茞撰　南宋文範 63/12b

別

　祭別觀文文　可齋稿/續後 12/3a

岑

　祭岑彥休文　斜川集 6/16b

余

　祭余相公文　梁溪集 165/4b

　余夫人挽詞　紫微集 6/18a

　祭表弟余君文代龜山　默堂集 21/15b

　余石月挽詞乙亥　益國文忠集 81/1b

　祭余處躬丞相文　益公集 79/123b

　余倅父子鳳挽詞二首　網山集 2/4b

余倅之母宜人姚氏挽詞　網山集 2/9b

代余師春祖母大殮祭文　網山集 6/5b

代祭余夫人文　梅溪集/前 18/19b

奠余兵侍辭　慈湖遺書/續 1/18a

祭南康余堂長　復齋集 18/13b

祭余文特文　盤洲集 73/9b

祭余處恭丞相文(1-2)　誠齋集 102/5b、8a

祭余正叔　克齋集 11/1a

祭余子壽尚書文　後村集 137/5b

祭余資政天錫文　澗谷集 3/3b

笑翁祭余參政文　無文印集 12/1a

何

何大沖挽詞二首　後山集 4/12a、12b

何隱居挽詞二首　龍雲集 10/7b

何郡王挽詞二首　浮溪集/拾遺 3/458

何丞相挽詞三首　張華陽集 38/2a、2b

祭何叔京知縣文　朱文公集 87/4a

同年祭何誠甫司業文淳熙六年七月三日　益國
文忠集 38/13b　益公集 38/101b

代祭何升老文　梅溪集/前 18/18b

祭何提刑文　梅溪集/後 28/10a

祭妹夫何叔京文　澹軒集 7/9a

何參政挽歌三首　水心集 7/20b

祭何知院文　水心集 28/17b

祭外姑何恭人文　南軒集 44/7a

祭何澹文　後樂集 19/1a

祭妻叔文　龍川集 22/12a

祭何茂恭文　龍川集 23/4a

祭何子剛文　龍川集 23/8a

祭何茂材文　龍川集 23/14a

祭妻父何茂宏文　龍川集 24/2a

祭妻弟何少嘉文　龍川集 24/7b

祭妻祖母夫人王氏文　龍川集 25/1a

祭何尚書異文　漁墅稿 6/3a

挽何司令　可齋稿 26/17b

代人祭何康叔　北礀集 10/30b

祭北山何先生　魯齋集 19/7b　何北山集 4/11a

北山行狀告成祭文　魯齋集 19/9a　何北山集 4/
12a

祭北山先生文(1-2)　仁山集 1/13a、14b　何北
山集 4/14a、16a

祭何南坡文　仁山集 1/21b

狄

祭狄相文　安陽集 43/6a

謁狄梁公廟文　乖崖集 6/12b

告狄梁公文　淮海集 31/5a

阮

祭大宋忠臣阮正己文　心史集/下/142b

八　畫

宗

祭漳倅宗周賓學士文　筠溪集 23/11b

祭宗式之文　龍川集 23/11b

祭宗成老文　龍川集 24/7a

宜

祭宜仲和文　無文印集 12/4b

京

祭京仲遠丞相文　益公集 79/121b

祭故丞相魏國文忠京公文　緣督集 8/12a

祭太師文忠公京左相文　誠齋集 102/4b

於

祭保甲於淋文　翟忠惠集 10/8b

祭於元暉給事文　後村集 137/6a

房

房季文誄楊天惠撰　蜀藝文志 50/3b

幸

祭友人幸料院　雪坡集 48/1b

林

林漕挽詞二首　節孝集 26/10a

林殿院挽詞　節孝集 27/2b

祭林大卿文　樂圃集 9/6b

爲林思廉祭林介夫　劉左史集 2/5a

代祭林子中文　傅忠肅集/下/138a

祭林德祖文　程北山集 17/8a

祭林時勇舍人文　筠溪集 23/8a

祭林從事文　唯室集 3/9a

祭林給事母文　竹軒雜著 6/1a

祭林尚友文　竹軒雜著 6/1a

祭德和弟文(1-2)　竹軒雜著 6/4a、4b

祭察和弟文(1-3)　竹軒雜著 6/4b、5a、5b

祭林德修文　拙齋集 19/14b

林之奇哀辭李楠撰　拙齋集/拾遺/附錄 8a

代祭林顯謨文　高峰集 12/25b

祭林萍齋商卿文　艾軒集 7/5b

赴廣西憲告墓文　艾軒集 7/13b

祭林光朝文陳俊卿撰　艾軒集 10/附錄 22b

祭林光朝文彭嵩年撰　艾軒集 10/附録 23b

祭林光朝文林亦之撰　艾軒集 10/附録 24a

林光朝祠堂祝文林元仲撰　艾軒集 10/附録 25a

林光朝祠堂祝文吳悦之撰　艾軒集 10/附録 25b

林光朝祠堂祝文趙汝愚撰　艾軒集 10/附録 26b

城山三先生祠堂告艾軒文余謙一撰　艾軒集 10/附録 27b

祭芸谷林師魯文　朱文公集/別 7/6b

祭林虞仲教授文　益國文忠集 38/3b　益公集 38/90a

艾軒先生侍郎挽詞　網山集 2/1a

林校尉紹老挽詞三首　網山集 2/4a

林少朋挽詞三首　網山集 2/4a

小練林承事文炳父挽詞二首　網山集 2/6a

橫路林少臯挽詞　網山集 2/7b

林柏謨挽詞　網山集 2/8a

林高舉母古龍孺人曹氏挽詞　網山集 2/8b

林牧之母孺人鄭氏挽詞　網山集 2/8b

松林林嚴叟挽詞　網山集 2/9a

林義夫母挽詞　網山集 2/9b

清遠尉林昭遠孔章挽詞　網山集 2/10a

稚春母鄭氏挽詞　網山集 2/11b

艾軒先生祭文(1－3)　網山集 5/1a、2a、2b

祭父文(1－2)　網山集 5/3b、4a

犀斜祭文　網山集 5/4b

南山墓祭文　網山集 5/4b

林公執祭文　網山集 5/6a

林斯容祭文　網山集 5/8a

友人稚春同爨兄祭文　網山集 5/9a

林伯謨祭文　網山集 5/13a

林斯行祭文　網山集 5/13b

林司法祭文　網山集 5/15b

林稚春母祭文　網山集 5/16a

清遠林尉祭文　網山集 5/18a

代高德庸祭外文　網山集 6/1b

代衆人祭林美政文　網山集 6/4a

代高子羽祭清叔文　網山集 6/5a

代祭稚春(1－2)　網山集 6/6a、7a

代陳仲罕祭女兄文　網山集 6/10a

代林家仲祭母文　網山集 6/13a

祭林宗丞文　東萊集 8/6a

祭兑光居士林喬年　止齋集 45/1a

祭林安之　止齋集 45/3b

代兄祭林承事　止齋集 46/2a

祭林懿仲　止齋集 46/5a

代祭林樞密文　宮教集 12/10b

奠林景初辭　慈湖遺書/續 1/19a

祭福清林經畧　復齋集 18/7b

祭淮寧郡太夫人林氏　復齋集 18/18a

代宰執堂祭林樞密文　絜齋集 22/5b

縣尉林公挽詞　水心集 7/23a

林處士挽詞　水心集 7/24a

林敬之挽詞　水心集 7/25a

常德郎中林公挽詞　水心集 7/27b

祭林伯和文　水心集 28/6a

祭林叔和文　水心集 28/16a

祭林大卿淑人文　水心集 28/20b

祭林宜人文　水心集 28/21a

祭林子長右司文　江湖集 30/21a

祭林丕顯文　勉齋集 39/2b

祭林存齋文　勉齋集 39/14b

代祭林黃中侍郎文　勉齋集 39/20a

門生林孝聞祭文　四庫拾遺/附録 276/後樂集 20

祭林聖材文　龍川集 23/8a

祭林和叔母夫人文　龍川集 25/3a

祭甥林慶中知縣文　四庫拾遺 145/蒙齋集

祭林侍郎文　浣川集 10/1a

祭林母安人方氏　鐵菴集 40/5a

祭妻兄林參議　鐵菴集 40/18a

祭林通甫先生墓文　臞軒集 11/4b

祭海陽縣尉林磻歗先生文　臞軒集 11/5a

祭親友林涇清叔文　臞軒集 11/5b

祭外舅林寶章文　後村集 136/8a

祭婦弟林養直文　後村集 137/11a

祭林渙章文　後村集 137/11b

祭林寒齋文　後村集 138/5a

祭林元晉武博文　後村集 139/2a

祭林母王宜人文　後村集 139/4b

祭前高安林縣尉文　盧齋集 20/6b

後坡林吏部祭文　盧齋集 20/7b

林省吾挽辭　魯齋集 18/7a

祭林啓源上舍　黃氏日鈔 95/1a

代祭和靖祠文　伯牙集 1/34a

祭林縣丞父文任希夷撰　蜀文輯存 72/14b

芮

祭芮國器祭酒文　益國文忠集 38/8a　益公集 38/

95a

祭芮國瑞尚書文　益國文忠集38/16a　益公集38/104b

祭芮祭酒文　東萊集8/3a

祭芮祭酒　止齋集45/1b

范

祭文正范公文　安陽集43/2a

祭范寬之刑部文　安陽集43/7a

祭范文正公文富弼撰　范文正集/褒賢1/16a

祭范文正公墓范邦瑞撰　范文正集/褒賢1/20a

祭范侍郎文　蔡忠惠集32/7a

代祭范資政文　祠部集34/6b

蜀公范景仁忠文公挽辭四首　蘇魏公集14/12b

代杜丞相祭范資政　蘇魏公集70/5b

代張端明祭范資政　蘇魏公集70/6b

代祭范大資政文　伐檀集/下/36b

祭范尚書文爲兩制諸公作　傳家集80/2b　司馬温公集80/5a

祭叔母宇文氏文　范太史集37/6a

祭蜀公文　范太史集37/11b

祭從叔承事文　范太史集37/12a

祭從叔主簿文　范太史集37/12b

祭從叔母靳氏文　范太史集37/13a

祭從叔母文　范太史集37/15a

告先姊文　范太史集37/16b

祭妹文　范太史集37/17a

祭從弟文　范太史集37/18a

祭叔母文　范太史集37/18b

祭資政文　范太史集37/20b

范蜀公挽辭二首　韓南陽集12/10a

祭資政范公文　歐陽文忠集50/1b

祭資政范侍郎文　樂全集35/3a

蜀郡范公景仁挽詞三首　范忠宣集5/13a

修文正祠堂祭文　范忠宣集11/3b

拜掃祭文　范忠宣集11/16a

祭十九兄監簿文　范忠宣集11/16a

祭范蜀公文　范忠宣集12/3b

告家廟文　范忠宣集12/6b

祭范忠宣公文陳瓘撰　范忠宣集/補編39b、40b　宋文鑑134/18b　播芳文粹135/4b

祭范忠宣公文范直隱撰　范忠宣集/補編40b

祭范潁州文仲淹　臨川集85/2a

祭范蜀公文　蘇東坡全集35/15a　蜀藝文志50/8b

祭范蜀公景仁文　欒城集26/5a　蜀藝文志50/9a

祭范子中朝散文　欒城集/後20/9a

祭范彝叟右丞文　欒城集/後20/11b

范忠文公挽詞二首　豫章集12/10b

祭范叔才文　豫章集21/15a

范忠宣挽歌二首　張右史集36/3b

范參軍挽詞　張右史集36/5a

祭永寧范縣君文二首其一其二　四庫拾遺585/畫墁集

祭范七宣德文(巽之子)　四庫拾遺587/畫墁集

范深父察推挽詞　雲溪集11/14b

祭范郡太夫人文　道鄉集38/12a

祭范忠宣公文(1-2)　西臺集17/6b、8a

祭范德孺侍郎文　西臺集17/10a　宋文鑑134/23a

祭范子夷文　西臺集17/11b

祭范待制慈母文　西臺集17/13a

挽范丞相忠宣公六首　西臺集19/13a

祭范忠宣公　劉給諫集4/8a

祭范丞相文　毗陵集12/2a

范覺民挽詞四首　紫微集6/17a

運司祭范少師文(1-3)　紫微集36/7a、7b、8b

挽范孺人　盧溪集25/4b

祭范丞相文　北海集36/3a

提刑郎中范公挽詞　鴻慶集7/2b　孫尚書集68/3b

大卿范公師厚挽詞　鴻慶集7/7a　孫尚書集68/9b

祭表兄范伯達文　五峰集3/57b

祭范元作文　五峰集3/59a

祭范大監元禮文　斐然集27/20a

祭范相文　漢濱集16/1a

祭姪端受文　香溪集22/1a

祭叔香溪先生文范端臣撰　香溪集(蒙齋)/5a

祭范諫議西叔文　艾軒集7/3b

經筵同僚祭范西叔仲芑侍講文　益國文忠集38/10b　益公集38/98b

祭范至能參政文　益公集79/116b

祭范和仲運使文　方舟集17/28a

饒州謁顏范祠文(1-2)　梅溪集/後28/1a、1b

奠范忠宣公文(1-3)　雲莊集10/2a、4a　真西山集48/3a、5b、6b

范女哀辭　誠齋集45/10b

祭石湖先生文　江湖集30/20b

祭范致政文　四庫拾遺719/燭湖集

祭范學諭文　省齋集 10/7a
祭范伯崇文　勉齋集 39/8a
祭姊夫范器之文　洛水集 16/5a
祭師范石莊先生　雪坡集 48/1a
挽范千之逢甲三首　本堂集 90/2a
挽范節幹應發二首　本堂集 90/5a
祭范尚書文　牟陵陽集 22/1b
代趙端明祭范蜀公文馮山撰　蜀藝文志 50/10a
祭亡兄工部文　范成大佚著/183－184

卓

挽卓生甫有立二首　本堂集 90/6b

易

挽易氏　盧溪集 25/4b

金

祭金靜之文　吳文蕭集 13/3a
祭金伯清父文　龍川集 24/11b

季

祭姑文季公佐　梅溪集/前 18/9a
代祭季夫人　梅溪集/前 18/17a

侍其

平江祭外祖父母墓文　丹陽集 15/8b

岳

弔二岳生文並序　公是集 50/9a
祭岳鄂王文並序李壅撰　金佗稡編/續 30/13a
祭岳都統母夫人文（1－2）紹興三十年　益國文
　忠集 90/5b、6　益公集 90/140b、141a
祭岳武穆文　秋崖稿 44/1a

周

周仲嘉哀辭　南陽集 6/8b
周叔智哀辭並序　鐔津集 15/21a
周生哀辭　錢塘集 4/23a
周惇頤墓祭文孔文仲撰　周元公集 10/1a
南康祠祭朱熹撰　周元公集 10/1b
潭州遺祭朱熹撰　周元公集 10/2b
濂溪祠祭王啓撰　周元公集 10/3a
祭周朝散文　范忠宣集 11/12a
祭周幾道文　臨川集 85/3a
泰興令周孝先哀辭　臨川集 86/9b
祭周晉叔文　豫章集 21/17a
祭周茂叔文　宗伯集 17/7a
祭女弟悅師文　浮沚集 7/6a
祭二十叔文　四庫拾遺 77/浮沚集
祭周僉判文　初寮集 8/25b

祭周大夫文　建康集 4/16b
周鯁臣哀辭　楳溪集 12/5a
挽周子充舍人母王夫人　盧溪集 25/1b
周撫幹挽詞二首　鴻慶集 7/8b　孫尚書集 68/12a
樞密周府君挽詞　孫尚書集 68/12b
悼亡哀詞（1－2）　太倉集 42/3a
初封三代祭告遠祖祝文　海陵集 21/8b
初除同知樞密院告家廟祝文　海陵集 21/8b
焚黃祭告家廟祝文　海陵集 22/1a
奉安濂溪先生祠文　朱文公集 86/4b
薦尚氏姊文　益國文忠集 37/5a　益公集 37/80b
焚黃疏文　益國文忠集 37/5b　益公集 37/81a
祭子柔弟文　益國文忠集 38/2b　益公集 38/88b
餘杭祭十一妹文紹興三十二年　益國文忠集 38/
　3a　益公集 38/89a
祭宗人子婦李氏文　益國文忠集 38/5b　益公集
　38/92a
祭從母王碩人文　益國文忠集 38/15a　益公集 38/
　103b
祭袁州兄嫂文　益國文忠集 38/17b　益公集 39/
　112a
祭繹姪文　益國文忠集 38/18a　益公集 39/113a
祭叔母李氏孺人文　益國文忠集 38/19a　益公集
　39/113b
信州茶山初贈焚黃祝文　益國文忠集 39/1a
　益公集 39/107b
展省茶山焚黃祝文　益國文忠集 39/1b　益公集
　39/107b
鳳山焚黃祝文　益國文忠集 39/2a　益公集 39/108a
茶山告至祝文　益國文忠集 39/2a　益公集 39/
　108b
茶山告啓殯祝文　益國文忠集 39/2b　益公集 39/
　109a
考妣焚黃祝文（1－2）　益國文忠集 39/3a、3b
　益公集 39/109b
奉祠歸告至先塋祝文　益國文忠集 39/3b　益公
　集 39/114a
焚黃告祖塋祝文　益國文忠集 39/4a　益公集 39/
　114a
先考加贈左中奉大夫焚黃祝文　益國文忠集
　39/4a　益公集 39/114b
先妣加贈令人焚黃祝文　益國文忠集 39/4b
　益公集 39/115a
初除參政贈三代東宮三少告廟祝文　益國
　文忠集 39/4b　益公集 39/115a
明堂加贈三代東宮三太告廟祝文　益國文

忠集 39/5b　益公集 39/116b

初除知院加贈三代三少告廟祝文　益國文
忠集 39/5b　益公集 39/116b

初除樞密院使加贈三代三公告廟祝文　益
國文忠集 39/6b　益公集 39/117a

曾祖曾祖妣焚黃祝文（1－2）　益國文忠集 39/
6b、12b　益公集 39/117b、124a

祖祖妣焚黃祝文（1－2）　益國文忠集 39/7a、13a
益公集 39/118a、125a

先考大中至太師焚黃祝文　益國文忠集 39/8a
益公集 39/119a

先妣焚黃祝文　益國文忠集 39/8a　益公集 39/
119b

郊祀加封三代告廟祝文　益國文忠集 39/9a
益公集 39/120a

進秩加恩謝家廟祝文　益國文忠集 39/9b　益公
集 39/120b

拜右相三代加贈告廟祝文　益國文忠集 39/10a
益公集 39/122a

明堂三代加贈告廟祝文　益國文忠集 39/10b
益公集 39/121b

拜左相三代加贈告廟祝文　益國文忠集 39/11a
益公集 39/122b

光宗登極三代加贈告廟祝文　益國文忠集 39/
11b　益公集 39/123a

奉祠歸廬陵告至長岡祝文　益國文忠集 39/12a
益公集 39/123b

鳳山焚黃祝文　益國文忠集 39/13b　益公集 39/
125b

長岡焚黃祝文　益國文忠集 39/14a　益公集 39/
126a

焚黃告伯考伯母祝文　益國文忠集 39/14b　益
公集 39/126b

奉安家廟祝文　益國文忠集 39/15a　益公集 39/
126a

除少保三代加贈唐國公唐國夫人祝文　益
國文忠集 39/15b　益公集 39/126b

郊祀三代加贈潭國公潭國夫人祝文　益國
文忠集 39/16b　益公集 39/127b

省祖父以下塋文　益國文忠集 79/4b　益公集 79/
113b

哭仲兄判院文　益國文忠集 79/5a　益公集 79/
113b

遷居奉安家廟祝文　益國文忠集 79/5a　益公集
79/114a

遷居三日祭家廟祝文　益國文忠集 79/5a　益公
集 79/114a

覃沛三代加贈告廟祝文　益國文忠集 79/5b
益公集 79/114a

覃沛焚黃祝文　益國文忠集 79/5b　益公集 79/
114b、115a

致仕謝家廟祝文　益國文忠集 79/6a　益公集 79/
115a

長岡修塋告成祝文　益國文忠集 79/6b　益公集
79/116b

先妣加贈告墓祝文　益國文忠集 79/6b　益公集
79/116b

祭周益公文陳自强等撰　益國文忠集/附錄 1/1a
益公集/附錄 1/1a

祭周益公文趙師睪撰　益國文忠集/附錄 1/1b　益
公集/附錄 1/1b

祭周益公文蕭逵撰　益國文忠集/附錄 1/2b　益公
集/附錄 1/2b

祭周益公文趙彥逾撰　益國文忠集/附錄 1/3a　益
公集/附錄 1/3b

祭周子充丞相文倪思撰　益國文忠集/附錄 1/3b
益公集/附錄 1/4a　南宋文範 63/9a

祭周益公文彭龜年撰　益國文忠集/附錄 1/5a　益
公集/附錄 1/6a

祭周益公文何異撰　益國文忠集/附錄 1/5b　益公
集/附錄 1/6b

祭周益公文章穎撰　益國文忠集/附錄 1/6b　益
集/附錄 1/8b

祭周益公文楊方撰　益國文忠集/附錄 1/7a　益公
集/附錄 1/8b

祭周益公文胡元衡撰　益國文忠集/附錄 1/8a　益
公集/附錄 1/9b

祭周益公文劉崇文撰　益國文忠集/附錄 1/9a　益
公集/附錄 1/10b

祭周益公文曾三聘撰　益國文忠集/附錄 1/10a　益
公集/附錄 1/13a

祭周益公文錢文子撰　益國文忠集/附錄 1/11a　益
公集/附錄 1/13a

祭周益公文雷潨撰　益國文忠集/附錄 1/11b

祭周益公文詹體仁撰　益國文忠集/附錄 1/12b　益
公集/附錄 1/14b

祭周益公文吳獵撰　益國文忠集/附錄 1/13a　益公
集/附錄 1/15b

祭周益公文鄧諫從撰　益國文忠集/附錄 1/14a　益
公集/附錄 1/17a

祭周益公文楊長孺撰　益國文忠集/附錄 1/14b　益
公集/附錄 1/17b

祭周益公文時瀾撰　益國文忠集/附錄 1/15b　益
集/附錄 1/18b

祭周益公文曾三異等撰　益國文忠集/附錄 1/17a
益公集/附錄 1/20a

祭周益公文劉贊等撰　益國文忠集/附錄 1/18a　益
公集/附錄 1/21b

祭周益公文許凌等撰　益國文忠集/附錄 1/18b　益
公集/附錄 1/22b

祭周益公文王子俊撰　益國文忠集/附錄 1/19b　益
公集/附錄 1/23b

代諸生祭周仲翔母文　梅溪集/前 18/16a

代諸生祭周仲翔父文　梅溪集/前 18/17b

祭周運使文　梅溪集/後 28/12a

祭周通判去非　宋本攻媿集 84/21a　攻媿集 83/20b

祭周侍郎　宋本攻媿集 85/15a　攻媿集 84/15a

奉安周濂溪先生祠　復齋集 19/13a

祭周詹事文操　浪語集 34/10a

祭益國周夫人王氏文　誠齋集 102/10a

祭周益公丞相文　誠齋集 102/10b　益國文忠集/
附錄 1/4a　益公集/附錄 1/5a

祭周益公文　渭南集 41/10b

祭周南仲文　水心集 28/12a

祭周宗夷文　水心集 28/15a

祭周資政文　南澗稿 18/18a

告立周程三先生祠文　爍湖集 13/14a

祭濂溪周先生文　勉齋集 24/7b

祭周惇頤先生文　北溪集/第四門 29/1a

祭周通判文　後樂集 19/5a

嘉定三年秋八月上丁釋奠四賢文　性善稿
12/8a

祭府學三賢文　性善稿 12/11b

祭周叔子馬帥文　漫塘集 27/2b

祭外舅周司書　克齋集 11/6a

祭周參政文　龍川集 22/7a

祭周賢董文　龍川集 23/10a

祭妹夫周英伯文　龍川集 23/12a

祭姨母周夫人黃氏文　龍川集 25/1b

周程三先生賜謚舍菜祝文　鶴山集 98/14a

祭山長監簿周君文　真西山集 49/4a

謁濂溪先生文　真西山集 50/20b

辭濂溪先生祝文　真西山集 50/24a

祭周淳仁文　後村集 136/11a

代大章祭周砥道文　寶峰集 2/28a

邵

致政少卿邵公挽辭三首　蘇魏公集 14/5b

祭邵龍圖文　彭城集 40/10a

康節先生誄文　范太史集 37/23a

致仕邵少卿挽辭二首　臨川集拾遺 35/7b

祭邵興宗資政文　陶山集 13/19a

致政中大邵公挽詞二首　鴻慶集 7/3a　孫尚書
集 68/4a

邵令人余氏挽詞二首　鴻慶集 7/5b　孫尚書集
68/8a

邵久中承事挽詞三首　鴻慶集 7/7b　孫尚書集
68/10b

中奉大夫直徽猷閣致仕邵及之挽詞二首
益國文忠集 6/8b　益公集 6/22b

薦考君大祥道場經疏邵博撰　播芳文粹 122/3b

追薦邵先生疏　播芳文粹 122/24b

孟

祭知滁州孟太師文　河東集 13/1a

滑州祭鄒國公文　忠肅集 14/21a

代道州祭鄒國公文　雲溪集 30/6a

奉安鄒國公文(1－2)　道鄉集 38/5a、5b

領省樞相太傅信安王挽詞三首　鴻慶集 7/9a
孫尚書集 68/12a

祭孟子文　北山集 6/6b

釋奠告鄒國公文　太倉集 68/2b

孟郡王忠厚挽詞二首丁丑　益國文忠集 81/2a

鄒國公　宋本攻媿集 83/18b　攻媿集 82/17a

祭孟浩文　止堂集 15/16b

先師鄒國公祭文　慈湖遺書 4/3b

祭鄒國公　慈湖遺書/續 1/6a

謁先師鄒國公文　誠齋集 103/4a

祀鄒國公祝文　江湖集 30/9b

鄒國公祝文　洺水集 21/7b

告鄒國公文　龍川集 22/2a

鄒國公祝文　雪坡集 47/2b

祭孟從吾文　牟陵陽集 22/4b

九　畫

洪

洪善慶挽詞二首　張華陽集 38/4b、5a

洪內翰母夫人董氏挽詞二首　鴻慶集 7/4b
孫尚書集 68/5b

祭洪景嚴樞密文　益國文忠集 38/9a　益公集 38/
96a

代為母還水陸疏　盤洲集 70/9b

代為妻還水陸疏　盤洲集 70/10a

薦亡嫂趙氏疏　盤洲集 70/11a

祖父遠忌疏　盤洲集 70/12a

祖母周祥疏　盤洲集 70/12a

祖母忌辰疏　盤洲集 70/12b

寧海薦亡姓疏　盤洲集 70/12b

亡姓忌辰疏　盤洲集 70/12b

諸子爲母氏水陸疏　盤洲集 70/13a

樞第水陸疏　盤洲集 70/13a

祭亡姑文　盤洲集 72/2a

爲大人祭家叔文　盤洲集 72/4a

家叔起靈祭文　盤洲集 72/5a

家叔起靈代叔祭文　盤洲集 72/5a

家叔起靈代嫂祭文　盤洲集 72/5b

家叔起靈代弟祭文　盤洲集 72/5b

祭從祖弟景楊文　盤洲集 72/6a

代難老祭景楊文　盤洲集 72/7a

祭從兄難老文　盤洲集 72/8b

祖廟焚黃祭文　盤洲集 73/6b

禰廟焚黃祭文　盤洲集 73/6b

白茆焚黃祭文(1-3)　盤洲集 73/7a、7b、9b

郴州焚黃文　盤洲集 73/7b

家廟祭考姓文　盤洲集 73/7b

家廟告高曾祭文　盤洲集 73/8a

家廟祭祖考文　盤洲集 73/8a

故縣焚黃文(1-2)　盤洲集 73/8b、9a

瀚潭焚黃文　盤洲集 73/8b

金山焚黃文　盤洲集 73/9a

辛卯瀚潭焚黃文　盤洲集 73/9a

祭樞弟文(1-2)　盤洲集 73/10a、10b

祭萊國葬事文　盤洲集 73/11a

諸子祭文　盤洲集 73/11a

祭洪貢士文　漫塘集 27/9b

洪清之遷葬其祖尚書公中孚祝文　洺水集 21/8b

老人祭疇甫文　平齋集 32/4b

諸父堂祭姓徐夫人文　平齋集 32/7a

老人祭亡嫂阮氏文　平齋集 32/7b

同日祭百二姪文　平齋集 32/8a

祭洪伯魯尚書文　後村集 140/1a

祭洪忠宣公文　久軒集 8/54b

安奉洪忠文公祠文　久軒集 8/55a

尚書洪公挽詞趙彥端撰　播芳文粹 144/3b

施

祭施氏妹恭人文　丹陽集 15/11a

太令人施氏挽詞二首　鴻慶集 7/6a　孫尚書集 68/8b

祭彥執施德操　橫浦集 20/4a

祭施司諫文　鄂州集 4/12b

姜

祭姜總管　宋本攻媿集 84/18a　攻媿集 83/17a

謁姜相公文　雲莊集 10/6a

姜君玉哀辭　漫塘集 36/3a

謁姜相公文(1-2)　真西山集 48/12b、50/17b

祭大宋忠臣姜才文　心史集/下/42b

祖

祭祖龍學文童宗說撰　龍學集 12/12a

重修袁州州學舍菜祭祖龍學文張杓撰　龍學集 12/13a

祝

祭弋陽祝宰文　東牟集 14/2a

祭祝子權文　唯室集 3/10b

祭祝永康文　渭南集 41/3b

祭祝縣尉文　筼窗集 8/14b

柯

祭柯國材文　朱文公集 87/6a

祭柯縣尉夢得　復齋集 18/11b

查

祭查少卿文　南軒集 43/6b

柳

祭柳子玉文　曾南豐集 34/3a

祭柳子玉文　東坡集 35/4a

祭柳仲遠文二首　蘇東坡全集/後 16/14a

胡

祭胡侍郎文　范文正集 10/1b

胡因甫哀辭　公是集 50/13b

胡巨源郎中挽詞三首　錢塘集 7/28a

胡右丞挽詞　錢塘集 8/32b

祭妻母德清縣君胡夫人文　錢塘集 16/18a

祭胡太傅文　歐陽文忠集 50/8a

祭胡執中郎中文　蘇東坡全集 35/5a

胡士彥挽詞二首　後山集 2/6a

胡夫人挽詞　雲溪集 5/6b

龍圖胡公挽詞　道鄉集 14/10b

胡公郡君李氏挽詞　道鄉集 14/11a

祭胡氏妹文　梁溪集 165/11b

祭胡源秀才文　橫塘集 18/11a

祭胡尚書文　毗陵集 12/2b

祭胡公文　莊簡集 18/3a

祭胡氏碩人文　張華陽集 31/4b

胡氏碩人挽詞二首　張華陽集 38/4a

祭胡浚明文　苕溪集 29/6a

祭知台州胡端明文　北海集 36/5a

追薦胡端明文　北海集 36/6b

致政中奉胡公挽詞　鴻慶集 7/1a　孫尚書集 68/1a

宣撫簽樞胡公挽詞二首　鴻慶集 7/2a　孫尚書集 68/2b

天台太守端明胡公挽詞三首　鴻慶集 7/2a　孫尚書集 68/2b

簽書胡公挽詞三首　鴻慶集 7/4b　孫尚書集 68/7a

瀛國胡夫人錢氏挽詞二首　鴻慶集 7/5a　孫尚書集 68/7b

朝議胡公挽詞二首　鴻慶集 7/5b　孫尚書集 68/7b

告曾祖考妣墓文　澹庵集 22/10a

祖焚黃文　澹庵集 22/11a

考焚黃文　澹庵集 22/12a

妣焚黃文　澹庵集 22/14a

北歸告所生母曾孺人墓文　澹庵集 22/15a

代祭十五叔文　澹庵集 22/17a

祭嫂蕭夫人文　澹庵集 22/18a

祭四十四叔文　澹庵集 22/23a

祭德明兄文　澹庵集 22/24a

祭邦先兄文(1－2)　澹庵集 22/28a、29b

代妻劉祭娣姒文　澹庵集 22/31a

祭三十五叔文　澹庵集 22/32a

祭妻劉孺人文　澹庵集 22/35a

祭周國夫人文　澹庵集 22/40a

祭亡室張氏文　斐然集 27/2b

祭季弟婦唐氏文　斐然集 27/12a

祭胡宣撫文　北山集 14/10b

祭胡忠烈文　北山集 14/12b

祭胡寶學文　默堂集 21/10a

祭胡丈先生文　拙齋集 19/4a

祭籍溪胡先生文　朱文公集 87/1a

胡長彥母解氏挽詞　益國文忠集 4/3a　益公集 4/121b

胡廉夫哀詞　益國文忠集 9/3a　益公集 8/52b

祭胡季懷文乾道八年七月　益國文忠集 38/7b　益公集 38/94b

祭安定先生文　梅溪集/後 23/3b

祭胡達材文　絜齋集 22/11a

祭胡端約文　定齋集 13/7b

路祭胡提舶母文(1－2)　盤洲集 73/1a

祭大舅文　浪語集 34/13b

祭胡監丞文　渭南集 41/7a

太令人胡氏挽詞　水心集 7/23b

祭胡達材文　燭湖集 13/7a

祭胡崇禮提幹文　燭湖集 13/8a

祭胡廣仲主簿文　南軒集 44/6a

祭胡彥功墓文　龍川集 23/13a

祭胡給事墓文　真西山集 49/4b

祭胡侍郎文　真西山集 49/5a

祭胡祠部文　真西山集 49/5b

祭五峰先生文　真西山集 49/6a

象州祭弟利用行十八文　竹林集/19a　象台首末 3/1a

胡夢昱哀詞羅幼明撰　象台首末 6/6a

祭胡夢昱文羅居易撰　象台首末 6/8b

祭胡夢昱文戴栩撰　象台首末 6/9b

焚黃告(胡夢昱)文　象台首末 6/10b

吉水縣學祠堂奉安(胡夢昱)文李義山撰　象台首末 6/12b

吉州學祠堂奉安(胡夢昱)文李義山撰　象台首末 6/13a

挽肇慶胡守　可齋稿 26/18b

祭胡伯圜尚書文　後村集 136/10a

祭胡文偉文　秋崖稿 44/5a

祭胡上舍宏甫文　雪坡集 48/6b

祭都丞胡石壁文　文山集 11/36b

祭胡文叔文　澗谷集 3/10a

祭松下胡子升　魯齋集 19/3b

祭胡平心先生文　碧梧集 20/1a

代祭胡葦航文　伯牙集 1/34a

苗

苗戶部挽詞二首　節孝集 26/9b

英

弔英布廟文　太倉集 69/9a

俞

祭俞戶曹文　祠部集 34/7b

俞公達待制挽詞二首　淮海集 40/1b

俞備夫人陳氏挽辭　演山集 32/6a

俞法曹挽辭　演山集 32/7a

祭俞侍郎文　水心集 28/12b

祭俞侍郎文　洛水集 16/7b

祭俞德載知縣文　龍川集 22/12b

祭俞景山文　龍川集 23/13b

祭俞侍郎文　平齋集 32/1a

代君澤弟追薦亡室俞氏青詞　彝齋文編 4/28b

种

祭知環州种染院文　范文正集 10/4a

段

祭段待制文　武溪集 18/9b

段公度哀詞　浮沚集 6/14b

皇甫

亡友皇甫民望挽詞　道鄉集 14/12b

侯

祭侯郎中思孺文　斐然集 27/4b

同衆寄居祭侯節推文　漫塘集 27/8a

韋

焚黃祝文（1－3）　錢塘集 16/2b、4a、10a

焚黃祭文（1－3）　錢塘集 16/12b、13b

祭亡妹三娘文　錢塘集 16/16a

祭亡女四娘文　錢塘集 16/20a

韋侍郎挽詞二首　節孝集 27/2a、2b

姚

祭姚大夫文　豫章集 21/11a

祭姚式文　朱文公集 87/6b

祭姚端明（文）　南軒集 43/5b

祭族子霆伯　雪坡集 48/4a

祭雪坡姚公文 胡仲雲撰　雪坡集/附錄 1a

十　畫

家

家夫人挽詞二首　雲溪集 9/10b

高

祭高待制太君　武溪集 18/11a

僕射文莊高公挽辭二首　蘇魏公集 14/6b

祭外姑高夫人　蘇魏公集 71/4a

僕射高文莊公挽辭三首　韓南陽集 12/7b

祭高樞密文　臨川集 85/3b

羣牧司祭高公文　臨川集 85/4a

祭高師雄主簿文　臨川集 85/5b

代郡守祭衢州高龍圖文　默堂集 21/13b

謁高東溪祠文（1－2）　朱文公集 86/10b、11a　東溪集/附錄 5a

代妻父祭從兄居士　澹軒集 7/8b

奠高處約辭　慈湖遺書 4/6b

祭高仲圓知丞文　慈湖遺書/續 1/19b

祭高知錄文　水心集 28/2b

祭妻母翁安人文　水心集 28/4b

祭高永州文　水心集 28/7a

高大卿哀辭　江湖集 30/21b

祭高應朝文　勉齋集 39/10a

祭東溪先生文　北溪集/第四門 29/2a

祭葉正則外母高恭人翁氏文　龍川集 25/11b

哭表姪女高氏文　鶴山集 91/4a

哭高嘉定泰叔　鶴山集 91/16a

哭茂叔兄　鶴山集 91/17b

代祭高參政　雪坡集 48/5b

代兒敏孫祭外舅高逢齋　吾汶集 5/5a

祭姻家高逢齋　吾汶集 5/19a

席

祭席仁叟文　二程集（伊川）49/5a

席太君挽辭二首　龜山集 40/6a

代孫尚書祭席參政母太夫人文　溪濱集 16/16a

路祭席少傅福國太夫人文　竹軒雜著 6/3b

唐

唐彥猷挽詞二首　蔡忠惠集 4/9a

中書祭唐尚書文　蘇魏公集 36/8b

代中書祭唐參政　蘇魏公集 70/10a

爲人祭唐給事文　彭城集 40/8b

祭唐待制文　西溪集 10（三沈集 3/43b）

焚黃祭文　眉山集 15/2b

祭前母家氏文　眉山集 15/3a

祭祖墳文　眉山集 29/1a

祭唐元伯文　初寮集 8/23b

侍郎唐公挽詞　鴻慶集 7/14b　孫尚書集 68/5b

祭唐參議文　東塘集 16/9b

祭唐惠父知郡文　蓮峰集 10/7a

祭唐孺人文　四庫拾遺 269/省齋集

祭唐待制立夫　南軒集 43/3b

祭唐伯玉常卿文　後村集 137/13a

祭知饒州唐忠介公文　本堂集 88/8a

唐將軍名琦　黃氏日鈔 94/6a

凌

祭凌尚書文　文定集 20/4a

祭凌竹溪文　方舟集 17/26b

祭凌正仲父文　龍川集 24/9b

祭凌存仲母夫人文　龍川集 25/11a

秦

中書祭秦國大長公主文　蘇魏公集 36/8a

代中書祭秦國公主　蘇魏公集 70/9b

祭秦少游文　張右史集 45/10b

自作挽詞　淮海集 40/5b

祭秦少游文　姑溪集 43/1a

秦國大長公主出殯祭文　盤洲集 18/7b

祭秦致政之　南軒集 44/3b

袁

袁姬哀辭並序　河東集 13/4b

祭袁大監文　曾南豐集 33/3b　元豐稿 38/8b

弔亡友袁世弼太博　青山集 30/5a

祭袁通判章　宋本攻媿集 85/5b　攻媿集 84/5b

祭袁之屏文　慈湖遺書 4/9a

祭叔父通判文　絜齋集 22/12a

祭朝請大夫權知廣德軍兼管內勸農營田事袁君儒文　四庫拾遺 274/後樂集

祭袁侍郎文　洺水集 16/1a

哭袁參政說友文　鶴山集 90/4a

創東塾告絜齋先生祠文　蒙齋集 17/6b

祭袁仲魯文　澗谷集 3/3a

挽袁鎮　本堂集 90/4b

郟

祭郟知府文　鄂州集 4/10b

真

祭真右史母吳令人　復齋集 18/19a

焚黃祝文(1-3)　真西山集 50/24b、25a、25b

家祭祝文　真西山集 50/26a

告先考妣加封祝文　真西山集 50/26a

崇興祝文　真西山集 50/26b

諸門生祭真大參西山先生文(1-2)　瞿軒集 11/9a、10b

真母吳氏挽詞(1-2)　後村集 3/10b

祭真西山文(1-3)　後村集 137/1a、1b、2a

夏

祭夏侍禁文　張右史集 45/9a

哭夏寺丞公酉　青山集 30/2b

夏養真父挽詞　紫微集 8/7b

夏循矩先生挽詞　網山集 2/8a

夏循矩先生祭文　網山集 5/12b

祭大宋忠臣夏椅文　心史集/下/142b

馬

崇禧給事同年馬兄挽辭二首　臨川集 35/5a

馬玘大夫挽辭　臨川集 35/6a

祭馬龍圖文　臨川集 85/4b

祭馬玘大夫文　臨川集 85/6a

祭永嘉郡夫人馬氏文　欒城集 26/3a

代南京留守祭永嘉郡夫人馬氏文　欒城集 26/8a

祭馬通議文　淮海集 31/1b

祭馬伏波文　莊簡集 17/10b

祭馬觀文裕齋文 光祖　本堂集 88/6a

馬華父母葉氏挽詞　魯齋集 18/8b

祭咸寧郡太夫人文　碧梧集 20/1b

祭叔父南塘運幹文　碧梧集 20/2a

祭先姑孺人文　碧梧集 20/2b

祭先兄提幹文(1-2)　碧梧集 20/3a、5b

祭亡弟總幹文(1-2)　碧梧集 20/6a、7b

祭大宋忠臣馬暨文　心史集/下/42b

柴

柴君益深哀辭並序　雪山集 11/4b

晏

晏元獻公挽辭三首　韓南陽集 12/5b

陽翟祭晏元獻公文　韓南陽集 28/5a

元獻晏公挽辭三首　臨川集 35/4a

祭晏子中文　四庫拾遺 264/昌平集

臨川祭晏元獻祠　勉齋集 24/5b

畢

駕部郎中畢公挽辭二首　蘇魏公集 14/9b

祭畢朝請文　豫章集 21/10b

祭仲兄舍人文　西臺集 17/15a

省墓祭文　西臺集 17/16a

祭代州祖墓文　西臺集 17/16b

畢文簡公祠堂奉安文　宋本攻媿集 83/17b　攻媿集 82/16a

晁

祭晁少卿文　元豐稿 38/5b

祭晁无咎文　張右史集 45/18a

祭晁待制(說之)先生文　嵩山集/雜文 2a

祭待制晁四丈文 邵博撰　嵩山集/雜文 2b

蔡州叔父金部挽歌辭五首　雞肋集 23/2b

蔡州叔父金部挽辭別二首　雞肋集 23/3a

筮地告先考著作文　雞肋集 60/5b

告六叔父寺丞文　雞肋集 60/6a

罷齊州先塋焚黃告祭文　　鷄肋集 60/7b

祭陝州二叔父文　　鷄肋集 60/14b

特進改葬祭告文　　鷄肋集 61/1a

開隧納誌石祭告文　　鷄肋集 61/10a

代保之等告先叔推官文　　鷄肋集 61/16a

挽晁端友著作二首　　西臺集 19/15b

祭晁次膺文　　樂靜集 8/4a

祭晁无咎文　　樂靜集 8/5a

員

祭員興宗父趙汝愚撰　　九華集/附錄 1a

祭員興宗文王伯庠撰　　九華集/附錄 1b

祭員興宗文王頤撰　　九華集/附錄 2a

祭員興宗文史松老撰　　九華集/附錄 3b

祭員興宗文何耆仲撰　　九華集/附錄 4a

祭員興宗文印老〔釋〕撰　　九華集/附錄 5a

時

時宣義挽詞　　淮海集 40/3b

亡妻時氏宿告文　　于湖集 30/8b

祭時通判瀾　　復齋集 18/2b

宋史館檢閱所性先生時天彜父挽些　　魯齋
集 18/12b

祭時遹澤墓文　　魯齋集 19/8a

翁

祭翁士特郎中文　　梁溪集 165/7a

祭翁殿撰文　　屏山集 9/1a

祭翁郎中文　　屏山集 9/1b

祭外大舅翁殿撰文　　斐然集 27/11b

祭妻兄翁主簿子光文　　斐然集 27/19a

代楊文祭翁子靜文　　默堂集 21/15a

祭翁評事文　　默堂集 21/17a

罷翁甥文　　默堂集 21/18a

祭廬陵翁知縣文慶元三年正月四日　　益國文忠集
79/7b　益公集 79/119b

翁常之挽詞　　水心集 8/14a

祭翁常之文　　水心集 28/6b

倪

祭倪尚書文　　絜齋集 22/4b

倪尚書祠堂奉安文　　真西山集 50/28a

祭倪尚書文　　真西山集 51/7b

祭倪通守文　　真西山集 51/8b

弔齊齋先生尚書文節倪公　　塵缶集 3/18b

哀倪孟容父詞　　魯齋集 18/13b

祭倪師幹洪　　黃氏日鈔 95/6a

徐

祭徐鉉文李至撰　　徐公集/墓誌 6b

東海徐公(鉉)挽歌詞李至撰　　徐公集/墓誌 7b

祭徐孺子文　　曾南豐集 32/3b

祭徐君猷文　　蘇東坡全集 35/11a

祭徐德占文　　豫章集 21/13a

徐室蔡氏哀詞　　淮海集 40/3a

祭徐申典樂文　　程北山集 17/9a

徐獻仲挽詞　　張華陽集 38/6a

徐縣丞挽章　　龜溪集 3/19b

挽徐子平　　盧溪集 25/3b

徐子禮藏張本作藏宗丞挽詞　　益國文忠集 5/5a
益公集 5/5b

祭徐淑人文(1-2)代方卿紹興二十九年　　益國
文忠集 90/5a、5b　益公集 90/140a、140b

祭徐堯臣文　　東萊集 8/3b

祭徐宗卿文　　東萊集 8/4a

祭徐少卿子寅　　宋本攻媿集 85/4b　攻媿集 84/4b

奠徐子宜辭　　慈湖遺書 4/6a

徐靈淵挽詞　　水心集 7/24b

安撫待制侍郎徐公挽詞二首　　水心集 8/4a

祭徐子宜侍郎文　　水心集 28/9a

祭徐靈淵文　　水心集 28/13b

祭徐文子侍郎文　　水心集 28/14a

祭徐淑範文　　水心集 28/15a

祭徐子宜文　　勉齋集 39/9b

祭徐子顏　　克齋集 11/8a

祭徐子融　　克齋集 11/10a

祭徐子宜父文　　龍川集 24/8b

祭徐子才母夫人文　　龍川集 25/3b

祭徐子宜內子宋氏恭人文　　龍川集 25/13b

謁徐都承文　　真西山集 48/12a

祭徐仁伯文　　後村集 187/17b

祭意一徐元樞文　　後村集 139/15b

祭徐侍郎文　　秋崖稿 44/4b

祭徐知郡　　秋崖稿 44/4b

祭道州徐守宗斗　　文山集 11/37a

祭徐彥成　　魯齋集 19/3a

祭徐楳埜文　　久軒集 8/56b

留

亡友留君儀挽詞二首　　青山集 30/4b

祭瑞安宰留公彌　　止齋集 46/5b

孫

祭孫僕射文　元憲集 34/19b

祭孫僕射文　景文集 48/19b　宋文鑑 133/7b

祭孫工部文　武溪集 18/11b

致政侍讀孫蔓叔挽辭二首　蘇魏公集 14/10b

知樞密院孫溫靖公挽辭二首　蘇魏公集 14/13a

代趙龍圖祭孫觀文文　丹淵集 35/2b

祭贈太師孫公文　西溪集 10(三沈集 3/14a)

致政孫大夫挽詞　錢塘集 8/1b

祭故樞密孫公文　錢塘集 16/16b

孫蔓叔挽詞三首　韓南陽集 12/10a

孫蔓叔尚書挽詞三首　范忠宣集 5/11b

孫威敏公挽辭　臨川集 35/5a

孫君適挽辭　臨川集 35/7a

孫莘老挽詞四首　淮海集 40/4b

祭孫巨源文　宗伯集 17/6b

祭高郵縣中書孫舍人文　雲溪集 30/4b

故通仕孫公挽詞　道鄉集 14/11b

爲同僚祭孫壽朋文　道鄉集 38/12b

祭孫昌文　莊簡集 18/4a

謁安豐軍遺愛侯孫叔敖文　相山集 28/2a

孫應求承事挽詞　鴻慶集 7/7a　孫尚書集 68/10a

族嬸強氏挽詞　鴻慶集 7/8a　孫尚書集 68/11a

焚黃祭考妣文　孫尚書集 70/12b

祭前室吳氏墳文　孫尚書集 70/13a

祭百一兄文　孫尚書集 70/13a

祭章淑人文　孫尚書集 70/13a

祭吳淑人文　孫尚書集 70/13b

祭女二孺人文　孫尚書集 70/13b

祭孫判監奇父文　斐然集 27/12b

處州州學立孫威敏黃侍御吳沖和三賢祠堂祭文　漢濱集 16/5b

處州州學上丁祭三賢文　漢濱集 16/6a

祭孫縣丞先生彥及文　吳文肅集 13/1b

祭孫從之侍郎文　益公集 79/122b

祭孫忱卿　止齋集 45/8a

祭孫諫卿　止齋集 45/9a

祭孫子尚文昭　梅溪集/前 18/8a

祭孫逢吉侍朗文　止堂集 15/13a

祭孫元禮尊人文　慈湖遺書 4/7a

奠孫甥子方　慈湖遺書/續 1/24a

殯祭孫權尉　復齋集 18/14a

祭外舅孫秘閣文　浪語集 34/11b

墓祭外舅姑文　浪語集 84/12b

簡池守孫公哀詞　蓮峰集 10/22b

長姪祖祐爲母設醮青詞　燭湖集 13/16b

祭孫沖季文　龍川集 24/6a

衆祭孫沖季文　龍川集 24/6b

祭孫漢州文　平齋集 32/6b

祭孫提刑文　漁墅稿 6/1b

祭雪窗先生文徐清叟撰　雪窗集/附錄 10b

祭雪窗先生文蔡抗撰　雪窗集/附錄 11a

祭雪窗先生文史嵩之撰　雪窗集/附錄 12a

祭雪窗先生文章鑄趙提舉撰　雪窗集/附錄 12b

祭雪窗先生文　雪窗集/附錄 13b

祭雪窗先生文趙運管撰　雪窗集/附錄 14b

祭雪窗先生文鄧盈之撰　雪窗集/附錄 15b

祭雪窗先生文趙時鍄撰　雪窗集/附錄 16a

祭雪窗先生文翁泳蔡公亮撰　雪窗集/附錄 16b

祭雪窗先生文黃夢松等撰　雪窗集/附錄 17b

祭雪窗先生通判兄撰　雪窗集/附錄 18b

祭雪窗叔父六子姪撰　雪窗集/附錄 20a

孫氏女哀詞三章　澗谷章 3/29a

祭京大府卿孫元實文子秀　本堂集 88/5b

祭孫朝奉文　本堂集 88/7a

挽孫大監炳炎二首　本堂集 90/2b

挽孫處士　本堂集 90/3a

挽孫常州寺簿嘉二首　本堂集 90/4b

祭浙西孫安撫元實　黃氏日鈔 95/4a

代伯奇祭妻兄孫伯瑜文　寶峰集 2/28a

祭太夫人孫氏文李壁撰　蜀文輯存 75/11a

十 一 畫

梁

祭左丞梁公文　鷄肋集 61/3b

祭梁丞相　止齋集 46/3a

祭梁憲恭人文　宮教集 12/11a

祭梁侍郎文　盤洲集 72/8a

祭梁尚書文　盤洲集 73/1b

祭梁右相文　渭南集 41/1b

代祭梁夫人文　水心集 28/19a

祭梁節卿知縣文　漫塘集 27/5b

祭梁子重主簿文　漫塘集 27/8a

祭梁秘閣文應庚　盧齋集 20/2a

寇

公安祭丞相寇忠愍公祠文　南軒集 42/9b

章

代祭章邲公墓文　伐檀集/下/135b

章銀青挽辭　演山集 32/8b

祭章且叟尚書文　北山集 14/6b

章季明哀詞　唯室集 3/3a

章徽之妻盧氏挽詞　網山集 2/12a

海陽章尉闢之祭文　網山集 5/11b

章氏婦祭文　網山集 5/15a

代章由之祭弟海陽尉文（1－2）　網山集 6/8b、12a

章徽之醮婦祝文　網山集 7/1b

祭章端叟　止齋集 45/7b

祭章翼之運使文　勉齋集 39/20b

祭安康郡太夫人章氏文　後樂集 19/6b

祭章德文侍郎文　龍川集 22/6b

祭章孟容文　龍川集 24/5a

祭章朝奉文　可齋稿/續後 12/4b

商

祭商義仲郎中文　篔窗集 8/13b

祭商通直文黃定撰　播芳文粹 136/11b

許

祭天章許待制文　公是集 50/11b

哭許駕部　丹淵集 1/10a

祭故八姨許氏文　錢塘集 16/15a

祭許先之文　石門檉 30/21b

祭許崧老文　梁溪集 165/8a

祭亡兄文　橫塘集 18/12b

祭家姑文　橫塘集 18/13b

祭亡妻文　橫塘集 18/14a

祭許龍學妻趙碩人文　毗陵集 12/3a

祭許順之文　朱文公集 87/15b

祭許寶文文紹興三十二年五月　益國文忠集 38/2a　益公集 38/88a

祭三山許郎中錫　復齋集 18/12a

祭許辰州文　渭南集 41/5b

許相公挽詞二首　水心集 8/4a

祭許侍郎文　南澗稿 18/16a

祭許舍人幹譽文　南澗稿 18/23b

祭許定夫文　四庫拾遺 265/昌谷集

哭許侍郎奕文　鶴山集 91/8b

祭許象州文　文溪稿 12/1a

郭

汾陽夫人挽詞二首　蔡忠惠集 4/6a

祭郭侍讀文　傳家集 80/2a　司馬溫公集 80/4b

祭郭宣徽文　范忠宣集 12/1a

祭郭給事文　豫章集 21/10a

代郭氏焚黃文　後山集 18/12b

祭郭太尉文　石門檉 30/20a

哭宗叔致政大將軍　青山集 30/3a

祭郭厚叔文　四庫拾遺 586/畫墁集

祭郭婿朝散文　四庫拾遺 586/畫墁集

祭郭大夫文　鷄肋集 61/5b

郭將軍挽辭　演山集 32/5b

郭功甫妻孫夫人挽詞　姑溪集 11/7a

哀郭思道　龜山集 28/4b

爲侍從官祭郭樞密文　龜溪集 12/12b

挽郭氏孺人　蘆溪集 25/6a

祭郭提舉子元文　斐然集 27/16a

祭郭少保文　北山集 14/14a

祭郭丈文　拙齋集 19/6b

郭伯山挽詞　水心集 8/6b

祭郭德揚文　龍川集 23/11a

祭郭伯瞻母夫人文　龍川集 25/10b

東陽郭德麟哀辭　龍川集 26/8b

哭郭興元　鶴山集 91/20a

祭郭正言闐　文山集 11/37a

樂善郭先生誄楊天惠撰　蜀藝文志 50/2b

康

同汪功父祭康保則文　仁山集 1/25b

黃

祭聱隅先生文　安陽集 43/6a

祭浦城黃虞部琱文　古靈集 19/8a

代祭黃丞相文　伐檀集/下/37a

祭黃石公文　傳家集 80/3b　司馬溫公集 80/6a

祭黃君文　曾南豐集 33/4a　元豐稿 38/9a

祭黃幾道文　蘇東坡全集 36/15b

祭黃師是龍圖文　欒城集/後 20/11a

黃潁州挽詞三首　豫章集 12/12b

叔父給事挽詞十首　豫章集 12/13a

祭叔父給事文　豫章集 21/20a

祭知命弟文　豫章集 21/22a

黃預挽詞四首　後山集 4/7a、7b

黃幾道哀挽二首　張右史集 36/4a

祭故推官黃君夫人安康郡太君李氏文　鷄肋集 61/14a

祭黃右丞　劉給諫集 4/9a

祭黃伯思文 許翰撰　東觀餘論/附録 3b

祭黃大資政文　梁溪集 165/5b

祭黃子鳳通直文　梁溪集 165/9b

祭黃待制文　筠溪集 23/2b

祭黃若沖大夫文　筠溪集 23/10b

挽黃忠臣二首　盧溪集 25/2a

祭黃子默文　盧溪集 41/11a

祭黃元寵　橫浦集 20/3a

焚告文　知稼集 11/9a

祭黃思賢文　高峰集 12/15a

祭黃仁翁文　高峰集 12/16a

祭黃可宗文　高峰集 12/17a

黃思賢母氏挽詞(1-2)　高峰集 12/26b、27a

代祭黃懷安季野文　艾軒集 7/12b

祭黃尚書文(1-2)　朱文公集 87/12a、13a

祭黃子厚文　朱文公集 87/22b

祭黃世永編修文　益國文忠集 38/5a　益公集 38/91b

黃司業定挽詞　網山集 2/10b

祭勉齋黃先生祠　復齋集 18/1b

祭白鹿書院黃堂長去私　復齋集 18/13a

祭黃提刑父文　盤洲集 73/2a

黃世永哀辭　誠齋集 45/6a

祭黃尚書文　水心集 28/12a

祭黃觀復文　水心集 28/18a

祭黃侍郎文仲秉　南軒集 43/6a

祭黃運使文清臣　南軒集 44/1a

祭黃尚書度文　漫塘集 27/1a

祭吳門黃子弘文　漫塘集 27/9a

祭表弟黃運屬　洺水集 16/4b

代祭黃尚書　洺水集 16/10a

謁勉齋文　真西山集 50/21a

祭隆興黃録參江右代同幕　鐵菴集 40/3a

祭京教黃德玉　鐵菴集 40/15a

謁勉齋祠(1-4)　後村集 135/2a、2b、3a、3b

祭黃舶文(1-2)　後村集 137/8b、9b

挽黃提舉震三章　本堂集 90/1a

挽黃祖勉夢幹三首　本堂集 90/1b

祭叔祖機察壺隱先生得一墓　黃氏日鈔 95/1a

祭月山庵再從兄七解元汝霖　黃氏日鈔 95/3b

焚黃祭文黃定撰　播芳文粹 139/2a

梅

祭梅聖俞文　公是集 50/10b　宋文鑑 133/10b

祭宛陵先生文王遂撰　宛陵集/附録 16a-18a

祭梅聖俞文　歐陽文忠集 50/3b

哭梅直講聖俞　青山集 30/1b

奠梅都官文　杜清獻集 18/9b

祭梅卿叔文黃定撰　播芳文粹 140/16b

曹

祭曹沂王文　范忠宣集 12/1b

祭曹演父朝議文　欒城集 26/4b

代祭曹令文　後山集 18/11b

祭二兄鈐轄文　松隱集 34/2a

祭所生母懷澤夫人文　松隱集 34/2b

哭故人曹十九秘校叔明　網山集 2/5b

曹不占挽詞二首　網山集 2/6a

曹廷輔挽詞二首　網山集 2/6b

曹聲之祭文　網山集 5/9b

曹子微母祭文　網山集 5/10b

曹不占祭文　網山集 5/12a

代曹子微祭父文　網山集 6/7b

代友人祭曹叔明文　網山集 6/8a

代曹子微祭母二首　網山集 6/11a、11b

代曹敬曾祭父文　網山集 6/14a

曹子微醮婦祝文　網山集 7/2a

祭曹孟良文　梅溪集/後 28/16a

奠曹叔達　慈湖遺書/續 1/24b

祭曹侍郎叔遠文　漫塘集 27/2a

曹監酒哀詞　洺水集 16/14a

祭廣倅曹朝散　鐵菴集 40/19b

挽曹泰宇居士三首　本堂集 90/2a

祭曹朝奉敬齋文　桐江集 8/2b

戚

祭戚教授文　止堂集 15/16a

盛

祭盛侍郎文　臨川集 85/6a

祭盛判官文　太倉集 69/7a

盛化州挽些　魯齋集 18/14a

常

常大夫挽詞　范太史集 3/16a

祭常子然文　斜川集 6/15b

常君挽詞　縉雲集 2/8a

謁三賢祠文(常公歐陽公周公)　朱文公集 36/11a

三賢(常歐陽周)祝文　北溪集/第四門 29/1b

祭常東軒文挺　盧齋集 20/2b

奠常端明文　秋聲集 6/11a

莫

　祭莫大卿文　浮溪集/拾遺 3/451

　祭莫彥濟文　歸愚集/補遺 4a

　祭莫子齊舍人文　益國文忠集 38/12a　益公集 38/
　　100a

　祭莫侍郎文_{叔光}　宋本攻媿集 84/8b　攻媿集 83/8a

　祭表姪莫幼明秀才文　爝湖集 13/11b

莊

　祭莊侍郎文　平齋集 82/2b

婁

　祭婁寬夫文　益國文忠集 38/13a　益公集 38/101

崔

　祭崔良孺殿丞文　安陽集 43/8a

　祭崔公孺比部文　安陽集 44/2b

　祭崔郎中文　祠部集 24/8a

　祭崔侍郎文　公是集 50/12a

　祭崔德符正言文　嵩山集 20/43a

　祭崔志亨文　初寮集 8/24b

　謁崔統領祠文　朱文公集 86/11b

　同朝侍從祭(崔敦詩)文韓彥直等撰　玉堂稿/附錄
　　6a

　給舍經筵祭(崔敦詩)文施師點撰　玉堂稿/附錄 7a

　同朝學官祭(崔敦詩)文沈揆撰　玉堂稿/附錄 8a

　在朝同年祭(崔敦詩)文陳公亮等撰　玉堂稿/附錄
　　9a

　祭(崔敦詩)文陳之芳撰　玉堂稿/附錄 10a

　祭(崔敦詩)文陳紳撰　玉堂稿/附錄 11a

　挽崔敦詩趙彥中撰　玉堂稿/附錄 11b

　挽(崔敦詩)章李處全撰　玉堂稿/附錄 12a

　挽(崔敦詩)章史彌大撰　玉堂稿/附錄 12b

　挽崔敦詩章李祥撰　玉堂稿/附錄 12b

　挽(崔敦詩)章耿秉撰　玉堂稿/附錄 13a

　挽(崔敦詩)章陳蒼舒撰　玉堂稿/附錄 13b

　清獻崔公祝文　鐵菴集 38/12a、12b

　祭菊坡崔丞相文(1－2)　後村集 137/7b、8a

　祭崔正言文買公哲撰　播芳文粹 136/22b

　舍人崔公挽詞黃定撰　播芳文粹 144/3a

屠

　屠退翁哀辭　本堂集 87/9a

張

　哀故文節公(原案:張知白諡文節)　景文集 9/11b

　張汝士寺丞挽詞二首　安陽集 45/3a

　祭河南主簿張正夫文　蔡忠惠集 32/3a

代祭張密學文　祠部集 34/7a

廣東轉運張公挽辭二首　蘇魏公集 14/9a

朝議大夫致仕張公挽辭二首　蘇魏公集 14/
　10b

祭張宮保文定公(1－2)　蘇魏公集 70/8b、9b

祭張職方　蘇魏公集 71/3a

祭亡妹張氏五縣君　蘇魏公集 71/4b

祭甥張氏子念二郎獐老　蘇魏公集 71/5a

祭張侍讀文　古靈集 19/6b

代祭張文孝公墓文　伐檀集/下/35b

三司祭張元常文　傳家集 80/6b　司馬溫公集 80/
　8a

祭張尚書文　傳家集 80/8a　司馬溫公集 80/9a

張尚書葬祭文　傳家集 80/9a　司馬溫公集 80/9b

祭張密學文　傳家集 80/10a　司馬溫公集 80/10b

祭張龍圖文　彭城集 40/9a

祭張時仲文　丹淵集 35/6a

祭張司勳隱直文　雲巢編 10(三沈集 8/67b)

祭張郎中文　郞溪集 19/3b

張大資挽詞　錢塘集 8/30a

祭張大資文　錢塘集 16/17b

祭張朝請文　錢塘集 16/17b

祭張唐公文熙寧二年六月一日　元豐稿 38/2b

祭張密學文　樂全集 35/9a

安州張大卿挽詞三首　范忠宣集 5/9a

張益孺學士挽詞二首　范忠宣集 5/9b

龍圖張公挽詞三首　范忠宣集 5/12b

張揆龍圖挽詞三首　范忠宣集 5/14a

祭張復禮提刑文　范忠宣集 11/6b

祭正議大夫張昌言文　范忠宣集 11/12b

祭張宣徽文　范忠宣集 12/5a

祭張左丞文　臨川集 85/3b

祭張安國檢正文　臨川集 86/3a

祭張子直文　二程集(伊川)49/5b

祭張子野文　蘇東坡全集 35/8a

祭張文定公文三首　蘇東坡全集/後 16/9b

代李公儀諫議祭張丈裕侍郎文　欒城集 26/
　7a

祭張宮保文(1－2)　欒城集/後 20/1a、3a

鄉人祭張殿直文　後山集 18/12b

張夫人挽詞　張右史集 36/5b

哭下殤文　張右史集 45/11a

弔張道從　雲溪集 5/6a

祭溫州張判官文　雲溪集 30/6b

悼張公實　演山集 32/8b

代舅氏祭所生母文　道鄉集 38/13a

祭張應之朝奉文　西臺集 17/12b

代范忠宣祭提刑張師民文　西臺集 17/14a

祭張子充文　浮沚集 7/4b

祭張宗博　劉給諫集 4/10a

祭張宗博夫人　劉給諫集 4/10b

祭張次東中奉文　梁溪集 165/7b

祭張樞密文　初寮集 8/22b

祭張顯謨文　橫塘集 18/9a

祭外舅張朝散文(1-2)　丹陽集 15/8b、9a

祭張侍郎文　丹陽集 15/9b

祭外姑壽安君文　丹陽集 15/10b

祭張徽猷文　浮溪集 21/5a

代壽昌縣君祭張通直文　浮溪集/拾遺 3/453

祭張龍圖柔直文　莊簡集 18/2a

祭弟彥取文　四庫拾遺 199/東窗集

追薦皇考黃籙青詞　張華陽集 30/4b

追薦皇妣黃籙青詞　張華陽集 30/6b

追薦皇妣禮觀音疏語(1-2)　張華陽集 30/8a

祭皇考文　張華陽集 31/1a

祭張彥智文　張華陽集 31/1a

祭張彥度文　張華陽集 31/4a

祭叔排岸文　張華陽集 31/8a

祭弟彥飾文　張華陽集 31/8b

祭弟彥深文　張華陽集 31/9b

祭皇妣文　張華陽集 32/1a

焚黃文(1-5)　張華陽集 32/1b

冬至祭長男文(1-2)　張華陽集 32/5a

祭李氏孺人文　張華陽集 32/5b

祭孫女文　張華陽集 32/6b

彥飾弟挽詞二首　張華陽集 38/7b

彥深弟挽詞　張華陽集 38/7b

堅所生母李氏安人挽詞五首　張華陽集 38/8a、8b

告家廟文　紫微集 36/3b

祭亡姊文　紫微集 36/12a

代祭張提舉文　苕溪集 30/1b

祭張提舉太碩人文　龜溪集 12/10b

爲侍從官祭中書張侍郎文　龜溪集 12/12a

代張遙郡祭妻韓氏文　鄱陽集 4/9b

挽張氏安人　盧溪集 25/5b

提刑直閣張公挽詞二首　鴻慶集 7/1a　孫尚書集 68/1a

張希元承事挽詞二首　鴻慶集 7/2b　孫尚書集 68/3a

吏部張公挽詞　鴻慶集 7/3a　孫尚書集 68/4a

大資政張公挽詞三首　鴻慶集 7/4a　孫尚書集 68/5a

歷陽通守張文舉挽詞　鴻慶集 7/6b　孫尚書集 68/9a

張大資夫人挽詞　鴻慶集 7/8a　孫尚書集 68/11a

少保張公挽詞三首　鴻慶集 7/8b　孫尚書集 68/11b

運使直閣郎中張公同年挽詞三首　鴻慶集 7/9a

張全真大資挽詞　孫尚書集 68/14a

祭祖母彭城郡夫人劉氏墓文　蘆川集 10/13a

祭張機宜文蔚文　澹庵集 22/27a

祭張魏公文　澹庵集 22/36a

祭外舅張兵部文　斐然集 27/1a

祭妻兄張撫幹良臣文　斐然集 27/13b

祭張給事子猷文　斐然集 27/14b

祭張魏公文　文定集 20/2b

設九幽醮薦所生母　于湖集 25/8a

代諸父祭伯父文　于湖集 30/5a

亡妻時氏宿告文　于湖集 30/8b

起靈文　于湖集 30/8b

蕆文　于湖集 30/8b

挽于湖沈約之撰　于湖集/附 21b

復弔于湖先生王阮撰　于湖集/附 22b

弔雙廟〔張遠〕詞　太倉集 42/2a

祭無垢先生張公侍郎文　鄮峰錄 43/9b

祭張南軒先生文　吳文肅集 13/1a　新安文獻 46/3b

祭張夢錫文　鄂州集 4/11b　新安文獻 46/3a

祭張彥仁文　鄂州集 4/12a

代祭張魏公文　艾軒集 7/10a

祭張敬夫殿撰文(1-2)　朱文公集 87/9a、10a

祭張魏公墓文　朱文公集 87/20b

祭張敬夫城南祠文　朱文公集 87/20b

祭南軒墓文　朱文公集 87/21a

祭張德莊監丞文　益國文忠集 38/4a　益公集 38/90b

祭張敬夫殿撰文　益國文忠集 38/14b　益公集 38/102b

祭永州張叔保使君薨文　慶元六年十月十日　益

國文忠集 79/9a　　益公集 79/121b

祭張子覺文　方舟集 17/30b

祭張氏姑文　方舟集 17/31a

代倉部祭張魏公文　東萊集 8/1a

祭張季清文　東萊集 8/5b

祭張荊州文　東萊集 8/7b

祭張南軒　止齋集 45/2a

祭張簡之　止齋集 45/5a

祭張忠甫夫人　止齋集 45/8a

祭張忠甫　止齋集 45/9a

祭張國紀　止齋集 46/1b

祭張孟皐　止齋集 46/4a

祭張魏公文（1－2）　梅溪集/後 28/8b、9a

祭張器先文　梅溪集/後 28/14a

祭張縣尉文　定菴稿 4/27a

祭張梅州祖順　宋本攻媿集 84/23a　攻媿集 83/22a

謁張忠定公文（1－2）　東塘集 16/3b、4a

挽張舍人安國四首　義豐集 1/31b

祭慶元張知縣墓文　雲莊集 10/1a

薦張正甫疏　盤洲集 70/10b

代祭張右相母夫人文　盤洲集 73/2b

祭鎮江都統張少保文　盤洲集 73/5a

祭張魏公文　誠齋集 101/1a

祭張欽夫文　誠齋集 101/7a

祭張季長大卿文　渭南集 41/9b

沖佑安撫郎中張公挽詞　水心集 7/23a

張提舉挽詞　水心集 8/7a

祭張南軒文　雙峰稿 9/8a

祭致政張參政文　南澗稿 18/17a

祭張舍人文　南澗稿 18/21b

祭張參政文　燭湖集 13/3b

祭外姑文　燭湖集 13/13b

告立張呂二先生祠文　燭湖集 13/14a

祭張舍人文安國（1－2）　南軒集 43/4b　于湖集/附 19a

祭經幹八兄文　南軒集 44/4b

祭南康四九兄文（1－2）　南軒集 44/5b

省墓祭文　南軒集 44/7a

天台二張居士哀辭　洛水集 16/14b

祭張師石司戶文　龍川集 22/11a

哭張致政文　鶴山集 91/2b

哭張總卿文　鶴山集 91/6b

哭將作張少監從祖文　鶴山集 91/8a

哭張宣義文　鶴山集 91/11a

哭張義立提刑郎中　鶴山集 91/18a

哭張大監　鶴山集 91/18b

祭慶元張知縣墓文　真西山集 51/2b

文獻張公祝文　鐵菴集 38/12a、12b

祭張帳幹文　鐵菴集 40/4b

祭張敏則都丞文　後村集 137/5a

祭張朝舉文　字溪集 9/21a

〔祭〕承直郎張用泰　四庫拾遺 468/字溪集

挽張梅坦錯二首　本堂集 90/4a

挽張正甫二首　本堂集 90/5b

祭樗寮張寺丞（1～2）　無文印 13/1a、1b

謁南軒先生　桐江集 8/2a

毗陵張先生哀辭並序代呂侍講作　汪革撰　宋文鑑 132/17a

祭張生文張舜民撰　宋文鑑 134/16b

始定時薦告廟文張載撰　宋文鑑 135/7b

白雲先生張少愚誄蒲芝撰　蜀藝文志 50/2a

陸

祭文學陸先生文　祠部集 34/4b

代祭提刑陸學士文　代檀集/下 37/a

河中使君修撰陸公挽辭三首　臨川集 35/6b

陸宣公祠堂祭文　程北山集 17/10a　新安文獻 46/1a

陸堯夫母吳夫人挽詞　紫微集 6/17b

代龜山先生祭陸太孺人文　默堂集 21/18b

祭陸丈先生文　拙齋集 19/3a

祭陸子壽教授文　朱文公集 87/11b

祭陸提刑洸　宋本攻媿集 84/22a　攻媿集 83/21a

代致政祭姪櫔之文　象山集 26/3a

祖象山先生辭　慈湖遺書 4/3b

代李伯誠祭象山先生文　慈湖遺書 4/5b

祭魯國太夫人文　渭南集 41/2b

祭大姪文　渭南集 41/8a

祭十郎文　渭南集 41/8b

祭象山陸先生文　燭湖集 13/1b

初建書院告陸象山先生文　蒙齋集 17/5a

祭陸象山先生文　蒙齋集 17/6a

代趙松壑祭陸雲西文　本堂集 88/11a

祭通判陸大傅鵬升　黃氏日鈔 95/7a

祭陸象山公祠文　久軒集 8/54b

祭大宋忠臣陸秀夫文　心史集/下 42b

祭象山陸先生文　袁正獻遺文/上 10b

陳

祭陳相公文　范文正集 10/3a

祭陳比部文　蔡忠惠集 32/5b

祭外甥陳法曹文　蔡忠惠集 32/12a

贈大理寺丞陳公挽辭　蘇魏公集 14/7a

祭陳侍中　蘇魏公集 70/8a

祭妹三縣君文　古靈集 19/8b

祭仙孫五郎文皇祐三年　古靈集 19/9a

祭陳彥升文　傳家集 80/10b　司馬温公集 80/11a

祭陳相公母某夫人文　彭城集 40/7a

祭故陳太中文　錢塘集 16/19b

招陳顧魂挽詞　節孝集 27/5b

祭陳龍圖文　范忠宣集 11/15b

陳動之秘丞挽辭二首　臨川集 35/5b

祭陳浚宣叔文　臨川集 86/4a

祭陳令舉文　蘇東坡全集 35/8b

祭陳君式文　蘇東坡全集 35/11b

母安康郡太君祭亡女陳氏十娘文　豫章集 21/22a

陳承事挽詞　淮海集 40/1b

陳用之學士挽詞　淮海集 40/5a

陳伯育承事挽詞二首　青山集 30/3b

魏國太夫人陳氏挽歌詞　陶山集 3/14a

陳用之挽詞二首　宗伯集 7/7a

陳朝議挽辭　演山集 32/6b

陳達櫽母氏恭人挽辭　演山集 32/7b

悼陳伯修殿院　演山集 32/9a

悼陳先之博士　演山集 32/9b

哭陳商老　演山集 32/10a

祭陳了翁文　定夫集 6/14b

祭陳八夫人（1－2）　劉左史集 2/5b

祭陳户部文　眉山集 29/3a

祭陳瑩中　龜山集 28/7a

祭陳立道　龜山集 28/9a

祭陳氏十五娘子　龜山集 28/9b

祭陳瑩中左司文　梁溪集 165/3a

祭陳美成文　張華陽集 31/5a

陳淑美挽詞　張華陽集 38/5a

陳美成挽詞二首　張華陽集 38/7a

陳子張挽詞二首　張華陽集 38/8a

祭陳參政去非文　紫微集 36/5a

祭陳述古墓文　龜溪集 12/10b

奉安陳諫議了齋祭文　栟櫚集 22/1a

祭陳左相文　澹齋集 18/7a

挽陳晦叔夫人盧宜人二首　盧溪集 25/2a

陳東哀詞許翰撰　陳修撰集 8/1a

祭陳東文葉忠撰　陳修撰集 9/21a

陳瑶葬母祖奠祝文　澹菴集 22/15b

祭陳運判夢兆文　斐然集 27/3a

祭陳少卿幾叟文　斐然集 27/7a

挽陳幾叟詞　斐然集 27/22b

代姪琚祭外舅文　北山集 14/1b

祭陳相國魯國文恭公文　文定集 20/3b

祭叔祖右司文　默堂集 21/6b

代翁子靜祭奉議叔祖文　默堂集 21/13a

祭先兄文　默堂集 21/17a

祭公叔十叔文　默堂集 21/18b

祭陳唯室文章憲撰　唯室集 5/6b

祭陳唯室文洪興祖撰　唯室集 5/8a

祭陳唯室文張九成撰　唯室集 5/8b

祭陳樞密文　拙齋集 19/7a

祭陳丞相文　鄖峰録 43/6a

祭陳西軒元矩文　艾軒集 7/5a

祭陳撫幹季時文　艾軒集 7/6b

祭陳縣丞毅夫文　艾軒集 7/7a

代祭陳毅夫文　艾軒集 7/12a

祭陳休齋文　朱文公集 87/15a

祭陳福公文　朱文公集 87/16b

祭陳應求俊卿丞相文　益國文忠集 38/17a　益公集 39/111a

青龍陳君次膺挽詞四首　網山集 2/1b

丹井陳子白母挽詞二首　網山集 2/8b、9a

陳仲罕母挽詞　網山集 2/11b

陳伯順夫婦挽詞　網山集 2/11a

外舅大殮祭文　網山集 5/5a

又祭外舅文　網山集 5/5b

陳以中祭文　網山集 5/7a

陳旦中祭文　網山集 5/8a

陳壽夫祭文　網山集 5/11a

青龍陳君祭文　網山集 5/14b

陳監場夫人祭文　網山集 5/16a

陳子白母祭文　網山集 5/17b

代惠安陳仲鱗祭父文　網山集 6/1a

代陳鈞叔祭墓文　網山集 6/2a

代陳敦夫祭弟壽夫文　網山集 6/12a

代陳敦夫祭母文　網山集 6/13b

代友人祭陳伯順文　網山集 6/14b

代鄭釋卿祭妹夫伯順　網山集 6/15a

陳子白醮婦祝文　網山集 7/1b

祭陳耀卿文　東萊集 8/2b

乞祠祿歸展墓焚黄狀　止齋集 23/8b

族祭八一叔　止齋集 46/1a

祭令人張氏　止齋集 46/4b

祭蕃叟弟母夫人　止齋集 46/6b

祭豐山陳國器　止齋集 46/7a

祭陳景韶文　梅溪集/前 18/13a

代諸生祭陳元佐父文　梅溪集/前 18/16b

代祭陳運使文　宮教集 12/10a

祭陳運使文　宮教集 12/10b

祭陳閣學居仁　宋本攻媿集 84/9a　攻媿集 83/8b

祭陳室王令人　宋本攻媿集 85/7b　攻媿集 84/7b

祭陳司户儦（1－2）　宋本攻媿集 85/13a　攻媿集 84/12b

祭陳同父文　稼軒集 1/57a

祭陳司法文　止堂集 15/14a

陳克齋先生哀辭　四庫拾遺 119/止堂集

臨安爲位哭克齋陳先生文　四庫拾遺 120/止堂集

祭陳克齋先生文　四庫拾遺 121/止堂集

祖祭陳克齋先生文　四庫拾遺 121/止堂集

祭三山陳郎中孔碩　復齋集 18/5a

祭仙遊陳侍郎譲　復齋集 18/10a

祭兄參議　復齋集 18/15b

祭仲兄匠監　復齋集 18/16a

祭族姪念一郎　復齋集 18/17a

祭本家祠堂　復齋集 18/17b

改葬祭前室梁安人　復齋集 18/17b

祭廿四兄嫂改葬延壽合祔　復齋集 18/18a

祭陳安撫父文　盤洲集 73/2a

祭西和州太守陳師宋文　誠齋集 102/7b

陳侍郎挽詞　水心集 7/23b

陳益謙挽詞　水心集 8/2b

祭陳同甫文　水心集 28/7b　龍川集/附錄 2/1a

祭陳君舉中書文　水心集 28/8b

祭陳殿撰文　水心集 28/14b

祭陳益之侍制文　水心集 28/15b

祭陳吳縣文　江湖集 30/16b

祭陳寅伯文　勉齋集 39/8b

祭陳監場文　勉齋集 39/16a

奠陳憲光祖父　北溪集/第四門 29/10a

祭陳景文　北溪集/第四門 30/2a

祭十五伯父伯母　北溪集/第四門 30/3b

奠陳親晦之　北溪集/第四門 30/4a

同族人祭八叔　北溪集/第四門 30/6b

祭三十一堂兄　北溪集/第四門 30/7b

祭三十二堂兄　北溪集/第四門 30/8b

奠陳淳文陳宓撰　北溪集/外 11a

奠陳淳文王㠓撰　北溪集/外 11b

祭陳淳文黄必昌撰　北溪集/外 13a

陳文瑩哀辭　漫塘集 36/1a

告高曾祖文　龍川集 22/4b

告祖考文　龍川集 22/5b

祭三五伯祖文　龍川集 22/9a

祭三七叔祖文　龍川集 22/9b

先考卒哭文　龍川集 23/1a

先考移靈文　龍川集 23/1b

祭陳肖夫文　龍川集 23/9a

祭陳聖嘉父承務文　龍川集 24/9a

祭妹文　龍川集 25/12b

祭陳北山　真西山集 51/15b

祭陳司業文　四庫拾遺 284/鶴林集

五世祖墓祭文　篔窗集 8/16b

祭先妣文　篔窗集 8/17a

祭妹文　篔窗集 8/19b

祭陳俊卿運判文　四庫拾遺 424/篔窗集

祭伯父文　四庫拾遺 429/篔窗集

先祖墓祭文　四庫拾遺 429/篔窗集

考妣墓祭文　四庫拾遺 430/篔窗集

祭陳監所生母文　四庫拾遺 431/篔窗集

祭妻嫂陳恭人　鐵菴集 40/20b

祭陳復齋寺丞文　腥軒集 11/7b

宜春郡博士陳茂獻哀辭　腥軒集 11/25a

祭陳北山文　後村集 136/7b

祭陳師復寺丞文　後村集 136/9b

祭抑齋陳公文　後村集 139/11a

祭陳同直文　後村集 140/7b

祭陳光仲常卿文　後村集 140/9b

謁陳宗丞文　雪坡集 47/3a

祭亡男朝兒墓文　本堂集 83/9a

祭從兄同父文蘇　本堂集 83/10a

朝兒哀辭　本堂集 89/8b

挽陳菊坡樞密卓二首　本堂集 89/11b

挽族父承務郎衡之銓三首　　本堂集 90/6b

祭莆守監簿陳所翁文　　鶴齋集 20/3b

陳卿內邵氏挽詞　　魯齋集 18/8a

祭陳司法文　　牟陵陽集 22/2a

祭大宋忠臣陳文龍文　　心史集/下/42b

祭陳秀公墓文熊克撰　　播芳文粹 135/7a

陶

祭靖節先生文　　太倉集 69/8a

謁故侍中太尉長沙陶威公祠文　　朱文公集 86/5a

祭陶章之判院文　　漫塘集 27/6b

赴開先告先人墓文　　無文印集 13/12a

赴薦福告先人墓文　　無文印集 13/12b

十 二 畫

游

祭游景叔龍圖文　　西臺集 17/9b

祭游定夫文　　龜山集 28/7b　定夫集/卷末 1a

祭建安游先生文　　勉齋集 24/8a

祭游勉之侍郎文　　後村集 137/12a

祭游丞相文　　後村集 138/15b

祭克齋游丞相文　　庸齋集 6/2a

湛

祭致仕湛郎中文　　元豐稿 38/7a

湯

湯德廣挽詞三首　　張華陽集 38/3a

祭湯侍郎文　　漢濱集 16/13b

湯孺人挽詞處州丞相之女　　益國文忠集 2/6a　益公集 2/29a

祭湯寧海烈　　宋本攻媿集 85/14a　攻媿集 84/13b

待制湯公挽詞　　水心集 7/22a

學生湯仕龍祭文　　四庫拾遺 278/後樂集

祭湯元瑞貢元文　　漫塘集 27/10a

祭湯中能文　　後村集 137/15a

祭東澗先生湯文清公文　　四庫拾遺 742/碧梧集

祭湯晦靜公文　　久軒集 8/55b

祭湯敷文文王灼撰　　蜀文輯存 62/12a

富

昭文富相公母秦國太夫人挽辭二首　　蘇魏公集 14/7b

祭秦國太夫人（1-2）　　蘇魏公集 70/10b、11b

太尉韓國文忠富公哀詞　　文潞公集 8/7a

富相公挽詞五首　　范忠宣集 5/8b

祭韓國富公文　　范忠宣集 11/6b

祭富鄭公文　　二程集（明道）41/22b

甯

甯倅挽詞三首　　節孝集 27/4a、4b

童

祭姊丈童慶純文　　本堂集 88/1a

祭童氏姊文　　本堂集 88/3a

祭童志道文　　本堂集 88/11b

祭出童尚質文　　本堂集 88/12b

悼出童尚質二首　　本堂集 89/11a

馮

章靖馮公哀詞　　景文集 9/12a

宣徽南院使太子太保贈司空馮公挽辭三首　　蘇魏公集 14/13b

馮當世挽詞二首　　韓南陽集 12/12b

祭馮當世文　　浮沚集 7/1b

祭馮中書文　　龜溪集 12/11b

監學同官祭馮國正文　　漢濱集 16/7a

代祭安康馮夫人文　　高峰集 12/26a

祭馮少卿文　　梅溪集/後 28/11b

祭表兄馮耕田端方　　宋本攻媿集 84/26b　攻媿集 83/25b

祭伯母馮恭人　　宋本攻媿集 85/2b　攻媿集 84/2b

奠馮氏妹詞　　慈湖遺書/續 1/22a

祖奠馮氏姊辭　　慈湖遺書/續 1/23a

馮深居挽詞　　潛山集 12/12a

追薦馮太學疏　　播芳文粹 122/24a

祭三家兄正臣文馮時行撰　　蜀文輯存 46/18a

曾

祭曾奉職文　　蔡忠惠集 32/10b

祭曾舍人鞏　　雲巢編 10（三沈集 8/71b）

祭曾太博文　　曾南豐集 34/2a

祭亡妻晁氏文（1-2）　　元豐稿 38/4b、7a

先君焚告文　　元豐稿 30/1a

皇妣仙源縣太君周氏焚黃文　　元豐稿 39/1a

皇妣昌福縣太君吳氏焚告文　　元豐稿 39/1b

戊午十月展墓文二首　　元豐稿 39/1b

哀曾鞏詞　　元豐稿 51/17a

挽曾鞏詞　　元豐稿 51/17b

中書令魯國宣靖曾公挽詞　　文潞公集 8/4b

祭曾魯公文　　臨川集拾遺 85/1b

祭曾博士易占文　　臨川集拾遺 85/5a

南豐先生挽詞二首　　後山集 1/3b

曾子固哀詞　淮海集 40/2a

祭曾子固文　宗伯集 17/8b

曾魯公挽辭　演山集 32/3b

祭曾内翰文　道鄉集 38/9b

祭曾丞相文　道鄉集 38/16a

祭故相曾魯公文　西臺集 17/5a

曾逢原挽詞　龜溪集 3/2a

挽曾氏安人　盧溪集 25/4a

祭曾原伯大卿文　鄖峰錄 43/5a

衆官祭曾恭人文　高峰集 12/23b

祭曾經畧文　艾軒集 7/3a

静菴曾伯虞機挽詞　益國文忠集 43/2a　益公集 43/74a

祭曾無砧侍郎文慶元三年十一月二十日　益國文忠集 79/8a　益公集 79/119b

代倉部祭曾文清公文　東萊集 8/1b

改秩初歸告始祖妣墓文　緣督集 8/11a

曾叔謙哀辭　誠齋集 45/9a

祭曾原伯大卿文　渭南集 41/7b

曾晦之挽詞　水心集 8/1a

祭曾吉甫待制文　南澗稿 18/15b

祭曾光祖文　勉齋集 39/12a

祭曾知院文　後村集 137/3a

祭曾子實文　澗谷集 3/6b

追薦曾丞相疏　播芳文粹 122/22a

彭

祭彭江州文　曲阜集 4/30a

祭彭侍郎文　二程集(明道)41/23b

挽彭子從郎中　盧溪集 25/1a

祭彭仲伊通判商老文慶元五年九月　益國文忠集 79/8b　益公集 79/120b

祭彭季皓運使漢老文慶元六年三月　益國文忠集 79/8b　益公集 79/121a

祭十二姪縣丞文　止堂集 15/17b

祭彭子復父文　龍川集 24/10b

祭秘書彭止所　文山集 11/38a

祭彭復雅文　澗谷集 3/7b

祭彭梅軒　吾汶稿 5/2a

代姪真孫祭從舅彭竹岩　吾汶稿 5/7a

祭姻家梅軒彭寅則　吾汶稿 5/12a

項

丈母項氏太孺人祭文　楳溪集 12/4a

亡友項子謙兄挽歌詞　水心集 7/21b

祭安慶項教授母文　勉齋集 39/13a

惠

黄州使君朝議惠公挽詞　鴻慶集 7/1a　孫尚書集 68/1b

惠彦達承事挽詞二首　鴻慶集 7/4a　孫尚書集 68/5a

揚

弔揚子　直講集 29/4a

單

祭單君貺文　蘇東坡全集 35/4b

弔單方庵墓　本堂集 89/11b

祭大宋忠臣單公選文　心史集/下/42b

喻

祭喻夏卿文　龍川集 23/10b

祭妻叔母喻氏文　龍川集 25/2b

舒

舒御史太夫人挽詞　後山集 11/7a

祭舒簽判琬　宋本攻媿集 84/24a　攻媿集 83/23b　舒文靖集/附錄下/24a

祭舒通判璘　宋本攻媿集 84/24a　攻媿集 83/23b

祭舒元英文　慈湖遺書 4/9b

奠舒元質辭　慈湖遺書 4/11b　舒文靖集/附錄下/23a

祭通判舒公元質文　絜齋集 22/9a　舒文靖集/附錄下/22a

郡學祀舒先生文文天祥撰　舒文靖集/附錄下/25a

祭舒氏女甥文　本堂集 88/4b

祭内兄舒通叟津太博文　本堂集 89/2b

挽舒亦山少母鄒氏　本堂集 90/4a

程

中書令程文簡挽辭三首　蘇魏公集 14/2b

祭程中令文　鄖溪集 19/4a

明道先生哀詞　范太史集 37/21b

中書令程文簡公挽辭二首　韓南陽集 12/7a

祭程相公文　歐陽文忠集 50/1a

程明道挽詞三首　范忠宣集 5/10a

祭程宗丞文　范忠宣集 11/8b

祭程相公琳文爲高若訥作　臨川集 86/6a

程顥哀詞(呂大臨)　二程集/附錄 42/23b

改葬告少監祭文　二程集(伊川)49/4b

祭四十一郎文　二程集(伊川)49/6b

祭(程頤)文(張繹等)　二程集(伊川)/附錄 50/10b　宋文鑑 134/25a

程給事挽歌詞　陶山集 3/13b

祭程公儀文　眉山集 29/2b

代程信孺祭新婦文　眉山集 29/5a

哀明道先生　龜山集 28/1a

祭程伯禹龍圖文　東牟集 14/1a

告伊川先生祠文　尹和靖集 4/8b

祭程卭州文　嵩山居士集 28/9b

祭程允夫文　朱文公集 87/22a　尊德集/補遺 3b

祭録參程公文 錢文子撰　尊德集/補遺 4a

祭同年程泰之尚書文 慶元二年　益國文忠集 79/
　　7b　益公集 79/119a

祭程端卿使君文　方舟集 17/30a

祭明道程先生祠　雲莊集 10/4b

祭程參政文　盤洲集 73/3a

祭程右史文　蓮峰集 10/9a

寶文閣學士開國郡公程丈哀詞並引　蓮峰
　　集 10/17a

程右史哀詞並引　蓮峰集 10/20b

告立周程三先生祠文　燭湖集 13/14a

祭二程先生文　勉齋集 24/8a

祭四先生(程顥程頤)文　北溪集/第四門 29/1a

祭程氏姊文　北溪集/第四門 30/5b

與堂兄等祭程親正仲　北溪集/第四門 30/5b

祭府學三賢(程顥程頤)文　性善稿 12/12a

祭程樞密文　洛水集 16/2b　新安文獻 46/4a

祭叔父文　洛水集 16/12a

弟六二奉議哀辭　洛水集 16/12b

夫人哀辭　洛水集 16/12b

若水哀辭　洛水集 16/13a

若曾哀辭　洛水集 16/13b

周程三先生賜諡舍菜祝文　鶴山集 98/14a

奠明道祠堂　真西山集 48/6a

謁程尚書文　真西山集 48/12a

謁伊川明道先生文　真西山集 50/20b

祭程廷邁文　平齋集 32/3a

祭程提刑文　蒙齋集 17/9a

撰先伯桂隱先生哀詞　塵缶編 2/16a

祭工部程侍郎元岳文　桐江集 8/3b

祭丞相程文清公元鳳文 汪山泉撰　新安文獻
　　46/4b

傅

中書侍郎贈銀青光禄大夫傅欽之挽辭三首
　　蘇魏公集 14/14b

中書侍郎傅公挽詞　范太史集 3/15b

中書侍郎傅公挽詞　文潞公集 8/6a

中書傅欽之侍郎挽詞三首　韓南陽集 12/10b

祭傅侍郎文　范忠宣集 12/4b

代祭傅夫人文　宗伯集 17/7b

祭傅待制文 六通　道鄉集 38/15b

祭傅夢弼文　灌園集 20/18b

傅夫人陳氏挽詞　橫塘集 4/5b

祭傅忠簡文(1－2)　復齋集 18/3a、3b

祭江陵府糧料院傅材甫　克齋集 11/12a

代祭甘舍傅沂父　無文印集 12/4a

強

故通直強君挽詞　道鄉集 14/10b

強評事挽詞　道鄉集 14/13a

費

祭費檢正(文)　南軒集 43/7a

祭費宰文　秋崖稿 44/6b

陽

祭鼐三弟貢元堂長文　字溪集 9/17a

賀

祭資政殿大學士賀公文　四庫拾遺 140/南澗稿

十 三 畫

褚

祭褚邦直文　苕溪集 29/6b

雷

祭雷道矩文　傅家集 80/5b　司馬温公集 80/7a

祭舅母雷氏文　盧溪集 41/11a

祭雷參政孝友文　後樂集 19/5b

祭雷知院孝友文　漁墅稿 6/1a

楚

楚正議建中挽詞三章　文潞公集 8/8a

祭楚正叔待制文　范忠宣集 12/2b

祭楚守縣君　龜山集 28/6a

楊

殤子述　武夷新集 11/11a

祭龍圖楊給事文　范文正集 10/6b

祭楊尚書　蘇魏公集 70/2a

祭楊侍講　蘇魏公集 70/3a

祭同年楊緬察推文　古靈集 19/7a

楊集賢挽詞二首　節孝集 27/2a

祭楊侍郎文　樂全集 35/8a

祭楊應之文　二程集(伊川) 49/3b

楊樂道龍圖哀辭　欒城集 18/3b

楊夫人挽詞　後山集 8/17a

楊次公侍講挽詞二首　青山集 30/4a

楊次思博士挽詞　青山集 30/4b

祭楊亞甫文　宗伯集 17/8a

挽故楊叔強承事詞　雲溪集 9/10a

祭楊侍郎文　梁溪集 165/10a

祭楊仁靖知縣文　東牟集 14/1b

代鄭德與祭龜山先生文　章齋集 12/9a　新安
文獻 46/1b

祭楊徽猷文　盧溪集 41/8b

楊公大夫哀詞　孫尚書集 70/14b

祭楊子川文　五峰集 3/56b

祭楊珣文　斐然集 27/17b

挽楊訓母茇氏詞　斐然集 27/22b

挽楊子川詞　斐然集 27/24b

祭楊參政文　嵩山居士集 28/8a

祭龜山先生文　默堂集 21/9a

祭楊遵道文　默堂集 21/16a

楊漢公挽詞二首　唯室集 4/7b

祭楊龍學文　高峰集 12/14a

祭楊觀察文　高峰集 12/14b

宮僚祭楊信伯徇工部文　益國文忠集 38/11b
益公集 38/99b

楊嚴州母挽詞　網山集 2/9b

縣學立大隱楊先生祠文　慈湖遺書/續 1/7b

封贈受誥告家廟文（1－2）　慈湖遺書/續 1/
14a、14b

冬抵臨安祫享文　慈湖遺書/續 1/14b

焚黃祝文　慈湖遺書/續 1/15a

祭伯兄文　慈湖遺書/續 1/20a

祖奠姪婦舒氏辭　慈湖遺書/續 1/23b

祭泉州楊尚書炳　復齋集 18/8a

祭九叔知縣文　誠齋集 101/3a

祭三十五叔婆蕭氏文　誠齋集 101/6a

祭十三叔母文（1－2）　誠齋集 102/3a、4a

焚黃祀文　誠齋集 103/5b

焚黃祝文（1－3）　誠齋集 103/5b、6a

回贈先祖承務郎焚黃文　誠齋集 103/6b

先通奉焚黃文　誠齋集 103/7a

先考進贈通議大夫焚黃文　誠齋集 103/7a

冊寶禮成追封三代焚黃祭文　客亭稿 10/5b

祭楊通老文　勉齋集 39/12b

祭楊子固縣尉文　龍川集 23/4b

代哭楊端明輔文　鶴山集 90/1b

哭楊寶謨震仲文　鶴山集 90/4b

哭楊修撰虞仲文　鶴山集 90/11b

哭外舅楊提刑熹文　鶴山集 91/1a

外舅楊提刑熹哀詞　鶴山集 91/4a

哭楊通判申之文　鶴山集 91/11b

哭楊尚書汝明　鶴山集 91/15b

哭楊季穆知縣　鶴山集 91/20b

過資州展外舅提刑楊大夫墓祝文　鶴山集
98/16a

祭楊宮幹文　真西山集 51/3b

謁龜山墓祝文　鐵菴集 38/2b

過楊忠襄墓哀辭　默齋集/下 5a

祭楊狀元文　澗谷集 3/4b

祭定海縣丞楊元定　魯齋集 19/4a

代楊大章祭子文　寶峰集 2/27a

祭楊觀使文　牟陵陽集 22/2b

薦楊少監梅坡疏　牟陵陽集 22/14a

祭楊同知母高氏　吾汶稿 4/19a

祭架閣楊秋山　吾汶稿 4/20a

三省祭楊信王文趙彥端撰　播芳文粹 135/1a

祭楊大夫文崔鷗撰　播芳文粹 137/13a

哀亡友（楊錫）辭張及撰　蜀文輯存 4/5a

賈

代王尚書祭賈魏公文　祠部集 84/5b

司徒侍中賈魏公挽辭二首　蘇魏公集 14/8a

祭賈中丞文　彭城集 40/10b

文元賈公挽辭二首　臨川集 35/3b

祭賈正之文　學易集 8/21a

祭賈府君文　梅溪集/後 28/11a

祭賈仲山知縣文　南軒集 44/4a

裘

祭裘司直　鐵菴集 40/1b

虞

祭虞靖之文　臨川集 86/5b

祭虞深之文　橫浦集 20/1b

祭虞丞相文　雪山集 11/4a

祭虞丞相文　誠齋集 101/4a

祭虞夫人文　水心集 28/13a

祭虞雍公文　南軒集 43/1a

哭虞萬州剛簡妻趙氏文　鶴山集 90/13b

哭虞仲易提刑　鶴山集 91/16b

挽虞滄江提刑　可齋稿 26/15a

祭虞文善冠之文　拙軒集 6/14b

祭虞稅院　　北磵集 10/23a

葉

　光禄葉大卿哀詞　　景文集 9/12b

　祭葉翰林清臣文　　范文正集 10/8a

　祭葉成甫文　　西塘集 5/9b

　顯祖贈太師惠國公焚黃祭文　　建康集 4/17a

　顯考贈太保焚黃祭文　　建康集 4/17b

　祭葉成父尚書文（1-2）　　筠溪集 23/14a、15a

　祭葉子寧文　　筠溪集 23/15b

　代龜山先生祭葉朝請父　　默堂集 21/16b

　祭葉丞相文　　艾軒集 7/1a

　祭葉夫人文　　東塘集 16/12a

　祭葉夫人文　　雲莊集 10/8a

　祭葉夫人文　　誠齋集 101/8a

　祭令人文　　水心集 28/11a

　祭內子令人文　　水心集 28/21a

　代子祭令人文　　水心集 28/21a

　祭子三郎文　　水心集 28/21b

　祭葉少保文　　南澗稿 18/13b

　祭葉丞相夫人文　　南澗稿 18/14b

　祭姨母葉氏　　克齋集 11/14a

　祭葉殿講　　克齋集 11/18a

　祭葉水心文　　洺水集 16/3b

　祭葉正則母夫人文　　龍川集 25/4a

　哭閣學葉侍郎適文　　鶴山集 91/14b

　祭葉夫人文　　真西山集 51/3a

　祭南林葉寺丞文　　後村集 140/4b

　祭南坡老人　　魯齋集 19/7a

　葉通判哀辭　　秋聲集 6/8b

　祭葉養志祖母文　　仁山集 1/26b

萬

　代祭萬夫人文　　梅溪集/前 18/18a

　代祭萬叔永文　　梅溪集/前 18/19a

　祭萬先之文　　梅溪集/後 28/14b

　祭萬二提刑兄文　　南軒集 44/1a

葛

　葛興祖挽辭　　臨川集 35/6b

　處士葛君挽辭　　臨川集 35/7b

　葛郎中挽辭二首　　臨川集 35/8a

　祭葛朝奉文　　摘文集 14/1a

　祭亡兄司成文　　丹陽集 15/10a

　祭亡嫂榮國太夫人盧氏文　　丹陽集 15/10b

　薦先君設水陸疏　　歸愚集/補遺 2a

　祭亡妻大祥文　　歸愚集/補遺 5b

　祭葛無懷朴翁　　北磵集 10/28a

董

　祭董少卿文　　傳家集 80/9b　司馬溫公集 80/10b

　祭董彥孚文　　幼樊集 10/6b

　光禄董公挽詞二首　　鴻慶集 7/3b　孫尚書集 68/4b

　董令人李氏挽詞　　鴻慶集 7/3b　孫尚書集 68/4b

　董夫人挽詞　　鴻慶集 7/3b　孫尚書集 68/4b

　祭董順之文　　尊德集 2/11a

　祀王董二賢祠文　　方舟集 14/23b

　祭董莘伯文　　盤洲集 72/2a

　祭董子順母文　　四庫拾遺 430/篔窗集

　挽董帥幹元龍二首　　本堂集 89/11b

　挽董監鎮　　本堂集 90/5a

　代董似道還清醮　　本堂集 93/5b

　祭董正翁文　　閩風集 12/10b

路

　哭路長吉　　錢塘集 6/17a

詹

　詹令人挽詞二首　　浮溪集/拾遺 3/457

　祭詹伯尹文　　太倉集 69/3b

　祭詹淑人文　　朱文公集 87/13b

　祭詹侍郎文　　朱文公集 87/17a

　祭詹子齊文　　東萊集 8/4b

　祭南康軍詹簽判文　　復齋集 18/13a

　祭郎中詹公子南文　　絜齋集 22/8a

　祭詹大卿文　　真西山集 51/14a

解

　祭解帥　　橫浦集 20/3a

鄒

　尚書祠部郎中大理少卿鄒公挽辭二首　　蘇魏公集 14/6b

　鄒宣德挽詞二首　　青山集 30/3b

　祭鄒志完文　　嵩山集 20/41a

　祭鄒通直文　　龍雲集 30/9b

　焚黃祭文　　道鄉集 38/8b

　祭至明弟文　　道鄉集 38/10a

　哀鄒堯叟　　龜山集 28/3a

　祭鄒侍郎　　龜山集 28/8b

　鄒公挽辭二首　　龜山集 40/6b

　祭鄒侍郎文　　程北山集 17/3a

　鄒德久挽詞二首　　紫微集 6/17a

祭鄒次魏文　　孫尚書集 70/13a

祭侍郎鄒公文　　歸愚集/補遺 5b

祭鄒都大文　　平齋集 32/4a

祭鄒給事母葉夫人文　　矖軒集 11/24b

鄒翠屏改葬哀辭　　文山集 10/22a

祭鄒主簿寧縣德元　　文山集 11/37b

祭侍郎鄒公文陳璀撰　　播芳文粹 136/16b

祭鄒侍郎母郡太文陳璀撰　　播芳文粹 141/12b

十 四 畫

齊

祭齊羣君文　　祠部集 34/9a

廖

祭廖尚書文　　默堂集 21/11a

祭廖成伯文　　默堂集 21/15a

先祖承務壙祭文　　高峰集 12/19a

祭叔父叔母文　　高峰集 12/20a

亡兄殯所祭文　　高峰集 12/20b

亡妣謝氏焚黃祭文　　高峰集 12/21a

承務郎焚黃文　　高峰集 12/21b

中奉大夫碩人焚黃文　　高峰集 12/22a

長壽焚黃文　　高峰集 12/22b

祭姪孫六秀才文　　高峰集 12/23a

爲廖帥德明舉哀文　　北溪集/第四門 29/8a

奠廖帥德明文　　北溪集/第四門 29/8b

趙

中書祭周王文　　武夷新集 20/13a

中書祭安王文　　武夷新集 20/13b

二司使祭安王文代上谷公　　武夷新集 20/14a

中書祭酈王文　　武夷新集 20/15a

故皇叔祭文　　四庫拾遺 20/景文集

祭致政學士趙君子淵文　　安陽集 44/3a

章獻明肅皇太后挽詞二首　　安陽集 45/1a

章懿皇太后挽詞二首　　安陽集 45/1a

章惠皇太后挽詞二首　　安陽集 45/1b

仁宗皇帝挽詞三首　　安陽集 45/1b

英宗皇帝挽詞三首　　安陽集 45/2a

溫成皇后挽詞二首　　蔡宗惠集 4/5a

仁宗皇帝挽詞七首　　蔡宗惠集 4/7a

仁宗皇帝挽詞　　蔡宗惠集 6/2a

慈聖光獻皇后挽辭　　蘇魏公集 14/1a

宣仁聖烈皇后挽辭　　蘇魏公集 14/2a

濮安懿王夫人挽辭二首　　蘇魏公集 14/2b

祭濮安懿王　　蘇魏公集 70/1a

祭英宗文　　鄖溪集 19/2a

大行皇帝挽辭二首　　錢塘集 8/6a

大行太皇太后挽辭　　錢塘集 8/30b

慈聖光獻皇后百日轉經疏　　元豐稿 41/2a

祭趙元考文　　忠肅集 14/22b

太皇太后挽詞二首又三首　　范太史集 8/11b、12a

河南府祭太皇太后文　　范太史集 37/2b

百官祭文　　范太史集 37/3a

提轉祭文　　范太史集 37/3b

河南府祭濮王夫人文　　范太史集 37/4a

百官祭文　　范太史集 37/4b

提轉祭文（1-2）　　范太史集 37/5a

祭趙端明文　　范太史集 37/14a

慈聖皇太后挽詞　　文潞公集 8/1a

濮安懿王夫人挽詞　　文潞公集 8/1b

英宗皇帝挽詞　　文潞公集 8/1b

神宗皇帝挽詞　　文潞公集 8/2a

宣仁聖烈皇太后挽詞　　文潞公集 8/2b

致政仲損工部哀詞二首　　文潞公集 8/6b

神宗皇帝挽詞二首　　節孝集 26/7a

代人進太皇挽詞五首　　節孝集 26/7b、8a、8b、9a

英宗皇帝靈駕發引祭文　　歐陽文忠集 50/6b

祭趙少師文　　樂全集 35/16b

陳州祭唐贈太尉趙公文雙　　樂全集 35/19a

神宗皇帝挽詞四首　　范忠宣集 5/7b

慈聖光獻皇后挽詞二首　　范忠宣集 5/8a

慈聖周祥道場疏　　范忠宣集 10/13a、13b

祭趙端明文高　　范忠宣集 12/5a

仁宗皇帝挽辭四首　　臨川集 35/2a

英宗皇帝挽辭二首　　臨川集 35/2b

神宗皇帝挽辭二首　　臨川集 35/3a

慈聖光獻皇后挽辭二首　　臨川集 35/3a

大行太皇太后靈駕發引祭文　　蘇東坡全集/後 16/12b

神宗皇帝挽詞三首　　豫章集 12/9b

宗室公壽挽詞二首　　豫章集 12/12a

欽聖憲肅皇后挽詞二首　　後山集 6/12b

欽慈皇后挽辭二首　　後山集 6/12b

大行皇太后挽詞二首　　後山集 6/13a

追尊皇太后挽詞二首　　後山集 6/13a

神宗皇帝挽詞三首　　張右史集 36/1a

哲宗皇帝挽詞四首　張右史集 36/1b

欽慈皇后挽詞二首　張右史集 36/3a

太皇太后挽詞二首　張右史集 36/6a

大行太皇太后挽詞二首　淮海集 40/1a

祭趙君文　石門襌 30/21b

神宗皇帝挽詞二首　青山集 30/1a

欽聖皇后挽辭二首　雞肋集 23/1a

欽慈皇后挽辭二首　雞肋集 23/1b

趙開祖挽歌辭　雞肋集 23/2a

北京爲神宗靈駕發引告祭文　雞肋集 60/1a

河北轉運司告祭文　雞肋集 60/1b

河北提舉司告祭文　雞肋集 60/2a

禮部爲欽慈皇后發引百官告祭文　雞肋集 60/2b

代尚書侍郎兩制祭魏王文　雞肋集 60/11b

代尚書侍郎兩制祭樞密趙公文　雞肋集 61/17a

英宗皇帝挽詞五首　樂圃稿 5/6b

哲宗皇帝挽詞二首　龍雲集 10/6b

大行皇太后挽詞二首　龍雲集 10/7a

追尊皇太后挽詞二首　龍雲集 10/7a

神宗皇帝挽辭　演山集 32/1a

哲宗皇帝挽辭　演山集 32/2a

欽慈憲肅皇太后辭　演山集 32/2b

欽慈皇后挽辭　演山集 32/3a

恭挽神宗皇帝二首　西臺集 19/11a

恭挽哲宗皇帝二首　西臺集 19/11b

恭挽宣仁聖烈太皇太后四首　西臺集 19/12a

恭挽欽慈皇后二首　西臺集 19/12b

恭挽欽聖憲肅皇太后二首　西臺集 19/12b

祭趙彥澤文　橫塘集 18/8b

代家兄祭趙彥章文　橫塘集 18/12b

擬明節皇后奉上冊寶前一日奉告太廟別廟德隆殿明節皇后本陵祝文　丹陽集 11/1b

祭趙淑人文　浮溪集/拾遺 3/454

徽宗皇帝靈駕發引挽詞四首　浮溪集/拾遺 3/456

隆祐皇太后挽詞三首　浮溪集/拾遺 3/457

祭告徽考文　松隱集 34/1a

徽宗皇帝祭文三首　建康集 4/14b、15a

祭趙侍郎文　程北山集 17/14b

祭趙道夫待制文　筠溪集 23/13a

徽宗皇帝追薦道場疏　張華陽集 13/11a

寧德皇后追薦道場疏　張華陽集 13/11a

顯仁皇后挽詞三首　張華陽集 38/1a

信安郡夫人挽詞　孫尚書集 68/13a

祭趙仲禮文　五峰集 3/57a

祭趙忠簡公文　文定集 20/5a　新安文獻 46/2a

代呂守祭趙倅文　知稼翁集 11/9b

代呂守祭趙丞相挺之夫人遷葬　知稼翁集 11/9b

代處州路祭徽宗梓宮文　漢濱集 16/15b

代康侍郎祭趙寶學文　竹軒雜著 6/3a

普安郡王恩平郡王薦顯仁太后黃籙青詞　鄞峰錄 21/9b

寧德皇后上仙疏　高峰集 11/4a

太上道君皇帝升遐疏　高峰集 11/4a

祭趙丞相文　朱文公集 87/22a

建康府爲皇太后設醮青詞　益國文忠集 83/1b　益公集 83/37b

建康府爲皇太后舉哀疏文　益國文忠集 83/8a　益公集 83/45b

立皇太子祭諸廟祝文　宋本攻媿集 83/9a　攻媿集 82/9a

祭提舉趙公文　絜齋集 22/6a

年家太夫人鄭氏挽詞 趙伯椿之母　益國文忠集 2/6a　益公集 2/99b

橫州太守趙持挽詞　益國文忠集 4/3a　益公集 4/122a

淮東兵馬鈐轄趙公容挽詞　益國文忠集 7/2b　益公集 7/30a

高宗皇帝挽詞　益國文忠集 7/12a　益公集 7/40b

祭趙溫叔雄舍人母楊令人文 乾道八年二月　益國文忠集 38/7a　益公集 38/94a

經畧待制趙彥操侍郎挽詞　益國文忠集 41/9a　益公集 41/48b

光宗皇帝挽詞　益國文忠集 42/14b　益公集 42/71b

大行皇太后挽詞二首　益國文忠集 81/2b

祭趙莊叔舍人文　方舟集 17/27a

趙路分 丞相汝愚之父 挽詞三首　網山集 2/5b

代劉衢州祭趙忠簡公文（原註：或云非太史作）　東萊集 8/2a

祭妻母趙夫人　止齋集 45/8b

祭趙侍郎文　定菴稿 4/25a

孝宗皇帝靈駕發引祭文　宋本攻媿集 84/1a　攻媿集 83/1a

祭趙觀文彥逾（1-2）　宋本攻媿集 84/4b　攻媿

集 82/4a、6b

祭趙侍郎粹中　宋本攻媿集 84/7b　攻媿集 83/7a

祭趙安國鎮　宋本攻媿集 84/22b　攻媿集 83/21b

祭趙運使善悉　宋本攻媿集 84/23b　攻媿集 83/22b

祭趙路鈐不枯　宋本攻媿集 85/4a　攻媿集 84/4a

祭趙恭人　宋本攻媿集 85/5a　攻媿集 84/5a

祭趙主奉文　東塘集 16/11b

代延守祭趙馬軍文　鉛刀編 30/4b

祭趙介之參議文　止堂集 15/13b

祭趙漢卿將領文　止堂集 15/16a

祭趙子欽辭　慈湖遺書 4/10b

祭南康軍趙知宗优夫　復齋集 18/6a

祭南康經署趙郎中　復齋集 18/6a

祭南康趙知宗　復齋集 18/6b

祭台州趙司直恭人　復齋集 18/19b

祭錢塘趙知縣善綽　復齋集 18/(闕文)

祭大丞趙公幾道文　絜齋集 22/7a

謁趙忠簡文　雲莊集 10/5b　真西山集 48/11a

祭趙制置文　雲莊集 10/8b

薦趙監廟疏　盤洲集 70/11a

祭趙安人文　盤洲集 72/6a

祭漢陽趙守文　應齋雜著 4/12a

祭趙運幹文　應齋雜著 4/12b

祭趙子顯直閣文　誠齋集 101/2b

祭趙民則提刑少監文　誠齋集 102/6b

皇太后靈駕發引祭文　渭南集 41/1a

祭趙提刑文　渭南集 41/5a

高宗皇帝挽詞二首　水心集 7/19a

孝宗皇帝挽詞二首　水心集 7/19a

趙知縣挽詞　水心集 7/26a

趙清叔挽詞　水心集 7/26a

趙路分挽詞　水心集 8/2b

祭趙知宗文　水心集 28/3a

祭趙幾道文　水心集 28/10a

祭趙德莊文　南澗稿 18/20a

代修奉司攢宮路祭文　客亭稿 10/4a

梓宮發引路祭文　客亭稿 10/4a

代鄂渚路祭文　客亭稿 10/4b

祭趙提刑文　江湖集 30/17a

祭趙節推孺人文　江湖集 30/17b

挽寧宗皇帝詞二首　昌谷集 1/25b

祭趙養民運使文　南軒集 44/1b

祭趙舜和文　勉齋集 39/7a

祭趙婿文　勉齋集 39/17a

祭同年趙安伯通判文（1－2）　漫塘集 27/3b、4a

祭趙守范母齊國夫人胡氏文　漫塘集 27/5b

祭趙敷文　克齋集 11/5a

祭國維趙通判　克齋集 11/15a

祭趙章泉　克齋集 11/16a

祭景獻太子文　洛水集 16/1a

代祭嗣秀王文　洛水集 16/10b

祭趙尉母夫人文師旦　龍川集 25/5a

哭趙廣安昱文　鶴山集 90/5b

謁趙魏公雄文　鶴山集 98/6a

祭趙制置文　真西山集 51/1a

祭趙經署文　真西山集 51/6a

祭趙侍郎　真西山集 51/13a

祭趙提舉　真西山集 51/16a

三衢祭清獻趙公文　蒙齋集 17/1a

鄉祭趙郎中文　浣川集 10/2a

安人趙氏哀詞　塵缶集 2/17b

祭趙東巖文　膫軒集 11/13b

祭趙虛齋文以夫　敝帚稿 7/20b

祭趙宗丞文崇礴　敝帚稿 7/22a

甲申寧廟挽詞　可齋稿 26/14b

挽蜀帥趙侍郎　可齋稿 26/19a

祭趙縣丞文　後村集 136/3a

祭南塘趙尚書文　後村集 137/7a

祭趙保昌文叔愚　後村集 137/14b

祭趙虛齋端明文（1－2）　後村集 139/5a、6a

祭趙閩宰文　後村集 140/10b

祭考太中墳文　庸齋集 6/3a

祭弟帳幹墳文　庸齋集 6/3a

弟味道漳州使君祭文（1－2）　庸齋集 6/3b、4b

祭告曾高祖墓文　彝齋文編 4/30a

祭告祖考墓文　彝齋文編 4/30a

祭告伯祖桂陽史君墓文　彝齋文編 4/30b

同諸暨縣官祭江陰史君趙監簿文　彝齋文編 4/31a

祭女文　彝齋文編 4/31b

祭持要弟文　彝齋文編 4/33a

代人祭趙開府文　靈巖集 8/6a

奠趙待制文　楳埜集 11/14b

祭趙龍圖文　秋崖稿 44/2b

憲聖太后大行開散道場疏　北磵集 8/10a

祭齊國趙夫人景獻之母　北磵集 10/23b

祭趙寺丞　北磵集 10/24a

祭上元長官趙紫芝　北磵集 10/24b

祭趙景賢使君文　字溪集 9/18b

大行皇帝升遐本州進功德疏　文山集 4/36a

大行皇帝升遐鈴司進功德疏　文山集 4/36b

大行皇帝本州追嚴道場疏　文山集 4/38b

大行皇帝鈴司追嚴道場疏　文山集 4/38b

祭趙信庵丞相文（1－2）　澗谷集 3/2a、3a

祭前湖南安撫趙德修檢討文　本堂集 88/4a

祭趙氏外姑董安人文　本堂集 88/5a

祭外舅趙元章知縣文崇憲　本堂集 88/10a

祭趙景文文必昌　本堂集 89/1b

祭集賢學士趙嚴起文孟傳　本堂集 89/4a

挽趙集賢□□三首　本堂集 90/3b

祭趙星渚文　魯齋集 19/1a

祭趙草巢文　魯齋集 19/9a

祭撫州趙知府文　無文印集 12/3b

祭趙忠定公文　久軒集 8/55b

奏告滁州端命殿太祖皇帝神御　四明文獻集 4/27a

祭濟王文　四明文獻集 4/27b

大行皇帝挽詞五首　先天集 2/8b

祭趙北山文善醫　覆瓿集 4/2b

祭先父文　覆瓿集 4/3a

趙秋曉先生祭文陳庚撰　覆瓿集/卷末 4a

趙秋曉先生祭文陳師善撰　覆瓿集/卷末 8b

祭大宋忠臣趙卯發文　心史/下/42b

祭大宋忠臣趙淮文　心史/下/42b

祭大宋忠臣趙與擇文　心史/下/42b

理考挽詞　自堂稿 2/8a

焚黃祭考君文趙彥端撰　播芳文粹 139/1a

遷葬祖母祭文趙彥端撰　播芳文粹 139/5a

高宗皇帝挽詞五首李巘撰　播芳文粹 142/8b

高宗皇帝挽詞五首陳居仁撰　播芳文粹 142/9b

高宗皇帝挽詞三首林栗撰　播芳文粹 142/10b

高宗皇帝挽詞二首黃謙撰　播芳文粹 142/11b

高宗皇帝挽詞二首黃倫撰　播芳文粹 142/12a

高宗皇帝挽詞二首袁樞撰　播芳文粹 142/12b

高宗皇帝挽詞四首程大昌撰　播芳文粹 142/13b

高宗皇帝挽詞三首韓彥質撰　播芳文粹 142/14b

五國城奉送徽宗梓宮文朱弁撰　新安文獻 46/1b

綦

祭綦內翰先生文王靖撰　北海集/附中 8a

祭綦崇禮李邴撰　北海集/附中 10a

祭綦內翰文　漢濱集 16/2a

甄

祭甄總管文　南軒集 44/3b

聞人

爲魏侍郎祭聞人奉議文　太倉集 69/1a

管

管長源瀾朝奉挽詞　益國文忠集 43/1b　益公集 43/74a

熊

告熊孝子墓文　朱文公集 86/5a

祭熊承議文　盤洲集 72/1b

祭熊運使文　盤洲集 73/3b

先考獨善先生祠堂祭文熊克撰　播芳文粹 139/4a

家廟祭文熊克撰　播芳文粹 139/7b

祭十叔父朝請文熊克撰　播芳文粹 139/11b

翟

祭翟秘監文　道鄉集 88/16a

覲墳祭文　翟忠惠集 10/9a

少保忌辰祭文　翟忠惠集 10/9b

少師忌辰祭文　翟忠惠集 10/10a

家廟時祭文　翟忠惠集 10/10a

家廟歲旦祭文　翟忠惠集 10/10a

家廟中元祭文　翟忠惠集 10/10b

家廟夏至祭文　翟忠惠集 10/10b

家廟寒食祭文　翟忠惠集 10/10b

家廟重陽祭文　翟忠惠集 10/11a

家廟十月朔祭文　翟忠惠集 10/11a

家廟冬至祭文　翟忠惠集 10/11b

十 五 畫

潘

祭潘太保文　祠部集 34/3b

祭故潘郎中文　錢塘集 16/14b

潘處士挽詞　張右史集 36/7b

潘鯁奉議挽詞　張右史集 36/7b

潘邠老哀詞　幼槃集 10/7a

代祭潘少保相公文　雙溪集 15/7a

祭潘朝議文　北山集 14/1b

祭潘德廊經畧文　鄮峰錄 43/8a

祭潘叔度文　朱文公集 87/18a
祭潘左司文　朱文公集 87/19a
祭潘子皋文　東萊集 8/2a
祭潘朝散文　東萊集 8/3a
祭潘昭叔文　東萊集 8/4a
祭潘省之　止齋集 46/6a
祭潘先生文　梅溪集/前 18/12a
祭潘經畧文字德鄜　橘洲集 7/9b
祭潘叔昌知縣文　慈湖遺書/續 1/19b
祭潘叔度文　水心集 28/4a
祭潘立之文　勉齋集 39/16b
祭潘致政文　漫塘集 27/7a
代諸士友祭潘致政文　漫塘集 27/7b
代祭潘夫人文(1-2)　洺水集 16/11a、11b
祭潘叔源文　龍川集 23/5a
祭潘叔度文　龍川集 23/5b
衆祭潘用和文　龍川集 24/4b
祭潘叔度内子朱氏文　龍川集 25/15b
祭潘蔚平　魯齋集 19/2a

談
祭談彥才文　張華陽集 31/10a

諸葛
祭孔明文　眉山集 29/3b
祭諸葛通直文　竹軒雜著 6/2b
祭諸葛機宜文　鄖峰錄 43/4a
祭諸葛夢叟　止齋集 45/4a
祭諸葛夢叟母文　浪語集 34/14a
祭諸葛誠之文　燭湖集 13/6b

鄭
代王氏祭故鄭國長公主文　武夷新集 20/14b
宣徽太尉鄭公挽詞　景文集 9/9a
彭城郡鄭太夫人挽辭二首　蘇魏公集 14/7a
祭普寧郡太君文　鄖溪集 19/2b
祭鄭都官文　龍學集 10/8a
鄭公挽辭　韓南陽集 12/9b
鄭閎中挽辭二首　韓南陽集 12/11b
祭鄭宣徽文　歐陽文忠集 49/10b
贈工部侍郎鄭公挽辭　臨川集 35/5b
祭壽光縣君文　四庫拾遺 585/畫墁集
先考辭堂祭　西塘集 5/15a
建炎二年奉安鄭(俠)先生文　吳表臣撰　西塘集/傳誌 28b
祭鄭以寬文　北湖集 5/14b

祭鄭庭誨文　四庫拾遺 177/東堂集
祭鄭編修漁仲文　松隱集 34/3b
鄭國太挽詞四首　張華陽集 38/1a、2a
祭鄭龍巖文　韋齋集 12/10a
故樞密鄭公挽詞三首　韓陵陽集 3/15b
挽鄭教授　盧溪集 25/4a
越國鄭夫人挽詞二首　鴻慶集 7/3a　孫尚書集 68/3b
祭叔通判文　北山集 6/1a
祭族兄巨中并同母姊姚氏文　北山集 6/1b
祭先妣太孺人文　北山集 6/3b
賜第後告祖廟文　北山集 6/3b
祭中散墳文　北山集 6/5a
祭馬澗墳文　北山集 6/5b
代淇弟祭母文　北山集 6/7a
代玠姪祭祖母文　北山集 6/7b
代玠祭考妣文　北山集 6/7b
代玠舉葬父母文　北山集 6/8a
代玠祭妻方氏文　北山集 6/8b
代瑀姪祭考妣文　北山集 6/9a
代四五叔祭叔母文　北山集 6/9b
代琉姪等祭母文　北山集 6/9b
代宗魯兄祭蔣嫂文　北山集 6/10a
出官辭先妣墳祭文　北山集 14/1a
庚申歲焚黃祭文　北山集 14/7a
祭鄭仲遠　横浦集 20/2b
追封告文　鄭忠肅集/下 3b
焚黃告文　鄭忠肅集/下 4a
家廟告文　鄭忠肅集/下 4b
祭鄭無慾文　高峰集 12/18a
奉安西塘鄭先生神像祝文　鄖峰錄 42/3a
立西塘鄭先生祠預告諸先生文　鄖峰錄 42/4b
祭鄭湘鄉叔友文　艾軒集 7/4b
祭鄭自明文　朱文公集 87/11a
鄭氏母挽詞二首　網山集 2/6b
鄭唐仲挽詞　網山集 2/7b
鄭唐仲祭文　網山集 5/14a
祭鄭自明　止齋集 45/5a
祭鄭龍圖　止齋集 45/6a
祭鄭龍圖母夫人　止齋集 46/2b
祭鄭龍圖伯熊　宋本攻媿集 84/13a　攻媿集 83/12b
祭鄭衡州若容　宋本攻媿集 85/3b　攻媿集 84/3b

祭鄭司法頡　宋本攻媿集 85/12b　攻媿集 84/12a

祭鄭樞密文　止堂集 15/12b

會奠邑宰鄭令君辭　慈湖遺書/續 1/18b

祭鄭道州守仁　復齋集 18/10b

祭廣東鄭提舉起沃　復齋集 18/12b

祭鄭司令母潘夫人　復齋集 18/18b

祭鄭景望龍圖文　水心集 28/1a

祭鄭景元文　水心集 28/5a

祭鄭知錄景先文　省齋集 10/3b

祭鄭悦夫主簿　克齋集 11/9a

祭鄭景望龍圖文　龍川集 22/10a

祭鄭景元提幹文　龍川集 23/2b

祭鄭景元母夫人文　龍川集 25/7a

祭致政鄭公文　四庫拾遺 404/東澗集

祭鄭都承子敬文（1－2）　臞軒集 11/20a、21b

挽觀使鄭尚書　可齋稿 26/15b

祭鄭子敬左司文　後村集 137/3b

祭鄭伯昌吏部文　後村集 138/9a

祭鄭丞相文　後村集 138/14b

祭鄭元樞文　後村集 139/3b

祭鄭常博文　後村集 139/8a

祭鄭山長文　後村集 140/3b

祭鄭碩人欑所文　庸齋集 6/4b

鄭寺正挽辭　魯齋集 18/8a

祭鄭庭誨文毛滂撰　宋文鑑 134/26a

祭鄭大著文黃定撰　播芳文粹 136/5b

祭鄭鯁之文陳瓘撰　播芳文粹 140/15b

樓

樓朝議挽辭　橫塘集 3/10b

祭樓通奉文　北山集 14/8b

工部加贈焚黃祝文（1－4）　宋本攻媿集 83/5a　攻媿集 82/5a

移長汀菴祭告三代祝文　宋本攻媿集 83/6b　攻媿集 82/6b

祭告先君工部祝文　宋本攻媿集 83/7a　攻媿集 82/7a

移長汀菴畢工奉安神主祝文　宋本攻媿集 83/8a　攻媿集 82/8a

鄉校奉安先生祠堂祝文　宋本攻媿集 83/8b　攻媿集 82/8b

祭從兄少微縣丞　宋本攻媿集 84/25b　攻媿集 83/24b

祭叔父郴州　宋本攻媿集 85/1a　攻媿集 84/1a

祭參政大資樓公文　絜齋集 22/4a

樓參政挽詞　水心集 8/2a

祭同班樓大聲文　爥湖集 13/10b

祭樓德潤母夫人文　龍川集 25/7a

祭樓屯田文　拙軒集 6/13b

歐陽

祭少師歐陽永叔文　安陽集 44/4a　歐陽文忠集/附錄 1/1a

歐陽文忠公挽辭二首並序　蘇魏公集 14/9a

祭歐陽少師太夫人（1－2）　蘇魏公集 70/12a、12b

祭歐陽少師文　曾南豐集 32/4a　元豐稿 38/1a　歐陽文忠集/附錄 1/4a

祭叔父文　歐陽文忠集 49/8a

皇考焚黃祭文　歐陽文忠集 49/11a

曾祖曾祖母祖祖母焚黃祭文　歐陽文忠集 50/4b

皇考太師祭文　歐陽文忠集 50/5a

皇妣太夫人祭文　歐陽文忠集 50/6a

哭女師　歐陽文忠集 58/6a

祭歐陽修文范鎮撰　歐陽文忠集/附錄 1/5a　蜀文輯存 9/16b

祭歐陽文忠公文　臨川集 86/2a　歐陽文忠集/附錄 1/3a

祭歐陽文忠公文　蘇東坡全集 35/2a　歐陽文忠集/附錄 1/5b

祭歐陽仲純父文　蘇東坡全集 35/6a

祭歐陽伯和父文　蘇東坡全集 35/12b

祭歐陽文忠公夫人文　蘇東坡全集 35/16a

祭歐陽文忠公文　蘇東坡全集/後 16/9a　歐陽文忠集/附錄 1/6b

祭歐陽少師文　欒城集 26/1a　歐陽文忠集/附錄 1/7a

祭歐陽文忠文　後山集 18/13a

代祭歐陽夫人文　淮海集 32/1b

代邵資政祭歐陽太師文　宗伯集 17/5b

祭歐陽文忠公夫人薛氏文　鷄肋集 60/12b

歐陽升之挽辭　龍雲集 10/8a

挽歐陽伯和三首　西臺集 19/15a

挽歐陽文忠公三首　西臺集 20/12b

謁王歐二公祠文　相山集 28/1b

挽歐陽仁叟　盧溪集 25/5a

挽歐陽宜人　盧溪集 25/5b

祭宜州歐陽氏姊文　漢濱集 16/4a

歐朱陪從祀文　復齋集 19/1a

奉安歐陽四門祠　復齋集 19/1b

祭歐陽孺共文　艾軒集 7/9a

祭歐陽巽齋先生　文山集 11/35a

厲

祭厲約父文　水心集 28/11b

慕容

祭叔孚文　四庫拾遺 603/摛文集

祭慕容尚書文　丹陽集 15/7a

信國太夫人慕容氏挽詞二首　益國文忠集 4/10a　益公集 4/129a

蔡

祭蔡侍郎文　范文正集 10/2a

長子將作監主簿哀詞並序(1-3)　蔡忠惠集 32/1a、2a、2b

祭弟文　蔡忠惠集 32/3b

祭〔亡室〕永嘉郡君文　蔡忠惠集 32/8a

祭六郎監簿文　蔡忠惠集 32/8b

祭皇考郎中文　蔡忠惠集 32/11a

祭八廷評文　蔡忠惠集 32/13a

蔡學士挽詞四首　節孝集 26/10b、11a

祭蔡端明文　歐陽文忠集 50/10b

祭蔡參政文　樂全集 35/4a

祭蔡資政文　樂全集 35/13b

祭蔡資政文　樂全集 35/15b

祭女夫故河北路轉運判官殿中丞蔡天申文　樂全集 35/18a

祭蔡資政文　范忠宣集 11/5b

祭廣濟使君蔡承議文　范忠宣集 11/14a

祭蔡仲遠侍郎文　范忠宣集 12/1b

祭蔡景繁文　蘇東坡全集 35/12a

代張公祭蔡子正資政文　樂城集 26/8b

哭漳州蔡温老秀才　青山集 30/4a

代高郵縣祭故運使蔡學士文　四庫拾遺 169/雲溪集

祭蔡致之文　學易集 8/19b

代范忠宣祭蔡浚明文　西臺集 17/14b

三省祭蔡顯謨母金郡君文　摛文集 14/1b

祭蔡濟仲文　橫塘集 18/10b

祭中書蔡舍人天啓文　翟忠惠集 10/7b

祭蔡侍郎文　筠溪集 23/3b

代伯氏祭蔡侍郎文　筠溪集 23/4b

祭蔡子強學士文　筠溪集 23/7b

祭蔡子應郎中文　筠溪集 23/12b

代祭蔡宜人文　高峰集 12/24a

代祭蔡元度文　高峰集 12/24b

謁端明侍郎蔡忠惠公祠文　朱文公集 86/11b

祭蔡季通文(1-2)　朱文公集 87/23b

新鎮江通判蔡湍挽詞襄曾孫　益國文忠集 6/4a　益公集 6/27b

宣州蔡子平尚書淑人居氏挽詞二首　益國文忠集 6/7b　益公集 6/21a

蔡以之母挽詞　網山集 2/12a

祭亡弟允夫文　定齋集 13/8b

祭蔡覺軒文熊慶胄撰　覺軒集 7/23a

蔡覺軒哀辭熊慶胄撰　覺軒集 7/23b

蔡尚書挽詞二首　水心集 7/16b

吉州刺史蔡直之挽詞二首　水心集 7/19a

祭蔡行之尚書文　水心集 28/16b

祭蔡端明文　北溪集/第四門 29/1b

祭蔡氏姊文　北溪集/第四門 30/5a

祭運使蔡大博文(1-2)　後樂集 19/4b

祭蔡行之母太恭人文　龍川集 25/9a

謁蔡端明文　真西山集 48/12a、49/26b

祭蔡子重文　四庫拾遺 730/浣川集

代叔祭蔡基仲夫婦文　篔窗集 8/15a

祭兄覺軒文　久軒集 8/53b

蔣

蔣司成挽詞　龜溪集 3/19b

祭蔣參議文　益國文忠集 38/19a　益公集 38/106a

祭蔣從道文　東萊集 8/2b

祭安康郡俞夫人蔣參議母　宋本攻媿集 85/2a　攻媿集 84/2a

蔡蔣中丞夫人文　渭南集 41/4b

挽蔣質甫文　本堂集 90/4a

蔣叔行挽辭　魯齋集 18/9b

閭丘

閭丘大夫挽詞　道鄉集 14/13a

祭閭丘大夫文　道鄉集 38/13a

樊

祭樊宣幹文　北山集 14/13b

祭外舅樊寺丞文　歸愚集/補遺 6a

哭樊李二表嫂文　鶴山集 91/7a

挽樊君脩邦道　本堂集 90/2b

稽

祭舅氏翰林學士稽公文　樂全集 35/5a

黎

挽黎承事詞　斐然集 27/24a

樂

祭樂先生文　范成大佚著/183

衛

告墓祝文　定菴稿 4/24b

祭衛大著母夫人文　誠齋集 102/2a

門生林子燕祭衛經〔涇〕文　四庫拾遺 276/後樂
集

顧然祭衛經〔涇〕文　四庫拾遺 278/後樂集

祭衛晦仲文　漫塘集 27/10b

劉

祭劉司空文　徐公集 20/18b

祭安退先生劉君文　安陽集 44/2a

哀劉屯田辭蘇轍撰　三劉家集/89a

祭劉屯田文　蔡忠惠集 32/11b

祭青州劉元瑜待制文　祠部集 34/3b

觀文殿大學士刑部尚書贈左僕射兼侍中劉

　公挽辭三首　蘇魏公集 14/5a

祭劉丞相　蘇魏公集 70/3b

祭劉大卿文爲始平公作　傳家集 80/4a

祭伯父殯文　公是集 50/12b　宋文鑑 133/11a

祭亡弟縣丞文　彭城集 40/7b

祭亡妻潁陽縣君韓氏文　彭城集 40/8a

祭外姑彭城縣君文　雲巢編 10(三沈集 8/72a)

祭劉丞相文　郟溪集 19/2b

劉握大夫挽詞二首　錢塘集 9/17b

劉欽止承務挽詞一首　錢塘集 9/18a

熙寧九年祭先塋文　忠肅集 14/24a

祭蹈文　忠肅集 14/24b

代祭劉貢父文　曲阜集 4/32b

祭劉給事文　歐陽文忠集 50/8b

祭監押劉供奉文　范忠宣集 11/6a

祭劉質夫文　二程集(伊川)48/2b

劉凝之屯田哀辭　欒城集 18/5a　三劉家集/89a

祭劉凝之文　豫章集 21/14a

祭劉貢父文　張右史集 45/8b

祭〔漢〕魯恭王文　張右史集 45/17b

祭弟法曹文　學易集 8/22b

故文安郡君劉氏挽詞　道鄉集 14/12a

祭劉莘老相公文　西臺集 17/6a

祭劉絜矩文　浮沚集 7/2b

祭劉取新文　浮沚集 7/5a

祭劉令人文　浮沚集 7/6b

祭劉起居文　浮沚集/補遺/7b

祭亡兄左史　劉給諫集 4/9b

代祖母祭八叔　劉給諫集 4/11a

祭十七嫂方氏　劉給諫集 4/11b

祭十八嫂朱氏　劉給諫集 4/11b

贈正議朝議大夫燎黃　劉給諫集 4/12a

謁先祖長史墓　劉給諫集 4/12a

謁先考正議墓　劉給諫集 4/12b

謁十四叔墓　劉給諫集 4/12b

謁十七兄墓　劉給諫集 4/12b

祭劉器之　龜山集 28/8a

劉仲偃大資政哀辭　梁溪集 164/7a

祭宣州劉舍人文　橫塘集 18/9a　劉左史集 4/14a

祭劉元脩文　橫塘集 18/10a

祭劉尚書文　丹陽集 15/7a

祭劉頒政　丹陽集 15/8a

祭亡伯文　楳溪集 12/1a

改葬先考朝奉祭文　楳溪集 12/2b

改葬先妣祭文　楳溪集 12/3a

祭亡姑文　楳溪集 12/3b

祭劉文中奉文　苕溪集 23/1a

焚黃祭文　苕溪集 29/1b

祭族兄無言脩撰文　苕溪集 29/3a

祭族兄希范資政文　苕溪集 29/4a

劉忠顯挽詞並序　紫微集 6/15a

劉無虞尊人挽詞　紫微集 6/16b

祭劉寶學彥脩文　紫微集 36/9a

劉資政翰挽詞　龜溪集 3/21a

祭劉資政文　龜溪集 12/13b

挽劉美中尚書　盧溪集 25/1a

挽劉公弼　盧溪集 25/2b

挽劉英臣　盧溪集 25/3a

挽劉子儀　盧溪集 25/5a

挽劉英臣母王氏夫人　盧溪集 25/5b

挽劉宗望　盧溪集 25/6b

祭劉元弼文　盧溪集 41/9b

祭劉英臣文　盧溪集 41/10a

祭劉世臣文　盧溪集 41/10b

祭屏山文胡憲撰　屏山集/祭文 1a

祭劉待制彥脩文　斐然集 27/9b

祭劉致中文　斐然集 27/17a

挽劉忠顯詞　斐然集 27/22a

祭劉侍郎文　唯室集 3/8b

祭劉光祖文　竹軒雜著 6/2a

祭劉知言文(1-2) 竹軒雜著 6/6a

祭劉文先生文 拙齋集 19/1a

祭劉正字復之文 艾軒集 7/4a

謁劉屯田祠文 朱文公集 86/5a

祭屯田劉居士墓文 朱文公集 86/5b 三劉家集/97a

奉安五賢祠文 劉公 李公 陶公 劉公 陳公
朱文公集 86/6a

祭劉參議文 朱文公集 87/4b

祭劉共父樞密文(1~3) 朱文公集 87/6b、8a、8b

祭劉氏妹文 朱文公集 87/14b

祭劉平父文 朱文公集 87/16a

祭劉子澄文 朱文公集 87/18a

祭劉子禮文 朱文公集 87/19b

祭察推劉辰告母歐陽氏文乾道六年正月三十日
益國文忠集 38/5b 益公集 38/92b

祭劉辰告令猷文乾道六年 益國文忠集 38/6a
益公集 38/92b

祭劉汝一度諫議文 益國文忠集 38/11b 益公集
38/99b

祭劉子深知縣德文禮慶元六年九月三十日 益
國文忠集 79/9a 益公集 79/121a

祭劉端木 止齋集 45/5b

祭劉子澄 止齋集 46/3b

祭劉侍郎文 定庵稿 4/25b

祭劉宜人 宋本攻媿集 84/18b 攻媿集 83/18a

祭劉宜人 宋本攻媿集 85/8a 攻媿集 84/8a

祭劉衢州朔 宋本攻媿集 85/10a 攻媿集 84/9b

祭劉天台孝悫 宋本攻媿集 85/15a 攻媿集 84/14b

祭寺簿劉子澄文 止堂集 15/14b

南康祭劉屯田祠 復齋集 18/4b

奠劉忠肅公文 雲莊集 10/3a 真西山集 48/7a

祭劉文簡公文熊以寧撰 雲莊集/卷首 53a

劉復之哀辭 浪語集 13/5b

代四兄祭劉氏舅母文 浪語集 34/14a

悼雙珍辭 誠齋集 45/11b

祭劉公佐致政奉議文 誠齋集 101/2b

祭劉雩都先生夫人彭氏文 誠齋集 101/6b

祭劉諤卿知縣文 誠齋集 102/2b

祭劉樞密 渭南集 41/4a

祭劉公實侍郎文 水心集 28/11b

祭劉閣學文 水心集 28/20a

祭劉酌甫 水心集 28/20a

祭劉仲明文 四庫拾遺 266/昌谷集

祭劉宣教文 省齋集 10/5b

祭劉樞密文(1-3) 南軒集 43/2a 3a

祭臨江劉静春先生文 勉齋集 39/1a

祭劉正之文 勉齋集 39/10b

劉左史祭文 性善稿 13/3b

皇考雲茅先生祭文(1-3) 漫塘集 26/1a、1b、2b

祭伯母太孺人洪氏文(1-2) 漫塘集 26/3a、3b

姊氏遷葬祭文 漫塘集 26/3b

祭成忠兄文 漫塘集 26/4a

葬兄祭文 漫塘集 26/5a

祭司法兄恭靖先生文(1-2) 漫塘集 26/5b、6a

代姪祭父成服文 漫塘集 26/7a

代姪祭父母大葬文 漫塘集 26/7b

祭亡弟二居士文 漫塘集 26/8b

亡弟祭文(1-2) 漫塘集 26/9b

前室安人陶氏啓殯祭文 漫塘集 26/10b

繼室安人梁氏祭文(1-2) 漫塘集 26/11b、12b

皇考朝奉焚黃祝文 漫塘集 26/12b

前室安人陶氏焚黃祝文 漫塘集 26/13a

繼室安人梁氏焚黃祝文 漫塘集 26/13b

祭外弟文(1-2) 漫塘集 26/14a、15b

外弟諸子歸宗告家廟文 漫塘集 26/16b

祭弟婦聶氏文 漫塘集 26/17a

代弟祭妻文 漫塘集 26/17b

代弟冬節祭妻文 漫塘集 26/18a

祭姪仲益監元文 漫塘集 26/18b

祭姪婦陳氏文 漫塘集 26/19a

祭先考墳破土祝文 漫塘集 27/12a

祭劉宰文王遂撰 漫塘集/附錄 4b

祭劉宰文吳潛撰 漫塘集/附錄 5b

祭妻姑劉夫人文 龍川集 25/12a

哭劉少監靖之文 鶴山集 91/3b

哭劉閣學 鶴山集 91/13a

祭安撫忠肅劉公文 真西山集 49/4a

祭劉房州文 真西山集 51/9b

祭少監劉漫塘文 杜清獻集 18/10a

謁文簡劉公祝文(1-3) 後村集 135/2b、3a、3b

寶慶乙酉通奉大夫祝文 後村集 135/9b

紹定戊子正奉大夫祝文 後村集 135/10a

紹定辛卯宣奉大夫祝文 後村集 135/10a

紹定癸巳銀青祝文　後村集 135/10a

嘉熙丁酉特進祝文　後村集 135/10b

嘉熙己亥少保祝文　後村集 135/10b

淳祐癸卯少師宜人祝文(1-2)　後村集 135/11a、11b

淳祐己酉齊國文　後村集 135/11a

淳祐己酉恭人祝文　後村集 135/12a

端平己未安人祝文　後村集 135/11b

淳祐辛亥令人祝文　後村集 135/12a

景定壬戌碩人祝文　後村集 135/12b

咸淳乙丑淑人祝文　後村集 135/12b

乙丑魯國方夫人祝文　後村集 135/13a

乙丑魏國林夫人祝文　後村集 135/13a

祭亡室文(1-4)　後村集 136/5b、6b、7a

祭少奇姪文　後村集 137/14a

祭都官兄文　後村集 137/16b

祭季父習靜文　後村集 138/1a

祭工部弟文(1-3)　後村集 138/2a、3a、3b

祭古田弟文　後村集 138/3b

祭從母陳恭人文　後村集 138/4b

祭魏國大殮文　後村集 138/11a

又祖奠魏國文(1-2)　後村集 138/11b、12b

祭仲妹文　後村集 138/13b

祭惠州弟文　後村集 139/2b

祭伯姊文　後村集 139/7a

祭周士姪文(1-2)　後村集 139/8b、9b

祭弟婦方宜人文　後村集 139/10a

代姪孫在祭祖母文　後村集 139/10b

祭六二弟文　後村集 139/12b

季子生母掩坎祭文　後村集 139/17a

祭族兄寺丞文　後村集 140/6a

魏國追薦工部弟　後村集 172/15b

薦工部弟　後村集 172/15b

代追薦工部二首　後村集 172/16a

謁劉秘書文　雪坡集 47/2b

西澗謁劉屯田文　雪坡集 47/2b

謁劉檢討文　雪坡集 47/3a

劉良臣母哀辭　文山集 10/21b

祭後村劉尚書文　虛齋集 20/4b

後村墓祭文　虛齋集 20/7a

代劉平野薦母　石堂集 14/16a

祭克齋劉校勘方伯　吾汶稿 4/22a

代劉民憲祭內　吾汶稿 4/24a

祭劉司法夫人羅氏　吾汶稿 5/1a

代兒壽孫祭外姑劉孺人歐陽氏　吾汶稿 5/3a

祭姻冢新齋劉又新　吾汶稿 5/9a

祭外舅側室劉所存生母　吾汶稿 5/10a

祭姊夫菊存劉所祥　吾汶稿 5/14a

祭妻弟劉所性　吾汶稿 5/17a

祭劉尚書文祝咨謀撰　播芳文粹 135/16b

祭漳州劉安撫文(崔鷗謀)　播芳文粹 138/5a

祭劉樞密母夫人卓氏文趙彥端撰　播芳文粹 141/8b

滕

祭同年滕待制文　范文正集 10/5b

祭滕子京文　蘇學士集 15/12b

龍圖閣學士贈銀青光禄大夫滕元發挽辭二首　蘇魏公集 14/15a

滕龍圖挽詞　錢塘集 8/29b

祭滕龍圖文　樂全集 35/14b

祭滕達道龍圖文　范忠宣集 12/2a

祭滕大夫母楊夫人文　蘇東坡全集/後 16/13a

滕達道挽詞　淮海集 40/5b

祭滕文卿文　東萊集 8/3b

祭滕子駿文　鄮峰録 43/2b

滕茂實自爲哀詞　吳都續文粹/補遺上 /30a

滕勿齋內楊氏挽詞　魯齋集 18/7b

魯

蕭簡魯公挽詞四首　景文集 9/9b

魯子思哀詞　廣陵集 19/6b

祭魯秀才文　東萊集 8/4a

鄧

尚書左丞贈開府儀同三司鄧公挽辭三首　蘇魏公集 14/14a

鄧左丞開府挽詞　錢塘集 8/32b

永壽縣太君周氏挽辭鄧忠臣母　臨川集 35/7b

祭鄧內翰母郡太君文　樂城集 26/4a

鄧慎思學士挽詞二首　張右史集 36/7a

鄧縣君挽辭二首　龍雲集 10/8b

諸公祭鄧正言文　蘆川集 10/8b

祭鄧南夫文　默堂集 21/12a

祭鄧提舉妻恭人文(1-2)　盤洲集 72/9a、11a

衆官祭鄧恭人文(1-2)　盤洲集 72/10a、11a

祭鄧彥霄文　省齋集 10/4a

十 六 畫

霍

霍彥明通判挽詞二首　鴻慶集 7/5b　孫尚書集 68/8a

盧

　盧通議挽詞三首　范忠宣集 5/11a

　挽盧革通議三首　西臺集 19/16a

　祭盧諫議文　浮溪集/拾遺 3/452

　盧氏母挽詞二首　網山集 2/5a

　盧助教質夫挽詞二首　網山集 2/7a

　代盧國寶祭母文　網山集 6/4b

　祭盧欽叔母夫人文　龍川集 25/8b

　鄉祭盧直院祖皋文　浣川集 10/2b

　祭盧玉堂直院　北磵集 10/25a

閻

　江西提點刑獄閻顒郎中挽詞一首　安陽集 45/3b

　閻博士挽詞二首　節孝集 26/9a、9b

　祭閻朝議文　范忠宣集 11/9b

　閻求仁太博挽詞　道鄉集 14/12b

錢

　錢起居挽辭二首　蘇魏公集 14/3a

　祭錢舍人文　古靈集 19/7b

　祭錢君倚文　傳家集 80/9a　司馬溫公集 80/10a

　祭故吳越國王文　西溪集 10(三沈集 3/41a)

　朝中祭錢純老人　元豐稿 38/6a

　錢君倚哀辭　蘇東坡全集 19/8b

　東平夫人挽章錢穆夫人　淮海集 40/4a

　祭錢朝奉文　嵩山集 20/42b

　祭錢少師文　松穩集 34/3a

　通川太守錢公挽詞　鴻慶集 7/6a　孫尚書集 68/8b

　祭錢伸仲文　盤洲集 72/1a

　致政通直錢公挽歌詞　水心集 7/21b

　錢知縣挽詞　水心集 7/24a

　祭錢伯同母碩人文　龍川集 25/6a

　祭錢竹巖　北磵集 10/22b

　祭昭文錢公　臨終見佛　北磵集 10/30a

穆

　祭第二子文　穆參軍集 3/17a

　哀穆先生文並序　蘇學士集 15/10a　穆公參軍集 3/卷末

鮑

　祭鮑君永泰王文(1-2)　臨川集 86/6b、7a

　代趙彥章祭鮑丈文　橫塘集 18/11b

　祭鮑提舉母文　竹軒雜著 6/2b

　鮑待用　明之父　挽詞四首　網山集 2/2a

　沖佑大夫鮑公挽詞　水心集 7/22b

十　七　畫

濮

　濮道甫挽詞　姑溪集 11/6b

蹇

　蹇侍郎挽詞二首　節孝集 27/1b

　蹇翁待制挽歌詞　陶山集 8/13b

謝

　祭謝賓客文　范文正集 16/1a

　祭謝舍人文　絳　范文正集 10/5b

　祭謝舍人文　河南集 17/12b

　祭謝左藏文　王魏公集 7/13a

　謝師厚挽詞三首　韓南陽集 12/11a

　祭謝希深文　歐陽文忠集 49/7a

　謝師厚挽詞三首　范忠宣集 5/9b

　祭謝秘丞文　范忠宣集 11/1a

　祭謝大夫文　師厚　范忠宣集 11/7b

　祭無逸兄文　幼槃集 10/5b

　祭謝參政文　毘陵集 12/1b

　祭謝侍郎文　建康集 4/15b

　祭謝昌國尚書文　紹熙四年　益國文忠集 79/7a　益公集 79/118b

　祭謝樞密　廓然　宋本攻媿集 84/2b　攻媿集 83/2b

　祭謝雲臺傑　宋本攻媿集 84/20b　攻媿集 83/20a

　代祭謝舍人文　南澗稿 18/23a

　代祭謝舍人文　客亭稿 10/13a

　祭謝宰母太夫人文　蓮峰稿 10/7b

　祭連袂謝克恭欽仲文　臞軒集 11/22a

　祭莆田謝丞文　後村集 140/11b

　參政謝公挽詞　黃定撰　播芳文粹 143/7a

廥

　祭江西提舉省齋廥先生　黃氏日鈔 95/3a

戴

　戴夫人挽詞　橫塘集 4/5b

　挽戴彥成通判　盧溪集 25/2b

　戴少美挽詞　晦之父　網山集 2/10b

　祭戴履道文　梅溪集/後 28/11a

　祭戴宣義文　絜齋集 22/11b

　戴肖望挽詞二首　水心集 7/24b

　祭戴詹事文　水心集 28/13b

　族祭教忠弟令閤宜人文　浣川集 10/3a

玉山祭男德茂文　四庫拾遺 729/浣川集
代人祭戴夫人文　靈巖集 8/6b

韓

祭韓侍郎文　徐公集 20/16b
祭告四代祖鼓城府君文　安陽集 42/9b
祭告五代祖庶子文　安陽集 42/10b
祭告五代叔祖二處士文　安陽集 42/11b
葬安國夫人祭告祖塋文　安陽集 42/12b
葬安國夫人祭告先塋文　安陽集 42/12b
祭韓少傅文　范文正集 10/3b
祭左藏韓則順文　祠部集 34/4a
代祭安國夫人文　祠部集 34/9a
司空贈太傅康國韓公挽辭五首　蘇魏公集 14/11a
祭韓殿丞　蘇魏公集 71/2b
祭韓文公文　龍學集 10/7b
祭丞相韓儀公文　忠肅集 14/21b
韓獻肅公挽詞三首　范太史集 3/14a
祭韓獻肅公文　范太史集 37/9a
尚書令魏國忠憲韓公挽詞二首　文潞公集 8/4a
司馬贈太傅康國韓公挽詞三首　文潞公集 8/6a
祭韓公文　韓南陽集 30/17a
祭紫微韓舍人綜文　樂全集 35/6b
康國韓公子華挽詞二首　范忠宣集 5/13b
祭韓魏公文　范忠宣集 11/1b
與慶州官吏祭韓魏公文　范忠宣集 11/2b
祭康國韓公文　范忠宣集 11/13a
忠獻韓公挽辭二首　臨川集 35/4b
祭韓欽聖學士文　臨川集 85/7b
祭韓康公文　二程(伊川)49/1a
祭魏國韓令公文　蘇東坡全集 35/3a
祭韓忠獻公文　蘇東坡全集/後 16/12a
祭忠獻韓公文　欒城集 26/6a
代三省祭門下韓侍郎曾孫文　欒城集 26/10b
韓獻肅公挽詞三首　豫章集 12/11a
代趙樞密祭韓康公文　豫章集 21/8b
代祭韓康公文　淮海集 32/2a
韓樞密夫人挽詞二首　淮海集 40/1a
韓康公挽歌詞三首　陶山集 3/12b
祭韓文公　西塘集 5/9a
祭韓擇之文　學易集 8/20b

祭韓贄文　西臺集 17/11a
祭韓夫人文　橫塘集 18/12b
祭韓運使文　建康集 4/16a
故資政忠惠韓公挽詞二首　韓陵陽集 3/17a
韓魏公祠奉安祝文(1-2)　梅溪集/後 28/4b、6b
謁韓中令文　雲莊集 10/5b　真西山集 48/11b
祭韓權郡文(1-2)　盤洲集 72/12b、13a
衆官祭韓權郡文(1-2)　盤洲集 72/12b、13b
祭韓无咎尚書文　渭南集 41/6a
祭韓子師尚書文　水心集 28/3b
焚黃告祭先考通議文　南澗稿 18/24b
祭伯父文　南澗稿 18/25a
祭叔父文　南澗稿 18/25a
祭三十三司戶叔文　南澗稿 18/25b
祭四十四撫幹叔文　南澗稿 18/26a
告先兄墓文　南澗稿 18/26b
謁韓魏王文　真西山集 48/13b
哭韓運幹廷珪文　鶴山集 91/5b
祭拙堂致政韓公文　蒙齋集 17/7b
祭韓文公文　東澗集 9/20b

薛

祭致政薛郎中文　祠部集 24/8b
祭薛尚書文　歐陽文忠集 49/6b
祭薛質夫文　歐陽文忠集 49/8a
祭壻立之　劉左史集 2/2b
薛承奉祭立之　劉左史集 2/2b
代貫道祭姪立之　劉左史集 2/2b
立之移喪路祭　劉左史集 2/3a
姨母薛夫人挽詞　橫塘集 3/13a
祭薛大資文　浮溪集 21/6a
祭薛康朝文　竹軒雜著 6/2b
祭薛常州先生　止齋集 45/2b　浪語集 25/4a
祭薛寺正季宣(1-3)　宋本攻媿集 84/12a,85/12a
　攻媿集 83/11b、12b,84/11b　浪語集 35/1b
代七乙叔翁堂祭廿九伯母文　浪語集 34/14b
堂祭四二叔母文　浪語集 34/14b
祭薛季宣文 莫濟撰　浪語集 35/1a
祭薛季宣文 樓鑰撰　浪語集 35/1b
祭薛季宣文 鄭伯英撰　浪語集 35/3a
祭薛季宣文 張淳、鄭伯熊撰　浪語集 35/3a
祭薛季宣文 周砅撰　浪語集 35/3b
祭薛季宣文 黃度撰　浪語集 35/4b

祭薛季宣文潘景憲撰　浪語集 35/5a
祭薛季宣文王遇撰　浪語集 35/5b
祭薛季宣文高宗商　石宗昭撰　浪語集 35/5b
祭薛季宣文石斗文撰　浪語集 35/5b
祭薛季宣文沈煥撰　浪語集 35/6a
祭薛季宣文孫觀正撰　浪語集 35/6b
祭薛季宣文陳牧之等撰　浪語集 35/7a
祭薛季宣文張淳等撰　浪語集 35/7b
祭薛季宣文薛溶撰　浪語集 35/7b
祭薛季宣文薛高撰　浪語集 35/8a
祭薛季宣文薛純等撰　浪語集 35/8b
祭薛季宣文從瑾〔釋〕撰　浪語集 35/8b
故常州知府寺正薛公之墓祭文趙汝譡撰　浪語集 35/9a
薛君季常挽詞　水心集 8/5a
薛嚴州挽詞　水心集 8/16b
祭薛子舒文　水心集 28/17a
祭薛端明文　水心集 28/18b
祭薛士隆知府文　龍川集 22/8b　浪語集 35/4a
祭薛象先內子黃恭人文　龍川集 25/14b
哭薛秘書絯文　鶴山集 91/7b
仙都祭薛瓜廬文　浣川集 10/1b
代祭薛僉判方安人　鐵菴集 40/8a
代祭考薛簽判妣方安人　鐵菴集 40/12a
祭鎮江薛節幹安泰寮　黃氏日鈔 95/3b
鍾
鍾子翼哀辭　蘇東坡全集/後 8/12b
鍾惠叔哀辭　平齋集 32/5a
祭鍾子鴻文　文溪集 12/2a
儲
祭泉州儲經畧用　復齋集 18/8b
祭儲經屬文　南軒集 44/3a
鮮于
祭故潁州通判鮮于都官　蘇魏公集 71/2b
鮮于諫議挽詞二首　范太史集 3/15a
爲范相祭鮮于修撰文　范太史集 37/8b
鮮于諫議挽詞三首　范忠宣集 5/12a
祭鮮于子駿文　范忠宣集 11/16a
鮮于子駿諫議哀辭　欒城集 18/6b
故安人常氏(鮮于廣少母)哀辭　南軒集 41/9a

祭先師顏子文　王文公集 81/2a
告顏子文　蘇東坡全集/續 12/42a
謁兗國公文　龍雲集 30/6a
代高郵縣祭先師兗國公文(1-2)　雲溪集 30/1a
奉安兗國公文　道鄉集 38/4b
奠顏魯公文(1-2)　丹陽集 11/5a
代張丞相祭顏門下文　澹庵集 22/25a
祭顏翼文　斐然集 27/18b
祭顏子文　北山集 6/6a
釋奠告兗國公文　太倉集 68/2a
祭顏子廟祝文　方舟集 14/26b
饒州謁顏范祠文(1-2)　梅溪集/後 28/1a、1b
謁顏魯公祠文　梅溪集/後 28/3b
祭魯公文　梅溪集/後 28/9b
兗國公　宋本攻媿集 83/18a　攻媿集 82/17a
祀先師顏子文　抄本緣督集 20/12b
先師兗國公祭文　慈湖遺書 4/3a
祭先師文　慈湖遺書/續 1/5b
唐顏魯公祠　慈湖遺書/續 1/7a
謁先師兗國公文　誠齋集 103/4a
祀兗國公祝文　江湖集 30/9b
先師祭文　南軒集 82/8b
臨川祭顏魯公祠　勉齋集 45/5b
祭兗國公文　洛水集 21/7b
謁顏尚書文　真西山集 48/12a
先師兗國公祭文　蒙齋集 17/6a
祭海豐宰顏養智文　臞軒集 11/23a
謁顏魯公祠文　楳埜集 11/14b
兗國公祝文　雪坡集 47/2a
聶
挽聶氏孺人　盧溪集 25/6a
祭聶司理　復齋集 18/15a
豐
祭豐宅之文　絜齋集 22/10a
彌頑極祭豐提刑文　無文印集 13/7b
蕭
祭蕭仲翔文　西塘集 5/13b
蕭子寬哀辭　梁溪集 164/2a
祭清節蕭子荊先生文　澹庵集 22/16a
蕭端偉挽詞　益國文忠集 5/11b　益公集 5/13a
祭蕭帥文　浪語集 34/9a
祭蕭殿撰文　南軒集 44/2a

十 八 畫

顏

祭蕭穎仲文　真西山集 51/3a

祭安撫蕭檢詳逢辰　文山集 11/39a

祭御史蕭方厓　吾汶稿 4/13a

葬祭蕭方厓　吾汶稿 4/16a

瞿

挽瞿氏　盧溪集 25/4b

簡

臨賀太守簡世傑挽詞　益國文忠集 41/3a　益公集 41/41a

魏

崇仁縣君魏氏挽詞　道鄉集 14/10a

祭右院魏判官文爲大名同官作　初寮集 8/26a

魏大觀文挽辭史浩撰　魏文節集/附錄 44b

祭魏丞相文王知道撰　魏文節集/附錄 52a

祭魏元履國錄文　朱文公集 87/3a

祭魏丞相　宋本攻媿集 85/6b　攻媿集 84/6b

祭魏益之文　水心集 28/6a

祭魏子明先生文　燭湖集 13/5b

祭魏元履文　南軒集 44/2b

哭女璧海文　鶴山集 90/7a

家廟祭文　鶴山集 90/7b

哭族兄德先文　鶴山集 90/10b

哭宗五弟文　鶴山集 90/13b

代開三兄同諸弟哭叔母文　鶴山集 91/7a

哭先叔母文　鶴山集 91/10b

代南叔諸兄作先叔母大祥祭文　鶴山集 91/10b

哭宗三弟文　鶴山集 91/11b

哭叙州弟　鶴山集 91/19a

焚黃告先墓文(1-2)　鶴山集 88/1a、16b

祭先墓文(1-3)　鶴山集 98/2a、5b、14b

焚黃告楊孺人墓文　鶴山集 98/2a

告楊宜人墓文　鶴山集 98/15a

再爲叔母有禱　鶴山集 99/5a

先叔母卒哭醮詞　鶴山集 99/6a

叔母葬事設醮啓壇詞　鶴山集 99/6a

祭魏鶴山先生文　臒軒集 11/15b

祭魏參政　秋崖稿 44/1b

祭魏鶴山　北磵集 10/27b

十 九 畫

譚

致仕虞部曲江譚君挽辭　臨川集 35/5b

譚勝仲挽詞二首　張華陽集 38/2b

譚知禮哀詞　五峰集 3/46b

祭譚大夫煥之文　斐然集 27/8b

挽譚邦鑑詞　斐然集 27/24b

祭譚參議文(1-2)　後樂集 19/3b、4a

端潔譚公　真西山集 49/3a

譙

祭福建譙漕念憲　復齋集 18/5b

祭譙大卿文　雲莊集 10/9a

祭譙大卿文　真西山集 51/1b

龎

祭穎公文　傳家集 80/7a　司馬溫公集 80/8b

祭龎祐甫文　南澗稿 18/19a

關

祭關職方文　曾南豐集 34/2b　元豐稿 38/8b

羅

祭羅適大夫文　錢塘集 16/21a

挽羅荊老　盧溪集 25/3b

禮部頒羅從彥祭文　羅豫章集/卷末 21a

焚黃祝文　羅豫章集/卷末 26b

祭羅從彥文石公轍撰　羅豫章集/卷末 27b

祭羅從彥墓文劉允濟撰　羅豫章集/卷末 28a

祭羅從彥墓文高斯得撰　羅豫章集/卷末 29a

羅主簿妻朱氏挽詞二首　益國文忠集 1/3a　益公集 1/85a

武岡太守羅秉恭挽詞　益國文忠集 4/16b　益公集 4/136b

祭羅長卿文　益國文忠集 38/3a　益公集 38/89a

祭羅樞密點　宋本攻媿集 84/3b　攻媿集 83/3b

祭羅權郡文　盤洲集 72/11b

衆官祭羅通判文　盤洲集 72/12a

祭羅季呂文　誠齋集 101/2a

祭羅元忠文代內　誠齋集 101/5b

祭羅樞密文　江湖集 30/19b

祭羅宣教文　省齋集 10/7a

祭心友羅東父文　字溪集 9/23a

祭與父兄文　澗谷集 3/11b

祭兄幼思文　澗谷集 3/12a

祭兄蒼崖文　澗谷集 3/13a

代兄蒼崖祭大姊文　澗谷集 3/14a

祭兄振父文　澗谷集 3/15a

祭兄岳老文　澗谷集 3/15b

祭妻袁氏文　澗谷集 3/16a

祭弟南谷文　澗谷集 3/16b
祭姪伯初文　澗谷集 3/18a
祭姪伯恢文　澗谷集 3/19a
祭姪亦泰文　澗谷集 3/21a
祭姪亦潛文　澗谷集 3/22a
祭姪泰寧令廷圭文　澗谷集 3/22b
祭姪伯陽文　澗谷集 3/23a
祭長子二十郎文　澗谷集 3/23a
代冢婦祭夫文　澗谷集 3/25b
祭族兄復齋文　澗谷集 3/26a
祭弟迪章文　澗谷集 3/26b
祭族姪懋齋才父文　澗谷集 3/27b
祭族姪大初文　澗谷集 3/28a
祭羅季清　黃氏日鈔 95/5a

二 十 畫

黨
　代宜州郡官祭黨守文　豫章集 21/19b
蘇
　蘇洵員外挽詞二首　安陽集 45/4a
　祭蘇子美文　蔡忠惠集 32/6a
　蘇明允宗丈挽辭二首　蘇魏公集 14/8b
　漏港灘祭男頴士　蘇魏公集 71/4a
　蘇明允哀詞　元豐稿 41/4a
　蘇才翁挽辭二首　韓南陽集 12/8b
　蘇子瞻挽詞二首　節孝集 27/1a
　祭蘇子美文　歐陽文忠集 49/10a
　祭亡妻文　嘉祐集 14/8a
　祭姪位文　嘉祐集 14/8b
　蘇才翁挽辭二首　臨川集 35/8b
　祭蘇虞部文　臨川集 85/5a
　蘇世美哀辭　蘇東坡全集 19/10a
　祭堂兄子正文　蘇東坡全集 35/10a
　祭亡妻同安郡君文　蘇東坡全集/後 16/11b
　祭亡妹德化縣君文　蘇東坡全集/後 16/14a
　祭姪林文　欒城集 26/6b
　祭八新婦黃氏文（1－2）　欒城集/後 20/4b、8b
　北歸祭東塋文　欒城集/後 20/5b
　祭亡兄端明文（1－2）　欒城集/後 20/6a、7b
　遣適歸祭東塋文　欒城集/後 20/10a
　祭蘇端明郡君文　張右史集 45/9b
　祭叔父黃門文　斜川集 6/14b
　祭丞相蘇子容文　陶山集 13/18a

　祭端明蘇公文　雞肋集 61/4a
　東坡挽詞　姑溪集 11/6a
　祭蘇丞相文　道鄉集 38/7b
　祭蘇丞相文　翟忠惠集 10/7a
　奠亡兄尚書龍學祭文　雙溪集 15/7b
　代祭蘇子努文　艾軒集 7/13a
　奉安蘇丞相祠文　朱文公集 86/2a　蘇魏公集/卷首 16a
　奉安蘇丞相畫像文　朱文公集 86/2b　蘇魏公集/卷首 16b
　祭蘇訓直　止齋集 46/4a
　謁蘇文公祠　鶴山集 98/4a
　祭邑教蘇德淵森文　本堂集 89/6a
　代邑士祭蘇德淵文　本堂集 89/6b
　祭蘇愚翁文　魯齋集 19/10a
　追薦東坡先生疏李鷹撰　播芳文粹 122/21a
　祭老泉先生文蒲宗孟撰　蜀文輯存 19/12b
嚴
　祭嚴先生文（1－2）　南軒集 42/9a
　謁嚴子陵九賢文　桐江集 8/1a
　祭先考辭堂文嚴仲仁撰　播芳文粹 139/8b
饒
　祭浙東安撫大府卿饒瑤山文應龍　本堂集 88/7b

二 十 一 畫

顧
　顧學正挽辭　演山集 32/6a
　祭顧君立文　後村集 137/10b
露
　挽露氏慕人　盧溪集 25/6b

二 十 二 畫

龔
　祭龔參政茂良　宋本攻媿集 84/2a　攻媿集 83/2a
　祭外舅龔汀州嵒（1－2）　復齋集 18/9b、10a
　祭龔承奉　復齋集 13/14b
　祭龔知縣日孜　復齋集 18/14b
　祭龔令人　復齋集 18/19b
　祭諫議龔公國正墓文　雲莊集 10/12a
　祭龔參政文　渭南集 41/2a
　祭諫議龔公國正　真西山集 51/11a
　挽龔執政　可齋集 26/15a

代祭祖龔常卿文　佩韋集 12/13a
代祭叔龔朝奉文　佩韋集 12/13b

欒提妻石氏挽詞　張右史集 36/6b

二十三畫

欒

（二）祭文乙(釋道)

三　畫

祭大覺禪師文　蘇東坡全集/後 16/8b

四　畫

祭族兄心上人　宋本攻媿集 84/19b　攻媿集 83/19a
祭北山元長老文　臨川集 86/5b
祭五祖自老文　石門禪 30/20a

五　畫

四川人祭石山文　無文印集 12/7a
祭茅山石道人文　漫塘集 27/12a
啓白雲哀詞　無文印集 14/1a
下竺印哀辭並引　北磵集 10/39a
代人祭印元實吳寺　北磵集 10/33b

六　畫

祭圭侍者圭羅漢通泉　北磵集 10/36b
無準小師祭老彰文　無文印集 12/5a
祭西禪隆老文　蘆川集 10/11b
祭先剡源代　無文印集 13/10b
祭伏虎禪師塔　無文印集 13/4b
祭自得和尚塔代　無文印集 13/5a

七　畫

祭宏智禪師塔代　無文印集 13/4b
祭珏月窗文代　無文印集 13/6b
山門祭吳寺達　北磵集 10/30b
谷堂頤和尚祭文　網山集 5/17a
祭佛照禪師代同參　北磵集 10/20b
祭佛照禪師圓鑑之塔代秀巖　北磵集 10/21b
祭妙高仁禪師文　石門禪 30/17b

八　畫

空聖予哀辭並引　北磵集 10/38a
祭東禪蒙菴老人　蘆川集 10/10b
江湖祭東谷和尚文　無文印集 13/6a
祭卧雲和尚文昆融〔釋〕撰　播芳文粹 141/18a
祭杲無外講師下竺元粹直友　北磵集 10/35b
祭幻住菴明師弟文　石門禪 30/19a
江湖祭明晦室　無文印集 12/10a
弔黃塘寺知白上人　青山集 30/5a

九　畫

祭神林慧元發　北磵集 10/25b
祭南康昇老宿文　無文印集 12/9b
祭靈鷲果南磵講師文　無文印集 13/10b
祭昭默禪師文　石門禪 30/16b
祭下竺信閑雲文代　無文印集 13/8a
法眷祭信閑雲文代　無文印集 13/8b
祭建隆慶禪師文　道鄉集 38/7a

十　畫

代下竺印祭上竺珪　北磵集 10/33a
山門祭振監寺　北磵集 10/32a
代信新戒祭悟侍者　北磵集 10/32b
祭笑翁和尚文　無文印集 12/5b
徑山兩浙祭笑翁和尚文　無文印集 12/6a

十一畫

祭凈山主文　建康集 4/16b
祭鹿門燈禪師文　石門禪 30/19b
祭雪林彥老　橘洲集 10/12b
祭雪溪皋老　北磵集 10/37a
下竺江湖祭雪航文　無文印集 18/7b

代佛照祭珵監寺　北磵集 10/29b
祭逍遥聰長老　欒城集/後 20/13a
南磵祭小師莊懺首文　無文印集 13/8b

十 二 畫

祭明州淵上人文　無文印集 12/10a
代佛照祭淵清叟　北磵集 10/22a
江湖祭雲太虛文　無文印集 13/2b
祭雲菴和尚文　石門禪 30/16a
代佛照祭雲莊主　北磵集 10/28b
祭超老宿富陽人　北磵集 10/36a
無準祭開首座文　無文印集 12/4b
祭無旁菴主文翁元廣撰　播芳文粹 14/7a
育王祭無極和尚文　無文印集 12/6b
祭無準和尚文　無文印集 12/7b
智門能禪師哀辭並引　北磵集 10/41b

十 三 畫

祭源上人鄉人　北磵集 10/29a
代祭達首座鄉老人　北磵集 10/34b
達首座索生祭文　北磵集 10/35a
祭勤首座文　渭南集 44/5b
祭勤净頭通泉　北磵集 10/36a
江湖祭暉石室文　無文印集 12/13a
祭照侍者文　無文印集 12/13b
祭圓照大禪師塔文游似撰　蜀文輯存 79/17a

十 四 畫

祭實上人文　無文印集 12/7a
祭韶維邦　北磵集 10/28b
祭精嚴長老達空禪師文　蘆川集 10/11a
祭願禪師文　慈湖遺書/續 1/20b
孚藏主祭壽無量塔　無文印集 12/10b

十 五 畫

奠梵修主僧慧辯師文　秋聲集 6/13b
代鄉人祭璉璜衲　北磵集 10/27b
德欽本師文　無文印集 13/10a

十 六 畫

祭龍王長老法讚文　斐然集 27/20b

吊池陽郡博盧蒲江喪耦與女　北磵集 10/39a
祭曇蕡藜代　無文印集 12/14b
祭錢妙明居士　北磵集 10/31a
代祭興上座鄉人　北磵集 10/23b

十 七 畫

祭上竺襄贊師文代　無文印集 13/7a

十 八 畫

祭秀州簡上人湖州選上人　北磵集 10/35a

十 九 畫

祭癡絕和尚文　無文印集 12/11b

二 十 畫

祭寶月大師宗兄文　欒城集/後 20/12a
祭覺林山主文　石門禪 30/18b
祭覺無象以淵清叟配　北磵集 10/26a

二 十 一 畫

祭龍井辯才文　蘇東坡全集 16/11a

二 十 三 畫

祭蘿湖雲卧菴主瑩仲温雲居老宿聰首座　北磵集 10/27a
祭顯慶義禪師文　客亭稿 10/11b
祭老禪文　蘆川集 10/9b
代祭前人　北磵集 10/34a
紳諸老韙之余亦韙之辭曰　北磵集 10/38b
辭曰　北磵集 10/39b
招魂並引　北磵集 10/40a
辭曰　北磵集 10/40b
祭僧文　澗谷集 3/29a
祭先師塔文　無文印集 12/3b
祭緣幻菴文　無文印集 12/6b
法眷祭師伯文代　無文印集 13/9a
祭徑山滋都寺文　無文印集 12/11a
江湖祭靈草堂文　無文印集 18/7a

（三）祭文丙（姓名未詳者及其他）

奠故節度使文　小畜集 27/8a

祭金城夫人文　歐陽文忠集 70/5a

祭古帝王廟文　伐檀集/下 32a

祭漢唐配享功臣文　伐檀集/下 32b

祭壽陽縣君文　曾南豐集 34/3b

彭城縣太君挽辭二首　蘇魏公集 14/6a

致政侍郎中山公哀辭並序　鐔津集 15/18b

爲三省密院祭中書相公長男新婦文　彭城集 40/1b

中書祭皇后舅某將軍文　西溪集 3/41b

中書祭秦國夫人文　西溪集 3/41b

祭□國太夫人　西溪集 3/42a

壽安縣君挽詞　錢塘集 9/8b

同僚祭故河南縣君文　錢塘集 16/14a

祭文　姑溪集 43/2b

祭某氏夫人文　姑溪集 43/3a

祭文　姑溪集 43/3b

代史大卿祭參政文　宗伯集 17/6a

祭文舉　西塘集 5/12b

祭安之　西塘集 5/13a

共伯禮祭執方　西塘集 5/14b

秦國夫人挽辭　演山集 32/4b

安康郡夫人挽辭　演山集 32/5a

壽安太君挽辭　演山集 32/8a

永壽縣君挽詞二首　淮海集 40/2a

中書侍郎挽詞二首　淮海集 40/3b

祭監稅主簿文　淮海集/後 5/5b

壽安縣君挽詞　後山集 5/5b

秦國夫人挽辭三首　雞肋集 23/3b

祭西宅旅瘞文　雞肋集 61/13a

祭西園旅瘞文　雞肋集 61/13a

祭戴氏地旅瘞文　雞肋集 61/14a

祭思睿　龜山集 28/6b

忠潔侯祝文（1-2）　道鄉集 38/2b

都曹祭六縣君文　道鄉集 38/14a

祭壽光太夫人文　摛文集 14/1a

代朝請祭金華縣君文　浮沚集 7/1a

祭親友文　浮沚集 7/2a

祠三使者疏　眉山集 14/9b

代路次祭文　眉山集 29/5b

弔安康郡君詞並序　跨鰲集 28/6b

次平赴省試設水陸代　石門禪 28/25a

瑤上人祭母文　石門禪 30/22a

祭通判夫人文代　石門禪 30/22b

祭文七首代　石門禪 30/23a

代祭中書夫人文　高峰集 12/26a

代人祭弟文　橫塘集 18/11b

祭人母氏文　橫塘集 18/13a

祭太學同舍文　浮溪集/拾遺 3/453

永嘉郡夫人挽詞二首　鴻慶集 7/9a

致政朝奉挽詞　孫尚書集 68/14a

祭勤王將士文奉聖旨撰　大隱集 6/10b

祭官田諸冢文　北山集 6/4b

代人作祭文　北山集 14/2b

代祭祀奉議刺史可久之父文　紫微集 36/4b

挽某氏詞　斐然集 27/23a

衢州祭家廟文　漢濱集 16/9b

代人祭表姊文　竹軒雜著 6/4a

祭舅氏文　方舟集 17/28b

祭某太夫人文　朱文公集/別 7/7a

代焚黃祭文　于湖集 30/8a

代延守祭叔　鉛刀編 30/5a

祭都統文　鄂州集 4/14a

外祖焚黃祝文（1-2）　宋本攻媿集 83/17a

祭交友文　橘洲集 7/9a

郊祀禮成及歸謁追封王爵焚黃祝文　客亭稿 10/10a

代謝落階官祭祖廟祝文　客亭稿 10/13a

代焚黃祭文　客亭稿 10/13b

代寒食祭文　客亭稿 10/14a

代章由之外姶大殮祭文　網山集 6/3a

代章由之祭外姶文　網山集 6/3b

代從弟履之祭外舅父文　網山集 6/5a

代林耀卿祭丈母文　網山集 6/13a

代陳子圭祭外舅文　網山集 6/14a

奠定康郡太夫人辭　慈湖遺書/續 1/20b

奠鄉相慶國太夫人辭　　慈湖遺書/續 1/21b

鄉人祭魯國夫人文　　絜齋集 22/13a

齊國太夫人挽詞　　水心集 8/3b

祭某人文　　勉齋集 39/19a

祭安溪橋緣二道者　　復齋集 18/20a

忠孝祠堂奉安祝文(1-2)　　真西山集 48/18a

縣學安奉八先生祠祝文　　鐵菴集 38/3a

女爲母宜人設黃籙拜章　　鐵菴集 39/9a

代祭故相文　　後村集 138/12b

祠貞文公祝文　　清正稿 5/19a

笑翁祭母文　　無文印集 12/1b

笑翁女孫祭祖母文　　無文印集 12/2a

湘絕岸祭父文　　無文印集 12/2b

上人祭父文　　無文印集 12/3a

祭庸越臺康南翁文　　無文印集 12/8a

天童祭鄉人文自徑山來　　無文印集 12/9b

源靈叟祭母文　　無文印集 12/14a

珂上人祭父文　　無文印集 13/9b

笑翁和尚安奉先世祠祝文　　無文印集 13/11b

赴開先告先人墓　　無文印集 13/12a

星諸兄挽詞　　潛山集 12/12b

祭器之文　　則堂集 4/26b

祭蘧翁兄文　　澗谷集 3/11a

祭幼則文　　澗谷集 3/27a

代父祭子文　　澗谷集 3/28b

代趙菊泉祭外姑文　　本堂集 88/10b

代趙菊泉祭妻兄文　　本堂集 89/1a

謁考塘外祖墳祭文　　虞齋集 20/5b

謁二舅墳祭文　　虞齋集 20/6a

祭舅氏文　　閩風集 12/11b

祭心齋文　　牟陵陽集 22/3a

縣學立純孝公祠子孫奉安祝文　　仁山集 1/25a

悼墨卿文　　霽山集 4/25a

代旌德觀祭先賢文　　伯牙集 1/35a

祭都司令人文　　四庫拾遺 615/橫塘集

路祭平原文安郡二夫人文　　四庫拾遺 679/竹軒雜著

祭飛英子文葉儀鳳撰　　播芳文粹 141/5a

祭楚國太夫人文吳元及撰　　播芳文粹 141/9b

祭眉州陽震宮文徐希夷撰　　蜀文輯存 72/13b

謝告詞　　樂全集 35/12a

祭窮后　　蘇魏公集 71/11b

祭牛龍　　蘇魏公集 71/12a

徐州祭枯骨(祝)文　　蘇東坡全集 34/10a

祭枯骸文　　樂静集 8/2b

祭官田諸冢文　　北山集 6/4b

祭戟矟文　　紫微集 35/3b

撒帳文　　鄮峰録 39/14a

芝山水陸疏　　盤洲集 70/8a

祭遺骸文　　范成大佚著/182-183

誄詞　　慈湖遺書/續 1/10b

瘞道旁遺骸祝文　　漫塘集 27/14b

籍桂堂　　鐵菴集 38/24b

祭龍門碑文　　徐文惠稿 3/3b

祭紫陽書院文　　久軒集 8/53b

大人堂　　黃氏日鈔 94/12b

旗纛將軍　　黃氏日鈔 94/13b

爲丹崇窆骨祝文　　秋聲集 6/10b

祭射洪祝文　　牟陵陽集 22/7a

祭馬當山上水府文呂誨撰　　宋文鑑 135/5b

祭戰馬文路振撰　　宋文鑑 135/10a

代虜後青詞李壁撰　　蜀文輯存 75/27b

二、祈告文
（一）祈謝風雨雪晴

1. 祈謝風

嚴州祝風文　斐然集 30/15b.

祈風文（1-2）　拙齋集 19/15b、16b

祈風舶司祭文　拙齋集 19/17a

答祭颶風文　盤洲集 71/7a

謝舶舡風便文　盤洲集 71/9b

祈風文　真西山集 50/14b

2. 祈謝雨
（1）祈　雨

宣陽觀祈雨文　武夷新集 20/11b

長源公廟再祈雨文　景文集 48/11b

南嶽祈雨文　景文集 48/12a

里社龍神祈雨文　景文集 48/13b

祈雨文　景文集 48/14b

祈雨醮文　景文集/拾遺 22/5a

雷公堂祈雨文二首　武溪集 18/（闕文）

鄆州知州祈雨文　徂徠集 20/8b

祈雨祝文　龍學集 10/6a

求雨祭文　歐陽文忠集 49/1a

求雨祭漢景帝文　歐陽文忠集 49/1b

北嶽廟賽雨祭文　歐陽文忠集 49/2b

祈雨祭漢高帝文（滁州）　歐陽文忠集 49/4b

漢高祖廟賽雨文　歐陽文忠集 49/5a

祈雨祭張龍公文（潁州）　歐陽文忠集 49/5b

祭五龍祈雨文　歐陽文忠集 70/4a

祈雨醮壇詞　樂全集 35/11a

嶽祠祈雨祝文　樂全集 35/12b

陳州祭太皞廟祈雨文　樂全集 35/17b

陳州祭商高宗廟祈雨文　樂全集 35/18a

南京祭喬太尉廟祈雨文　樂全集 35/19b

揚州祭聖母祠祈雨文　安陽集 42/1b

北嶽祈雨文（1-2）　安陽集 42/2b、3a

太原諸廟祈雨文　安陽集 42/7a

諸廟祈雨文　安陽集 42/8b

祈雨祝文　古靈集 19/6a

西嶽祈雨文　伐檀集/下/29a

祈雨文五首　丹淵集 35/7b、8a、8b、9b

鄆州禱雨祝文　公是集 50/1b

禱雨祝文　公是集 50/2b

禱廟文　公是集 50/8b

大悲祈雨文　曾南豐集 31/2a　元豐稿 39/5b

又大悲祈雨文　曾南豐集 31/2a　元豐稿 40/1b

襄州諸廟祈雨文　曾南豐集 31/4a　元豐稿 39/5b

襄州嶽廟祈雨文　曾南豐集 31/4a　元豐稿 39/5b

諸廟祈雨文（1-6）　曾南豐集 31/4a　元豐稿 40/3a、41/1b、66b

泰山祈雨文（1-4）　曾南豐集 32/1a　元豐稿 39/2b、4b

嶽廟祈雨文　曾南豐集 32/1b　元豐稿 39/4b

又諸廟祈雨文　曾南豐集 32/2a　元豐稿 39/6a

薤山祈雨文（1-2）　曾南豐集 32/2a　元豐稿 39/6a、40/3b

五龍堂祈雨文　曾南豐集 32/2b　元豐稿 40/1a

邢溪祈雨文　曾南豐集 32/2b　元豐稿 39/6b

諸葛武侯廟祈雨文　曾南豐集 32/3a　元豐稿 40/2b

靈溪洞祈雨文　曾南豐集 32/3a　元豐稿 40/1a

福州鱔溪禱雨文　曾南豐集 33/2a　元豐稿 40/6a

諸廟禱雨文　曾南豐集 33/2b　元豐稿 40/6b

諸廟祈雨　元豐稿 41/1a

諸寺觀祈雨文　元豐稿 41/2b

祭五方龍祈雨文　元豐稿 41/3a

祭土祈雨文　元豐稿 41/3a

太清明道宮祈雨文　元豐稿 41/3b

豢龍廟祈雨文　傳家集 80/1a　司馬溫公集 80/2b

諸廟祈雨文　傳家集 80/4a

爲始平公祭晉祠文（晉祠祈雨文）　司馬溫公集 80/6a　傳家集 80/5a

祭雙廟祈雨　蘇魏公集 71/6b

祭喬太尉廟祈雨　　蘇魏公集 71/7a

祈雨文　臨川集 86/7a

祈雨青詞　范忠宣集 10/7b

荊州祈雨文　忠肅集 10/5a

應詔祈雨文　忠肅集 10/5b

祈雨文　忠肅集 10/6a

青州祈雨文　忠肅集 10/6b

建壇祈雨文　忠肅集 10/6b

龍角山求雨文　錢塘集 16/3b

梨山祈雨文　錢塘集 16/4b

仰山祈雨文　錢塘集 16/6a

祈雨文　錢塘集 16/6b

禹廟祈雨文　錢塘集 16/8a

威烈侯廟祈雨祝文　錢塘集 16/8b

威烈侯廟祈雨文　錢塘集 16/9b

善政侯廟祈雨文　錢塘集 16/11b

徐州祈雨青詞　蘇東坡全集 34/2b

禱雨蟠溪文　蘇東坡全集 34/3a

鳳翔太白山祈雨文　蘇東坡全集 34/4a

祈雨吳山(祝文)　蘇東坡全集 34/5b

祈雨龍祠(祝文)　蘇東坡全集 34/5b

奉詔禱雨諸廟(祝文)　蘇東坡全集 34/7a

禱雨社稷(祝文)(1-4)　蘇東坡全集 34/7a

祈雨祝文(杭州)　蘇東坡全集 34/12a、12b

祈雨迎張龍公祝文　蘇東坡全集/後 16/4b

祈雨僧伽塔祝文　蘇東坡全集/後 16/6a

北嶽祈雨祝文　蘇東坡全集/後 16/7a

祈雨諸廟祝文　蘇東坡全集/後 16/8a

祈雨文　蘇東坡全集/續 12/44a

齊州祈雨雪文(1-2)　欒城集 26/11b

齊州祈雨青辭　欒城集 26/16a

筠州祈雨青辭　欒城集 26/17a

祈雨文　宗伯集 17/2a

代祭社稷祈雨文　西塘集 5/4a

代龍潭祈雨文　西塘集 5/4b

代祭崇應公祈雨文　西塘集 5/5b

代祭顯應王廟祈雨　西塘集 5/6a

鄧州祈雨祝文　陶山集 13/14b

泰州感應觀音殿祈雨祝文　陶山集 13/15b

蔡州祈雨祝文　陶山集 13/16a

祈雨文(1-3)　豫章集 21/6a

祈水退青詞　樂靜集 23/1a

靈惠塔祈雨疏　樂靜集 23/4a

黃籙祈雨記　灌園集 9/16b

取聖水文　西臺集 12/1a

祈雨文(1-3)　西臺集 12/1a、1b、3b

嵯峨山祈雨文　西臺集 12/2b

祈雨取聖水文　西臺集 12/3a

耀州祭諸廟祈雨文　西臺集 12/4a

齊州祭社稷祈雨文　鷄肋集 61/15a

敬亭廣惠王求雨文(1-4)　張右史集 45/11b

靈濟王求雨文(1-2)　張右史集 45/14a

祭天齊仁聖帝並城隍祈雨文　張右史集 45/16a

三天洞求雨疏　張右史集 46/4a

代高郵縣祈雨祭齊淵聖公文　雲溪集 30/3a

代高郵縣祈雨祭諸廟文　雲溪集 30/3a

析城湫水祈雨祭文　滍水集 8/19b

原武神廟祈雨文　浮沚集 6/16b

超化寺龍潭請水文　浮沚集 6/17b

代楚州李守寺觀祈雨　浮沚集 6/18b

又代諸廟祈雨文　浮沚集 6/18b

親詣騎立山崇應公祠禱雨請水祝文　竹隱集 16/1b

祈雨祭靈星祝文　竹隱集 16/2a

請大湖山聖幡祈雨祝文　竹隱集 16/2b

祈雨禱后土祝文　竹隱集 16/3a

請僧希肇詣襄陽府大悲燒香祈雨祝文　竹隱集 16/3b

諸廟祈雨祝文　竹隱集 16/3b

定州請聖水祝文　竹隱集 16/4a

祈雨請聖水祝文　竹隱集 16/4b

請內鄉縣聖水祝文　竹隱集 16/4b

祈雨請水祝文(1-2)　竹隱集 16/5a、5b

祈雨祝文(1-4)　竹隱集 16/5b、7a

祈雨　石門禪 28/12a

祈雨文　石門禪 30/26a

七月祈雨文　高峰集 12/11a

諸廟祈雨文　高峰集 12/12a

禱雨孚濟龍潭祝文　斜川集 6/23a

禱雨懺文　斜川集 6/23b

祈雨祝文(1-2)　斜川集 6/24b

大名狄梁公廟祈雨文　初僚集 8/28a

河間諸廟祈雨　初僚集 8/29a

昊天殿祈雨文　翟忠惠集 10/12b

神霄殿祈雨文　翟忠惠集 10/13a

泗州傳衣塔祈雨文　翟忠惠集 10/13a

佛寺祈雨文　　翟忠惠集 10/13b

密州祈雨文　　翟忠惠集 10/14a

祈雨寶公塔文　　建康集 4/8a、13b

祈雨諸廟文(1-3)　　建康集 4/9b、12a、14a

再祈雨諸廟文　　建康集 4/9b

祈雨請寶公入城文(1-2)　　建康集 4/11a、12b

祈雨疏語　　苕溪集 25/2b

祈雨祝文　　浮溪集/拾遺 3/447

知紹興府諸廟祈雨文　　北海集 36/1a

昊天殿祈雨疏二首　　龜溪集 11/15a

泗州傳衣塔祈雨疏　　龜溪集 11/15a

三清殿神霄殿祈雨疏　　龜溪集 11/15b

佛寺祈雨疏　　龜溪集 11/16a

金山廟祈雨祝文　　龜溪集 11/17a

漳州諸廟祈雨祝文　　栟溪集 11/9a

漳州圓山祈雨祝文　　栟溪集 11/9b

天慶觀開元寺冬祈雨疏　　栟溪集 11/14a

天慶觀開元寺春祈雨疏　　栟溪集 11/14b

寺觀再祈雨疏　　栟溪集 11/14b

祭白沙求雨文　　北山集 6/11a

祭龍門求雨文　　北山集 6/11b

祈雨祭文　　北山集 14/11a、11b

祈雨疏文　　北山集 28/10a

玉佛殿祈雨文　　傅忠肅集/下/26b

代鮑欽止祈雨青詞　　傅忠肅集/下/31a

祈雨青詞(1-2)　　傅忠肅集/下/31b

祈雨祝文　　筠溪集 21/3b、4a

禱雨靈順廣惠王祠(祝文)　　雙溪集 15/6a

祈雨疏　　栟櫚集 23/1a

祈雨文　　浮山集 10/1a

祈雨　　紫微集 34/5b

祈雨告靈澤廟文　　紫微集 34/6b

祈雨白文　　紫微集 34/8a

祈雨文(1-2)　　紫微集 34/8a、8b

祈雨謝諸廟文　　紫微集 34/8b

謝福州祈雨疏　　韋齋集 11/5b

代福州禱雨諸祠文(1-2)　　韋齋集 12/6a

嚴州祝雨文　　斐然集 30/16a

代人祈雨文　　默堂集 22/2a

代人祈雨疏(1-2)　　默堂集 22/2b、3a

永豐祈雨文　　默堂集 22/3a

代邑宰醮太一青詞　　香溪集 17/14b

祈雨青詞(1-2)　　澹庵集 22/1b、2a

三龍神祈雨道場疏　　太倉集 63/8b

祈雨設醮疏　　太倉集 63/8b

諸廟祈雨文　　太倉集 68/4b

昌國洩潭祈雨疏　　鄞峰錄 23/7b

昌縣衙祈雨疏　　鄞峰錄 23/7b

福州祈雨設水陸疏　　鄞峰錄 23/8a

祈雨文　　鄞峰錄 42/1a

中嵩祈雨道場功德疏右語　　嵩山居士集 16/7b

祈雨設醮青詞(1-2)　　嵩山居士集 16/8b、9a

祈雨文　　嵩山居士集 28/3b

第五尊者祈雨文　　嵩山居士集 28/6b

祈雨祝文　　方舟集 14/25b

諸廟祈雨文　　梅溪集/後 28/3a

諸廟祈雨文　　梅溪集/後 28/5a

韓魏公祠祈雨文　　梅溪集/後 28/5a

祈雨疏　　梅溪集/後 28/7a

祈雨祝文諸神廟　寶公塔再禱寶公塔　定菴稿 4/22a、22b、23a

江西祈雨青詞　　渭南集 23/5a

嚴州祈雨青詞　　渭南集 23/6b

祈雨疏　　渭南集 23/12b

嚴州祈雨疏(1-3)　　渭南集 23/13a

福州城隍昭利東嶽廟祈雨文代　　渭南集 24/12a

福州歐冶池龍鱓溪河口五龍廟祈雨祝文代　　渭南集 24/13b

福州閩王閩忠懿王祈雨祝文代　　渭南集 24/14a

嚴州祈雨祝文(1-3)　　渭南集 24/15b、16a

嚴州馬目山祈雨祝文(1-2)　　渭南集 24/16b、17a

嚴州廣濟廟祈雨祝文　　渭南集 24/18a

潭州祈雨設醮青詞　　益國文忠集 37/4b　益公集 37/76a

南嶽正廟祈雨文　　益國文忠集 37/7b　益公集 37/83b

南嶽行宮祈雨文　　益國文忠集 37/7b　益公集 37/83b

金陵府治祈雨青詞　　益國文忠集 83/2b　益公集 83/39a

常州禱雨疏(1-2)　　誠齋集 97/4a

祈雨雪疏(1-2)　　應齋雜著 4/2a、2b

祈雨龍王文　　應齋雜著 4/13a

祈雨疏　　朱文公集 85/22b

臥龍潭送水文　　朱文公集 85/22b

諸雨謁北山神文　　朱文公集 86/2b

廣佑廟祈雨文　　朱文公集 86/7a

豐利侯祈雨文　　朱文公集 86/8a

祈雨文(1-2)　　朱文公集 86/8b、9b

以漕司命祈雨祝文　　浪語集 15/2b

祈雨祝文　　浪語集 15/3b

諸廟祈雨祝文　　浪語集 15/5b

祈雨文　　于湖集 27/1b

謝諸廟祈雨文　　于湖集 27/3a

迎嘉顯孚濟侯求雨文　　于湖集 27/3b

祭嘉顯孚濟侯文（1－3）　　于湖集 27/4a、4b

公安二聖祠祈雨文　　于湖集 27/5a

請顯應彌勒瑞像祈雨文　　于湖集 27/5a

祈雨祝文（1－5）　　南軒集 42/1a、1b、2a、3b

林屋洞天請水祝文　　江湖集 30/13a

諸廟祈雨祝文（1－2）　　江湖集 30/13a、4b

龍水祝文　　江湖集 30/14a

龍堂祈雨祝文　　江湖集 30/15b

龍池祈雨祝文房州　　江湖集 30/15b

散解龍廟祈雨祝文　　江湖集 30/16a

祈雨雪寺疏　　江湖集 39/1a

祈雨雪觀疏　　江湖集 39/1b

祈雨觀音疏（1－2）　　江湖集 39/2a、2b

滿散祈雨道場疏　　江湖集 39/2b

祈雨滿散（1－2）　　江湖集 39/3a、7b

真武殿祈雨疏　　江湖集 39/4b

銅像觀音祈雨疏　　江湖集 39/5a

諸廟祈雨疏　　江湖集 39/5a

祈雨觀音滿散疏　　江湖集 39/5b

祈雨真武滿散疏　　江湖集 39/5b

祈雨諸廟滿散疏　　江湖集 39/6a

福溪巖祈雨疏　　江湖集 39/6b

志公巖祈雨疏　　江湖集 39/7a

祈雨開啓疏　　江湖集 39/7b

太一醮青詞（1－2）　　江湖集 39/29a、29b

祈雨青詞（1－2）　　江湖集 39/29a、30b

祈雨疏（1－4）　　鉛刀編 26/2b、3b、4a

請靈嚴慧應菩薩祈雨疏　　鉛刀編 26/4a

祈雨青詞　　鉛刀編 27/1b

祈雨祝文（1－2）　　鉛刀編 29/2b、3a

祈雨祝文（1－2）　　宮教集 11/1a、4a

又請銅像觀音禱雨文　　宮教集 11/1b

又寶公祈雨祝文　　宮教集 11/2a

又寺觀祈雨祝文　　宮教集 11/2a

又迎請寶公祈雨祝文　　宮教集 11/2b

請銅像觀音祈雨雪祝文　　宮教集 11/3a

祈雨雪祝文　　宮教集 11/3b

祈雨諸廟祝文　　宮教集 11/4b

祈雨請龍水祝文　　宮教集 11/4b

桂陽軍禱雨文　　止齋集 44/2a

祈雨（1－5）　　宋本攻媿集 83/9a　攻媿集 82/9a

迎神象行道祈雨　　宋本攻媿集 83/10a　攻媿集 82/10b

祈雨雪　　宋本攻媿集 83/12a　攻媿集 82/12a

龍女廟祈雨祝文（1－2）　　宋本攻媿集 83/13b　攻媿集 82/13b

二龍潭請聖水祝文　　宋本攻媿集 83/14a　攻媿集 82/14a

巾子山龍潭請聖水祝文　　宋本攻媿集 83/14b　攻媿集 82/14b

九龍潭請聖水祝文　　宋本攻媿集 83/15a　攻媿集 82/15a

郭先生廟祈雨祝文　　宋本攻媿集 83/15b　攻媿集 82/15b

台州祈雨疏　　橘洲集 8/8a

石灣禱雨文　　象山集 26/4a

荊門禱雨文　　象山集 26/6a

東山禱雨文　　象山集 26/7b

東山刑鵝禱雨文　　象山集 26/8a

上泉龍潭取水禱雨文　　象山集 26/8b

祭諸廟祈雨文　　客亭稿 10/12b

祈雨青詞　　網山集 8/1b

衆人祈雨疏　　網山集 8/6b

紹興府祈雨祝文　　東塘集 16/1a

祈雨文（1－2）　　慈湖遺書/續 1/11a、11b

諸廟祈雨文（1－2）　　慈湖遺書/續 1/12a、13a

祈雨青詞（1－2）　　慈湖遺書/續 1/16b

永嘉季春祈雨碧玉醮青詞後雨作改用　　慈湖遺書/續 1/17b

會昌縣詣盤石山南安巖主祈雨雪文　　緣督集 8/12b

祈雨詞　　緣督集 10/6a

假守晉康祈雨詞　　緣督集 10/6b

安福縣祈雨文（1－2）　　止堂集 15/9b、10b

禱雨辭並序　　默齋稿/增輯 1a

廣惠王祈雨文　　龍川集 22/2b

石井祈雨文　　龍川集 22/2b

佑順侯祈雨文　　龍川集 22/3b

祠山禱雨文　　水心集 26/24b

荊南代吳安撫禱雨文　　勉齋集 24/4b

黃巖縣祈雨青詞　　燭湖集 13/17a

成都府祈雨疏(1－2)　燭湖集 13/24b、25a

隆興府龍王廟禱雨文　後樂集 19/13a

禱風雨池文(1－2)　後樂集 19/13b、14a

隆興府禱雨諸廟文　後樂集 19/20a

禱雨文　後樂集 19/21b

龍潭禱雨文　後樂集 19/22a

西峰大聖送水祝文　山房集 3/16b

起水祝文　山房集 3/17a

祈雨疏文(1－3)　山房集 3/19a、19b

禱雨良岡山　北溪集/第四門 29/3b

諸廟祈雨祝文　洺水集 21/7b

祈雨疏　洺水集 21/10a

鄉曲禱社祈雨文　漫塘集 27/14a

廣德軍廣惠廟祈雨祝文　東澗集 9/19a

天目山龍井大雄山祈雨祝文　東澗集 9/19a

龍井迎水祈雨祝文　東澗集 9/19b

後庵祈雨祝文　東澗集 9/20a

龍井請水祝文　東澗集 9/20a

清水巖祈雨　復齋集 19/2b

祈雨(1－4)　復齋集 19/4a、8a、9b、12b

社壇城隍祈雨　復齋集 19/11b

南康祈雨　復齋集 19/15b

北山清涼洞祈雨祝文　真西山集 48/17a

諸廟祈雨祝文(1－3)　真西山集 48/18b、19a、49/8a、19b

遊仙山頂祈雨祝文(1－2)　真西山集 48/21a、25b

北山祈雨祝文　真西山集 48/22a

清源洞祝文　真西山集 48/24a

鰲峰靈澤殿祈雨祝文　真西山集 48/26a

祈雨祝文(1－2)　真西山集 49/9b、12a

祈雨諸廟祝文　真西山集 49/10a

諸龍潭祈雨祝文　真西山集 49/13b

上封雷池祝文　真西山集 49/14a

請水祝文　真西山集 49/14b

零陵王廟祈雨祝文　真西山集 49/15a

西濟王後殿祈雨祝文　真西山集 49/15b

社稷風雨雷神祈雨祝文　真西山集 49/16a

岳麓湘江祈雨祝文　真西山集 49/16b

祠山忠靖祝文　真西山集 49/17a

祭大仙祈雨祝文(1－2)　真西山集 49/21a、22a

惠安縣管下聖妃宮祈雨祝文　真西山集 50/6b

惠安縣龍宮山聖妃祠等再祈雨祝文　真西山集 50/7b

明德王祝文　真西山集 50/8a

東順正祝文　真西山集 50/8a

西明烈祝文　真西山集 50/8a

同安縣昭應廟祝文　真西山集 50/10a

龍潭祠雲神　真西山集 50/10b

福遠廟祝文　真西山集 50/12a

社稷神風雨雷師壇祈雨祝文　真西山集 50/15b

導善觀人日祈雨　鶴山集 98/1a

祈雨　鶴山集 98/4b

社稷及諸廟祈雨　鶴山集 98/5a

寺觀祈雨　鶴山集 98/5b

社稷壇祈雨(1－3)　鶴山集 98/8b、11a、15a

天慶觀祈雨　鶴山集 98/10b

靈惠廟祈雨　鶴山集 98/10b

再祈雨　鶴山集 98/12a

社稷壇再禱雨　鶴山集 98/12a

社稷諸廟禱雨　鶴山集 98/14a

再祈雨社稷壇　鶴山集 98/15b

諸廟禱雨　鶴山集 98/15b

祈雨醮詞(1－2)　鶴山集 99/2b

再設九龍醮詞　鶴山集 99/3a

設太一碧玉醮啓壇詞　鶴山集 99/3b

三台山禱雨醮啓壇詞　鶴山集 99/8b

設五雷醮啓壇詞　鶴山集 99/10a

冠山保福寺設碧玉醮詞　鶴山集 99/11a

冠山再設碧玉醮詞　鶴山集 99/11b

天慶觀祈雨醮詞　鶴山集 99/12b

代諸廟祈雨祝文(1－2)　篔窗集 9/2b

大雄山白虎洞敏應廟祈雨祝文　鶴林集 13/11b

諸山禱雨祝文　鶴林集 13/12a

祈雨祝文(1－13)社稷　諸神　風雷　雨師　廟步　社神　昭澤侯　諸廟　靈濟廟　社壇　鶴林集 14/1a、1b、2a、2b、3a、6a、6b、7a、7b、8a

勾溪禱雨祝文　鶴林集 14/4b

祈雨祝文　浣川集 9/6b

社壇祈雨祝文　杜清獻集 18/2b

威德□□祝文　杜清獻集 18/3a

廣惠王祝文(1－2)　杜清獻集 18/4a、5b

廣惠王祈雨祝文　杜清獻集 18/4b

袁州行司祈雨文　鐵菴集 38/19b

西山玉隆宮祈雨文　鐵菴集 38/19b

諸廟祈雨文　鐵菴集 38/21b

仰山祈雨文　鐵菴集 38/22b

祈雨疏　　靈巖集 8/1b

祈雨祝文　　靈巖集 8/3a

社稷祈雨祝文　　字溪集 9/11a

代趙守爲民祈雨羅漢道場疏　　字溪集 9/25b

祈雨疏　　字溪集 9/25b

茅山祈雨青詞　　後村集 50/18a

諸廟再禱　　後村集 135/5a

行宮廟　　後村集 135/5a

迎潙仰四聖　　後村集 135/5b

再祈雨（1－2）　　後村集 135/5b、6a

諸廟祈雨（1－2）　　後村集 135/6b、7b

祈雨疏（1－3）　　後村集 171/2a、2b、3b

仰山祈雨疏　　後村集 171/2b

永寧寺祈雨疏　　後村集 171/4a

袁州祈雨　　後村集 172/2a

江東祈雨　　後村集 172/2b

再祈禱（1－6）庚午癸亥　　後村集 172/13a、13b、14a、
　14b、15a

福州請雨記　　清正稿 5/7b

祈雨（1－3）　　無文印集 11/13b

代合肥祈雨青詞　　可齋稿 24/2a

江東漕祈雨青詞　　可齋稿 24/6a

采石水府廟祈雨青詞　　可齋稿 24/6b

壽圍祈雨青詞　　可齋稿 24/7b

靜江祈雨青詞　　可齋稿/續後 12/14b

五洩禱雨記　　彝齋文編 3/6b

祈雨祝文　　秋崖稿 36/4a

辛未撫州祈雨　　黃氏日鈔 94/7b

麻源真君祈雨　　黃氏日鈔 94/8a

壬申撫州祈雨　　黃氏日鈔 94/8b

相山四仙祈雨　　黃氏日鈔 94/8b

祈雨送兩廟　　黃氏日鈔 94/8b

社壇城隍祈雨　　黃氏日鈔 94/9a

代里社祈雨疏　　本堂集 93/8a

代鄭姓以里社祈雨不應自許千拜疏　　本堂集
　93/8b

祈雨迎利貺文　　雪坡集 47/3b

祈雨文　　雪坡集 47/5a

迎城隍祈雨文　　雪坡集 47/5b

迎仰山祈雨文　　雪坡集 47/5b

迎龍王祈雨文　　雪坡集 47/6a

戊午春祈雨文　　雪坡集 47/6b

祈雨詣龍王祝文　　牟陵陽集 22/7a

詣渠渡祠祝文（1－2）　　牟陵陽集 22/7b、9a

祈雨青詞　　牟陵陽集 22/11b

城隍廟祈雨記陶耕撰　　括蒼金石補 2/1a

祈雨設醮青詞熊克撰　　播芳文粹 114/19b

祈雨設醮青詞林鑑撰　　播芳文粹 114/20b

祈雨疏林鑑撰　　播芳文粹 121/24a

祈雨祝文崔鷗撰　　播芳文粹 124/24b

祈雨請龍祝文許開撰　　播芳文粹 124/27a

諸廟禱雨祝文趙彥端撰　　播芳文粹 125/1b

靈泉縣瑞應院祈雨記張溥撰　　蜀藝文志 38 下/5a

程公禱雨記富臨撰　　八瓊金石補 98/5b

祈雨記梁弼直撰　　粵西金石畧 8/10b

（2）謝　雨

宣陽觀賽雨文　　武夷新集 20/12a

謝雨文（1－2）　　景文集 48/11a、12b

里社龍神謝雨文　　景文集 48/14a

北嶽謝雨文　　景文集 48/14b

五龍堂謝雨文　　景文集 48/15b

謝雨祝文　　景文集/拾遺 13/9a

謝雨祝文　　龍學集 10/6b

代開封知府諸廟謝雨文　　安陽集 42/1a

北嶽謝雨文　　安陽集 42/5a

諸廟謝雨文　　安陽集 42/7b

謝雨文　　伐檀集/下/29b

謝雨文　　丹淵集 35/9b

秋賽諸廟謝雨祝文　　公是集 50/1b

謝雨祝文（1－2）　　公是集 50/2a、3a

諸寺院謝雨文　　曾南豐集 31/2b　元豐稿 40/2b

大悲謝雨文　　曾南豐集 31/2b　元豐稿 40/1b

雍山謝雨文　　曾南豐集 31/3a　元豐稿 39/7a

邪溪謝雨文　　曾南豐集 31/3a　元豐稿 39/7a

諸廟謝雨文（1－6）　　曾南豐集 32/2a　元豐稿 39/7b，
　40/2a、3b，41/1b、3b

泰山謝雨文　　曾南豐集 33/1b　元豐稿 39/3a

謝雨文　　曾南豐集 33/2b　元豐稿 40/6b

諸寺觀謝雨文（1－2）　　元豐稿 39/6b、41/3b

太清明道宮謝雨文　　元豐稿 41/3b

諸廟謝雨文　　傳家集 80/4b

雨止謝晉祠文（晉祠謝晴文）　　傳家集 80/5b　司馬溫
　公集 80/7a

祭喬太尉廟謝雨　　蘇魏公集 71/7a

祭諸廟謝雨　　蘇魏公集 71/10a

祭張公龍王廟謝雨　蘇魏公集 71/10a

謝雨文　臨川集 86/7b

謝雨文　忠肅集 10/6a

威烈侯廟謝雨祝文　錢塘集 16/9a

謝雨祝文（杭州）　蘇東坡全集 34/12a

謝雨文　蘇東坡全集/續 12/44a

汝州謝雨文　欒城集/後 19/6a

謝雨文　宗伯集 17/3a

蔡州謝雨祝文　陶山集 13/16a

謝雨疏　樂靜集 23/4b

謝雨文　西臺集 12/1b

謝雨文　淮海集 32/1a

廣惠王謝雨文（1－2）　張右史集 45/16a

靈濟王謝雨文（1－2）　張右史集 45/16b

三天洞謝雨疏　張右史集 46/4b

代蔣守謝雨雪文　東堂集 10/21a

原武寺廟謝雨文（1－2）　浮沚集 6/17a

超化寺龍潭謝雨文　浮沚集 6/18a

代謝雨文（1－2）　浮沚集 6/19a、19b

諸宮寺謝雨祝文　竹隱集 16/7b

謝雨送水祝文　竹隱集 16/7b

謝雨祝文（1－5）　竹隱集 16/8a、9b

定州謝雨祝文　竹隱集 16/9b

謝雨文（1－3）　眉山集 16/7b、8a、8b

謝雨文　跨鰲集 28/4a

謝雨　石門襌 28/12b

謝雨文　石門襌 60/26b

謝雨文　高峰集 12/12a

大名諸廟謝雨文　初僚集 8/28b

密州常山謝雨文（1－3）　翟忠惠集 10/14a、14b、15a

謝雨送洞府龍神文（1－2）　建康集 4/10b、13a

謝雨諸廟文（1－2）　建康集 4/10b、14a

謝雨送寶公還山文（1－2）　建康集 4/11b、13a

謝雨寶公塔文　建康集 4/14a

謝雨疏語　苕溪集 25/3a

奉詔北嶽謝雨祝文　浮溪集/拾遺 3/448

謝雨祝文（1－4）　浮溪集/拾遺 3/448

謝雨祝文（1－3）　浮溪集/拾遺 3/449

寺觀謝雨疏　橫溪集 11/15a

滿散寧壽觀謝雨道場朱表　橫溪集 11/16a

道觀謝雨文　傅忠肅集/下 27b

寺院謝雨文　傅忠肅集/下 27b

謝雨文　傅忠肅集/下 28a

諸廟謝雨文（1－2）　傅忠肅集/下 29b

謝雨青詞　傅忠肅集/下 32a

謝雨疏　枅櫚集 23/1a

謝雨文　浮山集 10/1b

謝雨（1－2）　紫微集 34/6b7a

代人謝雨文　默堂集 22/3b

天慶觀謝雨疏　太倉集 63/9a

還聖水疏（1－2）　太倉集 63/9b

諸廟謝雨文　太倉集 68/7a

福州謝雨祈晴疏　鄮峰錄 23/8b

天慶觀謝雨文（1－3）　嵩山居士集 28/4a、4b

大悲閣謝雨文（1－3）　嵩山居士集 28/4b、5a

諸廟謝雨文（1－3）　嵩山居士集 28/5b、6b

第五尊者謝雨文　嵩山居士集 28/7a

謝雨祝文　方舟集 14/26a

諸廟謝雨文　梅溪集/後 28/3a、5b

韓魏公祠謝雨文　梅溪集/後 28/5b

諸寺謝雨文　梅溪集/後 28/6a

謝雨疏　梅溪集/後 28/7a

謝雨疏　盤洲集 70/6b

謝雨文　盤洲集 71/12b

謝雨祝文諸神廟寶公塔　定庵稿 4/23b、24a

謝雨青詞（1－2）　渭南集 23/6a、7a

謝雨疏　渭南集 23/12a

道宮謝雨疏　渭南集 23/12b

嚴州謝雨疏　渭南集 23/13b

福州謝雨文代　渭南集 24/12b

嚴州謝雨祝文　渭南集 24/18a

廣佑廟謝雨文　朱文公集 86/7b

謝雨祝文（1－2）　浪語集 15/3a、4a

諸廟謝雨祝文　浪語集 15/6a

謝雨文　于湖集 27/1b

寺觀謝雨文（1－2）　于湖集 27/3a、3b

謝雨祝文（1－5）　南軒集 42/1a、1b、2b、3b、4a

謝雨祈晴祝文　南軒集 42/4a

諸廟謝雨祝文　江湖集 30/15a

諸廟謝雨疏　江湖集 39/3a

諸廟祝文　鉛刀編 29/2b

謝雨文　鉛刀編 29/7a

又寺觀謝雨文（1－2）　宮教集 11/1a、2a

又諸廟謝雨文　宮教集 11/1b

又寶公謝雨仍再禱祝文　宮教集 11/2b

謝雨祝文（1－2）　宮教集 11/3b、4a

謝龍山渡侯明應文　　止齋集 44/2a

謝雨（1－4）　宋本攻媿集 83/10b　攻媿集 82/10b

謝雨文　象山集 26/6a

望壇謝雨文（1－2）　象山集 26/6b、7a

謝雨文　慈湖遺書/續 1/11b

奉安聖水文　慈湖遺書/續 1/13b

祠山謝雨文　水心集 26/25a

黃巖縣謝雨道場滿散疏　燭湖集 13/24b

潭州謝雨文　後樂集 19/10b

謝雨疏文　山房集 3/19b

謝雨祝文　洺水集 21/6b

謝雨文　漫塘集 27/14a

清水巖謝雨　復齋集 19/3a

謝雨（1－3）　復齋集 19/4a、8b、9b

北山謝雨祝文　真西山集 48/17b

諸廟謝雨祝文（1－6）　真西山集 48/17b、19a、49/8b、
　19b、20a、50/13b

謝雨祝文　真西山集 49/12b

朋山廟祝文　真西山集 50/9a

社稷四位三城隍謝雨祝文　真西山集 50/13b

廣佑王謝雨祝文　真西山集 50/14a

祠山謝雨祝文　真西山集/50/14a

福遠廟謝雨祝文　真西山集 50/14a

謝雨　鶴山集 98/5a

社稷壇謝雨　鶴山集 98/9a

廣利寺謝雨疏語　鶴山集 99/16b

代諸廟謝雨祝文　箕窗集 9/3a

代靈康謝雨祝文　箕窗集 9/3b

謝雨祝文（1－5）社神　廟步　海神　祠山城隍　社
　稷風雷雨師　鶴林集 14/3b、4a、5a、5b

諸廟謝雨祝文　杜清獻集 18/4b

謝雨送許真君　鐵菴集 38/20a

謝雨送聖水　鐵菴集 38/20b

謝雨疏　靈巖集 8/1b

謝雨嶽廟祝文　靈巖集 8/3a

三宣　字溪集 9/26a

三宣引咎　字溪集 9/26b

水退謝諸廟　後村集 135/3b

仰山謝雨　後村集 135/5a

送神　後村集 135/6a

諸廟謝雨　後村集 135/8b

安奉玉淵聖水疏　後村集 171/3b

謝送玉淵聖水疏　後村集 171/4a

謝雨祝文　秋崖稿 36/4a

謝雨　黃氏日鈔 94/9a

又謝雨青詞　黃氏日鈔 94/9b

嵊縣供天謝雨疏　本堂集 93/4a

雨後謝觀音疏（1－2）　本堂集 93/4b

雨後謝觀音慰疏　本堂集 93/5a

謝雨文　雪坡集 47/6a

謝雨並祈穀青詞熊克撰　播芳文粹 114/22b

謝雨疏文士穎撰　播芳文粹 121/26b

謝雨祝文趙彥端撰　播芳文粹 125/11b

謝雨送龍祝文許開撰　播芳文粹 125/15a

析山謝雨文撰著人未詳　山右石刻編 16/38a

聖母廟謝雨文姜仲謙撰　山右石刻編 18/15b

3. 祈謝雪
（1）祈　雪

祈雪文　景文集 48/16a

北嶽祈雪文　景文集 48/16b

南嶽祈雪文　景文集 48/17b

北嶽祈雪文（1－2）　安陽集 42/4a、5b

北嶽再祈雪文　安陽集 42/6b

蒙山祈雪文　安陽集 42/8a

諸寺觀祈雪文　曾南豐集 31/1b　元豐稿 40/5a

諸廟祈雪文　傳家集 80/3a　司馬溫公集 80/5b

祈雪　蘇魏公集 71/8a

祭喬太尉廟祈雪　蘇魏公集 71/8b

祭張公龍王廟祈雪　蘇魏公集 71/9a

代王龍圖祈雪文　祠部集 34/2b

中嶽禱雪文　彭城集 40/4b

祈雪祭文　范忠宣集 11/8a

祈雪文（1－2）　忠肅集 10/8a

祈雪文　王魏公集 7/9a

寺觀祈雪文　王魏公集 7/9b

神廟祈雪文　王魏公集 7/9b

祈雪霧豬泉文　蘇東坡全集/續 12/44a

祈雪文　蘇東坡全集/續 12/44b

祈雪文（1－3）　宗伯集 17/3b、4a

鄧州祈雪祝文　陶山集 13/15a

天慶觀祈雪青詞　樂靜集 23/4b

祈雪禳火青詞　樂靜集 23/5a

祈雪文（1－2）　東堂集 10/18a

爲湖州太守祈雪文　東堂集 10/18b

祈雪文　高峰集 12/11b

祈雪文（1-2）　丹陽集 11/4a

祈雪諸廟文　建康集 4/12a

祈雪疏語　苕溪集 25/3a

祈雪文　相山集 28/2b

禱雪疏　盤洲集 70/7a

祈雪文（1-2）　盤洲集 71/10b、12b

建寧府祈雪祝文　南澗稿 18/11b

祈雪文（1-3）　益國文忠集 83/9b、10a　益公集 83/47a

祈雪文　于湖集 27/2a

諸廟祈雪祝文　江湖集 30/14a

觀音殿祈雪疏　江湖集 39/3b

真武殿祈雪疏　江湖集 39/3b

滿散祈雪觀音殿疏　江湖集 39/4a

佛寺祈雪疏　江湖集 39/4a

祈雪疏（1-3）　鉛刀編 26/3a、5a

祈雪青詞　鉛刀編 27/2a

祈雪祝文（1-3）　鉛刀編 29/1b、2a

祈雪疏文　慈湖遺書/續 1/14a

祈雪文　水心集 26/23b

祈雪祝文　洺水集 21/7a

治平寺祈雪疏　洺水集 21/10b

祈雪祝文　真西山集 49/11a

寺觀祈雪　鶴山集 98/6b

南山祈雪青詞　鶴山集 99/12a

代祈雪祝文　篔窗集 9/5b

祈雪海神城隍祠山祝文　鶴林集 14/10a

祈雪社稷祝文　鶴林集 14/10a

祈雪疏　靈巖集 8/2a

祈雪祝文　靈巖集 8/2a

都司代宰執祈雪青詞　可齋稿 24/4a

代祈雪意旨青詞　可齋稿 24/4b

圓超寺祈雪觀音疏　本堂集 93/5a

祈雪祝文趙彥端撰　播芳文粹 125/23b

（2）謝　雪

謝雪文（1-2）　景文集 48/18a

北嶽謝雪文（1-2）　安陽集 42/4b、6a

揚州賽廟文　公是集 50/9a

諸寺觀謝雪文　曾南豐集 31/2a　元豐稿 40/5a

謝雪　蘇魏公集 71/8a

祭張公龍王廟謝雪　蘇魏公集 71/9b

謝雪文　彭城集 40/5a

謝雪文　蘇東坡全集 34/10a

謝雪文　西臺集 12/7b

謝雪文（1-2）　東堂集 10/19b、20a

諸廟謝雪祝文　竹隱集 16/10a

定州謝雪祝文　竹隱集 16/10a

謝雪文　橫塘集 18/8a

謝雪文（1-3）　丹陽集 11/4b

齊州謝雪祝文　翟忠惠集 10/12a

謝雪疏語　苕溪集 25/3b

寧壽觀謝雪道場朱表　樗溪集 11/16a

謝雪疏　盤洲集 70/6a

謝雪文　盤洲集 71/10b

嚴州謝雪祝文　渭南集 24/17b

南嶽謝雪文　益國文忠集 37/7b　益公集 37/83a

謝雪文　于湖集 27/2a

謝雪文　鉛刀編 29/7a

謝雪　宋本攻媿集 83/12b　攻媿集 82/12b

謝雪文　水心集 26/24a

南康謝雪　復齋集 19/12b

謝雪祝文　篔窗集 9/6a

謝雪疏　鶴林集 14/11a

謝雪祝文　南軒集 42/3a

諸廟謝雪祝文　江湖集 30/14b

謝雪疏　靈巖集 8/2b

謝雪祝文　靈巖集 8/2b

謝雪書撰著人未詳　播芳文粹 125/24b

謝雪祝文趙彥端撰　播芳文粹 125/24b

4．祈謝晴

（1）祈　晴

北嶽祈晴文　景文集 48/13a

祈晴文　雪山集 11/2a

南京知府祈晴文　徂徠集 20/10a

修城祈晴祭五龍文（滁州）　歐陽文忠集 49/3a

祈晴祭城隍神文　歐陽文忠集 49/3b

青州求晴祭文　歐陽文忠集 50/11b

祭沙山太守祈晴文　歐陽文忠集 70/3b

祈晴文　歐陽文忠集 70/4a

祈晴祝文（泰州）　樂全集 35/13a

西嶽祈晴祭文　伐檀集/下/31b

洪州諸寺觀祈晴文　曾南豐集 31/1a　元豐稿 40/4a

泰山祈晴文　曾南豐集 31/3b

太平州祈晴　元豐稿 39/2a

諸廟祈晴文　　元豐稿 40/2b

祭諸廟祈晴（1-2）　蘇魏公集 71/8b、9a

吳山禱晴文　彭城集 40/5a

禱晴文　彭城集 40/6a

祈晴文（1-2）　忠肅集 10/7a

祈晴風伯（祝文）　蘇東坡全集 34/6a

祈晴雨師（祝文）　蘇東坡全集 34/6a

祈晴吳山（祝文）　蘇東坡全集 34/6b

祈晴祝文（杭州）吳山廟　蘇東坡全集 34/12b

杭州禱觀音祈晴文　蘇東坡全集/續 12/42b

祈晴文（1-2）　蘇東坡全集/續 12/43b、46b

徐州漢高帝廟祈晴文　欒城集 26/12b

南京祈晴青辭　欒城集 26/16b

祈晴文（1-2）　宗伯集 17/2a、2b

潁州祈晴祝文（1-2）　陶山集 13/13b、14a

靈惠塔祈晴疏　樂靜集 23/4a

祈晴文（1-3）　西臺集 12/5b、6a、6b

祭羅山府君祈晴文　西臺集 12/6b

祈晴文　淮海集 31/1a

代蔡州祈晴文　淮海集 31/6a

廣惠王祈晴文　張右史集 45/13b

靈濟王祈晴文　張右史集 45/15a

景德寺祈晴文　張右史集 45/15b

代高郵縣祈晴祭東嶽文　雲溪集 30/3b

八月祈晴文　東堂集 10/21b22a

代祈晴文（1-2）　浮沚集 6/16a、16b

祈晴　劉給諫集 4/7b

祈晴報謝祝文（1-2）　竹隱集 16/10b

祈晴文　眉山集 28/8b

求晴文　跨鼇集 28/4a

祈晴　石門禪 28/12b

諸廟祈晴文　高峰集 12/12a

祈晴文（1-2）　橫塘集 18/7b

祈晴文（1-6）　丹陽集 11/2b、3a

祈晴文　初僚集 8/29b

祈晴寶公塔文　建康集 4/8a、12a

祈晴諸廟文　建康集 4/9a、11a

祈晴疏語　茗溪集 25/1a

祈晴祝文（1-6）　浮溪集/拾遺 3/449、450

臨安府上天竺寺開啓祈晴文　北海集 19/12a

臨安府中天竺寺啓建祈晴文　北海集 19/12b

臨安府下天竺寺啓建祈晴文　北海集 19/13a

越州圓通寺祈晴文　北海集 19/13b

祈晴文（1-3）　大隱集 6/6b7a

道觀祈晴文　傅忠肅集/下/27a

寺院祈晴文　傅忠肅集/下/27a

祈晴文　傅忠肅集/下/27b

諸廟祈晴文　傅忠肅集/下/28b、29a

祈晴祝文　傅忠肅集/下/29a

祭社祈晴文　浮山集 4/24a

祈晴文（1-6）　浮山集 10/1b

祈晴文　相山集 28/2b

祈晴文　紫微集 34/9a

諸廟祈晴文　紫微集 35/4a

岳殿祈晴文　紫微集 35/5a

寺觀祈晴文　紫微集 35/5a

景德寺祈晴疏　太倉集 63/10a

祈晴文　嵩山居士集 28/2b

諸廟祈晴祝文　方舟集 14/24a

祈晴青詞　盤洲集 69/9b

廣州禱晴疏　盤洲集 70/5b

禱晴疏　盤洲集 70/6b

設廳請觀音禱晴疏　盤洲集 70/7a

祈晴文（1-2）　盤洲集 71/3a、11a

諸廟祈晴文　盤洲集 71/14a

再祈晴文　盤洲集 71/14a

諸廟祈晴文（1-2）　澹齋集 18/2a、2b

嚴州久雪祈晴疏　渭南集 23/14a

嚴州祈晴祝文　渭南集 24/17a

嚴州久雪祈晴祝文　渭南集 24/17b

南嶽行宮祈晴文　益國文忠集 37/6a　益公集 37/82a

東明寺祈晴文　益國文忠集 37/6b　益公集 37/82a

東明再祈晴文　益國文忠集 37/7a　益公集 37/83a

南嶽正廟再祈晴文　益國文忠集 37/7a　益公集 37/82b

南嶽祈晴文（1-2）　益國文忠集 37/8a、8b　益公集 37/84a

祈晴文　朱文公集 86/9a

武昌祈晴祝文　浪語集 15/1a

祈晴祝文（1-3）　浪語集 15/3a、5a、6a

建康求晴設醮　于湖集 25/6b

東明觀音祈晴文　于湖集 27/1a

祈晴文　于湖集 27/6a

祈晴祝文（1-2）　南軒集 42/1a、2b

諸廟祈晴祝文　江湖集 30/15a

觀音殿祈晴疏　江湖集 39/6a

罷散疏　江湖集 39/6b

祈晴疏　鉛刀編 26/2b

請晴疏　鉛刀編 26/6a

祈晴祝文　鉛刀編 29/2a

祈晴祝文(1-4)　宮教集 11/5b、6a

祈晴(1-2)　宋本攻媿集 83/11b　攻媿集 82/11b

祈晴祭文　客亭稿 10/12b

諸廟祈晴祝文　定齋集 13/4b

祈晴文　水心集 26/23b

安慶祈晴青詞　勉齋集 24/3b

祈晴迎龍疏　燭湖集 13/18b

諸廟祈晴疏　燭湖集 13/18b

常熟縣上方觀音祈晴疏　燭湖集 13/20b

祈晴迎觀音疏　燭湖集 13/20b

成都府祈晴疏　燭湖集 13/21a

隆興府吳城山龍王廟祈晴文　後樂集 19/12b

隆興府謝諸廟文　後樂集 19/13a

庵山廟祈晴文　後樂集 19/14b

蓋竹廟祈晴文　後樂集 19/15a

福州禱諸廟文(1-2)　後樂集 19/16b、17a

祈晴文　後樂集 19/21a

靈湖王廟禱晴祝文　洛水集 21/5b

祈晴祝文　洛水集 21/6b

寺觀祈晴疏　洛水集 21/11a

後庵祈晴祝文(1-3)　東澗集 9/21a、21b

祈晴(1-14)　復齋集 19/3a、4b、5a、5b、6a、6b、7a、7b、8b、9a、16a、16b

諸廟禱晴　復齋集 19/10a

祈晴諸廟祝文　真西山集 49/6b

祈晴祝文(1-3)　真西山集 49/10b、11b、13a

北山神祈晴祝文　真西山集 50/16a

社稷神風雨雷師城隍諸廟祈晴祝文　真西山集 50/16b

諸處祈晴祝文　真西山集 50/23a

祈晴　鶴山集 98/4b

社稷諸廟祈晴　鶴山集 98/16a

祈晴醮詞　鶴山集 99/13a

代台州祈晴祝文　箕窗集 9/6b

代詣大中寺再祈晴祝文　箕窗集 9/7b

祈晴祝文　鶴林集 13/3b

神泉縣祈晴祝文　鶴林集 13/6a

寧國府祈晴祝文　鶴林集 13/6a

天慶觀祈晴祝文　鶴林集 13/6b

祈晴奏告天地祝文　鶴林集 13/7a

社稷祈晴祝文(1-2)　鶴林集 13/7a、8b

祈晴社神祝文　鶴林集 13/7b

諸廟祈晴祝文(1-2)　鶴林集 13/8a、9a

自鳴山廟祈晴祝文　蒙齋集 17/1b

諸廟祈晴祝文　鐵菴集 38/13b

祈晴疏　北磵集 8/17a

觀音殿祈晴文　字溪集 9/12b

諸廟祈晴庵山廟(1-2)　後村集 135/4a

諸廟祈晴蓋竹院　後村集 135/4b

都司代宰執祈晴青詞　可齋稿 24/3b

代祈晴意旨青詞　可齋稿 24/4a

祈晴祝文(1-2)　秋崖稿 36/3b、4a

代台州麋知郡祈晴　黄氏日鈔 94/1b

利賕廟祈晴文　雪坡集 47/4b

嶽祠祈晴文　雪坡集 47/4b

祠山靈順二廟祈晴文　雪坡集 47/5a

祈晴祝文(1-3)撰著人未詳　播芳文粹 125/19a、20a

祈晴祝文陳師道撰　播芳文粹 125/20b

曇延洞祈晴碑撰著人未詳　山右石刻編 16/37a

(2) 謝　晴

諸寺觀廟謝晴文　曾南豐集 31/1b　元豐稿 40/4b

謝晴文　曾南豐集 31/4a　元豐稿 40/3a

謝晴文(1-2)　忠肅集 10/7b

謝晴祝文(杭州)　蘇東坡全集 34/13a

謝晴祝文　蘇東坡全集/後 16/5b

謝觀音晴文　蘇東坡全集/續 12/43a

謝晴文　蘇東坡全集/續 12/43b

謝晴文(1-3)　宗伯集 17/2a、3a、4a

潁州謝晴祝文(1-2)　陶山集 13/14a、14b

謝晴文(1-2)　西臺集 12/5b、7a

代蔡州謝晴文　淮海集 31/6b

謝晴文　眉山集 28/9a

謝晴文　高峰集 12/11a

諸廟謝晴文　高峰集 12/12b

諸廟謝晴文　橫塘集 18/7b

某寺謝晴文　橫塘集 18/8a

謝晴文(1-4)　丹陽集 11/3a

諸廟謝晴文(1-2)　丹陽集 11/3b

觀音廟謝晴文　丹陽集 11/3b

蔣山謝晴文　丹陽集 11/4a

謝晴寶公塔文　建康集 4/9a

謝晴諸廟文　　建康集 4/9b

謝晴疏語　　苕溪集 25/1b

寺觀謝晴文　　傅忠肅集/下/28a

謝晴文　　傅忠肅集/下/28b

諸廟謝晴文（1-2）　　傅忠肅集/下/30a、30b

謝晴文　　紫微集 35/2a

荊門軍謝晴文　　漢濱集 16/8a

謝晴文　　嵩山居士集 28/3a

謝晴文（1-2）　　于湖集 27/1a、6a

南嶽謝晴文　　于湖集 27/2b

謝晴疏（1-4）　　太倉集 63/7a、8a、10a

諸廟謝晴文（1-4）　　太倉集 68/2b、3b

諸廟謝晴祝文（1-2）　　太倉集 68/4a、7b

福州諸廟謝晴祝文　　鄮峰錄 42/4b

謝晴疏（1-3）　　盤洲集 70/6a、6b、7b

謝晴文（1-3）　　盤洲集 71/3b、12a、14b

諸廟謝晴祝文（1-2）　　澹軒集 7/11b

南嶽行宮謝晴文　　益國文忠集 37/8b　益公集 37/84b

府治謝晴文　　益國文忠集 37/8b　益公集 37/84b

謝晴文　　朱文公集 86/9b

謝晴祝文（1-4）　　浪語集 15/1a、3a、5b、6b

觀音殿謝晴疏　　江湖集 39/1b

謝晴文（1-2）　　鉛刀編 29/4b、6b

謝晴祝文（1-5）　　宮教集 11/6a、7b

謝晴　　宋本攻媿集 83/12a　攻媿集 82/12a

南浦謝晴祭張大王文　　緣督集 8/14a

江陵府謝晴文　　止堂集 15/12a

謝晴送龍疏　　燭湖集 13/21b

謝晴（1-11）　　復齋集 19/3b、4b、5a、5b、6a、6b、7b、8a、9a、16b

又諸廟謝晴並致禱　　復齋集 19/10b

謝晴　　鶴山集 98/4b

社稷壇謝晴文　　鶴山集 98/7b

廣利寺謝晴疏文　　鶴山集 99/15b

諸廟謝晴疏文　　真西山集 48/20a

諸廟謝晴祝文　　真西山集 49/8a

謝晴祝文　　真西山集 49/10b

代謝晴祝文　　簣窗集 9/6b

又謝晴祝文　　簣窗集 9/7b

越州圓通寺謝晴祝文　　鶴林集 13/9b

諸廟謝晴祝文（1-2）　　鶴林集 13/10a、11a

社稷壇謝晴祝文（1-2）　　鶴林集 13/10b、11b

天地社稷謝晴祝文　　鶴林集 13/10b

謝晴祝文　　鶴林集 14/15a

諸廟謝晴文　　蒙齋集 17/3b

自鳴山廟謝晴文　　蒙齋集 17/3b

諸廟謝晴祝文　　鐵菴集 38/14a

謝晴疏　　後村集 171/2a

謝晴祝文　　秋崖稿 36/3b

謝晴書（1-4）撰著人未詳　　播芳文粹 125/22a、23a

（二）禳災祈福

1. 禳　災

禳災道場開啓齋文　　景文集/拾遺 22/4a

禳謝醮文　　景文集/拾遺 22/4b

公主禳災疏　　景文集/拾遺 22/16a

禳謝青詞（1-6）　　范忠宣集 10/8b、11b

禜祭文　　跨鼇集 28/3b

禜門文　　紫微集 35/3b

禳災青詞　　澹庵集 22/1a

永豐消災道場疏文　　默堂集 22/4a

代周氏禳災設醮青詞　　鄮峰錄 22/5a

爲大人禳謝青詞　　盤洲集 69/2b

饒州歲會道場疏　　盤洲集 70/4b

徽州謁廟文　　盤洲集 71/11b

禳災詞　　緣督集 10/5a

驅虎告諸廟　　復齋集 19/11a

里社禳災　　後村集 172/12b

代前人還白衣懺疏　　本堂集 93/6a

考室禳謝設醮青詞鮑欽止撰　　播芳文粹 113/8b

爲衆禳災設醮青詞（1-2）林鎡撰　　播芳文粹 113/12a、14b

爲衆禳災設黃壇青詞程敦厚撰　　播芳文粹 113/12b

爲衆禳災設醮青詞熊克撰　　播芳文粹 113/13a

華嚴會禳災疏陳師道撰　　播芳文粹 121/14a

習是齋祭齋牌文黃定撰　　播芳文粹 124/22b

設供禳災集福疏蘇軾撰　　蜀文輯存 20/12b

（1）水

攘水疏　　景文集/拾遺 22/17a
禱龍水文　　蘇東坡全集/續 12/46b
慈濟廟送水文　　嵩山居士集 28/7b
閘上醮青詞　　江湖集 39/27b
諸廟祝文（1－5）　　真西山集 49/9a、16b、17b、50/6a、21a
射洪縣截江告射洪神文　　鶴山集 98/8a
青龍水祝文　　鶴林集 14/14b
送玉淵龍水　　後村集 135/7b
攘水疏趙逢撰　　播芳文粹 121/20b
看經攘水患疏錢詩聞撰　　嚴陵集 9/14a

（2）火

鳳翔醮土火星青詞　　蘇東坡全集 34/2a
攘火設醮青詞　　梁溪集 165/13b
謝火災設醮　　于湖集 25/7b
攘火道場疏（1－2）　　太倉集 63/4b
鄉城攘火青詞　　盤洲集 69/2a
火亭臨照設醮青詞　　益國文忠集 79/2a　益公集 79/110a
謝火青詞　　鉛刀編 27/1b
謝火青詞　　鉛刀編 27/2a
攘火青詞　　慈湖遺書/續 1/16a
謝火德星君詞　　緣督集 10/5b
保和觀攘火祈雨醮詞　　鶴山集 99/9b
本境攘火德醮　　鐵菴集 39/7b
攘火醮青詞　　無文印集 11/14a
代合肥攘火青詞　　可齋稿 24/1b
壬子攘火青詞　　可齋稿 24/12b
代長沙謝火醮青詞　　本堂集 93/1b

（3）旱

旱禱文　　彭城集 40/3b
太清宮旱禱文　　彭城集 40/4a
平水王禱旱祝文　　宋本攻媿集 83/15a　攻媿集 82/15a

（4）鬼怪

祭昭勇廟陰兵文　　雪山集 11/3b
遣瘧鬼文　　淮海集 31/3b
儺師逐癘文　　翟忠惠集 10/6a
儺祭文　　苕溪集 26/3a
弔國殤文　　梁溪集 164/9a

金人殘破江淛殺戮生靈募僧道作道場祭文　　北海集 36/7a
祭儺文　　北山集 6/10b
譴瘧鬼文　　相山集 28/9a
祭孤魂疏　　紫微集 33/15b
又召請落水投岸孤魂　　紫微集 33/16a
祭野鬼文　　太倉集 69/5b
水陸疏　　盤洲集 70/7b
金山設陣亡人水陸疏　　後村集 50/17b
魏國卒哭二首　　後村集 172/18b
黃籙普薦陣亡青詞　　可齋稿 24/9a
甲寅建黃籙普薦陣亡青詞　　可齋稿/續前 5/30b

（5）日食

陳州日食禱諸廟文　　欒城集 26/10b
日食罪言　　雪坡集/補 1a

（6）星變

罷散太一宮祈禱彗星道場朱表　　椒溪集 11/15b
歲星祝文　　歸愚集/補遺 4a
代廣東漕祺謝地變星變詞　　緣督集 10/4b
攘星變設醮青詞晁詠之撰　　播芳文粹 114/15a
星變祈禱祝文邵澤民撰　　播芳文粹 123/13b

（7）蟲

攘松蟲設醮青詞　　張華陽集 30/7a
蝗螟犯境疏　　鉛刀編 26/4b
諸廟禱蝗文　　雲莊集 10/2b
消蝗祝文　　洺水集 21/6a
乙亥天慶三省消蝗　　洺水集 21/9b
治平寺消蝗疏　　洺水集 21/10b
諸廟攘蝗祝文　　真西山集 48/4b
諸廟祝文（1－2）　　杜清獻集 18/7b、9a
都司代宰執攘蝗青詞　　可齋稿 24/2b
代攘蝗意旨青詞　　可齋稿 24/3a
天慶觀送蟲蝗疏　　牟陵陽集 22/14a
蝗蟲謝神祝文撰著人未詳　　播芳文粹 125/25b

（8）兵

攘兵災黃籙青詞　　張華陽集 30/7b
淮西漕司設醮　　于湖集 25/4a
謝醮　　可齋稿/續後 12/22b

（9）病

告天地文　　徐公集 8/14b

禱病道場疏　　景文集/拾遺 22/16b

爲病設醮青詞　　龍學集 10/1b

爲河南郡君陳夫人服藥設醮青詞　　蘇魏公集 69/11a

代内醮文　　眉山集 15/3b

代杜守病設醮青詞　　傅忠肅集/下/32b

代高左藏郡君醮詞　　默堂集 22/1b

獄瘟道場疏　　太倉集 63/5a

爲莊文太子服藥肆赦祭告諸神廟祝文　　定庵稿 4/24a

佑聖觀夫人設醮青詞　　益國文忠集 37/1b　益公集 37/78a

爲村娘設醮青詞　　益國文忠集 79/1a　益公集 79/109a

禱疾青詞　　誠齋集 97/4b

淋疾祈禱青詞　　誠齋集 97/5a

皇太子疾亟謁廟文　　于湖集 27/6b

代人禳病青詞　　鉛刀編 27/2b

安福縣祭疫癘神文　　止堂集 15/10a

南劍醮禳疾癘　　復齋集 19/16b

爲民患痢告慈濟廟文　　真西山集 48/16b

叔母有疾報恩觀設醮　　鶴山集 99/4b

焚告天詞　　履齋集 4/20a

代前人還父病許醮青詞　　本堂集 93/1a

遣瘟文　　在軒集/39a

禱病設醮青詞（1-2）林鑑撰　　播芳文粹 114/4b、12b

爲妻禱病懺經疏韓駒撰　　蜀文輯存 37/19b

2．祈福保安
（1）祈　福

醮神文　　景文集 48/14a

祈福醮文　　景文集/拾遺 22/6b

南郊禮畢齋疏　　景文集/拾遺 22/16a

祈福道場白文　　安陽集 40/9b

祈福道場功德疏文　　安陽集 40/10a

代太平州知州謁廟文　　元豐稿 39/2a

襄州謁諸廟文　　元豐稿 39/5a

亳州謁諸廟文　　元豐稿 40/8a

亳州明堂後祭廟文　　元豐稿 41/4a

奉旨詣河瀆西海祈福消災道場疏　　范忠宣集 10/13b

和甫爲陝西興師於西嶽開啓祈福道場青詞　　王魏公集 7/4a

爲陝西興師於西嶽罷散祈福道場朱表　　王魏公集 7/5a

景靈宮祈福道場功德疏文　　蘇東坡全集/後 13/17b

南京祈禱文（1-7）　　欒城集 26/13a

祭醮神祝文　　陶山集 13/13b

代獲賊祭諸廟文　　淮海集 32/1a

祭醮神文　　淮海集 32/2b

壽寧寺藏殿設供文　　道鄉集 33/13a

祈禱祝文（1-5）　　斜川集 6/21a、22a

設醮青詞（1-7）　　張華陽集 30/1b、4a

代高文思祈福醮詞　　默堂集 22/1a

大人生朝設醮青詞　　盤洲集 69/5a

大人生朝醮青詞　　盤洲集 69/6a

禱廟文　　盤洲集 71/14a

滿散道場疏　　渭南集 23/8b

禮彌陀疏　　應齋雜著 4/2b

玄潭觀度道士疏　　誠齋集 97/3b

謁諸廟文　　誠齋集 103/4a

朱表　　于湖集 19/3a

十二願　　于湖集 25/6a

奉安新廟文　　于湖集 27/5b

高宗皇帝康豫滿散疏　　江湖集 39/9b

五月廿一日道場疏　　江湖集 39/12b

罷散疏　　江湖集 39/15b

開啓疏　　江湖集 39/15b

祭醮神祝文　　宋本攻媿集 83/3b　攻媿集 82/3b

慈福太后違豫禱諸廟疏　　燭湖集 13/19a

改除潼川運判辭廟祝文　　鶴山集 98/7b

代鄉人祭靈應廟文　　鶴山集 98/10a

散壇（1-5）　　鶴山集 99/2a、7a、8a、9a、10b

戊子詔合屬祈禱魁星堂　　鐵菴集 38/23a

將樂上元祈福青詞　　鐵菴集 39/1a

永福上元祈福　　鐵菴集 39/3a

魏國九幽醮　　後村集 172/17a

代盧帥上元祈福青詞　　可齋稿 24/1a

解壽圍謝感應青詞　　可齋稿 24/8a

撫州舉官告天文（1-2）　　黃氏日鈔 94/9b、10a

兼江西提舉舉官告天文　　黃氏日鈔 94/10b

代姪孫楠爲母祈年醮疏　　本堂集 93/10a

早朝詞語　　雪坡集 47/8a

午朝詞語　　雪坡集 47/8b

晚朝詞語　　雪坡集 47/8b

壽帝君疏右語　雪坡集 47/10a

爲國祈祥華嚴齋疏邵博撰　播芳文粹 116/5b

祈嗣疏史百禮撰　播芳文粹 121/16a

祈嗣設醮青詞楊天惠撰　蜀文輯存 26/25a

（2）保　安

代獲賊祭諸廟文　淮海集 32/1a

爲子孫保安設醮　劉左史集 2/6a

甲辰保安醮青詞　高峰集 11/9a

乙巳保安醮青詞　高峰集 11/10a

羅天保安大醮青詞　孫尚書集 69/4a

代作夫人平安醮青詞　傅忠肅集/下 /32a

解冤結道場疏語　澹齋集 18/12b

祈安道場疏（1-2）　太倉集 63/3a、3b

保安聖躬設醮青詞　鄮峰錄 22/5b

代保安青詞（1-2）　盤洲集 69/1a、7b

代爲子謝安青詞　盤洲集 69/1b

代爲妻保安青詞（1-3）　盤洲集 69/3b、5b、7a

大人保安青詞　盤洲集 69/4a

妻子保安青詞　盤洲集 69/8b

萊國保安青詞　盤洲集 69/10b

保安青詞　渭南集 23/7b

夫人設醮青詞（1-5）　益國文忠集 37/1a、2a、3b　益公集 37/76b、77a、78b、79a

夫人設醮青詞　益國文忠集 79/1b　益公集 79/109b

皇太后服藥疏文（1-2）　益國文忠集 83/8a　益公集 83/45a、45b

代總得居士保安第三弟設醮　于湖集 25/8b

女就蓐設醮青詞　江湖集 39/32a

李監倉希彭祈安青詞（1-2）　網山集 8/2a、2b

代子設醮青詞　水心集 26/21a

保安　洺水集 21/9a

開溝告諸廟祝文　真西山集 48/12b

水口鎮廟祝文　真西山集 49/15a

保安赦祭諸廟祝文　真西山集 49/20b

蓋竹廟祝文　真西山集 49/24b

告射洪廟文　鶴山集 98/7a

池州祭文孝廟文　鶴山集 98/17a

祭富池廟祝文　鶴山集 98/17b

元設安寧軍府醮詞　鶴山集 99/4a

爲母太安人保安青詞　鐵菴集 39/1b

伯四一致政保安青詞　鐵菴集 39/1b

捕寇祈東西廟祝文　鐵菴集 38/15a

永福保安還醮　鐵菴集 39/2b

兄知縣保安青詞　鐵菴集 39/5b

六十弟爲生母保安　鐵菴集 39/6a

女爲母保安　鐵菴集 39/8a

演爲母保安　鐵菴集 39/8b

告靈會妃文　腥軒集 10/12a

太淑人保安庚寅　後村集 172/3a

保安（1-4）丁未　戊申　壬子　乙卯　後村集 172/9a、9b、10a、10b

陳氏女保安（1-2）　後村集 172/11a、11b

山甫婦保胎（1-2）　後村集 172/11b、12a

荆閫辛亥保安春哨青詞　可齋稿 24/10b

荆閫辛亥保邊醮青詞　可齋稿 24/11a

壬子保安春哨青詞　可齋稿 24/13a

癸丑秋防保安青詞　可齋稿/續前 5/29a

冬防保安青詞　可齋稿/續前 5/29b

宣閫保邊青詞　可齋稿/續後 12/8a

保安青詞　可齋稿/續後 12/8a

保祐先廬青詞　可齋稿/續後 12/10b

長沙保境青詞　可齋稿/續後 12/11b

南邊保安青詞　可齋稿/續後 12/15b

靜江保境青詞（1-2）　可齋稿/續後 12/16b、17a

子被凶人誣告蒙恩免遠役謝醮　可齋稿/續後 12/18a

代保安醮青詞（1-2）　本堂集 92/8b

皇帝聖躬違和保安諸廟疏　文山集 4/36b

皇帝聖躬違和本州宮寺保安疏　文山集 4/36b

皇帝聖躬違和鈐司宮寺保安道疏　文山集 4/37a

鈐司官寺保安僧疏　文山集 4/37a

皇帝聖躬違和鈐司宮寺保安僧疏　文山集 4/37a

赴任保安青詞林鎰撰　播芳文粹 113/6b

赴潮任保安青詞黃定撰　播芳文粹 113/7a

祈安設醮青詞陳德明撰　播芳文粹 113/15b

祈安設醮青詞黃定撰　播芳文粹 113/19a

謝安設醮青詞黃定撰　播芳文粹 114/12a

設羅漢堂供祈安疏韓駒撰　蜀文輯存 37/19b

爲子謝安設供疏（1-2）韓駒撰　蜀文輯存 37/19b、20a

（三）祭祀天地山河諸神

1. 天　神

祭聖帝文　張右史集 45/5b

天齊神聖帝祝文　丹陽集 11/2a

奉安昊天玉皇上帝聖像疏　太倉集 63/3a

奉安天齊仁聖帝神像文　太倉集 68/5a

撫州及提舉司舉官告天文　黃氏日鈔 94/11b

賀玄天上帝生辰表　疊山集 18/1a、1b

徽州天慶觀奉安聖像奏告聖祖天尊大帝　四庫拾遺 226/北海集

徽州天慶觀奉安聖祖天尊大帝聖像二月二十六日　四庫拾遺 227/北海集

2. 社　稷

祭勾芒文　公是集 50/3b

祭勾芒神　元豐稿 41/2a

祭勾芒　蘇魏公集 71/11a

祭勾芒神文　蘇東坡全集/續 12/44b

祭勾芒神文　淮海集 31/5b

祭社文　張右史集 45/4b

祭稷文　張右史集 45/5a

祭斄神文　嵩山集 20/44a

社稷　劉給諫集 4/7b

祭勾芒祝文　高峰集 12/13a

祭勾芒文　苕溪集 26/3a

謁社稷祝文　浮溪集/拾遺 3/446

祭先農壇文　相山集 28/3a

祭社稷文　嵩山居士集 28/2b

神農氏祝文　歸愚集/補遺 4a

后稷氏祝文　歸愚集/補遺 4a

祭勾芒神文（1-4）　盤洲集 71/3b、5b、7a、11a

謁社稷神文　渭南集 24/15a

嚴州戊申謝蠶麥祝文　渭南集 24/18b

祀勾芒神文　益國文忠集 37/9a　益公集 37/85a

謁社稷文　朱文公集 86/6b

謁社稷文　朱文公集 86/12a

社壇祝文（1-3）　南軒集 42/4b、5a

祭勾芒神祝文　南軒集 42/6a

祀勾芒神祝文（1-3）　江湖集 30/10a

社稷神祝文　江湖集 30/12a

祭勾芒文　鄂州集 4/14a

祭勾芒神祝文（1-2）　宋本攻媿集 83/16a　攻媿集 82/16a

祀社祭文　慈湖遺書/續 1/9a

立春祭太皇勾芒文　慈湖遺書/續 1/9b

稷祭文（1-2）　慈湖遺書/續 1/9b

社（祝文）　慈湖遺書/續 1/12b

社稷（祝文）　慈湖遺書/續 1/12b

稷（祝文）　慈湖遺書/續 1/13a

勾芒神祝文　定齋集 13/4b

宜春縣尉謁社稷文　止堂集 15/9a

袁州權郡謁社稷文　止堂集 15/11a

江陵府謁社稷文　止堂集 15/11b

社稷（臨川謁廟祝文）　勉齋集 24/5a

社祝文　洺水集 21/7b

稷祝文　洺水集 21/8a

后稷氏祝文　洺水集 21/8a

社稷（1-2）　真西山集 48/10b、27b

社神　真西山集 48/22b

稷神　真西山集 48/23a

后稷氏（1-2）　真西山集 48/23a、50/2a

社稷祝文（1-2）　真西山集 49/7b、50/1a

社稷以下祝文城隍山川同　真西山集 49/18a

稷神（1-2）　真西山集 50/1b、5b

社稷神祝文　真西山集 50/3a

社神祝文　真西山集 50/5b

后稷氏祝文　真西山集 50/5b

社稷神風雨雷師城隍諸廟祝文　真西山集 50/15b

社稷神祝文　箕窗集 9/1b

謝社稷祝文　鶴林集 14/11b

社稷祝文　杜清獻集 18/6b

勾芒神祝文　杜清獻集 18/9a

祈麥祝文　鐵菴集 38/10a

社稷神　後村集 135/7a

社稷（1-2）　後村集 135/8a、8b

社稷（1－3） 黃氏日鈔 94/3b、6b

祭社稷壇祝文 牟陵陽集 22/6a

祭蠟叢祝文 牟陵陽集 22/10b

祭大稷文 四庫拾遺 221/東牟集

〔祭〕后稷氏文 四庫拾遺 221/東牟集

稷神祝文 四庫拾遺 284/鶴林集

3. 土 地

后廟修築垣壇祭告土地文 元憲集 35/3a

風震祭土地祝文 景文集 48/19a

祭告四代祖塋土地文 安陽集 42/10a

祭告永寧軍先塋土地文 安陽集 42/12a

舍人院爲中書作祭土地文 公是集 50/3a

明州修城祭土神文 元豐稿 40/7b

祭土牛（1－2） 蘇魏公集 71/11a、11b

祭土地 蘇魏公集 71/12b

祭土牛文 劉忠肅集 10/8b

江寧府告遷後園土地文 王魏公集 7/12b

中書祭土地文 王魏公集 7/12b

賽謝明化寺土地文 西塘集 5/7a

除夕祭北京教授廨土地神文 鷄肋集 60/7a

亳州祭土地神文 鷄肋集 61/6b

遷居安建土地祠文 鷄肋集 61/11b

上梁祭土地文 鷄肋集 61/12b

奉安本學土地祭文 道鄉集 38/3a

奉安新學土地文 道鄉集 38/6b

遷學祭告舊學土地文 道鄉集 38/6b

提刑衙土地祭文 道鄉集 38/6b

春秋祭本學土地文 道鄉集 38/7a

鄖城縣遷土地祭文 斜川集 6/19b

祭墳園神 橫浦集 20/4b

祭本衙土地 橫浦集 20/8a

會稽謝土青詞 盤洲集 69/9a

謝土青詞 盤洲集 69/10b

造閣告土地文 盤洲集 71/1b

奉安土地文（1－2） 盤洲集 71/9a、13b

皷祭祝文 海陵集 12/4a

奉安土地祝文 益國文忠集 79/4a 益公集 79/112b

謝土祝文 益國文忠集 79/4b 益公集 79/113b

祭土地文（1－4） 朱文公集 86/17b、18a

后土祝文（1－2） 朱文公集 86/18b

土地 宋本攻媿集 83/7b 攻媿集 82/7b

代劉運使伯和秋祭本衙土地文 客亭稿 10/12a

祭廣東主管衙土地文 客亭稿 10/12a

謁土地廟祝文 東塘集 16/4b

土地祠文 慈湖遺書/續 1/8a

祭中雷文 慈湖遺書/續 1/8b

后土句龍氏祭文 慈湖遺書/續 1/9a

土地祝文 鐵菴集 38/2a

仁山告后土祝文 鐵菴集 38/5a

立后土祠祝文 北溪集/第四門 29/2a

后土氏祝文 洛水集 21/8a

祭告土地祝文 東澗集 9/20b

土神祝文 真西山集 48/14b

勾龍氏 真西山集 48/23a

起夢筆書堂告土地祝文 真西山集 49/20b

南劍州判官廳土地祝文 真西山集 49/24b

后土勾龍氏 真西山集 50/1b

后土勾龍氏祝文 真西山集 50/5b

石鼓神祠 真西山集 50/11a

告土地祝文 鶴林集 14/15a

謁縣土地廟祝文 後村集 135/1b

土地 後村集 135/9b

爲宗學立愛齋同舍作祭土地文 彝齋文編 4/28b

祭土地興文王文 彝齋文編 4/29a

尉司土地 黃氏日鈔 94/2a

本司土地 黃氏日鈔 94/2b

湖亭土地 黃氏日鈔 94/13b

代告本衙土地 雪坡集 47/7b

謝土醮詞 潛齋集 11/11a

4. 城 隍

又祭城隍神文（滁州） 歐陽文忠集 49/3b

告城隍土地文 公是集 50/3b

謁城隍廟文 曾南豐集 32/3b

祭城隍 蘇魏公集 71/12a

績溪謁城隍文 欒城集 26/15a

代英州城隍廟慶祭 西塘集 5/3a

代蔡州太守謁城隍文 淮海集 31/6a

迎奉城隍並惠濟王祝文 鄖峰錄 42/7b

告城隍文 澹軒集 7/9b

桂陽軍修城隍祝文 止齋集 44/2a

告城隍祝文 定齋集 13/4a

城隍（臨川謁廟祝文 新淦謁廟祝文 建康謁廟祝文）
　勉齋集 24/5b、6b、7a

城隍 真西山集 48/27b

城隍加封祝文　　箟窗集 9/5a
秋祭城隍祝文　　鶴林集 14/13a
奉安祠山城隍海神祝文　　鶴林集 14/13b
城隍祝文　　杜清獻集 18/3b
城隍廣惠祝文　　杜清獻集 18/8b
城隍（1－5）　黃氏日鈔 94/2a、12b
城隍疏　　疊山集 14/1b
祭渠渡城隍螫山祝文　　牟陵陽集 22/6a
謁城隍文　　覆瓿集 4/1a
祭城隍廟祝文黃定撰　　播芳文粹 124/17a

5. 山　嶽

擬裴寂禱華山文　　小畜集/外 12/1b
禱北嶽文　　景文集 48/15a
祭東嶽文　　歐陽文忠集 70/4b
祭衡嶽文　　范忠宣集 12/5b
奏乞封太白山神狀　　蘇東坡全集 34/4b
告封太白山明應公文　　蘇東坡全集 34/5a
密州祭常山文（1－5）　　蘇東坡全集 34/7b
春祈北嶽祝文　　蘇東坡全集/後 16/7b
告五嶽文　　蘇東坡全集/續 12/42a
祭常山神文　　蘇東坡全集/續 12/45a
嵩山祝文　　樂城集/後 19/6a
江寧府祭蔣山神祝文　　陶山集 13/15a
禱華嶽湫文　　西臺集 12/5a
追祭呂村山川神文　　鷄肋集 61/9b
天齊廟　　劉給諫集 4/7b
車駕巡幸祭山川文　　苕溪集 26/2a
祭南嶽文　　梁溪集 164/12a
新金西嶽行宮疏　　楳溪集 11/15b
祭白虹山神文　　相山集 28/5b
嚴州祝嶽文　　斐然集 30/15a
代祭南嶽文　　澹庵集 22/9a
軍城修造祭祀溪山神文　　漢濱集 16/14b
禱蒼山神文　　盤洲集 71/2a
祭南嶽廟文　　盤洲集 71/4a
到任謁后土東嶽文　　于湖集 27/7a
烏龍山神祝文　　南軒集 42/5b
祭海陽山祝文　　南軒集 42/6a
瀟江堯山祝文　　南軒集 42/6b
堯山瀟江二壇祝文　　南軒集 42/7a
秋祀堯山祝文　　南軒集 42/7a
東嶽行祠　　宋本攻媿集 83/1a　攻媿集 82/1a

謁東嶽帝廟祝文　　東塘集 16/2b
祭仰山神文　　止堂集 15/11a
謁東嶽廟文　　止堂集 15/11b
謁龜山墓祝文　　鐵菴集 38/2b
祭謝東嶽東海南嶽南瀆文　　後樂集 5/17b
潭州到任謁南嶽行廟文　　後樂集 19/8a
潭州時祭南嶽正廟文　　後樂集 19/9a
辭南嶽行廟文　　後樂集 19/11a
禱山川代傅寺丞　　北溪集/第四門 29/2b
甲申粥局謝嶽祠祝文　　漫塘集 27/12b
戊子粥局謝嶽祠祝文　　漫塘集 27/13a
告謝嶽瀆祝文　　東澗集 9/17b
嶽廟聖帝祝文　　東澗集 9/17b
嶽廟真聖諸廟祝文　　東澗集 9/17b
東南嶽廟等處　　真西山集 48/6b
東嶽　　真西山集 48/11a
東山南北岸兩渡祝文　　真西山集 48/17a
北山祝文（1－4）　　真西山集 48/23b、50/2a、18b、19a
東嶽諸廟　　真西山集 48/24b
南嶽行宮　　真西山集 48/27a
仰山祝文　　真西山集 49/12b
南嶽火德星君祝文　　真西山集 49/15b
東嶽祝文（1－2）　　真西山集 49/25b、50/22a
祠山祝文（1－2）　　真西山集 50/2b、12b
北山神祝文（1－2）　　真西山集 50/7a、17a
紫帽山　　真西山集 50/9b
北山神　　真西山集 50/13a
炳靈王祝文　　真西山集 50/22b
東嶽生辰祝文　　鶴山集 98/13a
東嶽祝文　　杜清獻集 18/2b
送嗚山　　後村集 135/7a
南嶽疏詞　　可齋稿/續後 12/13a
祠山　　黃氏日鈔 94/2a
霍山　　黃氏日鈔 94/3a
天竺　　黃氏日鈔 94/3a
嶽廟　　黃氏日鈔 94/3b
遣守臣奏告南嶽　　四明文獻集 4/26b
山神祭文馮時行撰　　蜀文輯存 46/17b

6. 江　河

代祭水平王祝文　　祠部集 34/2a
杭州吳山廟罷散秋濤浩大道場朱表　　王魏公集 7/5a

祭泗洲塔文　蘇東坡全集/續 12/46a
河伯文　樂靜集 23/2a
代澶州韓諫議祭河文　鷄肋集 60/8a
河中府繫浮橋告河文　鷄肋集 61/8b
安流王祝文　道鄉集 38/2a
淮源王　劉給諫集 4/8a
洛陽橋成導水祭洛神祝文　竹隱集 16/1a
南行祭江濱文　眉山集 29/4b
祭河文　浮溪集 21/4b
祭江祝文　浮溪集/拾遺 3/447
樞密行府祭江神文　北山集 14/7a
宣諭祭江神文　北山集 14/9b
江瀆廟奏科約文　漢濱集 16/11a
謁江瀆王廟文　漢濱集 16/11a
祭江神文(1-2)　太倉集 68/5b
代永思陵修奉使副正月六日渡江祭江神文
　客亭稿 10/3b
召赴行在辭成都府江瀆廟祝文　東塘集 16/4b
祭謝會稽山永濟王文　後樂集 5/17b
奉安神水祝文　山房集 3/17b
嶽麓湘江祝文　真西山集 49/7a
西峽江祝文　真西山集 49/24a
祭江神文(1-2)　鶴山集 98/9a、9b
奉安聖水祝文　鶴林集 14/14a
過瞿唐祝文　宇溪集 9/13a
祭水府文　宇溪集 9/16b

7.湖潭池

禱炭谷湫文　公是集 50/4b
禱湫文(1-4)　公是集 50/5a
謝湫文　公是集 50/6a
祭終南太白湫文　范忠宣集 11/4a
送太白湫水祭文　范忠宣集 11/5a
太白太湫神祝文　西臺集 12/4b
祭龍池水(1-2)　嵩山集 20/45b
告龍潭封淵應廟文　東塘集 10/22a
辭龍潭淵應神廟祝文　東塘集 10/24a
送湫文　眉山集 28/9a
祭龍洞神文　跨鼇集 28/4b
送聖水還孚濟龍潭祝文　斜川集 6/22b
慈濟廟請湫水文　嵩山居士集 28/7b
慈姥巖請湫水文　嵩山居士集 28/8a
謝甬湖神文　盤洲集 71/2b

祭富池神文　渭南集 24/11b
龍潭文　鉛刀編 29/3b
送龍水還潭水　水心集 26/25a
祭龍潭文(臨川謁廟祝文)　勉齋集 24/6a
禱鱔溪文　後樂集 19/17a
謝鱔溪文　後樂集 19/17b
迎龍池水祝文　山房集 3/18a
洞陽昭潭祝文　真西山集 49/17b
龍湖祝文　真西山集 50/8b
龍潭　真西山集 50/9a
南峰潭祝文　真西山集 50/10b
佐溪潭　真西山集 50/11b
龍湖廟　真西山集 50/11b
外縣諸廟及龍潭祝文　真西山集 50/14a
晉湫文　鶴山集 98/12b
撓湫文　鶴山集 98/13a
請石闕龍湫祝文　鶴林集 14/8b
剡縣解雨五龍潭等處送神辭　本堂集 36/1a

8.井泉

新居鑿井告神文　鷄肋集 61/12a
奉迎嘉山龍井水祝文　龜溪集 11/16b
祭井神文　相山集 28/4b
胡避山祭井文　相山集 28/5a
府學祭井祝文　方舟集 14/27a
送龍泉祝文　山房集 3/17b

9.龍王

祭順濟王文　元豐稿 40/5b
祭五龍　蘇魏公集 71/12a
泗洲龍王祝文　祠部集 34/1b
請龍神文　忠肅集 10/7a
告會應廟五龍文　錢塘集 16/4a
開湖祭禱吳山水仙五龍三廟祝文(杭州)　蘇東
　坡全集 34/13a
謝吳山水仙王五龍三廟祝文　蘇東坡全集 34/13b
祭甘露泉龍神文　宗伯集 17/1b
祭順濟龍王文　龍雲集 30/6b
祭洞庭文　淮海集 31/4b
代祭龍女文　鷄肋集 60/8b
海門縣祭龍王文(1-2)　雲溪集 30/4a
祭老黃龍謚號文　石門禪 30/25b
祭五龍文　浮山集 4/24b

祭靈潭龍君　　横浦集 20/7a

祭龍王長老法讚文　斐然集 27/20b

嚴州祝龍文　斐然集 30/15b

迎白龍文（1－2）　澹齋集 18/2b、3a

謝龍王文　應齋雜著 4/13b

祀龍母祝文（1－2）　江湖集 30/12b

龍母疏　江湖集 39/16a

迎龍文　鉛刀編 29/3b

創建錫山龍王廟奉安祝文　宮教集 11/9a

迎四龍王行道祝文　宋本攻媿集 83/14a　攻媿集 82/14b

龍母龍王祈晴疏　燭湖集 13/18a

五處龍王上封雷池祝文　真西山集 49/18b

祭龍壇祝文　真西山集 49/19a

五龍堂祝文　真西山集 49/23b

古潭五龍廟　真西山集 50/11a

龍王祝文　杜清獻集 18/6b

廣惠王龍王社壇祝文　杜清獻集 18/7a

城下龍王廟　鐵菴集 38/21a

五龍王　黄氏日鈔 94/2a

迎龍王文　雪坡集 47/4a

送渠渡龍王回廟祝文　牟陵陽集 22/9b

10．海　神

弔海文有序　公是集 50/7a

代辭廣利廟　西塘集 5/6b

祭海神文　龍雲集 30/6b

祭海神文　澹菴集 22/9a

祭南海神廣利王文　盤洲集 71/4a

禱南海神廟文　盤洲集 71/5a

禱南海神文　盤洲集 71/5b

祭南海廟文　盤洲集 71/6b

奉安南海王文　盤洲集 71/8b

辭南海神文　盤洲集 71/10a

海神廟祈謝祝文　宋本攻媿集 83/9a　攻媿集 82/9a

發海舟　宋本攻媿集 83/12b　攻媿集 82/12b

海神祠山文　慈湖遺書/續 1/13b

鹽官禱海　洺水集 21/9b

海神通遠王靈著王祝文　真西山集 50/5a

海神生辰祝文　鶴林集 14/10a

謝海神城隍祠山祝文　鶴林集 14/11a

祭海神祝文　鶴林集 14/12b

春祭海神城隍祠山祝文　鶴林集 14/14b

南海王生辰祝文　鐵菴集 38/13a

告靈著王文　矖軒集 10/12a

辭靈著王祝文黄定撰　播芳文粹 124/5a

11．風　伯

祭風伯雨師（祝）文　蘇東坡全集 34/10b

代祭風師　西塘集 5/5a

祭風伯神文　西臺集 12/7b

信陽軍祭風師文　相山集 28/2a

祭風師文　太倉集 68/1a

祭風師文　盤洲集 71/3b

祀風師祝文　江湖集 30/10b

禳謝颶風（1－3）　宋本攻媿集 83/12b　攻媿集 82/13a

風師（1－2）　真西山集 48/23a、50/3b

風師祝文　真西山集 50/5b

祈風文　真西山集 50/14b

風師祝文　箕窗集 9/2a

謝風雷雨師祝文　鶴林集 14/8b

祭風師祝文　鶴林集 14/11b

12．雨　師

祭雨師文　嵩山居士集 28/2a

祀雨師祝文　江湖集 30/10b

祭雨師文　慈湖遺書/續 1/10a

雨師（1－2）　真西山集 48/23b、50/3b

雨師祝文　真西山集 50/5b

祭雨師文　覆瓿集 4/1b

13．雷　神（師）

代祭雷師　西塘集 5/5a

祭雷廟文　梁溪集 164/12a

嚴州祝雷文　斐然集 30/16a

祭雷師文　太倉集 68/1a

祭雷師文　嵩山居士集 28/2a

祀雷神祝文　江湖集 30/11a

祭雷師文　慈湖遺書/續 1/10a

雷神　真西山集 48/23b

雷師　真西山集 50/4a

雷神祝文　真西山集 59/5b

雷師祝文　箕窗集 9/2a

祭雷神祝文　鶴林集 14/13a

雷神祝文　字溪集 9/11b

祭雷文　覆瓿集 4/1b

14. 魁 星

祭梓潼神文　雪山集 11/3a
祭梓潼神文　丹淵集 35/7a
開穴祭北斗文　跨鰲集 28/1a
謁梓潼王廟祝文　東塘集 16/3a
梓潼廟祝文　鶴山集 98/3a
文昌醮啓壇詞　鶴山集 99/1b
代鄉人設文昌醮啓壇詞　鶴山集 99/7b
四川文昌醮疏文　鶴山集 99/14a
祭文昌祝文　宇溪集 9/11a
西澗書院祭魁星祝文　雪坡集 47/1a
正誼書院祭魁星祝文　雪坡集 47/1b
乙卯秋祭魁星文　雪坡集 47/3b
文昌醮宿建詞語　雪坡集 47/8a
又文昌醮詞　雪坡集 47/9b
景祐眞星生辰疏　疊山集 14/2a
祭梓潼文　牟陵陽集 22/1a
祭梓潼祝文　牟陵陽集 22/10a
代富川酹魁星文　文山集 11/40a
代酹解星文　文山集 11/40b

15. 竈 神

祭家神文　相山集 28/3b
奉安竈神文　相山集 28/4b
祭窯神祝文　鄖峰録 42/1b
祭竈文　嵩山居士集 28/1b
祭竈文(1-2)　海陵集 21/7b、22/2a
奉安竈神祝文　益國文忠集 79/4a　益公集 79/113a

16. 佛

南郊道場讚佛文　蔡忠惠集 29/1a
祭佛陀波利文　蘇東坡全集/續 12/45a
穎州祭佛陀波利文　後山集 18/13a
靈感觀音處還願齋僧　紫微集 33/14b
解任辭諸佛疏　鄖峰録 23/9a
南華齋羅漢疏並序　盤洲集 70/3b
廣教寺設供疏文　益國文忠集 37/5b　益公集 37/81a
送觀音疏　燭湖集 13/18a
送十六羅漢　鐵菴集 38/20b
滿散佛疏　靈巖集 8/1a
二月十五佛涅槃疏　北磵集 8/1b
泗洲生日疏　北磵集 8/3a

送仰山回殿疏　後村集 171/3a
佛成道右語　無文印集 11/13a
彌陀佛上座祝香文　在軒集/38b
祭大士祝文　牟陵陽集 22/6b
觀音道場疏語 李燾撰　播芳文粹 121/8a
謝登第設羅漢齋疏 史百禮撰　播芳文粹 121/18a
還家賽謝設觀音齋疏 史百禮撰　播芳文粹 121/18b
觀音道場設羅漢齋疏 李去病撰　播芳文粹 122/17a

17. 其他諸神

江寧府祭蔣山莊武帝神文　樂全集 35/10a
祭眞武靈應眞君文　樂全集 35/10b
祭謝蔣山莊武帝神文　樂全集 35/11a
祭神文(1-6)　蔡忠惠集 32/13a-16b
祭神文(1-12)　伐檀集/下/27b-30a
祭諸靈祠文　丹淵集 35/2a
祭天王　蘇魏公集 71/12b
滑洲祀神文　忠肅集 10/4b
禱神文(1-2)　雲巢編 10(三沈集 8/74a)
杭州祭諸神文　蘇東坡全集 34/5b
靈惠疏　樂靜集 23/1b
謝靈惠疏　樂靜集 23/3a
靈惠塔疏　樂靜集 23/5a
就山請神文　西臺集 12/4b
祭大孤山女郎文　鷄肋集 61/7a
湖州移天王祠告祭文　鷄肋集 61/10b
新安縣祭威顯廟靈霈公文　雲溪集 30/2a
定州迎神祝文　竹隱集 16/1a
崇仁知縣赦後祭神文　石門禪 30/26a
重修告成觀奉安聖像祝香文　苕溪集 26/2b
奉安昭烈武成王並殿內及兩廡諸神像祝文　椒溪集 11/9b
告遷昭烈武成王並殿內諸神像祝文　椒溪集 11/10a
召請諸神祇文　紫微集 34/4b
郊後祭神文　默堂集 22/3b
眞武醮青詞　澹庵集 22/6a
祭鹿頭關白馬廟文　漢濱集 16/10b
奉安天王文　盤洲集 71/7b
祭武安關王文　盤洲集 71/11a
神功妙濟眞君殿還醮疏文　海陵集 21/5b
神功妙濟眞君祝香文　海陵集 21/6a
歲旦祠五福太一文　海陵集 21/7a

真武殿疏　　江湖集 39/4b

真武醮青詞　　江湖集 39/28b

靈崆大聖文　　鉛刀編 29/4a

靈康行祠　　宋本攻媿集 83/1b　攻媿集 82/1b

靈康正廟　　宋本攻媿集 83/2a　攻媿集 82/2a

代教授祭神文　　象山集 26/3b

歸謁五世神座祝文　　客亭稿 10/7a

真君生日青詞　　綱山集 8/1a

謁諸神廟祝文　　東塘集 16/3a

辭諸神廟祝文　　東塘集 16/4a

饒娥儇聖祭文　　慈湖遺書/續 1/8b

禱梨山廟文　　雲莊集 10/3b

栗山書社祭神文　　勉齋集 24/4a

謁真武祐聖廟文　　後樂集 19/10a

祀太一祝文(1-2)　　山房集 3/18b

靈澤侯生日祭文　　平齋集 32/4b

廣惠廟祝文(1-5)　　真西山集 48/1b、2b、3a、3b、5a

辭廣惠廟祝文　　真西山集 48/8a

張大帝廟祝文　　真西山集 48/19b

張大帝通遠廟祝文　　真西山集 48/19b

周真人祝文　　真西山集 48/21b

真武殿祝文　　真西山集 49/13a

聖妃宮祝文　　真西山集 50/4b

白馬仙祠　　真西山集 50/11a

廣佑廟祝文　　真西山集 50/12b

聖妃祝文　　真西山集 50/14b

代鄉人告靈應神文　　鶴山集 98/10a

靈應廟神父生日祭文　　鶴山集 98/11b

祭靈應神文　　鶴山集 98/11b

靈惠廟生辰祝文　　鶴山集 98/11b

明堂後祀百神文　　鶴山集 98/13b

二仙亭祝文　　杜清獻集 18/1b

赤松凌虛真君祝文　　鐵菴集 38/1a

靈祐公誕辰祝文　　鐵菴集 38/2a

寓龜陵告四殿尊神祝文　　字溪集 9/12a

庚子奏名謁三神文　　字溪集 9/16a

天府疏　　字溪集 9/24b

伍王廟生辰　　黃氏日鈔 94/3a

祠山真君　　黃氏日鈔 94/4a

真武　　黃氏日鈔 94/4a

張真君　　黃氏日鈔 94/13a

代前人選聖齋疏　　本堂集 93/6a

九虞祭告文(1-9)　　四明文獻集 4/25a

謁諸神廟文　　桐江集 8/2a

祭三大神祝文　　牟陵陽集 22/6b

祭二郎祝文　　牟陵陽集 22/8a

再禱諸神祝文　　牟陵陽集 22/8b

醮羣仙疏　　潛齋集 11/7a

代祝純陽真人　　須溪集 7/35a

二月八日祠山帝生辰疏(1-2)　　在軒集/14a、14b

祈馬步神文　　四庫拾遺 20/景文集

祭收地神文　　四庫拾遺 20/景文集

己未歲新復河南故地肆赦諸神文其一　其二　其三　四庫拾遺 220-221 東牟集

始閱祭主兵之神文　　四庫拾遺 268/省齋集

某神奉安祝文　　四庫拾遺 564/王魏公集

行日祭神文(往燕山日)　　四庫拾遺 611/初僚集

（四）帝王孔子先賢

1. 帝　王

謁漢高祖等廟文　　曾南豐集 32/3b

又祭漢高祖文(滁州)　　歐陽文忠集 49/4a

祭魏武帝　　蘇魏公集 71/11b

祭英烈王文　　蘇東坡全集 34/11b

祭帝堯廟文　　公是集 50/3a

祭告舜廟文　　鷄肋集 61/9a

代道州祭九疑帝舜文　　雲溪集 30/5b

黃陵廟祝文(1-2)　　道鄉集 38/1a

奉安忠懿王廟祝文　　毘陵集 11/12a

奉安鎮閩王(祝文)　　雙溪集 15/5a

祭湖心廣福院魏王祠文　　鄮峰錄 43/5b

謁昭烈廟文　　梅溪集/後 28/1b

蜀漢昭烈帝祠鄏陵祝文　　南軒集 42/8b

虞帝祠祝文　　南軒集 42/7a

唐虞二帝祝文　　南軒集 42/6b

有虞氏二妃祝文　　南軒集 42/7b

謁漢高帝廟祝文　東塘集 16/1b

謁漢世祖廟祝文　東塘集 16/2a

謁漢惠帝廟祝文　東塘集 16/2a

謁漢昭烈帝廟祝文　東塘集 16/2b

漢高帝　真西山集 49/2a

漢長沙定王　真西山集 49/2a

漢長沙文王　真西山集 49/2a

承烈王武烈大帝李參政諸廟祝文　杜清獻集 18/3b

越王　黃氏日鈔 94/5b

錢王　黃氏日鈔 94/5b

禹王　黃氏日鈔 94/5b

謁堯禹帝廟祝文　牟陵陽集 22/5b

祭白帝廟文何逢原撰　蜀藝文志 50/11b

2. 孔 子

洪州謁夫子廟文　曾南豐集 32/3b　元豐稿 40/4a

齊州謁夫子廟文　曾南豐集 32/3a　元豐稿 39/4a

謁夫子廟文　曾南豐集 32/3a

襄州謁文宣王廟文　元豐稿 39/5a

福州謁夫子廟文　元豐稿 40/5b

亳州謁夫子廟文　元豐稿 40/8a

告文宣王文　蘇東坡全集/續 12/41a

潁州謁文宣王廟祝文　蘇東坡全集/後 16/3b

謁文宣王祝文　蘇東坡全集/後 16/6b

湖州謁文宣王廟文　蘇東坡全集 34/10b

謁孔子廟文　欒城集 26/15b

謁先師文　范太史集 37/19b

代釋奠　西塘集 5/1b

謁先師文　淮海集 31/1a

謁宣聖文　淮海集 31/5a

代蔡州太守謁先聖文　淮海集 31/6a

北京國子監奉詔封孟荀揚韓告先聖文　鷄肋集 60/4a

詔封孟荀揚韓告先師文　鷄肋集 60/5a

河中府謁文宣王文　鷄肋集 61/8a

謁文宣王廟文　鷄肋集 61/15b

奉安先聖文　道鄉集 38/4a

奉安文宣王文　道鄉集 38/5a

遷學告文宣王文　道鄉集 38/5a

奉安先師文　道鄉集 38/5b

登州告先聖　劉給諫集 4/7a

壽州謁先聖　劉給諫集 4/7a

祝聖設醮青詞　高峰集 11/10b

奠謁先聖祝文　高峰集 12/13a

謁先聖祝文　浮溪集/拾遺 3/44b

謁先聖文　梁溪集 164/13a

謁文宣王廟文　張華陽集 31/10b

代謁先聖祝文　韋齋集 12/7a

謁先聖文　澹庵集 22/7a

釋奠告宣聖文　太倉集 68/1b

謁先聖文　嵩山居士集 28/1a

黎州謁先聖廟祝文　方舟集 14/22a

黎州辭先聖廟祝文　方舟集 14/23a

權南恩謁夫子廟祝文　知稼翁集 11/8b

夔州謁文宣王廟文　梅溪集/後 28/1b

湖州謁文宣廟文　梅溪集/後 28/3a

泉州謁文宣王廟文　梅溪集/後 28/4a

辭宣聖文　拙齋集 19/17b

台州謁先聖文　盤洲集 71/1a

荊門謁先聖文　盤洲集 71/10a

判潭州謁宣聖文　益國文忠集 37/6a　益公集 37/81b

奉新縣謁先聖文　誠齋集 103/3b

常州謁先聖文　誠齋集 103/5a

行鄉飲酒禮告先聖文　朱文公集 86/1a

屏弟子員告先聖文　朱文公集 86/1b

南康謁先聖文　朱文公集 86/3b

辭先聖文　朱文公集 86/3b

漳州謁先聖文　朱文公集 86/10a

刊四經成告先聖文　朱文公集 86/10a

滄洲精舍告先聖文　朱文公集 86/13b

鄉飲舍菜二先師祝文　朱文公集/別 7/6a

謁文宣王廟祝文　浪語集 15/3a

謝文宣王祝文　浪語集 15/4a

大成殿祝文　南軒集 42/7b

文宣王祝文　南軒集 42/8a

先聖祝文(1－3)　南軒集 42/8a、8b

先師祝文　南軒集 42/8b

祀文宣王祝文　江湖集 30/9b

到桂陽謁宣聖廟文　止齋集 44/1b

先聖(1－4)　宋本攻媿集 83/2a、3a、4a、18a　攻媿集 82/2b、3a、4a、16b

王侍御謁廟祝文先聖　諸廟　宋本攻媿集 83/16a

鄉校序拜奠謁祝文　宋本攻媿集 83/18a　攻媿集 82/16b

謁宣聖文　慈湖遺書 4/1a、1b

先聖祝文　慈湖遺書 4/2a
告先聖文　龍川集 22/1a
告先師文　龍川集 22/1b
謁文宣王文　龍雲集 30/6a
辭夫子廟文　雲莊集 10/4a
謁先聖文　雲莊集 10/5a
蘄州謁先聖文　水心集 26/23a
閩縣學謁先聖文　勉齋集 24/4b
謁先聖祝文　洛水集 21/7b
安奉改造宣聖像文　復齋集 19/13b
辭夫子廟建康　真西山集 48/6a
謁先聖廟文　真西山集 48/10a
辭先聖祝文　真西山集 48/20b
潭州謁先聖　真西山集 49/1a
泉州謁先聖祝文　真西山集 49/25a
諸先賢祠祝文(1-3)　真西山集 50/1a
福州謁先聖祝文　真西山集 50/19b
謁先賢堂祝文　真西山集 50/20a
辭先聖祝文　真西山集 50/23b
載英堂釋菜　鶴山集 98/3b
先聖祝文　鶴山集 98/3b
進士題名大成殿舍菜文　鶴山集 98/13b
先聖祝文　杜清獻集 18/1b
將樂謁先聖祝文　鐵菴集 38/1a
廣州奉安二丞相祠釋菜先聖祝文　鐵菴集 38/11b
謁夫子廟祝文以下並建陽作　後村集 135/1a
謁夫子廟文　可齋稿/續後 12/5a
帥幕謁夫子廟祝文　秋崖稿 36/1a
先聖　黃氏日鈔 94/2b
廣德軍學大成殿　黃氏日鈔 94/3b
先賢祠　黃氏日鈔 94/4b
紹興府學先聖殿　黃氏日鈔 94/5a
撫州先聖殿　黃氏日鈔 94/6a
慶元府先聖殿　黃氏日鈔 94/12a
代謁先聖文　雪坡集 47/7b
謁大成殿祝文　牟陵陽集 22/5b
謁浙東府學先聖祝文　牟陵陽集 22/10b
謁書堂先聖祝文　牟陵陽集 22/10b
謁先聖文攝四會　覆瓿集 4/1a
謁夫子廟祝文趙彥端撰　播芳文粹 123/18b
鄉飲釋奠夫子廟祝文趙彥端撰　播芳文粹 123/18b
辭夫子廟祝文趙彥端撰　播芳文粹 123/19a
謁先聖祝文趙彥端撰　播芳文粹 123/19b
辭宣聖祝文黃定撰　播芳文粹 123/22b
大成殿奉安先聖文王然撰　赤城集 18/9b

3. 先　賢

代祭建成侯廟文　伐檀集/下/38a
祭西山玉隆觀許真君　曾南豐集 31/2a　元豐稿 40/4b
又祭晉祠文　傳家集 80/5a　司馬溫公集 80/6b
告李太尉廟文　淮海集 31/5b
祠三使者疏　眉山集 14/9b
祭伏波廟文　梁溪集 164/11b
沙縣靈衛鄧公祝文　栟櫚集 22/2a
祭泰伯至德廟文　浮山集 4/23b
謁安豐軍遺愛侯孫叔敖文　相山集 28/2a
祭武侯廟文　漢濱集 16/12b
弔成安君文　漢濱集 16/16b
謁曹娥廟祝文　鄮峰錄 42/5a
建新第奉安四明山王並謝遺塵先生神像文　鄮峰錄 42/7a
辭武威廟祝文　方舟集 14/25b
祭諸葛武侯廟祝文　方舟集 14/27a
謁武侯廟文　梅溪集/後 28/2a
修武侯廟奉安祝文　梅溪集/後 28/2b
謝蔡真人文　梅溪集/後 28/6a
祭十賢文　盤洲集 71/4b
奉安十賢文　盤洲集 71/8b
奉安五賢祠文　朱文公集 86/6a
謁三賢祠文　朱文公集 86/11a
謁修道州三先生祠文　朱文公集 86/12b
謁諸葛武侯廟祝文　東塘集 16/3a
晉王右軍祠祝文　慈湖遺書/續 1/6b
邑人求春秋祀董孝君詞　慈湖遺書/續 1/7a
隆興府釋奠五賢祠(1-4)　後樂集 19/19a
龍州新建武侯祠堂祭文　平齋集 32/1b
先賢詞(1-7)　真西山集 49/1a
漢長沙陶公　真西山集 49/2a
三閭大夫忠潔侯屈公　真西山集 49/2b
賈太傅　真西山集 49/3a
忠節十位　真西山集 49/3b
祭忠節廟文　真西山集 51/11b
代鄉人祭周孔祝文　鶴山集 98/2b
番陽五賢祠祝文　蒙齋集 17/3a

靈祐公祝文　鐵菴集 38/1b
種德新庵拜福平長者祠祝文　鐵菴集 38/5b
漕建辭靈隱長官金紫墳祝文　鐵菴集 38/6b
峽州紫陽十先生祠堂祝文　字溪集 9/13b
三賢堂　後村集 135/9a
白鹿洞書院祝文　久軒集 8/53a
延平書院仲丁祭先儒文　楳埜集 11/15a
繁昌縣學南豐祠堂祝文　彝齋文編 4/29b

台州郡齋後山屈公廟　黃氏日鈔 94/1a
平江府大伯讓王　黃氏日鈔 94/1b
董孝廟　黃氏日鈔 94/12b
伙飛廟　黃氏日鈔 94/13a
先賢祠祝文　石堂集 14/14b
十哲祝文　崔鷗撰　播芳文粹 123/20b
兩廊諸子祝文　崔鷗撰　播芳文粹 123/20b
辭昌黎伯祝文　黃定撰　播芳文粹 124/10a

（五）歲　　時

1. 春

春祭祝文　龍學集 10/7a
春牛祝文　伐檀集/下/33a
春祭祝文　伐檀集/下/33b
春祈諸神文　公是集 50/6b
諸廟春祈文　元豐稿 41/2b
春賽諸廟　蘇魏公集 71/10b
春祈嶽廟　蘇魏公集 71/10b
春賽諸廟文　忠肅集 10/4a
立春祭土牛祝文（1－2）　蘇東坡全集/後 16/5b、7b
春祈諸廟祝文　蘇東坡全集/後 16/8a
代文潞公交歲設醮青詞（1－2）　范太史集 37/1a、1b
代春祭羣祀文（1－2）　後山集 18/12a、12b
寒時漏澤齋醮文　跨鼇集 28/3a
春賽祝文　高峰集 12/10b
寒食享祀文　莊簡集 17/10b
春祭諸廟祝文　苕溪集 26/1a
春賽祝文　浮溪集/拾遺 3/446
戊辰年醮謝青詞　鴻慶集 29/2a　孫尚書集 69/2b
壬申年醮謝青詞　鴻慶集 29/2b　孫尚書集 69/3a
癸未年醮謝青詞　鴻慶集 29/3a　孫尚書集 69/4a
漏澤園元日道場疏　太倉集 63/8a
春饗諸廟文　盤洲集 71/7b
春祀文（1－4）　澹齋集 18/3b、4a
方卿元日設醮青詞　益國文忠集 83/3a　益公集 83/39b
春祈謁廟文　朱文公集 86/3a
時祭祝文　朱文公集 86/17a

歲祭祝文　朱文公集 86/17b
元正設醮　于湖集 25/5a
上元設醮　于湖集 25/5a、5b
上元青詞　江湖集 39/31a
立春勾芒文　鉛刀編 29/2b
春祭諸廟祝文　宮教集 11/8a
桂陽上元設醮青詞　止齋集 44/1b
春賽諸廟祝文　宋本攻媿集 83/16a　攻媿集 82/16a
孟春祭五世神座祝文　客亭稿 10/8a
代寒食祭文　客亭稿 10/14a
上元設醮青詞　慈湖遺書/續 1/15a
春祭祝文　定齋集 13/4b
春祭四先生祠祝文　鐵菴集 38/12b
春祭文（1－2）　後樂集 19/20b、21a
代太守春賽諸廟祝文　山房集 3/18b
孟春朝獻祝文　東澗集 9/16b
立春祀五福太乙十神祝文　東澗集 9/16b
南劍春祈諸廟　復齋集 19/14b
又上元設醮　復齋集 19/17a
春祈祭諸詞　真西山集 48/14b
春祭諸廟祝文　真西山集 49/3b
春祈諸廟祝文　真西山集 50/3a
春祈慈濟廟祝文　真西山集 50/23b
春祈祝文　鶴山集 98/8b
春祀祝文　鶴山集 98/16a
代台州祈年祝文　箐窗集 9/1a
春祭諸廟祝文　鶴林集 13/1b
立春祀五福十神祝文　鶴林集 14/9a
春祭祝文　鶴林集 14/12b
四月初八疏　北磵集 8/1a

丙午上元暨邑醮青詞　　彝齋文編 4/27b

繁昌上元醮青詞　　彝齋文編 4/27b

安吉州司理院上元醮青詞(1-2)　　彝齋文編 4/28a

嵊縣上元醮青詞(1-3)　　本堂集 93/1b、2a

代里人上元醮疏　　本堂集 93/10b

上元縣醮詞語　　雪坡集 47/10a

代上元普度青詞　　潛齋集 11/9b

上元祈安設醮青詞 趙彦端撰　　播芳文粹 113/10b

2. 夏

中元薦亡牒　　北海集 36/7b

祭中元水府文　　北山集 14/3b

夏至家祭告門丞戶尉文　　鄞峰錄 42/3b

立夏東廟祝文　　盤洲集 71/8a

立夏祀五福太乙十神祝文　　東澗集 9/17a

中元水府廟祝文　　真西山集 48/2a

立夏祀五福十神祝文　　鶴林集 14/9b

3. 秋

秋祭祝文　　龍學集 10/7a

蔡州秋賽祝文　　公是集 50/4a

秋祭　　曾南豐集 33/3a

仲秋告祭諸廟文　　元豐稿 40/5a

秋賽　　元豐稿 41/1a

秋賽諸廟　　蘇魏公集 71/11a

秋賽文　　忠肅集 10/4b

秋賽文　　錢塘集 16/3b

兗州東嶽等處罷散立秋道場朱表　　王魏公集 7/4b

秋賽(1-2)　　蘇東坡全集/續 12/42b

秋賽諸廟文　　宗伯集 17/4b

秋釋奠　　西塘集 5/1b

秋賽諸廟祝文　　高峰集 12/12b

秋賽諸廟祝文　　丹陽集 11/4a

秋祭諸廟祝文　　苕溪集 26/1a

秋賽祝文　　浮溪集/拾遺 3/446

秋祭諸廟祝文　　浮溪集/拾遺 3/447

代鮑欽止秋賽文　　傅忠肅集/下 30b

重陽祭神祝文　　鄞峰錄 42/2b

秋祭諸廟　　盤洲集 71/6a

秋饗諸廟　　盤洲集 71/8a

秋祭告廟文　　南澗稿 18/12b

嚴州秋祭祝文　　渭南集 24/15b

秋賽謁廟文　　朱文公集 86/3a

秋報祝文　　朱文公集 86/9a

秋祭祝文　　南軒集 42/4b

秋祀諸廟祝文(1-2)　　江湖集 30/12a、12b

秋謝至德廟惠感夫人祝文　　江湖集 30/13a

秋祭祝文　　宮教集 11/7b

秋祭諸廟祝文　　宮教集 11/8b

桂陽中秋設醮青詞　　止齋集 44/1b

又孟秋祭享祝文　　客亭稿 10/9a

秋祀禹廟文　　慈湖遺書/續 1/6b

秋報諸廟　　後齋集 19/15a

秋賽諸廟祝文　　真西山集 50/17a

秋祭諸廟祝文　　鶴林集 13/1b

立秋祀五福十神祝文　　鶴林集 14/9b

秋祀祝文　　靈巖集 8/3b

涪州北巖秋祀祝文　　字溪集 9/14b

仲秋潮汛吳山忠清廟設醮　　四明文獻集 4/27b

4. 冬

冬祀赦祭諸廟祝文　　苕溪集 26/1a

冬至謁先聖祝文　　鄞峰錄 42/6b

冬至祝文　　益國文忠集 39/16a　益公集 39/126b

潭州時祭南嶽行廟祝文(1-4)　　後樂集 19/9b、10a

時祭諸廟文(1-2)　　後樂集 19/12a

福州時祭諸廟文(1-2)　　後樂集 19/16a、16b

繭月初八日疏　　北磵集 8/1a

（六）世事風俗

1. 誕節
（1）聖節

代門下相公承天節讚佛文　武夷新集 20/16a

代僕射李相公承天節設齋讚佛文　武夷新集 20/17a

乾元節宰相開啓道場齋文　景文集/拾遺 22/1a

乾元節功德疏右語（1－3）　景文集/拾遺 22/2b

乾元節功德疏　景文集/拾遺 22/12b

乾元節滿散疏　景文集/拾遺 22/13a

天申節道場疏（1－2）　景文集/拾遺 22/13b－14a

會慶節道場疏　景文集/拾遺 22/14b

聖節道場疏　景文集/拾遺 22/14b、15a

天申節道場疏　景文集/拾遺 22/15a

聖節滿散疏　景文集/拾遺 22/15b

進聖節功德疏右語（1－4）　臨川集 57/10b－11b

同天節功德疏（1－2）　范忠宣集 10/12a、13a

坤成節疏文（1－2）　范忠宣集 10/14b

坤成節開啓（疏）文　范忠宣集 10/15a

同天節功德疏　長興集 14(三沈集 4/14b)

壽聖節疏　忠肅集 10/3b

興龍節疏　忠肅集 10/3b

坤成節疏　忠肅集 10/4a

進興龍節功德疏（1－3）　錢塘集 12/1a、1b

進坤成節功德疏（1－3）　錢塘集 12/2a、3a

進天寧節功德疏（1－2）　錢塘集 12/4a、4b

乾元節啓建疏　錢塘集 14/11a

興龍節開啓文　錢塘集 14/11b

興龍節功德疏　王魏公集 7/1a

夫人進皇太后生辰功德疏　王魏公集 7/1a

坤成節功德疏　王魏公集 7/3b

荆南府紫府觀等處罷散先天節道場朱表　王魏公集 7/5a

興龍節功德疏文（1－5）　蘇東坡全集/後 13/14b－15b、17a

坤成節功德疏文（1－7）　蘇東坡全集/後 18/15b－17a

太皇太后本命歲功德疏文　蘇東坡全集/後 13/17a

天寧聖節功德疏　欒城集/後 18/11a

同天節功德疏右語（1－2）　范太史集 10/13b、14b

天寧節功德疏（1－4）　演山集 29/1a、1b、2b

聖節功德疏　演山集 29/3a

同天節功德疏　演山集 29/3a

聖節開啓疏右語　演山集 29/3b

皇帝天寧節功德疏　樂静集 22/5a

興龍節開啓功德疏文（1－5）　龍雲集 30/1a、1b、2a、2b

坤成節開啓功德疏文（1－4）　龍雲集 30/2b、3b、4a、4b

坤成節啓建功德疏文　龍雲集 30/5a

坤成節啓建功德文代衆官　龍雲集 30/5b

坤成節功德文疏　淮海集/後 5/2a

代蔡州進興龍節功德疏　淮海集 32/3a

興龍節疏（1－2）　淮海集 32/3b

代興龍節功德疏　後山集 19/10b

天寧節開啓文　道鄉集 33/9a

天寧節罷散道場文　道鄉集 33/9b

天寧節功德疏　劉左史集 1/4b

天寧節天寧寺疏　高峰集 11/1b

天寧節天慶觀啓建　高峰集 11/1b

天寧節進功德疏　高峰集 11/2a

又天寧節啓建　高峰集 11/2b

天申節別道場功德　高峰集 11/2b

天寧節滿疏　高峰集 11/3a

天申節漳州功德疏　高峰集 11/4b

天申節漳州進功德疏（1－2）　高峰集 11/5a

天申節啓建疏　高峰集 11/5b

天寧節祝上皇回鑾疏語　苕溪集 26/3b

天中節祝聖疏語　苕溪集 26/4a

天申節功德疏右語（1－3）　鴻慶集 29/9a、9b　孫尚書集 70/7a

會慶節功德疏右語（1－3）　鴻慶集 29/9b、10a　孫尚書集 70/8a

儺畢繳隊祝聖壽文　孫尚書集 53/6a

天申節功德疏右語（1－3）　孫尚書集 70/1a、1b

天申節祝香文　孫尚書集 70/1b

會慶節功德疏右語（1－2）　孫尚書集 70/2a

天寧節功德疏（1－2）　孫尚書集 70/2a、2b

天申節祝香疏　　孫尚書集 70/7b

天寧節功德疏(1－2)　　孫尚書集 70/8a

天申節功德疏　　梁溪集 64/11a

天申節功德疏(1－3)　　梁溪集 64/11b、67/2b、76/12b

天申節功德疏　　梁溪集 76/12b

降聖節青詞　　梁溪集 165/12b

聖節功德疏文　　北海集 19/11a

徽宗天寧節功德疏　　張華陽集 13/1a

欽宗乾龍節功德疏(1－6)　　張華陽集 13/1a、2b

高宗天申節功德疏(1－18)　　張華陽集 13/3a、8b

乾龍節滿散道場文　　張華陽集 13/3a

天申節開啓道場文　　張華陽集 13/8b

天申節滿散道場文　　張華陽集 13/9a

會慶節功德疏(1－4)　　張華陽集 13/9a、10a

皇后生辰功德疏　　張華陽集 13/10b

皇太后生辰功德疏　　張華陽集 13/10b

乾龍節滿散疏　　龜溪集 11/13a

乾龍節開啓疏　　龜溪集 11/13b

進天申節功德疏　　龜溪集 11/14b

天申節開啓疏　　龜溪集 11/14b

天慶觀開啓功德疏(1－2)　　橢溪集 11/10b、11a

代王彥昭天寧節功德疏　　傅忠肅集/下/19b

代周文翰天寧節功德疏　　傅忠肅集/下/20a

代仲都憲天寧節功德疏　　傅忠肅集/下/20b

代余帥天寧節功德疏　　傅忠肅集/下/21b

降聖節道場開啓疏　　傅忠肅集/下/22a

降聖節道場罷散疏　　傅忠肅集/下/22b

天申聖節疏　　雙溪集 11/1a

天申節疏　　雙溪集 11/2b

淵聖聖節開啓疏　　紫微集 33/10a

天寧節疏　　紫微集 33/12a

聖壽節祝文　　紫微集 34/4a

天寧節功德疏(1－3)　　韋齋集 11/4b

天申節功德疏　　韋齋集 11/5a

永州天申節功德疏(1－4)　　斐然集 30/18a

天貺節青詞　　默堂集 22/1a

會慶節功德疏(1－7)　　澹庵集 20/1a、3a

天申節功德開啓滿散疏　　太倉集 63/1a、2a

恭爲皇帝本命年設醮青詞　　鄖峰録 22/1a

天申聖節功德疏(1－11)　　鄖峰録 23/1a、3b

會慶聖節功德疏(1－9)　　鄖峰録 23/3b、5b

顯仁皇太后生辰功德疏　　鄖峰録 23/5b

太上皇后生辰功德疏(1－2)　　鄖峰録 23/6a

皇后生辰功德疏(1－2)　　鄖峰録 23/6b

皇太子生辰功德疏(1－2)　　鄖峰録 23/6b、7a

天申節功德疏右語(1－2)　　嵩山居士集 16/4b、5a

提刑司天申節功德疏右語　　嵩山居士集 16/5a

常平司天申節功德疏右語　　嵩山居士集 16/5b

會慶節功德疏右語(1－3)　　嵩山居士集 16/6a、6b

提刑司會慶節功德疏右語　　嵩山居士集 16/6b

常平司會慶節功德疏右語　　嵩山居士集 16/7a

乾龍節功德疏(1－2)　　盤洲集 70/1a

天申節功德疏(1－3)　　盤洲集 70/1a、2a

天申節開啓疏　　盤洲集 70/2b

會慶節功德疏(1－3)　　盤洲集 70/3a

天申節疏語　　海陵集 21/1a

乾龍節疏語(1－2)　　海陵集 21/1a、1b

天申節進功德疏文(1－2)　　海陵集 21/1b、3a

天申節三省開啓滿散功德疏(1－2)　　海陵集 21/1b、4a

進疏右語　　海陵集 21/2a

乾龍節三省開啓滿散並功德疏　　海陵集 21/2b

會慶節功德進疏(1－2)　　海陵集 21/3a、3b

皇后生辰功德疏　　海陵集 21/3b

天申節三省開啓滿散並進疏右語　　海陵集 21/4a

進疏右語　　海陵集 21/4a

重明節明慶寺丞相率百僚啓建道場疏　　渭南集 2/7a

會慶節明慶寺丞相率百僚啓建道場疏　　渭南集 2/8a

天申節樞密院開啓道場疏　　渭南集 23/8b

天申節功德疏(1－2)　　渭南集 23/9a、9b

瑞慶節功德疏(1－7)　　渭南集 23/9b、11b

皇后生辰三茅觀設醮青詞　　益國文忠集 37/4a　益公集 37/76a

乾龍節功德疏八首　　益國文忠集 83/4b　益公集 83/41a

天申節功德疏八首　　益國文忠集 83/6a　益公集 83/42b

會慶節開啓滿散功德疏　　益國文忠集 83/7a、7b　益公集 83/44a

天申節滿散功德疏　　益國文忠集 127/12b　益公集 127/14b

重明節開啓疏(1－4)　　益國文忠集 130/16a、131/1a、1b　益公集 130/19a、131/1a、1b

重明節進功德疏右語(1－4)　　益國文忠集 130/16a、131/1b、6a、18b　益公集 130/19a、131/2a、7a、22a

重華宮會慶節功德疏右語（1-4） 益國文忠集
130/16b、131/2b、6b、19a 益公集 130/20a、131/2b、7b、22a

會慶節進功德疏右語 益國文忠集 131/19a

重明節進功德疏右語 益國文忠集 132/4a

重華宮功德疏右語 益國文忠集 132/9a

重明節功德疏右語 益國文忠集 132/10a

重明節開啓疏 益國文忠集 132/10a

瑞慶節開啓疏 益國文忠集 132/10b

瑞慶節開啓滿散功德疏 益國文忠集 132/10b、11a
益公集 132/12a、12b

瑞慶節功德疏右語 益國文忠集 132/11a

瑞慶節滿散疏 益國文忠集 132/11a

代宰執進天申節功德疏 誠齋集 97/1a

代宰執開啓天申節疏 誠齋集 97/1a

代宰執開啓皇后三月六日生辰青詞 誠齋集
97/1b

代宰執滿散天申節疏 誠齋集 97/1b

代宰執開啓皇后生辰功德疏 誠齋集 97/2a

代宰執八月二十一日壽聖太上皇后生辰祝壽
青詞 誠齋集 97/2a、2b

天申節功德疏 應齋雜著 4/1a

會慶節啓建疏 應齋雜著 4/1b

天申節功德疏 朱文公集 85/22a

會慶節功德疏 朱文公集 85/22b

乾龍節開啓疏（1-2） 于湖集 25/1a

乾龍節滿散疏 于湖集 25/1b

乾龍節功德疏（1-2） 于湖集 25/2a

天申節開啓疏 于湖集 25/2b

天申節滿散疏 于湖集 25/2b

皇后生朝功德疏 于湖集 25/3a

開啓天申節寺觀疏 江湖集 39/8a

聖節放生疏 江湖集 39/8a

聖節功德疏（1-2） 江湖集 39/8b、9a

天申節疏（1-6） 江湖集 39/9b、11a

天申節醮筵青詞（1-2） 江湖集 39/25b、26a

滿散聖節疏 鉛刀編 26/1a

太上皇帝慶七十開啓滿散功德疏 鉛刀編 26/
1a、1b、2a

天申節開啓文 鉛刀編 29/1a

會慶節疏文 鉛刀編 29/1b

代宰臣以下會慶節祝聖道場開啓疏 東萊集
2/10a

代宰臣以下會慶節祝聖道場滿散疏 東萊集
2/10b

啓重明節疏 橘洲集 8/8b

天申節開啓疏 燭湖集 13/19a

瑞慶節放生疏 燭湖集 13/23b

瑞慶節開啓疏 洺水集 21/11a

潼川轉運司瑞慶聖節功德疏 鶴山集 99/15a

潼川提刑司瑞慶聖節功德疏 鶴山集 99/15a

潼川提舉司瑞慶聖節功德疏 鶴山集 99/15b

啓建天基節疏 後村集 171/1a

天基聖節功德疏（1-2）癸亥 甲子 後村集 171/
5b

乾會節功德疏（1-4）丙寅 丁卯 戊辰 後村集
171/7a、7b、8a

壽崇節功德疏（1-3）丙寅 丁卯 戊辰 後村集
171/8b、9a

代閬帥壽慶節功德疏（1-3） 可齋稿 23/1a、1b

代閬帥天基節功德疏（1-3） 可齋稿 23/2a、2b

都司代宰執啓建天基節疏 可齋稿 23/3a

滿散天基節疏 可齋稿 23/3a

天基節功德疏 可齋稿 23/3b

嵊縣惠安寺乾會節啓建疏文（1-2） 本堂集
93/2b

乾會節桃源觀啓建疏文（1-2） 本堂集 93/3a

壽崇節惠安寺啓建疏文（1-2） 本堂集 93/3b

壽崇節桃源觀啓建疏文（1-2） 本堂集 94/4a

福善王生辰疏 疊山集 14/3a

壽崇節滿散疏 牟陵陽集 22/13b

乾會節功德疏 牟陵陽集 22/13b

爲僧作聖節道場疏 潛齋集 11/4b

壽崇節本州進功德疏 文山集 4/34b

壽崇節鈐司進功德疏 文山集 4/35a

乾會節本州進功德疏 文山集 4/35a

天瑞節本州進功德疏 文山集 4/35b

乾會節鈐司進功德疏 文山集 4/35b

天瑞節鈐司進功德疏 文山集 4/36a

乾龍節開啓疏任淵撰 播芳文粹 115/2b

天寧節功德疏鮑欽止撰 播芳文粹 115/3a

天申節道場疏鄭民望撰 播芳文粹 115/6a

聖節道場疏（1-2）鄭厚撰 播芳文粹 115/7b、18b

乾龍節功德疏鄭厚撰 播芳文粹 115/10b

天寧節功德疏祝容謀撰 播芳文粹 115/15a

乾龍節道場疏李伯時撰 播芳文粹 115/16b

天寧節功德疏李伯靜撰 播芳文粹 115/17a

天申節道場疏（1-2）鄭厚撰 播芳文粹 115/19a、
19b

聖節功德疏鄧肅撰　播芳文粹 115/21a
聖節開啓疏張稽仲撰　播芳文粹 115/22b
天申節功德疏任淵撰　播芳文粹 115/24a
天申節功德疏(1-2)鄭少微撰　播芳文粹 115/24b、
　25a
天申節功德疏(1-2)劉望之撰　播芳文粹 115/28a、
　29a
祝皇帝聖壽疏(1-3)　播芳文粹 121/1a、1b
祝太皇太后壽疏(1-2)　播芳文粹 121/1b、2a
祝皇后壽疏　播芳文粹 121/2b
祝皇太后壽　播芳文粹 121/3a
天申節道場疏(1-2)韓駒撰　蜀文輯存 37/19a
乾龍節開啓疏馮方撰　蜀文輯存 54/18b
天申節功德疏馮方撰　蜀文輯存 54/18b
乾龍節道場疏劉望之撰　蜀文輯存 55/19b

（2）功德疏

功德疏右語　景文集/拾遺 22/4b
功德疏　蔡忠惠集 29/1b
功德疏右語　西溪集 9(三沈集 3/33b)
夫人入内進功德疏　王魏公集 7/1b
夫人入内進皇太后功德疏　王魏公集 7/2a
夫人入内進皇后功德疏　王魏公集 7/2b
藏雲十二月十四日齋僧轉經功德疏　姑溪集
　43/4b
忠獻令公功德疏　演山集 29/4a
代蔡州正賜庫功德疏　淮海集 32/3a
寶林寺開堂疏　淮海集 32/4b
高郵長老開堂疏　淮海集 32/4b
乾明開堂疏　淮海集 32/5a
醴泉開堂疏　淮海集 32/5b
功德疏右語　道鄉集 33/10a
功德疏(1-5)　北海集 19/10a、11b
功德疏(1-2)　大隱集 4/1b、2a
開啓疏　大隱集 4/2a
開元寺功德疏(1-2)　楳溪集 11/10a、10b
功德疏(1-4)　楳溪集 11/11a-12b
放生疏　楳溪集 11/12b、13a
別開啓寺疏　楳溪集 11/13a
別開啓觀疏(1-2)　楳溪集 11/13b
開泰寺功德疏　鄱陽集/拾遺 6b
功德疏　雙溪集 11/1b
天王稱老開堂疏　栟櫚集 23/1b

高飛新老開堂疏　栟櫚集 23/2a
代人請長老陞座疏　栟櫚集 23/2b
滿散疏(1-2)　紫微集 33/11a、34/2b
紹興戊午終制功德疏　紫微集 33/15a
啓建疏　紫微集 34/1a
功德疏(1-2)　紫微集 34/1b、3a
慈雲長老開堂疏　斐然集 30/21a
嚴州報恩長老開堂疏　斐然集 30/21b
光孝長老請疏　斐然集 30/22a
光孝抄題疏　斐然集 30/22b
龍山長老請疏　斐然集 30/22b
龍山長老開堂疏　斐然集 30/23a
葬五祖衣冠招魂功德疏　鄖峰錄 23/10a
圓通道場功德疏右語(1-2)　嵩山居士集 16/7b、
　8a
儀真齋僧功德疏　方舟集 14/17a
京觀功德疏　方舟集 14/18b
滿散疏　盤洲集 70/2b
功德疏右語　海陵集 21/2b
嚴州施大斛疏　渭南集 23/13b
滿散疏(1-5)　江湖集 39/8b、11b、13a、14a、15a
進功德疏　江湖集 39/12a
常平司開啓疏　江湖集 39/13b
功德疏　江湖集 39/13b
代漕司功德疏　鉛刀編 26/2a
進功德疏二首　東萊集 2/10b
滿散疏　東萊集 2/10b
功德疏　雙峰稿 1/5a
放生疏(1-3)　燭湖集 13/19b、22b
滿散疏(1-6)　燭湖集 13/19b、20a、23a、23b、24a
啓建疏(1-4)　燭湖集 13/21b、23a
景憲功德疏　鐵菴集 43/4a
滿散疏　洛水集 21/11b
功德疏　洛水集 21/11b
功德疏　方是閒稿/下/32b
功德疏　平齋集 13/2a
宣石橋開雪豆語疏　北磵集 9/1a
育王席煖簾疏　北磵集 9/1a
佛迹山幹田疏　北磵集 9/1b
修兄淮南持鉢疏　北磵集 9/1b
臨海尼如奉求僧疏　北磵集 9/2a
化席簾疏　北磵集 9/2a
宇文樞密精嚴請涓公疏　北磵集 9/2b

鉥牛住霩隱疏三首　北磵集 9/3a

化菜疏　北磵集 9/4b

講合疏僧疏　北磵集 9/5a

義烏縣東江接待疏　北磵集 9/5a

離相請光老疏　北磵集 9/5b

臺州請宣老住瑞巖疏　北磵集 9/6a

錢昭文直香火道人求僧疏　北磵集 9/7a

諸暨牌頭建藏幹田接待疏　北磵集 9/7a

謝孔目舍緣作道士疏　北磵集 9/7b

下竺智仁求僧疏　北磵集 9/8a

炭頭疏　北磵集 9/8b

請梅屏疏　北磵集 9/8b

蘄州東禪幹鐘樓疏禮獨山出世時求此二疏　北磵集 9/9a

蘄州東禪幹僧堂疏　北磵集 9/9b

南翔遠老幹麥豆莊疏　北磵集 9/10b

智盧求僧見李知省疏　北磵集 9/11a

開夏講疏　北磵集 9/11a

普光教院山門檀越兩疏　北磵集 9/11b

代人詩盍買屋疏　北磵集 9/12a

梨洲化主疏　北磵集 9/12b

日者陳氏命子作道士疏　北磵集 9/13a

大雄寺白龍殿幹直廊疏　北磵集 9/14a

杜寺普光幹柴蕩疏　北磵集 9/14a

超果無礙浴院幹前軒疏　北磵集 9/15a

華亭證覺觀堂教院檀越山門兩疏　北磵集 9/15b

净慈冬節疏　北磵集 9/17a

智門能老開堂疏　北磵集 9/17a

昭慶净土池疏　北磵集 9/17b

妙湛月岩中開堂疏　北磵集 9/18a

寄居疏　北磵集 9/18a

正海爭徽廟道場不應作貢院遭別駕之暴使求僧以償其勞　北磵集 9/19a

心老住道場疏　北磵集 9/19b

净覺法師齋忌疏　北磵集 9/19b

拜郊臺天真院移普賢塑佛疏　北磵集 9/21a

小白花橋疏　北磵集 9/21a

請亨老住報恩疏　北磵集 9/21b

婁公瀆中興接待疏　北磵集 9/22a

常熟道友焙經得舍利無數榜　北磵集 9/22b

侃都寺重開大慧語錄疏　北磵集 9/24b

祥後堂住天童疏　北磵集 9/25a

印老住天童州府山門諸山三疏　北磵集 9/25b

四衆塔疏　北磵集 9/27b

東陽雙魚接待疏　北磵集 9/28a

致道觀副觀化朝真法服疏　北磵集 9/29a

華亭普照置柴蕩浴疏　北磵集 9/29b

崇德普寧接待疏　北磵集 9/30b

慧日僧堂疏　北磵集 9/31b

謝州府啓　北磵集 9/40b

功德疏　字溪集 9/25a

滿散疏　後村集 171/1a

進功德疏　後村集 171/1b

功德疏　庸齋集 4/2a

大行皇帝升遐本州進功德疏　文山集 4/36a

鈐司進功德疏　文山集 4/36b

請普老住太平疏李新撰　蜀文輯存 31/15a

（3）百姓生日

生日設醮文　景文集/拾遺 22/6a

代蔡州進生辰功德疏　淮海集 32/4a

生日設醮文　眉山集 15/1b

生日青詞　眉山集 15/2a

母親慶壽醮青詞　張華陽集 30/6a

生日設醮祈福青詞　龜溪集 12/17a

本命設醮青詞　筠溪集 21/5a

周氏生日設醮青詞　鄖峰錄 22/4b

夫人生日小醮青詞　海陵集 21/5a

壬午生朝玉隆宮設醮青詞　海陵集 21/5a

夫人生日設醮青詞　海陵集 21/5b

生日醮青詞　海陵集 21/5b

本命設醮青詞（1-3）　益國文忠集 79/2a、3a、3b　益公集 79/110b、111b、112a

尚氏姊本命日設醮青詞　益國文忠集 83/4a　益公集 83/40b

慶七十赦書到祭諸廟祝文　鉛刀編 29/1a

宇文吏部母夫人生日疏　橘洲集 9/2a

代澤民廟生日祝文　篔窗集 9/5a

泗州生日疏　北磵集 8/4b

尚書太夫人生日青詞　後村集 50/18b

太淑人生日（1-4）己丑　庚寅　辛卯癸巳　後村集 172/3b、4a、4b

太夫人生日（1-4）戊戌　己亥庚子　辛丑　後村集 172/4b、5a、5b

福國生日（1-7）壬寅　癸卯　甲辰　乙巳　丙午　丁未　戊申　後村集 172/6a、6b、7a、7b、8a、8b

許旌陽飛昇日賀表　疊山集 13/2a

景祐真星生辰疏睢陽大將張抃七月二十五日　疊山
　集 14/2a

福善王生辰疏八月初四　疊山集 14/3a

暨公聖者生辰疏　疊山集 14/4a

本命年祈禱設醮青詞陳師道撰　播芳文粹 112/3a

生日祈禳設醮道場青詞趙述撰　播芳文粹 112/15a

生日祈禳設醮道場青詞劉中遠撰　播芳文粹 112/
　16b

生日祈禳設醮道場青詞毛敏撰　播芳文粹 112/18a

生日設醮道場青詞黄定撰　播芳文粹 112/20a

生日設醮亭午青詞李新撰　播芳文粹 112/21a

漕使生辰功德疏計有功撰　播芳文粹 121/4b

生日設醮敬壇青詞李新撰　蜀文輯存 31/15b

生日設醮净師青詞李新撰　蜀文輯存 31/15b

2. 忌 辰
（1）皇帝皇后忌辰

惠明皇后忌日讚佛文　武夷新集 20/15b

元德皇太后忌日讚佛文　武夷新集 20/16b

明德皇后中祥讚佛文　武夷新集 20/17b

太宗皇帝忌日讚佛文　武夷新集 20/18b

昭憲皇后忌辰讚佛文　景文集/拾遺 22/3b

順祖惠元睿明皇帝忌辰齋文　歐陽文忠集 70/3b

神宗皇帝升遐功德疏（1 - 2）　范忠宣集 10/14a

大行太皇太后上僊功德疏　欒城集/後 18/10a

皇太后上僊功德疏　欒城集/後 18/10b

哲宗皇帝大祥功德疏　欒城集/後 18/11a

大行皇帝上仙散道場疏　宗伯集 17/9a

神宗皇帝晏駕功德疏　淮海集 32/4a

欽慈皇后忌辰道場齋文　道鄉集 33/10a

欽慈皇后忌辰道場青詞　道鄉集 33/10b

徽宗皇帝顯肅皇后大祥就法慧寺修水陸道場
　並齋僧疏語　茗山集 26/3b

徽宗皇帝寧德皇后上仙薦疏　雙溪集 11/1b

又顯仁太后小祥黄籙青詞　鄖峰錄 21/10b

元德皇后忌辰道場疏　歸愚集/補遺 1a

章懷皇后忌辰道場疏　歸愚集/補遺 1b

太上皇帝本命青詞　于湖集 19/2b

大行皇后僧家宣讀疏　于湖集 25/3b

大行皇后道家宣讀疏　于湖集 25/3b

大行皇后齋疏　于湖集 25/4a

高宗皇帝大祥開啓疏　江湖集 39/13a

皇太后大祥功德疏　江湖集 39/15a

孝宗皇帝祥除啓建疏　燭湖集 13/20a

大行皇帝功德疏　後村集 171/6a

穆陵中祥疏乙丑　後村集 171/6b

穆陵大祥疏丙寅　後村集 171/7a

大行皇帝遺詔本州成服道疏　文山集 4/37a

大行皇帝遺詔鈐司成服道疏　文山集 4/37b

大行皇帝遺詔鈐司成服僧疏　文山集 4/37b

大行皇帝遺詔本州成服僧疏　文山集 4/37b

追薦徽宗皇帝功德疏洪皓撰　南宋文範/外編 4/14a

（2）忌日追薦

先妣忌日齋疏　姑溪集 43/5a

二月四日墳山齋僧轉經追薦　姑溪集 43/5a

忌日散道場疏　宗伯集 17/10a

先妣忌日開經疏　宗伯集 17/10a

追薦（1 - 4）　石門襌 28/24a

薦亡女水陸文　鴻慶集 29/3a　孫尚書集 70/1a

薦亡妻淑人章氏水陸疏文　鴻慶集 29/3b　孫尚
　書集 70/1b

代四七姪薦李氏女水陸疏文　鴻慶集 29/4a　孫
　尚書集 70/2a

潭州薦陣亡青詞　梁溪集 165/12a

潭州薦陣亡水陸疏　梁溪集 165/15b

追薦長男禮觀音疏語　張華陽集 30/8b

追薦李氏水陸疏語　張華陽集 30/8b

追薦亡妻淑人范氏設醮青詞　龜溪集 12/17a

遷葬告先妻文　相山集 28/6b

追薦亡姊夫王性之亡姊疏　紫微集 33/17a

薦陣亡道場疏　太倉集 63/4a

考冥忌設祭祝文　鄖峰錄 42/2b

妻冥忌設祭祝文　鄖峰錄 42/4a

祖父忌辰齋僧疏　歸愚集/補遺 1b

祖母忌辰道場疏（1 - 3）　歸愚集/補遺 1b、2a

薦考君懺寶積經疏　歸愚集/補遺 2b

薦考君懺大藏經疏　歸愚集/補遺 2b

薦考君懺華嚴經疏　歸愚集/補遺 3a

薦考君著四大部經疏　歸愚集/補遺 3a

薦考君懺涅槃經疏　歸愚集/補遺 3a

薦妻懺親誦華嚴經疏　歸愚集/補遺 3b

薦先妣忌日親誦維摩楞伽金光明嚴明圓覺法
　華經疏　歸愚集/補遺 3b

父母諱日功德疏二通　方舟集 14/18a

代道士薦師青詞　梅溪集/前 18/1b

代道士薦母青詞　梅溪集/前 18/2a

薦張正甫疏　盤洲集 70/10b

薦趙監廟疏　盤洲集 70/11a

先諱諱日誦金剛經薦疏文　海陵集 22/3a

薦母開轉大藏經疏　澹齋集 18/10a

薦孺人看經疏語　澹齋集 18/11a

薦尚氏姊水陸文　益國文忠集 37/5a　益公集 37/80b

追薦亡妻九幽醮詞　益國文忠集 79/3b　益公集 79/112a

壽康宮追薦疏右語　益國文忠集 133/8b　益公集 133/10b

爲太安人醮星辰青詞　誠齋集 97/2b

爲妻安人醮星辰青詞　誠齋集 97/3a

爲第二妹設水陸疏右語　于湖集 26/5b

追薦六二小娘子水陸疏代總得　于湖集 26/7b

小祥開啓觀疏　江湖集 39/12a

滿散大祥疏　江湖集 39/14a

小祥罷散疏　江湖集 39/14b

提刑司開啓小祥疏　江湖集 39/14b

薦兄青詞　江湖集 39/26b

薦嫂醮青詞　江湖集 39/31a

大祥設醮青詞　水心集 26/21b

代子水陸疏文　水心集 26/22a

堂姊薦父小祥　鐵菴集 39/4a

六十弟薦父黃籙　鐵菴集 39/4b

選姪薦父黃籙　鐵菴集 39/5b

爲叔母設追薦醮(1-2)靈泉兄名　九隴兄名　鶴山集 99/5a、5b

天台忌辰疏　北磵集 8/2a

遠法師忌辰疏　北磵集 8/2b

代追薦魏國迎羅漢疏　後村集 171/4b

接茶疏　後村集 171/5a

爲二姓追薦惠州弟設靈官齋疏　後村集 171/5a

魏國追薦工部弟　後村集 172/15b

代追薦工部二首　後村集 172/16a

代作工部弟中行　後村集 172/17a

代追薦工部弟大祥二首　後村集 172/18a

追薦惠州弟　後村集 172/19b

爲二姪追薦惠州弟　後村集 172/19b

爲二姪追薦惠州弟小祥　後村集 172/20b

代赤姪孫薦母　後村集 172/21a

追薦六二弟　後村集 172/21b

代續姪孫薦父(1-2)　後村集 172/21b、22a

代强甫婦薦母　後村集 172/22b

謝恩　後村集 172/23a

赴薦福告先人墓文　無文印集 13/12b

母氏除祥青詞　可齋稿 24/5a

茅山爲亡弟小祥青詞　可齋稿 24/5b

代范景山追薦亡妻醮疏　本堂集 93/7a

代族姪孫興六薦母水陸疏　本堂集 93/8b

代姪孫昌七薦水陸疏悼父　本堂集 93/9b

代沂邸生日設醮詞語　雪坡集 47/10b

沂靖惠王諱日設黃籙詞語　雪坡集 47/10b

薦父青詞代王塾猗　疊山集 12/5b

薦父青詞　牟陵陽集 22/12a

薦楊少監疏　牟陵陽集 22/14a

薦弟青詞　潛齋集 11/10a

代老親薦祖母疏語　覆瓿集 4/4b

代三曹弟薦祖母青詞　覆瓿集 4/5a

薦男醮九幽青詞黃定撰　播芳文粹 114/35a

爲女謝安設道場疏邵博撰　播芳文粹 121/19b

薦母設羅漢齋疏李去病撰　播芳文粹 122/9a

追薦考妣道場疏李去病撰　播芳文粹 122/13a

追薦講圓覺經疏邵博撰　播芳文粹 122/19a

追薦設八菩薩道場韓駒撰　蜀文輯存 37/20a

獻陵疏文陳盡言撰　蜀文輯存 49/19a

薦獻陵疏文任盡言撰　蜀文輯存 49/19b

3. 赦宥

南郊禮畢祭諸廟　蘇魏公集 71/6a

郊禮畢准赦祭各祠　錢塘集 16/7a

代蔡州赦後省賽文　淮海集 32/1b

五閣赦祭廟文　高峰集 12/11b

元符改元奉赦告祭文(1-2)　斜川集 6/20b、21a

赦後祭告諸廟祝文　斜川集 6/23a

南郊赦後祝文(1-3)　丹陽集 11/2a、3a

皇帝登極赦祭諸廟文　苕溪集 26/1b

赦祭諸廟文　苕溪集 26/1b

誕皇子赦祭諸廟文　苕溪集 26/2a

福州準赦禱諸廟文代　渭南集 24/13a

赦後祭祝文　朱文公集/別 7/6b

準赦謁諸廟文　朱文公集 86/2b

準即位赦祭神文　朱文公集 86/12a

明堂赦祀諸廟祝文　江湖集 30/11a

登極赦祀諸廟祝文　江湖集 30/11a

潭州準郊赦祭南嶽行廟文　　後樂集 19/9a
隆興府準明堂赦祭諸廟文　　後樂集 19/11b
福州準郊赦祭諸廟文　　後樂集 19/16b
赦賽祝文　　杜清獻集 18/7b

4. 出 師

興兵討杭賊禡祭軍牙之神文　　翟忠惠集 10/15b
禡牙文　　盤洲集 71/6a
祭旗纛文　　止堂集 15/12a
建清海軍門祭纛祝文　　鐵菴集 38/14a
禡祭祝文　　鶴山集 98/17a
五嶽祠盟記　　金佗稡編 19/12a
出征海外青詞　　桐江集 5/16b
出師告廟祝文邵博撰　　播芳文粹 123/15a

5. 到任、離任、受官、歸里

定州到任謝神文　　景文集 48/19a
文相到任謁廟文　　伐檀集/下/33a
齊州到任謁舜廟文　　曾南豐集 32/3a　元豐稿 39/4a
英宗皇帝即位祭諸廟　　蘇魏公集 71/6a
禮上謁廟文　　錢塘集 16/5a
謁宣聖文　　錢塘集 16/5b
到任謁廟文　　錢塘集 16/5b
到滁謁廟文　　錢塘集 16/6b
辭諸廟文　　錢塘集 16/7a
辭宣聖廟文　　錢塘集 16/7b
謁諸廟文(1-2)　　錢塘集 16/10a、10b
謁宣聖廟文　　錢塘集 16/11a
辭文宣王廟文　　錢塘集 16/12a
明州辭諸廟文　　錢塘集 16/12a
謁文宣王廟祝文　　蘇東坡全集 34/11b
送張龍公祝文　　蘇東坡全集/後 16/5a
代林丈到任謁宣聖　　西塘集 5/1a
代林丈再任謁宣聖　　西塘集 5/2a
代林丈再任謁諸廟　　西塘集 5/3a
登第後青詞　　淮海集 32/2b
新安罷任辭廟文　　雲溪集 30/2b
代淮南運使到任謁諸廟文　　雲溪集 30/4b
代遂寧知府到任謁廟文　　跨鰲集 28/2b
初蒞任祀神文(1-3)　　丹陽集 11/1b
到任謁先聖文　　建康集 4/7b
到任謁諸廟文　　建康集 4/8a
謁諸廟祝文　　浮溪集/拾遺 3/44b

北歸祭文　　梁溪集 164/11b
到任祭文宣王　　橫浦集 20/7b
代和州連守端夫罷任謝諸廟文　　相山集 28/4a
告贈官文　　韋齋集 12/7b
皇帝登寶位後祭神文　　默堂集 22/4a
荊門到任謁諸廟文　　漢濱集 16/7b
永嘉到任謁諸廟文　　漢濱集 16/14b
赴餘姚尉辭先墓祝文　　鄮峰錄 42/1a
妻弟貝叔懷以外弟受官告妻文　　鄮峰錄 42/6a
辭諸廟文　　方舟集 14/23a
彭州謁諸廟文　　方舟集 14/24a
西歸祭甘將軍廟祝文　　方舟集 14/28b
赴官設醮青詞　　知稼翁集 11/8a
辭文宣王廟文　　梅溪集/後 28/6b
辭諸廟文　　梅溪集/後 28/7a
辭先聖文　　盤洲集 71/2a
辭諸廟文　　盤洲集 71/2a
廣州辭廟文　　盤洲集 71/9b
鎮江謁諸廟文　　盤洲集 71/13a
辭廟文(1-3)　　盤洲集 71/13a、13b、14b
紹興謁文宣王廟文　　盤洲集 71/13b
鎮江謁諸廟文　　渭南集 24/11b
福建謁諸廟文　　渭南集 24/12a
嚴州謁諸廟文　　渭南集 24/14a
謁大成殿文　　渭南集 24/14a
漳姪受官告廟　　南澗稿 18/12a
洗冠告廟文　　南澗稿 18/12a
追封告文　　鄭忠肅集/下/3b
謁諸廟文　　益國文忠集 37/6a　益公集 37/81b
改判隆興府辭宣聖文　　益國文忠集 37/9a　益公集 37/85a
辭諸廟文　　益國文忠集 37/9a　益公集 37/85a
長沙視事告廟祝文　　益國文忠集 39/16a　益公集 39/127a
辭廟文　　誠齋集 103/4b
辭縣學文　　誠齋集 103/4b
謁廟文　　誠齋集 103/5a
致仕告家廟文　　朱文公集 86/16a
湖州到任告文宣王廟祝文　　浪語集 15/5a
到任告諸廟祝文　　浪語集 15/5a
到任謁廟文　　于湖集 27/6b
到任謁先聖廟文　　于湖集 27/7a
到任謁諸廟文　　于湖集 27/7b

解寺丞到任謁諸廟文　鉛刀編 29/6a

延知府辭廟文　鉛刀編 29/6a

向漕到任謁先聖文　鉛刀編 29/6b

送寶公歸寺祝文　宮教集 11/3a

代劉守到任謁社稷文　四庫拾遺 268/省齋集

諸廟（辭廟祝文）　宋本攻媿集 83/2b　攻媿集 82/2b

諸廟（辭廟祝文）　宋本攻媿集 83/4b　攻媿集 82/4b

到任謁諸廟文　慈湖遺書/續 1/10b

到任謁社稷文　慈湖遺書/續 1/10b

赴廣東漕屬到官謁廟文　緣督集 8/13b

到任謁廟文　燭湖集 13/14b

常熟縣到任謁廟文　燭湖集 13/15a

海陵縣到任謁廟文　燭湖集 13/15a

去任辭廟文　燭湖集 13/15b

淮東提舉任謁諸廟文（1-3）　後樂集 19/7a-9b

東海提舉任謁殿文　後樂集 19/7b

潭州謁殿文　後樂集 19/8b

辭殿文（1-4）　後樂集 19/8b、10b、15b、18a

福州到任謁殿文　後樂集 19/16a

福州辭諸廟文　後樂集 19/18a

隆興府再任謁殿文　後樂集 19/18b

隆興府再任謁諸廟文　後樂集 19/18b

安溪到任謁宣聖　復齋集 19/1a

到任謁諸廟　復齋集 19/2b

任滿辭清水巖　復齋集 19/10a

安溪任滿辭宣聖　復齋集 19/12a

到任謁韓魏王祝文　真西山集 48/13b

諸祠　真西山集 48/20b

忠孝祠（1-2）　真西山集 48/21a

赴召辭先墓及諸廟祝文　鶴山集 98/16b

演受將仕郎告廟　鐵菴集 38/18b

漳倅到任告先聖文　臞軒集 10/11b

萬安到任謁廟祝文　靈巖集 8/2b

辭夫子廟（1-2）　後村集 135/6b、8b

南劍到任謁廟文　楳埜集 11/14b

淮閫得祠歸里青詞　可齋稿 24/10a

出蜀歸里青詞　可齋稿/續後 12/10a

長沙到官青詞　可齋稿/續後 12/11a

南康到任祝文十首先聖　兗國公　鄒國公　社稷
　二賢　西祠　東祠　谷源　諸廟　三聖　秋崖稿 36/
　1b-3a

到任謁先聖文　桐江集 8/1a

6. 獄　空

刑獄青詞　范忠宣集 10/8a

三司獄空道場功德疏右語沈遘撰　三沈集 3/33b

代司理院獄空道場疏　後山集 19/13b

廣州獄空青詞（1-2）　盤洲集 69/3a、4b

廣州移右獄青詞　盤洲集 69/6b

廣州獄空道場疏（1-2）　盤洲集 70/5a、5b

净獄設醮青詞張之紀撰　播芳文粹 113/23b

净獄設醮青詞李文老撰　播芳文粹 113/24b

7. 修　造

開汴口祭告文　元憲集 35/3a

修城門告祭祝文　景文集/拾遺 13/8b

修殿門告祭祝文　景文集/拾遺 13/9a

信陽軍脩皷角門祭文　范忠宣集 11/6a

耀州開河祭諸廟文　西臺集 12/8a

刻漏告成祝文　西臺集 12/8b

修井祭告文　鷄肋集 61/12a

又築城告諸廟文　跨鼇集 28/2b

脩廨宇畢醮謝青詞　高峰集 11/8b

越州修城祭廟文　苕溪集 26/2a

率衆修英濟廟疏　紫微集 33/15a

告成祝文　紫微集 35/1a

值夏衆建靈寶齋青詞　澹庵集 22/3a

荊門修造禱諸廟文　漢濱集 16/8a

軍治畢工謝諸廟文　漢濱集 16/15a

軍城修造祭諸廟文　漢濱集 16/15a

告巨木文　太倉集 68/6a

倉王祠成設祭祝文　鄮峰錄 42/2a

新造器皿祭神祝文　鄮峰錄 42/5a

舍蓋堂設醮青詞　盤洲集 69/8a

澹津卜築青詞　盤洲集 69/10a

修武成王殿宇裝塑畢工告遷神像祝文　文定
　集 20/2a

白鹿洞成告先聖文（1-2）　朱文公集 86/4a、4b

修三閭忠潔侯廟奉安祝文　朱文公集 86/12b

滴漏祝文　浪語集 15/5b

荊州修堤設醮　于湖集 25/7a

溫州修大成殿祝文　宋本攻媿集 83/1a　攻媿集 82/
　1a

開溝告諸廟文　雲莊集 10/6b

告修設廳　復齋集 19/14a

謝修設廳　　復齋集 19/14a

告立木柵掘塹築墙　　復齋集 19/14b

安溪縣重架縣廨　　復齋集 19/17b

白湖順濟廟重建寢殿　　復齋集 19/18b

修城告諸廟　　真西山集 48/14a

洛陽橋祝文（1-2）　　真西山集 49/23b、24a

自鳴山廟告修造祝文　　蒙齋集 17/2a

自鳴山祖殿修造祝文　　蒙齋集 17/2b

廳事成設醮　　鐵菴集 39/6b

真相火後建法堂疏　　北磵集 9/4a

百官渡惟一建藏殿疏　　北磵集 9/4b

蒙養正建僧堂疏　　北磵集 9/6a

黃巖慶善修塔頂疏　　北磵集 9/6a

慧峰建僧堂疏　　北磵集 9/7b

湧金門外砌路疏　　北磵集 9/8a

西菩造五鳳樓挂鐘於西偏建藏於其下疏　　北磵集 9/9b

城東楊相橋再造並修五里塘仁和縣尉爲首求疏　　北磵集 9/10a

净土移寺造觀堂疏　　北磵集 9/10b

黃檗湛愛堂造房舍疏　　北磵集 9/13b

造鐘樓疏　　北磵集 9/14b

普照寺修西方閣展殿軒疏　　北磵集 9/14b

延慶觀堂翻蓋疏　　北磵集 9/16a

陳寺修圓通閣疏　　北磵集 9/16b

碧雲建藏疏　　北磵集 9/18b

下竺修造疏　　北磵集 9/20b

烏青鎮廣福火後修造榜　　北磵集 9/22b

長安明兄修造榜　　北磵集 9/23a

南翔修造化糧榜　　北磵集 9/23b

龍華寺火後修造榜　　北磵集 9/24a

修造疏　　北磵集 9/26b

蘇公堤南屛寺修造疏　　北磵集 9/27a

西溪接待建華嚴閣疏　　北磵集 9/27b

延慶修造未辦疏　　北磵集 9/28b

吳江聖壽脩造疏　　北磵集 9/29a

證覺買地建延壽堂疏　　北磵集 9/30a

梅里勝法起三門修造疏　　北磵集 9/30b

新居修造畢酬願青詞　　可齋稿 24/7a

壙菴落成禳謝設醮青詞 劉中遠撰　　播芳文粹 113/9b

8. 上梁（上牌、上額）

單州成武縣行宮上梁文　　小畜集/外 8/9a

開封府上梁文　　武夷新集/附逸詩文 11b

醴泉觀涵清殿上梁文　　文恭集 28/6a

集禧觀大殿上梁文　　文恭集 28/7b

修蓋睦親宅吳王院神御堂上梁文　　文恭集 28/9b

繼照堂上梁祭告土地文　　元憲集 35/3a

南京夫子廟上梁文　　徂徠集 20/9b

醴泉觀本觀三門上梁文　　歐陽文忠集 83/12a

景靈宮修蓋英宗皇帝神御殿上梁文　　臨川集 38/5b

延福宮修蓋神御上梁文　　王魏公集 7/10b

三清殿上梁文　　演山集 35/1a

披雲樓上梁文　　後山集 19/5b

上梁文　　張右史集 45/3b

上梁文　　道鄉集 31/14a

裊灣亭上梁文　　斜川集 6/17a

江天上梁文　　斜川集 6/18b

睿謨殿上梁文　　丹陽集 11/5b

重建顯謨閣上梁文　　丹陽集 11/6a

重建龍圖等閣上梁文　　丹陽集 11/7a

建太廟上梁文　　丹陽集 11/8a

建齋宮上梁文　　丹陽集 11/8b

賀金溪新居上梁文　　丹陽集 11/9b

常州華嚴教院上梁文　　程北山集 17/11a

山居上梁文　　程北山集 17/12a

盧溪讀書堂上梁文　　盧溪集 40/1a

安福縣廳上梁文　　盧溪集 40/2a

安福縣學上梁文　　盧溪集 40/3b

馬迹上梁文　　鴻慶集 28/1a　孫尚書集 53/1a

西徐上梁文　　鴻慶集 28/1b　孫尚書集 53/2a

金山大殿上梁文　　鴻慶集 28/2b　孫尚書集 53/3b

資聖上梁文　　鴻慶集 28/3a　孫尚書集 53/4b

中隱堂上梁文　　梁溪集 156/4b

桂齋上梁文　　梁溪集 156/6a

倦飛亭上梁文　　毘陵集 11/12a

槐堂上梁文　　傅忠肅集/下 25b

漳州移學上梁文　　筼溪集 21/2a

永州譙門上梁文　　斐然集 30/16b

修祖居上梁文　　屛山集 6/7a

屛山新居上梁文　　屛山集 6/8b

草廬上梁文　　太倉集 62/1a

萬波亭上梁文　　太倉集 62/2b

九江上梁文　　太倉集 62/4a

二妙堂上梁文　　太倉集 62/5b
負暄亭上梁文　　太倉集 62/7a
卷雪樓上榜告神文　　太倉集 62/8a
文定書堂上梁文　　五峰集 3/59b
碧泉書院上梁文　　五峰集 3/61a
四明新第上梁文　　鄮峰録 39/10b
明良慶會閣上梁文　　鄮峰録 39/11b
竹院上梁文　　鄮峰録 39/12b
小樓上梁文　　歸愚集 6/7a
淵源堂上牌文　　梅溪集/前 18/7b
東湖上梁文　　盤洲集 68/1a
廣州緩帶堂上梁文　　盤洲集 68/2b
澹津卜築上梁文　　盤洲集 68/3b
楚望樓上梁文　　盤洲集 68/5a
花信亭上梁文　　盤洲集 68/6a
容膝齋上梁文　　盤洲集 68/7b
聚螢齋上梁文　　盤洲集 68/9a
節堂上梁文　　梅山續稿/雜文 1a
脩蓋射殿門上梁文　　益國文忠集 118/1a　　益公集 118/1a
後殿上梁文　　益國文忠集 118/2a　　益公集 118/2a
南溪上梁文　　誠齋集 103/1a
施參政信州府第上梁文　　誠齋集 103/2b
同安縣學經史閣上梁文　　朱文公集 85/28b
經史閣上梁告先聖文　　朱文公集 86/1a
告護學祠文　　朱文公集 86/1a
懷莒堂上梁文　　江湖集 40/18b
定海縣廳事上梁文　　江湖集 40/20a
激犒庫上梁文　　江湖集 40/21b
臨澤常住院上梁文　　江湖集 40/23a
愛蓮堂上梁文　　鄂州集 4/9a
瑞安縣學上梁文　　止齋集 44/1a
孔子廟上額祝文　　網山集 7/2b
海口夫子廟上梁文　　網山集 8/8a
新居上梁文　　稼軒集 1/53a
爲吳縣尉作排青軒上梁文　　龍洲集 14/1a
雲溪上梁文　　洺水集 21/12a
玉楸上梁文　　洺水集 21/13a
萬卷堂上梁文　　洺水集 21/14b
復古殿上梁文　　南塘四六/1a
南塘上梁文　　南塘四六/2b
耕隱上梁文　　方是閒稿/下/29a
五峰新居上梁文　　方是閒稿/下/31a

告譙樓揭州額　　復齋集 19/15a
大人里居上梁文　　平齋集 11/15b
彰教法堂上梁文　　北磵集 9/31b
大梅護聖僧堂上梁文　　北磵集 9/32b
育王姚氏子裏飰奉母主僧宗印墟其廬利州定
　哀金新之上梁文　　北磵集 9/33b
華亭楊木浦朱寺法堂上梁文　　北磵集 9/34b
碧雲藏殿上梁文　　北磵集 9/36a
下天竺造僧堂上梁文　　北磵集 9/37a
丘運使後堂上梁文　　北磵集 9/38b
慧日僧堂上梁文　　北磵集 9/39b
慈濟殿上梁文　　後村集 127/1a
建陽西齋上梁文　　後村集 127/2b
徐潭草堂上梁文　　後村集 127/3b
碧難草堂上梁文　　後村集 127/5a
後村新居上梁文　　後村集 127/6b
宜休堂上梁文　　後村集 127/8a
新堂梁文　　徐文惠稿 3/4a
吳塘勉仲建廳梁文　　徐文惠稿 3/5b
薦福堂上梁文　　無文印集 11/10b
感山依雲閣上梁文　　無文印集 11/12a
淮東制府僉廳議堂上梁文　　可齋稿 23/4a
江陵府學講堂上梁文　　可齋稿/續前 5/27b
淮東制司儀門上梁文　　秋崖稿 33/1a
招信軍譙樓上梁文　　秋崖稿 33/2a
工部草堂上梁文　　秋崖稿 33/2b
福星門上梁文　　秋崖稿 33/3b
歸來館上梁文　　秋崖稿 33/4b
繭窩上梁文　　秋崖稿 33/5b
崧山書院上梁文　　秋堂集 1/6b
代中表嚴氏上芳桂扁　　黃氏日鈔 94/1a
田心大宅上梁文　　澗谷集 2/11a
西澗書院換新梁文　　雪坡集 43/1a
惠政橋上梁文　　雪坡集 43/3b
桂殿上梁文　　雪坡集 43/5b
天香閣上梁文　　雪坡集 43/7a
賦梅樓上梁文　　雪坡集 43/8b
秋山上梁文　　雪坡集 43/10b
上梁文　　蛟峰集 6/15b
虛谷書院上梁文　　桐江集 5/10a
建德府學明倫堂上梁文　　桐江集 5/11b
府治至清堂上梁文　　桐江集 5/13a
七先生祠上梁文　　牟陵陽集 23/1a

山中堂屋上梁文　文山集 12/6a
山中廳屋上梁文　文山集 12/8a
代曾衢教秀峰上梁文　文山集 12/10a
福建帥府上梁文　石堂集 14/10a
帥府譙樓上梁文　石堂集 14/12a
延祐乙卯八月爲族孫智則修居梁文　吾汶稿 7/5a
本宅瀘邊起居梁文　吾汶稿 7/8a
建同文書院上梁文　勿軒集 4/10b
蓮社上梁文　勿軒集 4/12b
乙未茶陵州學上明倫堂牌祭文　牧萊脞語 16/3a
上牌告先聖祝文　牧萊脞語 16/4a
甲午茶陵州衙上梁文　牧萊脞語 16/4b
戊子新居上梁文　牧萊脞語 16/6a
東山建廟上梁文　牧萊脞語 16/8a
建康府行宮大殿上梁文陳克撰　播芳文粹 132/1a
建康府行宮大殿上梁文陳克撰　播芳文粹 132/7a
平江府樵門上梁文陳克撰　播芳文粹 132/8b
州治重建鼓樓上梁文王洋撰　播芳文粹 132/10b
筠州新堂上梁文崔鷗撰　播芳文粹 132/12a
皇子嘉王府第上梁文陳克撰　播芳文粹 132/20b
北嶽景睨門上梁文程敦厚撰　播芳文粹 132/22a　蜀文輯存 51/25a
博見樓上梁文呂貴克　播芳文粹 132/27b
獨善堂上梁文熊克撰　播芳文粹 132/11a
天慶觀法堂上梁文呂貴克　播芳文粹 133/17b
玉僊堂上梁文熊克撰　播芳文粹 133/19b
溪東祠宮上梁文黃定撰　播芳文粹 133/24a
龍溪橋上梁文黃定撰　播芳文粹 133/25a
巨艦上梁文崔鷗撰　播芳文粹 133/26b
寥陽殿上梁文龔頤正撰　吳都文粹 7/14a
平江府譙樓門上梁文陳克撰　吳都續文粹 8/47a
秋崖新居上梁文方岳撰　新安文獻 43/9a
上梁文　范成大佚著/135

9．遷居入宅入學

邵州遷學釋菜祝文　周元公集 3/3b
卜居金鄉祭神文　雞肋集 61/11a
〔遷移帝酺神象大器〕奉安祝文　四庫拾遺 601/摘文集
遷廟祝版文　橫塘集 18/8a
新居醮謝青詞　鴻慶集 29/1b　孫尚書集 69/2a

醮新宅青詞（1－2）　張華陽集 30/5a、5b
建王醮宅青詞　鄧峰錄 21/10a
醮宅青詞　鄧峰錄 22/2a
醮新第青詞　鄧峰錄 22/4a
重陽祭宅神祝文　鄧峰錄 42/5a
入賜第謁先聖祝文　鄧峰錄 42/6b
代趙宰移學告廟文　澹軒集 7/11a
遷右相府設醮青詞　益國文忠集 37/3b　益公集 37/79b
遷左相府設醮青詞　益國文忠集 37/4a　益公集 37/80a
遷入廬陵舊居前一日設醮青詞　益國文忠集 37/4b　益公集 37/80b
遷相府告廟祝文　益國文忠集 39/9b　益公集 39/120b
入府告廟祝文　益國文忠集 39/9b　益公集 39/121a
遷左府告廟祝文　益國文忠集 39/11a　益公集 39/122a
舊居設醮青詞　益國文忠集 79/1a　益公集 79/109a
遷新第醮謝青詞　益國文忠集 79/1b　益公集 79/110a
遷居告家廟文　朱文公集 86/16a
遷居謝靈惠王設醮　于湖集 25/7a
開湖祝文　真西山集 48/13b
遷居設净宅醮詞文　鶴山集 99/1a
新居設醮青詞　鐵菴集 39/2b
寓京遷居還醮　鐵菴集 39/6a
廣東入宅　後村集 172/1a
袁州入宅青辭　後村集 172/1a
江東憲入宅　後村集 172/1b
新居設醮　後村集 172/8b
代督視府拜學祝文　秋崖稿 36/1b
邵武詣學祝文　秋崖稿 36/3a
賜第後謁先聖祝文　雪坡集 47/2a
入宅保安青詞　牟陵陽集 22/13a

10．嫁娶、試妝

男娶昭告家廟文　翟忠惠集 10/11b
女嫁昭告家廟文　翟忠惠集 10/12a
浣納婦祝文　南澗稿 18/13a
元諒納婦祝文　南澗稿 18/13a
納壻祝文　南澗稿 18/13b
試妝祝文　網山集 7/1a

（七）其他

1. 謁 廟

知袁州日謁仰山廟祝文　龍學集 10/5b

諸廟祭文　安陽集 42/2a

謁廟祝文　古靈集 19/6b

祭某廟文　伐檀集/下/32b

鄆州謁廟祝文　公是集 50/1a

謁諸廟神文　公是集 50/7a

齊州謁諸廟文　曾南豐集 32/3b　元豐稿 39/4a

洪州謁諸廟文　元豐稿 40/3b

福州謁諸廟文　元豐稿 40/5b

潁州謁廟　蘇魏公集 71/5b

南郡謁廟（1-2）　蘇魏公集 71/5b

祭廟文（1-2）　范忠宣集 11/3a、4a、4b

祀諸廟文　忠肅集 10/5a

湖州謁諸廟文　蘇東坡全集 34/11a

杭州謁廟祝文　蘇東坡全集 34/11a

德音到州祭諸廟祝文　蘇東坡全集/後 16/4a

謁諸廟祝文　蘇東坡全集/後 16/4a

定州謁諸廟祝文　蘇東坡全集/後 16/6b

定州辭諸廟祝文　蘇東坡全集/後 16/8b

陳述古舍人辭廟文（1-2）　欒城集 26/11a

陝府謁諸廟文　范太史集 37/19a

代謁諸廟文　西塘集 5/2b

代林公祭進寶廟　西塘集 5/6b

諸廟文　樂靜集 23/2a

代蔡州太守謁嶽廟文　淮海集 31/6a

謁諸廟文　鷄肋集 61/15b

告金天廟文　宗忠簡集 6/2a

武康謁廟文　東堂集 10/23a

辭諸廟文　東堂集 10/23b、24a

諸廟　劉給諫集 4/7b

辭廟祝文　眉山集 28/9b

祭諸廟祝文　眉山集 28/9b

謁諸廟祝文　高峰集 12/13b

祭諸廟文　橫塘集 18/8b

代太守謁廟文　苕溪集 26/2b

謁廟文　梁溪集 164/13a

謁諸廟文　張華陽集 31/10b

吉州謁廟文　大隱集 6/6a

代浦江令祈諸廟文　北山集 6/12a

宣撫謁廟祭文　北山集 14/10a

衢州辭諸廟（祝文）　雙溪集 15/5b

謁廟（祝）文　雙溪集 15/5b

靈衛廟賽願祝文　枅櫚集 22/2b

代何希淵到廬江謁諸廟文　相山集 28/4a

祭諸廟文　紫微集 35/1b

謁諸廟文　紫微集 35/2a

謁廟文　韋齋集 12/6a

代謁諸廟文　韋齋集 12/7b

謁射洪顯惠廟文　漢濱集 16/12a

謁崇德廟文　漢濱集 16/12a

謁諸廟文　嵩山居士集 28/1b

黎州謁諸廟文　方舟集 14/22a

告廟文　方舟集 14/22b

教官廨舍後都官祠祝文　方舟集 14/24b

告堰廟祝文　方舟集 14/25a

辭廟文　拙齋集 19/18a

謁諸廟文　盤洲集 71/1a

禱東廟文　盤洲集 71/7a

謁廟文　盤洲集 71/10b

謁諸廟文　盤洲集 71/13b

作主告廟文　南澗稿 18/12b

告諸廟文　應齋雜著 4/14a

謁廟文　朱文公集 86/6b

謁諸廟文　朱文公集 86/11b

被旨禱廟祝文　浪語集 15/1a

謁諸廟祝文　浪語集 15/3b

謝廟祝文　浪語集 15/4a

祭金沙堆廟辭　于湖集 1/3b

諸廟祝文　南軒集 42/6a

祭諸廟祝文　南軒集 42/6b

謝諸廟祝文丙申　江湖集 30/11b

祭諸廟祝文　鉛刀編 29/4b

諸廟文　鉛刀編 29/6b

謁諸廟祝文　宮教集 11/8b

辭諸廟祝文　宮教集 11/8b

台州謁廟祝文　宋本攻媿集 83/1a　攻媿集 82/1a

諸廟（台州謁廟祝文）　宋本攻媿集 83/1b　攻媿集 82/1b

辭廟祝文（1-2）　宋本攻媿集 83/2a　攻媿集 82/2b、4b

溫州謁廟祝文　宋本攻媿集 83/2b　攻媿集 82/3a

諸廟（溫州謁廟祝文）　宋本攻媿集 83/3a　攻媿集 82/3a

神祠祝文　網山集 7/2b

辭廟文　慈湖遺書/續 1/6a

諸廟祠文　慈湖遺書/續 1/8a

謁廟祝文　定齋集 13/4a

謝諸廟祝文　定齋集 13/4b

辭會昌諸廟文　緣督集 8/13a

謁仰山行廟文　止堂集 15/9a

謁鎮安廟文　雲莊集 10/1b

祭諸廟文　水心集 26/23b

總司祭諸廟文　水心集 26/24b

縣學（臨川謁廟祝文　新淦謁廟祝文）　勉齋集 24/5a、6b

府學（建康謁廟祝文）　勉齋集 24/7a

安慶府祭諸廟文　勉齋集 24/9a

隆興府社後祭諸廟文　後樂集 19/11b

社後祭諸廟文　後樂集 19/11b

謁廟文　後樂集 19/20b

諸廟祝文　山房集 3/19a

桃遷祝祠　北溪集/第四門 29/5a

諸廟祝文　洛水集 21/8a

謁諸廟祝文（1-4）　東澗集 9/18a、18b

架縣治告諸廟　復齋集 19/11b

辭諸廟　復齋集 19/12a

鎮江廟祝文　真西山集 48/1a

鎮安廟祝文　真西山集 48/7b

梨山廟祝文　真西山集 48/8b

梨山廟　真西山集 48/9a

梅山廟　真西山集 48/9a

又梅山廟狀　真西山集 48/9b

諸廟（1-2）　真西山集 48/10b、15a

慈濟廟（1-2）　真西山集 48/15b、50/17a

慈濟廟祝文　真西山集 48/16a

三廟祝文　真西山集 49/22b

武濟廟祝文　真西山集 49/22b

忠孝祠祝文（1-2）　真西山集 49/26a

飛陽廟　真西山集 50/9b

惠安成應寧濟廟祝文　真西山集 50/17a

南臺廟祝文　真西山集 50/21b

諸廟祝文　浣川集 9/7a

池頭廟祝文　浣川集 9/7a

江東謁諸廟祝文　蒙齋集 17/2b

自鳴山廟祝文　蒙齋集 17/4a

謁諸廟祝文　杜清獻集 18/1a

倉龍廟祝文　鐵菴集 38/1b

謁梨山祠祝文　鐵菴集 38/9a

龍峴廟　鐵菴集 38/23b

順濟廟　鐵菴集 38/24a

龍峴加封謝恩　鐵菴集 39/7a

謁諸廟祝文　靈巖集 8/3a

大寧諸廟祝文　字溪集 9/13a

謁諸廟祝文　後村集 135/1a

謁士師廟祝文　後村集 135/1b

諸廟　後村集 135/9a

謁諸廟文重慶　可齋稿/續後 12/5b

諸廟祝文　秋崖稿 36/1a

代督視府謁廟祝文　秋崖稿 36/1a

諸廟祝文　秋崖稿 36/3b

華亭權縣謁廟　黃氏日鈔 94/2b

諸廟　黃氏日鈔 94/7b

靈應朝　黃氏日鈔 94/12a

代謁諸廟文　雪坡集 47/7b

謁諸廟祝文（1-2）　牟陵陽集 22/6a、11a

過家告廟文　文山集 11/40a

謁諸廟祝文趙彥端撰　播芳文粹 124/3a

經過威惠廟祝文黃定撰　播芳文粹 124/4a

辭諸廟祝文趙彥端撰　播芳文粹 124/4b

辭廟祝文趙彥端撰　播芳文粹 124/5a

英烈廟告文錢時撰　新安文獻 46/5a

超山應潤廟祝文撰著人未詳　山右石刻編 17/38a

2. 青　詞

醴泉觀雅飾真君聖像祭告青詞　四庫拾遺 25/文恭集

請死青詞　范忠宣集 10/12a

設醮青詞（1-2）　錢塘集 16/21b、23a

青詞　錢塘集 16/22b

京師青詞　欒城集/後 19/1a

高安青詞（1-4）　欒城集/後 19/1b

龍川青詞（1-2）　欒城集/後 19/3a

閤皁青詞　欒城集/後 19/4a

許昌青詞(1-3)　欒城集/後 19/4b

代醮青詞(1-2)　後山集 19/13b、14a

青詞　道鄉集 33/11a

焚獻三境上帝聖像青詞　四庫拾遺 213/翟忠惠集

黃籙大醮五香盥沐詞　四庫拾遺 214/翟忠惠集

代黃籙青詞　鴻慶集 29/1a　孫尚書集 69/1a

代大醮青詞　鴻慶集 29/1a　孫尚書集 69/1b

衆會黃籙青詞　張華陽集 30/1a

青詞　北山集 30/6a

代醮詞一首(青詞)　雙溪集 15/4b

代設醮青詞　澹庵集 22/6a

設醮青詞(1-6)　太倉集 42/8a、8b、9a、9b、10a

昌國保増青詞　鄮峰錄 22/1a

代彭支鹽還醮願青詞　鄮峰錄 22/1b

普天醮青詞　鄮峰錄 22/2b

謝恩設醮青詞　鄮峰錄 22/3a

經筵丐歸設醮青詞　鄮峰錄 22/3b

設醮青詞　知稼翁集 11/7b

還醮青詞　梅溪集/前 18/1a

代萬叔夏孫先覺青詞二首　梅溪集/前 18/2b

代周元授青詞　梅溪集/前 18/3b

代萬叔永青詞　梅溪集/前 18/4a

又代萬叔永黃詞　梅溪集/前 18/4b

代劉仁叟青詞　梅溪集/前 18/5a

紹興府衆會黃籙青詞　渭南集 23/4b

設醮青詞(五)　益國文忠集 37/1b、3a、4a　益公集 37/
77b、78a、79a、79b

設醮青詞(1-3)　益國文忠集 79/2b、3a、83/3b　益公
集 79/110b、111a、83/40a

外舅設醮青詞　益國文忠集 83/1a　益公集 83/37a

茅山青詞　益國文忠集 83/1b　益公集 83/38a

徐憲設醮青詞　益國文忠集 83/2a　益公集 83/38a

郭元嘉設黃籙青詞(1-2)　益國文忠集 83/3b
益公集 83/40a

十三弟設醮青詞　益國文忠集 83/4b　益公集 83/40b

設醮青詞代東宮(1-2)　益國文忠集 162/3b　益公
集 162/4a

青詞　江湖集 39/27a

衆會青詞　鉛刀編 27/1a

齋醮青詞　雙峰稿 9/6a

青詞(1-5)　網山集 8/3a、3b、4a、4b、5a

默醮青詞　慈湖遺書/續 1/15b

設醮青詞　慈湖遺書/續 1/16a

施斛詞旨　慈湖遺書/續 1/17a

代宋彥遠青詞(1-3)　水心集 26/20a、20b

謝恩青詞　水心集 26/21b

祈退　洺水集 21/10a

青詞(1-6)　鶴山集 99/1b、3b、6b、7b、9a、10a

宣闈謝安青詞　可齋稿/續後 12/6a

黃籙心詞(1-2)　可齋稿/續後 12/8b、19a

静江酬醮青詞　可齋稿/續後 12/14a

武當修醮青詞　可齋稿 24/12a

願意青詞　牟陵陽集 22/12b

答貢院元許醮青詞　潛齋集 11/11a

天慶宮建醮青詞　潛齋集 11/12a

設醮青詞陳居仁撰(1-2)　播芳文粹 113/3b、4b

3．醮　疏

爲中書相公作醮文　武夷新集 20/19a

罷散道場齋文　景文集/拾遺 22/1b

祝聖醮文　景文集/拾遺 22/3a

知益州醮文　景文集/拾遺 22/5b

丘令疏詞　伐檀集/下/23a

私忌疏文　范忠宣集 10/13a

焚黃齋僧疏右語　錢塘集 13/28a

相國寺罷散道場齋文　王魏公集 7/5b

癸巳三月二十七日還醮　姑溪集 44/1a

僧道道場　樂静集 23/2b

還醮(1-2)　苕溪集 29/1a

大醮疏　鴻慶集 29/8b

齋僧疏　紫微集 33/13b

昌國保増道場疏　鄮峰錄 23/7a

三省提點以下疏語　海陵集 21/4b

修大水陸道場疏語　澹齋集 18/11a

謝過設醮　于湖集 25/8b

開啓几筵道場疏　江湖集 39/11b

啓建道場疏　燭湖集 13/17b

安溪月湖念語　復齋集 19/19b

從吉還醮　鐵菴集 39/3b

告牒——法誥　玉蟾稿 10/8b

爲道士火解　玉蟾稿 10/9a

水解　玉蟾稿 10/9b

爲道士舉棺　玉蟾稿 10/10a

黃籙醮疏　後村集 171/1b

散壇　可齋稿/續後 12/22a

代前人還蓮花經疏　本堂集 93/6b

代前人醮斗疏　本堂集 93/7a

正醮詞語　　雪坡集 47/9a

還醮疏文　　潛齋集 11/9a

鈐司成服滿散疏　　文山集 4/38a

本州成服滿散疏　　文山集 4/38a

4．祝　文

賽祝文　　公是集 50/4a

左右侯通用（祝文）　　雙溪集 15/5a

祝香文　　紫微集 34/4b

大明祝文　　歸愚集/補遺 4a

告墓祝文　　定菴稿 4/24b

奉安御書祝文　　益國文忠集 79/4a　　益公集 79/112b

祝文（1－2）　　鉛刀編 29/3a、5a

楚望祝文　　南軒集 42/5a

惠安親迎祝文　　網山集 7/1a

丹井罷齋祝文　　網山集 7/2a

紅泉堂集祝文　　網山集 7/2b

獲感應奏謝祝文　　東澗集 9/21b

辭清源祝文　　真西山集 48/25a

佑聖祝文　　真西山集 49/20a

大比靈康祝文　　篔窗集 9/4a

鎮安祝文　　篔窗集 9/4b

祝文（1－2）　　杜清獻集 18/8a

三帥祝文　　鐵菴集 38/12b

又晏蓮蕩祝文　　字溪集 9/15b

祝香文　　潛齋集 11/8a

省祀祝文崔鷗撰　　播芳文粹 124/11b

拾壹、雜著

【編纂説明】

(一)雜著類分爲講義、語録、詩文評、勸學勸農、名字説、策問、致語詞語、雜譜、遊戲文、雜文等十目。

(二)在上述十目中,"名字説"是按被説人的姓名筆畫、筆形爲序排列的,"雜譜"是按所譜對象的筆畫、筆形爲序排列的;此外,"講義、語録、詩文評、勸學勸農、策問、致語詞語、遊戲文、雜文"等八目,均按著者的姓名筆畫、筆形爲序排列。

一、講　義

四　畫

文天祥
　西澗書院釋菜講義　　文山集 11/1a
　熙明殿進講敬天圖周易賁卦　　文山集 11/5a

方逢辰
　講義(1-9)　　蛟峰集 7/1a-17b

王十朋
　經筵講義(春秋)　　梅溪集/後 27/22a
　小學講義(論語)　　梅溪集/後 27/24a
~之望
　論語答問答何希深衛輒之問　　漢濱集 3/10b
　論語講義(1-10)　　漢濱集 3/15b-25a
　〔詩·桃夭〕　　四庫拾遺 671/漢濱集
　〔詩·漢廣〕其一、其二　　四庫拾遺 673-674 漢濱
　　集
~蘋
　與尹和靖講易　　王著作集 7/1a

五　畫

史堯弼
　〔失題〕　　四庫拾遺 258/史堯弼集

六　畫

米　芾
　易義　　寶晉集補 2/4a

朱　熹
　經筵講義大學　　朱文公集 15/1a
　玉山講義　　朱文公集 74/19a

七　畫

李　石

　周易十例畧(1-10)　　方舟集 19/1a、20/1a、23/1a、
　　24/10a
~流謙
　〔易經解〕其一〔坤〕　　四庫拾遺 642/澹齋集
　〔易經解〕其二〔賁〕　　四庫拾遺 643/澹齋集
　〔孟子解〕(其一—其八)　　四庫拾遺 645-648/澹齋集

呂祖謙
　讀易記聞　　東萊集/別 12/1a-15a
　己丑課程　　東萊集/別 12/8b-15a
　春秋講義　　東萊集/別 14/1a-3a

八　畫

林希逸
　學記太元精語(1-6)　　鬳齋集 25/1a-30/1a

金君卿
　〔易〕六日七分　　四庫拾遺 552/金氏集
~履祥
　講義(1-17)　　仁山集 2/1a-24b

周必大
　周禮講義　　益國文忠集 154/1a　益公集 154/1a
~行己
　經解　　浮沚集 2/1a-14b
~　孚
　春秋講義(1-16)　　鉛刀編 21/1a-6b
~　南
　〔書·益稷〕　　四庫拾遺 722/山房集

九　畫

洪咨夔
　易講義(上下)　　平齋集 27/1a

胡　宏

易外傳　五峰集 5/1a

〔論〕語指南(原篇目作語指南)　五峰集 5/27b

釋疑孟(1-14)　五峰集 5/52a-63a

范仲淹

易義　范文正集 5/1a

姚　勉

講義(1-4)　雪坡集 8/1a-9/1a、3b、8b

十　　畫

袁　甫

經筵講義七首　蒙齋集 1/1a

〔易・坤〕　四庫拾遺 144/蒙齋集

~ 說友

講義(1-12)　東塘集 11/1a-20a

日閱兩朝聖政　東塘集 11/21a

講高宗聖政寶訓　東塘集 11/23a

進讀高宗聖政　東塘集 11/24a

初六"履霜堅冰"止"至堅冰也"　四庫拾遺
248/東塘集

六二"直方大不習无不利"象曰"六二之動"
止"地道光也"　四庫拾遺 249/東塘集

~ 燮

〔詩・桃夭〕　四庫拾遺 135/絜齋集

真德秀

經筵講義(1-16)　真西山集 18/1a-40a

講義　真西山集 32/1a-3a

徐鹿卿

八月戊寅進講尚書讀九朝通畧通鑑綱目
(1-22)　清正稿 4/1a-23a

十　一　畫

許月卿

臨汝書院講義　先天集/附錄上/1a

黃　幹

講義(1-7)　勉齋集 1/1a、3b、4b、10a、11b、16a、2/1a

經說(1-10)　勉齋集 3/1a-20a

~ 裳

周禮義(1-6)　演山集 38/1a、6a、9a、39/1a、6b、9a

論語孟子義　演山集 40/1a、3a、4b、6a、8b、10a

~ 震

撫州辛未冬至講義　黃氏日鈔 82/1a

臨汝書堂癸酉歲旦講義　黃氏日鈔 82/3a

餘姚縣學講義　黃氏日鈔 82/4b

張九成

春秋講義　橫浦集 14/1a

孟子拾遺　橫浦集 15/1a

~ 耒

詩傳　柯山集補/拾遺 11/723

抑傳　柯山集補/拾遺 11/723

桑柔傳　柯山集補/拾遺 11/725

雲漢傳　柯山集補/拾遺 11/727

崧高傳　柯山集補/拾遺 11/729

江漢傳　柯山集補/拾遺 11/731

常武傳　柯山集補/拾遺 11/732

文王傳　柯山集補/拾遺 11/733

~ 庭堅

惟幾惟康其弼直(經義)　宋文鑑 111/22b

自靖人自獻于先王(經義)　宋文鑑 111/24a

陸九淵

白鹿洞書院論語講義　象山集 23/1a

大學春秋講義　象山集 23/3a

荊門軍上元設廳講義　象山集 23/11b

陳文蔚

克齋講義　克齋集 8/1a

信州州學講義　克齋集 8/5a

六月朔旦講義　克齋集 8/6a

庚寅四月二十一日講義　克齋集 8/8a

龍山書院講義　克齋集 8/10a

袁州州學講義　克齋集 8/12a

南軒書院講義　克齋集 8/15a

饒州州學講義　克齋集 8/17a

白鹿洞講義　克齋集 8/21a

~ 仁子

丁酉五月朔州學講義　子貢問仁一章　牧萊脞
語 19/1a

丙申十二月朔州學講義　靈臺一篇　牧萊脞語
19/2b

乙未五月朔郡學拈講　苟志於仁一章　牧萊脞語

19/3b

丁酉十月朔郡學講義漢武河決一段　　牧萊脞語
19/5a

乙未十月朔紫微書院講義賈誼傳　　牧萊脞語
19/7a

戊戌七月朔郡學講義義縱王温舒二傳　　牧萊脞
語 19/9a

～　亮

經書發題(1－7)　　龍川集 10/1a

～　淳

字義(1－26)　　北溪集/上/1a－下/37a

講義(1－21)　　北溪集/第一門 1/1b－4/6a

書問(1－42)　　北溪集/第二門 1/1a－4/10a

～　造

易說(1－14)　　江湖集 34/1a－14b

～　淵

中庸解義　　默堂集 22/6a

解論語十二段　　默堂集 30/19a

～　普

講義(1－10)　　石堂集 1/1a－6/20a

經說(1－8)　　石堂集 7/1a－23b

檀弓辨　　石堂集 7/26a

字義　　石堂集 9/1a－3a

性理字訓(上下)　　石堂集 14/6a

洪範九疇講義　　南宋文範 59/20b

～　著

吉州白鷺洲書院講義　　本堂集 94/1a

剡學講義　　本堂集 94/5b

四經約旨　　本堂集 94/8a

文靖公書堂講義舒氏言行考　　本堂集/佚文上/1a
舒文靖集/附錄下/26a

～傅良

經筵孟子講義　　止齋集 28/2b

～　襄

易講義(1－2)　　古靈集 10/1a、11/1a

禮記講義　中庸　　古靈集 12/1a

十　二　畫

彭龜年

經解十九則　　止堂集 8/1a－10a

講義(1－3)　　止堂集 8/11a、12a、13a

〔易·坤六二象辭〕　　四庫拾遺 122/止堂集

〔易·坤六三爻辭〕　　四庫拾遺 122/止堂集

〔詩·河廣次章〕　　四庫拾遺 123/止堂集

〔詩·河廣首章〕　　四庫拾遺 123/止堂集

〔易·坤六三象辭〕　　四庫拾遺 123/止堂集

程　珌

易講義(1－3)　　洛水集 6/11a

尚書講義(1－8)　　洛水集 7/1a

～若庸

解峰書院講義　　新安文獻 39/8a

～　俱

論語講義第十五授　　程北山集 29/1a

孟子講義第三授　　程北山集 29/3a

論語講義第十七授　　程北山集 29/5b

孟子講義第五授　　程北山集 29/7b

論語講義第十九授　　程北山集 29/9a

孟子講義第七授　　程北山集 29/12a

論語講義第二十一授　　程北山集 29/14a

孟子講義第九授　　程北山集 29/16b

經筵講義(1－2)　　新安文獻 39/1a

～端蒙

性理字訓　　新安文獻 33/11a

～端禮

集慶路江東書院講義　　新安文獻 39/11b

陽　枋

說經　　字溪集 7/1a－17a

陰陽消長等圖說　　字溪集 7/19b、27a、27b、28a、8/
23b

月令考究　　字溪集 7/28b

十　三　畫

楊　時

論語(1－9)　　龜山集 5/3a－10b

尚書(1－4)　　龜山集 5/11a－2b

春秋義(1－18)　　龜山集 8/1a－6a

詩義(1－3)　　龜山集 8/6a、7a、8b

孟子解(1－44)　　龜山集 8/8b－21b

～　椿

毛詩講義　　蜀文輯存 39/11a

～　簡

吳學講義　　慈湖遺書 5/26b

家記　　慈湖遺書 7/1a－16/31a

己易　　慈湖遺書 7/1a

汎論易　　慈湖遺書 7/13b

論書　　慈湖遺書 8/1a
論詩　　慈湖遺書 8/41a
論春秋　　慈湖遺書 9/1a
論禮樂　　慈湖遺書 9/5a
論論語上　　慈湖遺書 10/1a
論論語下　　慈湖遺書 11/1a
論孝經　　慈湖遺書 12/1a
論大學　　慈湖遺書 13/1a
論中庸　　慈湖遺書 13/6a
論孟子　　慈湖遺書 14/1a
論諸子　　慈湖遺書 14/10a
汎論學　　慈湖遺書 15/1a
論文　　慈湖遺書 15/13a
論字義　　慈湖遺書 15/17b
論曆數　　慈湖遺書 15/22b
論治務　　慈湖遺書 16/1a
論治道　　慈湖遺書 16/12a
論封建　　慈湖遺書 16/29a
論兵　　慈湖遺書 16/21b

十 四 畫

趙汝騰
庸齋學言〔古初〕　　四庫拾遺 455/庸齋集

十 五 畫

歐陽修
易童子問卷一、二、三　　歐陽文忠集 76/1a–78/1a

蔡 沉
講明敬義大旨篇　　蔡復齋集 4/30a
推詳復卦大要篇　　蔡復齋集 4/33b
～ 沈
上論註語　　九峰集 6/7a
中庸註語　　九峰集 6/7a
下論註語　　九峰集 6/8a
上孟註語　　九峰集 6/8b
下孟註語　　九峰集 6/9b
易學啓蒙　　九峰集 6/15a
詩經大全註語　　九峰集 6/15a
春秋大全註語　　九峰集 6/16b
禮記大全註語　　九峰集 6/17b
洪範皇極内篇（上中下）　　九峰集 6/18a–38b
～ 格

講明儒釋三分篇　　素軒集 5/7a
～ 淵
大學註語二段　　節齋集 3/5a
中庸註語　　節齋集 3/6a
上論註語　　吾未見剛者章　　節齋集 3/6b
下論註語　　所重民食喪祭節　　節齋集 3/6b
下孟註語　　殀壽不二節　　節齋集 3/6b
易經大全註語　　節齋集 3/7a
易經啓蒙註語　　節齋集 3/20b
書經大全註語　　節齋集 3/20b
太極圖解　　節齋集 3/22a
太極圖註語　　節齋集 3/24a
通書註語　　節齋集 3/24b
家禮註　深衣制度　　節齋集 3/25a
近思録註語二段　　節齋集 3/25b
～ 模
上論註語　　覺軒集 7/6a
下論註語　　覺軒集 7/9b
上孟註語　　覺軒集 7/12a
下孟註語　　覺軒集 7/12b
詩經大全註語　　覺軒集 7/13a
春秋大全註語　　覺軒集 7/13b
～ 權
講明求仁齋記篇　　静軒集 9/5a
講明爲學之要篇　　静軒集 9/8a

劉 爚
東宮講讀　　雲莊集 2/5a
～ 克莊
商書講義　　後村集 84/1a
論語講義　　後村集 84/14a
周禮講義　　後村集 85/5a
～ 敞
〔讀太玄〕　　四庫拾遺 43/公是集

十 六 畫

錢 時
新安州學講義　　新安文獻 39/5a

十 七 畫

謝 逸
〔左傳·莊公十八年〕　　四庫拾遺 595/溪堂集
〔左傳·莊公十九年〕　　四庫拾遺 595/溪堂集

十 八 畫

豐 稷

　註孟子三章　　豐清敏遺書/遺事新增附録 1a

魏了翁

　周禮折衷　　鶴山集 104/1a、105/74、106/1a

十 九 畫

蘇 軾

　南省説書（1－10）　　蘇東坡全集/續 9/9a－18a

　易解　　蘇東坡全集/續 9/19a

～ 轍

　孟子解二十四章　　欒城集/後 6/1a

二、語　　録

六　　畫

朱　熹
　録所聞晦庵先生語李季札記　　新安文獻 33/11b
　橫渠晦翁所說林希逸記　　鷺齋集 6/6b

七　　畫

沈　渙
　訓語(1－4)　　定川遺書 2/1a－4a

李　侗
　答問(上下)　　延平集 2/1a、3/1a

呂祖謙
　師友問答(1－6)　　東萊集/別 16/1a－11b

九　　畫

柳　開
　默書(柳開語錄)　　河東集 1/1a

胡舜陟
　三山老人語錄　　少師集 6/1a

重顯(釋)
　瀑泉集(語錄)　　雪竇集/瀑泉 3a－19b

十　　畫

真德秀
　問答(1－76)　　真西山集 30/1a－31/30b

徐　積
　江端録節孝先生語　　節孝集/語録 1a
　許及之録節孝先生語　　節孝集/語録 45a

十 一 畫

張成九
　門人陶與諸録　　橫浦集 14/5a
～　栻
　答吳晦叔(問)　　南軒集 29/1a
　答胡伯逢(問)　　南軒集 29/5a
　答朱元晦(問)　　南軒集 30/1a
　答胡廣仲(問)　　南軒集 30/9a
　答陳平甫(問)　　南軒集 30/10a
　答宋伯潛(問)　　南軒集 31/1a
　答周允升(問)　　南軒集 31/2b
　答彭子壽(問)(1－2)　　南軒集 31/7b－9b
　答吳德夫(問)　　南軒集 31/10b
　答呂子約(問)　　南軒集 32/1a
　答嚴慶胄(問)　　南軒集 32/2b
　答游誠之(問)　　南軒集 32/3b
　答俞秀才(問)　　南軒集 32/8b
　答胡季隨(問)(1－2)　　南軒集 32/11a、13a
～　詠
　語録　　乖崖集 12/1a
～　載
　語録　　張橫渠集 12/1a－13b
　橫渠晦翁所說林希逸記　　鷺齋集 6/6b

陸九淵
　陸象山先生語録(上下)　　象山集 34/1a－35/1a

陳　淳
　答問(1－28)　　北溪集/第三門 1/1a－8/10a

十 二 畫

程　頤
　伊川先生語録　　二程集 15/1a－25/1a
～　顥

二程先生語録　　二程集 1/1a – 10/1a　定夫集 5/1a
　　　羅豫章集 9/1a
明道先生語録　　二程集 11/1a – 14/1a

十 三 畫

楊　時
　荆州所聞　　龜山集 10/1a
　京師所聞　　龜山集 11/1a
　餘杭所聞（1 – 3）　　龜山集 11/10a、12/1a、13/1a
　南都所聞　　龜山集 13/12a
　毗陵所聞　　龜山集 13/18b
　蕭山所聞　　龜山集 13/20b
　答胡德輝問　　龜山集 14/1a

答周伯忱問　　龜山集 14/13b

詹　初
　目録（上下）　寒松集 2/1a、5b
～體仁
　語録　詹元善集/上/1a

鄒　浩
　語録　道郷集 32/8a

十 七 畫

謝良佐
　上蔡先生語録凡三事劉安節記　劉左史集 4/13b

三、詩文評

四　畫

方　回
　吳尚賢詩評　桐江集 5/1a
　劉元輝詩評　桐江集 5/2b
　歐九文稱最陳三語獨高　桐江集 5/5a
〜　岳
　詩疑　新安文獻 34/10a

五　畫

包　恢
　論五言所始　敝帚稿 2/14a

七　畫

汪　莘
　說諸家詩　方壺稿 1/7a

李昭玘
　録張祐詩　樂靜集 5/12a
　録德宗詩　樂靜集 5/15a
〜清照
　詞論　李清照集/78b

呂頤浩
　〔失題〕　四庫拾遺 207/忠穆集

吳　可
　五峰翁書淵明詩　四庫拾遺 655/藏海居士集

八　畫

周必大
　二老堂詩話（上）　益國文忠集 177/1a　　益公集 177/1a
　二老堂詩話（下）　益國文忠集 178/1a　　益公集 178/1a

九　畫

姜　夔
　白石道人詩說　白石集/詩說 1a

胡一桂
　讀詩　新安文獻 35/2b
〜　銓
　讀韓文雜記　澹庵集 4/18b
　讀坡文雜記　澹庵集 4/19b

十　畫

晁說之
　論詩　嵩山集 14/29b

十 一 畫

黃庭堅
　評李德叟詩秉尋　豫章集 20/26b
　詩論　山谷題跋 7/2b

曹彥約
　杜少陵悶詩說　昌谷集 16/14a

張　耒
　評郊島詩　張右史集 16/6b
　詩雜說（1－13）　張右史集 52/4b

陳師道
　詩話（1－2）　後山集 28/1a－29/1a
〜　造
　文以變爲法　江湖集 29/15a
　文法　江湖集 29/15b

十 二 畫

華　鎮

〔失題〕 四庫拾遺 169/雲溪集

十　五　畫

歐陽修

詩話　歐陽文忠集 128/1a – 8a

李白杜甫詩優劣説　歐陽文忠集 129/3a

薛道衡王維詩説　歐陽文忠集 129/3b

峽州詩説　歐陽文忠集 129/4a

弔僧詩　歐陽文忠集 130/5b

九僧詩　歐陽文忠集 130/5b

郊島詩窮　歐陽文忠集 130/6a

謝希深論詩　歐陽文忠集 130/6b

温庭筠嚴維詩　歐陽文忠集 130/7a

作詩須多誦古今詩　歐陽文忠集 130/7b

漢人善以文言道時事　歐陽文忠集 130/7b

蘇氏四六　歐陽文忠集 130/7b

劉辰翁

評李長吉詩　須溪集 6/43b

~克莊

詩話(前集)　後村集 173/1a – 174/1a

詩話(續集)　後村集 175/1a

詩話(後集)　後村集 176/1a

詩話(續集)　後村集 177/1a – 180/1a

詩話(新集)　後村集 181/1a – 186/1a

~敞

〔詩話〕　四庫拾遺 44/劉敞詩話

鄧肅

詩評　栟櫚集 25/1a

二　十　畫

蘇軾

記歐陽公論文　東坡題跋 1/13a

記歐陽論退之文　東坡題跋 1/13b

自評文　東坡題跋 1/30a

書子美自評詩　東坡題跋 2/14a

評子美詩　東坡題跋 2/17a

評韓柳詩　東坡題跋 2/22a

記永叔評孟郊詩　東坡題跋 2/25a

評杜默詩　東坡題跋 3/6b

記董傳論詩　東坡題跋 3/12a

書參寥論杜詩　東坡題跋 3/12b

記少遊論詩文　東坡題跋 3/12b

評詩人寫物　東坡題跋 3/20b

評七言麗句　東坡題跋 3/21b

~轍

詩病五事　欒城集/三 8/5b

四、勸學勸農

四　　畫

文天祥
　宣州勸農文　　文山集 12/34a

方大琮
　將邑丙戌勸農文　　鐵菴集 33/1a
　將邑丁亥勸農文　　鐵菴集 33/1b
　將邑丙戌秋勸種麥文　鐵菴集 33/2b
　永福辛卯勸農文　　鐵菴集 33/3b
　廣州甲辰勸農文　　鐵菴集 33/6a
　廣州乙巳勸農文　　鐵菴集 33/7a
　廣州丙午勸農文　　鐵菴集 33/8a
　廣州丁未勸農文　　鐵菴集 33/9b
　勸種麥文　　鐵菴集 33/11a
　勸織吉貝布文　　鐵菴集 33/11b
～　岳
　揚州勸農文（1－2）　秋崖稿 34/3a、3b

王之道
　勸學文　　相山集 28/1a
～安中
　博州勸農記　　初僚集 6/20b
～　然
　黃巖勸學文　　赤城集 18/10b

六　　畫

朱子範
　六安州勸農文乙巳春　新安文獻 36/14a
～　熹
　喻學者　　播芳文粹 131/33b
　喻學文　　播芳文粹 131/37a
　勸農文（1－3）　朱文公集 99/7a、8b、100/10a
　申諭耕桑榜　　朱文公集/別 9/2a
　辛丑勸農文　　朱文公集/別 9/2b
　勸農民耘草糞田榜　朱文公集/別 9/4a
　勸諭趁時請地種麥榜　朱文公集/別 9/4b
　諭人戶種蕎麥大小麥　朱文公集/別 9/12b
　再諭人戶種二麥　　朱文公集/別 9/18b

仲　并
　代平江守勸農文　　浮山集 10/3b

七　　畫

沈　遼
　勸學疏　　雲巢編 10（三沈集 8/73b）

李　石
　黎州勸農文　　方舟集 18/14b
～　石
　眉州勸農文　　方舟集 18/15a
　勸學文　　蜀文輯存 62/9a
～師中
　勸農事文　　粵西金石畧 3/5a
～曾伯
　靜江勸農文（1－2）　可齋稿/續後 12/25a、12/27a
～　□
　李屯田勸農示　　金石萃編 135/12a

吳　泳
　勸士文　　鶴林集 39/1a
　寧國府勸農文　　鶴林集 39/2b
　溫州勸農文　　鶴林集 39/4b
　隆興府勸農文　　鶴林集 39/6b
　神泉縣勸農文　　鶴林集 39/8b
～　儆
　勸農文　　吳文肅集 14/7a
　勸學文　　吳文肅集 14/9a

八　畫

周必大

　潭州勸農文 紹熙三年　益國文忠集 87/9b　益公集
　　37/85b

~行己

　勸學文 浮沚集 6/1b

~孚

　勸農文（1－2） 鉛刀編 29/5a、80/1a

九　畫

洪咨夔

　勸農文 平齋集 11/14b

~适

　勸農文（1－2） 盤洲集 29/10a

十　畫

高斯得

　寧國府勸農文 耻堂稿 5/18a

　嚴州勸農文 耻堂稿 5/19b

　福建運司勸農文 耻堂稿 5/20b

袁説友

　池州庚子勸農文 東塘集 16/5a

　池州辛丑勸農文 東塘集 16/6a

　慶元己未成都府勸農文 東塘集 16/7a

真德秀

　勸學文 真西山集 40/2b

　福州勸農文 真西山集 40/26b

　泉州勸農文 真西山集 40/27b

　勸農文 真西山集 40/29a

　隆興勸農文 真西山集 40/30a

　勸農文 真西山集 40/31a

　再守泉州勸農文 真西山集 40/33a

十　一　畫

許應龍

　初至潮州勸農文 東澗集 13/5b

　次年勸農文 東澗集 13/6b

　代勸農文 東澗集 13/7b

黃庭堅

　子弟誠 播芳文粹 131/37a

~榦

　新淦勸農文 勉齋集 34/13a

~裳

　勸農文 演山集 35/3b

~震

　咸淳七年中秋勸種麥文 黃氏日鈔 78/22b

　咸淳八年春勸農文 黃氏日鈔 78/24a

　咸淳八年中秋勸種麥文 黃氏日鈔 78/24b

　咸淳九年春勸農文 黃氏日鈔 79/25a

崔敦禮

　平江勸農文 宮教集 12/6b

張綱

　婺州勸農文 張華陽集 33/9a

陸游

　夔州勸農文 渭南集 25/1a

　丁未嚴州勸農文 渭南集 25/1a

　戊申嚴州勸農文 渭南集 25/2a

陳仁子

　代作勸農文 牧萊脞語 16/2a

~宓

　安溪縣勸農文 復齋集 20/5a

　南劍州勸農文 復齋集 20/6a

~造

　房陵勸農文 江湖集 30/4b

　定海勸農文（1－4） 江湖集 30/5b、8b

~著

　嵊縣勸農文（1－3） 本堂集 52/6a、7b

~傅良

　桂陽軍勸農文 止齋集 44/6b

~襄

　杭州勸學文 古靈集 19/1a

　仙居勸學文 古靈集 19/2a　赤城集 18/11b

十　二　畫

程珌

　壬申富陽勸農文 洺水集 21/15b

陽枋

紹興府勸農文　字溪集 9/27a
十一年二月勸農文　字溪集 9/28a
大寧監勸農文　字溪集 9/28b
夔州勸農文　字溪集 9/30a

十 三 畫

楊　時
　勸學文　龜山集 27/1b
～萬里
　東宮勸讀録　誠齋集 112/1a
　東宮勸讀雜録　誠齋集 112/21b
～　簡
　永嘉勸農文　慈湖遺書 5/25a

葛勝仲
　汝州勸農文　丹陽集 11/1a

十 五 畫

蔡　戡
　永嘉勸農文(1－2)　定齋集 13/5a、5b
　隆興府勸農文　定齋集 13/5b

衛　涇
　潭州勸農文(1－2)　後樂集 19/23a、25a
　隆興府勸農文　後樂集 19/25b
　福州勸農文　後樂集 19/27b
　再任隆興府勸農文　後樂集 19/28b
～　博
　鎮江府勸農文　定菴集 4/21a

劉　宰

勸農文　漫塘集 18/1a
泰興縣勸農文　漫塘集 18/1b
～　黻
　慶元府勸農文　蒙川稿/補 8a
～　爤
　勸學文　雲莊集 12/2b

十 七 畫

戴　栩
　定海勸農文　浣川集 9/7a

韓元吉
　婺州勸農文　南澗稿 18/9a
　建寧府勸農文(1－3)　南澗稿 18/9b、10a、11a

薛季宣
　勸農文　浪語集 15/2a

十 八 畫

魏了翁
　漢州勸農文　鶴山集 100/1a
　權遂寧府勸農文　鶴山集 100/1b
　潼川府勸農文　鶴山集 100/2a
　潼川府勞農文　鶴山集 100/3a
　紹定六年勞農文　鶴山集 100/4a
　端平元年勸農文　鶴山集 100/6b
　端平元年勞農文　鶴山集 100/7b

撰著人未詳

勸農文(1－6)　播芳文粹 131/5a、9a

五、名字説

三　畫

(上官)秋旦説　疊山集 9/1a
上官氏女甥(貴和)名説　默齋稿/下/4b

四　畫

文與可字説　蘇東坡全集 24/18a　丹淵集/附録 9b
方天覺字重甫字訓　四如集 3/2b
方郎(誠懸)立道字説　後村集 112/5a
方郎(廣翁)居之字説　後村集 112/4b
(方)蒙姪名訓　秋崖稿 42/1b
冠二子(方機樞)説　蛟峰集 8/6b
王子由字説　拙齋集 20/5a
王去非字説　真西山集 33/16b
(王)昭孫字説　魯齋集 6/6a
王杲卿字説　景文集 48/2b
王俊甫字説　巽齋集 25/12b
王通孫名説　文山集 10/29b
王琚字君度説　恥堂稿 5/9a
三姪(王侚、付、侃)字義説　魯齋集 6/5b
王氏二子(灈、浩)字解　三餘集 4/10b
尤揆父字説　盧齋集 6/3a
月航説　無文印集 9/6b

五　畫

左近仁字説　佩韋集 12/8a
以道説　無文印集 9/8a
田炳名訓　益國文忠集 55/17a　益公集 55/153a
田燏名訓　益國文忠集 20/10b　益公集 20/86a
史之椅之樟字説　鶴山集 58/6a
史居甫字説　本堂集 35/5b
司馬氏七子(逑、道、述、遼、逢、近、迅)字説　燭湖集 10/19b

六　畫

江仲龍字説　疊山集 9/2a
全璧字説　豫章集 20/25b
朱甥子臧名説　止齋集/附録 8a
朱氏子(元瑜)更名字説　象山集 20/12b
朱仁仲字説　北溪集/第四門 6/2a
朱甥師裕字説　碧梧集 16/5a
朱從道名述　范文正集 6/5a　宋文選 6/20a
朱子(植)名説　止齋集 44/2b
字朱熹祝詞　屏山集 6/1a
朱謙夫名説　巽齋集 25/8a
贈仰巔峰先元二字説　雪坡集 40/7a

七　畫

汪功父字辭　魯齋集 4/3a
汪誠可字説　本堂集 35/3b
宋景輝二子(肱、臄)字説　斜川集 6/14a
(李九疇)公度字説　則堂集 3/5a
字李如晦説　復齋集 8/5a
李(治)自修祝詞　真西山集 33/11a
李叔軫載之字説　益國文忠集 20/11a　益公集 20/86b
李生(知仁)名字説　燭湖集 10/18b
李季相字説　鶴山集 58/4b
李居仁字説　敝帚稿 7/10b
李惟幾改字説　蘇魏公集 72/4b
李御史二子(潛、浩)名字説　佩韋集 12/9b
李燁縣尉字説　益國文忠集 55/15b　益公集 55/151a
李氏子驤字説　默齋稿/下/3b
呂敬伯(中)敬仲(仁)字説　真西山集 33/10a
呂希述字説　净德集 19/14a
吳九萬字説　敝帚稿 7/12b
吳子善字辭　魯齋集 4/3b
吳仲本字説　真西山集 33/18a

吳弱翁字説　魯齋集 6/7b
吳晦夫字説　絜齋集 7/29b
(吳)槩字説　鶴林集 39/16a
吳魯字子唯説　東塘集 20/13b
別碉説　無文印集 9/5b
何晞程名説　文山集 10/27b

八　畫

誨林于高冠辭　四如集 3/1a
林于高三子(肖祖、肩祖、肯祖)字祝辭引　四如集 3/13b
(林井、升)以辯以順字訓　四如集 3/14b
(林肖祖)師説祝辭　四如集 3/14a
(林肩祖)師孔祝辭　四如集 3/14a
(林肯祖)師旦祝辭　四如集 3/14b
林則時字説　四如集 3/10b
林起東字訓　四如集 3/15b
林清甫字説　牟陵陽集 14/6a
林景惠字説　四如集 3/17a
卓氏二子(克、存)名字説　北溪集/第四門 6/3b
(金履祥)自號次農説　仁山集 8/11b
名竺果孫説　本堂集 35/1a
季通説　無文印集 9/8b
侍其佪字説　豫章集 20/26b
周一龍正學字説　庸齋集 5/12a
周子(仍之)名説　止齋集 44/2b
從弟(周)用己字説　浮沚集 6/3a
從弟(周)存己字説　浮沚集 6/3a
從弟(周)成己字説　浮沚集 6/3a
從弟(周)直己字説　浮沚集 6/3a
從弟(周)審己字説　浮沚集 6/3a
名周集説　南軒集 18/4b
姪孫(周)顥字説　益國文忠集 55/17a　益公集 55/153a
宗孺名孟生　徂徠集 7/8b

九　畫

洪與我字説　四如集 3/18a
祝煒明仲字説　庸齋集 5/15a
胡字行字説　巽齋集 25/4a
胡貴常字説　本堂集 35/3a
胡貴常雲寄説　本堂集 34/8a
胡應桂字説　鶴林集 39/15b
胡寉名説　水心集 29/4b

名范修字德甫説　本堂集 35/6b
范氏四甥(震、巽、艮、兑)名義説　洛水集 22/4b
范震龍字子雲説　耻堂稿 5/8a
(范龍友)芷屋説　本堂集 34/5a
俞深父字説　真西山集 33/18b
姚平山仲一字訓　四如集 3/5b
姚曾吾字後語　在軒集/3b
(姚驥)字汝亦説　四如集 3/5b

十　畫

浦雲説　無文印集 9/7b
家自觀字説　牟陵陽集 14/4b
高不妄字説　鶴山集 58/2a
高不器字説　鶴山集 58/1a
(高本)名系　河東集 1/3a
命諸子(高扶、持、振、拂)名字説　東溪集/上 20/b
(高)純彥字韓孺説　耻堂稿 5/4b
(高)純約字謙孺説　耻堂稿 5/6b
(高)純魯字參孺説　耻堂稿 5/5b
唐近仁字學行近道字學知説　耻堂稿 5/3b
名小子(唐聃)説　眉山集 28/5a
真志道字説　真西山集 33/4b
與僧悟純道者思一字説　九華集 21/7b
(馬元炎)見山説　本堂集 34/7a
馬實夫字説　蒙齋集 15/1b
族子(馬)德淳字説　碧梧集 16/6a
晁深道祝詞　豫章集 20/23a
時在字辭　魯齋集 4/2b
時哲夫字説　魯齋集 6/6b
耕雲説　無文印集 9/6a
徐大珪字子功字説　南澗稿 17/34a
(徐)乙泰冠説　徐文惠稿 3/11b
徐大謙名訓　益國文忠集 20/11a　益公集 20/87a
姪(徐)壬泰冠説　徐文惠稿 3/11a
徐克常字説　蒙齋集 15/3a
徐直方立大字説　庸齋集 5/14b
徐直諒端友字説　庸齋集 5/14a
長孫(徐)敏學冠説　徐文惠稿 3/10b
徐聖可字説　宋本攻媿集 66/14a　攻媿集 79/4b
徐氏二子(麏、麛)祝詞　豫章集 20/23b
(留)學孔字訓名異　四如集 3/3b
孫子陽字説　真西山集 33/19a
眉山孫夢得子良仁字説　庸齋集 5/12a

十 一 畫

章子(用中)林子(毅)名說　止齋集/附錄 7b

(郭晉)德昭字說　則堂集 3/3b

甥孫郭啓翁智遠字訓　四如集 3/16a

雪屏說　無文印集 9/7b

(黃)大年字訓　四如集 3/21a

黃子正名字說　楳埜集 10/17b

黃少穎字說　楳埜集 10/16b

黃玄圭字說　文定集 9/18b

(黃仲堪)覺民對問　豫章集 20/24b

黃伯高字說　楳埜集 10/18a

黃氏三女甥名(伯華、仲明、季柔)說　默齋稿/下 4a

名外孫黃玠字孟成說　本堂集 35/8a

(黃)昌年字訓　四如集 3/23a

黃強立字說　巽齋集 24/1a

黃(寬夫)有容字說　後村集 112/6a

盛時立中字說　庸齋集 5/11a

莊氏子(約禮)名字說　北溪集/第四門 6/5a

晦極說　無文印集 9/7a

張以謙字說　勿軒集 6/7a

張治中德充字說　在軒集 3a

張厚之忠甫字說　蘇東坡全集 24/19b

二張(涉、法)字說　于湖集 15/8b

張牧之子(容孫)名　龜山集 27/6a

張聖瑞字說　佩韋集 12/10a

張質翁字說　巽齋集 25/7a

二張(槐卿、樾卿)名字說　象山集 20/13b

(張德信)誠甫字說　則堂集 3/7b

張魯川字說　絜齋集 7/29a

張誨字辭並序　公是集 49/2a

歸魯名張生　徂徠集 7/8a

陳山長字說　巽齋集 24/8a

陳子淵等字說　水心集 29/19b

陳汝作字說　四如集 3/19a

陳(均)子公字說　真西山集 33/19b

字(陳)圭子說　復齋集 8/5a

名曾孫姪(陳)灼字孟晦說　本堂集 35/5a

名女(陳)沖字汝和說　本堂集 35/7b

名幼子(陳)泌字汝泉說　本堂集 35/9a

名族曾孫(陳)芸生說　本堂集 35/5a

名女(陳)洸字汝玉說　本堂集 35/1a

字(陳)浩說　克齋集 7/22a

陳晐字退翁說　東塘集 20/14a

陳倩玉女字說　後村集 112/1a

四子(陳深、瀹、洶、湜)名說　本堂集 34/4b

名女(陳)清字汝則說　本堂集 35/8b

陳堅字子固窒字子思說　耻堂稿 5/2a

陳惟月字說　巽齋集 24/11b

陳平甫三子(琰、瓏、琬)字說　真西山集 33/14a

名(陳)慈孫說　本堂集 35/2a

(陳)夢雲夢雷伯仲字訓　四如集 3/6b

陳德父更名字說　竹坡稿 8/1a

陳耀卿字叙　四如集 3/20a

陳讜無黨字說　庸齋集 5/11b

十 二 畫

溫止所字說　碧梧集 16/4a

命馮氏二子(元龜、連璧)名說　跨鰲集 18/15b

冠(彭)鉉辭　止堂集 15/7b

冠(彭)漸辭　止堂集 15/8a

項氏字說　播芳文粹 131/41b

紫衣師號說　楳埜集 10/16a

命諸子(華克明、克從、克勤、克儉)名字說　雲溪集 29/6a

程自芳字說　蒙齋集 15/3b

先君六孫(程海、渭、漢、洙、汴、渥)名義說　洛水集 22/3a

諸孫(程恕、孚、清、㡯深、元)名義說　洛水集 22/3b

命姪名字清寧說　新安文獻 31/7b

喬年字訓　四如集 3/21b

(焦邑)字說　河東集 1/4b

傅彌年字訓　四如集 3/12b

姪曾孫(陽)尚字志孟說　字溪集 8/20a

(陽)損姪字說　字溪集 8/21a

十 三 畫

楊志南字說　鶴山集 58/5a

楊君壽字說　林屋稿 28a

楊(宗道)端義字說　真西山集 33/6b

楊(華)實之字說　真西山集 33/8a

代楊賓月柏泉說　本堂集 34/4b

楊薦字說　蘇東坡全集 24/18b

楊斷祖字說　真西山集 33/3b

楊氏二子字說　播芳文粹 131/40b

虞彥忱字說　勿軒集 6/6a

虞退夫字説　鶴山集 58/3a
葉涵字説　魯齋集 6/7a
葉朝宗字説　蒙齋集 15/2b
董崇本字説　尊德集 2/10b
詹(何)宗楚字説　真西山集 33/7b
詹景辰字説　真西山集 33/14b
詹景辰四子(然、輝、炎、炤)名字説　真西山集 33/16a
冠(鄒)炳文　道鄉集 31/11b

十 四 畫

內子(趙必興)友良字説　本堂集 35/4a
趙存禮長子(必璹)字説　字溪集 8/21b
趙汝橙縣尉字説　益國文忠集 55/16a　益公集 55/151b
存禮次子(趙)仲防字説　字溪集 8/22b
趙倅建叔字説　後村集 112/2b
二趙(崇乘、崇東)字説　後村集 112/1a
(趙從智)景賢字説　則堂集 3/8b
趙善發字説　鴻慶集 32/8a
趙德麟字説　蘇東坡全集/後 9/11b
名蒲二子(好仁、好德)説　澹齋集 18/4b

十 五 畫

潘自厚字辭　東萊集 6/9a
潘自厚身甫字説　播芳文粹 131/39b
潘好古字説　默成集 3/4a
潘龍起中復字説　碧梧集 16/4b
鄭光錫字説　南澗稿 17/35a
鄭純子字説　敝帚稿 7/9b
鄭德源字説　絜齋集 7/30a
名(樓)厚孫　宋本攻媿集 66/13b　攻媿集 79/10b
從子(樓)渢改字景劉　宋本攻媿集 66/4b　攻媿集 79/5b
歐陽氏子(時)字説　于湖集 15/11b
歐陽(時)伯時字説　庸齋集 5/13a
歐陽順升字説　巽齋集 24/6a
歐陽學修字訓　四如集 3/1b
蔡(模)仲覺名字説　真西山集 33/8b
蔣上甫字説　簣窗集 7/8b
滕�改名説　山房集 4/9b
劉自牧字説　巽齋集 25/6b
(劉求志)達卿姪字説　後村集 112/3b
劉垤字子相説　雪坡集 40/6a

劉耕心字説　牟陵陽集 14/13a
劉暉明夫字説　巽齋集 24/14a
劉嗣忠命名説　真西山集 33/21a
劉(夢先)誠伯字説　真西山集 33/12b
(劉興甫)周士姪字説　後村集 112/2a

十 六 畫

霍君澤字説　桐江集 2/4b
錢則甫字説　水心集 29/16b

十 七 畫

蹇叔潛字成子説　恥堂稿 5/7b
戴立本字仁夫説　鶴山集 58/7b
戴石玉字説　吾汶稿 3/22a
(戴宜春)彦聖字訓　四如集 3/8b
戴愷名字説　東溪集/上 21a
謝謹習字訓　秋崖稿 42/1b

十 八 畫

蕭元質字説　巽齋集 25/5a
蕭光字説　益國文忠集 55/16b　益公集 55/152b

十 九 畫

懶翁説　無文印集 9/6b
羅象先字説　巽齋集 24/10a

二 十 畫

仲兄(蘇渙)字文甫説　嘉祐集 14/5a
名二子(蘇軾、蘇轍)説　嘉祐集 14/6a
六孫(蘇簡、策、籀、範、筠、簗)名字説　欒城集/後 21/7a

二 十 一 畫

顧舜可字説　四如集 3/11b

二 十 二 畫

(龔惟月)明卿字訓　四如集 3/9b

姓氏未詳者

夾谷可與字訓 名立　四如集 3/4a
伯俊字訓 名髦　四如集 3/7b
立軒説示卓然　庸齋集 5/14a

六、策　問

四　畫

方大琮
　郊祀　鐵菴集 29/13a
　郊赦　鐵菴集 29/15a
　漢唐錢幣鹽法　鐵菴集 29/16b
　恢復　鐵菴集 29/18a
　童子　鐵菴集 29/19a
　周禮疑　鐵菴集 29/20b
　延平人才　鐵菴集 29/1a
　師友　鐵菴集 29/4a
　武舉　鐵菴集 29/6b
　宗室廩給　鐵菴集 29/8a
　周禮理財　鐵菴集 29/9a
　兵書　鐵菴集 29/11a
　論語疑　鐵菴集 29/12a
　歷代習尚　鐵菴集 29/22b
　詩書疑　鐵菴集 29/24b
　日蝕星變　鐵菴集 29/25b
　漢官制　鐵菴集 30/1a
　漢賦法　鐵菴集 30/2b
　本朝諸儒之學　鐵菴集 30/4a
　經疑　鐵菴集 30/5b
　師律　鐵菴集 30/7a
　什一之法　鐵菴集 30/8b
　詩　鐵菴集 30/10b
　律呂　鐵菴集 30/11b
　心學　鐵菴集 30/13a
　徐孺子　鐵菴集 30/14a
　皇極　鐵菴集 30/15a
　褒表朱文公　鐵菴集 30/17a
　荊襄兩淮　鐵菴集 30/19a
　朱文公遇合　鐵菴集 30/21a
　會計錄　鐵菴集 30/23a
　問用兵　鐵菴集 30/25a
　～逢辰

　問天文變異及中國夷狄君子小人德刑公私
　　之異　蛟峰集 7/20a
　禮法之大分如何論　蛟峰集 7/23b
　問中庸妖孽之見動與夫天妖人妖將何術以
　　袪　蛟峰集 7/20a
　問武將舊將儒將福將　蛟峰集 7/25b
　問牲樂灌　蛟峰集 7/27a

王十朋
　上舍試策(1－3)　梅溪集/前 12/12a、17a、19b
　策問(1－56)　梅溪集/前 13/1a－15/15b
　別院省試策問(1－2)　梅溪集/後 27/16a
　～之望
　策問(1－4)　漢濱集 3/6b
　漢光武晉穆帝禦戎是非策　漢濱集 14/1a
　馮奉世陳湯伐膚予奪不同策　四庫拾遺 669/
　　漢濱集
　～　令
　夷狄　廣陵集/補遺 1a
　肉刑　廣陵集/補遺 2a
　稅法　廣陵集/補遺 2b
　禮樂征伐　廣陵集/補遺 2b
　言行　廣陵集/補遺 3a
　爲邦　廣陵集/補遺 3b
　封建　廣陵集/補遺 3b
　治效　廣陵集/補遺 4b
　賞罰　廣陵集/補遺 5a
　分田　廣陵集/補遺 5b
　稅法　廣陵集/補遺 6a
　禮樂　廣陵集/補遺 6b
　讓德　廣陵集/補遺 7b
　謀斷　廣陵集/補遺 8b
　德祿　廣陵集/補遺 9a
　民食　廣陵集/補遺 9b
　兵法　廣陵集/補遺 10a
　賦稅　廣陵集/補遺 60b

~安石

　策問(1－11)　臨川集 70/9a－12b

~安禮

　元豐五年殿試進士策問　王魏公集 4/7a

~　洋

　策問(1－15)　東牟集 10/1a

　遏敵之策　東牟集 10/11b

　弭盜之術　東牟集 10/12b

~　珪

　擬問賢良方正策　華陽集 33/1a

　策問　華陽集 33/3a

~　蘋

　嘉熙元年詔舉策題　王著作集 5/14b

尹　洙

　攻守策頭問　河南集 3/3b

孔文仲

　制科策　舍人集 1/2b　宋文鑑 110/1a

五　畫

田　錫

　制策　咸平集 22/1a

　試同人策(1－2)　咸平集 22/2b、3a

　私試策(1－3)　咸平集 22/4a、6a

　對私試策(1－3)　咸平集 22/4a－6a

　開封府試策(1－3)　咸平集 22/7a、8b、9b

　對開封府試策(1－3)　咸平集 22/7b、9a、10a

　試進士策(1－6)　咸平集 22/11a、12b

　開封府發解策(1－3)　咸平集 22/13a、14a

史堯弼

　策問(1－13)　蓮峰集 3/2b

　私試策問(1－4)　蓮峰集 4/9b－23b

　私試策(1－8)　蓮峰集 5/1a－27a

包　恢

　策問是非異同　敝帚稿 1/4a

司馬光

　賢良策　傳家集 75/5a　司馬溫公集 72/4a

　策問(1－5)(進士策問)(1－15)　傳家集
　75/6a　司馬溫公集 72/5b－7a

策問(1－10)(進士策問)(1－15)　傳家
　集 75/6a　司馬溫公集 72/7b

學士院試李清臣等策目　傳家集 75/4a　司
　馬溫公集 72/10a

六　畫

朱　松

　試館職策一道　韋齋集 8/1a　新安文獻 38/7a

　策問(1－8)　韋齋集 8/6b

　武學策問(1－3)　新安文獻 38/1a

~　熹

　策問　朱文公集 74/4b　新安文獻 38/2a

　白鹿書堂策問　朱文公集 74/12b

七　畫

沈與求

　大學秋試策題　龜溪集 11/17a

　召試館職策題(1－2)　龜溪集 11/18a

　擬御試策題　龜溪集 11/20a

汪　藻

　試館職策題一首　浮溪集 17/3b

宋　祁

　策問(1－3)　景文集/拾遺 14/2b

李　石

　策問　方舟集 7/22a

~昭玘

　試館職策　樂靜集 27/1a

~　新

　策問　跨鰲集 30/11b

~　覯

　策問(1－3)　直講集 29/9b

　策問(1－6)　直講集 29/10a

~彌遜

　中書省試閤夏策題　筠溪集 21/1a

呂祖謙

　太學策問　東萊集 5/1a

　館職策　東萊集 5/1b

　策問(1－2)　東萊集/外 1/1a、2/1a

　策問　東萊集/外 5/8a

~ 陶
　策問　　　浄德集 20/20a

吴 泳
　召試館職策問　　　鶴林集 33/1a
　經筵翰苑策問　　　鶴林集 33/4a
　聖學時政策問　　　鶴林集 33/6b
　江淮兵策問　　　鶴林集 33/9a
　四京守禦策問　　　鶴林集 33/11b
　蜀師與夏人夾攻金人策問　　　鶴林集 33/14b
　州兵土丁策問　　　鶴林集 33/17a

八　畫

周必大
　史稱文帝比成康孝宣比商宗周宣當否何如
　　　益國文忠集 10/1a　　益公集 10/58a
　春秋賓禮人才之優劣　　　益國文忠集 10/4a　　益公集 10/62a
　務農　　　益國文忠集 10/6b　　益公集 10/64b
　試館職策　　　益國文忠集 11/1a　　益公集 11/68a
　金陵堂試策問(1-5)　　　益國文忠集 12/1a　　益公集 12/78a
　宣州解試策問　　　益國文忠集 12/4b　　益公集 12/82a
　家塾策問(1-7)　　　益國文忠集 12/5b　　益公集 12/83b
　家塾策問(1-13)　　　益國文忠集 13/1a　　益公集 13/89a
　中書後省召試閤門舍人策問燕炳　　　益國文忠集 100/8b　　益公集 100/146b
　試選人王希呂召試館職策題　　　益國文忠集 120/1a　　益公集 120/1a
　試太常博士許蒼舒　　　益國文忠集 120/1b　　益公集 120/2a
　試赴召胡晉臣　　　益國文忠集 120/2b　　益公集 120/2b
　試軍器監丞葉山　　　益國文忠集 120/3b　　益公集 120/4a
　試太學正鄭鐸　　　益國文忠集 120/4b　　益公集 120/5b
　試宏詞人趙彦中　　　益國文忠集 120/5b　　益公集 120/6b
　試大學正劉光祖　　　益國文忠集 120/6b　　益公集 120/8a
　試提轄文思院熊克　　　益國文忠集 120/7b　　益公集 120/9a
　廷試策問　　　益國文忠集 121/1b　　益公集 121/2b、4b
~ 行己

兩漢興亡　　　浮沚集 3/1a
風俗盛衰　　　浮沚集 3/3b
孔門四科兩漢孰可比　　　浮沚集 3/6a
聖賢之學　　　浮沚集 3/9a
司徒典樂之教　　　浮沚集 3/10a
好惡　　　浮沚集 3/11a
王道　　　浮沚集 3/11b
孔門數子得失　　　浮沚集 3/12b
君子小人　　　浮沚集 3/13a
賈誼馬周所言　　　浮沚集 3/13b
學校科舉　　　浮沚集 3/14b
煮海榷酤之禁　　　浮沚集 3/15a
本朝治法　　　浮沚集 3/15b
佛老與儒者之道同異　　　浮沚集 3/16a
孟荀揚文中四子是非　　　浮沚集 3/16b
~ 孚
策問　　　鉛刀編 22/1a
~ 南
池陽月試策問　　　山房集 6/1a
丁卯召試館職策　　　山房集 7/20a
試進士策問　　　山房集/後 12a
~ 紫芝
擬廷試策　　　太倉集 47/1a
策問(1-14)　　　太倉集 48/1a

林之奇
別試　　　拙齋集 14/1a
官制　　　拙齋集 14/2b
孟子所論與王制周禮不同　　　拙齋集 14/4a
歷　　　拙齋集 14/6a
律呂　　　拙齋集 14/8a
大衍太玄　　　拙齋集 14/10b
河圖洛書　　　拙齋集 14/11b
軍制　　　拙齋集 14/13b
~ 光朝
策問(1-20)　　　艾軒集 3/1a-30a
策問(1-18)　　　艾軒集 4/1a-25b
召試館職策　　　艾軒集 5/9a
~ 希逸
春秋義(1-3)　　　鬳齋集 8/1a、5a、7a
分野　　　鬳齋集 8/8b
離騷　　　鬳齋集 8/11a
閏　　　鬳齋集 8/14a

太元　盧齋集 8/17a

古封建唐藩鎮　盧齋集 8/21a

律　盧齋集 9/1a

周禮　盧齋集 9/3a

~ 季仲

科舉　竹軒雜著 3/9b

守禦　竹軒雜著 3/10a

道學　竹軒雜著 3/10b

九　畫

洪資夔

文舉殿試策　平齋集 16/10b

武舉殿試策　平齋集 16/11b

召試館職策　平齋集 16/12b

江東漕司不礙格　平齋集 30/1a

礙格　平齋集 30/2a

饒州堂試(1－18)　平齋集 30/3b－21a

武舉公試策問　平齋集 30/22a

省試(1－3)　平齋集 30/23a、24b

~ 适

試館職策題　盤洲集 64/6a

乾道二年殿試策題　盤洲集 64/7b

~ 遵

試館職策　小隱集/70a

祖無擇

進士策問(1－3)　龍學集 10/2a－3a

胡　寅

中書門下省試館職策問　斐然集 29/1a

零陵郡學策問　斐然集 29/2a

~ 宿

御試賢良王彰夏甌策題　文恭集 29/1a

御試武舉策題　文恭集 29/2b

試南省進士策題　文恭集 29/3b

~ 銓

御試策　澹庵集 5/1a

策問(1－4)　澹庵集 5/30a

范祖禹

省試策問(1－2)　范太史集 25/15a

~ 鎮

策問(1－2)　宋文鑑 124/9b

韋　驤

策問(1－9)　錢塘集 17/40b

策問(1－14)　錢塘集 17/44a

十　畫

唐仲友

館職策(1－4)　悦齋文鈔 2/1a、5b、11a、14b

~ 庚

問尊儒　眉山集 29/5b

王制　眉山集 29/6b

用賢　眉山集 29/7b

兵賦　眉山集 29/8a

儒異　眉山集 29/8b

言語　眉山集 29/9b

爲己　眉山集 30/1a

道德仁義　眉山集 30/1b

史官　眉山集 30/2a

兵制　眉山集 30/3a

六韜　眉山集 30/3b

道體　眉山集 30/4a

治道　眉山集 30/4b

治法明天　眉山集 30/5b

同俗　眉山集 30/6a

征斂　眉山集 30/7a

耕讀　眉山集 30/7b

學易　眉山集 30/8b

老莊　眉山集 30/9a

程材　眉山集 30/9b

言信　眉山集 30/10b

人物　眉山集 30/11a

袁　燮

祖宗家法　絜齋集 6/1a

宗法　絜齋集 6/2b

歷象(1－2)　絜齋集 6/4a、6a

歷代國祚　絜齋集 6/6b

邊備　絜齋集 6/9a

官制　絜齋集 6/10b

官禄　絜齋集 6/12b

功臣　絜齋集 6/14a

封駁　絜齋集 6/15a

革弊　絜齋集 6/16b

田制　絜齋集 6/18a

學制　　緊齋集 6/20b

禮儀　　緊齋集 6/22a

服制　　緊齋集 6/24a

經生家學　　緊齋集 6/26a

離騷　　緊齋集 6/27a

太玄　　緊齋集 6/28b

真德秀

館職策　　真西山集 32/3b

策問　　真西山集 32/19a

夏　竦

崇政殿御試賢良方正能直言極諫科制策
　　文莊集 12/1a

畢仲游

召試館職策　　西臺集 6/1a

治法　　西臺集 6/7a

文體　　西臺集 6/7a

史學　　西臺集 6/9a

晁公遡

試恭南進士策問　　嵩山居士集 51/1a

策問　　嵩山居士集 51/6a

~ 詠之

策問　　宋文鑑 124/20a

~ 補之

策問（1－19）　　鷄肋集 37/1a

策問（1－17）　　鷄肋集 38/1a

策問（1－19）　　鷄肋集 39/1a

~ 説之

北京策問　　嵩山集 14/35a

員興宗

擬南省策問　　九華集 8/4b

南試策問　　九華集 8/5b

擬策問（1－2）　　九華集 8/8a

策彭州學生私試　　九華集 8/9b

策問（1－2）　　九華集 8/10a

館職策　　九華集 9/1a

忠質文之治策　　九華集 9/12a

蘇氏王氏程氏三家之學是非策　　九華集 9/
15b

孔子生死策　　九華集 9/17a

陳子昂韓退之策　　九華集 9/20a

舜九官與孔子門人其道異同策　　九華集 10/
1a

曾子不與十哲陳平不與三傑策　　九華集 10/
2b

考績薦舉策　　九華集 10/4a

義命策　　九華集 10/6b

柳宗元非國語策　　九華集 10/8b

寬財賦策　　九華集 10/10a

天興商周以相伊呂策　　九華集 10/11b

周公禮樂策　　九華集 10/12a

夷齊策　　九華集 10/13a

敦學校養士之法革科舉取人之弊策　　九華
集 10/13b

古器圖書策　　九華集 10/15a

皇帝王伯策　　九華集 10/16a

詩書遺逸策　　九華集 10/18a

漢治迹策　　九華集 10/20b

易策　　九華集 10/22a

孔孟王通公孫弘能言國之興衰短長策　　九
華集 11/1a

行祖宗故事集　　九華集 11/4a

資治通鑑策　　九華集 11/7a

鄉飲策　　九華集 11/8b

監法之弊策　　九華集 11/9b

內重外輕策　　九華集 11/10b

科目策　　九華集 11/17b

徐　積

策問　　節孝集 29/10b

孫應時

策問　　燭湖集 9/1a

十　一　畫

許月卿

聖王制御常道如何　　先天集 9/1a　新安文獻 39/
17a

~ 景衡

試士策問　　橫塘集 11/10b

~ 應龍

御試文舉策問　　東澗集 10/1a

召試館職策問　東澗集 10/2b

武學公試策問　東澗集 10/8a

太學私試策問　東澗集 10/10b

宗學私試策問　東澗集 10/12a

省試策問　東澗集 10/14a

黃　榦

時務策問　勉齋集 26/1a

擬難策問　勉齋集 26/3b

～　裳

性學　演山集 45/1a

商周歷世盛衰　演山集 45/2b

學者之志　演山集 45/3a

六經之失　演山集 45/4a

罷納粟　演山集 45/5a

孔孟之志　演山集 45/5b

古今學者言行不同　演山集 45/6b

服制　演山集 45/7a

禁榷　演山集 45/8b

革貪僭　演山集 45/9a

擇將　演山集 45/9b

禦戎　演山集 45/10a

漢唐之君所學淺深　演山集 46/1a

黃河利害　演山集 46/2a

錢物輕重　演山集 46/2b

茶法　演山集 46/3a

選舉　演山集 46/4a

唐人之學　演山集 46/5a

吏部銓綜之術　演山集 46/6a

人材得失　演山集 46/6b

禮樂　演山集 46/7a

禁衛之兵　演山集 46/8a

稽登校比之法　演山集 46/9a

～　震

吳縣擬試策問（1－3）辛酉科　黃氏日鈔 83/1a

浙漕宗子場策問辛酉　黃氏日鈔 83/4a

浙漕進納軍功策問辛酉　黃氏日鈔 83/5a

省試策問戊辰　黃氏日鈔 83/7a

崔敦禮

中庸發題　宮教集 7/12a

問民力　宮教集 7/14a

問三江五湖　宮教集 7/15a

問地利勝敗之異　宮教集 7/16a

張方平

舍人院試方畧舉人策問　樂全集 84/8a

省試策題（1－5）　樂全集 84/8b

武成王廟試舉人策問（1－3）　樂全集 84/11b、12a、12b

～　載

策問（1－2）　張橫渠集 13/4a　宋文鑑 124/10a

～　嵲

策問　紫微集 21/4a

試館職策　紫微集 21/6a

～　綱

擬進御試策題　張華陽集 33/8a

陸九淵

策問（1－16）　象山集 24/1a

～　佃

太學策問（1－2）　陶山集 9/8b、9a

省試策問　陶山集 9/9b

武學策問（1－9）　陶山集 9/10a－10b

陳　宓

安溪縣試諸生策問（1－5）　復齋集 7/9b

～　亮

問答（1－12）　龍川集 3/1a、4/1a

～耆卿

策問　簣窗集 7/1a

～師道

擬御試武舉策　後山集 17/1a

擬學士院試職策　後山集 17/7b

學試策問（1－4）　後山集 17/11b

京東轉運司試進士策　後山集 17/12b

策問（1－15）　後山集 17/13a

～　造

丁酉楚州秋試策問　江湖集 33/1a

己酉秀州秋試策問　江湖集 33/1b

吳門芹宮策問（1－21）　江湖集 33/3a

武舉策問（1－10）　江湖集 33/21b

定海縣學策問　江湖集 33/29a

～傅良

策問（1－14）　止齋集 43/1a

文章策　止齋集/附錄 4a

守令策　　止齋集/附錄 4b

收民心策　　止齋集/附錄 6a

~　普

答閩問　　石堂集 8/1a

問三極三才　　石堂集 8/3b

問明德是性是心　　石堂集 8/12a

問生之謂性程子才禀於氣之語密何如　　石堂集 8/13a

問此謂知本錯簡　　石堂集 8/15a

問君子慍慍小人砥砥南宮适君子樊遲小人何也　　石堂集 8/16a

問仁智安利　　石堂集 8/20a

問盡心知性爲格致　　石堂集 8/25a

問心有出入　　石堂集 8/29a

問體用物體道體三體字何以辨　　石堂集 8/31b

問程子未發之中與豫章延平求中之說　　石堂集 8/36a

問爲人　　石堂集 14/1a

問報應　　石堂集 14/3b

問興亡勝敗　　石堂集 14/5a

~　淵

策問(1－3)　　默堂集 20/17a

~　襄

策問(1－6)　　古靈集 13/4a

~　藻

策問(1－39)　　樂軒集 6/1a、8/24b

十 二 畫

曾　丰

問治術參差　　緣督集 5/1a

問馭吏寬嚴　　緣督集 5/2b

問士類同異　　緣督集 5/4a

問中興用賢　　緣督集 5/6a

問廷議抉擇　　緣督集 5/7a

問武侯比擬　　緣督集 5/8a

問郡國增減　　緣督集 5/10a

策問(1－14)　　抄本緣督集 16/1a

~　鞏

擬試制科王平甫策問　　曾南豐集 12/1a

策問(1－14)　　曾南豐集 12/1b

策問(1－17)　　曾南豐集 13/1a

擬代廷試進士策問(1－3)　　元豐稿 26/8a、10b

彭龜年

策問(1－10)　　止堂集 9/1a

華　鎮

問歷代巡狩制度因革策　　雲溪集 27/6b

問漢宣孝元王伯之道優劣異效　　雲溪集 27/7b

問列爵經界五刑　　雲溪集 27/8b

問井田肉刑封建　　雲溪集 27/10a

問宅都　　雲溪集 27/11a

問鹽鐵　　雲溪集 27/12a

程公許

試閣職策　　塵缶編 14/1a

試上舍生策題　　塵缶編 14/6b

~　泌

癸未知貢舉詩賦場　　洛水集 5/1a

癸未知貢舉經義場　　洛水集 5/2b

丙戌知貢舉詩賦場　　洛水集 5/3b

丙戌知貢舉經義場　　洛水集 5/5b

試閣職(1－2)　　洛水集 5/7a、8b

試上舍　　洛水集 5/10a　新安文獻 38/5a

禦戎　　洛水集 5/11a

學校　　洛水集 5/12a

監司郡守　　洛水集 5/13b

任相　　洛水集 5/14b

六經疑難　　洛水集 6/1a

理財　　洛水集 6/2b

弭盜救荒　　洛水集 6/3b

江淮形勢　　洛水集 6/5a

歷代文章　　洛水集 6/6a

士風吏治國用民力　　洛水集 6/7b

人才　　洛水集 6/8b

史　　洛水集 6/10a

擬策問　　新安文獻 38/3a

試館職策問　　新安文獻 38/4a

~　頤

試漢州學生策問　　二程集(伊川)43/6a

~　顥

南廟試策(1－5)　　二程集(明道)40/5a－13b

傅　察

策問　　傅忠肅集/下/35b

強　至
　　試京兆府學生策問(1-8)　祠部集 33/1a
　　試德州進士策問(1-2)　祠部集 33/3b

陽　枋
　　策問(1-7)　字溪集 8/26a－39a

十 三 畫

楊冠卿
　　治體　客亭稿 8/1a
　　石經　客亭稿 8/3a
　　禮義廉恥　客亭稿 8/5a
　　求遺書　客亭稿 8/7a
　　役法　客亭稿 8/10a
　　府兵之制　客亭稿 8/12a
　　墾田　客亭稿 8/14b
～　時
　　策問　龜山集 15/1a
～萬里
　　太學私試策問　誠齋集 96/7b
　　省試別頭策問　誠齋集 96/9a
　　太學上舍策問　誠齋集 96/9b
　　公試武學策問　誠齋集 96/11b
　　庚戌殿試武舉御題　誠齋集 96/13b
～　億
　　咸平四年四月試賢良方正科策(1-2)　武
　　　夷新集 12/1a、2a
　　咸平四年八月試賢良方正科策　武夷新集
　　　12/3a
　　咸平五年九月試武舉人策奉敕撰試武舉人
　　　王關　武夷新集 12/4b
　　試草澤柳察策(1-2)　武夷新集 12/5b、6a
　　景德二年三月試草澤劉牧策(1-2)　武夷
　　　新集 12/6b、7a
　　試草澤策　武夷新集 12/7b
　　景德三年九月試賢良方正能直言極諫科策
　　　奉敕撰　武夷新集 12/8a

葛勝仲
　　治德　丹陽集 6/3a
　　治功　丹陽集 6/3b
　　治效　丹陽集 6/3b
　　官制　丹陽集 6/4b

官方　丹陽集 6/5a
選舉　丹陽集 6/5b
考察　丹陽集 6/6a
取士　丹陽集 6/6a
士習　丹陽集 6/6b
勸學　丹陽集 6/7a
試士　丹陽集 6/7b
富强　丹陽集 6/8a
食貨　丹陽集 6/8b
藩鎮　丹陽集 6/8b
遠識　丹陽集 6/9b
靖民　丹陽集 6/9b
律令　丹陽集 6/10a
策問　四庫拾遺 622/丹陽集

鄒　浩
　　策問　道鄉集 29/1a、30/1a

十 四 畫

廖行之
　　制科策　省齋集 5/1a
　　問正統策　省齋集 9/1a
　　問君相策　省齋集 9/2b

趙　汸
　　私試策問　新安文獻 38/6a
　　對江右六君子策　新安文獻 38/10b
～　逵
　　制科對策　蜀文輯存 59/9b
～鼎臣
　　定州州學私試策問(1-6)　竹隱集 12/1a
　　太學私試策題　竹隱集 12/6b

蔡崇禮
　　召試館職策題(1-4)　北海集 23/8b、10a、11a、
　　　12b

翟汝文
　　省試進士策　翟忠惠集 8/1a
　　試進士策　翟忠惠集 8/4a
　　試武舉策　翟忠惠集 8/5a
　　行在御試策題　翟忠惠集 8/6b

十 五 畫

鄭剛中
　擬策進士(1-11)　　北山集 8/1a-3b
　朝旨策吳援　　北山集 17/4a
　朝旨策楊庭　　北山集 17/4b
~ 獬
　問平四羌策　　郟溪集 13/7b

樓 鑰
　紹興五年御書廷試策問　　攻媿集 69/15b

歐陽修
　武成王廟問進士策(1-2)　　歐陽文忠集 48/1a
　問進士策(1-3)　　歐陽文忠集 43/2a
　南省試進士策問(1-3)　　歐陽文忠集 46/6a
　問進士策(1-4)　　歐陽文忠集 48/8b
　問進士策題(1-5)　　歐陽文忠集 70/1a
　南省試策(1-5)　　歐陽文忠集 75/5b
　國學試策(1-3)　　歐陽文忠集 75/13b-17b

慕容彥逢
　治法　　摛文集 12/8a
　人才　　摛文集 12/8a
　史材　　摛文集 12/8b
　禮制　　摛文集 12/9a
　學術　　摛文集 12/9b
　宗學　　摛文集 12/9b
　擬試宏詞露布　　摛文集 15/11a

蔡 襄
　策問　　蔡忠惠集 30/4b

衛 涇
　召試館職策問　　後樂集 17/1a
　召試館職策　　四庫拾遺 271/後樂集

劉一止
　試館職策　　苕溪集 9/1a
　平江試院策問　　苕溪集 9/5b
　臨安類試所策問　　苕溪集 9/6a
~ 才邵
　試館職求言策問　　樵溪集 10/16a

　試館職策問　　樵溪集 10/17a
　南省策問　　樵溪集 10/17b
　武舉策問　　樵溪集 10/18b
　中書後省召試武臣換文資策問　　樵溪集 10/19a
~ 安上
　策問(1-4)　　劉給諫集 4/1a-2a
~ 光祖
　淳熙對策　　蜀文輯存 68/6a
~ 克莊
　召試倪普歐陽守道策問 辛酉　　後村集 53/13b
　壬戌召試文及翁彭方迴策問　　後村集 53/16a
~ 攽
　進士策問(1-3)　　彭城集 40/2b、宋文鑑 124/14b
~ 弇
　策問(上)(1-18)　　龍雲集 27/1a-17a
　策問(中)(1-20)　　龍雲集 28/1a-16a
　策問(下)(1-7)　　龍雲集 29/1a-6b
~ 宰
　策問(1-13)　　漫塘集 18/4a-15b
~ 跂
　經學　　學易集 5/10a
　武功　　學易集 5/10b
　治法　　學易集 5/11a
　勸農　　學易集 5/12a
　通商　　學易集 5/13a
　兵法　　學易集 5/14a
　考工　　學易集 5/14b　宋文鑑 124/19a
~ 敞
　策問(1-2)　　公是集 49/12a　宋文鑑 124/8b
~ 摯
　元祐三年御試進士制策　　忠肅集 1/1a
　元祐三年御試特奏名制策　　忠肅集 1/2a
　元祐六年御試進士制策　　忠肅集 1/2b

十 七 畫

韓元吉
　掖垣試閣門策問　　南澗稿 11/26a
~ 琦
　策問　　安陽集 23/2b

薛季宣
　擬策並問　　浪語集 28/1a

策問（1－20） 浪語集 28/6a

十 八 畫

魏 了翁

答館職策 鶴山集 21/1a

武學兵機策 鶴山集 93/1a

策問 鶴山集 93/2a

類省別試所策問（1－2） 鶴山集 93/3a、5b

家塾試策問 鶴山集 93/7a

家塾再試策問 鶴山集 93/8b

家塾策問 鶴山集 93/10a

宗子取應策問 鶴山集 93/11a

問漢唐宦官外戚藩鎮夷狄 鶴山集 102/1a

問六經疑 鶴山集 102/3a

問兵民財吏之弊今日何以爲革之之方 鶴山集 102/4b

問進讀三朝寶訓講明內外治 鶴山集 102/7a

問正朔 鶴山集 102/10a

御策 鶴山集 103/1a

十 九 畫

羅 椅

策問 澗谷集 2/1a

二 十 畫

蘇 軾

私試策問（1－7） 蘇東坡全集 22/2a

永興軍秋試舉人策問 蘇東坡全集 22/9a

國學秋試策問（1－2） 蘇東坡全集 22/9b

試館職策題（1－3） 蘇東坡全集 22/11b

省試策問（1－3） 蘇東坡全集 22/13b

省試宗室策問 蘇東坡全集 22/16a

御試制科策 蘇東坡全集/後 10/25a

擬進士對御試策 蘇東坡全集/後 10/26a

策問（1－3） 蘇東坡全集/續 9/1a

私試策問 蘇東坡全集/續 9/1b

擬殿試策問 蘇東坡全集/續 9/2b

禹之所以通水之法（策） 蘇東坡全集/續 9/3a

修廢官舉逸民（策） 蘇東坡全集/續 9/4b

天子六軍之制（策） 蘇東坡全集/續 9/5b

休兵久矣而國用益困（策） 蘇東坡全集/續 9/6b

關隴游民私鑄錢與江淮漕卒爲盜之由（策） 蘇東坡全集/續 9/7b

制科策 宋文鑑 109/1a

~ **頌**

南廟策問（1－3） 蘇魏公集 72/2b－4a

~ **轍**

殿試武舉策問 欒城集 20/1a

南省進士策問 欒城集 20/1b

河南府進士策問（1－3） 欒城集 20/2a

私試進士策問（1－28） 欒城集 20/3b

私試武學策問（1－2） 欒城集 20/17a

擬殿試策題（1－2） 欒城集/後 14/5a

策問（1－16） 欒城集/三 6/1a

七、致語詞語

六　畫

任　淵
　宴忠州交代致語　　蜀文輯存 54/18a

九　畫

洪　适
　台州會太守致語　　盤洲集 65/1a
　秋閲致語已下爲廣帥作　　盤洲集 65/1b
　又歸路　　盤洲集 65/2b
　設蕃樂語　　盤洲集 65/3a
　會肇慶新守樂語　　盤洲集 65/4a
　會肇慶舊守樂語　　盤洲集 65/4b
　會黄雷州樂語　　盤洲集 65/5a
　平齊孫致語　　盤洲集 65/6a
　會南恩守傳侍郎致語　　盤洲集 65/7a
　韓提舶解印致語　　盤洲集 65/7b
　韓提舶餞行致語　　盤洲集 65/8b
　衆官餞提舶樂語　　盤洲集 65/9b
　廣東春教致語　　盤洲集 65/10a
　歸路致語　　盤洲集 65/10b

十　畫

唐士耻
　許守宴趙倅李倅致語　　靈巖集 9/2a
　許守宴趙倅致語　　靈巖集 9/3a
　許守宴李倅京倅致語　　靈巖集 9/3b
　許守宴交代趙守致語　　靈巖集 9/4a
　趙守宴李倅致語　　靈巖集 9/4b
　許守宴李倅致語　　靈巖集 9/5a
　祝聖致語　　靈巖集 9/5b
　王母致語　　靈巖集 9/6a
　天基節祝聖致語　　靈巖集 9/6b
　天基節致語　　靈巖集 9/7a
　淳祐十年天基節王母致語　　靈巖集 9/7a

　淳祐十一年天基節王母致語　　靈巖集 9/7b
　王母致語　　靈巖集 9/8a
　祝聖致語　　靈巖集 9/8a
　當筵致語　　靈巖集 9/8b
　當筵致語　　靈巖集 9/9a
　當筵致語　　靈巖集 9/9b

十五畫

歐陽修
　内中御侍已下賀皇帝年節詞語　　歐陽文忠集 88/8a
　内中御侍已下賀皇帝乾元節詞語　　歐陽文忠集 88/13b

劉　宰
　宴金壇邑官致語　　漫塘集 25/13a
~望之
　天申節賜宴致語　　蜀文輯存 55/20a
　生辰致語　　蜀文輯存 55/20b

二　十　畫

蘇　軾
　内中御侍以下賀皇帝冬至詞語　　蘇東坡全集/内制 6/5b
　内中御侍以下賀太皇太后冬至詞語　　蘇東坡全集/内制 6/6a
　内中御侍以下賀皇太后冬至詞語　　蘇東坡全集/内制 6/6b
　内中御侍以下賀太皇太后年節詞語　　蘇東坡全集/内制 7/6a
　内中御侍以下賀皇太后年節詞語　　蘇東坡全集/内制 7/6b
　内中御侍以下賀皇帝年節詞語　　蘇東坡全集/内制 7/6b
　内中御侍以下賀皇帝冬至詞語　　蘇東坡全集/内制 9/7a
　内中御侍已下賀太皇太后冬至詞語　　蘇東

内中御侍已下賀皇太后冬至詞語　蘇東坡

八、雜　　譜

二　畫

九射格　歐陽文忠集 71/19a

四　畫

氏族譜羅泌撰　蜀藝文志 53/1a

七　畫

揚州芍藥譜　宗伯集 16/6a
牡丹譜　渭南集 42/1a
牡丹譜胡元質撰　蜀藝文志 56/下 9a

十　畫

東坡酒經　蘇東坡全集/後 9/17b
打馬圖經　李清照集/104b
馬戲圖譜　李清照集/89a
茶錄(1－22)　蔡忠惠集 80/8b

十　一　畫

許氏世譜王安石撰　宋文鑑 126/7a
梅譜范成大撰　吳都文粹 7/1a

十　二　畫

游氏世譜　默齋稿下/17b
硯譜　歐陽文忠集 72/1a
范村菊譜范成大撰　吳都文粹 7/6b

十　六　畫

糖霜譜洪邁撰　蜀藝文志 56/下 12a

二　十　一　畫

相鶴經　臨川集 70/8a

荔枝譜　蔡忠惠集 30/13a
荔枝譜　元豐稿 35/2a

九、遊 戲 文

四　　畫

方　岳

擬文房四制　　秋崖稿 6/1a

中書令管城子毛穎進封管城侯加食邑制
秋崖稿 6/1a

石鄉侯石虛中除翰林學士誥　　秋崖稿 6/1b

陳玄除子墨客卿詔　　秋崖稿 6/2a

賜楮知白詔　　秋崖稿 6/2b

賜毛穎辭免進封管城侯恩命不允詔　　秋崖
稿 6/3a

賜石虛中辭免翰林學士恩命不允詔　　秋崖
稿 6/3a

陳玄除凌煙閣學士依舊子墨客卿封松滋侯
誥　　秋崖稿 6/3b

楮知白賜號純素先生誥　　秋崖稿 6/4a

～　令

代韓退之答柳子厚示浩初序書　　廣陵集 16/
1a

～　柏

大庚公世家傳　　魯齋集 14/10a

大庚公世家(託梅作史)　　魯齋集 15/4b

～禹偁

烏先生傳　　小畜集/外 9/7a

痡髦傳　　小畜集/外 9/8a

休糧道士傳　　小畜集/外 9/9a

代伯益上夏啓書　　小畜集/外 11/1a　播芳文粹
131/22a

擬留侯與四皓書　　小畜集/外 11/2a　播芳文
粹 131/23b　宋文鑑 7/5a

擬侯君集平高昌紀功碑並序　　小畜集/外 11/
3b

擬李靖破頡利可汗露布　　小畜集/11/6a　播芳
文粹 131/16b

補李揆諫改葬楊妃疏　　小畜集/外 11/7b

擬長孫無忌讓代襲刺史表　　小畜集/外 11/3b

～　質

承元居士傳　　雪山集 10/9a

平舒侯傳　　雪山集 10/12a

麴生傳　　雪山集 10/15a

玉女傳　　雪山集 10/17a

孔武仲

弔猫文　　宗伯集 16/4b

五　　畫

司馬光

猫虪傳　　傳家集 72/9a · 司馬溫公集 67/9a

七　　畫

汪大猷

和歸去來辭　　新安文獻 49/前 4a

李正民

鼫鼠文　　大隱集 6/11a

～　石

羅㹗傳　　方舟集 18/16b

馮氏三鬼求葬　　方舟集 18/22a

～　光

感春辭一篇爲自然使君作　　莊簡集 16/13a

～昭玘

戲答閻子常悲墨　　樂静集 9/13a

～　綱

武剛君傳　　梁溪集 152/5a

方城侯傳　　梁溪集 155/5b

文成侯傳　　梁溪集 155/8b

呂南公

平涼夫人傳　　灌園集 18/4a

吳　泳

書水帝子對昌黎伯辭　　鶴林集 39/12a

~應紫

　孔元方傳　新安文獻 35/7b

~觀望

　郭索傳　新安文獻 36/3b

八　畫

林景熙

　湯婆傳　霽山集 4/22a

周必大

　即墨侯傳並序　紹興三十年　益國文忠集 28/17a

　　益公集 28/99a

　助贖蕭維清度牒戲書　益國文忠集 40/2b　益公

　集 40/130b

　戲答劉江慶元六年　益國文忠集 80/3b　益公集 80/

　128a

~紫芝

　爲張子房拓四皓書　太倉集 50/1a

居簡（釋）

　戒頻加　北磵集 6/14b

　戒鼠　北磵集 6/14b

　管城子　北磵集 6/16a

　撲滿子　北磵集 6/16a

九　畫

柳　開

　代王昭君謝漢帝疏　河東集 8/9b

范　浚

　爲周昌對呂后辭　香溪集 19/7b

　設淮陰先生說李孝逸辭　香溪集 19/8b

姚　勉

　參知政事石之端除昭文殿大學士平章軍國

　　兼樞密使歙國公監修國史加食邑實封制

　　雪坡集 42/1a

　知樞密院事管少穎除同中書門下平章事集

　　賢殿大學士監修國史進封宣國公加食邑

　　實封諭　雪坡集 42/2a

　吏部尚書元黙卿除參知政事集英殿大學士

　　燕國公加食邑實封制　雪坡集 42/3a

十　畫

秦　觀

　清和先生傳　淮海集/後 6/6a

柴　望

　和歸去來辭　秋堂集 1/3b

十 一 畫

連文鳳

　冰壺先生傳　百正集 8/9a

曹　勛

　荔子傳　松隱集 87/6a

　棋局傳　松隱集 87/7a

區仕衡

　金銀傳　區九峰集 2/1a

張元幹

　老燕墨戲二鬼　蘆川集 9/9a

~　耒

　竹夫人傳　張右史集 50/14a

~孝祥

　攻蚊辭　于湖集 1/2b

~　詠

　詹何對楚王疏　乖崖集 6/1a

　木伯傳　乖崖集 6/6a

　罵青蠅文　乖崖集 6/13b

陳仁子

　湯婆傳　牧萊脞語 18/1a

　孔子夢虎傳　牧萊脞語 18/2b

　古迂翁傳　牧萊脞語 18/4a

~　淳

　黏蠅文　北溪集/第四門 29/4a

　喻蟻文　北溪集/第四門 29/4b

~　造

　無畏叟傳　江湖集 29/3a

十 二 畫

程　俱

　龍亢侯傳　程北山集 15/14a

十 三 畫

葛長庚
　屏睡魔文　玉蟾稿 9/9a

十 五 畫

歐陽修
　代曾參答弟子書　歐陽文忠集 59/26a

蔡 戡
　青奴傳　定齋集 13/6b

劉子翬
　髯戲　屏山集 6/5b
~克莊
　代中書令管城子毛穎進封管城侯加食邑實
　　封制　後村集 127/14b
　代毛穎謝表　後村集 127/15a
　代石鄉侯石虛中除翰林學士誥　後村集 127/
　　16a
　代石虛中謝表　後村集 127/16b
　代陳玄除子墨客卿誥　後村集 127/17b
　賜楮知白詔　後村集 127/18b

　代楮知白謝表　後村集 127/19a
~跂
　玉友傳　學易集 7/4a　宋文鑑 150/17b

鄧 牧
　元無人傳　伯牙琴 1/11a

十 七 畫

戴 植
　諭鶴文　戴仲培集/5b

薛季宣
　補漢封汁防侯雍齒册文　浪語集 15/1b

二 十 畫

蘇 軾
　代侯公説項羽辭(擬作)　蘇東坡全集/續 9/43a
　擬孫權答曹操書　蘇東坡全集/續 9/50b
　萬石君羅文傳　蘇東坡全集/續 12/26b
　江瑤柱傳　蘇東坡全集/續 12/29b
　黃甘陸吉傳　蘇東坡全集/續 12/31b
　葉嘉傳　蘇東坡全集/續 12/32b
　溫陶君傳　蘇東坡全集/續 12/36a

十、雜　文

二　畫

丁　謂
　書異（雜著）　宋文鑑 125/7a

四　畫

文彥博
　座右誌　文潞公集 13/1a

方　回
　問田夫　桐江集 5/6a
　報恩寺修造疏　桐江集 5/14b
　醫榜　桐江集 5/15a
~　岳
　後義倡傳　秋崖稿 34/2a
　聖人道出乎　新安文獻 39/15a

王十朋
　雙蓮潭請水疏　梅溪集/前 18/5b
　惠政橋施水疏　梅溪集/前 18/7a
　館頭甃官路疏　梅溪集/前 18/7a
　小小園覓花疏　梅溪集/前 18/7b
　井光辨　梅溪集/前 19/1a
　四友錄　梅溪集/前 19/1b
　三不能戒　梅溪集/前 19/7a
~之望
　留窮文　漢濱集 16/18a
~之道
　和州含山縣驅狼文　相山集 28/7b
~　亢
　化造三寶閣疏　蜀文輯存 78/10a　八瓊金石補
　　114/16a
　勸請疏　蜀文輯存 78/10a　八瓊金石補 114/18a
~　令
　正命　廣陵集 13/1a

　志述　廣陵集 13/3b
　醫諭　廣陵集 13/5a
　讀石介原亂因書　廣陵集 14/2a
　送窮文　廣陵集 19/9a
~安石
　空覺義示周彥真　臨川集 38/8a
　同學一首別子固　臨川集 71/8a
　書金剛經義贈吳珪　臨川集 71/13b
~　向
　公默先生傳　宋文鑑 150/4a
~　回
　毀戒　宋文鑑 108/14b
　嫌戒　宋文鑑 108/14b
　告友　宋文鑑 127/1b
　記客言　宋文鑑 127/2b
~　炎
　鳴水洞辭　王雙溪集 9/11b
　懷忠堂辭　王雙溪集 9/13a
~炎午
　吾汶亭西塘臺山社壇下泉上修楔　吾汶稿
　　8/16a
　王宗約干作屋　吾汶稿 9/1a
　爲前朝貢士朱則陽干買棺　吾汶稿 9/3a
　爲族長順軒干族人整屋買壽木　吾汶稿 9/4a
　安成南玉荊山通濟橋化修　吾汶稿 9/5a
　東界渡化修庵屋　吾汶稿 9/6a
　北真觀渡化修橋菴　吾汶稿 9/7b
　東界渡化修江樓　吾汶稿 9/8a
　東界渡化修浮橋　吾汶稿 9/9a
　安福縣靈祐廟壬子火後題修　吾汶稿 9/11b
~　柏
　皇極總圖（1-4）　魯齋集 15/1a
　述民志　魯齋集 15/7a
~禹偁
　記孝　小畜集 14/4a

録海人書並誥　小畜集 14/6b　小畜集 14/8a
譯對　小畜集 14/9b
書蝗　小畜集 14/10b
拾簡牘遺事　小畜集/外 8/2b
弔稅人場文並序　小畜集/外 8/5a
續戒火文　小畜集/外 8/6a
雙鸚志　小畜集/外 8/7a
詛掠剩神文並序　小畜集/外 8/8a
~ 庭珪
請智老住東山疏　盧溪集 40/6b
請如老住曹山疏　盧溪集 40/7a
請簡老住報國疏　盧溪集 40/7b
高峰禪寺修殿疏　盧溪集 40/8a
~ 象之
巴國考　蜀藝文志 48 下/2a
蜀國考　蜀藝文志 48 下/3a
四川風俗形勝考　蜀藝文志 48 下/3b
蜀山考　蜀藝文志 48 下/4b
蜀水考　蜀藝文志 48 下/4b
~ 稱
論徽宗不及相忠宣　范忠宣集/附錄 4a

毛 滂
送鶴文　東堂集 10/16b

尹 洙
憫忠　河南集 3/4b
辯誣　河南集 3/5b
兵制　河南集 3/6b
~ 焞
聖學(壁帖)　尹和靖集 5/1a
孔子(上下)(壁帖)　尹和靖集 5/12a、12b
顏子(壁帖)　尹和靖集 5/12b

五　　畫

石 介
可嗟貽趙狩　徂徠集 7/1a
釋汝墳卒章　徂徠集 7/6a
録蠱書魚辭　徂徠集 7/7a　宋文選 15/9b
録微者言　徂徠集 8/4b
責素餐　徂徠集 8/7b
辨謗　徂徠集 8/8a
朋友解　徂徠集 8/9b

辨惑　徂徠集 8/12a
明隱　徂徠集 9/1a
賢李　徂徠集 9/3a
明孔　徂徠集 9/5a
釋疑　徂徠集 9/6a
~ 公轍
誌釋萊事　羅豫章集/卷末 26b
~ 棥
修吉祥院疏　播芳文粹 119/18a

田 錫
設邊吏對　咸平集 22/14b

冉 木
古富樂山移文　蜀文輯存 78/7b

史 浩
新作茅舍設供疏　鄮峰録 23/9b
寂照院開田疏　鄮峰録 23/11a
代補陀山緣化起殿榜　鄮峰録 23/11a
教忠報國院募觀音殿甋瓦疏　鄮峰録 23/14a
月波山求化疏　鄮峰録 23/14b
二靈山普光院求化疏　鄮峰録 23/15a
書地宮　鄮峰録 40/7b
養生戒晝　鄮峰録 40/7b
養生戒夜　鄮峰録 40/8a
葬五世祖衣冠招魂辭　鄮峰録 41/1a
~ 堯弼
慶公和尚茶榜文　蓮峰集 10/6a
印公和尚醫眼茶榜文　蓮峰集 10/6b

司馬光
諭若訥　傳家集 67/14a　司馬温公集 69/2b
訓儉示康　傳家集 67/15b　司馬温公集 69/3b
訓儉文　播芳文粹 131/30b

六　　畫

江休復
行舟戒　宋文鑑 108/14a

米 芾
書祥瑞　寶晉英光集 8/1a　寶晉山林集 4/24a
書紫金研事　寶晉英光集/補遺 2b

書評　寶晉英光集/補遺 4b
書戒　寶晉英光集/補遺 5b

朱　松

戒殺子文　韋齋集 10/9b
代請水白馬鱔溪廟疏　韋齋集 11/5b

～　熹

尚書　朱文公集 65/1a
　虞書　朱文公集 65/5a
　堯典　朱文公集 65/5b
　舜典　朱文公集 65/9a
　大禹謨　朱文公集 65/17b
　金縢説　朱文公集 65/22b
　召誥序　朱文公集 65/23a
　召誥　朱文公集 65/23b
　洛誥　朱文公集 65/27a
　武成明譜　朱文公集 65/30b
　考定武成次序　朱文公集 65/32a
孝經刊誤　朱文公集 66/1a
讀管氏弟子職　朱文公集 66/8b
蓍卦考誤　朱文公集 66/12a
滄洲精舍釋菜儀　朱文公集 69/30b
趙壻親迎禮大畧　朱文公集 69/31b
記易誤　朱文公集 70/18a
記永嘉儀禮誤字　朱文公集 70/18a
記鄉射疑誤　朱文公集 70/19a
記程門諸子論學同異　朱文公集 70/19b
記謝上蔡論語疑義　朱文公集 70/21a
記疑　朱文公集 70/23b
記旌儒廟碑陰語　朱文公集 71/4b
偶讀漫記　朱文公集 71/5a
讀雜書偶記三事　朱文公集 71/16b
記三苗　朱文公集 71/20a
考韓文公與大顛書　朱文公集 71/20b
攷歐陽文忠公事蹟　朱文公集 7/22a
　醉翁亭記　朱文公集 71/23b
　修五代史　朱文公集 71/23b
雜學辨何叔京跋語附　朱文公集 72/17b
　蘇氏易解　朱文公集 72/17b
　蘇黃門老子解　朱文公集 72/25b
　張無垢中庸解　朱文公集 72/29a
　呂氏大學解　朱文公集 72/45b
讀余隱之尊孟辨　朱文公集 73/1a

温公疑孟(上下)　朱文公集 73/1a、8b
李公常語(上下)　朱文公集 73/15b
　鄭公藝圃折衷　朱文公集 73/33a
胡子知言疑義　朱文公集 73/43b
更同安縣學四齋名　朱文公集 74/1a
問呂伯恭三禮篇次　朱文公集 74/13a
記解經　朱文公集 74/14a
修韓文舉正例　朱文公集 74/14a
史館修史例　朱文公集 74/14b
讀書之要　朱文公集 74/15a
孟子綱領　朱文公集 74/16a
增損呂氏鄉約　朱文公集 74/25a

牟　巘

修湖州路儒學疏　牟陵陽集 22/14b
喻義齋洞庭山建退菴疏　牟陵陽集 22/15a
游德明入燕疏　牟陵陽集 22/15b
建城南第二橋疏(1－2)　牟陵陽集 22/15b
俞好問刊詩集疏　牟陵陽集 22/16a
奧里疏　牟陵陽集 22/16b
三皇廟疏　牟陵陽集 22/16b
陳守約葬親疏　牟陵陽集 22/17a
脩茶提舉司疏　牟陵陽集 22/17b
陳正則問銓疏　牟陵陽集 22/18a
張剛父助婚疏　牟陵陽集 22/18b

七　畫

沈　與求

代修武烈帝廟疏　龜溪集 11/16a

～　遼

隱居放言　雲巢編 10(三沈集 8/65a)
諭客辭　雲巢編 10(三沈集 8/68b)
真覺開堂　雲巢編 10(三沈集 8/70a)
華籠三會啓文　雲巢編 10(三沈集 8/70a)
景德乞席疏　雲巢編 10(三沈集 8/71b)
重居開堂　雲巢編 10(三沈集 8/73a)

汪　藻

修定香院疏　浮溪集/拾遺 3/45a

宋　白

三山移文　宋文鑑 128/9b

～　祁

治戒　景文集 48/9b

録田父語　景文集/拾遺 15/12a

~ 庠

連珠　元憲集 36/5b

李之儀

癸巳二月四日齋僧疏　姑溪集 43/5b

廣慈青山建庵(1-2)　姑溪集 44/3b-4a

黃助教藏雲山齋僧　姑溪集 44/4a

禪岳化修造小門鐘樓佛殿　姑溪集 44/4b

化度牒　姑溪集 44/5a

路西政和圩共修青山中元水府行宮　姑溪
　集 44/5a

路西圩成修水陸答謝　姑溪集 44/5b

爲畢悟宗求化爲僧　姑溪集 44/6a

天甯寺翻瓦藏殿印千佛求化疏　姑溪集 44/
　6b

還願水陸齋疏　姑溪集 44/6b

南禪推藏疏　姑溪集 44/7a

采石修殿　姑溪集 44/7b

爲人作求三衣疏　姑溪集 44/8a

修黃山廟疏(1-3)　姑溪集 44/8a、8b、9a

米石廣濟院求化造塔　姑溪集 44/9b

~ 石

癸巳二月四日齋僧疏　方舟集 14/17a

請正老住保福疏　方舟集 14/17b

石漁詞　方舟集 18/1a

巫山凝真仙人詞　方舟集 18/2a

放鳥詞　方舟集 18/3b

論釋奠儀注　方舟集 18/4b

祀事私志　方舟集 18/9a

辯謗文　方舟集 18/10b

忍忠嘉　方舟集 18/20b

蜀楮　方舟集 18/24a

長松　方舟集 18/24a

~ 光

示孫文　莊簡集 17/7a

效莊周句法　莊簡集 17/7b

~ 昂英

從學者題名疏　文溪稿 12/9b

~ 昭玘

說二洪　樂靜集 5/13b

問默　樂靜集 9/1a

書鄧先生石几　樂靜集 9/4b

濟州天寧請觀禪師開堂疏　樂靜集 24/1a

天寧請化老住持疏　樂靜集 24/2a

天寧請首座贊直傳法開堂疏　樂靜集 44/2b、
　3b

~ 流謙

彌勒化修造疏　澹齋集 18/14a

什邡六度院化修造疏　澹齋集 18/14b

~ 曾伯

識巖堅舊隱　可齋稿/續後 12/31b

識文秀　可齋稿/續後 12/32b

~ 復

後招魂辭並引　澠水集 7/4b

佛肸　澠水集 8/17b

王畿　澠水集 8/17b

函谷關　澠水集 8/18a

~ 新

世繫畧　跨鼇集 29/19b

樵對　跨鼇集 30/1a

癡虎文　跨鼇集 30/3a

靈泉老詮茶榜　跨鼇集 30/5a

~ 綱

放鸞文　梁溪集 156/2a

持八齋文　梁溪集 156/3b

答賓勞　梁溪集 158/2a

釋疑　梁溪集 158/6a

釣者對　梁溪集 158/11a

戒怠　梁溪集 160/2a

戒貪　梁溪集 160/3a

吳江寧境寺齋僧疏　梁溪集 165/14a

邵武軍泰寧縣羅漢巖設供疏　梁溪集 165/14b

福州安國禪院施錦法座疏　梁溪集 165/15a

福州聖泉院齋僧疏　梁溪集 165/15b

福州鼓山齋僧疏　梁溪集 165/16a

福州東山文殊修菩薩疏　梁溪集 165/16b

~ 覯

野記二篇並序　直講集 20/12a-12b

~ 彌遜

宣城水西道中雜言　筠溪集 21/7a

呂祖謙

家範　東萊集/別 1/1a

乾道五年規約　東萊集/別 5/1b

乾道六年規約　東萊集/別 5/2a

乾道九年直日須知　東萊集/別 5/2b

擇善　東萊集/別 6/3b

~南公

王祥對　灌園集 17/13b

達備述　灌園集 18/2a

義鷹志　灌園集 18/6a

忠戒　灌園集 18/13a

~陶

書術　净德集 28/4b

~渭

養氣方　粤西金石畧 6/14b

吳如愚

静喻　準齋雜説/下/15a

静戒　準齋雜説/下/15a

静訣　準齋雜説/下/15b

~泳

太乙宮通真齋馬高士酒榜　鶴林集 39/14b

筆記二則　鶴林集 39/20a

~微

名一枝菴　吳文肅集 14/5b

冰玉辭　吳文肅集 16/7b

~龍翰

聯句辨　古梅稿 6/4b

余　靖

書去虎　武溪集 18/4b

何　耕

録二叟語　蜀藝文志 49/5b

~夢桂

分陽麻姑橋疏　潛齋集 11/1a

麻姑嶺造庵疏並序　潛齋集 11/1b

童道人立菴　潛齋集 11/2a

葉道判修天樂觀疏　潛齋集 11/2b

狀元坊施茶疏　潛齋集 11/3a

修章嶺路疏　潛齋集 11/3b

鶴鳴寺修造疏　潛齋集 11/4a

青原禪寺題化修造疏　潛齋集 11/5a

柵嶺修路疏　潛齋集 11/6a

嚴下修路疏　潛齋集 11/6b

僧化供疏　潛齋集 11/7b

阮昌齡

録民詞　蜀藝文志 49/3b

八　畫

宗　澤

請寧國再開堂疏　宗忠簡集 6/2b

請海長老住蘇溪崇德疏　宗忠簡集 6/3a

請擧老住滁州寶林　宗忠簡集 6/3b

爲華州作延請畫老疏　宗忠簡集 6/4a

幸元龍

口囑子孫語　松垣集 11/2a

口囑兄弟語　松垣集 11/2b

林之奇

天寧開堂疏　拙齋集 20/11a

爲林序齋斡山教化祠部疏　拙齋集 20/11b

鬱林院無量壽閣疏　拙齋集 20/12b

天寧行者化度牒疏　拙齋集 20/13a

~亦之

重建龜山塔院疏　網山集 8/6a

福真觀開堂疏　網山集 8/6a

~希

畫操孟子去齊舍於畫作　宋文鑑 129/4a

~希逸

金天移文　鬳齋集 7/1a

問雲將辭　鬳齋集 7/3a

金君卿

傳易之家　金氏集/下/35a

~履祥

深衣小傳　仁山集 3/1a

深衣外傳　仁山集 3/2a

和蘇金華歸去來辭以送之　仁山集 3/20b

周必大

天華院佛殿募緣修葺疏　益國文忠集 40/4a
益公集 40/132b

西華寺緣化嚴主殿疏　益國文忠集 40/4a　益公集 40/132b

~行己

齋揖文　浮沚集 6/2a

閑心寺蓋藏文　浮沚集 6/20a

閑心寺置椅桌文　浮沚集 6/20b

代郭守修城隍廟文　浮沚集 6/21a

净居寺蓋造文　浮沚集 6/21a

閑心寺建藏院過廊文　浮沚集 6/21b

閑心寺置經藏文　浮沚集 6/22a

　～　南

棄硯答　山房集 4/14a

　～紫芝

和陶彭澤歸去來詞　太倉集 42/1a

卜者馬生　太倉集 49/3b

湖陰女子　太倉集 49/4b

病中雜記(1－3)　太倉集 49/6a、7a

記中山武臣啓語　太倉集 49/12a

答田券示徐伯遠　太倉集 49/13a

讀明道實録示關子東　太倉集 49/14a

辛未雜書(1－3)　太倉集 50/7a、8a、11b

辨讀來生書　太倉集 50/9a

客語　太倉集 50/11a

天寧寺化齋疏　太倉集 63/5b

天寧寺化僧堂疏　太倉集 63/6a

崇教寺化塔疏　太倉集 63/6b

奉聖寺化浴堂疏　太倉集 63/6b

白蓮庵接待院緣化疏　太倉集 63/7a

居簡(釋)

無名子傳　北磵集 5/2b

兩窮傳　北磵集 5/3a

謝林元之議命　北磵集 6/14a

王練師問道之在天下猶川谷之與江海　北
　磵集 6/14a

水利　北磵集 6/15a

不爲善　北磵集 6/15a

吳江性上人擬濠上游　北磵集 6/15b

寫神　北磵集 6/15b

床屏　北磵集 6/16b

鼎缺　北磵集 6/16b

釋言　北磵集 6/18b

外物　北磵集 6/19a

挂履　北磵集 6/20b

言歸　北磵集 6/21a

示照藏主普州　北磵集 6/21b

二月十五佛涅盤疏　北磵集 8/2b

承天造水陸堂榜　北磵集 8/3a

當湖建觀音殿念佛道場榜　北磵集 8/3b

普照水陸閣成設冥一月榜　北磵集 8/3b

鹽官慧力寺幹期懺堂榜　北磵集 8/4a

廣照建藏殿榜　北磵集 8/4a

慶寧鐘樓榜　北磵集 8/4a

道場建千僧行道閣榜　北磵集 8/4b

高麗造華嚴觀堂榜　北磵集 8/4b

育王請雲退谷湯榜　北磵集 8/5a

寶梵崇壽建閣榜　北磵集 8/5a

超山建慈氏閣下作方丈榜　北磵集 8/5a

白蓮花寺翻蓋法堂榜　北磵集 8/5b

圓明結夏光明經會榜　北磵集 8/5b

請印鐵牛住靈隱茶湯榜　北磵集 8/6a

靈隱修前後兩殿榜　北磵集 8/6a

净光江月閣榜　北磵集 8/6b

妙湛月岩中茶湯榜　北磵集 8/6b

龍井法堂榜　北磵集 8/7a

報恩重修鐘樓榜　北磵集 8/7a

西菩寺建五鳳樓榜　北磵集 8/7b

梅屏茶湯榜　北磵集 8/7b

錢塘江上寂照寺幹佛殿藏殿僧堂浴堂鐘樓
　兩廊榜　北磵集 8/8a

鄉講榜　北磵集 8/8a

下竺九品觀修造榜　北磵集 8/8b

韜光菴修造榜　北磵集 8/8b

普照寺修西方佛閣展殿軒榜　北磵集 8/9a

仙林火後建舍那佛閣下作戒壇于中殿榜
　北磵集 8/9a

井亭橋華嚴院重修榜　北磵集 8/9b

超果教寺展墻展岸造橋砌路榜　北磵集 8/9b

神林寶雲誦蓮經會榜　北磵集 8/9b

中竺造佛殿榜　北磵集 8/10a

靈隱翻蓋僧堂疏　北磵集 8/10a

覺海鑄鐘疏　北磵集 8/10a

華亭超果幹田疏　北磵集 8/10b

化閣美人冷淘供疏　北磵集 8/10b

建三門旦過浴室疏　北磵集 8/11a

化煎笋疏　北磵集 8/11a

靈鷲修造疏　北磵集 8/11a

天竺靈山寺九品觀堂成修法華期懺疏　北
　磵集 8/11b

智鎧求僧疏　北磵集 8/11b

真如山門檀越二疏　北磵集 8/11b

印可堂住廣福山門諸山兩疏　　北�集 8/12a

代延慶山門蓮社兩疏請奎梅峰　　北碻集 8/12b

赤城山門檀越兩疏　　北碻集 8/13a

一菴忌疏　　北碻集 8/13a

化錢氏請超果主人山門檀越兩疏　　北碻集 8/13b

智詮畫觀音求僧疏　　北碻集 8/13b

刺血書經求僧疏　　北碻集 8/14a

買屋疏　　北碻集 8/14a

法華寺建鐘樓藏殿疏　　北碻集 8/14a

盧溪盧行者求僧疏　　北碻集 8/14b

趙智才求僧疏　　北碻集 8/14b

雙峰捨田疏　　北碻集 8/14b

石佛金地寺塑佛並廊屋疏　　北碻集 8/15a

大浮山建寺疏　　北碻集 8/15a

四祖建傳衣閣于中宮疏　　北碻集 8/15a

小江寺懺堂疏 寺近禹廟　　北碻集 8/15b

師子吼寺修造疏　　北碻集 8/15b

菩提寺砌撒骨池疏　　北碻集 8/15b

城北寶嚴建佛殿　　北碻集 8/16a

韓菴顯侍者刺血書法華楞嚴華嚴諸經幹緣盧舍□□那佛並龕座疏　　北碻集 8/16a

慧光菴慧明求僧疏　　北碻集 8/16a

馬要寺建浴院疏　　北碻集 8/16b

圓老骨歸澱山塔疏　　北碻集 8/16b

勸請明因全維那住傳法疏　　北碻集 8/16b

夏港龍祠疏　　北碻集 8/17a

修慈受開山塔疏　　北碻集 8/17a

老壽菴湯妙應求僧疏　　北碻集 8/17a

憲聖太后大行開散道場疏　　北碻集 8/17b

長興元保光砌路疏　　北碻集 8/17b

南高峰修塔疏　　北碻集 8/17b

梵天建藏殿並藏疏　　北碻集 8/18a

如意院幹塗田疏　　北碻集 8/18a

虎丘重修池上施食亭疏　　北碻集 8/18b

德清集雲建西方殿疏　　北碻集 8/18b

天台螺溪再造疏　　北碻集 8/18b

楞嚴院念佛會疏　　北碻集 8/19a

蘭溪密山寺建佛殿浴室翻蓋廊宇疏　　北碻集 8/19a

楞嚴幹長堂疏　　北碻集 8/19a

憲聖香火寺修造中殿疏　　北碻集 8/19b

新涇净土寺修造疏　　北碻集 8/19b

白蓮寺建千佛羅漢閣疏　　北碻集 8/19b

南高峰建五通殿疏　　北碻集 8/20a

華亭南禪展山門藏殿鐘閣疏　　北碻集 8/20a

請寶幢維那疏　　北碻集 8/20a

開元改三門爲殿並塑佛疏　　北碻集 8/20b

建康天寧修佛殿疏　　北碻集 8/20b

四安梵慧院普賢閣疏　　北碻集 8/20b

廣教水旱後化齋糧並修造疏　　北碻集 8/21a

净慈請明晦翁山門諸山兩疏　　北碻集 8/21a

矮道智辯砌路疏　　北碻集 8/21b

臨平佛日請度老疏　　北碻集 8/21b

行者求僧疏　　北碻集 8/22a

開散楞嚴會疏　　北碻集 8/22a

海山白峰山慈濟寺三身中普賢未裝疏　　北碻集 8/22a

嚴少瞻住其兄杜仲喬菴疏　　北碻集 8/22b

五峰請願毒果疏　　北碻集 8/22b

一老住紫籜縣疏　　北碻集 8/22b

川行者求僧疏　　北碻集 8/23a

真相火後建法堂疏　　北碻集 9/3b

諸山爲臨海昌宗保安眼疾于千眼大慈悲殿疏　　北碻集 9/11b

邵　博

再建勝相院疏　　播芳文粹 119/17b

論忠宣公以德報怨（邵氏聞見錄）　　范忠宣集/附錄 2b

論李清臣（邵氏聞見錄）　　范忠宣集/附錄 3a

九　畫

洪咨夔

漢磚考　　平齋集 11/13b

普信院重建佛殿疏　　平齋集 11/16b

朱陀寶福院鐘樓疏　　平齋集 11/17a

寂照寺佛殿疏　　平齋集 11/17b

～　适

弃貓文　　盤洲集 29/6a

竹奴文　　盤洲集 29/7b

戒蛇文　　盤洲集 29/8b

～　皓

傳戒大師建舍利塔疏　　鄱陽集 4/15b

楚平王止子旗伐吳　　鄱陽集/拾遺 6b

~ 邁

蕨其養人疏　洪文敏集 5/14a

有若辨　洪文敏集 7/7a

作文不可隨人後　洪文敏集 8/1b

歲旦飲酒　洪文敏集 8/2a

莆田荔支　洪文敏集 8/3b

祝　穆

朱文公易簀私識　新安文獻 33/14a

柳　開

應責　河東集 1/10a

重修孔子廟垣疏　河東集 3/11a

胡　寅

示張醫　斐然集 28/7a

示雲瑞　斐然集 28/7b

中興十事家居被召命子姪輩分述所見　斐
然集 30/9a

~ 舜申

吳門忠告　少師集/附錄 14a

~ 銓

龐勛求節　澹庵集 4/12b

新州請思老開堂疏　澹庵集 20/4a

吉陽軍請報恩長老開堂疏　澹庵集 20/5a

祥符長老妙符開堂疏　澹庵集 20/6a

朱陵觀請莊冲靖升講疏　澹庵集 20/7a

净照住庵疏　澹庵集 20/7b

吉陽軍勸諭修學疏（1－2）　澹庵集 20/8a

曾德輝造居疏　澹庵集 20/9a

鄧子充疏語　澹庵集 20/9a

鄧元直疏語　澹庵集 20/9b

元舉兄疏語　澹庵集 20/10a

劉唐叟疏語　澹庵集 20/10a

鄧茂卿抄題試卷語　澹庵集 20/10a

林山人抄題命書疏　澹庵集 20/10b

王復山人抄題命書疏　澹庵集 20/11a

值夏修廟疏　澹庵集 20/11a

靈護廟塑神像疏　澹庵集 20/11a

舍步修泗州閣疏　澹庵集 20/12a

蕭駐泊修三塔疏　澹庵集 20/12a

蓮華寺修造疏　澹庵集 20/13a

蓮華寺修藏疏　澹庵集 20/13a

蓮華寺重修造疏　澹庵集 20/13b

新州開元寺修鏡樓疏　澹庵集 20/14a

西峰寺修寢堂疏　澹庵集 20/14a

朱陵觀修藏疏　澹庵集 20/14b

玉笥山抄題度牒疏　澹庵集 20/16a

智度寺抄題度牒疏　澹庵集 20/17a

度寺乞米疏　澹庵集 20/闕頁

青原山抄題買田疏（1－2）　澹庵集 20/18a

衡州報恩寺結夏疏　澹庵集 20/19a

朱陵觀抄題本命經疏　澹庵集 20/19b

修值夏街疏　澹庵集/補遺 1b

范成大

自中書帥廣　范成大佚著/99　~

帥蜀　范成大佚著/99

帥蜀即真　范成大佚著/99

~ 浚

琴辯　香溪集 19/3b

爲周昌對呂后辯　香溪集 19/7b

設淮陰先生説李孝逸辯　香溪集 19/8b

馬喻　香溪集 20/1a

鐵工問　香溪集 20/2b

對秦問　香溪集 20/3b

俞　琰

食鰻辯　林屋稿/32b

~ 皐

十三伯　新安文獻 35/12a

~ 德鄰

職皐　佩韋集 8/8a

鎮江路羅漢寺募緣建水陸堂疏　佩韋集 16/7a

鎮江天慶觀化修造疏　佩韋集 16/7b

南高峰煙霞山清修院化緣疏　佩韋集 16/8a

鎮江妙善尼寺化緣疏　佩韋集 16/8b

趙庵化緣疏　佩韋集 16/9a

爲封秀才求賻疏　佩韋集 16/9a

鎮江天慶觀修正殿藏殿疏　佩韋集 16/9b

鎮江還京門外修街疏　佩韋集 16/10a

鶴林禪寺塑金剛榜　佩韋集 16/10b

無錫富安鄉化城庵行者募緣披剃疏　佩韋集 16/11a

契嵩（釋）

　紀復古　鐔津集 8/1a

　議旱對　鐔津集 8/3b

　易術解　鐔津集 8/9b

　逍遙篇　鐔津集 8/11b

　西山移文　鐔津集 8/16b

　哀屠龍文　鐔津集 8/18a

　寂子解　鐔津集 8/20a

　寂子解傲　鐔津集 8/23a

　解獨秀石名　鐔津集 14/1a

种　放

　敗諭　宋文鑑 125/2b

重　顯（釋）

　石頭大師參同契　雪竇集/（瀑泉）/16b

侯彥周

　福昌修藏疏　播芳文粹 119/24b

韋　驤

　諭馬　錢塘集 18/11a

　書牧者言　錢塘集 18/15a

　逐佞文　錢塘集 18/16a

　書植柳　錢塘集 18/20b

姚　勉

　試筆因成　雪坡集 42/9b

　精舍名犬　雪坡集 42/11a

　太平興國寺再建淨土院接待榜　雪坡集 46/1a

　建淨土院疏　雪坡集 46/5a

　南道堂作雲堂疏　雪坡集 46/6a

　天慶觀建梓潼殿疏　雪坡集 46/6a

　化三官殿疏　雪坡集 46/6b

　蓋飾澄江橋疏　雪坡集 46/7a

　建五雷醮疏　雪坡集 46/7a

　內宮寺求僧疏　雪坡集 46/7a

　興善院求僧疏　雪坡集 46/7b

　余師姑題緣祠部疏並序　雪坡集 46/7b

　爲梁道士攝土　雪坡集 46/9a

　解道和尚出塔緣化疏解號沙光　雪坡集 46/9b

　水陸孤魂榜語　雪坡集 46/10b

　孤魂浴榜語　雪坡集 46/11b

　市心重建觀音閣緣化榜語　雪坡集 46/12a

　經藏院化緣建輪藏疏　雪坡集 46/13a

　太平寺化緣填溝栽松疏　雪坡集 46/13b

十　　　畫

家鉉翁

　總府修路學疏　則堂集 4/18b

　安州修學疏　則堂集 4/19b

　總府近請提學省齋入學講說已荷還歸里宅屬茲歉歲貴糴之秋本府雖屢有所濟而書槖罄然未知淑後稟命帥垣出疏徧叩府縣僚寀各請光題以副崇儒之美意　則堂集 4/20a

　創建守真廟疏　則堂集 4/21a

　崇佛寺化修造疏　則堂集 4/21b

　天寧寺化緣疏　則堂集 4/22a

高　弁

　望歲　宋文鑑 125/10b

～斯得

　客問　耻堂稿 5/13a

　客悼　耻堂稿 5/14b

～　登

　三賢守不貢獻　東溪集/上/21a

　春秋威公不書王　東溪集/上/21b

　封禪　東溪集/上/22a

　史記叙教熊羆貔貅貙虎以戰　東溪集/上/22b

　堯不去四凶　東溪集/上/22b

　史記湯祝網　東溪集/上/23a

唐士耻

　清修院建藏會疏　靈巖集 8/1a

　渲師刺血書蓮　靈巖集 8/1a

　諸天像成設供疏　靈巖集 8/1b

　改請天寧戒老疏　靈巖集 8/2a

　代趙守請僧往惠力疏　靈巖集 8/2a

　廣騷代師聖姪上樓教壽　靈巖集 9/1a

　請修金剛入五藏文　靈巖集 9/2a

　諸天入五藏文　靈巖集 9/2a

～　庚

　香林疏　眉山集 14/10b

　招隱辭　眉山集 27/9b

秦　觀

浩氣傳　　淮海集 24/1a

眇倡傳　　淮海集 25/2a

弔鑄鍾文　　淮海集 31/1b

録寶林事實　　淮海集 36/12a

蠶書　　淮海集/後 6/1b

種變　　淮海集/後 6/1b

時食　　淮海集/後 6/2a

制居　　淮海集/後 6/2a

化治　　淮海集/後 6/2b

錢眼　　淮海集/後 6/2b

鎖星　　淮海集/後 6/2b

添梯　　淮海集/後 6/3a

車　　淮海集/後 6/3a

禱神　　淮海集/後 6/3a

戎治　　淮海集/後 6/3b

法雲寺長老然香會疏文　　淮海集/後 6/8a

真德秀

百丈山靈澤殿迎送詞　　真西山集 40/34b

晏　殊

連珠　　元獻遺文/補編 1/14b

晁　迥

勸慎刑文　　金石萃編 181/16b

～補之

做陋有覿於其里而自做也且以做其子及甥
　　姪焉　　鷄肋集 27/13b

烏戒　　鷄肋集 27/15a

話述　　鷄肋集 28/3b

七述時年十七歲　　鷄肋集 28/4b

醫言　　鷄肋集 28/14a

東皋子宴坐内誦文　　鷄肋集 69/14a

勸緣造大藏經疏　　鷄肋集 70/1a

請則和尚説圓覺經疏　　鷄肋集 70/1b

請則和尚説金剛經疏　　鷄肋集 70/2b

龍泉寺修五百阿羅漢洞募緣疏　　鷄肋集 70/
　3a

齊州齋僧祈晴疏　　鷄肋集 70/4a

甥杜氏小五娘披剃疏詞並序　　鷄肋集 70/4a

鴛湖長老開堂疏　　鷄肋集 70/6a

請崇寧長老疏　　鷄肋集 70/7a

請普照長老疏　　鷄肋集 70/7b

～説之

易玄星紀譜　　嵩山集 10/1a

洪範小傳　　嵩山集 11/25b

中庸傳　　嵩山集 12/1a

歷元　　嵩山集 14/1a

辯誣　　嵩山集 14/5b

性命　　嵩山集 14/18b

禍福　　嵩山集 14/19a

辯字贈恂公　　嵩山集 14/20b

净土畧因　　嵩山集 14/23a

志學　　嵩山集 14/26a

一分律　　嵩山集 14/28b

觀省　　嵩山集 14/29a

員興宗

大悲閣化疏　　九華集 21/4a

爲洞元通一大師宋清惠設酒供疏　　九華集
　21/4b

轉玉屏大藏疏　　九華集 21/5a

宗印化出家疏　　九華集 21/5a

胡道者化出家疏　　九華集 21/5b

蔡道者化出家疏　　九華集 21/5b

求心　　九華集 21/6a

觀物　　九華集 21/6b

〔天府〕　　四庫拾遺 250/九華集

倪　樸

觀音院鐘刻辯　　倪石陵書/30a

徐元杰

延平郡學及書院諸學務　　楳埜集 11/15b

延平書院榜示　　楳埜集 11/17a

～鹿卿

梯雲義約　　清正稿 5/26b

～　鉉

册秀才文（1－4）　　徐公集 20/13a

連珠詞（1－5）　　徐公集 24/5a

～　積

禍福戒　　節孝集 28/1a

安叟訓　　節孝集 28/1b

答舜問　　節孝集 28/3b

嗣孟　　節孝集 28/4a

孫　汴

　集賢殿正旦道場疏　　蜀文輯存 5/23b

　禁中祠下集福道場疏　　蜀文輯存 5/23b

～　何

　碑解　宋文鑑 125/4a

～　復

　罪平津　孫明復集 1/10b

　無爲指（上下）　孫明復集 2/1a、2a

　儒辱　孫明復集 8/1a

～應時

　去任又辭縣學文　燭湖集 13/16a

～　覿

　金沙寺寢堂疏　鴻慶集 29/5a　孫尚書集 70/3b

　太平寺戒壇疏　鴻慶集 29/5a　孫尚書集 70/3b

　開利寺經藏疏　鴻慶集 29/5b　孫尚書集 70/4a

　吳江教院塔疏　鴻慶集 29/5b　孫尚書集 70/4a

　資聖寺大殿疏　鴻慶集 29/5b　孫尚書集 70/4a

　平江報恩寺大殿疏　鴻慶集 29/6a　孫尚書集 70/4b

　洛社開利寺三門疏　鴻慶集 29/6a　孫尚書集 70/5a

　華嚴輪藏疏　鴻慶集 29/6b　孫尚書集 70/5a

　楓橋砌街疏　鴻慶集 29/6b　孫尚書集 70/5b

　茅山鶴會鑄鐘説　鴻慶集 29/7a　孫尚書集 70/6a

　平江府靈壽院塑佛疏　鴻慶集 29/7a　孫尚書集 70/6a

　虎邱修御書閣疏　鴻慶集 29/7b　孫尚書集 70/6b

　教院興造疏　鴻慶集 29/7b　孫尚書集 70/10b

　光孝寺重建經藏疏　鴻慶集 29/8a　孫尚書集 70/10b

　開利寺建造水陸堂疏　鴻慶集 29/8a　孫尚書集 70/11a

　崇安寺放生疏　鴻慶集 29/8a　孫尚書集 70/11b

　開利寺注度牒疏　鴻慶集 29/8b　孫尚書集 70/11b

　普利寺建三門疏　鴻慶集 29/8b　孫尚書集 70/11b

　儺隊逐厲文韻語　孫尚書集 53/8a

　請妙印大師正機住龜潭菴疏　孫尚書集 69/8b

　請僧了義住牛山菴疏　孫尚書集 69/9b

　黃林西菴請朋老疏　孫尚書集 69/10b

　請堅老佺菴疏　孫尚書集 70/3a

　請長老開坐疏　孫尚書集 70/3b

　請妙老住墳菴疏　孫尚書集 70/4a

　茶榜右語　孫尚書集 70/8b

　開利寺建經藏榜語　孫尚書集 70/9b

　延壽堂疏　孫尚書集 70/10a

　鑄羅漢疏　孫尚書集 70/12a

十 一 畫

許　棐

　癭木文　獻醜集 /2a

　責井文　獻醜集 /5b

　硯志　梅屋雜著 /8b

康與之

　招真詞　南宋文範 3/3b

黃公紹

　戒殺文　在軒集 /10b

　巾山龍華會門榜　在軒集 /15a

　華嚴會門榜　在軒集 /16a

　金剛經會門榜（1－2）　在軒集 /17a、18a

　福善廟設齋門榜　在軒集 /19a

　水陸會門榜　在軒集 /20a

　祠山廟水陸戒約榜　在軒集 /21a

　水陸戒約施金剛經懺會榜　在軒集 /22b

　施經齋會戒約榜　在軒集 /23b

　水陸戒約榜　在軒集 /25a

　保安勝會戒約榜　在軒集 /25b

　惠應廟齋會戒約榜　在軒集 /26b

　道峰齋會戒約榜　在軒集 /28a

　五通廟戒約榜　在軒集 /29a

　大洪山戒約榜　在軒集 /30a

　薦母水陸戒約榜　在軒集 /31a

　薦妻水陸戒約榜　在軒集 /32a

　施經齋會普度門榜　在軒集 /33a

　水陸結戒榜　在軒集 /34b

　洛堂榜（1－7）　在軒集 /34b－37a

　薦母浴堂榜　在軒集 /37b

　監齋榜　在軒集 /38a

～仲元

　劉畏獨答問　四如集 2/22a

～　定

　放生疏　播芳文粹 121/12b

～　持

　能仁寺釋迦殿疏　播芳文粹 119/15a

　放生疏　播芳文粹 121/12b

～庭堅

解疑　　豫章集 20/18b　宋文選 31/12a

發願文　　豫章集 21/2b

跋奚移文　　豫章集 21/3b　宋文選 31/11a

漫浪閣辭　　三劉家集/93a

評書　　播芳文粹 131/39a

論語斷篇　　宋文選 31/10a

孟子斷篇　　宋文選 31/10b

~　庶

述藥　　伐檀集/下/14a

善惡有餘解　　伐檀集/下/17b

~　榦

催科辯　　勉齋集 34/1a

不從宇文辟辯　　勉齋集 34/3b

除喪辯　　勉齋集 34/4b

易說　　勉齋集 34/6a

西銘說　　勉齋集 34/7b

雨暘寒暖風說　　勉齋集 34/8a

記丁卯撲卦解　　勉齋集 34/8b

金木水火土說　　勉齋集 34/8b

戒殺記　　勉齋集 34/9a

日記　　勉齋集 34/9b

戒子家訓　　勉齋集 34/10a

始祖祭田關約　　勉齋集 34/10b

族長奠儀咨目　　勉齋集 34/11b

~　裳

真如開堂疏　　演山集 29/4b

東禪開堂疏　　演山集 29/5b

西峰開堂疏　　演山集 29/6a

廣因開堂疏　　演山集 29/6b

盧山開堂疏　　演山集 29/6b

淨土開堂疏　　演山集 29/7b

堅尼師開堂疏　　演山集 29/8b

帝王紹運圖　　蜀文輯存 71/18b

天文圖　　蜀文輯存 71/18b

地理圖　　蜀文輯存 71/22b

曹　勛

答蘇張問　　松隱集 37/1b

書研靈　　松隱集 37/2b

住持諭　　松隱集 37/3a

記枕上有感　　松隱集 37/4a

區仕衡

送窮文　　區九峰集 2/2b

崔敦禮

倉耗解　　宮教集 12/4b

謗規　　宮教集 12/7b

留窮文　　宮教集 12/8a

張方平

先帝經疏文　　樂全集 34/1a

補元子時化　　樂全集 34/6b

補浪翁觀化　　樂全集 34/7a

贈崆峒先生雜言　　樂全集 34/22b

貽王生晷雜言並序　　樂全集 34/23b

~元幹

吳縝著唐書糾繆五代史纂誤之因　　蘆川集 9/22b

蘆川豫章觀音觀書　　蘆川集 10/14a

~　耒

粥記贈邠老　　張右史集 46/5a

評書　　張右史集 46/5b

雜書　　張右史集 47/2b

書小山　　張右史集 47/8a

~孝祥

烏江廟門疏　　于湖集 26/3a

蕪湖修浮橋疏　　于湖集 26/3b

代總得居士東明施財疏語　　于湖集 26/4a

病愈答願供佛道場疏　　于湖集 26/4a

吉祥寺經藏疏　　于湖集 26/5a

總得居士命作爲平國弟度僧疏　　于湖集 26/7b

出隊疏　　于湖集 26/8b

乾明舜老度弟子求疏　　于湖集 26/10a

~　浚

題旌陽道院疏　　蜀文輯存 45/15a

~庭堅

惟幾惟康其弼直　　宋文鑑 111/22b

自靖人自獻于先王　　宋文鑑 111/24a

~商英

嘉禾篇　　蜀文輯存 14/9b

~　鎡

約齋種花法　　南湖集/附錄上/遺文 19b

捨宅誓願疏文　　南湖集/附錄中/碑 1a

陸　游

法雲寺建觀音藏殿疏　　渭南集 24/1a
開元寺重建三門疏　　渭南集 24/1b
安隱寺修鐘樓疏　　渭南集 24/1b
重修光孝觀疏　　渭南集 24/2a
圓通寺建僧堂疏　　渭南集 24/2b
重建大善寺疏　　渭南集 24/2b
鷲峰寺重建三門疏　　渭南集 24/3a
道像五藏疏　　渭南集 24/3a
重修大慶寺疏　　渭南集 24/3b
福州請仁王堅老疏　　渭南集 24/4a
福州請九峰圓老疏　　渭南集 24/4b
福州請聖泉穎老疏　　渭南集 24/5a
能仁請昕老疏　　渭南集 24/5b
雍熙請最長老疏　　渭南集 24/6a
鄉士請妙相講主疏　　渭南集 24/6a
千秋觀修造疏　　渭南集 24/6b
光孝請廓老疏　　渭南集 24/7a
雍熙請機老疏　　渭南集 24/7a
雍熙請錫老疏　　渭南集 24/7b
求僧疏(1－2)　　渭南集 24/8a－8b
紫霄宮女童徐居慶求披戴疏　　渭南集 24/8b
成都大聖慈寺念經院僧法慧爲行者雷印定
　　求度牒疏　　渭南集 24/9a
雍熙請倫老疏　　渭南集 24/9b
梁氏求僧疏　　渭南集 24/10a
孫餘慶求披戴疏　　渭南集 24/10a
陶山菴行者求化度牒疏　　渭南集 24/10b
傅妙穌求僧疏　　渭南集 24/10b
葉可忻求僧疏　　渭南集 24/11a

陳文蔚

雙溪書院揭示　　克齋集 7/5a
克齋揭示　　克齋集 7/7a
讀書雜記　　克齋集 7/10a
師訓拾遺　　克齋集 7/14a
～仁子
和歸去來辭　　牧萊脞語 3/1a
責汨羅水辭　　牧萊脞語 3/2a
洞庭漁者言　　牧萊脞語 15/1a
客責和氏語　　牧萊脞語 15/2b
錄昪木者辭　　牧萊脞語 15/6b
戊寅遷居斬樟樹文　　牧萊脞語 16/1a

八通　　牧萊脞語 17/1a
～　宓
戒樂　　復齋集 8/3b
仰止堂規約　　復齋集/拾遺 1a
仰止書堂鄉約　　復齋集/拾遺 4a
～長方
里醫　　唯室集 3/1a
祠竈篇　　唯室集 3/2a
～　起
記病　　江湖集 22/13b
～師道
興化寺請真修造疏　　後山集 19/11a
請觀音禪師疏(1－3)　　後山集 19/11a
觀音院無盡供疏　　後山集 19/12a
觀音院廣疏　　後山集 19/12a
薦福院齋僧疏　　後山集 19/12b
華嚴證明疏　　後山集 19/13a
理究　　後山集 27/1a
～　造
送龍辭(1－3)　　江湖集 1/1a
行春辭(1－3)　　江湖集 1/2a
辨俗見　　江湖集 29/14b
八卦由數起　　江湖集 29/16a
子穀秬黍　　江湖集 29/16b
三屬之甲　　江湖集 29/16b
牛車爲櫓　　江湖集 29/17a
偶吟文　　江湖集 30/1a
酹淮文　　江湖集 30/1a
表盜文　　江湖集 30/1b
還鶴觀　　江湖集 30/3a
爲徐南卿乞米疏　　江湖集 39/16a
房州辭廟疏　　江湖集 39/16b
停推疏(1－3)　　江湖集 39/17a－17b
古城寺僧化十八羅漢疏　　江湖集 39/18a
光孝寺建佛殿疏　　江湖集 39/18a
神居山寺興三門厨堂疏　　江湖集 39/18b
小疏　　江湖集 39/19a
建橋砌階疏　　江湖集 39/19a
廟路砌階小疏　　江湖集 39/19b
砌街浚渠疏　　江湖集 39/19b
安樂院砌階疏　　江湖集 39/20a
尼求度牒疏　　江湖集 39/20a
建龍廟疏　　江湖集 39/20b

砌街疏　　　江湖集 39/20b

東釋迦墳院建山門疏　　　江湖集 39/21a

請機簡堂再住隱靜疏　　　江湖集 39/21a

請崇老住開元疏　　　江湖集 39/21b

請修老住能仁寺疏　　　江湖集 39/22a

請義老住褒親院疏　　　江湖集 39/22b

請昇老住廣惠疏　　　江湖集 39/23a

請充老住瑞巖疏　　　江湖集 39/23b

請堅老住乾明疏　　　江湖集 39/24a

請長老住乾明疏　　　江湖集 39/24b

長翁請疏　　　江湖集 39/25a

~　淳

啓蒙初誦　　　北溪集/第四門 2/1a

訓蒙雅言　　　北溪集/第四門 2/2a

暑示學子　　　北溪集/第四門 2/5a

暑月喻齋生　　　北溪集/第四門 2/5b

不允隆興寺僧傳經疏　　　北溪集/第五門 4/9a

~　淵

無靜道人辨　　　默堂集 20/13a

幼山修造疏文　　　默堂集 22/4b

偶言　　　默堂集 22/5b

輗軏　　　默堂集 22/7b

~　普

十二管籌法　　　石堂集 12/15a

侯道　　　石堂集 12/20a

鄉射有房　　　石堂集 12/21a

賓主腳郤右　　　石堂集 12/21a

周朱無極太極　　　石堂集 12/21a

西銘大意　　　石堂集 12/22b

朱蔡皇極　　　石堂集 12/23a

~堯佐

戮鱷魚文　　　宋文鑑 125/12b

~　著

勸修祖墓目子　　　本堂集 52/5a

賞月檄　　　本堂集 52/8a

桂峰課會檄　　　本堂集 53/1a

菊集所檄(1-2)　　　本堂集 53/1b-2b

三石陇水疏　　　本堂集 92/4a

代天寧寺起大殿疏　　　本堂集 92/4b

代上乘寺僧一乘修大殿疏　　　本堂集 92/5a

代净慈寺修屋千洩董伯和鈔助疏　　　本堂集 92/5b

代天寧莊善交掌才求山長疏　　　本堂集 92/6b

代天寧寺起大殿榜　　　本堂集 92/7a

代翰林祠誦蓮經榜　　　本堂集 92/7b

~舜俞

〔說黨〕　　　四庫拾遺 557/都官集

~德仁

東禪院修僧堂疏　　　播芳文粹 114/23a

~　襄

縣學疏　　　古靈集 18/3a

知誘文　　　古靈集 19/3b

~　瓘

諭子姪文　　　尊堯集/文 1a

責沈文貽知默姪　　　宋文鑑 127/13a

延恩院經藏疏　　　播芳文粹 119/23a

十 二 畫

馮時行

舜命夔典樂教胄子　　　縉雲集 4/20a

堯典謂之虞書　　　縉雲集 4/21a

盤庚遷都　　　縉雲集 4/22a

曾 鞏

書與客言　　　曾南豐集 5/2b

洪範傳　　　元豐稿 10/1a

敍盜　　　元豐稿 13/11a

雜識(1-2)　　　元豐稿/補 2/12a

(釋)惠洪

記徐韓語　　　石門禪 24/20b

季子夢訓　　　石門禪 24/21a

答郭公問傳燈義　　　石門禪 24/22b

記福嚴言禪師語　　　石門禪 24/24a

山門疏　　　石門禪 28/2b

請藥石榜(1-2)　　　石門禪 28/4a-9b

又藥石疏　　　石門禪 28/9b

嶽麓爲溈山茶榜　　　石門禪 28/10a

浴佛(1-2)　　　石門禪 28/12a

抄華嚴經　　　石門禪 28/13a

化藏　　　石門禪 28/13a

抄藏經　　　石門禪 28/13b

重修舍利塔　　　石門禪 28/14a

重修雲庵塔　　　石門禪 28/14a

天寧修造　　　石門禪 28/14b

化三門　　　石門禪 28/15b

長沙蹩街　　石門禪 28/15b

爲雙林化六齋　　石門禪 28/16a

化冬齋果子　　石門禪 28/16b

化供（1-8）　　石門禪 28/16b

化油炭（1-2）　　石門禪 28/18a

長生疏　　石門禪 28/18b

化供（1-3）　　石門禪 28/19a

德士復僧求化（1-2）　　石門禪 28/19b

求度牒僧衣（1-5）　　石門禪 28/20b

雲蓋智和尚設粥　　石門禪 28/21b

又几大祥看經　　石門禪 28/22a

酬經願　　石門禪 28/22b

薦經　　石門禪 28/23a

生辰（1-4）　　石門禪 28/23a

斐　休

十善業道經要署　　八瓊金石補 84/16a

華　鎮

雲房引　　雲溪集 29/4b

舒邦佐

定明院造佛殿緣化榜　　雙峰稿 9/6b

印施金剛經疏　　雙峰稿 9/7b

訓後　　雙峰稿 9/9a

程大昌

岐陽石鼓文考　　新安文獻 32/1a

祭天金人考　　新安文獻 32/2b

罘罳考　　新安文獻 32/3b

演蕃露三事　　新安文獻 33/7b

~　文

石君世家　　新安文獻 36/1a

~直方

觀易堂隨筆　　新安文獻 35/3a

~　卓

使金錄　　新安文獻 34/1a

工執藝事以諫　　新安文獻 39/14a

~　祕

汪復求東甲橋疏　　洛水集 21/18a

~　俱

獻占　　程北山集 12/10b

廣遊　　程北山集 12/11b

~　琳

演蕃露三事　　新安文獻 33/7b

~　頤

立賑濟法　　二程集/(伊川)48/3b

遺金閒志　　二程集/(伊川)48/5a

論忠宣公有量(程氏遺書)　　范忠宣集/附錄 1b

十 三 畫

(釋)**道璨**

道劍門出世南康能仁疏　　無文印集 11/5a

徑山御前化萬佛　　無文印集 11/5a

徑山西僚元夕化湯茶疏　　無文印集 11/5b

明真教寺修造疏　　無文印集 11/5b

靈隱化鐘樓浴堂疏　　無文印集 11/6a

西湖相嚴寺化僧僚疏　　無文印集 11/6b

化笋疏　　無文印集 11/6b

化瓜瓠疏　　無文印集 11/7a

吳仙姑化僧牒疏　　無文印集 11/7a

靈隱泉南化齋襯扇子如意袋疏　　無文印集 11/7b

薦福化主(1-4)　　無文印集 11/8a

化結夏齋疏　　無文印集 11/9a

求僧疏　　無文印集 11/9a

翠巖火後過日本國化修造疏　　無文印集 11/9b

正續入內化裝佛裝藏疏　　無文印集 11/10a

徑山化楞嚴會香燭疏　　無文印集 11/10a

北關砌路疏　　無文印集 11/10b

楊天惠

請悟師住文頂疏　　蜀文輯存 26/24b

~叔蘭

涪翁問　　蜀文輯存 79/5a

~冠卿

天孫對並序　　客亭稿 7/9a

鳳山紀行爲中隱作　　客亭稿 7/10b

意泉述　　客亭稿 7/11a

鷗盟先生王彥和疏並序　　客亭稿 10/1a

~　時

論忠宣公分資蔭與進士事(楊龜山語錄)　　范忠宣集/附錄 1b

言默戒　　龜山集 27/1a

~　傑

世網篇　　無爲集 10/8a

南山移文　　無爲集 10/9b

~ 萬 里

庸言（1－20）　誠齋集 91/1a－94/13a

天問天對解引　誠齋集 95/1a

天問天對解　屈原問　柳宗元對　誠齋集
　95/1a

宋文帝紀九月讀　誠齋集 112/8b

上欲伐魏王元謨勸之　誠齋集 112/11b

周郎言事切直上殺之　誠齋集 112/18a

~ 簡

紀先訓　慈湖遺書 17/1a　慈湖遺書/補 10b

炳講師求訓　慈湖遺書/續 1/1a

書表軸　慈湖遺書/續 1/2b

樂平縣學講堂訓　慈湖遺書/續 1/4a

書遺□文儀　慈湖遺書/續 1/4b

訓語　慈湖遺書/補 11b

賈 同

責荀　宋文鑑 125/8a

禁焚死　宋文鑑 125/9b

葉 適

修路疏　水心集 26/22b

修海神廟疏　水心集 26/22b

建臥龍潭疏　水心集 26/22b

修甘泉井疏　水心集 26/23a

趙汝駒爲台州屬縣簿建屋以藏户版余爲名
　曰孔先而著其詞　水心集 29/8a

溫州州學會拜　水心集 29/13b

陳漫翁祭器述　水心集 29/17b

奏議（葉水心文集）　黃氏日鈔 68/1a

葛長庚

法誥　玉蟾稿 10/8b

爲道士火解　玉蟾稿 10/9a

水解　玉蟾稿 10/9b

爲道士舉棺　玉蟾稿 10/10a

化修造精舍疏　玉蟾稿 10/10b

化塑朱文公遺像疏　玉蟾稿 10/11a

閣皀山房覓書籍疏　玉蟾稿 10/11b

化功德　玉蟾稿 10/12a

洞真觀化功德　玉蟾稿 10/12b

新興觀題法神　玉蟾稿 10/12b

化水陸功德　玉蟾稿 10/13a

鄒 浩

侯嬴　道鄉集 31/1a

劇孟　道鄉集 31/3a

荀彧　道鄉集 31/4b

曹參　道鄉集 31/6a

鞭後　道鄉集 31/11a

洗幼子文　道鄉集 31/12a

頤旨　道鄉集 31/12b

忘言　道鄉集 31/13b

夙悟　道鄉集 31/14b

致軒紀名　道鄉集 32/6a

書喜　道鄉集 33/4a

普融閣　道鄉集 33/6a

集經文爲要訣　道鄉集 33/8b

十 四 畫

廖 剛

請法印開堂疏　高峰集 11/6a

請法真開堂疏　高峰集 11/6a

請法真住本覺疏　高峰集 11/6b

請靈芝深座住首教院疏　高峰集 11/7a

請章法住廣惠寺疏　高峰集 11/7b

請資聖開堂疏　高峰集 11/7b

圓峰庵法堂成散燈疏　高峰集 11/8a

變教院作律院疏　高峰集 11/8b

趙必瑑

贈石頭懷行者求度牒疏　覆瓿集 4/3b

重建惠通寺疏　覆瓿集 4/4a

~ 汴

定業禪院請慧覺長老住持開堂疏　清獻集
　5/24b

~ 汸

上饒張孟循行卷　新安文獻 36/13a

~孟堅

陸宣公祠騷辭　彝齋文編 4/20b

~ 偕

治縣權宜爲邑宰陳文昭設　實峰集 1/19b

常下士無倦講明　實峰集 1/20b

喜聞過以開賢路　實峰集 1/21b

任忠直以爲耳目　實峰集 1/23a

稽於衆以採公論　寶峰集 1/23b

用知識以爲股肱　寶峰集 1/24b

臨以莊使人敬畏　寶峰集 1/25a

奉上司宜忠而敬　寶峰集 1/25b

御羣下以禮制亂　寶峰集 1/25b

處重事宜預修辭　寶峰集 1/26a

各房事責有所歸　寶峰集 1/26a

明人倫與古學校　寶峰集 1/27a

彰善良以弭邪惡　寶峰集 1/29a

義刑罰毋作好惡　寶峰集 1/29b

考貧富以均賦役　寶峰集 1/30a

謹勾銷以考稽遲　寶峰集 1/30b

制吏治宜察行止　寶峰集 1/31a

治誑官以杜妄告　寶峰集 1/31b

~　湘

室警　南陽集 6/5b

迎富文　南陽集 6/6a

釋奠紀　南陽集 6/8a

~　遠

大聖寺鐘樓疏　播芳文粹 119/21a

造佛菩薩像疏　播芳文粹 120/7a　蜀文輯存 59/13a

繪三清御容疏　播芳文粹 120/8b　蜀文輯存 59/13b

化度牒疏　播芳文粹 125/20a　蜀文輯存 59/14b

~鼎臣

七進篇　竹隱集 14/9a

戒殺辯　竹隱集 20/6b

蝎辨　竹隱集 20/8a

夢　英

說文偏旁字源並序　金石續編 13/38b

熊　禾

重修武夷書院疏　勿軒集 4/1a

重建建陽書坊同文書院疏　勿軒集 4/1b

洛陽新建同文書院疏　勿軒集 4/3a

重建文公神道門疏　勿軒集 4/4a

代母梅庵題考亭書院祀因疏　勿軒集 4/5b

重建御史坊富義橋疏　勿軒集 4/7a

麻沙重建會文橋疏　勿軒集 4/7b

重建麻沙鎮書錦橋疏　勿軒集 4/8b

重建建陽縣莒口橋疏　勿軒集 4/9a

太原寺重建法堂疏　勿軒集 4/10a

答誠酒文　勿軒集 5/9a

刊儀禮經傳通解疏　勿軒集 6/1a

~　克

長女適練貢士　播芳文粹 126/15a

十　五　畫

鄭思肖

久久書臣子盟檄(前後)　心史/上/71a–77a

自戒　心史/下/6a

答天然子辭　心史/下/16b

警終　心史/下/17a

試筆漫語　心史/下/26a

責謬　心史/下/26b

語戒　心史/下/37a

犬德　心史/下/39a

盟言　心史/下/91a

樓　鑰

彈廣陵散書贈王明之　宋本攻媿集 66/6a　攻媿集 79/7b

姜子謙以試邑鐘離請益　宋本攻媿集 66/9b　攻媿集 79/6b

趙甥叔明和孺堂　宋本攻媿集 66/13a　攻媿集 79/9b

歐陽修

醉翁吟(述)　歐陽文忠集 15/6b

山中之樂　歐陽文忠集 15/7b

怪竹辨　歐陽文忠集 18/16a

州名急就章　歐陽文忠集 58/10a

鑒畫　歐陽文忠集 130/2a

蔡　襄

周公對　蔡忠惠集 29/14a

芝草述　蔡忠惠集 29/21a

明諫　蔡忠惠集 30/1a

里醫之言　蔡忠惠集 31/1a

濯淵之魚　蔡忠惠集 31/3a

都盧之言　蔡忠惠集 31/4b

評書　蔡忠惠集 31/11a

文房雜評　蔡忠惠集 31/13b

劉一止

鑄鐘疏　　苕溪集 24/1b

飛英寺緣化修塔疏　　苕溪集 24/2a

德清乾元寺重修齋厨疏　苕溪集 24/2a

募財重修孔侯廟疏　　苕溪集 24/2a

龍瑞宮開堂疏　　苕溪集 27/3a

～才邵

壽鄉問對上徐右丞　　楳溪集 11/1a

～子翬

示六經堂學者　　屏山集 6/1a

遺訓　　屏山集 6/1b

招劍文送劉致中　　屏山集 6/9a

鵝峰居士以地黃遺病翁因爲作引　　屏山集
12/5b

～中遠

設觀音供疏　　播芳文粹 121/8b

～安節

漁樵問對　　劉左史集 4/9b

～光祖

歸求軒三寶閣疏　　蜀文輯存 71/15b　八瓊金石志
114/17b

～辰翁

重建中興寺嚴主殿疏　　須溪集 7/29b

鷺洲書院修造疏　　須溪集 7/30a

鷺洲重修書院疏　　須溪集 7/30b

胡山長題屋疏　　須溪集 7/30b

齊沙永濟渡疏　　須溪集 7/31a

城南渡疏　　須溪集 7/31b

南鄉渡疏　　須溪集 7/32a

嘉禾路疏　　須溪集 7/32a

中華山路疏　　須溪集 7/32b

吳山路疏　　須溪集 7/32b

修吉水縣學繪禮殿疏　　須溪集 7/33a

修吉水縣學繪禮殿疏　　須溪集 7/33a

爲陳隨隱作其父藏一祠堂疏　　須溪集 7/33b

能仁寺建清涼軒立山谷像疏　　須溪集 7/33b

普信院建佛殿疏　　須溪集 7/34a

～克莊

修協應廟疏　　後村集 171/9a

重建龍峒廟疏　　後村集 171/9b

龍峒廟緣茶供疏　　後村集 171/10a

重建九座山太平禪院疏　　後村集 171/10b

重建嶽廟疏　　後村集 171/11a

重修水仙廟疏　　後村集 171/11b

聖壽資國院重建佛殿疏蕭水部所劖　　後村集
171/12a

～放

設常侍郎對　　彭城集 40/1a

連珠一首　　彭城集 40/2b

濟寧總管府敦請武子先生主善本路學校疏
彭城集 40/14a

修暨陽學宮疏　　彭城集 40/14b

～奔

誠諭士大夫敦尚名節　　龍雲集 2/5a

～宰

勸尊天敬神文　　漫塘集 18/2b

戒陳外弟諸子　　漫塘集 25/8b

率鄉曲助李兄赴省疏　　漫塘集 25/14a

薛步橋疏　　漫塘集 25/14b

代上鄩橋疏　　漫塘集 25/15a

六相堂疏　　漫塘集 25/15a

靈濟廟路石疏　　漫塘集 25/15b

代廣仁庵僧注飯米疏　　漫塘集 25/16a

～恕

自訟　　宋文鑑 127/7a

～敞

續諡法　　公是集 46/11b

說大射三侯　　公是集 46/13a

小功不稅　　公是集 46/15b

師三年解　　公是集 46/17a

御龍解　　公是集 46/18b

明舜　　公是集 47/1a

舜死　　公是集 47/3a

伊呂問　　公是集 47/4b

問南子　　公是集 47/6b

啓疑　　公是集 47/8a

五百　　公是集 47/12a

設侯公說辭　　公是集 48/3a

寓辯　　公是集 48/5a

諭客　　公是集 48/10a　宋文鑑 128/4b

責和氏璧　　公是集 48/13b

諭歸　　公是集 48/15b

志雪　　公是集 48/18a

～學箕

李福佺化度牒疏　　方是閒稿/下/34a

～觀

設觀音供疏　　蜀文輯存 35/6b

鄧　牧
　越人遇狗　伯牙琴 1/10a
　楚佞鬼　伯牙琴 1/10b
~剛中
　雙蓮膏露辨並序　北山集 5/10b
　吳鳴道求錢葬親疏文　北山集 14/14b
　溫州普濟粥會疏文　北山集 28/9b
　保福法堂疏文　北山集 28/10b
~　蕭
　不校　栟櫚集 13/1a
　弔墨迹文　栟櫚集 13/4a
　誡子　栟櫚集 13/5b
　書字學　栟櫚集 19/2a
~興裔
　盤鵰金晴　鄭忠肅集/下/20a
　鳳凰弓　鄭忠肅集/下/21a
　狱座　鄭忠肅集/下/21b
~　獬
　悔戒　鄖溪集 18/8b
　劉丞相生辰辭並序　鄖溪集 18/9a
　松滋有褚都督義門相傳褚遂良子孫也　鄖
　　溪集/續補/3b

十　六　畫

盧　熊
　孫王墓辨　吳都續文粹 37/30b

錢唐子
　宋錢唐子直閣公與寶藏堂頭禪師三札　台
　　州金石錄 9/10a

衛宗武
　書案雲心擬斷憲司獄事稿　秋聲集 6/3b
~　涇
　皇子百晬净髮文　後樂集 19/22b

十　七　畫

謝枋得
　梅埜起居疏　疊山集 14/1a
　鳳林新建蓮堂疏　疊山集 14/1b
　化道衣疏　疊山集 14/3b
　重建觀音寺疏　疊山集 14/4b
　虎溪蓮社道堂修諸天閣疏　疊山集 14/5a

洪山廟照華嚴第十五會疏　疊山集 14/5b
　東山白蓮堂修造疏　疊山集 14/6a
　永福堂塑佛像疏　疊山集 14/6b
　仁壽堂化裝塑佛像　疊山集 14/7a
　東獄廟裝塑天堂地獄閻羅像疏　疊山集 14/
　　7a
　白蓮社經堂疏　疊山集 14/7b
　代五顯廟巫祝爲還願人放罪文　疊山集 15/
　　1a
　代昭懿廟巫祝爲婦人還願放罪文　疊山集
　　15/1b

戴　植
　黿　戴仲培集/2b
　彗星　戴仲培集/4a

韓元吉
　唐制兼官考　南澗稿 17/36a
　登對錄其一、其二　四庫拾遺 140/南澗甲乙稿

薛季宣
　五監　浪語集 14/1a
　七屆　浪語集 14/2a
　九奮(1 – 10)　浪語集 14/7b – 13b
　九禽言　浪語集 14/13b
　誠臺禮復文　浪語集 15/7b
　擬謝玄諭秦檄　浪語集 32/1a
~　逸
　反求齋對　溪堂集/續補 2a
~　蕭
　歸求軒薛公化建三寶閣疏並跋　八瓊金石補
　　114/16b

十　八　畫

魏了翁
　送左舉歸盧陵　鶴山集 92/28a
　紫極殿化蓋三殿疏　鶴山集 99/13b
　德陽縣鹿堂觀化鐘疏　鶴山集 99/14a
　四川文昌醮疏文　鶴山集 99/14a
　陳來叟率葬費疏　鶴山集 99/16a
　陳圭度其弟爲道士化疏　鶴山集 99/16b

十　九　畫

羅　泌

杜宇鷔令辨　蜀藝文志 48 下/1a

~ 從彥

議論要語　羅豫章集 10/1a

誨子姪文　羅豫章集 11/5b

~ 椅

伍詰復祠　澗谷集 2/10a

~ 願

内宮問　新安文獻 37/1a

昏問　新安文獻 37/3a

二　十　畫

寶曇(釋)

術者楊世茂求　橘洲集 7/14b

別峰和尚住雪竇疏及茶榜　橘洲集 8/1a

台州光孝遠和尚開堂疏　橘洲集 8/1b

興和尚住明州天寧疏　橘洲集 8/2a

請尼長老住聖因疏　橘洲集 8/2b

請延慶講師茶湯榜　橘洲集 8/2b

請妙智講師疏　橘洲集 8/3b

尼長老住戒香疏　橘洲集 8/3b

請講圓覺經疏　橘洲集 8/4a

請嚴和尚住湖州精舍疏　橘洲集 8/4b

請德和尚住象田諸山疏山門疏茶湯榜　橘洲集 8/4b

請宣和尚住常樂疏　橘洲集 8/6a

越州光孝禮塔榜　橘洲集 8/6a

馬道人造庵疏　橘洲集 8/6b

育王僧供疏(1－2)　橘洲集 8/7a

觀音建三門大殿疏　橘洲集 8/7b

圓大師住庵疏　橘洲集 8/7b

川行者求僧疏　橘洲集 8/8a

延豐院藏榜　橘洲集 8/8b

寫法華經求僧疏　橘洲集 8/9a

瑞巖蓋僧堂疏　橘洲集 8/9b

四明天井砌墻疏　橘洲集 8/9b

化度牒疏(1－2)　橘洲集 8/10a

抄長生庫求度疏　橘洲集 9/1a

請寶雲塋講師疏　橘洲集 9/1a

鴈峰九夏會疏　橘洲集 9/1b

明州南城普照河塗田疏並序　橘洲集 9/2a

墊江藏經疏　橘洲集 9/2b

新寺浴院幹大殿　橘洲集 9/3a

天童起門樓疏　橘洲集 9/3a

台州白蓮修造榜　橘洲集 9/3b

延慶請講師茶湯榜　橘洲集 9/4a

天童修三門榜並序　橘洲集 9/4b

臨安府孔雀園起寺榜　橘洲集 9/5b

啓重門節疏　橘洲集 9/5b

湖西崇教鑄鐘疏　橘洲集 9/6a

資壽修造疏　橘洲集 9/6a

江北妙應院塑佛疏　橘洲集 9/6b

接待募緣疏　橘洲集 9/6b

智門請宣和尚山門疏　橘洲集 9/7a

月波請輪老諸山疏　橘洲集 9/7a

月波化供水陸疏　橘洲集 9/7b

又化供疏　橘洲集 9/8a

仗錫山開堂化緣疏　橘洲集 9/8a

又化鐵瓦　橘洲集 9/8a

戒壇修造　橘洲集 9/8b

四明感聖修造　橘洲集 9/9a

臨安府崇寧接待請明和尚疏　橘洲集 9/9a

南湖請雲青外　橘洲集 9/9b

結界　橘洲集 9/10a

仗錫山開田朱柱燈油　橘洲集 9/10b

蘇　洵

大宗譜法　嘉祐集 13/7b

~ 舜欽

符瑞　蘇學士集 13/13a

~ 軾

明正　蘇東坡全集 23/2a

日喻　蘇東坡全集 23/3b

問養生　蘇東坡全集 23/4b

藥誦　蘇東坡全集/後 9/16a

補龍山文(1－2)　蘇東坡全集/後 9/17a

請净慈法涌禪師入都疏　蘇東坡全集/後 19/1b

捨銅龜子文　蘇東坡全集/後 19/2a　吳都續文粹 29/3a

重請戒長老住石塔疏　蘇東坡全集/後 19/3a

睡鄉記　蘇東坡全集/續 12/18b

~ 過

志隱　斜川集 6/8a

~ 頌

誠　蘇魏公集 72/12a

~ 轍

和子瞻歸去來辭　欒城集/後 5/2a

東塋老翁并齋僧疏　樂城集/後 18/11b

齋僧七人每僧各轉妙法蓮華經一部七卷設
　　水陸道場一夜疏　樂城集/後 18/12a

~　籲

詮老再住智者疏　雙溪集 11/2a

請天寧華老疏　雙溪集 11/2b

净土塔求化僧茸疏　雙溪集 11/3b

秋辭(1 - 3)　雙溪集 15/1a

烏石山辭　雙溪集 15/2a

遺言　雙溪集/卷末

二 十 二 畫

龔鼎臣

述醫　宋文鑑 127/9a

無撰著人

請正老住廣孝疏　播芳文粹 117/20b

聖旨請聞老住徑山疏　播芳文粹 117/23a

請律師講蘭盆經疏　播芳文粹 118/1b

請小參疏　播芳文粹 118/2b

興化寺請真公修造　播芳文粹 118/3a

請解空長老住江心疏　播芳文粹 118/4a

請知觀酒榜　播芳文粹 118/4b

請然老茶榜　播芳文粹 118/5b

請悟老住徑山疏　播芳文粹 118/6b

請文老住支提疏　播芳文粹 118/7b

請正長老疏　播芳文粹 118/8b

請通長老疏　播芳文粹 118/9b

請僧住黃林庵疏　播芳文粹 118/12b

請僧住龜潭庵疏　播芳文粹 118/12b

請堅老入庵疏　播芳文粹 118/13a

請朋老住西庵書　播芳文粹 118/13b

請僧住牛山庵疏　播芳文粹 118/14a

請妙老住墳庵書　播芳文粹 118/14a

請郭山林老開堂疏　播芳文粹 118/15a

請乾明長老開堂疏　播芳文粹 118/17b

請醴泉長老開堂疏　播芳文粹 118/18a

請高郵長老開堂疏　播芳文粹 118/18b

請高飛新老開堂疏　播芳文粹 118/19a

請太平興國長老開堂疏　播芳文粹 118/21a

請權老開堂疏　播芳文粹 118/22a

請應老開堂疏　播芳文粹 118/22b

請堂老開堂疏　播芳文粹 118/23a

請鑑老開堂疏　播芳文粹 118/24a

請文老開堂疏　播芳文粹 118/25a

請祥雲院長老開堂疏　播芳文粹 118/26a

請妙行禪師開堂疏　播芳文粹 118/27a

請塔禪師開堂疏　播芳文粹 118/27a

請栖隱長老開堂疏　播芳文粹 118/27b

重請慈雲長老開堂疏　播芳文粹 118/27b

請普明長老開堂疏　播芳文粹 118/28a

請大觀長老開堂疏　播芳文粹 118/28b

請空老開堂疏　播芳文粹 118/28b

請太平長老開堂疏　播芳文粹 118/29a

請崇寧長老開堂疏　播芳文粹 118/29b

請圓老開堂疏　播芳文粹 118/30a

請普會長老開堂疏　播芳文粹 118/31a

請會長老開堂疏　播芳文粹 118/31b

請然公湯榜　播芳文粹 119/12b

請浴榜　播芳文粹 119/13b

請鑒老湯榜　播芳文粹 119/13b

遣拙鬼文　播芳文粹 131/27b

檄朋友結課　播芳文粹 131/38a